Skånska regioner

redaktör ANNE CARLIE

Riksantikvarieämbetet Arkeologiska undersökningar Skrifter No 40

INNEHÅLL

Riksantikvarieämbetet

Skånska regioner

Tusen år av kultur och samhälle i förändring

UTGIVEN AV	RIKSANTIKVARIEÄMBETETS FÖRLAG BOX 5405 114 84 STOCKHOLM TEL 08-5191 8000 www.raa.se
INGÅR I SKRIFTSERIE	RIKSANTIKVARIEÄMBETET ARKEOLOGISKA UNDERSÖKNINGAR SKRIFTER No 40
REDAKTÖR	ANNE CARLIE
GRAFISK FORMGIVNING & BILDBEHANDLING	THOMAS HANSSON
KARTBEARBETNING & BILDBEHANDLING	STAFFAN HYLL (KARTOR UR ALLMÄNT KARTMATERIAL, © LANTMÄTERIVERKET, 801 82 GÄVLE. DNR L 1999/3)
ENGELSK SPRÅKGRANSKNING	ALAN CROZIER
VINJETTFOTO	KJELL EDVINGER s. 10 THOMAS HANSSON s. 7, 51, 164, 194, 242, 279, 280, 485, 596, 652, 680 SVEN HELLERSTRÖM s. 468 PER LAGERÅS s. 362, 412, 486, 512 MATS REGNELL s. 24 SVEN WALDEMARSSON s. 52, 116, 554
OMSLAG	THOMAS HANSSON
TRYCK	DALEKE GRAFISKA AB, MALMÖ 2002

| **ISSN** | 1102-187x |
| **ISBN** | 91-7209-263-7 |

Tre artiklar om undersökningarna längs väg 23 vid Stoby
har publicerats som särtryck med titeln

ARBETETS LANDSKAP
Tre bidrag till Stobytraktens bebyggelse- och odlingshistoria

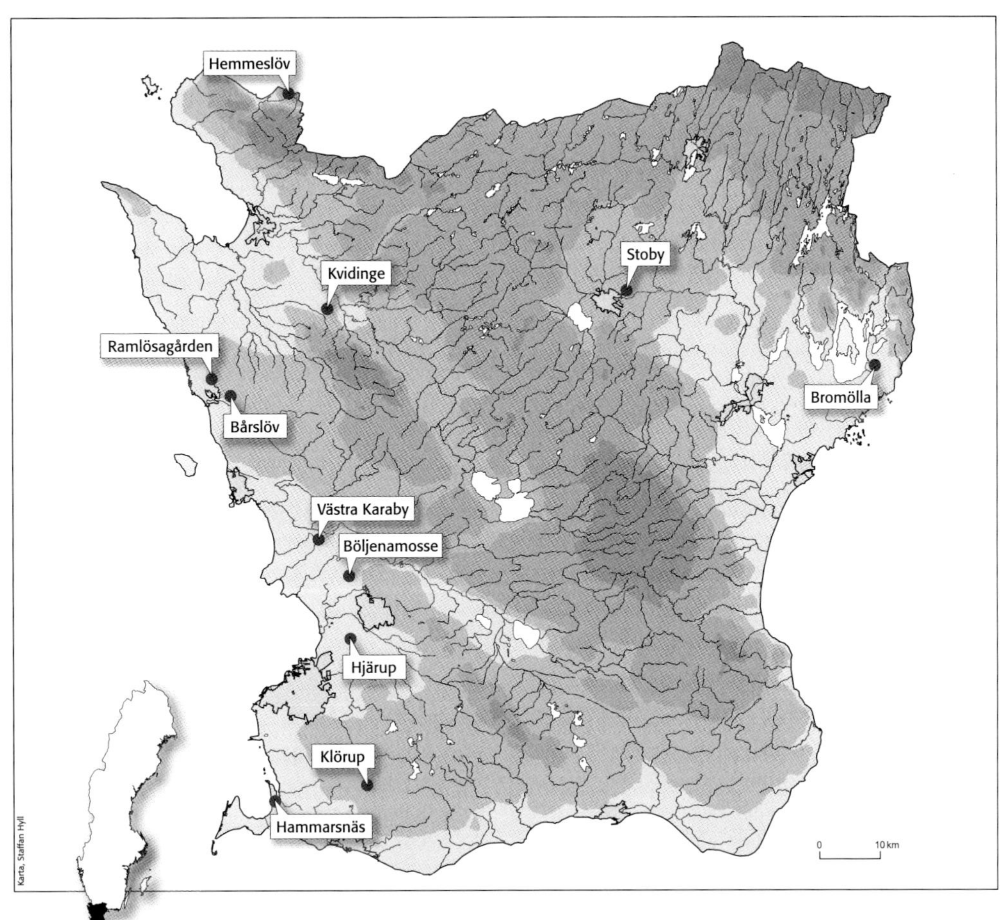
Hemmeslöv
Stoby
Kvidinge
Ramlösagården
Bromölla
Bårslöv
Västra Karaby
Böljenamosse
Hjärup
Klörup
Hammarsnäs
0
10 km
Karta, Staffan Hyll

Författare

Caroline Ahlström Arcini, f. 1960, fil. dr i osteologi. Arbetar med humanosteologiska problemställningar kring frågor som berör hälsa under förhistorisk tid men även med metodproblem rörande brandgravar. Verksam vid Riksantikvarieämbetet UV Syd i Lund. E-post: caroline.arcini @raa.se

Håkan Aspeborg, f. 1962, fil. kand. i arkeologi. Har främst arbetat med exploateringsarkeologi i Västmanland, Uppland, Blekinge och Skåne. Har publicerat flera arbeten om järnålderns bosättningar. Arbetar f.n. som arkeolog och projektledare på Riksantikvarieämbetet UV Syd i Lund. E-post: håkan.aspeborg@raa.se

Anne Carlie, f. 1959, docent i arkeologi. Har tidigare bl.a. arbetat med bebyggelsearkeologi i norra Skåne samt utveckling av fornlämningsunderlag för fysisk planering. Har under senare år publicerat flera artiklar kring järnålderns offertraditioner med Käringsjön som utgångspunkt. Arbetar på Riksantikvarieämbetet UV Syd i Lund, som arkeolog och vetenskaplig samordnare för projektet *Järnåldersbönder vid Öresund* inom Västkustbaneprojektet. E-post: anne.carlie@raa.se

Pär Connelid, f. 1963, fil. kand. Kulturgeograf med agrarhistorisk och arkeologisk inriktning. Har sedan slutet av 1980-talet utfört landskapshistoriska undersökningar i västra och södra Sverige, med utgångspunkt i fossilt odlingslandskap och äldre lantmäterimaterial. Arbetar sedan 1992, tillsammans med Catharina Mascher, som konsulter inom kulturmiljövården (firma Kula HB). Har medverkat i flera forskningsprojekt med inriktning på södra Sveriges agrarhistoria från bronsålder och framåt. E-post: kula.hb@telia.com

Tyra Ericson, f. 1960, fil.kand i arkeologi. Verksam som arkeolog och projektledare på Riksantikvarieämbetet UV Syd i Lund. Arbetar bl.a. inom Västkustbanans järnåldersprojekt med frågor kring grophusens funktion i samband med hantverksutövning. E-post: tyra.ericson@raa.se

Titti Fendin, f. 1956, fil. kand i arkeologi. Under många år verksam inom olika exploateringsarkeologiska projekt, nu doktorand i arkeologi vid Lunds universitet med ett arbete om malningshandlingen som reproduktivt uttryck för skapelse och destruktion under sydskandinavisk bronsålder. E-post: tife@spray.es

Per Lagerås, f. 1964, fil. dr. i kvartärgeologi. Paleoekolog med inriktning på kulturlandskapets och markanvändningens historia i södra Sverige. Driver den paleoekologiska verksamheten vid Riksantikvarieämbetet UV Syd i Lund. E-post: per.lageras@raa.se

Claes B. Pettersson, f. 1957, arkeolog. Verksam i Skåne sedan slutet av 1980-talet. Ursprungligen inriktad på medeltida material, främst i stadsmiljöer. Har under senare år nästan uteslutande arbetat med agrara bebyggelser från järnålder och medeltid. Publicerade artiklar behandlar bland annat bytomter i Skåne, marknamnsanalys och odlingshistoriska frågor. E-post: claes.b.pettersson@telia.com

Mats Regnell, f. 1961, fil. lic. i kvartärgeologi. Sedan 1995 anställd som arkeobotaniker vid UV Syd. Tidigare forskning bl.a. inriktad på växtutnyttjande under stenåldern samt odlingsekonomins historia, främst i Skåne. Har varit engagerad i ett flertal universitetsprojekt, bl.a. det kring Uppåkra. Är ansvarig för det naturvetenskapliga delprojektet inom Västkustbaneprojektet, "Naturminnen". F.n. tjänstledig från UV för arbete vid Arkeologiskt Naturvetenskapligt Laboratorium, Göteborgs universitet. E-post: mats.regnell@anl.archaeology.gu.se

Ole Stilborg, f. 1961, fil. dr i arkeologi. Har sedan 1987 specialiserat sig på analyser av keramiska material med bakgrund i utbildning inom arkeologi, geologi och keramikteknologi vid universiteten i København, Sheffield och Lund. Sedan 1990 knuten till Keramiska Forskningslaboratoriet vid Lunds Universitet. Har fr.o.m. 1997 jobbat med uppdragsforskning och egen forskning. Specialintressen är Ertebøllekeramik, keramikens designutveckling i Västskåne, keramiken på Uppåkra, återanvända skärvor samt keramikavfalls roll som källa till kunskap om boplatsers struktur och funktion. F.n. involverat i ett 10-tal projekt främst i södra Sverige. E-post: Ole.Stilborg@geol.lu.se

Sven Hellerström, f. 1962, fil. kand. i arkeologi. Har främst arbetat med undersökningar av förhistoriska boplatser och gravar. Hans huvudintresse är neolitikum och kulturlandskapets utveckling. Arbetar som arkeolog och projektledare på Riksantikvarieämbetet UV Syd i Lund. E-post: sven.hellerstrom@raa.se

Annika Knarrström, f. 1967, fil. kand. och doktorand i medeltidsarkeologi. Forskar kring rumsanalyser och har publicerat artiklar rörande Hammershus borg samt kyrkor. Har arbetat i omgångar på UV Syd sedan 1995, med undersökningar av främst medeltids- och järnålderslämningar. Deltog i utgrävningarna utmed väg 109, som är utgångspunkt för föreliggande studie. Är f. n. verksam som arkeolog på Riksantikvarieämbetet UV Syd i Lund, och är knuten till projektet E4:an i norra Skåne. E-post: annika.knarrstrom@raa.se.

Ingrid Bergenstråhle, f. 1964, fil. kand. i arkeologi. Har tidigare arbetat med arkeologiska undersökningar i Syd- och Mellansverige. Är för tillfället tjänstledig och skriver på sin avhandling om en senmesolitisk boplatsmiljö vid Skateholm i södra Skåne. Har sin ordinarie arbetsplats förlagd till Riksantikvarieämbetet UV Syd i Lund.

Bo Strömberg, f. 1956, fil. kand. och doktorand i arkeologi. Har tidigare arbetat med bosättningar och gravmiljöer från brons- och järnålder i Halland, samt utgrävningar av järnhanteringsplatser. Slutför ett avhandlingsarbete som behandlar frågor kring anläggande, bruk, återbruk och övergivande av gravplatser och orsaker till varför vissa lokaler utformas till gravfält. Arbetar som arkeolog och projektledare på Riksantikvarieämbetet UV Syd i Lund. E-post: bo.stromberg@raa.se

FÖRORD

Du håller, kära läsare, i din hand en bok som har producerats vid Riksantikvarieämbetets Avdelning för arkeologiska undersökningar (UV). Det är en bok som vill förmedla ny kunskap.

Den helt övervägande delen av kunskapsuppbyggnaden inom svensk arkeologi sker inom den avgiftsfinansierade arkeologin, vilken är UV's arbetsfält. Denna forskning skiljer sig från den anslags- och bidragsfinansierade arkeologin, t.ex. universitetsinstitutionernas forskning, i endast ett par väsentliga bemärkelser. Vi väljer inte fullt ut våra undersökningsobjekt. Visserligen baseras alltid valet mellan att undersöka och att inte undersöka på vetenskapliga frågeställningar, men om en fornlämning inte hotas av en förestående exploatering av marken kommer inte undersökningar i fråga. Detta är helt i linje med Kulturminneslagens bevarandeanda och kan även rent vetenskapligt ses som en fördel; man torde få en helt annan representativitet i sina sammanlagda resultat än om man väljer undersökningsobjekt utifrån sina egna förförståelser, och man förbehåller sig möjligheten till oväntade upptäckter. Den andra väsentliga skillnaden mot universitetsinstitutionerna är att vi arbetar med oändligt mycket större resurser än våra fattiga kollegor, med allt vad därtill hör i form av möjligheter för såväl kunskapsinhämtning, som avancerad metodutveckling. I övrigt är vi alla delar av en och samma odelbara disciplin.

Någon verklig kunskapsuppbyggnad kan inte komma till stånd om inte resultaten förmedlas till världen utanför den undersökande institutionen. UV har därför utvecklat en publiceringspolicy som i korthet innebär att resultaten från slutundersökningar presenteras i två steg.

Direkt efter fältarbetets avslutande sammanställs en "Dokumentation av fältarbetsfasen", ett relativt kortfattat dokument, som beskriver undersökningens genomförande, sammanställer de viktigaste basdata och utvärderar resultatet mot den inledningsvis författade undersökningsplanen. Det är en ingång i materialet, knappast mera. Dokumentets primära medium är Internet, eftersom det ligger i allas intresse att få en snabb spridning.

Därefter vidtar arbetet med den vetenskapliga bearbetningen, med fördjupade analyser och jämförande studier, vilket slutligen resulterar i en vetenskaplig artikel eller, i fall av stora komplexa undersökningar, en monografi. Detta andra, och huvudsakliga, steg ersätter gamla tiders rapport, men syftar betydligt högre vetenskapligt sett. Publiceringen sker i UV's egen skriftserie, i vilken också denna volym ingår.

Denna bok skulle kunna betraktas som ett steg 2½. Dess syfte är nämligen att, genom att sammanställa ett större antal artiklar inom ett mer eller mindre välavgränsat tema, söka utvinna ett arkeologiskt mervärde större än summan av delarna, och därtill utan att det kostar uppdragsgivarna en enda krona extra.

Boken handlar om Skåne under i huvudsak det första årtusendet efter Kristi födelse. Ett större antal, av varandra oberoende, undersökningar har bearbetats och de artiklar som detta har resulterat i har lagts samman till en samlingsvolym. Temat är regionalitet. Frågeställningen är om en regionalisering av de arkeologiska lämningarna inom ett så pass begränsat område som Skåne är möjlig och om den i så fall leder till en ökad förståelse av förhistorien och till en större beredskap inför framtida antikvariska och vetenskapliga utmaningar. Det är visserligen sant som Carl-Axel Moberg en gång lär ska ha sagt att "det finns ingen kommunal astronomi heller", men även om man tänker globalt så verkar de flesta av oss regionalt. För det ändamålet behöver vi så skarpa analysinstrument som möjligt.

Ett tredje steg blir naturligtvis att äntligen få skriva de där stora övergripande synteserna av typen "Skånes järnålder", som alla så länge har efterlyst. Det steget är inte långt borta och vi ber att få återkomma i ärendet. Just nu nöjer vi oss med att öppna grinden mellan den mörka datamassan och den ljusa tolkningsgläntan där bakom. Men som alla ser så leder vägen vidare framåt...

MATS MOGREN
Projektchef vid UV Syd i Lund

Skånska regioner

Reflektioner kring regional variation och järnålderns lokalsamhällen i Skåne

ANNE CARLIE

Abstract: Reflections on regional diversity and local societies in Iron Age Scania.

The study of regional diversity in southern Sweden in later prehistoric times is one of the central themes put forth in the Programme for Research Development at UV Syd, the National Heritage Board, Archaeological Excavation Department in Lund. The aim of the introduction is to set the scene for the following articles in this book, in which different aspects of the diversity of material culture in Iron Age Scania are discussed. The point of departure is a theoretical and methodical perspective, focusing on central concepts and modes of interpretation in previous research. One of the fundamental problems discussed in the article concerns how to interpret differences in spatial distribution of the archaeological record. The choice of perspective depends on which aspects of society we want to explore – regarding diversities in social, cultural and/or territorial dimensions of the landscape.

Bakgrund

Under arkeologins barndom och unga år – då utgrävningar fortfarande bedrevs i en ganska blygsam skala – sökte arkeologerna ofta efter likheterna i de materiella lämningarna för att identifiera äldre kulturer och tydliggöra perioder av förändring med relevans för den forntida samhällsutvecklingen. I takt med att antalet arkeologiska undersökningar ökat som en följd av den moderna samhällsutbyggnaden, har även källmaterialet självfallet vuxit betydligt i omfång. Detta har successivt lett till en ökad insikt om att den materiella kulturen även i äldre tiders samhällen präglades av en betydande mångfald.

Tack vare de arkeologiska lämningarnas växande komplexitet börjar vi så smått att ana åtminstone de grova konturerna av hur olika traditioner gestaltats och förändrats över tiden inom olika geografiska områden. Hur man byggde sina långhus och organiserade sina gårdar och åkrar; hur en anständig begravning eller ett offer till gudarna skulle iscensättas och förrättas, tycks således ha sett mycket olika ut beroende på i vilket område man bodde och hur kontakterna med omvärlden såg ut. Ett problem som gör det svårt att bedöma riktigheten i den rumsliga utbredningen av t.ex. enskilda föremålsformer, hus- och gravtyper, är ojämnheter i källmaterialens representativitet mellan regioner. Eftersom det geografiska läget för arkeologiska undersökningar styrs av andra faktorer än rent forskningsmässiga, blir kunskapsbilden inom olika områden och landskapstyper också mer eller mindre detaljerad.

Ett annat och kanske större problem rör hur vi faktiskt ska uttolka betydelsen av rumslig variation i den materiella kulturen. Vilken betydelse ska vi t.ex. tillskriva geografiska skillnader i de sydskandinaviska järnåldersgårdarnas utseende och organisation? Beror olikheterna i byggnadsskick och gårdsstrukturer på praktiska skillnader i t.ex. tillgången till byggnadsmaterial och landskapets naturgeografiska förutsättningar? Eller ska olikheterna förklaras utifrån variationer i de boendes kulturella identitet och/ eller ekonomiska och sociala välstånd? En grundläggande fråga i detta sammanhang är om rumsliga variationer i den materiella kulturen överhuvudtaget har någon relevans för identifikationen av individuella samhällen, stammar och etniska grupper? Eller om de mönster vi kan urskilja i det arkeologiska materialet istället speglar olika sociala nätverk av ekonomisk, ideologisk och politisk betydelse (jfr Shennan 1989:11ff).

Ser vi mer specifikt till de samhällen som under järnåldern befolkade Sydskandinavien, finns det mycket i de senare årens forskning som talar för att dessa var organiserade i olika politiska enheter (jfr Fenger 1971; Ramqvist 1991; Näsman 1991a-b, 1998). Faktum är dock att vi fortfarande vet oerhört lite om hur samspelet mellan de lokala naturgeografiska förutsättningarna i landskapet *och* de sociala nätverken i samhället påverkade framväxten av olika kulturella, etniska och politiska grupper. Detta är bara en av många frågor kring regional mångfald som diskuteras i denna bok.

Val av terminologi och analysredskap

I försöken att närma sig frågor kring den samhälleliga betydelsen av rumslig variation i materiell kultur har just begreppet *regional mångfald* eller *regional variation* visat sig vara en användbar term. Begreppet regional kommer av ordet region som avser en rumslig indelning av landskapet, där regionen utgör en av flera relativa skalnivåer (jfr lokalområde, region, överregionalt område). Mångfald å sin sida används ofta för att beskriva en betydande variation, komplexitet eller skiftande sammansättning hos en bestämd företeelse. Från ett arkeologiskt perspektiv kan det t.ex. handla om variationer i keramikstilar, hus- och gravtyper, offernedläggelser och liknande. Med begreppet regional mångfald avses helt enkelt ett försök till rumslig strukturering av valda företeelser i ett bestämt landskapsrum, där mångfalden i materialen grundas på variationer på den lokala nivån. Hur stora områden som omfattas av olika nivåer kan inte generaliseras, utan varierar i skalnivå i förhållande till landskapets karaktär med grund i de naturgeografiska förutsättningarna.

Fördelen med att använda uttryck som regional mångfald eller regional variation i diskussioner kring kulturella, sociala och territoriella indelningar av äldre tiders samhällen är begreppens värdeneutrala karaktär. Det vill säga dessa ger utrymme för jämförande analyser av variationer i såväl landskapsbilden som i den materiella kulturen, utan att lägga någon explicit värdering i vad lik- och olikheterna i källorna står för. Att språkbruket framför allt vunnit fäste bland arkeologer som tillägnat sig ett kontextuellt förhållningssätt till källmaterialen, är mot denna bakgrund knappast förvånande, eftersom de materiella lämningarnas mångtydighet endast kan förstås utifrån sitt samhälleliga sammanhang. Ett sådant förhållningssätt ger i förlängningen den enskilde arkeologen möjligheter att fritt välja vilket eller vilka tolkningsperspektiv hon/ han vill anlägga på materialen.

Regionala aspekter på den materiella kulturen blir självfallet först tolkningsbara när dessa relateras till det fysiska landskapet, med dess växlande naturbetingelser och resurstillgångar. Det är därför viktigt att försöka fånga variationen i de naturgeografiska förutsättningarna, och dela in landskapet i olika zoner eller rum sett i förhållande till de frågor som ställs till materialet. Ett problem vid rekonstruktioner av äldre sociala och territoriella indelningar är att det aktiva bruket av landskapet gör detta statt i ständig förändring, samtidigt som nutida indelningar och markanvändning påverkar vår förförståelse. Tillämpningen av ett landskapsarkeologiskt perspektiv kan här vara ett sätt att kringgå detta problem, d.v.s. genom att betrakta landskapet som en scen, där människor under olika tider tillbringat och framlevt sina liv – generation efter generation (Fabech m.fl. 1999:20f). Genom människors arbeten, men också genom deras sociala nätverk, kulturella värderingar och förhållningssätt, har miljön successivt omvandlats från ett natur- till ett kulturpräglat landskap – en process som alltjämt fortgår också idag. Ett landskapsarkeologiskt perspektiv ökar här våra möjligheter till utforskning av frågor kring kontinuitet och förändring av landskapets sociala och ideologiska dimensioner.

Regional mångfald – ett centralt tema i UV Syds forskningsstrategi

Regional mångfald är även ett av de övergripande teman som lyftes fram i UV-Syds vetenskapliga program för kontorets verksamhetsplanering för perioden 1999–2002 (Ersgård 1999:66). Inför studiet av regionalitetsförhållanden framhölls bland annat det skånska landskapets rumsliga tudelning som en viktig utgångspunkt – med bördiga slättområden i sydväst och kuperad skogsmark i nordost. Många av arkeologins klassiska problemområden anses i programmet ha en nära koppling till dessa landskapstyper, vilka uppfattas som naturliga och konstanta variabler över tiden, d.v.s. oberoende av det arkeologiska tidsrummet (a.a.1999:66).

Behovet av en kartläggning och analys av regionala förhållanden tillskrivs i programmet en generell aktualitet för samtliga arkeologiska perioder – d.v.s. från stenålder och fram i historisk tid. Det är dock främst i de kronologiska avsnitten som behandlar *Bronsålder – äldre järnålder* samt *Yngre järnålder – historisk tid*, där tankarna kring regionalitet utvecklas närmare. För den yngre järnåldern och senare perioder betonas bland annat nödvändigheten av ett FoU-projekt som syftar till "en regionindelning av Skåne, Blekinge och södra Småland". Denna indelning "bör i första hand baseras på naturförhållanden, bebyggelsemönster och näringsstruktur, samt göras något mer detaljerad än de indelningar som tidigare gjorts" (Mogren och Söderberg 1999:49 med referenser till Campbell 1928; Dahl 1942; Björnsson 1946; Hyenstrand 1979; Callmer 1991 och Fabech 1993). Det av Ulf Sporrong diskuterade begreppet bygd (a.a. 1990) framhålls i sammanhanget som en lämplig term för att fånga samhörigheten – främst ur ett näringsmässigt perspektiv – mellan människan och hennes miljö. Regionindelningen, säger man vidare, ska ha en såväl "arkeologisk, kulturhistorisk som antikvarisk relevans" samt fungera som stöd för "bedömningar i den antikvariska processen" (Mogren och Söderberg 1999:49).

Även i avsnittet som behandlar *Bronsålder – äldre järnålder* ses frågan om regional variation i den materiella kulturen i förhållande till landskapets växlande natur- och kulturgeografiska förutsättningar. Här efterfrågas, som ett av huvudmålen för verksamheten, just en "regionalt välbalanserad bild av bebyggelsen och samhällsstrukturen i Skånelandskapen". Som exempel på lämpliga byggstenar för en sådan analys framhålls olika områdens kulturhistoriska särdrag med avseende på byggnadstraditioner, bebyggelseorganisation, jordbruksstrategier och resursurnyttjande, gravskick och offertraditioner m.m. (Martens och Jakobsson 1999:36). I föreliggande bok är det i första hand frågor kring järnålderns landskap och samhällen i Skåne som står i fokus. Detta hindrar dock inte att de tidsmässiga perspektiven ibland vidgas – såväl bakåt som framåt i tiden – där de arkeologiska materialens kronologiska sammansättning ger ett sådant utrymme. Just anläggandet av ett långtidsperspektiv kan i många fall vara en styrka för att fånga eller synliggöra perioder av kontinuitet och diskontinuitet i samhällsutvecklingen.

Från arkeologiska kulturer till sociala grupper och samhällen

Ambitionen att försöka spåra rumsliga indelningar av landskapet utifrån variationer i den materiella kulturen har en lång tradition inom arkeologiämnet, som ytterst går tillbaka på en kulturhistoriskt inriktad forskningstradition. Medan begreppet kultur i slutet av 1700-talet främst användes med syfte på jordens brukande och odling (jfr franskan *culture*), kom termen under 1800-talet alltmer att avse de långsamt förändrade sedvänjorna hos grupper i samhället med en traditionell livsföring (Trigger 1993:196f). En av de första som tog upp kulturbegreppet och dess betydelse till diskussion var den engelske etnologen E.B. Tylor. I boken *Primitive Culture* presenterade Tylor således den numera klassiska definitionen, nämligen att med kultur avses "den komplexa helhet som omfattar kunskaper, trossatser, konst, moral, lagar, seder och andra färdigheter och vanor som förvärvas av människan som samhällsvarelse" (1871:1). Därmed låg även vägen öppen för arkeologer att på basis av geografiskt och tidsmässigt avgränsade fyndmaterial sätta etiketter på förhistoriska kulturer och i dessa se reminiscenser av olika etniska grupper och folk. Att diskussionen kring arkeologiska kulturgrupper och deras samhälleliga betydelse var särskilt livlig vid tiden omkring förra sekelskiftet, hängde till stor del samman med den dåvarande politiska situationen i Västeuropa som dominerades av nationalstaternas framväxt (jfr Trigger 1993:196ff).

Frågan om den materiella kulturens förmåga att spegla äldre tiders kulturer och samhällen har alltsedan arkeologins barndom utgjort ett av ämnets centrala forskningsfält och problemområden. I takt med att de teoretiska och metodiska grundvalarna förändrats under 1900-talets lopp, har naturligtvis även forskningens syn på det arkeologiska källmaterialets potential att belysa sociala och territoriella indelningar förändrats. Medan det vid tiden före andra världskriget fortfarande var självklart att jämföra arkeologiska kulturer med olika historiskt kända folkslag, har efterkrigstiden istället präglats av en stark reaktion mot att koppla samman det arkeologiska kulturbegreppet med enskilda folk. Denna ökade medvetenhet bland efterkrigstidens arkeologer mot att använda arkeologiska material för politiska och nationalistiska syften, bidrog bland annat till ett mer objektivt och distanserande förhållningssätt till källmaterialet och dess tolkningspotential. Man bör i detta sammanhang nämna David Clarkes introduktion av systemteoretiska arbetsmodeller, med tillämpningen av en hierarkiskt baserad klassifikation av källmaterialet (1968). Med ett systemteoretiskt perspektiv följde även uppfattningen om mänskliga samhällen som underordnade eller anpassade till naturmiljön, vilket i sin tur innebar att samma typer av lagbundna mönster som återfanns i ekologiska system även kunde förväntas i olika typer av människorelaterade samhällssystem. Detta resulterade i ett distanserande förhållningssätt till materialen, där uppmärksamheten snarare fokuserades på att försöka beskriva och förklara de funktionella sambanden mellan olika uppsättningar av den materiella kulturen, än att förstå den sociala betydelsen bakom variationerna i materialen. Först med introduktionen av en kontextuellt orienterad arkeologi i början av 1980-talet, vidgades det analytiska perspektivet till att i större grad beakta betydelsen av enskilda gruppers och individers aktiva bruk av den materiella kulturen för att uppnå olika sociala, politiska eller ideologiska syften (Hodder 1991; 1995:24ff). För att förstå de sociala och andra sammanhang i vilka olika föremål och företeelser använts och brukats i det förflutna, betonas här vikten av att tillämpa ett historiskt perspektiv. Därmed torde också möjligheten öka för att förstå hur variationer i den materiella kulturens sammansättning kan spegla förändrade betydelser och bruk över tiden.

Intresset för landskapets sociala och ideologiska dimensioner har under senare år förstärkts med introduktionen av ett landskapsarkeologiskt perspektiv. Landskapsarkeologins företrädare förnekar inte betydelsen av naturmiljöns variationer som erbjuder olika ekologiska och därmed ekonomiska förutsättningar för mänskliga samhällen. Utan man ser snarare denna som en av flera förklarande faktorer till regional variation, som dock måste balanseras i förhållande till olika aspekter av mänsklig och därmed kulturell påverkan (Fabech m.fl. 1999:20f).

Naturgeografisk och arkeologisk regionindelning

En gemensam nämnare för alla arbeten – oavsett forskningstradition – som diskuterar frågor kring rumsliga variationer i materiell kultur, är behovet av ett bra kartunderlag som illustrerar de topografiska och naturmässiga förutsättningarna inom det område som studeras. Ett av de för nordiskt vidkommande mer systematiska och storskaliga försöken till en regionindelning finner man i Nordiska ministerrådets rapport över regional indelning av Norden (1977:9ff). Utredningen genomfördes som ett led i arbetet med hushållningen med naturresurser, och hade till syfte att inför kommande fysisk planering säkra den biologiska mångfalden, genom att ta fram prioriteringsunderlag för särskilt skyddsvärda naturområden. Ministerrådets regionindelning baserades därför helt på *naturvetenskapliga parametrar* grundade på geologiska, växtgeografiska, klimatiska och landskapsmässiga karakteristika, medan kulturlandskapets innehåll endast berördes perifert. I rapporten framhålls dock att regionindelningen även har "stora samband mellan regiongränser och landskapstyper präglade av människans ingrepp". Därför bör regionindelningen, menar man, även "kunna lämna värdefull information vid översiktlig prioritering och planering av kulturellt vetenskapligt intressanta områden" (a.a. 1977:12). Det är för övrigt bland annat i Nordiska ministerrådet regionindelning vi finner den tudelning av det skånska landskapet som hänvisas till i UV Syds vetenskapliga program (a.a. 1977:74ff).

Åke Hyenstrand var en av de första svenska arkeologer som försökte använda Nordiska ministerrådets resultat som underlag för en arkeologisk regionindelning (Hyenstrand 1979; 1982 och 1984). Vid denna tidpunkt i slutet av 1970-talet höll man inom Riksantikvarieämbetet som bäst på att avsluta den första omgången av fornminnesinventeringen. Genom att ställa samman spridningskartor över olika fornlämningstyper – speciellt gravar – och jämföra dessa med

Nordiska ministerrådets regionindelning, kunde Hyenstrand företa en mer detaljerad indelning som bättre svarade mot kulturhistoriska särdrag (a.a. 1984). Man kan för Skånes vidkommande notera att landskapet indelas i 12 bygdeområden, med utgångspunkt från agglomerationer av gravar. Hyenstrands arkeologiska regionindelning var framför allt tänkt att fungera som underlag för analyser av översiktliga bebyggelsemönster samt äldre territoriella indelningar. Välkänd är t.ex. hans negativa fornlämningskarta över Sydsverige, som på grundval av kvantitativa variationer i antalet fornlämningar, förmodas visa på utbredningen av centrala bebyggelseområden sett i förhållande till mellanliggande obygder eller gränsområden. Hyenstrands resultat fick i slutet av 1970-talet och 1980-talets början ett snabbt genomslag i svensk arkeologi. Hans koncept har, om än i modifierad form, senare använts av andra arkeologer, för att på en översiktlig nivå visa rumsliga variationer i bebyggelsens spridning. För skånskt vidkommande kan nämnas Johan Callmers översiktskarta över järnålderns bebyggelseområden (Callmer 1991), en karta som senare använts och delvis omarbetats av flera andra forskare bland annat för diskussioner kring den yngre järnålderns politiska och territoriella förhållanden (jfr t.ex. Fabech 1993; Svanberg 1999).

Karakteristiskt för flera av dessa arbeten är tillämpningen av ett fågelperspektiv på landskapet, då man försöker spåra till synes meningsfulla spridningsbilder över källmaterialen i förhållande till variationer i landskapets naturgeografiska förutsättningar. De framanalyserade bilderna används sedan, efter källkritiska överväganden, som en grund för tolkningar rörande kulturella eller sociala/ territoriella indelningar. Tidsperspektivet är som regel synkront, i den bemärkelsen att den rumsliga spridningen förväntas spegla olika företeelser kopplade till ett begränsat tidsavsnitt. Detta är för övrigt också ett av de mer centrala problemen vid denna typ av analyser, eftersom ytterst få föremål och fornlämningar de facto kan knytas till så pass snäva tidshorisonter att dessa återspeglar samtida händelseförlopp eller skeenden. Att framställa spridningskartor över olika föremålstyper, hus- och gravformer, och utifrån dessa försöka skriva social eller politisk historia är således ingen oproblematisk uppgift. Det är mot denna bakgrund viktigt att de materiella lämningarnas funktion och betydelse diskuteras och tolkas utifrån sitt kontextuella sammanhang, d.v.s. i de sociala, religiösa, politiska och andra enheter som de en gång skapats och använts. På så sätt ges också arkeologen bättre möjligheter att förhålla sig källkritiskt till olika företeelsers förändringstakt, för att kunna bedöma hur stor tidsmässig spännvidd som kan accepteras i den synkrona analysen.

Territoriell indelning kontra lokala gemenskaper

Studier av regionala förhållanden har ofta anammat ett av historievetenskapens centrala problemområden – nämligen ambitionen att skriva politisk historia. Detta innebär att frågor kring politiska maktstrukturer och territorialitet liksom processen kring den tidiga riksbildningen och nationalstaternas uppkomst ställts i fokus. Bland de större projekt och symposier i Sydskandinavien som varit tongivande inom denna forskningsgren kan särskilt nämnas de två danska bidragen *Fra stamme till stat* (Mortensen & Rasmussen 1988, 1991), *Samfundsorganisation og regional variation* (Fabech & Ringtved 1991) samt det Skånerelaterade forskningsprojektet *Samhällsstrukturen i Sydsverige under järnåldern* mer populärt även kallat Uppåkraprojektet (Larsson & Hårdh 1998).

Medan beforskningen av järnålderns samhällsorganisation länge fokuserades enbart på stormännens och hövdingarnas historia har vi under senare år – i takt med att intresset åter ökat för de sociala, organisatoriska och rättshistoriska grunder som makten baserades på – även sett en förändring av perspektivet mot andra grupper i samhället (jfr Fenger 1971; Iversen 1994; Skre 1998, 2001; Widgren 1998). Bilden av fria och jämnlika bönder har därvid successivt nyanserats och vi börjar åtminstone från en teoretisk synpunkt skapa en medvetenhet kring den sociala komplexitet som präglat järnålderssamhällena sannolikt redan vid tiden omkring Kristi födelse. Genom Tore Iversens avhandling har vi t.ex. fått en god genomlysning av de grupper i samhället som stod längst ner på den sociala rangskalan, nämligen trälar och annan ofri arbetskraft (1994). En annan viktig källa till förståelsen av hur den sena järnålderns samhällen varit organiserade finner man i de äldre landskapslagarna, där bilden av fria självägande bönder kompletteras med andra kategorier av mer eller mindre fria grupper (jfr Fenger 1971).

Eftersom politiska konstruktioner i förstatliga samhällen till stor del byggde på enskilda individers/ släkters maktambitioner, karismatiska ledaregenskaper och förmåga att knyta kontakter, var dessa också bräckliga och förhållandevis kortlivade konstruktioner. Många forskare har här betonat det faktum att makten inte grundades så mycket på rätten till jordegendomar, utan på makt och inflytande över människor liksom kontroll över råvaror och kommunikationer. En framgångsrik ledare hade även förmåga att samla/ ena människor, lösa konflikter, dela ut gåvor till sina underlydande samt inte minst stå på god fot med gudarna och säkra sig deras välvilja.

Utifrån studier av senare tiders politiska och administrativa indelningar vet vi att äldre gränsdragningar till lands normalt inte avtecknade sig som tydliga gränslinjer i landskapet, utan snarare hade karaktären av svårframkomliga ödemarker. Så var t.ex. fallet i de gamla gränsområdena mellan Danmark och Sverige, där den äldsta kända gränsbestämningen som anses ha ägt rum under tidig medeltid, markerades med endast sex stycken stenar. Först under medeltidens senare del i takt med att kraven på gränslinjens tydlighet ökade, bland annat för att underlätta rättskipning, ökade också de synliga märkena utmed gränsen (Karlsjö 1995).

De lokala grupper som under järnåldern befolkade det skånska landskapet märkte troligen inte så mycket av den/de hövdingar eller småkungar som hade den överordnade politiska makten. Det sociala och identitetsskapande kittet mellan människorna torde istället ha funnits i den lokala vardagsmiljö där man framlevde sina liv. Människor som bodde i samma trakt talade förmodligen samma dialekt och var släktmässigt sammanflätade genom lokala giftermål. Man samarbetade sannolikt även på flera olika sätt i jordbruket; hade tillgång till samma betesmarker och resurser på utmarken; hjälptes åt i vissa mer arbetskrävande situationer som t.ex. när man på en gård skulle bygga ett nytt hus. Många bönder i samma trakt var dessutom förmodligen förenade med lojalitetsband till samme herreman i utbyte mot dennes tillhandahållande av värn i orostider. Sådana folkliga eller bygderelaterade sedvänjor kan, som det bl.a. visats i olika etnologiska arbeten (t.ex. Campbell 1928), vara lättare att identifiera såväl landskapshistoriskt som i den materiella kulturen, jämfört med politiskt och territoriellt definierade indelningar.

Järnålderns regioner – en fråga om att välja perspektiv?

Den ovan förda diskussionen rörande relationen mellan olika sociala gruppers intressen och behov i ett samhällssystem med hierarkisk uppbyggnad, leder oundvikligen fram till frågan om vilka gruppers historia vi söker kunskap om? Är det den sociala elitens historia och maktens landskap vi vill fånga, karakteriserad av snabba förändringar i de materiella lämningarna, beroende på förändringar i de sociala, ekonomiska och maktpolitiska nätverken mellan olika ledare och deras släkter? Eller är det istället de långsamma och sega sociala och ekonomiska strukturerna i samhället vi söker fånga, med förankring i den lokala agrarbefolkningens behov av ekonomisk trygghet, rättsskydd/ värn och social gemenskap?

Ett problem som komplicerar bilden är att järnålderns lokalsamhällen sannolikt inte i alla områden varit underställda ett regionalt maktcentrum. Eftersom den samlade energin bland olika forskare främst koncentrerats på att spåra platser med centrala funktioner, har man inte ägnat samma kraft åt att söka motbilder. Vi vet därför idag oerhört lite om de samhällen som befolkade landskapet utanför centralplatsernas räckvidd och kontroll. Anläggandet av heterarkiskt perspektiv kan här vara till viss hjälp för att hitta alternativa sätt att förklara regional mångfald i områden med en perifer belägenhet i förhållande till kända centra. Likheter och olikheter i materiell kultur behöver således inte ha sin grund i maktrelationer, utan kan även bero på andra faktorer. Det kan t.ex. handla om släkt- och vänskapsrelationer eller om likheter i näringsstrukturen som främjat olika typer av samarbeten och i förlängningen även den kulturella identiteten (jfr Crumley 1995: 1ff).

Ett sätt att mäta graden av hierarki i ett forntida samhällssystem kan vara att undersöka hur bebyggelse, bosättningsmönster, markanvändning och resursutnyttjande varit organiserat. I områden med en mindre hierarkiskt uttalad struktur kan vi således förvänta oss att finna en större grad av homogenitet i bebyggelsebilden, samtidigt som bosättningsmönster och markanvändning bör ha präglats av en större rörlighet och flexibilitet vad gäller tillgången till olika land- och vattenområden, råvaror, färdleder etc. Inom områden som dominerats av en överordnad politisk struktur borde vi på motsvarande sätt kunna skönja olika tecken i det arkeologiska materialet på centralitet och kontroll. Förutom en större variation mellan olika bebyggelser i ekonomiskt och socialt välstånd, borde centraliteten ge sig till känna i form av ett mer reglerat bebyggelsemönster liksom kontroll av viktiga land- och vattenområden, naturresurser och kommunikationsleder.

Ser vi mer specifikt på förhållandena i Skåne, tror vi oss idag veta att det åtminstone under folkvandringstid fanns två politiska maktcentra av överordnad karaktär, nämligen Uppåkra och Vä. Av dessa låg Uppåkra i landskapets sydvästra del, med en central placering på den bördiga och kalkrika lermoränen, medan Vä å sin sida låg i landskapets nordöstra del, även denna med ett relativt centralt läge på den kalkrika och lättodlade Kristianstadslätten (se t.ex. Fabech 1993). Det har i olika sammanhang föreslagits att platserna fungerade som ekonomiska, politiska och möjligen religiösa centra för två självständiga bygdeområden. En intressant fråga i detta sammanhang är hur de samhällen som befann sig på gränsen eller utanför dessa bygder ska karakteriseras i socialt och politiskt hänseende? Charlotte Fabech har utifrån sina studier av järnålderns offerfynd här bl.a. pekat på de ansatser till centralbebyggelser i mellersta Skåne som under folkvandringstid ger sig till känna i form av s.k. likfärdsofferfynd. Bilden av den yngre järnålderns samhällsstruktur har med de senare årens undersökningar differentierats i flera avseenden. Således börjar även andra miljöer med centralitet att teckna sig i materialen. Det handlar dock främst om miljöer i södra Skåne, däribland Ravlunda (Fabech 1998) och Järrestad (Söderberg 2001), medan de bebyggelser som undersökts i landskapets inre och norra delar hittills inte visat prov på någon större grad av social stratifiering (se Helgesson 2002). Jag har i annat sammanhang föreslagit att de stora gravfälten med resta stenar och skeppssättningar som anlades i inlandet under yngre järnålder, skulle kunna ses som ett uttryck för en större grad av lokal självständighet sett i förhållande till Vä och Uppåkra (Carlie 1994:202). De arkeologiskt undersökta boplatsmaterialen från dessa områden är dock fortfarande alltför fåtaliga för att vi ska kunna ta närmare ställning till denna fråga.

Det ojämna arkeologiska källäget inom olika delar av Skåne får dock inte hindra anläggande av ett större helhetsperspektiv på de samhällen som befolkade regionen. Ett klargörande av eventuella skillnader i den sociala och politiska organisationen framstår här som en grundläggande uppgift, för att förstå innebörden av de materiella lämningarnas rumsliga variation. Den stora svårigheten och utmaningen för oss arkeologer består här av att försöka särskilja de element som använts för att manifestera en särskild social position eller militär/ politisk rang, från de företeelser som i mera vid bemärkelse varit ett uttryck för människors kulturella identitet och känsla av grupptillhörighet.

Skånska regioner – fanns dom? Eller om inledningen till en oskriven historia…

Artikelsamlingen i denna bok ska ses som ett första steg i ett mera långsiktigt arbete som syftar till att fördjupa våra kunskaper om järnålderssamhällenas regionala mångfald i Skåne. Genom att rikta uppmärksamheten mot enskilda platser och miljöer i landskapet och studera hur dessa använts och brukats av samtidens människor, vill vi synliggöra de lokala samhällena och den stora mångfald som de arkeologiskt framtagna materialen representerar.

En särskild svårighet i detta sammanhang är att inga av de platser som presenteras i boken undersökts med syfte att mer specifikt belysa frågor kring regionalitet, utan de frågeställningar som ställdes i anslutning till varje projekt/ undersökning har i första hand sin grund i de platsspecifika och andra förutsättningar som var rådande i det enskilda fallet. Först i efterhand, inför arbetet med denna bok, formulerades en gemensam viljeyttring att så långt de enskilda platserna medger anlägga regionala aspekter på materialen. Som ett pedagogiskt grepp för att uttrycka denna kollektiva vilja har de sexton artiklar som ingår i boken ordnats utifrån undersökningarnas belägenhet i olika geografiska block, vilka svarar mot Skånes fyra hörn. Artiklarnas antal varierar dock betydligt inom respektive block. De flesta bidrag kan således i rumsligt hänseende knytas till landskapets sydvästra del, medan bidragen från övriga delar är färre till antalet. Skillnaderna i den geografiska spridningen återspeglar emellertid i stor utsträckning variationer i de uppdragsarkeologiska undersökningarnas kvantitativa fördelning inom regionen, något som i sin tur hänger samman med skillnader i exploateringstrycket inom landskapet. Att det i boken helt saknas artiklar från sydöstra Skåne beror dock inte på frånvaron av undersökningar inom detta område, utan är främst ett resultat av olika praktiska och publiceringsstrategiska omständigheter. Vi ber därför att få återkomma till denna intressanta del av det skånska landskapet i framtida publikationer från UV Syd.

Den arkeologiska tyngdpunkten i de platser och material som behandlas i boken ligger i första hand på olika boplatslämningar, vilket också är den fornlämningstyp i Skåne som oftast berörs av uppdragsarkeologiska undersökningar. Även platser med gravar och kultutövning, finns emellertid representerade i materialen, liksom miljöer med järnhantering och annan hantverksutövning. Det agrara landskapets organisation belyses främst utifrån undersökningar av röjningsröseområden; de sistnämnda huvudsakligen exemplifierade genom material från landskapets norra delar. De flesta platser och material som diskuteras i boken har sin kronologiska tyngdpunkt förlagd i järnålder, med särskild tonvikt på periodens äldre del. Ytterst få platser är emellertid tidsmässigt helt fria från äldre eller yngre inslag, eftersom dåtidens människor ofta valda att återvända till samma platser i landskapet. Detta förhållande i kombination med att många kulturella företeelser löper på tvärs av de traditionella periodövergångarna, är ett viktigt argument för att vi även bibehåller ett långtidsperspektiv på förändringarna i samhällsutvecklingen och hur dessa återspeglas på den lokala och regionala nivån.

Tack!
Till Mats Mogren och Per Lagerås på Riksantikvarieämbetet, UV Syd och Ole Stilborg, Keramiska Forskningslaboratoriet, Lunds Universitet, för konstruktiv kritik och förslag till förbättringar av artikeln.

Referenser

Callmer, J. 1991. Territory and dominion in the Late Iron Age in southern Scandinavia. I Jennbert, K, Larsson, L. Petré, R. & Wyszomirska-Werbart, B. (red.). *Regions and reflections.* In honour of Märta Strömberg. Acta Archaeologica Lundensia. Series in 8°. No 20. Almquist & Wiksell International. Stockholm, s. 257-273.

Campbell, Å. 1928. *Skånska bygder under förra hälften av 1700-talet. Etnologiska studier över den skånska allmogens äldre odlingar, hägnader och byggnader.* Uppsala.

Carlie, A. 1994. *På arkeologins bakgård. En bebyggelsearkeologisk undersökning i norra Skånes inland baserad på synliga gravar.* Acta Archaeologica Lundensia Series in 8° No. 22. Almqvist & Wiksell International. Stockholm.

Clarke, D.L. 1968. *Analytical Archaeology.* Methuen. London.

Crumley, C.L. 1995. Heterarchy and the Analysis of complex societies. I Ehrenreich, R.M., Crumley, C.L., & Levy, J. (Eds). *Heterarchy and the analysis of Complex Societies.* Archaeological Papers of the American Anthropological Association number 6 s. 1-5.

Ersgård, L. 1999. Slutkommentar. I Vetenskapligt program för UV Syd 1999-2002. Riksantikvarieämbetet. Avdelningen för arkeologiska undersökningar. *UV Syd Rapport* 1999:35 s. 66-67.

Fabech, C. 1993. Skåne – et kulturellt og geografiskt grænseland i yngre jernalder og i nutiden. *TOR* vol 25, s.201-245.

Fabech, C. & Ringtved, J. 1991. (red.). *Samfundsorganisation og Regional Variation. Norden i Romersk Jernalder og Folkevandringstid.* Beretning fra 1. Nordiske jernaldersymposium på Sandbjerg Slot 11. – 15. April 1989. Jysk Arkæologisk Selskabs Skrifter XXVII.

Fabech, C. & Ringtved, J.1995. Magtens geografi i Sydskandinavien. I Resi, H.G. (red.). *Produksjon og samfunn. Om erverv, spesialisering og bosetning i Norden i 1. Årtusind e. Kr.* Universitetets Oldsaksamling. Varia 30. Oslo, s. 11-37.

Fabech, C. 1998. Kult og samfund i yngre jernalder – Ravlunda som eksempel. I Larsson, L. & Hårdh, B. (red.). *Centrala platser, centrala frågor. Samhällsstrukturen under järnåldern. En vänbok till Berta Stjernquist.* Acta Archaeologica Lundensia. Series in 8° No. 28. Uppåkrastudier 1. Almqvist & Wiksell International. Stockholm, s. 147-163.

Fabech, C., Hvass, S., Näsman, U. & Ringtved, J. "Settlement and Landscape" – a presentation of a research programme and a conference. I Fabech, C. & Ringtved, J. (Eds.). *Settlement and Landscape. Proceedings of a conference in Århus, Denmark. May 4-7 1998.* Jutland Archaeological Society. Aarhus, s. 13-28.

Fenger, O. 1971. *Fejde og mandebod. Studier over slægtsansvaret i germansk og gammeldansk ret. Juristforbundet.* København.

Nordiska ministerrådet 1977. *Naturgeografisk regionindelning av Norden.* Nordiska ministerrådet B 1977:34. Stockholm.

Helgesson, B. 2002. Järnålderns Skåne. Samhälle, centra och regioner. Uppåkrastudier 5. Acta Archaeologica Lundensia in 8° No. 22. Almqvist & Wiksell International. Stockholm.

Hodder, I. 1982. *Symbols in action.* Cambridge University Press. Cambridge.

Hodder, I. 1998. *Theory and practice in archaeology.* Routledge. London and New York. First published in 1992.

Hyenstrand, Å. 1979. *Arkeologisk regionsindelning av Sverige.* RAÄ. Dokumentationsbyrån. Arbetshandlingar. Stockholm.

Hyenstrand, Å. 1982. *Forntida samhällsformer och arkeologiska forskningsprogram.* RAÄ dokumentationsbyrån. Arbetshandlingar. Stockholm.

Hyenstrand, Å. 1984. Fasta fornlämningar och arkeologiska regioner. *RAÄ och SHM rapport* 1984:7. Stockholm.

Iversen, T. 1997. *Trelldommen. Norsk slaveri i middelalderen.* Historisk Institutt, Universitet i Bergen. Skrifter nr 1.

Karlsjö, B. 1995. *Skånes och Blekinges riksgräns. Dokumentation av de två danska landskapens gräns mot svenska Småland.* Skrifter utgivna genom Dialekt- och ortnamnsarkivet i Lund. Lund.

Larsson, L. & Hårdh, B. 1998 (Red.). *Centrala platser. Centrala frågor. Samhällsstrukturen under järnåldern.* En vänbok till Berta Stjernquist. Acta Archaeologica Lundensia Series Series in 8° No. 28. Uppåkrastudier 1. Almqvist & Wiksell International. Stockholm

Martens, J. & Jakobsson, B. 1999. Bronzealder – ældre jernalder. I Vetenskapligt program för UV Syd 1999-2002. Riksantikvarieämbetet. Avdelningen för arkeologiska undersökningar. *UV Syd Rapport* 1999:35, s. 30-39.

Mogren, M. & Söderberg, B. 1999. Yngre järnålder – historisk tid. I Vetenskapligt program för UV Syd 1999-2002. Riksantikvarieämbetet. Avdelningen för arkeologiska undersökningar. *UV Syd Rapport* 1999:35, s. 40-49.

Mortensen, P & Rasmussen, B.M. (red.) 1988. *Fra stamme til Stat i Danmark. Bd 1. Jernalderens stammesamfund.* Jysk Arkæologisk Selskabs Skrifter XXII:1. Århus.

Mortensen, P & Rasmussen, B.M. (red.) 1991. *Fra stamme til Stat i Danmark. Bd 2. Høvdingesamfund og Kongemagt.* Jysk Arkæologisk Selskabs Skrifter XXII:2. Århus.

Näsman, U. 1988: Analogislut i nordisk jernalderarkæologi. Et bidrag til udviklingen af en nordisk historisk etnografi. I Mortensen, P. & Rasmussen, B.M. (red.). *Fra stamme til Stat i Danmark. Bd 1. Jernalderens stammesamfund.* Jysk Arkæologisk Selskabs Skrifter XXII:1. Århus, s. 123-140.

Näsman, U. 1991a. Det syvende århundrede – et mørkt tidsrum i ny belysning. Mortensen, P. & Rasmussen, B.M. (red). *Fra stamme til Stat i Danmark Bd 2. Høvdingesamfund og Kongemagt.* Jysk Arkæologisk Selskabs Skrifter XXII:2. Århus, 165-176.

Näsman, U. 1991b. Nogle bemerkninger om det nordiske symposium "Samfundsorganisation og Regional Variation" på Sandbjerg Slot den 11. – 15 april 1989. I Fabech, C. & Ringtved, J. (red.). *Samfundsorganisation og Regional Variation. Norden i Romersk Jernalder og Folkevandringstid.* Beretning fra 1. Nordiske jernaldersymposium på Sandbjerg Slot 11. – 15. April 1989. Jysk Arkæologisk Selskabs Skrifter XXVII, s. 321-328.

Näsman, U. 1998. Sydskandinavisk samhällsstruktur i ljuset av merovingersk och anglosaxisk analogi, eller i vad är det som centralplatserna är centrala? I Larsson, L. & Hårdh, B. (red.). Centrala platser, centrala frågor. Samhällsstrukturen under järnåldern. En vänbok till *Berta Stjernquist.* Acta Archaeologica Lundensia. Series in 8° No. 28. Uppåkrastudier 1. Almqvist & Wiksell International. Stockholm, s. 1-26.

Ramqvist, P. 1991. Perspektiv på regional variation och samhälle i Nordens folkvandringstid. I Fabech, C. & Ringtved, J. (red.). *Samfundsorganisation og Regional Variation. Norden i Romersk Jernalder og Folkevandringstid.* Beretning fra 1. Nordiske jernaldersymposium på Sandbjerg Slot 11. – 15. April 1989. Jysk Arkæologisk Selskabs Skrifter XXVII, s. 305-318.

Shennan, S.J. 1989. Introduction: archaeological approaches to cultural identity. I Shennan, S. J. (Ed.). *Archaeological Approaches to Cultural Identity.* One World Archaeology 10. London. Unwin Hyman, s. 1-32.

Sporrong, U. 1990. Landsbygden som forskningsobjekt. Metoder och synsätt för studiet av historiska landskap. *META* 1990:1-2, s. 3-13.

Skre, D. 1998. *Herredømmet. Bosetning og besittelse på Romerike 200-1350 e. Kr.* Acta Humaniora 32. Universitetsforlaget. Oslo.

Skre, D. 2001. The Social Context of Settlement in Norway in the First Millennium AD. *Norwegian Archaeologica Review*, Vol 34, No. 1, s. 1-12.

Svanberg, F. 1999. *I skuggan av vikingatiden. Om Skåne, Halland, Blekinge och Själland.* Lund.

Söderberg, B. 2001. Järnålderns Järrestad. I *Österlen. Tidsresa längs Tommarpsån.* Österlens museum, s. 55-83.

Trigger, B.G.. 1993. *Arkeologins idéhistoria.* Brutus Östlings Bokförlag Symposium Stockholm/ Stehag.

Widgren, M. 1998. Kulturgeografernas bönder och arkeologernas guld – finns det någon väg till en syntes? I Larsson, L. & Hårdh, B. (red.). *Centrala platser, centrala frågor. Samhällsstrukturen under järnåldern. En vänbok till Berta Stjernquist.* Acta Archaeologica Lundensia. Series in 8° No. 28. Uppåkrastudier 1. Almqvist & Wiksell International. Stockholm, s. 281-296.

Skånska järnåldersskördar

Växtmakrofossilanalyser och odlingshistoriska iakttagelser från tolv boplatser

MATS REGNELL

Abstract: Scanian Iron Age harvests. Plant macro- fossil analyses and farming history from twelve settlements.

Macrofossil data from settlement sites from different parts of Scania were studied for assessment of local variations in Iron Age farming economy. The assemblages were generally too small to provide anything but indications. Some suggestive interpretations were however put forward. The north-eastern part of the area shows a change in farming practices during the middle part of the Roman Period, which may be associated with an over-all change in land use. A site in the south-western part of the province displayed cereals that contrasted with contemporaneous compositions in Southern Scandinavia. These differences may be the result of trade, which is reflected on the site in other ways. No clear increase in frequencies of weeds can be seen throughout the Iron Age, thus the gradually increasing importance of manure noted in previous studies is not indicated.

Bakgrund

Syftet med denna artikel är flerfaldigt. Ett syfte är att sammantaget presentera botaniska analyser av prover från undersökningar av järnåldersboplatser som utförts på UV Syd under de senaste åren, men som av olika skäl ännu inte har rapporterats. Ett annat syfte är att sammanställa information om växtfynd från olika delar av Skåne för att kunna se om och hur områden kan särskiljas med avseende på agrar ekonomi under järnåldern. En initial hypotes är att det *fanns* skillnader i odlingsekonomin inom Skåne under järnåldern, framför allt mellan sydvästra Skånes näringsrika kalkmoränområde och norra Skånes urbergspräglade och näringsfattigare marker, och att dessa skillnader återspeglas i botaniska analyser. En övergripande ansats i denna studie är att jämföra den bördiga sydvästra delen av Skåne med resterande del av landskapet. Rumsliga eller tidsmässiga variationer i utnyttjande och organisation av landskapet har rimligtvis funnits i Skåne under loppet av järnåldern. En frågeställning i denna artikel är i vilken utsträckning dessa variationer kan spåras genom övergripande studier av analyser från olika platser under olika perioder.

Den hittills viktigaste enskilda ambitionen att karakterisera det förhistoriska jordbrukets utveckling i Skåne är det så kallade Ystadprojektet, i vilket kulturhistoriska och naturvetenskapliga hypoteser, metoder och resultat sammanfördes. De synteser och ställningstaganden som projektet resulterade i har sin betydelse främst för det aktuella undersökningsområdet, d.v.s. sydligaste Skåne. Men bland de övergripande målen för projektet innebar den första punkten att beskriva samhällets och landskapets utveckling i ett område representativt för södra Sverige (Berglund 1991:13). Inom området återfanns en zonering från kust till inland, från bördiga till näringsfattigare jordar och från "centrala" till "marginella" bosättningsområden. Det senare avsåg främst nutid men förmodades även gälla under förhistorisk och historisk tid (a.a. 1991: 26).

Utöver Ystadprojektet finns det fram till idag mycket få vegetationshistoriska studier utförda i Skåne som försöker beskriva odlingslandskapets utveckling under förhistorisk tid. Exempel på pollenanalytiska undersökningar där syftet åtminstone delvis har varit att beskriva odlingsekonomins lokala utveckling har utförts på Söderåsen (Göransson 1999), vid Vittsjö i nordligaste Skåne (Karlsson 2000), i Baldringe norr om Ystad (Lagerås 1992) och vid Hässleholm (Lagerås i denna volym). Dessa undersökningar är inte tillräckliga för att sammantaget ligga till grund för en beskrivning av den skånska odlingsekonomins utveckling under förhistorien. Det saknas t.ex. pollenanalytiska data från fullåkersbygden i sydvästra Skåne. Det pågår för närvarande projekt som framöver kommer att komplettera underlaget. Framför allt de stora arkeologiska projekten i samband med Öresundsförbindelsen vid Malmö, väg E4 i norra Skåne och Västkustbanan längs den Skånska Öresundskusten kommer att generera stora mängder ny information av intresse för odlingshistorisk forskning (det tidigare med Malmö Kulturmiljö som huvudman, de båda senare med UV Syd).

Växtmakrofossilanalyser av boplatsmaterial utförs ofta i syfte att studera den lokala odlingsekonomin där målsättningen är att undersöka vilka grödor som utnyttjades på den aktuella platsen; i vilken utsträckning gödsling förkom; vilka

	Ant. fynd	Skalkorn	Naket korn	Korn i allmänhet	Råg	Brödvete	Havre	Emmer	Enkorn	Hirs
Förromersk järnålder	165	68	13	7	1	-	8	1	1	-
Romersk järnålder	620	76	17	1	0,3	1	3	1	0,5	0,5
Äldre järnålder sammantaget	**868**	**73**	**16**	**2**	**1**	**1**	**5**	**1**	**1**	**0,3**
Folkvandringstid	80	54	3	4	8	-	14	4	-	15
Vendeltid	57	46	30	5	-	11	9	-	-	-
Vikingatid	325	48	16	1	10	15	10	0,3	-	-
Yngre järnålder sammantaget	**714**	**43**	**15**	**2**	**8**	**19**	**10**	**1**	**1**	**2**

Sammanställning av cerealiafynd från Sverige (värden från Hjelmqvist 1979; i huvudsak fynd från Skåne). "Ant. fynd" anger hur många cerealiafynd som sammantaget var kända från respektive period. De olika sädesslagen är angivna i procent av förekomsten av det sammantagna antalet bestämda sädeskorn.

Compilation of cereal finds from Sweden (numbers from Hjelmqvist 1979; mainly finds from Skåne). "Ant. fynd" shows the number of cereal finds totally known from each period. The different cereal types are presented as a percentage of the total amount of determined cereal grains.

jordtyper som brukades osv. Sammanställningar av makrofossilanalyser har legat till grund för slutsatser kring den odlingsekonomiska utvecklingen i Sydsverige. Hjelmqvist (1955, 1979) sammanförde ett stort antal analyser som bland annat ledde till slutsatsen att skalkorn var den vanligaste grödan under järnåldern. Skalkorn var tydligt dominerande under äldre järnålder, medan vete, havre och råg fick viss betydelse under yngre järnålder.

Hjelmqvist visar i sin översikt att naket korn och skalkorn i ungefär lika andelar var de mest framträdande sädesslagen i Sverige under yngre bronsålder. Men skalkorn kom att bli dominerande vid övergången till äldre järnålder och som bakomliggande orsak förslår Hjelmqvist klimatförsämring och hänvisar till Kroll (1975:129). Att naket korn i Sverige inte helt kom ur bruk under järnåldern, vilket skedde t.ex. i Holland, förklaras med att mjölet av naket korn gav ett finare bröd än skalkorn och därför odlades trots att det var mer klimatkänsligt (Hjelmqvist 1979:53). Hjelmqvist föreslår vidare att rågen blev införd till Sverige från öster och inte från söder. Att vetet under yngre järnålder var vanligare i östra Mellansverige än i Sydsverige skulle i likhet med rågens införselvägar vara avhängigt lokala kontakter med områden i östra och sydöstra Europa.

Från Ystadprojektets undersökningar och med främsta utgångspunkt i det förkolnade växtmaterialet från ett hundratal jordprover, karakteriserades järnålderns odlingsekonomi i det aktuella området (Engelmark 1992). Under äldre järnålder dominerade skalkorn och ogräsen präglades av arter som normalt trivs i permanenta och gödslade åkrar. Detta tolkades som att den under tidigare perioder extensiva odlingen under förromersk järnålder ersattes med ett ensädesbruk och att det sädesslag som bäst svarade på "heavy manuring" (Engelmark 1992:372) primärt var

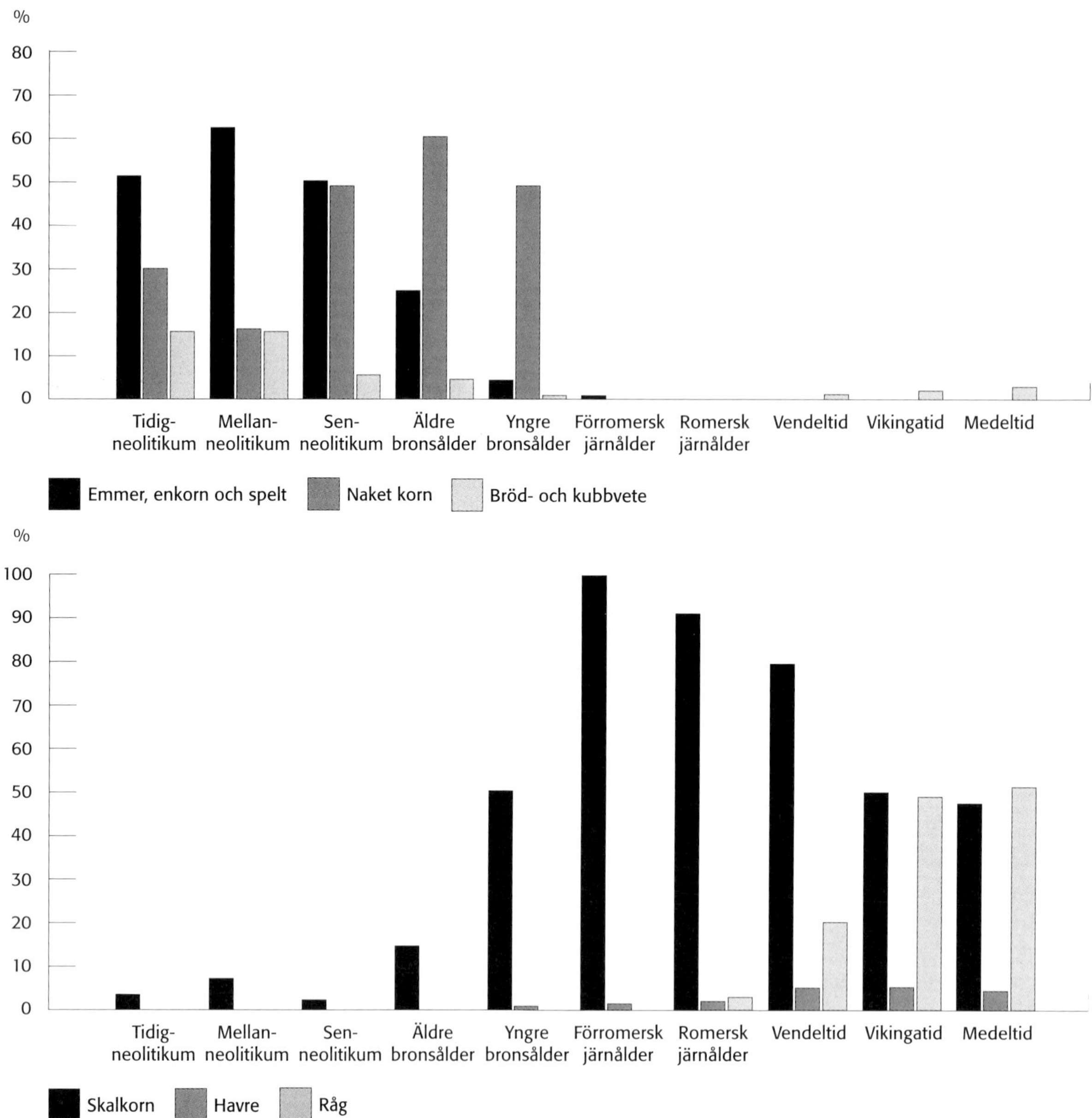

Procentfrekvenser av sädeskorn från olika arkeologiska perioder i Skåne. De två äldsta perioderna är främst baserade på intryck i keramik. Folkvandringstid är inte inkluderad på grund av för lite data (från Engelmark 1992).

Percentages of cereals from different periods in Skåne. The two oldest periods are mainly based on imprints in pottery. The Migration Period is not included due to lack of data (from Engelmark 1992).

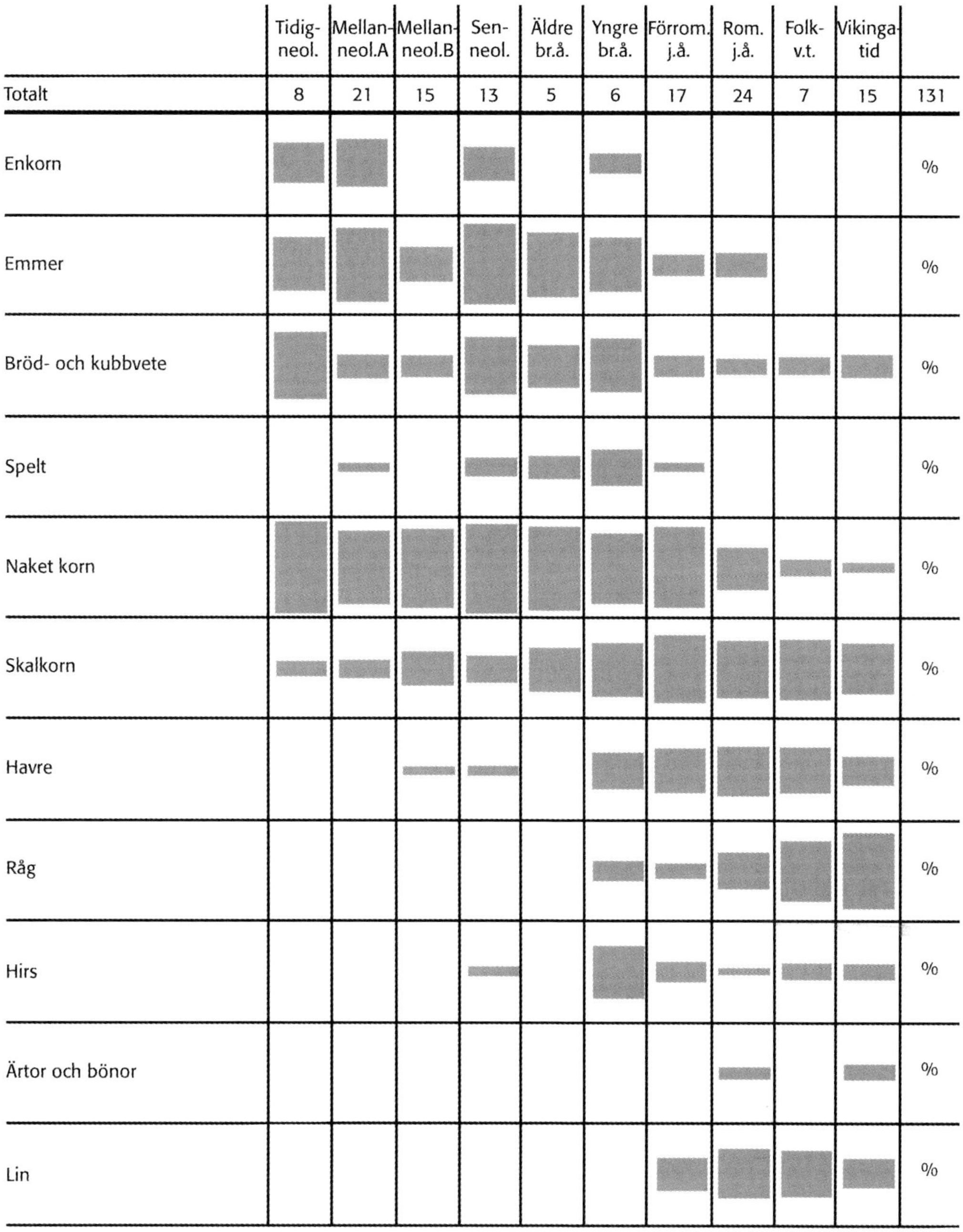

	Tidig-neol.	Mellan-neol.A	Mellan-neol.B	Sen-neol.	Äldre br.å.	Yngre br.å.	Förrom. j.å.	Rom. j.å.	Folk-v.t.	Vikinga-tid	
Totalt	8	21	15	13	5	6	17	24	7	15	131
Enkorn											%
Emmer											%
Bröd- och kubbvete											%
Spelt											%
Naket korn											%
Skalkorn											%
Havre											%
Råg											%
Hirs											%
Ärtor och bönor											%
Lin											%

Sammanställning av odlade växters förekomst under förhistorien i Danmark. Förekomsterna är återgivna i procent av det totala antalet fyndplatser från respektive period och tar ingen hänsyn till absoluta antal (från Robinson 1993).

Compilation of cultivated plants from the prehistory of Denmark. Each presence is shown as a percentage of the total sum of sites from each period (from Robinson 1993).

skalkorn. Det skulle alltså inte vara klimatförsämring som ledde till ett skifte av dominerande sädesslag, utan den nytillkomna praxis som gödsling av permanenta åkrar innebar. Under romersk järnålder introducerades råg och lin, vilket ansågs var möjligt när rotationsbruk var infört. Att ett mer regelbundet roterande flersädessystem utvecklades under yngre järnålder ansågs påvisat genom att skalkorn och råg efter hand kom att uppvisa lika stora proportioner i fyndfrekvenserna (se s. 28). Införandet av in- och utmark (vid övergången mellan yngre bronsålder/äldre järnålder) samt introduktionen av tre-sädessystemet (övergången mellan äldre-/yngre järnålder) skedde samtidigt med två av de expansionsfaser som kunde urskiljas i Ystadprojektets pollenanalytiska studier (Berglund 1988). In-/utmark ska i detta sammanhang ses i en vid bemärkelse. För diskussion kring begreppet se Connelid, denna volym. Rågens ökade betydelse under sen järnålder/tidig medeltid har även förklarats genom introduktionen att baka rågbröd, en tradition som hade sitt ursprung söderöver (Viklund 1998).

För Danmarks vidkommande ser förändringen av sädesslagens sammansättning under järnåldern lite annorlunda ut (Robinson 1993). I Robinsons studie återges sädesslagen i procent av de platser där de förekommer under respektive period (se s. 29). I sammanställningen är enbart de förekomster medräknade som innehåller mer än 50 fynd av odlade växter. I de danska fynden är råg vanligt förekommande under yngre järnålder och är det mest frekventa sädesslaget under vikingatid. Havre uppträder under hela järnåldern i 20–30 % av fyndplatserna, dock avtar förekomsten under vikingatid. Naket korn är vanligare än skalkorn under förromersk järnålder, men under senare perioder överväger förekomsten av skalkorn.

Även om de sammanställningar som nämnts här delvis är presenterade på olika vis så kan vissa jämförelser göras. Det som verkar skilja den danska järnåldersodlingen från den skånska är att:

- Skalkorn i Skåne blir det dominerande sädesslaget vid övergången från bronsåldern, i Danmark sker detta senare.
- Råg är under yngre järnålder – framför allt mot slutet av perioden – vanligare i Danmark än i Skåne.
- Havre är under hela järnåldern vanligare i Danmark än i Skåne.

Dessa synteser ska jämföras med den här presenterade sammanställningen där ett urval nyligen utförda analyser redovisas.

Platser och metodik

Under de senaste åren har boplatsundersökningar som utförts av UV Syd resulterat i ett antal makrofossilanalyser som av olika skäl inte rapporterats. I samband med denna artikel redovisas totalt 965 prover från 12 platser där sammantaget mer än 800 liter jord har analyserats. Fullständiga fyndtabeller från respektive plats med anläggningsnummer, provvolym, anläggningstyp, kontexttillhörighet och periodbestämning återfinns på den cd-rom som bifogats denna volym. Lokalerna har med ett undantag (Hjärup) flera olika bosättningsfaser representerade och de har en blandning av anläggningstyper

		Antal prover	Σ Volym (l.)	Sädeskorn x/l.	Referenser
A	Bromölla	177	145	2,5	Stark 2000, Hellerström denna volym
B	Klörup	165	168	6,1	Torstensdotter Åhlin & Bergenstråhle 2000, Bergenstråhle & Stilborg denna volym
C	Löddeköpinge 12:28	45	45	27,0	Svanberg & Söderberg 2000
D	Hjärup	43	50	11,9	Runcis 1998, Carlie denna volym
E	St. Köpinge	52	59	2,2	Andersson 2000b
F	Löddeköpinge 23:3	18	14	13,0	Stark 2001
	Ramlösagården	72	56	1,8	Aspeborg & Mårtensson 2001, Aspeborg denna volym
	Kvidingefältet	75	56	0,4	Aspeborg 1999, Ericson denna volym
	V. 115	99	76	0,5	Strömberg 2000, Strömberg m. fl. denna volym, Fendin denna volym
	V. 23	74	52	0,2	Andersson 2000a, Lagerås denna volym, Carlie denna volym
	Ö. Torn	38	23	2,5	Ericson
	V. 109	107	84	1,4	Knarrström & Olsson 2000, Knarrström denna volym
		(965)	(828)		

Platser som redovisas i detta arbete. Analyserna från platserna A–F är inkluderade i diagram i texten och redovisas dessutom i sin helhet på bifogad cd-rom. De övriga platserna innehöll för små fyndmängder för att ingå i diagramsammanställningar men redovisas även de i sin helhet på bifogad cd-rom.

Sites included in the paper. Analyses from sites A–F are indicated in diagrams in the paper and are also presented separately on the attached cd-rom. Other sites did not hold enough finds to be integrated in the diagrams, but are included in the cd-rom.

som normalt återfinns på skånska boplatser. I artikelns sammanställning tas ingen särskild hänsyn till kontexttyper, utan prover från huslämningar, gropar, härdar, brunnar etc. är inkluderade utan urskillnad. Fynden är emellertid noggrant grupperade utifrån kronologi. Dock har övergången mellan förromersk och romersk järnålder separerats som en särskild period. Detta på grund av att ett stort antal anläggningar från flera platser har givits åldersbestämning till denna periodövergång. Ett stort antal provresultat har uteslutits eftersom åldersbestämningen på fynden varit osäker. Ett av proverna från Klörup som innehöll flera tusen sädeskorn har inte tagits med i denna studie. Fyndet har tolkats som ett husoffer (Regnell 1997) och skulle genom sin storlek och särart komma att ofördelaktigt förskjuta resultatet i sammanställningen.

Resultaten från de olika platserna är jämförbara i det att analyserna har utförts med samma metodik. I allmänhet har cirka en liter jord analyserats ur varje prov. Antalet prover och därmed den analyserade volymen varierar från plats till plats. Generellt så innebär en mindre analyserad jordvolym ett mindre antal fynd och därmed lägre representativitet. Prepareringarna har gjorts med en kombination av slamnings- och flotationsteknik. Ingen särskild flotationsapparatur har utnyttjats. Genomgående har sikt med 0,25 mm's maskvidd använts. Proverna har lufttorkats efter preparering och studerats under mikroskop i 6,7–40 gångers förstoring. Sedvanlig bestämningslitteratur och fröreferenser har använts.

Från respektive plats har de åldersbestämda fynden grupperats i järnålderns gängse kulturhistoriska perioder. En undre gräns för representativitet har satts vid 25 sädeskorn per plats och period. Mindre mängder har uteslutits ur sammanställningen. Denna gräns är subjektivt vald och har inte definierats utifrån statistiska grunder. Gränsen kan mycket väl diskuteras. Som jämförelse valde Robinson i den tidigare nämnda tablån över danska fynd att lägga gränsen vid 50 sädeskorn. Med 25 sädeskorn som gräns för representativitet så inkluderas 74% av alla sädeskorn från denna studies samtliga platser. Om gränsen i stället sattes vid 50 så minskas andelen inkluderade sädeskorn bara obetydligt till 69%, men antalet tillfällen då en viss plats är representerad under en viss period minskar från 14 till 9. Bromölla skulle exempelvis vara representerat under två istället för fyra perioder som är fallet med den lägre gränsen. Eftersom ett huvudsyfte med studien var att jämföra olika delar av Skåne så var det angeläget att få med så många områden som möjligt under så många perioder som möjligt. Valet av 25 sädeskorn som gräns för att ta med ett fyndmaterial är kanske för låg för att uppfylla statistiska krav på representativitet. Men det var ett nödvändigt val för att kunna göra regionala jämförelser. De resultat som presenteras här ska alltså värderas utifrån en något tveksam statistisk representativitet.

De platser som är med i studien är från olika delar av Skåne. En grupp återfinns i nordvästra Skåne (V. 115, Kvidingefältet, Ramlösagården och V. 109). V. 115 på Bjärehalvön samt Ramlösagården och V. 109, båda utanför Helsingborg, är belägna på sandig eller lerig urbergsmorän. Vid Helsingborg är moränen ställvis lerig och präglad av den lokala skifferberggrunden. Kvidingefältet är ett sort glacifluvialt sand- och grusområde. Denna plats är representerad av två undersökningar Magleby 22:7 och Björket 1:6. Fem av platserna ligger inom sydvästra Skånes kalk- och näringsrika "baltiska" moränområde (Löddeköpinge 23:3, Löddeköpinge 12:28, Östra Torn, Hjärup och Klörup). De båda platserna vid Löddeköpinge

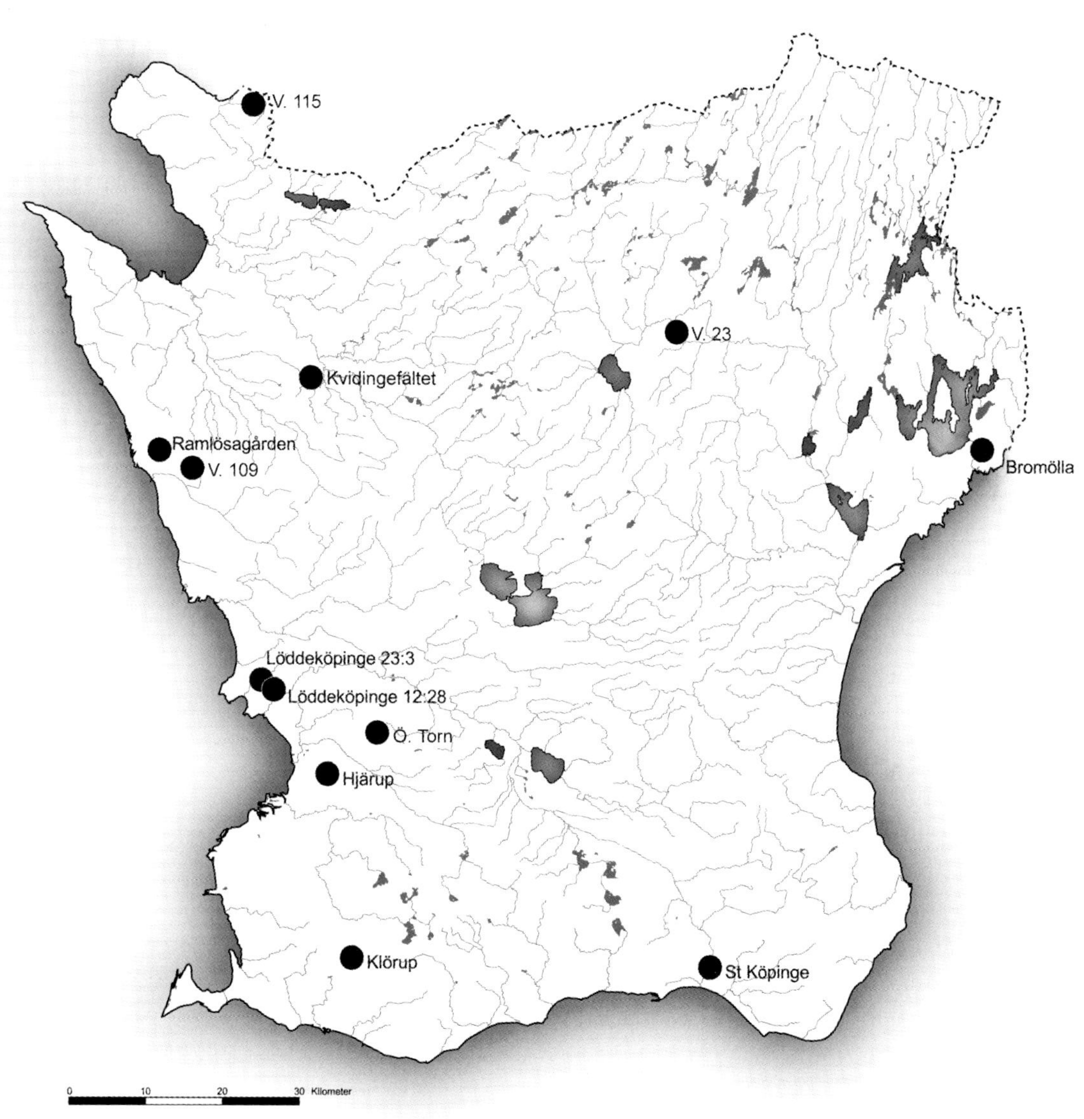

Lokaler som redovisas i artikeln. | Sites included in the paper.

återfinns på sandig mark medan de övriga ligger på mer eller mindre lerig morän. Stora Köpinge, strax utanför Ystad i sydöstra Skåne, ligger i ett kustnära och sandigt område. Den norra delen av Skånes nuvarande skogsbygd är representerad av undersökningen vid V. 23. Den ligger i ett område med näringsfattig sandig urbergsmorän med nordostligt ursprung. Slutligen återfinns i nordöstra Skåne två undersökningar utanför Bromölla: Långmossavägen och E22 Ivetofta. Bromölla är i likhet med Stora Köpinge beläget i ett kustnära sandområde som i historisk tid varit utsatt för omfattande sandflyktsproblem.

I Skåne har den sydvästra delens moränområde de i särklass bästa odlingsjordarna. I en schematisk rangordning skulle med utgångspunkt från moderna bonitetskriterier sedan det nordvästra området placeras. Norra Skånes urbergsområde samt de sydliga och nordostliga sandpräglade kustområdena skulle värderas som sämst.

Resultaten

Analyserna varierar i omfattning och resultat. Endast de platser som i tabellen på s. 31 är angivna med bokstäverna A–F innehöll tillräckliga mängder fynd för att inkluderas i artikelns sammanställningar (de övriga lokalerna finns dock redovisade i de bifogade tabellerna). Dessa bokstavsbeteckningar utnyttjas vidare i artikelns resultatdiagram. De värden som ligger till grund för diagrammen är sammanställda i tabellerna på nästa uppslag. Platserna från sydvästra Skåne kommer i det följande att diskuteras som en grupp, platserna från andra delar av Skåne som en annan. Dessa båda grupper är även separerade i resultatdiagrammen. Det är totalt sett en obalans mellan de båda grupperna eftersom sydvästra Skåne finns representerat vid nio tillfällen under olika perioder, medan platserna från övriga Skåne förekommer vid fem tillfällen. Platserna från sydvästra Skåne är inte representerade under övergångsperioden mellan förromersk- och romersk järnålder. Den andra gruppen, från övriga Skåne, är i sammanställningen inte representerad under folkvandringstid och vendeltid.

Koncentrationen av sädeskorn varierade för de olika platserna mellan 0,2 och 27 korn/liter analyserad jord och var i medeltal för alla platserna 5,2 (median = 2,35). Det är intressant att se att fyndkoncentrationen för platserna från sydvästra Skåne i allmänhet inte är markant högre än för övriga platser. Detta kan tolkas som att hantering av spannmål i allmänhet *inte* var vanligare i sydvästra Skåne även om jordarna där är bättre lämpade för odling.

Det är rimligt att anta att ju mer man hanterar säd på en plats desto mer spillmaterial genereras som en bieffekt. Naturligtvis skulle olika typer av hantering kunna ge olika mängder spill, och det är även möjligt att det har förekommit olika grad av ”renlighet” på olika platser. Men det är möjligt att en enkel betraktelse av koncentration av sädeskorn i makrofossilprover kan ge en hänvisning om odlingens relativa betydelse på en viss plats eller i ett område. Om koncentrationer av sädeskorn rutinmässigt redovisades i makrofossilanalyser skulle intressanta jämförelser mellan tidsperioder och områden bli möjliga.

Då koncentrationen av sädeskorn delas upp på plats och period (se nästa sida) skiljer sig fynden från Löddeköpinge 12:28 under äldre romersk

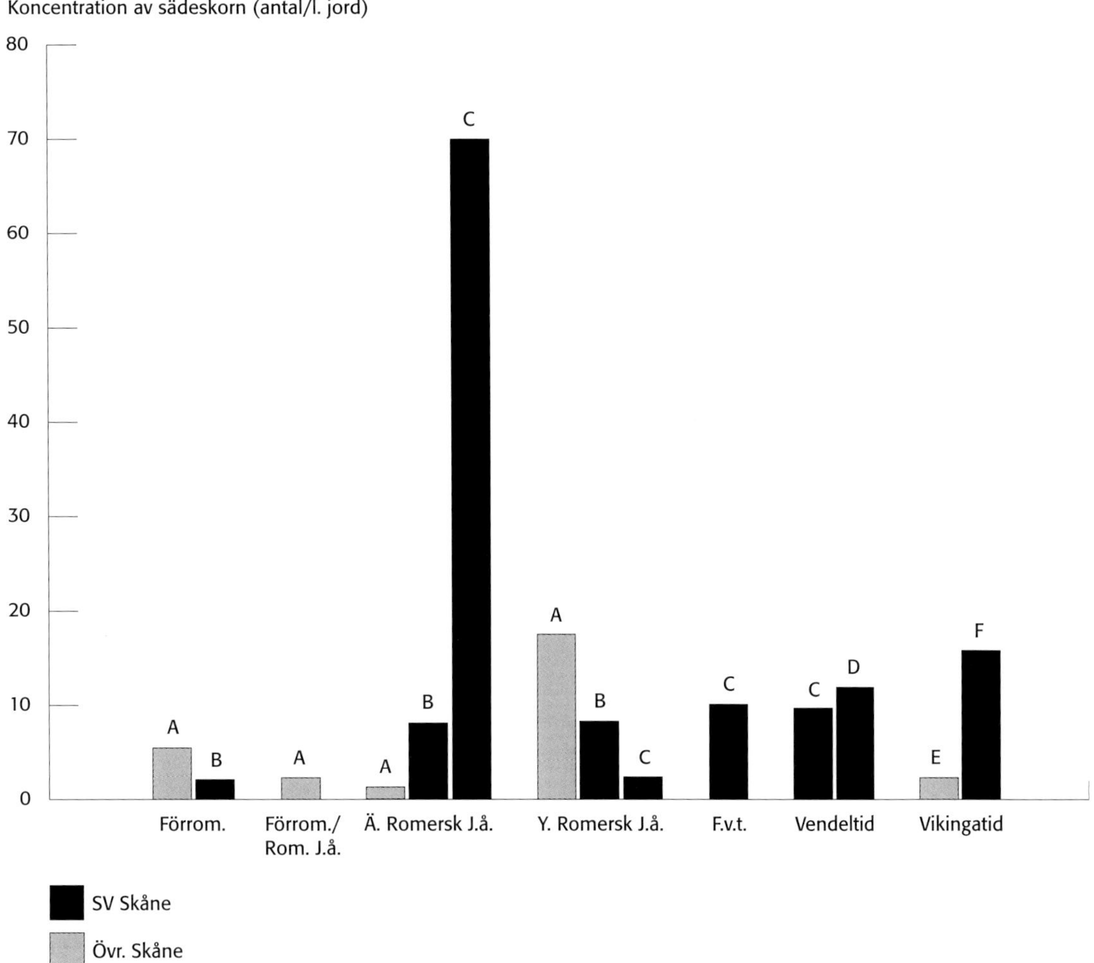

Koncentrationerna av sädeskorn i de redovisade analyserna (antal per liter analyserad jord), redovisat plats- och periodvis. Bokstäverna ovanför staplarna hänvisar till platserna sådana de är angivna i tabellen på s. 31.

Concentration of cereal grains (number per litre soil), shown for each site and period represented in the study. Letters above bars correspond to sites as they are defined in the able on page 31.

	Obest. sädeskorn	%	Brödvete	%	Emmer- eller speltvete	%	Emmer	%	Obestämt Korn	%	Skalkorn	%	Summa Korn %	Naket korn	%	Havre	%	Hirs	%	Råg	%	Summa sädeskorn	Konc. Sädeskorn, x/l	Lin	Oljedådra	Knylhavre	Ärta	Summa ogräs	Ogräs/ sädeskorn+ogräs (%)
Förrom. J.å.																													
Bromölla	27	44	3	5	1	2			8	13	22	36	49									61	5,5					7	10
Klörup	6	18	6	18					11	32	11	32	64									34	2,1					15	20
Förrom./Rom. J.å.																													
Bromölla	69	44	8	5	2	1			21	13	55	35	48	1	1							156	2,3			1		14	8
Ä. Romersk J.å.																													
Bromölla	13	50	1	4	1	4			7	27	4	15	42									26	1,2					2	7
Klörup	174	43	51	13	3	1			140	35	38	9	44	1	1							407	8,0	1				25	6
Löddeköpinge 12:28	457	44	162	15	8	1	20	2	120	11	142	14	25	3	1	14	1	1	1	122	12	1049	69,9					176	14
Y. Romersk J.å.																													
Bromölla	18	51	5	14					4	11	8	23	34									35	17,5					14	29
Klörup	38	35	10	15	1	1	1	1	42	39	14	13	42					2	2			108	8,3	1				15	12
Löddeköpinge 12:28	19	48	5	12	5	12			9	22	2	5	27									40	3,3					1	2
Folkvandringstid																													
Löddeköpinge 12:28	34	42	11	14			1	1	28	35	7	9	44									81	10,1					5	6
Vendeltid																													
Löddeköpinge 12:28	11	38	8	28					8	28	2	7	35									29	9,7					2	6
Hjärup	239	40	92	15					160	27	83	14	41	3	1	4	1			15	3	596	11,9					30	5
Vikingatid																													
St. Köpinge	54	55	4	4	4	4			11	11	19	19	30	1	1	4	4			1	1	98	2,3		1		1	48	33
Löddeköpinge 23:3	86	68	5	4					5	4	21	17	21			7	6			3	2	127	15,8					18	12

Sammanställning av de resultat som ligger till grund för resultatdiagrammen.

Compilation of results on which the diagrams in this paper are based.

	Obest. sädeskorn	%	Brödvete	%	Emmer- eller speltvete	%	Emmer	%	Obestämt Korn	%	Skalkorn	%	Summa Korn	Naket korn	%	Havre	%	Hirs	%	Råg	%	Summa sädeskorn	Konc. Sädeskorn, x/l	Lin	Oljedådra	Knylhavre	Ärta	Summa ogräs	Ogräs/ sädeskorn+ogräs (%)
Y.Br.å																													
Ö. Torn	1	50							1	50												2			1			0	0
Y.Br.å/Förrom. J.å.																													
Ö. Torn	14	82	1	6					1	6	1	6										17						18	51
Förrom. J.å.																													
Ö. Torn	2	67									1	33										3						6	67
Förrom./Romersk J.å																													
Ö. Torn	3	100																				3						53	95
Ramlösagården	13		1						4		4											22			1			79	
Ä. Romersk J.å.																													
St. Köpinge	4	80														1	20					5						2	29
Y. Romersk J.å.																													
Kvidingefältet	3	23	3	23					5	38						1	8			1	8	13		1				7	35
Romersk J.å.																													
V. 109	6	100																				6				1		16	73
Y. Rom. J.å./Folkv.t.																													
V. 23	5	42			1	8			5	42										1	8	12						18	60

järnålder markant från de övriga. Sädeskornen kommer från en och samma byggnad och har en iögonfallande hög koncentration – 70 korn/liter. Huset kunde inte undersökas i sin helhet, men den dokumenterade grundplanen antyder att huset är en del av en för tidsperioden mycket stor byggnad. Detta tillsammans med fyndbilden antyder att huset utgör en del av en så kallad stormansgård (Svanberg & Söderberg 2000). Den höga koncentrationen kan bero på en tillfällighet; t.ex. att fynden återspeglar förvaring av spannmål som har kommit att förkolnas och bevaras på ett ovanligt gynnsamt vis. Från samma plats har proverna från yngre romersk järnålder enbart en koncentration av 3,3 sädeskorn per liter prov. Bortsett från den höga koncentrationen från Löddeköpinge 12:28, uppvisar platserna från sydvästra Skåne generellt en svagt ökande trend under loppet av järnåldern.

Med undantag från fynden från Bromölla under yngre romersk järnålder så finns inte någon tendens till att koncentrationen av sädeskorn ökar i övriga Skåne. Återigen är representativiteten under olika perioder inte fullständig. Men i materialet från Bromölla, där det finns en kontinuerlig representation, är det anmärkningsvärt att koncentrationen är vikande under förromersk och äldre romersk järnålder medan en tydlig koncentrationsökning sker under yngre romersk järnålder.

Bortsett från den exceptionella koncentrationen i Löddeköpinge 12:28, finns det i det här redovisade materialet en jämn ökning av odlingens betydelse under loppet av järnåldern. Detta förutsatt att en allmän ökning av koncentrationen av sädeskorn representerar en allmän ökning av betydelse.

Skalkornet hade som enskilt sädesslag den största betydelsen under järnåldern och som tidigare nämnts har en observerad ökning i fyndfrekvenserna tolkats på olika sätt. Det är ofta svårt att särskilja de olika korntyperna naket korn (*Hordeum vulgare* var. *nudum*) och skalkorn (*Hordeum vulgare* var. *vulgare*). Varje arkeobotaniker är medveten om dessa svårigheter och i regel består bestämningslistorna av en andel obestämda korn (*Hordeum* indet./undiff./sp.) som inte är möjliga att hänföra till endera typen. I de flesta fall så motsvarar troligen andelarna i den obestämda gruppen ungefärligen de som vid tillfället är identifierade som naket korn respektive skalkorn. Den procentuella förekomsten av skalkorn på de platser som ingår i denna studie är redovisade i diagrammet på nästa sida. Diagrammet visar både andelen av säkert bestämda skalkorn och den andel som enbart bestämdes till korn. Att proportionen av obestämt korn varierar mellan platserna beror bland annat på varierande fragmenteringsgrad.

För samtliga perioder som det finns fynd från både sydvästra Skåne och övriga Skåne så förekommer skalkorn i något mindre proportioner i den sydvästra delen. Men detta förhållande förändras om man även tar hänsyn till andelen obestämt korn. Oavsett vilka andelar korn som betraktas så är de störst i den äldsta delen av järnåldern. Detta stämmer överens med förhållandena i Danmark (se s. 29). För danskt område har skalkorn den största förekomsten bland sädesslagen under förromersk järnålder. Under senare perioder minskar andelen skalkorn successivt. Även i Ystadprojektets sammanställning (se s. 28) är skalkorn vanligast under förromersk järnålder och minskar i betydelse under senare perioder. En tydlig minskning sker från övergången mellan vendeltid och vikingatid då råg samtidigt ökar i betydelse. I den här aktuella översikten kan en mer markant minskning av skalkornet snarare urskiljas mellan förromersk och romersk järnålder. I Ystadprojektets sammanställning av skånska fynd är procentfrekvenserna för skalkorn generellt 20–30 % högre än i den undersökning som presenteras här även om fynd av skalkorn och obestämt korn räknas samman. I en opublicerad rapportering av makrofossilanalyser från sex lokaler inom Ystadprojektet anges dock att den procentuella förekomsten av korn är strax under 90 % under äldre järnålder och cirka 60 % under yngre järnålder (Viklund 1998: fig. 10.1). Skillnaden i frekvenser mellan Ystadområdet och föreliggande sammanställning beror sannolikt till största delen på att obestämda sädeskorn räknas in i totalsumman i denna presentation. Om dessa inte tas med i beräkningarna utan enbart andelarna av de olika bestämda sädesslagstyperna summeras, kommer de båda studierna att uppvisa snarlika frekvenser av exempelvis skalkornets förekomster.

Emmer, *spelt*, *naket korn* och *hirs* är sädesslag som i tidigare sammanställningar uppvisar största förekomster i perioder före järnåldern. De

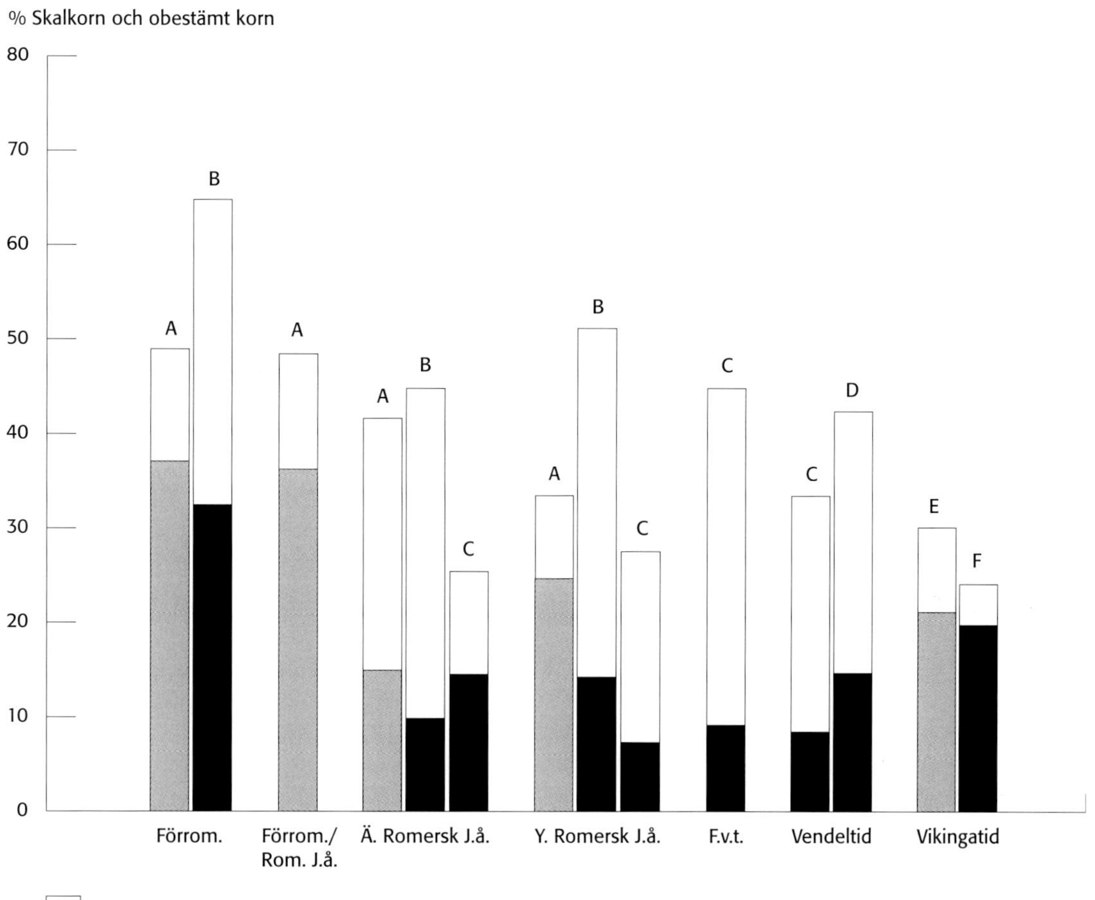

*Procentandelar skalkorn (*Hordeum vulgare *var.* vulgare*) samt obestämt korn (*Hordeum *sp.) av det totala antalet sädeskorn i respektive fynd. Bokstäverna ovanför staplarna hänvisar till de olika platserna sådana de är angivna i tabellen på s. 31.*

Hulled barley (*Hordeum vulgare* var. *vulgare*) and undifferentiated barley (*Hordeum* sp.) as percentages of the total amount of cereal grains in each find. Letters above bars correspond to sites as they are defined in the table on page 31.

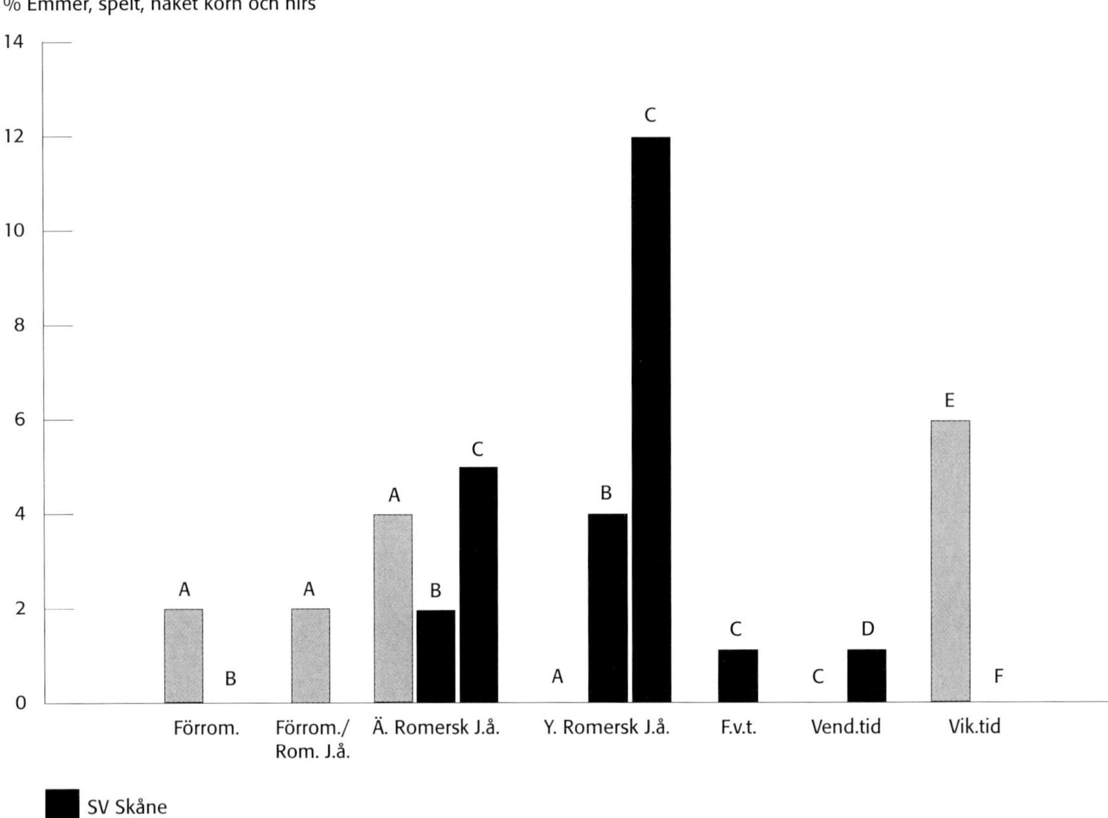

*De summerade procentandelarna emmer (*Triticum dicoccum*), spelt (*Triticum spelta*), naket korn (*Hordeum vulgare *var.* nudum*) och hirs (*Panicum milleaceum*) av det totala antalet sädeskorn inom respektive fynd. Bokstäverna ovanför staplarna hänvisar till de olika platserna sådana de är angivna i tabellen på s. 31.*

Summed percentages of emmer (*Triticum dicoccum*), spelt (*Triticum spelta*), naked barley (*Hordeum vulgare* var. *nudum*) and millet (*Panicum milleaceum*) of the total amount of cereal grains in each find. Letters above bars correspond to sites as they are defined in the table on page 31.

kan alltså i viss mån sägas vara "ålderdomliga" för järnåldersförhållanden. Förekomsten av dessa fyra sädesslag är sammanräknade och redovisade i diagrammet på föregående sida. Emmer är i bestämningshänseende svårt att skilja från spelt och i de flesta fynd som är redovisade här har de inte kunnat separeras. Det är enbart bland fynden från yngre romersk järnålder från Löddeköpinge 12:28 som dessa fyra sädesslagstyper förekommer i högre frekvenser. Från samma plats förekommer det endast ett fåtal fynd från folkvandringstid och fynd saknas helt från vendeltid. Bortsett från den något större förekomsten i de vikingatida fynden från Stora Köpinge, är dessa sädesslag främst representerade under äldre järnålder. Detta sammanfaller väl med tidigare iakttagelser, både från Danmark och från Sverige. Fynden av emmer/spelt från Stora Köpinge är näst intill unika för Skåne. Det har tidigare rapporterats enstaka fynd från Mellansverige med osäker datering till vikingatid (Hjelmqvist 1955), men mig veterligen aldrig tidigare från Skåne. Fynden från Stora Köpinge härrör från tre väldaterade huskontexter, men på platsen förekommer även boplatslämningar från äldre järnålder och fynden ska ses i ljuset av sedvanlig tafonomiproblematik.

Fynden från Bromölla innehåller för de äldsta av järnålderns delperioder enstaka fynd av emmer eller spelt. Bland de yngsta fynden från platsen, från yngre romersk järnålder, saknas däremot dessa sädesslag. Hirs förekommer i sammanställningen endast i fynd från romersk järnålder (Löddeköpinge 12:28 och Klörup).

Brödvete återfinns i alla fyndmaterial som redovisas här (se s. 36). Förekomsterna varierar mellan 5 och 28 % av de bestämda sädeskornen, men vanligast mellan 10 och 15 %. Bland fynden från Bromölla har brödvete under förromersk och äldre romersk järnålder proportioner av cirka 5 % brödvete, medan frekvensen under yngre romersk järnålder uppgår till 14 %. Andelarna är under de äldre perioderna lägre än från platser från sydvästra Skåne och det vore intressant undersöka vidare om detta är ett generellt förhållande. Den förhållandevis jämna frekvensen av brödvete under stora delar av järnåldern är särskilt tydlig för lokalerna från sydvästra Skåne. Det finns dock vissa variationer. I materialet från Löddeköpinge 12:28 är proportionen för brödvete tydligt högre under vendeltid, jämfört med tidigare perioder på samma plats. I samband med skånska undersökningar har det under senare tid framkommit fynd som har anmärkningsvärt stora andelar brödvete, bl.a. från en medeltida bytomt vid Kyrkheddinge (Regnell 1998) och från yngre järnåldersboplatser vid Dagstorp (Regnell, under arbete). De höga andelarna av brödvete återspeglar möjligtvis lokala specialiseringar i den dåtida agrarekonomin. Det har uttryckts att förekomsten av brödvete under järnåldern i östra Mellansverige skulle vara betingat av lerjordarna i området (Viklund 1998, Welinder m.fl. 1998). Detta kan inte vara hela sanningen för skånska omständigheter, eftersom platser med höga andelar brödvete återfinns i såväl sandiga som leriga områden. Kanske har Hjelmqvists (1979) förslagna kontakter med Östeuropa spelat en roll i detta sammanhang. Står orsaken att hitta i att det "fina" vetemjölet var ett uttryck för välstånd och att platser med hög andel brödvete representerar en relativ rikedom?

I de två fyndplatserna från vikingatid, från Stora Köpinge och Löddeköpinge 23:3, syns lägre frekvenser av brödvete än från äldre fynd. Detta är en avvikelse både från danskt material (se s. 29) samt tidigare sammanställningar av svenskt (se s. 27) och skånskt (se s. 28) fyndmaterial där brödvete tenderar att bli vanligare under senare delen av järnåldern och tidig medeltid. På de båda platser som omtalas här (båda i sandiga områden) domineras sädeskornen av skalkorn följt av havre.

I Sydskandinavien är både *råg* och *havre* vanligare under den yngre järnålder än under den äldre, vilket är särskilt tydligt för råg. Som tidigare nämnts har rågens ökade betydelse bl.a. tolkats som ett resultat av att flersädesbruket introducerades. Fyra platser innehåller fynd av råg eller havre i denna sammanställning (se s. 36). Två är från vikingatid och ett vardera från vendeltid och äldre romersk järnålder. Anmärkningsvärt nog innehåller fyndet från Löddeköpinge 12:28 från äldre romersk järnålder 12 % råg, vilket är en hög andel för denna period. Rågkärnorna är funna i två av stolphålen från den tidigare omnämnda ”stormansgården”. Av platserna från övriga Skåne är det endast från det vikingatida Stora Köpinge som råg eller havre har hittats.

I Löddeköpinge 12:28 förekommer märkligt nog under äldre romersk järnålder det för tidsperioden ”moderna” sädesslaget råg med hög andel, medan det under yngre romersk järnålder återfinns ”ålderdomligt” emmer eller spelt. Lite märkligt kan det tyckas, men en något djärv förklaring skulle kunna ges av Löddeköpinges speciella handelsanknytning med långväga kontakter (Svanberg & Söderberg 2000). Det har tidigare gjorts få fynd av emmer och spelt i Sydskandinavien från romersk järnålder. Men fyndbilden är mycket intressant. Av sammantaget fyra danska fynd är tre gjorda i östligaste Jylland (Jensen 1985). Fyra fynd har gjorts i Sverige, två av dem är från Uppåkra och Vä (Hjelmqvist 1955, 1964). Även från senare undersökningar vid Uppåkra har emmer eller spelt hittats i bostäder och gropar från yngre romersk järnålder (Regnell 2001). Råg från romersk järnålder har i Sydskandinavien hittats på två platser i norra Jylland (Hatt 1937, 1938), i Övraby i Halland samt i Vä (Hjelmqvist 1955) och Uppåkra i Skåne (Regnell 2001). De båda senare platserna figurerar alltså i båda sammanhangen. Uppåkra och Vä innebär starka associationer till handel och kontakter med avlägsna områden.

Råg var under århundradena efter vår tideräknings början ovanligt i Skandinavien och i nordligaste Kontinentaleuropa. Men söder om *limes*, i *Germania,* samt i England odlades råg i ganska stor utsträckning (Helbeak 1952, Stika 1993 och där angiven litteratur). På den europeiska kontinenten hade spelt och emmer mycket liten betydelse under romersk järnålder. Men framför allt spelt, och i viss mån även emmer, var vanligt förekommande på de brittiska öarna under samma tid (Helbaek 1952, Godwin 1975). Det faktum att emmer och spelt i Danmark förekommer i östligaste Jylland samt i Skåne på två av de största handelsplatserna, gör det frestande att koppla samman fynden med västliga kontakter. Även de relativt stora proportionerna av råg i fynden från Löddeköpinge är lockande att associera med områden på kontinenten som var tillknutna genom handel.

Av odlade växter förutom sädesslag återfinns i studien ett fåtal fynd av *lin*, *oljedådra* och *ärta* (se s. 45). Det är enstaka fynd av vardera växt som har gjorts och det är svårt att dra några vittgående slutsatser kring dessa. Man kan visserligen konstatera att bland de sammantaget relativt mångtaliga fröfynden från sydvästra Skåne, har lin endast hittats i Klörup. Lin förekommer annars ofta i järnåldersfynd i Sydskandinavien (Jensen 1985). Oljedådra som är något mindre vanlig än lin i fynd från Sydskandinavien, återfinns i denna sammanställning endast i Stora Köpinge. På samma plats gjordes även ett fynd av ärta. Ärtor är tämligen ovanliga arkeobotaniska fynd men har i vikingatida sammanhang tidigare hittats i bl. a. Århus (Fredskild 1971),

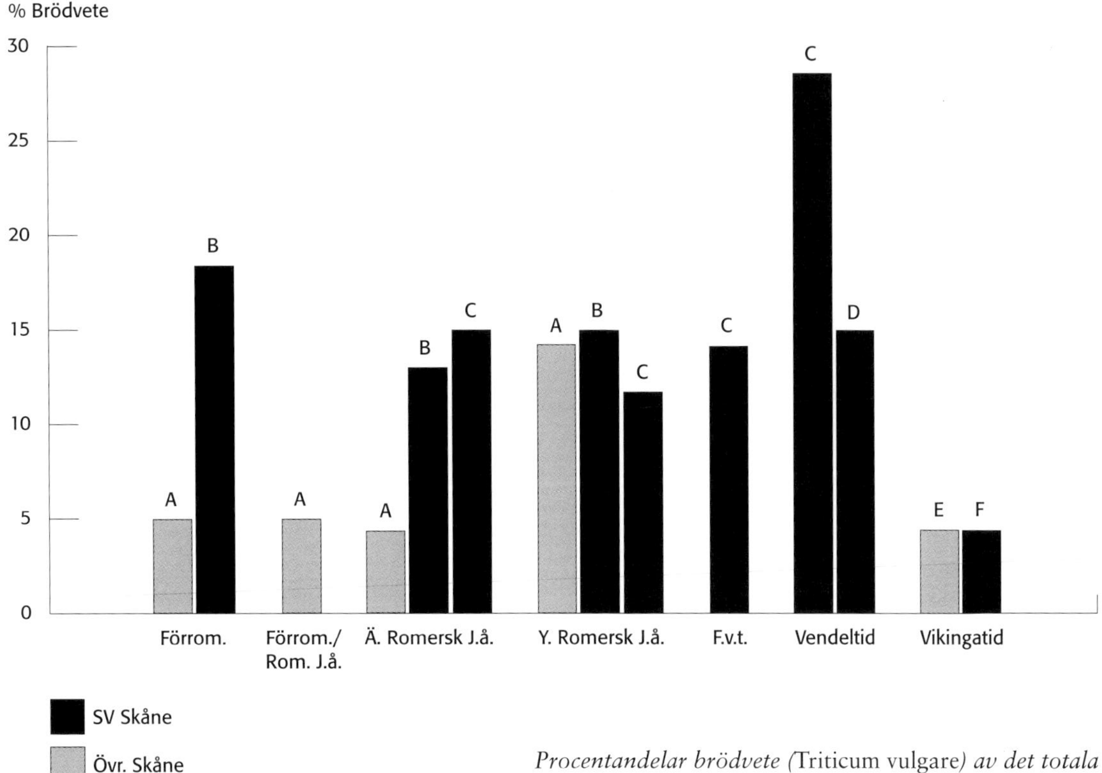

*Procentandelar brödvete (*Triticum vulgare*) av det totala antalet sädeskorn i respektive fynd. Bokstäverna ovanför staplarna hänvisar till de olika platserna sådana de är angivna i tabellen på s. 31.*

Bread wheat (*Triticum vulgare*) as a percentage of the total amount of cereal grains in each find. Letters above bars correspond to sites as they are defined in the table on page 31.

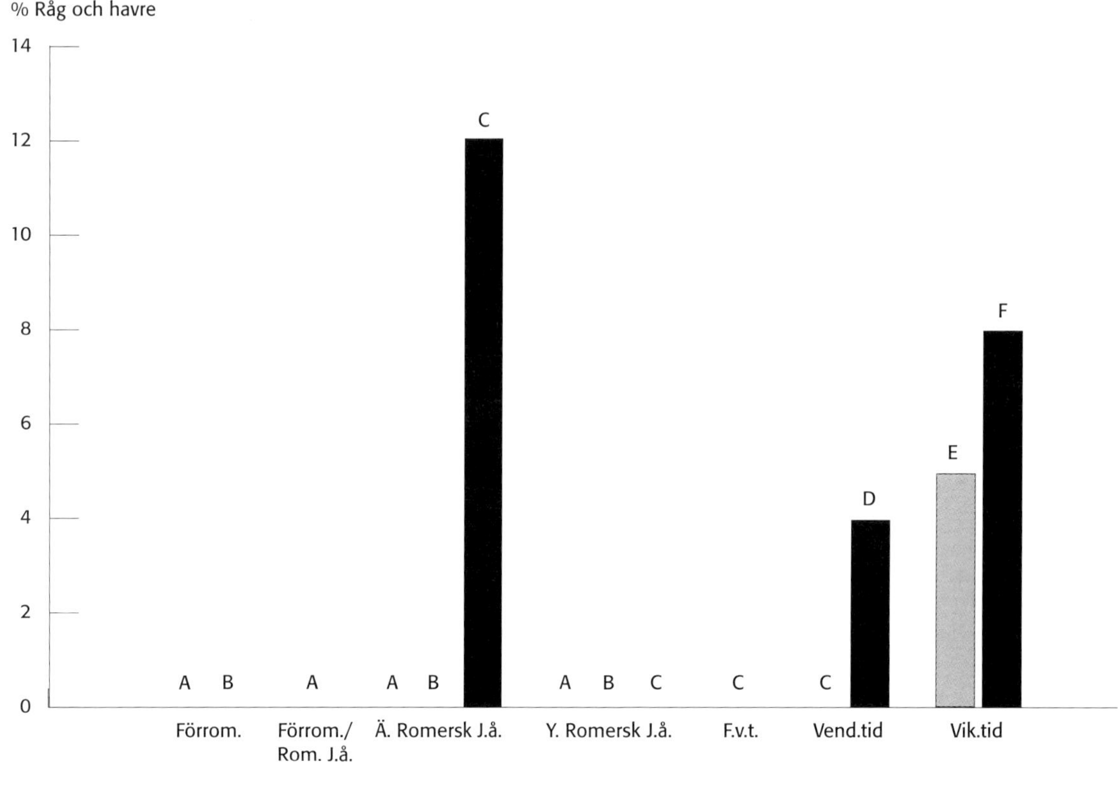

De summerade procentandelarna av råg (Secale cereale) och havre (Avena sativa) av det totala antalet sädeskorn i respektive fynd. Bokstäverna ovanför staplarna hänvisar till de olika platserna sådana de är angivna i tabellen på s. 31.

Summed percentages of rye (*Secale cereale*) and oat s(*Avena sativa*) of the total amount of cereal grains in each find. Letters above bars correspond to sites as they are defined in the table on page 31.

Lund (Hjelmqvist 1963) samt i bröd från Birka och Vendel (Hjelmqvist 1984, Hansson 1997).

Bland fynden från Bromölla, från övergången mellan förromersk och romersk järnålder, återfanns *knylhavre*. Stamknölar av knylhavre, som har ett mycket karakteristiskt utseende, förekommer i förhistoriska fynd både i gravar och i boplatssammanhang. Troligtvis har de stärkelserika knölarna samlats in och utnyttjats som föda, men möjligen även haft betydelse i begravningsritualer (Engelmark 1984, Gustafsson 1995).

De arter av *ogräs* som ingår i sammanställningen (se s. 46) har delvis olika miljöpreferenser, men gemensamt är att de gynnas av näringsrika och bearbetade jordar. Mängd och sammansättning av ogräsfrön kan ge detaljerad information kring olika aspekter av åkerbruk, såsom skördemetoder, gödsling, jordmån och växtföljder. Eller med andra ord, ekologisk kunskap om de kulturväxter som återfinns i makrofossilanalyser ger möjlighet att rekonstruera växternas levnadsbetingelser och därmed åkrarnas miljöer (för sammanställning av ekologiska indikatorer se t.ex. Willerding 1983).

I samband med sydskandinavisk järnålder har ogräsen spelat stor roll i diskussioner kring gödsling och flersädesbruk. Det har för Skånes del observerats att proportionerna av ogräs ökar under loppet av järnåldern och även att kväveälskande arter tilltar i andel (t.ex. Engelmark 1992, Viklund 1998, Regnell 2001). Ogräsen i de analyser som presenteras här uppvisar inte någon tydlig ökning av vare sig proportionerna eller antalet arter. Två lokaler har dock tydligt höga andelar ogräs – Bromölla under yngre romersk järnålder samt Stora Köpinge under vikingatid. För Bromöllas del handlar det om en stor proportion av åkerpilört. Stora Köpinge präglas däremot av en rad olika ogräs där främst målla gör sig gällande. Fyra av ogräsarterna som är särskilt kväveälskande är återgivna i diagrammet på s. 47. Det ska påpekas att det framför allt är målla (*Chenopodium* sp.) som slår igenom i diagrammet. Flera av platserna hade så små mängder fynd att andelsberäkningarna blev orimliga, dessa har därför inte tagits med i diagrammet. Det finns en liten tendens till att de tidigaste perioderna har lägre proportioner kväveälskande ogräs än efterföljande. Dessutom innehåller fynden från Bromölla i nordöstra Skåne mindre andelar än platserna från sydvästra Skåne. En kanske något strikt tolkning av frekvenserna för kväveälskande ogräs blir att gödslingen hade relativt mindre betydelse i Bromölla. Men det måste stanna vid en försiktig indikation eftersom fyndmängderna är så ringa. Sammansättningarna från

	Lin	Oljedådra	Ärta
Förrom./Rom. J.å.			
Ramlösagården		1	
Ä. Romersk J.å.			
Klörup	1		
Y. Romersk J.å.			
Kvidingefältet	1		
Klörup	1		
Vikingatid			
St. Köpinge		1	1

*Fynd av lin (*Linum usitatissimum*), oljedådra (*Camelina sativa*) och ärta (*Pisum sativa*) i den föreliggande studien.*

Finds of flax (*Linum usitatissimum*), gold of pleasure (*Camelina sativa*) and pea (*Pisum sativa*) from different periods and sites included in the present study.

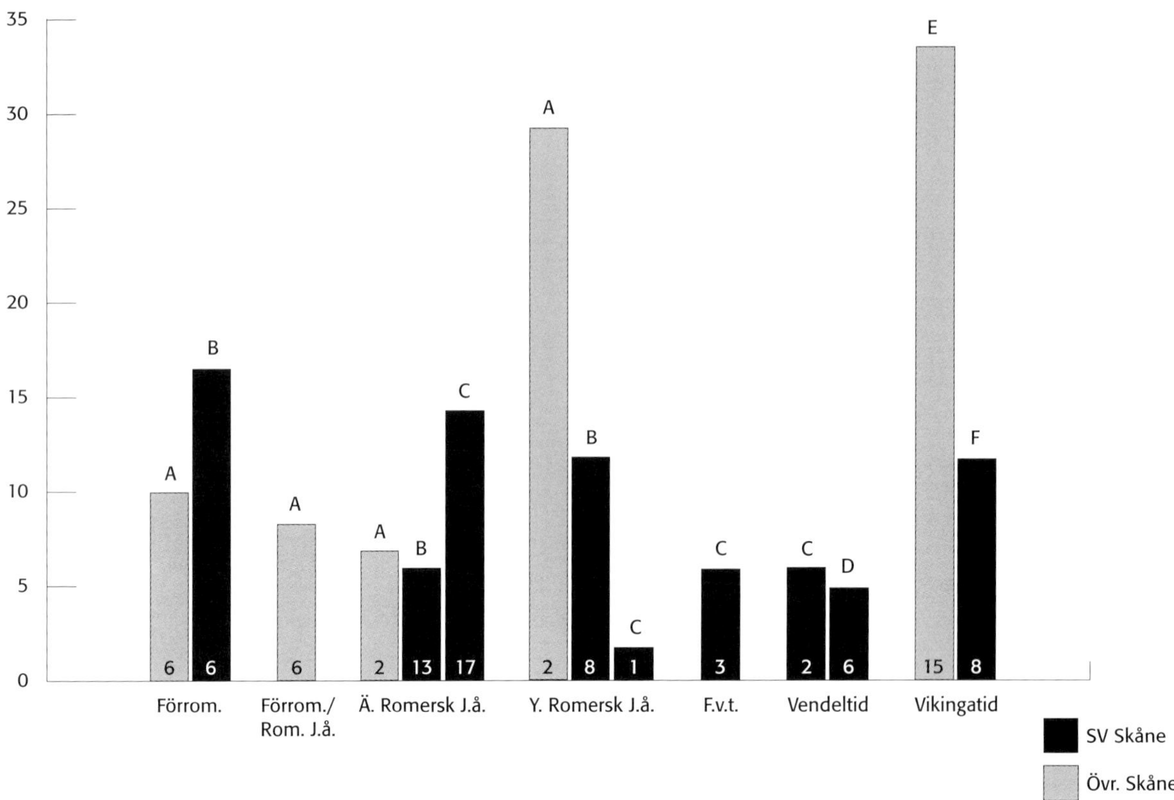

*Sammanställning av procentandelar för ogräs från de olika platserna. Bokstäverna ovanför staplarna hänvisar till de olika platserna sådana de är angivna i tabellen på s. 31. Siffrorna i botten på staplarna anger hur många arter som är representerade i respektive förekomst. Procentandelen är beräknad på antalet ogräs plus antalet sädeskorn. De ogräs som är inkluderade i sammanställningen är: bergssyra (*Rumex acetosella*), gräs i allmänhet (*Poaceae *undiff.*), gårdskräppa (*Rumex longifolius*), målla (*Chenopodium *sp.), penningört (*Thlapsi arvense*), pilört (*Persicaria lapathifolia*), revormstörel (*Euphorbia helioscopia*), småsnärjmåra (*Galium spurium*), snärjmåra (*Galium aparine*), svartkämpar (*Plantago lanceolata*), syska (*Stachys *sp.), topp-/eller hampdån (*Galeopsis bifida/G. tetrahit*), trampört (*Polygonum aviculare*), åkerbinda (*Fallopia convolvulus*), åkerpilört (*Persicaria maculosa*), ängssyra (*Rumex acetosa*) och våtarv (*Stellaria media*).*

Compilation of percentages of weeds from the different sites. Letters above bars correspond to sites as they are defined in the table on page 31. Records at the bottom of bars represent the numbers of species in each find. Percentages are calculated based on number of weed seeds plus number of cereal grains. Weeds included are: sheep's sorrel (*Rumex acetosella*), undifferentiated grasses (*Poaceae* undiff.), northern dock (*Rumex longifolius*), goosefoot (*Chenopodium* sp.), field penny-cress (*Thlapsi arvense*), pale persicaria (*Persicaria lapathifolia*), sun spurge (*Euphorbia helioscopia*), false cleavers (*Galium spurium*), cleavers (*Galium aparine*), ribwort plantain (*Plantago lanceolata*), woundwort (*Stachys* sp.), bifid-/common hempnettle (*Galeopsis bifida/G. tetrahit*), knotgrass (*Polygonum aviculare*), black bindweed (*Fallopia convolvulus*), redshank (*Persicaria maculosa*), sorrel (*Rumex acetosa*) and chickweed (*Stellaria media*).

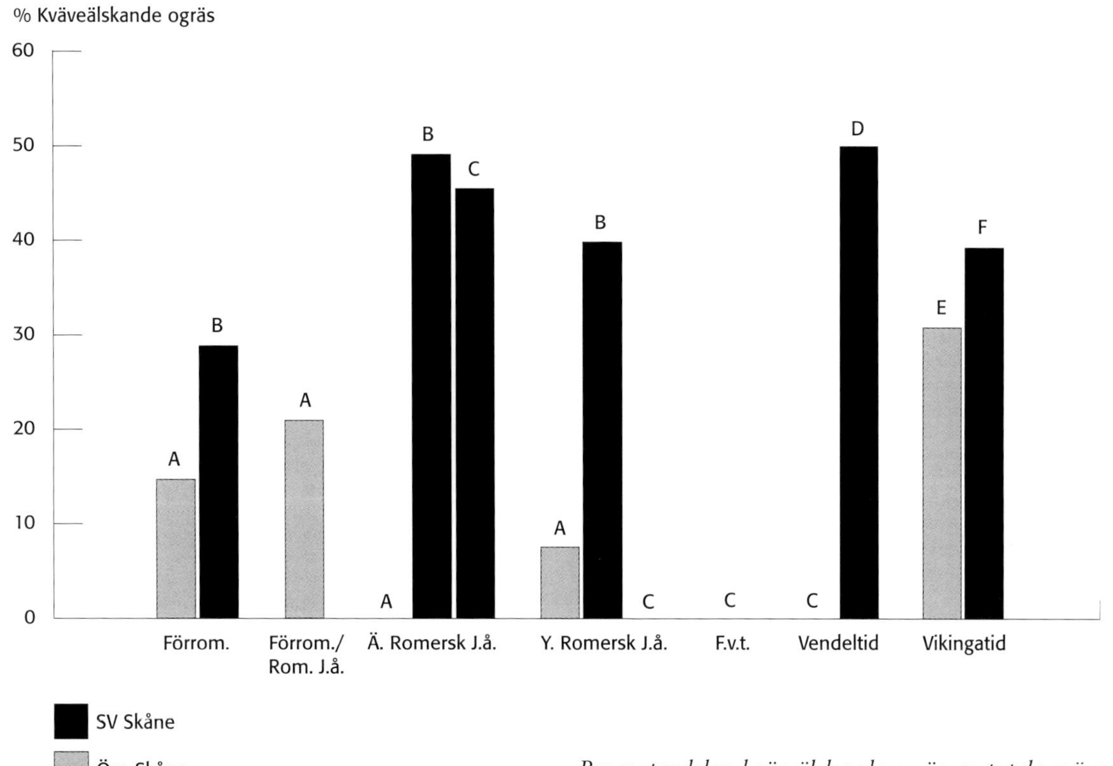

*Procentandelen kväveälskande ogräs av totala mängden ogräs. De arter som är inkluderade är: målla (*Chenopodium *sp.), småsnärjmåra (*Galium spurium*), snärjmåra (*Galium aparine*) och våtarv (*Stellaria media*).*

Percentages of nitrophfilous weeds of total amounts of weeds. Species included are: goosefoot (*Chenopodium* sp.), false cleavers (*Galium spurium*), cleavers (*Galium aparine*) and chickweed (*Stellaria media*).

Löddeköpinge 12:28 innehåller små proportioner ogräs. Även här är fyndmängderna i allmänhet klena, men det är likväl en genomgående tendens att ogräsen är få. Detta skulle kunna förklaras med att proverna i första hand representerar rensade skördar. En annan, kanske mindre rimlig, möjlighet är att åkrarna runt platsen inte innehöll så mycket ogräs. Dessutom skulle de låga ogräsmängderna kunna förklaras med att spannmålen kom till boplatsen tröskade och rensade; att säden helt enkelt var producerad och processad på annan plats. Men det krävs betydligt djupare analyser av större fyndmaterial för att vederhäftigt kunna tolka dessa aspekter.

Sammanfattning

Studien visade på svårigheter att via sammanställningar av ett flertal mindre botaniska fyndmängder åstadkomma representativa resultat som underlag för övergripande slutsatser kring odlingsekonomi. Denna problematik har tidigare belysts även för danskt område (t.ex. Henriksen 1992), där förutom vanskligheterna med små fyndmängder även provtagning och fyndpreparering har framställts som aspekter som försvårar användbarheten.

Det var inte möjligt att urskilja tydliga skillnader i den agrara ekonomin mellan sydvästra Skånes näringsrika moränområde och övriga Skånes relativt mindre odlingsgynnsamma marker. Ett antal betydelsefulla iakttagelser kunde dock göras.

I jämförelse med övriga Skåne fanns det indikationer på att den södra delen uppvisar särdrag för den yngre järnålderns odlingsekonomi. I Ystadprojektets sammanställning, som framför allt redovisade fynd gjorda inom dess undersökningsområde i sydöstra Skåne, innehöll fynd från vikingatiden betydligt mindre andelar skalkorn än vendeltida fynd (Engelmark 1992). Dessa iakttagelser skiljde sig från de i Danmark (Robinson 1993), övriga Sverige [dock främst Skåne] (Hjelmqvist 1979) samt från denna studie. De olika sammanställningarna antydde att skalkorn minskade i betydelse, samtidigt som råg ökade, vid ett senare tillfälle i södra Skåne än vad som skedde i övriga delar av Sydskandinavien. Dessutom återfanns från Stora Köpinge i södra Skåne i denna studie vikingatida fynd av emmer eller spelt – ett ålderdomligt och särskiljande drag.

Fynden från Bromölla i nordöstra Skåne, som representerade fyra delperioder, skilde tydligast ut sig från de övriga platserna. Här syntes förändringar från övergången mellan äldre och yngre romersk järnålder. Den yngre delperioden uppvisade jämfört med den äldre: ökad koncentration av sädeskorn; frånvaro av emmer och spelt; ökad andel brödvete samt en markant högre andel ogräsfrön. Förändringarna kan tolkas som att åkerbruket har fått ökad betydelse. Vid ungefär samma tid syns även en förändring i utmarksmiljöerna (Hellerström, denna volym). Det kan alltså vara frågan om en omställning i markutnyttjandet i en större skala.

Från Löddeköpinge 12:28 återfanns råg i fynd från äldre romersk järnålder samt emmer eller spelt från yngre romersk järnålder. För Sydskandinaviens odlingshistoria utgör råg ett för tidsperioden modernt inslag, medan de båda vetesorterna ter sig ålderdomliga. Ett förslag till tolkning av dessa avsteg från vad som är karakteristiskt för perioden, är att de är orsakade av långväga handelsförbindelser. En av flera möjliga tolkningar av de genomgående små mängderna ogräs från Löddeköpinge 12:28 är att spannmål importerades till platsen.

I sammanställningen finns det en tendens till att kväveälskande ogräs har mindre andelar under förromersk järnålder än under senare perioder. Detta skulle kunna återspegla gödslingens större betydelse under yngre perioder och därmed tillmötesgå slutsatser i tidigare studier.

Den viktigaste iakttagelsen berör fyndmaterialens representativitet. I allmänhet är fyndmängderna från de olika platserna och perioderna små och även om statistiska beräkningar inte har tillämpats så kan representativiteten ifrågasättas. Olika indikationer kan kanske urskiljas och diskuteras, men direkta slutsatser kring ekonomi och regionalitet är svåra att hävda. Det är möjligt att flera (kanske en majoritet) av de makrofossilanalyser som rutinmässigt utförts vid UV Syd under de senaste åren, inte är lämpade att ingå i övergripande studier kring agrarekonomisk utveckling och regionala skillnader. Platsspecifika frågeställningar, exempelvis angående anläggningars funktion eller aktivitetsuppdelning i byggnader, har däremot i många fall kunnat bemötas genom de makrofossilanalyser som presenterats här. Men om blicken ska lyftas upp och över den enskilda platsen så ställs högre krav på fyndmängderna. Som i många andra sammanhang kring arkeologiska undersökningar berör problematiken de syften som analyserna är tillägnade. Resurserna är alltid begränsade och insatserna måste prioriteras. Om frågeställningarna i första hand är platsspecifika så bör man omsätta resurserna med många men små prover eftersom de kvalitativa aspekterna är viktigast. Om syftet med analyserna däremot är att belysa platsens roll i ett större geografiskt perspektiv så är det viktigare att säkerställa så stora fyndmängder som möjligt. Då spelar antalet prover mindre roll och strategin kan inriktas på att identifiera och analysera de kontexter som är fyndrika. Det kan alltså vara av avgörande betydelse att analysera prover redan under fältsituationen för att effektivt kunna rikta in strategin mot de kontexter som ger bäst utbyte i förhållande till frågeställningarna.

Referenser

Andersson, T. 2000a. Väg 23 delen förbi Hässleholm. Arkeologisk förundersökning och kompletterande förundersökning. Skåne, Stoby socken, Hässleholms kommun. *Riksantikvarieämbetet UV Syd Rapport* 2000:28.

Andersson, T. 2000b. Järnåldersbebyggelse i Köpingebro. Lilla Köpinge 6:7 m.fl., Ystad kommun, Skåne. *Riksantikvarieämbetet UV Syd Rapport* 2000:75.

Aspeborg, H. 1999. Perifera aktivitetsytor. Skåne, Skåne län, Kvidinge socken, Björket 1:6 RAÄ 191. *Riksantikvarieämbetet UV Syd Rapport* 1999:43.

Aspeborg, H. 2002. Exemplet Ramlösagården. Aspekter på bosättning och social struktur under äldre järnålder i Helsingborgsområdet. I Carlie, A. (red.). *Skånska regioner.*

Aspeborg, H. & Mårtensson, J. 2001. Ramlösagården. Järnhantering och Järnåldersboplats. *Riksantikvarieämbetet UV Syd (Daff)* 2001:4.

Bergenstråhle, I. & Stilborg, O. 2002 Klörup. Romartida bägare och bostäder. I Carlie, A. (red.). *Skånska regioner.*

Berglund, B.E. 1988. The cultural landscape during 6000 years in South Sweden – An interdisciplinary project. I Birks, H.H.; Birks, H.J.B.; Kaland, P.E. & Moe, D (red.). *The cultural landscape – past, present and future.* Cambridge, s. 241-254.

Berglund, B.E. (red.) 1991. The cultural landscape during 6000 years in southern Sweden. *Ecological Bulletins 41.* Copenhagen.

Carlie, A. 2002. Gård och kultplats. Om bruket av offerhandlingar på en yngre järnåldersgård i Hjärup, sydvästra Skåne. I Carlie, A. (red.). *Skånska regioner.*

Carlie, A. Människor och landskap. Om förhistoriska samhällen i en nordskånsk inlandsbygd. 2002. I Carlie, A. (red.). *Skånska regioner.*

Connelid, P. 2002. Åker, toft och vång. Landskapsförändringar i skånsk skogsbygd från vikingatid till cirka 1800. I Carlie, A. (red.). *Skånska regioner.*

Engelmark, R. 1984. Two useful plants from Iron Age graves in Central Sweden. *Archaeology and Environment 2.* Umeå, s. 97-92.

Engelmark, R. 1992. A review of the farming in South Scania based on botanical evidence. I Larsson, L., Callmer, J. & Stjernquist, B. (red.). The archaeology of the cultural landscape. *Acta Archaeologica Lundensia Ser. in 4°, No. 19.* Stockholm, s. 369-376.

Ericson, T. 2000. Brunnshög. Boplatslämningar från neolitikum, brons- och järnålder samt centralplats från mellanneolitikum. Skåne, Lunds stad, Östra Torn 27:2 m. fl. *Riksantikvarieämbetet UV Syd Rapport* 2000:88.

Ericson, T. 2002. Kvidingefältet. Landskap, fornlämningar och järnhantering. I Carlie, A. (red.). *Skånska regioner.*

Fendin, T. 2002. I sanden röd. Övergångshandlingar vid Hallandsåsen under tidig järnålder. I Carlie, A. (red.). *Skånska regioner.*

Fredskild, B. 1971. Makroskopiske planterester fra det ældste Århus. I Andersen, H.H., Crabb, P.J. & Madsen, H.J. (red.). Århus Søndervold: en byarkælogisk undersøgelse. *Jysk Arkæologisk Selskabs Skrifter Bd. IX.* Nordisk Forlag. København, s. 307-318.

Godwin, H. 1975. *The history of the British flora, 2:a uppl.* Cambridge.

Gustafsson, S. 1995. Förkolnad pärlhavre Arrhenatherum elatius ssp. bulbosum från brons- och järnålder i Sverige. *Svensk Botanisk Tidskrift 89*, s. 381-384.

Göransson, H. 1999. Pollen and stones. I Selsing, L. & Lillehammer, G. (red.). Museumslandskap. Artikelsamling till Kerstin Griffin på 60-årsdagen. *AmS Rapport 12B* Stavanger, s. 371-382.

Hansson, A.-M. 1997. On plant food in the Scandinavian Peninsula in Early Medieval times. *Thesis and papers in archaeology B:5.* Stockholm.

Hatt, G. 1937. *Lantbrug i Danmarks oldtid.* København.

Hatt, G. 1938. Jernalderns bopladser i Himmerland. *Aarbøger for nordisk Oldkyndighed og Historie 1938*, s. 119-266.

Helbaek, H. 1952. Early crops in southern England. *Proceedings of the Prehistoric Society XVIII.* London, s. 194-233.

Hellerström, S. 2002. En utmarks förhistoria. Den historiska utmarken öster om Bromölla i ett långtidsperspektiv. I Carlie, A. (red.). *Skånska regioner.*

Henriksen, P. S. 1992. Jernalderns landbrug beskrevet ud fra arkæologiske frøfund. *Nationalmuseets Naturvidenskabelige Undersøgelser, Rapport nr. 20.* København.

Hjelmqvist, H. 1955. Die älteste Geschichte der Kulturpflanzen in Schweden. *Opera Botanica vol. 1:3.* Lund.

Hjelmqvist, H. 1963. Frön och frukter från det äldsta Lund. *Archaeologica Lundensia II (10)*, s. 233-270.

Hjelmqvist, H. 1964. Kulturväxter från Skånes forntid. *Ale 1964:1*, s. 23-35.

Hjelmqvist, H. 1979. Beiträge zur Kenntnis der prähistorischen Nutzpflanzen in Schweden. *Opera Botanica 47.* Lund.

Hjelmqvist, H. 1984. Botanische Analyse einiger Brote. I Arwidsson, G. (red.). *Birka II:1, Systematische Analysen der Gräberfunde.* Stockholm, s. 261-274.

Jensen, H.A. 1985. Catalogue of late- and post-glacial macrofossils of spermatophyta from Denmark, Schleswig, Scania, Halland, and Blekinge dated 13,000 B.P. to 1536 A.D. *Danmarks Geologiske Undersøgelse. Ser. A Nr.* 6. København.

Karlsson, S. 2000. Kan medeltida järnhantering i norra Skåne spåras med hjälp av pollenanalys? I Ödman, A. (red.) *Järn. Wittsjöskogkonferensen 1999.* Norra Skånes medeltid 1. Arkeol. Inst., Lunds Univ., Report Series No. 75.

Knarrström, A. 2002. Bygden kring Bårslöv. En analys av fornlämningar från perioden senneolitikum till äldre järnålder. I Carlie, A. (red.). *Skånska regioner.*

Knarrström, A. & Olsson, M. 2000. Boplatser och härdområde vid Bårslöv. Skåne, Välluv och Bårslöv socknar, väg 109. *Riksantikvarieämbetet UV Syd Rapport* 2000:61.

Kroll, H.J. 1975. *Ur- und frügeschichtlicher Ackerbau in Archsum auf Sylt.* Kiel.

Lagerås, P. 1992. Markhistoria och kulturlandskap i Baldringe socken. *Ale 4/1992*, s. 19-27.

Lagerås, P. 2002. Skog, slåtter och stenröjning. Paleoekologiska undersökningar i trakten av Stoby i norra Skåne. I Carlie, A. (red.). *Skånska regioner.*

Regnell, M. 1997. Växtoffer. En förbisedd fyndkategori i huslämningar. I Karsten, P. (red.). *Carpe Scaniam. Axplock ur Skånes förflutna.* Riksantikvarieämbetet, Arkeologiska Undersökningar, Skrifter nr 22. Stockholm, s. 102-110.

Regnell, M. 1998. Arkeobotanisk analys av material från Kyrkeheddinge. I Schmidt Sabo, K. Kyrkheddinge bytomt. Arkeologisk undersökning 1995. *Riksantikvarieämbetet UV Syd Rapport* 1998:5.

Regnell, M. 2001. Gård, åker och äng – den centrala platsens triviala bas. I. Larsson, L. (red.). *Uppåkra. Centrum i analys och rapport.* Uppåkrastudier 4. *Acta Archaeologica Lundensia* ser. in 8°, No. 36, Almqvist & Wiksell International Stockholm, s. 113-122.

Robinson, D.E. 1993. Dyrkede planter fra Danmarks forhistorie. *Arkælogiske udgravninger i Danmark 1993*, s. 20-39.

Runcis, J. 1998. Gravar och boplats i Hjärup – från äldre och yngre järnålder. *Riksantikvarieämbetet UV Syd Rapport* 1998:1.

Stark, K. 2000. E22 Bromölla. Gårdslämningar från äldre järnålder. *Riksantikvarieämbetet UV Syd Rapport* 2000:4.

Stark, K. 2001. Marbäcksmossen. Strandnära lämningar från neolitikum & järnålder. *Riksantikvarieämbetet UV Syd (Daff) 2001:5.*

Stika, H.-P. 1993. *Beiträge zu Landwirtschaft, Ernährung und Umwelt in der römischen Provinzen Obergermanien und Rätien.* Doktorsavhandling, Universitetet i Innsbruck.

Strömberg, B. 2000. Härdområde, brandgravar, boplats och rostningsplats. *Riksantikvarieämbetet UV Syd (Daff)* 2000:1.

Strömberg, B. 2002. Kulturlandskap vid Hallandsås. Platsers betydelse – platsers förändrade bruk. I Carlie, A. (red.). *Skånska regioner.*

Svanberg, F. & Söderberg, B. 2000. *Porten till Skåne. Löddeköpinge under järnålder och medeltid.* Riksantikvarieämbetet Avdelningen för Arkeologiska Undersökningar, Skrifter No. 32. Stockholm.

Torstensdotter Åhlin, I & Bergenstråhle, I. 2000. Äldre järnålder på Klörups backar. *Riksantikvarieämbetet UV Syd Rapport* 2000:74.

Welinder, S., Pedersen, E.A. & Widgren, M. 1998. *Det svenska jordbrukets historia. Jordbrukets första femtusen år 4000 f.Kr.-1000 e. Kr.* Natur och Kultur/LTs förlag.

Viklund, K. 1998. Cereals, weeds and crop processing in Iron Age Sweden. *Archaeology and Environment 14.* Umeå universtitet.

Willerding, U. 1983. Paläo-Ethnobotanik und Ökologie. *Verhandlungen der Gesellschaft für Ökologie 11 (Festschrift Ellenberg)*, s. 489-503.

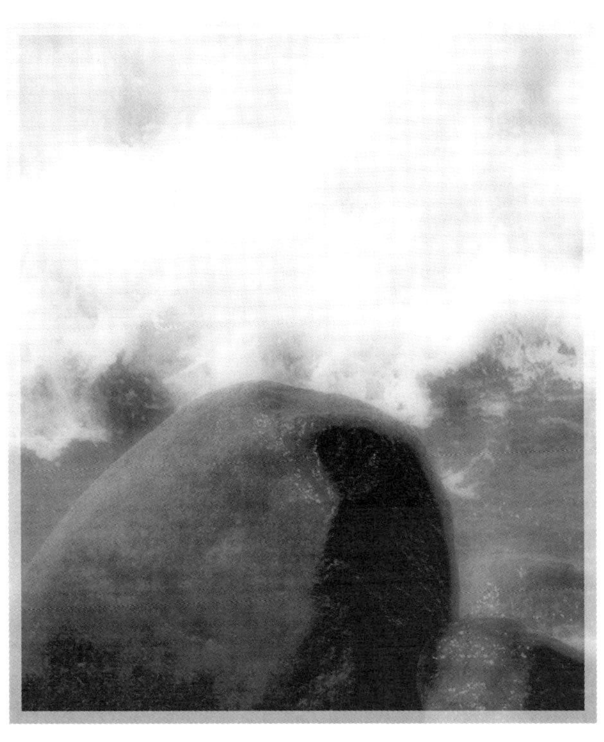

NORDVÄSTRA SKÅNE

Kulturlandskap vid Hallandsås

Platsers betydelse – platsers förändrade bruk

BO STRÖMBERG

med osteologisk rapport av Caroline Arcini

Abstract: The cultural landscape at Hallandsås. The meaning of places – altered practices of places.

On the northern slopes of Hallandsås between the counties of Halland and Scania, excavations were carried out on archaeological sites of differing character in the autumn 1997. On a low ridge surrounded by a minor plain, a structure of roasting hearths from 6000 BC, for earth of red soil with iron oxide and ore, were discovered. Another structure consisting of a roasting hearth and a big grindstone was dated to Late Bronze Age and Early Pre-Roman Iron Age. On the eastern part of the ridge the remains of a long-house from the Late Bronze Age was found. At the same site a large-scale structure of 180 hearths and a group of cremation burials gave evidence of actions of ceremonial character in the Pre-Roman Iron Age and Early Roman Iron Age. In the same chronological period a settlement was established on the western part of the ridge. The results indicate sites on a minor ridge, which was used for different purposes during the Late Bronze Age and Early Iron Age. The excavated sites were situated along a route between two topographically different landscapes, the peninsula of Bjäre and the plain of southern Halland. Both areas, however, belong to the same archaeological region in cultural terms, during the Bronze Age and Early Iron Age.

Inledning

Nedanför och norr om Hallandsås branta sluttningar undersöktes hösten 1997 inför byggandet av V 115, ett par fornlämningar av högst skiftande karaktär. Lokalerna var belägna på en svag höjdrygg i en omgivande flack terräng på fastigheterna Eskilstorp och Hemmeslöv i Östra Karups socken. På höjdryggens mellersta del fanns rostningsplatser för rödjord och myrmalm daterade till mellanmesolitisk tid ca 6000 f.Kr. respektive övergången mellan yngre bronsålder och förromersk järnålder. På östra avsnittet av höjdryggen fanns lämningar av ett långhus från yngre bronsålder. Ett härdområde med brandgravar ger en bild av att platsen senare användes i ceremoniella sammanhang under förromersk järnålder och äldre romersk järnålder. Lämningar av ett gropsystem daterat till tiden vid Kr.f. inom härdområdet och ett bearbetat stenblock i områdets östra begränsning, utgjorde mer ovanliga inslag på fornlämningslokalen. På höjdryggens västra avsnitt påträffades en boplats från förromersk järnålder med spår efter en till synes ensamliggande gårdslämning.

Sett ur ett landskapsperspektiv var de undersökta lokalerna belägna i ett naturligt kommunikationsstråk mellan två regioner. Den flacka till svagt kuperade Laholmsslätten och Bjärehalvöns kraftigare kuperade höjdområden utgör två olika naturlandskapstyper. Men omfattande stråk av gravhögar från bronsålder och förekomst av stensättningar, domarringar, resta stenar och gravfält visar på en kulturell samhörighet mellan regionerna under brons- och äldre järnålder. Passagen nedanför Hallandsås nordsluttning och vidare genom Sinarpsdalen mot Bjärehalvön utgjorde en landförbindelse mellan bygderna i södra Halland och bebyggelsen i nordvästra Skåne.

Under fältarbetets gång och den fortsatta bearbetningen av det arkeologiska materialet detaljformulerades frågeställningarna, vilka inriktades på fornlämningsplatsers förändrade bruk och läge i landskapet. Några av de frågor som ställdes till materialet var:

- I vilka syften rostades rödjord och malm under mellersta mesolitikum respektive vid tiden för yngsta bronsålder och äldsta förromersk järnålder?
- Hur förändrades platsernas bruk från yngre bronsålder till äldre romersk järnålder?
- Utgjorde området en övergångszon mellan två arkeologiska regioner eller kan platserna betraktas som en ordinär typ av bosättning inom en bygd?

De arkeologiska undersökningarna diskuteras i två olika artiklar i föreliggande bok. I detta sammanhang tecknas en övergripande bild av hela undersökningsområdet och dess omgivningar. I en andra artikel presenterar Titti Fendin resultaten av en fördjupad studie av härdområdet samt bearbetade stenar och stenblock vid Hemmeslöv. Det samlade syftet med de båda artiklarna är att presentera de undersökta lämningarna av en komplex fornlämningsmiljö och diskutera resultaten av den arkeologiska utgrävningen. Men för att besvara projektets frågeställningar har materialet bearbetats enligt följande inriktningar:

- Att definiera rostningsplatser för rödjord och myrmalm utifrån lämningar daterade till mellanmesolitisk tid och övergången mellan yngre bronsålder och förromersk järnålder.

- Att beskriva lämningar efter bosättningar från yngre bronsålder respektive förromersk järnålder, samt åskådliggöra kontrasterna mellan boplatslämningarna.
- Att beskriva sammansättningen av anläggningar som utgjorde ett härdområde med brandgravar, ett gropsystem och ett bearbetat stenblock, samt att teckna ett utvecklingsscenario för området under förromersk och äldre romersk järnålder.
- Att diskutera de undersökta platsernas lokala och regionala betydelse utifrån ett landskapsarkeologiskt perspektiv.

Landskap

Naturlandskap

De undersökta fornlämningarna var belägna i brytzonen mellan Laholmsslätten i norr, Hallandsås med Bjärehalvön i söder och Laholmsbukten i nordväst. Laholmsslättens västra delar har en geologiskt stratigrafiskt komplex sammansättning av transgressions- och flygsandslager. Idag domineras landskapet av en fullåkersbygd. Hallandsås med Bjärehalvön består av en horst med sedimentära bergarter och lerfri morän. Åsens branta stigningar når ett höjdområde med böljande till flack terräng belägen drygt 100 m.ö.h. Sinarpsdalen i väster och en sydgående sträckning av en svagare stigning i en dalgång vid Östra Karup, öppnar för färdvägar över Hallandsås. Bjärehalvön karakteriseras idag som ett småbrutet till öppet jordbrukslandskap, medan Hallandsås sträckning mot öster till övervägande del domineras av barr och lövskog.

Naturlandskapet är under ständig omvandling. Klimatförändringar, landhöjning och varierande hydrologiska förhållanden i kombination med lokala sammansättningar av jordarter bidrar till att skapa olika mikromiljöer. Men i diskussionen om de arkeologiska lämningarna är det främst två tidsskeden för naturlandskapet som är av intresse; tiden kring 6000 f.Kr under mesolitikum och perioden från mellersta bronsålder till äldre romersk järnålder.

Mellanmesolitisk tid vid 7000 BP (okalibrerat) – motsvarande omkring 6000 f.Kr. – präglades av ett varmt klimat med milda vintrar. Årsmedeltemperaturen låg cirka 2 °C över dagens temperatur. Vindar med hög luftfuktighet bidrog till en frodig vegetation.

Under perioden 8000–5000 BP skedde dramatiska strandlinjeförskjutningar beroende på landhöjning och havets fluktuationer. Vid Eskilstorp öster om Båstad har N.-A. Mörner (1969) i ett schakt dokumenterat en strandlagerföljd med antydningar till tre oscillationsminima. Den första transgressionen har ^{14}C-daterats till 7220±150 BP, den andra till 6855±90 BP samt den tredje till 6520±105 BP och 6430±140 BP. I två sammanställningar påvisar Tore Påsse att det första oscillationsminimum låg ca 4 meter över nuvarande havsnivå. Det andra minimum låg 6–7 meter och det tredje drygt 7 meter över nuvarande havsnivå. Ett transgressionsmaximum vid Bjäre inträffar vid cirka 5700 BP och når närmre 8 meter över nuvarande havsnivå. (Mörner 1969:33, Påsse 1983:100, 142, 1996:41). Undersökningar av mesolitiska boplatslager invid Stensån i Hasslövs samhälle visar på en strandlinjenivå som vid en transgression som högst nådde till en nivå på 8 meter över nuvarande havsnivå (Alexandersson & Fors i tryck, Påsse i tryck).

Fem årtusenden senare framtonar en mycket annorlunda landskapsbild. Strandlinjen under bronsåldern hade förskjutits till en nivå som idag motsvaras av 2–3 m.ö.h., för att under äldre järnålder ha sjunkit undan med ytterligare någon meter. Detta ger en miljö som framhäver det aktuella höjdområdet med de undersökta fornlämningarna i en kustnära miljö, där Stensåns utlopp i havet då låg någon kilometer inåt landet (Påsse 1996:41, i tryck).

Vedartsbestämningar av träkol från härdar visar att lövträd som alm, ask, ek och lönn har funnits i de undersökta platsernas omgivningar under äldre järnålder. Al har växt på fuktiga jordar och tall på torra. Asp och björk kan ha vuxit som sly på områden stadda i igenväxning.

Med utgångspunkt från geologiska och topografiska kartor samt Skånska rekognoseringskartan från 1820, kan en bild tecknas av landskapet norr om och nedanför Hallandsås sluttningar. De undersökta lokalerna var belägna inom en sträcka av 700 meter på en svag höjdrygg drygt 2 km lång i öst–väst respektive 1 km bred. Förhöjningen utgörs av postglacial finsand och når närmre 10 m.ö.h. På Skånska rekognoseringskartan beskrivs terrängavsnittet som odlad åkermark avgränsat av en sänka i söder med ett skogsbeväxt kärr nedanför den topografiska stigningen av Hallandsås. I öster och norr utbreder sig "myrar", vilka utgjorde våtmarker till Stensåns vattenflöde. Mot väster utbredde sig ljunghedar.

Kulturlandskap

Under decenniernas gång har flera mesolitiska lokaler påträffats och i olika omfattning undersökts. Ett par boplatser har varit svårupptäckta då dessa överlagrats genom transgressioner. Andra lokaler har varit mer lättåtkomliga, då de topografiskt sett varit belägna på högre nivåer och ej överlagrats genom transgression eller flygsand. En klassisk lokal utgör Karseforsen längs Lagan som undersökts vid tre tillfällen. Resultaten visar att lokalen nyttjats från mesolitikum (maglemose) till senneolitikum (Ewald 1928, Arbman 1954:200, Persson & Westergaard 1992, Alexandersson & Fors i tryck).

Exempel på överlagrade lokaler utgörs av två bosättningar vid Genevadsån som flyter genom Laholmsslätten. En slagplats påträffades längs åns övre flöde (RAÄ 74, Genevads socken) under ett upp till 2 meter tjockt lager av gyttja. Lokalen nyttjades 9500–7700 BP. En postglacial transgression nådde platsen vid 7700 BP (Anberg 1996). En annan lokal var belägen nära Genevadsåns utlopp i ett strandnära läge vid Laholmsbukten. Fynd av mikrospån och mikrospånkärnor i kombination med ^{14}C-analyser visar att platsen nyttjats vid 8200 BP. En transgression påförde metertjocka lager med gyttja, vilka senare överlagrades av flygsand (Sjögren & Anberg 1996).

Bronsålderns kulturlandskap är av en påtaglig monumental karaktär genom att gravhögar byggts på topografiskt markerade terrängavsnitt. Bjärehalvön är klassisk vad det gäller den stora mängden av högar. Dessa har i allmänhet en diameter upp till 10 meter. Men i flera fall finns mer monumentala högar med en storlek upp till 20 och i något fall 35 meter i diameter. Ett andra klassiskt område för bronsåldershögar utgör Laholmsslätten. På höjdryggar som sträcker sig genom slättlandskapet finns stråk av monument väl exponerade mot omgivningarna. I brytzonen där topografin höjer sig från slättbygden mot Hallandsås finns tre stråk och ansamlingar av gravhögar och rösen. Dessa är belägna på de nedre sluttningarna av Hallandsås vid Flintarp i Hasslövs socken, på terrasser och sluttningar till den sydgående dalgången vid Östra Karup och

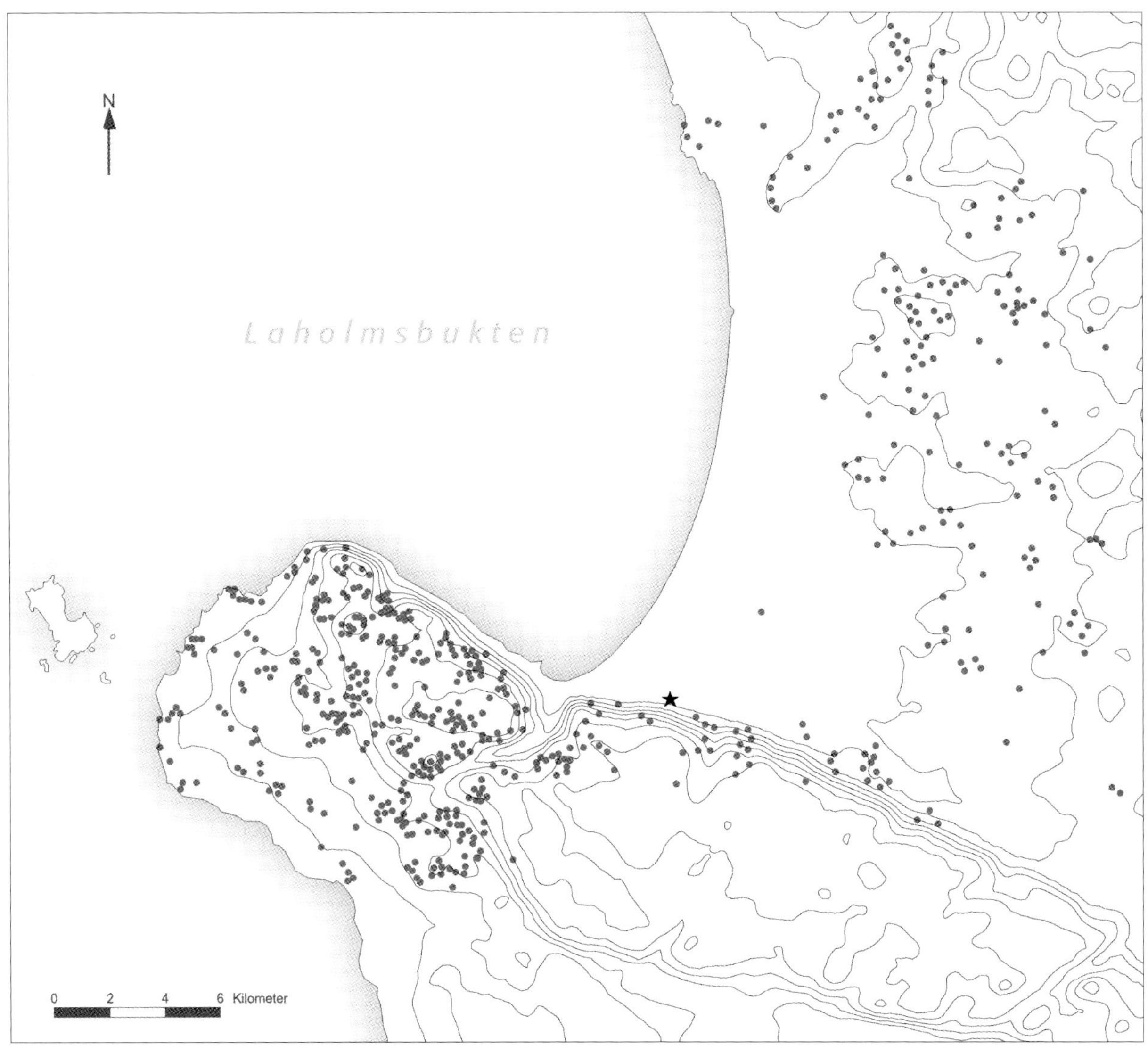

Bjärehalvön och Laholmsslätten med topografi, gravmonument och undersökningsområdet (symbol med stjärna*) i Östra Karups socken markerade. Karta sammanställd med uppgifter från Lundborg 1972:101, Nord & Paulsson 1993 och Runcis 2000:28.*

The peninsula of Bjäre and the plain of southern Halland around Laholm showing topography, burial monuments and the excavation site (marked by a star) in the parish of Östra Karup. The map was compiled on the basis of information from Lundborg 1972:101, Nord & Paulsson 1993 and Runcis 2000:28.

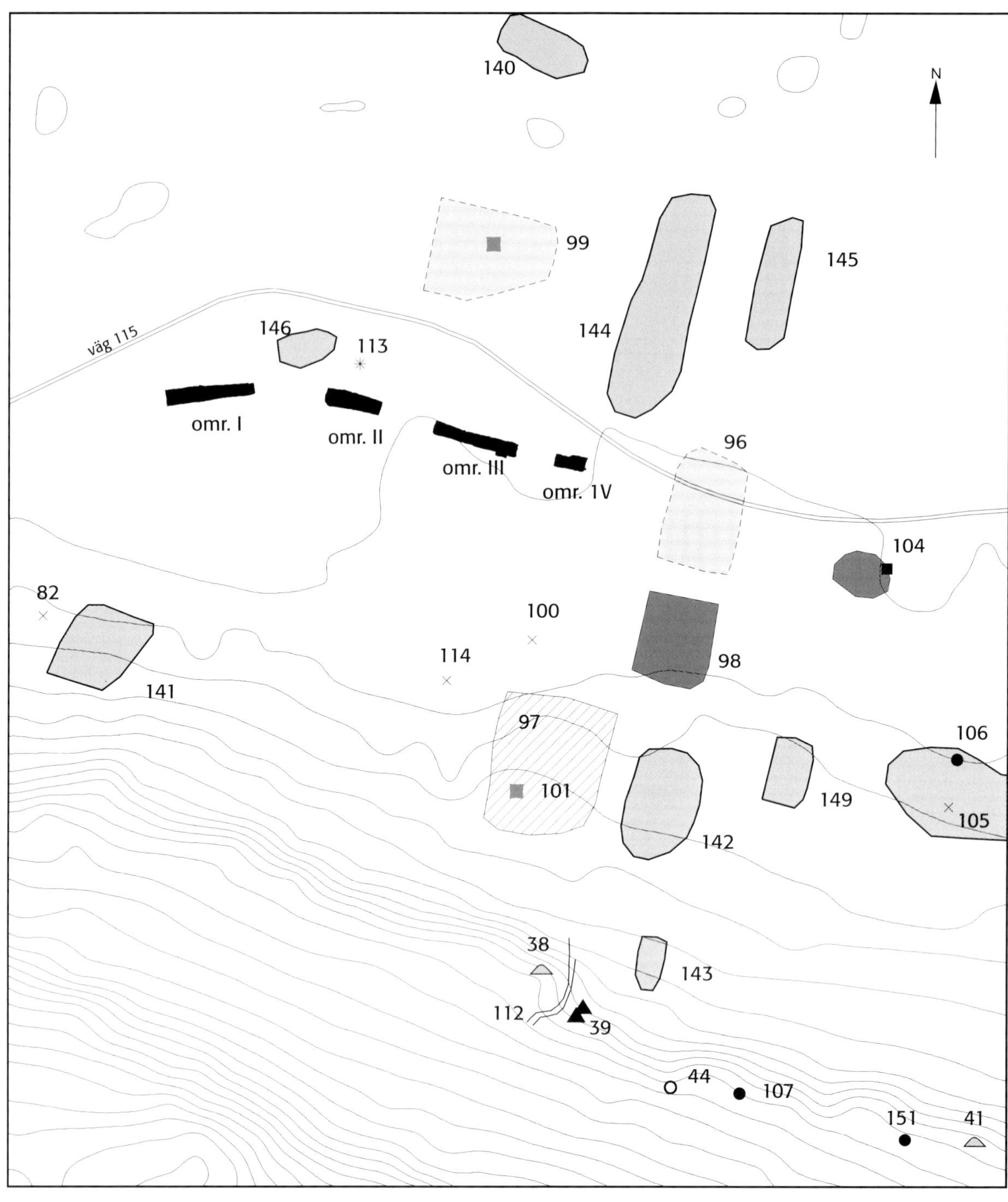

N
140
99
145
144
146
113
väg 115
omr. I
omr. II
omr. III
omr. 1V
96
104
82
100
114
98
141
97
106
101
149
105
142
38
143
112
39
44
107
151
41
Flatmarksgravar
Slaggförekomst
Boplats
Stenåldersboplats
Stenåldersboplats
Boplats
Älvkvarnsförekomst
Hög
Härdgropar
Fyndplats; bergarts- eller flintyxa
Slaggförekomst
Domarring
Hålväg

Karta över undersökningsområdet vid Eskilstorp och Hemmeslöv i Östra Karups socken. På kartan är topografi, kända fornlämningar, fynd av slagg (myrmalm?) och grävningsytor (Område I–IV) markerade.

Map of the excavation site at Eskilstorp and Hemmeslöv in the parish of Östra Karup. Topography, ancient monuments and finds of slag (ore?) and excavation areas (Areas I–IV) are marked.

på motsvarande topografiska lägen utmed Sinarpsdalen (Ekelund & Winberg 1968, Lundborg 1972, Larsson, T.B. 1993, Runcis 2000).

Gravmonument från järnålderns kulturlandskap är inte lika frekvent förekommande. På sluttningarna av Hallandsås finns runda stensättningar och domarringar. Kvadratiska, rektangulära och oregelbundna stensättningar finns i anslutning till bronsåldershögar, vilket sammantaget bildar gravfält. På de flacka terrängavsnitten mellan Hallandsås och Laholmsbukten finns två dokumenterade järnåldersgravfält på vardera sidan om Stensåns utflöde mot havet. På en svagt markerad långsträckt höjdrygg finns ett gravfält med drygt tio högar (RAÄ 19, Båstad). På motsatt sida finns en gravhög bevarad. Men det förekommer äldre nedteckningar om att ett gravfält med små högar skall ha funnits i anslutning till befintlig hög (RAÄ 133, Östra Karups socken). Uppgifter i Antikvarisk Topografiska Arkivet ger en bild av att det förekommit ett flertal resta stenar på de flacka markområdena mellan Hallandsås och Laholmsbukten. Många av dessa stenmonument har dessvärre försvunnit med tidens gång.

Röda lager av jord

I fornminnesregistret över Östra Karups socken finns ett par noteringar om slaggförekomster i plöjd åkermark på flacka markområden mellan Hallandsås nordsluttning och Stensåns vattenflöde. Vid tidigare arkeologisk utredning och förundersökning inom sträckningen för den planerade V 115 påträffades ett omfattande lager av rödjord med klumpar av malm. I anslutning till lagret fanns en rund stensatt anläggning som i detta skede tolkades som en ugn. I det fortsatta planeringsarbetet inför en större utgrävning kom frågeställningarna först att inriktas mot järnhantering. Men vid slutundersökningen visade sig platsen vara av en mer ovanlig karaktär. Undersökningens målsättning kom under fältarbetet istället att inriktas mot att skapa en bild av ett hantverk med rostning av rödjord och malm (Andersson, Th. 1996, Strömberg 1997, 2000).

Rödjord, malm och rostningsplatser

Till förutsättningarna för att rödjord och myrmalm skall bildas hör järnoxidrika jordlager och fluktuationer i grundvattennivån. Bergmaterialet i Hallandsås präglas av förkastningar med rikliga vattenflöden som påverkar närliggande slättområden. Ett naturligt källsprång väster om undersökningslokalen utgjorde en annan källa till fluktuationer av vattennivån.

Lämningarna efter rostningsplatser fanns under matjordslagret på flack åkermark på höjdryggens mellersta del. På en grävningsyta benämnd

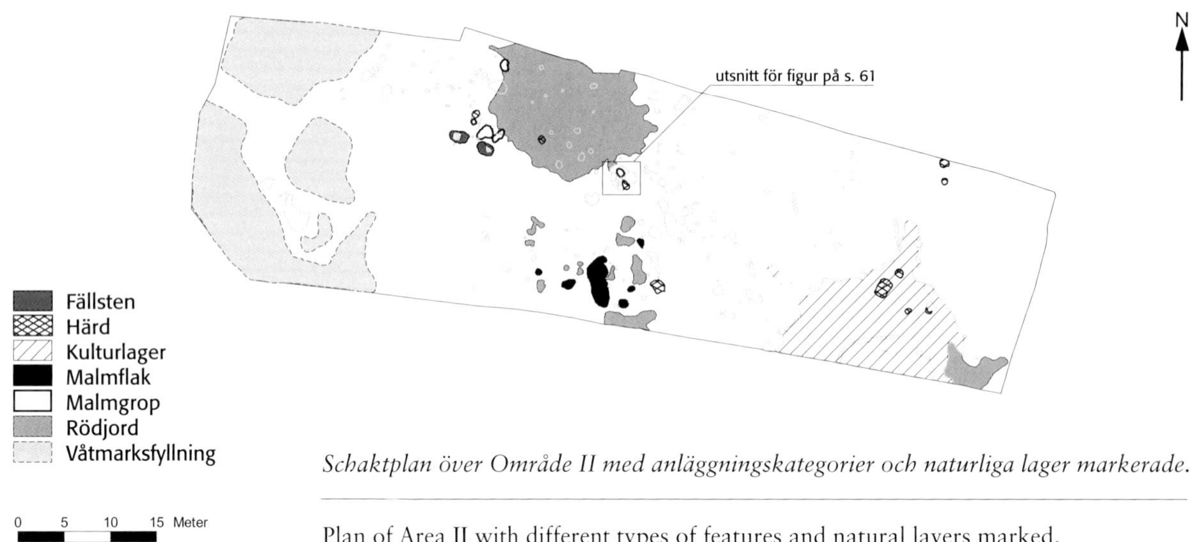

Schaktplan över Område II med anläggningskategorier och naturliga lager markerade.

Plan of Area II with different types of features and natural layers marked.

Område II, med en area på cirka 2500 m² och belägen närmre 8 m.ö.h., blottlades omfattade lager av rödjord med malmklumpar. Det största rödjordslagret (A7011) med fragmentariska bitar av malm var 17x12 meter stort och närmre tre decimeter tjockt. Övriga rödjordslager och malmflak med rikliga anhopningar av malm var betydligt mindre. Men det är möjligt att lagrens utbredning minskat då övre skikt plöjts bort vid jordbruksarbete.

I det större rödjordslagrets ytskikt hittades ett bränt ben av människa (F69). En osteologisk bedömning är att detta härrör från en ung individ som möjligen kan varit ett barn (se bidrag av Arcini i denna artikel). Inga spår av nedgrävningar för gravar hittades i lagret.

Väster om rostningsplatserna fanns sammanhängande lager av torv- och våtmarksbildningar invid ett källsprång. Öster om rödjordslagren och rostningsplatserna fanns enstaka härdar och ett omfattande lager av en kulturpåverkad äldre markhorisont i en 0,5 meter djup naturlig svacka.

Någon meter sydöst om begränsningen för det omfattande rödjordslagret dokumenterades ett 2,5x2,7 meter stort anläggningskomplex som bestod av en stensatt rostningshärd, en härd, en malmgrop, två gropar och två stolphål. Lämningarna kunde kronologiskt knytas till mellanmesolitisk tid och omgavs av ett lager av sandblandad rödjord (se nästa sida).

Den stensatta härden (A6812) bestod av skörbrända, bearbetade och kantställda decimeterstora stenar, vilka placerats i en cirkel. Fyllningen inom stencirkeln bestod av sotig sand, fragment av skörbränd sten och fragment av malm. Ett kolprov hämtat i anslutning till en av de kantställda stenarna ^{14}C-daterades till 7045±80 BP (Ua-9333). Invid den stensatta härden fanns ytterligare en härd (A6787) som delvis överlagrades av en grop (A6698). Ett kolprov från ett kollager i härden

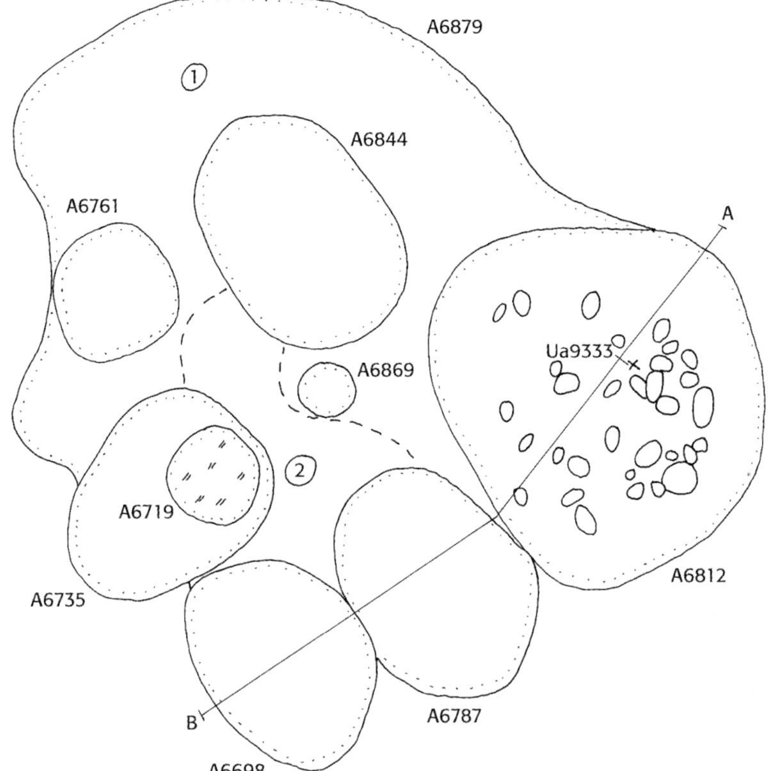

Sammanställning av anläggningstyper

Anläggning	Fyllning
A6698 Grop	Brun sand, fragment av skörbränd sten.
A6719 Stolphål	Sotig sand och kol.
A6735 Grop	Brun sand och kolfragment.
A6761 Grop	Sotig brun sand och fragment av malm.
A6787 Härd	Sotig sand, kol och fragment av skörbränd sten.
A6812 Rostningshärd	Sotig sand med kolfragment, sotflammig brun sand, fragment av rostad malm.
A6844 Malmgrop	Brunröd sand och rostad malm.
A6869 Stolphål	Sotig sand, kol och fragment av rostad malm.
A6879 Lager	1) Rödbrun till mörkgrå flammig humös sand med kolfragment. 2) Ljus brunröd flammig humös sand.

Plan över anläggningskomplex med rostningshärdar som kan knytas till mesolitikum.

Plan of construction with roasting hearths from the Mesolithic.

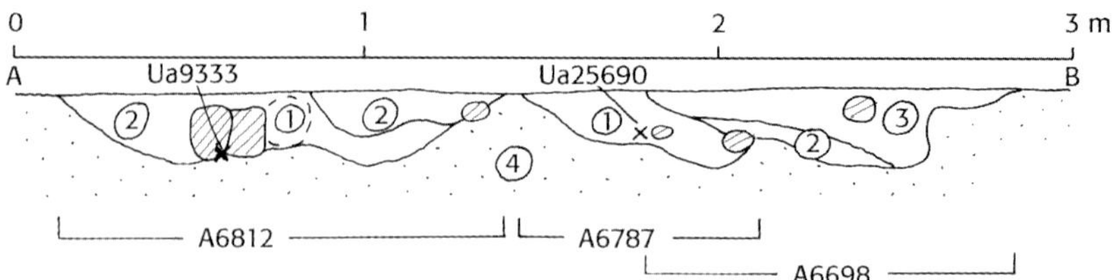

Sektion av A6812 rostningshärd, A6787 härd och A6698 grop. Profil mot sydost. Lagerbeskrivning:

1. *Sotig sand, kolfragment och fragment av skörbränd sten.*
2. *Sotflammig brun sand och fragment av rostad malm.*
3. *Brun sand, fragment av skörbränd sten.*
4. *Alv av rödbrun sand.*

Section of A6812 roasting hearth, A6787 hearth and A6698 pit. Section towards the south-east.

A6812 rostningshärd under utgrävning. Från söder. Foto Bo Strömberg.

A6812 rosating hearth during excavation. From the south. Photo by Bo Strömberg.

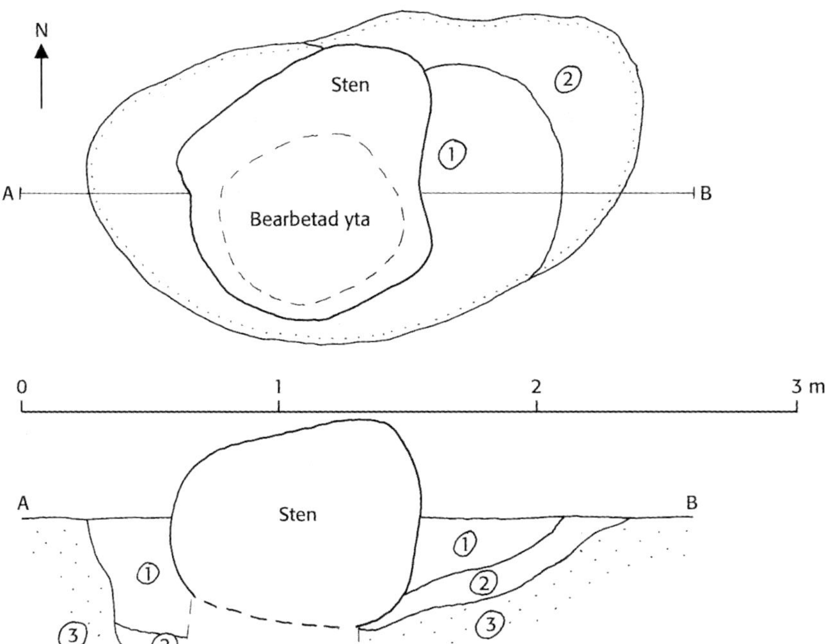

Plan och profil av A16523 fällsten. Profil mot norr.
Lagerbeskrivning:

1. *Flammig sand med fina varvade lager av ljusbrun, mörkbrun och sotig sand, ställvis med små bitar av malm.*
2. *Gråbrun humös sotig sand med kolfragment och små bitar av malm.*
3. *Alv av rödbrun sand.*

Plan and section of A16523 anvilstone. Section towards the north.

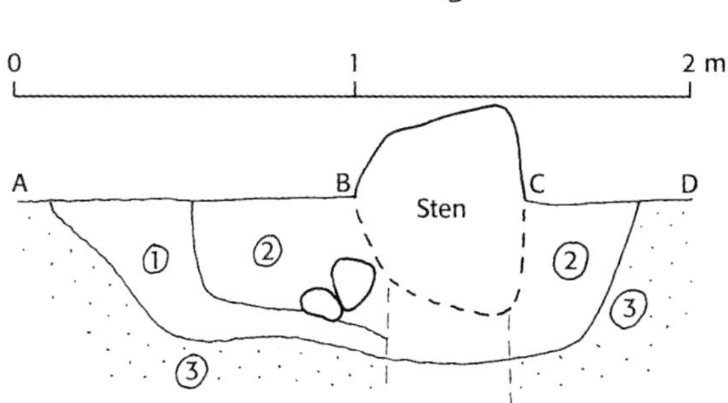

*Plan och profil av A16602 mal***sten.** *Profil mot norr.*
Lagerbeskrivning:

1. *Mörk gråbrun till rödbrun homogen humös sand och fragment av malm*
2. *Ljus brungrå till gulgrå flammig sand*
3. *Alv av rödbrun sand.*

Plan and section of A16602 grindstone. Section towards the north.

Fällsten som kan knytas till krossning av malm. Från öster. Foto Bo Strömberg.

Anvil stone used for crushing ore. From the east. Photo by Bo Strömberg.

^{14}C-daterades till 7155±85 BP (Ua-25690). Sett ur laborativ synvinkel finns en god överstämmelse mellan resultaten från de båda proven. En sammanslagning av de båda mätvärdena gav en ^{14}C-datering till 7097±58 BP, vilket gav ett kalibrerat intervall om 1sigma till BC 6020–5890 (se s. 61 och Appendix 1, s. 109).

Väster om det omfattande rödjordslagret fanns ett anläggningskomplex som kunde knytas till yngsta bronsålder och äldsta delen av förromersk järnålder. Ett kolprov från en rostningshärd (A15694) daterades genom ^{14}C-analys till BC 760–380 (Se Ua-25691, Appendix 1). Det omfattande intervallet är beroende av ^{14}C-kalibreringskurvans form (Rahbæk & Lund Rasmussen 1997).

Norr om nämnda rostningshärd fanns fem malmgropar. Anläggningstypen definierades i fält utifrån nedgrävningens bottenform och fyllning. Lämningarna var upp till två meter stora och med i alvytan oregelbunden till oval form, någon decimeter djupa och dess bottenformer var flack till svagt konvex. I bottenlagret mot alven fanns ett tunt skikt av sot. Fyllningen bestod av fragmentariska och upp till två decimeter stora malmklumpar i rödjord.

Söder om rostningshärden och med ett inbördes avstånd om fyra meter fanns en fällsten och en malsten. Den förra var rektangulär till formen och stenens flata bearbetade yta lutade svagt åt nordväst. Fällstenen var med omsorg placerad i en grop. Fyllningen bestod av två lagersammansättningar med enstaka fynd av fragment av malm. I det undre av lagren påträffades en keramikskärva som härrörde från buken av ett kärl (F56). Med utgångspunkt från ytbehandling, tjocklek, magring och allmän framtoning bedömdes skärvan härröra från äldre järnålder. Malstenens topp bestod av en svagt konkav yta med en centimeterhög kant. Även denna sten var med omsorg placerad i en grop med fragment av malm i fyllningen (Se s. 63).

En annan viktig fråga som rör den undersökta lokalen vid Eskilstorp är platsens läge i landskapet och strandlinjeförskjutningar under mellanmesolitisk tid. Hur högt nådde den postglaciala transgressionen över nuvarande havsnivå omkring 6000 BP? Vid en ovan omnämnd arkeologisk undersökning av mesolitiska lämningar vid Hasslöv i anslutning till Stensån, gjordes även en kvartärgeologisk studie av geologiska lagerföljder. En slutsats av iakttagelserna var att transgressionsmaximum nådde 7–8 meter över nuvarande havsnivå (Alexandersson & Fors i tryck, Påsse i tryck). Detta medför att den aktuella undersökningsplatsen vid Område II vid Eskilstorp i Östra Karups socken inte kom att översvämmas, utan har varit belägen precis över havsnivån. I ett djupschakt grävt på en intilliggande grävningsyta Område III, iakttogs inga transgressionslager.

Analyser

I syfte att klarlägga vad för material som naturbildningar och anläggningar innehöll, samt vilken typ av arbetsprocess som förekommit på platsen, inlämnades i två omgångar prover av malm och rödjord till Geoarkeologiskt Laboratorium (GAL) i Uppsala. Samtidigt insändes två stenprover från den stensatta rostningshärden (A6812). Målsättningen med analysen av stenkonstruktionen var att få klarhet i till vilken temperatur som nämnda material varit uppvärmt. (Englund m.fl. 1998, Kresten 1998, Kresten & Englund 1998).

En första analysomgång med tre prover från malmgropar och ett naturligt lager av rödjord genomfördes vid GAL i början av 1998. Samtliga prover var vid inlämning omagnetiska och i orostat skick. Vid rostning på laboratoriet övergick betydande delar av järnmineralet till att bli magnetiskt. Materialet från malmgropen betecknades som god malm. Vid analysen konstaterades att inget av proven utgjorde slagg utan troligen mineralet *goethit*, en vattenhaltig järnoxid.

I en andra omgång under sommaren 1998 utförde GAL analyser av ytterligare sju prover från rödjordslager, malmgropar, rostningshärdar och fragmenterat material in situ i lager invid fäll- och malsten. Inför detta arbete förelåg en hypotes om att den undersökta lokalen utgjort en hantverksplats för färgberedning. Analyserna omfattade rostning av samtliga prover i laboratorium och kemiska analyser av fem av dessa prover. Rostningsförsök av proverna visade att materialet vid upphettning blev gråsvart till svart. En färg som också kvarstannade efter att proven svalnat. Inget av proven blev rödfärgat vid rostning. Detta tyder på att den dominerande järnhydroxiden i proven var lepidokrokit [I-FeO(OH)] och inte goethit [K-Fe_2O_3(OH)]. Det första ger maghemit vid cirka 350°C som är gråsvart till svart och magnetisk. Det senare ger hematit vid 400°C som är ett rött fint pulver och omagnetiskt.

Geoarkeologiskt laboratorium menar att resultaten av den kemiska analysen pekar på att inlämnade prov härrör från en myrmalms- och rödjordsdepå med varierande halter av järnhydroxider och inblandning av sandigt och lerigt material. Men samtidigt påtalas att det föreligger svårigheter att genom kemisk analys avgöra om provmaterialet varit rostat eller ej. En aspekt som omnämns är att zink i mineralet borde avgått som zinkrök vid kraftig rostning. Emellertid är haltnivån för zink likartad för alla prov.

Den stensatta rostningshärden är daterad till mellanmesolitisk tid, varför det inte kan röra sig om metallhantering. Dessutom visar ett upphettningsprov av stematerial att materialet tidigare varit uppvärmt till omkring 600°C (Kresten 1998). Detta analysresultat ger ett tydligt besked om att anläggningen inte brukats för järnframställning. Denna process kräver en temperatur på 1200–1300°C. Men en temperatur på upp till 600°C kan lätt åstadkommas i härdar eller kokgropar och är fullt tillräcklig för rostning av rödjord eller malm.

Syfte med rostning av rödjord och malm?

I boken *An Archaeology of Natural Places* diskuterar Richard Bradley frågan om varför vissa lokaler i naturlandskapet tillmäts större betydelse än andra. Författaren exemplifierar detta med platser där speciella råämnen finns som kan användas till vissa hantverk och i bestämda syften. Platsen tillmäts en betydelse som står i proportion med värderingen av själva råämnet (Bradley 2000:36).

Den arkeologiska undersökningen på Område II vid Eskilstorp i Östra Karups socken kom att inriktas mot att beskriva ett hantverk för rostning av rödjord och malm utifrån lämningar daterade till mellanmesolitisk tid och förromersk järnålder. Redan i fältsituationen kom hypotesen om järnhantering att ifrågasättas. På platsen fanns rödjord- och malmfyndigheter, en stensatt härdkonstruktion, gropar med fyllning av malm och eventuellt rostad malm samt fäll- och malsten. Emellertid fattades en viktig materialkategori, nämligen slagg. Ingen reduktionsslagg hittades i anslutning till den stensatta härden eller annorstädes på grävningsytan. Ingen fäll- eller kulslagg påträffades i fyllningen till de i gropar placerade fäll- och malstenarna. Det enda som fanns var malmklumpar och fragment av malm.

I närområdet kring den undersökta lokalen finns flera slaggförekomster noterade i fornlämningsregistret. Men det är troligen fråga om i åkermark upplöjda stycken av myrmalm. Detta antyder att

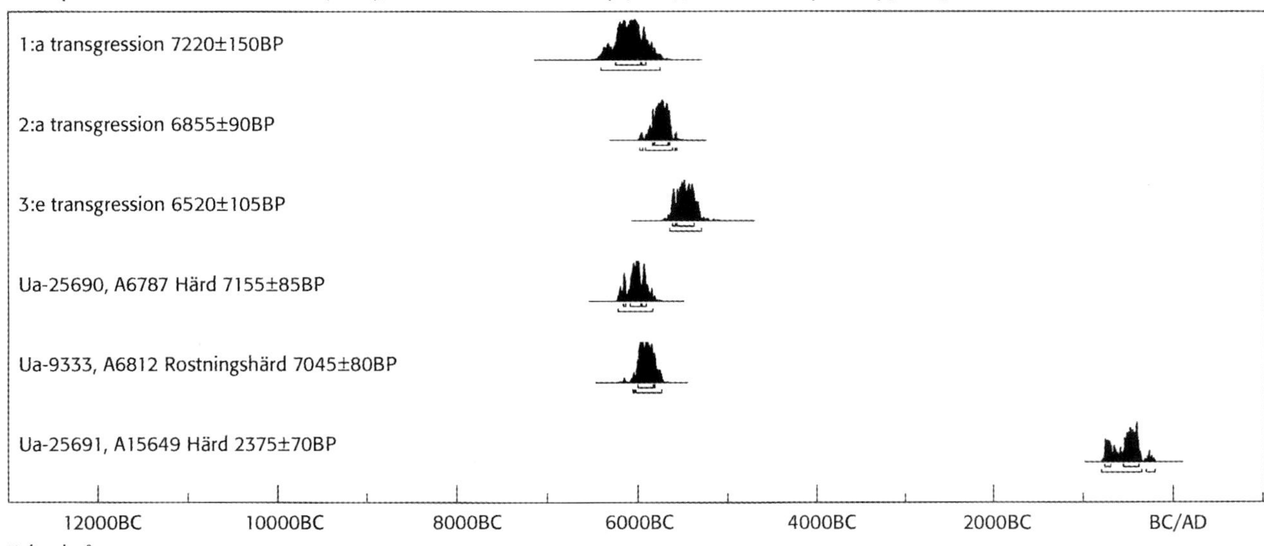

Diagram över ^{14}C-dateringar med kalibrerade intervall om 1 sigma. De tre övre intervallen härrör från prover insamlade av Mörner (1969), från dokumenterad strandlagerföljd i ett schakt vid Eskilstorp, Östra Karups socken. Analysresultaten daterar tre oscillationsminima vid transgressioner under mesolitikum. De tre övriga intervallen härrör från kolprover insamlade vid undersökning av rostningshärdar för rödjord och malm på Område II vid Eskilstorp.

Diagram of ^{14}C-datings calibrated with 1 sigma. The three first calibrated intervals are based on analyses made on samples collected by Mörner (1969), from a trench near Eskilstorp in Östra Karup parish. The results of the ^{14}C-analysis date three transgressions during the Mesolithic. The three later calibrated intervals are ^{14}C-datings performed on charcoal samples from roasting hearths at the excavation of Area II, Eskilstorp.

det på nordsluttningarna av Hallandsås i Östra Karups socken och på de flacka markområdena ner mot Stensån finns omfattande rödjordslager och malmförekomster.

Resultaten av den arkeologiska undersökningen vid Eskilstorp ställer frågan: i vilka syften rostades rödjord och malm? Två tolkningar kan föreslås, där en första knyter an till färgberedning. Rostning av rödjord och malm under mellanmesolitisk tid vid ca 6000 f.Kr. ger associationer till rituella handlingar och användandet av rödockra vid begravningar, men en laborativ analys visar att materialet bestod av lepidokrokit och inte goethit. Det första ger vid rostning maghemit som är gråsvart till svart. Det senare ger hematit som är ett rött fint pulver. Analysresultaten reser frågetecken kring hypotesen om pigmentering med rödockra, men spåren i form av rostningshärdar och de omfattande lagren av rödjord med malm ger ändå en bild av platsens betydelse som inte kan förnekas. Syftet med att hetta upp materialet kan helt enkelt ha varit att lättare kunna sönderdela malmklumparna.

Rödockra har använts i gravar under mesolitikum, närmare bestämt ertebölleperioden (ca 5400–4000 f.Kr). I mitten av 1970-talet upptäcktes ett gravfält från nämnda period vid Vedbæk på Själland. Kring 1980 påträffades de första gravarna med rödockra vid Skateholm i södra Skåne. I samband med undersökningen av den omfattande mesolitiska lokalen vid Tågerup öster om Landskrona i mellersta Skåne, dokumenterades sex gravar. I två gravar daterade till mellersta erteböllekulturen fanns rödockra deponerat med kvarlevorna (Albrethsen & Brinch Petersen 1977, Larsson, L. 1989, Kjällquist 2001).

I ett globalt perspektiv har färgutsmyckningar med rödockra varit vanligt förekommande under äldre stenålder. Ockra fanns naturligt som klumpar av järnoxid eller som hematit i olika geologiska lager. När ockra krossats och malts för att därefter blandas med animaliska fetter, skapades färg för utsmyckning av föremål samt kropps- och hällmålning. Svart pigment framställdes också genom att manganoxid blandades med animaliska fetter. Spår efter ett dagbrott för brytning av ockra under äldre stenålder finns vid Lion Cave, Ngwenya, Swaziland i södra Afrika. Sammantaget har en ofattbar mängd av 1200 ton ockra brutits här. Den äldsta kända gruvan i Europa är belägen vid Lovas Cave nära Balatonsjön i Ungern, där hematit brutits ur lager med kalksten (Wymer 1982:174).

En andra tolkning kring rostningsplatsen kan ändå knytas till metallhantverk. I sin avhandling presenterar Eva Hjärthner-Holdar (1993) hur kunskaper om järnmetallurgi introducerades i Sverige under yngsta bronsålder. Detta har naturligtvis en grund i de färdigheter om bronsgjutning som fanns i Skandinavien. Författaren nämner fyra lokaler i Halland med spår som tyder på en introduktion av järn och järnmetallurgi. Vid bl.a. Lejeby i Laholms landsförsamling påträffades järnslagg i kombination med bronsålderskeramik i fyllningen till en gravhög. Lämningen undersöktes av Victor Ewald i början av 1900-talet och var belägen drygt en mil norr om Eskilstorp i Östra Karups socken (Hjärthner-Holdar 1993:38).

Det är möjligt att lämningar av rostningshärdar samt en fäll- och en malsten representerar ett första steg i försöken att tillämpa och experimentera med en nyvunnen kunskap om järnframställning. I detta anläggningskomplex fanns en härd som med hjälp av ^{14}C-analys daterades till övergången yngsta bronsålder och äldsta förromersk järnålder. I fyllningen till den grop som fällstenen (A16523) var placerad i fanns en keramikskärva av äldre järnålderskaraktär.

Förändrat bruk av en plats

På höjdryggens flacka östra avsnitt drygt 9 m.ö.h. fanns lämningar av ett långhus från bronsåldern. På samma plats, men på en betydligt större yta, anlades under förromersk järnålder ett härdområde med brandgravar. Lämningarna avspeglar ett förändrat bruk av en plats. Ett gropsystem från sen förromersk järnålder komplicerar vår tolkning av lokalen.

Härdområdets utsträckning i öst–västlig riktning är drygt 250 meter. Utbredningen mot norr respektive mot söder är oklar då inga provschakt grävts i dessa riktningar. Men grävningsytorna – Område III på 2400 m^2 och Område IV på 1000 m^2 – gav ändå en inblick i människors användande av platsen.

En huslämning från bronsålder

På ett flackt markavsnitt i alv av postglacial finsand på Område III fanns spår efter ett långhus från yngre bronsålder. Lämningarna av nio stolphålspar efter takbärande stolpar avspeglar ett treskeppigt långhus. Byggnaden var trapetsoidformad och utsträckningen från dess västra till dess östra gavel har varit ca 20 meter. Långhusets bredd har varierat mellan fem meter i väster till drygt sex meter i öster. Avstånden mellan de sex bockparen i väster var omkring två meter. Men distansen mellan bockpar sex och sju uppgick endast till drygt en meter. Denna konstruktion utgjorde och markerade långhusets ingång från norr respektive söder. Avståndet mellan bockparen i långhusets östra del ökade från två till tre meter.

Långhusets typologiska och rumsliga struktur med avseende på stolphål faller inom ramarna för bronsålder (Björhem & Säfvestad 1993:107). I syfte att datera byggnadslämningen insamlades makrofossilprover från fyllningen till samtliga stolphål. Ett makrofossil daterades till mellanmesolitikum och är inte representativt. Ett andra prov av cerealia ^{14}C-analyserades och daterades till BC 920–820 (Se Ua-25688, Appendix 1).

Under mer gynnsamma bevaringsförhållanden kan rester av golvlager och spår efter eldstäder i form av härdar finnas kvar. I åkermark är dock dessa kulturlager ofta bortplöjda. Men i en rumslig kontext inom långhusets östra gavel påträffades ett keramikkärl placerat i en grop i alven (A11285 / F426). Kärlet som på typologiska grunder kan föras till bronsålder var skadat och sammanpressat. Fyllningen till kärlet innehöll ett par bitar träkol. Ett prov bestående av ek av stamved och med en egenålder på 50 år ^{14}C-analyserades och daterades till BC 1390–1130 (Se Ua-25681, Appendix 1).

I byggnadslämningar har ofta spår efter husoffer påträffats. Dessa kunde utgöras av keramikkärl som deponerades i stolphål till någon av byggnadens takstolpar (Carlie 1999). I bronsåldershuset vid Hemmeslöv var kärlet emellertid deponerat i en grop symmetriskt belägen inom byggnadslämningens östra del, vilket öppnar för en tolkning av fyndet till ett husoffer. Emellertid råder en skillnad mellan ^{14}C-dateringarna för huslämningen och keramikkärlets fyllning. De kalibrerade intervallen om 1sigma ligger 210 kalenderår från varandra. Men med 2sigma ligger intervallen enbart 10 kalenderår från varandra (Se Ua-25681 och Ua-25688, Appendix 1). Detta väcker ett tvivel om kärlets kontext. En andra möjlighet är därför att kärlet deponerats för sig självt vid en enskild händelse som inte är knuten till byggandet av huset.

Schaktplan över Område III med lämning av långhus från yngre bronsålder.

Plan of Area III with the remains of a long-house from the Late Bronze Age.

Slutsatsen är dock att kärlet utgör en form av husoffer. Tar man hänsyn till att provet med stamved av ek från kärlets fyllning har en egenålder på 50 år, överlappar felmarginalerna för ovan nämnda ^{14}C-dateringar varandra. Detta i kombination med det tydliga rumsliga sambandet mellan huset och kärlets placering talar för att dessa två företeelser bör vara samtida.

Ett härdområde

Vid inledningen av förromersk järnålder förändrades bruket av den plats där långhuset från yngre bronsålder varit beläget. Inom Område III och IV fanns anhopningar av närmre 180 härdar, sex stycken brandgravar, ett gropsystem, en stenpackning enbart bestående av malstenar, samt ett bearbetat stenblock. Lämningarna och kombinationen av dessa utgjorde spår av en karaktär som inte associeras till boplatser. Vilken typ av handlingar som efterlämnat dessa spår och i vilka sammanhang detta skett diskuteras mer ingående av Titti Fendin i denna publikation, där kontexter av härdansamlingar används som grund för en rumslig analys.

Den kronologiska tidsramen omfattar förromersk och äldre romersk järnålder. Härdarna har i huvudsak daterats med hjälp av kolprover som insamlats genom vattenflotering av jordprover för makrofossil. Nio av kolproven lämnades

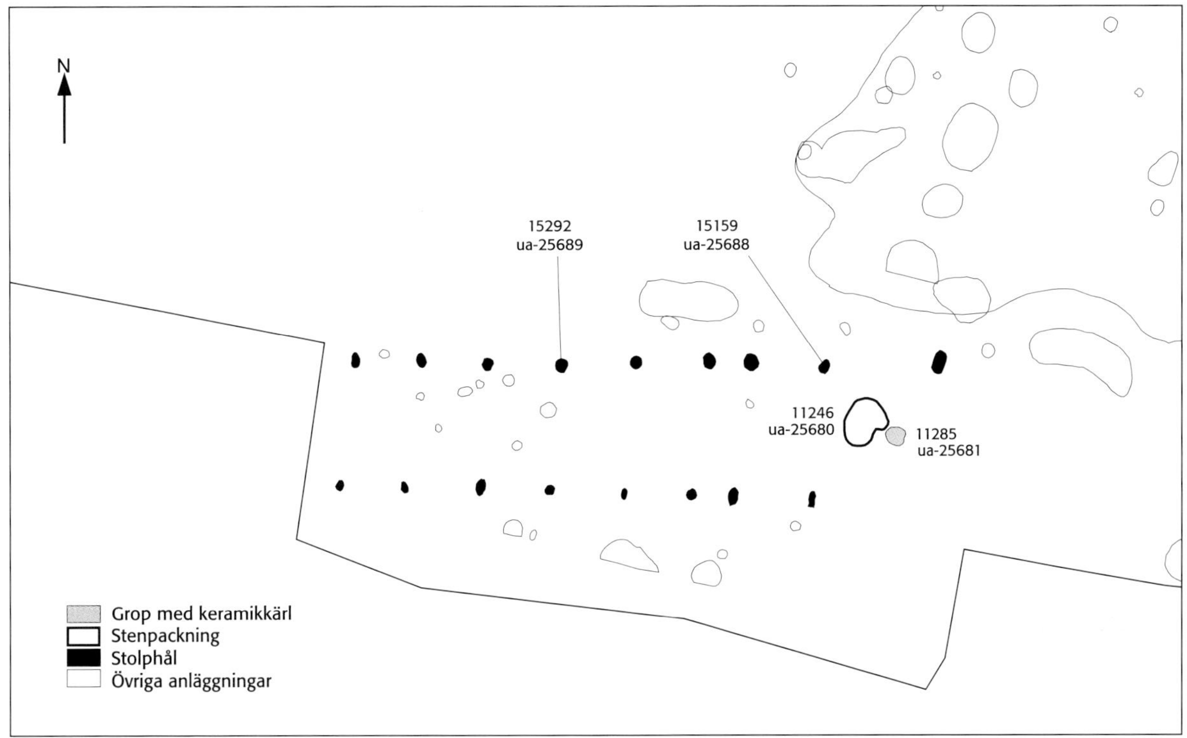

Plan över huslämning från yngre bronsålder och grop med deponerat keramikkärl (A11285 / F426). Ett kolprov från kärlets fyllning daterades till mellersta bronsålder. Kärlet har troligen till viss del överlagrats av en stenpackning (A11246) med malstenar. Ett kolprov från denna anläggnings fyllning daterades till förromersk järnålder. Skala 1:200.

Plan of the remains of a long-house from the Late Bronze Age and a pit with a deposited pot (A11285 / F426). A charcoal sample from the filling of the vessel was ^{14}C-dated to the Middle Bronze Age. The vessel was found below a stone packing (A11246) with grindstones. A carbon sample from the filling was dated to the Pre-Roman Iron Age.

in för vedartsbestämning och merparten av kolet utgjordes av ung stamved eller grenverk (se Fendin i denna volym). Detta medför en låg egenålder för veden på 10–25 år. I ett fall härrörde ett prov från en tallstam med en egenålder på 25 år respektive en stam från ek med en egenålder på 50 år. Detta prov hämtades ur fyllningen till en stenpackning av malstenar (A11246).

En första anblick på diagrammet över kalibrerade intervall av ^{14}C-analyser visar en relativt jämn serie av kalibrerade intervall om 1sigma (se Fendin i denna volym). Dessa sträcker sig från

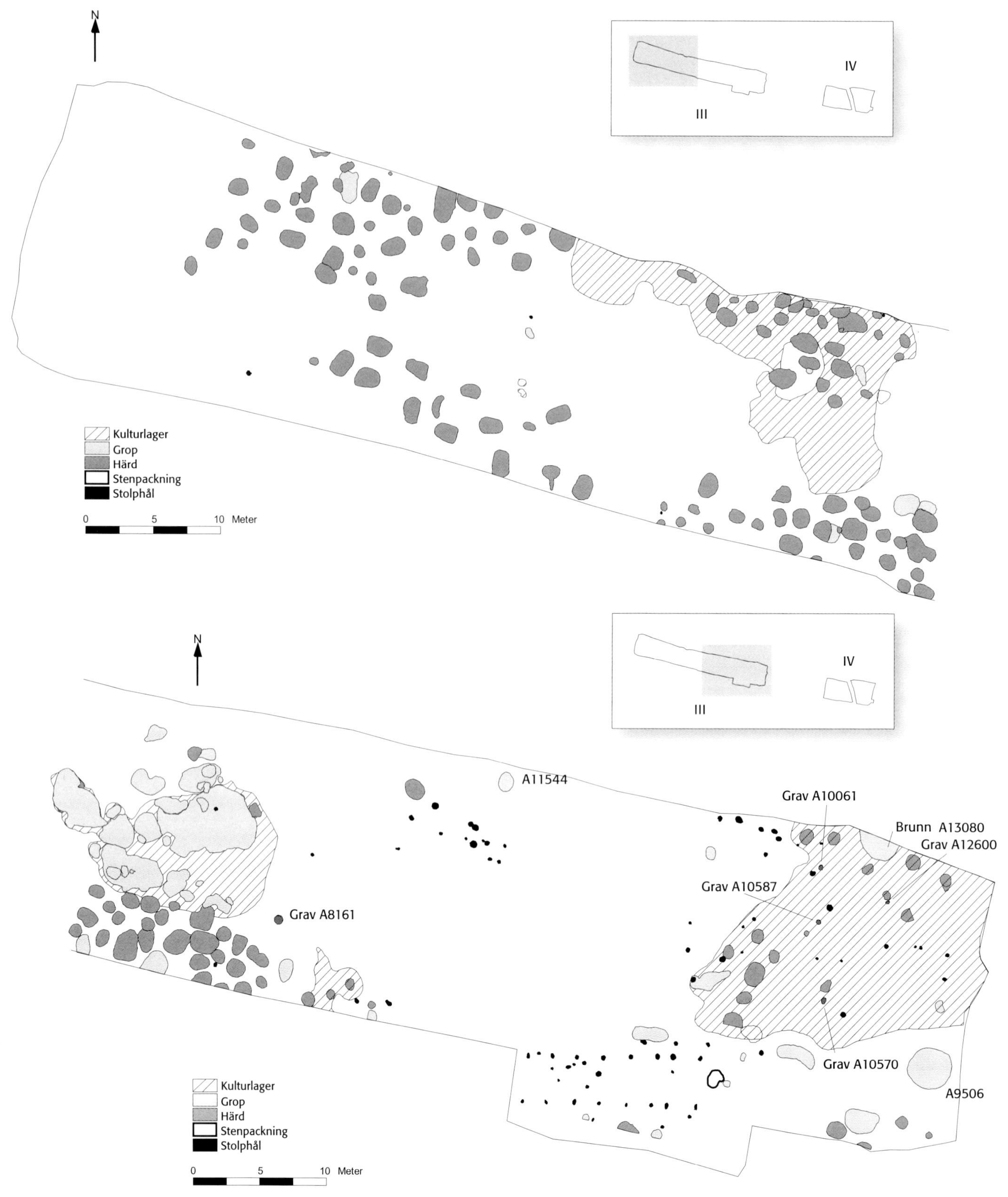

N
IV
III
Kulturlager
Grop
Härd
Stenpackning
Stolphål
0
5
10
Meter
N
IV
III
A11544
Grav A10061
Brunn A13080
Grav A12600
Grav A10587
Grav A8161
Grav A10570
A9506
Kulturlager
Grop
Härd
Stenpackning
Stolphål
0
5
10
Meter

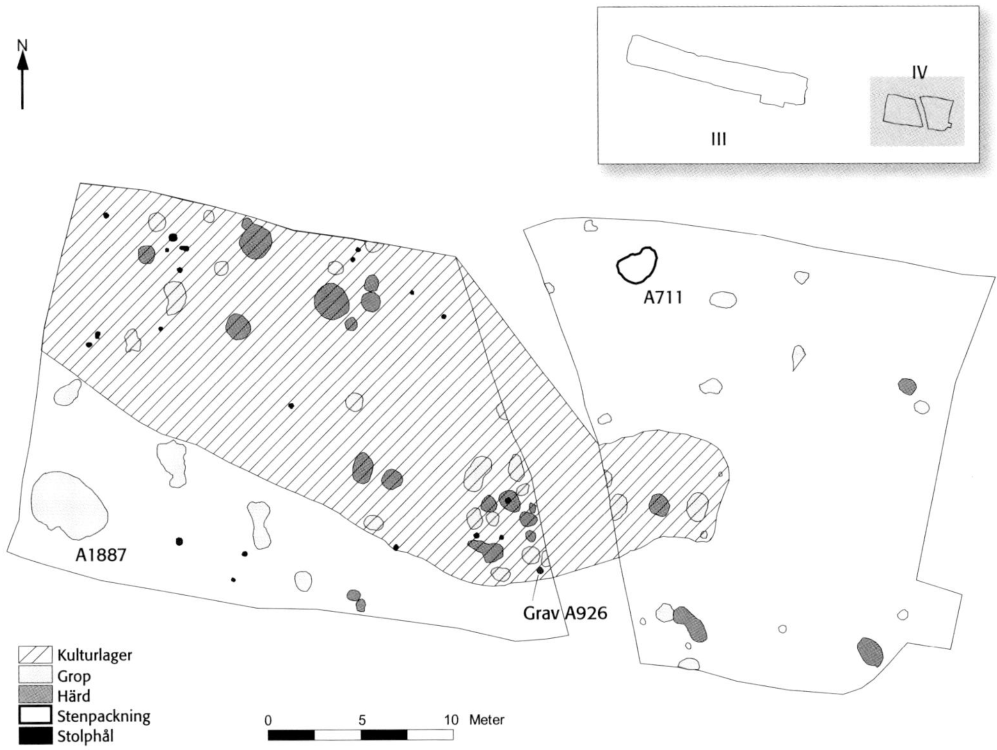

Schaktplan över Område III och IV vid Hemmeslöv. På planen är ett gropsystem, härdar, brandgravar, gropar, bearbetat stenblock och lager markerade.

Plan of Area III and IV at Hemmeslöv. A system of pits, hearths, cremation burials, a worked boulder and layers are marked.

N
IV
III
Keramik
1 - 100 g
100 - 200 g
200 - 500 g
500 - 1000 g
1000 - 2000 g
Anläggningar
Lager
0
5
10
Meter
N
A9506
Keramik
1 - 100 g
100 - 200 g
200 - 500 g
500 - 1000 g
1000 - 2000 g
Anläggningar
Lager
0
5
10
Meter

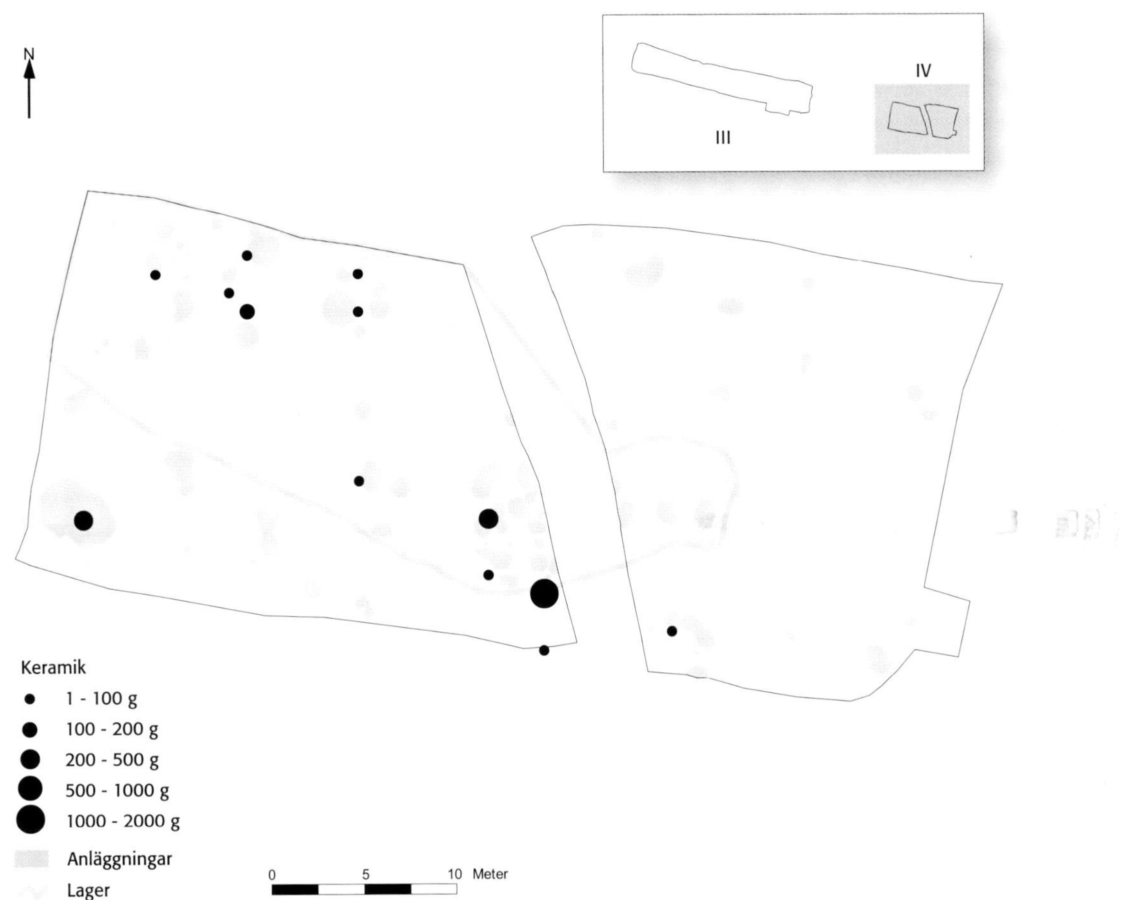

Schaktplan över Område III och IV vid Hemmeslöv med spridningsbild av fynd av keramik (i gram) i anläggningar.

Plan of Area III and IV at Hemmeslöv with the distribution of finds of ceramics (in grams) in features.

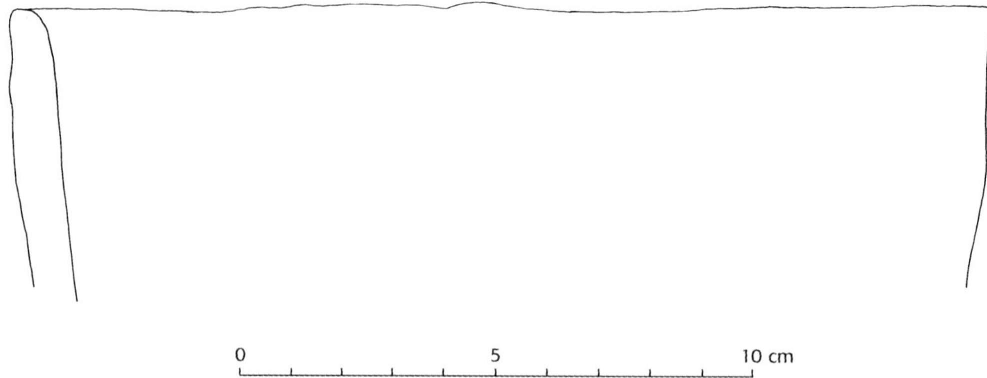

Teckning och rekonstruktion av mynning till keramikkärl F426 från mellersta bronsålder påträffat i A11285 grop belägen inom östra delen av långhus. Teckning Annika Jeppsson.

Drawing and reconstruction of a rim of a vessel F426 from the Middle Bronze Age, which was found in A11285 pit in the eastern part of the remains of the long-house from the Late Bronze Age. Drawing by Annika Jeppsson.

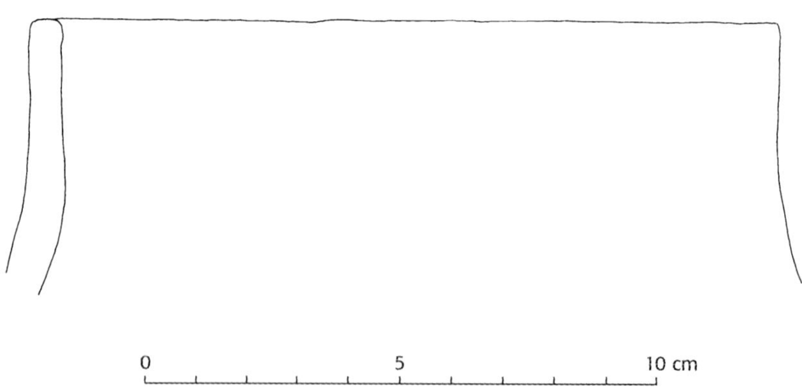

Teckning och rekonstruktion av mynning till keramikkärl F345 påträffat i A1269 härd (typ A+, rund med skörbränd sten i fyllning) kontext 19 på Område IV. Teckning Annika Jeppsson.

Drawing and reconstruction of a rim of a vessel F345 from A1269 hearth (type A+), context 19 in Area IV. Drawing by Annika Jeppsson.

BC 410 till 220 AD, vilket motsvarar 630 kalenderår. Sett till människors livslängd är detta en lång tidsrymd. Frågan är hur härdområdet växt fram och hur detta har brukats. En kombinerad ^{14}C-datering och kalibrering av samtliga kolprover från härdarna visar att tyngdpunkten faller inom senare delen av förromersk järnålder. En sammanslagning av resultaten ger en datering till 2114±16 BP och ett kalibrerat intervall på 1sigma till BC 175–105.

Ett komplement till dateringar genom ^{14}C-analyser utgör typologiska bedömningar av keramikfynd från härdar. Keramikskärvor påträffades i 16 anläggningar som var belägna i fem olika härdanhopningar på Område III och IV. Härdarna hade rund till oval ytform och i tio av lämningarna förekom sten i fyllningen. Genom en typologisk bedömning av bl.a. mynningsbitar kunde kärlen knytas till sen förromersk och äldre romersk järnålder. Fynden utgörs av mindre skärvor av kärlens buk eller mynning. I härdarna har mynningsbitar från endast ett kärl per anläggning påträffats. Materialet kan knappast inte enbart betraktas som skräp, utan skall betraktas som en del av användandet av härden.

Gropar och gropsystem

Inom härdområdet fanns omkring 15 gropar av varierande storlekar på grävningsytorna för Område III och IV utanför gropsystemet. Anläggningarna var i allmänhet belägna på ytor mellan härdanhopningarna. Fynd av keramik hittades i nio av groparna. Men större kvantiteter keramik som även gav underlag för en typologisk bedömning återfanns endast i fem anläggningar. Fyndsammansättning och deponeringens karaktär gav därtill en bild av hur och till vad groparna använts.

Lager 3036 på Område III utgjorde ett kulturlager av en mer komplex sammansättning med anläggningar. En fyllning av humös sand med sot fyllde ut en mikrotopografisk svacka på närmre fyra decimeters djup. I lagret fanns en härdanhopning (se Fendin i denna volym, kontext 13). Ett par av anläggningarna var nergrävda i alv och överlagrades av den äldre markhorisonten. Andra härdar var inneslutna i fyllningen till den äldre markhorisonten, och några lämningar var nedgrävda i lagrets övre skikt. En kontinuerlig överlagringsprocess har pågått under härdområdets användande.

I samma kulturlager fanns en grop (A12119) där fynd av keramikskärvor med snörornamentik (F18), glättsten, flinta, hasselnötsskal och brända ben av djur hittades. Vid grävning av en provruta i lagret påträffades slagen flinta och ytterligare en keramikskärva med snörornamentik (F6). Keramiken är av TRB-typ och kan typologiskt knytas till tidig- och mellanneolitikum

Merparten av de rester av keramikkärl som påträffades vid Hemmeslöv återfanns i tre gropar, vilka kan knytas till härdområdet. Den mest utmärkande av dessa var A1887 på Område IV. I denna drygt 4x3 meter stora och 1 meter djupa grop, som bara hann grävas till en fjärdedel, hittades delar till ca 10 olika kärl. Typologiskt kan fynd av mynningsbitar samt i viss mån ytbehandling och godsets beskaffenhet knytas till övergången mellan förromersk och äldre romersk järnålder. I en något mindre rund grop (A9506) på Område III hittades skärvor av drygt fem olika kärl. Utifrån typologiska bedömningar kan kärlen knytas till nämnda tidsperioder.

De båda ovan beskrivna anläggningarna har i huvudsak fungerat som avskrädesgropar. Men en grop som troligen haft en något annorlunda funktion är A11544 på Område III. Denna var drygt en meter stor och 0,35 m djup med flat botten. I anläggningen påträffades bottnen och bukbitar

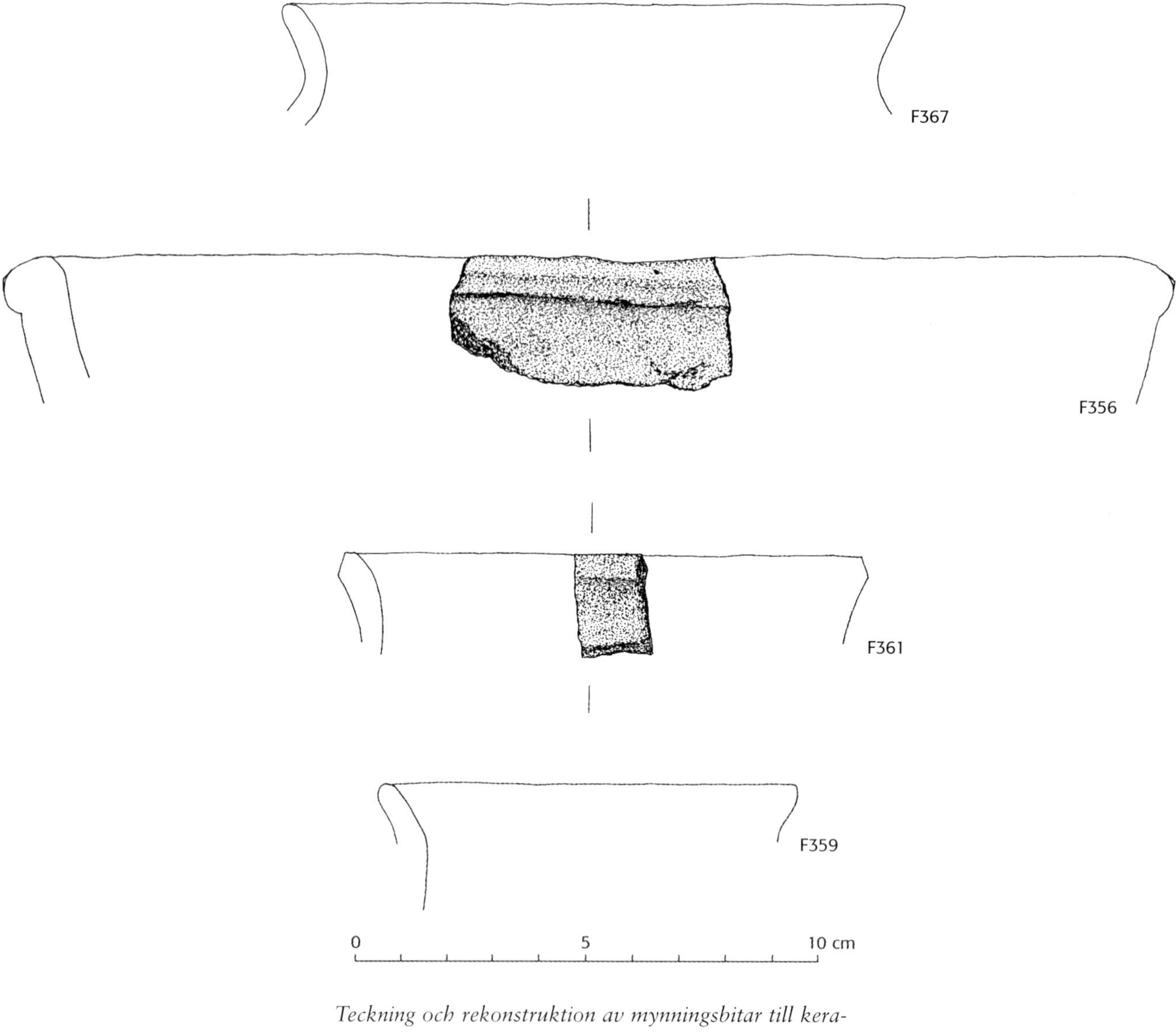

Teckning och rekonstruktion av mynningsbitar till keramikkärl påträffade i A1887 grop på Område IV. F356, F359, F361 och F367. Teckning Annika Jeppsson.

Drawing and reconstruction of rims of vessels found in A1887 pit in Area IV. F356, F359, F361 and F367. Drawing by Annika Jeppson.

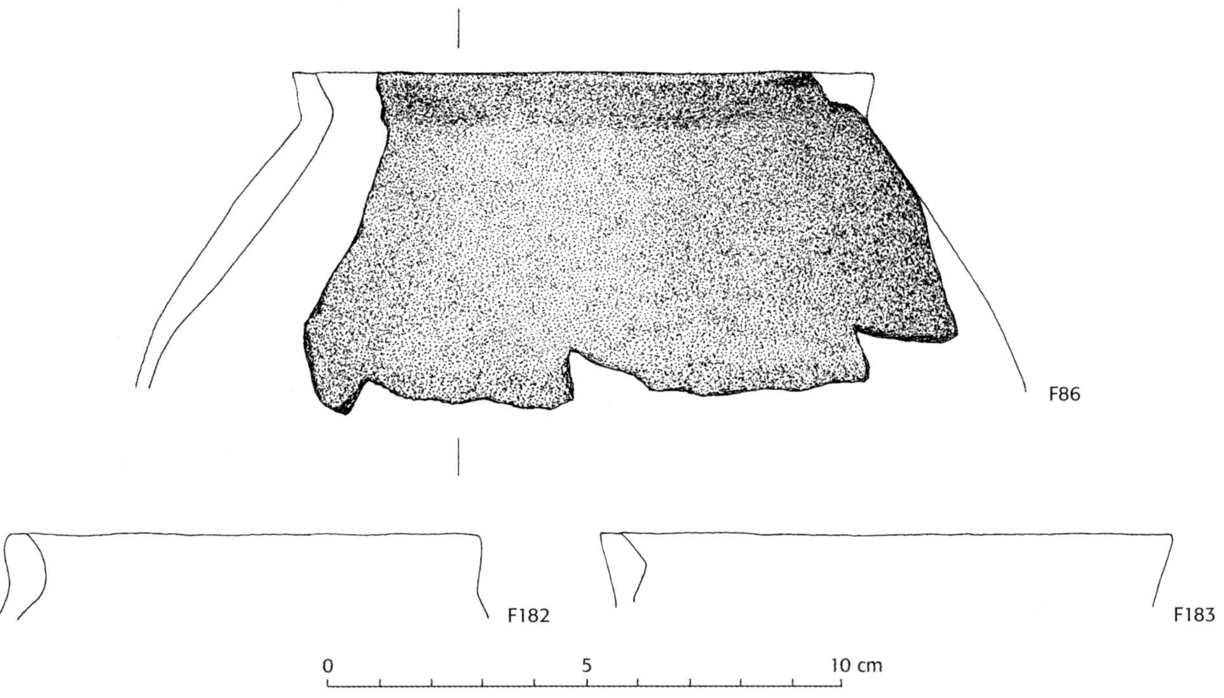

Teckning och rekonstruktion av mynningsbitar till keramikkärl påträffade i A9506 grop på Område III. F86, F182 och F183. Teckning Annika Jeppsson.

Drawing and reconstruction of rims of vessels found in A9506 pit in Area III. F86, F182 and F183. Drawing by Annika Jeppsson.

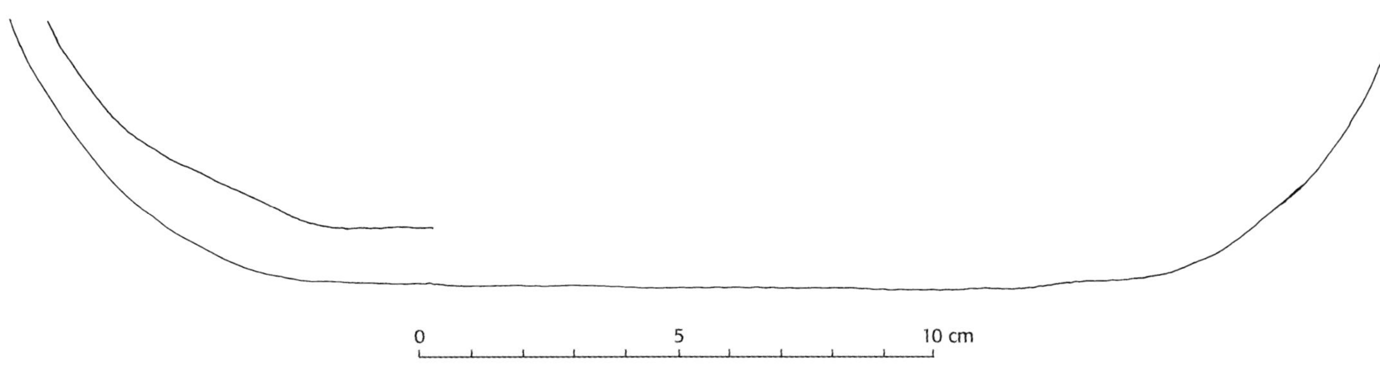

Teckning och rekonstruktion av keramikkärl deponerat i A11544 grop på Område III. F127. Teckning Annika Jeppsson.

Drawing and reconstruction of a vessel deposited in A11544 pit in Area III. F127. Drawing by Annika Jeppsson.

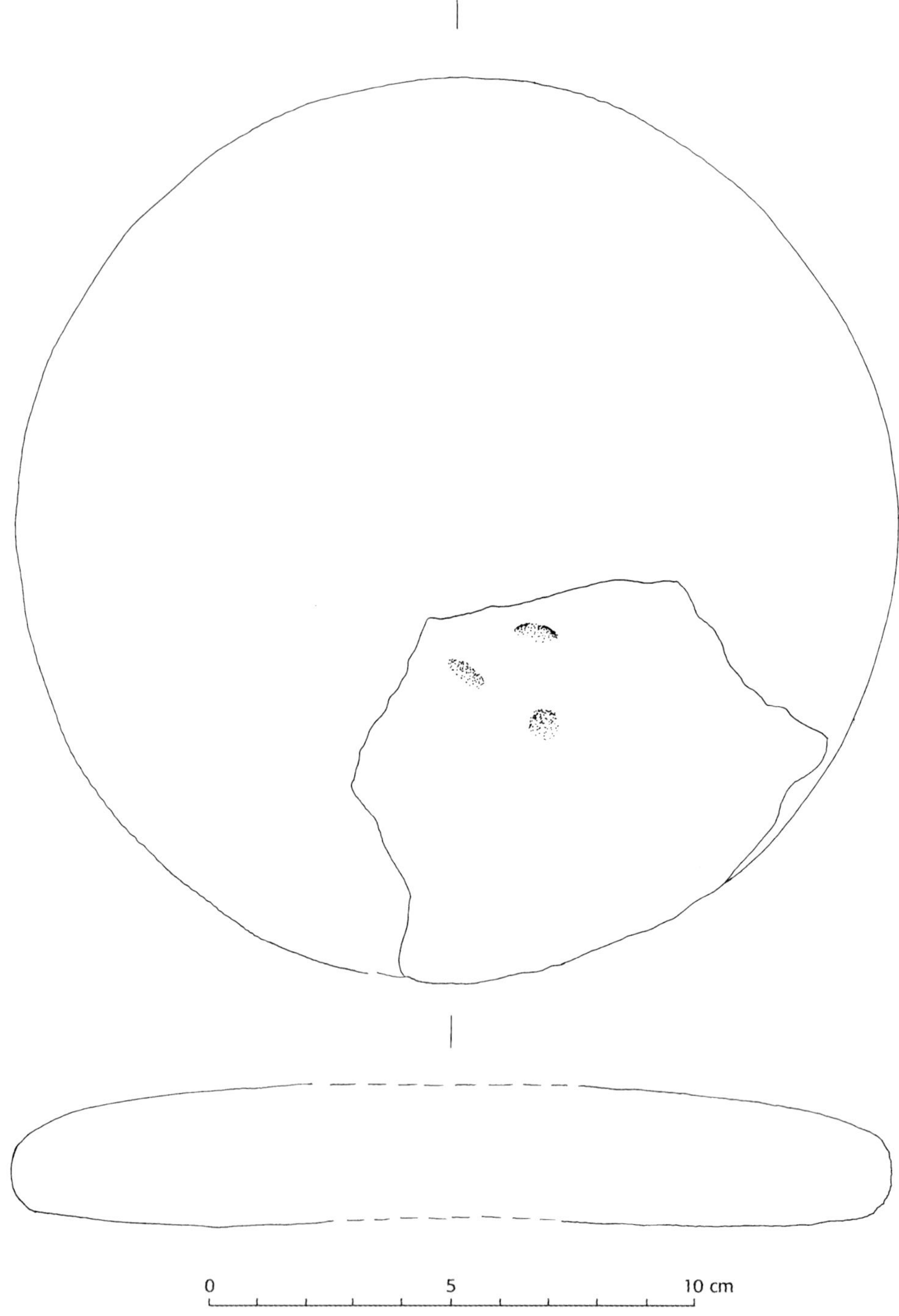

Teckning och rekonstruktion av lerplatta deponerad i A11544 grop på Område III. F128. Teckning Annika Jeppsson.

Drawing and reconstruction of a clay plate deposited in A11544 pit in Area III. F128. Drawing by Annika Jeppsson.

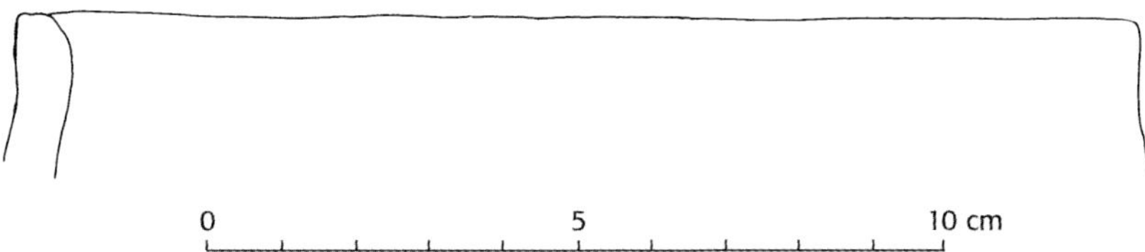

Teckning och rekonstruktion av mynning till keramikkärl F145 påträffat i A13080 brunn på Område III. Teckning Annika Jeppsson.

Drawing and reconstruction of a rim of a vessel F145 found in A13080 well in Area III. Drawing by Annika Jeppsson.

till bara *ett kärl* med en grå fin jämn yta och fint magrat gods. Däremot saknades mynningsbitarna, men typologiskt kan kärlet föras till äldre järnålder. Då en platta av bränd lera, en knacksten av flinta, fyra slipstenar och en glättsten påträffades i anläggningen, finns det anledning till att tro att gropen var avsedd för något annat än enbart avfall. Materialet var deponerat med omsorg och kärlet var lagt upp och ner.

På en yta i anslutning till ett lager med kraftigt kulturpåverkad äldre markhorisont (A10103) fanns en brunn (A13080). Denna var grävd till ett djup på närmre två meter sett från alvytan. Igenfyllnadslager med fynd markerar anläggningens sluthändelse. Fynd av keramik med glättad yta kan typologiskt knytas till äldre romersk järnålder som markerar slutet av brunnens användande.

I en svag naturlig fördjupning av grundtopografin på Område III fanns ett gropsystem. Detta var beläget mellan tre anhopningar av härdar (se Fendin i denna volym, kontext 13, 14 och 15). Stratigrafiskt sett var gropsystemet överlagrat av ett kulturlager (A7016) i vilket härdar från kontext 14 och 15 var nergrävda. I det drygt en decimeter tjocka lagret i en svacka bildat av det tidigare anlagda gropsystemet fanns fragment av flinta, keramik och brända ben av bl.a. människa.

En del av keramiken kunde på typologiska grunder utifrån kärlväggars ytbehandling, godsets magring och enstaka mynningsbitar härledas till äldre järnålder. Detta gav en främre kronologisk gräns för gropsystemet till senare delen av äldre romersk järnålder. En bakre kronologisk gräns för anläggningarna kunde bestämmas till senare delen av förromersk järnålder genom fynd av keramik i botten på en av de djupare groparna.

Gropsystemet fanns inom en ca 95 m^2 stor yta och var rumsligt fördelad i tre huvudstråk som bildade en Y-formation. I väster fanns en större grop (A14573) med en fyllning av finfördelade igenfyllnadslager bestående av upp till 15 olika nyanser. De båda andra stråken i öster utgjordes av en serie med gropar av varierande storlekar och djup. Fyllningen i dessa lämningar bestod av finfördelade lager av olika nyanser (se s. 83-85). I botten av en grop hittades en bukbit av ett keramikkärl med svagt rabbad ljusbrun yta, grovt magrat gods och en förbränd matskorpa (A15868 / F177). Ett prov från denna ^{14}C-analyserades och dateras till BC 50–130 AD (Se Ua-26104, Appendix 1). I övrigt var fyndmängden i gropsystemet sparsam.

Gropsystem brukar generellt associeras med boplatslämningar från bronsålder. Klassiska exempel utgör lämningar av de 14 gropsystem som

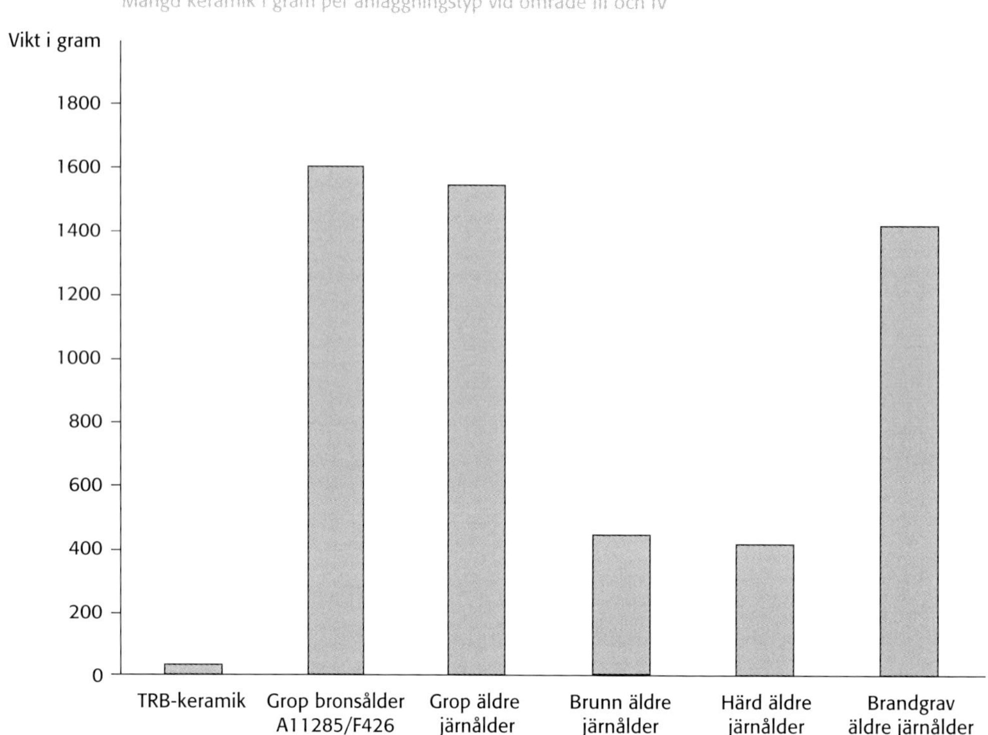

fanns i anslutning till bronsåldersbosättningarna vid Fosie IV söder om Malmö. Dessa var grävda i alv av moränlera och fyllningen bestod av humös sand, mo och lera med varierande inslag av kol och sot. Fynd av flintredskap, flintavslag och keramik i olika kvantiteter hittades i de olika igenfyllnadslagren (Björhem & Säfvestad 1993:117).

Ett annat exempel på gropsystem finns dokumenterat på Glumslövs backars nordsluttning. Lämningarna var belägna på en yta mellan en boplats från yngre bronsålder på ett flackt höjdavsnitt i söder och ett härdområde från bronsålder i nedre delen av en sluttning mot norr. Alven bestod av lerig silt på lager av ren sand. Fyllningen utgjordes av varierande lager av mörkbrun kraftigt humös silt, medan fynden bestod av flintredskap, fintavslag och keramik (Fendin 1999:27).

En praktisk och funktionell tolkning av båda ovan nämnda exempel på gropsystem är att dessa bildades som en konsekvens av lertäkt. Därefter har de fyllts med avfall som multnat bort. Men gropsystemet i härdområdet vid Hemmeslöv i Östra Karups socken låg i alv av postglacial finsand. Det var med andra ord inte fråga om någon primär funktion som lertäkt. Gropsystemets fyllning bestod av upp till 15 igenfyllnadslager av olika variationer av brun till rödbrun humös sand med sot och ljus fin sand. En tolkning till denna

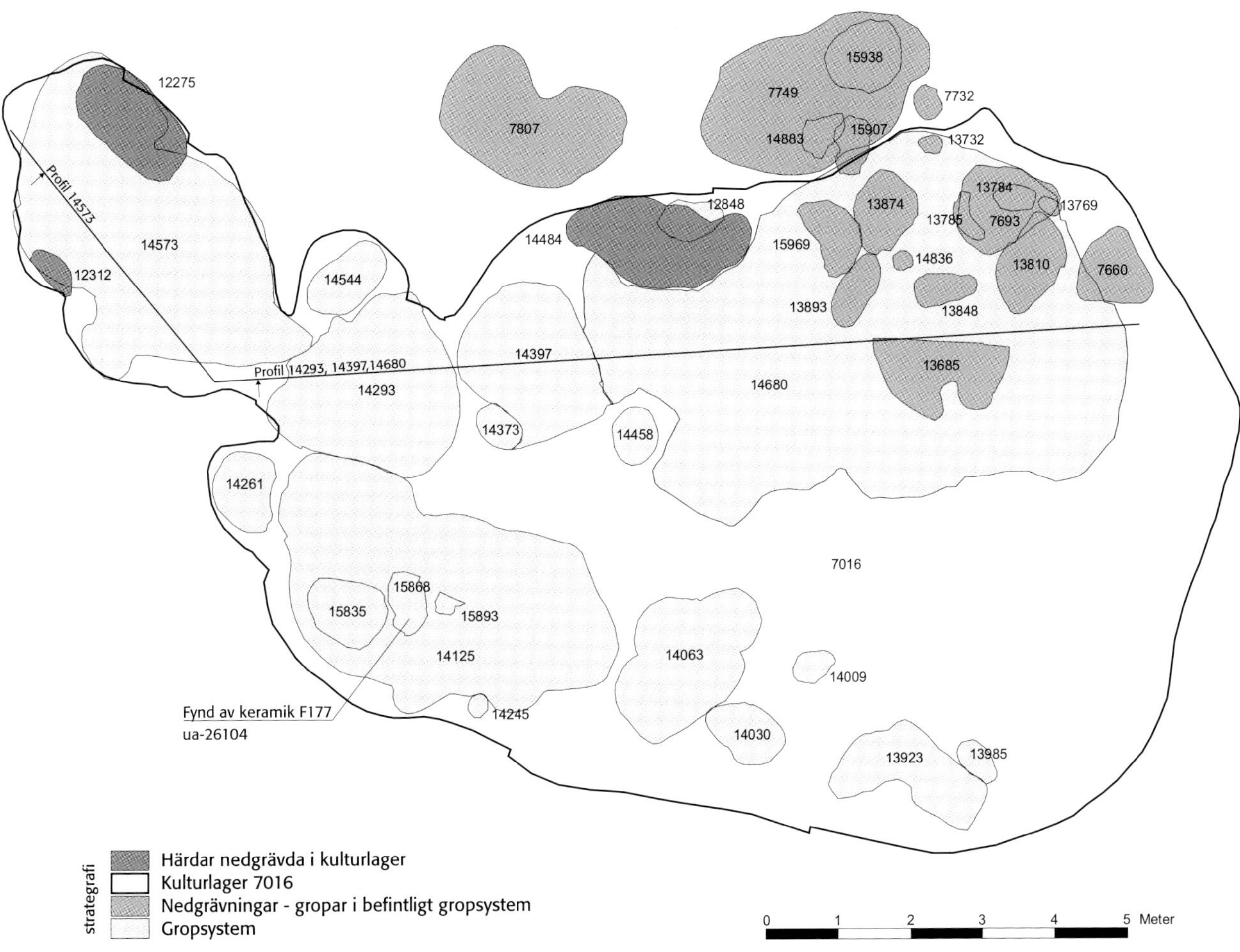

Plan över gropsystem från sen förromersk och äldre romersk järnålder. De fyra olika stratigrafiska nivåerna är markerade.

Plan of system of pits from the Late Pre-Roman and Early Roman Iron Age. The four different stratigraphical layers are marked.

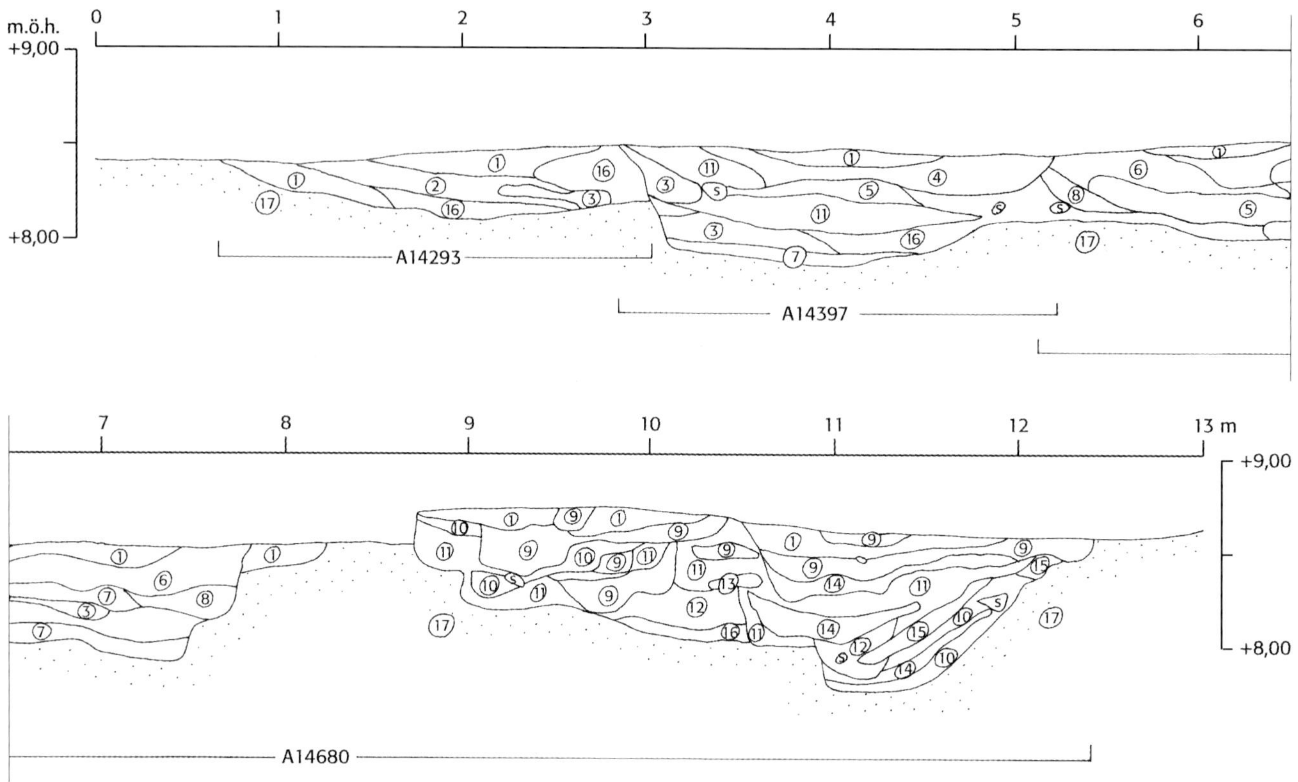

Profilritning av sektion genom gropsystem.

Lagerbeskrivning A14293, A14397 och A14680:

1. *Gråbrun humös sand med kolpartiklar och sot.*
2. *Grå sand.*
3. *Gul sand med inslag av grå sandlinser.*
4. *Brungrå sand med kolfragment.*
5. *Brungrå sand med inslag av gula och gulbruna sandlinser.*
6. *Brungrå sand.*
7. *Brungrå sand med inslag av gula sandlinser.*
8. *Gråbrun sand.*
9. *Mörk brungrå svagt sotig sand.*
10. *Mörkgrå kraftigt humös sand, rikligt med träkol och inslag av skörbränd sten.*
11. *Ljus brungrå svagt sotig humös sand med inslag av träkol.*
12. *Mörk brungrå sotig humös sand med inslag av träkol.*
13. *Rödgul svagt sotig sand.*
14. *Mörk rödgul sotflammig humös sand med inslag av träkol.*
15. *Rödbrun flammig humös sand.*
16. *Rödgul svagt humös sand.*
17. *Alv av rödbrun postglacial sand.*

S. *Sten*

Section of the system of pits.

Pågående dokumentation av gropsystem. Från söder. Foto Bo Strömberg.

Excavation and documentation of the system of pits. From the south. Photo by Bo Strömberg.

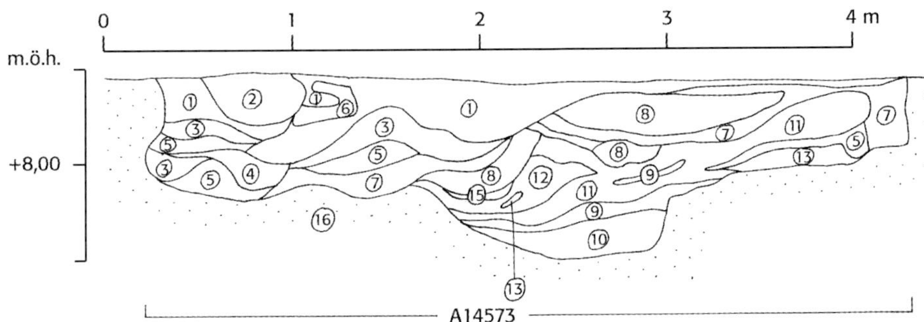

Profilritning av sektion genom gropsystem. Lagerbeskrivning A14573:

1. *Brungrå svagt sotig humös sand med inslag av träkol och skörbränd sten.*
2. *Gråbrun humös sand.*
3. *Rödbrun svagt sotig flammig sand.*
4. *Rödgrå svagt sotig flammig sand.*
5. *Mörk rödgul svagt flammig humös sand.*
6. *Mörkgrå sotig humös sand.*
7. *Mörk rödbrun flammig humös sand.*
8. *Mörk rödbrun sotig sand med enstaka skörbrända stenar.*
9. *Ljus brungrå sand med inslag av rödbruna sandlinser.*
10. *Brungrå sotig kraftigt humös sand med inslag av träkol.*
11. *Grå sotig humös sand med inslag av träkol.*
12. *Brungrå sotig kraftigt humös sand med inslag av träkol och rödbruna sandlinser.*
13. *Rödgul sand.*
14. *Brunröd sotig humös sand med inslag av träkol.*
15. *Ljusgrå sand.*
16. *Alv av rödbrun postglacial sand.*

Section of the system of pits.

bildning är att groparna fyllts med avfall som täkts med flygsand. En möjlighet är att dessa ljusa lager av fin sand östes ner på deponerat avfall. Ett antagande är därför att gropsystemet tillkom för avfallsdeponering i ett sammanhang som rör brukandet av platsen för ett härdområde.

Brandgravar

Inom härdområdet vid Hemmeslöv upptäcktes fyra *brandgropar* (A8161, A10061, A10587 och A12600) och två *urnebrandgropar* (A10570 och A926) (se s. 72-73). Fyra av anläggningarna var ansamlade i en gravgrupp och bestod av två till fyra decimeter stora och en halv decimeter djupa nedgrävningar i en kulturpåverkad äldre markhorisont inom Område III. Lager 10130 täckte en area om 260 m^2 och i det tre decimeter tjocka lagret av humös sotig sand fanns även ett flertal härdar.

Brandgropen A10061 innehöll 217 gram brända ben varav 61 gram var möjliga att typbestämma. Genom studier av cirka 80 fragment av kranietak kunde det konstateras att kvarlevorna härrörde från en vuxen äldre individ. De 8 gram brända ben som insamlades från brandgrop A10587 innehöll 6 bitar av ett kranietak, vilket räckte för att konstatera kvarlevor av en vuxen äldre individ. I brandgropen A12600 fanns endast 16 gram ben varav enbart 3 gram gick att typbestämma. Fyra kraniefragment och två kotfragment påvisade att benen härrörde från människa (Se Appendix 2, s. 110).

De brända benen från urnebrandgropen A10570 är av en sådan fragmentarisk karaktär att det inte var möjligt att avgöra om de härrörde från människa eller djur. Men den faktor som pekar mot att det är fråga om en grav är fyndet av ett kärl med tunn kärlvägg, glättad yta och utsvängd avplanad mynningskant (F121). Materialet kan typologiskt knytas till äldre romersk järnålder.

Brandgropen A8161 utgjordes av en nedgrävning i alv av postglacial finsand ca fem meter öster om gropsystemet och kulturlager A7016. Anläggningen innehöll sammanlagt 50 gram brända ben, varav 16 gram gick att typbestämma. Tunna och gracila rörbens- och skalltaksfragment visar att den gravlagda individen var ett barn. I graven fanns en mindre keramikbit som utgjordes av en mynningsbit med snörornamentik av TRB-typ (F69). Denna hör inte till graven utan härrör från en äldre markhorisont. Typologiskt kan keramikbiten knytas till sen tidigneolitikum eller mellanneolitikum.

Inom Område IV fanns en något kulturpåverkad äldre markhorisont (Lager 2436) som omfattade en area av 450 m^2 i en naturlig svacka i den mikrotopografiska miljön. Ett flertal härdar och en brandgrav var nergrävda i det drygt tre decimeter tjocka lagret av humös sand. I en nedgrävning i nämnda lager hittades en urnebrandgrop (A926) av samma dimensioner som ovan nämnda lämningar. I fyllningen av humös sand med sot och kol fanns bottendelen av ett deponerat upp och ned vänt keramikkärl. Typologiskt kan detta knytas till sen förromersk möjligen äldsta romersk järnålder. Bland de brända benen fanns ett djurben och ytterligare fragment som kan vara från människa.

Men brända benrester av människa hittades i andra sammanhang än in gravar. I en härd (A5475) nedgrävd i kulturlagret A3036 återfanns brända ben av människa. I härden fanns även fynd efter två malstenar, en glättsten, en keramikskärva och ett litet fragment av bränt ben av människa. Av totalt 16 fynd med benfragment från den kraftigt kulturpåverkade äldre markhorisonten A10103, kom två från människa. Resterande material var

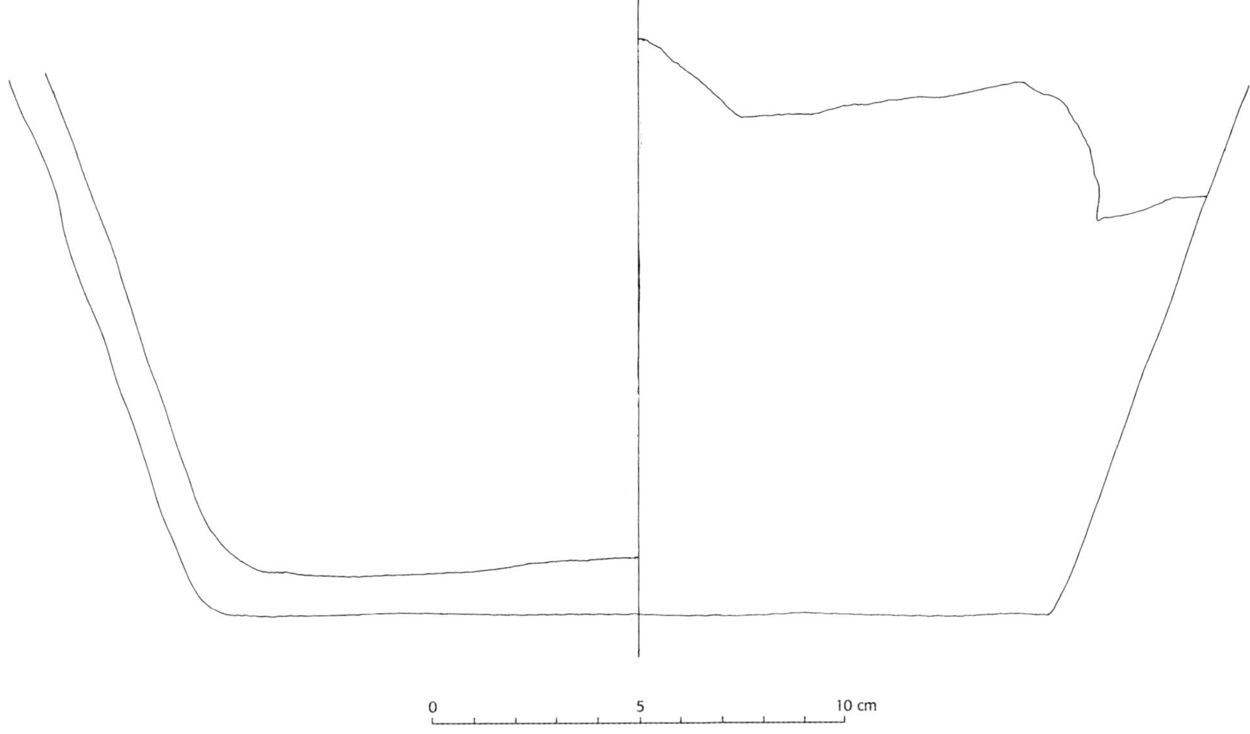

Teckning och rekonstruktion av keramikkärl F339 deponerat i A926 urnebrandgrop på Område IV. Kärlet hade placerats upp och ner i anläggningen. Teckning Annika Jeppsson.

Drawing and reconstruction of vessel F339 deposited in A926 urn cremation burial in Area IV. The vessel was deposited upside down in the grave. Drawing by Annika Jeppsson.

av så fragmentarisk grad att det inte gick att avgöra om de kom från människa eller djur.

I kulturlagret A7016 hittades tre identifierbara benfragment av människa. Detta skall jämföras med totalt 20 fynd av oidentifierade benfragment som var spridda över hela lagret. Brända ben av människa har även påträffats i tre gropar knutna till gropsystem under kulturlagret.

Fyndomständigheterna för de brända benen ligger till grund för tolkningen av hur benmaterialet hanterats. Det vanligaste är att kvarlevorna i form av brända ben begravts i en nedgrävning. Ett annat förfaringssätt kan dock vara att brända ben spritts ut över marken likt en minneslund. Den utspridning av benfragment som påträffats i äldre markhorisonter och i kulturlagret över gropsystemet tyder på medvetna handlingar.

Brandgroparna var emellertid relativt ytligt belägna i förhållande till det närmre tre decimeter tjocka matjordslagret. Det är även fullt möjligt att

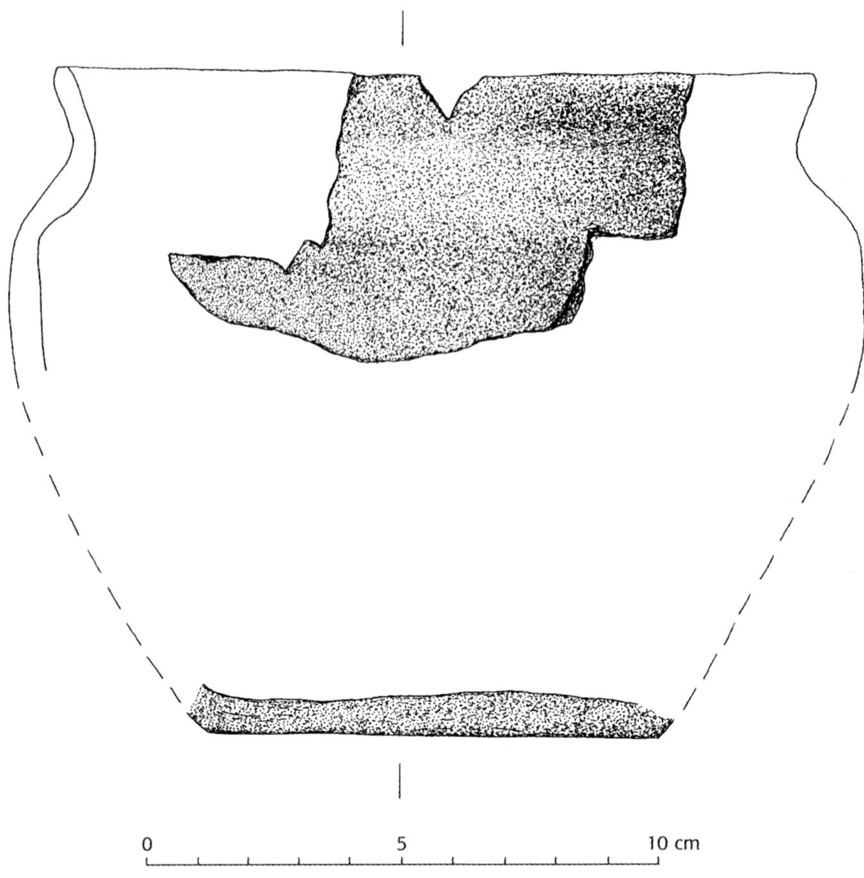

Teckning och rekonstruktion av keramikkärl F121 deponerad i A10570 urnebrandgrop nergrävd i ett lager av äldre markhorisont A10130 på Område III. Keramikkärlet med mynningskant kan typologiskt knytas till äldre romersk järnålder. Teckning Annika Jeppsson.

Drawing and reconstruction of a vessel F121 deposited in A10570 urn cremation burial. The grave was situated in a layer of soil. The vessel is from the Early Roman Iron Age. Drawing by Annika Jeppsson.

gravarna delvis legat i matjorden och att det enbart var den nedre delen av nedgrävningarna som kom att dokumenteras. Således kan andra brandgravar ha plöjts sönder i samband med jordbruksarbete. De få fragment och gram ben som bevarats i de dokumenterade gravarnas nedgrävningar, ger dock en tydlig bild av att de lämningar som varit belägna i matjordslagret sannolikt helt upplösts.

Med tanke på brandgroparnas ytliga läge, inblandning av sen tidigneolitisk keramik med snörornamentik och risk för sönderplöjning, betraktades kolprov från dessa anläggningar inte som

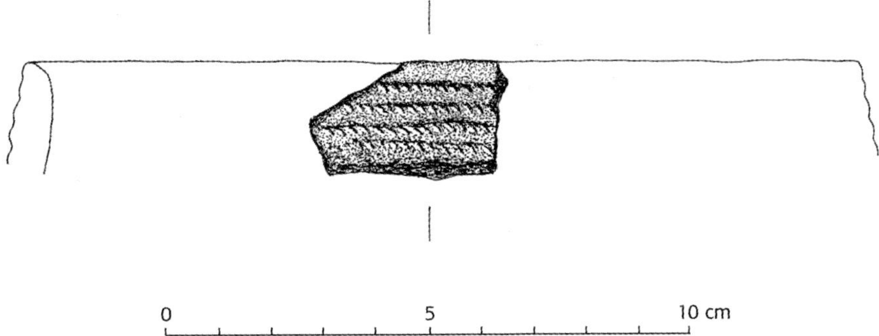

relevanta. Grunden för brandgravarnas datering ligger i en typologisk bedömning av ett upp och ner vänt keramikkärl från A926 på Område IV, som typologiskt kan knytas till förromersk järnålder, samt ett kärl med facetterad mynning från äldre romersk järnålder påträffad i urnebrandgropen A10570.

Teckning och rekonstruktion av mynningsbitar till keramikkärl F69 påträffad i A8161 brandgrop på Område III. Keramikskärvan med snörornamentik kan typologiskt knytas till sen tidigneolitikum och har legat i en äldre markhorisont som genomgrävdes då brandgraven anlades. Teckning Annika Jeppsson.

Drawing and reconstruction of a rim of a vessel F69 found in a cremation burial in Area III. The braided potsherd is from the Early Neolithic. Drawing by Annika Jeppson.

Bosättning från äldre järnålder

Parallellt med härdområdets framväxt under förromersk järnålder etablerades en bosättning på höjdryggens västra avsnitt. Den mikrotopografiska miljön för boplatsen vid Område I utgjordes av en ovalt formad svag förhöjning i åkermark, som omfattade drygt 200 meter i nord–syd och 110 meter i öst–väst. Topografin höjde sig från 8 m.ö.h. till en nivå på drygt 9 meter. I väster planade marken ut i flack åkermark och i öster avgränsades höjdområdet av en sänka med ett källsprång.

Den 130 meter långa och 20 meter breda grävningsytan blottlade södra delen av en bosättning från förromersk järnålder. Avgränsningen i öst–västlig riktning har kunnat klarläggas utifrån provschakt och avbaning. Utbredning i nord–syd är däremot en öppen fråga. Utifrån topografiska betingelser kan det dock antas att ytterligare gårdslämningar kan finnas norr respektive söder om grävningsytan för Område I. Vid undersökningen har enbart en bebyggelsefas inom grävningsytan kunnat dokumenteras. Kronologiskt faller denna

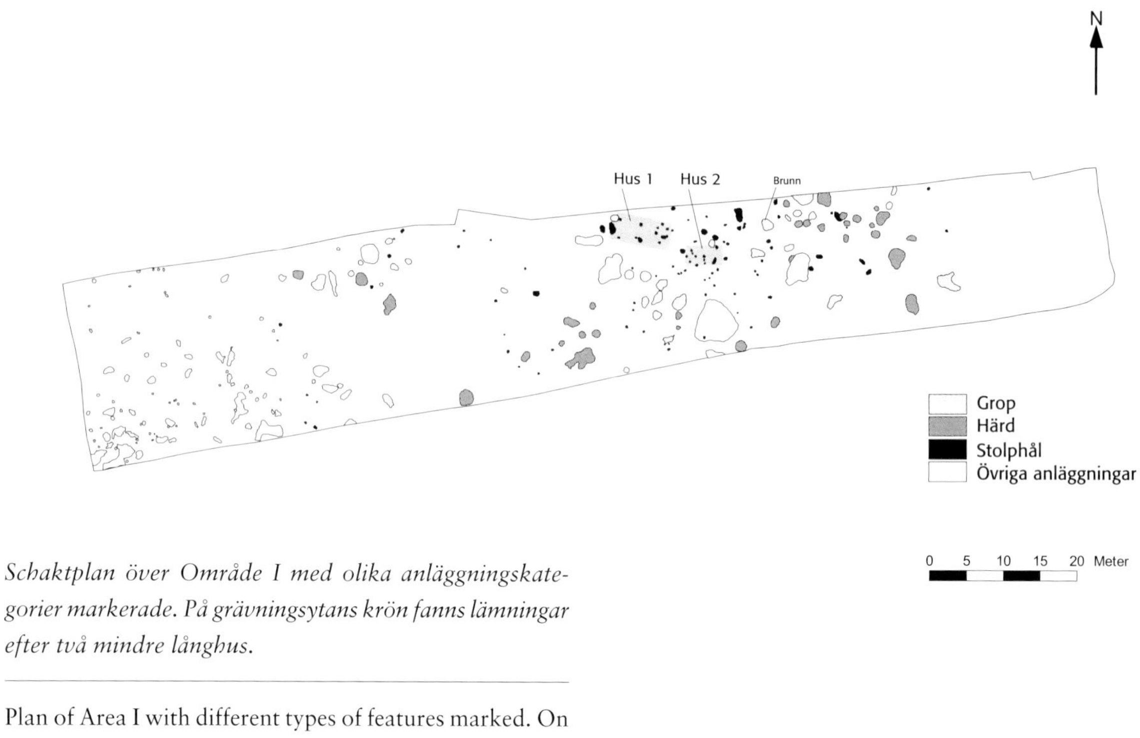

Schaktplan över Område I med olika anläggningskategorier markerade. På grävningsytans krön fanns lämningar efter två mindre långhus.

Plan of Area I with different types of features marked. On the top of the excavation area two minor long-houses were found.

inom förromersk järnålder. Anläggningarna är av en karaktär som i allmänhet påträffas vid äldre järnåldersbosättningar.

Hus, gropar och härdar

Inom en yta av 120 m² som är belägen på förhöjningens krön fanns en större ansamling av stolphål. Flertalet av dessa var mycket kraftigt nerplöjda. Emellertid tonade lämningar efter två mindre långhus fram, omfattande vardera tre stolphålspar efter takbärande stolpar. Men det skall samtidigt sägas att spåren efter byggnaderna var av fragmentarisk karaktär. Husen härleddes i fält utifrån rumslig utbredning, dimensioner och fyllning. Arbetsinriktningen var att söka en klar rumslig struktur på en yta av likartade anläggningar.

Hus 1 har haft en svagt trapetsoid form med en storlek på närmre 8 meter i VNV–ÖSÖ och en bredd på drygt 3 meter. Drygt 4 meter sydöst om byggnadslämningen på grävningsytan fanns Hus 2. Dimensionerna avspeglar ett mindre hus vars yttre konstruktion har varit 4,5 meter långt i Ö–V och drygt 2,5 meter brett. Det troliga är att fältdokumentationen framhävde spåren efter ett mindre boningshus och en liten ekonomibyggnad.

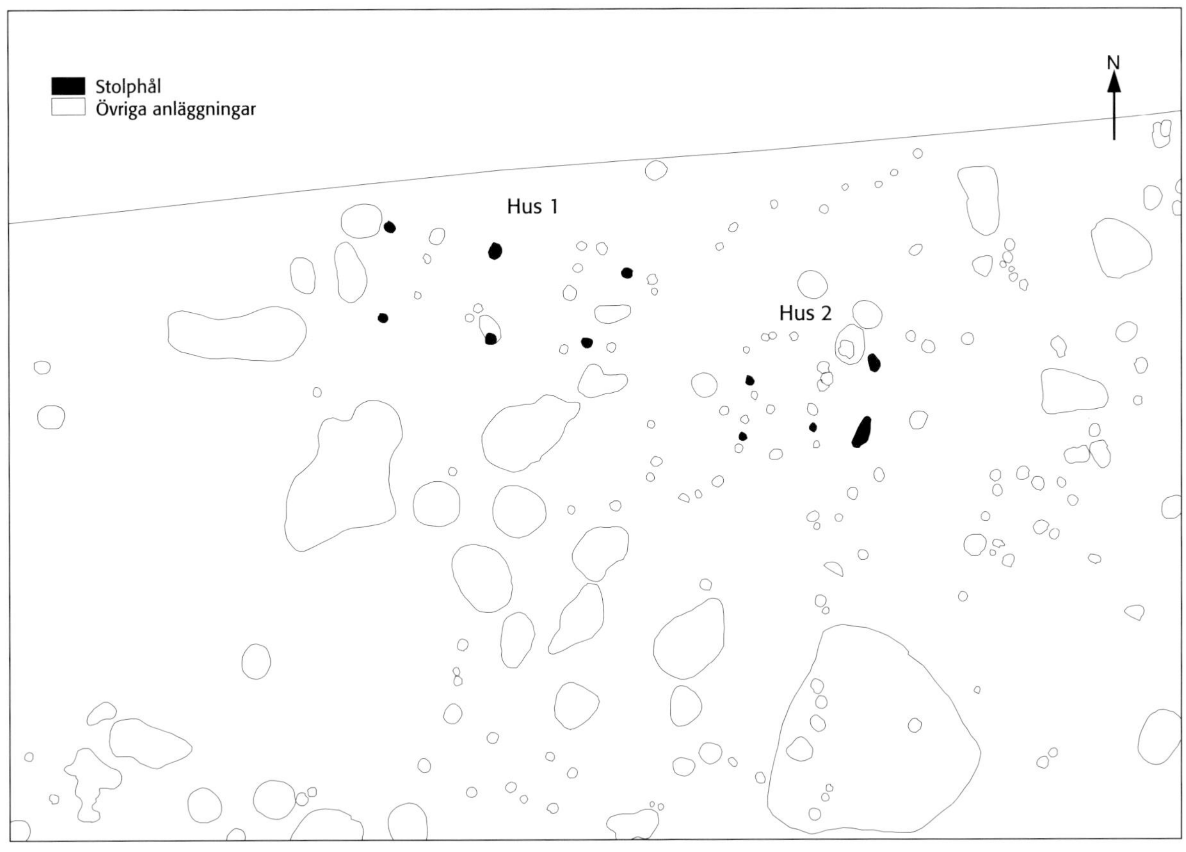

Plan över huslämningar på boplats från förromersk järnålder inom Område I.

Plan of remains of two long-houses in Area I on a site from the Pre-Roman Iron Age.

Byggnadslämningarna är inte särskilt välbevarade och typologiska jämförelseobjekt kan därför vara svåra att finna. Dateringarna av byggnadslämningarna är indirekta och bygger på två ^{14}C-analyser av kolprover från en härd (A5335) respektive en kokgrop (A5607), som ingick i ett sammanhang med stolphålsansamlingen och gropar. Båda proven daterades till förromersk järnålder (Se Ua-15557 och Ua-16556, Appendix 1)

Härdarna förekom i två grupperingar. I ett stråk öster om huslämningarna dokumenterades cirka 15 härdar och en kokgrop. Anläggningarna var av homogen karaktär med en rund till oval form i alvytan (Typ A och B, se s. 92-93). En tredjedel av

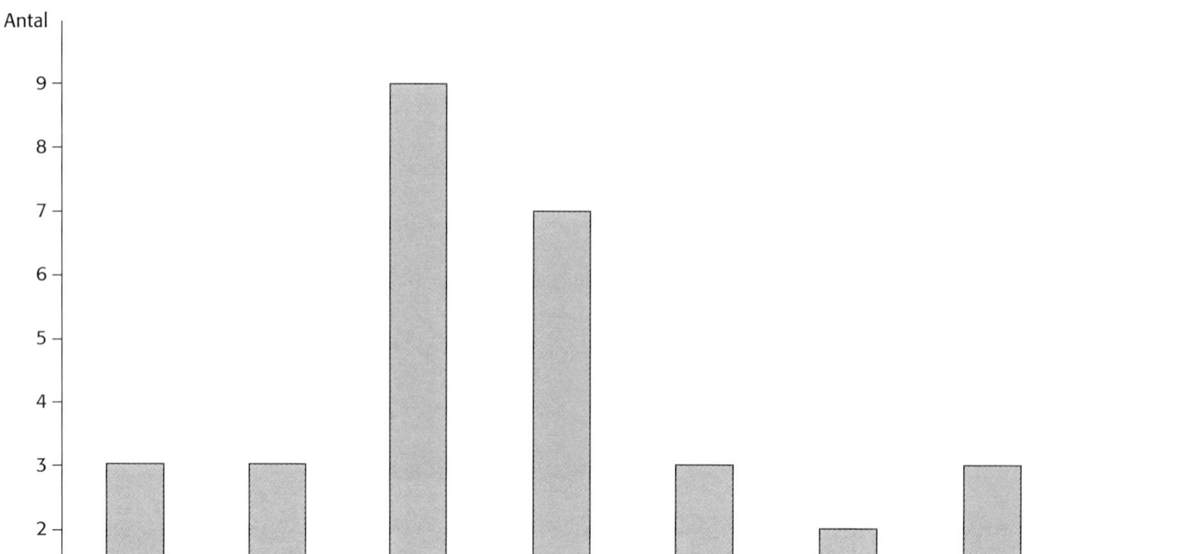

Diagram med sammanställning av härdtyper vid boplatsen från äldre järnålder på Område I. A=rund, B=oval, C=rektangulär, D=oregelbunden, +=stenfyllning

Diagram showing proportions of different types of hearths from the Early Iron Age in Area I.

härdarna hade fyllning av skörbränd sten. Den andra grupperingen av härdar var mer heterogen till sin sammansättning och fanns på en svag västsluttning bortom huslämningarna.

Groparna var belägna i anslutning till ovan nämnda härdstråk och i en mindre ansamling sydväst om de båda huslämningarna. Flertalet av lämningarna var en dryg meter stora i alvytan och med ett djup om en till drygt två decimeter. Ställvis fanns fyra större gropar som var två till tre meter stora och med ett djup ned till sex decimeter.

Sammantaget insamlades närmre 850 g keramik från Område I. Utifrån en typologisk bedömning härrör keramiken från äldre järnålder, främst förromersk järnålder. Godset var jämntjockt med

N
A
A+
B
B+
C
C+
D
0
10
20
30 Meter
Övriga anläggningar

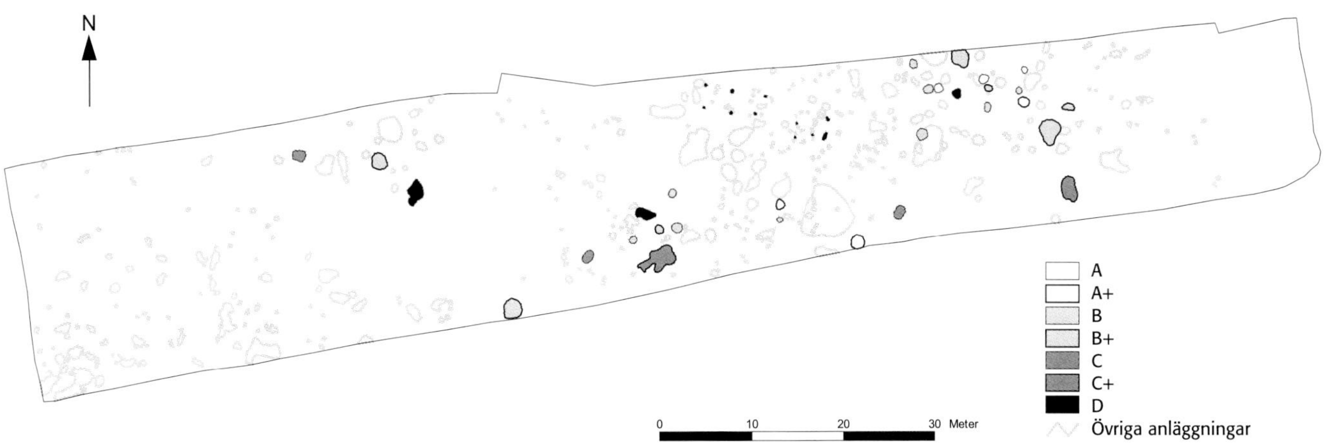

Plan med rumslig spridning av härdtyper vid boplatsen från äldre järnålder på Område I.

Plan showing the distribution of different types of hearths from the Early Iron Age in Area I.

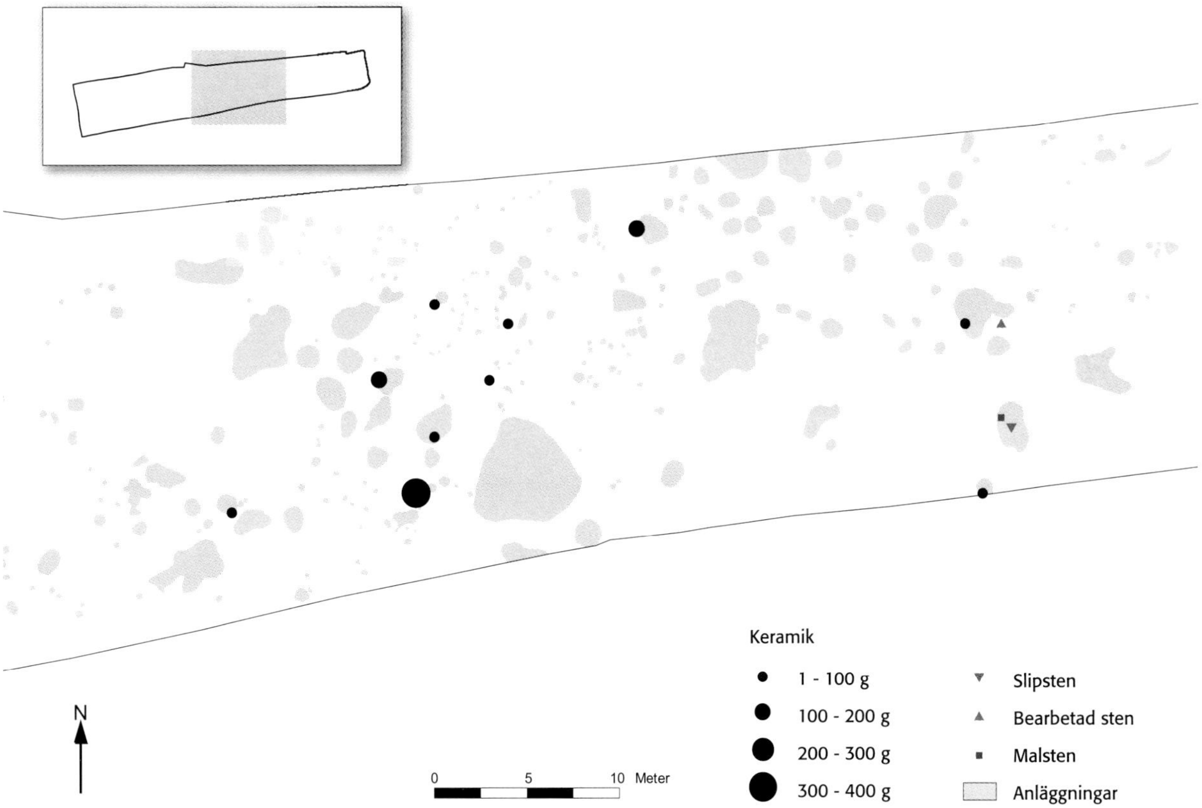

N
0
5
10 Meter
Keramik
1 - 100 g
100 - 200 g
200 - 300 g
300 - 400 g
Slipsten
Bearbetad sten
Malsten
Anläggningar

Spridningsbild av fynd av keramik (i gram) i anläggningar, respektive fynd av mal- och slipsten, respektive bearbetat sten.

Plan showing the distribution of ceramics in grams in features and finds of grindstones and other worked stones.

Mynningsbitar av keramikkärl F7, 21 och 24. Kärlen kan typologiskt härledas till förromersk järnålder. Teckning Annika Jeppsson.

Drawings of rims of vessels F7, 21 and 24 which are from the Pre-Roman Iron Age. Drawings by Annika Jeppsson.

för ögat urskiljbara men ändock små magringskorn. Godset var på ytan ljusbrunt till brunt och ytan var jämn till sträv.

Utifrån fyndkontexter kan man konstatera att keramik från härdar och gropar kan betraktas som deponerade, men utifrån olika förutsättningar. Kärl från härdar var kraftigt brända och hade matskorpa (F24). Det finns en koppling till matberedning och att kärlen gått sönder i samband med denna. Det mer fragmentariska materialet påträffat i gropar har kastats efter att ha brukats färdigt.

Närmre åtta meter öster om huslämningar fanns en brunn (A7583) som nådde ett djup av 1,2 meter. Fyllningen var flerskiktad av igenfyllnadslager med olika nyanser av humös sand. I anläggningens fyllning hittades keramikskärvor av äldre järnålderskaraktär som medför att brunnen kan knytas till gården.

Under arbetets gång påträffades fragment av ben. Bevaringsförhållandena var emellertid inte de allra bästa i lagren av postglacial sand. Däremot hittades en mal- och en slipsten i en härd tillsammans med fragment av järnålderskeramik. Bearbetade stenar hittades i en tunn markhorisont och i en våtmarkslämning på grävningsytans nedre sluttning mot väster. Flintmaterialet utgjordes bl.a. av ett decimeterlångt böjt spån, som typmässigt kan knytas till neolitikum. I övrigt förekom små bitar av flintavslag samt en avslagsskrapa (F16) som typologiskt kan knytas till järnålder.

Platser i kulturlandskap

De undersökta lokalerna vid Eskilstorp och Hemmeslöv är exempel på ett förändrat bruk av platser. Det är platser som var utspridda längs en 700 meter lång sträcka vid en färdväg genom en övergångszon mellan två typer av naturlandskap. Men frågan är om inte Laholmsslättens och Bjärehalvöns bygder med bronsåldershögar och varierande gravformer från äldre järnålder kulturellt sett utgjorde en arkeologisk sammanhängande region.

Frågan är då hur platsernas bruk förändrades från äldsta stenålder till äldre romersk järnålder? En naturlig faktor som medförde att höjdryggen tidigt uppmärksammades bestod i upptäckten av lager av rödjord med malmklumpar som kunde nyttjas till färgberedning. Det äldsta belägget för bearbetning av materialet genom rostning härrör från 6000 f.Kr. under mesolitikum. Spår efter bearbetning av rödjord och malm genom rostning och fragmentering av materialet på fällsten och malsten daterades även till övergången mellan yngsta bronsålder och förromersk järnålder. Även i detta tidsskede kan det vara fråga om färgberedning. Ett annat tolkningsalternativ omfattar begynnande försök med järnhantering.

Fragment av keramikkärl med snörornamentik av TRB-typ i oplöjda lager och en grop på en grävningsyta vid Område III antyder händelser under sen tidigneolitikum på höjdryggens mellersta del. Under yngre bronsålder etableras en boplats i samma område. Lämningar av ett härdområde och brandgravar vittnar om att människors bruk av platsen förändrades med början i förromersk järnålder. Parallellt med dessa händelser etablerades en bosättning på höjdryggens västra del. Lämningarna av bosättningen från äldre järnålder inom Område I vid Eskilstorp, tonar fram på ett sätt som faller inom de arkeologiska ramarna för materiell kultur på boplatser från yngre bronsålder och äldre järnålder. Det är fråga om lokaler av en mer anläggningsintensiv karaktär med huslämningar, härdar, avfallsgropar och brunnar som avspeglar gårdsbebyggelser. Men huslämningen från yngre bronsålder på Område III vid Hemmeslöv framstår som relativt ensam i sin kontext.

Markerade härdområdet med brandgravar på höjdryggen en övergångszon mellan två olika landskapstyper och eventuellt två arkeologiska regioner? Fanns det något unikt med naturlandskapet som kunde knytas till platserna? Utgjorde den naturliga passagen i naturlandskapet en viktig faktor för etablerandet av en färdväg? Hur kan bosättningarna från yngre bronsålder och äldre järnålder på Hallandsås nedre nordsluttningar karakteriseras?

I syfte att få en bild av lokalernas betydelse och sammanhang med kulturlandskapet måste det rumsliga perspektivet vidgas till att omfatta hela regionen. Spridningskartor över gravar av olika typer i en skala som omfattar större landskapsutsnitt utgör ofta grunden för en bebyggelsearkeologisk analys. Lämningar av bosättningar är i allmänhet mer anonyma eftersom de ofta är dolda under flat mark. I denna översikt av kulturlandskapet på Hallandsås nordsluttningar presenteras den rumsliga utbredningen för gravar från brons- respektive järnålder. Resultaten av ett par undersökningar av boplatser får representera olika typer av bosättningar under dessa tidsperioder.

Gravar och gravmonument

Rumslig utbredning

Stråk av gravhögar från bronsålder är belägna på svagt markerade höjdryggar på Laholmsslätten och utgör ett karakteristiskt inslag i bronsålderns kulturlandskap i södra Halland (Lundborg 1972). Bjärehalvöns småbrutna terräng och böljande topografi med omfattande ansamlingar av gravmonument utgör en klassisk bronsåldersbygd i nordvästra Skåne. En mer nyanserad översikt av gravmonumentens spridning på Bjärehalvön visar att dessa ofta anlagts på lokala och exponerade höjdlägen i det kuperade ås- och backlandskapet (Larsson 1993, Runcis 1999:6, 2000:28).

På Hallandsås nordsluttning finns tre ansamlingar av gravar från brons- och järnålder som ger en bild av bebyggelsens utbredning och färdvägar mellan bygder (se nästa sida). På topografiskt markerade höjdavsnitt, terrasser och svaga sluttningar längs Sinarpsdalen, finns stråk av gravhögar som markerar en passage över Hallandsås. Detta kommunikationsstråk leder vidare mot Bjärehalvöns mjukt kuperade och fornlämningstäta västra del. Det dominerande inslaget i dessa lokala terrängavsnitt utgörs av gravar och älvkvarnsförekomster från bronsålder. Längs Sinarpsdalens högre belägna avsnitt i den brytzonen där höjdområdet övergår i en västsluttning, finns närmre 30 gravhögar, ett röse och cirka 15 lokaler med älvkvarnsförekomster inhuggna i jordfasta stenblock. Gravmonument från järnålder representeras av runda stensättningar, resta stenar och en domarring. I denna terräng finns tre gravfält som innehåller runda stensättningar av mindre dimensioner, vilka kan knytas till äldre järnålder. Dessutom finns

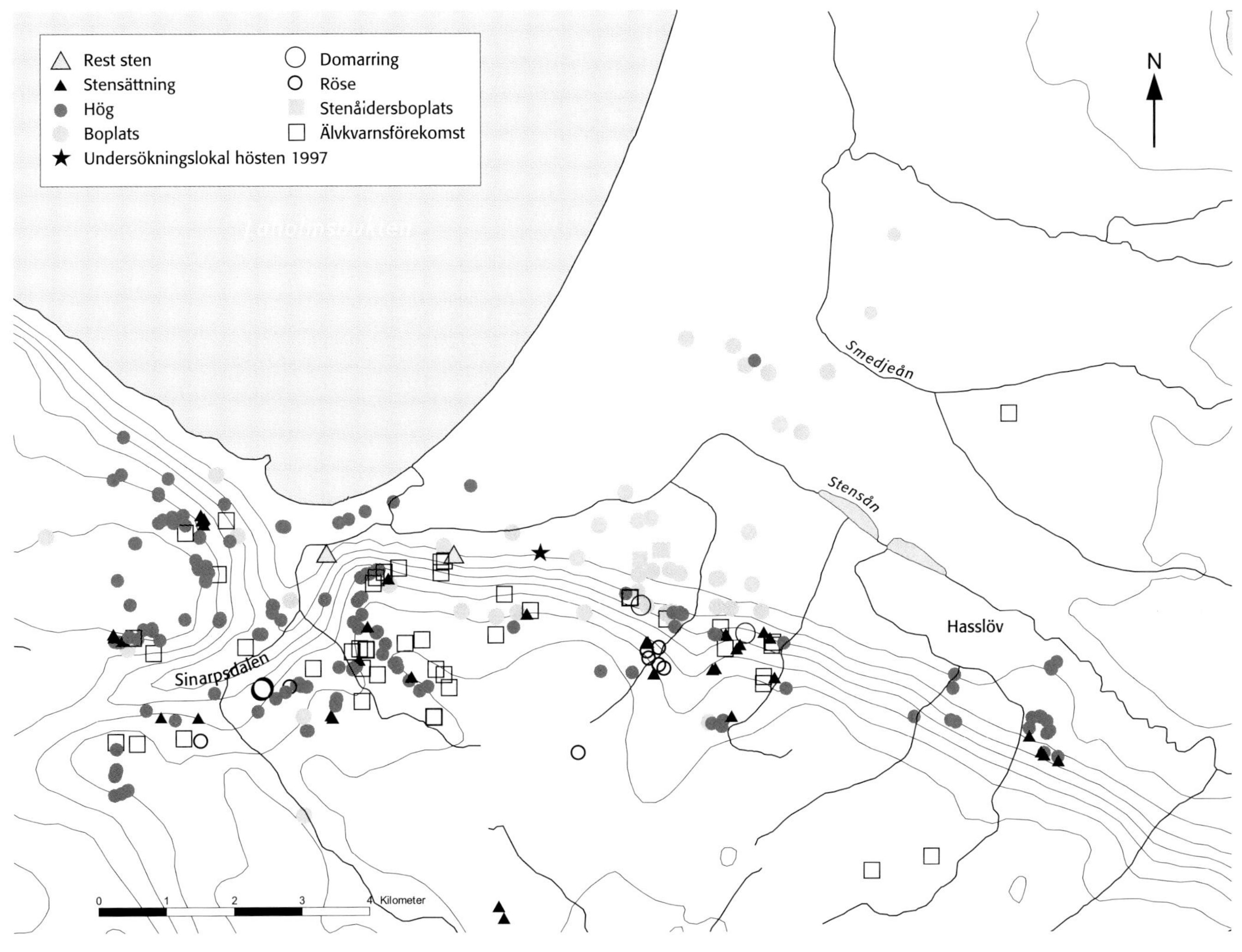

Topografisk karta/modell över Hallandsås nordsluttning och södra delen av Laholmsslätten mellan Sinarpsdalen i väster och Hasslöv i öster. På kartan är gravmonument av brons- och järnålderskaraktär, älvkvarnsförekomster och undersökta boplatser med dateringar från yngre bronsålder och äldre järnålder, samt övriga registrerade boplatser markerade.

Topographical map of the northern slopes of Hallandsås and the southern plains of the Laholm area, between the Sinarp valley in the west and Hasslöv in the east. Mounds, cairns and boulders with cupmarks from thr Bronze Age and excavated settlements from the Bronze and Iron Age are marked.

en kvadratisk, en rektangulär och tre oregelbundna gravar som även dessa kan knytas till äldre järnålder. En domarring finns i anslutning till en gravgrupp med tre bronsåldershögar. I Sinarpsdalens topografiskt sett nedre terrängavsnitt finns en lokal med två resta stenar, vilka hör till järnålder.

På det flacka markavsnittet väster respektive öster om Stensåns utflöde mot Laholmsbukten finns lämningar och uppgifter om två gravfält. Det ena är beläget på en höjdrygg och är 330 meter långt och 25 meter brett. I dess centrala del finns en dominerande hög med en diameter om 21 meter och en höjd av 3 meter. På sträckningarna i öster och väster finns sammanlagt 12 högar som är 7–13 meter i diameter och 0,5–2 meter höga (RAÄ 19, Båstad).

Öster om Stensån finns rester av en gravhög. Enligt uppgift skall här ha funnits ett järnåldersgravfält med en utbredning om 250x100 meter. Ett 20-tal gravhögar 3–20 meter i diameter (vanligast 5–7 meter i diameter) och 0,4–1,65 meter höga, skall ha funnits på platsen (RAÄ 133, Östra Karups socken). Båda gravfälten är topografiskt sett lågt belägna, cirka 5 m.ö.h. Ett dylikt strandnära och topografiskt lågt läge är inte så vanligt för bronsålder. Troligen är det en fråga om järnålderslämningar. I detta sammanhang måste dock *Gröthögarna* nämnas. Dessa stora och monumentala kuströsen härrör från bronsålder och är belägna på nordvästra Bjärehalvön endast några meter över havsytan.

En andra anhopning av gravmonument från brons- och järnålder återfinns vid en dalgång drygt fem kilometer mot öster sett från Sinarpsdalen. Ett flertal bronsåldersmonument är belägna på topografiskt markerade lägen i sluttningarna till en dalgång som sträcker sig från Östra Karup och vidare mot söder. På de högre belägna partierna utgörs gravmonumenten mestadels av rösen. På terrasser på Hallandsås nordsluttning och i dalgångens lägre belägna avsnitt återfinns gravhögar, liksom ett stråk av älvkvarnsförekomster. Inom ansamlingen finns ca tio runda stensättningar. Hälften av dessa har en diameter om 9–15 meter. Någon har en mittstensättning. Dessa monument kan räknas till bronsålder. Järnåldersgravarna utgörs av runda stensättningar med en diameter om 5–8 meter. Lämningarna ligger oftast i anslutning till något större bronsåldersmonument eller tillsammans i gravgrupper. En domarring är belägen i en svag sydsluttning.

Det finns en kontrast i sammansättningen av gravmonument från bronsåldern mellan Sinarpsdalen och Östra Karup. I den förra domineras landskapet av högar och stensättningar med stor diameter. I den senare finns ett stort inslag av rösen på de topografiskt högre belägna partierna.

En tredje ansamling av gravhögar återfinns fyra kilometer mot öster kring Finnestorp bortom Hasslöv. Gravmonumenten har en utpräglad bronsålderskaraktär med närmre 20 högar. I ansamlingen finns även drygt fem runda stensättningar med en diameter på närmre tio meter. En stensättning hade en diameter om 6 meter. Det finns ingen i den lokala topografin tydligt markerad väg uppför Hallandsås kraftiga backar. Däremot finns ett gammalt vadställe över Stensån två kilometer nordväst om gravarna vid Finnestorp.

Vid Landsantikvarien, Hallands länsmuseer, pågår inom ramen för EU-projektet *European Pathways to Cultural Landscape* ett nationellt delprojekt med titeln *Människa och landskap*. Projektet syftar till att öka medvetenheten och kunskapen om hur människan brukat natur- och kulturlandskapet över tiden, från bronsålder till nutid. Vid de fältinventeringar på Hallandsås nordsluttningar mellan Hasslöv och Östra Karups samhällen som utförts inom projektet har ett mycket stort antal nyupptäckta lokaler påträffats bestående av gravar, fossil åkermark – främst röjningsrösen – och hålvägar. Mängden registrerade fornlämningar har ökat med cirka 700%, och ökningen utgörs främst av de senare nämnda fornlämningskategorierna. Detta är en påminnelse om att bilden av fornlämningslandskap alltid fördjupas och ofta radiakalt förändras vid specialinventeringar (pers. kom. av Lennart Carlie, Landsantikvarien, Hallands länsmuseer, Halmstad).

Gravarnas kronologi

Men frågan är då vilka kronologiska perspektiv som skall anläggas på gravmonumenten. I södra Halland och på Bjärehalvön har gravundersökningar genomförts under senare delen av 1800-talet och under 1900-talets första sekler. Vilhelm Boye, Victor Ewald, Folke Hansen, Carl Cullberg och Lennart Lundborg har utfört ett flertal arkeologiska utgrävningar av bronsåldershögar i södra Halland och på Hallandsås höjder och sluttningar.

Åren 1868–1869 genomförde Vilhelm Boye utgrävningar av 19 bronsåldershögar på gårdarna Torp, Flintarp och Bondåkra på Dömestorp. Två av högarna förekom som solitärer och de övriga 17 återfanns i två ansamlingar. Frågeställningarna kretsade kring bronsålderns högar, gravskick och fynd. Dokumentationen vittnar om ett för denna tid modernt betraktelsesätt. Boye lade stor vikt vid att redovisa högarnas uppbyggnad i skalenliga ritningar i plan och profil. Gravgömmorna dokumenterades som enskilda och slutna fyndkontexter, med gravskick, benbehållare som keramik och hartstätningar, samt gravgåvor (Lundborg 1972:11, Carlie 1996:40). Den arkeologiska undersökningen vid Dömestorp publicerades i en uppsats av Boye redan 1869. Författaren gör en omfattande presentation av fynden, men för ingen kronologisk diskussion. Utgrävningarna genomfördes före upprättandet av typologiska serier och formulerandet av det arkeologiska periodsystemet. Men eftersom dokumentationen omfattade gravhögarnas stratigrafiska uppbyggnad, en beskrivning av gravgömmor som slutna fyndkontexter och tydligt utförda illustrationer av fynden, har det varit möjligt att i efterhand datera lämningarna. Högarna i de båda ansamlingarna har påbörjats under slutet av period II och i början av period III. Under perioderna IV och V ökar antalet gravsättningar för att därefter avta under period VI (Carlie 1996:45).

Under 1900-talets första decennier arbetade T.J. Arne, Folke Hansen och Victor Ewald i södra Halland. Åren 1922–1925 genomförde T.J. Arne flera undersökningar av högar i Laholmstrakten i bl.a. Tjärby och Veinge socknar. De arkeologiska lämningarna omfattade skelettbegravningar och urnegravar. I flera gravar hittades fynd av bronsföremål. I Hasslövs socken undersökte Folke Hansen två högar åren 1926–1927. En av lämningarna utgörs av den klassiska Lugnarohögen som inneslöt ett stenskepp från mellersta bronsålder och tre sekundärgravar från yngre bronsålder. I högens nordvästra del påträffade Folke Hansen en skadad urnebrandgrav med brända ben. En andra sekundärgrav bestod av en rektangulär stenkista med brända ben, en rakkniv, en syl med rester av ett träskaft och en dubbelknapp. Invid stenskeppets södra långsida fanns det ytterligare en mindre stenkista med spår av två begravningar. Den ena innehöll en urna med brända ben samt gravgåvor i form av en miniatyrdolk, en pincett och en syl. Lämningarna efter den andra begravningen omfattade en koncentration av brända ben (Hansen 1928, Lundborg 1972:17).

Men Folke Hansen var även verksam på Bjärehalvön. Vid Grevie samhälle vid Salomonhögarna undersöktes en 15 meter stor och 2 meter hög skadad grav på 1930-talet. I ett lager av mörk jord som bevarats trots skadorna påträffades multnade hudar och kläde tillsammans med en bronsdolk. Emellertid fanns inga kvarlevor. Vid Skeadal nära Grevie undersöktes två rösen 10 och 15 meter stora. I det första hittades en tutulus av brons och i det andra röset fanns ett drygt halv meter långt bronssvärd. Hansen daterade gravhögarna till bronsålderns period II. En tredje lokal som undersöktes av författaren utgjordes av tre mindre högar 5–8 meter stora uppbyggda av mindre stenar och ett tunt jordtäcke. I fyllningen hittades ansamlingar av brända ben och keramikbitar. Gravarna härrörde troligen från yngre bronsålder (Hansen 1938:100).

Bronsåldershögarna i södra Halland har tillkommit och byggts på i etapper. Lämningarna var ofta låga efter att ha uppförts för att omsluta primärgraven som bestod av en skelettgrav i häll- eller ekkistor. I samband med sekundärbegravningar i form av brandgravar byggdes högarna på med nya jordmassor. Sekundärgravarna tillkom från period III och fram till period VI under yngsta bronsålder. En hög utnyttjades inte kontinuerligt. Men en sammantagen bild är att högarna i landskapet nyttjades vid olika tillfällen för begravningar under mellersta och yngre bronsålder, samt i vissa fall under äldre järnålder (Lundborg 1972:121).

Det finns ett allmänt vedertaget faktum om att de flesta av gravhögarna byggdes under den äldre bronsålderns period II och III. Men en sammanställning av resultaten från undersökningar visar att dessa gravmonument i nordvästra Skåne och södra Halland byggdes även under den yngre bronsålderns period IV och V (Lundborg 1972, Andersson, M. 1997).

I sin bok om bronsåldersgravar i södra Halland presenterar Lennart Lundborg även fynd av flatmarksgravar. Dessa har genom typologiska bedömningar av keramikkärls form och fynd av bronsföremål daterats till yngre bronsålder och förromersk järnålder (Lundborg 1972:102). En undersökning 1993 av ett mindre brandgravfält bestående av sex urnebrandgropar och fyra brandgropar vid Mellby i Laholms landsförsamling gav kompletterande kunskaper om ämnet. Kalibrerade intervall om 1sigma från fyra ^{14}C-analyser daterade tre urnebrandgropar till förromersk järnålder och en brandgrop till äldre romersk järnålder. Generellt kan brandgravarna under flat mark föras till äldre järnålder. Men ^{14}C-kalibreringskurvans form under kalenderåren för förromersk järnålder medför svårigheter med att datera enskilda brandgravar (Munkenberg 1993, Rahbæk & Lund Rasmussen 1997).

Men det finns en kronologisk spridning för brandgravar under flat mark. Vid en undersökning 1995 vid Lynga i Harplinge socken norr om Halmstad, dokumenterades ett mindre gravfält om fem gravar som utgjordes av en brandgrop, två urnegravar och två urnebrandgropar. Utifrån typologisk bedömning av keramik och en fibula av järn daterades gravarna till förromersk järnålder. Men ^{14}C-analys av två kolprover från andra gravar gav dateringar till folkvandringstid respektive vikingatid (Wattman 1997).

Gravmonument och landskap

Utbredningen av bronsåldershögar på Laholmsslätten, längs Hallandsås nordsluttning och på Bjärehalvöns kuperade höjdområden visar att området utgör en kulturhistoriskt enhetlig region. Bilden förstärks genom resultaten av de arkeologiska undersökningar som genomförts. Detta med avseende på gravmonumentens formspråk, gravskick och datering. Området kan även under äldre järnålder betraktas som en och samma region. Gravmonument som stensättningar av varierande yttre former, domarringar och rest sten finns längs Sinarpsdalen på Bjärehalvön och Hallandsås nordsluttning. Däremot saknas nämnda gravtyper på Laholmsslätten. Orsaken till detta är den intensiva uppodling som omvandlat slätten till en fullåkersbygd.

Inom den bebyggelsearkeologiska forskningen betraktas gravar som en indikation på närhet till bosättningar. Utifrån ett övergripande regionalt synsätt kan detta vara relevant. Men gravar, gravmonument och bosättningar har anlagts i relation till varandra i det lokala landskapets topografi. Diskussionen om kontexten mellan gravar och bosättningar måste föras i ett landskapsarkeologiskt perspektiv istället för ett bebyggelsearkeologiskt. Det förra bygger på frågan om hur människor klassificerade och nyttjade landskapet. Det senare är mer en fråga om kvantifiering och rumslig översikt med syfte att avgränsa bygder och bebyggelseområden.

En översikt av exempelvis Bjärehalvöns gravstråk visar på ansamlingar av gravhögar på lokala topografiskt högre belägna terrängavsnitt. Mellan stråken finns områden utan gravmonument. Detta leder vidare till frågan om hur man arkeologiskt skall betrakta monumenten. De ger uttryck för religiösa normer, kosmologi och föreställningar om liv och död. Men monumenten kan även betraktas som uttryck för kommunikation mot omvärlden och inåt mot samhället med avseende på territorieanspråk. Gravhögarna utgjorde markörer för kommunikationsleder genom landskapet och förmedlade ett budskap om äganderätt, social position och ideologi för den som färdas (Runcis 1999:27, 2000).

Bosättningar

Undersökta boplatser

Ett annan väg att klarlägga om Bjärehalvön, Hallandsås nordsluttning och Laholmsslätten kan betraktas som en arkeologisk region i kulturellt avseende, är att studera resultaten från undersökta bosättningar. Frågan är hur dessa lokaler från yngre bronsålder och äldre järnålder kan karakteriseras.

De nedre sluttningarna av Hallandsås och det svagt böljande slättlandskapet mot norr omfattar flera topografiskt gynnsamma lägen för bosättningar. Sett ur ett antikvariskt perspektiv råder dock svårigheter i att finna dessa fornlämningslokaler. Kraftiga vindar har med tiden förflyttat stora mängder flygsand som fyllt igen naturliga svackor mellan mindre förhöjningar och därmed överlagrat äldre bosättningar. Det moderna jordbruket har medfört att äldre våtmarksområden har dikats ut och omvandlats till åkermark. Naturliga förlopp i kombination med människors omdaning av landskapet har med tiden dolt brons- och järnålderns kulturlandskap. Landskapskonturer formade av svaga förhöjningar, våtmarker och vattendrag har försvunnit. Idag kan arkeologer enbart se antydningar av de fysiska formationer som utgjorde en del av brons- och järnålderssamhällenas rumsliga referensramar.

Slättlandskapet norr om Hallandsås genomflyts av två vattendrag som har gett en naturlig inramning till en del av brons- och järnålderns kulturlandskap. Mellan Stensåns delvis rätade och raka flöde i söder respektive Smedjeåns och Menlösabäckens mer krokiga flöden i norr, utbreder sig en drygt sju kilometer lång och två kilometer bred höjdrygg av isälvssediment och postglacial finsand. Den svagt markerade höjdryggen når drygt 10 m.ö.h. och har en utsträckning i nordväst–sydöst. Denna naturliga inramning utgjorde en gynnsam topografisk förutsättning för lokalisering av bosättningar.

På höjdryggens nordvästra avsnitt väster om Skummeslövs samhälle har delar av en omfattande boplats dokumenterats (RAÄ 93, Skummeslövs socken) (Se s. 105). Lokalens rumsliga utbredning kan uppskattas till 600 meter i nord–syd och 500 meter i öst–väst, vilket motsvarar en area om 300 000 m^2 belägen över dagens 10 meters nivå över havet. Den omgivande flacka terrängen är belägen på en nivå 6–7 m.ö.h. och utgörs av glacial lera, postglacial finsand respektive flygsandsbildningar och utdikade våtmarker.

Det topografiska läget i landskapet har varit gynnsamt. Vid den arkeologiska undersökningen avbanades långsträckta ytor i två stråk, vilka gav en god inblick i lokalens utbredning, materiella kultur och kronologiska omfång. Under arbetets gång dokumenterades fynd och anläggningar från mesolitikum till vikingatid och tidig medeltid. De mest påtagliga lämningarna efter bosättningar utgjordes dock av spår efter drygt tio långhus. Av dessa daterades två till övergången yngre bronsålder och förromersk järnålder. En huslämning daterades till övergången förromersk järnålder och äldre romersk järnålder, samt spår av två hus till romersk järnålder. Det arealmässigt mycket omfattande bosättningsområdet har utgjort en lokal av central karaktär med lång kronologisk kontinuitet (Viking & Fors 1995).

En bosättning med en betydligt snävare kronologisk ram dokumenterades på samma höjdrygg 1,5 km mot sydöst nära Skottorps gods (RAÄ 22, Skummeslövs socken). På lager av postglacial finsand blottlade en långsträckt grävningsyta de centrala delarna av en boplats. Lokalens utsträckning över höjden kan uppskattas till 200 meter i NNÖ–SSV och utbredning längs höjdryggen till 150 meter. Bosättningens area beräknas ha omfattat 30 000 m^2. På grävningsytan dokumenterades spår efter ett långhus från yngre bronsålder. Två gårdar om vardera två huslämningar daterades till äldre respektive yngre romersk järnålder. Det är högst troligt att spår efter ytterligare bosättningar finns dolda under matjorden mellan Skummeslövs samhälle i nordväst och Skottorp i sydöst (Artelius & Lundqvist 1989:7).

De båda ovan presenterade lokalerna var belägna direkt under matjorden och hade inte nämnvärt påverkats av flygsandsbildningar. Två andra arkeologiska undersökningar blottlade fragmentariska spår av bosättningar från yngsta bronsålder och äldsta delen av förromersk järnålder, dolda under flygsandslager av varierande tjocklek. Drygt 500 meter väster om den till rumslig utbredning, och kronologiskt sett, omfattande bosättningen vid Skummeslövs samhälle, påträffades lämningar av en mindre boplats. Spåren utgjordes av spridda gropar, härdar och stolphål belägna under ett flygsandslager. Lokalen var belägen två kilometer från kusten i ett öppet landskap (Berglund 1992). Vid Södra Mellby påträffades anläggningar som stolphål och härdar i kombination med årderspår (RAÄ 193, Laholms landsförsamling). Lokalen var belägen 6 m.ö.h. och någon kilometer från kusten i en vid den tiden låglänt svagt böljande kustslätt, vars svackor med tiden fyllts ut med flygsandslager. Dateringar genom ^{14}C-analyser av kolprover från av flygsand överlagrade härdar, visar att sandflykten påbörjats vid tiden för yngsta bronsålder snarare än äldsta förromersk järnålder (Strömberg 1996:45).

Undersökningarna skapar en bild av vilka utsnitt av naturlandskapet som betraktades som gynnsamma för bosättningar. Höjdryggen mellan Stensån och Smedjeån, och speciellt dess nordvästra del, har haft en till synes omfattande och kontinuerlig kedja av bosättningar genom tidens gång. De översandade lokalerna visar på tillfälliga bosättningar i en sårbar terräng som övergavs.

På de nedre sluttningarna av Hallandsås nordsida och på flacka terrängavsnitt mot Stensåns vattenflöde finns flera indikationer på bosättningar från olika tidsperioder. Inom lokalerna RAÄ 98, 99 113, 114, 144, 145 och 146 i Östra Karups socken har fynd av flintredskap, spån och avslag påträffats som på typologiska grunder kan kopplas till neolitikum. Inom ett par av dessa lokaler som RAÄ 113, 144 och 145 dokumenterades spår av upplöjda härdar, vilka brukar indikera boplatser från metalltid. Topografiskt-rumsligt sett sammanfaller bosättningarna från olika tidsåldrar. Man har ständigt återkommit till samma terränglägen.

På en terrass med ett flackt markavsnitt belägen drygt 10 m.ö.h. som övergår i en svag nordsluttning och vid foten av Hallandsås finns en boplats som enligt uppgifter i fornminnesregistret utbreder sig inom en area om ca 30 000 m^2 (RAÄ 139, Östra Karups socken). I samband med en omflyttning av en banvall till järnvägsspår genomfördes en undersökning av en långsträckt grävningsyta på boplatsens topografiskt sett högre belägna del. Under fältarbetets gång dokumenterades lämningar som allmänt associeras med yngre bronsålder och äldre järnålder. Närmre 80 anläggningar av typ stolphål, gropar, härdar och kokgropar påträffades. Mängden ökade upp mot krönet av den låglänta kullen. Stolphål förekom över hela schaktet men med en förtätning mot kullens krön. På denna plats dokumenterades en huslämning med spår efter två takbärande stolphålspar. Avståndet mellan stolpparen ger en typologisk association till yngre romersk järnålder. Träkol från en grop daterades till förromersk järnålder (Ua-7924). I en härd på schaktets övre del togs ett kolprov från ett rikligt kollager och daterades till yngre bronsålder (Ua-7926). Ur en mindre grop i schaktets mellersta del togs ett prov som daterades till förromersk järnålder (Lu-4085) (Andersson, Th. 1997).

På en svag nordsluttning på sandig åkermark som planar ut från 18 till 14 m.ö.h. mot slätten, delundersöktes ett utsnitt av en boplats vid Östra Karups samhälle (RAÄ 119, Östra Karups socken). Lokalens rumsliga utbredning är svår att beräkna då denna är kringgärdad av bebyggelse och vägar. Men en omfattning om 300x200 m i öst–väst som motsvarar en area om 60 000 m^2 är ett rimligt antagande. På grävningsytan dokumenterades en sammansättning av härdar, gropar och stolphål som ger associationer till perioden yngre bronsålder och äldre järnålder. Östra delen av en huslämning bestående av tre par med stolphål efter takbärande stolpar urskiljdes på grävningsytan. Däremot var det inte möjligt att datera spåren efter långhuset (Nagmér 1996:241).

I ett tidigare avsnitt i artikeln har Bjärehalvöns rika synliga kulturlandskap omnämnts. Naturliga processer som exempelvis flygsandsbildningar har inte varit lika påtagliga som på Laholmsslätten. Den lokala mikrotopografin är i stort opåverkad och präglas av en småbruten terräng. Svaga konturer av förhistoriska nu dolda kulturlandskap kan urskiljas under färder genom bygderna. Trots en ställvis intensiv exploatering på olika delar av Bjärehalvön har endast ett fåtal arkeologiska undersökningar utförts. Åren 1996–1998 genomfördes utgrävningar av boplatslämningar på ett par olika platser söder Grevie samhälle, i samband med utbyggnad för industrier och lokala vägar (Runcis 1999, 2000).

En boplats var topografiskt belägen på en terrassformation till svag sluttning mot sydväst drygt 75 m.ö.h. Med tanke på att området idag är kringgärdat av bebyggelse och vägar är det svårt att klarlägga lokalens utbredning. Men utifrån en mikrotopografisk bedömning i kombination med resultat från provschaktsgrävningar och större grävningsytor kan det antas att bosättningsområdets utbredning varit ca 200x200 meter, vilket ger en area om 40 000 m^2. Bosättningsområdet är omgärdat av stråk av bronsåldershögar belägna på markerade höjdryggar. Avståndet mellan bosättningen och gravhögarna varierar mellan 300 och 400 meter i alla riktningar. På en grävningsyta dokumenterades ett treskeppigt 25 meter långt och 6 meter brett långhus som daterades till förromersk järnålder. På lokalen har således en tydlig bebyggelsefas kunnat urskiljas. Men det är möjligt att ytterligare lämningar finns bevarade (Runcis 1999).

Inför byggandet av V 105 förbi Grevie samhälle undersöktes fyra platser i det svagt sydvästsluttande landskapet. En lokal med tydliga spår efter bosättningar i flera faser återfanns på krön respektive nord- och sydsluttning av en moränkulle drygt 80 m.ö.h. Grävningsytan 175 meter lång och 30 meter bred gav en bild av boplatsens rumsliga utbredning, som kan uppskattas till 200x200 meter och med en area om 40 000 m^2. På grävningsytan dokumenterades spår efter sex långhus. Utifrån flera fynd av keramikmaterial och en hustypologisk bedömning kan fem av byggnadslämningarna knytas till yngre bronsålder och äldsta järnålder. Men ett långhus härrör sannolikt från yngre järnålder (Runcis 2000:18).

Ett annat delområde av en bosättning var beläget på ett krön av en moränhöjd i det sydvästsluttande backlandskapet med utsikt mot Skälderviken. På den drygt 3000 m^2 stora grävningsytan fanns drygt 100 anläggningar som till övervägande del utgjordes av gropar. På ytan fanns omkring 30 härdar som var rumsligt jämnt fördelade. Drygt fem kilo keramik samlades in från anläggningarna. Bland dessa fanns material från yngre bronsålder av typ B-gods med rabbad buk och ornerad vulst. En serie med ^{14}C-analyser av kolprover från olika anläggningar gav dateringar med kalibrerade intervall från mellersta bronsålder till romersk järnålder (Runcis 2000:13).

Vad karakteriserar boplatserna?

Sett ur en antikvarisk synvinkel tonar boplatserna fram med olika karaktär beroende på lokalisering i naturlandskapet, intensitet av fynd och anläggningar respektive kronologiskt tidsomfång. Boplatsen väster om Skummeslövs samhälle (RAÄ 93) utgör ett exempel på ett område av central karaktär dit människor återkommit under långa tidsepoker och efterlämnat spår över en större yta. Det är en fråga om ett större terrängavsnitt knutet till en tydlig topografisk formation med en hög grad av intensitet med avseende på materiell kultur som hopats under långa tidsskeden. Lokalen präglas därigenom av en lång kronologisk kontinuitet. Boplatsen vid Skottorps gods (RAÄ 22, Skummeslövs socken) utgör däremot ett exempel på en plats med en gård från yngre bronsålder och två gårdar från romersk järnålder. Nämnda

Boplats	Boplats omr. (m²)	Unders. yta (m²)	Kronologisk ram	Antal husläm.	Distans till gravmonument (GR)	Referens
RAÄ 93, Skummeslövs socken	300 000	22 230	Y BRÅ – Rom JÄÅ (Mes – me-tid)	14	4000 m norr om GR vid Östra Karup	Viking & Fors 1995
RAÄ 22, Skummeslövs socken	30 000	3 000	Y BRÅ – Rom JÄÅ	7	4000 m norr om GR vid Östra Karup	Artelius & Lundqvist 1989:7
RAÄ 119, Östra Karups socken	60 000	5 520	Y BRÅ – Rom JÄÅ	1	600 m norr om GR vid Östra Karup	Nagmér 1996:241
RAÄ 139, Östra Karups socken	30 000	750	Y BRÅ – FRom JÄÅ	1	800 m ÖNÖ om GR vid Sinarpsdalen	Andersson, Th. 1997
Omr I, V 115, Östra Karups socken	10 500	3 400	FRom JÄÅ	2	2000 m väster om GR vid Östra Karup	Strömberg, denna artikel
Omr. III, V 115, Östra Karup	6 000	2 760	Y BRÅ	1	1500 m väster om gravmonument vid Östra Karup	Strömberg, denna artikel
Grevie 5:6, Grevie socken	40 000	4 200	FRom JÄÅ	1	300–400 m till GR i alla väderstäck	Runcis 1999
Omr. 1, Killeröd 10:32, Grevie socken	40 000	4 100	Y BRÅ – FRom JÄÅ / Y JÄÅ	6	400 m NÖ om GR. 800 m SÖ om ansamling av GR.	Runcis 2000:18
Omr. 4, Grevie 2:13, Grevie socken	-	3 300	M BRÅ – FRom JÄÅ	0*	800 m söder om ansamling av GR.	Runcis 2000:13

**Cirka 70 gropar och 30 härdar*

Sammanställning av undersökta boplatser från brons- och järnålder på Bjärehalvön och södra delen av Laholmsslätten.

Specification of excavated settlements from the Bronze and Iron Age on the peninsula of Bjäre and the southern plains of the 0Laholm area.

höjdrygg av isälvssand och postglacial finsand bildar ett gynnsamt läge för bosättningar mellan två vattendrag. Höjdryggens västra del har haft bosättningar med en kontinuitet inom ett större bosättningsområde. Andra delar av höjdryggen präglas av mer mobila etableringar av bosättningar med nedslag på olika avgränsade platser under olika tidskeden.

Ett andra topografiskt landskapsutsnitt för bosättningar sträcker sig längs Hallandsås nedre nordsluttning. Denna utgörs av en drygt tio km lång och 500–700 meter bred terrassformation belägen på en nivå mellan 10–30 m.ö.h., som övergår till ett flackt terrängavsnitt med utdikade våtmarker fram till Stensåns flöde. På olika platser längs terrassen har bosättningar byggts upp och övergivits i olika tidskeden. Bronsåldersboplatsen vid Hemmeslöv och dess senare motsvarighet under förromersk järnålder vid Eskilstorp utgör exempel på lokaler med någon enstaka bebyggelsefas under ett avgränsbart tidsutsnitt. Dokumentationen från lokalerna vid Petersberg respektive Östra Karup (RAÄ 139 & 119, Östra Karups socken) ger en bild av platser med bosättningar under flera faser från yngre bronsålder och äldre järnålder. Nämnda lokaler exemplifierar ett sammanhängande stråk av bosättningar med olika rumslig utbredning, intensitet med avseende på materiell kultur och kronologiskt omfång.

De undersökta boplatserna söder om Grevie samhälle utgör exempel på bosättningar som kan förväntas på Bjärehalvön. Det stora antalet gravmonument ger en bild av en omfattande bebyggelse som avsatt rikliga lämningar av materiell kultur. Men undersökningarna visar också på att platser av central karaktär inte behöver vara vanligt förekommande. Istället kan man lyfta fram en modell där flera goda naturliga lägen med avseende på topografi, jordart och hydrologi skapar ett nätverk av boplatslägen. Bosättningar har med tidens gång anlagts, brukats och övergivits. Ett par lokaler vittnar om en längre kronologisk kontinuitet. Andra platser ger en bild av kortare närvaro.

Platsers omvandling

Undersökningar av fornlämningar på en svag höjdrygg i en omgivande flack terräng på fastigheterna Eskilstorp och Hemmeslöv i Östra Karups socken hösten 1997, visade på platsers förändrade bruk. Men hur förändrades detta bruk från äldsta stenålder till äldre romersk järnålder?

Lämningarna var som tidigare beskrivits i artikeln utspridda längs en 700 meter lång sträcka av en höjdrygg på två kilometer. En rostningsplats från ca 6000 f.Kr. påträffades i anslutning till ett omfattande lager av rödjord med malm. Ytterligare en rostningsplats daterad till övergången yngsta bronsålder och förromersk järnålder dokumenterades vid samma lokal. På höjdryggens östra avsnitt skedde en omvandling av platsens bruk från en bosättning till en lokal av ceremoniell karaktär. Tolkningen grundas på den kontrast som tonade fram mellan ett långhus daterat till yngre bronsålder och ett härdområde med brandgravar som växt fram under förromersk järnålder och äldre romersk järnålder. Parallellt under denna tidsperiod etablerades en bosättning på höjdryggens västra del.

Markerade härdområdet med brandgravar på höjdryggen en övergångszon mellan två olika landskapstyper och eventuellt två arkeologiska regioner? Detta leder till följdfrågan om det fanns något unikt med naturlandskapet som kunde knytas till platserna?

Sett i ett regionalt perspektiv utgör Bjärehalvön, Hallandsås nordsluttning och Laholmsslätten olika former av naturlandskap. Men utbredningen av gravhögar från bronsålder och gravmonument av varierande yttre former från äldre järnålder visar att nämnda områden utgjorde en arkeologisk region sett i ett kulturhistoriskt perspektiv. Däremot skulle en mer nyanserad analys av de två områdenas politiska och territoriella indelning säkerligen påvisa två olika bygder.

Lämningar efter bosättningar på en höjdrygg norr om Stensån och bosättningar söder därom på flera platser längs Hallandsås nedre sluttningar, visar på en sammanhängande bebyggelse under brons- och äldre järnålder. Det finns således inget gränsområde, utan bosättningar är belägna mellan de båda naturlandskapen med dess stråk av gravmonument. Huslämningen från yngre bronsålder vid Hemmeslöv och boplatslämningarna från förromersk järnålder vid Eskilstorp utgör en del av ovan nämnda bebyggelser. I detta avseende kan de undersökta fornlämningarna betraktas som vanliga gårdslämningar i en bygd.

Platserna i naturlandskapet vid Eskilstorp och Hemmeslöv innehöll två unika drag. Det ena är de omfattande lager av rödjord och malm som uppmärksammats och brukats av människor i såväl ceremoniella som experimentella sammanhang. Det andra unika draget utgör läget på en höjdrygg som brukats som en naturlig passage mellan havet och Hallandsås mäktiga höjder. Färdvägen har korsat vattendraget som idag benämns Stensån vid ett vadställe, sträckt sig söder om mer svårforcerade våtmarksområden vid ån, vidare mot väster och dalgången vid Östra Karup samt genom Sinarpsdalen mot Bjärehalvön. Passagerna över Hallandsås vid Östra Karup och in mot Sinarpsdalen utgörs av ett topografiskt sett väl exponerat landskap. Genom byggandet av gravmonument har terrängavsnitten undan för undan förstärkts.

Framväxten av ett härdområde med brandgravar har en bakgrund i platsens läge i anslutning till röda lager av jord, en färdväg mellan två rika bronsåldersbygder med kontinuitet genom äldre järnålder och med Hallandsås som mäktig fond. Vid Hemmeslöv förstärktes en i naturlandskapet speciell plats och mäktig vy genom människors handlingar. Skapandet av ett härdområde och begravningsplats kan jämföras med byggandet av monument.

Monument byggdes på platser som sedan tidigare hade uppmärksammats i människors mentala föreställningsvärld. Det kan ha varit fråga om en specifik plats som sedan generationer dragit till sig uppmärksamhet och därför funnits i människors medvetande. Men det kan även vara fråga om speciella landskapsformationer eller topografiska miljöer som dragit till sig människors uppmärksamhet. Monument byggdes inte för att ersätta en naturlig plats. Monument byggdes för att komplettera lokalen och tydliggöra ett kulturlandskap. Men platsers och monuments betydelse förändras under århundraden, vilket medför att innebörden av en arkeologisk lokal ofta är mångfacetterad (Bradley 1993).

En annan diskussion om platsers omgestaltningar kretsar kring gravhögar och boplatser under bronsålder. Marianne Rasmussen utgår från att lämningarna utgör delar av ett kulturlandskap format av en strategi för ekonomisk försörjning samt traditioner och sociala konventioner. En sammanställning av undersökningar av gravhögar i Danmark, visar att dessa ofta är belägna på gamla åkerytor och bosättningar. I vissa fall har delar av eller hela långhus påträffats i en stratigrafi under gravmonumentet. Författaren utgår från att gravhögar byggts på noga utvalda platser. Men är det fråga om ett terrängavsnitt speciellt avsett som begravningsområde eller inom en del av ett samhälles bebyggelse- och resursområde. I den modell som presenteras är tesen att gravhögarna anlades skiftande i såväl perifera som centrala delar av bosättningsområdet. Men gravmonumenten var alltid belägna inom den helhet som utgjorde samhällets bebyggelse- och resursområde. De stratigrafiska förhållanden som dokumenterats i fältsituationen är en avspegling av en pågående rotation av bosättningsområdets olika funktioner (Rasmussen 1993).

Människor omgestaltar ständigt kulturlandskapet. Vid Harahöj i Östra Karups socken på Hallandsås nordsluttning undersöktes en gravhög av Carl Cullberg åren 1963–1965. Gravmonumentet var närmre elva meter stort och två meter högt. Centralröset var skadat och ingen primärgrav kunde hittas i den sju meter stora stenpackningen. Men åtta brandgravar i form av sekundärgravar från period IV–VI påträffades i högens yttre delar. Gravmonumentet var byggt på ett lager med årderspår i korsmönster. Frågan är om det var fråga om en rituell plöjning eller om årderspåren utgjorde spår av en äldre åkeryta (Lundborg 1972:108).

Gravhögen vid Harahöj utgör ett exempel på en omgestaltning av närmiljön för en bosättning inom bronsåldersbebyggelsen på Hallandsås nordsluttningar. Härdområdet vid Hemmeslöv var ett annat sätt att omforma den lokala miljön i en bygd och flytta en bosättning till en annan närliggande plats.

Härdområdet med brandgravar vid Hemmeslöv kan beskrivas som en minnesplats och en plats för samling vid en kommunikationsled, mellan två naturlandskap inom en kulturellt sett enhetlig arkeologisk region. De naturliga förutsättningarna för platserna utgjordes av en långsträckt höjdrygg av postglacial finsand omgiven av våtmarker. I sanden finns lager av rödjord med malm.

Förekomster av rödjordslager och malm skapade också en uppmärksamhet. Materialet kunde användas till färgberedning och järnhantering. Men enbart de färgstarka lagren kan ha skapat en ”dragningskraft” genom att ge marken en rödaktig lyster och ett material som kan brukas. En kommunikationsled genom en smal passage med Hallandsås som fond, färgstarka jordlager och omgivningar med våtmarker, kan ytterligare ha bidragit till att skapa en plats med speciell innebörd.

Appendix 1

Anläggning / Provtagningskontext	Lab. Nr	^{14}C-datering	Kalibrerat 1sigma	Kalibrerat 2 sigma
Område I – Boplats				
A5335 Härd (B+)	Ua-16557	2300±70	BC 410–340 / 330–200	BC 800–650 / BC 550–150
A5607 Kokgrop (B+)	Ua-16556	2250±65	BC 390–350 / 320–200	BC 410–150 / BC 140–110
Område II – Rostningshärdar				
A6787 Härd	Ua-25690	7155±85	BC 6160–6140 / BC 6090–5970 / BC 5960–5910	BC 6220–5840
A6812 Härd	Ua-9333	7045±80	BC 6000–5830 / BC 5820–5810	BC 6060–6040 / BC 6030–5730
A15649 Härd	Ua-25691	2375±70	BC 760–690 / BC 550–380	BC 800–200
Område III – Hus 4				
A15292 Stolphål, Långhus	Ua-25689	7555±75	BC 6470–6340 / BC 6320–6260	BC 6510–6220
A15159 Stolphål, Långhus	Ua-25688	2730±55	BC 920–820	BC 1000–800
A11285 Keramikkärl, grop	Ua-25681	3030±80	BC 1400–1190 / BC1180–1160 / BC 1150–1130	BC 1440–1010
Område III & IV - Härdområde				
A15868 Grop(-system) / F177	Ua-26104	1955±65	BC 50–130 AD	BC 110–240 AD
A11246 Stenpackning	Ua-25680	2190±80	BC 380–160	BC 400–40
A1676 Härd (A+), K19	Ua-25687	2300±60	BC 410–200	BC 550–150
A10035 Härd (A+), K16	Ua-16552	2255±65	BC 400–200	BC 410–150
A1503 Härd (B), K19	Ua-16555	2255±60	BC 400–200	BC 410–170
A6438 Härd (D), K11	Ua-16547	2225±75	BC 390–200	BC 410–60
A6489 Härd (B), K11	Ua-16545	2210±70	BC 380–190	BC 400–90
A8467 Härd (C), K14	Ua-16551	2175±80	BC 370–110	BC 400–40
A9890 Härd (A+), K16	Ua-25686	2165±60	BC 360–110	BC 380–50
A9152 Härd (A+), K14	Ua-16550	2135±80	BC 360–40	BC 390–20 AD
A6607 Härd (A), K11	Ua-25682	2130±80	BC 360–40	BC 380–30 AD
A4251 Härd (B), K12	Ua-25683	2085±80	BC 210–10 AD	BC 360–80 AD
A8595 Härd (B+), K14	Ua-25685	2085±55	BC 180–0	BC 360–60 AD
A5604 Härd (C+), K13	Ua-25684	2080±55	BC 180–0	BC 350–60 AD
A5920 Härd (D+), K13	Ua-16549	2050±85	BC 180–60 AD	BC 360–130 AD
A10735 Härd (B+), K16	Ua-16553	1995±70	BC 100–120 AD	BC 200–140 AD
A6240 Härd (A), K11	Ua-16544	1960±70	BC 50–130 AD	BC 160–230 AD
A5475 Härd (D+), K13	Ua-16548	1930±85	BC 40–220 AD	BC 160–320 AD
A12495 Härd (C), K11	Ua-16546	1910±65	20–220 AD	BC 50–250 AD
A1269 Härd (A+), K19	Ua-16554	1890±70	30–220 AD	BC 50–330 AD

Kalibreringar enligt OxCal v.3.5.

Sammanställning av ^{14}C-dateringar från undersökningarna vid Eskilstorp och Hemmeslöv i Östra Karups socken, hösten 1997.

Specification of ^{14}C-datings from the excavations at Eskilstorp and Hemmeslöv in the parish of Östra Karup, in the autumn of 1997.

Appendix 2: Osteologisk rapport

Material och metod

I samband med de arkeologiska undersökningarna vid Hemmeslöv påträffades en mindre mängd brända ben av människa. Under 1999 utfördes en osteologisk analys av de brända människobenen från Hemmeslöv 7:3 och 7:4, Östra Karups socken. Benen hittades i fyra brandgravar, tre gropar, två kulturlager, en härd och ett par övriga anläggningar. Det undersökta benmaterialet uppgick till 466,7 gram, varav 291,1 gram härrör från de fyra brandgravarna och 175,6 gram från övriga lämningar. I en brandgrop (A12600 / F14) har det inte varit möjligt att avgöra huruvida benen kommer från djur eller människa. Beträffande benen från lösfynd F326 råder det också en viss osäkerhet.

En sammanställning av samtliga benfynd från undersökningarna vid Hemmeslöv och Eskilstorp återfinns i tabell på bifogad cd-rom.

Åldersbedömning

I brandgravsmaterial kan tandrötter ibland användas för att skilja på unga vuxna respektive äldre vuxna individer. Det enda som blir kvar av en frambruten tand efter kremeringen är roten, eftersom hettan spränger sönder kronan, vilken lossnar och splittras. Roten förblir dock ofta hel och kan studeras. På rotkanalens vidd kan man bland de vuxna skilja på unga och gamla individer. I allmänhet blir kanalerna smalare med stigande ålder (Gejvall 1948).

Utseendet på skallsömmarna (suturerna) och graden av sammanväxning har också använts för att indikera ålder. Suturernas utseende är olika hos barn och vuxna. Hos nyfödda och barn upp till tre år förekommer raka eller lätt vågiga suturer. Från och med tre års ålder börjar tabula externas vasst sågade suturkanter att utvecklas till mer grova och invecklade suturer (Gejvall 1948).

I vuxen ålder påbörjas hopväxandet av suturerna (synostos) och så småningom försvinner de helt. Synostosen börjar på kraniets insida mot utsidan. Det finns dock individuella skillnader (Gejvall 1948, Vallois 1937).

Ett annat åldersindikerande kriterium som tagits fram av Gejvall och som användes i denna undersökning är förhållandet mellan kranietakens olika skikt. Skalltaket består av tre olika skikt, det inre (tabula interna) och det yttre (tabula externa), d.v.s. de kompakta delarna, och ett spongiöst skikt (diploë) däremellan. Hos ett barn består skalltaket bara av de inre och yttre skikten. Med åldern utvecklas det spongiösa mellanskiktet på bekostnad av de två andra. Hos äldre individer tar diploë över och de två andra skikten blir som tunna skal. Hos unga och gamla medför förbränningen att spongiosan ger efter och fragmenten sprängs isär. Hos unga sker sprängningen mellan de båda kompakta skikten och hos gamla sprängs skalltaket sönder i diploë (Gejvall 1948).

De åldersindikerande kriterier som finns tillgängliga och som här presenterats ger endast möjlighet till en grov indelning i olika åldersgrupper. Dessutom blir åldersintervallet ofta större och därmed osäkrare ju äldre individen är. Kriterier för vuxen är: skalltaksfragment där alla tre kranietaksskikten är synliga, påträffade kranietak med större mängd diploë än tabula; påträffade delar av skallens stora suturer vilka uppvisar påbörjad synostos. Äldre vuxen, d.v.s. troligtvis över 40 år: tabula externa och interna har till större delen ersatts av diploë; fragment med del av sutur, helst sutura coronalis eller lambdoidea (C1, L1) som är slutna (osynliga) utvändigt.

Sammanfattande resultat

I tre av de fyra brandgravarna bedöms benen med säkerhet komma från människa. Två av de gravlagda var vuxna eventuellt äldre individer och den tredje var ett barn. Åldersbedömningen av de vuxna individerna grundar sig på förhållandet mellan kranietakets tre skikt, vilket i dessa fall domineras av diploë. Bedömningen att benen från en brandgrop (A8161 / F70) härrör från ett barn grundar sig på att rörbensfragmenten är mycket tunna och gracila.

Kön har inte kunnat bestämmas i något fall. Endast i en grop (A14373 / F160) påträffades ett könsindikerande fragment en del av höger ögonhåla. Dess övre kant är gracil och tunn men endast den mittersta delen av ögonhålan är bevarad, vilket försvårar en könsbedömning.

Beskrivning av människoben från område III och IV.

Brandgrop A8161 / F70. Denna anläggning innehöll 50,1 gram ben varav 16,2 gram gick att bestämma till benslag. Den gravlagda individen bedöms vara ett barn. Rörbensfragmenten är mycket tunna och gracila. Även skalltaksfragmenten var mycket tunna dock med välutvecklade suturer och alla tre kranietaksskikten är synliga. Skalltaksfragmentens utsida uppvisar en porig yta.

Identifierade fragment är: 29 kranietak, 2 pars petros, 2 andra fragment av temporale (del av yttre hörselgången), 1 vertebra cervicalis, 8 dentes rötter och ett eventuellt fragment av maxilla.

Brandgrop A10061 / F100. Denna anläggning innehöll 217 gram ben varav 60,3 gram gick att bestämma till benslag. Den gravlagda individen bedöms vara en vuxen/äldre. Individens ålder har bedömts utifrån förhållandet mellan kranietakens olika skikt där diploë dominerar.

Identifierade fragment är: 81 kranietak, 3 maxilla, 2 mandibula, 1 zygomaticum, 3 övriga kraniefragment, 11 vertebrae både ce, och th, lu, 1 costa.

Brandgrop A10587 / F123. Denna anläggning innehöll endast 8 gram ben. Då kranietaksfragmenten domineras av diploë blir bedömningen att fragmenten kommer från en vuxen/äldre individ. Identifierade fragment är: 6 kranietak, 2 fragment av temporale (pars petrosa).

Brandgrop A12600 / F141. Denna anläggning innehöll 16 gram ben varav 3,0 gram kunde bestämmas till benslag. De identifierade fragmenten är 4 kranietak och två kotfragment.

Kulturlager A7016. Detta kulturlager innehöll spridda brända ben av en sammanlagd vikt på 46,6 gram. Ben från både människa och djur påträffades. De identifierade fragmenten från människa består av 10 fragment av kranietak och rörbensfragment. Av djurben finns inga till benslag identifierade fragment.

Kulturlager A10103. Detta lager innehåller ca 30 gram ben varav 2,6 gram kunde bestämmas till benslag. Identifierade fragment är: 1 kranietak.

Grop A13874 / F155. Denna anläggning innehöll 10 gram brända ben varav 4,2 gram kunnat bestämmas till benlag. Identifierade fragment är 7 kranietak, 2 maxilla sin, 1 falang III till hand. Kranietaksfragmenten är små varför det är svårt att göra en åldersbedömning. I maxilla observeras däremot att en framtand gått förlorad före döden. En tand kan gå förlorad på flera olika sätt och gäller det en framtand är ligger det nära till hands att tro att den slagits ut. Individen bedöms vara en tonåring/vuxen/äldre.

Grop A14373 / F160. I denna anläggning påträffades ett höger frontale av människa. Ögonhålans övre kant är tunn och gracil men det är endast den mittersta delen som är bevarad, vilket försvårar en könsbedömning.

Grop A15969 / F180. Denna grop innehöll 12 gram bränt ben varav 6,3 gram kunnat bestämmas till benslag. Fragmenten bedöms komma från en vuxen individ. Åldern har bedömts utifrån förhållandet mellan kranietakens olika skikt, där alla tre är synliga och där inget av dem dominerar.

Identifierade fragment är 10 kranietak, 2 tandrötter.

Härd A5475 / F13. Denna innehöll endast två gram ben. Fragmenten är rörbensfragment med synliga haverska kanaler, vilket indikerar att det är människa.

Lösfynd F325. Ett skalltaksfragment av människa.

Lösfynd F326. Ett skalltaksfragment förmodligen från människa.

Referenser

Muntlig källa

Lennart Carlie, Landsantikvarien, Hallands länsmuseer, Halmstad.

Skriftliga källor

Albrethsen, S.E. & Brinch Petersen, E. 1977. Excavation of a Mesolithic Cemetry at Vebæk, Denmark. *Acta Archaeologica,* vol. 47, s. 1–28.

Alexandersson, K. & Fors, T. I tryck. Bro över Stensån. Arkeologisk undersökning 1997. *Arkeologiska Rapporter från Hallands länsmuseer* 1999:2. Landsantikvarien.

Anberg, S. 1996. Mesolitiska bosättningar utmed Genevadsåns vattensystem. I Jerkemark, M. (red.). Djupt under sanden. Arkeologi längs väg E6/E20 i södra Halland. Del I. 1991–1993. Sträckan Södra Mellby–Kvibille. *Riksantikvarieämbetet. Arkeologiska Resultat UV Väst Rapport* 1996:1, s. 104–115.

Andersson, M. 1997. Tranarpshögen. En gravhög från yngre bronsålder. I Karsten, P. (red.). *Carpe Scaniam. Axplock ur Skånes förflutna.* Riksantikvarieämbetet Arkeologiska Undersökningar. Skrifter nr 22. Stockholm, s. 59–88.

Andersson, Th. 1996. Halland, Östra Karups socken, Väg 115, Båstads kommun. Arkeologisk utredning. *Riksantikvarieämbetet UV Syd Rapport* 1996:69.

Andersson, Th. 1997. Boplatslämningar från yngre bronsålder och äldre järnålder. Halland, Östra Karups socken, Hemmeslöv 5:7. Arkeologisk slutundersökning. RAÄ 139. *Riksantikvarieämbetet UV Syd Rapport* 1997:10.

Arbman, H. 1954. Hallands forntid. *Hallands historia del 1.* Halmstad.

Artelius, T. & Lundqvist, L. 1989. *Bebyggelse – kronologi. Boplatser från perioden 1800 f.Kr. – 500 e.Kr. i södra Halland.* Nya bidrag till Hallands äldsta historia Nr 2. Kungsbacka.

Berglund, L. 1992. Skummeslövs socken, Skummeslöv 26:1. Arkeologisk undersökning 1992. *Stiftelsen Hallands länsmuseer.* Landsantikvarien.

Björhem, N. & Säfvestad, U. 1993. Fosie IV. Bebyggelsen under brons- och järnålder. *Malmöfynd* 6. Malmö museer.

Bradley, R. 1993. *Altering the earth. The origins of monuments in Britain and continental Europe.* Society of Antiquaries of Scotland. Monograph series number 8. Edinburgh.

Bradley, R. 2000. *An archaeology of natural places.* Routledge. New York.

Bronk Ramsey, C. 1994. Analysis of Chronological Information and Radiation Calibration: The Program OxCal. *Archaeological Computing Newsletter* 41. s. 11–16.

Carlie, L. 1996. Arkeologen Vilhem Boye och undersökningen i Hasslöv, 1868–69. *Utskrift 5. Bilder av halländsk arkeologi – en bok tillägnad Lennart Lundborg,* s. 39–48.

Carlie, L. 1999. Boplatsoffer under järnåldern – ur ett halländskt perspektiv. I Artelius, T., Englund, E. & Ersgård, L. (red.). *Kring Västsvenska hus – Boendets organisation och symbolik i förhistorisk och historisk tid.* Gotarc Serie C. No 22. Göteborg, s. 59–71.

Englund, L.-E., Kresten, P., Larsson, L. & Hjärthner-Holdar, E. 1998. Bestämning av provmaterial, Halland, Östra Karups sn. *Geoarkeologiskt Laboratorium. Analysrapport nummer* 1-1998. Riksantikvarieämbetet.

Ekelund, G. & Winberg G. 1968. Tusen fornlämningar. *Ale. Historisk tidskrift för Skåneland. Nr 2. 1968*, s. 16–32.

Ewald, V. 1928. *Fasta fornminnen i Höks härad. III.*

Fendin, T. 1999. Boplats och härdgropsområde från bronsåldern vid Glumslöv. Skåne, Glumslövs sn, Övra Glumslöv 10:5. Västkustbanan 3:3. *Riksantikvarieämbetet. Arkeologisk undersökning UV Syd Rapport* 1999:39.

Fendin, T. 2002. I sanden röd. Övergångshandlingar vid Hallandsåsen under tidig järnålder. I: Carlie, A. (red.) *Skånska Regioner.*

Gejvall, N.-G. 1948. Antropologisk del. I: Sahlström, K. E. & Gejvall, N.-G. *Gravfältet på Kyrkbacken i Horns socken, Västergötland.* KVHAA 60:2. Stockholm. Zusammenfassung.

Hansen, F. 1928. Bronsåldersgraven vid Lugnaro i Hasslövs socken, Halland. *Svenska fornminnesplatser* nr 5. Stockholm.

Hansen, F. 1938. *Skånska bronsåldershögar.* Lund.

Hjärthner-Holdar, E. 1993. Järnets och järnmetallurgins introduktion i Sverige. *Societas Archaeologica Upsaliensis* 16. Uppsala.

Kresten, P. 1998. Geometri av stenmaterial. Eskilstorp 9:7, Östra Karups sn, Halland. *Geoarkeologiskt Laboratorium. Analysrapport nummer* 17-1998. Riksantikvarieämbetet.

Kresten, P. & Englund, L.-E. 1998. Geokemi av myrmalmsprov. Eskilstorp 9:7, Östra Karups sn, Halland. *Geoarkeologiskt Laboratorium. Analysrapport nummer* 18-1998. Riksantikvarieämbetet.

Källquist, M. 2001. Gåvor eller avfall? En studie av sex mesolitiska gravar från Tågerup. I Karsten, P. & Knarrström, B. (red.). *Tågerup specialstudier.* Skånska spår – arkeologi längs Västkustbanan. Riksantikvarieämbetet, s. 32–69.

Larsson, L. 1989. Late Mesolithic settlements and cemeteries at Skateholm, southern Sweden. I Bonsall, C. (ed.). *The Mesolithic in Europe. Papers presented at the third international symposium. Edinburgh, s.* 367–378. Edinburgh.

Larsson, T.B. 1993. Storhögar i södra Sverige. Kring några utbredningskartor. I Larsson, L. (red.). *Bronsålderns Gravhögar. Rapport från ett symposium i Lund 15.XI–16.XI 1991.* University of Lund. Institute of Archaeology Report Series No. 48. Lund, s. 47–57.

Lundborg, L. 1972. *Undersökningar av bronsåldershögar och bronsåldersgravar i södra Halland. Höks, Tönnersjö och Halmstads härader under åren 1854–1970.* Hallands Museum 2. Halmstad.

Munkenberg, B.-A. 1993. Förromerska gravar och mesolitiska flintor. RAÄ 202, Mellby 5:44 och 19:1, Laholms lfs, Halland. Arkeologisk undersökning 1993. *Stiftelsen Hallands länsmuseer. Landsantikvarien.*

Mörner, N.-A. 1969. The Late Quaternary History of the Kattegatt Sea and the Swedish West Coast. *Sveriges Geologiska Undersökning.* C 640.

Nagmér, R. 1996. Boplats Karup 2:2, Gräsryd 1:14, Östra Karups socken, RAÄ 119, Stamledning II, P33. I Räf, E. (red.). Skåne på längden. Sydgasundersökningarna 1983–1985. *Riksantikvarieämbetet. Rapport UV Syd* 1996:58, s. 241–243.

Nord, J. & Paulsson, J. 1993. Bronsåldersmiljön på Bjärehalvön. C-uppsats i arkeologi, särskilt Nordeuropeisk. Lunds Universitet HT-93.

Persson, P. & Westergaard, B. 1992. Halland. Karsefors. Laholms lfs. Lejeby 3:25. RAÄ 74. Arkeologisk undersökning 1992. *Göteborgs Universitet, Institutionen för arkeologi.*

Påsse, T. 1983. *Havsstrandens nivåförändringar i norra Halland under holocen tid.* Avhandling vid Geologiska institutionen Publ. A45. Chalmers Tekniska Högskola och Göteborgs Universitet. Göteborg.

Påsse, T. 1996. *A mathematical model of the shore level displacement in Fennoscandia.* Sveriges Geologiska Undersökning, Göteborg, Sweden. SKB Technical Report 96–24. Svensk Kärnbränslehantering AB.

Påsse, T. I tryck. Kvartärgeologisk rapport. I Alexandersson, K. & Fors, T. Bro över Stensån. Arkeologisk undersökning 1997. *Arkeologiska Rapporter från Hallands länsmuseer* 1999:2. Landsantikvarien.

Rahbæk, U. & Lund Rasmussen, K. 1997. Radiocarbon dating in the Pre-Roman Iron Age. I Martens, J. (red.). *Chronological Problems of the Pre-Roman Iron Age in Northern Europe.* Arkæologiske Skrifter 7. København, s. 137–143.

Rasmussen, M. 1993. *Gravhøje og bopladser. En foreløbig undersøgelse af lokalisering og sammenhænge.* I Larsson, L. (red). *Bronsålderns Gravhögar. Rapport från ett symposium i Lund 15.XI–16.XI 1991.* University of Lund. Institute of Archaeology Report Series No. 48. Lund, s. 171–186.

Runcis, J. 1999. Förhistoriska boplatslämningar på Bjärehalvön. Skåne, Grevie socken, Grevie 5:6 m.fl. *Riksantikvarieämbetet. UV Syd Rapport* 1999:57.

Runcis, J. 2000. Boplatsmiljöer från yngre bronsålder och äldsta järnålder i Grevies backlandskap. Skåne, Grevie socken, Grevie 2:13, 34:1, Killeröd 10:32. *Riksantikvarieämbetet. UV Syd Rapport* 2000:31 Del 1.

Sjögren, K.-G. & Anberg, S. 1996. Eldsberga Raä nr 120 - en ostörd överlagrad boreal boplats vid Genevadsån. I Jerkemark, M. (red.). Djupt under sanden. Arkeologi längs väg E6/E20 i södra Halland. Del I. 1991–1993 sträckan Södra Mellby–Kvibille. *Riksantikvarieämbetet. Arkeologiska resultat. UV Väst rapport* 1996:1, s. 70–98.

Strömberg, B. 1996. Södra Mellby – En översandad boplats med årderspår från yngsta bronsålder och förromersk järnålder. I Jerkemark, M. (red.). Djupt under sanden. Arkeologi längs väg E6/E20 i södra Halland. Del I. 1991–1993. Sträckan Södra Mellby–Kvibille. *Riksantikvarieämbetet. Arkeologiska Resultat UV Väst Rapport* 1996:1, s. 45–66.

Strömberg, B. 1997. Halland, Östra Karups socken, Väg 115, Båstads kommun. Arkeologisk förundersökning. *Riksantikvarieämbetet UV Syd Rapport* 1997:80.

Strömberg, B. 2000. Härdområde, brandgravar, boplats och rostningsplats. Skåne län, Halland – Båstads kommun, Väg 115, Östra Karups socken. *UV Syd, Dokumentation av fältarbetsfasen* 2000:1.

Stuiver, M., Reimer, P.J., Bard, E., Beck, J.W., Burr, G.S., Hughen, K.A., Kromer, B., McCormac, F.G., v. D. Plicht, J. and Spurk, M. 1998. INCAL98 Radiocarbonage calibration 24,000–0 cal BP. *Radiocarbon* 40. s. 1041–1083.

Vallois, H.V. 1937. La durée de la vie deux l'homme fossile. *L'Anttrop* 47, s. 499–532.

Viking, U. &. Fors, T. 1995. Från stenålder till medeltid på fem månader. RAÄ 93. Avfart väg E6, Skummeslövs sn, Halland. Arkeologisk undersökning 1991. *Stiftelsen Hallands länsmuseer.* Landsantikvarien.

Wattman, N. 1997. Ett flatmarksgravfält från järnåldern. Lynga 1:3, 2:3 och 3:1, Harplinge socken, Halland. *Arkeologiska Rapporter från Hallands Länsmuseer* 1997:7. Landsantikvarien.

Wymer, J. 1982. *The Palaeolithic Age.* London & Sydney.

I sanden röd

Övergångshandlingar vid Hallandsåsen under tidig järnålder

TITTI FENDIN

Abstract: In the red sand. Early Iron Age actions of transformation near Hallandsåsen.

This article deals with the interpretation of Bronze Age and Early Iron Age large-scale use of charcoal, soot and stone-filled pits. The archaeologically used concepts "hearth areas" and "cooking pit areas" are definitions with a strong influence on our comprehension of these areas as the result of certain function. Although the material structures seem rather homogeneous, there are variations due to morphology and content that must be explained in terms of different functional time scenarios. The diverse issues of time, method and function of the subject are exemplified here by a south Scandinavian Pre-Roman site with complex settings of burials, charcoal, soot and stone-filled pits and stone-settings in Hemmeslöv in southern Halland. The site structures, characterised by their high integration with natural red-sand layers, are seen here as prehistoric traces of ritual actions with the emphasis on transitional and regenerative aspects.

Inledning

År 1997, inför anläggandet av en ny sträckning av väg 115, genomförde Riksantikvarieämbetet UV Syd en arkeologisk undersökning av något som kan beskrivas som ett fornlämningskomplex vid Hemmeslöv i Östra Karup socken. Komplexet bestod av huslämningar, brandgravar, gropsystem, kulturlager, stenblock och stenpackningar, merparten av dem anlagda under tidig äldre järnålder. Här fanns även ett stort antal sot-, kol-, och stenfyllda gropar vilka formerade sig i fem olika anläggningsstråk. Anläggningstäta formationer av likartat slag är sedan tidigare kända från så kallade härd- eller kokgropsområden med datering till tidig bronsålder – äldre järnålder. Stråken vid Hemmeslöv kunde med ^{14}C-analys dateras till perioden förromersk järnålder – övergången äldre/yngre romersk järnålder. Anläggningarna föreföll vid en första anblick vara mycket ensartade. Men här, som inom andra undersökta härd- eller kokgropsområden, fanns små variationer vad gäller storlek, ytform och innehåll. Härdområden brukar sägas ha en placering skild från andra fornlämningar. Men vid Hemmeslöv sågs det motsatta; anläggningsstråken ingick här mycket påtagligt som del i en sammansatt fornlämningsmiljö. Oftast förbinds härdområden med ett exponerat topografiskt läge. Hemmeslövslokalen låg på en mycket svag förhöjning, 8-9 m. ö. h., vid foten av Hallandsåsens norra sluttning. Knappast vad man skulle kalla ett exponerat höjdläge. Den stora andelen fornlämningar vittnar om att det under brons- och järnålder funnits kontakter mellan bygderna i södra Halland och nordvästra Skåne. Kommunikationsleder mellan dem har gått utefter och upp genom naturliga passager över Hallandsåsen. Hemmeslövslokalen ligger i området mellan lederna, i gränslandet mellan slätt och ås. Leden och traktens fornlämningar beskrivs närmare i Strömberg m.fl. artikel i denna volym.

När omfattningen av den framschaktade fornlämningsbilden vid slutundersökningen stod klar vid Hemmeslöv fick en hastig omprioritering göras av undersökningens ursprungliga målsättning och planläggning. Den, liksom förundersökningen, hade i första hand betonat bebyggelsearkeologiska aspekter med tyngdpunkt på hus och järnframställning (Andersson 1997; Strömberg 1997, 2000). Fokus lades nu istället på fornlämningskomplexen inom områdena III och IV. De frågor som nu formulerades handlade om hur och varför groparna med kol, sot och skörbränd sten anlagts samt på vilket sätt de relaterades till övriga fornlämningar inom området. Med tanke på platsens sammansatta fornlämningsbild så hade det naturligtvis varit önskvärt med en undersökning som bättre kunnat belysa den komplexitet som kännetecknade platsen, men bland annat tidsbrist gjorde att vår strategi istället fick form av en översiktlig snabbinventering av stråkens anläggningar samt undersökning och provtagning från ett relativt begränsat urval av dem.

Tolkningsproblematiken kring härd- och kokgropsområden kan många gånger upplevas som ett famlande efter vetenskapligt utvecklingsbara förhållningssätt. Det handlar om sökandet efter särskilda föreställningar – föreställningar förankrade kring en eller kanske flera förhistoriska funktioner och som har avsatt många, mycket likartade, materiella spår inom vidsträckta fornlämningsområden. Dessa områden manifesteras för oss som avgränsade platser i landskapet; platser som vi benämner härdområden, kokgropsområden, härdgropsområden m m. Det är uppenbart att något händer inom det förhistoriska samhället under tidig bronsålder, något som framkallar nya handlingar som inte förefaller att ha förändrats förrän under äldre järnålder. Vilka är de bakomliggande motiven till att dessa specifika handlingsmönster uppstår? Vad händer på motsvarande sätt i samhället när de försvinner? Kan vi tala om en och samma företeelse över hela perioden, eller handlar det om flera olika? Om det rör sig om fler, handlar det då om företeelser som utvecklats oberoende av varandra eller har de uppstått som en utveckling av äldre handlingsmönster? Är spåren ett resultat av flera enstaka händelser inom ett och samma område – om inte, hur många händelser representerar i så fall de spår vi ser? Detta är en handfull av de många frågor man ställs inför. Men de vetenskapliga förutsättningarna för att tackla dessa frågor kunde varit bättre. Anläggningsterminologin, exempelvis, är otydlig och knuten till definitionerna av olika historiskt kända funktioner. Ett annat exempel är funktionsdefinitionerna som, vid närmare påseende, till stora delar visar sig vara grundade på cirkelresonemang och därför inte kan betraktas som helt tillförlitliga. Vi kan med andra ord inte vara säkra på att anläggningarna är korrekt funktionsbenämnda. Även tidsbestämningarna omfattas av tveksamheter. En finare tidsupplösning som hade behövts för att kunna fastställa relationen mellan de olika spåren inom ett område saknas oftast. Särskilt gäller det dateringar som ryms inom den så kallade dateringsplatån yngre bronsålder/tidig äldre järnålder. Således har vi här, något drastiskt uttryckt, att göra med sökandet efter okända föreställningar kring en okänd funktion med hjälp av både en otydlig terminologi och ett odifferentierat dateringsunderlag.

På samma sätt som vid Hemmeslöv framkommer många härdområden mer eller mindre oförutsett vid exploateringsarkeologiska undersökningar. Sotblandad mylla och skörbränd sten kan tidigare ha noterats i matjordslagret men vanligtvis syns inget alls. Oftast saknas inom arkeologin en uttalad beredskap att på ett problematiserande, metodutvecklande sätt hantera dessa områden. En undersökning där man försökt få en helhetsbild av områdets inre organisation exempelvis har, mig veterligen, aldrig gjorts. Istället undersöks ett begränsat urval anläggningar utifrån traditionella boplatsfrågeställningar, som får tjäna som underlag för bedömningen av området i stort. Anläggningarnas skenbart ensartade utseende och innehåll medverkar säkert till detta. Frågeställningar med för denna fornlämningskategori särskilt utformade undersökningsstrategier och metoder saknas därför oftast, även om man under senare år gjort vissa försök att komma till rätta med problemet (se ex. Thörn 1993, Fendin 1999 samt Riksantikvarieämbetets planerade publikation för projektet ”Kring de heliga backarna”; jfr Publiceringsplanen för Västkustbaneprojektet). Eftersom de arkeologiska undersökningarna utgör ett konstitutivt underlag för vår allmänna förståelse av fornlämningskategorin som helhet är det uppenbart vilka konsekvenser ett sådant förfarande i längden får för vår förståelse av dessa områden.

Även om tolkningsproblematiken verkar avskräckande, kan man istället välja att se den som ett incitament i sökandet efter nya infallsvinklar och angreppssätt. Utgångspunkten är att den komplexitet som utmärker de arkeologiska lämningarna också är ett uttryck för en komplex förhistorisk verklighet. En komplexitet som kan fungera som inspirationskälla för att försöka hitta nya förhållningssätt till materialet. De små variationer vi ser hos de materiella spåren är förmodligen, som jag ser det, tecken på ett mångtydigt och sammansatt bruk av dessa platser under förhistorien. Utvecklandet av nya, för ovan nämnda frågeställningar, anpassade metoder kan vara ett sätt att närma sig denna komplexitet. Syftet med den här artikeln är att resonera kring några av nyckelproblemen med tolkningen av det mångfaldiga anläggandet av gropar med sot, kol och skörbränd sten. Jag vill, med utgångspunkt från undersökningen av fornlämningskomplexet vid Hemmeslöv, visa på möjliga vägar för det fortsatta tolkningsarbetet. Men innan området vid Hemmeslöv närmare presenteras, följer här först en genomgång av några av de grundläggande oklarheterna kring tolkningen av härd- och kokgropsområden.

Generella tolkningsproblem kring härd- och kokgropsområden

De första tecknen på ett mer storskaligt användande av gropar som innehåller kol, sot och skörbränd sten i Nordeuropa härrör från tidig bronsålder (Heidelk Schacht 1989; Thörn 1993; Fendin 1999). Liknande områden har dokumenterats på flera håll i Nordeuropa, i Sverige huvudsakligen i de sydvästra, kustnära områdena. Huruvida denna spridning har förhistorisk representativitet eller om den snarare speglar en sentida ökad exploateringsintensitet inom dessa områden är dock oklart. Enstaka härdar och kokgropar förekommer både tidigare, samtidigt och senare i boplatssammanhang, antingen i eller i anslutning till hus eller som mindre grupper i utkanten av boplatsen. Organiserandet av ett stort antal anläggningar av den här typen inom en stor sammanhängande markyta är däremot något helt nytt. Groparna med kol, sot och skörbränd sten härstammar tydligt från aktiviteter som har att göra med eld och värme. Men trots flera tolkningsförslag (Berglund 1982; Björk 1998; Carlsson1998; Eskildsen 1979; Fors 1996; Heidelk-Schacht 1989; Henriksen 1999; Lomborg 1977; Olsson & Knarrström 2000; Seeberg & Olesen 1971; Thrane 1971,1974; Thörn 1992,1993, 1994; Wallin 1985; Widholm 1975), är denna storskaliga användning av eld och värme under en omkring 1500 år lång period av vår förhistoria fortfarande förvillande mångtydig.

Ljus eller värme?

De många funktionsförslagens uppdelning i två styrande funktionselement; eld och värme representeras av begreppen "härd-" respektive "kokgropsområde". Konsekvenserna av ett entydigt fokuserande på en viss funktion kan exemplifieras av den så kallade eldkultsteorin som förts fram av bland annat Sigrid Heidelk-Schacht (1989; Thörn 1993). I eldkultsteorin lyfts elden i anläggningarna på härdområden fram som det centrala, meningsbärande elementet. Med hjälp av bland annat religionsvetenskaplig och ikonografisk teoribildning refereras eldslågornas förmåga att synas, dess kommunikativa förmåga, till sol- och eldbegängelsekult inom bronsålderns föreställningsvärld. En annan mer praktiskt inriktad tolkningslinje ser anläggningarna istället som platser för olika sorters hantverksprocesser. Inom tolkningen av kokgropsområden är det inte eldens kommunikativa förmåga som lyfts fram som det centrala, utan värmen som aktivt funktionselement vid olika typer av processer. Etnohistoriska data visar att värmeprocesser kan se ut på många olika sätt, men gemensamt är att de i regel består av flera olika funktionsstadier (Wandsnider 1997). Flera funktionsförslag för härd- respektive kokgropsområden har presenterats där man argumenterar för att anläggningarna har använts till kalkbränning, träkolsbränning, bronsgjutning, trankokning, torkning av kött, rostning av spannmål och bastubadning (ex. Thörn 1993; Sørensen 1980; Lundin 1992; Fors 1996). En värmeprocess som särskilt betonas är tillagning av kött i kokgropar. Matlagningen, menar man, kan ha skett vid fester, eventuellt med religiös anknytning (Stjernquist 1989; Thörn 1993; Olsson & Knarrström 2000). Som stöd för tolkningen av praktisk processteknik används olika etnohistoriska källor och därifrån utvecklade experimentella studier (Lerche 1969; Eskildsen 1979; Frison 1983; Dering 1999).

En översiktlig genomgång av litteraturen kring de olika arkeologiska tolkningarna av härd- respektive kokgropsområden visar att bronsåldersdaterade områden oftare definieras som härdområden jämfört med områden från järnåldern. Vidare tenderar härdområden ofta att få en mer andligt orienterad tolkning än kokgropsområden. Jag vill betona att ingen av ovan nämnda funktionstolkningar behöver vara felaktig. Men man kan ändå fråga sig om anläggningarna inom dessa båda områdesbeteckningar verkligen speglar sådana materiella skillnader som kan förklara den strikta funktionsuppdelningen i ljus respektive värme? Alternativa funktionselement kan också ge alternativa tolkningsperspektiv. Kanske är det i själva verket varken ljus eller värme, utan snarare rök eller ånga som varit det centrala inom dessa områden?

Områdenas inre rumsliga organisation och funktionella variationer

Områden med sten, sot- och träkolsfyllda gropar ger oftast ett storskaligt intryck. Det är grop efter grop som ser ut att vara organiserade i antingen rader, stråk eller mindre grupper, som om de vore delar i någon form av övergripande systematisk planering. Försök att hitta mönster i den stora mängden anläggningar har mynnat ut i en indelning av olika strukturformer som antingen oreglerade (utan synbara strukturer), enkelt (enkelrader) eller komplext reglerade (flera rader) (Thörn 1993; Björk 1998). De flesta anläggningar ligger väl avgränsade från varandra, men det förekommer ibland vissa överlappningar. Vid en första anblick verkar de vara mycket lika varandra, men när man ser närmare finner man flera olika ytformer och de innehåller också olika mycket sten, sot och träkol. Det som slår en är det stora antalet, meterstora, runda anläggningar, men det förekommer såväl andra storlekar som ovala, oregelbundna och rektangulära ytformer. Vilka tidsintervall speglar då de olika anläggningsformerna, stråken, raderna, grupperna? Har de anlagts vid ett och samma tillfälle eller har man återvänt gång på gång och i så fall under vilka tidsintervall? Frågan om områdenas tidsmässiga användning är komplicerad eftersom den har att göra med vår förståelse av hur området som helhet använts, vilket i sin tur bottnar i hur vi ser på varje enskild anläggnings funktion inom området. Jag ska här belysa denna problematik närmare.

De många, till synes likartade groparna inom ett område uppfattas oftast som om de haft en och samma funktion, vilket medfört att den enskilda anläggningens funktionsbeteckning överförts till att bli också den samlande beteckningen för området som helhet. Eftersom det företrädesvis varit tal om kokgropar eller härdar (även andra beteckningar förekommer som exempelvis brandgropar, jordugnar, stekgropar, rostningsgropar, eldgropar) så har de mest förekommande begreppen varit "kokgropsområden" alternativt "härdområden". Begreppen uttrycker ju explicit bestämda funktioner, men är det verkligen spåren efter en och samma funktion vi ser upprepad i varje anläggning inom ett område eller finns det flera? Närmare undersökning visar exempelvis på skillnader i anläggningarnas djup. Naturligtvis spelar sådana faktorer som lokala bevaringsförhållanden och schaktningsintensitet in på hur djup en anläggning kan vara vid undersökningstillfället. Men även vid en mycket försiktig matjordsavbaning, för att så långt som möjligt bevara vad som förefaller vara ursprunglig ytnivå, uppvisas tydliga storleksskillnader i djup som måste ha haft relevans även under groparnas användningstid. Andra variationer kan röra groparnas form i vertikalplan. Vissa har grundare avsatsytor på en eller båda sidor innan gropen djupnar, andra utbuktningar längre ner närmare botten. Det kan också röra sig om en fördjupning mitt i bottenprofilen. I en del anläggningar verkar stenar ha slängts ned utan någon synbar ordning, ibland är de tätt packade ända upp till markytan, medan andra bara har ett stenlager längs med kanter och sidor och ett så gott som stenfritt igenfyllnadslager. Vissa uppvisar flera stenskikt omväxlande med stenfria lager, och en del har någon form av konstruktion där man utnyttjat stenarnas form och storlek. Ibland kan konstruktionen anas redan i ytplanet. Storleken på stenarna kan också skifta från småsten till stora bumlingar, såväl inom som mellan olika anläggningar. Längs med botten och sidor kan finnas tjocka träkolsskikt, medan träkol i andra fall enbart finns i fyllningen som enstaka mindre bitar. I groparna kan man hitta ett varierat, men sparsamt fyndutbud av kärlfragment, bronser och brända ben. En större fyndkategori är bearbetad sten i form av skålgropsstenar, mal-, knack- och slipstenar. Det är således uppenbart att det finns en variationsbredd såväl i utformningen som i fyndsammansättningen av anläggningarna som kan tyda på vissa skillnader i funktion. Det grundläggande antagandet är således att olikheter i såväl yttre som inre konstruktionsdetaljer och fyndbestånd kan ha ett samband med skillnader i funktion.

En vildvuxen terminologi

Den snåriga anläggningsfloran av kokgropar, jordugnar, eldgropar, härdgropar, härdar, rostningsgropar, eldstäder, brandgropar och andra ljus- och värmerelaterade funktioner är välkänd och en källa till många missuppfattningar. När man prövar olika undersökningars definitionskriterier, som djup och storlek, ytform, inre konstruktion och fyndtyp, mot varandra är det tydligt att det många gånger rör sig om cirkelresonemang. Krasst uttryckt, så verkar det finnas lika många tolkningar av en härd som det finns enskilda arkeologer (Eriksson 1998). Vi har nog var och en vår bestämda uppfattning om vad en härd är, utan att vi funderar så mycket över det. Det är först när vi ställs inför de materiella spåren efter dessa anläggningar som den ställs på prov och kanske särskilt då man ska tolka anläggningar av okänd genes och i så stor mängd, som dessa gropar med sot, kol och skörbränd sten. Termerna "härd" eller "kokgrop" liksom andra ljus- och värmerelaterade begrepp används tyvärr i allmänhet ganska oproblematiskt i olika arkeologiska tolkningar. I allmänhet stöder man sig på tidigare resonemang av andra författares behandling av begreppet. Därmed skapas en begreppsapparat som vid en första anblick kan verka tillförlitlig med klara funktionsindelningar, men som vid närmare prövning av de olika konstruktionsdetaljerna i anläggningarna faller som ett korthus. Det som någon kallar härd är en kokgrop för en annan, konstruktionen av härdgrop överensstämmer med beskrivningen av en jordugn o.s.v. Med den stratigrafiska komplexitet som finns i de olika processleden hos värmeprocessanläggningar, som illustrativt exempel, förstår man att frågan om funktion och de spår den avsatt inte är helt oproblematisk. Jag återkommer till detta senare i texten.

En annan källa till cirkelresonemang är fynden. Groparna brukar allmänt uppfattas som relativt fyndfattiga (Heidelk-Schacht 1989; Thörn 1993; Thrane 1974) trots att de ofta innehåller bearbetad sten. Vilken roll som stenarna haft är inte klarlagt. Snarare är det så att tolkningen av dem i regel har styrts av hur anläggningen en gång funktionsbestämts. Förfarandet behöver i och för sig inte vara fel, men om det rör sig om oklara funktionsbeteckningar kommer dessa att även inverka på hur vi ser på fynden i groparna. Har man kallat en anläggning med kol, sot och skörbränd sten för en kokgrop, så ligger det nära till hands att se fynden där som relaterade till olika kokprocesser. Stenarna i en kokgrop uppfattas därför ofta som ”kokstenar”, det vill säga upphettningselement. Det är ju tydligt att groparna representerar någon form av aktivitet som har med eld och värme att göra, så varför då orda mer om de ska benämnas härdar eller kokgropar? Svaret är, som jag tidigare nämnt, att uppstyrningen av den vildvuxna terminologin mot specifika funktioner har blivit avgörande för vår syn på området som helhet. Den av cirkelresonemang präglade terminologin vittnar om det till stora delar outredda förhållandet mellan å ena sidan nutida och historiskt kända funktioner och de spår de avsatt och å andra sidan de förhistoriska spåren efter äldre okända funktioner som vi idag ser som arkeologiska lämningar.

Det är inte särskilt svårt att förstå att faktorer som groparnas konstruktion och tidsmässiga användning, graden av arbetsinsats och de bakomliggande motiven kan variera mycket mellan olika funktioner. Problemet är att spåren av skilda funktioner många gånger, vid en första anblick, kan se förhållandevis likartade ut och därmed vara svåra att skilja åt. En grop kan exempelvis ha anlagts under några få timmar en kulen höstkväll för att på ett enkelt sätt ge ljus och värme i skydd för väder och vind. Medan en annan grop kan ha grävts en vårdag för framställning av något genom värmeprocessteknik i flera olika funktionsled. Processen kanske har pågått i allt från några timmar upp till flera dagar, och har kanske krävt stora naturresurser och omfattande arbetsinsatser. Spåren kan vara påfallande snarlika, i båda fallen rör det sig om en grop, kanske med likartad storlek och form och med ett innehåll av sten, sot och träkol och förmodligen träkolslinser i bottenpartiet efter eldande. Även om de förefaller rätt så ensartade så finns ändå vissa morfologiska skillnader med hänsyn till de olika användningsområdena.

Skillnaderna kan exempelvis spåras genom anläggningarnas stenmaterial. Vid många arkeologiska undersökningar omfattas oftast stenmaterialet enbart av en notering om storlek och om man uppfattar stenmaterialet som skörbränt eller inte. Men sten innehåller oftast betydligt mer information än så. Fastställandet av andelen bearbetad sten och en kartläggning av olika redskapsformer i bergart är eftersatta områden, inte bara inom den arkeologiska hanteringen av härd- och kokgropsområden. Eftersom bearbetade stenar oftast utgör ett markant inslag i groparna och vi inte riktigt vet varför, så vore det enligt min uppfattning fel att inte på allvar beakta dem som viktiga informanter till frågor med såväl funktionella som symboliska förklaringsgrunder. Det kan man exempelvis göra genom att ställa frågor om hur redskapsformerna utnyttjats i anläggningarna. De kan ha ingått i eventuella stenkonstruktioner och identifieringen av sådana är därför en viktig pusselbit för att förstå vad som skett i anläggningen. Här måste naturligtvis även obearbetad sten beaktas. Det kan röra sig om vilka bergarter som valts ut och varifrån man hämtat dem. Man kan uppmärksamma deras specifika egenskaper som värmehållare, benägenhet att fragmenteras, deras storlek och färg. En kartläggning av de upphettningstemperaturer som stenarna utsatts för är här ett värdefullt hjälpmedel. Andra tecken på identifierbara anläggningsvariationer är förekomsten av mikro- och makrofossilrester samt lipider. De kan ha fastnat på redskapsstenar, övrigt stenmaterial samt i fyllningen som ett resultat av någon funktion antingen före eller efter de hamnat i groparna. En undersökning av eventuell förekomst kan ytterligare bidra till att fastställa skillnader mellan olika anläggningar.

Träkol i groparna kan vara rester efter den ved man använt. Den kan ses som tidsmarkör, men innehåller även annan viktig information. Valet av träslag är relevant i sammanhanget med hänvisning till hur lätthanterliga de olika träslagen är med bejakandet av aspekter som tillgänglighet, klyvbarhet och lagringstid. Är det frågan om gren- eller stamved, unga eller gamla träd, hårt eller mjukt trä? Finns trädslaget i omgivningen eller har man tvingats transportera veden längre ifrån? Vilken årstid har de fällts etc.? Även andra aspekter som vedens upphettningsförmåga, förmåga att brinna länge och gnisttendens är värda att beakta. Det kan exempelvis handla om att man velat framställa kvalitativt bra aska för något ändamål och att man valt ut särskilt lämpliga träslag. Fastställandet av träslag och deras specifika egenskaper är därför ett viktigt inslag för att beakta såväl funktionella som sociala aspekter inom ett område. Träkolens placering inom en grop kan också visa på skilda funktioner. Kol- och stenhorisonter i en anläggning kan finnas kvar som rester efter olika stadier i en värmeprocess och kan också, tillsammans med sten, ses som uttryck för funktionella temperaturskillnader. Gropens botten har kanske inte alls utsatts för lika höga temperaturer som sidorna, eftersom upphettning av en grop oftast skapar olika nivåer av värmepåverkan. Ibland kan alven, som anläggningen grävts ned i, också visa synliga tecken att ha varit utsatt för värme, både utanför och i groparna, särskilt vid högre temperaturer. Alvens egna värmehållande egenskaper kan i det sammanhanget vara värt att notera. Härdområden har anlagts i så skilda jordmåner som moränlera och sand och innebörden av sådana variationer måste också beaktas. Den kan utläsas i värmehållande egenskaper, men man kan också tänka sig att man sett till hur pass lättgrävd jordmånen varit.

Även omgivande markytor runt gropen kan i varierande grad ha ingått i de olika aktiviteterna. Där kan finnas många olika aktivitetsspår då ytorna exempelvis kan ha använts som uppsamlings-, tillhuggnings- eller avfallsplatser för exempelvis ved eller sten eller som plats för mindre eldar för sekundär uppvärmning av stenar. Ytorna kan också ha varit avsedda för olika sorters träställningar för t.ex. torkning, upphängning etc. Man kan ha tappat föremål både i och utanför anläggningen som exempelvis eldslagningsflintor. Med adekvata frågeställningar bör det vara möjligt att ringa in flera av dessa variationer som ett led i sökandet efter den enskilda anläggningens funktion.

Arbetet med att försöka utreda vilka funktioner som finns representerade inom ett område över tid är en grannlaga uppgift med tanke på de många kombinationsmöjligheterna som står till buds. Ett bra tolkningsunderlag, i form av väl funktionsutredda och daterade anläggningar, är här av stor betydelse. Det rör sig framförallt om fem övergripande faktorer att ta hänsyn till:

1) *Anläggningens inre konstruktion.* Den enskilda anläggningens utseende och innehåll:

   a) Sot och kol (mängd och lokalisering)
   b) Sten (mängd och lokalisering, ev. bearbetning)
   c) Gropform
   d) Gropdjup
   e) Identifierbara konstruktioner (lokalisering)
   f) Fynd (mängd och lokalisering)
   g) Fyllning; primär och sekundär (i förhållande till funktion)
   h) Spår av värmepåverkan (sten, alv, fyllning, fynd)
   i) Andra spår av funktion ex. fetthaltiga fläckar.

2) *Rumslig organisation.* Den enskilda anläggningens rumsliga förhållande till övriga anläggningar inom området; solitärer, grupper, andra rumsliga samband (inkluderar även de ytor som finns mellan anläggningarna).

3) *Tid.* Den enskilda anläggningens förhållande i tid till övriga anläggningar inom området. Förslag på möjliga tidsscenarier:

   a) Alla anläggningar har tillkommit vid olika tillfällen
   b) Alla anläggningar har tillkommit vid ett och samma tillfälle
   c) Några enskilda anläggningar, som inte ingår i en grupp, har tillkommit vid ett och samma tillfälle
   d) Grupper av anläggningar har tillkommit vid olika tillfällen
   e) Grupper av anläggningar har tillkommit vid ett och samma tillfälle.

4) *Funktioner.* Vilken funktion eller funktioner kan knytas till den enskilda anläggningen? Frågor att ta ställning är bl.a. om anläggningen utgör en egen funktionell enhet eller om den ingår i en större brukningsenhet. Gropar inom ett område kan ha brukats flera gånger i så måtto att man direkt på en äldre anläggning anlagt ytterligare en ny. Anläggningen har då alltså haft både en primär och en sekundär funktion. Det är viktigt att se att inom ett och samma område kan ha funnits fler än ett funktionsscenario. Ett alternativ här är att varje anläggning representerar en formmässig variation på ett och samma funktionstema. Det vill säga, att man avsiktligt varierat groparnas ytformer och konstruktionsdetaljer, men att det i grunden handlar om en och samma funktion.

5) *Sekundära processer.* Vad som hänt den enskilda anläggningen efter användningen. Exempelvis:

   a) Anläggandet av nya anläggningar
   b) Bortodling
   a) Naturprocesser
   b) Arkeologiska undersökningsmetoder.

Syftet med att söka sig till platsen kan ha förändrats med tidens gång. Äldre motiv till att besöka platsen kan ha fallit i glömska eller inte varit relevanta längre, nya kan ha tillkommit. Man måste därför tänka sig möjligheten, att anläggningar med olika ålder inom ett område kanske inte har några funktionella samband alls, mer än att de anlagts inom samma markyta. Mitt förslag är – med tanke på ovan nämnda komplexitet, att utgå från ett eller flera handlingskoncept – det vill säga att se anläggningarna och ytorna mellan dem som uttryck för olika handlingar. Det är alltså möjligt att omsätta samtliga av de fem faktorerna i handlingar, något som jag ser som särskilt lämpligt med tanke på att det rör sig om en undersökning av okända funktioner.

Här har översiktligt presenterats några problematiska aspekter som är förbundna med den allmänna tolkningen av den storskaliga användningen av eld och värme under perioden tidig bronsålder – äldre järnålder. Trots flera tolkningsförslag kvarstår den grundläggande frågan om vilka sociala strukturer som gett upphov till den storskaliga användningen av gropar med kol, sot och skörbränd sten, som för oss manifesteras som en avgränsad plats i landskapet. För oavsett funktions- och tidsscenarion så är det tydligt att den rumsliga organisationen av likartade anläggningar i stråk, rader, grupper ingått som en viktig del i skapandet av platsen som sådan inom människors medvetande. Oklart är också om de arkeologiska lämningarna ska ses som spår efter en sorts beteende, sett som en funktion över hela perioden, eller om det rör sig om skilda beteenden/funktioner? Orsaken till varför dessa specifika handlingsmönster uppstår och försvinner är med andra ord fortfarande mångtydig och oklar. Det arkeologiska tolkningsunderlaget kännetecknas av en otydlig begreppsapparat i förening med ett odifferentierat dateringsunderlag och otillräckligt funktionsutredda anläggningar. De vanliga definitionerna "härd-" eller "kokgropsområde", uttryckt som antingen ljus eller värme, ger vid handen att en enda funktion varit dominerande, medan denna ensidighet inte kan ses i de materiella spåren. Anläggningarna är till en del mycket likartade, men det finns ändå en rad skillnader som är möjliga att identifiera arkeologiskt. Frågan kvarstår om anläggningarna verkligen speglar sådana materiella skillnader som kan förklara en strikt funktionsuppdelning i ljus respektive värme? Med utgångspunkt från ovan nämnda resonemang stärks antagandet om att undersökningar av områdenas funktionella och tidsmässiga användning måste ha sin grund i fastställandet av den enskilda anläggningens funktion.

Fornlämningskomplexet vid Hemmeslöv – en presentation av härdanläggningar och stenmaterial

Här följer nu en översiktlig presentation av Hemmelövsområdet samt ett försök till tolkning av platsen. Eftersom terminologin är behäftad med så många frågetecken har jag valt att använda beteckningen "härdanläggningar" för anläggningarna i stråken oavsett om de har eld, ljus, värme eller rök som styrande funktionselement. Jag vill betona att termen enbart ska ses som ett operativt begrepp i denna text för att skilja dem från de gropar som också finns inom området och vars innehåll, åtminstone som det direkt förefaller, varken har med ljus eller värme att skaffa. Till

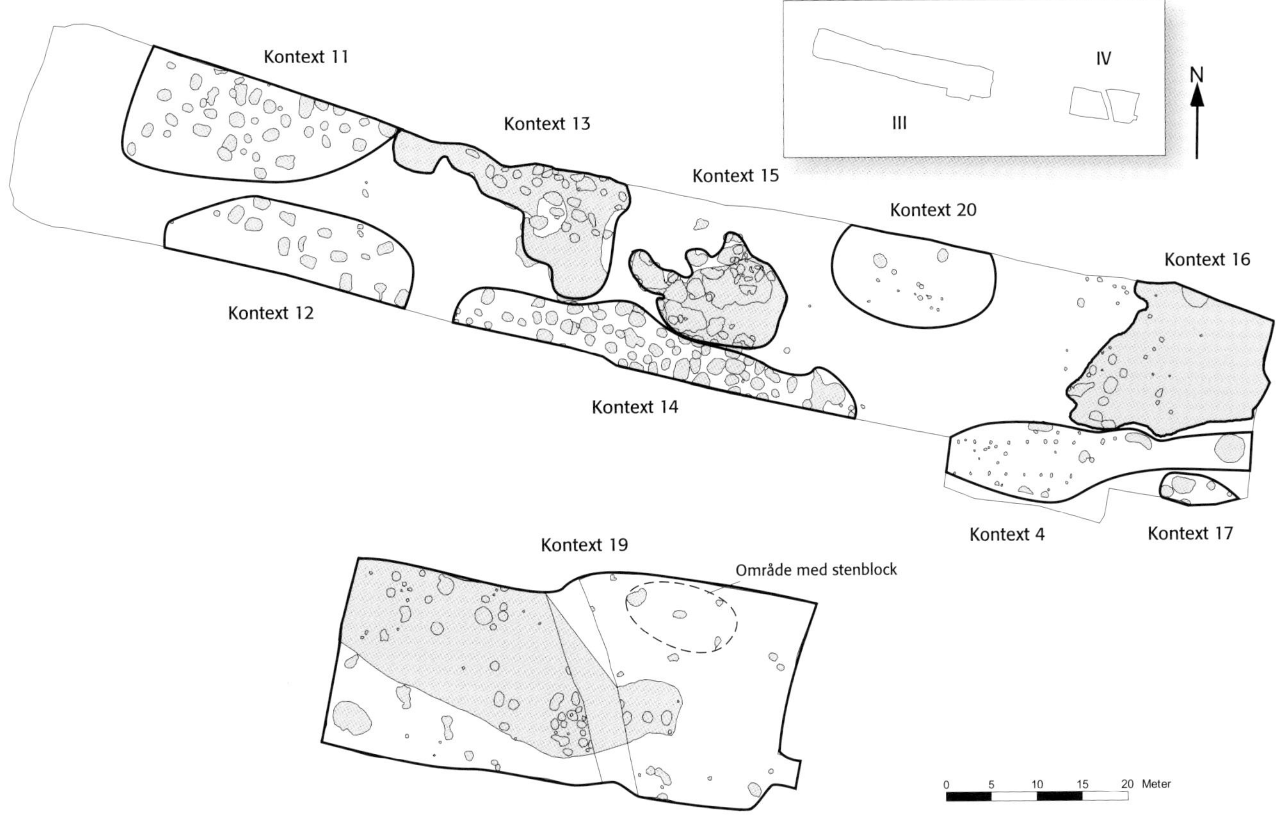

Anläggningsöversikt med kontexter, område III och IV.

Plan of contexts in Areas III and IV.

detta kapitel har också fogats en översiktlig genomgång av bearbetade stenfynd inom område III och IV. Med tanke på den generella osäkerheten som råder kring stenmaterialens roll inom härd- och kokgropsområden, ser jag det som särskilt viktigt att här lyfta fram denna fyndkategori. Inom området finns flera element som visar på att man haft ett speciellt förhållningssätt till just stenmaterialet vid organiserandet av området. Jag tänker då på den lilla stenpackningen inom sydöstra delen av område III, de bearbetade stenblocken längst i öster inom område IV samt stenmaterialet i härdanläggningar och gravar.

Vid Hemmeslöv dokumenterades omkring 180 gropar med sot, kol och skörbränd sten, vars form, storlek och organisation påminner mycket om anläggningarna inom härd- alternativt kokgropsområden. Men som jag tidigare nämnt, avviker härdanläggningarna vid Hemmeslöv från det gängse mönstret vad gäller integrationen med andra anläggningstyper som gropar, gravar och gropsystem (se föregående sida). Härdanläggningarna hade samlats inom en förhållandevis begränsad yta och integrationen hade gått så långt att de bitvis bokstavligen sammansmält med brandgravar och gropsystem i sandiga kulturlager. Inom det smala undersökningsområdet identifierades olika rumsliga anläggningsformationer:

- Härdanläggningsstråk utan lager (centralt (kontext 14) och västra delen (kontext 12) av område III).
- Härdanläggningar och brandgravar i kulturlager med sot, kol och småfragment av bränt ben (centralt (kontext 13) och nordöstra hörnet (område 16) av område III samt västra halvan (kontext 19) av område IV).
- Gropsystem och brandgravar i kulturlager med sot, kol och små fragment av bränt ben (centralt (kontext 15) och nordöstra delen (kontext 16) av område III).
- Ett hus, en liten stenpackning, ett nästan helt nedsatt kärl samt några mindre och en större grop (sydöstra delen (kontext 4) av område III).
- Nästan anläggningsfria ytor (sydvästra hörnet samt centralt (kontext 15) i område III).
- Gropsystem utan kulturlager (sydvästra hörnet (kontext 19) i område IV).
- Bearbetade stenblock (östra delen (kontext 19) av område IV).

Jag vill här understryka att indelningen inte behöver ha representerat några faktiska förhistoriska indelningar utan snarare ska ses som ett metodiskt hjälpmedel för att hantera den stora mängden till synes likartade anläggningar.

Stråkens inbördes relationer

Tre stråk med härdanläggningar och gravar i kulturlager med sot, kol och små bitar bränt ben (kontext 11, 13, 16) fanns i västra delen av undersökningsområde III:s norra halva, samt centralt och i östra delen. I de två andra stråken (kontext 12, 14), i områdets södra och centrala delar samt i västra hörnet, saknades kulturlager. Där låg anläggningarna visserligen mycket tätt, men ändå fritt tillsammans i den omgivande, rena sanden.

Vid undersökningar av härd- respektive kokgropsområden är det mycket ovanligt att få en samlad bild av områdets hela omfattning. En sådan översikt hade säkert skingrat en hel del av tolkningsproblemen med områdets organisation. Stråken vid Hemmeslöv framträdde för oss inom ett tydligt avgränsat schakt som naturligtvis ska ses som ett mindre utsnitt av en större helhet. Såväl i undersökningsområdets södra, norra och östra delar fortsätter härdanläggningsstråken utanför schaktkanterna. Det är därmed svårt att skapa sig en klar uppfattning om områdets egentliga storlek och på vilket sätt anläggningsstråken i verkligheten relaterar till varandra. De ser ut att ha särskilda formationer och riktningar, men huruvida de möts utanför undersökningsområdet eller är helt separerade från varandra gick naturligtvis inte att avgöra. Det begränsade utsnitt som undersökningsschakten utgör får därför, tills vidare, tjäna som tolkningsunderlag.

När jag här talar om undersökningsområdet menas område III. För åskådlighetens skull benämns den östligaste delen som område IV. Jag väljer dock tolkningsmässigt att uppfatta område III och IV som ett geografiskt och kulturellt sammanhängande område även om det inte gick att se att de planmässigt hängde ihop. Skälen är följande: Anläggningarna förefaller att fortsätta utanför undersökningsområdet i såväl den östra som den västra delen av område III och IV, vilket kan tyda på att de utgör ett enda sammanhängande område. Områdena liknar varandra vad gäller sammansättning och organisation av olika anläggningstyper och dateringarna visar också på en relativ samtidighet. Inom område IV saknades dock de entydiga stråken av härdanläggningar utan lager, huskonstruktion och gropsystem av den typen som ses inom område III. Däremot fanns härdanläggningar tillsammans med brandgravar i kulturlager samt en stenpackning. Här, längst i öster av område IV, vilade ett stort stenblock omgärdat av en tydligt lagd packning av mindre stenar. En bit ifrån det stora blocket låg ett par mindre (cirka 0,75 meter i diameter) stenblock, varav ett med flera huggspår. Samtliga block förekommer inte naturligt på platsen, utan har en gång transporterats dit via mänsklig försorg. Inom område III fanns enbart några få större stenar. Ett block, omkring 0,75 meter i diameter låg intill den lilla stenpackningen invid huset. Längst i väster, strax bortom det västligaste härdanläggningsstråket, fanns ytterligare några större stenblock samlade. Båda områdena uppvisar också likheter genom markanta inslag av rödbrun sand, men sanden inom område IV var allmänt mer utbredd och iögonfallande brunröd i färgen än sanden på område III. Där förekom endast mindre partier av brunröd sand.

Översandningsstratigrafier och resursutnyttjande

Jordmånen inom området utgörs av svallsand (Hugo Wikman, pers. kom.). Inom stora delar av undersökningsområdet, var sanden rödbrun som ett resultat av naturlig järnhydroxidpåverkan. Det var särskilt tydligt inom område IV där den ställvis var intensivt brunröd. Vid de arkeologiska undersökningarna framgick också tydligt att anläggningarna hade bäddats in i många skikt av vindtransporterad sand. Översandningen i anläggningarna på område III och IV visar att vinden haft fritt spelrum på de öppna ytorna inom härdområdet både under och efter användningstiden.

Inom undersökningsområdets norra delar låg kulturlagren med härdanläggningar, brandgravar och gropsystem direkt under en fossil markhorisont. Vilken genes och ålder denna horisont har är oklart. Det var dock mycket tydligt att den representerade en tydlig avgränsning mot det underliggande anläggningslagret. I de södra delarna, det vill säga över de renodlade härdstråken och vid huset saknades horisonten helt, alternativt var mycket tunn. Några härdanläggningar framkom direkt under den fossila markhorisonten, men för övrigt anträffades de på olika nivåer, skilda åt av antingen tunna eller tjocka sandskikt. De låg ofta mycket tätt, men överlagrade mycket sällan varandra vilket talar för att man känt till äldre lämningar när man anlagt nya härdanläggningar.

Översandningens tidsförlopp

Sandskikten som vid undersökningen påträffades mellan och ovanpå anläggningarna är indikatorer på såväl den tid som det tagit för sandlagren att bildas som att platsens miljö genomgått förändringar under och efter anläggningarnas användning. Sandlagren kan representera några få timmar upp till flera år. Vid undersökningstillfället var det tydligt hur snabbt vinden kunde överlagra anläggningarna med sand i det öppna schaktet. På en eftermiddag täcktes en anläggning helt av ett decimetertjockt sandskikt. Under förhistorisk tid har sand förmodligen under relativt kort tid kunnat täcka anläggningarna om platsen varit relativt öppen.

Anläggningarna i norra delen (kontext 11, 13, 15, 16) hade på olika nivåer bäddats in i mörk, kulturpåverkad sand med sot, kol och brända ben varvat med rena sandskikt av varierande tjocklek. Intrycket var att det rörde sig om samma lager inom samtliga av dessa kontexter. Huruvida lagret ska kallas kulturlager eller ej är en öppen fråga eftersom dess ursprung är okänt. Det finns dock en rad tänkbara förklaringar. För det första kan lagret vara rester av en äldre markhorisont. Lagrets mörka färg skulle i så fall kunna bero på humös inblandning från nedbrutna växtdelar. Men den sotgråa färgen kan också ha uppstått vid plöjning där sot- och kolblandad sand förts upp från underliggande anläggningar. Några direkta plogspår i sanden gick dock inte att se. Den mörka sanden kan också ha uppstått genom att vinden transporterat sand, sot, kol och brända ben från anläggningarna inom områdets olika delar. Det innebär att ytan varit relativt fri från vindskyddande markvegetation. En annan förklaring är att lagret skapats som ett resultat av de aktiviteter som försiggått i direkt anslutning till anläggningarna, som exempelvis att människor trampat runt, i eller kring de sot- och träkolsfyllda anläggningarna. Kombinationen kulturpåverkad sand och rena sandskikt kan också tyda på en omblandning i samband med att man anlagt nya anläggningar. Befintlig mörk kulturpåverkad sand kring gamla anläggningar har då sammanblandats med rena sandskikt när man grävt sig ner genom kulturlagret till den orörda alven. Avsaknaden av mörk, kulturpåverkad sand runt härdanläggningsstråken i södra delen kan tyda på att det inte förekommit aktiviteter av det slag som man kan förmoda ägt rum inom de norra delarna. I de södra delarna (kontext 12, 14) var de överlagrande rena sandskikten tunnare än i de norra delarna. Orsaken till detta är oklart. Generellt saknades här spår som tyder på eventuell omlagring eller på att man anlagt nya anläggningar genom äldre lämningar. De tunna skikten av ren överlagrande sand kan tyda på att denna del av området inte varit exponerat för vind på samma sätt som övriga delar av området. Anledningen till att vinden inte skulle ha haft samma spelrum här kan tyda på att anläggningarna varit skyddade, antingen i form av vegetation eller genom någon sorts vindskyddande konstruktion. Spår efter eventuella konstruktioner i form av pinn- eller stolphål, gick dock inte att identifiera i anslutning till anläggningarna.

Såväl vindstyrka, vindriktning som platsens öppenhet och anläggningarnas exponeringsgrad inom området är faktorer som inverkat på översandningens förlopp. En viktig fråga är hur man utnyttjat sten och träd inom området och vilka konsekvenser det fått på närmiljön. Amerikanska undersökningar (t.ex. Frison 1983) har visat att aktiviteter på härdområden i allmänhet kräver stora mängder ved och sten. Inledningsvis röjs markytan där området ska ligga, därefter huggs träd ned och sten insamlas i anslutning till området. Resurserna i närmiljön utarmas därmed snabbt och man tvingas att söka sig längre bort för att täcka behovet av ved och sten. Ett sådant förfarande skapar med tiden ett öppet landskap utsatt för väder och vind. Det är väl inte uteslutet att liknande utnyttjande av omlandets resurser medverkat till att skapa öppna ytor även vid Hemmeslöv. Vegetationshistoriska analyser utifrån makrofossil i anläggningarna får ytterligare vägleda om hur växtligheten sett ut på platsen.

Frågan om hur ofta platsen frekventerats, speglat av anläggningarnas stratigrafi, är alltså inte

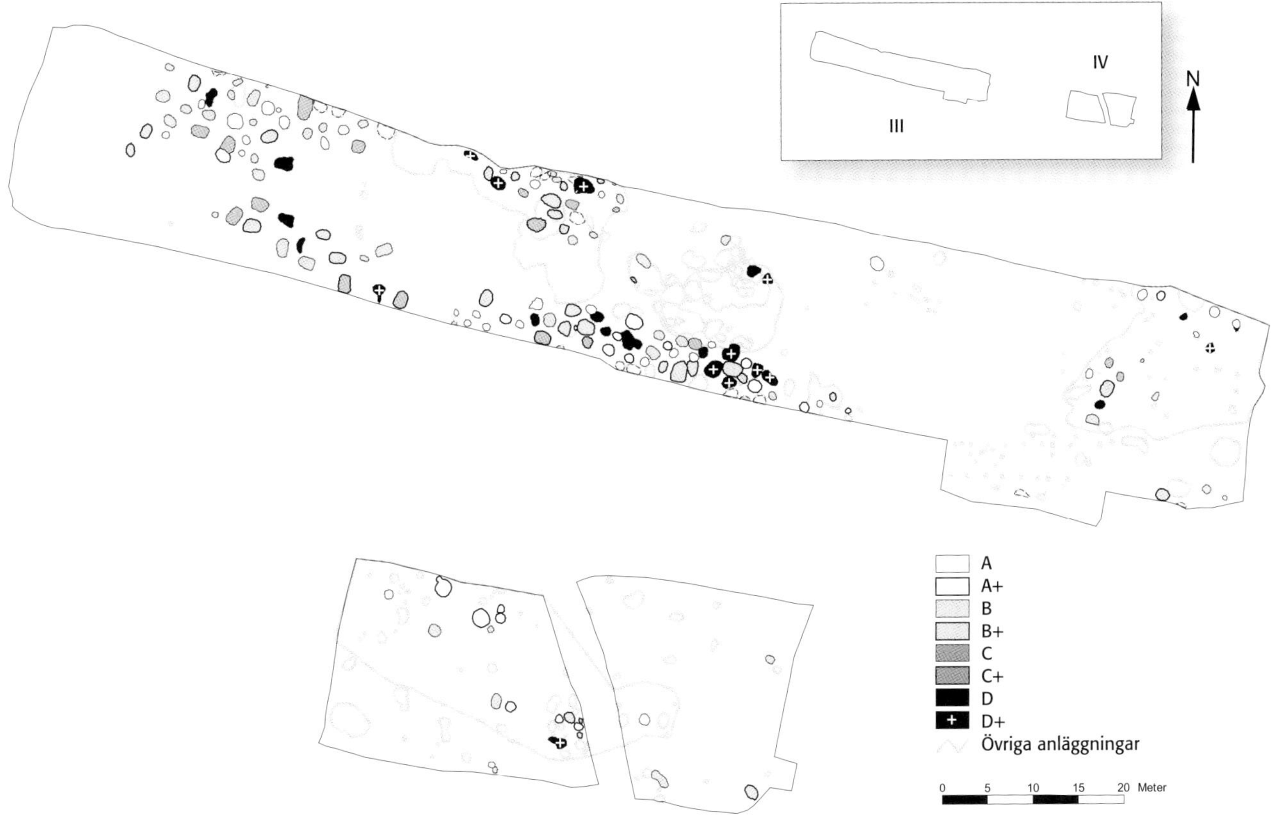

Plan över fördelningen av härdanläggningarnas ytformer inom undersökningsområde III och IV.

Plan of surface forms of hearths in Areas III and IV.

helt enkelt att besvara. Översandningen hade med all sannolikhet inte varit så omfattande om enbart mindre ytor varit fria från det översta grästorvsskiktet vid ett och samma tillfälle. Detta talar för att åtminstone delar av platsen utnyttjats samtidigt eller så pass närliggande i tid att inget tätare torvskikt hunnits bildas. Möjligen har de södra delarna omedelbart efter anläggningarnas användning skyddats från sanden genom omgivande vegetation.

Härdanläggningstyper

Eftersom det inte var möjligt, på grund av tidsbrist, att undersöka mer än ett fåtal anläggningar gjordes inledningsvis en översiktlig inventering av

Sammanställning av antalet härdanläggningstyper i förhållande till olika kontexter. Typer: A: runda; A+: runda med sten; B: ovala; B+: ovala med sten; C: rektangulära; C+: rektangulära med sten; D: oregelbundna; D+: oregelbundna med sten.

Kontext:	A	A+	B	B+	C	C+	D	D+	Typ?	Summa
11	10	1	14	4	4		2		5	40
12			5	3	2	2	2	1		15
13	3		4	7	3	1		3	4	25
14	12	9	6	10	1	2	5	5	7	57
15			2	1				2		5
16	6	1	3	1	2		2	1		16
19 (IV)	3	7	6	4				1		21
Ej kontext	1	2	2	1			1			7
Summa	35	20	42	31	12	5	12	13	16	186

samtliga härdanläggningar. Inventeringen innehöll en grov typologisk indelning utifrån anläggningarnas ytform och förekomst av sten (+). Anläggningar med rund (A), oval (B), rektangulär (C) och med oregelbunden (D) form identifierades och de fördelade sig inom området enligt figuren på föregående sida och tabellen ovan. Tanken med indelningen var att åtminstone få en ungefärlig, om än summarisk, uppfattning om samtliga härdanläggningar inom området (se även Fendin 1999). Översikten i kombination med resultaten från de undersökta anläggningarna får tjäna som tolkningsunderlag för alla de anläggningar som inte kunde undersökas. Tolkningen av områdets anläggningar blir därför mer generaliserande till sin karaktär än vad som annars kanske skulle varit fallet med en mer heltäckande undersökning.

Kontext 14, d.v.s. härdanläggningslagret utan lager i den södra delen centralt i undersökningsområde III var det klart anläggningsrikaste stråket, följt av ett stråk i lager (kontext 11) i områdets västligaste del. Beräkningen av anläggningstäthet utgår från antalet anläggningar i relation till stråkets ytstorlek. Det är alltså de centrala södra delarna av område III som har högst anläggningstäthet. Glesast mellan härdanläggningarna var det i kontext 16, stråket i den östra delen av område III. Här var däremot lagret runt både härdanläggningar och brandgravar mer utvecklat än i övriga stråk.

Samtliga nio härdanläggningskategorier fanns representerade i de södra centrala delarna (kontext 14) av område III, d.v.s. stråket utan lager. I stråket norr härom, kontext 13, fanns också alla anläggningstyper utom två; runda med sten (typ A+) och oregelbundna utan sten (typ D). Andelen typer var minst i kontext 19, område IV, med fem stycken kategorier, om man nu enbart räknar de renodlade stråken och inte kontexter med endast enstaka härdanläggningar (som kontext 15 på nästa sida).

Runda och ovala anläggningar och framförallt de utan sten var den mest representerade bland anläggningstyperna och särskilt i kontexterna 14 och 11. Stråket i det sydvästra hörnet (kontext 12) däremot saknade anmärkningsvärt nog helt

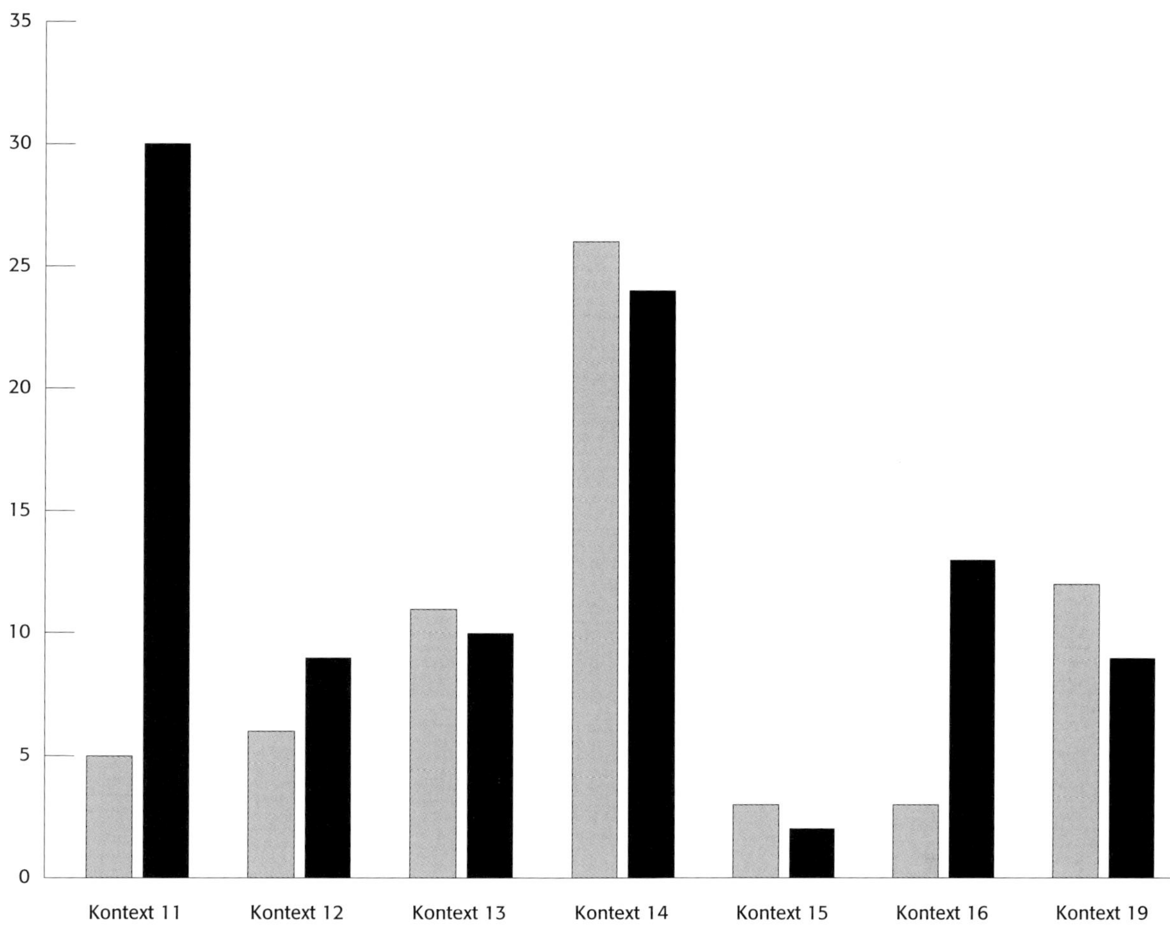

Diagram över förhållandet mellan antalet anläggningar med och utan sten i de olika kontexterna inom område III och IV.

Diagram of the relationship between hearths with and without stones in the different contexts in Areas III and IV.

runda anläggningar. I det intilliggande kontext 14, som på samma sätt som kontext 12, också saknade lager, var härdanläggningar med rund form (typ A) den näst största anläggningstypen. Rektangulära och oregelbundna anläggningar (typ C och D) förekom inom området genomgående sparsamt eller saknades helt inom vissa delar (IV). De stråk som innehöll minst mängd sten var det allra västligaste stråket (kontext 11). Mest stenrikt var helt klart kontext 14, som också omfattade flest anläggningar (se nedan).

Fördelningen av olika anläggningskategorier mellan härdanläggningsstråk med och utan kulturlager.

Anläggningstyp:	*A*	*A+*	*B*	*B+*	*C*	*C+*	*D*	*D+*	Summa
Stråk med kulturlager:	22	9	27	16	9	1	4	5	93
Stråk utan kulturlager:	12	9	11	13	3	4	7	6	65

Inom område III och IV undersöktes sammanlagt 75 härdanläggningar. De undersökta anläggningarna visar på ett blandat innehåll av kol, sot och sten (Figur se diagram föregående sida). Härdanläggningarna vid Hemmeslöv skiljer sig därvid inte nämnvärt från anläggningar inom andra s.k. härd- och kokgropsområden. Vissa av dem var packade med sten ända upp till ytan, medan fyllningen i andra mestadels bestod av sot- och kolblandad sand och enstaka mindre stenar. Några tydliga stenkonstruktioner kunde däremot inte ses, antydan fanns till stenskoningar i somliga anläggningar, särskilt inom kontext 14. Vissa av dem var relativt djupa, medan andra endast bestod av en grund nedgrävning. Det grunda djupet hos somliga anläggningar kan nog delvis skyllas på alltför frikostigt schaktande vid undersökningstillfället, men trots detta är det tydligt att det föreligger vissa tydliga skillnader i djup som måste ha haft relevans även då området användes. En jämförande undersökning av anläggningarna som ingick i den översiktliga inventeringen av härdanläggningsstråken och anläggningarna som närmare undersökts hade varit värdefullt, men får skjutas på framtiden. Man kan dock konstatera att de undersökta anläggningarna mycket väl kan ha representerat olika funktionella tidsscenarier. Men utan en mer ingående undersökning (med bland annat fördjupade studier av olika funktionella villkor) avstår jag därför från att mer utförligt gå in på frågan om groparnas inre konstruktion kopplat till olika funktionella förklaringar.

Jämförelser av härdanläggningar inom olika delområden

Undersökningen omfattade även en översiktlig jämförelse av härdanläggningars storlek, form, konstruktion inom område III och IV med motsvarande anläggningar inom delområde I. Tanken var att se om det förelåg några skillnader mellan härdanläggningar i olika kontexter som boplatslämningar (område I) och härdområde/gravfält (område III och IV). Boplatslämningarna inom område I låg tidsmässigt inom samma period som lämningarna inom III och IV. (För en närmare beskrivning av lämningarna inom område I se Bo Strömbergs artikel i denna volym). Inom område I fördelade sig härdanläggningar i två grupper på var sida om huslämningar och gropar; det vill säga i väster och i undersökningsområdets östligaste del. Härdanläggningarna påminde vad gäller konstruktion och form om härdanläggningarna inom område III och IV, men var färre och utgjorde snarast av små grupper, det vill säga ansamlingar av ett par tre anläggningar snarare än regelrätta stråk. Den östligast belägna gruppen av härdanläggningar hade dock en form som påminde om stråken i område III

Plan över undersökta härdanläggningar inom område III och IV.

Plan of investigated hearths in Areas III and IV.

och IV. Ett par av anläggningarna var också ytmässigt klart större än de inom område III och IV. Dessa större ovala till rektangulära anläggningar innehöll sten som ytpackningar; i en av dem påträffades ett fragment av en underliggare samt en slipsten. I ett fall kunde packningen följas ner mot botten som skoning. De innehöll allmänt sot och stora bitar träkol. De mindre anläggningarna hade genomgående rund eller oval ytform. Vissa av dem innehöll mindre mängder sten, sot och mindre bitar träkol. Jämförelsen med härdanläggningarna inom område III och IV och område I visar på vissa likheter vad gäller storlek, konstruktion och innehåll, särskilt de mindre runda och ovala (jfr typ A och B), bortsett från den tydliga stenskoningen som saknades inom område III och IV. De bandliknande formationerna med hög anläggningstäthet som utmärkte stråken i kontext 12 och 14 på område III och IV saknades dock inom område I liksom sotblandade lagerbildningar (jfr kontext 11, 13 och 16).

Härdanläggningarnas dateringar

Liksom för andra härd- och kokgropsområden vet vi ytterst lite om tidsperspektiven då aktiviteterna kring härdanläggningarna utspelades. Kombinationen av härdanläggningsstråk och brandgravar i kulturlager gör dock att Hemmeslöv är annorlunda gentemot traditionella härd- och kokgropsområden. De inbördes stratigrafiska förhållandena på en plats brukar i allmänhet fungera som en sorts relativa tidsindikatorer. De komplexa stratigrafierna med kulturlager, härdanläggningar, brandgravar och gropsystem kan naturligtvis också ses som en sorts tidsdokument. Sandlagren som skiljer anläggningarna åt både horisontellt och vertikalt representerar en sorts tid, även om det är en i högsta grad illusorisk tidsspegel med många möjliga förklaringsgrunder. För det första kan lagren ha uppstått som ett resultat av att sand successivt lagrats under många långa år, en process där sandkornen påförts och långsamt packats samman tätare och tätare. Pålagringen kan också ha skett mycket hastigt genom vindens hjälp, eller genom att man stökat runt bland äldre lager då man anlagt nya anläggningar. Såväl djur som människor kan då och senare ha trampat runt på platsen kring såväl äldre som yngre anläggningar. Man behöver bara tänka sig hur djupa gropar man kan trampa upp och hur mycket man på olika sätt flyttar runt sanden då man befinner sig på en sandstrand. Det är naturligtvis, utom tvivel, så att anläggningar direkt ovanpå kan betraktas som yngre än de som ligger under, även om ”yngre” här kanske endast betyder några få timmar. Trots det är det uppenbart att de komplexa stratigrafierna vid Hemmeslöv måste betraktas som en inte särskilt pålitlig, relativ tidsindikator.

På grund av bristande dateringsunderlag i form av tidsangivande fynd i anläggningarna och alltför komplexa stratigrafier användes istället träkol från anläggningarna. Sammanlagt togs arton träkolsprover från härdanläggningarna inom område III och IV för ^{14}C-analys. (se Strömberg m. fl. Appendix 1 i denna volym). Resultaten visar med två sigmas säkerhet på kalibrerade dateringar som ligger inom perioden övergången yngre bronsålder/förromersk järnålder (500 BC) till övergången äldre/yngre romersk järnålder (300AD) (okal. värde Ua 25687: 2300±60 BP – Ua 16554: 1890±70 BP), det vill säga en tidsperiod på omkring 800 kalenderår (se nästa sida). Inom det tidsspannet har de olika aktiviteterna i och kring härdanläggningarna ägt rum. Det måste dock betonas att de kalibrerade ^{14}C-resultaten, beräknat utifrån två sigma från förromersk järnålder, särskilt intervallen 520–430BC och 340–210 BC, kan vara problematiska att använda (bl.a. med hänvisning till den varierade ^{14}C-mängden i atmosfären). Det rekommenderas därför att man för denna period enbart använder sig av kalibrerade resultat med ett sigma. Inom perioden 420–380 BC ska däremot kalibrering vara möjlig ända ner till 20 års-intervall, räknat i kalenderår (Rahbæk & Lund Rasmussen 1997:142f, 138). Med ett sigmas säkerhet snävas dateringarna vid Hemmeslöv in ytterligare. Men trots det rör det sig ändå om en rätt ansenlig tidsperiod för varje datering, i genomsnitt cirka 4–500 år. Dateringarna speglar ju egentligen den korta tidpunkt då trädet huggits ned/veden brunnit i anläggningen. Ställt på sin spets handlar det om hur man på ett

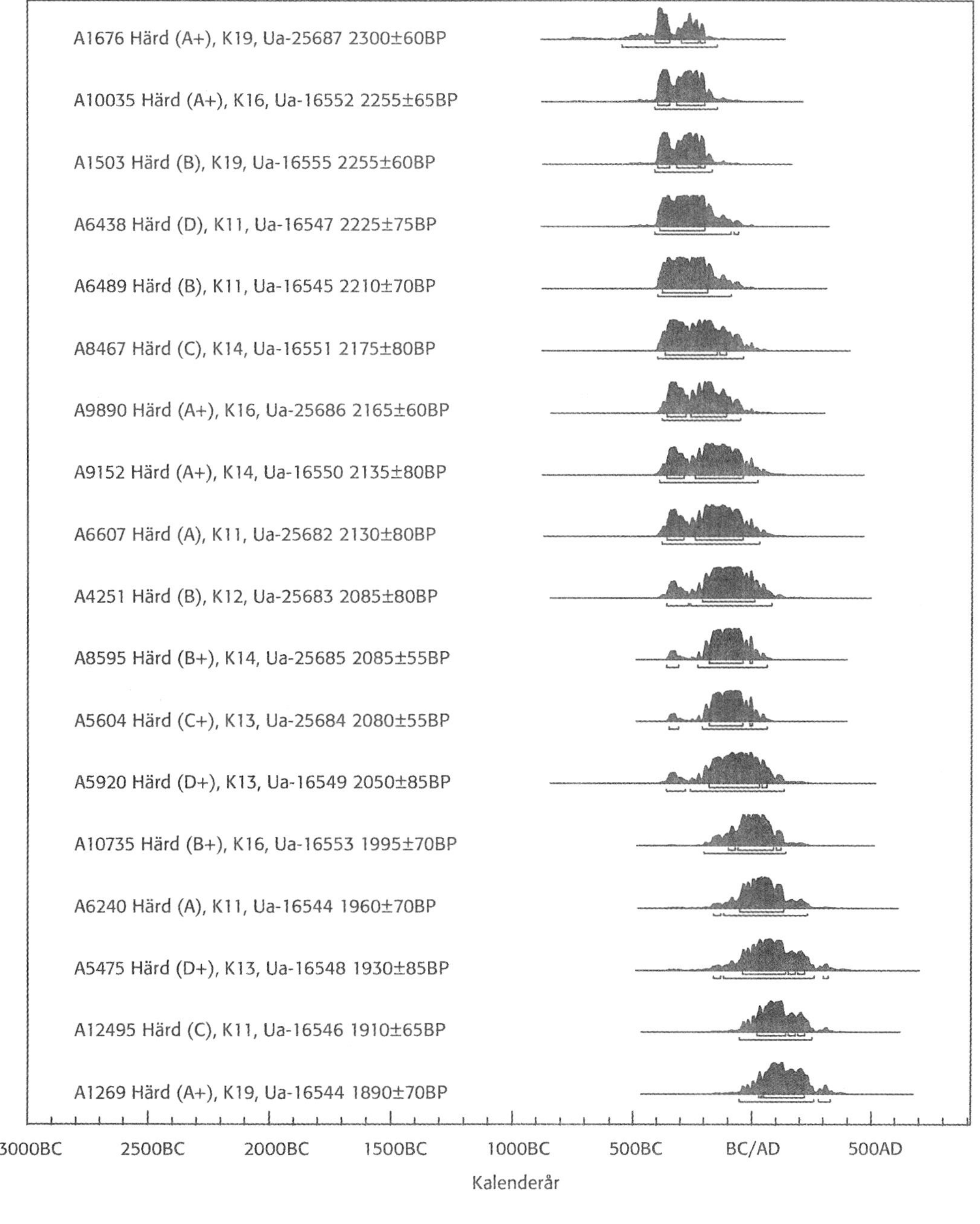

Kalibreringskurva över ^{14}C-dateringarna av härdanläggningarna inom område III och IV.

Diagram of ^{14}C-datings in Areas III and IV.

trovärdigt sätt ska kunna placera in detta korta tidsögonblick inom denna flerhundraåriga period. Härdanläggningarnas dateringar ska helst också ha en sådan upplösning att det är möjligt att applicera dem på frågorna om hur området som helhet använts. Flerhundraåriga intervall ställer i regel till tolkningsproblem särskilt när man har dateringar som överlappar varandra och den gruppen är påfallande stor i Hemmeslöv. Medianvärdet för en sammanslagning av ^{14}C-dateringarna och de kalibrerade värdena ligger, som Bo Strömberg visar, på 2114±16 BP, med ett sigmas intervall BC 175–105. Det tyder på att flertalet anläggningar varit i bruk under den senare delen av förromersk järnålder.

De olika härdanläggningskategoriernas dateringar visar dock på vissa skillnader i tidsspannets omfång mellan olika typer. Det gäller framförallt ovala (typ B+), rektangulära (typ C+) och oregelbundna anläggningar med sten (typ D+), det vill säga samtliga stenförande typer bortsett från runda anläggningar. Hos denna grupp (typ B+, C+ och D+) ligger de äldsta dateringarna i genomsnitt 200 år senare, kring 200 BC, jämfört med övriga anläggningstyper. Det verkar alltså som om dessa har anlagts något senare. Övriga anläggningar har en äldsta datering omkring 400 BC, alltså i inledningsskedet på förromersk järnålder. Å andra sidan sträcker sig dessa dateringar ända in till romersk järnålder, vilket innebär att de överlappar flera av de äldsta dateringarna av typ B+, C+ och D+. Resultaten antyder att det äldre sättet att utforma härdanläggningar (A, A+, B, C, D) har varit gångbart under hela den tid som området varit i bruk.

Att försöka ringa in de olika härdanläggningsstråkens ålder är med hänvisning till ovanstående resultat naturligtvis ett vanskligt företag och tolkningsförslaget här ska därför betraktas som ytterst preliminärt. Stråket längst i väster (kontext 11) har många typer som är runda och ovala utan sten (A och B). Däremot saknas rektangulära och oregelbundna med sten helt (C+ och D+). Eftersom anläggningar av A- och B-typ genomgående verkar ha en något äldre äldsta datering än C+- och D+ kan detta tala för att stråket har anlagts, kanske upp till 200 år, tidigare än exempelvis stråket centralt i norra delen av undersökningsområdet (kontext 13).

Vedartsbestämningar

Vedartsbestämningen från härdanläggningar baseras på åtta träkolsprover från sex stycken härdanläggningar (se tabell nästa sida).[1)]

Utifrån ett så litet antal prover är det självfallet svårt att göra några säkra utsagor om vilka vedarter som genomgående använts i härdanläggningarna inom området. Resultaten visar dock på några tendenser för området i stort. Samtliga vedprover stammade från lövträd och de hade alla låg egenålder. Var och en av dessa prover, förutom två stycken, kommer från ung stamved med en egenålder under 25 år. Flertalet var yngre än 10 år. Det ena av de två övriga proverna kom från mer utvecklad stamved, men även det yngre än 20 år. Det sista provet var från en gren, yngre än fem år. Man har alltså använt sig av mycket unga träd när man eldat i anläggningarna.

Proverna visar också att man eldat med olika sorters lövträd inom varje anläggning. Innebörden av detta är oklart, men man kan tänka sig olika tolkningsförslag. Kombinationer av lövträd skulle kanske kunna klargöra något om anläggningarnas praktiska funktion som träslagens olika värmehållande egenskaper och gnisttendens. Men man kan naturligtvis inte utesluta att sammansättningen av olika träslag i härdanläggningarna kan ha en annan mer symbolisk förklaringsgrund med tanke på

Översikt över vedartsprover från härdanläggn. inom område III och IV.

Område/ kontext	Anläggning	Typ	Provnr	Vedart	Del	Egenålder år
III/13	5604	C+	12400	Asp, poppel	Stamved	≤ 20
	5604		12400	Al	Ung stamved	≤ 10
III/14	8595	B+	12639	Hassel		≤ 10
	8595		12639	Al	Ung stamved	≤ 15
	8595		12639	Hagtorn, vildapel, rönn	Ung stamved	≤ 20
	8595		12639	Ask	Ung stamved	≤ 15
III/12	4251	B	12543	Ek	Ung stamved	≤ 25
	4251		12543	Lönn	Gren	≤ 5
III/16	9890	A	12816	Alm	Ung stamved	≤ 10
	9890		12816	Ask	Ung stamved	≤ 10
III/11	6607	A	12538	Al	Ung stamved	≤ 10
	6607		12538	Al	Ung stamved	≤ 10
	6607		12538	Ek	Ung stamved	≤ 10
	6607		12538	Alm	Ung stamved	≤ 10
	6607		12538	Ask	Ung stamved	≤ 10
IV/19	1676	A+	3535	Björk	Ung stamved	
	1676		3535	Al	Ung stamved	≤ 10

gravsammanhanget. Det rör sig uteslutande om unga träd vilket kan vara viktigt. Valet av trädslag skulle också kunna representera tidpunkten för de olika trädslagens lövsprickning. Hassel, al och björk slår ju ut sina löv tidigt medan träd som ek är bland de sista. Motsvarigheten måste också vägas in, det vill säga, när träden fäller sina löv under hösten.

Det hade varit värdefullt att kunna jämföra vedartssammansättningen på Hemmeslöv med andra sydsvenska s.k. härd- och kokgropsområden, men än så länge finns endast några få undersökta platser att tillgå. Här kan nämnas området vid Glumslövs backar som undersöktes 1995–1997 (Fendin 1999) samt en undersökning av ett område vid Bårslöv, öster om Helsingborg (Knarrström & Olsson 2000). Jag vill dock poängtera att, bortsett från Glumslövsmaterialet, så bör resultaten ses i ljuset av att det rör sig om ett relativt litet antal prover. Vid Glumslöv däremot togs ett stort antal vedartsprover (103 stycken) och av dessa kom 98 % från lövträd (2 % var obestämbara), det rörde sig i huvudsak om något äldre stamved. Över hälften av proverna utgjordes av askträ (Fendin 1999) vilket måste betraktas som ett anmärkningsvärt resultat. Bårslövsmaterialet visade ett mer varierat utbud av ung stamved från lövträd med viss betoning på ask och hassel (Knarrström & Olsson 2000). Anläggningarna vid Glumslöv sträcker sig från bronsålderns period II till V medan härdanläggningarna i Bårslöv dateras generellt till äldre järnålder och fram till folkvandringstid, d.v.s. några århundraden tidigare respektive senare än materialet från Hemmeslöv. Förekomsten av lövträd är gemensamt för alla dessa tre områden. Såväl i Bårslöv som i Hemmeslöv har man eldat med ved från unga träd, medan Glumslövsmaterialet visar att man för det mesta använt något äldre stamved. Användandet av olika sorters lövträ verkar finnas hos samtliga områden, om än något mindre tydlig i Glumslöv där ju askträ dominerar. Jämför man resultaten med ^{14}C-dateringarna ser man att asp/poppel samt hassel, hagtorn/vildapel/rönn enbart förekommer i anläggningar med något yngre dateringar. Dessa anläggningar saknar också alm, al, ek, lönn och björk. Underlaget är dock allt för litet för att man ska kunna dra några vidare paralleller för området i stort.

Förekomsten av de olika vedarterna i härdanläggningarna måste också refereras till utnyttjandet av platsens resurser såväl före, under som efter området tagits i bruk. Har de unga träden som använts i härdanläggningarna vuxit på platsen, eller har de hämtats från annat håll? Faktorer som tidpunkten på året då trädhuggningen skett måste här vägas in (kan ha haft såväl symboliska som praktiska grunder); om veden torkats på platsen eller om den lagrats någon annanstans i väntan på användning samt vilket roll valet av ved spelat för de olika anläggningarnas funktion. Detta är exempel på frågor som vedartsbestämningen tyvärr inte ger något besked om. Frågorna bör ändå finnas med i tolkningsresonemanget kring platsens användning. Kanske kan indirekta spår i form av olika redskapsfynd som hör samman med hanteringen av ved, såsom yxor, brynen etc., ge lite mer substans till dessa idéer?

Generellt är lövträd bra att elda med och ger jämn värme under lång tid, men det förekommer skillnader mellan olika trädslag (exempelvis ask som brinner snabbt). Även stenmaterialet i anläggningarna antyder att de utsatts för värme under lång tid. De uppvisar tecken på vittring och rödfärgning som inte kan ha uppstått enbart som ett resultat av värmen från en tillfällig hastigt uppflammande brasa.

För en sammanställning av olika egenskaper och kända användningsområden för trädslag representerade i Hemmeslövs härdanläggningar se nästa sida.

Benen i härdanläggningarna

Sökandet efter härdanläggningarnas funktion omfattade också en undersökning av de benfynd som påträffades i anläggningarna. Den osteologiska analysen utfördes av Caroline Arcini, UV Syd (se Strömberg & Arcini i denna volym). Nio av härdanläggningarna innehöll sammanlagt 18 g ben, samtliga i lager (A7016 och 10103). Lagren, där ju också brandgravarna fanns, innehöll också, totalt sett, den största mängden ben. Mycket små bitar brända ben förekom allmänt i samtliga härdstråk med lager, men dessa tillvaratogs inte eftersom de var så fragmentariska. Noterbart är att ben saknades helt i härdanläggningar utanför lagren. Benen var genomgående brända och fragmentariska och förekom enbart som små mängder i varje härdanläggning. Sex av fynden utgjordes av djurben, två gick inte att fastställa om de härrörde från djur eller människa. Ben från människa fanns i enbart en anläggning (A5475). Lagren innehöll både djur och människoben, men den klart största benfyndskategorin var annars ben som inte kunde härledas till någon art.

Övriga fynd i härdanläggningar

I härdanläggningarna fanns även mindre mängder keramik, bränd lera, flinta och malm- och slaggbitar (se nästa uppslag). Vilken roll dessa fynd haft i härdanläggningarna är än så länge oklart. Malm- och slaggbitarna kan (tillsammans med de bearbetade stenarna med rödbruna pigmentfläckarna som också påträffades i härdanläggningarna) associeras till rödjorden på platsen och till järnframställning. Kärlfragment stammade från buk eller mynning från enkel förrådskeramik med hemvist i sen förromersk och äldre romersk järnålder. I varje keramikförande anläggning fanns fragment från ett enda kärl, ett kärl som troligen har en koppling till anläggningens funktion. Vilken funktion är dock frågan. Kärlen saknade fastbrända matskorpor, sådana man kunde förväntat sig om kärlen använts till matlagning. Keramiken behandlas närmare i Bo Strömbergs artikel i denna volym.

Bearbetad sten

Vid undersökningen i Hemmeslöv fanns en strävan att på liknande sätt som vid undersökningen av härdanläggningsområdet vid Glumslövs backar

En sammanställning av olika egenskaper och kända användningsområden för trädslag representerade i Hemmeslövs härdanläggningar (Efter Jonason & Elg 1980).

Träd	Ålder	Växtsätt	Lövsprickning	Ved	Särskilda egenskaper	Övrigt
Björk	Upp till 300 år, maximal höjd vid 80 års ålder.	Snabbväxande	April–maj	Mjuk, svårkluven. Utmärkt som bränsle.	Motståndskraftig mot röta. Hög halt av kalciumkarbonat (pottaska) i askan. Näver innehåller tannin.	Tappning av saven förekommer på våren. Näver används bl .a. som takläggningsmaterial och till garvning av läder.
Ek	Över 700 år	Långsamväxande Blommar först vid 50 års ålder och därefter med 2-5 års mellanrum.	Mitten av maj–början av juni	Hård, tung	Höga halter av garvsyror.	Ollonen rostas, annars välkänd som svinföda. Eken har en framträdande mytologisk roll inom många kulturer, en symbol för hög ålder, styrka, skönhet.
Lönn	Sällan mer än 150 år	Snabbväxande	April–maj	Hård, tung		Används till olika redskap
Ask	Mer än 200 år	Högrest. Bland andra lövträd oftast som enstaka exemplar.	Juni	Seg, hård. (Det latinska namnet *Fraxinus excelsior* betyder "svårbrytbarhet" och "högrest")	Lövfällning sker tidigare än hos många andra träd.	Lövtäktsfoder. Används till olika redskap. Många mytologiska förankringar ex. som världsträdet Yggdrasil i den isländska Eddan. Läkedomsträd
Alm	400–500 år		April–maj. Almfrukterna tidiga, innan löven spricker	Seg, tung, svårkluven	Motståndskraftig mot röta.	Används framförallt till vagnsmakeri. Kreatursfoder. Barken används inom folkmedicinen.
Al	Upp till 120 år	Snabbväxande	Början av maj	Mjuk, lätt, lättkluven.	Angrips lätt av rötsvamp. Lövfällning sent på hösten. Tidig kolonisatör på öppen mark.	Alspån använd till rökning.
Asp	Upp till 100 år vanligtvis 50–70 år	Snabbväxande	April–maj	Mjuk, lättkluven.	Motståndskraftig mot förruttnelse. Tidig kolonisatör på öppen mark.	Används till olika redskap.
Rönn	Upp till 50 år	Snabbväxande	Maj	Ganska mjuk, segt, svårkluven.	Mindre hållbart.	Nödfoder till kreatur. Flygrönn anses besitta magiska egenskaper.
Hassel	Blir ej särskilt gammal, enstaka exemplar upp till 100 år	Snabbväxande	Blommar tidigast av alla träd i januari–februari	Finporig, lös.	Högvuxen buske.	Nötter till föda. Finare virke och vidjor till laggkärl, korgar, grövre virke till finsnickeri. Hasselkvistar anses i folkmedicinen ha en inneboende magisk kraft bl.a. mot ormbett
Vildapel		Långsamväxande	Maj			Frukter som föda.

Fördelningen av fynd i härdanläggningar inom område III och IV.

The distribution of finds between the different hearth types in Areas III and IV.

söder om Hallandsåsen (Fendin 1999) studera förekomsten av bearbetad sten i anläggningarna i utforskningen av härdanläggningarnas funktion. Vid undersökningen på Glumslövs backar uppvisade nästan 80% av stenmaterialet i anläggningarna spår från bearbetning. Flera redskapstyper fanns representerade som underliggare och löpare samt uppfriskningsstenar till malningsprocessen samt några enstaka glättstenar, brynen. Såväl redskapssten som bearbetad sten utan känd redskapstillhörighet var genomgående fragmenterade i härdanläggningarna. Bergartsanalyserna visade att gnejs var det dominerande materialet och att stenmaterialet uppvisade spår som uppstått vid upphettning och efterföljande vittring (a.a. 1999).

Vid Hemmeslöv gjordes en första besiktning av allt stenmaterial i de undersökta anläggningarna med tanke på eventuella bearbetningsspår och ett urval prover togs för bergartsbestämning (2000)[2]. Ett stort bearbetat stenblock i östra delen av område IV samt stenblocken runtomkring det bedömdes på plats av Wikman (1997). Stenmaterialet i anläggningarna utgörs till tre fjärdedelar av röd gnejs. Därmed liknar bergartssammansättningen Glumslövsmaterialets. Det rör sig i regel om mindre, väl rundade stenar som hämtats från Hallandsåsens sluttningar och dess omgivningar, det vill säga i närmiljön. Stenarna var i allmänhet mycket porösa, sannolikt som ett resultat av att de utsatts för värme, men också på grund av bevaringsförhållanden på platsen.

Bearbetade stenar påträffades huvudsakligen i härdanläggningar, framförallt centralt och i östra delen av undersökningsområdet. Övrig bearbetad sten ingick i gropar, brandgravar samt som delar i packningar dels i en liten stenpackning intill bronsåldershuset i sydöstra delen av område III och dels i en packning kring det stora bearbetade stenblocket i nordöstra delen av område IV (se nästa sida). Större delen av stenmaterialet uppvisar spår från bearbetning i form av slip- och knackytor. Inom område III registrerades 40 fynd av bearbetade stenar som hela, delar eller fragment. Bland dessa identifierades sexton löpare, tolv bearbetade stenar utan redskapstillhörighet, sex glättstenar, fyra fynd av underliggare samt två slipstenar. Antalet bearbetade stenar inom område IV uppgick sammanlagt till tio fynd, samtliga ingick i stenpackningen kring det stora blocket. Av dessa var två säkra löpare, medan resten hade mer osäkra bearbetningsspår.

Stenpackning av redskapssten som konstruktionsdetalj finns representerade inom både område III och IV genom den fint lagda lilla packningen av löpare och en upp och nedvänd nästan hel underliggare (A11246) och genom packningen runt den stora stenen i östligaste delen av gravfältet (A711). Gemensamt är att båda har fogats samman till små packningar och de består båda av utvalda, fint rundade, knytnävstora stenar varav en del utgör redskapssten.

På flera av stenarnas ytor sågs rödfärgade spår av någon järnförening. I sandlagren på område III och IV förekommer stora, sammanhängande ytor med järnutfällningar som ställvis har en ögonfallande intensivt rödbrun färg. Flertalet av härdanläggningarna som innehöll sten hade anlagts i dessa lager. Järnutfällningarna kan givetvis på naturlig väg ha färgat stenarnas ytor röda. Men man kan inte heller utesluta att stenytorna har fått sin röda färg som ett resultat av mänsklig bearbetning av järnhaltiga färgpigment. Lokaliseringen av pigment på några av dessa stenar skulle kunna tyda på det sistnämnda.

I en ensam grop (A11544) strax nordost om de tätaste stråken centralt i undersökningsområde III påträffades sammanlagt fyra fynd av bearbetad bergart (F378–381). Det rör sig om tre fynd av små glättstenar av grå kvartsit, varav en hel och två delar. Stenarna var jämnt polerade runtom, förutom en av dem som hade en mer plant avsatt, lätt sotig yta. I botten av gropen låg ett kraftigt skörbränt fragment av gråröd gnejs med två blankslipade partier. Sliptekniken vittnar om att man har utnyttjat bergartens skiffrighet, det vill säga mineralstrukturernas riktningar inom stenen.

Den lilla stenpackningen (A11246) i sydöstra delen av område III (kontext 4) utgjordes så gott som helt av bearbetade stenar, därav tio löpare och en nästan hel underliggare (F382–392), samtliga knutna till malningsprocessen. Underliggaren

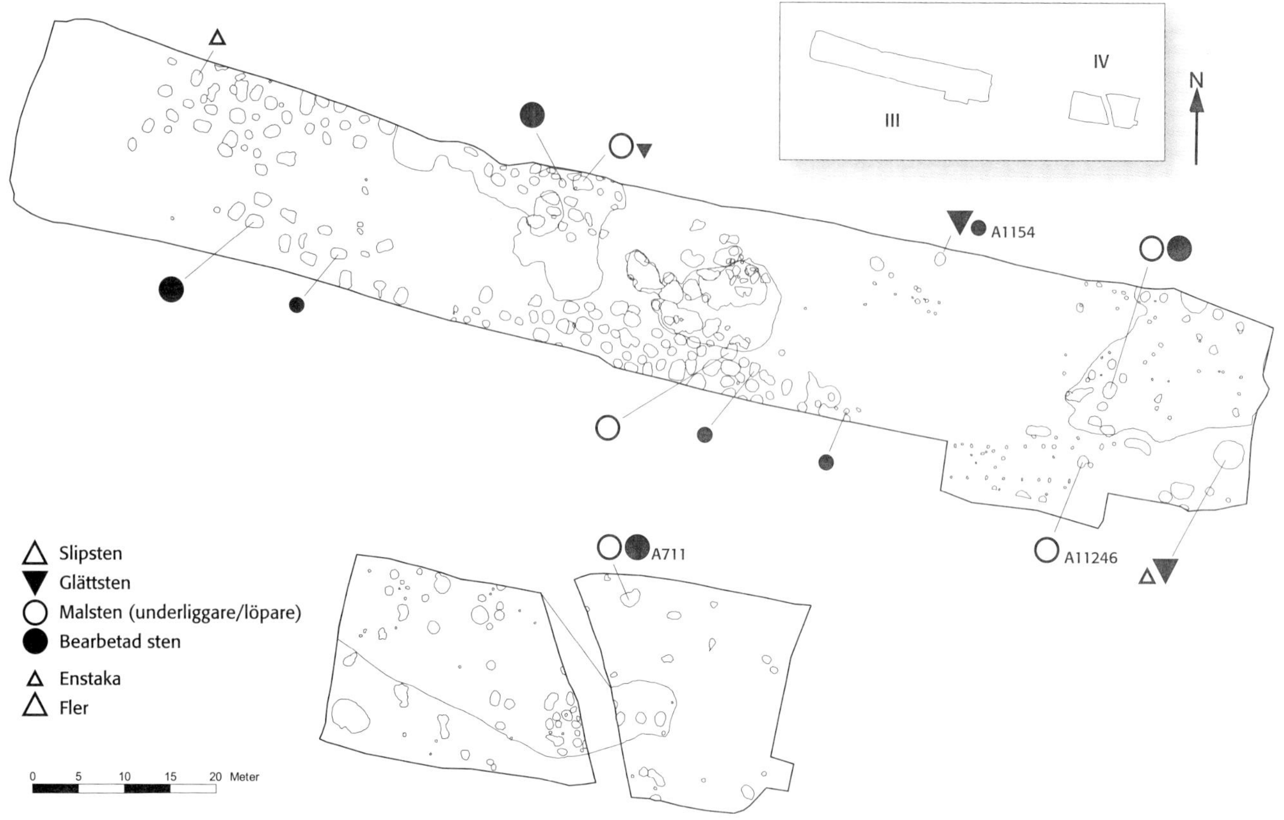

Fördelningen av bearbetad sten inom område III och IV samt i texten angivna anläggningar A711 stenpackning kring block, A11246 liten friliggande stenpackning och A11544 grop.

Distribution of worked stone in Areas III and IV. The structures mentioned in the text, 711 stone-setting round large boulder, 11246 small stone-setting and 11544 pit, are also marked.

hade vänts upp och ned med malytan nedåt centralt i anläggningen med löparstenarna placerade runtom så att de tillsammans bildade en liten plattform (se nästa sida). Underliggaren, 22x17x10 cm stor av röd granulitisk gnejs, ser ut att vara en sadelkvarn för malning av spannmål (F392) (Curwen 1937; Kraybill 1977; Lidström Holmberg 1993). Tillverkningen av underliggaren har skett genom att man kluvit en sten längs med dess skiffrighet, det vill säga i mineralstrukturernas riktning. Undersidan är naturligt lätt rundad och det gör att den står stadigt mot underlaget. Ovan-

Den lilla packningen (A11246) med underliggaren i mitten och de tio löparna grupperade kring den. Foto: Bo Strömberg.

The small stone-setting (11246) with the grinding slab in the cent surrounded by ten handstones. Photo: Bo Strömberg.

sidan utgörs helt av malytan som är ett lätt konkavt slipplan med lätt rundade, men ändå tydligt avgränsade kanter på det sätt som uppstår vid uppfriskande prickhuggning. (Uppfriskningen görs för att plana till malytan eftersom den tenderar att blir lätt skålformad allt efterhand som den mals ned och därmed blir mer ineffektiv.) Själva malytan var relativt nednött och bar inga nyare spår av uppfriskning. Helhetsintrycket var att underliggaren var på väg att bli uttjänt som malredskap, men hade kunnat användas ännu en tid. Centralt på malytan ses ett halvmånformat svart stråk (3-6 cm brett). Det är helt klarlagt att färgningen inte utgör en naturlig färgskiftning hos bergarten, utan att den har tillkommit senare genom mänsklig bearbetning (Hugo Wikman, pers. kom.). Fläcken ser ut som sot som trängt ned i bergarten på grund av att den förmodligen innehållit någon form av fett. Framtida lipidanalyser får visa sanningshalten i detta. Underliggaren kan, kanske som sista uppgift innan deponeringen, ha tjänat som underlag vid framställning av någon form av fettbaserat färgämne.

Löparna i den lilla packningen vid Hemmeslöv

är genomgående knytnävstora och väl använda. Trots att så gott som samtliga utgörs av röd till gråröd granulitisk gnejs har gnejsen hos löparna genomgående helt andra egenskaper än gnejsen i underliggaren. Underliggarens bergartsmaterial är finkornigt och ger ett kompakt intryck och har en viss rivighet i bergartens struktur, medan rivigheten är mycket mer uttalad hos samtliga löpare. Bergartsvalet hos löparna vittnar om en god kännedom om olika bergarters egenskaper uttryckt i hur pass "riviga" de är. Man ska ha klart för sig att malningen i sig kan utgöra en ganska komplex processteknik där man under en och samma malning kan ha använt flera olika löpare, var och en med specifika bergartsegenskaper med hänsyn till vad som ska krossas och malas (Hole m.fl. 1969). Variationsbredden hos löparmaterial i den lilla packningen vid Hemmeslöv visar tydligt att man väl utnyttjat dessa egenskaper i malningsprocessen (se nästa sida).

Stenblock (A711). Längst i öster, inom den nordöstra delen av gravfältet (IV) påträffades ett cirka 1,30 m långt och 0,75 m brett stenblock samt några mindre, kantiga stenblock. Såväl det stora som de mindre stenblocken inom område IV har med all sannolikhet inte hamnat på platsen på grund av några geologiska processer utan förts till platsen av människor. Det stora blocket låg med ena långsidan nedåt. Runtom blocket hade nedkilats ett trettiotal knytnävstora, fint rundade stenar som tillsammans bildade en kantpackning. Bland dessa fanns två mindre löpare (F412, 417) och åtta stenar med eventuell bearbetning (F411, 413–415, 418–420).

Det stora stenblocket av gnejsig granit, hade flera mindre ytor som bearbetats genom slipning. Förutom ett par konkava naturligt vindsslipade ytor som bildade ett vågmönster på den ena långsidan, fanns ett större plan på ena kortsidan samt en mindre plan yta på den andra. Den större plana ytan på kortsidan hade ursprungligen bildats genom en naturlig spricka i bergarten, men den bar också tillhuggningsspår som inte uppstått på naturlig väg. Man fick intryck av ytan ytterligare planats till för att stenen skulle kunna stå bättre upprätt. Stenen restes och stod mycket riktigt stadigt på den plana bottenytan (se nästa uppslag).

Öster om och i direkt anslutning till det stora stenblocket fanns en handfull spridda stenblock. Ett av de mindre blocken uppvisar råa klyvytor som inte har uppstått på naturlig väg utan måste ses som ett resultat av mänsklig bearbetning. Var denna skett är oklart, antingen på platsen och att man därefter städat bort spåren, i form av stenavfall eller att så har den skett någon helt annanstans.

Det stora stenblockets bearbetningsspår, i form av olika typer av mindre slipytor och den tillplanade bredsidan, är svårtolkade, men intressanta. Bearbetningen kan ha skett innan stenen överhuvudtaget transporterades till platsen, men det kan ha skett efter deponeringen. Säkert är dock att stenteknologi generellt kräver ingående kunskaper om bergarternas olika egenskaper. För det första måste man för att kunna klyva en sten känna till dess "svaga punkter", något som kräver lång erfarenhet. Var punkterna sitter varierar mellan olika bergarter. Varje bergart representerar specifika egenskaper, något som man helt säkert känt till under förhistorien och som bearbetningen på det stora blocket vittnar om. För det andra visar löparfynden som påträffades inom område III tydligt på att man besuttit denna kunskap. Man har här använt sig av olika fraktionstäta gnejser för att uppnå en viss slipeffekt. Slipytorna på det stora stenblocket har uppstått både genom mänsklig bearbetning och genom vindslipning och kombinationen i sig kan vara viktig i sammanhanget.

Beskrivning av tio löpare i den lilla stenpackningen (11246)

382. En nästan hel knytnävstor, hovformad löpare av grå kvartsitisk arkos med en "rivig" textur. Den sida som är vänd uppåt har ett lätt konvext, blankslipat plan. Undersidan utgörs av en rå brottyta.

383. En hel knytnävstor, lätt rundad löpare av gråröd granulitisk gnejs med rester av slip-och krossytor över hela ytan. I ena änden finns en 5-6 cm stor krossyta. Löparen måste ha släppt ifrån sig mineralpartiklar vid användning på ett sådant sätt att man kan fundera över om man valt bergarten just på grund av dessa vittrande egenskaper. Stenmaterial av den här typen kan ha hämtats från platser med strömmande vatten som åfåror och havsstränder.

384. En handgreppsvänlig skiva av en kluven löpare av röd granulitisk gnejs med ett 5 cm stort, lätt konkavt, blanknött slipplan på den sida som inte var en rå brottyta. Det finns rester efter mindre krossytor på skivans sidor i båda ändar. Den klyvna rå brottytan är sliten på ett sådant sätt att den måste ha varit i kontakt med handen under längre tid. Även bergarten hos denna löpare har på samma sätt som 382 och 384 en "rivig" struktur.

385. En halv förmodad löpare av gråröd gnejs med rester efter långsmala, lätt konvexa slipytor i bergartens skiffrighet. Undersidan utgörs helt av rå brottyta.

386. En nästan hel löpare av röd granulitisk gnejs med en 15x6 cm stor plan slipyta med mjukt rundade kanter. Slipningen har skett vinkelrätt mot bergartens mineralstrukturer och det är tydligt att man utnyttjat den riveffekt som uppstår då. I ena änden fanns en liten krossyta.

387. En greppvänlig knytnävstor löpare av gråröd gnejs med en plana slipytor och en konkav krossyta på den sida som inte varit i kontakt med handflatan. De bearbetade ytorna åtskildes av tydliga åsbildningar med krosspår. Den sidan som greppats var lätt sotig.

388. En halv, knytnävstor löpare av gråröd gnejs med "rivig" struktur. Rester efter väl nötta, mindre plana slipytor på stenens ena sida. Slipeffekt har uppstått genom att föra stenen vinkelrätt mot bergartens skiffrighet.

389. Ett knytnävstort löparfragment av gråröd gnejs med "rivig" struktur. En mjukt rundad slipyta i ena änden. Undersidan består av en helt rå brottyta.

390. En nästan hel, långsmal löpare av röd granulitisk gnejs med "rivig" ojämnkornig struktur där kvartskornen ses som svarta glimmande strimmor. En långsmal plan slipyta i stenens längdriktning och i ena änden en mindre krossyta. Undersidan utgörs av en helt rå brottyta.

391. En dubbelt knytnävstor lätt rundad sten, förmodligen en halv löpare av röd granulitisk gnejs med en 7x3 cm stor konkav krossyta i ena änden. Undersidan utgörs av en rå brottyta.

Stenblocket med stenpackning in situ (A711). Foto: Thomas Andersson.

The large boulder with the stone setting in situ (A711). Photo by Thomas Andersson.

Stenpackningen när blocket lyfts bort. Foto: Thomas Andersson.

The stone setting with the large boulder removed. Photo by Thomas Andersson.

Det stora stenblocket restes på den plana ytan för besiktning. Foto: Thomas Andersson.

The large boulder raised on the level surface for examination. Photo by Thomas Andersson.

Handlingar som ritualmotiv

Min strävan har varit att, utifrån undersökningsresultaten från ett fornlämningskomplex med brandgravar och härdanläggningar från tidig järnålder invid Hallandåsens norra sluttning uppmärksamma ett antal, som jag ser det, utvecklingsbara förhållningssätt till tolkningen av dessa områden. För att närma mig problematiken har jag här valt att särskilt fokusera på "handlingar" som tolkningskoncept utifrån några strukturationsteoretiska ståndpunkter. Valet har gjorts med tanke på de många härdanläggningarnas varierade formuttryck liksom samtidigheten och den bokstavliga integrationen mellan härdanläggningar och andra fornlämningskategorier som kulturlager, gravar, gropar och stenpackningar inom området. Här har jag valt att särskilt fokusera på rituella handlingar. Lämningarna vid Hemmeslöv kan, som jag ser det, uppfattas som spår efter olika handlingar med en rituell förklaringsbakgrund. Ett viktigt skäl till denna min hållning är platsens sammansatta fornlämningskaraktär med bland annat brandgravar, lager med brända ben tillsammans med en komplex hantering av bearbetat stenmaterial. Sandens röda färg stärker också bilden av en gravmiljö där rituella handlingar kan ha ägt rum. Jag har sett det som viktigt att kartlägga dessa handlingar för att se hur de under tidig järnålder kan ha samverkat inom platsen. I en sammanfattande diskussion kommer jag här ta upp några relevanta aspekter. Grundvalen är att handlingar, såväl rituella som icke-rituella, ingår som vitala värdeskapare i den sociala reproduktionen av bärande strukturer i samhället (Giddens 1979; 1984). En gravplats är oftast en plats där många sådana värden manifesteras. En bärande tanke är att det är genom människors handlingar som sociala värden kan återskapas, något som också avspeglas i den materiella kulturen (Barrett 1989). Eftersom det rör sig om ett sammanhang där gravar förekommer, ett välkänt forum för olika former av ritualer, ligger det nära till hands att vid Hemmeslöv uppmärksamma just rituella handlingar som utgångspunkt för tolkningen av området.

Ritualbegreppet har varit föremål för en mångbottnad religionshistorisk, antropologisk och arkeologisk debatt (ex. Bell 1992; Artelius 2000: kap. 3.2). Någon samstämmig definition på vad en rituell handling är lär inte finnas. De här anförda aspekterna på ritualbegreppet har valts därför att jag ser dem som utvecklingsbara med tanke på Hemmeslövsområdet. En viktig synpunkt är att ritualen begränsas av det sammanhang där handlingarna utförs och av de medverkande aktörernas förhållningssätt till handlingarna (Humphrey & Laidlaw 1994:128, 263). Det kan röra sig om helt vanliga handlingar som förekommer i andra sammanhang som boplatser, aktivitetsområden och så vidare, men som i vissa sammanhang kan få en särskild betydelse. Ett annat kännetecken är att de rituella handlingarna och motiven bakom dem oftast är mångtydiga. I själva verket kan det vara så att det är handlingarna i sig som fungerar som en sammanhållande kraft för olika ritualmotiv. När det gäller olika sammanhang där döden utgör ett centralt motiv, som på ett gravfält, brukar det röra sig om olika sorters övergångshandlingar. Van Genneps klassiska studie från 1909 tar upp tre handlingsstadier; separation, övergång, inkorporering. Separationen innebär lämnandet av det levande vardagslivet. Övergången är handlingar som syftar till att etablera nya sociala handlingsramar. Inkorporering innebär inlemmandet i en ny social ordning. Dessa tre faser har indirekt funnits med som en sorts strukturell överbyggnad i mitt arbete med att kartlägga handlingarna vid Hemmeslöv.

Enligt Catherine Bell med flera (1992:91f, 123f, 105; Damm Brysting 1998) står den rituella handlingen för formaliserad upprepning, men inte bara ett statiskt upprepande efter visst handlingsmönster. Handlingen i sig rymmer en möjlighet till variation och förnyelse av handlingsmönstret. När man betraktar fornlämningarna inom en rituellt färgad kontext kan man tänka sig att variationen hos det arkeologiska materialet kan vara ett uttryck för en förnyelse av ett rituellt handlingsmönster. Med ett sådant synsätt kan härdanläggningar med olika former och storlek, men i stort sett samma innehåll, uppfattas som en variation och förnyelse av ett eller flera handlingsteman. Det kan vara så att det ursprungliga syftet varför man kommer till platsen förändrats, kanske till och med glömts bort, men att de utförda handlingarna, trots en viss utveckling, i stort sett ändå varit relativt likartade. Det vill säga handlingar som man utför på platsen är i grunden desamma, men utformningen eller spåren av handlingarna tar sig olika uttryck.

Utifrån de arkeologiska spåren kan en rad olika handlingar ha utförts vid Hemmeslöv. Man har uppenbarligen valt att gräva djupa eller grunda gropar, deponerat stenar med eller utan bearbetning och antingen före eller efter att man gjort upp eld i dem. Vidare har man hanterat ben från djur och människor genom att lägga ben och medföljande gåvor i grunda fördjupningar i sanden. Handlingarna inkluderar även anläggandet och användandet av en packning av utvalda redskapsstenar och man har släpat dit stora stenblock och lagt dem på till synes strategiska ställen. Samtliga dessa handlingar har tillsammans bidragit till att skapa platsen som sådan. En plats som man återkommit till gång efter gång för att utföra de handlingar som ytterligare befäst platsen i människors medvetande. På ett metaforiskt plan skulle man kanske kunna säga att platsen skapas genom de handlingar, som utförs där. Det kan vara kombinationer av handlingar som inte förekommer tillsammans i några andra sammanhang utan enbart här. Dessa tankar har varit utgångspunkten i min undersökning.

Härdanläggningar

Vid undersökningen antogs att område III och IV egentligen hänger samman och tillsammans bildar en enhet. Området kan sägas ha en västlig och östlig avgränsning. I övriga väderstreck fortsätter härdanläggningsstråken, utanför undersökningsområdet. Fornlämningsområdets egentliga storlek verkar således vara större, men hur pass mycket är naturligtvis omöjligt att säga. Det går inte heller att avgöra om stråken, som vid undersökningstillfället sågs som separata enheter, i själva verket hänger samman, kanske i mycket större formationer där ytterligare härdanläggningar och gravar ingår. Härdanläggningar förekom i stråk antingen 1) med eller 2) utan sandiga lager, innehållande sot, kol och små bitar brända ben, tillsammans med brandgravar och gropar, eller 3) som enstaka anläggningar i för övrigt nästan tomma ytor. Sammanlagt identifierades tre stråk i lager, två stråk utan lager samt ett mindre område med enstaka anläggningar. Man kan här notera att samtliga härdanläggningsstråk utan kulturlager fanns i södra delarna, medan de i kulturlager huvudsakligen hade en nordlig utbredning. Orsaken till varför härdanläggningsstråken fått olika utformning är okänd, men enligt min mening, skulle olikheter i utformning kunna ha sin grund i de specifika handlingar som utförts inom respektive stråk. Det innebär att inom stråk med lager kan en viss sorts handlingar ha utförts, medan ett annat agerande hör till stråk utan och kanske ytterligare ett annat inom anläggningsglesa ytor. Ett anläggningstomt cirka 15x30 meter stort område fanns mellan stråken med och utan lager (mellan kontext 11, 12, 13, 14 och 15). Förutom några enstaka mindre gropar saknades här spår av såväl sot som humus och kontrasten till de intilliggande mörka härdanläggningsstråken blev därmed ganska markant. Vad denna tomma markyta representerar är svårt att säga. Om det var en yta där människor vistades då härdanläggningarna var i bruk borde man åtminstone ha hittat antydningar till nertrampad humus eller sot med tanke på närheten till stråken. Nu var så inte fallet och frågan kvarstår därför om ytan ska betraktas som en plats för någon form av mänsklig aktivitet eller ej.

Inom hela området föreligger ett nära rumsligt samband mellan lager, härdanläggningar, gravar och gropar. Det är uppenbart att härdanläggningarnas komplicerade stratigrafiska involvering i lagren, förekomsten av sot, träkol och ben har ett direkt samband med aktiviteterna i lagren, brandgravarna och gropsystemet. Med andra ord stärker anläggningskomplexen såväl som dateringarna av dem bilden av att aktiviteterna kring härdanläggningarna varit starkt förbundna med handlingar kring själva gravläggningen. Delar av platsen har troligen utnyttjats samtidigt eller så nära i tid att ingen tätare vegetation hunnit att bildas. Förmodligen har större ytor varit fria från vegetation vid ett och samma tillfälle. Den rumsliga organisationen av likartade anläggningar i stråk, rader grupper talar för att de måste ha ingått som viktig del i skapandet av platsen som sådan inom människors medvetande. Mängden anläggningar och deras ordnade former talar alltså för att platsen setts som speciell även under dess användningstid.

Bekräftelsen av ordning är central i ritualen och ordningen kan vid Hemmeslöv ha representerats av en tradition att utforma och använda härdanläggningar enligt ett visst handlingsmönster. Åtta olika härdanläggningstyper identifierades som visar att härdanläggningarna vid Hemmeslöv innehållsmässigt inte skiljer sig märkbart från anläggningar från andra härd-/kokgropsområden, bortsett från att det här saknades tydliga stenkonstruktioner. Det finns en variationsbredd vad gäller anläggningsform, djup, inre konstruktion och fynd i materialet som måste ha haft någon form av funktionell relevans då området användes. Ett exempel på sådan variation är förekomsten av olika sorters lövträ i härdanläggningarna vilket överensstämmer med resultaten från bronsåldersplatsen Glumslöv och äldre järnåldersplatsen Bårslöv. Användningen av ved från olika sorters lövträd kan ha varit ett brukningssätt som varit allmänt känt för användare av dessa områden. Förekomsten av olika lövträd kan bland annat spegla trädvegetationen på platsen under områdets brukningstid. Jag avhåller mig dock från att dra några mer långtgående slutsatser om betydelsen av de olika virkesslagens egenskaper inom härdanläggningarna eftersom proverna var relativt få. Man kan dock konstatera att eldning med lövträ i allmänhet ger en jämn värme vilket kan vara betydelsefullt att känna till i sökandet efter den enskilda anläggningens funktion. Tyvärr saknades redskapsfynd som hör samman med hanteringen av ved som yxor och brynen. Förekomsten av sådana redskap kan tala för att virkeshantering skett på platsen. Härdanläggningarna kunde tyvärr inte närmare funktionsutredas eftersom en mer ingående bearbetning krävs innan något resultat kan presenteras.

Försök till tidsbestämningen av härdanläggningarna har gjorts som ett led i förståelsen av hur och varför stråken uppstått samt på vilket sätt de relaterar till övriga fornlämningar inom undersökningsområdet. Svårtydda, komplexa stratigrafier kring härdanläggningarna tillsammans med brist på säkert tidsangivande fynd innebär att dateringsunderlaget huvudsakligen baseras på ^{14}C-dateringar. Dateringsomfånget sträcker sig från tidig förromersk järnålder in i övergången äldre/yngre romersk järnålder, det vill säga en omkring 6–700 år lång period. Resultatet visar dock på fler hundraåriga intervall för varje enskild datering, vilket skapar problem, särskilt där dateringarna överlappar varandra. Trots att dateringar med bättre upplösning hade varit önskvärt, kan några tendenser trots allt utkristalliseras. En sammanslagning av ^{14}C-dateringarna och de kalibrerade värdena visar på ett medianvärde som faller inom första århundradet före Kristi födelse. Sannolikheten för att härdanläggningarna varit i bruk är här som störst, men det innebär ändå inte att man säkert kan placera alla inom den perioden. Det finns en skillnad i spridning över tid mellan olika typer. Anläggningstyper som innehåller sten, bortsett från de runda, har sin äldsta datering omkring 200 år senare än anläggningar utan sten. Bruket att använda sten i anläggningarna skulle därmed kunna ses som ett uttryck för en tradition som utvecklats från att först under tidig förromersk järnålder enbart ha omfattat runda anläggningar till att så småningom inkludera även nya former. Det finns också vissa tecken som antyder att även organiserandet av själva stråken är uttryck för gamla och nya förhållningssätt. Enligt dessa kan stråk med flest runda och ovala härdanläggningar utan sten i västra delen av undersökningsområdet ha anlagts tidigare än stråk med fler rektangulära och oregelbundna med sten centralt i området. Jag vill dock betona att resultaten är osäkra. Sammanfattningsvis kan Hemmeslöv utifrån ovannämnda resultat kanske ses som en plats som med tiden utvecklats vad gäller formspråk och innehåll. Här ryms spår som kan tyda på såväl äldre som nyare sätt att utforma härdanläggningar, vilket skulle kunna överensstämma med föreställningen om ritualhandlingar som ett uttryck för såväl konservatism som förnyelse och variation (Artelius 2000).

Härdanläggningarnas skilda utformningar (sett här som typ A-D med eller utan sten) kan förslagsvis ses som uttryck för en gravläggningstradition. Frågan är om denna tradition med tiden utvecklats, omformats på det sätt som anläggningarnas formspråk antyder? Hur ofta i såfall har man besökt platsen för att upprätthålla denna tradition? Rör det sig om ett enda besök, en handfull gånger, eller kanske mer regelmässigt återkommande besök under en flerhundraårig period. En tydlig uppdelning i olika anläggningsstråk talar för en viss planering av platsen. Om platsen besökts ett antal gånger under några hundra år innebär det troligtvis att man varit medveten om att platsen besökts tidigare och att man tagit hänsyn till det när man anlagt nya anläggningar. Brandgravarna i sig talar för att platsen fungerat som någon sorts samlingsplats för gravläggning av bygdens folk, en samlingsplats som man förmodligen besökt upprepade gånger. Men har besöken alltid varit förenade med gravläggning, eller har man kommit hit under andra tider och i andra syften? Finns det rentav perioder då platsen varit övergiven?

Det vi ser som arkeologiska spår vid Hemmeslöv kan vara kombinationer av till synes vardagliga boplatshandlingar som att gräva en grop, samla in sten, hugga ved, göra upp eld, men som då de utförs, exempelvis i samband med gravläggning, får en ny kanske fördjupad mening. Härdanläggningarna vid den västligt belägna boplatsen (område I) påminner i konstruktion, form och innehåll med de samtida härdanläggningarna inom område III och IV, med skillnaden att de är färre och istället för stråk formerar sig i små grupper. Grupperna tolkas som aktivitetsytor i anslutning till boplatsen. Härdanläggningarna inom område III och IV har med andra ord likheter med boplatsens anläggningar, men de är ordnade i annan form och med en storskalighet som saknas inom boplatsen. Det verkar som om vardagliga handlingsmönster från boplatser i ett nytt sammanhang får ny utformning och mening.

Som tidigare nämnts rymmer ritualen olika meningsbärande handlingar, handlingar som materialiserar målet för deltagarna och stärker gruppens identitet i förhållande till sig själv och till omvärlden (se resonemang i Artelius 2000:35f). Mening skapas alltså för de inblandade i själva ögonblicket då handlingarna utförs. Bakom till synes enkla handlingar kan döljas indirekta handlingar som att en underliggare och en löpare som deponeras i en stenpackning dels kan representera redskapen i sig men också själva malningsprocessen, även om malning aldrig förekommit på platsen. En glättsten lagd som gravgåva uttrycker kanske själva glättandet eller stenens glättande förmåga som det manifesteras i olika funktionella sammanhang, även om ingen glättning någonsin utförts vid graven. Vedarten i anläggningarna representerar kanske en specifik handling eller egenskap som man förknippat med just den trädsorten och så vidare.

Hanteringen av ben

Ben, små och glest utspridda, förekom allmänt i de enskilda härdanläggningarna som låg i lager. Ben saknades däremot helt i härdanläggningar utan lager. Man kan fråga sig om denna skillnad ska ses som ett uttryck för hur härdanläggningarna brukades? De sotgråa lagren innehöll alltså allmänt små bitar bränt ben, men det är oklart om de hamnat där som ett resultat av de mänskliga aktiviteter som avsatt lagren under områdets brukningstid eller om de finns där på grund av sekundära faktorer som bortodling av exempelvis brandgravar och härdanläggningar eller helt enkelt alltför flitig schaktning vid undersökningstillfället. Det är med andra ord svårt att dra några ingående slutsatser om benfördelningen med tanke på osäkerheten om vad som är benens primära deponeringsplats. Det kan ha varit härdanläggningarna och brandgravarna, groparna eller kanske lagret i sig. Det är ju känt att brandgravar innehåller brända ben från gravläggning, medan orsakerna till varför ben skulle förekomma i de andra anläggningskategorierna är mer oklara. En intressant fråga är därför om lagren innehållit ben primärt eller om benen där generellt ska ses som sekundära? Det går inte heller att utesluta att benmängden ursprungligen varit större. Benens placering, exempelvis överst på anläggningsytan, där de också har varit mer utsatta för olika aktiviteter, kan ha påverkat mängden. Omflyttning av sandmassor vid grävandet av nya anläggningar tillsammans med ett allmänt kringtrampande då man använt anläggningarna, kan också ha medverkat till att ben rubbats ur sitt ursprungliga läge. Det innebär att ben från brandgravar kan ha blandats med fyllning från exempelvis härdanläggningar och tvärtom. Eftersom lämningarna varit utsatta för en successiv översandning under områdets användningstid är det sannolikt att de små lätta benfragmenten kan ha förflyttats med vindens hjälp både en och två gånger mellan olika anläggningar. Osäkerheten kring primär deponeringsplats ställer därför frågan om härdanläggningarnas roll i förhållande till lager och brandgravar på sin spets.

Vilken funktion har då benen haft? Djurben i härdar brukar ju i allmänhet ses som spår efter matlagning och måltid (Mattisson 1994:37). Små mängder ben, rester efter rituella måltider vid begravningen, kan naturligtvis ha lämnats/glömts kvar i härdanläggningarna där de så småningom bränts och fragmenterats till nuvarande skick. Men man kan inte heller utesluta att deras närvaro i anläggningarna representerar en rad andra funktioner där djurben hanteras i eller i anslutning till härdar, som exempelvis slakt, svedjning av päls, torkning och rökning av kött etc. Noterbart är att såväl djur- som människoben förekommer tillsammans i lagren. Med utgångspunkt från bland annat de utseendemässiga likheterna mellan brända människo- och djurben, kan man fråga sig om inte brända djurben på samma sätt som brända människoben kan ha ingått i begravningsakten? Det vill säga att bägge kategorierna har omgärdats av symboliskt färgade föreställningar som manifesterats i gemensamma handlingar. Hanteringen av brända ben inkluderar naturligtvis själva bränningen, kremeringen, men innan dess kan såväl djur- som människoben förslagsvis ha genomgått olika former av reningsprocedurer, som tvättning och behandling med väldoftande essenser, insvepning etc. Denna behandling behöver alltså inte enbart ha varit förbehållen människoben utan kan även gälla djurben. Jag vill dock betona att detta enbart ska ses som ett tolkningsförslag. Det är tydligt att frågan om benens funktion i detta gravsammanhang behöver en mer ingående undersökning än vad som här kan presenteras.

Handlingarna är i själva verket förutsättningen för att något ska kunna ske i ritualen. Vid Hemmeslöv har handlingarna att göra med hanteringen av gropar med sot, kol och sten. Kanske har syftet med att komma till platsen uppfyllts i den stund som man överlämnar gravgåvor eller då man trampar runt i sanden i och kring anläggningarna, då vegetabilier eller färgpigment krossas eller när aska eller ben strös ut? Det är handlingar som inte lämnar några monumentalt synliga spår efter sig som resta stenar eller gravhögar. Kanhända har spåren inte varit avsedda att vara synliga för omvärlden utan handlingarna har utförts för att därefter kunna döljas för eftervärlden. Om detta inte skett genom mänsklig försorg, så har det helt säkert skett genom den igendrivande sanden. Men inom platsen finns också spår efter handlingar av mer synligt bestående karaktär. Det jag tänker på är dittransporterandet och upprättandet av tunga stenblock samt anläggandet av de två stenpackningarna.

Bearbetad sten

Bearbetad sten utgör ett stort inslag i anläggningarna och därför har de setts som bärare av viktig information till frågan om anläggningarnas och platsens funktion. Bearbetad sten förekommer i härdanläggningar, i packningar, i gravar och som fritt liggande block. Fokus i tolkningen ligger på kopplingen mellan redskapens och platsens funktion utifrån såväl praktiskt funktionella som symboliska förklaringsgrunder. Här har jag särskilt valt att lyfta fram den lilla stenpackningen i östra delen av område III och stenblocken i östligaste delen av område IV. Merparten av stenmaterialet, såväl i härdanläggningar, packningar och gravar utgörs av röd gnejs som hämtats från närmiljön. ^{14}C-dateringen av den lilla packningen visar att denna är ungefär samtida med härdanläggningarna (2190±80 BP, kalibrerat värde med ett sigma omkring 350–50 BC). Man får därför anta att de handlingar som utförts på packningen kan ha ett samband med handlingar som utförts i härdanläggningarna. Sotspår på stenarna i den lilla packningen stärker också kopplingen till de sotiga härdanläggningarna. Stora delar av stenmaterialet bar spår av värmepåverkan varav merparten påträffades i härdanläggningar. Bergartsvalet hos de olika redskapen visar på en ingående kännedom om bergarters olika egenskaper, vilket man utnyttjat såväl i framställningen som i användningen av redskapen. Återanvändning är ett genomgående drag hos stenmaterialet i form av olika stadier av bearbetning, särskilt hos löparna. Man har här uppfinningsrikt utnyttjat gamla redskapsformer för att åstadkomma nya. Variationsbredden hos löparna visar också på kunskaper om komplex processteknik som malning. Andra särskilda kännetecken hos stenmaterialet är lokaliseringen av rött pigment på flera stenar i härdanläggningarna vilket kan tyda på viss bearbetning av något järnhaltigt medium.

Stenar ingår världen över i många olika ritualformer (Dowden 2000:62). Exempelvis kan kombinationen av eld och sten i begravningsritualer ha betraktats som viktiga element i överförandet av den avlidnes själ till en ny existens (Kaliff 1997: 106ff; Larsson 1999:154). Flera antropologiskt dokumenterade exempel visar att uttjänta, sönderdelade redskapsstenar från områden där värmeprocesser ägt rum deponerats på utvalda ställen på grund av att man sett dem som särskilda värdeskapare (ex. Kus & Raharijaona 1998:55). Det vill säga att trots att de varit uttjänta ur en strikt funktionell mening, så har man inte dumpat dem som avfall enligt vårt moderna synsätt, utan uppfattat dem som fortsatt verkande kraftfulla symboler. Såväl bearbetat som obearbetat stenmaterial i härdanläggningarna vid Hemmeslöv skulle i linje med detta kunna ses som en sorts symboliska representationer, bärare av en egen inneboende kraft. Redskap har varit meningsbärande objekt för det förhistoriska sammanhang som en gång skapat dem (Nordenberg Myhre 1998:14) och de handlingarna som utförts med dem kan tjäna som symboliskt uttryck för exempelvis sociala grupperingar som kön och status såväl i detta livet som hinsides (Pearson 1998:37f). De kan förknippas med vardagliga göromål, men kan också ha haft en utökad användning i ceremoniella sammanhang.

Typiskt är att redskapen i rituella handlingar valts ut och använts på ett varierat och mångtydigt sätt. De kan ha valts på grund av deras färg eller patina, för känslan när man håller i dem, för deras storleks eller vikts skull. Andra faktorer som kan ha setts som viktiga kan ha varit redskapens formbarhet, det vill säga hur lätt de kan manipuleras, eller deras förmåga till att skapa något nytt (Pearson 1998:37ff). Detta är bara några förslag. Samtliga av ovannämnda faktorer är, som jag ser det, på något sätt överförbara på stenredskapen vid Hemmeslöv. I materialet möts både rent praktiskt funktionella och symboliska aspekter som för tankarna till omvandling och regeneration. Det är glättning (glättstenar), rivighet (mal- och slipredskap), malning och krossning såväl som fragmentering och återanvändning (stenmaterialet i packningar, i härdanläggningar, stenblock). Det är obränt material kontra skörbränt, naturliga stenytor mot bearbetade (samtliga), ordnade former (gravgåvor, packningar, stenblock) och mer oordnade (stenmaterialet i härdanläggningar).

Fragment och helhet

Tidpunkten då bearbetad sten deponerats i härdanläggningarna får hänföras till dateringarna av anläggningarna. Den lilla stenpackningen är i sig ett gott exempel på olika stadier av återanvändning. Flera av dem hade rundade, mjuka ytor som ursprungligen formats av rinnande vatten och stenarna har säkerligen samlats in från något närliggande vattendrag eller det närliggande havet. Löparna har därefter först använts som malredskap med utnyttjandet av deras olika riveffekter. Vissa av dem har kluvits och använts ytterligare en tid till krossning/malning eller kanske fått helt nya användningsområden. Flera av dem bär spår efter handen som greppat stenen. Det rör sig om en allmänt mjuknött yta och sotspår efter fingrar. Sotspåren för tankarna till de närliggande sotiga härdanläggningarna. Kanske ska detta tydas som att aktiviteterna vid den lilla plattformen haft ett direkt samband med aktiviteterna i härdanläggningarna? Stenarnas sista användningsområde är som delar i en konstruktion; den lilla packningen.

Malredskap är något som man vanligtvis förknippar med boplatser, men det finns också många exempel på deponering av malredskap i sammanhang där man inte ser en uppenbar praktisk koppling till deras malande funktion exempelvis i våtmarker, stolphål eller som del i stensättningar. Gropar där malredskap deponerats kan exempelvis uppfattas som en form av säsongsmanifestationer (Frison 1983:89f). Det vill säga deras användning kan ha varit knuten till handlingar som utförts vissa tider på året. Ett annat exempel är de många löparfynd som påträffats i skärvstenshögar (Kaliff 1997). Även om man inte direkt förknippar platsen som sådan med malning kan deras närvaro ändå ses som ett uttryck för något som har att göra med deras praktiska funktion som malande redskap.

Det är uppenbart att avsikten med att bygga den lilla stenpackningen varit att med hjälp av redskapssten från malningsprocessen skapa någon sorts plattform. Man har väl utnyttjat stenarnas former där underliggaren utgör det centrum kring vilket löparna deponerats. På denna plattform kan ha stått något, som exempelvis ett kärl, kanske med en dryck eller något annat som använts i begravningsritualen. Det mer utsatta läget, närmare markytan, kan vara förklaringen till varför ett eventuellt kärl inte bevarats på plattformen. Alldeles intill packningen påträffades ett nästan helt kärl så gott som orört där det en gång nedsatts. Det var bara de allra översta bitarna som saknades. Kärlet har inte fungerat som bengömma, utan varit avsett för något annat. Kärlet och packningen antyder att båda varit avsedda för någon sorts votivhandlingar, men om dessa varit samtida är inte klarlagt. Bo Strömberg redogör för fynd- och dateringsomständigheterna kring kärlet närmare i sin artikel i denna volym. När den svarta beläggningen på underliggarens malyta arbetats in är svårt att säga. Det kan ha skett på platsen, kanske som en del av rituella handlingar i anslutning till gravläggandet. Men det kan också ha hänt tidigare på en annan plats och har kanske inte alls med begravningsseden att göra. Malning av färgpigment är ett välkänt fenomen vid olika rituellt färgade handlingar (Nelson & Lipmeier 1993). Frågan kvarstår om fläcken på malytan kan representera en sådan tillredning.

Malredskap i form av underliggare och löpare är ett exempel på ett uttryckligt, funktionellt parförhållande. Det rör sig om ett sorts dialektiskt motsatsförhållande som också kan betecknas som en samverkande helhet (Fendin 2000). Stenarna formas efter varandra i den vittrande process som malning utgör då de successivt bryts ned under malningens gång. Det är alltså inte bara det som mals som bryts ned utan processen omfattar även själva redskapen. Man brukar säga att under en underliggares livslängd förbrukas åtta löpare. Det är naturligtvis en sanning med modifikation.

Malredskapens livslängd hänger samman med flera olika faktorer. Det handlar om på vilket sätt och till vilket ändamål som de använts, men också hur hård och hur pass vittringsbenägen, och därmed nednötningsbar, bergarten är hos såväl hos underliggare som löpare.

Malningsprocessen förknippas vanligtvis med olika former av växtberedning (ex. Bartlett 1933) särskilt under neolitikum (ex. Kirkbride 1968; Hersch 1982). Men det finns många andra sorters material och förhistoriska sammanhang där krossning och pulverisering praktiserats. Maltekniken har använts för framställning av magring till keramik (Whittlesey & Reid 1982:154) och pigment för tillverkning av färgämnesbaserade material (ex. Gould 1968; Kraybill 1977). Men redskapen behöver inte enbart ha haft en explicit malande funktion, utan det har med all sannolikt funnit många sekundära användningsområden. Löparen kan exempelvis även haft en funktion som knacksten och underliggaren som underlag för exempelvis skinnberedning (Adams 1988) eller som stöd vid bearbetning av trä (Smith 1988). Multifunktionalitet liksom återanvändning är nyckelord när det gäller dessa redskap, något som under förhistorisk tid förmodligen varit mer regel än undantag (Nelson & Lipmeier 1993; Tomka 1993).

Som jag nämnt kan det ensidiga valet av redskap från malningsprocessen i packningen tyda på en inriktning på växtriket och kanske den bearbetning av växter som skett med hjälp av redskapen. Vid rituella svettbad kan förångning av örter ha skett där ångan fungerat som kommunikativt medium (Runcis 1999). Örter kan ha preparerats för detta ändamål genom förberedande krossning och malning, men det är naturligvis bara en gissning eftersom vi inte ens vet om svettbad förekommit på platsen, men helt omöjligt är det väl inte. Det är inte heller uteslutet att det som deponerats ovanpå packningen kan ha varit något från växtriket. Offer av växter är generellt förbundet med reproduktivitet och regeneration (Artelius 1998:224f). Exempelvis brukar växter som deponerats i gravsammanhang uppfattas som symboler för det gemensamma i växters och människors tidsbundna, cykliska levnadsförlopp och återfödelse (Eliade 1958:265ff). En eventuell deponering av växter inom gravfältet vid Hemmeslöv kan också ha haft detta tema.

Men malningsprocessens redskap – underliggare och löpare – behöver inte ensidigt vara förknippade med just bearbetning av växter. Den lilla packningen kan ses som ett uttryck för multifunktionalitet, återanvändningens princip, manifesterat i den uppslagsrika användningen av löparna. Men löparnas gruppering kring underliggaren skulle också kunna ses som en sorts symbolisk manifestation av det antal löpare som varit knuten till underliggaren under dess användningstid. Det behöver dock inte ha varit just dessa löpare. Underliggaren som nav kring vilket de tio löparna formerar sig, och som tillsammans bildar en rund form vilken också i sig kan uppfattas som ett formmässigt uttryck för den cykliska relationen mellan redskapen och deras användning. Redskap och malning är ofta intimt förknippade med hanteringen av markens grödor. Men man kan också välja att se dem som en mer utvidgad, allmän manifestation, en sorts livsprincip, av motsatsförhållanden som en samverkande helhet inom dåtidens samhälle. Löparnas olika stadier av återanvändning kan ses som representationer av stenens ”liv” – ”liv” som lagts ned på olika sätt; i packningar, skoningar, och som enstaka depositionsobjekt i gravar. Stenarna som hämtats från sin ”födelseplats” i ett närliggande vattendrag, har under sitt ”liv” använts och fått nya användningsområden för att slutligen uttjänta, ”döda”, deponeras på en gravplats som så tydligt är en sorts gräns mellan liv och död. Fynden av fragmenterade bearbetade stenar i brandgravarna kan ha varit en gåva till den döde, men deras närvaro i dessa anläggningar och andra skulle också kunna tolkas som att även de gravlagts för att åter kunna uppstå. Bränning och fragmentering är här en parallellitet hos såväl ben som sten som är svår att bortse från.

Att manipulera en sten

Stenen som kulturellt uttryck är en flertydig symbol (Fernandez 1986) i många olika sammanhang. Den kan ingå som konstruktionsdetaljer i exempelvis hus eller gravar; den kan fungera som redskapssten eller ses som solitärer, ”resta stenar”. Stenens fysiska tyngd och storlek samt den relativa orörligheten gör att stenen ofta har en stark anknytning till den plats där den står (Forbes Irving 1990:145f). Stora stenar kan manipuleras på olika sätt, antingen genom tillhuggning, klyvning, slipning, knackning, men manipulationen kan också innebära en lägesändring av deras ursprungliga position (Dowden 2000:65). Det kan röra sig om relativt små saker som att vrida stenen en aning i ”rätt” riktning till att flytta den helt till en ny plats. Kanhända ska en sten som på olika sätt rubbats, flyttats, uppfattas som en sorts representation av en mänskligt skapad plats? Stenteknologiska kunskaper under förhistorien kan, på samma sätt som smidestekniker under senare tid, ha uppfattats som övernaturliga (Larsson 1999). Det kan till exempel ha handlat om frigörandet av stenens inneboende kraft (Dowden 2000).

Resta stenar är särskilt vanliga på gravfält och invid vägar. I trakten finns flera exempel på att man använt sig av stenar såväl i gravkonstruktioner och som solitärer. På Hallandsåsens sluttningar finns flera stensättningar och resta stenar från både brons-och järnålder. Två stycken, inte närmare daterade stora stenblock, de så kallade ”Kung Galters stenar”, finns också registrerade på Malen, inne i Båstad[3)]. Den stora stenen vid Hemmeslöv hade placerats, som det föreföll, på gränsen mellan själva gravfältet och området utanför. Denna placering är inte anmärkningsvärd eftersom stenar ofta används som gränsmarkörer(Dowden 2000:62), exempelvis som symboler för ingången till en plats (Kus & Raharijaona 1998:55).

Vid undersökningstillfället påträffades stenen liggande och det kan givetvis ha varit det ursprungliga läget. Liggande stenar som fungerat som en sorts altare vid gravfält eller offerplatser är omvittnade på många platser och från skilda tider (Dowden 2000:59f). Stenpackningens utseende skulle kunna tala för att den utgjort ett fundament till en altarsten. Det är dock inte helt klarlagt om det stora stenblocket vid Hemmeslöv istället stått upprätt, även om den stora, tillplanade ytan på ena bredsidan kan tala för det. Sanden direkt under stenen såg visserligen relativt orörd ut som om stenen aldrig rubbats ur sitt läge, men man kan ändå inte utesluta att stenen någon gång varit upprättstående. Det kan ha rört sig om en förhållandevis kort tid då aktiviteterna på gravfältet varit av sådan art att de inte avsatt tydliga spår i sanden. Det går inte heller att utesluta att stenens placering skett innan härdanläggningar, brandgravar och gropsystem anlagts och att det därför inte fanns några tydliga spår. Stenen skulle då ha placerats, kanske som ett första moment då platsen togs i anspråk som gravfält. Rituella handlingar är särskilt viktiga just vid invigningen av en plats (Religionslexikonet 1999:461). Spåren från manipulation i form av slipytor kan vara resterna efter sådana handlingar och alltså ses som en sorts invigningshandlingar för att initiera platsen som gravfält. Vilka handlingar kan då tänkas ha ägt rum på och invid den resta stenen i Hemmeslöv?

Stenar kan ses som en sorts skydd mot onda krafter och som en sinnebild för bevarandet av förfäder och traditioner (Kus & Raharijaona 1998:53ff). Placeringen vid ett gravfält, som vid Hemmeslöv, är ett gott exempel på ett sådant synsätt. Att stenar används i gravsammanhang är kanske inte så konstigt eftersom stenar kan sägas representera en sorts beständighet jämfört med det korta människolivet (Dowden 2000:61ff). Stenar fungerar ofta som en sorts varaktiga minnesvårdar vars syfte är att bevara minnet av den döde. Den resta stenen kan ha en form som har en viss fysisk likhet med en stående människa och resta stenar på ett gravfält skulle därför uppfattas som symboliska representationer för de människor som begravts där. Men stenar kan också ha rests för dem som av någon anledning varit förhindrade att begravas på sitt hemmagravfält, som till exempel de som avlidit när de varit på resande fot långt hemifrån (Kus & Raharijaona 1998:55). Stenen blir då en sorts ställföreträdare för den döde på platsen.

Det symboliska sambandet mellan stenar och fruktbarhet finns också väl dokumenterade världen över. Exempelvis har stenaltare vid gravfält använts för olika typer av fruktbarhetsoffer (Hættner Blomqvist 2000:31f). De två löparna i stenpackningen under den stora stenen (och kanske slip/malytan på den stora stenen) har en koppling till hantering av spannmål, något som är vanligt förekommande vid olika sorters fruktbarhetshandlingar. Övriga knytnävstora stenar i packningen var mycket löparlika till formen, åtta av dem hade också något som kan vara bearbetningsspår. Även om det enbart är en gissning är det väl inte alltför långsökt att se även dem som symboliska representationer för löpare och den hantering som förbinds med dessa.

Röd sand...

Platsen vid Hemmeslöv präglades av den rödbruna sanden, vilket var särskilt tydligt i område IV där den ställvis var intensivt brunröd. Den röda sandfärgen kan, som jag ser det, ha varit ett skäl till att man valt ut just denna plats. Men vad har motiverat detta val och har den röda färgen också haft betydelse för de handlingar som därefter utförts på platsen? För det första är sanden inom område IV som sagt, mer iögonfallande röd än sanden i område III, vilket kan ha setts som ett skäl till att först etablera härdanläggningar och gravar här. Jag vill i sammanhanget återknyta till förslaget om det stora stenblocket i den östligaste delen av område IV som en medvetet placerad gränsmarkör eller ingångssten till området liksom till antagandet att det placerats där initialt vid invigningen av platsen. Den röda färgen förekommer även naturligt några hundratal meter väster om härdanläggningsstråken i ett källsprång (mellan delområde I och II) i anslutning till naturliga rödbruna myrmalmslager. Källoffer är ett känt fenomen genom stora delar av förhistorien, men om denna aktivitet har utförts vid den lilla källan är oklart. En annan källa med liknande naturliga betingelser är Röekillorna i sydöstra Skåne (Stjernquist 1997), som in i äldre järnålder använts för olika typer av offerhandlingar. Järnoxid färgar här såväl jordmån som källvatten intensivt brunröda och detta har förmodligen varit ett viktigt skäl till att man utfört offerhandlingar just vid denna källa. De röda sandlagren inom område III och IV kan kanske på liknande sätt ha setts som ett skäl till att förlägga votivhandlingar dit. Man kan inte heller bortse från att den roströda färgen kan ha uppfattats som blodets färg. Blod har alltid spelat en stor roll i olika riter och även andra ämnen som bär blodsfärgen har symboliskt setts som ett uttryck för liv (Biedermann 1991:49). Kanske har den röda färgen i form av sand, färgpigment och källvatten setts som livgivande, som tecken på fruktbarhet och regeneration för dem som valde att begrava sina döda inom området. Seden att sprida ut rödockra i gravar är ju också känt sedan urminnes tider och kanske har den sin parallell här vid Hemmeslöv.

Den röda färgen fanns också i form av fläckar på redskapsstenar i härdanläggningarna, vars placering tyder på någon form av bearbetning av järnhaltiga pigment. Vilken betydelse framställningen av färgpigment haft är dock oklart. Kunskaper om järnframställningsteknik växer i Sydskandinavien fram under yngre bronsålder. Man frågar sig om denna kunskap haft någon betydelse för aktiviteterna vid fornlämningskomplexet och de naturligt förekommande myrmalmslagren inom området? Att lägga spår efter dessa aktiviteter på en plats med gravar antyder att det kan ha funnits en mångtydig symbolisk förståelse av järnframställningstekniken. Kopplingen mellan järnframställning och mänsklig reproduktion är sedan tidigare känd (Englund 1999:107). Kanske är det så att aktiviteterna vid Hemmeslöv under förromersk järnålder ska ses som en kombination av begravningshandlingar med inriktning på reproduktion och olika handlingar vid järnframställning? Den komplexitet som ses i de materiella lämningarna skulle kunna överensstämma med en sådan komplexitet i handlingar. Kan man i sådana fall tala om gemensamma beröringspunkter mellan å ena sidan föreställningar om den nya tekniken med krossning av rostningsmalm och å andra sidan föreställningar om malredskapen med krossning av såväl järnhaltiga pigment som organiska material? Man frågar sig om järnframställningstekniken också förbundits med samma regenererande aspekter som omgärdat maltekniken?

...och aska

Liksom sten har aska varit ett betydande inslag i härdanläggningarna. Anläggningskomplexen i såväl det centrala norra stråket som stråket i det nordöstra hörnet av undersökningsområdet hade bäddats in i ask- och kolblandad sand. Aska uppfattas i många kulturer som en symbol för förgänglighet, en sinnebild för sorg och död. Men aska, liksom den röda färgen, är också ett uttryck för hopp och pånyttfödelse vid olika initieringsritualer (Biedermann 1991:30ff). Askans näringsvärde utgör ju i bokstavlig bemärkelse grunden för nytt spirande liv (vilket är tydligt i svedjebränningsbruket). I många kulturer finns dokumenterat seden att strö aska i håret, smörja in kroppen med aska och att till och med äta aska. Kanhända ska de askblandade kulturlagren på platsen tolkas som spår efter sådana regenerationshandlingar med syfte att iscensätta övergången från död till förnyelse? Platsen där dessa handlingar utförts kan ses som en övergångsplats såväl i kulturell som geografisk bemärkelse. En utvald plats i gränsområdet mellan slättlandskapet och den branta åsslutttningen, en plats med röd sand, ett källsprång och närhet till de leder som binder samman människorna i de olika bygderna.

Tack till Hugo Wikman och Elisabeth Rudebeck.

Noter

1) Bestämningen utfördes av Thomas Bartholin vid Nationalmuseum i Köpenhamn.

2) Samtliga stenar inom område IV bedömdes på plats av Hugo Wikman på Sveriges Geologiska Undersökningar. En ordinarie besiktning och ytbedömning av bearbetat stenmaterial utfördes därefter av Wikman tillsammans med artikelförfattaren.
3) ATA Dnr 1511/1925, 2390/1925, 3338/1931).

Referenser

Muntliga källor

Hugo Wikman, Sveriges Geologiska Undersökningar (SGU), Lund.

Skriftliga källor

Adams, J.L. 1988. Use-wear analysis on manos and hide-processing stones. *Journal of field archaeology vol 15,* s. 304-314, 1988.

Andersson, T. 1997. Boplatslämningar från yngre bronsålder och äldre järnålder. Halland, Östra Karups socken, Hemmeslöv 5:7. Arkeologisk slutundersökning. RAÄ 139. *Riksantikvarieämbetet UV Syd Rapport* 1997:10.

Artelius, T. 1998. Arrhenatum Elatius ssp Bulbosum: om växtsymbolik i vikingatida begravningar. I Nordbladh, J., Gustafsson, A. & Karlsson, H. (red). *Glyfer och arkeologiska rum. GOTARC Series A:3,* s 215-228.

Artelius, T. 2000. *Bortglömda föreställningar. Begravningsritual och begravningsplats i halländsk yngre järnålder.* Riksantikvarieämbetet arkeologiska undersökningar skrifter 36. Gotharc. Series B. Gothenburg Archaeological Thesis 15.

Bartlett, K. 1933. Pueblo Milling Stones of the Flagstaff Region and Their Relation to Others in the Southwest. *Museum of Northern Arizona Bulletin* Number 3, Flaggstaff.

Bartlett, K. 1936. The Utilization of Maize Among the Ancient Pueblos. I *Symposium on Prehistoric Agriculture, University of New Mexico Bulletin* Vol.1. number 5, s. 29-34.

Barrett, J. 1989. Food, gender and metal: Questions of social reproduction. I Sørensen, M-L. & Thomas, R. (red). *Bronze-Iron Age Transition in Europe. Part II.* BAR International series 483, s. 304-320.

Bell, C. 1992. *Ritual theory, ritual practice.* Oxford. Oxford University Press.

Berglund, J. 1982. Kirkebjerget – a late bronze settlement at Voldtofte, south west Funen. An interim report on the excavations of 1976 and 1977. *Journal of Danish Archaeology,* vol 1, s. 51-63.

Biedermann, H. 1991. Symbollexikonet. Forum, Stockholm.

Björk, T. 1998. Härdar på rad. Om spåren efter en kultplats från bronsåldern. *Fornvännen 93,* s.73-79.

Carlsson, P. 1998. Gravar och kokgropar vid Sunningesund. I Carlsson, P., Hernek, R. & Lindholm, K. (red). Arkeologiska undersökningar för motorvägen Lerbo-Torp. Del 2. *Riksantikvarieämbetet och Bohusläns museum. UV Väst Rapport* 1998:3, s. 57-75.

Curwen, C. 1937. Querns. *Antiquity 1937,* s. 131-151.

Damm Brysting, C. 1998. Forhistoriske ritualer: En diskussion omkring mening og handling. I Bredholt Christensen, L. & Sveen Benedicte, S. (red.). *Religion og materiel kultur.* Aarhus Universitets forlag Cambridge Univiversity Press, s. 44-65.

Dering, P. 1999. Earth oven plant processing in archaic period economies: an example from a semi-arid savannah in south central North America. *American Antiquity.* Vol. 64, no 4, s. 659-674.

Dowden, K. 2000. *European paganism. The realities of cult from antiquity to the Middle Ages.* Routledge.

Eriksson, T. 1998. Härdar och boplatser. *Blick för Bergslagen.* Årsbok Riksantikvarieämbetet, UV Bergslagen, s. 17-23.

Eskildsen. L. 1979. Jordovne. *Skalk 1979:3.*

Eliade, M. 1958. *Patterns in comparative religion.* London. Sheed & Ward.

Englund, L-E. 1999. Havandeskap och järnframställning. I Caesar, C., Gustin, I., Iregren, E., Petersson, B., Rudebeck, E., Räf, E. & Ströbeck, L. (red) *Han, hon, den det. Att integrera genus och kön i arkeologi.* Arkeologiska institutionen, Lunds universitet. Report series No 66, s.107-114.

Fendin, T. 1999. Boplats och härdgropsområde från bronsåldern vid Glumslöv. Skåne, Glumslövs sn, Övra Glumslöv 10:5. Västkustbanan 3:3. *Riksantikvarieämbetet UV Syd Rapport* 1999:39.

Fendin, T. 2002. Fertility and the repetitive partition. Grinding as Social Construction. *Lund Archaeological Review 2000.*

Fernandez, J. 1986. *Persuasions and performances.* Indiana University, Bloomington.

Forbes Irving, P. M. C. 1990. *Metamorphosis in Greek myths.* Oxford classical monographs. Oxford: Clarendon.

Fors, T. 1996. Rostningsgropar från bronsåldern vid Eldsberga. RAÄ 12, Eldsberga 44:1, Eldsberga socken, Halland. *Arkeologiska rapporter från Hallands länsmuseer* 1996:7.

Frison, G. 1983. Stone circles, stone-filled pits, grinding stones and High Plain archaeology. I Davis, L. (red). *From microcosm to macrocosm. Advances in tipi ring investigation and interpretation.* Plains Antropological Memoir 19. Lincoln, s. 81-91.

Gennep, A. van. 1909. *Les rites de passage: étude systematique des rites.* Paris.

Giddens, A. 1979. *Central problems in Social Theory.* London.

Giddens, A. 1984. *The constitutions of society: Outline of a theory of Structuration.* Cambridge.

Gould, R. 1968. Living archaeology: the Ngatajara of Western Australia. *Southwestern Journal of Anthropology* 24, s. 101-122.

Heidelk-Schacht, S. 1989. Jungbronzezeitliche kultfeuerplätze im Norden der DDR. I Schlette, F. & Kaufmann, D. (red). *Religion under Kult in ur-und frügeschichtlichen Zeit.* Berlin, s. 225-240.

Henriksen, M. B. 1999. Bål i lange baner – om brugen af kogegruber i yngre bronzealder og ældre jernalder. *Særtryk Fynske Minder 1999.* Odense Bys Museer, s 94-128.

Hersh, Theresa L. 1982. *Grinding stones and food processing techniques of the Neolithic societies of Turkey and Greece.* Akademisk avhandling, Columbia University.

Hole, F. & Flannery, K, & Neely, J.A. 1969. *Prehistory and human ecology of the Deh Luran plain, an early village sequence from Khuzistan, Iran.* Ann Arbor.

Humphrey, C & Laidlaw, J. 1994. *The Archetypical Actions of Ritual: A theory of ritual illustrated by the Jain rite of worship.* Oxford.

Hættner Blomqvist, T. 2000. *Gates and Gods. Cults in the City Gates of Iron Age Palestine. An Investigation of the Archaeological and Biblical Sources.* Akadamisk avhandling. Conniectanea Biblica. Old Testament Series 46.

Jonason, J. & Elg, M. (red). 1980. Svenska Träd. *Känn ditt land-serien, nr 7.* Sveriges Turistförening, Södertälje.

Kaliff, A. 1997. *Grav och kultplats. Eskatologiska föreställningar under yngre bronsålder och äldre järnålder i Östergötland.* Aun 24. Uppsala.

Kirkbride, D. 1968. Beidha: early neolithic village life south of the Dead sea. *Antiquity XLII,* s. 263-274.

Kraybill, N. 1977. Pre-agricultural tools for preparation of foods in the old world. I Reed, C. A. (red). *Origins of Agriculture,* s. 485-521.

Kus, S. & Raharijaona, V. 1998. Between earth and sky there are only a few large boulders: sovereignty and monumentality in central Madagascar. *Journal of Anthropological Archaeology 17,* s. 53-79.

Larsson, L. 1999. The role of fire in neolithic ritual activities. *Lietuvos arceolojia* nr 19, s.175-189.

Lerche, G. 1969. Kogegruber i New Guineas højland. *Kuml. Årbog for jysk arkælogisk selskab* 1969, s. 195-209.

Lidström Holmberg, C. 1993. Sadelformade malstenar från yngre stenålder. Rapport 2. *Flatenprojektet.* Statens Historiska Museum/Institutionen för arkeologi, Uppsala Universitet.

Lomborg, E. 1977. Bronzealderbopladsen på Skamlebæk radiostation. *Antikvariske studier.* Nationalmuseum, s. 123-130.

Lundin, K. 1992. Kokgropar i Norrbottens kustland. Ett försök till tolkning av kokgroparnas funktion. I *Arkeologi i norr 3.* 1990. Arkeologiska institutionen, Umeå universitet.

Mattisson, A. 1994. Djurben i gravar från yngre bronsålder. CD-uppsats i arkeologi, Uppsala universitet.

Nelson, M. C. & Lippmeier, H. 1993. Grinding tools as conditioned by land-use pattern. *American Antiquity 58 (2),* s. 286-305.

Nordenborg Myhre, L. 1998. *Historier fra en annan virkelighed. Fortellinger om bronsealderen ved Karmsundet.* Stavanger.

Knarrström, A. & Olsson, M. 2000. Boplatser och härdområde vid Bårslöv: arkeologiska undersökningar: Skåne, Välluv och Bårslöv socknar. *Riksantikvarieämbetet UV Syd Rapport* 2000:61.

Pearson, M. 1998. "Is this a dagger I see before me". Performance as valuation: early Bronze age burial as theatrical complexity in the Archaeology of Value. I Bailey, D. (red). *The archaeology of value: Essays on prestige and the processes of valutation. BAR International Series* 730.

Publiceringsplan för projektet Västkustbanan (VKB) Helsingborg – Kävlinge. *Riksantikvarieämbetet UV Syd Rapport* 1999:60.

Rahbæk, U. & Rasmussen, K. Lund. 1997. Radiocarbon dating in the pre-roman iron age. I Martens, J. (ed) *Chronological problems of the Pre-Roman Iron Age in northern Europe. Symposium at the Institute of Prehistoric and Classical Archaeology University of Copenhagen, December 8 1992.* Institute of Archaeology and Ethnology, University of Copenhagen. Danmarks Universitetsförlag, s. 137-143.

Religionslexikonet. 1999. Forum, Stockholm, s. 461.

Runcis, J. 1999. Den mytiska geografin – reflektioner kring skärvstenshögar, mytologi och landskapsrum i Södermanland under bronsåldern. I Olausson, M. (red). *Spiralens öga. Tjugo artiklar kring aktuell bronsåldersforskning.* Riksantikvarieämbetet. Avdelningen för arkeologiska undersökningar. Skrifter nr 25, s. 127-155.

Seeberg, P. & Olesen, A. 1971. Storudvinding af trækol, *MIV (Museer i Viborg amt)* 1, s. 48-51.

Smith, M. A. 1988. Central Australian seed grinding implements and Pleistocene grindstones. I Meehan, B. & Jones, R. (red.). *Archaeology with ethnography.* Australian National University, s. 94-108.

Stjernquist, B. 1989. Arkeologiskt material som belägg för religion. Tolkningen som problem. I Larsson, L. & Wysomirska, B. (red.). *Arkeologi och Religion. Rapport från arkeologidagarna 16-18 januari 1989.* Report Series No 34. Institute of Archaeology, University of Lund, s. 57-66.

Stjernquist, B. 1997. *The Röekillorna spring: spring cults in Scandinavian prehistory.* Acta Regiæ Societatis humaniorum litterarum Lundensis 82. Almqvist & Wiksell International. Stockholm

Strömberg, B. 1997. Halland, Östra Karups socken, Väg 115, Båstads kommun. Arkeologisk förundersökning. *Riksantikvarieämbetet UV Syd Rapport* 1997:80.

Strömberg, B. 2000. Härdområde, brandgravar, boplats och rostningsplats. Skåne län, Halland – Båstads kommun, Väg 115, Östra Karups socken. *Riksantikvarieämbetet UV Syd, Dokumentation av fältarbetsfasen* 2000:1.

Strömberg, B. & Arcini, C. 2002. Kulturlandskap vid Hallandsås. Platsers betydelse – platsers förändrade bruk. I Carlie, A. (red.). *Skånska regioner.*

Sørensen, S. A. 1980. En omfartsvej gennem bronzealderen. I ROMU 1. *Årsskrift fra Roskilde Museum,* s. 18-38.

Thrane, H. 1971. En broncealderboplads ved Jyderup Skov i Odsherred. *Nationalmuseets Arbejdsmark 1971,* s. 141-164.

Thrane, H. 1974. Hundredvis af energikilder fra yngre broncealder. *Fynske minder 1974,* s. 96-114.

Thörn, R. 1992. Käglinge grustäkt – aspekter kring ett komplext boplats- kokgropsmönster. *Arkeologi i Malmö. En presentation av ett antal undersökningar utförda under 1980-talet.* Stadsantikvariska avdelningen, Malmö museer. Rapport nr 4.

Thörn, R. 1993. Eldstadssystem – fysiska spår av bronsålderskult, ett försök att spåra kultplatser och kulturinfluenser. C-uppsats i arkeologi, Lunds universitet.

Thörn, R. 1994. Sallerupsvägen. Delen väster om Särslövsvägen. Rapport över arkeologisk slutundersökning. Stadsantikvariska avdelningen, Malmö museer.

Tomka, S. A. 1993. Site abandonment behavior among transhuman agropastoralists the effect of delayed curation on assemblage composition. Cameron, C. & Tomka, S. (red.). *Abandonment of settlements of regions. Ethnoarchaeological and archaeological approaches.* Cambridge University Press.

Wallin, L. 1985. Boplatslämningar vid Gyllhögarna. Fornlämning 6:6, Gylle socken, Skåne. *Riksantikvarieämbetet UV Syd Rapport.*

Wandsnider, L. 1997. The roasted and the boiled: Food composition and heat treatment with special emphasis on pit hearth cooking. *Journal of anthropological archaeology* 16, s. 1-48.

Whittlesey, S. M & Reid, J. J. 1982. Analysis of Interassemblage Variability and Settlement System Reconstruction. I Reid, J. J. (red.). *The Chevelon Region.* Cholla Project Archaeology, vol 2. Archaeological Series No 161. Arizona State Museum, University of Arizona, Tuscon, s. 151-179.

Widholm, D. 1975. Nya fornfynd från Kristianstad. Sydsverige. *Ale 1/1 1974,* s.1-10.

Wikman, H. 1997. Rapport angående stort block av gnejsgranit från arkeologiska utgrävningar vid Hemmeslöv öster om Båstad. Sveriges Geologiska Undersökningar (SGU) Rapport 5/12 1997.

Wikman, H. 2000. Bergartsbestämning av arkeologiskt stenmaterial från utgrävningar vid Hemmeslöv i Skåne. Sveriges Geologiska Undersökningar (SGU) Rapport 6/10 2000.

Kvidingefältet

Landskap, fornlämningar och järnhantering

TYRA ERICSON

Abstract: Kvidingefältet. Landscape, monuments and iron production.

This article deals with a small area called Kvidingefältet, located in a large tract of gravel deposits between the Söderåsen ridge and Rönne river in the north-west of Scania. Due to the expansion of gravel pits in the area, a large number of archaeological excavations have been carried out during the last 15 years, mainly revealing traces of settlements and grave structures from the Bronze and Iron Ages, as well as traces of early iron working. In this article a compilation of the excavation results is presented and discussed in relationship to the distribution of ancient monuments in the surrounding landscape. The analysis shows that Kvidingefältet was used almost permanently during the Bronze and Iron Ages for settlements and handicraft activities, whereas the low ridge to the north was used for the dead and the making of graves. However, Söderåsen – the imposing ridge to the south of Kvidinge – seems to have been used for the dead only on special occasions. The hypothesis is put forth that the introduction of iron production could have generated wealth for the local leaders, and brought a change to the manifestation of burial monuments in the landscape.

Inledning

Nordvästra Skånes inland har fortfarande många vita fläckar på den arkeologiska kartan, delvis beroende på att exploateringar – och därmed undersökningar – här ägt rum i betydligt mindre utsträckning än inom slätt- och kustområdena. De redovisningar och sammanställningar som gjorts har oftast legat på antingen makro- (regionen) eller mikronivå (enstaka platser). I denna artikel ska jag istället försöka hålla mig på en mellannivå, till ett litet och tämligen välundersökt område inom vilket det finns olika landskapsrum och olika typer av fornlämningar. Under 1980- och 90-talen har ett stort antal arkeologiska undersökningar genomförts i anslutning till det s.k. Kvidingefältet, ett cirka 25 km^2 stort område i anslutning till Rönne ås dalgång i nordvästra Skåne.

Tidigare forskning har ansett att just Rönneåbygden under den sena järnåldern var ett särskilt område, som skiljde sig från sydvästra Skånes slättbygder inte bara rent geografiskt utan även vad gäller gravseder (Svanberg 1999 och där anförd litteratur). Det är dock oklart hur långt tillbaka i tiden man kan följa denna egenart, och huruvida den även omfattar andra aspekter av den materiella kulturen som t.ex. husbyggnadstraditioner.

Denna artikel är ett försök att sammanfatta de arkeologiska data vi har idag, och undersöka de rumsliga och tidsmässiga sambanden mellan landskap, gravar, boplatser och lämningar av järnhantering. Artikeln gör dock inga anspråk på att utgöra något ”facit”, utan jag vill snarare peka på några av de forskningsluckor som finns i materialet och lämna förslag på frågor som man bör beakta vid framtida undersökningar, inom såväl Kvidingefältet som andra delar av nordvästra Skåne.

Syfte

Syftet med denna artikel är att sammanfatta kunskapsläget från de senaste årtiondenas arkeologiska undersökningar i anslutning till Kvidingefältet, för att ge en mer problem- och forskningsorienterad grund inför kommande undersökningar i området. De för närvarande framtagna materialen kan studeras utifrån olika aspekter. Hur har bebyggelsen varit organiserad under skilda perioder? Hur permanenta eller rörliga har bosättningarna varit? Vilka rumsliga förhållanden har funnits mellan bebyggelse och gravar? Vilken betydelse har de olika naturgeografiska elementen haft? Hur har man t.ex. förhållit sig till den topografiskt dominerande Söderåsen jämfört med de mindre grusåsarna nedanför? Vilka tecken på social och politisk organisation kan vi se i materialen? Vad innebar införandet av ett nytt hantverk, järnhanteringen, för den samhällsmässiga utvecklingen i området? Vilka spår av järnhantering har påträffats? På vilka typer av platser återfinns de? Vilka människor var engagerade i järnframställningen?

Undersökningsområdets gränser är satta med utgångspunkt från var de olika arkeologiska

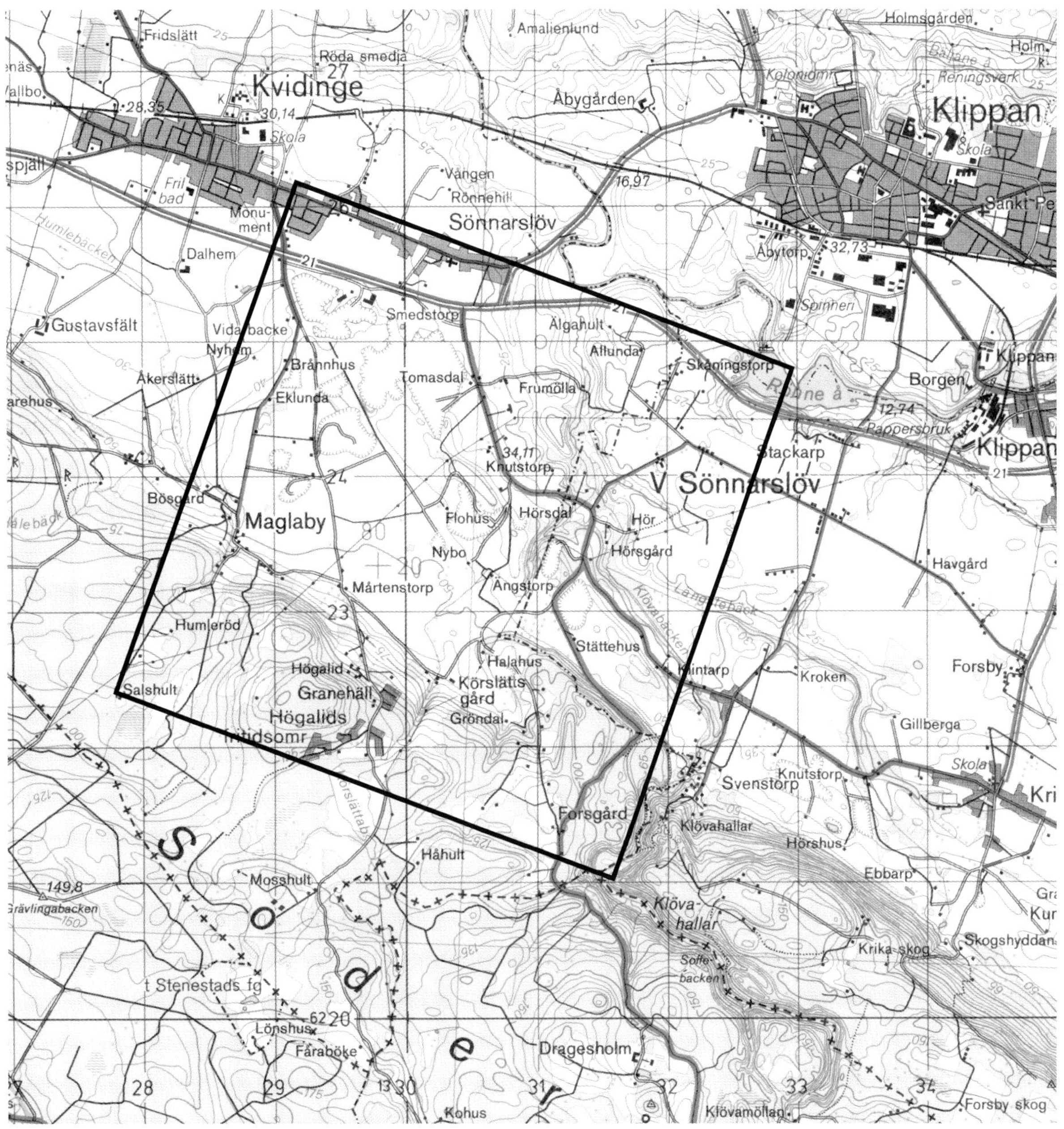

Nordvästra Skåne med Kvidingefältet markerat. Skala: 1:50 000.

The location of Kvidingefältet in north-western Scania. Scale: 1:50 000.

insatserna ägt rum, och är därmed inte strikt naturgeografiskt definierade. Liksom på andra platser har vi endast fragment av den "totala" fornlämningsbilden att tillgå. Inom Kvidingefältet kan vi dock räkna med att fortsatt täktverksamhet leder till en så hög grad av exploatering, och därmed antikvarisk dokumentation, att vi kan erhålla en relativt sammanhängande bild av området; något som vi annars sällan får möjligheter till i mellan- och skogsbygden. Med all sannolikhet kommer grustäkterna inom Kvidingefältet således att utvidgas ytterligare. På sikt kan man dessutom förvänta sig att mark tas i anspråk för bebyggelse i anslutning till Kvidinge samhälle och kanske även för fritidsbebyggelse på Söderåsen.

Jag har i detta sammanhang valt att anlägga ett landskapsarkeologiskt perspektiv på området. Kvidingefältet omfattar olika landskapselement och fornlämningstyper, som lämpar sig väl för en sådan analys. En viktig utgångspunkt för studien är frågan – varför man har valt att nyttja vissa platser i landskapet och inte andra? I stället för att enbart använda ett traditionellt ekonomiskt och funktionellt perspektiv och argumentera i termer av jordmån, teknologi, handelsvägar och dylikt, kan man även ta hänsyn till landskapets mentala dimension, där ett symbolinnehåll och "socialt minne" kan ha spelat en roll vid valet av dessa platser. Det handlar om att se landskapet som en successivt skapad helhet, där de befintliga fornlämningarna i varje skede utgör en lika viktig lokaliseringsfaktor för nya fornlämningar som jordmån eller topografiskt läge. Förhållningssättet till enskilda landskapselement – även skapade sådana – har förändrats över tid. Ett exempel på hur ekonomiska och sociala faktorer givits fysiska uttryck är hur introduktionen av ett nytt hantverk, järnhantering, påverkat fornlämningsbilden. Mina främsta inspirationskällor avseende landskapsarkeologi har varit John C. Barrett och Christopher Tilley (Barrett m.fl. 1991; Tilley 1991, 1994).

Artikeln inleds med en presentation av Kvidingefältet och dess fornlämningar. Därefter följer en sammanställning och analys av hur fornlämningarna förhåller sig rumsligt till landskapet under olika perioder, vilken i sin tur följs av en diskussion om bebyggelseutvecklingen i området och järnhanteringens betydelse. Avslutningsvis skisseras en rad frågor och problem som bör uppmärksammas inför framtida arkeologiska insatser i området.

Landskapet

Nordvästra Skåne domineras av två landskapstyper: å ena sidan kustslätterna runt Helsingborg och Ängelholm, å andra sidan de sydvästra utlöparna av Sydsvenska Höglandet, med förlängning i väster i form av Hallandsåsen och Bjärehalvön. Centralt i landskapsdelen finns Söderåsen, en urbergshorst med utsträckning i nordväst–sydost. Norr om denna flyter regionens största vattendrag – Rönne å – med utlopp i Skälderviken.

Det s.k. Kvidingefältet är beläget cirka 20 kilometer från kusten, mellan Söderåsens nordsluttning och Rönne ås dalgång, söder om Kvidinge samhälle. Den ursprungliga topografin består av ett stort antal små grusåsar och området genomkorsas av flera bäckar. Området utgörs av isälvsmaterial och är beläget cirka 45–55 meter över havet. Marken ligger idag som åker och betesmark, men tas i allt högre grad i anspråk för grustäkt.

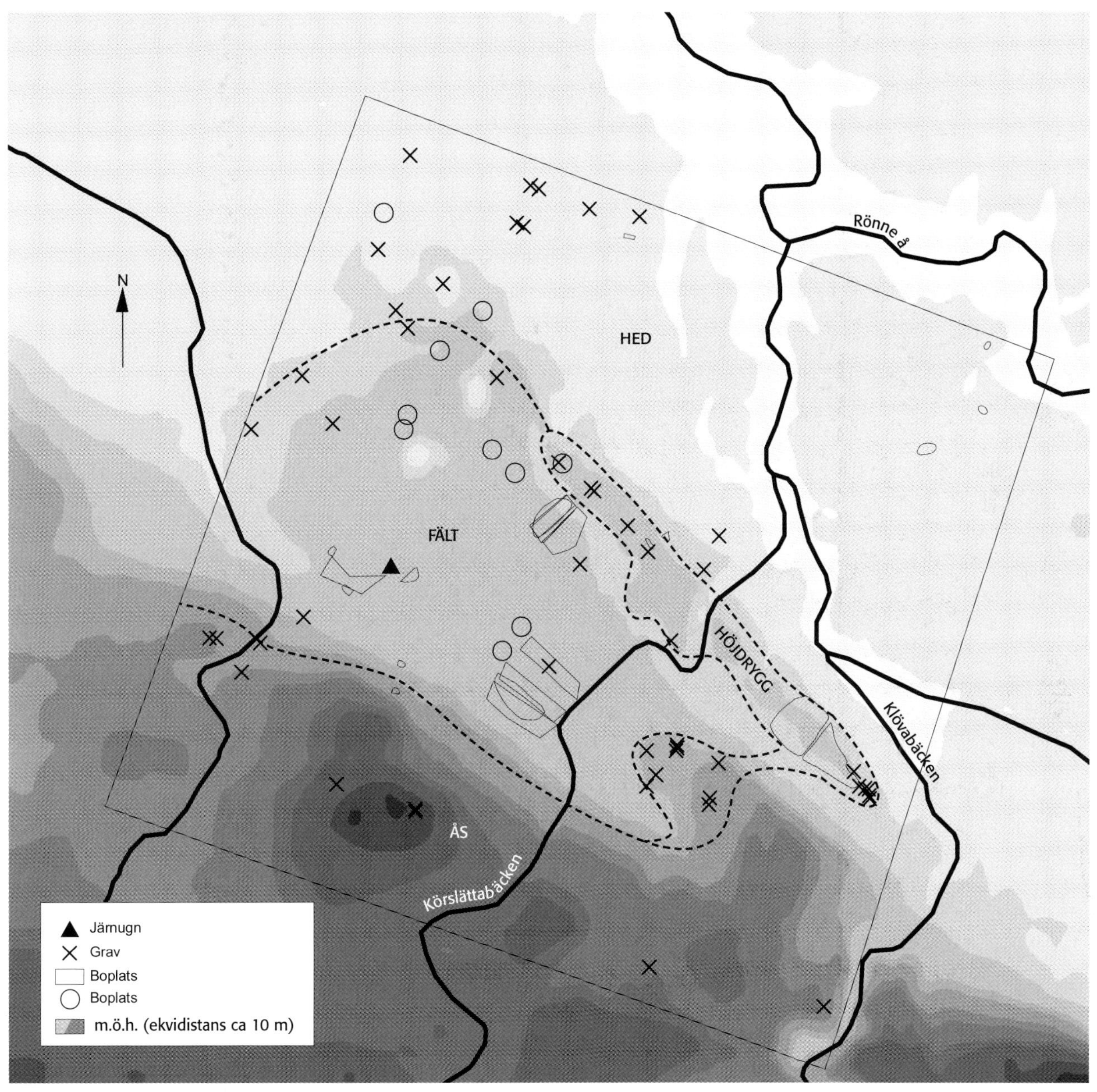

Kvidingefältet med olika landskapstyper och kända fornlämningar markerade. Skala: 1:35 000.

The landscape at Kvidingefältet. Scale: 1:35 000.

Söderåsen från nordnordost med grustag i förgrunden. Foto: Anna Lagergren-Olsson.

The Söderåsen ridge from the north-north-east with a gravel pit in the front. Photo by Anna Lagergren-Olsson.

Söderåsen är idag till större delen bevuxen med skog, men var under 1600- och 1700-talet täckt av ljunghedar (Länsstyrelsen i Kristianstads län 1996:136f). Norr om fältet vidtar en idag uppodlad sandslätt, "Kvidinge hed", och närmare Rönne å finns lera och svämsediment.

Det landskapsrum om 4x4 kilometer som behandlas i denna artikel, kommer för enkelhetens skull också att kallas "Kvidingefältet" men kan på grundval av naturgeografiska och vegetationsmässiga förhållanden grovt indelas i fyra landskapstyper. Dessa är från söder mot norr:

- *åsen* – Söderåsens moräntäckta nordsluttning
- *fältet* – bestående av ett system av mer eller mindre flacka grusåsar
- *höjdryggen* – den grusåssträckning som går i en båge runt fältet
- *heden* – den flacka marken i anslutning till Rönne ås dalgång, inklusive Klövabäckens dalgång i öster.

Fornlämningar och undersökningar

De fornlämningstyper som denna artikel koncentrerar sig om kan med en antikvarisk terminologi sammanfattas i följande tre kategorier: "boplatser" (inklusive by- och gårdstomter från historisk tid), "gravar" samt lämningar av järnhantering. De synliga fornlämningarna i trakten ligger i allmänhet på mark som inte varit attraktiv för odling och bosättning i modern tid. De vanligaste typerna är högar, rösen och stensättningar, d.v.s. gravar från brons- och järnålder. Dessutom förekommer områden med röjningsrösen/fossil åkermark. Då några arkeologiska undersökningar av dessa komplex inte utförts i området kommer jag i detta sammanhang inte att behandla frågor rörande den odlingshistoriska utvecklingen.

Inom det utvalda området har fornminnesinventeringen (senaste revidering 1995), resulterat i 73 fornlämningslokaler. Dessutom har ytterligare tio boplatser och en järnframställningsugn konstaterats vid utredning/förundersökning, vilket ger ett minimiantal av 84 fornlämningar.

En tredjedel av dem är boplatser och lika många gravar eller gravfält, medan t.ex. antalet lokaler med fossil åkermark är ytterst få (se nedan). Övriga typer består främst av lämningar från senare tid, som t.ex. by- och gårdstomter, milstenar och enstaka skansar.

Basen för vår kunskap om de olika fornlämningstyperna har olika grund. Lämningar av järnframställning är endast kända från arkeologiskt undersökta platser. De flesta utgrävda anläggningar, liksom ett antal inventerade platser, hänförs till kategorin boplatser. Medan ett fåtal gravar är undersökta, är flertalet endast inventerade, eller så har uppgifter om dem inhämtats från äldre kartmaterial. Dateringar av hus, gravar och andra anläggningar baseras ömsom på typologiska särdrag, ömsom på resultat av ^{14}C-analyser. Trots detta ojämna källäge bedöms materialet vara tillräckligt omfattande för att en inledande analys av landskapsutnyttjandet ska kunna göras, och hypoteser om orsakerna till förändringar i markutnyttjandet formuleras.

Boplatser

Förutom ett stort antal antikvariska kontroller, utredningar och förundersökningar har UV Syd

Fornlämningstyp	Antal
grav/gravgrupp/gravfält	26
grav- och boplats	2
boplats	25
järnugn	1
bytomt och kyrkogrund, medeltid	5
by-/gårdstomt, nyare tid	11
skans, milsten och annat från nyare tid	11
röjningsröse/fossil åkermark	3

Fornlämningar inom Kvidingefältet. | Ancient monuments in Kvidingefältet.

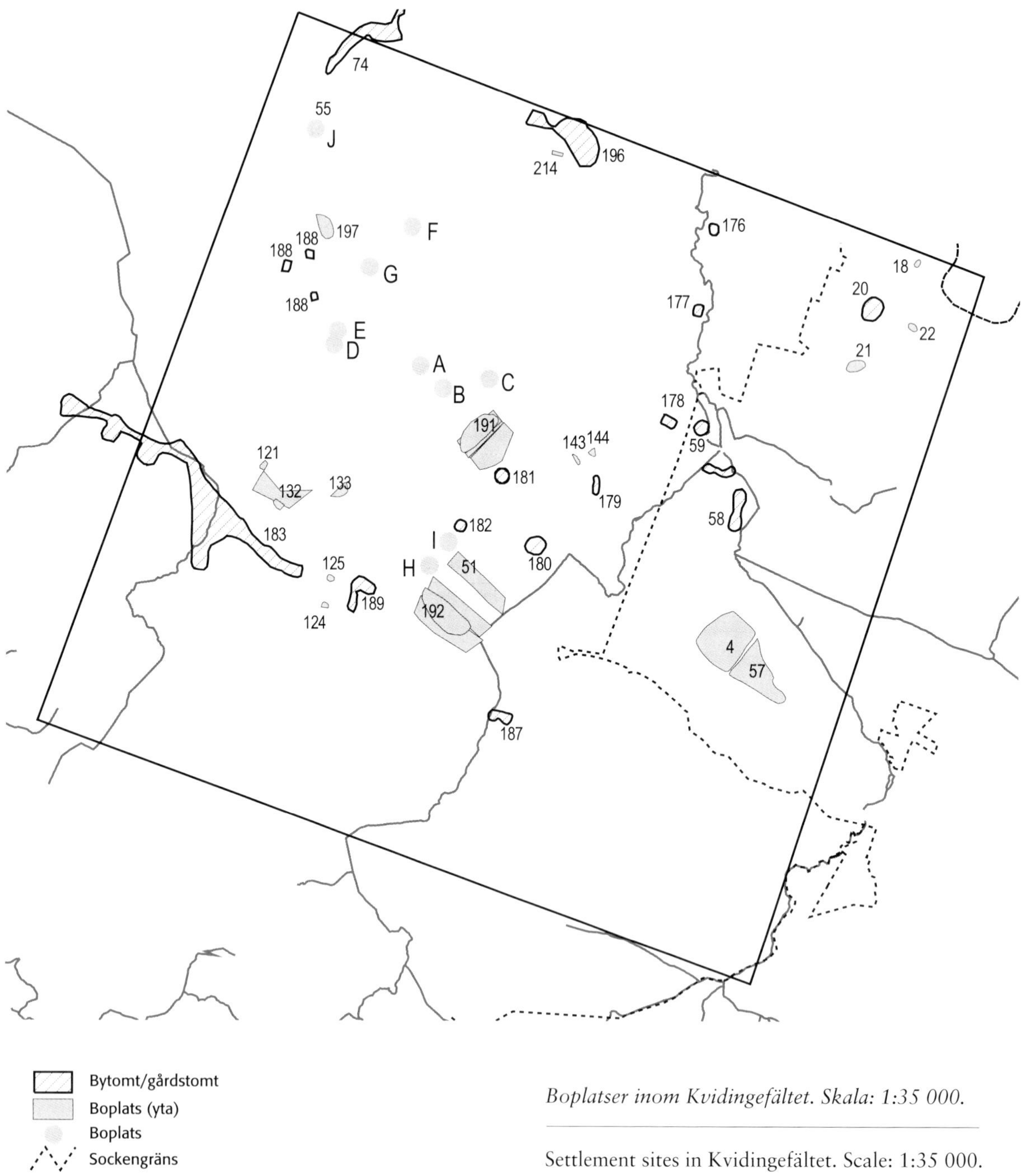

Boplatser inom Kvidingefältet. Skala: 1:35 000.

Settlement sites in Kvidingefältet. Scale: 1:35 000.

utfört tio slutundersökningar och tre mer omfattande förundersökningar inom området. Några mindre undersökningar har också utförts i Kristianstads läns museums regi (numera Regionmuseet). Det stora flertalet påträffade anläggningar utgörs av gropar, härdar och stolphål som ej kunnat dateras närmare än till förhistorisk tid. Inom fyra områden – Björket, Hör, Körslätt och Maglaby – har återkommande undersökningar givit möjlighet till en mer sammanhängande bild av boplatskomplexen:

Björket. Inom denna boplats (Björket 1:6 och 1:12, Kvidinge socken; RAÄ 191 och boplats C) undersöktes 1997 cirka 17 000 m^2 inom fastigheten Björket 1:6. Inga spår av byggnader påträffades, däremot hittades stora mängder stolphål, gropar och härdar, bl.a. en kokgrop som daterats till yngre bronsålder, ett gropsystem från yngre romersk järnålder–folkvandringstid och en ugn från samma tid (se Appendix 1: tabell 1a–b). I ugnen, som eventuell kan vara en smidesässja, påträffades järn på sintrad lera. Ca 200 meter åt nordväst – inom boplats C – schaktades delar av ett långhus fram vid en förundersökning. Huset, med såväl takbärar- som väggstolphål bevarade, kan på typologiska grunder föras till äldre järnålder. Då endast mindre ytor berördes av förundersökningen går det inte att avgöra om vi här har en ensamgård i en fas, eller en mer omfattande boplats. (Aspeborg 1999; Svanberg 1999).

Hör. Inom fastigheten Hör 2:33 (RAÄ 4 och 57, Västra Sönnarslövs socken) har en lång rad undersökningar företagits i takt med att det där befintliga grustaget utvidgats. De tidigare undersökningarna ägde i allmänhet rum efter att matjorden avbanats utan antikvarisk kontroll, och gav oftast bara odaterade härdar som resultat. 1994 påträffades dock spår av ett långhus som utifrån sin konstruktion daterades till äldre järnålder. Dessa tidiga undersökningar visar på bebyggelsens ytmässigt stora utbredning, men bildar inte grund för kunskap om dess struktur. 1996 undersöktes emellertid en cirka 4 500 m^2 stor yta med moderna metoder. Därvid påträffades bl.a. ett 18 m långt långhus, en järnugn och två troliga brandgravar. Långhuset har haft minst fem par takbärande stolpar, och enstaka stolphål kan eventuellt utgöra rester av den norra långväggen. Boplatslämningarna kan delas in i två faser (se Appendix 1: tabell 2). Till en första fas hör ett stort antal härdar, samt de båda eventuella brandgravarna – den ena med en kruka utan brända ben; den andra med en glättsten och spår av brända ben. Denna fas kan dateras till tidig förromersk järnålder. Under tidig romersk järnålder har sedan en gård anlagts på platsen. Det går inte att avgöra om det 1994 påträffade huset varit samtida med gården, eller om de utgör olika faser av samma bebyggelse. Till gården har hört en järnframställningsugn. Det finns spår efter tre moment inom järnhantverk i form av malm, reduktionsslagg i ugnen och sprutslagg från smidet (Ericson Borggren 1994:a och b; Nagmér 1997; Lindahl Jensen 2000).

Körslätt. Vid en smärre undersökning 1988 påträffades inom fastigheten Körslätt 3:1 (RAÄ 51 och 192 samt boplatserna H och I, Kvidinge socken) ett fyrtiotal härdar och tre urnegravar. En av gravarna kan utifrån keramiken troligen dateras till bronsålderns period V. 1996 undersöktes en ca 12 000 m^2 stor yta med bl.a. två mindre byggnader daterade till bronsålder och tre långhus daterade till järnålder. Hus IV daterades till förromersk järnålder (se Appendix 1: tabell 3a). Det var ca 30 meter långt och knappt 7 meter

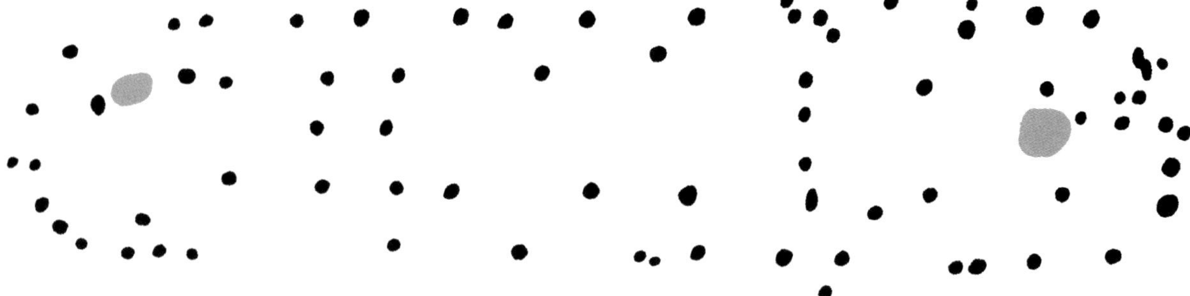

Hus IV från Körslätt 3:1. Skala 1:200. Efter Bergenstråhle 2000.

House IV from Körslätt 3:1. Scale: 1:200. After Bergenstråhle 2000.

brett. Sex par stolphål från en inre takbärande konstruktion var bevarade, liksom ett flertal stolphål tillhörande ytter- och mellanväggar. Den västra delen av huset tolkades som hantverks/stalldel och den östra som boningsdel. Hus VI, på komparativa grunder daterat till äldre järnålder, var ca 8 m långt. Fyra par stolphål från den takbärande konstruktionen var bevarade. Hus I daterades till romersk järnålder/folkvandringstid. Det var ca 15 m långt och upp till 5 m brett, med konvexa väggar. Stolphål efter fem par takbärande stolpar samt vägglinjer i form av både stolphål och rännor fanns bevarade. På angränsande ytor (H, I) har påträffats spridda anläggningar, främst gropar och härdar, av vilka två ^{14}C-daterats till äldre bronsålder respektive övergången brons/järnålder (se Appendix 1: tabell 3b). Området har alltså utnyttjats upprepade gånger under brons- och järnålder, men inget tyder på att boplatserna omfattat mer än en ensamgård. Bäst bevarat är långhuset från förromersk järnålder, hus IV (se ovan), som har stora likheter med hus I från VKB 1A:7 söder om Helsingborg. Denna byggnad uppvisar typologiska särdrag typiska för hus från mellersta och yngre bronsålder, men har ^{14}C-daterats till äldre förromersk järnålder (Omfors 1999). Den påfallande likheten i konstruktionen mellan dessa hus talar för att Kvidingebygden vid denna tid ingick i någon form av större kulturell gemenskap med Helsingborgsslätten (Ericson Borggren 1994c; Bergenstråhle 2000; Ericson 2002a.).

Maglaby. Vid en förundersökning på fastigheten Maglaby 22:7 (RAÄ 132, Kvidinge socken samt järnugnen K) påträffades resterna efter en ugnsanläggning för järnframställning. Någon ytterligare undersökning ägde rum inom denna del av fastigheten och ugnen – som har ^{14}C-daterats till sen förromersk järnålder (se Appendix 1: tabell 4b) – har därför en osäker kontext. Den närmast kända boplatser ligger cirka 200 meter åt sydväst, där det 1996 undersöktes en omkring 8 000 m^2 stor yta. Där påträffades bebyggelse i flera faser, bestående av härdar från förromersk järnålder, härdar och två långhus från yngre romersk järnålder/folkvandringstid, ett långhus från yngre romersk järnålder/folkvandringstid/vendeltid, ett långhus från folkvandringstid/vendeltid samt ett vikingatida grophus (se Appendix 1: tabell 4a). Av långhusen var endast spåren efter den takbärande konstruktionen bevarad. De två äldsta husen representerades av vardera tre par bockar, medan de två yngre haft fem respektive minst sex par takbärande stolpar. Dessutom påträffades rester efter slagg och ugnsdelar som deponerats sekundärt i grophusfyllningen men även i stolphål till det äldsta av långhusen. En böjd ränna med stolphål i närheten kan utgöra rester av ett vindskydd för en arbetsplats utomhus. Rännan och anläggningar i närheten av den är dock ej daterade. Platsen har varit utsatt för stor påverkan av odling, av långhusen återstår endast stolphålen efter de takbärande bockarna. Boplatsen är inte totalutgrävd, men det torde röra sig om en ensamgård i flera faser. Till skillnad från de andra platserna har Maglaby gett relativt rikligt med fynd. De flesta påträffades i grophuset och kan, med undantag av slaggen, föras till boplatsens sista fas. Bland dem är glaspärlor, ett ornerat bronsbleck och importerad keramik, vilket tyder på en relativt välmående bosättning. (Helgesson 1988 och brev, Ericson i manus).

Gravar

Antalet kända gravar inom Kvidingefältet uppgår sammantaget till 79 stycken. Vanligast förekommande är högar och runda stensättningar (se nedan). Till högarna räknas bl.a. ett nu försvunnet gravfält som innehållit minst 21 högar.

Flera av dessa gravtyper kan p.g.a. den låga undersökningsfrekvensen i regionen endast dateras inom mycket vida ramar. De enda gravar inom området som undersökts sakkunnigt är en stensättning i V. Sönnarslövs sn (RAÄ 32) och de tidigare nämnda *brandgravarna*. En urnebrandgrav som daterades till yngre bronsålder undersöktes 1986 inom Brånnhus 2:1 (RAÄ 69) (Helgesson 1986). Inom Körslätt 3:1 undersöktes 1988 tre brandgravar (RAÄ 51). Samtliga var skadade av jordbruksarbeten. En grav innehöll ingen keramik och en annan endast en del av ett grovmagrat kärl, medan kärlet i den tredje graven hade klarat sig bättre, då det varit placerat uppochnedvänt i graven och mynningen var bevarad. Kärlsidan strax under mynningen var delvis rabbad samt försedd med knoppar och en vulst. Utifrån ornamentiken kan kärlet placeras i bronsålderns period V eller VI, d.v.s. B-fas (Ericson Borggren 1994c; Björhem & Säfvestad 1993). I bägge fallen fanns odaterade härdar i anslutning till gravarna. De två brandgravarna inom Hör 2:33 är att betrakta som osäkra men troliga. De ligger tillsammans med härdar som i likhet med dem är från tidig förromersk järnålder, men utan spår av samtida byggnader.

Graven i V. Sönnarslöv undersöktes 1973 av UV Syd och benämns i rapporten som ett röse, medan anläggningen enligt fornminnesregistret betecknas som en *stensättning*. Den var 12 meter i diameter och en meter hög, delvis överlagrad med odlingssten. En del av kantkedjan och övre delen av mittpartiet var skadade av rovgrävning eller markarbeten. I gravens mitt hittades spridda krukskärvor och brända ben, tolkade som resterna av en förstörd urnegrav. Keramiken kunde dateras till äldre järnålder (Nagy 1976).

Gravtyp	Antal
hög, höggravfält	23
rund stensättning	24
rest sten	4
ofylld stensättning	1
domarring	1
röse	1
brandgrav	4

Gravanläggningar inom Kvidingefältet.

Burials in Kvidingefältet.

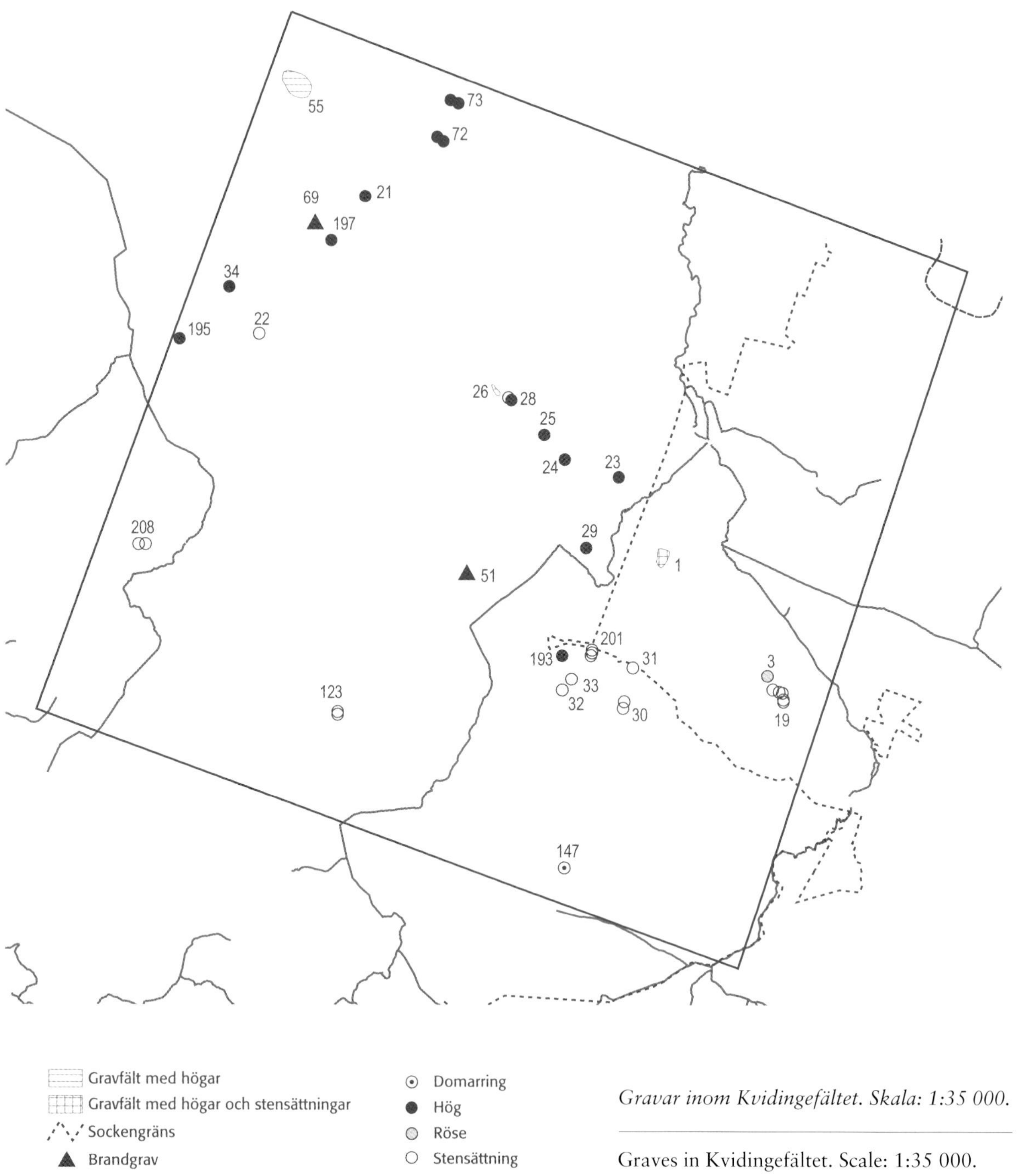

Gravar inom Kvidingefältet. Skala: 1:35 000.

Graves in Kvidingefältet. Scale: 1:35 000.

Gravhögen RAÄ 25 i silhuett från sydsydväst. Foto: Anna Lagergren-Olsson.

Burial mound RAÄ 25 from the south-south-west. Photo by Anna Lagergren-Olsson.

Jag kommer att använda mig av snävare dateringar för respektive gravtyp, för att trots problemet med de vida dateringarna kunna genomföra en analys. I sin avhandling om brons- och järnålderns bebyggelseutveckling i norra Skånes inland går Anne Carlie (1994) ingående igenom vilka undersökningar som gjorts av olika sorters gravar såväl inom hennes undersökningsområde som inom ett stort referensområde, och vilka dateringar som erhållits. Efter en diskussion, baserad på dels egna undersökningar dels jämförelser från angränsande regioner, kommer hon fram till troliga dateringar av respektive gravtyper inom det aktuella området. Kvidingefältet är mindre, men topografiskt inte helt olikt Carlies undersökningsområde och beläget endast ett tjugotal kilometer väster därom. Jag gör antagandet att de dateringsramar hon använder är giltiga även inom Kvidingeområdet.

Högar: bronsålder, med undantag av små och flacka högar som dateras till järnålder.

Runda fyllda stensättningar: yngre bronsålder och äldre järnålder.

Resta stenar: allmän datering till järnålder. Kombinerade med runda fyllda stensättningar dateras de till äldre järnålder och kombinerade med olika sorters ofyllda stensättningar till yngre järnålder.

Domarringar: yngre romersk järnålder till vendeltid, men har i Västsverige ibland erhållit äldre dateringar (se t.ex. Runcis 1999).

Lämningar av järnhantering

Två järnframställningsugnar har påträffats inom Kvidingefältet – inom Hör 2:33 samt inom norra delen av Maglaby 22:7. På Björket 1:6 fanns en järnframställningsugn eller ässja, och i södra delen av Maglaby 22:7 hittades sekundärt deponerade ugnsdelar och slagg. Slutligen har små mängder slagg iakttagits i markytan i närheten av RAÄ 125, en boplats med spår efter upplöjda härdar.

Björket. Denna ugn eller eventuella smidesässja som undersöktes inom fastigheten Björket 1:6 är ^{14}C-daterad till yngre romersk järnålder/folkvandringstid (se Appendix 1: tabell 1a). Anläggningen utgjordes av en rund stensatt nedgrävning (0,27 m i diameter och 0,20 m djup) med sot, kol och skärvsten samt delar av ugnsväggar. På platsen fanns stora mängder stolphål, gropar och härdar från olika perioder. Inga av dem tolkas dock som bebyggelse samtida med ugnen. Cirka 200 meter norrut påträffades dock lämningar efter ett hus som på typologiska grunder daterats till äldre järnålder.

Hör. Vid Hör undersöktes 1996 en gård från tidig romersk järnålder med bl.a. ett långhus och en järnframställningsugn. Endast de understa ca 10 cm fanns kvar av ugnen, som var ca 0,6 m i diameter. Centralt i ugnen fanns ett område med kompakt bränd lera. Under och runt om detta fanns sotig humös sand som innehöll bitar av bränd lera och rikligt med slagg. Materialet har analyserats vid Geoarkeologiskt laboratorium (Lindahl Jensen 2000:13f). Bränd lera från ugnen bedömdes komma från en ugnskappa och innehöll rikligt med pinnintryck men även spår av magring med barr. Slaggen bedömdes vara reduktionsslagg från järnframställningsprocessen. Träkol från ugnen har ^{14}C-daterats till tidig romersk järnålder (se Appendix 1: tabell 2). Åtta meter norr om ugnen påträffades en mindre klump järnmalm, troligen myrmalm. Spår av järnhantverk på boplatsen är malm, reduktionsslagg i ugnen och sprutslagg från smidet. Övriga anläggningar är stolphål, härdar och små gropar. Samtliga härdar avsöktes med magnet i avsikt att ta tillvara sprutslagg/glödskal, vilket gav resultat i två fall.

Maglaby. Den undersökta ugnen vid Maglaby norr hittades i samma provschakt som en ensam grop. Ugnen var 1,60x1,20 m stor och 0,26 m djup och innehöll en stenpackning samt slagg, träkol och delar av ugnsväggar. Träkol från ugnen är ^{14}C-daterad till sen förromersk järnålder

Platser med spår av järnframställning inom Kvidingefältet. Skala: 1:35 000.

Sites with traces of iron production in Kvidingefältet. Scale: 1:35 000.

(se Appendix 1: tabell 4b). I söder genomfördes en större undersökning. Stora mängder slagg och ugnsväggsdelar påträffade sekundärt i fyllningen till ett vikingatida grophus. Små mängder slagg även i fyllning till stolphål som ingår i en långhuskonstruktion, hus 1, från romersk järnålder/folkvandringstid. Slaggen och ugnsväggarna har analyserats vid Geoarkeologiskt laboratorium (Englund 1997). Englund konstaterar att samtliga processled från blästjärnsframställning till färdiga föremål är företrädda. Man har använt rödjord eller myrmalm till järnframställningen. Ugnen har bestått av antingen en pipmur av sten som fodrats med lera, eller en fristående lerugn. Ugnsleran har varit magrad med kiselsand och växtdelar (troligen barr) och armerad med vidjor. Sprutslagg och hammarskal indikerar primär- och sekundärsmide. Tekniskt sett torde lämningarna kunna hänföras till äldre järnålder. Bebyggelsen kan tolkas som en ensamgård i flera faser. Ugnen kan löst knytas till den äldsta fasen, med hus 1. Övriga anläggningar är stolphål, härdar, små gropar och ett eventuellt vindskydd. Samtliga härdar avsöktes med magnet i avsikt att ta tillvara sprutslagg/glödskal. Fem av härdarna innehöll sådant material.

Järnhanteringen inom Kvidingefältet tycks alltså ha ägt rum såväl i nära anslutning till bebyggelse som på platser med längre avstånd till hus/gård. Samtliga ovan nämnda platser ligger inom ett mindre område och med naturgeografiskt snarlika lägen. Möjligen har Björket legat något närmre en mindre vattensamling, som skulle kunna vara malmförande. Inga tydliga skillnader i anläggningar och strukturer finns mellan boplatserna med respektive utan spår av järnhantering. Det största av de komplett utgrävda husen fanns på Körslättboplatsen.

Rumsliga förhållanden

Innan jag kommer in på diskussionen, ges först en kort sammanfattande beskrivning av hur fornlämningarna förhåller sig rumsligt till landskapet under olika perioder, d.v.s. de tidsbilder av förändringar som kan iakttagas i materialet.

Vid en översikt av det aktuella området som det ser ut idag är det lätt att få uppfattningen att brons- och järnålderns gravar ligger på impediment medan boplatserna ligger på åkermark. En närmare analys av fornlämningsbilden visar dock att såväl gravar som boplatser och andra lämningar påträffats i flera olika topografiska lägen. Utifrån den kunskap vi besitter idag, skall jag här diskutera förhållandet mellan olika fornlämningstyper och landskapselement under olika tidsperioder. Var har vi kontinuitet och diskontinuitet i användningen av landskapsrummet? Har delar av landskapet tillförts nya betydelser?

De gravhögar som bedöms tillhöra *bronsåldern* ligger i tre grupper, eller snarare rader; en på höjdryggen i öster, en grupp på olika småhöjder i norr och väster och en tredje längst i norr, där högarna varit direkt exponerade mot Rönne å. En brandgrav ansluter till den nordvästra raden av högar. Ute på fältet ligger Körslätt, där åtminstone en av de tre brandgravarna kan dateras till bronsålder. Boplatslämningar med bronsåldersdateringar finns omedelbart söder om höjdryggen (Björket), och inom Körslätt. De boplatser som påträffats i anslutning till de norra och nordvästra gravkoncentrationerna har inte daterats närmare än till förhistorisk tid. I östra delen av Kvidingefältet finns boplatslämningar från bronsåldern på höjdryggen inom Hör. Enstaka gravar inom RAÄ 1 och 3 på samma höjdrygg kan eventuellt föras till bronsåldern.

I *äldre järnåldern* tillkommer fler gravar, stensättningar och högar, såväl på höjdryggen som på dess utlöpare i nordväst. På höjdryggens förlängning i sydöst, mellan Körslätt och Hör, anläggs en stor grupp stensättningar. Bebyggelsen inom Björket och Körslätt respektive Hör fortsätter, och ytterligare en boplats (C, i norra delen av Björket) tillkommer i anslutning till höjdryggen. Dessutom tillkommer en boplats, Maglaby, i fältets sydvästra del, samtidigt som åsen tycks tas i bruk för första gången, för anläggandet av stensättningar i väster och söder. Samtidigt har vi de första spåren av järnhantering inom Kvidingefältet.

I *yngre järnålder* tas boplatserna Körslätt och Hör ur bruk, medan Maglaby och Björket fortfarande, eller åter, är bebyggda. På heden anläggs ett höggravfält. På 1800-talskartor kallas det Skattehögarne och synes ha bestått av minst ett tjugotal små högar. Nya gravar, markerade med resta stenar, anläggs också i anslutning till de traditionella stråken på höjdryggen och i nordväst, men troligen anläggs inga fler gravar på åsen. RAÄ 147 sägs vara platsen för en sedan länge borttagen domarring. Det finns dock ännu inga belägg för samtidig bebyggelse närmre än Maglaby, cirka fem kilometer åt nordväst, och indikationen är för domarringen så svag för att jag väljer att bortse från den i denna artikel.

Efter kristnandet torde alla gravar ha anlagts i anslutning till sockenkyrkorna i Kvidinge och Västra Sönnarslöv, strax norr om det utvalda undersökningsområdet. Mot slutet av järnåldern har också bebyggelsen troligen koncentrerats. Den medeltida bebyggelsen representeras av fyra bytomter: Maglaby och Körslätt (äldsta belägg 1487 respektive 1488), som båda ligger längs med åskanten, samt Kvidinge (1307) och Sönnarslöv (1444) ute på heden. Dessutom nämns 1356 Älja mölla, en föregångare till Älgahus, öster om Sönnarslöv.

Ett *senare* bebyggelseskikt utgörs av en mängd gårdar eller torp, flertalet med efterleden -hus, -torp eller -mölla och belägna ute på fältet eller heden; möllorna i anslutning till Klövabäcken. Enda undantaget vad gäller läget är Mårtenstorp/Hundedal, som ligger vid åsfoten mellan Maglaby och Körslätt. Värt att notera är även ett stenblock med namnet *Kärringastenen*. Enligt traditionen sköt en trollkärring på Hallandsåsen blocket mot Kvidinge kyrka, men missade. Ett flyttblock uppseendeväckande nog att ge upphov till en sådan sägen kan ha spelat en roll i lokalbefolkningens medvetande och myter även under förhistorisk tid.

Typmässigt kan man säga att de förhistoriska *boplatserna* återfinns i de flesta sorters lägen. Från vikingatid eller medeltid är de koncentrerade till å ena sidan åsfoten, å andra sidan heden. De synliga *gravarna* är i första hand belägna på höjdryggen och dess utlöpare. På fältet återfinns i första hand flatmarksgravar. På häradskartan från 1929 finns dock ett impediment och ett fornminnes-R ungefär på platsen för gravarna inom RAÄ 51, något som kan tyda på att de haft en markering ovan mark eller att en annan, nu bortodlad, grav med markering ovan mark funnits på platsen. Ute på heden finns det största gravfältet inom Kvidingefältet, höggravfältet Skattehögarne, som dokumenterats i form av crop-marks på flygfoto (Hansen 1988:28) men som sedan bebyggts utan att undersökas. Uppe på åsen finns endast fyra gravar: två grupper om vardera två stensättningar (RAÄ 123,

208). Spår av *järnhantering* har ännu så länge bara påträffats på fältet och på boplatsen på höjdryggen i SÖ.

De förhållanden som beskrivs ovan är dock i hög grad påverkade av sentida faktorer. Fältet, höjdryggen och heden har å ena sidan odlats under lång tid, vilket lett till att fornlämningar synliga ovan mark är få. Å andra sidan har grustäkt och andra former av exploateringar lett till att vissa ytor, framför allt på fältet, blivit arkeologiskt undersökta. Detta torde ha medfört en större representation av boplatser jämfört med områden där inga undersökningar utförts. Åsen har inte varit föremål för några undersökningar. Här finns stora mängder odlingslämningar som inte karterats annat än mycket översiktligt, och som varken är daterade eller undersökta. I samband med arkeologiska undersökningar i andra delar av norra Skåne har boplatslämningar från brons- och järnålder framkommit i direkt anslutning till fossila odlingslämningar (Andersson 2000; se Carlie i denna volym).

Diskussion

Hur har då bebyggelseutvecklingen sett ut i området? Hur har de olika landskapsrummen brukats över tiden och vilken betydelse har järnhanteringen haft för lokalsamhällena vid Kvidingefältet?

Bebyggelse och gravar

Ser man sammanfattningsvis på fornlämningarnas spridning i förhållande till landskapsbilden kan följande bild konstateras. På *åsen* finns några indikationer på odaterade boplatser (RAÄ 124, 125), två grupper med runda stensättningar, odaterade odlingslämningar samt diverse lämningar från nyare tid. Byar med rötter i åtminstone medeltid ligger vid åsfoten. På *fältet* finns boplatser från olika förhistoriska perioder, med tyngdpunkt i bronsålder och äldre järnålder, men också bosättningar från nyare tid. De gravar som påträffats ligger till synes under flat mark, men i ett fall (Körslätt) finns en indikation på att en idag bortodlad markering ovan mark funnits. Här återfinns också de flesta indikationerna på järnhantverk. På *höjdryggen* och dess utlöpare i norr finns gravar från brons- och järnålder, såväl högar och stensättningar som resta stenar. Några exempel på boplatser finns, de flesta odaterade/förhistoriska. En av dessa (Björket) har daterats till äldre järnålder. Här finns också en serie skansar från nyare tid. I sydöst finns flera gravar samt boplatsen Hör inklusive järnframställningsugn. På *heden* känner vi ännu inte till boplatser i någon större utsträckning. De gravar som påträffats är högar, flertalet troligen från yngre järnålder men någon eller några möjligen från bronsåldern. På heden hittar vi även två medeltida byar, Kvidinge och Sönnarslöv, som legat här med ett inbördes avstånd om endast cirka en kilometer.

Under större delen av brons- och järnåldern valde man att anlägga gravar med markering ovan mark på höjdryggen och dess utlöpare. I princip alla de idag bevarade gravarna ligger i krönläge. Undantagen är gravhögarna ute på heden, som är exponerade mot Rönne å. Boplatserna har legat nära, men inte i direkt anslutning till gravarna. Inom RAÄ 51 och 69 finns härdar och enstaka andra anläggningar i samband med brandgravar, men inga spår av hus har påträffats och härdarna kan indikera kult eller gravritualer snarare än boplatser. Samma sak gäller boplatsen RAÄ 143 som ligger i krönläge på höjdryggen, men som endast är känd i form av upplöjd skärvsten. Boplatsen Hör avviker genom sitt läge på höjdryggen i sydost. Den är dock belägen på en mindre markerad del av "sin" höjdrygg än vad gravarna inom RAÄ 1, 3 och 19 är. Övriga boplatser ligger på sluttningar eller på mindre markerade höjder. Såväl stråken med gravar som flera av boplatserna visar också på en lång kontinuitet, man har kommit tillbaka till samma plats gång på gång.

Vi kan alltså se en antydan till att de tydliga höjdlägena på de små höjdryggarna reserverats för de döda, medan de levandes boplatser är belägna något lägre. Hur är det då med de ännu tydligare höjdlägena på åsen? Här kan en källkritisk aspekt tillkomma, eftersom inga arkeologiska undersökningar företagits på själva åsen. Med tanke på att stensättningar bevarats, borde det dock finnas även äldre och yngre gravformer bevarade, om sådana gravar (t.ex. rösen) funnits där. Inga skålgropar eller andra ristningar, som kunde indikera ett rituellt utnyttjande av dessa höga platser, har påträffats här. Stensättningarna RAÄ 123 och 208 framstår därför som undantagsfall, tillkomna under en begränsad tidsperiod och med ett särskilt syfte. Särskilt RAÄ 123 har ett läge som inte kan beskrivas som annat än magnifikt.

Ett kontinuitetsbrott i bebyggelsebilden synes komma i yngre järnålder, då den spridda bebyggelsen koncentreras till å ena sidan åsfoten, å andra sidan heden närmre Rönne å. Undersökningsområdets äldsta ortnamn, Sönnarslöv och Kvidinge, tyder på att namnbärande bebyggelseenheter funnits på heden redan i perioderna före vikingatiden medan Maglaby, vid åsfoten, kan föras till vikingatid (Pamp 1983). Vid vikingatidens slut innebär också införandet av en ny religion att begravningarna i de gamla gravstråken upphör.

Utsikt från Mårtenstorpa Klint mot öster med stensättningen RAÄ 123:1:s kantvall i förgrunden. Foto: Anna Lagergren-Olsson.

View to the east from Mårtenstorpa Klint, with the stonesetting RAÄ 123:1 in the foreground. Photo by Anna Lagergren-Olsson.

Järnhantering

Nordvästra Skåne är ett av de områden i Sverige där föremål av järn dokumenterats i gravar redan från bronsålderns period V (Hjärthner-Holdar 1993:129). Det är dock oklart huruvida lokal produktion av järn ägt rum redan under bronsåldern.

Bo Strömberg (1992) har föreslagit en modell för hur den förhistoriska och medeltida järnhanteringen i Halland kan ha varit organiserad. Modellens två första steg torde även vara relevanta för järnåldern. I det första steget är järnframställningsplatsen boplatslokaliserad, d.v.s. råvarorna har fraktats till boplatsen. I modellens andra steg är järnframställningsplatsen råvarulokaliserad, medan smedjor för vidare bearbetning finns vid gården/byn. Strömberg vill se en gradvis övergång från boplats- till råvarulokalisering under loppet av romersk järnålder/folkvandringstid (Strömberg 1991, 1992), medan Eva Hjärthner-Holdar menar att en sådan omorganisation ägde rum redan under 5–4:e århundradet f.Kr. (Hjärthner-Holdar 1993:193).

Med utgångspunkt från undersökningen av en vendeltida gård med en järnugn i Haglekulla, har Christian Isendahl (1997) gjort en studie av järnhanteringen i nordvästra Skåne. Utöver Haglekullafyndet utgjordes det tillgängliga källmaterialet av sex andra undersökta lokaler med fynd av slagg och/eller ugnar, samt slaggvarp och slaggförekomster som påträffats vid inventeringar. Inga av platserna är belägna i trakten av Kvidingefältet. Isendahl finner att det nordskånska materialet inte helt passar in i Strömbergs halländska modell, och konstaterar bl.a. att frånvaron eller närvaron av bebyggelse i anslutning till produktionsplatsen har varit beroende av lokala sociala strukturer. En ensam ugn på en gård skulle då indikera intern ekonomisk gårdsproduktion, medan en specialiserad produktionsplats med flera ugnar skulle peka på ”en kollektiv produktionskapacitet styrd av samhällets övre skikt” (a.a. 1997:140). Isendahls studie mynnar ut i en beskrivning av järnhanteringen i Haglekulla i ett ekonomiskt och socialt sammanhang, där tyngdpunkten läggs på förhållandet mellan producent och konsument.

De platser som diskuteras av Isendahl ligger alla i anslutning till vattendrag. Enda undantaget (Laröd) utgörs av en specialiserad järnframställningsplats som förefaller vara lokaliserad till en myrmalmsförande mosse. Fyra av platserna har daterats till förromersk järnålder. Av dem har två (Gånarp och Källna) långhus som kan vara samtida med järnframställningsugnarna, medan de övriga två saknar tydliga boplatslämningar. Laröd är, som nämnts ovan, belägen i närheten av en tänkbar myrmalmsfyndighet medan den andra (Väla) innehöll rester av ett tiotal ugnar och därmed också har ansetts vara en specialiserad järnframställningsplats. Av de övriga tre platserna är en (Stidsvig) odaterad och kan eventuellt ha ett grophus. De två andra är daterade till folkvandringstid/vendeltid, medan det i Haglekulla fanns lämningar av en gård samtida med järnugnen saknar den andra platsen (Ängelholm) boplatsspår.

Av platserna från Kvidingefältet kan tre grovt dateras till romersk järnålder. Den ensamma järnframställningsugnen i norra delen av Maglaby hör till förromersk järnålder. Då den varken kan sägas vara råvarulokaliserad eller ingår i en större samling ugnar utgör den ingen parallell till Laröd eller Väla. Av de tre romartida platserna har två (Hör och Maglaby södra) gårdsenheter som tolkats som samtida med järnugnarna. De skulle därmed kunna utgöra paralleller till Gånarp och Källna, låt vara med yngre dateringar. Björket, slutligen, skulle kunna föras till samma grupp som Ängelholm. För att kunna dra några egentliga slutsatser av en analys krävs givetvis ett större underlag. Det förefaller dock som om bilden är mer komplicerad än vad såväl Strömberg som Isendahl skisserar. Å ena sidan synes järnframställningsplatserna på Kvidingefältet under romersk järnålder vara boplatslokaliserade. Å andra sidan förekommer en ugn (Maglaby norra) utan tillhörande boplats redan under senare delen av förromersk järnålder, och varken den eller den ensamma ugnen/ässjan i Björket kan anses vara råvarulokaliserade eller ingå i större komplex med flera ugnar.

Den bild man får av den tidiga järnhanteringen inom Kvidingefältet är alltså att den varit löst, eller "demokratiskt" organiserad. Inget tyder på att den varit styrd varken av de äldre sociala system som hanterat bronshandeln eller av ett "övre skikt" i järnålderssamhället. Produktionen tycks istället ha varit för de lokala gårdarnas eller bygdens behov. Detta hindrar dock inte att järnframställningen i sig kan ha bidragit till främja ekonomiska/sociala differenser mellan olika bebyggelseenheter inom Kvidingefältet (se nedan).

Införandet av järnhantverk synes alltså inte medföra ett kontinuitetsbrott i bebyggelsen, utan både bo- och gravplatserna är i det flesta fall de samma som under föregående period. Strömberg konstaterar att järnhantering kan ses som en faktor som påverkat bebyggelseutvecklingen och som haft betydelse för ett samhälles ekonomiska försörjning, och menar att man kan studera detta där det föreligger en synkronitet mellan slaggvarp och gravar (Strömberg 1992:86). Gravarna skall i det fallet dock ses som bebyggelseindikatorer. På Kvidingefältet, där vi känner boplatserna, har vi möjlighet att göra en finmaskigare analys.

Järnhantering som källa till välstånd?

Hjärthner-Holdar diskuterar smedens status i olika sammanhang. Specialistkunskaper skulle kunna tänkas vara en nyckel till hög status i samhället, speciellt vid småskalig produktion (Hjärthner-Holdar 1993:11). Vid Kvidingefältet har inga tecken på storskalig produktion kunnat iakttagas.

Av de hittills undersökta boplatserna inom Kvidingefältet är det ingen större skillnad inom själva boplatsens struktur, varken mellan Maglaby och Hör å ena sidan, där det finns lämningar av järnframställning, och å andra sidan Körslätt, där sådana saknas helt. Husens storlek och gårdens organisation synes vara likvärdiga inom alla platserna. Även det topografiska läget och därmed tillgången till olika marktyper i boplatsens omedelbara närhet är likartad. Inga fynd som indikerar kult, rikedom eller hög status har gjorts på någon av platserna. Skillnaden mellan bönder med respektive utan tillgång till smideskompetens kan dock ha tagit sig andra uttryck.

På Öland, där antalet undersökta järnåldersgravar är betydligt högre än i nordvästra Skåne, kan man vid tiden för Kristi födelse konstatera att ett övre socialt skikt i samhället började markera sin ställning bl.a. genom att uppföra stora gravmonument av sten och medlägga exklusiva gravgåvor. Man avskiljde sig också från den övriga befolkningen genom att gravlägga sina döda på speciella gravfält (Rasch 1991:138). Inom Kvidingefältet har vi inte möjlighet att skilja ut gravar genom särskild storlek eller förekomst av gravgåvor. Det är dock möjligt att ett fåtal individer gravlagts avskilt från den övriga befolkningen i gravgrupper med speciella lägen.

Under de senaste åren har det forskats mycket om central- eller rikedomsplatser, framför allt från romersk järnålder och framåt (se t.ex. Fabech 1998:48 och där anförd litteratur). Undersökningar på platser som Uppåkra i Sydvästskåne och Slöinge i Halland har givit upphov till diskussioner om fenomen som makt, centralortsfunktioner, hierarkier och prestigeföremål. En hierarkisk struktur förutsätter flera sociala nivåer. För Kvidingefältets del handlar det inte om guldgubbar, stora mängder slagg eller furstegravar med stor rikedom, utan snarare om lokala storgårdar och stormän med inflytande över den agrara produktionen och eventuellt också järnproduktionen. Skillnader i välstånd/rikedom har därvid troligen också tagit sig lokala uttryck, relaterade till de värderingar som varit kopplade till särskilda landskapsrum. Man skulle i detta perspektiv kunna se stensättningarna på Söderåsen som uttryck för en lokal maktmanifestation, eventuellt i samband med ett ekonomiskt uppsving som den tidiga järnhanteringen i området kan ha lett till?

Slutord

Vi har sett hur de olika landskapsrummen – åsen, fältet, höjdryggen och heden – förefaller ha värderats/brukats olika under de behandlade tidsperioderna. Särskilt gäller detta höjdryggen, där en lång tradition av gravläggningar kan iakttagas, och som kan kontrasteras mot åsen, vars monumentala höjder endast utnyttjats för gravläggning vid ett fåtal tillfällen.

Det lilla undersökningsområde, Kvidingefältet, som behandlas i denna artikel ingår givetvis som en del i en större Kvidingebygd och vidare i den nordvästskånska regionen. De frågeställningar vi kan sätta upp, och den kunskap vi kan vinna, torde i många fall äga giltighet inom stora delar av den skånska mellanbygden. Ett inlandsområde som Kvidingefältet kan jämföras med kustnära slättområden, där exploateringar och därmed arkeologiska undersökningar är mer vanligt förekommande. Vilka likheter och skillnader finns vad gäller bebyggelseorganisation och markutnyttjande? Hur visar sig de skilda förutsättningarna för agrar produktion, handel och hantverk? Har järnproduktionen, som föreslås i denna artikel, bidragit till ett ökat välstånd? Kan vi påvisa skillnader i t.ex. gravskicket mellan olika bygder som ett uttryck för människors sociala eller kulturella tillhörighet?

För att förstå samhällsutvecklingen inom Kvidingefältet och den omgivande bygden är det lämpligt att anlägga ett långtidsperspektiv på flera av ovanstående frågor, inte minst för att möjliggöra en diskussion kring kontinuitet och diskontinuitet i bosättningar och landskapsutnyttjande. För att möjliggöra framtida analyser av området utifrån ett långtidsperspektiv är det därför viktigt att också *stenålderns* fynd och lämningar uppmärksammas i området. Vår kunskap om stenåldern inom Kvidingefältet är idag mycket liten. Om samlingar av lokalt påträffade lösfynd föreligger, är de inte antecknade i fornminnesregistret. Enstaka anläggningar och fynd visar dock på en viss närvaro under både mesolitikum och neolitikum.

Bronsåldern inom Kvidingefältet är främst representerad av gravar. De större gravhögarna har på typologiska grunder daterats till bronsåldern och även brandgravar från yngre bronsålder förekommer. Medan två mindre huskonstruktioner på boplatsen vid Körslätt utifrån analogier placerats i bronsålder, saknar vi ännu tydliga boplatslämningar i form av långhus och andra strukturer. Gropar och härdar har erhållit bronsåldersdateringar. Håkan Aspeborg (1999:21f) framför hypotesen att anläggningarna inom Björket 1:6 som härrör från olika processer med eld – järnframställning, matlagning, ev. kremering – kan ha samband med de närliggande gravarna (RAÄ 26 m.fl.), och alltså ha en rituell innebörd. Inom såväl Hör som Körslätt har påträffats ansamlingar av härdar i samband med brandgravar. Eventuellt kan de utgöra s.k. härdområden (Lindahl Jensen

2000:17). Ett begrepp som ibland förknippas med bronsåldern är ”monumentalt läge”. I Kvidingefältets södra kant finner vi Söderåsen, som erbjuder just den typen av lägen. Inga undersökningar har dock utförts på själva åsen.

Det tidsavsnitt till vilket huvudparten av Kvidingefältets arkeologiska data kan föras är *äldre järnålder*. Vi har exempel på boplatser med och utan spår av järnhantering, och spår av järnhantering på ett visst avstånd från kända boplatser. Utifrån den stora andelen boplatser och gravar torde vi kunna dra slutsatsen att Kvidingefältet som helhet varit permanent bebott och utnyttjat under denna tid. Resultaten från Hör, Körslätt och Maglaby talar för att det på själva fältet funnits ensamgårdar. Hur bebyggelsens struktur varit närmre Rönne å känner vi inte till.

En fornlämningstyp som är särskilt dåligt känd och utforskad i området är fossil odlingsmark. Ett stort område med *odlingslämningar* (röjningsrösen, stensträngar och oregelbundna åkerytor) finns registrerat i den östra delen av Kvidingefältet (RAÄ 117: ca 2500x200–1200 m stort). I kommentaren till RAÄ 117 konstateras att området som är mycket välbevarat och av stort vetenskapligt intresse borde specialinventeras, åtminstone vad gäller stensträngar och avgränsbara åkerytor. Spår efter äldre odling finns även registrerade på andra platser (inom t.ex. RAÄ 134, 136, 138 samt öster om RAÄ 123 – egen iakttagelse). Det är därför troligt att ytterligare lämningar finns inom den södra delen av Kvidingefältet. Under senare år har undersökningar av röjningsröseområden utförts på flera platser i norra Skåne, t.ex. inom ramen för E4-projektets undersökningar norr om Örkelljunga, och vid omläggningen av väg 23 vid Stoby. I samband med dessa undersökningar, som främst givit dateringar till yngre bronsålder och äldre järnålder, har även spår efter samtida bosättningar hittats inom dessa rösemiljöer (Lagerås, m.fl. 2000; Andersson 2000; Carlie i denna volym).

Utifrån ortnamnen kan vi sluta oss till att såväl Kvidinge som Sönnarslövs byar haft föregångare under *yngre järnålder*. Erfarenheter från sydvästra Skåne talar för att dessa föregångare står att finna relativt nära de medeltida bylägena. Huruvida denna form av platskontinuitet varit gällande även i Kvidingetrakten är ännu inte känt. Avsaknaden av för-vikingatida ortnamn i södra delen av Kvidingefältet kan bero på ett hiatus i bosättningshistorien här. Ett tänkbart scenario är att bebyggelseenheterna under yngre järnåldern lades ner eller flyttade ut på heden, eventuellt samman med de bebyggelseenheter som hypotetiskt redan fanns där, och gav upphov till Kvidinge och Sönnarslöv. Under vikingatiden ledde så en nyexpansion till etablerandet av Maglaby. Denna hypotes skulle kunna prövas genom undersökningar inom och intill de medeltida bytomterna. En landskapshistorisk analys baserad på det äldre kartmaterialet framstår i detta perspektiv som en angelägen uppgift. Många andra frågor återstår också att besvara. Hur var Kvidingeområdets förhållande till omvärlden? Antydningar finns till att vissa gravformer – domarringar, stora stensättningar – som normalt dateras till järnålder även kan gå ner i bronsålder i delar av södra Sverige (se t.ex. Runcis 1999). Är så fallet även kring Kvidingefältet? Fredrik Svanberg diskuterar förekomsten av en särskild kulturell tradition i Åsbo härad under vikingatid, som avspeglas i gravmaterialet där brandgravskicket dominerar, till skillnad från skelettgravskicket som tillämpades i den syd- och västskånska slättbygden (Svanberg 1999:14). Hur långt tillbaka i tiden kan en särpräglad gravtradition följas och i vilken grad kan lokala traditioner i t.ex. byggnadsskick och annan materiell kultur spåras på boplatserna? Detta är bara några av de frågor som kan ställas inför framtida undersökningar i området.

Appendix 1: ^{14}C-analyser

(1a) Björket (Aspeborg 1999)

Lab. nr.	Anl. nr.	Anl. typ	Material	^{14}C-ålder BP	Kal. 1 sigma	Kal. 2 sigma
Ua-9491	A3474	ugn, ev. ässja	träkol	1625±65	350–370 AD (0,03) 380–540 AD (0,65)	250–600 AD
Ua-9492	A1738	gropsystem	ljung	1695±70	250–430 AD	130–160 AD (0,01) 170–200 AD (0,01) 210–540 AD (0,93)
Ua-9177	A2648	kokgrop	träkol	2790±55	1000–890 BC (0,57) 880–840 BC (0,11)	1130–820 BC
Ua-9178	A8122	kokgrop	träkol	2830±55	1110–1100 BC (0,01) 1050–900 BC (0,67)	1190–1170 BC (0,01) 1130–830 BC (0,94)
Ua-9176	A4001	ugn	träkol	2925±70	1260–1230 BC (0,05) 1220–1010 BC (0,63)	1370–1340 BC (0,02) 1320–920 BC (0,94)

(1b) Björket (Svanberg 1999)

Lab. nr.	Anl. nr.	Anl. typ	Material	^{14}C-ålder BP	Kal. 1 sigma	Kal. 2 sigma
Ua-9578	1954	takbärarstolphål, långhus	träkol	3210±70	1600–1560 BC (0,08) 1530–1400 BC (0,61)	1690–1310 BC
Ua-9579	2507	takbärarstolphål, långhus	träkol	7265±75	6220–6020 BC	6250–5980 BC (0,94) 5950–5920 BC (0,01)

(2) Hör (Lindahl Jensen 2000)

Lab. nr.	Anl. nr.	Anl. typ	Material	^{14}C-ålder BP	Kal. 1 sigma	Kal. 2 sigma
LuA-4329	377	ugn	träkol	1960±100	100 BC–140 AD (0,62) 150–180 AD (0,03) 190–220 AD (0,03)	250 BC–350 AD
LuA-4324	315	härd	träkol	2100±110	360–290 BC (0,09) 240 BC–30 AD (0,59)	400 BC–150 AD
LuA-4323	248	härd	träkol	2310±100	520–200 BC	800–100 BC
LuA-4326	328	brandgrav	träkol	2380±90	760–680 BC (0,17) 670–630 BC (0,05) 590–580 BC (0,02) 550–380 BC (0,45)	800–200 BC
LuA-4322	236	härd	träkol	2410±120	760–680 BC (0,17) 670–610 BC (0,09) 600–390 BC (0,42)	850–200 BC
LuA-4328	484	härd	träkol	2480±100	770–510 BC (0,62) 470–450 BC (0,03) 440–410 BC (0,04)	810–390 BC
LuA-4327	416	härd	träkol	2490±90	780–510 BC (0,66) 460–450 BC (0,01) 440–430 BC (0,01)	800–400 BC
LuA-4325	317	grop	träkol	5620±90	4540–4350 BC	4690–4320 BC (0,94) 4280–4250 BC (0,02)

(3a) Körslätt (Bergenstråhle 2000)

Lab. nr.	Anl. nr.	Anl. typ	Material	^{14}C-ålder BP	Kal. 1 sigma	Kal. 2 sigma
Beta-96173	43	stolphål hus I	träkol	1730±50	240–390 AD	130–160 AD (0,02) 170–200 AD (0,02) 210–430 AD (0,92)
Beta-96179	493	stolphål hus IV	träkol	2270±50	400–350 BC (0,30) 300–230 BC (0,34) 220–210 BC (0,04)	410–200 BC
Beta-96177	312	stolphål hus IV	träkol	2280±60	400–350 BC (0,30) 300–230 BC (0,34) 220–200 BC (0,04)	500–160 BC
Beta-96176	254	stolphål hus IV	träkol	2340±60	540–530 BC (0,01) 520–350 BC (0,59) 290–230 BC (0,08)	800–200 BC

(3b) Körslätt område I (Ericson 2002a)

Lab. nr.	Anl. nr.	Anl. typ	Material	^{14}C-ålder BP	Kal. 1 sigma	Kal. 2 sigma
Ua-26096	358	härd	träkol	2450±65	760–680 BC (0,21) 670–630 BC (0,06) 590–580 BC (0,02) 550–400 BC (0,38)	770–400 BC
Ua-26097	1169	grop	träkol	2995±65	1380–1340 BC (0,07) 1320–1120 BC (0,62)	1410–1020 BC

(4a) Maglaby (Ericson 2002a)

Lab. nr.	Anl. Nr.	Anl. typ	Material	^{14}C-ålder BP	Kal. 1 sigma	Kal. 2 sigma
Ua-8454	A20	grophus	nötskal	1095±65	880–1020 AD	770–1040 AD
Ua-8458	A474	stolphål hus 4	makrofossil	1565±55	420–560 AD	380–630 AD
Ua-8457	A306	stolphål hus 3	träkol	1590±65	400–560 AD	260–280 AD (0,01) 330–620 AD (0,94)
Ua-8456	A81	stolphål hus 2	makrofossil	1605±70	380–550 AD	250–300 AD (0,04) 320–620 AD (0,91)
Ua-8461	A430	härd	träkol	1645±55	260–280 AD (0,04) 330–440 AD (0,52) 450–470 AD (0,05) 480–490 AD (0,01) 500–530 AD (0,06)	250–540 AD
Ua-8455	A8	stolphål hus 1	nötskal	1660±70	250–300 AD (0,11) 320–440 AD (0,51) 450–470 AD (0,04) 510–530 (0,03)	220–570 AD
Ua-8459	A407	(ränna)	träkol	2060±55	170–130 BC (0,13) 120 BC–10 AD (0,55)	210 BC–70 AD
Ua-8460	A392	härd	träkol	2290±55	410–350 BC (0,35) 300–230 BC (0,30) 220–210 BC (0,03)	500–170 BC

(4b) Maglaby (Helgesson, brev)

Lab. nr.	Anl. nr.	Anl. typ	Material	^{14}C-ålder BP	Kal. 1 sigma	Kal. 2 sigma
ST 11936	2	järnugn	träkol	2085±70	200 BC–10 AD	360–280 BC (0,09) 260 BC–70 AD (0,87)
ST 11935	2	järnugn	träkol	2125±70	350–320 BC (0,09) 230–220 BC (0,02) 210–40 BC (0,58)	380 BC–20 AD
Kombinerad datering					200–190 BC (0,03) 180–50 BC (0,66)	360–290 BC (0,08) 240 BC–20 AD (0,87)

Appendix 2: Fornlämningsöversikt

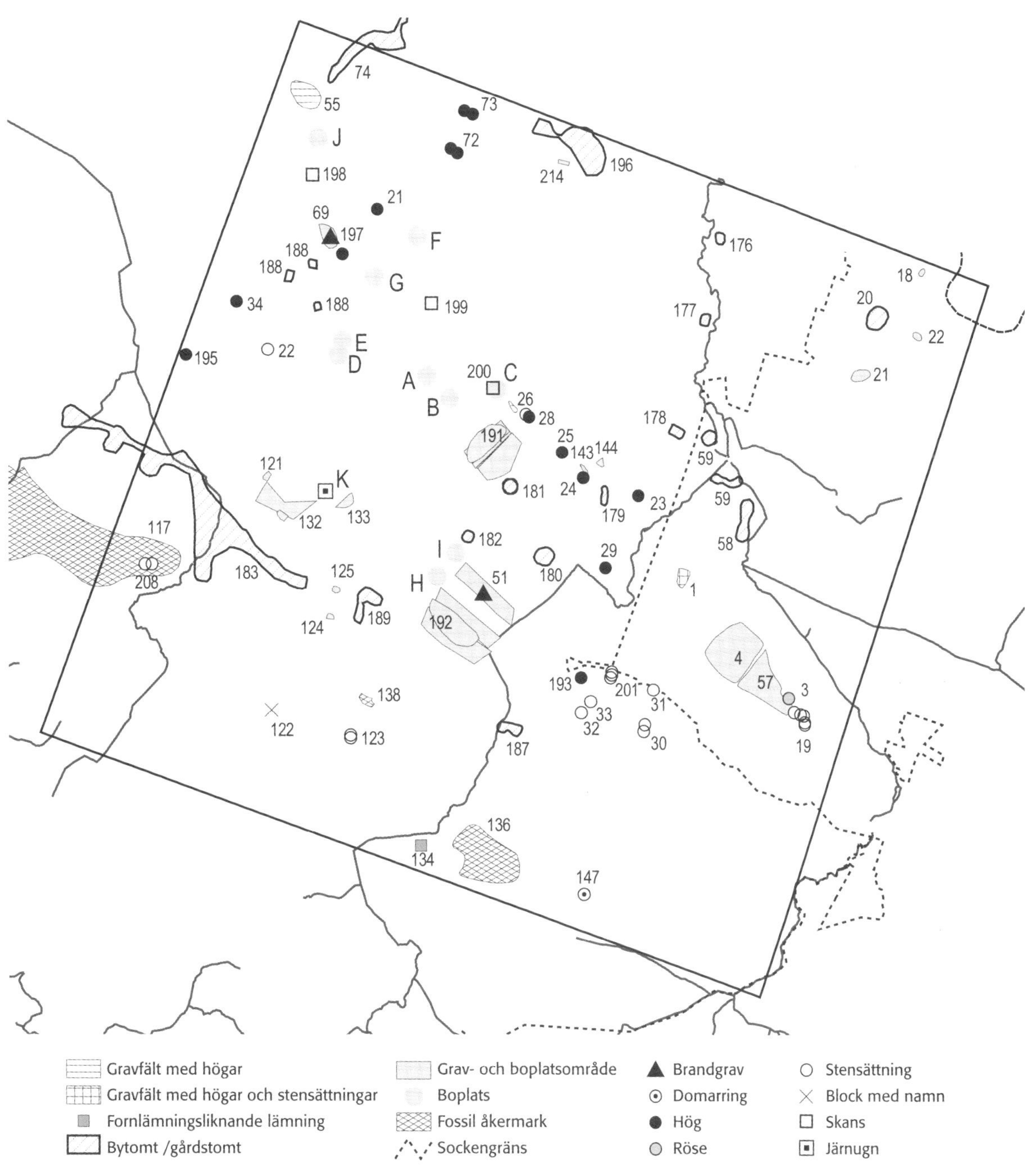

Samtliga fornlämningar inom Kvidingefältet. Skala 1:35 000.

All ancient monnuments in Kvidingefältet. Scale 1:35 000.

Referenser

Övriga källor

Helgesson, B. Brev 1997-03-14.

Skriftliga källor

Andersson, T. 2000. Arkeologisk slutundersökning. Boplatslämningar och odlingsspår i Stobytrakten. Skåne, Stoby socken, Väg 23, delen förbi Hässleholm. *Riksantikvarieämbetet UV Syd Rapport* 2000:86.

Aspeborg, H. 1999. Arkeologisk undersökning. Perifera aktivitetsytor. Skåne, Skåne län, Kvidinge socken, Björket 1:6, RAÄ 191. *Riksantikvarieämbetet UV Syd Rapport* 1999:43.

Barrett, J.C., R. Bradley & M. Green 1991. *Landscape, monuments and society.* The prehistory of Cranborne Chase. Cambridge.

Bergenstråhle, I. 2000. Arkeologisk slutundersökning. Hus från äldre järnålder. Skåne, Kvidinge socken, Körslätt 3:1. *Riksantikvarieämbetet UV Syd Rapport* 2000:57.

Björhem, N. och Säfvestad, U. 1993. *Fosie IV. Bebyggelsen under brons- och järnålder.* Malmöfynd 6. Malmö museer.

Carlie, A. 1994. *På arkeologins bakgård.* En bebyggelsearkeologisk undersökning i norra Skånes inland baserad på synliga gravar. Acta Archaeologica Lundensia Series in 8° No. 22.

Carlie, A. 2002. Människor och landskap – om förhistoriska samhällen i en nordskånsk inlandsbygd. I Carlie, A. (red.). *Skånska regioner.*

Englund, L-E 1997. Järnhantering i Maglaby, Skåne, Kvidinge RAÄ 132. *GAL* Analysrapport nr 18-1997. Uppsala.

Ericson Borggren, T. 1994a. Arkeologisk undersökning 1988. Hör 2:33, V Sönnarslövs socken, fornlämning 4, Skåne. *Kristianstads läns museum rapport* 1994:24.

Ericson Borggren, T. 1994b. Arkeologisk undersökning 1988. Hör 2:33, V Sönnarslövs socken, fornlämning 4, Skåne. *Kristianstads läns museum rapport* 1994:11.

Ericson Borggren, T. 1994c. Arkeologisk undersökning 1988. Boplatslämningar, yngre bronsålder samt vikingatid/medeltid. Körslätt 3:1, Kvidinge socken, Skåne. *Kristianstads läns museum rapport* 1994:6.

Ericson, T. 2002a. Arkeologisk förundersökning. Grubbahus 1:5, 1:7. Skåne, Kvidinge socken, Grubbahus 1:5, 1:17. *Riksantikvarieämbetet UV Syd Rapport* 2002:10.

Ericson, T. 2002b. Arkeologisk för- och slutundersökning 1996. Boplatslämningar från äldre och yngre järnålder. Skåne, Kvidinge socken, RAÄ 132, Maglaby 22:7. *Riksantikvarieämbetet UV Syd Rapport* 2002:12.

Fabech, C. 1998. Kult og Samfund i yngre jernalder – Ravlunda som eksempel. I Larsson, L. & Hårdh; B. (red.). *Centrala platser – centrala frågor. Samhällsstrukturen under järnåldern.* Acta Archaeologica Lundensia Series in 8° No. 28. Lund, s. 147–163.

Hansen, L. 1988. Esse Ericssons flygfotoarkiv. *Ale* nr 2 1988, s. 26–28.

Helgesson, B. 1986. Brånnhus 2:1. Opublicerad slutredovisning.

Helgesson, B. 1988. Björket 1:6, Körslätt 3:1, Maglaby 11:23, 22:7. Opublicerad slutredovisning.

Hjärthner-Holdar, E. 1993. *Järnets och järnmetallurgins introduktion i Sverige.* AUN 16. Uppsala.

Isendahl, C. 1997. Förhistorisk järnhantering i nordvästra Skåne. En studie med utgångspunkt från den vendeltida boplatsen i Haglekulla. I Karsten, P. (red). *Carpe Scaniam. Axplock ur Skånes förflutna.* Riksantikvarieämbetet Arkeologiska Undersökningar, Skrifter nr 22. Stockholm, s. 113–147.

Lagerås, P., Olsson, M. & Wallin, L. 2000. Röjningsrösens utseende och ålder – resultat från E4-projektet i norra Skåne. I Ersgård, L. (red.) *Människors platser – tretton arkeologiska studier från UV.* Riksantikvarieämbetet Arkeologiska undersökningar Skrifter no 31. Stockholm, s. 167-184.

Lindahl Jensen, B. 2000. Arkeologisk undersökning. Hör 2:33. Härdar och gravar från förromersk järnålder och en gård med järnproduktion från romersk järnålder. Skåne, Klippan kommun, Västra Sönnarslöv sn, Hör 2:33. *Riksantikvarieämbetet UV Syd Rapport* 2000:37.

Länsstyrelsen i Kristianstads län 1996. *Från Bjäre till Österlen. Skånska natur- och kulturmiljöer.*

Nagmér, R.B. 1997. Arkeologisk slutundersökning. Skåne, V Sönnarslövs socken, Hör 2:33, RAÄ 4, 1994. *Riksantikvarieämbetet UV Syd Rapport* 1997:36.

Nagy, B. 1976. Fornlämning 32. Röse, äldre järnålder. Tomarp, Kvidinge sn, Skåne. Arkeologisk undersökning 1973. *Riksantikvarieämbetet, Uppdragsverksamheten, rapport* 1976 B33.

Omfors, T. 1999. Arkeologisk undersökning. Boplatslämningar vid Rååns dalgång. Skåne, Helsingborgs stad, Ramlösa 9:6,

VKB 1A:7. *Riksantikvarieämbetet UV Syd Rapport* 1999: 14.

Pamp, B. 1983. *Ortnamn i Skåne*. Kristianstad.

Rasch, M. 1991. Kan gravseden spegla social och politisk utveckling? – En närstudie av ett stort arkeologiskt material från en liten ö. I Fabech, C. & Ringtved, J. (red) *Samfundsorganisation og Regional Variation. Norden i romersk jernalder og folkevandringstid*. Jysk Arkæologisk Selskabs Skrifter XXVII. Århus, s. 133–139.

Runcis, J. 1999. Arkeologisk förundersökning. En översandad domarring vid Höganäskusten. Skåne, Väsby socken, Lerberget. *Riksantikvarieämbetet UV Syd Rapport* 1999:59.

Strömberg, B. 1991. *Järnhantering på boplatser i Halland under äldre järnålder. En kronologisk och naturgeografisk analys*. Nya bidrag till Hallands äldsta historia 4. Stockholm.

Strömberg, B. 1992. Tvååkersområdet – en del av den förhistoriska och medeltida järnhanteringen i Halland. Förhistoria i mellersta Halland. Arkeologiska undersökningar längs väg E6. *Riksantikvarieämbetet Rapport UV* 1988: 15. Stockholm, s. 81–99.

Svanberg, F. 1999. Arkeologisk förundersökning. Järnålder och 1600-tal i Kvidinge. Skåne, Kvidinge socken, Björket 1:12 m.fl. *Riksantikvarieämbetet UV Syd Rapport* 1999: 48.

Tilley, C. 1991. Constructing a Ritual Landscape. I: Jennbert, K., L. Larsson, R. Petré & B. Wyszomirska-Werbart (red.). *Regions and Reflections*. In Honour of Märta Strömberg. Acta Archaeologica Lundensia Series in 8° No 20. Lund, s. 67–79.

Tilley, C. 1994. *A Phenomenology of Landscape*. Oxford.

Bygden kring Bårslöv

En analys av fornlämningar från perioden senneolitikum till äldre järnålder

ANNIKA KNARRSTRÖM

Abstract: The land around Bårslöv. An analysis concerning ancient monuments from the Late Neolitihic until the Early Iron Age.

Excavations during 1998 close to the village of Bårslöv revealed four settlements and one cluster of hearths, dating from the Late Neolithic to the middle Iron Age. During the last few decades the surrounding area has been subject to several excavations and surveys, though the archaeological results have never been thoroughly analysed. This study compiles the sources in question, to grasp concepts of representation, local building customs, disposition of resources and organisation of the cultural landscape. The aim is to assess a general level of knowledge and identify the lack of certain basic facts, to be able to understand and evaluate the research potential of the results from the Bårslöv excavations.

From the compilation of the archaeological record in the Bårslöv district it is clear that the excavations so far have mainly produced material from the Late Bronze and Early Iron Ages, which also shows the most complexity in terms of results. As for the manifest use of the landscape, the location of the Bronze Age remains altogether point towards the river Råån as a possible social borderline.

Inledning

Det arkeologiska projektet inför utbyggnaden av väg 109 mellan Välluv och Ekeby vid Helsingborg initierades 1995 och kulminerade i slutundersökningar under hösten 1998 (Knarrström & Olsson 1999; Olsson & Knarrström 1999; Knarrström & Olsson 2000; se även Hellerström 1995a; Olsson 1999; Olsson 2000). I planeringsstadiet gjordes den regelmässiga översikten av den närmaste fornlämningsmiljön, vilken inte oväntat visade på en rik representation av fornminnen samt att flera utgrävningar tidigare genomförts i området. En kortfattad karaktäristik kunde slås fast, nämligen att den aktuella vägsträckningen ligger i den ofta refererade risbygden och i den del av regionen som räknas till Nordvästskåne. De registrerade fyndplatserna ligger tätt i de aktuella undersökningslokalernas direkta närhet samt söder därom, men glesnar markant mot öster och norr. Sett utifrån inventeringen uppvisade de förhistoriska lämningarna en varierad representation: neolitikum huvudsakligen i form av lösfynd, bronsåldern till största delen genom gravhögar, och bara ett fåtal boplatser och lösfynd från järnåldern. De arkeologiskt undersökta lokalerna har i regel varit ringa till omfattningen och i tidigare analyser endast vagt relaterats till regionen i stort.

Utöver dessa förhållanden var det svårt att fånga upp någon mer konkret idé om bygdens prägel under förhistoriska tidsskeden. Informationsunderlaget var visserligen rikt men samtidigt föga strukturerat och därigenom svårt att överblicka. Den områdesrelaterade kunskapsnivån kan, trots de tidigare genomförda arkeologiska insatserna, betecknas som låg. De hypoteser som formulerades i planeringsstadiet inför 1998 års undersökningar blev därför mycket allmänt hållna. Ärendet var vid tiden starkt forcerat, varför en finjustering och tillspetsning av målsättningar och frågeställningar beklagligt nog släpade efter. Slutundersökningarna genomfördes senhösten 1998 under besvärliga väderförhållanden. En hel del information gick helt säkert förlorad i det ihållande regnandet, snömassorna och tjälen. Långt ifrån alla lämningar fick den uppmärksamhet som de borde ha ägnats.

Inom vägprojektet undersöktes totalt drygt 28400 m^2, fältadministrativt fördelade på tre delområden. Utgrävningarna blottlade fyra boplatser och ett mäktigt härdområde (kokgropar), med dateringar som spände från neolitikum till järnåldern. Område 3 skar igenom två tidigare kända fornlämningar (RAÄ 60 och 62 i Bårslövs socken), medan ytterligare två andra upptäcktes i och med undersökningarna (i skrivande stund utan RAÄ-nummer).

De äldsta lämningarna härrörde från senneolitikum. På område 1 påträffades ett mesulahus och på område 3 två väggrännor från hyddkonstruktioner. Hyddorna var belägna i anslutning till två tidigare kända stenåldersboplatser (RAÄ 7, Välluv socken samt RAÄ 62, Bårslöv socken) med äldre fynd av neolitiska yxor. Platsen slöt an till vad som tidigare varit ett våtmarksområde.

En huslämning på område 2 samt ytterligare två vid krönet av område 3 härrörde från bronsåldern. Merparten av de 309 kokgroparna som dokumenterats inom härdområdet har varit i bruk under bronsåldern, men dateringen av ett specifikt stråk av härdanläggningar kan dateras till övergången äldre/yngre järnålder. Den kraftiga, och i fråga om övriga anläggningstyper närmast exkluderande förtätningen av härdanläggningar, tolkas som spåren av rituellt färgade handlingar.

På område 1 påträffades även en bosättning med varaktighet under hela äldre järnåldern. Bebyggelsen var lokaliserad till flacka terrängpartier och omfattade sex separata byggnader. Byggnaderna syntes forma vissa gårdsstrukturer i tre huvudsakliga, på varandra följande faser. Det fanns dessutom spår av metallhantering, i form av slaggfynd, som kunde relateras till slutfasen av äldre järnåldern (Englund 1999).

Till frågan

I vilka hänseenden bidrar dessa nyupptäckta fornlämningar till vår kännedom om de förhistoriska lokalsamhällena sydost om Helsingborg? Hur fördelas områdets fornlämningar korologiskt och kronologiskt, och vilka möjligheter har vi att behandla och förstå representationen? Vad kan vi säja om den lokala utvecklingen av husbyggnadstraditioner, boplatsorganisation, landskaps- och resursdisposition, omsorgen om de döda såväl som de levande samt kultutövande? I vilka avseenden kan vi spåra förhistorisk mänsklig interaktion samt mer eller mindre påtagliga gränser och tyngdpunkter inom området?

För att kunna reda ut frågorna måste de under 1998 undersökta lämningarna sättas in i ett vidare lokalt perspektiv och speglas mot landskapsstudier samt kunskapen om de övriga kända fornlämningarna. Målet är därför att sammanställa de till synes komplexa källmaterialen, för att utifrån analyser av denna översikt kunna åstadkomma en mer detaljerad karaktäristik av området under olika perioder. En orientering i källmaterialen ger också möjligheter att identifiera kunskapsluckor eller eventuella forskningspotential. Snarare än en axiomatisk framställning är inriktningen att försöka urskilja och formulera problemkomplex, som kan bidra till att rikta framtida antikvariska insatser.

Ett par idéer har sprungit ur analyserna av materialen från väg 109 samt förstudierna till denna artikel, och de kommer att följas upp under studiens gång. En tanke är att fördelningen av synliga gravar, härdområden samt boplatser under bronsåldern, tillsammans med hänsynen till naturgeografiska förhållanden, gör det möjligt att identifiera tyngdpunkter och gränser av ovan nämnda slag. Ett annat uppslag är att områdets bebyggelsestruktur visar tecken på social segregering och/ eller expansiva ansatser under järnåldern, samtidigt som ett inslag av järnframställning lyfter fram ekonomiska aspekter. Frågan om "normalplatser" kontra centralplatser aktualiseras med tanke på Bårslövstraktens till synes måttfulla bebyggelse under perioden.

Sätta gränser

Det tidsavsnitt som är aktuellt för studien sträcker sig från senneolitikum till äldre järnålder, helt enkelt eftersom det är dessa perioder som främst är representerade i det föreliggande källmaterialet och som dessutom knyter an till resultaten från slutundersökningen utmed väg 109. Några paleolitiska fynd är inte kända inom undersökningsområdet, förutom en mammutbete från Tjuvamossen (RAÄ 20, Bårslöv socken; jfr också Andersson & Knarrström 1999). De mesolitiska fynden är få och har vederbörligen behandlats i vetenskapliga publikationer (se till exempel Schnittger 1925:71ff; Althin 1954:14ff). Lämningarna från historisk tid är i stället dess mer iögonfallande, eftersom by- och gårdstomterna i området är många, små och utspridda (Mogren 1998: 13). Denna intrikata bebyggelse- och sockenstruktur skulle kunna bli ett utmärkt och värdefullt ämne för en separat och säkert mycket omfattande studie.

Undersökningsområdet i form av en cirkel, med referenser till orter.

The area surveyed in the shape of a circle.

En reservation är på plats i fråga om behandlingen av föremålsfynd. Förhistoriska föremål har naturligtvis påträffats både i samband med inventeringen, arkeologiska undersökningar samt olika andra markingrepp. Den sammanlagda mängden fynd är enligt min bedömning avsevärd. Med tanke på den presumtiva detaljeringsnivån och studiens överhängande tillväxtpotential kontra dess resurser, är det varken möjligt eller praktiskt att gå in närmare på de enskilda artefakterna. I stället fungerar föremålsfynden endast som daterings- och bestämningsinstrument för fornlämningarna.

I studien kommer grova kronologiska sekvenser att användas, eftersom omfattningen av källmaterialen och arbetets upplägg knappast medger finare indelningar. Många fornlämningar kan ändå bara vagt dateras och det samma gäller för flera arkeologiska undersökningsresultat. Studien rör därför helt traditionella tidsskeden motsvarande senneolitikum, äldre bronsålder, yngre bronsålder, förromersk järnålder, romersk järnålder och folkvandringstid. Indelningarna är inte avgörande eller fixerande i studien, utan ska bara ses som ett sätt att ordna informationsmängden.

Det är svårt att korologiskt definiera studier av föreliggande slag. En avgränsning av studieområdet är emellertid en hanteringsmässig nödvändighet, samtidigt som det inte får ha isolerande och inskränkande verkan. För att undgå fiktionen i dagens administrativa gränsdragningssystem valde jag en mer neutral grafisk form, cirkeln, för att definiera undersökningsområdet. Området har lagts ut i avsikt att inte inskränka till en tydligt fornlämningsrik trakt med en för studien kanske predestinerande effekt, utan för att i stället beröra intressanta miljöer ur natur- och fornlämningssynpunkt. Cirkeln är begränsad till en radie av 5 kilometer, räknat från en central geografisk punkt i undersökningsområdet för väg 109 (se motsatta sidan). Till större eller mindre delar ingår i underlaget socknarna Bårslöv, Fjärestad, Frillestad, Hässlunda, Kropp, Kvistofta, Mörarp och Välluv samt Helsingborgs stadsförsamling (inkluderar också Raus socken), samtliga i Helsingborgs kommun.

Kunskapsläge och utgångspunkter

I inledningen skisserades en flyktig karaktäristik av området och en överblick av källmaterialen. Bilden kan med fördel kompileras med de kronologiskt anknutna och problemorienterade forskningsöversikter som presenterats i Riksantikvarieämbetet UV Syds vetenskapliga program för åren 1999-2002. Det finns inga skäl att här i detalj repetera framställningarna, men däremot att lyfta fram de beröringspunkter som förekommer mellan den här föreliggande studien och det vetenskapliga programmet.

I programmet slås fast att senneolitikum och äldre bronsålder i flera avseenden kan anses vara ett kontinuum, till exempel i fråga om gravskick, boplatslokalisering, byggnadstraditioner och materiell kultur (Artursson & Lindahl Jensen 1999). Den genomgående diskussionspunkt som kan följas handlar om samhällsorganisationen, främst i fråga om social egalitet eller stratifiering. Rörande periodens bebyggelsemönster råder betydande kunskapsluckor eftersom förhållandevis få boplatser har undersökts. Till skillnad från boplatserna noteras den stora mängden kända monumentala gravar från perioden. Visserligen råder oklarheter rörande dessas datering och innehåll, men den rumsliga organisationen av gravarna kan likväl belysa samhällsordningen. Till detta kan fogas kännedomen om ett antal nyupptäckta härdområden, som i huvudsak daterats till bronsålder, men dessutom också till järnåldern (Fendin 1999; Martens 1999b; Olson & Mattisson 1996d; Knarrström & Olsson 2000).

Det vetenskapliga programmet för (yngre) bronsålder och äldre järnålder följer intentionerna från den föregående perioden. Målet är en regional balansering och diversifiering av kännedomen av bebyggelse och samhällsstruktur (Martens 1999a). Kunskapsbasen för bebyggelsestrukturen under detta tidsskede är betydligt mer gedigen, medan kännedomen om gravarna är desto sämre. Programmet uttrycker för övrigt en väsentlig ambition, nämligen att i dessa tider av framskjutna centralplatsstudier inte undervärdera och förbise de kontrasterande ”normalområdena”.

Studiens övergripande nivå inkluderar många rumsliga aspekter. Att diskutera och kombinera social och geografisk korologi, medför att ett antal komplexa begrepp aktualiseras. Terminologin är i sig ett vitt forskningsfält, men det är knappast på sin plats att här försöka sammanställa spännvidden. Däremot är det praktiskt att slå fast en slags modell för hur vissa begrepp används i denna text, även om det blir i all korthet. Ytterligare begreppsdefinitioner vävs in där det är påkallat.

Social och fysisk korologi

I denna text används termen undersökningsområde uteslutande för att beteckna det sammantagna aktuella objektet; helt enkelt det som inbegrips inom cirkeln. Lokal motsvarar arkeologiskt undersökta och begränsade ytor, och är i regel baserad på en projektspecifik administration av det antikvariska objektet. I vissa projekt har man konsekvent använt ordet plats eller område i samma betydelse, något som jag i förekommande fall återupprepar. Förhoppningsvis lyser innebörden igenom den varierade begreppsapparaten i vilketdera fallet.

Med benämningarna fornlämningsområde och fyndplats/-lokal avses de av inventeringar och undersökningar i rumsligt hänseende fastslagna lokaliseringarna och utbredningarna av antikvarisk relevans.

Arkeologiska texter brottas regelmässigt med problemet rumsliga hänsyftningar, och med tanke på denna artikels uppläggning är dilemmat högst överhängande. Inom undersökningsområdet finns några naturgeografiska företeelser att ta fasta på och utnyttja som referenspunkter, såsom kusten, Rååns dalgång, Tjuvamossen och det inre, knappt kuperade landskapet. Dessutom kan undersökningsområdets grafiska form användas i termer av ”halvor”, med kompletterande syftning till väderstreck.

Studien omfattar en diskussion om rumsliga tyngdpunkter och gränser, vilket ofta leder till en föreställning av något statiskt och överdrivet fysiskt substantiellt. Christian Isendahl förordar ett inspirerande perspektiv som möjliggör att närma sig fornlämningarna mer som spår av handlingar och tankar och mindre som materiella fenomen (1997:144). För att undvika till exempel polariserande och värdeladdade centrum- kontra periferidiskussioner föreslår han att vi ska se förhistoriska samhällen som intensiva eller extensiva interaktionsområden. Interaktionen kan ha varit av olika art och ägt rum på många olika nivåer: ”*Ett religiöst interaktionsområde skulle kunna exemplifiera en zon av extensiv art, där likartade föreställningar om liv och död förekommer inom ett större område men där upprätthållandet av desamma inte är beroende av intensiv interaktion.*" (1997:144). Samtidigt kan interaktionens intensivare aspekter diskuteras för ett snävare område, i fallet religiösa yttringar till exempel det praktiska uppförandet av ett gravmonument. En boplats med dess mångskiftande innehåll kan komma att tillhöra otaliga interaktionsområden, som vart och ett bidrar till förståelsen av relationer, handlingar och sammanhang.

Inventeringsresultat

Spridningen av de kända fornlämningarna i området fungerar som en indikation på lokala bosättningsmönster under olika tidsskeden, och hur dessa korrelerar till regionen i ett större perspektiv. Kunskapen om fornlämningsspridningen inom undersökningsområdet baseras i stora drag på den senaste inventeringen, vilken utfördes 1986. De nio här berörda socknarna har inventerats av fem olika personer (se nästa sida). Som tidigare nämnts är fornlämningarna inte jämnt spridda i undersökningsområdet, utan snarare koncentrerade till dess sydvästliga halva i anslutning till Råån. Norr och österut är det glesare med lämningar och mest markant är bristen på alla typer av gravplatser.

Inte minst rent inventeringstekniska faktorer har påverkat bilden av spridningen. Inventeringspersonalen hade olika lång erfarenhet av såväl landskapet som arbetsuppgiften i stort, samt färgades på gott och ont av varierade personliga intresseområden (pers. kom. av arkeologen och tidigare inventeraren Thomas Andersson). Flertalet inventeringar ägde rum under en period när landskapet kunde vara täckt av såväl snö, stubb och ris samt spirande gröda, vilket kan ha försvårat eller ibland fullständigt omöjliggjort inspektionerna (detta påpekas också ibland i underlagen). Också jordarter, topografi, ljusförhållanden, fuktighet, kontakten med lokalbefolkningen och antalet inventeringstillfällen har haft avgörande betydelse för möjligheterna att uppdaga och avgränsa fornlämningar (Olausson 1988; Karsten 1990:31ff; Sjöström & Pihl 1993:12).

Det är ofta svårt att datera fornlämningen utifrån ytinventering. De bäst bevarade fynden utgörs av litiskt material, i Skåne ofta flinta, medan kunskaperna kring metalltidernas bearbetade flintor hittills har varit alltför begränsade för att bistå till tidsbestämningar (B. Knarrström 2000). Följaktligen finns i inventeringsresultaten exempelvis en oproportionerligt stor andel "stenåldersboplatser"; en i själva verket rent redovisningsteknisk storhet som utan tvekan skulle nyanseras betydligt ifall platserna undersöktes arkeologiskt (jfr. Jacobsen 1984:187ff; Holmgren & Tronde 1990: 128ff; B. Knarrström 2000).

Ett antal fornlämningar har för övrigt tagits bort utan föregående dokumentation och undersökning. Detta skedde dels i samband med den ökade odlingsintensiteten under 1800- och 1900-talen, dels i samband med bebyggelseexpansionen och den infrastrukturella utbyggnaden främst under 1900-talets senare hälft. Exempelvis anlades E6:an rakt igenom ett förtätat stråk av högar och arkeologiskt intressanta topografiska lägen i trakterna av Rååns dalgång, utan föregående systematisk antikvarisk kontroll. Samma situation rådde när Ättekulla industriområde anlades i södra Helsingborg. Någon regelrätt antikvarisk bevakning finns inte noterad från ärendena (1960-talet). Tragiskt nog har säkert flera ansenliga och fascinerande fornlämningar, såväl manifesta som under mark dolda, gått till spillo (Carlie 1993:199 ff). Situationen är tänkvärd, inte minst som Rååns dalgång med dess intrikata fornlämningsmönster och rika naturmiljö idag benämns

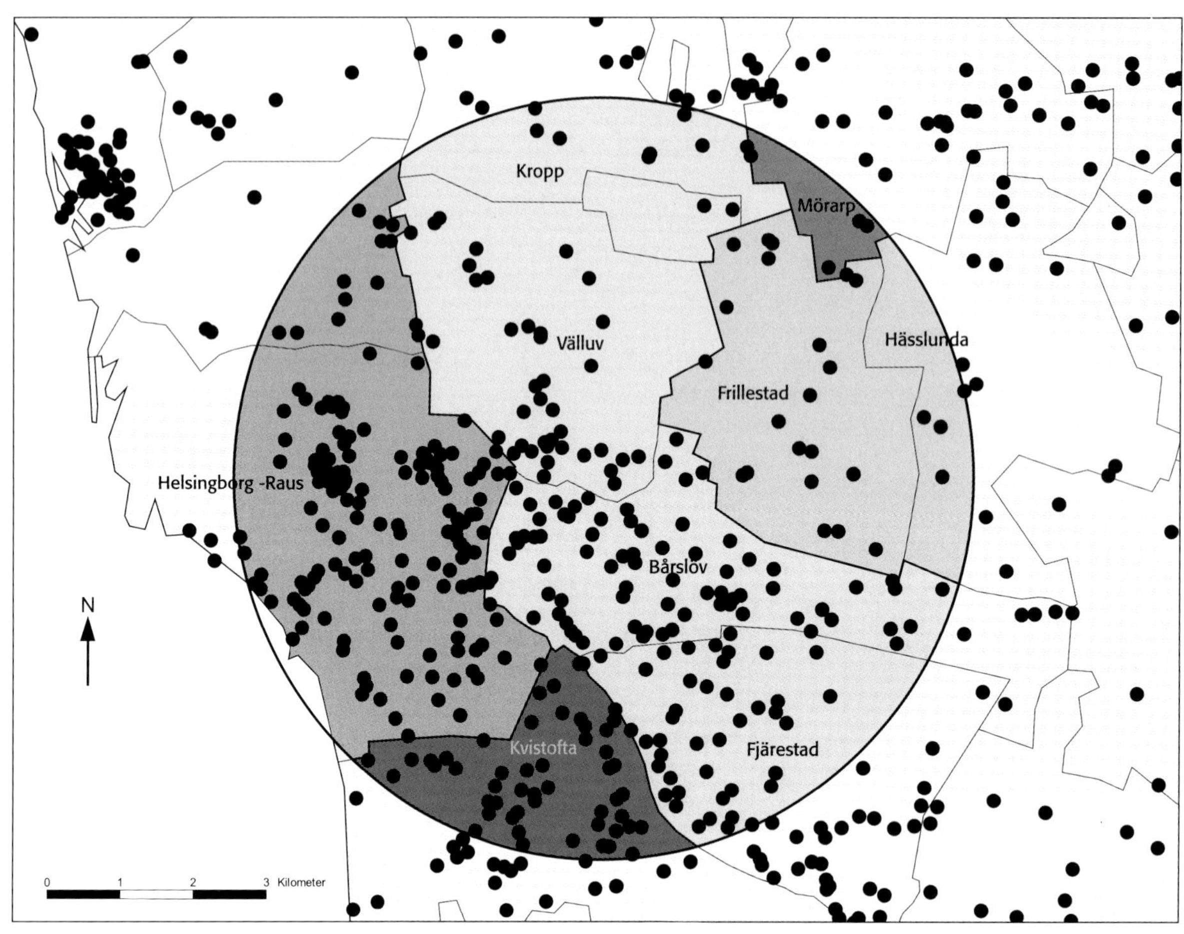

● Fornlämning
Inventerare 1
Inventerare 2
Inventerare 3
Inventerare 4
Inventerare 5
Sockengränser

Undersökningsområdet med socknar och den allmänna spridningen av fornlämningar inom och strax utanför cirkeln. Variationen av inventeringsansvariga är markerade med raster.

The area surveyed, showing parishes (different field surveyers marked with different shading) and the spread of ancient remains.

Rååns dalgång mot öster från Görarps mölla.

The valley of the river Råån, looking towards the east from the mill at Görarp.

som riksintresseområde (se Riksintressanta kulturmiljöer 1990; ovan).

Fornlämningarna är markerade som ytor eller kryss i kartunderlagen (se nästa sida). Långt ifrån alla kända fornlämningar är i dagsläget försedda med ett formellt fornlämningsnummer (RAÄ nr). Inventeringen i mitten av 1980-talet numrerade löpande fornlämningarna sockenvis och därefter tillfogades poster i takt med att nya objekt noterades. Sedan 1994 har proceduren har dock endast följts i viss utsträckning, varför registren liksom kartorna för närvarande ger en bristfällig bild av fornlämningsbeståndet. Tillgängligheten och analysmöjligheterna i digital mening är tyvärr otillfredsställande och bristen på systematik verkar kort sagt avskräckande.

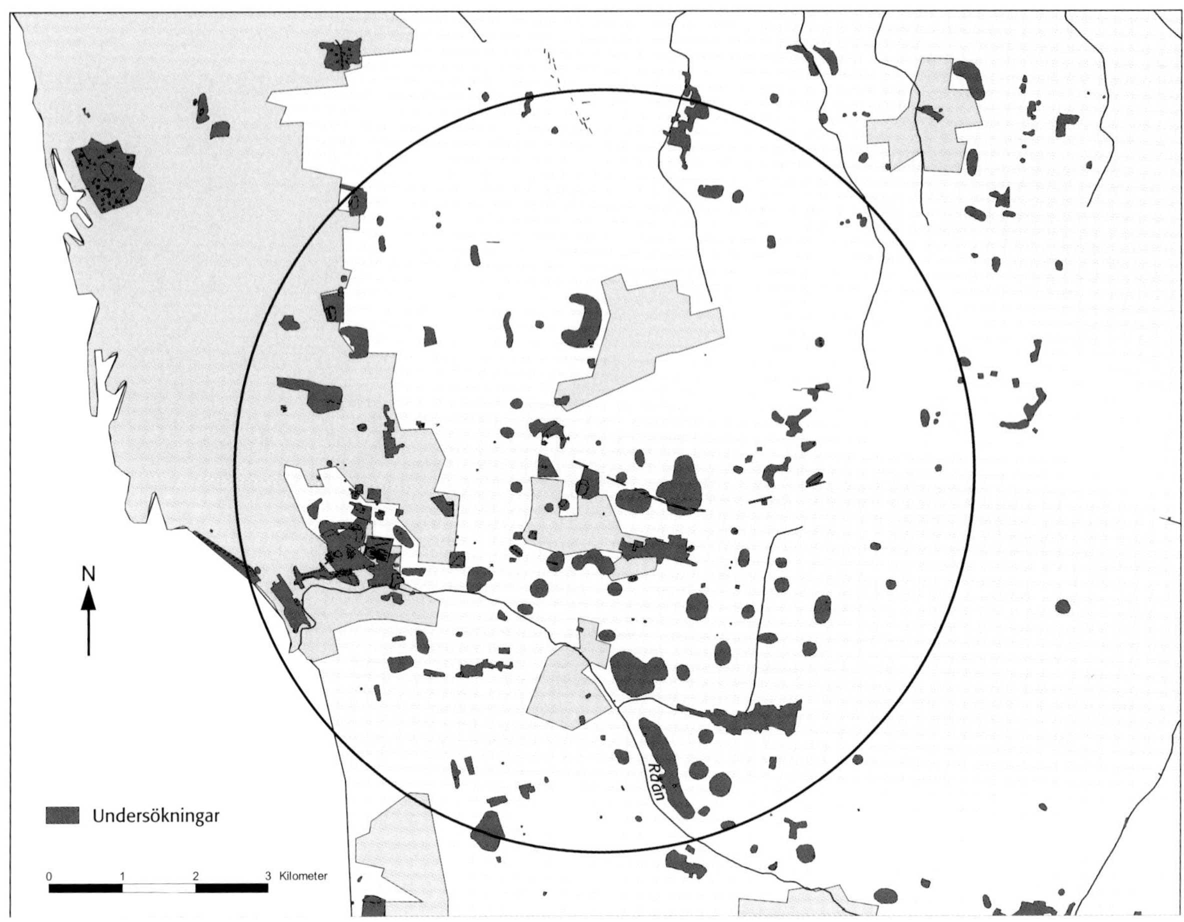

Fornlämningarna (inklusive undersökta platser) som registrerats som ytor.

The ancient remains (including excavated sites), registered as areas.

Inom det valda undersökningsområdet berörs totalt 529 registrerade fornlämningsposter, varav 294 faller inom studiens tidsramar. I vissa fall har till exempel flera högar eller en boplats och en hög hänförts till ett och samma RAÄ-nummer. I de fallen har jag valt att bryta ner företeelserna till separata poster, baserade på fornlämningstyper. Posterna motsvarar alltså egentligen endast 182 RAÄ-numrerade fyndlokaler. De lämningar som inkluderas i studien utgörs av boplatser, högar, gravar, härdområden, fyndplatser, skålgropar och fornlämningar (skärvsten, utplöjda härdar).

De tre förstnämnda typerna är var för sig och tillsammans flerfaldiga och i majoritet, medan de tre sistnämnda är få, spridda och svåra att få grepp om i fråga om datering och representativitet. Härdområden inkluderas i studien, eftersom de framstår som outforskade men tämligen konkreta fornlämningar av spännande potential. Kategorierna fyndplatser, skålgropar och fornlämningar kommer därför att spela en nedtonad roll i föreliggande studie. Lösfynd och lösfyndssamlingar har däremot helt uteslutits, eftersom deras konkreta rumsliga sammanhang är oklara.

Fornlämningarnas benämningar utgår ifrån den i samband med inventeringen fastställda nomenklaturen (se till exempel Hyenstrand 1984). Posterna registrerades i Access och kompletterades med uppgifter om eventuella specificerade undertyper, föremålsfynd, konstruktioner, källor och referenser samt om lokalen undersökts eller om det bara noterats en uppgift om förekomst. För att kunna diskutera lämningarna i tidsbundna sammanhang registrerades slutligen dateringar. Dessa baserades på, i första hand konkreta indicier utifrån undersökningsresultat, och i andra hand vedertagna ledartefakter och typfornlämningar, och sluter an till studiens grova kronologi. Detta är naturligtvis ett kritiskt moment, och innebär att flera fornlämningar lämnats utan närmare datering än "förhistoriska" på samma gång som andra lokaler formligen fixerats till specifika perioder. Ytterligheterna skapar en obekväm obalans inför analysen. Samtidigt öppnar förfarandet för problematisering och diskussion kring representation, anomalier och analogier. Med varsamhet i metodverkställandet och en kritisk syn på materialet kan vissa fenomen ådagaläggas och sammantaget överskuggar de analytiska fördelarna riskerna.

Natur och terräng

Geografiskt och arkeologiskt sett är undersökningsområdet beläget i södra kanten av vad som idag benämns Nordvästskåne (Hyenstrand 1984: 35ff). Rååns dalgång kan sägas ligga till grund för gränsdragningen, som naturligtvis ska se som en historisk rekonstruktion. Nordvästra Skåne karaktäriseras av ett omväxlande landskap, som i huvudsak omfattar den så kallade risbygden respektive skogsbygden. Undersökningsområdet ligger till allra största delen i risbygden, men berör i södra kanten den så kallade slättbygden (Campbell 1928:117ff). Benämningarna associerar dock egentligen till kännedomen om 1700-talets förhållanden rörande utbredningen av odlingssystem, marktyper, hägnadstyper, byggnadskonstruktioner och byggnadstyper. Begreppen framstår därför som plausibla analogifelslut för det långt äldre landskap som berörs av denna studie.

I stället får andra källor ligga till grund för en uppfattning av den äldre naturmiljön, främst då kartor över topografi, hydrologi och jordarter. Terrängen inom undersökningsområdet varierar i någon mån, men kan sammantaget karaktäriseras som flackt böljande. Visserligen förekommer både höjdlägen och mer låglänta partier, men utan större dramatik. Rååns dalgång är det enda som verkligen stör symmetrin och erbjuder mer markant exponerade lägen för bebyggelse och gravplatser. Många högar är förlagda utmed åns sträckning.

Den moderna hydrologin är bara delvis giltig som kunskapskälla för den äldre landskapsbilden inom undersökningsområdet. Den allmänna torrläggningen under de senaste seklen har kraftigt reducerat antalet våtmarker och vattendrag. Skånska Rekognosceringskartan från 1812-1820 kan istället bidra med relevant information kring den

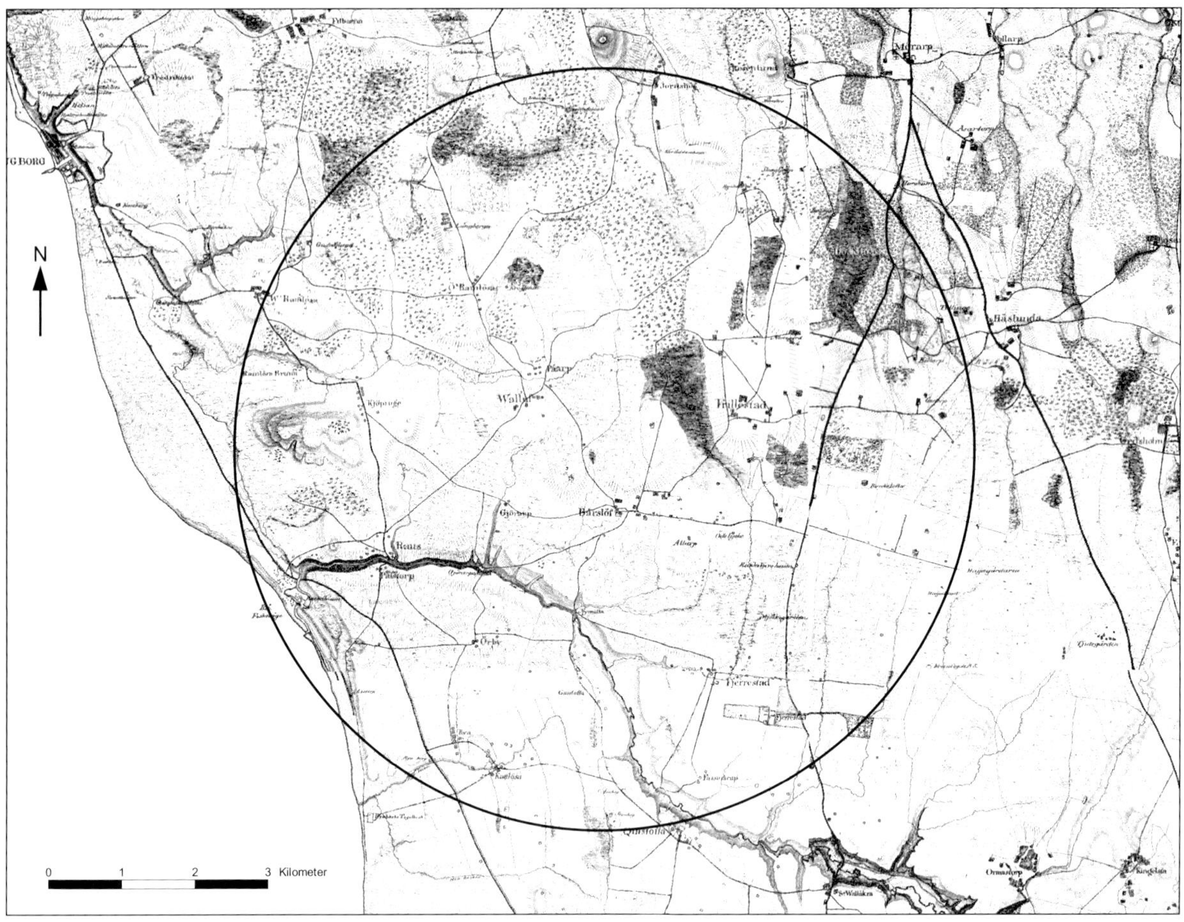

Utdrag ur Skånska Rekognoceringskartan från 1812-1820. Kartan visar omfattningen av äldre vattendrag och våtmarker, som idag ofta är torrlagda i det intensivt nyttjade jordbrukslandskapet.

Excerpt from the map Skånska Rekognoceringskartan from the years 1812-1820. The map demonstrates the extent of previous open waters and bogs, which today are often dried out due to intense agricultural use of the landscape.

äldre situationen (Emanuelsson & Bergendorff 1983:18ff; se motsatta sidan). Mycket talar för att den där karterade hydrologin kan föras tillbaka till en långt äldre situation. På kartan syns långt fler små tillflöden till Råån än vad som är fallet idag. I undersökningsområdets norra del förekommer sammanhängande områden av mossar och våtmarker. Frillestad – i undersökningsområdets östra del – är fullkomligt inringat av våtmarker (till exempel nämnda Tjuvamossen). Sammantaget bör omfattningen av våtmarker, vattendrag och kanske också öppna vattenspeglar ha varit än större under förhistorisk tid, med allt vad det innebär för tillgången på färskvatten, bete och fauna.

Jordartskartorna visar på en måttlig variation. Huvudsakligen består jordarterna av morän och moränlera i ett jämnt fördelat mosaikmöster. Morän och moränlera är variationer av samma jordart, men den sistnämnda har ett större inslag av kalk och räknas därför som något bördigare än den förstnämnda. Vid utflödet av Råån i Öresund har på stora ytor avsatts isälvssediment, som har kopplats till begreppet ”hall” (se till exempel Mogren 1998:7). ”Hall” motsvarar en lokal, lättvittrad sedimentär bergart, som mest påminner om grovt rödbrunt grus och som, åtminstone av arkeologer, har upplevts som svårforcerad. Slutligen löper stråk av sand utmed kustremsan och Rååns dalgång.

När projektet för väg 109 tog form framlades möjligheterna till miljörekonstruktioner. Vid undersökningar i trakten från tiden före 1995 har ingen nämnvärd paleoekologisk provtagning eller fyndinsamling förekommit, varken av mineralogiska, botaniska eller animalosteologiska slag. Analyser av sådana inslag kan emellertid ge indikationer på landskapsutnyttjande och näringsfång, vilket torde berika synen på bebyggelsestruktur och socioekonomiska strategier.

Vid undersökningarna utmed väg 109 beviljades inga medel till mineralogiska provtagningar och analyser, och några sådana har heller inte ägt rum på andra undersökta platser. De osteologiska fynden från undersökningarna inom området för väg 109 inskränkte sig till 2 gram ben fördelade på 15 fragment, vilket ger ytterst begränsade analysmöjligheter. Visserligen var undersökningen resursmässigt kringskuren och endast ett urval anläggningar kunde grävas ut, men trots det är bristen på bevarat osteologiskt material anslående om än inte ovanlig. Samma magra animalosteologiska resultat har noterats från andra undersökta platser, till exempel inom Västkustbaneprojektet (VKB-projektet). Bristen på djurben ska självfallet inte ses som att varken vilda eller tama djur har förekommit i området, utan som konsekvensen av tafonomiska och utgrävningstekniska processer. Bristen på benmaterial gäller däremot inte avseende mänskliga lämningar, men dessa kommer inte vidare att i sig beröras i denna studie.

Däremot samlades en mängd paleobotaniska prover in för analys vid undersökningarna inför väg 109. Sammanlagt tillvaratogs 109 makrofossilprover (se Mats Regnell i denna publikation tabeller på cd-rom). De 26 vedartsanalyserna genomfördes på förkolnat material från kokgroparna inom härdområdet och resultaten presenterades i utgrävningsrapporten. Företrädesvis har man tagit ut unga stammar av främst ask och hassel till bränsle. Det finns också inslag av björk, al, ek, lönn och sälg; med andra ord ett för den långa förhistoriska tidsperioden normalt varierat lövskogsbestånd (Knarrström & Olsson 2000:47ff).

Slutligen analyserades sex pollenprover från brunnar på delområde 1 och 2 (Lagerås 2000). Den äldsta brunnen härrör från yngre bronsålder, vilket också korrelerar med boplatskontexten. Analyserna resulterade i extrema halter av örtpollen, vilket Lagerås tolkat som att de boplatsnära betesmarkerna varit bevuxna med en frisk örtvegetation utan större inslag av träd och buskar. I brunnens bottenlager var höga halter av vete- och kornpollen bevarade, vilket tyder på att säd har tröskats i brunnens direkta närhet.

De två andra brunnarna kan kopplas både korologiskt och kronologiskt till järnåldersboplatsen. Den ena brunnen har daterats till förromersk järnålder och den andra till romersk järnålder. Bägge brunnarna visade sig innehålla ört-, gräs- och ljungpollen, vilket tyder på öppna betesmarker med ett inslag av slåttermarker i den nära omgivningen. Ljung är för övrigt något som förknippas med betesmarker under järnåldern och senare perioder och kan ses som ett tecken på att jordmånen blivit mer utarmad och näringsurlakad sedan den friskare vegetationen under äldre perioder. Dessutom fanns i järnåldersbrunnarna alpollen, vilket tyder på att den befintliga trädvegetationen var begränsad till fuktiga och låglänta landskapspartier. Ännu under senare historisk tid fanns stora albevuxna våtmarksområden i Luggude härad (Emanuelsson & Bergendorff 1983:34ff).

Makrofossilanalyserna från väg 109-projektet samt de undersökningar som genomfördes med anknytning till VKB-projektet kan komma att medföra en modifierad uppfattning av den paleobotaniska miljön, åtminstone avseende dess södra halva. I detta läge kan dock konstateras att den slentrianmässiga beteckningen risbygd framstår som vilseledande för ifrågavarande period. Uppenbarligen har bete och odling försiggått mer eller mindre jämsides och landskapet har varit omväxlande med åker, äng, våtmarker, kratt och åtminstone lättare skogspartier. Analyserna ger inga indicier för att det närmaste landskapet vegetationsmässigt ska ha varit mycket annorlunda jämfört med välkända undersökningsområden i södra och sydvästra Skåne.

Arkeologiska undersökningar

Den helt övervägande mängden arkeologiska fältarbeten inom undersökningsområdet har föranletts av exploateringssatsningar, framför allt i Helsingborgs alltmer utbredda tätort, men också i samband med några linjeprojekt (Räf 1996a; Svensson m.fl. 1996; Svensson & Karsten 1996; Wihlborg m.fl. 1996; Artursson 1998a; Artursson 1998d; Artursson 1999a; Knarrström & Olsson 2000). Majoriteten insatser har gjorts i undersökningsområdets sydöstra del.

Ett antal forskningsutgrävningar har också företagits inom undersökningsområdet[1)]. Samtliga är emellertid på många sätt väl höljda i tidens dunkel; det är förhållandevis länge sedan de genomfördes och avrapporteringen har skötts enligt gångna tiders modell eller inte alls. Bristen på dokumentation och avrapportering gör det naturligtvis svårt att värdera undersökningarnas resultat. Det har tyvärr inte varit möjligt att gå närmare in i dessa äldre material. Några artiklar har emellertid kunnat uppbringas och knytas till föreliggande studie, och presenteras nedan under rubriken ”Övriga undersökningar”.

Totalt 294 poster i fornlämningsregistret berörs av föreliggande studie – alltså 294 kända fornlämningar med RAÄ-nummer. Därutöver tillkommer sammanlagt 11 poster, som baseras på de senaste årens undersökningsresultat vilka ännu inte förts

Fornlämningstyp	Antal m RAÄ-nr	Antal u RAÄ-nr	Summa
Hög	140	-	140
Grav/-fält	12	1	13
Boplats	89	8	97
Härdområde	-	2	2
Fyndplats	46	-	46
Fornlämning	3	-	3
Skålgropar	4	-	4
Summa			305

Fördelningen av de valda fornlämningstyperna inom undersökningsområdet.

The distribution of types of selected ancient remains within the surveyed area.

in i registren och därför saknar numrering. Sammanlagt ger detta 305 poster att hantera analysmässigt, varav cirka en tredjedel i nuläget inte kan tidsbestämmas närmare (se ovan). De oregistrerade posterna har för riktighetens skull tillfogats de GIS-kartor som använts som studieunderlag.

En översikt av rapporteringen visar att hela 77 rapportreferenser kan relateras direkt till undersökningsområdet och de här aktuella perioderna. Flera av referenserna kan dock föras till olika stadier i undersökningsprocessen av i själva verket sammanhängande ärenden. Ett stort antal utredningar och förundersökningar har dessutom inte lett vidare på grund av begränsade eller i enstaka fall närmast noll-resultat.

Rapporterna sträcker sig tillbaka till arbeten utförda i början av 1970-talet. Det rådde tidigare en annorlunda syn på det arkeologiska uppdraget än idag, i fråga om tillståndsprövning, målsättningar, syften, uppskattningen av fornlämningar, avrapportering och så vidare. Det kan kännas ganska motigt att bearbeta de ofta mycket kort och deskriptivt hållna rapporterna från tiden före 1990. Som regel saknas det en utvärdering och tolkning av de arkeologiska resultaten utöver det mest basala, och de överdrivna strävandena efter objektivitet ger bristfällig ledning till vad som präglat undersökningarna och format resultaten (situationen noterades i den så kallade HUR-utredningen, SOU 1992:137:95ff). Det är emellertid för helhetsbildens skull ofrånkomligt att belysa och väga in till och med dessa summariska framställningar.

Exploateringsundersökningar

Under de tre senaste decennierna har den systematiska antikvariska kontrollen ökat allt mer, liksom mängden åtföljande exploateringsundersökningar. Det är inte lätt att gradera undersökningarna, men jag vill likväl göra en uppdelning i olika nivåer av relevans i fråga om informationsvärde. Ovan nämns de många undersökningar som inte har lett till vidare åtgärder, och som inte heller kommer att vidare beaktas i denna studie. Därpå följer begränsade, men substantiella (det vill säja att lokalen har kunnat karaktäriseras och någorlunda dateras) och till slut större undersökningar (till omfattning och resultat).

Ett antal lokaler har varit föremål för arkeologiska utredningar och förundersökningar, som *inte har lett till någon vidare åtgärd*[2)]. Skälen till de begränsade utfallen är komplexa och sällan explicit uttryckta i rapporterna. I några fall har man knappt alls påträffat arkeologiska lämningar, trots att man uppenbarligen har haft välgrundade förväntningar. Rapportskribenterna föreslår att lämningarna i dessa fall har utraderats genom "jordbrukserosionen", att fornlämningens centra egentligen befinner sig utanför den aktuella undersökningslokalen eller att de arkeologiska indikationerna faktiskt var vilseledande eller kanske rentav övervärderade.

Samtliga dessa undersökningar har emellertid givit konkreta arkeologiska resultat i någon mån. Skälen till ärendenas begränsning är mångskiftande. I regel har de enskilda arkeologiska objekten varit fåtaliga, fragmentariska, omöjliga att närmare datera eller att sätta i något begripligt sammanhang. I vissa fall anser man att nöjaktig kunskap om fornlämningen har uppnåtts i samband med utredning och förundersökning. Samhällsekonomiska aspekter spelar in i den antikvariska värderingen. Det har helt enkelt inte betraktats som givande eller motiverbart för någondera parterna (den arkeologiska forskningen, länsstyrelsen eller exploatören) att driva frågan om bevarande eller dokumentation vidare.

Studien kommer inte att gå närmare in på ovannämnda resultat, eftersom de inte direkt bidrar till kunskapsuppbyggnaden. Ett antal andra undersökningar har däremot lett till *begränsade men ändå substantiella resultat*. Till dessa kan räknas undersökningarna av bronsåldersgravplatsen Torbornahög (Wihlborg 1978), tre urnegropar i anslutning till allmänna boplatslämningar vid Rausvägen (Nagmér 1997a), Husensjö 10:10 med en odaterad ansamling av härdanläggningar (Nagmér 1992) samt plats 1B:2 inom VKB-projektet med ett mindre härdområde och spår av en enstaka byggnad, båda hänförda till bronsåldern (Cardell 1996; Olson & Mattisson 1996d).

Det senaste decenniet har det företagits några *större undersökningar*; större i mening av dels omfattning, dels resultat. Inför utbyggandet av industriområden i Helsingborgs utkant undersöktes boplatslokaler från dateringsspannet mellanneolitikum till förromersk järnålder (Nagmér 1994b). Två hus identifierades och bestämdes till yngre bronsålder respektive förromersk järnålder.

VKB-projektet och de anslutande vägomläggningarna medförde slutundersökningar av flera fornlämningar. Plats 1A:7 vid Raus omfattade mäktiga fyndförande lager samt mångtaliga boplatslämningar från neolitikum respektive äldre järnålder (Olson 1996; Olson & Mattisson 1996b; Omfors 1999). Lämningarnas komplexitet medförde att endast tre huslämningar inom undersökningslokalen kan anses vara tillfredsställande dokumenterade (hus I, II och VII; pers. kom. av Mac Svensson och Magnus Artursson; se även Artursson m.fl. i manus).

På plats 2:5 konstaterades enklare bebyggelse samt fyra brandgravar från yngre bronsålder, vilka tolkades som spåren av "en rörlig ensamgårds mer oreglerade markanvändning" (Fendin 1996; Olson & Mattisson 1996e; Ericson Lagerås 1999). Knappt 250 meter söder därom, strax intill Rya gamla bytomt, påträffades boplatslämningar från perioden äldre bronsålder till yngre järnålder; fem huskonstruktioner som sannolikt har följt på varandra i en i stort sett kontinuerlig utveckling (Artursson 1998c-d; Bondesson Hvid 1998a; Mogren 1998; Schmidt Sabo 1999).

Hösten 1998 genomfördes de undersökningar utmed den planerade väg 109 i Välluv och Bårslöv som bildar bakgrund för föreliggande artikel (Knarrström & Olsson 2000). Undersökningarna resulterade i fyra boplatser och ett härdområde, som presenterades redan i det inledande avsnittet och därför inte redogörs för här. Det är däremot riktigt att knyta an till den undersökning som några år tidigare företagits direkt söder om sträckningen av väg 109. Boplatslämningarna omfattade bland annat lämningarna av ett grophus samt en hydda, och härrörde från perioderna neolitikum respektive äldre järnålder (Nagmér 1990a; Nagmér 1994a).

En undersökning vid Ramlösagården resulterade i dess fler lämningar av hus, men också hantverk (Aspeborg 2000a-d; Aspeborg och Mårtensson 2000; Grandin m. fl. 2001; Aspeborg denna volym). Sammanlagt nio huskonstruktioner identifierades, samt flera ugnar och en verkstad med anknytning till järnhantering. Platsen har troligen varit i bruk under flera faser under äldre järnåldern.

Den i skrivande stund senaste undersökningen i området berörde en lokal strax söder om Påarp (Påarp 2:12, RAÄ 22 & 43, Välluv socken; Aspeborg 2001). Där dokumenterades ett treskeppigt långhus om anmärkningsvärda 38 meter, från tiden romersk järnålder – folkvandringstid. De slutliga undersökningarna av platsen har helt nyligen avlutats och resultaten är därför endast preliminära, varför den mer djuplodande analysen av platsens roll och inre struktur alltjämt befinner sig på ett förstadium (Aspeborg 2002).

Övriga undersökningar

Carl Wibling har i en artikel avhandlat förekomsten av strandnära stenåldersfynd i Råå (RAÄ 84 och 87; Wibling 1908). Han noterade flera fynd av flintdolkar samt botten av en liten hydda, vilka han hänför till senneolitikum. Det är svårt att så här nästan etthundra år senare evaluera resultaten, men jag väger in platserna som representanter för nämnda period utan att närmare gå in på boplatsernas sammansättning.

Vid två tillfällen har resultaten av Sven Södербergs utgrävningar av åtta högar norr om Raus sammanställts (Rydbeck 1912:81ff; Persson 1978). De resultat som presenteras pekar på att det i sju fall rörde sig om högar med centralgravar från äldre bronsålder och sekundärgravar från äldre och yngre bronsålder (samt i ett fall med eventuell kontinuitet in i förromersk järnålder). Det åttonde fallet rör uteslutande gravläggningar från yngre bronsåldern (en av högarna inom RAÄ 119). Sett till det sammantagna antalet gravar är yngre bronsåldern främst representerad, med flerfaldiga gravsättningar i respektive hög. Vissa gravgåvor samt områdets gynnsamma läge invid Öresundskusten tyder på fjärrkontakter (Persson 1978:24 ff)

I juli 1946 påträffades ”vid skyffling av en jordgubbsodling” i Gantofta det första av flera deponerade guldfynd, i en gömma (Kindström 1956: 95ff). Vidare undersökningar resulterade i ytterligare sex fynd och av dessa bestämdes fem till att vara brakteater från folkvandringstid, cirka 500 e.Kr. Gantoftaskatten behandlas mer ingående i en studie som knyts till järnåldersprojektet inom VKB-projektet (pers. kom. av Anne Carlie; se Håkan Aspeborg i denna volym).

I den förhistoriska bygden kring Bårslöv

Gravplatser

Inom undersökningsområdet är 153 gravplatser kända, och de härrör i stort sett uteslutande från bronsåldern (se nästa sida). Högarna dominerar källmaterialet, med 140 noterade poster. Av dessa motsvarar 68 stycken i fornlämningsregistret endast ”uppgifter om” gravhög, vilket baserats på äldre omnämnanden och kartmaterial. ”Uppgifter om” gravhögar anses emellertid ha full relevans för den storskaliga spridningsbilden, varför

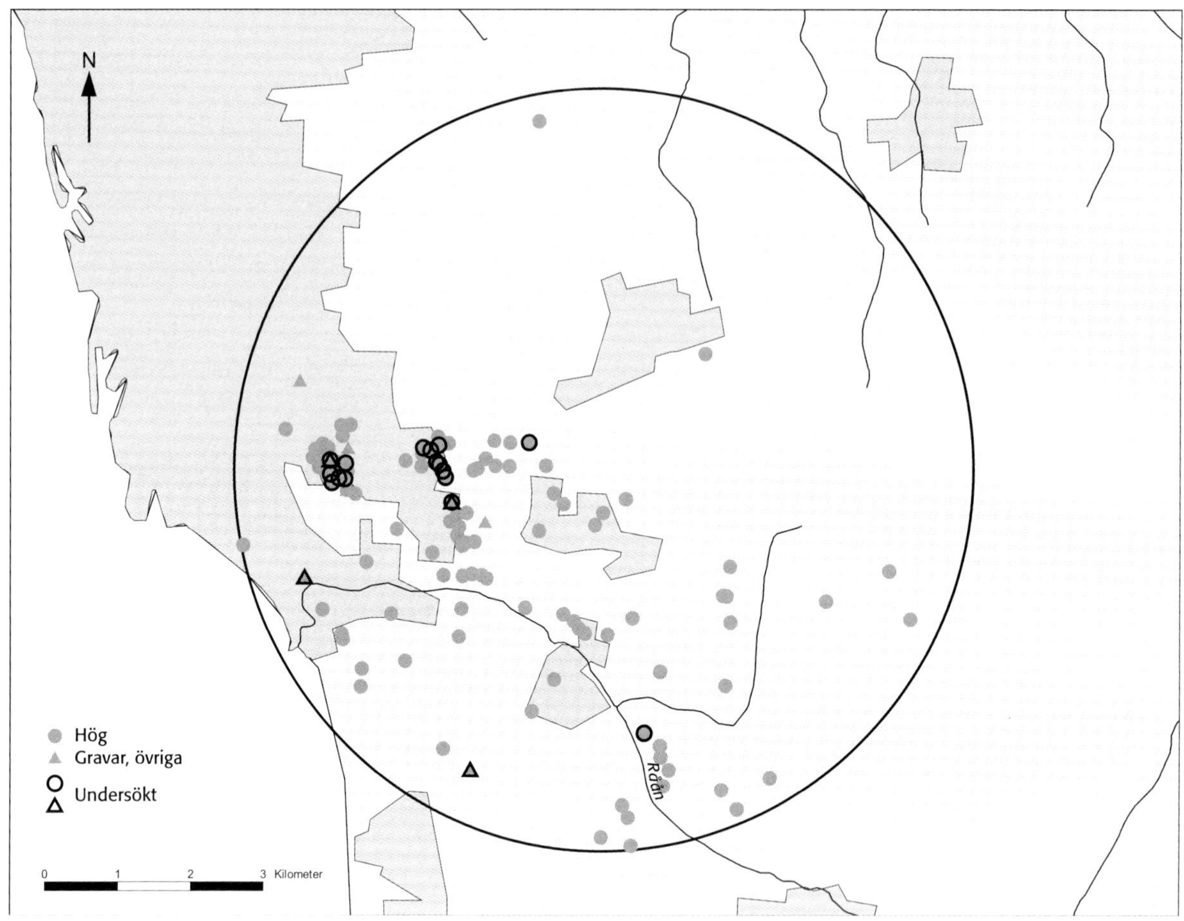

Spridningen av gravhögar och övriga gravar inom undersökningsområdet. De undersökta platserna är markerade.

The distribution of mounds and other grave types within the area surveyed. The excavated remains are marked.

dessa poster kan inbegripas i studien (Olsson 1991:39ff).

Nitton av högarna är undersökta, men ett analyserat och tolkat dokumentationsmaterial saknas i tio fall. Det samlade underlaget för kunskapen om undersökningsområdets högar utgörs med andra ord av nio undersökta objekt (Rydbäck 1912; Persson 1978; Wihlborg 1978). Dessa högar innehöll både skelett- och brandgravar, de sistnämnda i kraftig majoritet (Persson 1978:77). Högarna har sannolikt tagits i anspråk som gravplatser mer eller mindre kontinuerligt under perioden äldre bronsålder till förromersk järnålder. Gravhögarna är endast i 15 fall daterade på konkret basis till äldre bronsålder utifrån undersökningsresultat (i form av skelettgravar och tidstypiska gravsättningar och fynd).

Motsvarande indicier på gravplatser knutna till högar under yngre bronsåldern är 17 stycken (med ledning av brandgravar och tidsrelaterade artefakter). Från undersökningarna av åtta högar härrör 11 skelettgravar samt 53 brandgravar, vilket innebär att det för varje grav från äldre bronsåldern finns fem från yngre bronsåldern (Persson 1978:10). I fyra av de under åren undersökta högarna påträffade man för övrigt gravläggningar från enbart yngre bronsålder/förromersk järnålder, vilket är ovanligt om än inte obekant (RAÄ 89, 104 och 119, Helsingborgs stads förs., RAÄ 4 i Bårslövs sn; jfr Andersson 1999).

Högarna är i huvudsak lokaliserade till undersökningsområdets sydvästra halva, i regel till platser med god exponering. Några verkliga anhopningar och stråk av högar är belägna norr om Rååns dalgång och på dessa platser ligger högarna ibland med endast få tiotals meter emellan. Flertalet undersökta högar ligger också inom dessa anhopningar. I den nordöstra halvan av undersökningsområdet har några enstaka spridda gravhögar

En av många högar (RAÄ 10, Bårslöv sn) på norra krönet av Rååns dalgång.

One of many mounds (RAÄ no. 10, Bårslöv parish) on the northern ridge of the valley of the river Rååna.

noterats, men inga undersökningar ägt rum. Den rika representationen av gravhögar knyter an till likartade högtäta zoner utmed kusten söderut. Någon mil längre norrut, också kustnära, förekommer ytterligare anhopningar av högar.

Övriga gravtyper är i långt mindre utsträckning dokumenterade, inte minst av visibilitetsskäl. Samtliga dessa gravfynd är lokaliserade till undersökningsområdets södra till västra del, liksom var fallet med gravhögarna. Spridningsbilden bygger främst på resultatet av ett koncentrerat exploateringstryck som generellt medfört fler arkeologiska undersökningar. Sammanlagt 13 poster motsvarar 19 brandgravar (enstaka eller samlade i gravfält, som urnor eller stenkistor), 4 stensättningar samt en uppgift om resta stenar (RAÄ 77, 142 och 164 i Helsingborgs stadssocken). Stensättningarna syntes som rösen i storleksordningen 6–8 meter i diameter, och de har definierats som gravar i fornlämningsregistret. En stensättning som undersöktes i samband med VKB-projektet genererade dock ett helt annat resultat, nämligen att man hade att göra med ett recent röjningsröse (Olson & Mattisson 1996c). Om de här nämnda stensättningarna faktiskt är spåren av gravar återstår att konstatera genom undersökningar. Uppgiften om resta stenar är anmäld i andra hand och får mest ses som en varningsflagg inför framtida exploateringshot.

Brandgravarna är i några fall noterade i fornlämningsregistret som funna i samband med allmänna markingrepp, varför de inte har arkeologiskt undersökts (RAÄ 30 i Bårslövs socken, RAÄ 98 och 121 i Helsingborgs stadssocken). De tre urnegravarna inom RAÄ 107 undersöktes av HKH Gustav Adolf år 1905, och jag har inte haft möjlighet att granska dokumentationsmaterialet. I ett par fall har flatmarksgravplatser noterats i samband med gravhögar, varvid de förstnämnda också är undersökta (RAÄ 98 och 107, Helsingborgs stads sn). Inom RAÄ 121 i samma socken påträffades tre gravurnor i en ostrukturerad boplatskontext, vagt daterad till yngre bronsåldern, men den knapphändiga dokumentationen ger föga ledning till vad gravfynden representerar eller kan knytas till (Nagmér 1997a). De fyra brandgravarna på plats 2:5 innehöll, utöver benfragment av människor och spår av urnor och/eller stenkistor, inga övriga fynd (Ericson Lagerås 1999). Däremot var de placerade i omedelbar närhet av bebyggelse av blygsamt slag. Gravarna skiljer sig något åt, till konstruktion och den omedelbara närmiljön, på ett sätt som antyder avsiktliga variationer i fråga om föreställningsvärld och begravningsskick.

Summering – det hinsides livet

Sammanfattningsvis kan konstateras att en stor mängd gravar har registrerats inom undersökningsområdet, med geografisk tyngdpunkt i dess sydvästra halva och kronologisk tyngdpunkt i bronsåldern. Med tanke på det rika underlaget är egentligen mycket få gravar undersökta (drygt 7 %), och ännu färre analyserade och rapporterade. I fråga om senneolitikums och den äldre järnålderns gravplatser är underlaget praktiskt taget lika med noll. Var man under dessa tider gravlade sina döda kvarstår därför att komma underfund med.

Överrepresentationen av gravhögar förleder lätt till en slentrianmässig föreställning om att det främst är den äldre bronsålderns döda som är företrädda. Men undersökningar har hittills demonstrerat att de enskilda gravmarkeringarna på intet vis motsvarar enstaka gravar och händelser. Framför allt rymmer gravplatserna från yngre bronsåldern flerfaldiga separata gravsättningar, oavsett om de är förlagda till högar eller flat mark.

Med dessa proportioner framstår fornlämningsbilden för denna fas faktiskt som tätast. Detta skede bjuder också på en synnerligen intrikat variation i fråga om gravlokalisering och ritualer, inte minst som gravsättningar har skett både i och intill hög eller i anslutning till boplatser. Samtliga fall skulle kunna knytas till en mångfacetterad syn på och praxis kring förfäderskult. Mycket förenklat kan det uttryckas som att man i de förstnämnda fallen låter de döda vara nära förfäderna och knyter an till monumentens uttryck av auktoritet. Kanske kan förfäderskulten i dessa fall betecknas som mer passiv, när man överlåter det manifesta och lokaliseringen till redan gjorda val och uttryck. I de fall de döda har gravsatts i anslutning till boplatser har de markant integrerats i de levandes domäner, på ett sätt som tydliggör mer aktiva val och effekter. Men gravplatsernas lokalisering under yngre bronsålder har kanske snarare mer att göra med social segregering, än med tilltron till förfäderna. De fyra högarna med gravar från enkom yngre bronsåldern tyder på ett socioekonomiskt instabilt samhälle, där man valt att återuppta en annars förlegad monumentform, som uttryck för kraft och makt. Att omfatta båda synsätten förefaller vara en spännande och fruktbar väg till förståelsen av ett samhälle som har lagt så mycket mening i gravsättningarna av sina döda.

De korologiska aspekterna av gravplatserna är svåra att estimera, men ger samtidigt upphov till en intressant problematisering. Som tidigare nämnts ansluter jag till synen på att den storskaliga spridningsbilden för gravhögar är relevant, men anser samtidigt att mönstret i viss mån också är självuppfyllande. Kombinationen av det nutida exploateringstrycket i den högtäta zonen, exponeringsmöjligheterna i terrängen och ett slags ”kantarellblick” vid inventeringstillfället (enligt principen att om man bara fått ögonen på den första så hittar man snart fler) har säkert bidragit till att lokaliseringsmönstret framstår så som det gör. De enstaka noterade gravhögarna i undersökningsområdets nordöstra inland framstår som minst lika intressanta som den nästan svulstiga överrepresentationen i den å- och kustnära zonen, som närmast minner om en stereotyp repetition. De enstaka gravplatserna i undersökningsområdets nordöstra inland tyder också på att fler boplatser kan vara att vänta här.

Bebyggelse och boplatser

Kunskapen om boplatserna baseras på dels resultaten från fornlämningsinventeringen, dels arkeologiskt undersökta lokaler (se nästa sida). Av registreringstekniska skäl benämns de totalt 98 boplatserna i merparten fall som stenåldersboplatser. De är ojämnt spridda inom hela undersökningsområdet, med viss övervikt för dess sydvästra halva. Utifrån GIS-applikationerna är det inte möjligt att urskilja några evidenta lokaliseringsmönster, oavsett om man väger in de befintliga dateringarna eller inte. En kompilering med topografiska, jordarts- eller fosfatkartor motiverar heller inga synbara mönster. Fosfathalterna i trakten är annars karterade av Arrhenius, men det finns en hel del vita fläckar (Arrhenius 1934a-b). Höga fosfathalter korreleras ofta med boplatser. Inom undersökningsområdet är de mer markant förhöjda halterna lokaliserade till kända bytomter av historisk datering och en samkörning av den digitala fornlämningskartan och fosfatkartan ger inga antydningar om lokaliseringsmönster. Inventeringspersonalen hade för övrigt tillgång till fosfatkartan och kunde därför väga in denna aspekt vid genomsökningarna under 1986.

Sammanlagt 27 boplatser har efter undersökningar kunnat tidsbestämmas, även om dateringen

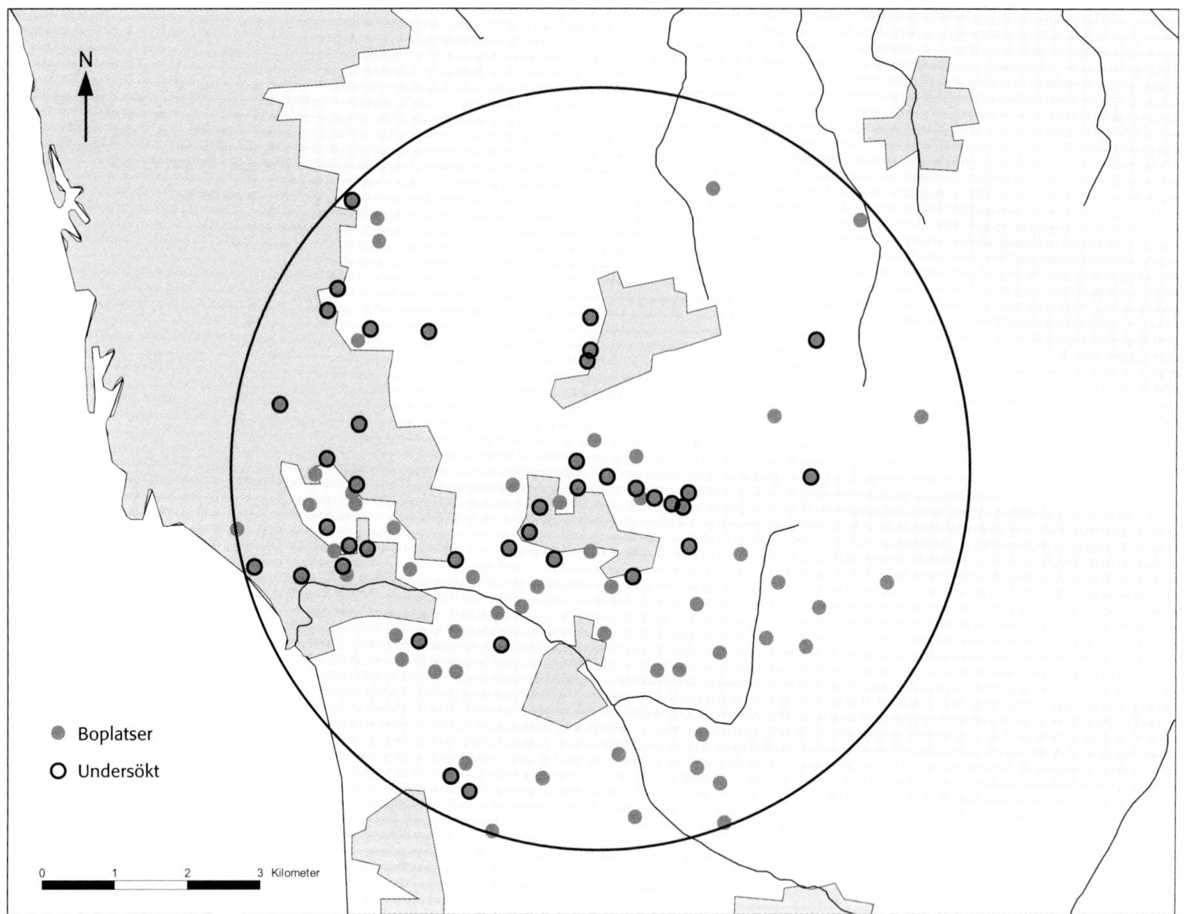

Spridningen av boplatser, med de undersökta markerade.

The distribution of settlements. The excavated places are marked.

ofta bygger på vaga indicier. Den förändrade dateringsmässiga tonvikten, från stenåldersboplatser till i flertalet fall brons- och järnåldersboplatser, har kunnat konstateras även inom VKB-projektet, och demonstrerar problemen med inventeringsresultatens trubbighet (Knarrström 2000:96ff). Spridningen av de undersökta boplatslokalerna är oväntat god i förhållande till underlaget. I undersökningsområdets sydöstra del har dock tydligen få utgrävningar ägt rum.

Det föreligger mer konkreta undersökningsresultat från tolv lokaler, i fråga om dateringsunderlag och representation av anläggningar. Tre av lokalerna är endast rapporterade i vaga ordalag, antagligen för att man inte påträffat några lämningar av hus. Övriga nio lokaler inkluderade sådana spår och har också diskuterats mer ingående (Nagmér 1994a; Nagmér 1994b; Olson & Mattisson 1996d; Artursson 1998d-f; Ericson Lagerås 1999; Omfors 1999; Aspeborg & Mårtensson 2000; Knarrström & Olsson 2000; Aspeborg 2001). Totalt har 38 hus påträffats inom nämnda lokaler, från perioderna senneolitikum till äldre järnålder (se tabell nästa sida). Dateringarna har baserats på naturvetenskapliga analysresultat och/eller analogier med kända byggnadslämningar från Skåne och Danmark. Det har hittills inte förekommit några tillnärmelsevis unika byggnadstyper inom undersökningsområdet, till konstruktion eller funktion.

Merparten byggnader har utgjorts av treskeppiga långhus, men också lämningarna av ett par mesulahus och grophus samt några fyrstolpshus och hyddor har dokumenterats. Bevarandegraden har varit högst varierad och i ett antal fall har man inte kunnat totalundersöka lämningarna på grund av störningar. De treskeppiga långhusen och mesulahusen har benämnts som bostäder eller kombinationer av bostäder, fähus och förråd. Några treskeppiga långhus har emellertid haft särdeles blygsamma proportioner (se s. 219). Inom område 1 väg 109 fanns ett synnerligen smalt långhus, som rentav föreslogs som uteslutande fähus, eventuellt med öppen långsida (Knarrström & Olsson 2000). Å andra sidan förekommer inom undersökningsområdet ett långhus av mer imposant storlek, nämligen det nyligen undersökta i Påarp (Aspeborg 2001, 2002). Projektledaren har framhållit analogier till liknande fynd, platser för så kallade stormansgårdar.

Grophusen har hänförts till boende av mindre permanent slag, eller till verkstadsändamål. Fyrstolpshusen ses i regel som enkla ekonomibyggnader. Hyddornas funktioner är lika oklara som benämningen ger upphov till. Med tanke på deras blygsamma dimensioner ligger syftet "temporärt skydd" närmast till hands. Byggnadsmaterial för de olika hustyperna har i förekommande fall angivits som halm eller vass till att täcka tak, trästolpar för de takbärande enheterna, lerklining eller skiftesverk i väggar samt leriga jordarter till golvtäckare – på det hela taget för området gängse råmaterial. I några fall har husens inre rumsliga fördelning diskuterats. Det rör i så fall indelningar i en östlig respektive västlig del utifrån spåren av mellanväggar eller de takbärande stolparnas inbördes relationer, samt placeringen av ingångar, härdar och förrådsgropar (Artursson 1998e; Omfors 1999; Knarrström & Olsson 2000; Aspeborg 2001).

Dateringarna av de tio boplatserna som hänförts till senneolitikum baseras på dels de i inventeringen noterade lokalerna, dels undersökningsresultat. De undersökta boplatserna har genererat ringa information kring byggnadsskick: det rör sig om lämningarna av två mesulahus respektive två hyddor. Spridningen av de senneolitiska boplatserna är ganska god, utom i undersökningsområdets östligaste del (se s. 220). Relationen till övriga typer av fornlämningar ger föga ledning till slutsatser, eftersom endast samtida fyndplatser (och för all del en mängd lösfynd) har påträffats. Fyndplatserna är dock också spridda inom undersökningsområdet, förutom i den östligaste delen. Förmodligen kan långt fler boplatser – och andra typer av senneolitiska lämningar – komma i dagern vid framtida undersökningar. Det syns annars inga explicita naturgeografiskt betingade preferenser i fråga om lokalisering. I ett par fall syns två senneolitiska boplatser ligga helt nära varandra, vilket skulle kunna tolkas i termer av kortdistans relokaliseringstrategier och därmed ett utslag av områdeskontinuitet.

Referens	SN	ÄBÅ	YBÅ	FRJ	RJ/FVT	Byggnadstyp
VKB 1B:2 (Olson & Mattisson 1996)			X			Rund stolpkonstruktion
Påarp (Aspeborg 2001)					X	Treskeppigt långhus
Ättekulla/Raus (Nagmér 1994b)			X			Treskeppigt långhus
				X	X	Treskeppigt långhus
RAÄ 40 Välluv/RAÄ 46 Bårslöv (Nagmér 1994a)				X		Grophus
VKB 2:5 (Ericsson Lagerås 1999)			X			Grophus
			X			Stolplada
			X			Hydda
VKB 1:A7 (Omfors 1999)	X					Mesula långhus
				X		Treskeppigt långhus
				X	X	Treskeppigt långhus
Rya (Artursson 1998e)					X	Treskeppigt långhus
		X	X			Treskeppigt långhus
				X	X	Treskeppigt långhus
			X	X		Fyrstolpshus
Väg 109, omr 1 (Knarrström & Olsson 2000)	X					Mesula långhus
					X	Treskeppigt långhus
					X	Treskeppigt långhus
					X	Treskeppigt långhus
					X	Treskeppigt långhus
				X	X	Treskeppigt långhus
					X	Fyrstolpshus
					X	Fyrstolpshus
Väg 109, omr 2 (Knarrström & Olsson 2000)			X			Treskeppigt långhus
Väg 109, Omr 3 (Knarrström & Olsson 2000)	X					Hydda
	X					Hydda
		X				Treskeppigt långhus
			X			Treskeppigt långhus
Ramlösa Ö (Aspeborg & Mårtensson 2000)					X	Treskeppigt långhus
					X	Treskeppigt långhus
					X	Treskeppigt långhus
					X	Treskeppigt långhus
				X	X	Treskeppigt långhus/
						fyrstolpshus
				X	X	Treskeppigt långhus/
						fyrstolpshus
				X	X	Stolpbod
Ramlösa V (Aspeborg & Mårtensson 2000)				X	X	Treskeppigt långhus
				X		Treskeppigt långhus/
						fyrstolpshus
				X		Vindskydd/verkstad

Huslämningen på plats 1A:7 vid Raus konstaterades redan under fältarbetet och tolkades som en mesulakonstruktion med ett inre parti av nedsänkt golvnivå (Omfors 1999:21f). Lämningen har paralleller till hus av Myrhøjtyp, vilken dessutom brukar förknippas med specialiserad flintbearbetning. I det kulturlager som kunde knytas till mesulahuset på plats 1A:7 har spårats just en flintslagningsplats. De övriga tre senneolitiska byggnadslämningarna härrör från undersökningarna utmed väg 109. Lämningarna undergick inga genomgripande undersökningar utan noterades först i samband med bearbetningen av dokumentationen (Knarrström & Olsson 2000:16, 33f). Spåren av en mesulakonstruktion inom område 1 var oregelbundna och vaga, men de senneolitiska lösfynd som tillvaratogs i anslutning till huslämningen styrker tolkningen något. Av förklarliga skäl är det svårt att diskutera samtidighetsaspekter rörande övriga, näraliggande anläggningar. Inom den västligaste delen av område 3 fanns lämningar av två u-formade rännor, som i efterhand typologiskt har tolkats som spåren av små, neolitiska hyddor. De omkringliggande lämningarna var av allmän boplatskaraktär och utan några synbara strukturella relationer.

Bebyggelsen på de senneolitiska boplatserna har synbart ingen kontinuitet in i den äldre bronsåldern. Inte i något fall har samma plats tagits i

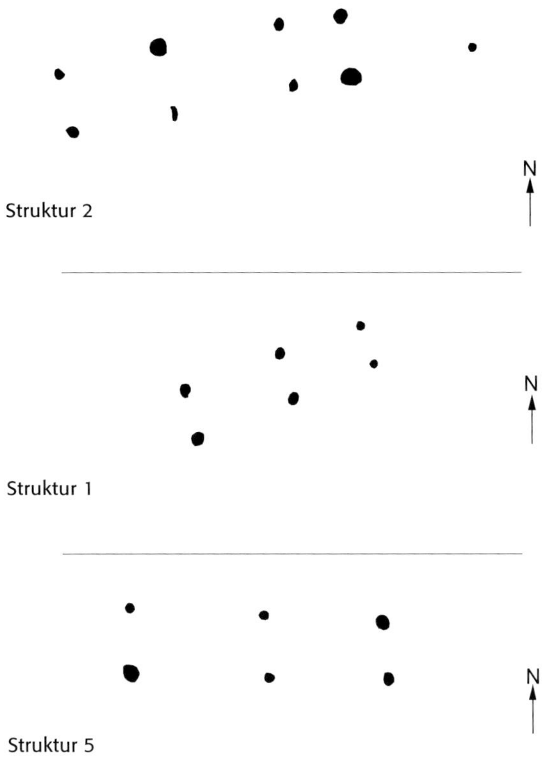

Struktur 2

N

Struktur 1

N

Struktur 5

N

Planer över de blygsamma långhuslämningarna från väg 109, område 1. Skala 1:200.

Layouts of the modest three-aisled long-houses from project Road 109, area 1. Scale 1:200.

Utgrävda huslämningar från perioden senneolitikum till folkvandringstid, inom undersökningsområdet.

Excavated dwellings from the Late Neolithics to Middle Iron Age, within the surveyed area.

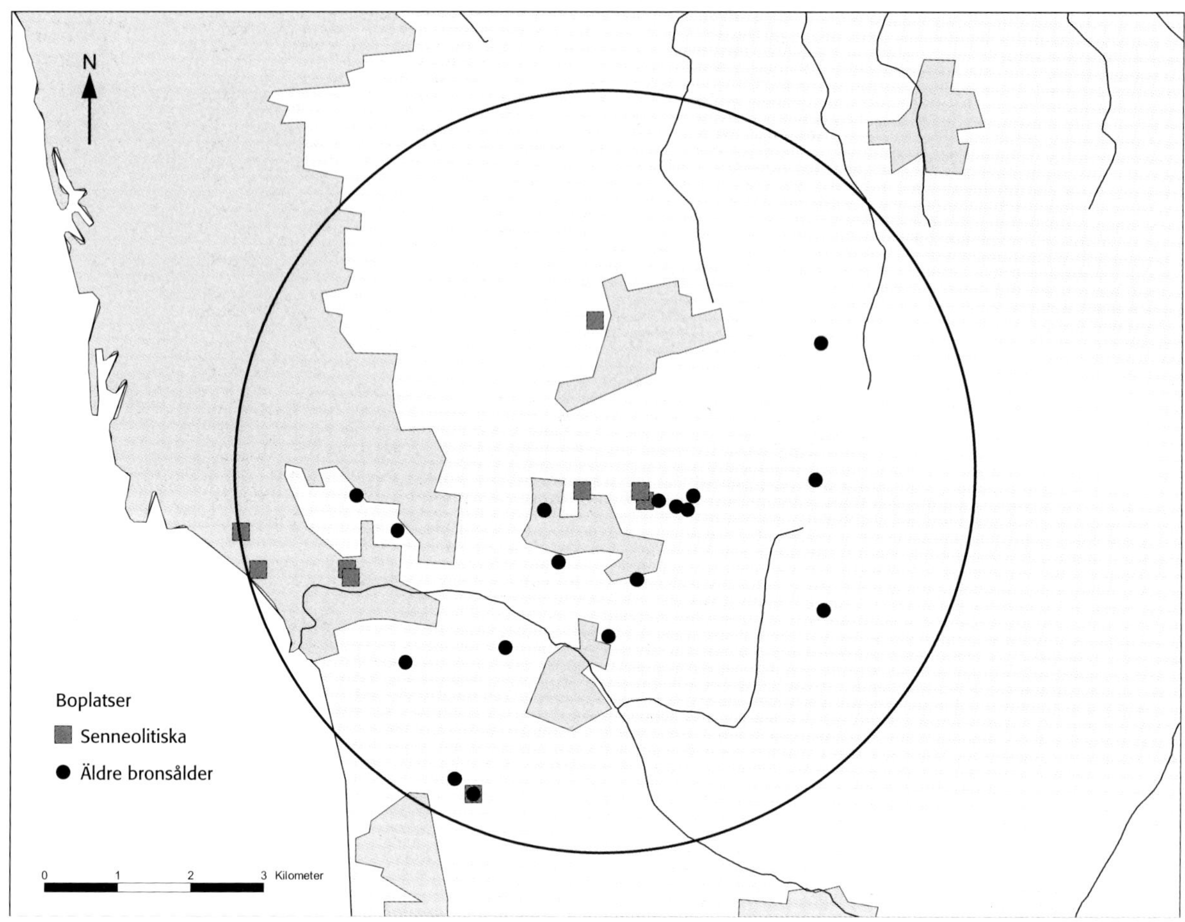

Spridningen av boplatser daterade till senneolitikum – äldre bronsålder.

The distribution of settlements dating to the Late Neolithic-Early Bronze Age.

anspråk under hela den period som här avhandlas, även om man ofta har gjort spridda, enstaka föremålsfynd som så antyder. Inom undersökningsområdet har påträffats 17 boplatser från äldre bronsåldern samt 24 från yngre bronsåldern (föregående och nästa sida), vilket är tidsbestämningar som bör betraktas med viss försiktighet. I dateringsuppgifterna gömmer sig nämligen ibland tämligen ogrundade antaganden, där man i brist på tydliga ledartefakter, naturvetenskapliga dateringar eller bebyggelsespår har bestämt lämningar till i största allmänhet brons- och järnåldersboplatser.

Det går inte att identifiera några lokaliseringsmönster för periodens boplatser, framför allt eftersom de ofta är typ- och dateringsbestämda på vaga grunder. Boplatserna är generellt belägna i undersökningsområdet sydvästra del, men några få har också påträffats i den nord- till östliga zonen (Räf 1996a). Spridningen av boplatserna är både gles och ibland förtätad, och bilden har sannolikt helt enkelt mest att göra med lokaliseringen av undersökningar. I 12 fall synes boplatserna ha kontinuitet mellan äldre och yngre bronsåldern. I fem fall har äldre bronsåldersboplatser noterats i anknytning till gravhögar, men ingen sådan plats är ännu undersökt varför uppgifterna är osäkra. I ett par fall har flatmarksgravplatser påträffats i anslutning till boplatser från den yngre perioden. Boplatslämningar har också noterats helt inpå de två samtida härdområdena. Jämfört med föregående period är fyndplatserna försvinnande få och ger ingen ledning till representativiteten av kompletterande arkeologiska lokaler. Naturlandskapet ger ingen vidare ledning till periodspecifika lokaliseringspreferenser, förutom att man tycks ha prioriterat kontakten med Rååns dalgång och sundet.

Den under bronsåldern äldsta boplatslämningen har påträffats vid Rya (Artursson 1998e). Ett stort treskeppigt långhus har ^{14}C-daterats till övergångsskedet mellan äldre och yngre bronsålder. På nästan exakt samma plats har senare uppförts ett nytt men mindre, treskeppigt långhus. Kontinuitetssambandet är anslående, men frågan om det sistnämnda omedelbart ersätter det förstnämnda förblir obesvarat. Utöver långhusen fanns cirka 70 meter längre åt sydöst ett fyrstolpshus, som typologiskt sett härrör från hela yngre bronsåldern. Bebyggelsen vid Rya har placerats på ett centralt flackt höjdläge, som omges av aktivitetsytor med gropar, rännor och hägnadskonstruktioner. På ömse sidor om bebyggelsen, nära de omgivande våtmarksområdena, förekommer grupperingar av kokgropar och härdar. Boplatslämningen karaktäriseras som mångfasig, med en i stort sett kontinuerlig utveckling från äldre bronsålder till yngre järnålder. Rapportförfattaren betraktar lämningarna som delar av en större boplats, som ska ha sträckt sig vidare söder om undersökningslokalen ner mot Ryabäcken.

Artursson knyter också opreciserat an till de rumsligt näraliggande boplatslämningarna från yngre bronsålder på plats 2:5 inom VKB-projektet (Ericson Lagerås 1999). Här påträffades samtida lämningar av såväl bebyggelse som brandgravar och kokgropar. Bebyggelsen var förhållandevis anspråkslös, med ett grophus, en stolplada och en hydda. Lämningarna har karaktäriserats som en rörlig ensamgård med oreglerad markanvändning, där gravsättningarna och kokgroparna antyder förfäderskult och gravritualer.

Utöver dessa väl daterade och analyserade boplatser har ytterligare några platser spårats, som dock är betydligt sämre säkerställda. I den östliga delen av område 3 på väg 109 påträffades lämningarna av två treskeppiga långhus, varav ett från äldre och ett från yngre bronsåldern (Knarrström & Olsson 2000:37). Lämningarna observerades

Boplatser

△ Yngre bronsålder

■ Förromersk järnålder

● Romersk järnålder/folkvandringstid

Spridningen av boplatser daterade till yngre bronsåldern – äldre järnåldern.

The distribution of settlements dating to the Late Bronze Age-Early Iron Age.

först dock vid bearbetningen av dokumentationen av platsens dominanta fornlämning; ett härdområde. Trots att de närmaste ytorna kring huslämningarna var perforerade av en tät frekvens av andra anläggningar, var utrymmet mellan och direkt utanför stolphålsraderna nästan orörda; ett indicium för att det verkligen har stått hus på platserna. Fyndlokalens komplexitet omöjliggör dock en analys av boplatsstrukturer.

Inom område 2 på väg 109 påträffades också en byggnadslämning från yngre bronsåldern. Det treskeppiga långhuset kunde endast undersökas till delar. Den rikliga mängden övriga anläggningar fördelade sig på härdar, solitära stolphål, ett par brunnar samt en stor mängd gropar. Lämningarna var varken typgrupperade eller allmänt koncentrerade till några synbara aktivitetsytor. Utgrävningarna berörde sannolikt utkanten av en boplats, vars bebyggelsecentra låg sydväst om undersökningsområdet och knöt an till de lämningar som påträffats vid en tidigare undersökning (Nagmér 1994a).

I fyra fall har boplatserna fortsatt att tas i anspråk fram i äldre järnålder. Från förromersk järnålder härrör sju boplatser och från romersk järnålder/folkvandringstid sammanlagt nio platser (se föregående sida). Platskontinuitet mellan dessa perioder förekommer i fem fall. Boplatserna är belägna mest i ett stråk i undersökningsområdets mittparti, utan synbar ordning. Dock verkar man ha undvikit Rååns dalgång till förmån för de mer flacka partierna i undersökningsområdets mitt. Från perioden finns uppgifter om ett par fyndplatser samt kännedomen om att härdområdet på väg 109 åtminstone i begränsad omfattning tycks ha varit i bruk under folkvandringstid. Det ringa avståndet mellan några av boplatserna samt härdområdet är iögonfallande och tankeväckande. Allt som allt är emellertid de hittills kända tidsrelaterade fornlämningarna så få att det är svårt att diskutera landskapsutnyttjande och strategier kring platsval. Däremot syns de valda platserna ha utnyttjats intensivt under lång tid, med mindre relokaliseringar av själva bebyggelsen.

Sex av boplatserna har genererat information kring järnåldersbebyggelse. Vid utbyggnaden av Ättekulla industriområde påträffades ett treskeppigt långhus som daterades till äldre järnålder (Nagmér 1994b:4f). På plats 1A:7 undersöktes ett par treskeppiga långhus från förromersk järnålder; det ena något äldre än det andra och med kontinuitet från bronsåldern (Omfors 1999:14ff). Båda husen visade spår av rumslig indelning, varav det yngsta tycktes ha innefattat en stalldel. Lämningarna var lokaliserade till lättdränerad terräng och avståndet dem emellan var cirka 35 meter. I rapporten talas om etablerade gårdsstrukturer och ett kontinuitetssamband antyds.

Från undersökningarna vid Rya känner vi två treskeppiga långhus med datering till järnåldern. Det ena noterades också i samband med föregående period, och var beläget centralt inom undersökningsområdet på samma plats som en äldre byggnadslämning. Det andra långhuset låg cirka 30 meter norrut, och har daterats enbart till den här aktuella perioden. Kontinuitetsaspekten är anslående, eftersom boplatsen med ledning av huslämningarna har utnyttjats under mycket lång tid, från mellersta bronsålder till mellersta järnålder – en tidsrymd av drygt 1500 år.

Inom område 1 väg 109 har noterats lämningarna av sju hus (Knarrström & Olsson 2000). Tre mycket små och två mer normaldimensionerade treskeppiga långhus undersöktes och har ^{14}C-daterats med något varierade tyngdpunkter inom perioden. Vid bearbetningen av dokumentationen noterades därutöver också lämningarna av två fyrstolpshus. Huslämningarna syntes grupperade i tre på varandra följande, enkla gårdar av mer eller mindre sammanhållen karaktär. Huskropparna inom varje gård har sannolikt haft olika funktioner, såsom bostad, fähållning och förråd. Varje gård har tagit en ny plats i anspråk inom ett avstånd av knappt hundra meter, vilket tyder på en viss platskontinuitet. Lämningarna var belägna på en ytterst flack terrängförhöjning. I bebyggelsens närmaste omgivning fanns lämningar av troligen samtida brunnar, kokgropar, solitära stolphål, gropar, hägn och härdar samt en ugn, det vill säja spåren av hantverk, byggnation och matberedning. I anslutning till ett gropsystem påträffades också slaggstycken, spåren efter reduktions- och smidesarbeten av järnmaterial, som daterades till vendeltid. Det fanns dock ingen produktionsplats inom undersökningsområdet, utan slaggstyckena var helt enkelt dumpade i gropsystemet.

Den mest innehållsrika fyndlokalen är utan tvekan Ramlösagården med sammanlagt nio huslämningar och spår av järnhantering (Aspeborg & Mårtensson 2001; Håkan Aspeborg i denna volym). Hela sex byggnader från förromersk järnålder påträffades (varav fem kan ha kontinuitet från yngsta bronsålder), huvudsakligen i form av små fyrstolps- eller alternativt treskeppiga hus. Dateringarna grundar sig på typologiska jämförelser. Det största mätte 5,6x2,1 meter, vilket knappast kan anses vara rymligt. De fyra byggnader som uppfördes under romersk järnålder/folkvandringstid utgjordes i stället av mer normaldimensionerade treskeppiga långhus, som grupperade sig helt nära varandra, liksom par om par såväl rumsligt som dateringsmässigt. Vindskyddet, som tolkats som en verkstad i samband med järnhantering på platsen, ligger cirka 50 meter längre åt sydväst. Söder därom har påträffats flera lämningar med anknytning till nämnda hantverksaktiviteter. I rapporten har författarna inte mer precist rett ut frågor om kontinuitet, faser och grupperingar, men förmodar att det rör sig om 2–3 gårdsenheter, där åtminstone de större långhusen kan ha avlöst varandra i en sekvens. Frågan om järnhantering har försiggått på platsen under hela perioden är ännu outredd.

Öster om bebyggelsen indikerar anläggningstomma ytor att en väg eller fägata har löpt där. I anslutning till gårdarna finns grupper av härdar, medan groparna och de solitära stolphålen är mer jämt fördelade över ytan. Den aktivitet som framstår tydligast är järnhantering, där koncentrationen av smideshärdar, en schaktugn och slaggrester samt nämnda verkstadshus är förlagd till en separat yta ett stycke ifrån övrig bebyggelse. Eventuellt kan produktionslämningarna knytas till fynden av ytterligare ett fyrtiotal härdanläggningar, i en förtätad struktur, strax norr om Ramlösagården (Nagmér 1992). Den platsen är dock summariskt behandlad, och härdarnas representation outredd.

En fyndlokal av stor potential, som säkert kommer att kasta ytterligare ljus över periodens byggnadsskick och boplatsutnyttjande, är belägen strax söder om Påarp (Aspeborg 2001, 2002). I avvaktan på de undersökningsresultat, som i skrivande stund håller på att utvecklas, måste ändå framhållas det treskeppiga långhus om 38 meter som är känt från platsen. Magnituden i byggnadslämningen utgör i sig en tilltalande kontrast till de många, sällsynt små långhuslämningar som påträffats på andra samtida platser.

Summering – det härstädes livet

I fråga om boplatser är perioderna senneolitikum och äldre bronsålder minst kända trots flera tidsrelaterade platser (se s.220). Dateringarna av 26 fyndlokaler bygger ofta på vaga indicier eller obekräftade antaganden, vilket gör det svårt att diskutera representation och organisation. De få bebyggelselämningarna är illa undersökta och de inre boplatsorganisationerna föga utredda. I undersökningsrapporterna har man varit försiktiga med att i detalj bena upp vilka anläggningar som hör till vilken period, när det rört sig om dateringsmässigt komplexa lokaler med lämningar också från till exempel järnåldern. Detta har ofta varit till men för diskussionen om platsernas äldre lämningar, varför bebyggelseskick och boplatsstrukturer från senneolitikum och framför allt äldre bronsålder är föga kända. Situationen bekräftar tyvärr den i UV Syds vetenskapliga program redan noterade kunskapsbristen (Artursson & Lindahl Jensen 1999). Perioden manifesteras dock dess mer konkret av den överväldigande mängd senneolitiska föremålsfynd och bronsåldersgravplatser som finns inom undersökningsområdet. Det finns därför goda skäl att anta att boplatslämningar från perioden kan komma att beröras i samband med framtida undersökningar.

Å andra sidan är den yngre bronsålderns och framför allt den äldre järnålderns boplatser desto fler och mer innehållsrika (se s. 222). Även här har dock flera undersökningar genererat blott vaga indicier, som kanske närmast slentrianmässigt hänförts till brons-/järnåldern i största allmänhet, varför spridningsbilden ska betraktas med viss försiktighet. Antalet byggnadslämningar är fler än under föregående period och därmed också bättre belysta, trots att det rör sig om ganska få fyndplatser. Det rör sig om varierade typer av byggnader, som ibland är samtida och då till synes bildar gårdar. Gårdarna kan i sin tur följa på varandra i mer eller mindre kontinuerliga sekvenser. Den rikliga uppsättningen av olika boplatslämningar har möjliggjort utsagor om inre strukturer. Rännor, hägnadsspår och brunnar samt terrängrelaterade företeelser (till exempel i form av våtmarker eller markanta nivåskillnader) ger indikationer på gränser och rörelsemönster för platsens invånare, människor såväl som tamdjur. Övriga lämningar i bebyggelsens direkta närhet ses som spår av diverse aktiviteter, såsom hantverk, byggnation, matberedning och djurhållning. Allt som allt är det högst sedvanliga uttryck för en tillvaro i agrar miljö.

Härdområden

Inom undersökningsområdet (på ett inbördes avstånd av 4 kilometer) har påträffats två härdområden – det vill säja platser med en anmärkningsvärd mängd härdanläggningar av en typ som närmast liknar kokgropar. Härdområdet vid Örja på plats 1B:2 inom VKV-projektet genomgick endast förundersökning, varför bara ett fåtal anläggningar grävdes ut (arbetsområdet gjordes snävare, varför fynden undgick hotet om destruktion och slutundersökning utgick; Olson & Mattisson 1996d). De 75 härdarna var belägna söder om Råån och väster om E6:an, på en svag markförhöjning i en annars tämligen flack terräng. Avståndet till havet var 1,5 km. Härdarna syntes ganska likartade till form och konstruktion, och innehöll rikligt med sten och i några fall kol och sot. Annars var fynden sparsamma, men man noterade en förekomst av malstenar samt rabbig keramik. Med ledning av det sistnämnda daterades härdområdet preliminärt till yngre bronsålder. Cirka 30 meter norr om härdarna påträffades vad som tolkades som en rundoval hydda, men dess samtidighet med härdarna förblev outredd. Härdområdet avtäcktes troligen inte i sin helhet, utan beräknades fortsätta utanför undersökningsområdet. Fornlämningen var inte känd innan de arkeologiska utredningarna.

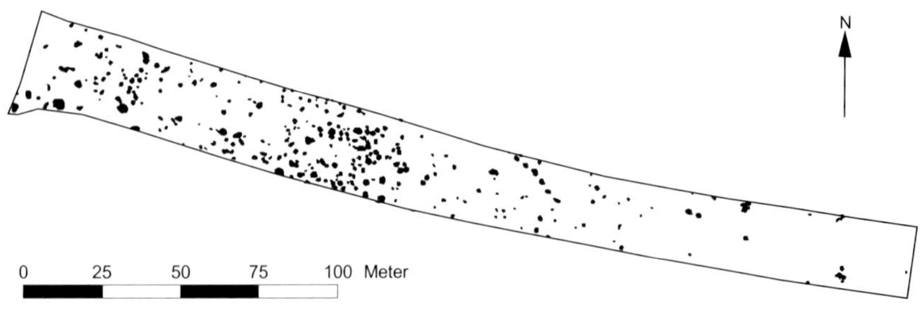

Plan över de centrala delarna av härdområdet på väg 109, område 3.

Layout of the central parts of the cluster of hearths at Road 109, area 3.

Det andra härdområdet påträffades på ett välexponerat höjdläge inom område 3 på väg 109, cirka 700 meter söder om en gammal mosse (Knarrström & Olsson 2000; se ovan). Vägutbyggnaden skar ett smalt stråk genom härdområdet, som säkert är mycket stort (en försiktig spekulation utifrån platåns omfattning och frekvensen av lämningar inom det undersökta området ger antalet 900 härdanläggningar). Härdlämningarna slutundersöktes visserligen, men de motiga väderförhållandena under ifrågavarande decembermånad omintetgjorde en mer omsorgsfull dokumentation och undersökning. Av de sammanlagt 309 härdarna grävdes 55 stycken, de flesta grovt med maskin. Även här syntes anläggningarna vara likartade till form, konstruktion och sammansättning: oftast rikligt med sten i en grop, ibland med inslag av kol och sot. Fynden var få, men en malsten och fragment av rabbig keramik togs tillvara. ^{14}C-analyser har daterat lämningarna till perioderna äldre till yngre bronsålder, med reservation för ett speciellt stråk som härrörde från övergångsskedet mellan äldre och yngre järnålder (se nästa sida). Vid bearbetningen av dokumentationsmaterialet noterades som tidigare nämnts två treskeppiga långhus något öster om den kraftigaste förtätningen av anläggningar inom härdområdet. På typologiska grunder daterades huslämningarna till äldre respektive yngre bronsålder. Fornlämningslokalen var känd sedan inventeringen, men endast under beteckningen boplats.

Bägge härdområdena ligger i den fornlämningstäta zonen i undersökningsområdets syd till sydvästliga del. Bortom härdområdet på område 3 väg 109 vidtar dock den fornlämningsfattiga norra halvan av undersökningsområdet. Härdområdena ligger i en bygd tät på samtida gravplatser, som dessutom i viss utsträckning synes bilda ett något förtätat stråk mellan dem. Samtida boplatser är också noterade i härdområdenas närområde, och dessutom inom dessas utbredning.

Härdområden är onekligen svårtolkade, men två förklaringsmodeller har kommit att dominera perspektiven. Den ena modellen ser härdområden som spåren av produktionsplatser för någon slags uppvärmningsrelaterad råvaruförädling, medan

Lab nr	^{14}C-ålder BP	Omr	Anl nr	Prov nr	Anläggning	Mtrl	Kal BC/AD 1 s	Kal BC/AD 2s
Ua-25616	2990±50	3	7479	13009	Härdanl.	Kol	1300-1120 BC	1390-1040 BC
Ua-25617	2320±60	3	36272	39070	Härdanl.	Kol	420-200 BC	800-150 BC
Ua-25618	1275±60	3	35498	39068	Härdanl.	Kol	670-860 AD	660-890 AD
Ua-25619	2795±65	3	27667	39028	Härdanl.	Kol	1010-840 BC	1120-810 BC
Ua-25620	3025±60	3	35346	39065	Härdanl.	Kol	1390-1130 BC	1410-1060 BC
Ua-25621	2925±60	3	11607	13019	Härdanl.	Kol	1210-1010 BC	1300-920 BC
Ua-25622	3025±60	3	29326	39041	Härdanl.	Kol	1390-1130 BC	1410-1060 BC
Ua-25623	3100±60	3	30290	39048	Härdanl.	Kol	1420-1260 BC	1510-1160 BC
Ua-25624	1555±60	3	26350	39013	Härdanl.	Kol	430-600 AD	400-640 AD
Ua-25625	2920±60	3	35261	39062	Härdanl.	Kol	1210-1000 BC	1300-920 BC
Ua-25626	1370±55	3	26740	39018	Härdanl.	Kol	620-760 AD	560-790 AD
Ua-25627	2785±60	3	36518	39076	Härdanl.	Kol	1000-840 BC	1120-810 BC
Ua-25628	2885±55	3	7748	13012	Härdanl.	Kol	1130-930 BC	1260-910 BC
Ua-25629	1345±55	3	26589	39015	Härdanl.	Kol	650-770 AD	600-820 AD
Ua-25630	1450±65	3	26629	39016	Härdanl.	Kol	550-660 AD	440-690 AD
Ua-25631	2735±70	3	36409	39074	Härdanl.	Kol	930-810 BC	1040-790 BC
Ua-25632	1545±70	1	16748	17034	Brunn prov 5	Kol	440-600 AD	390-660 AD
Ua-25633	1400±70	3	26797	39019	Härdanl.	Kol	560-760 AD	450-790 AD
Ua-25634	2700±70	3	30406	-	Härdanl.	Kol	910-800 BC	1020-760 BC
Ua-25635	4995±75	3	35219	39061	Härdanl.	Kol	3940-3700 BC	3960-3650 BC
Ua-25636	1750±65	1	16748	-	Brunnsflätning	Kvist	-	-

Resultat av kompletterande ^{14}C-analyser till projektet väg 109, som har utförts av Göran Possnert, Ångströmslaboratoriet, Uppsala. Ref. M. Stuiver, A. Long och R.S. Kra eds. 1993 Radiocarbon 35(1).

Results of ^{14}C-analyses from the project Road 109, performed by Göran Possnert, Ångströmslaboratoriet, Uppsala. Ref. M. Stuiver, A. Long & R.S. Kra eds. 1993 Radiocarbon 35(1).

den andra betraktar lämningarna som konkreta spår av rituella handlingar med elden i centrum. Det i grunden avgörande för synsätten anses vara distansen till samtida bebyggelse, även om också exponeringsfaktorer, topografi, inre struktur och relationen till samtida gravplatser beaktas (Heidelk-Schacht 1989; Thörn 1993; se även Fendin i denna volym). För tillfället kan tanken om centra för kult och rit under bronsåldern sägas dominera forskarvärldens syn på de skånska härdområdena.

Det är en intressant utveckling av fornlämningsbilden i området, som på få år har kompletterats med kunskapen om två härdområden. Är det en lycklig slump som medfört att de råkat hittas just nu, eller har arkeologerna helt enkelt fått upp ögonen för en ny fornlämningstyp som man tidigare inte förstått att värdera och problematisera? Ett belysande exempel är härdarna vid Husensjö 10:10, som aldrig har analyserats och tolkats närmare (Nagmér 1992). Med nuvarande kunskaper hade man kanske kunnat närma sig fornlämningen på ett metodiskt och teoretiskt spetsat vis, med resultat att vi kanske hade haft ytterligare ett känt härdområde att inkludera i forskningen kring denna alltjämt sällsamma fornlämningstyp.

Problemet med att ”se” härdområden tydliggjordes under den senare delen av 1990-talet, när flera sådana kom att uppdagas i samband med exploateringsrelaterade arkeologiska undersökningar. Utgångsläget inför utredningarna av både härdområdet på väg 109 och plats 1B:2 var att det rörde sig om stenåldersboplatser – med andra ord kanske mest en indikation på att man noterat en fornlämning, men inte kunnat definiera den närmare. Fynden i matjordsytan är antagligen inte mer alarmerande än skörbränd sten, kol och sot, och utgör därför helt vaga bedömningsgrunder. Och välexponerade höjdlägen i närheten av vatten eller våtmarker är knappast en unik lokalisering för den här aktuella fornlämningstypen. Det kommer antagligen att vara mycket svårt att med det rådande kunskapsläget kunna förutbestämma förekomsten av härdområden, utan att så att säga ha fått lyfta på locket. Lite krasst kan man också tänka sig att det knappast blir en fornlämning som kommer att beröras av forskningsutgrävningar, eftersom den är svår att detektera och ganska anspråkslös i sitt uttryck.

Oavsett vilket, så kan de funna härdområdena sägas ha vissa likheter i fråga om lokalisering och anläggningar, samt i hur de kom att undersökas. Bristen på fynd, inre strukturer samt naturvetenskaplig provtagning gör det dock svårt att bestämma härdområdenas karaktär, som lämningar efter produktion eller kultutövande. Men åtminstone härdområdet på väg 109 framstår utifrån den kolossala omfattningen och det långa dateringsspannet som mer troligt det sistnämnda.

Utsikter till insikter – åter till frågan

Studien har utgått från en bred bas av källmaterial, som framträdde som en tätt fornlämningsprickig kartbild. En analys av representativitet och potential i fråga om kunskapsuppbyggnad har exponerat analogier och oregelbundenheter i fråga om gravplatser, bebyggelse, boplatsstrukturer, lokaliseringsmönster och källmaterialens relevans.

I inledningen formulerades några frågor och ett par hypoteser, som det är dags att återknyta till. I fråga om vad resultaten från väg 109 har bidragit med, så framstår den vidgade kunskapen om den äldre järnålderns byggnadsskick och boplatsstruktur samt kännedomen om ett härdområde som tydligast. Boplatslämningarna synliggjorde en särskild typ av mycket små treskeppiga hus samt bebyggelsens relokalisering och utveckling under en månghundraårig period. Blotta existensen av ett härdområde, eventuellt med anslutande bebyggelse, satte ytterligare fokus på nödvändigheten av omsorgsfulla undersökningar i syfte att komma närmare tolkningar och en förståelse av vad dylika platser representerar. I övrigt bidrog undersökningarna till att ringa in boplatsområden och knyta an till intilliggande ytor som undersökts vid tidigare tillfällen. De allmänna boplatslämningarna bidrog också till att utöka spridningsbilden av fornlämningar samt insikten att boplatser kan påträffas på ganska oförmodade platser.

De registrerade fornlämningarna synes samlade i undersökningsområdets sydvästra halva, vilket sannolikt har att göra med önskan om tillgång till sundet, med allt vad det kan bidra med i fråga om biotop och kommunikationsmöjligheter. Från denna halva härrör också den kunskapsuppbyggande informationen från utgrävda platser. Dels har de monumentala lämningarna dragit forskningsutgrävningarnas intresse till sig, dels har Helsingborg byggts ut och exploateringar fört med sig arkeologiska insatser. Boplatserna är något mer allmänt utspridda inom undersökningsområdet, medan gravplatser i huvudsak är kända från den sydvästra halvan.

Skiktar man prickkartan kronologiskt verkar perioden senneolitikum/äldre bronsålder ha den tätaste fornlämningsfrekvensen, följd av yngre bronsålder/förromersk järnålder och sist romersk järnålder/folkvandringstid, med ömkligt få fyndplatser. Men granskningen av konkreta undersökningsresultat nyanserar bilden något. Lämningarna från perioden yngre bronsålder/förromersk järnålder framstår då som både mest undersökta och med mest komplexa och rikhaltiga resultat från både bo-, grav- och kultplatser. Därpå följer perioden romersk järnålder/folkvandringstid, som dock vilar nästan helt på resultaten från givande boplatsundersökningar. Sist kommer perioden senneolitikum/äldre bronsålder, som i likhet med yngre bronsålder har resultat från bo-, grav- och kultplatser men i jämförelse av mycket ringa omfattning. Den rika representationen av lösfynd från perioden – som i övrigt inte inkluderats i denna studie – pekar dock på stora möjligheter till framtida kunskapsuppbyggnad. Fyndplatserna kan mycket väl komma att motsvara framtida arkeologiska undersökningslokaler, med anknytning till de här behandlade perioderna.

Kännedomen om husbyggnadstraditioner och boplatsorganisation bygger med andra ord på ett i många aspekter ojämnt underlag. Huslämningarna från senneolitikum och äldre bronsålder är allmänt få och egentligen kan endast vardera en från respektive perioder anses vara nöjaktigt undersökt. Den yngre bronsåldern samt förromersk järnålder kan anses vara något bättre belyst, med fyra boplatser av större komplexitet samt ofta kontinuitet under merparten av perioden. Bebyggelsen har varit av varierad art, med hus av olika dimension, konstruktion och funktion. Intilliggande anläggningar har tolkats i termer av såväl hantverk som kult och ritual, samt dessutom vardagsbestyr med till exempel matlagning och djurhållning. En likartad bild råder för perioden romersk järnålder till folkvandringstid. På ett par platser har påträffats både många och varierade typer av byggnader, som tycks ha utgjort samlade gårdar av viss områdesanknuten kontinuitet. Under denna period uppträder också en särpräglad byggnadstyp i flera exemplar, nämligen mycket små treskeppiga hus. Om dessa varit komplementbyggnader till gårdarna och haft en särskild funktion (till exempel fähållning eller förråd) eller helt enkelt utgjort en synnerligen anspråkslös variant av huvudbyggnad återstår att lösa, men kanske kan hustypen ses som en lokal tradition.

Frågan om landskaps- och resursdisposition är svårbesvarad. Det främsta hindret är att det dåtida naturlandskapet i fråga om flora och fauna är tämligen outrett, mycket på grund av bristande insatser i fråga om paleobotanisk provtagning och analys. I undersökningsområdets sydvästliga halva har under de senaste årens undersökningar sådana åtgärder vidtagits, men analysresultaten har låtit vänta på sig. Pollen- och vedartsprover från brons- respektive järnålder gör emellertid gällande att betesdrift och odling har bedrivits jämsides, och landskapet har varit omväxlande med åker, äng, våtmarker och lättare skogspartier.

Faunan framstår som än mer outredd, eftersom helt få djurben har tillvaratagits och därmed inga animalosteologiska analyser kunnat genomföras. Djurbeståndet har antagligen inte skilt sig nämnvärt åt från övriga Skåne, varken ifråga om vild- eller tamdjurbeståndet. Kunskapen om lokalspecifika preferenser beträffande odling, växtuttag, djurhållning, vilt- och fiskeuttag samt därmed förknippad produktion, förädling och eventuell vidareförmedling är dock lika med noll, liksom därmed också insikterna i områdets ekonomiska grund och potential under olika perioder. Den enda produktionen som är fastställd inom undersökningsområdet har med järnhantering att göra, men råvaruuttaget och vidden av hanteringen är ännu outredd.

Kunskaper om naturrelaterade aspekter av ekonomi hade varit belysande till exempel i relation till undersökningsområdets många kända gravplatser. Dessa yttrar sig främst som gravhögar, men också några flatmarksgravar har påträffats. I högarna har förekommit såväl skelettbegravningar som brandgravar, medan flatmarksgravarna endast ägnats åt brandgravar. I förhållande till hur många gravplatser som är kända har få egentligen undersökts. Samtliga härrör från perioden äldre bronsålder till det tidigaste skedet av förromersk järnålder – de döda från perioderna senneolitikum och romersk järnålder/folkvandringstid lyser med sin frånvaro. I fyra fall, samtliga osäkert grundade i oklara uppgifter, härrör högarna enkom från yngre bronsålder. I de undersökta högarna har påträffats fynd med anknytning till hela bronsåldersskedet, som i många fall kan relateras till rikedom och fjärrkontakter. Fynduppsättningarna bör ha bottnat i ett mått av lokal ekonomisk kapacitet. I flatmarksgravarna har inga för ögat synbara gravgåvor noterats, utöver i förekommande fall själva gravurnorna. Gravarna har legat i en levande bygd, i så måtto att samtida boplatser har noterats på platser både mellan de olika gravplatserna och i några fall helt inpå.

Utöver gravplatserna har de senaste åren tillkommit kunskapen om ytterligare ett par lämningar som talar för kultutövande. Två härdområden med omfångsrika anhopningar av kokgropar samt några få kokgropar i anslutning till en flatmarksgravplats kan ses i termer av ritual, kollektivism och kontakt med det hinsides under bronsåldern. Sambandet mellan sten, eld och kultutövande under perioden har i andra sammanhang övertygande förts fram (Kaliff 1997:70ff, 106ff). Omfattningen i tid och rum av åtminstone det ena av de inom undersökningsområdet berörda härdområdena grundlägger den intuitiva uppfattningen att det rör sig om spåren av metafysiska föreställningar.

Frågorna om interaktion, gränser och tyngdpunkter är långt mer komplexa, dels på grund av ojämnheten i källmaterialet, dels på grund av ämnets känslighet. Bristen på konkreta undersökningsresultat gör att endast vaga tendenser kan tydas inom undersökningsområdet.

Tyngdpunkter och gränser – interaktionsområden

Från senneolitikum föreligger få platsreferenser, men generellt sett tycks man ha hållit sig i den kustnära halvan av undersökningsområdet. Lämningarna ger föga ledning till gränser eller interaktionsområden. De noterade hyddorna och mesulahusen knyter an till geografiskt vidsträckta analogier som demonstrerar att Bårslövsbyden inte har varit något slags kulturellt isolat under perioden – ett inte oväntat resultat naturligtvis. Kanske skulle en mer närgången översyn av keramikfragment och flintartefakter alstra ett tydligare interaktionsmönster, men en sådan studiemässig detaljeringsnivå får komma till stånd i någon annan framtida undersökning. Den i sig svaga representationen gör det svårt att korrelera till exempelvis bilden av senneolitikum som en period av kolonisation och bebyggelseexpansion (Björhem & Säfvestad 1993:355f).

Den täta frekvensen av gravhögar under nästföljande period kan å andra sidan tolkas som att den territoriella konkurrensen har varit hård, ett förhållande som torde ha sin grund i just senneolitikum. Få av gravhögarna är visserligen daterade, men de hittills genomförda undersökningarna pekar på att majoriteten högar tagits i bruk som gravplatser under praktiskt taget hela bronsåldern. Det långa tidsperspektivet gör det svårt att diskutera en variation mellan en äldre och en yngre fas i fråga om gränser och tyngdpunkter. Traditionen att uppkasta och gravsätta i hög förekommer helt generellt i Sydskandinavien och långt där bortom; ett i det avseendet synnerligen vidsträckt interaktionsområde. De flesta högarna anses dock vara ursprungligt anlagda under bronsålderns äldre fas. Att några har anlagts först under den yngre fasen är mindre vanligt, men ger ett interaktionsområde i fråga om auktoritetsyttranden som knyter an till åtminstone Bjärebygden, Fyn och södra Halland (Andersson 1997; Lundborg 1972).

De många gravläggningarna i högar (storstilade i anknytningen till monumentet; primära som sekundära och under hela bronsåldern) tyder på såväl socialt segregerade samhällen som socioekonomiskt instabila förhållanden (Jennbert 1993:75ff; Olausson 1993:91ff; Andersson 1999:9ff). I otaliga sammanhang har spikats tesen att gravar utgör territoriella markeringar, och att gravhögarna var avsedda att synas (se till exempel Petré 1981:11ff; Carlsson 1983:26ff; Olausson 1992:261ff; Säfvestad 1993:161ff). Gravhögarnas varierade inbördes lokaliseringsmönster representerar olika förhållanden till landskapet och samhället (Kristiansen 1988:101). Inom undersökningsområdet förekommer dels det linjära mönster, utmed Råäns dalgång, som anses markera gränsen mellan odlingsmark och betesmark. Dels finns också sådana täta anhopningar, vid Ättekulla, som anses motsvara territoriers centra.

Gravhögarnas lokalisering ger impulser till flera tolkningsmodeller. Högfältet vid Ättekulla skulle motsvara en massiv markering av ett territoriellt centrum, troligen med visibilitet från havet samt eventuellt också landskapet sydöst därom (jfr Publiceringsplan för projektet Västkustbanan, Ericson Lagerås; manus). Stråket av gravhögar längs med Råån skulle kunna vara en gränsmarkering mellan olika landskapstyper och därmed olika socioekonomiska grundvalar och sfärer. De paleobotaniska analyserna har emellertid än så länge tytt på att landskapet har varit likartat på ömse sidor om åsträckningen. Ytterligare en tolkningsmodell kan framställas. Anhopningarna och stråken av gravhögar är samtliga belägna norr om Råån. Tillsammans skulle de snarare kunna ses som en territoriell markering av en bronsåldersbygd med interaktionsområde i riktning åt nord till nordost, en bygd som vagt skymtar i form av några få inventerade gravhögar och utgrävda boplatslämningar. De bortre gränserna i denna riktning, för ett sådant interaktionsområde, behövde uppenbarligen inte markeras på samma storstilade vis, kanske i brist på platskonkurrens om landskapet. Närmaste bronsåldersbygd av likartad dignitet var belägen söderut, kring Glumslöv, vilket tydligt syns i det religiöst präglade interaktionsområde som utmärks av högbyggande (jfr. Publiceringsplan för projektet Västkustbanan; u. arb.).

Men ytterligare en fornlämningstyp skulle kunna betraktas som territoriella markeringar av markanspråk och någon form av kollektivitet. Härdområden förekommer i ett glest stråk, förhållandevis nära kusten mellan Helsingborg och Landskrona. På detta vis knyter de an till en allmänt gravhögstät bygd. Avståndet mellan de hittills kända platserna är cirka 4–6 kilometer, vilket ger en viss regelbundenhet och skulle kunna motsvara ännu outredda anspråk på visibilitet och kommunikation. Inom undersökningsområdet förekommer ett härdområde vardera på ömse sidor om samt ett stycke ifrån Råån, likt motpoler om man så vill. Kanske har de på var sitt håll tjänat som centrala kultplatser åt respektive bygds folk; en slags rituella och kommunikationsmässiga rum för de levande? Härdområdenas förefintlighet och lokalisering understryker å ena sidan en samfälld religiös och socioekonomisk syntax och å andra sidan en slags landskapsrelaterad samfundsindelning. I stort kompletterar det bilden av redan nämnda gränser, tyngdpunkter och interaktionsområden.

Den äldre järnålderns gränser och tyngdpunkter är i det närmaste lika outgrundliga som senneolitikums. De få kända platserna är som tidigare nämnts spridda, men välutnyttjade. Det finns exempel på bebyggelse av såväl helt blygsam som mycket ståtlig art, vilket kanske kan tydas som ett utslag av social segregering under perioden. Eventuellt kan denna ha en grund i de ekonomiska möjligheter som järnhantering bjuder. Ett stycke norr om undersökningsområdet är otaliga slaggförekomster kända (Isendahl 1997:130ff). En motsvarande kartering är inte gjord i anslutning till undersökningsområdet eller längre söderut, varför det är svårt att uppskatta den potentiella förekomsten och omfattningen av sådana aktiviteter. Järnhanteringsplatsen vid Ramlösagården hade dock en sådan omfattning att den skulle kunna tolkas i termer av kollektiv produktionskapacitet styrd av ett samhälles övre skikt (Isendahl 1997:140f; Aspeborg & Mårtensson 2001). För övrigt antyds möjligen en diffus förtätning av boplatser kring det västligare härdområdet, som har periodrelevant datering. Härdområdena i Skåne har regelmässigt hänförts till bronsåldern, men från andra platser föreligger dateringar också till äldre järnåldern (Thrane 1999), så det rör sig knappast om en enastående situation. Funktionen och strukturen hos järnålderns härdområden har betraktats som betydligt mer varierade än vad bronsålderns härdområden har medgivits. I föreliggande fall från väg 109 ger den helt särskilda raden av få ledtrådar till tolkning.

Allt som allt kan konstateras att inom undersökningsområdet råder i det närmaste exakt de förhållanden som noterats i UV Syds vetenskapliga program (Artursson & Lindahl Jensen 1999; Martens 1999a). Möjligen har föreliggande studie tydliggjort att högarna som gravplatser är betydligt mer dateringsmässigt omfattande och komplexa än vad de vid en flyktig blick synes. I studien har den yngre bronsåldern på många sätt varit mer framträdande än vad man kunde vänta sig. I övrigt har undersökningen generellt bidragit till den önskvärda regionala balanseringen och diversifieringen kring frågor om bebyggelse och samhällsuppbyggnad.

Kunskapsluckor och reaktualiserade problemkomplex

Under arbetet med denna studie har ett antal företeelser tydliggjorts, inte minst kunskapsluckor. Som slutkläm vill jag ta tillfället i akt att peka på vissa problemkomplex som kan beaktas vid framtida antikvariska insatser i området. Det här är naturligtvis inte meningen att betrakta som uttömmande, utan bottnar i mer personliga reflektioner som sprungit ur arbetet.

Trots att motsatsen kan verka vara fallet har egentligen få undersökningar genomförts med mer gripbara utfall av kunskapsuppbyggnad. Vi känner ännu föga till om vare sig bebyggelse, boplatser, hantverk, odling, samt grav- och kultplatser, utöver den preliminära och i många avseenden vilseledande fornlämningsbild som alstrats genom inventeringen. Problemen med att reda ut fornlämningsbilden förvärras av att källmaterialen är så att säga bokförda på olika sätt. En tydligare och framför allt uppdaterad och digitalt baserad systematik, med rapporthänvisningar, RAÄ-numrering och revideringar av fornlämningskartan, hade påskyndat och underlättat studien avsevärt. Det är ett enormt arbete att åstadkomma sådana registrerings- och utmärkningssystem, men på sikt skulle det förbättra utsikterna inte minst till att fatta välunderbyggda beslut kring antikvariska ärenden och spörsmål.

De naturgeografiska skälen till lokaliseringsmönster och näringsstrategier framstår som outredda och vaga. Framtida paleoekologiska undersökningar och analyser är nödvändiga för att områdets fornlämningsbild fullt ut ska kunna korreleras med regionen i övrigt, samt för att kunna förstå bakgrunden till olika socioekonomiska aspekter. Paleobotaniska provtagningar har ägt rum i undersökningsområdets sydvästra del, medan den nordöstra framstår som fullständigt outforskad. Om tillfälle yppas bör för balansens skull paleoekologiska insatser beredas utrymme där. Det vore också högst angeläget att försöka skärpa bilden av markutnyttjande och odling. Sammantaget skulle det kunna leda vidare till studier av organisation på mellanmänsklig och ekonomisk basis. Dessutom kanske sådana undersökningar skulle kunna bidra till att det evinnerligen refererade exemplet om landskapstyperna slätt-, ris- och skogsbygd får en tydligare tidsgräns.

En liknande "kris" råder i fråga om indicierna för järnhantering. En kartläggning av slaggfynd, kanske en specialinventering med inriktning på spåren av järnhantering samt omsorgsfulla analyser av eventuella lämningar och relaterade fynd skulle kasta ljus över järnhanteringens omfattning, inriktning och genomslag i samhället. För tillfället framstår fynden som anomalier och bildar därför grund för antaganden om vittgående social stratifiering under äldre järnålder. För övrigt gäller inte nämnda kris uteslutande för kännedomen om järnhantering, utan över huvudtaget platser av speciella funktioner i fråga om handel, hantverk, försvar, maktbaserad centralitet med mera. Sådana fynd skulle troligen också tydliggöra frågan om kontakter och influenser, som i föreliggande studie framstår som samtidigt flyktiga och vidsträckta.

Kunskapen om gravhögarna är i fråga om det storskaliga lokaliseringsmönstret uppenbarligen god, men i mindre skala och framför allt i fråga om gravhögarnas egentliga innehåll och uppbyggnad kvarstår mycket att reda ut. Nitton högar har undersökts, men endast nio publicerats. Det vore en välkommen och god gärning om detaljinformationen från också de övriga tio kunde komma

Kända härdområden, från norr till söder: Bårslöv, Örja, Glumslöv, Säbyholm och Råga Hörstad.

Noted locations of clusters of hearths, from north to south: Bårslöv, Örja, Glumslöv, Säbyholm and Råga Hörstad.

till allmän kännedom, till gagn för estimeringen och förståelsen av social struktur, fjärrkontakter, ekonomi och religiösa föreställningar. Inte minst de fyra högarna med uteslutande datering till yngre bronsålder framstår som oerhört betydelsefulla i relation till de övriga kända gravformerna och gravplatserna från perioden och ifråga om analyser av samhällsstruktur.

De två härdområdena inom undersökningsområdet har inte givit några entydiga svar på frågan om syfte och användning. I fråga om tidigare nämnda bedömningskriterier var bägge härdområdena belägna i förhöjt och exponerat terrängläge i någorlunda närhet av vatten/våtmark, de många härdanläggningarna låg väl samlade, var avgränsade och likartade till form och konstruktion samt fyndfattiga. Härdområdena är belägna i en trakt rik på synliga gravmonument från samma tidsskede och dessutom har andra härdområden påträffats strax söder om undersökningsområdet (Widholm 1975; Fendin 1999; Martens 1999b; se föregående sida). Inalles talar representationen för den rituella förklaringsmodellen.

Men å andra sidan var terrängförhöjningarna på platserna knappast dramatisk och i fråga om exponeringsgrader är det svårt att estimera till exempel växtlighetens effekt under den aktuella perioden. Platserna gränsade inte alldeles direkt till havet respektive våtmarken och dessutom fanns spår av bebyggelser helt nära, för att inte säga inom lokalen. Härdarna var på ingendera platsen strukturerade i några synbara mönster. Den rituella förklaringsmodellen blir med ens tvivelaktig.

Bestämningsproblemet i dessa specifika fall ligger i bristande resurser och platstillgång, därmed falerande fält- och analysmetodik och i slutänden ett ohållbart tolkningsunderlag. Alltför få anläggningar kom att undersökas, varför mer subtil information kring konstruktion, innehåll, funktion och datering förlorades. För övrigt kanske de vedertagna bestämningskriterierna och förklaringsmodellerna inte håller streck utan bör nyanseras, något som skulle kunna uppdagas vid mer vittgående komparativa analyser av undersökningsmetoder, härdområden i sig samt ett vidvinkelperspektiv på bronsålderssamhällets yttringar (jfr Thrane 1974; Björk 1998; Svanberg 1999, Knarrström & Olsson 2000). Med tanke på att härdområden ofta har tagits i anspråk under faktiskt mycket lång tid kan det vara komplicerat att beakta både aspekter av samtidighet och geografiska samband. Härdområden accentuerar ett för oss idag svårgripbart förhållande som har rått under äldre tider, nämligen att man inte gjorde någon definitiv distinktion på det härstädes och hinsides livet.

Tack till
Projektledare Marie Olsson, som har ställt vägledning och förtroende till förfogande och därmed säkrat färdigställandet av denna artikel.

Noter

1. Bland de utgrävningsansvariga märks Sven Söderberg (år 1879; RAÄ 106, 107, 108, 116, 117 och 119 i Helsingborgs sn; se också Rydbäck 1912), HKH Gustav Adolf (år 1905; RAÄ 107 i Helsingborg), Oscar Almgren (åren 1902/1907; RAÄ 5 i Fjärestad sn och 107 i Helsingborgs sn), Carl Wibling (åren 1904-1907; RAÄ 54, 84 och 87 i Helsingborgs sn) samt Rolf Petré (åren 1967-1968; RAÄ 103, 151, 152, 153, 154, 155 och 156 i Helsingborgs sn).
2. Rapportreferenser till undersökningar som inte lett till någon vidare åtgärd: Nagmér 1980; Wihlborg 1981; Nagmér 1982; Nagmér 1983; Jacobsson 1987; Nagmér 1987; Nagmér 1988a-b; Nagmér 1990b; Kriig 1991; Nagmér 1991a; Nagmér 1991b; Nagmér 1993; Hellerström 1995b; Cardell 1996; Fendin 1996; Fendin & Ericson 1996; Nagmér & Räf 1996a; Nagmér & Räf 1996b; Nagmér & Räf 1996c; Nagmér & Räf 1996d; Nagmér & Räf 1996e; Räf 1996b; Räf 1996c; Olson 1996; Olson & Mattisson 1996a; Olson & Mattisson 1996c; Olson & Mattisson 1996e; Sabo 1996; Wihlborg 1996a; Wihlborg 1996b; Wihlborg 1996c; Wihlborg 1996d; Ericson Borggren 1997; Nagmér 1997b; Artursson 1998b; Bondesson Hvid 1998b; Olsson 1999; Bondesson Hvid 2000a; Bondesson Hvid 2000b.

Referenser

Muntliga källor

Thomas Andersson, Riksantikvarieämbetet UV Syd, Lund.
Magnus Artursson, Riksantikvarieämbetet UV Syd, Lund
Anne Carlie, Riksantikvarieämbetet UV Syd, Lund
Mac Svensson, Riksantikvarieämbetet UV Syd, Lund

Skriftliga källor

Althin, C-A. 1954. *The Chronology of the Stone Age Settlement of Scania, Sweden. I. The Mesolithic Settlement.* Acta Archaeologica Lundensia. Series in 4⁰. N⁰ 1. Lund.

Andersson, M. 1997. Tranarpshögen. En gravhög från yngre bronsålder. I Karsten, P. (red.). *Carpe Scaniam. Axplock ur Skånes förflutna.* Riksantikvarieämbetet. Arkeologiska undersökningar. Skrifter nr 22. Stockholm, s. 58-88.

Andersson, M. 1999. Högens betydelse som socialt och religiöst monument – En studie över gravhögar från yngre bronsåldern i nordvästra Skåne och södra Halland. I Olausson, M. (red.). *Spiralens öga. Tjugo artiklar kring aktuell bronsåldersforskning.* Avdelningen för arkeologiska undersökningar. Skrifter nr 25. Stockholm, s. 9-25.

Andersson, M. & Knarrström B. 1999. *Senpaleolitikum i Skåne – en studie av materiell kultur och ekonomi hos Sveriges första fångstfolk.* Riksantikvarieämbetet. Avdelningen för arkeologiska undersökningar. Skrifter No 26. Stockholm.

Arrhenius, O. 1934a. *Fosfathalten i skånska jordar* SGU, ser. C. No 383. Stockholm.

Arrhenius, O. 1934b. *Fosfatkarta* 1929-1934. Stockholm.

Artursson, M. (red.). 1998a. Arkeologisk utredning. Väganslutningar till Västkustbanan, delen Landskrona – Helsingborg, Skåne, Malmöhus län. *Riksantikvarieämbetet UV Syd Rapport* 1998:18.

Artursson, M. 1998b. Vägprojekt 7; Örby. I Artursson, M. (red.). Arkeologisk utredning. Väganslutningar till Västkustbanan, delen Landskrona – Helsingborg, Skåne, Malmöhus län. *Riksantikvarieämbetet UV Syd Rapport* 1998:18.

Artursson, M. 1998c. Sammanfattning. I Artursson, M. (red.). Arkeologisk utredning. Väganslutningar till Västkustbanan, delen Landskrona – Helsingborg, Skåne, Malmöhus län. *Riksantikvarieämbetet UV Syd Rapport* 1998:18.

Artursson, M. (red). 1998d. Rya – En medeltida bytomt och förhistorisk boplats. Arkeologisk slutundersökning, Skåne, Kvistofta sn, Raä 92. *Riksantikvarieämbetet UV Syd Rapport* 1998:21.

Artursson, M. 1998e. Undersökningsresultat, den förhistoriska boplatsen. I Artursson, M. (red.). Rya – En medeltida bytomt och förhistorisk boplats. Arkeologisk slutundersökning, Skåne, Kvistofta sn, Raä 92. *Riksantikvarieämbetet UV Syd Rapport* 1998:21.

Artursson, M. 1998f. Sammanfattning och tolkning. I Artursson, M. (red.). Rya – En medeltida bytomt och förhistorisk boplats. Arkeologisk slutundersökning, Skåne, Kvistofta sn, Raä 92. *Riksantikvarieämbetet UV Syd Rapport* 1998:21.

Artursson, M. (red.). 1999a. Arkeologisk förundersökning 1997. Väganslutningar till Västkustbanan mellan Helsingborg och Landskrona, block 1-2. *Riksantikvarieämbetet UV Syd Rapport* 1999:11.

Artursson, M. & Lindahl Jensen, B. 1999. Senneolitikum – Äldre bronsålder. (Med bidrag av J. Runcis.) I Vetenskapligt program för UV-Syd 1999 – 2002. *Riksantikvarieämbetet Rapport UV Syd* 1999:35.

Artursson, M., Linderoth, T. & Nilsson, M.-L. I tryck. Tidig och mellanneolitisk byggnadskultur i södra och mellersta Skandinavien. En problemorienterad forskningshistorisk diskussion kring boplatser och byggnader. I Svensson, M. (red.). *I det neolitiska rummet.*

Aspeborg, H. 2000a. Arkeologisk utredning, Ramlösagården, Gustafslund. *Riksantikvarieämbetet UV Syd Rapport* 2000:3.

Aspeborg, H. 2000b. Arkeologisk förundersökning. En Järnåldersboplats vid Ramlösagården. Östra delen. Skåne, Helsingborg, Gustafslund 1296. *Riksantikvarieämbetet UV Syd Rapport* 2000:29.

Aspeborg, H. 2000c. Arkeologisk förundersökning. Ramlösagården. Västra delen. Skåne, Helsingborgs stad, Gustafslund 1296, RAÄ 183. *Riksantikvarieämbetet UV Syd Rapport* 2000:84.

Aspeborg, H. 2000d. Skånes hittills äldsta smedja påträffad i Ramlösa utanför Helsingborg – preliminära resultat. *Bulletin för arkeologisk forskning i Sydsverige,* nr 1/2000, s. 37–46.

Aspeborg, H. 2002. En storgård i Påarp. Skåne, Välluv sn, Påarp 1:12, RAÄ 22 & 43. *UV Syd, Dokumentation av fältarbetsfasen* 2002:1.

Aspeborg, H. 2001. Arkeologisk förundersökning. Ett stort järnåldershus i Påarp. Skåne, Välluvs socken, Påarp 1:12, RAÄ 22 och RAÄ 43. *Riksantikvarieämbetet UV Syd Rapport* 2001:23.

Aspeborg, H. 2002. Exemplet Ramlösagården. Aspekter på bosättning och social struktur under äldre järnålder i Helsingborgsområdet. I Carlie, A. (red.). *Skånska regioner.*

Aspeborg, H. & Mårtensson, J. 2000. Ramlösagården. Järnhantering och järnåldersboplats. Skåne, Helsingborg, Gustafslund 1296, RAÄ 183. Arkeologisk undersökning. *Riksantikvarieämbetet UV Syd , dokumentation av fältarbetsfasen* 2001:4.

Björhem, N. & Säfvestad, U. 1993. *Fosie IV. Bebyggelsen under brons- och järnålder.* Malmöfynd 6. Arlöv.

Björk, T. 1998. Härdar på rad. Om spåren efter en kultplats från bronsåldern. *Fornvännen* 1998:2, s. 73-79.

Bondesson Hvid, B. 1998a. Vägprojekt 6; Rya. I Artursson, M. (red.). Arkeologisk utredning. Väganslutningar till Västkustbanan, delen Landskrona – Helsingborg, Skåne, Malmöhus län. *Riksantikvarieämbetet UV Syd Rapport* 1998:18.

Bondesson Hvid, B. 1998b. Arkeologisk utredning. Skåne, Helsingborgs sn, gång-cykelväg Pålstorp-Gantofta, Helsingborgs kommun. *Riksantikvarieämbetet UV Syd Rapport* 1998:25.

Bondesson Hvid, B. 2000a. Särskild arkeologisk undersökning. Gång- och cykelväg Råå – Gantofta. Skåne, Helsingborgs sn, gång- och cykelväg Råå – Gantofta, Gantofta 22:4, utkantsområde av boplats RAÄ 72. *Riksantikvarieämbetet UV Syd Rapport* 2000:67.

Bondesson Hvid, B. 2000b. Arkeologisk slutundersökning. Katslösa 18:1. Boplatser från sten-, brons- och järnålder. Skåne, Kvistofta socken, Katslösa 18:1. *Riksantikvarieämbetet UV Syd Rapport* 2000:118.

Campbell, Å. 1928. *Skånska bygder under förra hälften av 1700-talet. Etnografisk studie över den skånska allmogens äldre odlingar, hägnader och byggnader.* Uppsala/Halmstad.

Cardell, A. 1996. Delsträcka 1B. Arkeologisk utredning. I Svensson, M. m.fl. (red.). Skåne, Malmöhus län, järnvägen Västkustbanan, delen Helsingborg – Kävlinge. 1996. *Riksantikvarieämbetet UV Syd Rapport* 1996:2.

Carlie, A. 1993. Fallstudie – Helsingborg. I Stjernquist, B. (red.). *Arkeologi och samhälle. Fornlämningars behandling i samhällsplaneringen.* Stockholm.

Carlsson, D. 1983. Bronsåldern – tiden för kulturlandskapets territoriella framväxt och etablering på Gotland. I Stjernquist, B. (utg.). *Struktur och förändring i bronsålderns samhälle. Rapport från det tredje nordiska symposiet för bronsåldersforskning i Lund 23-25 april 1982.* University of Lund, Institute of Archaeology, Report Series No. 17. Lund, s. 23-36.

Emanuelsson, U. & Bergendorff, C. 1983. Skånes natur vid 1800-talets början – en växtekologisk utvärdering av den skånska rekognosceringskartan. *Ale* nr 4, 1983, s. 18-40.

Ericson Borggren, T. 1997. Skåne, Bårslövs sn, Ljungberga 1:4, Helsingborgs kommun. Arkeologisk utredning 1996. *Riksantikvarieämbetet UV Syd Rapport* 1997:14.

Ericsson Lagerås, K. 1999. En gravgrupp från yngre bronsålder och boplatser från yngre bronsålder och yngre järnålder vid Rya. Arkeologisk slutundersökning. Västkustbanan 2:5. *Riksantikvarieämbetet UV Syd Rapport* 1999:3.

Ericsson Lagerås, K., manus. GIS-baserad visibilitetsanalys av bronsåldershögar i västra Skåne. VKB-projektets bronsåldersvolym. Lindahl-Jensen, B red. Skåmska spår.

Englund, L.-E. 1999. Arkeometallurgiskt material från Välluv – en okulär besiktning. Välluv sn, Skåne. *Riksantikvarieämbetet UV GAL Rapport* nr 14-1999.

Fendin, T. 1996. Delsträcka 2. Arkeologisk utredning. I Svensson, M. (red.). Skåne, Malmöhus län, järnvägen Västkustbanan, delen Helsingborg – Kävlinge. 1996. *Riksantikvaireämbetet UV Syd Rapport* 1996:25.

Fendin, T. 1999. Boplats och härdgropsområde från bronsåldern vid Glumslöv. Skåne, Glumslövs sn, Övra Glumslöv. Västkustbanan 3:3. Arkeologisk undersökning. *Riksantikvarieämbetet UV Syd Rapport* 1999:39.

Fendin, T. & Ericsson, K. 1996. Plats 2:7, 2:10, 3:3 och 3:2 – Fyndförande svämsediment, boplatser och härdområde från senneolitikum – äldsta järnålder. I Svensson, M. & Karsten, P. (red.). Skåne, Malmöhus län, järnvägen Västkustbanan, delen Helsingborg – Kävlinge. Avsnittet Helsingborg – Landskrona (block 1-2). 1996. Arkeologisk förundersökning. *Riksantikvarieämbetet UV Syd Rapport* 1996:48.

Grandin, L., Englund, L-E. & Hjärthner-Holdar, E. 2001. Geoarkeologi. Järnframställning och smide i Ramlösa. Arkeometallurgiska analyser. Ramlösa, Helsingborgs stad, RAÄ nr 183, Skåne. *Riksantikvarieämbetet. Avdelningen för arkeologiska undersökningar. UV GAL.* Analysrapport nr 3-2001.

Heidelk-Schakt, S. 1989. Jungbronzezeitliche Kultfeuerplätze im Norden der DDR. I Schlette, F. & Kufmann, D. (red.). *Religion und Kult in ur- und frügeschichtlichen Zeit.* Berlin, s. 225-280.

Hellerström, S. 1995a. Arkeologisk utredning steg 1. Skåne, Välluv socken m fl., väg 109 Välluv – Ekeby, Helsingborgs och Bjuvs kommuner, 1994. *Riksantikvarieämbetet UV Syd Rapport* 1995:17.

Hellerström, S. 1995b. Arkeologisk utredning. Skåne, Välluv sn, östra Ramlösa 5:3. *Riksantikvarieämbetet UV Syd Rapport* 1995:37.

Holmgren, P. & Tronde, B. 1990. Fornminnesinventeringen i Skåne 1985-87. *Arkeologi i Sverige* 1987. Stockholm, s. 121-157.

Hyenstrand, Å. 1984. Fasta fornlämningar och arkeologiska regioner. *Riksantikvarieämbetet och Statens Historiska Museer. Rapport RAÄ* 1984:7.

Isendahl, C. 1997. Förhistorisk järnhantering i nordvästra Skåne. En studie med utgångspunkt i den vendeltida boplatsen I Haglekulla. I Karsten, P. (red.). *Carpe Scaniam. Axplock ur Skånes förflutna.* Riksantikvarieämbetet. Arkeologiska undersökningar. Skrifter nr 22. Stockholm, s. 112-147.

Jacobsen, J. A. 1984. A contribution to the evaluation of archaeological fieldwork. *Journal of Danish Archaeology* 3, s. 187-198.

Jacobsson, B. 1987. Rapport. Yngre bronsåldersboplats. Kv Eddan, Ättekullaområdet, Helsingborg, Skåne. 1985. ATA.

Jennbert, K. 1993. Släkters hågkomst. Om bruket av bronsåldershögar. I Larsson, L. (red.). *Bronsålderns gravhögar. Rapport från ett symposium i Lund 15.XI-16.XI 1991.* University of Lund, Institute of Archaeology, Report Series No. 48. Lund, s. 69-78.

Kaliff, A. 1997. *Grav och kultplats. Eskatologiska föreställningar under yngre bronsålder och äldre järnålder i Östergötland.* Aun 24. Uppsala.

Karsten, P. 1990. Aspects of the Survey of Ancient Monuments in the County of Malmöhus. *MLUHM 1989-1990. New Series Vol. 8*, s 31-47.

Kindström, L-G. 1956. Gantoftafyndet – en skånsk guldskatt från folkvandringstiden. *Kring Kärnan VI.* Hälsingborgs museums publikation 1956.

Knarrström, A. & Olsson, M. 1999. Boplatser och härdområde vid Bårslöv. Preliminära resultat från undersökningarna utmed väg 109, hösten 1998. *Bulletin för arkeologisk forskning i Sydsverige,* nr 1/1999, s. 11-20.

Knarrström, A. & Olsson, M. 2000. Boplatser och härdområde vid Bårslöv. Skåne, Välluv och Bårslöv socknar, väg 109. Arkeologisk undersökning. *Riksantikvarieämbetet UV Syd Rapport* 2000:61.

Knarrström, B. 2000. *Flinta i sydvästra Skåne. En diakron studie av råmaterial, produktion och funktion med fokus på boplatsteknologi och metalltida flintutnyttjande.* Acta Archaeologica Lundensia. Series in 8^0, No. 33. Lund.

Kriig, S. 1991. Rapport. Arkeologisk utredning. Husensjö 8:5, 8;26, Västergård II, Helsingborg. Skåne. 1990. ATA.

Kristiansen, K. 1988. Landet åbnes. Den yngre bondestenalder 2800-1800 f. Kr. og bronzealderen 1800-500 f. Kr. I Bjørn, C. (red.). *Det danske landbrugs historie I*, s. 69-86.

Lagerås, P. 2000. Arbetsrapport väg 109: Pollenanalys av prover från brunnar. Intern rapport.

Lundborg, L. 1972. *Undersökningar av bronsåldershögar och bronsåldersgravar i Södra Halland: Höks, Tönnersjö och Halmstads härader under åren 1854–1970.* Hallands länsmuseum, Halmstad och Varberg 2. Halmstad.

Martens, J. 1999a. Bronzealder – Ældre jernalder. (Med bidrag av B. Jacobsson.) I Vetenskapligt program för UV-Syd 1999 – 2002. *Riksantikvarieämbetet Rapport UV Syd* 1999:35.

Martens, J. 1999b. Kogegrubeområde med grave og lertagningsgruber ved Säbyholm. Skåne, Säbyholm, Vej 1156, Plads 1A:5. *Riksantikvarieämbetet UV Syd Rapport* 1999: 58.

Mogren, M. 1998. Topografi och fornlämningsmiljö. I: Rya – En medeltida bytomt och förhistorisk boplats. Arkeologisk slutundersökning, Skåne, Kvistofta sn, Raä 92. *Riksantikvarieämbetet UV Syd Rapport* 1998:21.

Nagmér, R. B. 1980. *Rapport. Bårslöv 2:1, Bårslöv sn, Skåne, 1979.*

Nagmér, R. B. 1982. Boplatslämningar från yngre bronsålder och tidig förromersk järnålder. Fornlämning 14, Bårslöv, Bårslövs socken, Skåne. Arkeologisk undersökning 1979. *Riksantikvariembetet Rapport UV* 1982:4.

Nagmér, R. B. 1983. Raus. Boplatslämningar från yngre bronsålder. Fornlämning 170. Raus, Raus socken, Skåne. Arkeologisk undersökning 1980. *Riksantikvarieämbetet Rapport UV* 1983:15.

Nagmér, R. B. 1987. Rapport. Provundersökning. Kv Tornbornahögen, Raus sn, Skåne. ATA.

Nagmér, R. B. 1988a. Undersökning av boplatslämningar. Ramlösa 5:1 m.fl., Helsingborg, Skåne. ATA.

Nagmér, R. B. 1988b. Rapport. Förundersökningar. Gasledningen Bårslöv – Långeberga, Välluv och Bårslöv sn, Skåne. ATA.

Nagmér, R. B. 1990a. Arkeologisk utredning. Skåne, Bårslövs sn, Bårslöv 4:1 m.fl. RAÄ 46 1990. ATA.

Nagmér, R. B. 1990b. Frillestad 18:6 m fl, Frillestads sn, Skåne, 1990. Arkeologisk förundersökning. ATA.

Nagmér, R. B. 1991a. Rapport. Arkeologisk utredning. Välluv 11:1, Välluv sn, Skåne 1988. ATA.

Nagmér, R. B. 1991b. Frillestad 18:6 m fl, Frillestad sn, Skåne, 1990. Arkeologisk förundersökning. (RAÄ 21). ATA.

Nagmér R. B. 1992. Rapport. Arkeologisk utredning. Husensjö 10:10, Helsingborg, Skåne. 1990. ATA.

Nagmér, R. B. 1993. Arkeologisk utredning. Skåne, Välluv sn, Krokstorp 2:1, RAÄ 22. 1992. ATA.

Nagmér, R. B. 1994a. Skåne, RAÄ 46 i Bårslövs socken och RAÄ 40 i Välluvs socken. 1991. Arkeologisk slutundersökning. *Riksantikvarieämbetet UV Syd Rapport* 1994: 14.

Nagmér, R. B. 1994b. Arkeologiska utredningar och slutundersökningar. Skåne, Helsingborg, Ramlösa 9:1 m fl. 1988, 1989 och 1990, RAÄ 84, 191, 192, 193, 193:2 och 234. *Riksantikvarieämbetet, Byrån för arkeologiska undersökningar, UV Syd.*

Nagmér, R. B. 1997a. Arkeologisk slutundersökning. Skåne, Helsingborg, Rausvägen. 1992. *Riksantikvarieämbetet UV Syd Rapport* 1997:40.

Nagmér, R. B. 1997b. Arkeologisk slutundersökning. Skåne, Välluvs socken, Krokstorp 2:16 m fl. 1992. Riksantikvarieämbetet UV Syd Rapport ATA 1997:66.

Nagmér, R. B. & Räf, E. 1996a. Boplats, Frillestad 11:23, Frillestads socken, RAÄ 2, Stamledning P73. I Räf, E. (red.). Skåne på längden. Sydgasundersökningarna 1983-1985. *Riksantikvarieämbetet UV Syd Rapport* 1996:58.

Nagmér, R. B. & Räf, E. 1996b. Boplats, Tullstorp 1:1B. Bårslövs socken, Raä 74. Grenledning, Bårslöv P4. I Räf, E. (red.). Skåne på längden. Sydgasundersökningarna 1983-1985. *Riksantikvarieämbetet UV Syd Rapport* 1996:58.

Nagmér, R. B. & Räf, E. 1996c. Bårslöv 1.1, Bårslövs socken, RAÄ 81. Grenledning, Bårslöv P7. I Räf, E. (red.). Skåne på längden. Sydgasundersökningarna 1983-1985. *Riksantikvarieämbetet UV Syd Rapport* 1996: 58.

Nagmér, R. B. & Räf, E. 1996d. Boplats, Görarp 1:46, Bårslövs socken, RAÄ 51. Grenledning, Bårslöv P10. I Räf, E. (red.). Skåne på längden. Sydgasundersökningarna 1983-1985. *Riksantikvarieämbetet UV Syd Rapport* 1996:58.

Nagmér, R. B. & Räf, E. 1996e. Boplats. Görarp 1:44, 1:6, Bårslövs socken, RAÄ 76. Grenledning, Bårslöv P11. I Räf, E. (red.). Skåne på längden. Sydgasundersökningarna 1983-1985. *Riksantikvarieämbetet UV Syd Rapport* 1996:58.

Olausson, D. 1988. Where have all the Settlements Gone? Field Survey Methods for Locating Bronze and Iron Age Settlements in a Cultivated Landscape. *MLUHM 1987-1988. New Series Vol. 7*, s. 99-112.

Olausson, D. 1992. The archaeology of the Bronze Age cultural landscape – research goals, methods, and results. I Larsson, L., Calmer, J. & Stjernquist, B. (red.). *The Archaeology of the Cultural Landscape. Field work and Research in a south Swedish rural region.* Acta Archaeologica Lundensia, Series in 4^{0}. N° 19. Lund, s. 251-282.

Olausson, D. 1993. The Bronze Age Barrow as Symbol. I Larsson, L. (red.). *Bronsålderns gravhögar. Rapport från ett symposium i Lund 15.XI-16.XI 1991.* University of Lund, Institute of Archaeology, Report Series No. 48. Lund, s. 91-113.

Olson, T. 1996. Delsträcka 1A. I Svensson, M. m.fl. (red.). Arkeologisk utredning. Skåne, Malmöhus län, järnvägen Västkustbanan, delen Helsingborg – Kävlinge. 1996. *Riksantikvarieämbetet UV Syd Rapport* 1996:25.

Olson, T. & Mattisson, A. 1996a. Plats 1A:5 – Förhistoriskt kulturlagerkomplex. I Svensson, M. & Karsten, P. (red.). Skåne, Malmöhus län, järnvägen Västkustbanan, delen Helsingborg – Kävlinge. Avsnittet Helsingborg – Landskrona (block 1-2). 1996. Arkeologisk förundersökning. *Riksantikvarieämbetet UV Syd Rapport* 1996:48.

Olson, T. & Mattisson, A. 1996b. Plats1A:7 – Boplatslämningar från senneolitikum till äldre järnålder. I Svensson, M. & Karsten, P. (red.). Skåne, Malmöhus län, järnvägen Västkustbanan, delen Helsingborg – Kävlinge. Avsnittet Helsingborg – Landskrona (block 1-2). 1996. Arkeologisk förundersökning. *Riksantikvarieämbetet UV Syd Rapport* 1996:48

Olson, T. & Mattisson, A. 1996c. Plats 1B:4 - Röjningsröse. I Svensson, M. & Karsten, P. (red.). Skåne, Malmöhus län, järnvägen Västkustbanan, delen Helsingborg – Kävlinge. Avsnittet Helsingborg – Landskrona (block 1-2). 1996. Arkeologisk förundersökning. *Riksantikvarieämbetet UV Syd Rapport* 1996:48.

Olson, T. & Mattisson, A. 1996d. Plats 1B:2 – Härdområde och boplatslämningar från bronsålder. I Svensson, M. & Karsten, P. (red.). Skåne, Malmöhus län, järnvägen Västkustbanan, delen Helsingborg – Kävlinge. Avsnittet Helsingborg – Landskrona (block 1-2). 1996. Arkeologisk förundersökning. *Riksantikvarieämbetet UV Syd Rapport* 1996:48.

Olson, T. & Mattisson, A. 1996e. Plats 2:5 – Brandgrav och grophus från bronsålder/äldre järnålder. I Svensson, M. & Karsten, P. (red.). Skåne, Malmöhus län, järnvägen Västkustbanan, delen Helsingborg – Kävlinge. Avsnittet Helsingborg – Landskrona (block 1-2). 1996. Arkeologisk förundersökning. *Riksantikvarieämbetet UV Syd Rapport* 1996:48.

Olsson, M. 1991. Inventering och fornlämningsregister. Registrerade bronsåldershögar i Malmöhus län – en källkritisk studie. C-uppsats i arkeologi särskilt nordeuropeisk, Lunds universitet.

Olsson, M. 1999. Rapport ATA. Arkeologisk utredning AU 2. Väg 109 Välluv – Ekeby. *Riksantikvarieämbetet UV Syd Rapport* 1999:41.

Olsson, M. 2000. Väg 109. Arkeologisk utredning och förundersökning. Väg 109, Skåne, Bårslövs och Välluvs socknar, Välluv m fl. *Riksantikvarieämbetet UV Syd Rapport* 2000:34.

Olsson, M. & Knarrström, A. 1999. Hundratals kokgropar på kullen – en plats för fest och rit i Bårslöv? *Populär Arkeologi* nr 2 1999, s. 30-31.

Persson, H. 1978. 8 gravhögar vid Ättekulla Raus sn. Skåne. Uppsats AK003, vid Arkeologiska institutionen, Lunds universitet.

Omfors, T. 1999. Boplatslämningar vid Rååns dalgång. Skåne, Helsingborgs stad, Ramlösa 9:6, VKB 1A:7. Arkeologisk undersökning. *Riksantikvarieämbetet UV Syd Rapport* 1999:14.

Petré, B. 1981. Relationen mellan grav, gård och omland – exponering och kommunikation som funktion i förhistoriska gravar med exempel från Lovö. *Bebyggelsehistorisk tidskrift* nr 2, s. 11-16.

Publiceringsplan för projektet Västkustbanan (VKB) Helsingborg – Kävlinge. *Riksantikvarieämbetet UV Syd Rapport* 1999:60.

Riksintressanta kulturmiljöer i Sverige. Förteckning. Underlag för tillämpning av naturresurslagen 2 kap 6 §. 1990. Uppsala

Regnell, M. 2002. Skånska järnåldersskördar. Växtmakrofossilanalyser och odlingshistoriska iakttagelser från tolv boplatser. I Carlie, A. (red.). *Skånska regioner.*

Rydbeck, O. 1912. Undersökningar av bronsåldershögar i Köpinge, Skåne. *Fornvännen* 1912, häfte 2, 3, 4, s. 81-132.

Räf, E. (red.) 1996a. Skåne på längden. Sydgasundersökningarna 1983-1985. *Riksantikvarieämbetet UV Syd Rapport* 1996:58.

Räf, E. 1996b. Boplats, Frillestad 20:18, 20:19, 20:11. Frillestads socken, RAÄ 3. Grenledning, Bårslöv P2. I Räf, E. (red.). Skåne på längden. Sydgasundersökningarna 1983-1985. *Riksantikvarieämbetet UV Syd Rapport* 1996:58.

Räf, E. 1996c. Gropar. Bårslöv 21:22. Bårslövs socken, RAÄ 75. Grenledning, Bårslöv P5. I Räf, E. (red.). Skåne på längden. Sydgasundersökningarna 1983-1985. *Riksantikvarieämbetet UV Syd Rapport* 1996:58.

Sabo, K. 1996. Arkeologisk utredning. Skåne, Helsingborgs stad, Kv Glimten. 1995. *Riksantikvarieämbetet UV Syd Rapport* 1996:11.

Schmidt Sabo, K. 1999. Vägprojekt 6; Rya – en medeltida bytomt och ett förhistoriskt boplatsläge. I Artursson, M. (red.) Arkeologisk förundersökning 1997. Väganslutningar till Västkustbanan mellan Helsingborg och Landskrona, block 1-2. *Riksantikvarieämbetet UV Syd Rapport* 1999:11.

Schnittger, B. 1925. Hälsingborgstrakten under forntiden. I Bååth, L. M. (red.). *Hälsingborgs historia. Del I. Forntiden och den äldre medeltiden.* Uppsala, s. 90-106.

Sjöström, A. & Pihl, H. 1993. Arkeologi från ytan. Delrapport inom projektet "Det dolda kulturlandskapet". Opublicerad handling.

SOU 1992:137. Arkeologi och exploatering. Betänkande av HUR-utredningen. Stockholm.

Strömberg, B., under arbete. VKB-projektets bronsåldersvolym. Lindahl-Jensen, B., red. Skånska spår.

Svanberg, F. 1999. Ett härdområde i Hofterup. Arkeologisk utredning oh undersökning 1998. Skåne, Hofterups sn, Hofterup 3:14. *Riksantikvarieämbetet UV Syd Rapport* 1999:74.

Svensson, M., Karsten, P., Olson, T., Cardell, A., Andersson, M., Larsson, R., Knarrström, B., Olsson, M. & Bergenstråhle, I. 1996. Arkeologisk utredning. Skåne, Malmöhus län, järnvägen Västkustbanan, delen Helsingborg – Kävlinge. 1996. *Riksantikvarieämbetet UV Syd Rapport* 1996:25.

Svensson, M. & Karsten, P. (red.). 1996. Skåne, Malmöhus län, järnvägen Västkustbanan, delen Helsingborg – Kävlinge. Avsnittet Helsingborg – Landskrona (block 1-2). 1996. Arkeologisk förundersökning. *Riksantikvarieämbetet UV Syd Rapport* 1996:48.

Säfvestad, U. 1993. Högen och bygden – territoriell organisation i skånsk bronsålder. I Larsson, L. (red.). *Bronsålderns gravhögar. Rapport från ett symposium i Lund 15.XI-16.XI 1991.* University of Lund, Institute of Archaeology, Report Series No. 48. Lund, s. 161-169.

Thrane, H. 1974. Hundredvis energikilder fra yngre broncealder. *Fynske minder* 1974, s. 96–114.

Thrane, H. 1999. Bål i lange baner – om brugen av kogegruber i yngre bronzealder og ældre jernalder. *Fynske minder* 1999, s. 93-128.

Thörn, R. 1993. Eldstadssystem – fysiska spår av bronsålderskult. Ett försök att spåra kultplatser och kulturinfluenser. Seminarieuppsats, arkeologi, Lunds universitet.

Wibling, C. 1908. Stenåldersfynden i Råå vid Hälsingborg: bidrag till frågan om landhöjningen i Sydsverige. *Fornvännen* 1908, s. 105-122.

Widholm, D. 1975. Nya fornfynd från Sydsverige. *Ale* nr 3 197, s. 1-10.

Wihlborg, A. 1978. Fornlämning nr 18. Skadad bronsåldershög. Torbornahög, Ramlösa 521, Raus sn, Skåne. Arkeologisk undersökning 1976. *Riksantikvarieämbetet Rapport Uppdragsverksamheten* 1978:4.

Wihlborg, A. 1981. Rapport. Nyupptäckta boplatslämningar med osäker datering. Kv Torbornahögen nr 2, Helsingborg, Skåne. 1981.

Wihlborg, A. 1996a. Rapport över arkeologisk förundersökning (steg 1) av stamledningen för Sydgasprojektet (Sydgas I). I Wihlborg, A. M.fl. (red.). Rapport över arkeologisk förundersökning (steg 1) av stamledningen för Sydgasprojektet. 1982–1985. (Intern rapport.) *Riksantikvarieämbetet UV Syd Rapport* 1996:57.

Wihlborg, A. 1996b. Rapport över arkeologisk förundersökning (steg 2) av stamledningen för Sydgasprojektet. I Wihlborg, A. m.fl. (red.). Rapport över arkeologisk förundersökning (steg 1) av stamledningen för Sydgasprojektet. 1982–1985. (Intern rapport.) *Riksantikvarieämbetet UV Syd Rapport* 1996:57.

Wihlborg, A. 1996c. Delrapport över arkeologisk förundersökning (steg 1) av Sydgasprojektets grenledningar, delarna Staffanstorp, Nöbbelöv, Furulund – Löddeköpinge, Eslöv – Örtofta, Asmundtorp – Landskrona, Ekeby, Bjuv – Billeholm, Åstorp, Höganäs. I Wihlborg, A. m.fl. (red.). Rapport över arkeologisk förundersökning (steg 1) av stamledningen för Sydgasprojektet. 1982–1985. (Intern rapport.) *Riksantikvarieämbetet UV Syd Rapport* 1996:57.

Wihlborg, A. 1996d. Rapport över arkeologisk provundersökning (steg 2) av grenledningarna för Sydgasprojektet, delarna Trelleborg, Staffanstorp, Nöbbelöv, Furulund, Eslöv, Bårslöv, Bjuv, Åstorp. I Wihlborg, A. m.fl. (red.). Rapport över arkeologisk förundersökning (steg 1) av stamledningen för Sydgasprojektet. 1982–1985. (Intern rapport.) *Riksantikvarieämbetet UV Syd Rapport* 1996: 57.

Wihlborg, A., Jacobsson, B. & Skansjö, S. 1996. Rapport över arkeologisk förundersökning (steg 1) av stamledningen för Sydgasprojektet. 1982-1985. (Intern rapport.) *Riksantikvarieämbetet UV Syd Rapport* 1996:57.

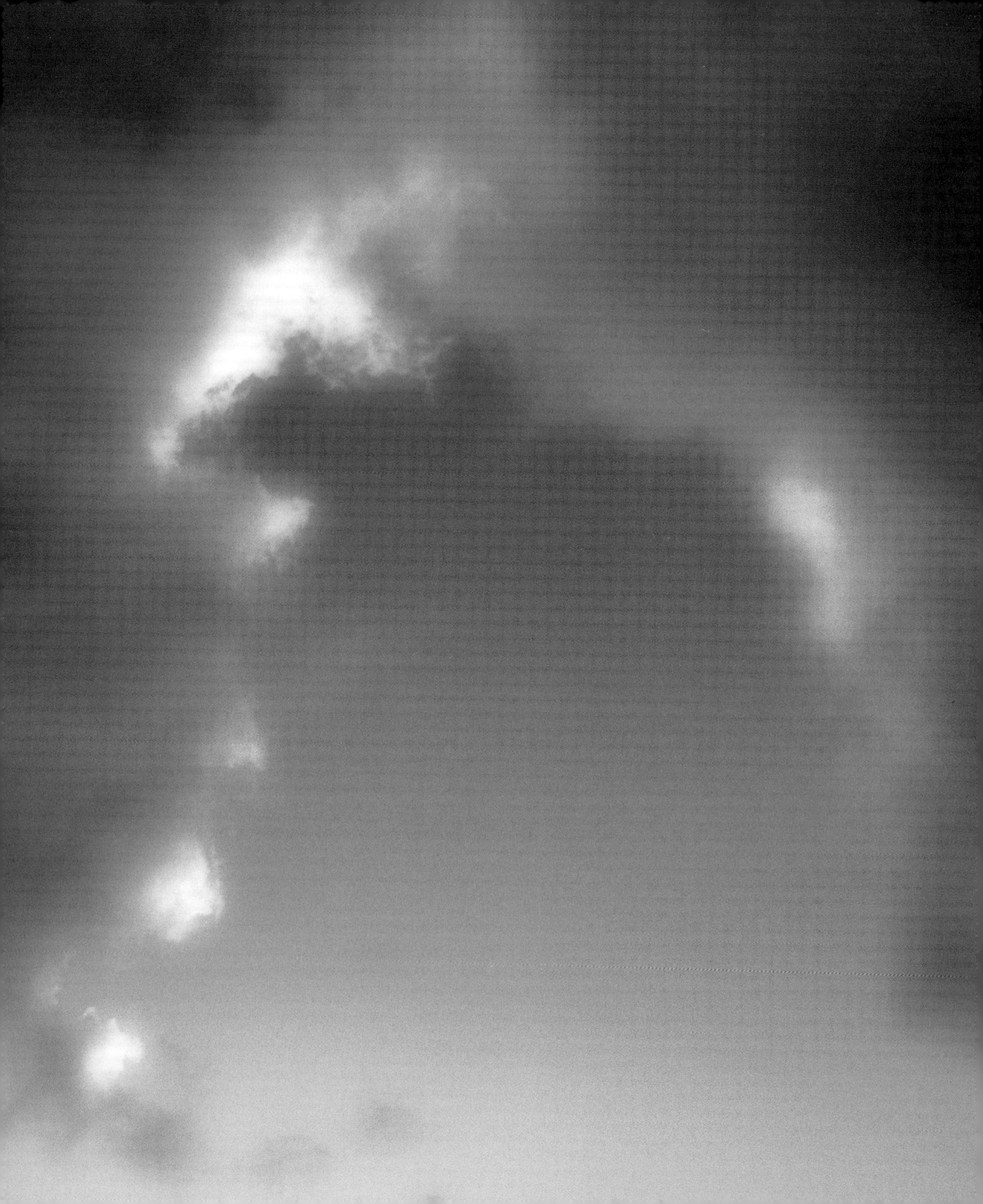

Exemplet Ramlösagården

Aspekter på bosättning och social struktur under äldre järnålder i Helsingborgsområdet

HÅKAN ASPEBORG

Abstract: Ramlösagården. Aspects of settlement and social structure during the Iron Age in the Helsingborg Area.

Only few Iron Age houses and farm structures have been found until now, despite many archaeological rescue excavations in the Helsingborg area during the last decade. However, the situation is now beginning to change. This paper deals mainly with these newly excavated settlements and in particular with one of them, Ramlösagården. The article may partly be seen as a case study. The chronological, spatial and social organisation of the settlement is analysed and compared with other sites in the neighbouring area. In this context problems concerning settlement or social hierarchy are also touched upon, both on a local scale and in relation to a bigger area corresponding to the old hundred or "folkland" of Luggude. A compilation of precious metal finds and other phenomena indicating central places, show a striking absence of social and political hierarchical structures during the Pre-Roman and Roman Iron Age. The first more conspicuous object of precious metals in Luggude dates from the Migration Period. Whether this situation should be explained in social terms, as a mirror of the local social hierarchy, is however doubtful, and as an alternative it is suggested that cultural traditions may have resulted in an independent social and political development.

Inledning

Mellan åren 1970 och 1996 har UV Syd genomfört 15 undersökningar i Helsingborgsområdet där material från järnåldern påträffats (Jacobsson 2000:72 ff). Vid flertalet av dessa undersökningar påträffades oftast spridda boplatsanläggningar och endast i enstaka fall hus. Situationen är likartad i övriga delar av Luggude härad (se nästa sida). Boplatsen vid Filborna by utgjorde tidigare det enda undantaget som bekräftade regeln. Vid nya undersökningar under de senaste åren har flera hus påträffats. Gemensamt för dessa undersökningar har varit att stora matjordsavbaningar företagits. Trots det är källäget fortfarande magert och bristfälligt jämfört med andra områden i Skåne, som t.ex. sydvästra delen och Ystadsområdet. De nya resultaten kan likväl utgöra en grund för diskussioner om huruvida regionala skillnader i boplatsstruktur finns. Vidare kommer det att diskuteras huruvida eventuella skillnader istället kan bero på att det är olika sociala gruppers bosättningar som har undersökts. Denna artikel kommer att behandla boplatsstrukturen med utgångspunkt från särskilt en av dessa nya undersökta boplatser, Ramlösagården (se s. 246) (Aspeborg & Mårtensson 2001). Dessutom kommer husen på boplatsen och deras funktion att diskuteras. Dateringarna för bosättningen vid Ramlösagården har fått avgränsa den i artikeln studerade tidsperioden. Som rumslig bakgrund till undersökningar har Luggude härad valts (se motsatta sidan). Orsaken till detta är att området möjligen kan ha utgjort en relevant samhällskontext under den aktuella tidsperioden, vilket kommer att dryftas. De övriga boplatser som kommer att behandlas i samband med järnålderns boplatsstruktur i Helsingborgsområdet är; Ramlösa 9:1, Filborna Österleden, Ramlösa 9:6, Vkb 1A1:7 Raus, Rya, Kvistofta sn, Rya VKB 2:5 Kvistofta sn, Väg 109, Bårslöv delområde 1, och Påarp 1:12, Välluvs sn.[1)]

De naturgeografiska förutsättningarna

De naturgeografiska förutsättningarna i Luggude härad är skiftande (Germundsson & Schlyter 1999). Landskapet präglas av flera höjdsträckningar. Längst i norr når Kullabergs urbergshorst ca 185 m. ö. h. och söder om denna utbreder sig Ängelholmsslätten. Denna avgränsas i sin tur av Helsingborgsryggen i söder som når ca 100 m. ö. h. Luggude angränsar även i sydöst till Söderåsen. Genom häradet rinner tvenne större vattendrag, Vegeån och Råån. Sjöar saknas helt men häradet har å andra sidan en lång kustlinje. Områdets jordarter varierar men består huvudsakligen av leriga moräner. Stora områden av postglacial sand finns i norr. Vid Kullaberg går urberget i dagen. Jordmånen domineras av instabila brunjordar. Luggude härad ligger nästan uteslutande i den bygdetyp som etnografen Åke Campbell utifrån 1700-talets landskap benämnde risbygd (se även Knarrström i denna publikation). I denna var inslaget av betesmark stort och djurhållningen var av tradition viktig. I sydöst, vid Söderåsen, sträcker sig häradet in i det område som av Campbell betecknades som skogsbygd (Campbell 1928).

Den historiskt kända bebyggelsen uppvisar även den en splittrad bild, där bebyggelsen på själva Kullahalvön förefaller ha utgjort ett isolerat eget bebyggelseområde, medan de sydligaste delarna ansluter till bygderna söder därom. I delarna däremellan fanns löst grupperad bebyggelse (Callmer

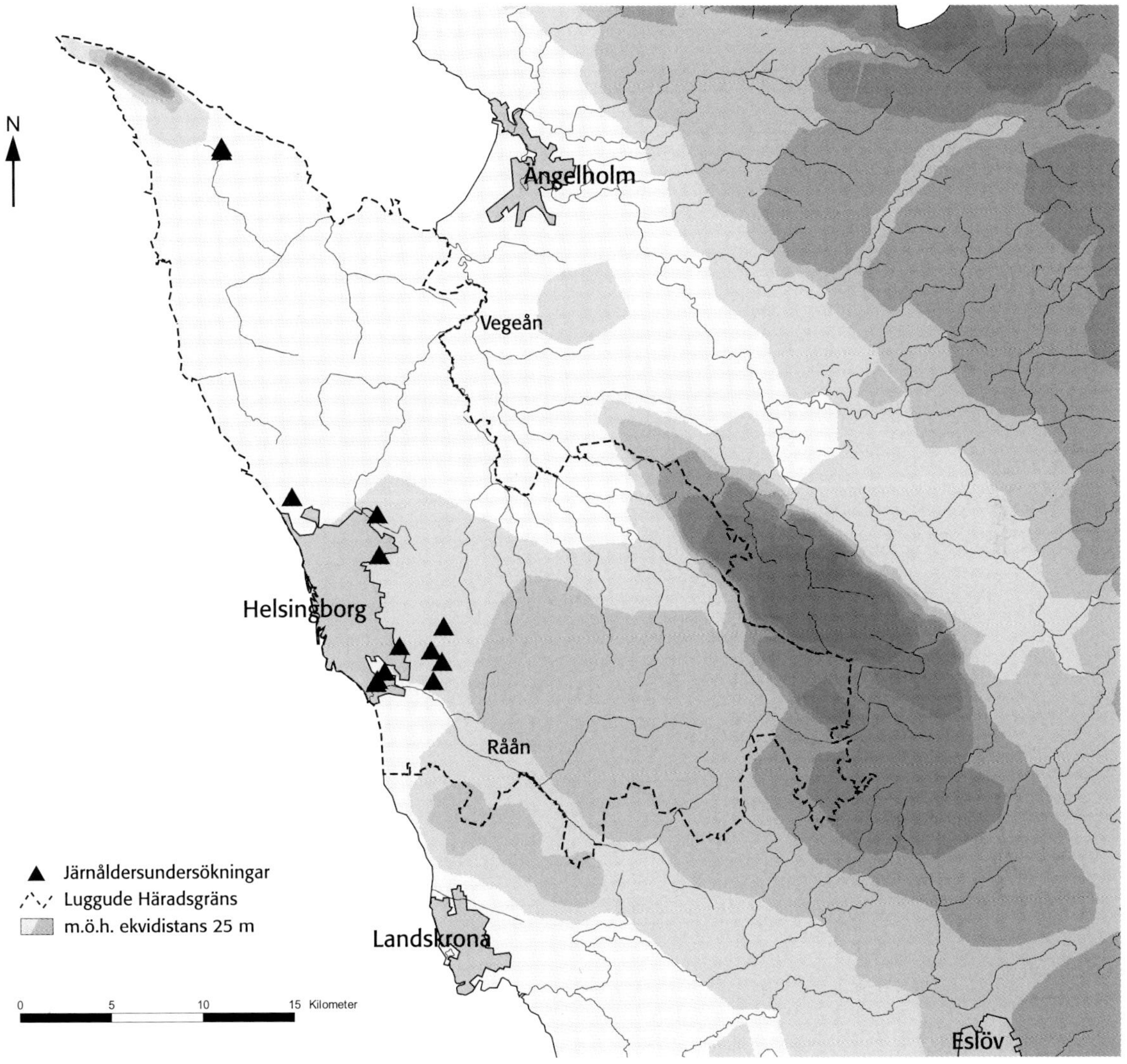

Undersökningar av lämningar från järnålder i Luggude härad utförda av UV Syd.

Settlement sites from the Iron Age in Luggude hundred investigated by UV Syd.

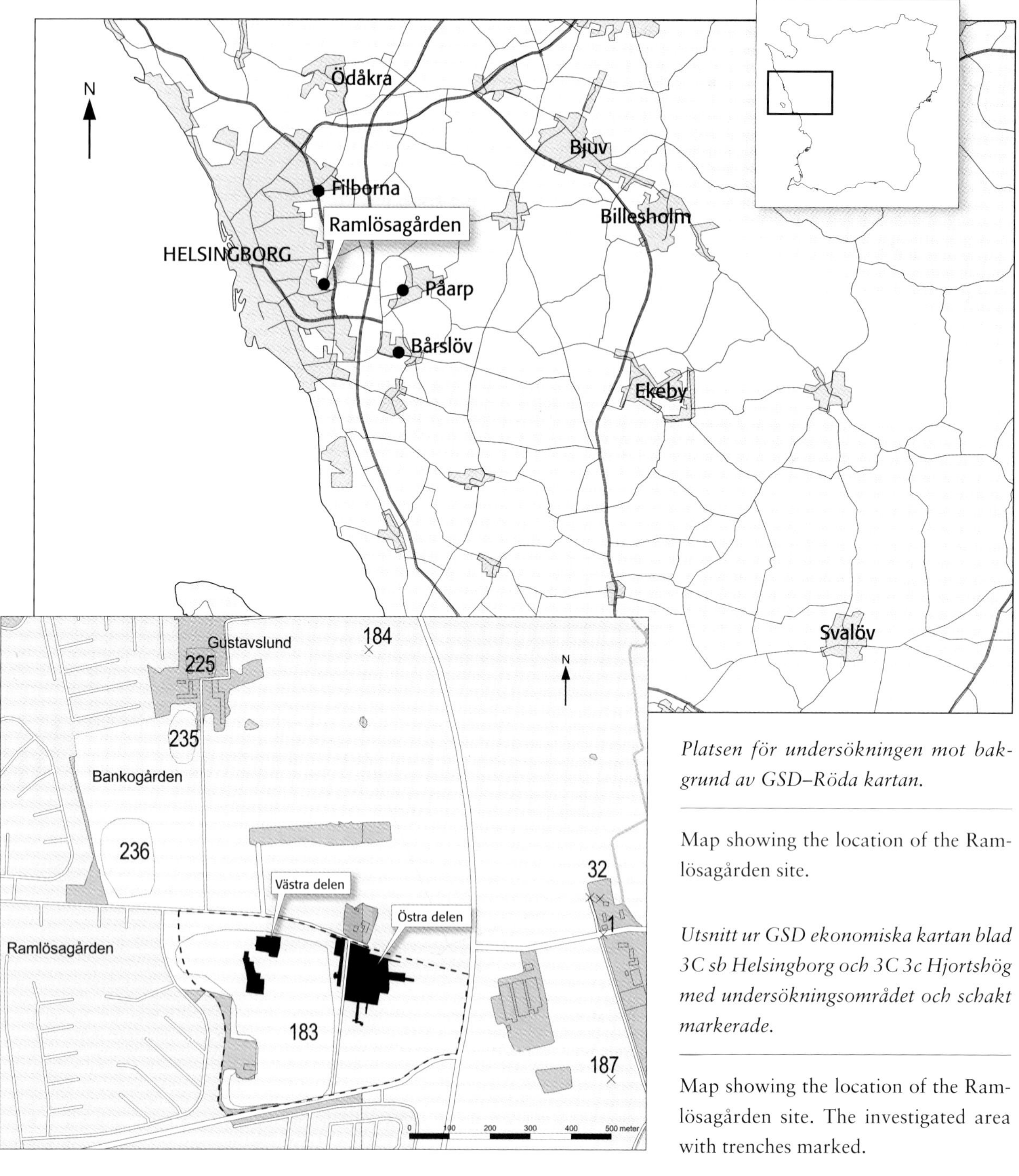

Platsen för undersökningen mot bakgrund av GSD–Röda kartan.

Map showing the location of the Ramlösagården site.

Utsnitt ur GSD ekonomiska kartan blad 3C sb Helsingborg och 3C 3c Hjortsbög med undersökningsområdet och schakt markerade.

Map showing the location of the Ramlösagården site. The investigated area with trenches marked.

1991; Anglert 1995). Mårten Sjöbeck föreslog att växtrika naturliga ängar på sumpskogsgrund och fyndigheter av lithorinamalmer utgjort två samverkande faktorer för bosättning i Helsingborgsområdet under järnåldern (Sjöbeck 1939). Han nämner särskilt det järnhaltiga vattnet i Ramlösa. I ett vidare perspektiv gav närheten till havet tillgång till dess resurser och goda kontaktmöjligheter.

På det lokala planet har bebyggelsens läge i landskapet vid Ramlösagården i en svag sluttning mot öster medfört en naturlig dränering av marken. Husen låg förhållandevis högt och bosättningen måste haft god utsikt över bäckdalgången åt sydväst. Bäcken har sannolikt kunnat bidra med vatten till boskapen liksom en våtmark norr om bosättningen. Ramlösa skrivs 1349 *Ramfløse*. Förleden anses betyda sankmark medan efterleden syftar på ett slags äng (Pamp 1988:11f, 77). Bebyggelsenamn med efterleden *-lösa* brukar hänföras till järnålder och är om så är fallet samtida med boplatsen. Heiko Steuer har i en artikel framhållit att bybegreppet under järnåldern sannolikt främst syftade på dess mark, byterritoriet (Steuer 1989:117). Var inom ägoområdet bebyggelsen befann sig var av mindre betydelse, dess namn förändrades inte med omlokaliseringen. Namnet understryker att de naturgeografiska förutsättningarna för boskapsskötsel i trakten har varit goda. Av Skånska recognoseringskartan från 1800-talets början kan man dessutom se att en våtmark funnits norr om undersökningområdet.

En kortfattad samhällsbakgrund

Ur historiens mörker dyker namnen på en mängd folk upp i Jordanes bok *Getica De orgine actyibuscque Getarum – Om Goternas ursprung och bedrifter*, där han namnger folk på ön *Scanza*. Möjligen utpekar han enligt Josef Svennung ett folk, eller snarare en stam, som bott i det område som här behandlas under folkvandringstid, nämligen *Liothidae* (Jordanes Getica, kommentarer: 208). Jordanes arbete, som är ett kompilat av Cassiodorus (485–583 e. Kr.) verk *Histoircum Gothorum,* färdigställdes 551 e. Kr. varför den är samtida med faser av boplatsen i Ramlösa. Folkets namn har föreslagits betyda fruktbarhetsfolket och det har ansetts att de bodde i Luggude. Andra forskare har framfört avvikande tolkningar (t.ex. Sahlgren 1925:150). Häradsnamnets betydelse är dock omstritt och ett gudinnenamn kopplat till växtlighet har också föreslagits (jfr Sahlgren 1925; Brink 1998:316). Andra tolkningar av namnet Luggude har också framförts så som ”folkgodens härad” och ”ådalen med rik växtlighet” syftande då på Rååns ådal (Pamp 1988:65). Huruvida ett folkvandringstida *Liothidae* verkligen har funnits och huruvida detta direkt kan översättas med dagens Luggude härad och dess gränser är mycket oklart. Bland annat framträder Kullen som ett eget bygdeområde (pers. kom. Göran Hallberg). Det må vara hur det vill med den saken; någon bättre avgränsad kontext med möjlig samhällsrelevans för boplatsen i Ramlösa finns inte att tillgå. Som kuriosa kan man notera att Jordanes samtidigt beskriver två andra stammar vars namn kommer att kvarleva i namnen på de riken som senare uppstår och kommer att dominera området senare i historien, Svearna och Danerna. Enligt Jordanes bodde *Liothidae* tillsammans med andra folk på bördiga slättmarker, varför de ofta drabbades av andra stammars fientliga angrepp (Jordanes Getica). Hur var denna stam organiserad? Ulf Näsman har skissat en utveckling under järnålder från många oavhängiga stamsamhällen under äldre järnålder, över stamförbund under yngre romersk järnålder – folkvandringstid – tidig vendeltid till mer eller mindre integrerade kungariken under vendel- och vikingatid (Näsman 1998:23). Dagfinn Skre har för Norges räkning skisserat en likartad utveckling av herradömen från romersk järnålder fram t.o.m. vikingatid. Han delar upp samhällstrukturen i de på varandra följande faserna: krigsherrarnas tid, gudaättlingarnas tid och kungadöme (Skre 1998). Dessa tider motsvaras av en utveckling beträffande boplatserna vars för oss intressanta perioder är:

- *1500 f. Kr.–200 e. Kr.* : Bosättningsområdena utnyttjas från en centralt belägen boplats. Marginella områden utnyttjas extensivt från de centrala boplatserna, troligen med hjälp av ofria.
- *200–600 e. Kr.* : Flera jordherrar sätter fria och ofria underordnade på boplatser som de etablerar i de marginella områdena. I områden utanför jordherrens besittning kan egendomslösa fria ha odlat upp sin egen gård.
- *600–1100 e. Kr.* : Genom giftermål, arvskiften och politisk dominans har en del av huvudgårdarna kommit under andra jordherrars besittning och en del blivit kronogods. Underliggande gårdar drivs nu i ökad grad av fria underställda landbor (Skre 1998:243).

Den äldre forskningen om järnåldern var genomgående påverkad av "*Gemeinfreie-teorin*", i vilket järnålderssamhället ansågs vara baserat på en omfattande klass av jämlika och självägande bönder. Dessa bönder utgjorde folket och det samhällsbärande elementet tillsammans med konungen (jfr Iversen 1994:477; Skre 1998:31). Även i de fall man har accepterat förekomsten av hövdingar och trälar så har den fria bonden tillhörande en ätt ansetts vara samhällsbäraren. Detta kan benämnas ättesamhället. Mest extrema har vissa marxistiska forskare varit i det att de nära nog vill beteckna den äldre järnålderns germanska samhällen som egalitära med "ett primitivt kommunistiskt produktionssätt" (t.ex. Anderson 1977). Många forskare har idag övergett "*Gemeinfreieteorin*". I det nuvarande forskningsläget betonas istället att järnålderns samhälle var ojämlikt och hierarkiskt uppbyggt samt att det styrdes av en aristokrati, bestående av jord- och krigsherrar till vilka övriga människor stod i olika beroendeförhållanden. Överhöghet, beroende och konkurrens fanns även mellan aristokratins medlemmar (jfr Gurevitj 1979:143f; Skre 1998). Makten i samhällena baserades inte specifikt över territorier, utan grundade sig på makt över människor och därmed även över produktionen. Makten var beroende av personrelationer ledare emellan, och mellan dessa och deras underlydande. Högst stående i denna rangordning fanns kung, underordnade styrande och aristokrati med sina vasaller och krigare. Under dessa befann sig huvuddelen av befolkningen bestående av bönder, landbor och trälar (Steuer 1987; 1989). Inom olika grupper har sannolikt ömsesidiga utbyten och jämlika relationer rått ibland beroende av maktbalanser.

Grundläggande för de frågor och hypoteser som här framförs är att författaren delar dessa forskares syn på järnåldern som ojämlikt och styrt av en aristokrati bestående av jord- och krigsherrar, till vilka övriga människor stod i olika beroendeförhållanden. Denna elit kom även att tillägna sig kulten och ideologiskt skilja sig från resten av befolkningen genom att hävda ett mytologiskt gudomligt ursprung (Skre 1998).

Att spåra sociala hierarkier i arkeologiskt boplatsmaterial

Frågan är huruvida de olika grupperna i järnålderssamhället är synliga för oss i det arkeologiska boplatsmaterialet?

I arkeologiska texter brukar boplatser från järnålder generellt delas upp i två kategorier. Platser med exceptionella fynd av högstatuskaraktär och med extremt stora hus brukar tillskrivas en elit och erhålla benämningar såsom hövdinga- eller stormansgårdar. Övriga boplatser brukar buntas ihop under benämningar som ”ordinära” eller ”normala” boplatser utan att vidare problematiseras. Att så har varit fallet beror på den, ovan beskrivna, förut förhärskande synen på järnåldersamhället. Att ordna ”stormansgårdsskiktet” hierarkiskt har under lång tid tilldragit sig intresse (jfr Fabech & Ringtved 1995). På senare tid har dock även de mer ”normala” gårdarna blivit föremål för problematisering och frågor om differentiering och hierarkisering inom den gruppen har börjat ställas (Skre 1998; Widgren 1998).

När vi nu har antagit att trälar fanns under äldre järnålder måste vi fråga oss var dessa bodde. Romaren Tacitus beskrev hur trälar kunde bygga, bebo och bruka egna gårdar (*Germanerna* Kap. 26). Bengt Söderberg har föreslagit att grophusen kan ha varit ”bostäder” åt egendomslösa och slavar under vikingatid (Söderberg 2000:77ff) samtidigt som han framhåller att vad man menar med begreppet *att bo* måste preciseras både vad det gäller gruppen och tiden ifråga. Sanningshalten i Tacitus utsagor har ofta ifrågasatts och det har föreslagits att trälarnas bostäder istället legat i särskilda rum i stormangårdarna (Norr 1996). Sannolikt har trälar bott på båda ställena. Deras boende har varit avhängigt av deras huvudsakliga sysslor. Trälarna hade inga rättigheter utan ägdes på samma sätt som man kunde äga saker och boskap. Det ligger i sakens natur att en träl inte kunde äga någonting. Detta betyder inte att de inte kunde omge sig och sitt hushåll med de nödvändigaste redskap och kärl, vilka var nödvändiga för produktion och förvaring av dels föda åt sig själva och djuren och dels produkterna av deras arbete. Skillnaden mellan en fri men fattig mans gård och en träls kan därför i vissa fall vara omöjlig att avgöra. En viss mobilitet har troligen funnits i järnålderssamhället och det har funnits möjligheter att lämna även träldomen. Trälarna har sannolikt haft möjlighet att friköpa sig själva genom eget arbete (jfr Iversen 1994). Hur äganderätt och utnyttjanderätt till gård och mark gestaltade sig under järnåldern i Skåne är svårbedömt. Någon vägledning kan dock erhållas från bevarade germanska lagtexter på kontinenten som dock i varierande grad är påverkade av romersk rätt. Förhållandena kan ha varit mer komplicerade än att skiljelinjen gått mellan de som hade äganderätt och de som saknade sådan. Överhuvudtaget är ägande och rättigheter av såväl privat som kollektiv natur i det skandinaviska järnålderssamhället ett svårgenomträngligt problemkomplex. Widgren har varnat för användningen av orden kollektivt respektive individuellt ägande som termer när det gäller markrättighetssystem under förhistorien, och vill istället framhålla Skres förslag att rättigheten till överskott reglerats genom institutionella ramar där inte bara träldom men också patron–klientförhållanden, vänskap, kult, måltider och militärt beskydd varit viktiga egenskaper (Widgren 1998:295).

Beträffande norska förhållanden har Dagfinn Skre velat se små perifert belägna gårdar, som uppkommer under romersk järnålder, som en sorts tidiga landbogårdar för frigivna slavar. Förbindelsen mellan ägaren och "landbon" anser han måste ha varit mer av personlig karaktär än saklig ekonomisk, som senare är fallet under medeltiden (Skre 1998:16ff). Han föreslår även att de överordnade i samhällshierarkin kan ha haft förfoganderätt till de jordar som de underlydande disponerade. I det norska exemplet har även gravarna kring gårdarna kunnat användas i analysen, något som ej är möjligt för Helsingborgstraktens vidkommande då samtida gravar nästan helt saknas.

Mats Widgren har hypotetiskt uppställt en social hierarki med stöd av boplatsmaterialet som underifrån ser ut som följer (Widgren 1998:290f):

A) Små hushåll bestående av ofri och avhängig arbetskraft. Det ligger i sakens natur att de inte avtecknar sig skarpt i det arkeologiska materialet. Som svenska exempel på dessa föreslår han de små bosättningarna på Alvaret, vilka skulle kunna vara en indikation på ofria, underordnade boskapsskötare.

B) De mellanstora gårdarna har utgjort en stor grupp. Även om de i det arkeologiska materialet är de minsta hushållen som framträder tydligt har de knappast utgjort något bottenskikt. De har haft en boskapsstock på 10–12 stallade djur och i deras arbetskraft kan enstaka trälar ha ingått.

C) Storgårdar med 18–20 stallade djur har utgjort en stor grupp. Stora hushåll med ofri arbetskraft – eventuellt parat med polygami – har där möjliggjort en exploatering "inom hushållet". Genom att utnyttja fri och ofri arbetskraft inom gården har vissa stormän/storbönder kunnat ackumulera kapital. Den institutionella ramen för dessa ekonomiska beroenden består dels av träldomen, dels av den direkta makten en hushållsföreståndare kunnat nyttja mot sina underlydande. Dessa gårdar framträder i det arkeologiska materialet med ett distinkt större antal båsplatser, med fler hus på tunet och dessutom med en separat festhall.

D) Från detta skikt av storgårdar urskiljer sig en mindre del som genom skattfynd, rika guldfynd och förekomst av omfattande hantverksaktivitet tycks höja sig över mängden. De skiljer sig inte från den allmänna gruppen av storgårdar vad gäller boskapsstocken storlek. De tycks alltså inte ha varit baserade på stordrift utöver den som kännetecknat gårdar i grupp C. Man får istället anta att de byggt upp sitt överskott utanför hushållet genom kontroll av hantverk, genom handel och eventuellt genom att de på olika sätt tillgodogjort sig ett överskott från andra gårdar.

Fä kunde i germanska språk förutom kreatur betyda egendom eller rikedom (Nationalencyklopedins ordbok 1995:463). Om man således kunde beräkna en gårds kreatursstock skulle man därmed kunna göra ett antagande om dess rikedom. Förekomsten av fähus under äldre järnålder är belagd på ett flertal platser i Skandinavien (t.ex. Olausson 1998). I vilken utsträckning boskapen har varit stallad i fähusen, vilka av djuren som stallats, vilka som fått beta utomhus, båsplatsernas storlek och huruvida antalet båsplatser kan beräknas utifrån ett ofta mycket fragmentariskt husmaterial, är frågor som har diskuterats åtskilligt (Olausson 1998; Carlie 1999:102; Göthberg 2000:130f). På platser där husen har både golv och båsplatser bevarade som t.ex. fallet var på den tyska boplatsen Feddersen Wierde (Haarnagel 1979) är detta inte något problem. Makrofossilanalys är det vanligaste sättet att erhålla indicier på en funktionsindelning av sönderplöjda och därmed till stor del avkontextualiserade hus, för att besvara frågan var eventuella fähus och förrådsdelar har varit belägna. Vad Ramlösagårdens hus beträffar var resultaten intetsägande på denna punkt. Från de övriga boplatserna i Helsingborgsområdet föreligger – i de fall makrofossilanalys har utförts – ännu inga resultat. Widgrens till synes enkla lösning att utifrån antalet djur avgöra en gårds hierarkiska nivå är i praktiken en mycket grannlaga uppgift, och i slutändan kommer ofta subjektiva bedömningar att avgöra på vilken nivå de enskilda bebyggelseenheterna ska inplaceras i schemat. Något försök att beräkna antalet djur per gård på Ramlösagården eller i Helsingborgsområdet i övrigt kommer därför inte att göras här. Att ha djur i fähus kräver också att man har foder lagrat i lador. Lennart Carlie har gjort beräkningar av hur mycket hö ett djur under järnåldern bör ha haft tillgång till och utifrån detta beräknat hur stort utrymme som skulle behövas för att lagra höet (Carlie 1999:121ff). Även i detta fall är beräkningar av de faktiska utrymmena svåra att bedöma utifrån det arkeologiska materialet. Vad som däremot går att uttala sig om är storleken på de olika husen i gårdarna – ju större hus desto större sannolikhet att gården rymt såväl ett större antal människor som fä och förråd.

Boplatsen vid Ramlösagården

Vid slutundersökningarna påträffades ca 900 anläggningar varav flertalet var stolphål. Av dessa ingick en tredjedel i strukturer som hus eller hägnader. Totalt påträffades nio hus varav fem stycken tolkades som treskeppiga multifunktionella långhus. Resterande hus har tolkats som uthus. Förutom stolphål framkom även härdar, kokgropar, gropar, brunnar och ugnar (Aspeborg & Mårtensson 2001).

Undersökningarna inom hela det 25 hektar stora exploateringsområdet har visat att området har utnyttjats både under tidigneolitikum och bronsålder. Till bronsålderns lämningar hör ett osäkert grophus – tidigare tolkat som smedja – ett gropsystem och en förmodad grop för keramikbränning (ugn) samt sannolikt ett kokgropsområde på områdets högsta höjd. Detta kokgropsområde har fortsatt att användas in i förromersk järnålder, då spåren av mänsklig aktivitet i området tycks öka markant och få en vidare spridning över större områden. Var själva bebyggelsen låg under bronsålder och neolitikum går ej att besvara i dagsläget och kanske inte heller i framtiden så vida den låg på platser som nu är bebyggda. Två ytor med huslämningar, den östra och den västra, blev föremål för slutundersökning.

Sju av husen påträffades på den östra ytan. Fyra av dessa har antagits vara flerfunktionella långhus. Dessa har tolkats som rester av en gård där husen avlöst varandra över tid och läget för bebyggelsen flyttats. Trots att boplatsen kan sägas vara väl avgränsad finns möjligheten att enstaka hus har missats. Ett troligt läge för ytterligare huslämningar är det idag bebyggda området på fortsättningen av höjdryggen omedelbart norr om hus 1 och 2. Den tolkning som här förespråkas

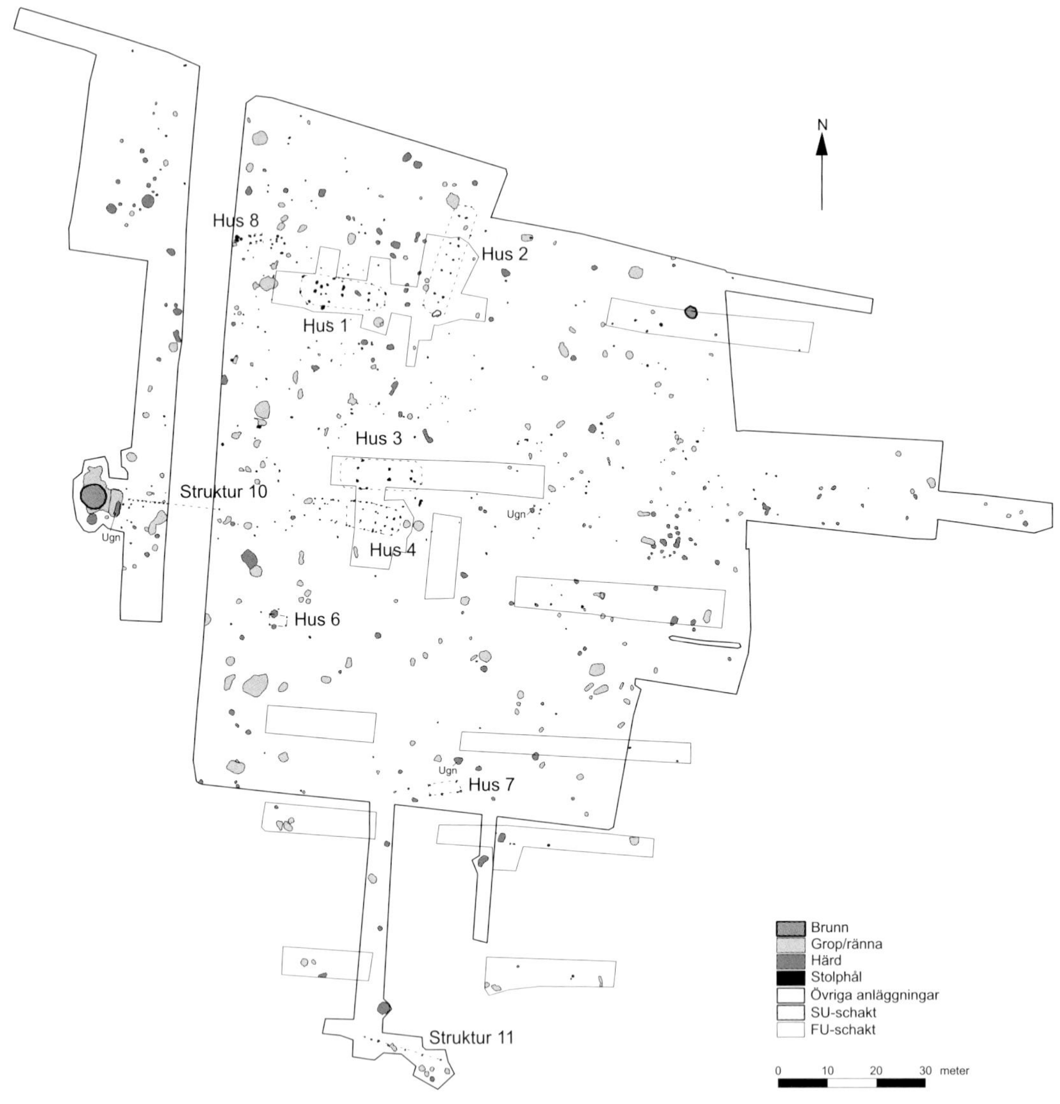

Schaktplan över den östra ytan på Ramlösagården med hus och andra konstruktioner markerade.

Plan showing the eastern area of Ramlösagården with houses and other structures.

bygger på att platsen har haft bebyggelsekontinuitet. Mot detta kan man möjligen framhålla att husen på bosättningen skulle ha stått under mycket lång tid, särskilt under de första och äldsta faserna. Det går därför inte att helt utesluta möjligheten att platsen övergivits någon generation för att sedan bebyggas på nytt.

Bosättningens etablering inom undersökningsytan förefaller ske under förromersk järnålder med uppförandet av hus 4 (se föregående sida). Två ^{14}C-dateringar från stolphål i huset stöder detta. Dessutom finns ytterligare fem anläggningar, daterade till samma period, inom en 30 meters radie från huset. En stolpbod (hus 8) belägen ca 60 meter nordväst om hus 4 har tillhört gården.

Tyvärr fanns inget daterbart material från hus 3 och huset var dåligt bevarat, vilket försvårar en tidsbestämning genom husplansanalogier med väldaterade hus. Det får dock anses troligt att hus 4 har ersatts av hus 3, som således utgör fas 2 på platsen. En möjlig datering av huset skulle vara äldre romersk järnålder. Tentativt har hus 3 i sin tur avlösts av hus 1 i dess första och äldsta fas, som jag utifrån stolpsättningen i huset skulle vilja placera i yngre romersk järnålder. Detta hus har byggts om och avlöses av hus 1 fas B som stått under folkvandringstid (se s. 252 och 255). Till denna gård hör även ett uthus (hus 6) beläget ca 70 meter söder ut.

I den sista och yngsta fasen under folkvandringstid/vendeltid byggs och bebos hus 2. Här kan det dock förefalla rimligt att anta att de två sista faserna byter plats av den enkla anledningen att människorna på gården borde ha haft tillgång till ett hus att bo i medan det nya byggdes. Under en kortare tid har således gården bestått av två hus vilka bildat en L-formad gård. Vår kunskap om metoderna och organisationen kring husbyggen och ombyggen är dock för bristfällig. Vi är här liksom i många andra fall hänvisade till rimlighetsbedömningar. En ^{14}C-datering kunde för hus 2 vidkommande klarlägga att kokgropen inuti detta inte tillhörde huset, utan istället en tidigneolitisk aktivitet i området (Ua-26062 se appendix s. 273).

Hus 5 var det enda långhuset på västra ytan. Det kan ha varit samtida med hus 1 eller 2. Varken ^{14}C-dateringar eller jämförelser av stolpsättning kan ge tillräckligt noggranna kronologiska hållpunkter för att avgöra fastillhörighet. Både hustypen och ^{14}C-datering hänför huset ungefär till perioden romersk järnålder/folkvandringstid. Huset omgavs av härdar, spridda stolphål och gropar av varierande storlek. Dateringar av kringliggande anläggningar antyder att platsen använts under lång tid och att många av anläggningarna inte har samma datering som huset. Huset representerar sannolikt en gård, där ett längre bort liggande uthus kan ha funnits såväl inom som utanför exploateringsområdet. Ett femtiotal meter söder om huset fanns ett aktivitetsområde med bl.a. gropar, härdar, ett förmodat verkstadshus eller vindskydd och en järnframställningsugn. Ugnen var dock äldre än huset men en härd är sannolikt samtida med huset.

De treskeppiga husen på Ramlösagården var relativt dåligt bevarade. Spår av väggar påträffades endast i hus 4. I de övriga fanns endast stolphålen efter de inre takbärande konstruktionerna bevarade. Så är även fallet med många andra undersökta hus i trakten. Detta har ibland antagits bero på dåliga bevaringsförhållanden, vilket har skyllts på intensivt jordbruksarbete. Jag har dock inte funnit någonting som tyder på att jordbruket skulle ha haft en skadligare inverkan på fornlämningarna i Helsingborgsområdet än det haft i övriga Skåne. Avsaknaden av väggar i flertalet hus på Ramlösagården torde bero på en innovation

Schaktplan över den västra ytan på Ramlösagården med hus och andra konstruktioner markerade.

Plan showing the western area of Ramlösagården with houses and other structures.

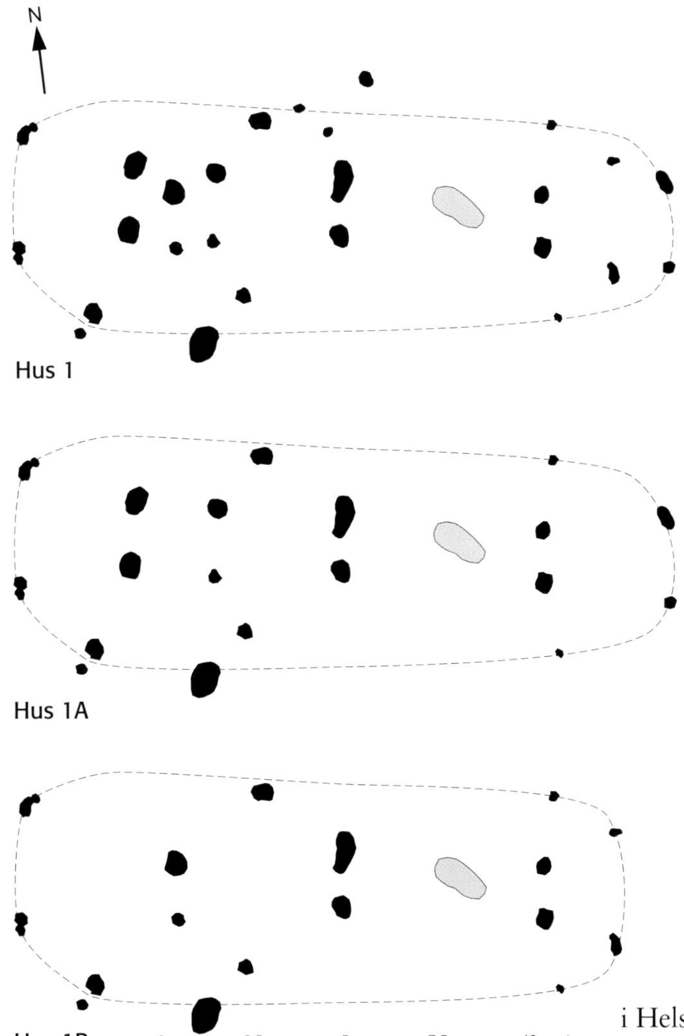

Hus 1, de olika faserna. | House 1, both phases.

inom husbyggandet under romersk järnålder, införandet av bindbjälkar. Fenomenet uppträder i hela Skandinavien. Även i Ystads- och Malmöområdet med sina annars ofta välbevarade hus är det därför ovanligt med rader av väggstolpar i hus daterade från romersk järnålder och närmast efterföljande perioder (Larsson 1995: 55). Hus 4 var ca 13 meter långt. Det tillhör en typ av kortare hus med tre till fyra bockar i den takbärande konstruktionen och rundad gavel som fanns i området under förromersk järnålder (Artursson 1998; Aspeborg & Mårtensson 2001). Samtidigt fanns i området även längre hus som var ca 20 till 25 meter långa. Även dessa hade bevarade väggstolphål och rundade gavlar men dessutom en tydlig uppdelning i sektioner, förmodligen fähusdel och mangårdsdel (Omfors 1999; Aspeborg & Becker 2002).

Hus 3 var ca 13 meter långt och hade tre bockar i den inre takbärande konstruktionen. Hus 3 är inte ^{14}C-daterat men har försiktigtvis daterats till perioden romersk järnålder, även om hus med divergerande takkonstruktion ofta brukar hänföras till förromersk järnålder (Larsson 1995:54) så finns de även senare (Göthberg 2000:77). Hus 3 på Filborna/Österleden var av liknande konstruktion men är tyvärr även det odaterat (Söderberg manus b). De hus i Helsingborgsområdet från perioden som är naturvetenskapligt daterade har samtliga påträffats vid undersökningarna för Väg 109 i Bårslöv (Knarrström & Olsson 2000; jfr Knarrström i denna volym). Dessa är alla mycket korta, mellan 5 och 10 meter långa, och har tre till fyra bockar i den inre takbärande konstruktionen. Som tidigare framhållits är det möjligt att både hus 1 i dess äldsta fas och hus 5 har byggts redan under yngre romersk järnålder även om en senare datering är troligare. Hus 1 var 18 meter långt medan hus 5 var 25 meter långt. Båda husen hade en underbalanserad takkonstruktion, långa spann mellan bockarna och raka gavlar markerade av utflyttade gavelstolpar. Dessa drag framträder under romersk järnålder men finns kvar t.o.m. vendeltid (Göthberg 2000:48). Ett liknade hus har tidigare påträffats vid en undersökning av RAÄ 193 i Ramlösa (Nagmér 1994:4). Detta hus bör dateras till samma period vilket styrks av flera paralleller (Tesch 1993:185). Ser man till Helsingborgområdet i stort kan man notera att husen jämfört med husen från föregående period har smalare mittskepp, att spannlängden mellan bockarna är något längre och att stolphålsrader efter väggar har försvunnit.

Hus 1 (fas B) och hus 5 bör antagligen dateras till folkvandringstid medan hus 2 förmodligen bör dateras till vendeltid. Husen har precis som i föregående period en underbalanserad takkonstruktion och ofta samma typ av gavel. Hus 2 var ca 20 meter långt och hade fyra bockar placerade på jämna avstånd från varandra. Ett hus liknade hus 2 har bl. a. undersökts i Rya (Ericson Lagerås 1999). Från perioden härrör ett för Helsingborgsområdet stort husmaterial även om samtliga i dagsläget inte är naturvetenskapligt daterade. Dessa hus är över lag längre än de från föregående perioder, men skillnaden i storlek är också stor, från 15 meter till 44 meter. Generellt har de folkvandringstida/vendeltida husen i Helsingborgsområdet ett något bredare mittskepp gentemot husen från föregående period. Dessutom har de längre spann mellan bockarna.

Vid Ramlösagården påträffades även fyra mindre hus, vilka tolkades som stolpbodar eller uthus. Husen bestod ofta av endast två bockar och deras konstruktion är oklar. De kan lika väl vara korta treskeppiga hus som enskeppiga hus. De små husen kan trots att de ofta har en likartad plan, fyllt en mängd olika funktioner, såsom stolplador, trösklogar, visthusbodar eller andra förvaringsutrymmen, verkstadshus eller fähus för mindre djur (Wranning 2001:73). De skillnader i stolpsättning som finns mellan husen är svårtolkade och det är tveksamt om dessa alltid avspeglar skillnader i funktion. Hus 8 måste dock ha fyllt en särskild funktion utifrån sin mycket blygsamma storlek, 2,5x1,5 meter. Husen saknade härd. Vid en närliggande boplats, Ramlösa 9:1 i Raus socken (Omfors 1999) kan möjligen ett mindre hus med härd tolkas som ett hus där obesuttna bott. Eljest kan det ha varit ett hus där något hantverk bedrivits och härden kan ha funnits där av den anledningen. Huset vid Ramlösa 9:1 hade en mycket ovanlig konstruktion. Det var ovalt i formen och taket förefaller ha burits upp av väggstolparna. Även vid undersökningarna i Bårslöv framkom mindre uthus i form av fyrstolpshus, vilka tolkats som stolplador p. g. a. stolparnas klena dimensioner (Knarrström & Olsson 2000: 24). Inget av dessa hus är ^{14}C-daterade. Flera av de korta tresättarna vid Bårslöv, kan även de ha fungerat som uthus, lador eller fähus.

Till flertalet av Ramlösagårdens hus går det att finna jämförbara hus i det sydsvenska materialet liksom även i Nordsjälland (Fonnebech-Sandberg 1992:24; Stummann Hansen 1994; Kramer 1998). I det sistnämnda området finns hus som är nära nog identiska med Ramlösagårdens hus 1, hus 2 och hus 3. Tyvärr är dessa hus mestadels daterade utifrån fyndmaterialet på boplatsen i stort och den danska huskronologin, som huvudsakligen baseras på det omfattande och välbevarade jylländska materialet (Hvass 1988; Hvass 1993). Få av de danska husen är ^{14}C-daterade.

Var de båda gårdarna hade sina gravplatser vet vi inte och några sådana kanske heller aldrig har funnits. Om gårdarnas befolkning i stor utsträckning har bestått av ofria har de möjligen även saknat begravningsrätt. Denna var kanske förbehållen människor med ätt-tillhörighet (jfr Skre 2001). Troligen saknas gravar inom det 25 ha stora exploateringsområdet som har varit föremål för undersökningar i varierande omfattning. Det kan dock inte uteslutas att sådana har funnits, men att de har blivit bortplöjda. Gravar kan dock finnas under mark utanför detta område.

Boplatsens datering

Trots att det var glest mellan anläggningarna på boplatsen, och trots att dess användningstid varit kortvarig, så representerar lämningarna ingalunda en synkron ögonblicksbild. Byggnader och anläggningar har skiftat under boplatsens brukningstid. På järnåldersboplatser påträffas sällan fynd och än mer sällan sådana som kan användas för att tidsbestämma lämningarna. Av den anledningen brukar naturvetenskapliga dateringsmetoder, särskilt ^{14}C-dateringar, vara avgörande för kronologin på boplatserna, så även på Ramlösagården. En mindre del av keramiken gick även att använda för datering. I fråga om husen kunde en viss insikt om dateringen erhållas genom analogier i fråga om stolpsättning med tidigare undersökta och daterade hus. De erhållna dateringarna från Ramlösagården visade att anläggningar och strukturer som till synes hör ihop rumsligt i själva verket tillhört olika faser av bosättningen.

Boplatsen dateras huvudsakligen genom ^{14}C-dateringar av träkol och makrofossil. Tyvärr påträffades inte alltid tillräckliga mängder av daterbart material i alla anläggningar som man önskat tidsbestämma. Beträffande resultaten av ^{14}C-analysen måste sägas att felkällor inte kan uteslutas trots att undersökningen får anses som okomplicerad. Det är främst sekundärdeponeringar av såväl keramik som träkol och makrofossil som kan ge upphov till felslut. Totalt har 29 stycken ^{14}C-analyser utförts (se appendix). Tre av dessa låg i tidigneolitikum, vilket tillsammans med enstaka daterbara flintfynd tyder på mänsklig närvaro i området under denna tid. En datering härrör från äldre bronsålder. En mindre skärva keramik är möjligen samtida. Tre dateringar ligger i yngre bronsålder. Till denna tid härrör otvivelaktigt flera kärl. Huvuddelen av ^{14}C-dateringarna, 13 stycken, ligger i förromersk järnålder. Merparten av keramiken förefaller också kunna dateras till perioden, liksom den äldsta bebyggelsen. Från romersk järnålder finns bara två dateringar. Enstaka keramikkärl kan otvetydigt dateras till samma period liksom flera hus. Fyra ^{14}C-dateringar ligger inom tidsspannet folkvandringstid – vendeltid, medan ett ligger i vikingatid. Från yngre järnålder härrör endast en mynningsskärva av ett kärl. Två till tre hus kan dateras till perioden folkvandringstid – vendeltid. Det står klart att de flesta fynden och ^{14}C-daterade proverna är äldre än, eller tillhör, den äldsta bebyggelsefasen på platsen. Ramlösa är inte den enda järnåldersboplats i Sverige där man kan notera förhållandet att flertalet hus härrör från romersk järnålder/folkvandringstid, medan de naturvetenskapliga dateringar från förromersk järnålder dominerar (jfr Aspeborg 1997). Detta skulle kunna förklaras av att kolet som daterats har haft en hög egenålder. I enstaka fall skulle så kunna vara fallet, men flertalet av proverna har vedartsanalyserats och bedöms ha låg egenålder. Sekundärdeponering av det daterade materialet är en annan möjlighet, i alla fall beträffande prover från gropar däremot inte rörande sådana från härdar. Slutligen kan det naturligtvis vara så att flertalet av de daterade lämningarna härrör från den äldsta bebygglesefasen eller tiden innan bebyggelse fanns på platsen.

På boplatsen påträffades såväl finkeramik som brukskeramik från bronsålder till vikingatid.

Materialet från Ramlösa är litet, men av mynningsformerna att döma följer detta den allmänna kronologin i Sydskandinavien. Huruvida stildrag finns som bör betraktas som lokala har inte kunnat undersökas, men detta bör göras i framtiden då det lokala materialet förhoppningsvis har vuxit och är både mer omfattande och har en bättre kvalitativ sammansättning. Ett något förbryllande resultat från undersökningarna vid Ramlösagården, som den dock delar med många andra järnåldersboplatser med samma dateringsram, är att merparten av keramiken uppvisar stildrag förknippade med förromersk järnålder trots att senare perioders hus dominerar (Aspeborg 1997). Keramikmaterialet erhåller således huvudsakligen en äldre datering än bebyggelsen. Förklaringar till detta brukar vara att man i större utsträckning har övergått till trä eller metallkärl. En annan förklaringsgrund kan vara övergången till ett annat deponeringsmönster under romersk järnålder/folkvandringstid. Ett ökat användande av avfall som gödsel på åkrarna vid denna tid skulle kunna förklara keramikbristen. Keramiken antas då ha följt med gödslet ut på åkrarna.

Ekonomin på boplatsen

Boskapsskötseln har förmodligen haft en dominerade betydelse för ekonomin i Helsingborgsområdet. Förekomsten av potentiellt goda betes- och ängsmarker har sannolikt varit av större betydelse för bosättningslokaliseringen än tillgång på god åkermark under äldre järnålder i Skåne (jfr Sjöbeck 1947). Åkrarna kan i analogi med förhållandena i andra områden antas ha varit små och hägnade samt ha legat i nära anslutning till husen (jfr Fallgren 1988). Inga av ovanstående påståenden låter sig dock verifieras av undersökningsresultaten. Eftersom benmaterial saknas från Ramlösa går det inte att uttala sig om djurhållningens inriktning där. Återigen är man hänvisad till analogier med samtida boplatser i Skandinavien vilket kan ge en vägledning. Den skånska boplatsen Hötofta, Södra Åkarps socken (Stjernquist 1998:52) och den västmanländska boplatsen vid Skälby i Lunda socken (Aspeborg 1997:71) uppvisar ungefär samma procentuella fördelning i benmaterialet mellan arterna. Nötboskapen utgör ca 50% av materialet, får/get ca 30%, svin ca 10% och häst ca 7 %, medan resterande procent utgörs av andra arter. Avsaknaden av ben kan bero på hur benavfallet deponerats men även på bevaringsförhållandena för ben i jorden. Skillnader i benmaterialets sammansättning boplatser emellan kan tänkas avspegla sociala skillnader. Detta kan gälla såväl benmängd som artsammansättning men även vilka delar av djuren benen härrör ifrån. Det kan tänkas att människor på gårdar brukade av fria, halvfria eller ofria har lämnat de bättre köttdelarna i tribut till jordägare eller andra stormän. Fåtaliga ben, ben från mindre köttiga delar av djuren och ben från mindre djur skulle t.ex. kunna antyda att en boplats bebotts av fattigare människor. Avsaknad av ben skulle kunna vara ett indicium på att animalisk föda knappt förekommit på boplatsen. Jämförelser med andra boplatser i Helsingborg antyder dock att avsaknaden av osteologiskt material är ett generellt problem i området.

Även makrofossilmaterialet är sparsamt om än inte på ett anmärkningsvärt sätt (pers. kom. Mats Regnell). Detta kan bero på en kort varaktighet på bosättningen, att aktiviteterna inte avsatt material eller på dåliga bevaringsförhållanden. Den höga andelen skalkorn antyder att många prover härrör från en järnåldersmiljö. Även rester av handkvarnar, såsom löpare och liggare, påträffades mycket sparsamt och förstärker intrycket av en torftig jordbruksekonomi, där människorna på boplatsen framlevt sina liv utan materiellt överflöd. Rikligt med makrofossilt material och därtill sädeskorn förekommer endast i hus 6. Detta hus måste tolkas som ett uthus/förråd utifrån dess ringa storlek. Det arkeobotaniska materialets sammansättning antyder att huset härrör från yngre järnålder (Regnell i denna volym), medan ^{14}C-dateringen snarare visar romersk järnålder.

På flera förhistoriska boplatser i Helsingborgstrakten har spår av metallhantering påträffats. Både i Bårslöv och Ramlösa finns spår av järnframställning och smide (Aspeborg & Mårtensson 2000; Knarrström & Olsson 2000:17ff). Spår efter järnproduktion från ca 700 f. Kr. – 200 f. Kr. har även påträffats i Väla i Kropps socken om än i blygsam omfattning (Söderberg 1993:12f). Förmodligen har endast mindre mängder järn producerats även på Ramlösagården utifrån den kvantitet slagg som tillvaratagits. Reduktionsslagg och möjligen även smidesslagg har påträffats (Grandin, Englund & Hjärthner-Holdar 2001:6). Analysen av en mindre ten antyder att smideskunskaperna hos smeden varit tämligen goda. Verksamheten kan på detta stadium inte tolkas som annat än att den har varit för husbehov. Endast en anläggning kan med säkerhet sägas härröra från metallurgisk verksamhet. Detta var en blästugn av typen schaktugn för järnproduktion. De kvarvarande resterna har endast medfört att en möjlig rekonstruktion av ugnens utseende kunnat göras. Troligen har myrmalm/sjömalm använts vid tillverkningen. Ugnens storlek antyder en stor produktion av järn där varje blåsning borde ha resulterat i bort emot 100 kilogram slagg. De få tillvaratagna slaggerna antyder dock en blygsam produktion. Vid undersökningarna i Ramlösa påträffades även en struktur som försiktigtvis tolkas som ett vindskydd eller verkstadshus. Mycket liknande strukturer har påträffats i Östergötland och Södermanland, där de förefaller ha samband med härdar eller ugnar (Nielsen 1999:21f; Franzén & Schüttzler 2000:17ff). Ugnsliknande konstruktioner kan ha fyllt andra funktioner än metallurgiska. Två anläggningar har försiktigtvis antagits utgöra rester av gropar, i vilka keramiken bränts (ugnar) något som antyder att kärlen tillverkats på boplatsen.

Gårdens organisation under äldre järnålder – exemplet Ramlösagården

Hur rummet använts, sett utifrån de begränsningar som husen, boplatsen och territoriet sätter, har naturligtvis varierat under arbetsåret, då många sysslor har varit säsongsbetonade. Boplatsen kan betraktas som en scen där människans aktiviteter är dramat som har spelats upp. Många verksamheter har dock utförts utanför den undersökta ytan och alla aktiviteter har inte avsatt spår i det arkeologiska materialet. Att beskriva livets mångfald utifrån de rester som finns bevarade under jord låter sig därför inte göras. Den kategoriindelning av anläggningar vi arkeologer har kunnat göra är därutöver för oprecisa. De lämnar därför endast ett torftigt underlag till förståelse av människors liv. Men detta är tillsammans med historiska och etnografiska analogier allt som står tillbuds och som vi får göra det bästa av. Den rumsliga organisationen på gårdarna kan studeras utifrån husens konstruktion och funktionsindelning, antalet hus och deras placering, förhållandet mellan olika typer av hus på gården, hägnader och anläggningsspridning.

Per Ramqvist har föreslagit olika kriterier för att funktionsbestämma järnåldershus (1983:153). Dessa är: konstruktionsdetaljernas och härdarnas placering, lerkliningens, fyndens, makrofossilens spridning och fosfaternas fördelning. Dessa kriterier är dock till liten hjälp i fallet Ramlösagården. Fynd och lerklining saknas nästan helt i husen. Provsvaren från makrofossilanalysen var ofta intetsägande. Dessutom medförde prioriteringar vid undersökningen att t.ex. fosfatkartering inte utfördes. Lägg där till att härdar saknades i flera av husen. Till yttermera visso kunde inte heller stolparnas placering i Ramlösagårdshusen ge någon vägledning angående funktionsindelning.

Boskapsskötsel torde ha medfört behov av såväl fähus som lador. Vi har tidigare rent generellt berört svårigheterna med att göra antaganden om förekomsten av fähus och deras eventuella storlek. Om djuren har varit stallade torde detta även ha krävt ett behov av att samla in vinterfoder och därmed ett behov av lador, särskilt om kreaturen stallades i stor utsträckning om vintern. Kan några av husen ha fungerat som lador och finns det några indicier som tyder på detta? Låt oss åter titta på husen på Ramlösagården. De hus som torde komma ifråga är de små uthusen eller de kortare långhusen med tre bockpar (jfr Carlie 1999:127). Det makrofossilmaterial som härrör från undersökningen i Ramlösa antyder att detta främst härrör från yngre järnålder, vilket i så fall tidsmässigt skulle överensstämma med den yngsta gårdsfasen representerad av hus 1 och 2. Av dessa kan hus 2 direkt uteslutas p.g.a. sin större storlek. I bägge husen påträffades därutöver härdar, vilket utesluter att de har varit lador. Därefter kvarstår hus 3 och 4, vilka båda saknar härd. Det ska dock sägas att avsaknad av härd i skånska förhistoriska hus påträffade i åkermark, snarare är regel än undantag (jfr Göthberg, Kyhlberg & Vinberg 1995; Tesch 1993; Björhem & Säfvestad 1993). Av stort intresse för tolkningen av husfunktionen är de arkeobotaniska resultaten från hus 4 (per. kom. Mats Regnell). I huset har inga rester av säd påträffats utan endast ogräs. Detta kan tolkas så att huset har varit en lada och inte ett boningshus. Även de små korta husen nr 6, 7 och 9 kan tolkas som lador, men inga analyser finns som kan underbygga den teorin. Makrofossilanalyser från hus 6, som är det enda av dessa hus vars prover har analyserats, antyder som tidigare sagts snarare att det använts som förrådshus. Resultat från Halland, där rikligt med koproliter påträffats i mindre fyrstolpshus, antyder att dessa där fungerat som fähus för getter respektive nötkreatur (Wranning 2001:73). Av ovanstående resonemang kan slutsatsen bara bli att de små uthusen inte kan tillskrivas en generell funktion.

Bara en begränsad del av människornas liv har utspelats i husen. Detta framgår av anläggningsspridningen över boplatsen i Ramlösa, liksom av planer över andra förhistoriska boplatser. Inte heller förefaller aktiviteterna ha koncentrerats till husens omedelbara närhet. Detta är dock en sanning med modifikation. Utifrån anläggningarnas utbredning kan man lätt få den uppfattningen att flertalet aktiviteter ha förekommit i en gemensam sfär utanför husen. De arkeologiska anläggningarna avspeglar dock endast de aktiviteter som har krävt markingrepp och det är ganska rimligt att anta att man inte gärna företog dylika sysslor inomhus. Vid Ramlösa förefaller endast en gård ha funnits på den östra ytan och en gård under en kortare tid på den västra ytan. Avstånden mellan gårdarna som uppgått till ca 200 meter har kanske inte medfört att behoven varit starka att avgränsa gårdsområdena mot varandra. Avstånden i sig medför att gården naturligt avtecknar sig som en särskild enhet. Om gårdarnas brukare därutöver nyttjat samma jordherres jord som fria landbor, halvfria eller trälar torde detta ytterligare ha minskat behovet att gränsmarkera gårdarna.

För att studera hur området kring varje gård har utnyttjats har det procentuella antalet anläggningar av varje typ analyserats med utgångspunkt från dels ett inre närområde som arbiträrt bestämts till 20 meter dels ett yttre närområde också det arbiträrt bestämt till 50 meter. Trots att husen har flyttats, och förändringarna på boplatsen varit stora över tid, kan man ändå se tendenser i anläggningsspridningen som kan vara betydelsebärande. Det skulle t.ex. kunna vara att antalet gropar och härdar ökar procentuellt sett i det yttre området (se nästa sida). Beträffande härdarna är sannolikt brandrisken en anledning till att de ligger en bit bort från husen. Beträffande gropar, vare sig det rör sig om avfallsgropar eller gropar som använts för vissa processer t.ex. garvning av hudar, kan man anta att man funnit lukten oangenäm och därför förlagt dem en bit bort från bostaden. Det kan dock inte uteslutas att såväl estetiska, praktiska som säkerhetsskäl, samt för oss okända tabuföreställningar gjort att man undvikit att gräva större gropar i husens omedelbara närhet.

Härdarna på boplatsen har anlagts under en mycket lång tidsperiod, från tidigneolitikum till vikingatid. Flertalet är sannolikt dock samtida med bebyggelsefaserna. Av de nio daterade härdarna har fem tidsbestämts till förromersk eller romersk järnålder, medan en är daterad till folkvandringstid–vendeltid. Även under dessa perioder har härdarna brukats under olika perioder och kortvarigt använda härdar har sannolikt försvunnit. Även den täta koncentrationen av härdar i sluttningen ned mot bäcken, öster om hus 4, är ett tydligt bevis på att samtliga härdar inte kan ha varit samtida utan måste ha anlagts i sekvens. I övrigt finns tydliga koncentrationer omedelbart söder om hus 5 samt en i anslutning till struktur 12, i anslutning till hus 1 och 2 samt en ca 40 meter väster om hus 1. Flera härdar ligger parvis. Cirka 54% av härdarna ligger mindre än 2 meter från en annan härd. Härdarna kan ha fyllt en mängd funktioner och meningen av det mönster de bildar är därmed mycket svårt att tyda.

Gården på den östra ytan torde ha haft tillgång till vatten åt djuren från bäcken under större delen av året, liksom den kan ha använt våtmarken i norr tillsammans med gården på den västra ytan. I övrigt påträffades endast två brunnar på den östra ytan. Dessa var dessutom något osäkra då de inte var skonade och förhållandevis grunda. Båda brunnarna låg ca 50 meter från närmsta hus. På den västra ytan påträffades en otvetydig brunn ca 200 meter sydväst om hus 5. Denna var dock från förromersk järnålder och därmed äldre än huset.

Studerar man schaktplanen över den östra ytan ser man ett långt anläggningstomt stråk i NNO-SSV utsträckning i sluttningen öster om husen (se s. 252). Detta stråk har tolkats som en möjlig väg eller en fägata. Påträffade förhistoriska fägator och vägar i Skåne har noterats utifrån omgärdande diken eller hägnader (Artursson 2001; Persson 1998). Av det faktum att man undviker att gräva i en hävdad vägsträcka torde långa anläggningstomma stråk i många fall även indirekt de kunna tolkas som vägar. Endast två kortare tydliga hägnadsrester påträffades vid undersökningen. Därutöver hade hus 4 en otydlig avslutning i väster, vilken

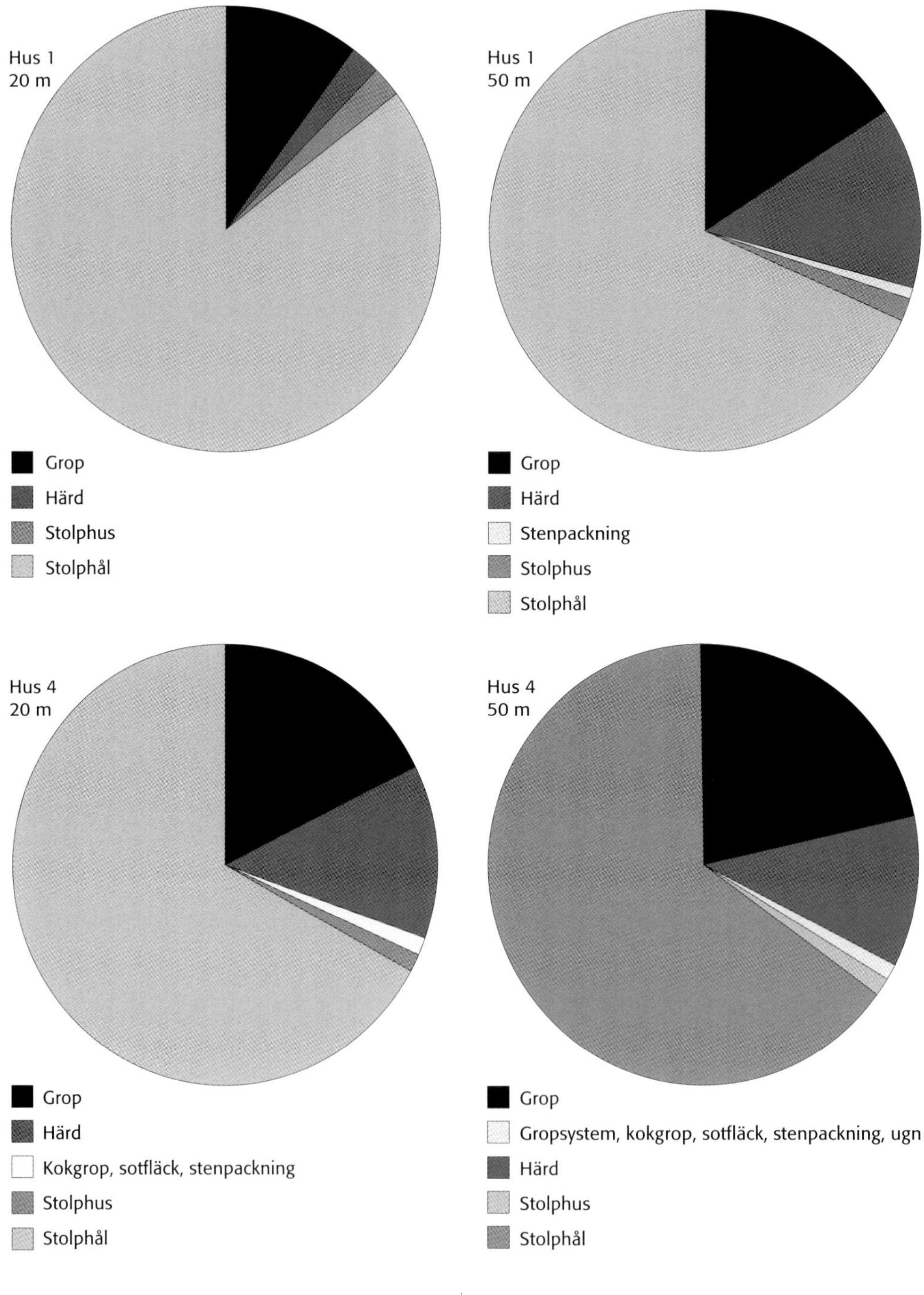

Diagram över fördelningen av anläggningstyper på 20 respektive 50 meters avstånd från hus 1 och 4 i Ramlösagården.

Distribution of different types of features within a range of 20 metres and 50 metres from houses 1 and 4.

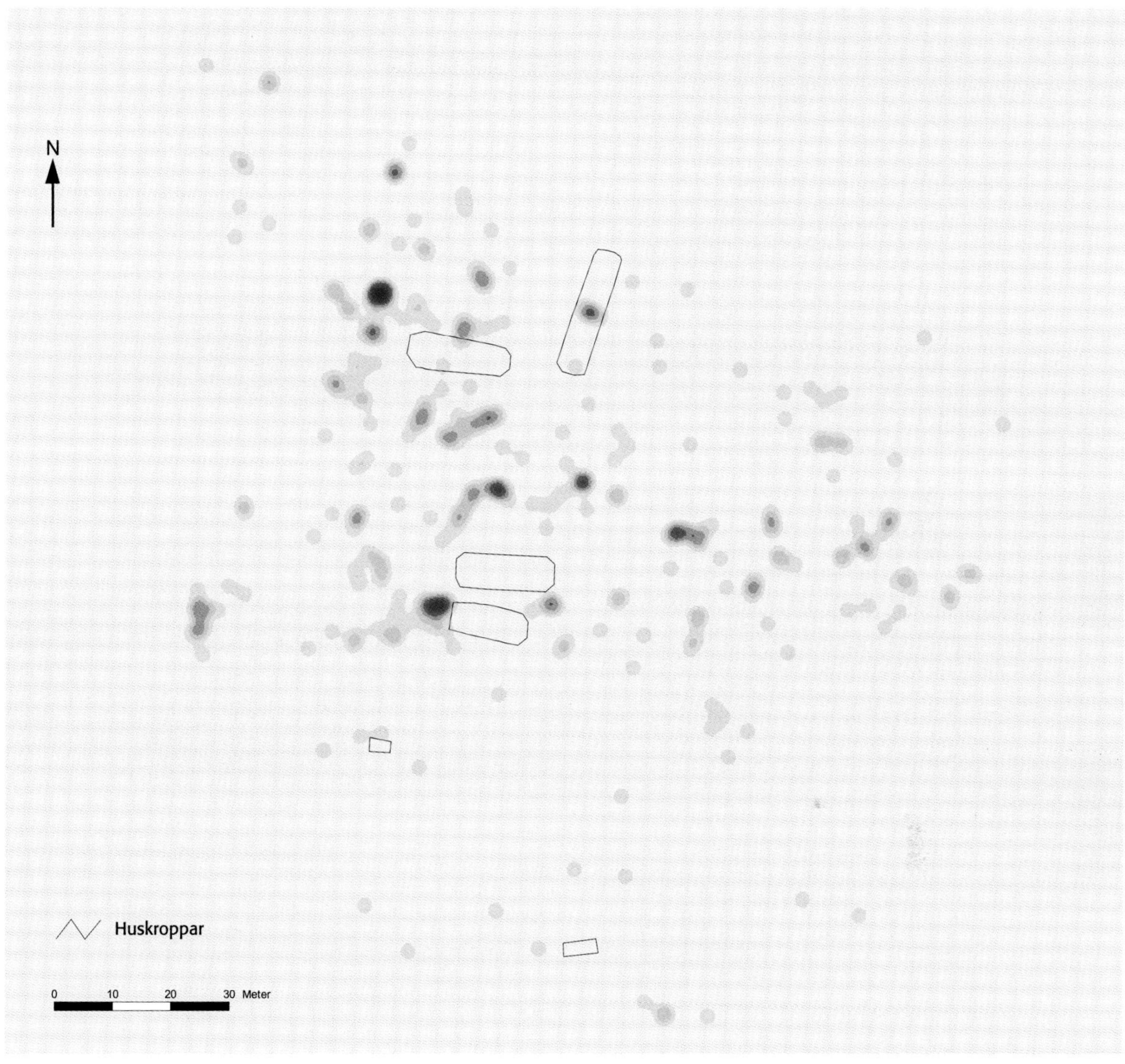

Försök att finna hägnader utifrån densitetsanalys av kontextlösa stolphål.

A density analysis of postholes which do not belongs to recorded structures was conducted in an attempt to find fences.

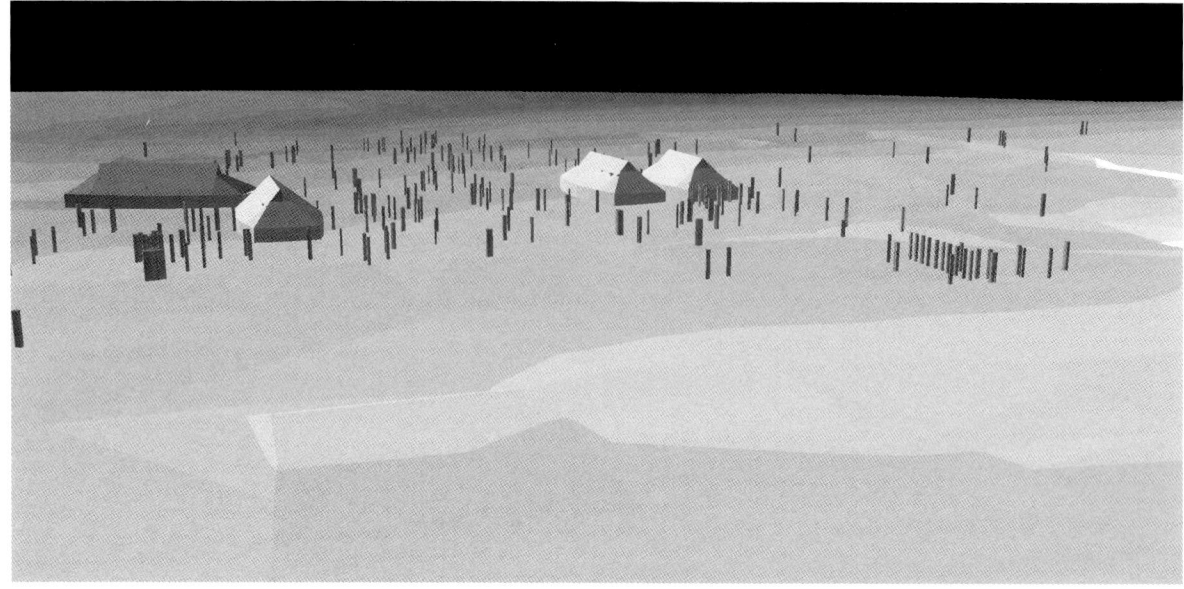

Exempel på 3D simulering som också användes i sökandet efter hägnadsstrukturer på boplatsen. Den registrerade hägnadsraden, nr 10 framgår tydligt.

3D simulations were also used in attempts to find fences and other structures at the site. Fence no. 10 found during fieldwork is easy detectable.

bl.a. diskuterades i termer av möjliga fållor eller hägnadsrester. Om man jämför med områden där hägnaderna har utgjorts av stensträngar, som på t.ex. Öland (Fallgren 1988) och Gotland (Klindt-Jensen 1955:256), slås man av hur ofta hägnader ansluter till en husgavel. I de flesta fall tycks det vara fägatorna som avslutas här. Detta talar således för att en fähusdel funnits i västra delen av hus 4. Mot detta kan anföras att nivåerna i huset lutar mot öster. En *densitetsanalys* av ej kontextanslutna stolphål har gjorts i GIS-miljö, för att se om mönster, som kan avslöja ytterligare hägnader, kan skönjas. Resultatet av analysen är svårtolkat, men mönstren som kan ses erinrar något om stensträngarnas gårdsmiljöer på norra Öland (Fallgren 1988). Vad man kan utläsa är att långsträckta hägnadsliknande strukturer finns i anslutning till husen. Vid hus 4 ansluter de till västra gaveln, medan de vid hus 1 ansluter till mellersta delen av den norra långsidan. Norr om hus 3 och söder om hus 1 förefaller mönstret kunna tolkas som rester av smärre fållor. I sökandet av hägnadsrester har även en 3-dimensionell modell byggt upp i datorn där samtliga stolphål omvandlats till stolpar och antydningar till hägn sökts (se ovan). Även resultaten från denna metod är svårtolkade och samma ovan antydda mönster framträdde åter.

Ett tolkningsförsök till bebyggelsehierarki i Helsingborgsområdet

De flesta övriga boplatser som undersökts i området har varit mycket kronologiskt blandade. De är därför ofta mindre lämpande för studier av boplatsstruktur under en särskild fas av bosättningen, då endast få anläggningar och strukturer är daterade. De har därutöver ofta endast berört begränsade delar av boplatskomplex. Vad man kan säga är att järnålderns bebyggelse i Helsingborgsområdet tycks ha legat väl utspridd i landskapet med ofta stora avstånd mellan gårdarna. De enskilda boplatserna, inklusive samtliga till varje gård tillhörande aktivitetsytor, förefaller ha täckt mycket stora områden under äldre järnålder. Någon tendens till agglomererad, byliknande bebyggelse liknande den som påträffats i Ystadsområdet under romersk järnålder (Tesch 1993:188) har ännu inte påträffats. Huruvida en social stratifiering av järnålderssamhället i Helsingborgsområdet kan studeras utifrån boplatsmaterialet kommer att diskuteras nedan.

Vid Filborna/Österleden, Helsingborgs stad, påträffades flera hus i ett område som är mycket stört av senare aktiviteter. Dessa utgjordes av boplatslämningar från yngre järnålder, medeltid och nyare tid (Söderberg manus a; Söderberg manus b). Störningarna omöjliggör säkra bestämningar av de äldsta husen liksom en vidlyftigare tolkning av gårdsstrukturen under äldre järnålder. Undersökningarna koncentrerades även till de bättre bevarade lämningarna från de senare skedena. Boplatsen är dock intressant vad det gäller frågan om bebyggelsekontinuitet. Totalt har 13 järnåldershus identifierats på platsen varav flera noterades först vid rapportarbetet. Vid Ramlösa 193, Helsingborgs stad, påträffades ett ensamt kort hus från äldre järnålder på en yta med ett gytter av lämningar med datering från mellanneolitikum till äldre järnålder (Nagmér 1994). Undersökningen berörde en mindre del av ett större boplatskomplex varför fler hus såväl föregångare, samtida som efterföljare, kan tänkas finnas i närområdet. Vid Rya, Kvistofta socken, undersöktes två boplatser som båda var tidsmässigt blandade. På den större södra boplatsen påträffades tillsammans med bland annat bronsåldershus, två relativt korta hus, det ena daterat till förromersk/romersk järnålder det andra till romersk järnålder/folkvandringstid (Artursson 1998). Undersökaren antar att boplatsen har sin huvudsakliga tyngdpunkt söderut, men pekar samtidigt på samhörigheten med den 150 meter norr ut belägna boplatsen där ett hus från vendeltid påträffades tillsammans med boplatslämningar från bronsålder och även äldre järnåldersgravar (Ericson Lagerås 1999). Vid Ramlösa 9:6, VKB 1A:7, i Raus socken, undersöktes en mycket komplex boplats med aktivitetsytor från mesolitikum och bebyggelselämningar från tidigneolitikum fram till förromersk järnålder (Omfors 1999). Totalt framkom 12 byggnader. På boplatsen finns dock två mycket välbevarade gårdar från förromersk järnålder, med vardera ett stort multifunktionellt långhus. På den ena av gårdarna kompletterades detta av två mindre uthus. Vid Bårslöv delområde I, Väg 109, har tre skeden bestående av en till två gårdar med små bonings- och uthus liksom smärre aktivitetsområden påträffats inom en ca 9000 m² stor yta (Knarrström & Olsson 2000). Bebyggelsen har daterats från romersk järnålder t.o.m folkvandringstid. Vid Påarp, Välluvs sn, undersöktes en gård från förromersk järnålder bestående av ett ca 20 meter långt hus. I nästa fas, daterad preliminärt till yngre romersk järnålder – folkvandringstid, bestod boplatsen av fem mycket stora långhus (Aspeborg 2001; Aspeborg & Becker 2002). Dessa bildar tillsammans en tresidig U-formad gårdsanläggning. Två av husen överlagrar dock varandra, medan två andra hus ligger parallellt och vägg i vägg. Någon fasindelning av husen har i skrivande stund ej genomförts. Frågan om huruvida gården har varit trelängad i någon fas eller om den har varit L-formad i flertalet faser kan därför ej besvaras för närvarande. Fem av husen är dock mycket likartade i plan, varför bosättningen på platsen måste antas ha varit kortvarig. I annat fall har man varit mycket konservativ när det gällde husbyggnation på platsen. Förutom husens storlek, tyder organisationen av bebyggelsen, vilken ger ett närmast reglerat intryck, på att det rör sig om en gård med större välstånd. Smärre uthus saknades på platsen men kan ligga utanför undersökningsytan.

Inget i materialet antyder att boplatsen på Ramlösagården har befolkats av ett högre samhällsskikt; husen är små och fyndmaterialet mycket sparsamt och det som ändå finns är alldagligt. Gårdarna vid Ramlösagården torde hamna inom gruppen A-B (jfr ovan s. 250; Widgren 1998:290f). Hit bör också boplatsen inom delområde 1 i Bårlöv räknas (jfr Olsson & Knarrström 2000; Knarrström i denna volym). Möjligen kan en boplats av Widgrens typ D anas utifrån ett brakteatfynd och en silverskatt i Filborna under perioden folkvandringstid–vikingatid. De hus som undersökts vid Filborna/Österleden är inte samtida med brakteatfynden. En omfattande vikingatida bebyggelse med bl.a. hus av trelleborgstyp har dock påträffats (Söderberg manus a; Söderberg manus b). En nyligen påträffad gård i Påarp med fem mycket stora hus kan indikera att en storgård av Widgrens typ C funnits här under yngre romersk järnålder – folkvandringstid. Ramlösagården ligger ca 3 kilometer från båda dessa platser. Raus är ytterligare en plats som har utpekats som en möjlig centralplats (Wihlborg 1981:6). Här har rika skattfynd från yngre järnålder påträffats. Avståndet från Ramlösagården till Raus är ungefär detsamma som till de tidigare nämnda platserna. Sett i detta perspektiv är det svårt att spekulera om vilken storgård som gårdarna vid Ramlösa kan ha lytt under. Det kan ha varit någon av dessa föreslagna, men överherraväldet kan ha skiftat, liksom möjligheten finns att andra ej påträffade storgårdar har funnits på närmare håll. Här bör erinras om att tre av undersökningarna ligger inom östra eller västra Ramlösa byars ägor. Utifrån analogier är det inte osannolikt att detta område utgjort en tidigare mycket stor by som senare delats i två byterritorier. Man kan även tänka sig att denna by haft en huvudgård som föregångare. Detta är dock endast spekulationer. Inför framtida undersökningar i området krävs en kulturgeografisk utredning som kan bringa klarhet i dessa förhållanden. Boplatsen i Bårslöv bör däremot med viss försiktighet kunna knytas till den närbelägna storgården i Påarp (Aspeborg 2001). Det är osäkert om den förromerska järnålderns bebyggelse, VKB 1A:7 och Rya hus 8, kan inpassas i Widgrens schema. För den senare bebyggelsen i Rya kan man dock anta att dessa utgörs av B-boplatser. Även den vid Ramlösa 193 kan försiktigtvis räknas dit.

Järnålderns stormansgårdar och centralplatser i Luggude

Dagfinn Skre har föreslagit att den grundläggande enheten i järnålderns bosättning var huvudgården, inte gården (Skre 1998:239). För vårt områdes vidkommande uppkommer då frågan var den närmaste huvudgården till Ramlösagården ska sökas. Vidare bör det utredas om det är möjligt att peka ut andra centra i området under järnålder, och därmed besvara frågan om var *Liothidernas* stamcentrum kan ha funnits?

Lars Lundqvist har behandlat järnålderns centralplatser i Västsverige. I sitt sökande efter dessa analyserar han landskapet efter ett flertal lämningar vars gemensamma nämnare är att de markerar närvaron av en *elit* (min kursivering) (1998:192; 2000:71ff). Fynd som han anser antyda förekomst av en centralort under järnåldern är vapen, ädelmetallföremål och importföremål från perioden BC 100 – AD 1000. Uppgifter om tidigmedeltida kungsgårdar och vissa fornlämningar antas indikera samma sak så som större märkvärdiga gravmonument eller gravfält och runstenar. Med stöd av Stefan Brinks arbeten föreslår han att även sakrala ortnamn bör prövas som indikationer på orter med särskilda funktioner. Nicklasson har kritiserat Lundqvist för att vara allt för "liberal" i sina kriterier för centralplatser, liksom att hans tidsramar är för vida. Han efterlyser på samma plats ett mer strukturerat och nyanserat centralplatsbegrepp (Niklasson 1998:31). Anmärkningen är inte obefogad. Sannolikt har såväl centralplatsernas funktion som materiella manifestation förändrats över en så lång period som järnåldern utgör (jfr Steuer 1989; Skre 1998). Kritiken till trots, ska här undersökas vilka av ovan nämnda fynd eller lämningar som finns i Luggude under Ramlösaboplatsens användningstid.

Av fornminnesregistret framgår att endast ett fåtal synliga fasta fornlämningar som kan förmodas härstamma från järnåldern, finns bevarade i Luggude härad. Från bronsålder finns däremot desto fler. Flertalet undersökta högar har visat sig rymma bronsåldersbegravningar (jfr Knarrström i denna volym). Enstaka högar kan dock rymma primärgravar från järnålder, men kanske mer troligt sekundärbegravningar. Gravformerna resta stenar, domarringar, stensättningar, skeppssättningar och gravfält torde däremot avspegla järnåldersgravar. Dessa finns främst på Kullen, vid foten av Söderåsen och i anslutning till ådalar, d.v.s. impedimentsmark där man kan anta att bortodlingsfrekvensen varit som lägst (se nästa sida). Det bör dock framhållas att inte ens alla gravar av dessa typer nödvändigtvis är från järnåldern. För en undersökt domarring från Väsby socken har t.ex. en bronsåldersdatering föreslagits av undersökaren (Runcis 1999:14). Vi kan således konstatera att forskningsläget angående järnålderns gravar i Hälsingborgstrakten inte har förändrats sedan Bror Schnittger konstaterade att: "De synliga minnesmärkena, i den mån sådana ha funnits, torde i avsevärd grad ha bortodlats, i synnerhet som de genomgående äro av mindre dimensioner än sten- och bronsåldrarnas ovan jord befintliga gravar. Emellertid äro järnåldersgravarna i Skånes slättbygder liksom i Danmark merendels belägna under flat mark"(1925:91). Den enda invändningen häremot är möjligen att mycket talar för att gravarna faktiskt har haft någon markering över mark (Jakobsson 2000:18).

Varken några vapengravar eller guldfynd från romersk järnålder har påträffats inom Luggude härads nuvarande gränser och inte heller några romartida importfynd (Lund Hansen 1987; Andersson 1993; Nicklasson 1997). För Skånes vidkommande är det påfallande hur de romartida guldfynden är koncentrerade till Söderslätt och östra Skåne kring Simrishamn/Ravlunda. I vikthänseende framträder också Kvidingeområdet som guldrikt. Inte heller på andra sidan Öresund har några anmärkningsvärda förekomster av

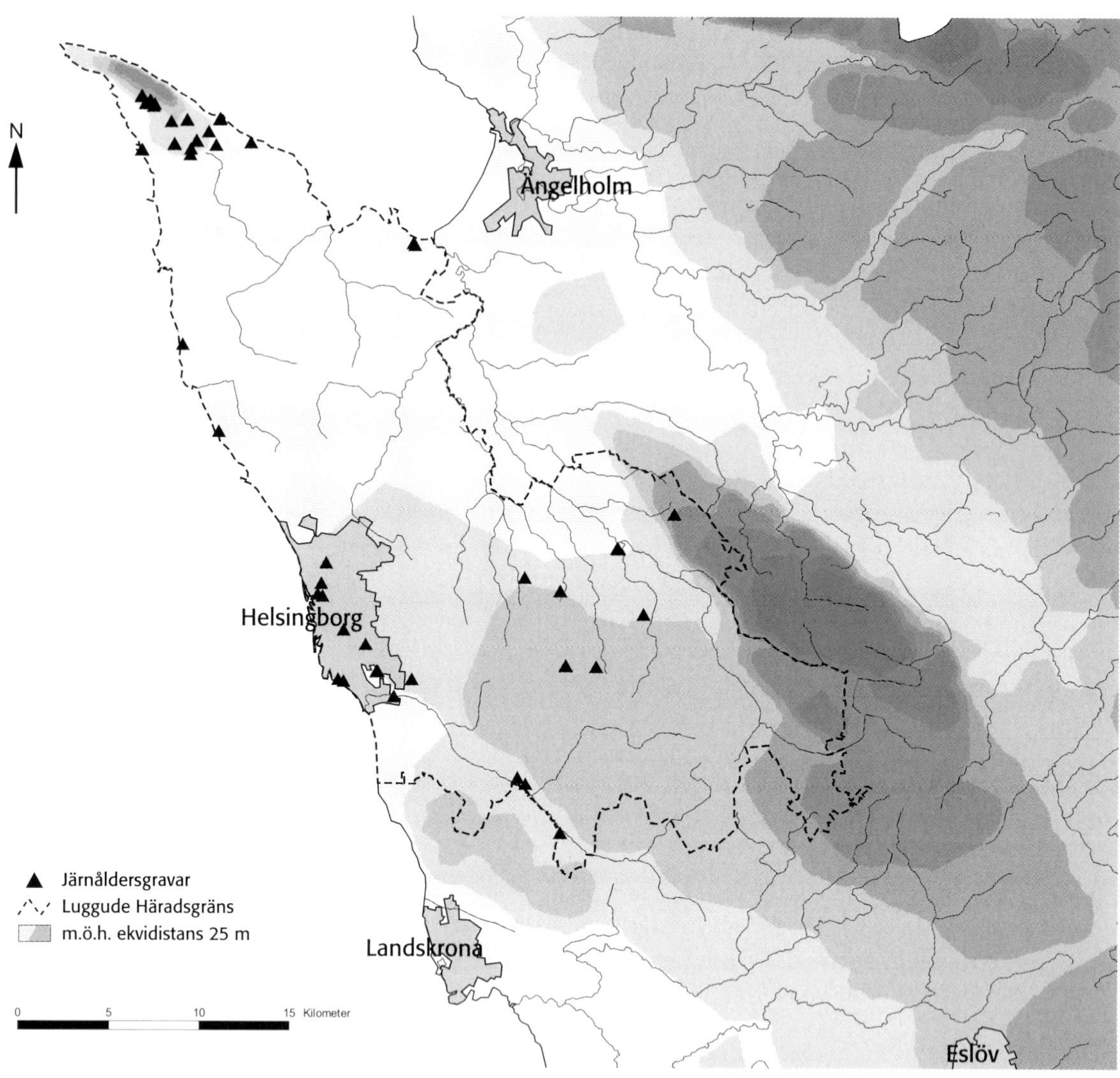

Platser med ovan mark synliga järnåldersgravar i Luggude härad enligt fornminnesregistret.

Places in Luggude hundred with known Iron Age graves according to the National Heritage Board Survey.

romartida guld påträffats. Det själländska guldet från perioden visar en tydlig ansamling till Stevns och Himlingøje, vid Køge bukt. Förklaringen till avsaknaden av ovanstående fyndkategorier i Luggude härad kan ha flera orsaker. Det torde dock inte kunna skyllas på att för få undersökningar har gjorts, då merparten av import/lyxföremål som påträffas görs både av osakkunniga och av ren en slump. Beträffande guldet kan avsaknaden av detta förklaras av att en mer utvecklad guldcirkulation funnits i området; ett prestigegåvosystem, där guldet omsattes istället för att tas ur cirkulation och nedläggas i jorden (jfr Herschend: dig. publ.). En invändning mot detta är, som Herschend menar, att i områden med hög cirkulation påträffas många små skattfynd, något som vi sett inte gäller Luggude härad, medan stora guldnedläggelser påträffas i periferin. Förmodligen bör mönstret tolkas i politiska och kulturella termer, där områdena med och utan importvaror/guld tillhört olika stammar, troligen rivaliserande. Hypotetiskt kan en eller flera maktsfärer på östra Själland och södra Skåne ha kontrollerat varu- eller gåvoutbytet medan stammarna i Luggude av någon anledning varit utestängda från detta. Detta kan i sin tur ha berott på konflikter med folk i de angränsande områdena. Prestigevaror utbyttes mellan människor i de högre skikten för att knyta allianser eller bekräfta sådana. Mest sannolikt i ett dylikt scenario är att hövdingar på östra Själland och i Sydskåne sett till att inget importgods nådde stammen/stammarna i Luggude. Men man kan även tänka sig att de senare av kulturella orsaker valde att inte manifestera sin makt med främmande uttrycksmedel och inte delat den ideologi som statusvarorna var bärare av. Detta är ett vanligt kulturellt fenomen. Huruvida frånvaron av vapengravar kan förklaras utifrån samma resonemang är omöjligt att besvara utifrån dagen källäge. Avsaknaden av vapengravar i Luggude härad utgör förmodligen ett representativitsproblem som hänger samman med att så få gravar undersökts. Framtida undersökningar kan möjligen ändra på detta.

Spridningsbilden av guldfynd från folkvandringstid är annorlunda. Nu finns ett flertal fynd från Luggude härad som kan tyda på en koncentration av rikedom och makt (se nästa sida). I Ramlösas närområde, Filborna och Fredriksdal, har guldbrakteatfynd påträffats (Schnittger 1925: 93). Ytterligare brakteater från närområdet ska ha påträffats i Väsby socken öster om Höganäs, på Ven, fem stycken har framkommit i Fjärestad socken, en brakteat och ett romerskt guldmynt har påträffats i Skättekärr i Brunnby sn och en brakteat är funnen tillsammans med guldfingerring i Rafntorp i Norra Vram (SHM, den digitala tillväxten). Slutligen kan nämnas att det från Bårslöv härrör en spiralten med en smältdroppe av guld. Sett ur ett skånskt perspektiv kan man konstatera att guldfynden från folkvandringstid har en vidare spridning än under föregående perioder (Fabech 1991:294ff). Detta förhållande gäller även Danmark, där dock nordöstra Själland får betraktas som ganska fyndfattigt (Fonnesbech-Sandberg 1991). Författaren anser dock att fynden där är orienterade mot Öresundskusten och att området därmed har anknytning mer med Skåne.

Bland fynd från sen yngre järnålder bör främst Filbornaskatten från vikingatid framhållas. Detta inte bara i kraft av att skatten kan betraktas som en av de mest spektakulära från vikingatid i Skåne och närheten till Ramlösa, utan även beroende på det från samma by härrörande och tidigare omtalade brakteatfyndet från folkvandringstid. Liknande plats- eller områdeskontinuitet kan för övrigt märkas för Brunnby sn, Fjärestad sn, Norra

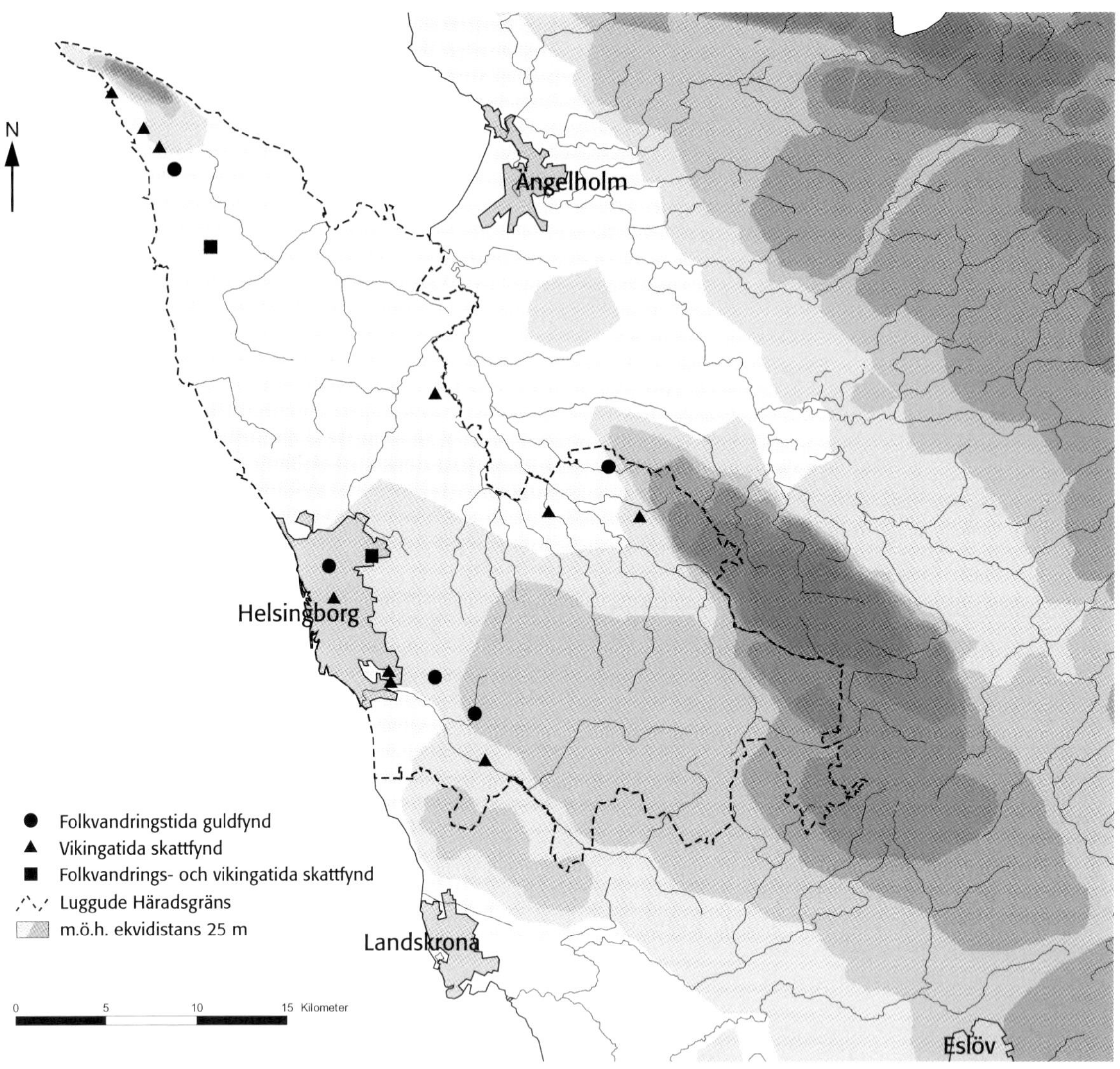

Spridningskarta över folkvandringstida guldfynd och vikingatida skattfynd i Luggude härad (efter SHM och Hårdh 1976).

Distribution map of Migration Period gold finds and Viking Age silver hoards.

Vrams sn och Väsby i Väsby sn. Försiktigtvis utpekar fynden platserna som elitära miljöer, vilket i sin tur är indicier på att de kan ha fyllt centrumfunktioner. Den kontinuitet som kan skönjas antyder vidare att en viss stabilitet i den sociala strukturen funnits över tid. Överensstämmelsen mellan brakteatfyndens och de vikingatida skattfyndens lokalisering har tidigare påtalats av Mats Anglert som även han föreslår en koppling bakåt i tiden, vilken dock bryts i sen vikingatid (Anglert 1995:146). Avsaknaden av administrativa namn och sakrala ortnamn med ursprung från järnålder bland bebyggelsenamnen i området (pers. kom. Hallberg) gör att vi har lika lite hjälp av deras vittnesbörd som av gravarnas, i att finna järnålderns centralplatser i Luggude härad.[2)] Vid framtida undersökningar kan dock nya gravar framkomma som i ett slag förändrar bilden.

En retrospektiv analys av medeltidens centra i området förefaller inte kunna belysa äldre tiders centra, då bakgrunden till de huvudgårdar som kan beläggas i Luggude härad från omkring 1200, inte framträder i det äldre källmaterialet. Här förefaller ett brott finnas under sen vikingatid. Huvuddelen av de vikingatida fynden från Luggude härrör nämligen från tidig vikingatid, före 950 e. Kr. (Hårdh 1976; Anglert 1995:134ff). Mats Anglert antar dock att lokala stora jordägare med förankring bakåt i tiden har spelat en betydande roll för övergången från storgårdar till huvudgårdar i södra delen av Luggude härad, medan huvudgårdarna som uppkommer i den norra delen av häradet främst har utgjorts av nyetableringar. Som vi tidigare har sett så antar Dagfinn Skre att huvudgårdarna är betydligt äldre än vad Mats Anglert gör i sitt arbete.

Av genomgången framgår att flertalet av Lundqvists variabler inte ger några som helst antydningar om var eventuella centra i häradet skulle kunna finnas under förromersk och romersk järnålder. För folkvandringstidens och vikingatidens del kan guldfynd och silverskatter dock ge vissa antydningar. Det brott som sker i sen vikingatid beträffande skattfynden, gör att utvecklingen fram till Helsingborgs framväxt i övergången sen vikingatid – tidig medeltid och dess etablering som obestridligt centrum, är höljd i dunkel. En möjlig centrumbildning vid Köpinge i Raus som skulle kunna överbrygga denna period har föreslagits (jfr Wihlborg 1981).

Avslutning

Trots att Helsingborg ligger i en gammal kulturbygd och har expanderat kraftigt i modern tid är resultaten av de arkeologiska undersökningarna som företagits i samband med dess utbyggnad magra jämfört med de som erhållits från andra jämförbara tätortsområden i Sverige, som t.ex. Malmö, Västerås och Uppsala. På flertalet av de platser man undersökt vid Helsingborg har förvisso spår av förhistoriska aktiviteter dokumenterats, men strukturer som hus och gravar har ofta lyst med sin frånvaro. I övriga delar av Luggude härad är källäget ännu sämre och där har endast enstaka undersökningar företagits beroende på ett lågt exploateringstryck. I Luggude är perioderna stenålder och bronsålder påtagliga genom gravar och lösfynd. Särskilt gravhögarna från äldre bronsålder är ännu tydliga inslag i kulturlandskapet. Avsaknaden av i landskapet synliga järnåldersgravar kan i mycket förklaras utifrån bortodling och förändrat gravskick, liksom bristen på depåfynd kan förklaras av förändrade depositionsmönster. Fyndtomheten under äldre järnålder och då särskilt under förromersk järnålder var under 1900-talets första hälft ett problem som man ofta försökte förklara med fimbulvintern och en på den följande emigration. ^{14}C-dateringar av fyndtomma gravar och särskilt de senaste 10-årsperiodernas stora boplatsundersökningar runt om i landet, som frilagt mängder av hus från perioden har korrigerat vår bild av denna. De nya undersökningarna i Helsingborgsområdet håller på ett liknade sätt på att förändra bilden av järnåldern där. Varken fynd eller hus förefaller att avvika från omkringliggande trakters. Frågan om, och i så fall varför, järnålderns lämningar är få i Helsingborgsområdet kan dock inte slutgiltigt besvaras. Det kan i nuläget inte uteslutas att färre människor bott i Helsingborgsområdet under järnålder. Det går inte heller att bortse från möjligheten att man i området har haft andra preferenser vad det gäller bebyggelselokalisering jämfört med t.ex. södra Skåne. Mest sannolikt är dock att man vid tidigare undersökningar har undgått att upptäcka husen på boplatserna. Detta kan ha berott på de metoder som använts. Det är bestickande att, i skrivande stund, 80% av husen i området daterade till den här studerade perioden framkommit sedan 1997 och av de ^{14}C-daterade husen är motsvarande siffra 100%. Framtiden får utvisa hur avvikande situationen i Helsingborgsområdet verkligen är från kringliggande områden.

Noter

1) De övriga boplatser som kommer att behandlas i samband med järnålderns boplatsstruktur i Helsingborgsområdet är: Ramlösa 9:1 (Nagmér 1994), Filborna Österleden (Söderberg manus), Ramlösa 9:6, Vkb 1A1:7 Raus sn (Omfors 1999), Rya, Kvistofta sn (Artursson 1998), Rya VKB 2:5 Kvistofta sn (Ericson Lagerås1999), Väg 109, Bårslöv delområde 1 (Knarrström & Olsson 2000) och Påarp 1:12, Välluvs sn (Aspeborg & Becker 2002).

2) I häradet finns ett Tuna namn, Oppetuna i Kågeröd socken. Tuna namnen är vanliga i Mälardalen och har där ofta ansetts benämna centralorter med särskilda funktioner, ibland kopplade till ett begynnande Sveavälde. Hur ett ensamt sådant i Luggude, eller ett av två i Skåne medräknat Tuna på Ven, ska förklaras i ett sådant sammanhang är svårbedömt. Bäst förklaras det av Karl-Axel Holmberg som anser att *tuna* namnen inte åsyftar annat än en ”inhägnad plats” (Holmberg 1969).

Appendix

Kontext	Labnummer
A 2003 Härd, hus 1	Ua-25397
A 200 Härd	Ua-25398
A 1854 Härd	Ua-25399
A 1721 Grop	UA-25400
A 1928 Kokgrop	Ua-25637
A 2318 Härd	Ua-25638
A 1773 Härd	Ua-25639
A 1060 Brunn	Ua-25640
A 1570 Kokgrop	Ua-25641
A 808 Härd	Ua-25642
A 459 Ugn	Ua-25643
A 16394 Ugn	Ua-25905
A 16357 Härd	Ua-26000
A 8830 Stolphål, hus 6	Ua-26001
A 3399 Stolphål hus 4	Ua-26002
A 6956 Härd	Ua-26003
A 6750 Ugn	Ua-26004
A 3310 Stolphål hus 4	Ua-26005
A 8794 Grop	Ua-26006
A 12935 Grop	Ua-26007
A 12969 Grop	Ua-26008
A 8179S Stolphål, hus 8	Ua-26009
A 15642 Grop	Ua-26010
A 400014 Brunn	Ua-26011
A 288 Stolphål, hus 5	Ua-26012
A 15386 Härd	Ua-26013
A 16197 Grop	Ua-26014
A 11700 Grop	Ua-26015
A 9805 Kokgrop	Ua-26062

^{14}C-analyser från Ramlösagården.

Tables showing all ^{14}C-analyses and dates from Ramlösagården.

Kalibrerade ^{14}C-prover, Ångströmlaboratoriet, Avd för jonfysik, ^{14}C-lab, Uppsala universitet

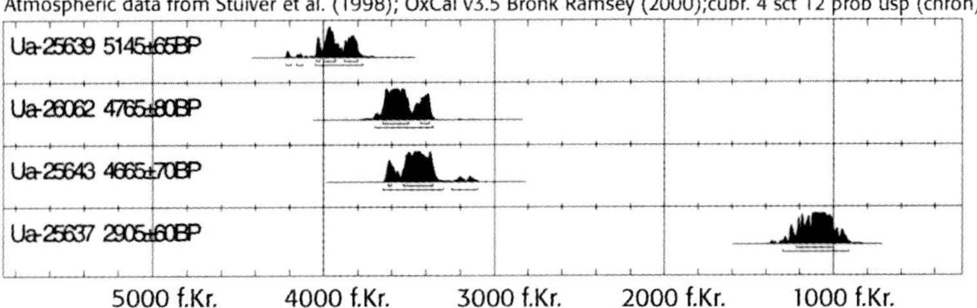

Kalibrerade ^{14}C-prover, Ångströmlaboratoriet, Avd för jonfysik, ^{14}C-lab, Uppsala universitet

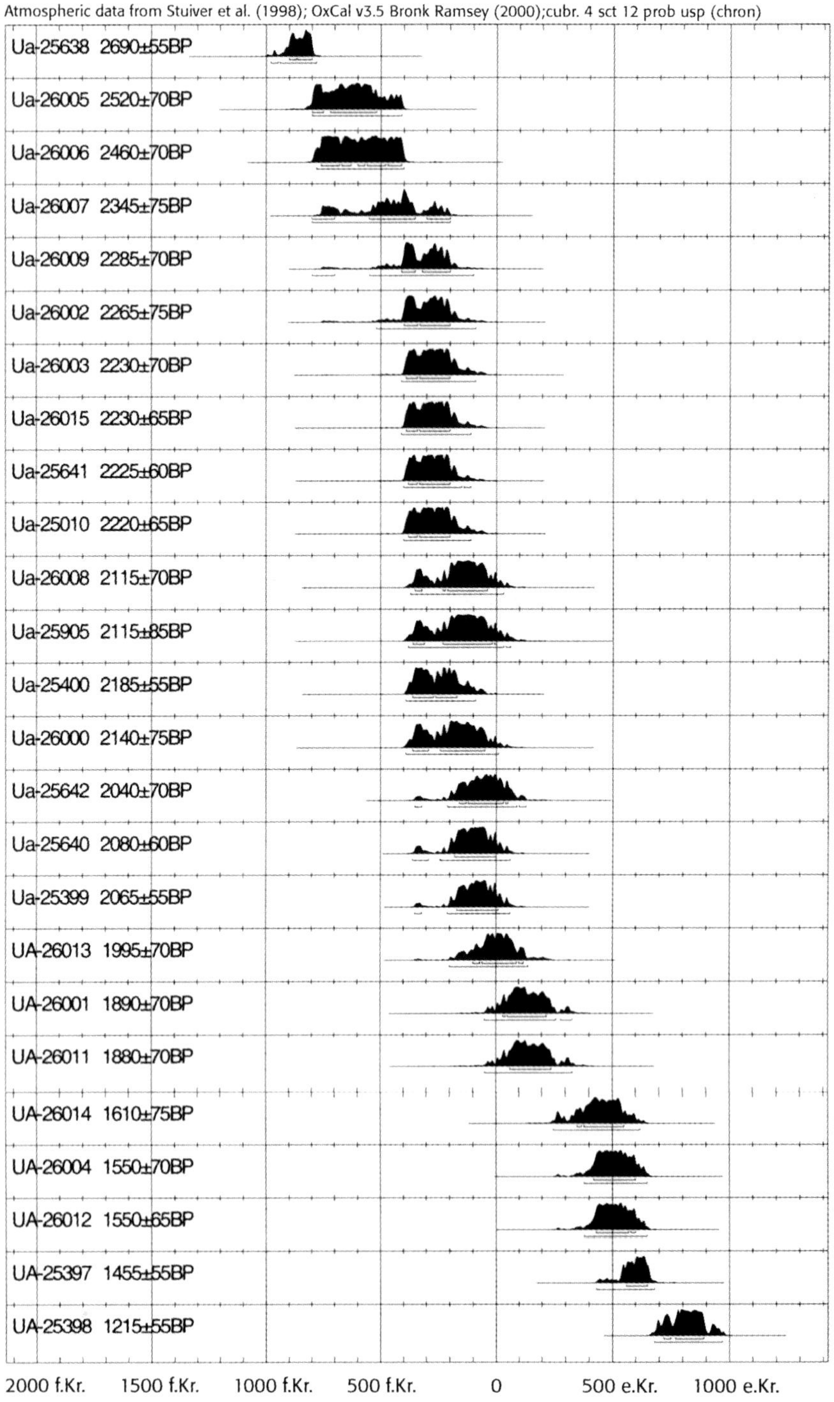

Atmospheric data from Stuiver et al. (1998); OxCal v3.5 Bronk Ramsey (2000);cubr. 4 sct 12 prob usp (chron)

Ua-25638 2690±55BP
Ua-26005 2520±70BP
Ua-26006 2460±70BP
Ua-26007 2345±75BP
Ua-26009 2285±70BP
Ua-26002 2265±75BP
Ua-26003 2230±70BP
Ua-26015 2230±65BP
Ua-25641 2225±60BP
Ua-25010 2220±65BP
Ua-26008 2115±70BP
Ua-25905 2115±85BP
Ua-25400 2185±55BP
Ua-26000 2140±75BP
Ua-25642 2040±70BP
Ua-25640 2080±60BP
Ua-25399 2065±55BP
UA-26013 1995±70BP
UA-26001 1890±70BP
UA-26011 1880±70BP
UA-26014 1610±75BP
UA-26004 1550±70BP
UA-26012 1550±65BP
UA-25397 1455±55BP
UA-25398 1215±55BP

2000 f.Kr. 1500 f.Kr. 1000 f.Kr. 500 f.Kr. 0 500 e.Kr. 1000 e.Kr.

Referenser

Muntliga Källor

Hallberg, Göran. Dialekt och ortnamnsarkivet i Lund.
Regnell, Mats, Riksantikvarieämbetet UV Syd.
Söderberg Bengt. Riksantikvarieämbetet UV Syd.

Arkivmaterial

Statens Historiska Museer. Digitala tillväxten. www.historiska.se/collections/kataloger.html.

Skriftliga källor

Andersson, K. 1993. *Romartida guldsmide i Norden I. Katalog*. AUN 17. Uppsala.

Anderson, P. 1977. *Övergångar från antiken till feodalism*. A/Z förlag.

Anglert, M. 1995. *Kyrkor och herravälde. Från kristnade till sockenbildning i Skåne*. Lund Studies in Medieval Archaeology 16. Lund.

Artursson, M. 1998. Rya – En medeltida bytomt och en förhistorisk boplats. Arkeologisk slutundersökning. Skåne, Kvistofta sn, Raä 92. *Riksantikvarieämbetet UV Syd Rapport* 1998:21.

Artursson, M. 2001. En korsning i tid och rum. Ett vägsystem från yngre romersk järnålder–folkvandringstid på en boplats vid Saxån, Skåne. I Larsson, L. (Red.). *Kommunikation i tid och rum*. University of Lund, Institute of Archaeology, Report series No. 82. Lund, s. 15–40.

Aspeborg, H. 1997. Arkeologisk undersökning. Västra Skälby – En by från äldre järnålder. Västmanland, Lundby socken, Skälby 2:42, 2:43; 2:44 och 2:54, RAÄ 865. *Riksantikvarieämbetet UV Uppsala Rapport* 1997:56.

Aspeborg, H. 2001. Arkeologisk förundersökning. En storgård i Påarp. Skåne, Väluv socken, Påarp 1:12, RAÄ 22 & RAÄ 43. *Riksantikvarieämbetet UV Syd, Dokumentation av fältarbetsfasen* 2001:23.

Aspeborg, H. & Mårtensson, J. 2001. Ramlösagården. Järnhantering och järnåldersboplats. Skåne, Helsingborg, Gustafslund 1296, RAÄ 183. *Riksantikvarieämbetet UV Syd, Dokumentation av fältarbetsfasen* 2001:4.

Aspeborg, H. & Becker, N. 2002. En storgård i Påarp. Påarp 1:2, Raä 22 & 43. *Riksantikvarieämbetet UV Syd, Dokumentation av fältarbetsfasen* 2002:1.

Björhem, N. & Säfvestad U. 1993. *Fosie IV. Bebyggelsen under brons- och järnåldern*. Malmöfynd 6. Malmö.

Brink, S. 1998. Land, bygd, distrikt och centralort i Sydsverige. Några bebyggelsehistoriska nedslag. I Larsson, L. & Hårdh, B. (Red.). *Centrala platser – Centrala frågor – Samhällstrukturen under Järnåldern*. En vänbok till Berta Stjernquist. Uppåkrastudier 1. Acta Archaeologica Lundensia. Series in 8°, No. 28. Stockholm, s. 297-326.

Campbell, Å. 1928. *Skånska bygder under förra delen av 1700-talet. Etnografisk studie över den skånska allmogens äldre odlingar, hägnader och byggnader*. Akademisk avhandling. Uppsala.

Callmer, J. 1991. Territory and dominion i the Late Iron Age in southern Scandinavia. I: Jennbert, K. m. fl. (Red.). *Regions and reflections. In honour of Märta Strömberg. Acta Archaeologica Lundensia 8:20*. Lund, s. 257–273.

Carlie, L. *Bebyggelsens mångfald. En studie av södra Hallands järnåldersgårdar baserad på arkeologiska och historiska källor*. Acta Archaeologica Lundensia Series in 8°. No. 29. Hallands Länsmuseers Skriftserie No. 10. Lund.

Ericson Lagerås, K. 1999. En gravgrupp från yngre bronsålder och boplatser från yngre bronsålder och yngre järnålder vid Rya. Arkeologisk slutundersökning Västkustbanan 2:5. *Riksantikvarieämbetet UV Syd Rapport* 1999:3.

Fabech, C. 1991. Samfundsorganisation, religiøse ceremonier og regional variation. Fabech, C. & Ringtved, J. (Red.). *Samfundsorganisation og Regional Variation*. Jysk Arkæologisk Selskabs Skrifter XXVII. Aarhus, s. 283–300.

Fabech, C. & Ringtved, J. 1995. Magtens geografi i Sydskandinavien. I Resi, H. G. (Red.). Produksjon og samfunn: Om erverv, specialisering og bosetning i Norden i 1. Årtusind e. Kr. *Varia* 30, s. 11–37.

Fallgren, J. 1988. Bebyggelsestruktur och markanvändning på Öland under Järnåldern. C-uppsats Stencil. Uppsala universitet.

Fonnesbech- Sandberg, E. 1991. Guldets funktion i ældre germansk jernalder. I Fabech, C. & Ringtved, J. (Red.). *Samfundsorganisation og Regional Variation*. Jysk Arkæologisk Selskabs Skrifter XXVII. Aarhus, s. 233–242.

Fonnesbech- Sandberg, E. 1992. Problemer i Østststjællandsk bopladsarkæologi. Hansen, U. L. & Nielsen, S. (Red.). *Sjællands jernalder. Beretning fra et symposium 24. IV. 1990 i København*. Arkæologisk institut, Københavns universitet. Arkæologiske skrifter 6, s. 21–35.

Franzén, B. & Schützler, L. 2000. Arkeologiska förundersökningar och undersökningar. Fornlämningar vid Albertsro. Svealandsbanan, E20, Södermanland; Åkers socken; Åker-Järsta 1:3; RAÄ 267:1-4, 279:2 och 295. *Riksantikvarieämbetet, UV-Mitt, Rapport* 2000:37.

Germundsson, T. & Schlyter, P. 1999. *Atlas över Skåne*. Sveriges Nationalatlas. Uppsala.

Grandin, L, Englund, L.-E. & Hjärthner-Holdar, E. 2001. Järnframställning och smide i Ramlösa. Arkeometallurgiska analyser. Ramlösa, Helsingborgs stad, RAÄ nr 183, Skåne. Riksantikvarieämbetet, Avdelningen för arkeologiska undersökningar UV GAL. *GAL, Analysrapport* 3-2001.

Gurevitj, A. 1979. *Feodalismens uppkomst i Västeuropa*. Stockholm.

Göthberg, H. 2000. *Bebyggelse i förändring. Uppland från slutet av yngre bronsålder till tidig medeltid*. Opia 25. Uppsala.

Göthberg, H. & Kyhlberg, O. & Vinberg, A. 1995. *Hus & Gård i det förurbana samhället. Rapport från ett sektorsforskningsprojekt vid Riksantikvarieämbetet*. Katalogdel. Riksantikvarieämbetet. Arkeologiska undersökningar. Skrifter nr. 13. Stockholm.

Haarnagel, W. 1979. *Die Grabung Feddersen Wierde. Metode, Hausbau, Siedlungs- und Wirtschaftformen sowie Sozialstruktur*. Text- u Tafelband. Wiesbaden.

Herschend, F. Två västgötska greker – om guldet i Vittene och Timboholm. *Works in progress*. http://Uppsala universitet/arkeologi/se/publications/wip/default.htm.

Holmberg, K-A. 1969. De svenska tuna-namnen. *Acta Academiae Regiae Gustavi Adolphi XLV*. Studier till svensk ortnamnsatlas utgivna av Jöran Sahlgren 12. Uppsala.

Hvass, S.1988. Jernalderens bebyggelse. I Mårtensen, P. & Rasmussen, B. M. (Red.). *Fra stamme til stat i Danmark*. Jysk Arkaeologisk Selskabs Skrifter XXII. 1988. Aarhus, s. 53–92.

Hvass, S. 1993. Bebyggelsen, Jernalder og vikinetid. I Hvass, S. & Storgaard, B. (Red.). *Da klinger i muld...25 års arkæologi i Danmark*. Aarhus, s. 187–194.

Hårdh, B. 1976. *Wikingerzeitliche Depotfund Aus Südschweden*. Katalog und tafeln. Acta Achaeologica Lundensia Series in 4°, N° 9. Bonn/Lund.

Iversen, T. 1994. *Trelldommen. Norsk slaveri i middelalderen*. Historiskt institut, Universitetet i Bergen.

Jacobsson, B. 2000. *Järnåldersundersökningar i Sydsverige. Katalog för Skåne, Halland, Blekinge och Småland*. Riksantikvarieämbetet, Avdelningen för arkeologiska undersökningar. Lund.

Jordanes. 1997. *Getica... Om goternas ursprung och bedrifter*. I översättning av Andreas Nordin.

Klindt-Jensen, O. 1955. The Field–Walls or "vastar". I Stenberger, M. *Vallhagar. A Migration Period Settlement on Gotland/Sweden*. Part. I. København.

Knarrström, A. 2002. Bygden kring Bårslöv. En analys av fornlämningar från perioden senneolitikum till äldre järnålder. I Carlie, A. (Red.). *Skånska regioner*.

Knarrström, A. & Olsson, M. 2000. Boplatser och härdområde vid Bårslöv. Arkeologisk undersökning. Skåne, Välluv och Bårslövs socknar, väg 109. *Riksantikvarieämbetet UV Syd Rapport* 2000:21.

Kramer, F. E. 1998. Beretning. For arkœologiske udgravninger gennemført fra 10. Marts til den 24 juni 1997 af dele af landsbyen Sigerslevøster på jernedegaards jorder, Sigerslevøster, Strø sogn, Skœvinge Kommune, Fredriksborg Amt. *NFH*,j.nr A676. RAS, j.nr P.3213/96.

Larsson, M. 1995. Förhistoriska och tidigmedeltida hus i södra Sverige. I Göthberg, H. & Kyhlberg, O. & Vinberg, A. 1995. *Hus & Gård i det förurbana samhället. Rapport från ett sektorforskningsprojekt vid Riksantikvarieämbetet*. Artikeldel. Riksantikvarieämbetet. Arkeologiska undersökningar. Skrifter nr. 14. Stockholm, s. 23 – 64.

Lund Hansen, U. 1987. *Römischer import im Norden*. Nordiske Fortidsminder. 10. København.

Lundqvist, L. 1998. Centralplatser och centralområden i Västsverige. I Larsson, L. & Hårdh, B. (Red.). *Centrala platser – Centrala frågor – Samhällstrukturen under Järnåldern*. En vänbok till Berta Stjernquist. Uppåkrastudier 1. Acta Archaeologica Lundensia. Series in 8°, No. 28, Stockholm, s. 1-28.

Lundqvist, L. 2000. *Järnålderns centra – exempel från Halland och Västergötland. Urbaniseringsprocesser i Västsverige. En utvärdering av uppdragsarkeologisn möjligheter att belysa historiska processer*. GOTARC Serie C. Arkeologiska Skrifter No 35. Göteborgs Universitet.

Nagmér, R. B. 1994. Arkeologiska utredningar och slutundersökningar. Skåne, Helsingborg, Ramlösa 9:1 m fl. 1988, 1989 och 1990. RAÄ 84, 191, 192, 193, 193:2 och 234. *Riksantikvarieämbetet, Byrån för arkeologiska undersökningar, UV Syd*.

Nationalencyklopedins Ordbok. 1995. Utarbetad vid språkdata Göteborgs universitet. Första bandet. Höganäs.

Nicklasson, P. 1997. *Svärdet ljuger inte. Vapenfynd från äldre järnålder på Sveriges fastland.* Acta Archaeologica Lundensia Series Prima in 4°. No. 22. Lund.

Nicklasson, P. 1998. Undersökningen av Stafsinge sn RAÄ116 inom Västkustbaneprojektet i Halland – Är varje plats en central? *Bulletin för arkeologisk forskning i Sydsverige.* Nr 2 1998, s. 25–34.

Nielsen, A. L. Smide på en östgötsk gård från romersk järnålder. Fornlämning 162, kvarteret Glaskulan Linköpings stad och kommun Östergötland. Arkeologisk undersökning. *Riksantikvarieämbetet, Avdelningen för arkeologiska undersökningar. Rapport UV Öst* 1999:2.

Norr, S. 1996. A place for Proletarians? A Contextual Hypothesis on Social Space in Roman and Migration Period Long-Houses. *Current Swedish Archaeology.* Vol. 4 1996, s. 157–164.

Näsman, U. 1998. Sydskandinavisk samhällsstruktur i ljuset av merovingisk och anglosaxisk analogi eller i vad är det som centralplatserna är centrala? I Larsson, L. & Hårdh, B. (Red.). *Centrala platser – Centrala frågor – Samhällstrukturen under Järnåldern.* En vänbok till Berta Stjernquist. Uppåkrastudier 1. Acta Archaeologica Lundensia. Series in 8°, No. 28. Stockholm, s. 1-28.

Olausson, M. 1998. "Säg mig hur många djur du har…" Om arkeologi och stallning. I Viklund, K., Engelmark, R. & Linderholm, J. (Red.). *Fähus från bronsålder till idag.* Nordiska museet. Stockholm, s. 28–56.

Omfors, T. 1999. Boplatslämningar vid Rååns dalgång. Arkeologiska undersökning. Skåne , Helsingborg stad, Ramlösa 9:6, VKB 1A:7. *Riksantikvarieämbetet UV Syd Rapport* 1999:14.

Pamp, B. 1988. *Skånska orter och ord.* Malmö.

Persson, J. 1998. Toftanäs – järnåldersbygd från tiden för Kristi födelse. I Larsson, L. & Hårdh, B. (Red.). *Centrala platser Centrala frågor – Samhällstrukturen under Järnåldern.* En vänbok till Bertha Stjernqvist. Uppåkrastudier 1. Acta Archaeologica Lundensia. Series in 8°, No. 28. Stockholm, s. 63–72.

Ramqvist, P. H. 1983. *Gene. On the origin, function and development of sedentary Iron Age settlement in Northern Sweden.* Archaeology and Environment 1. Umeå.

Regnell, M. 2002. Skånska järnåldersskördar. Växtmakrofossilanalyser och odlingshistoriska iakttagelser från tolv boplatser. I Carlie, A. (Red.). *Skånska regioner.*

Runcis, J. 1999. En översandad domarring vid Höganäskusten. Arkeologisk förundersökning. Skåne, Väsby socken, Lerberget. *Riksantikvarieämbetet Rapport UV Syd* 1999:59.

Sahlgren, J. 1925. Hälsingborgstraktens ortnamn. Bååth, L. M. (Red.). *Hälsingborgs historia Del I. Forntiden och den äldre medeltiden.* Hälsingborg, s. 107–158.

Schnittger, B. 1925. Hälsingborgstrakten under forntiden. Bååth, L. M. (Red.). *Hälsingborgs historia Del I. Forntiden och den äldre medeltiden.* Hälsingborg, s. 71–106.

Sjöbeck, M. 1939. Vegetation och bebyggelsehistoria. En historisk studie av den självsådda ängsfloran i Allerums, Fleninge och Kropps socknar. *Kring Kärnan. Hälsingborgs museums årsskrift 1939,* s. 133–161.

Sjöbeck, M. 1947. Iakttagelser rörande den bebyggelsehistoriska utvecklingen omkring den forna Kafjärden i Södermanland. *Fornvännen,* s. 230–247.

Skre, D. 1998. *Herredømet. Bosetning og besittelse på Romerrike 200–1350 e. Kr.* Acta humaniora 32.Oslo.

Skre, D. 2001. The Social Context of Settlement in Norway in the First Millennium AD. *NAR* Vol. 34 No.1 2001.

Steuer, H. 1987. Helm und Ringschwert. Prunkbewaffung und Rangabzeichen germanischer Krieger. Eine Übersicht. *Studien zur Sachesenforsung,* Bd 6.

Steuer, H., 1989. Archaeology and History: Proposals on the Social Structure of the Merovingian Kingdom. I Randsborg, K. (Red.). *The birth of Europe: Archaeology and social development in the first millennium A.D.* Analecta Romana Instituti Danci Supplementum XVI. Roma, s. 100–122.

Stjernquist, B. 1998. En ordinär järnåldersby i Uppåkras omland. I Larsson, L. & Hårdh, B. (Red.). *Centrala Platser – Centrala Frågor. Samhällsstrukturen under järnåldern.* En vänbok till Berta Stjernquist. Acta Archaeologica Lundensia. Series in 8°, No. 28. Stockholm, s. 47–62.

Stummann Hansen, S. 1994. Gårdanlæg, ældre jernalder Sophienborg I, Tjærby sogn Strø herred, Fredriksborg amt. *NFH journal* nr 287.

Söderberg, B. 1993. Arkeologiska utredningar och slutundersökning. Skåne, Kropp socken, Väla 7:4 1990-1991. *Riksantikvarieämbetet, Byrån för arkeologisk undersökningar.* Rapport ATA.

Söderberg, B. 2000. Vikingatidens boplatser i Löddeköpingeområdet. I Svanberg, F. & Söderberg, B. (Red.). *Porten till Skåne, Löddeköpinge under järnålder och medeltid.* Riksantikvarieämbetet, Avdelningen för arkeologiska undersökningar. Skrifter No. 32. Stockholm, s. 52–82.

Söderberg, B. Manus a. Särskild arkeologisk undersökning. För- och slutundersökningar. Filborna – byborna i Filborna. Riksantikvarieämbetet UV Syd.

Söderberg, B. Manus b. Särskild arkeologisk undersökning. Österleden. Riksantikvarieämbetet UV Syd.

Tacitus C. 1916. *Germanerna*. Tolkad av N. E. Hammarstedt. Stockholm.

Tesch, S. 1993. *Houses, Farmsteads, and Long-term Change. A Regional Study of Prehistoric Settlements in the Köpinge Area, Scania, Southern Sweden*. Uppsala.

Widgren, M. 1998. Kulturgeografernas bönder och arkeologernas guld – finns det någon väg till en syntes? I Larsson, L. & Hårdh, B. (Red.). *Centrala Platser – Centrala Frågor. Samhällsstrukturen under järnåldern*. En vänbok till Berta Stjernquist. Acta Archaeologica Lundensia. Series in 8°, No. 28. Stockholm, s. 281–296.

Wihlborg, A. 1981. Helsingborg. *Riksantikvarieämbete och Statens Historiska Museer Rapport Medeltidsstaden 32*.

Wranning, P. 2001. RAÄ 195 – Undersökning 1998. Ryberg, E. & Wranning, P. (Red.). Volym 2. *Landskap i förändring. Teknisk rapport från de arkeologiska undersökningarna av RAÄ 106, 162, 193 och 195 Skrea socken*, Halland. Hallands länsmuseer, Landsantikvarien. Riksantikvarieämbetet.

NORDÖSTRA SKÅNE

Människor och landskap

Om förhistoriska samhällen i en nordskånsk inlandsbygd

ANNE CARLIE

Abstract: People and landscape. On prehistoric societies in the inland of northern Scania.

The aim of this article is to discuss long-term changes in settlement structures and land use in the inland of northern Scania. The point of departure is recent excavations carried out in connection with road construction close to the village of Stoby, on the border between the sandy flat plain of Kristianstad and the undulating moraine woodlands. Due to a low degree of modern planning and building projects in the area, few archaeological excavations have previously affected this part of Scania. Above all, the archaeological project affected areas with ancient clearance cairns. However, some discrete traces of a Neolithic settlement site were also found. Furthermore, the remains of small farmsteads dating to the Iron Age and medieval period were investigated, as well as two stone-settings with cremation burials from the late Bronze Age. The combination of archaeological and palaeoecological investigations offers an excellent opportunity to explore continuity and changes in the settlement organisation and land use between the sandy plan and the undulating moraine woodlands. The results indicate a sparsely populated area during the Neolithic, Bronze and Iron Ages, characterised by small and dispersed farmsteads. During the Late Bronze and Early Iron Age an agricultural expansion can be seen in connection with extensive stone clearances. In the same period numerous burial monuments, mostly small cairns and stone-settings, were erected within the same areas, and thus correspond to the expansion period.

Inledning

Norra Skånes inland har på grund av sitt perifera läge i förhållande till dagens tätortsområden hittills inte berörts av arkeologiska projekt i någon större omfattning. Våra kunskaper om regionens bebyggelseutveckling, näringsförhållanden och markanvändning i äldre tider bygger därför till stora delar på andra material – främst olika skriftliga källor. Vad gäller förhistoriska förhållanden, har tidigare studier av området huvudsakligen baserats på sammanställningar av det kända fornlämningsbeståndet. Medan stenålderns bosättningsmönster till delar kunnat belysas genom inventering av flintförekomster i uppodlade marker, har forskningen kring metalltidens bebyggelseområden hittills bara studerats indirekt och på en översiktlig nivå genom rumsliga analyser av synliga gravar. Självfallet har till dessa spridningsbilder även fogats upplysningar om det arkeologiska föremålsbeståndet liksom äldre antikvariska uppteckningar som även omfattar tidigare undersökningar. Osäkerheten kring olika gravtypers kronologiska tillhörighet, i kombination med de källkritiska problem som är förknippade med äldre uppgrävt material, har dock endast möjliggjort tolkningsdiskussioner av mer övergripande karaktär kring landskapets sociala, näringsmässiga och rumsliga organisation.

Under de senaste tio åren har flera större vägutbyggnadsprojekt aktualiserats i norra Skånes inlandsområden. Då vägprojekten i flera fall löper genom arkeologiskt sett jungfruliga marker, har detta inneburit utomordentliga möjligheter till ett strategiskt och vetenskapligt förankrat kunskapsuppbyggande om regionens förhistoria och äldre historia. Två av de nya vägsträckningar som under 1990-talet varit föremål för utbyggnader är de nya förbifarterna på vägarna 21 och 23 norr respektive öster om Hässleholm. Trakten kring Hässleholm har i likhet med många andra områden i det nordskånska inlandet, varit föremål för ytterst få arkeologiska undersökningar; detta trots att området är rikt på fornlämningar. Med Riksantikvarieämbetets reviderade fornminnesinventering i mitten av 1990-talet, har bilden över områdets fornlämningsbestånd blivit betydligt mer nyanserad. Medan den första inventeringen i början av 1970-talet på traditionellt sätt främst ägnades åt registrering av gravar, gravfält och andra vedertagna fornlämningstyper, var det först i samband med den reviderade inventeringen som områden med röjningsrösen och i någon mån även boplatslämningar började uppmärksammas mer systematiskt i norra Skåne. Denna delvis förändrade kunskapsbild om traktens fornlämningar skulle, tillsammans med andra faktorer av såväl kunskapsmässig som mer praktisk art, komma att prägla det arkeologiska arbetet i de båda projekten.

De arkeologiska undersökningarna inför ombyggnaden av väg 21 norr om Hässleholm utfördes 1992, och resultaten från projektet har tidigare redovisats i rapporten *Från Finja till Ignaberga. Arkeologi utmed väg 21* (Olsson m. fl. 2001). I detta sammanhang behandlas därför bara vissa miljöer av betydelse för de frågeställningar som diskuteras. Tyngdpunkten läggs istället på de undersökningar som genomfördes 1998 inför att väg 23 vid Stoby öster om Hässleholm fick en ny sträckning, eftersom resultaten från detta projekt hittills bara presenterats i en mer översiktlig form (Andersson 2000b).

Flera av de miljöer som berördes av den nya vägen karakteriserades av fossila odlingslämningar med inslag av gravar och boplatsspår. Projektets övergripande arkeologiska frågeställningar kring bebyggelseutveckling och markutnyttjande fick därför en landskaps- och agrarhistorisk inriktning, där såväl arkeologiska som paleoekologiska och kulturgeografiska metoder kom att få stor betydelse. Resultaten från projektets undersökningar presenteras i tre större uppsatser som följer direkt efter varandra i boken. I denna första och inledande artikel ställs de arkeologiska problemen och materialen i fokus, medan tolkningen av de paleoekologiska undersökningarna och det kulturgeografiska materialet diskuteras mer ingående av Per Lagerås och Pär Connelid i följande artiklar. Sammantaget bidrar de tre studierna till att fördjupa våra kunskaper kring människor och landskap under förhistorisk och historisk tid i en nordskånsk inlandsbygd – en tidigare närmast outforskad del av Skåne.

Landskapet utmed vägen och projektets målsättningar

Den nya sträckningen för väg 23 är omkring sex kilometer lång och löper mellan Stoby samhälle i söder och Almaån i norr, där denna ansluter till den gamla vägen över ån vid Näs by. Landskapsbilden utmed vägen präglas omväxlande av öppen odlingsmark med mellanliggande partier av skogklädda åsryggar och höjdområden (se nästa sida). Längst mot norr domineras landskapet av Almaåns flacka dalgång och vattensystem. Markerna närmast ån karakteriseras av låglänta områden med sandigt och grusigt material, där återkommande översvämningar troligen haft gynnsamma effekter på ängs- och slåttermark. Söder om Almaån följer ett flera kilometer brett höjdområde med kuperade moränmarker i nordost–sydvästlig riktning, som i väster gränsar till ett större stråk av grova, sandiga isälvsavlagringar utmed Almaån (se Lagerås s. 367). Både moränmarkerna och de isälvsavsatta sedimenten är idag till stora delar täckta med skog, främst i form av gran och tall, men även med inslag av ekblandskog. Längs med vägsträckningens östra sida finns i moränområdet flera torvmarker, bland vilka Näsmossen drygt en kilometer söder om Almaån tillhör de större. Söder om moränområdet passerar vägsträckningen genom ett flackt landskap med sammanhängande stenfria och näringsfattiga sandjordar, som i höjd med Stoby samhälle övergår i isälvsavsatta material vid det s.k. Stobydeltat.

De växlande geologiska förutsättningarna inom området påverkar inte bara dagens landskapsbild, utan har även präglat vegetationsförhållanden, markanvändning och bebyggelsemönster under förhistorisk och historisk tid (se Lagerås och Connelid i denna volym). Som nämndes inledningsvis hade i stort sett inga arkeologiska undersökningar av boplatser, bebyggelselämningar och äldre odlingsmiljöer utförts i norra Skåne före 1990-talets början. Dessa brister i den arkeologiska källsituationen betonades tidigt i processen och har haft stor betydelse för såväl projektets vetenskapliga inriktning, som för frågor kring prioriteringar och val av metoder under arbetets gång (Wallin 1996; Andersson 1998; 2000a; 2000b). I den undersökningsplan som togs fram inför de arkeologiska undersökningarna 1998 formulerades projektets övergripande syfte på följande sätt: *Målsättningen med slutundersökningen är att erhålla ny kunskap om kolonisation, bebyggelsemönster och resursutnyttjande under förhistorien i denna del av det skånska landskapet* (Andersson & Olsson 1998). Eftersom de arkeologiska förarbetena utmed vägsträckan, i form av utredningar och förundersökningar, visade på en stor kronologisk spännvidd i materialen – från neolitikum och fram i historisk tid – var det naturligt att anlägga ett långtidsperspektiv på projektets problemområden. En av de frågeställningar som särskilt lyftes fram i undersökningsplanen

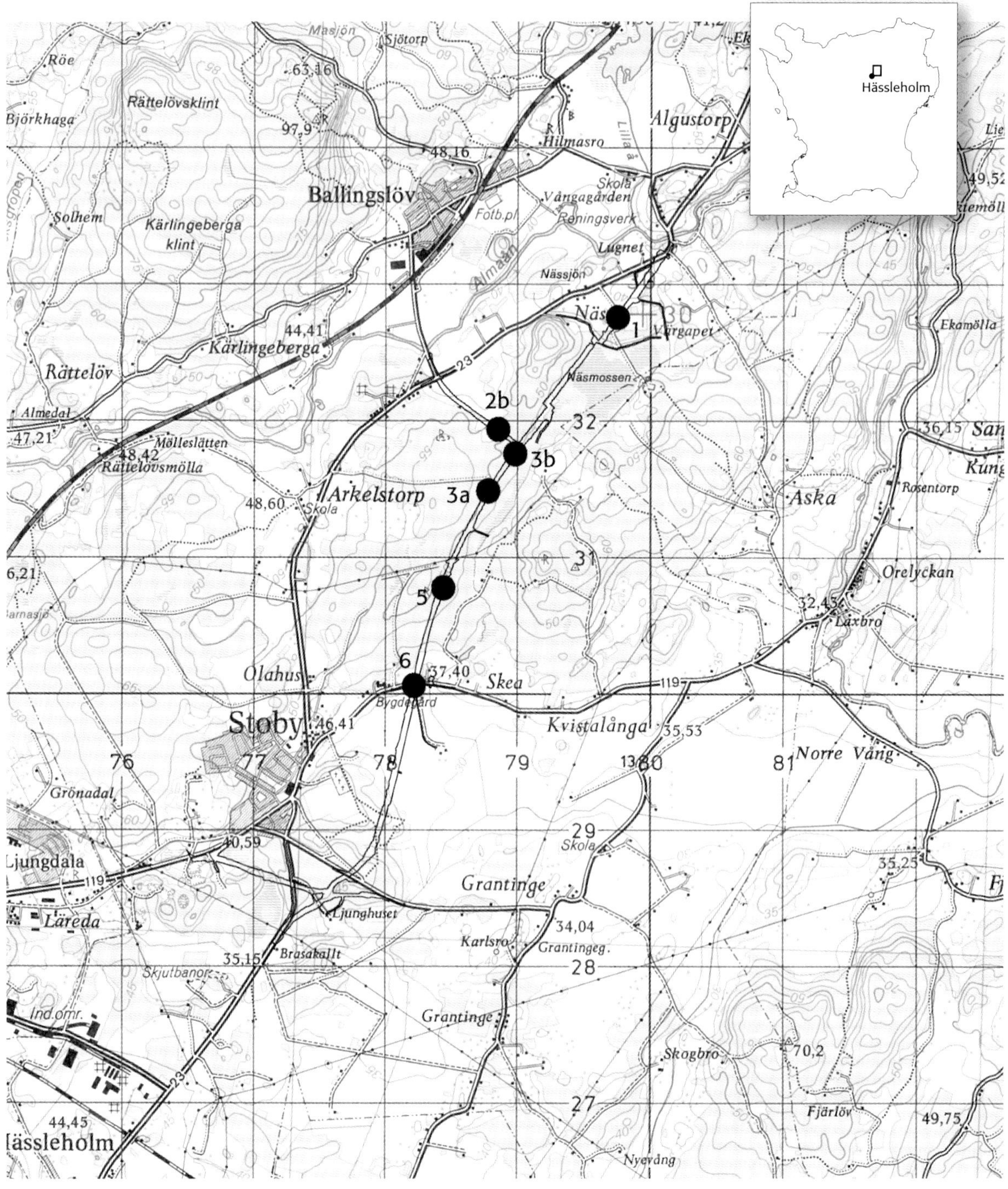
Hässleholm
Ballingslöv
Rättelövsklint
Björkhaga
Röe
Kärlingeberga klint
Solhem
Kärlingeberga
Rättelöv
Almedal
Mölleslätten
Rättelövsmölla
Arkelstorp
Algustorp
Hilmasro
Vångagården
Röningsverk
Lugnet
Nässjön
Näsmossen
Aska
Rosentorp
Orelyckan
Laxbro
Ekamölla
Olahus
Skea
Stoby
Bygdegård
Kvistalånga
Norre Vång
Grönadal
Ljungdala
Läreda
Grantinge
Ljunghuset
Karlsro
Grantingeg.
Brasakallt
Skjutbanor
Ind.omr.
Skogbro
Fjärlöv
Nyevång
Sjötorp
Masjön
1
2b
3b
3a
5
6

rörde i vilka avseenden de skiftande naturgeografiska förutsättningarna i området påverkat bebyggelselokalisering, markanvändning och resursutnyttjande över tiden. Vilka miljöer och landskapstyper togs först i anspråk för agrar bosättning och bebyggelse? Hur var bebyggelsen socialt och rumsligt organiserad? Låg gårdarna spridda i landskapet eller i agglomerationer? Kan några väsentliga förändringar ses i bebyggelsens lokalisering och sammansättning redan under förhistorisk tid eller sker omflyttningen till de kända by- och gårdslägena först under senare historisk tid? Hur var boplatserna lokaliserade i förhållande till den röjda och odlade marken? Låg gårdarna i nära anslutning till odlingsmarken eller valdes boplatsens läge utifrån andra preferenser, som t.ex. närheten till rinnande färskt vatten, goda betesmarker för kreaturen o.s.v. En fråga av stor betydelse i detta sammanhang är naturligtvis i vilka avseenden de växlande geologiska förhållandena inom området påverkade introduktionen av och kontinuiteten i ett lågtekniskt jordbruk? Skedde uppodlingen av sand- och moränområden vid ungefär samma tidpunkt? Eller kan man se en expansion från sandjordarna i söder och in i moränmarkerna, där talrika röseområden efter äldre odling fortfarande finns bevarade (jfr Lagerås denna volym)?

Landskapet i Stobytrakten med den nya sträckningen för väg 23 och diskuterade undersökningsområden markerade. Skala: 1:50 000.

Map showing the landscape at Stoby with the new road 23 and location of the excavation sites discussed in this article. Scale: 1:50 000.

Fornlämningsbilden

För att bättre förstå resultaten från de arkeologiska undersökningarna i deras geografiska och kulturhistoriska sammanhang, ska vi först se närmare på den kända fornlämningsbilden i området och hur olika typer av lämningar förhåller sig rumsligt till landskapsbilden. Jag har mot denna bakgrund valt att ställa samman ett antal översiktliga spridningsbilder, som speglar de viktigaste karaktärsdragen hos fornlämningsbeståndet. Det har här känts viktigt att fånga de för området så karakteristiska växlingarna i landskapet, mellan höglänta blockrika moränmarker och lågt liggande stenfria sandjordar. Ett något större landskapsutsnitt har därför valts som referensområde, motsvarande Stoby och Ignaberga socknar, Hässleholms församling samt västligaste delen av N. Sandby socken. Området som är cirka 20x7–13 kilometer stort (N–S), omfattar landskapet mellan Nävlingeåsens nordsluttning i söder och moränhöjderna vid Luhrsjön i norr, samt Finjasjön mot väster och delar av den inre sandslätten mot öst.

Fornlämningsbilden kan karakteriseras som en ackumulation av lämningar efter mänskliga verksamheter och aktiviteter, med både ideologiska förtecken och mer praktiska funktioner. Fornlämningarnas karaktär, sammansättning och lokalisering i rummet kan emellertid inte användas som en direkt spegelbild över tidigare generationers verksamheter, utan har på olika sätt påverkats sekundärt av senare tiders markanvändning. Bortodlingen i dagens jordbruksbygd har således i större grad drabbat äldre tiders odlingslämningar liksom förhistoriska gravar och andra ovan mark synliga konstruktioner, medan spridningen av överodlade boplatser t.ex. inte påverkats i samma grad. Materialets representativitet präglas emellertid även av andra förhållanden än enbart bevarandemässiga.

Det rådande forskningsläget i kombination med tillämpad praxis och prioritering av bestämda fornlämningstyper är några faktorer som sätter sin prägel på fornlämningsbilden. Även inventerarnas arbetstempo, växlande besiktningsförhållanden p.g.a. befintlig vegetation samt kontakter med verksamma amatörarkeologer är viktiga källkritiska faktorer som måste vägas in när bilden över det kända fornlämningsbeståndet diskuteras.

Boplatser, lösfynd m.m. Antalet kända och registrerade boplatser uppgår i fornminnesregistret till omkring 30 stycken. Av dessa återfinns inte mindre än två tredjedelar eller 20 lokaler i Stoby socken, medan Hässleholm och Ignaberga svarar för åtta respektive två lokaler vardera. De flesta boplatser återfinns utmed Almaåns dalgång, inom en 15 kilometer lång sträcka mellan inloppet i Finjasjön och den plats strax öster om Ballingslövssjön, där ån viker av mot söder i nittio graders vinkel. De allra flesta åboplatser är kända tack vare de riktade inventeringar utmed de nordskånska åsystemen, som under flera år genomfördes av amatörarkeologerna Ingvar Jönsson och Nils Johansson. I de fall man funnit ledartefakter signalerar dessa i allmänhet en mesolitisk datering med smärre neolitiska nedslag. Det är företrädesvis de tidiga perioderna av mesolitikum, d.v.s. maglemose- och kongemosekultur, som representeras i fyndmaterialen, medan typiska ledartefakter för erteböllekultur i stort sett saknas (L. Carlie 1993). Även övriga kända boplatser har liksom lösfynden en nära rumslig koppling till vattensystemen. De flesta platser är dock enbart registrerade utifrån fynd av slagen flinta och framstår därför som anonyma till sin karaktär. Ett område skiljer dock ut sig från mängden genom en större samling fynd. Boplatsen (RAÄ 77) ligger i sandområdet öster om Stoby, på den norra sidan av ett mindre biflöde till Almaån som mot norr gränsar till moränområdena. Fyndsamlingen som omfattar cirka sjuttiotalet föremål ska enligt uppgift ha hittats inom ett mindre område söder och sydväst om Skea gård, efter att marken där dränerats och odlats upp i början 1900-talet (Hellerström m.fl. 1997). Bland föremålsfynden märks framför allt olika tidig- och mellanneolitiska yxtyper, däribland fyra spetsnackiga, nio tunnackiga, fem tjocknackiga varav flera med hålegg samt fem tunnbladiga. I samlingen finns även flera inslag av fynd från senneolitikum och bronsålder; t.ex. sex skafthålsyxor, ett fåtal dolkar och andra flathuggna redskap, en lövkniv, en yxa av brons m.m. Med undantag för slaggrester från järnframställning saknas föremål med järnåldersdatering däremot helt i materialet. De rika föremålsfynden från Skea gård representerar troligen ett omfattande boplatskomplex med mer eller mindre kontinuitet från början av tidigneolitikum (TN I) och fram i bronsålder – möjligen även järnålder.

Den på inventeringen baserade spridningsbilden över lösfunna föremål baseras i huvudsak på fynd i gårdssamlingar och dylikt. Bilden har således stora källkritiska brister och ska i detta sammanhang endast ses som ett komplement till boplatserna. Enligt inventeringen har flera lösfynd påträffats inom sand- och moränområdena norr om Nävlingeåsen i anslutning till ännu ett av Almaåns många biflöden. Der rör sig också här företrädesvis om olika neolitiska föremål, bland vilka tidig- och mellanneolitiska yxor dominerar. Vidare finns från Hässleholms tätort ett samlat fynd från MN B bestående av fyra yxor och en mejsel, samtliga av tjocknackig typ och oslipade (Stjernquist 1958:31ff; Carlie & Götz 1981). Vi ska längre fram i artikeln titta närmare på de neolitiska föremålsfyndens sammansättning,

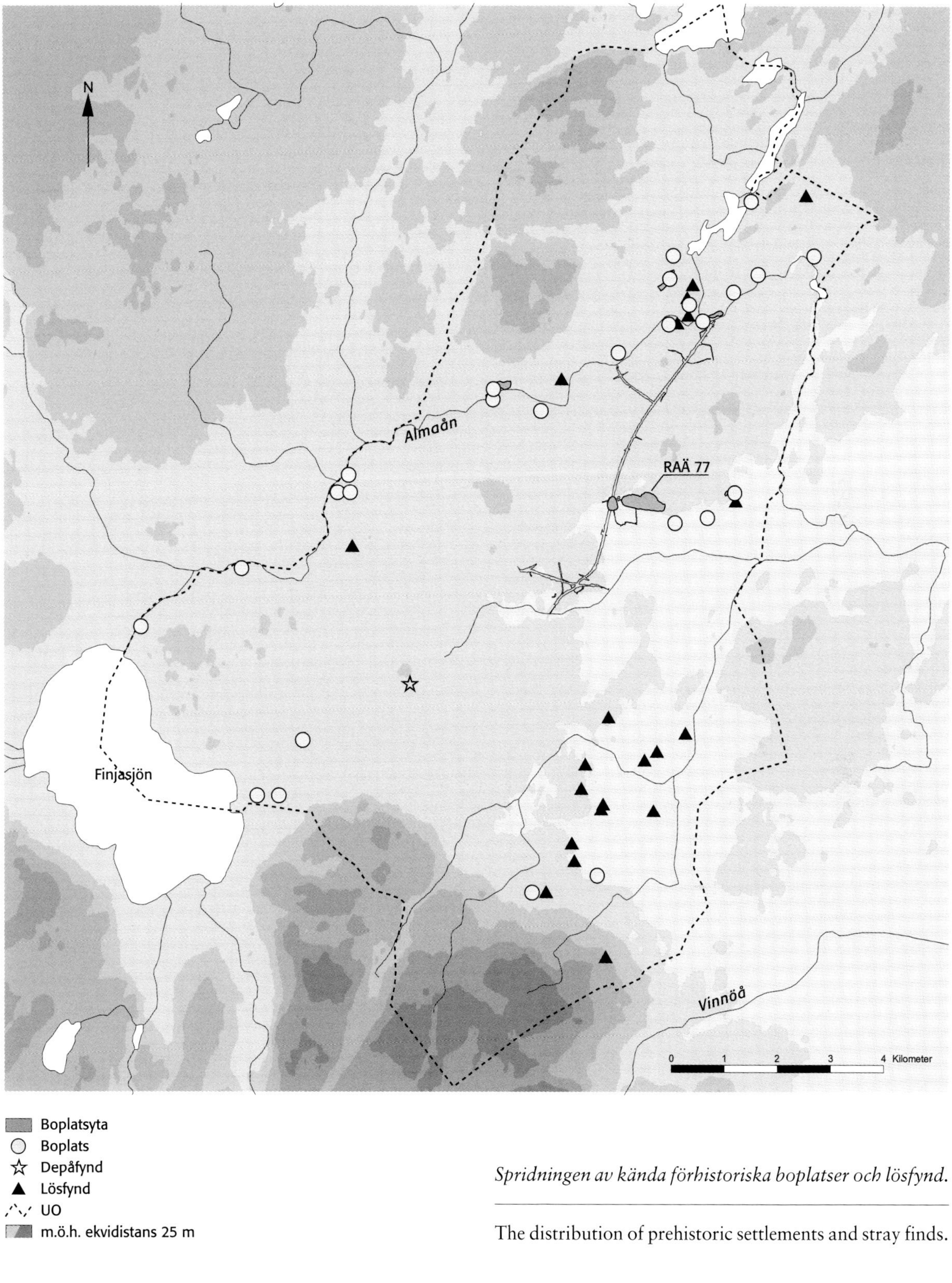

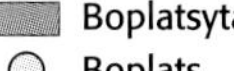

Spridningen av kända förhistoriska boplatser och lösfynd.

The distribution of prehistoric settlements and stray finds.

för att undersöka vilka perioder som är bättre eller sämre representerade inom området. Spridningen av brons- och järnåldersfynd kommenteras däremot inte i detta sammanhang, eftersom bara ett fåtal föremål från dessa perioder finns registrerade i fornminnesinventeringen. Istället hänvisas till min avhandling *På arkeologins bakgård* (1994a) som ger en mer heltäckande bild över kända fynd och fyndplatser.

Gravar och gravgrupper. De fornlämningstyper som framför andra dominerar inom området är gravar och gravgrupper. Det handlar främst om rösen och runda stensättningar, men det finns även ett mindre inslag av andra gravtyper, däribland högar och resta stenar. Vidare finns uppgifter om en borttagen manslång hällkista som förmodligen varit täckt av hög. Megalitgravar i form av dösar, gånggrifter och stora hällkistor saknas däremot inom området. För att hitta gravmonument av dessa typer får vi söka oss mellan en och två mil längre österut på Kristianstadsslätten samt utmed Helgeåns dalgång.

Det finns idag mer än ett hundra gravplatser registrerade inom referensområdet, av vilka 78 är ensamliggande gravar och 28 gravgrupper. Detta innebär en ökning av antalet lokaler med flera hundra procent sett i jämförelse med situationen innan andragångsinventeringen i början av 1990-talet (jfr Carlie 1994a:49ff). Särskilt stor har ökningen varit i de mellersta delarna av Stoby socken, d.v.s. i det område som berörts av arkeologiska undersökningar i samband med utbyggnaden av väg 23. Samtidigt visar kompletterande inventeringar utförda i anslutning till det arkeologiska projektet att det fortfarande finns fler gravar att upptäcka främst i de skogstäckta markerna.

Mer än hälften av de solitära gravarna (44 st.) och mer än två tredjedelar av gravgrupperna (21 st.) ligger i de centrala delarna av Stoby socken inklusive västra delen av N. Sandby. En större agglomeration finns även på Nävlingeåsens norra sida och norr därom anslutande marker, liksom en mindre gruppering öster om Finjasjön. De flesta rösen och stensättningar är relativt små – omkring 10 meter i diameter eller mindre. Det finns även gravar av större format. Dessa är dock relativt få till antalet. Bland gravar som är större än 17–18 meter i diameter finns således bara ett tiotal anläggningar. Det rör sig huvudsakligen om stora stenfria rösen (9 st.: Ignaberga sn : RAÄ 4, 6, 7, 9, 10 och Stoby sn: RAÄ 5, 64, 65 och 88). Men i materialet finns även två högar (Hässleholm RAÄ 1 och Ignaberga RAÄ 21) samt en röseliknande stensättning (Stoby sn: RAÄ 50).

De flesta enskilt liggande gravar och gravgrupper återfinns på moränmarkerna, ofta relativt nära mer låglänta områden med sandiga jordar i anslutning till Almaån eller några av dess biflöden. Den flacka sandslätten söder om Stoby är däremot, liksom högre liggande moränområden med ett mer perifert läge i förhållande till vattensystemen, anmärkningsvärt tomma på gravar. De stora gravarna uppvisar här en intressant spridningsbild, i det att samtliga ligger utmed kanten på höjdområdena, där dessa gränsar mot slättmark. En särskilt markerad förtätning av stora rösen hittar man på Nävlingeåsens nordsluttning och angränsande höjdpartier norr därom. Gravarnas placering i landskapet är knappast slumpmässig, utan läget sammanfaller istället med den norra ingången till den större dalgång som löper i nord–sydlig riktning över Nävlingeåsen och som ungefär sju kilometer längre söderut knyter an till nästa ådal. Det är därmed troligt att rösenas distinkta placering vid åskanten markerar läget för en äldre kommunikationsled i landskapet. I vilken utsträckning övriga stora gravar ingått i samma eller

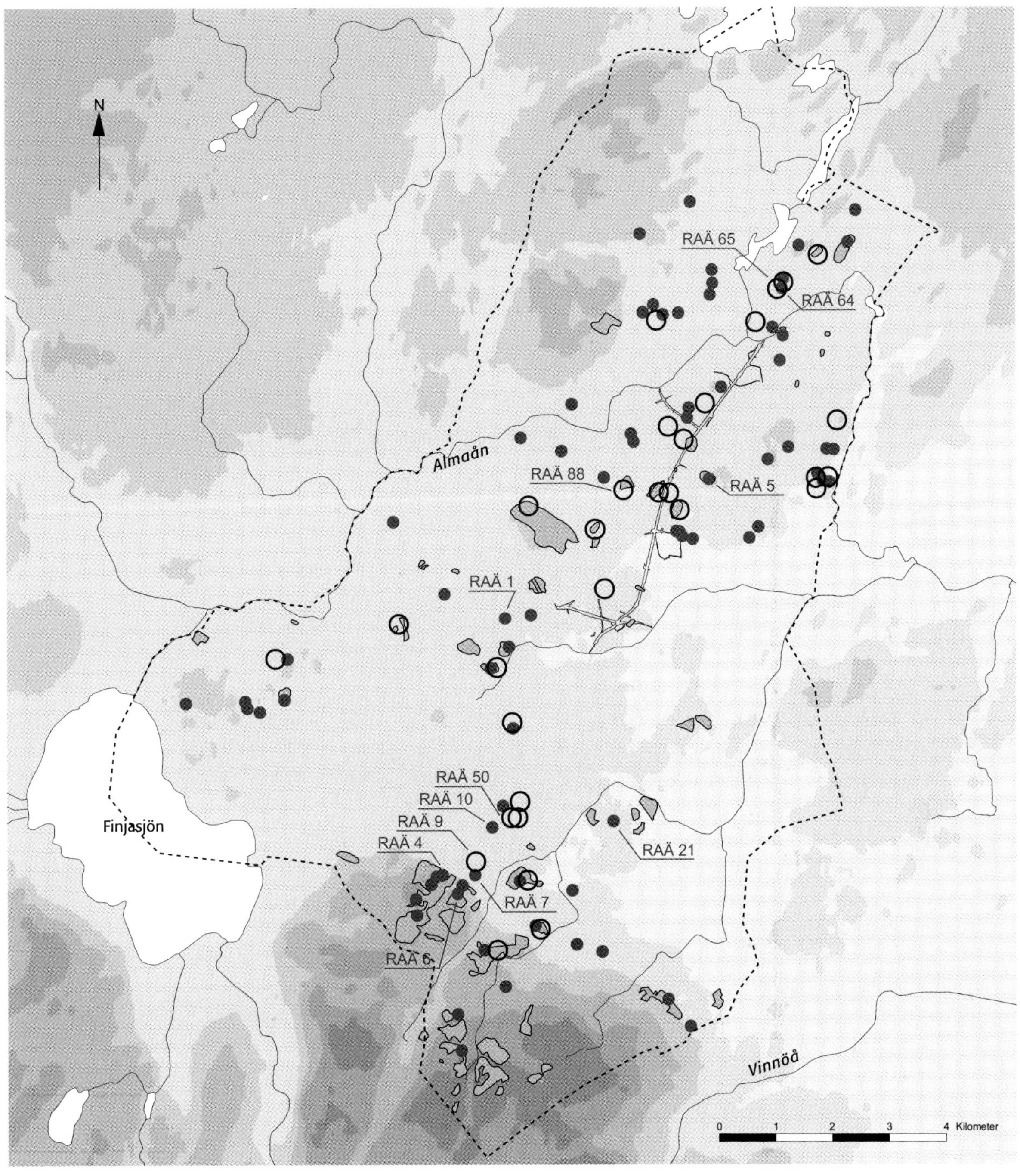

Spridningen av enstaka gravar och gravgrupper, främst representerade av rösen och stensättningar, sett i förhållande till områden med röjningsrösen. Monumentala gravar markeras med RAÄ nr.

The distribution of solitary graves and groups of graves, primarily represented by cairns and stone-settings, in relation to areas with clearance cairns.

andra kommunikationstråk är däremot svårt att bedöma.

Många rösen och stensättningar ligger i samma områden som röjningsrösen och skålgropsförekomster (se nästa sida); en bild som vi känner väl utifrån erfarenheter från andra snarlika miljöer. Likheterna i den rumsliga placeringen i landskapet har lett till spekulationer kring huruvida det även föreligger en kronologisk samtidighet mellan dessa lämningar. Undersökningar under senare år har här visat att det åtminstone i en vid bemärkelse ofta finns någon form av tidsmässig korrelation mellan gravrösen/stensättningar och rösemiljöer.

På grund av röseområdenas ofta mycket långa anläggnings- och brukningstid, liksom svårigheterna att såväl visuellt som funktionellt särskilja gravrösen från röjningsrösen, har bilden dock visat sig vara betydligt mer komplex än vad man initialt antagit. Jag återkommer längre fram i uppsatsen till denna diskussion. I detta sammanhang räcker det med att konstatera att enstaka och i grupp liggande högar, rösen och stensättningar i sydligaste Sverige i de flesta fall visat sig tillhöra bronsålder och/eller äldre järnålder (Löthman & Varenius 1987; Nilsson 1998) Det ska dock betonas att endast ett fåtal moderna undersökningar av dessa gravtyper har utförts i norra Skåne, däribland inom detta projekt (jfr nedan; Carlie 1994a; 1994b; Serlander 2001; rapport under arbete). De vetenskapliga målen vid framtida gravundersökningar i området bör därför generellt sett präglas av en hög ambitionsnivå med riktade frågeställningar, för att bidra till en mer nyanserad bild av förändringar i regionens gravskick under brons- och järnålder.

Skålgropsförekomster. En annan vanligt förekommande fornlämningstyp är skålgropsförekomster, som med andragångsinventeringen ökat med flera hundra procent inom området sett i förhållande till det tidigare källäget då endast ett fåtal platser var kända (Carlie 1994a:114ff). Inventering av hällristningar är i regel mycket tidsödande, eftersom de markfasta block och klipphällar som ristningarna finns på ofta döljs av täckande lavar och mossor. Det är därför högst troligt att det fortfarande finns många skålgropslokaler kvar att upptäcka framför allt i de skogsklädda moränmarkerna.

Av de 49 platser med skålgropar som idag är kända inom området har närmare 75% (37 st.) påträffats i Stoby socken. Bland resterande 12 platser återfinns nästan samtliga i Ignaberga socken, medan endast en lokal är känd i området kring Hässleholm. De flesta skålgropar finns på markfasta block i terrängen. Flertalet lokaliteter omfattar endast en ristningsyta med ett litet antal skålgropar, i allmänhet mellan 1–5 stycken. På några platser förekommer även inslag av rännformiga eller ovala fördjupningar. Några andra typer av motiv, som t.ex. fotfigurer och solhjul, finns däremot inte representerade i området. Cirka en femtedel av platserna uppvisar fler än 20 skålgropar på ett och samma block. Av dessa ligger fem stycken centralt belägna i Stoby socken, en i Hässleholm samt tre stycken i Ignaberga socken. Flest skålgropar (127 st.) finns på ett 2x1,5 meter stort stenblock centralt i Stoby socken (RAÄ 6). Blocket ligger på kanten av moränområdet söder om Almaån, där detta gränsar mot mark med stenfria isälvssediment. Som nämnts i det föregående uppträder skålgropsförekomster huvudsakligen i samma miljöer som rösen och stensättningar, d.v.s. på moränmarkerna och i anslutning till områden med röjningsrösen. Detta talar för att skålgropar åtminstone i vid bemärkelse ingått i samma kulturella kontexter med en kronologisk förankring i bronsålder och äldre järnålder. Undersökningarna inom

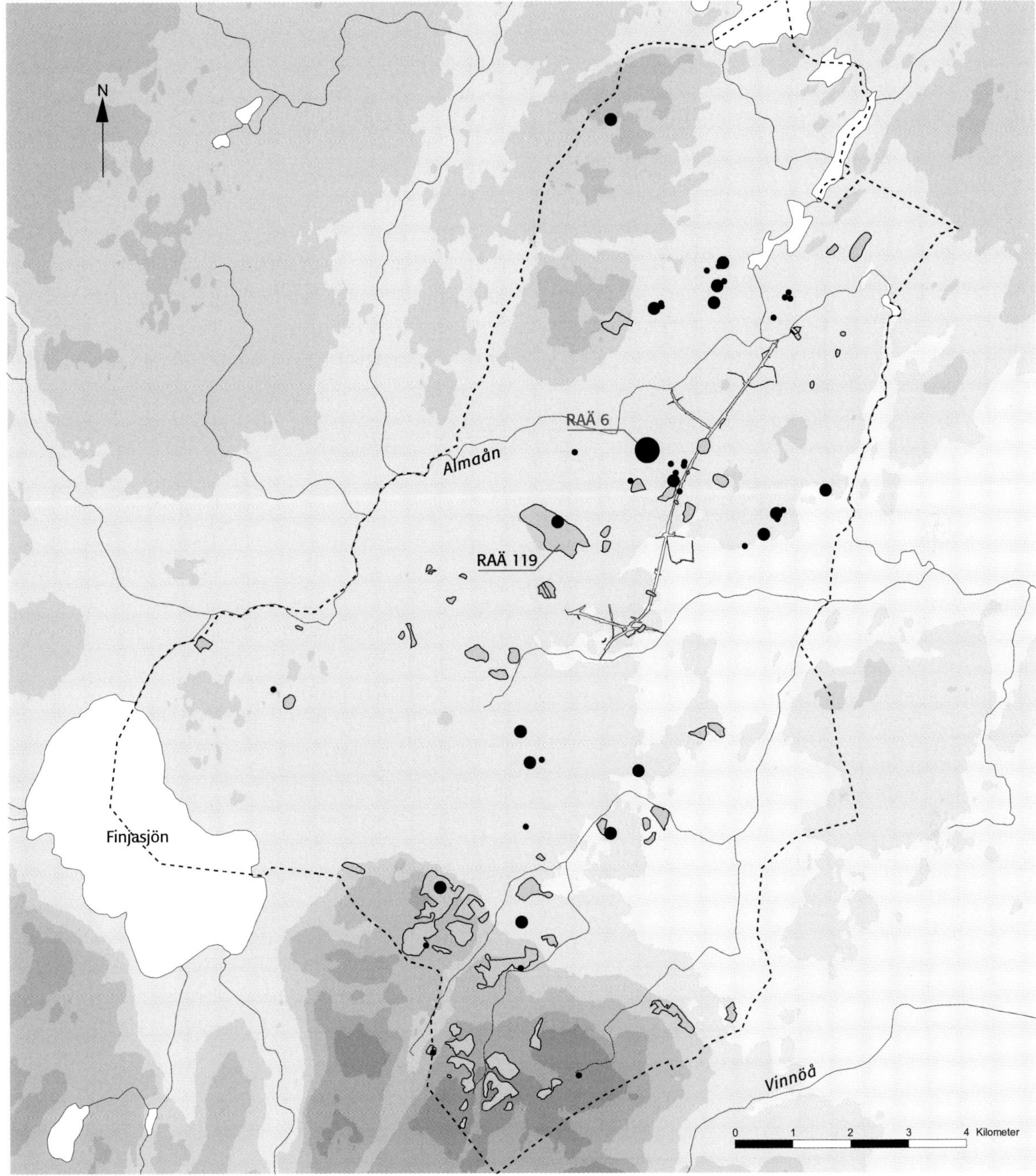

Skålgropsförekomst
- 1 - 5
- 6 - 40
- > 100

Område med röjningsrösen
UO
m.ö.h. ekvidistans 25 m

Spridningen av skålgropsförekomster och röjningsröse-områden.

The distribution of stones with cup-marks and areas with clearance cairns.

väg 23 projektet stöder ett sådant antagande, bl.a. genom fyndet av en skålgropssten i kantkedjan till en mindre rund stensättning från sen yngre bronsålder (jfr område 3 nedan).

Områden med röjningsrösen. Kunskapen om röjningsröseområden och deras utbredning i norra Skåne var fram tills för bara ett tiotal år sedan i stort sett obefintlig. Först med riksantikvarieämbetets andragångsinventering i Kristianstad län i början 1990-talet infördes en reviderad antikvarisk praxis som innebar en mer systematisk registrering av röseområden (Gren 1997). Grunden för denna förändrade praxis byggde på olika forskares samlade erfarenheter av rösemiljöer, där man med hjälp av specialkarteringar liksom arkeologiska och tvärvetenskapliga undersökningar, visat att röjningsröseområden i många fall hade en betydande ålder med ursprung tillbaka i förhistorisk tid. Som exempel kan nämnas Leif Grens analyser i Havsjö och Haraldstorp, Bringetofta socken (Gren 1989); Peter Normans studier i Lommaryds och Askeryds socknar (Norman 1989), Claes Tollins och Bosse Jönssons med fleras arbeten i Järparyd, Rydaholms socken (Tollin 1989; Jönsson m.fl. 1991) samt Catharina Maschers, Pär Connelids och Eva Weilers undersökningar i Röstorp, Örsås socken (Mascher 1993; Connelid m.fl. 1993; Connelid m.fl. manus). Flera av dessa undersökningar var inriktade på att utveckla vetenskapliga underlag och metoder för den antikvariska hanteringen av röjningsröseområden. Bland de problem som ansågs särskilt viktiga att utreda, intog frågor kring röseområdenas ålder och funktion en framskjuten plats, liksom frågan om eventuella spår av bosättningar i områdena. Medan man i slutet av 1980-talet och början av 1990-talet, på grundval av enstaka koldateringar, generellt talade om en datering av röjningsrösen med ålderdomlig karaktär till yngre bronsålder och äldre järnålder, har de senare årens röseundersökningar i olika områden visat på en kronologiskt sett betydligt mer sammansatt bild. Det är främst genom användandet av ett stort antal ^{14}C-dateringar från många rösen i kombination med olika paleoekologiska analyser, som det blivit möjligt att mer i detalj studera förändringar i röjningsröseområdenas användning och funktion över tiden (jfr t.ex. Hamnedaprojektet; Lagerås 2000). Resultaten från dessa undersökningar visar bl. a. att man i högre grad än vad som tidigare betonats, bör vara observant på tidsmässiga skillnader i röseområdenas etablering och användning mellan olika regioner.

Inom referensområdet kring väg 23 finns enligt fornminnesregistret 64 kända områden med röjningsrösen. Av dessa ligger 20 st. i Stoby socken, 28 st. i Ignaberga, 13 st. i Hässleholm och 3 st. i västra delen av N. Sandby socken. Att bedöma röseområdenas omfattning utifrån deras antal är egentligen missvisande, eftersom många områden till följd av senare tiders markanvändning troligen fragmenterats och splittrats upp i flera smärre områden. Även de enskilda inventerarnas rutiner vid registreringen av röseområden påverkar emellertid graden av fragmentering i materialet. Ett annat sätt att få en uppfattning om rösemiljöernas omfattning är att se på den areal dessa täcker liksom på antalet rösen. En enkel sammanställning visar här på betydande variationer i materialet, från vidsträckta områden på mellan 100–600 hektar bestående av hundratals rösen och ner till små miljöer på omkring 2 och 3 hektar. Som framgår av spridningskartan på föregående sida återfinns de största och mest intakta miljöerna i skogsmarkerna på Nävlingeåsens krön och nordsluttning i Ignaberga socken. Av de tretton områden som täcker mer än 100 hektar finns inte mindre än nio stycken i Ignaberga. De flesta röseområden, från vilka det föreligger måttuppgifter (58 st.), understiger således 100 hektar. Av dessa är 20 st. mellan 30 och 100 hektar, medan 25 st. understiger 30 hektar. De små röseområdena (>10 hektar) återfinns främst i mer slättbetonade områden, där marken i större grad utsatts för uppodling och exploatering, vilket bidragit till en större grad av fragmentering. Röjningsröseområdenas utbredning sammanfaller i huvudsak med förekomsten av moränmarker, vilket beror på den större andelen stenmaterial i dessa jordar. Många rösemiljöer ligger i övergångszonen mellan lägre och mer högländ terräng. Områdenas relativa närhet till Almaåns dalgång och dess biflöden, är en bild som känns igen utifrån spridningen av gravar och skålgropsförekomster. Faktum är att dessa tre fornlämningskategorier uppvisar så pass stora likheter i fråga om rumslig lokalisering i landskapet, att sambandet inte kan bortförklaras som slumpmässigt.

Innan de arkeologiska undersökningarna i samband med väg 23 genomfördes hade endast ett fåtal rösemiljöer undersökts i nordöstra Skånes inland. Inför utbyggnaden av väg 21 norr om Hässleholm grävdes år 1992 strax öster om Stoby samhälle enstaka röjningsrösen och stenröjda ytor inom ett större röjningsröseområde (RAÄ 181: ca. 300x270m). Fyra ^{14}C-prover från olika rösen daterar stenröjningen i området till yngre bronsålder och fram i romersk järnålder (Olsson m.fl. 2001: 44ff). Ett annat röseområde (RAÄ 60: ca. 240x190m) vid Läreda i östra Hässleholm var 1995 föremål för arkeologisk utredning. Förutom enstaka härdar påträffades här fynd av förhistorisk keramik, dock utan närmare datering (Olsson i manus).

Järnåldersgravfält. Gravfälten tillhör liksom enstaka gravar och gravgrupper en fornlämningstyp som tidigt uppmärksammades av inventeringen. Medan representativiteten ur inventeringssynpunkt således kan betecknas som tillfredsställande, är det betydligt mer osäkert i vilken omfattning gravfältens antal och sammansättning påverkats av bortodling och annan skadegörelse. Enligt Riksantikvarieämbetets sakordsregister ska ett gravfält bestå av minst fem enskilda fornlämningar. Syftet med denna definition är främst antikvariskt, d.v.s. för att underlätta handläggningen av fornminnesärenden. Sett ur ett socialt och religiöst perspektiv finns det däremot inga skäl att begränsa gravantalet till just fem stycken, eftersom det handlar om platsens betydelse och de innebörder denna tillskrevs av människor i det förflutna. Eftersom många gravfält är relativt små i norra Skåne, finns en risk att dessa blir underrepresenterade om ett antal av fem gravar tillämpas alltför strikt. Det är således troligt att ytterligare ett antal små gravfält, vars storlek påverkats sekundärt av skadegörelse, döljs bland platser som i fornminnesinventeringen registrerats som gravgrupper (jfr Carlie 1994a:88).

Inom referensområdet finns idag tio kända gravfält, varav flertalet ligger i de centrala delarna av Stoby socken. Gravfälten uppträder i stort sett inom samma områden som övriga gravar, d.v.s. på kanterna av moränområdena där dessa gränsar mot lägre liggande terräng, men uppvisar av naturliga skäl en glesare spridningsbild. I materialet utmärker sig ett mycket välbevarat och vackert beläget gravfält med domarringar vid Arkelstorp i Stoby socken (RAÄ 7). Fältet som består av närmare ett tjugotal mer eller mindre intakta domarringar undersöktes i början av 1970-talet av personal från Arkeologiska institutionen, Lunds universitet. Vid undersökningarna gjordes fynd av ett tiotal keramikskärvor, av vilka enstaka ornerade skärvor visar på en datering till yngre romersk järnålder och folkvandringstid (Ericsson 1975: 24). Arkelstorpsfältet utgör med sin homogena sammansättning av domarringar ett udda inslag bland de nordöstskånska gravfälten, som främst karakteriseras av små varierade gravfält samt av gravfält med resta stenar eller av skeppssättningstyp (jfr Carlie 1994a:88ff). Domarringsfältet vid Arkelstorp ger istället associationer till småländskt område, där man framför allt i de västra delarna av landskapet, motsvarande de gamla folklanden Finnveden och Njudung, finner en rik tradition med domarringar samlade i gravfält (jfr t.ex. Burström 1991:72f).

Övriga gravfält inom referensområdet anknyter i större grad till den traditionella bilden i regionen. Det handlar om tre gravfält av varierad typ (Stoby RAÄ 3, 23 och Ignaberga RAÄ 18), tre gravfält med resta stenar (Stoby RAÄ 36 och 39; Hässleholm RAÄ 2) samt tre fält av stensättningstyp (Stoby RAÄ 28, 79 och 118). En reservation måste dock göras för ett av dessa fält (RAÄ 118), bestående av ett fyrtiotal runda och ovala stensättningar, som p.g.a. svåra besiktningsförhållanden givits en osäker gravstatus. Då detta fält ligger inom ett stort röjningsröseområde kan det inte uteslutas att det rör sig om röjningsrösen. Två gravfält med resta stenar har tidigare varit föremål för arkeologiska undersökningar. Gravfältet vid Grantinge (RAÄ 39), som enligt uppgift ska ha bestått av 25–50 resta stenar, är sedan flera decennier helt borttaget. I början av 1950-talet undersökte Berta Stjernquist från Historiska museet i Lund flera brandgropar samt rester efter stenskoningar (1952a). Inga daterande fynd påträffades vid undersökningen. Begränsande undersökningar har även utförts på ett större gravfält med resta stenar, beläget i nuvarande Hässleholms tätort (RAÄ 2). Idag finns endast 28 stenar bevarade. När Carl von Linné på sin *Skånska resa* år 1749 färdades förbi fältet måste detta ha varit betydligt större. Han skriver i sin reseskildring kortfattat följande om platsen: *"Flisor, många, stora och upprättade, stodo på backen nedanför den höga galgen, 1 kvart förrän vi kommo fram till Röinge"* (1977:414). På grund av olika sentida markingrepp har gravfältet vid minst två tillfällen, 1952 och 1982, varit föremål för mindre arkeologiska insatser. Vid den äldre undersökningen utförd av Berta Stjernquist, dokumenterades två brandgropar i anslutning till resta stenar (Stjernquist 1952b). Vid den yngre undersökningen, utförd av personal från Riksantikvarieämbetet UV Syd, påträffades en härdgrop samt flera stenpackningar troligen efter resta stenar. Inte heller från denna plats föreligger några daterande fynd (Tesch 1985:463).

Dateringen av de gravfältstyper som finns företrädda inom referensområdet måste i brist på moderna och mer omfattande gravundersökningar förbli preliminära. Jag argumenterar i min avhandling (Carlie 1994a), främst på grundval av

Spridningen av järnåldersgravfält, medeltida och historiska by-/gårdstomter samt runristningen i Stoby kyrka. Den ungefärliga sträckningen för äldre huvudvägar genom området har markerats (efter Gerhard Buhrmanns karta 1684).

The distribution of Iron Age cemeteries, medieval village/farm sites and the runic inscription in the church of Stoby. The approximate courses for the old main roads in the district are marked on the map (from Gerhard Buhrmann's map 1684).

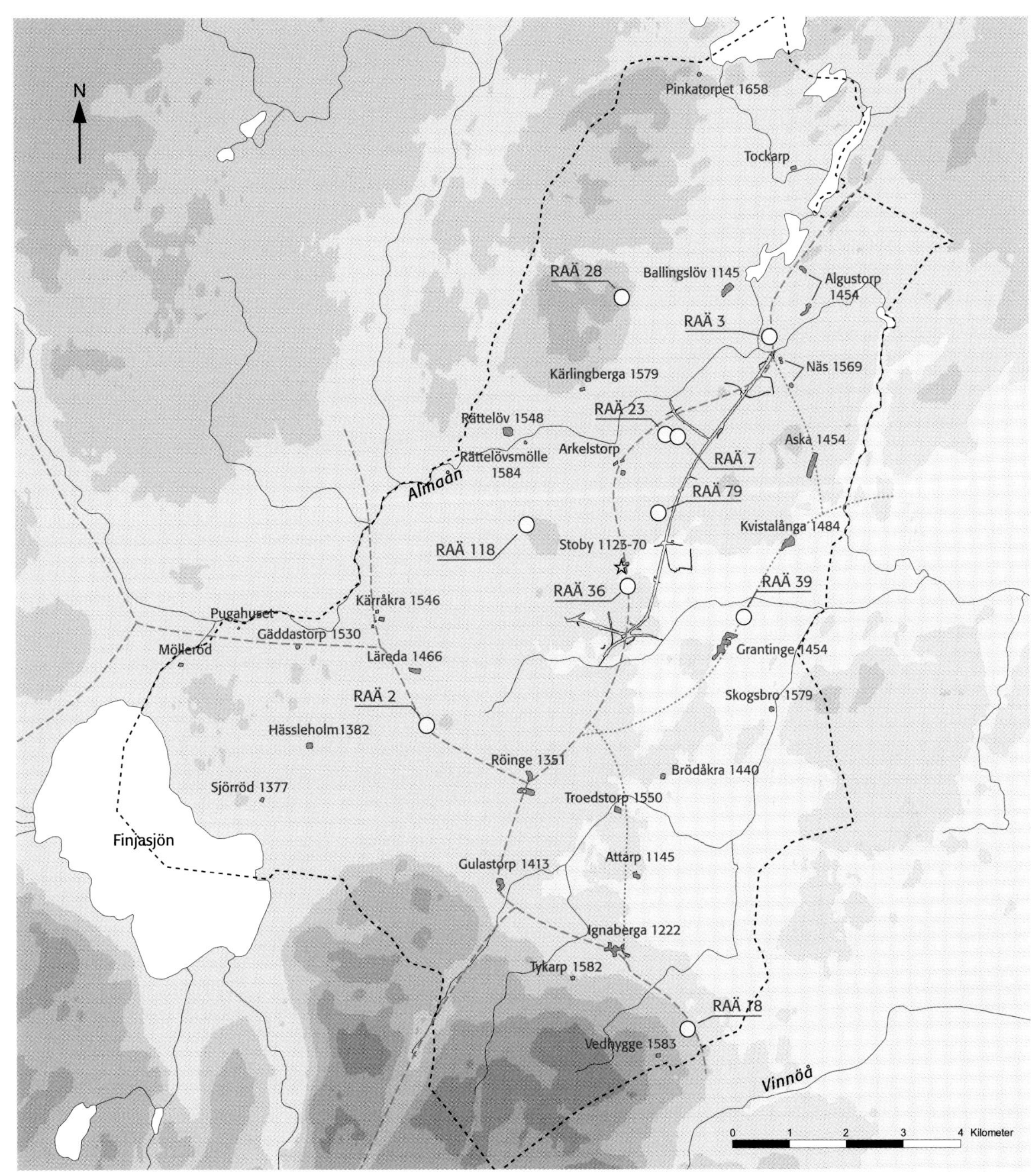

☆ Runristning
○ Gravfält
By- /gårdstomt
Äldre väg
Äldre väg (mindre)
UO
m.ö.h. ekvidistans 25 m

egna undersökningar i regionen, för en datering av de varierade gravfälten till äldre och yngre järnålder, med tyngdpunkt i perioden yngre romersk järnålder till vendeltid. Beträffande gravfält med enbart resta stenar finns idag inga säkra dateringsunderlag, utan dessa kan tills vidare endast dateras generellt till järnåldern. Större fält med resta stenar och inslag av skeppssättningar tillhör dock företrädesvis yngre järnålder. Även för gravfält av stensättningstyp saknas tillfredsställande dateringsunderlag. Den enda i modern tid genomförda undersökningen i grannskapet har utförts vid Ignaberga på Nävlingeåsens nordsluttning. Här har arkeologer från UV Syd under 1990-talet och framåt, vid flera tillfällen i samband med kalkbrottets utvidgning, givits möjligheter att undersöka delar av ett större gravfälts- och röjningsrösekomplex. I gravfältet har, förutom en domarring och sex resta stenar, ingått minst två gravrösen och ett flertal runda stensättningar. Hittills har omkring ett 10-tal gravar undersökts, bestående av två skadade rösen och sju runda stensättningar varav ett med mittröse. De ^{14}C-analyser och fynddateringar som hittills föreligger från platsen tyder på att gravfältet använts under mycket lång tid, troligen från bronsålder och fram i folkvandringstid (Hellerström 1996, 2001; Serlander 2001; rapport under arbete).

By- och gårdstomter m.m. En fornlämningskategori som under senare år kommit att registreras mer regelmässigt av fornminnesinventeringen är äldre by- och gårdstomter, i den mån dessa uppfyller kulturminneslagens krav om att vara varaktigt övergivna. Inom referensområdet finns 29 namngivna by- och gårdstomter. Samtliga av dessa finns skriftligen omnämnda i källor från medeltid eller tidig efterreformatorisk tid. Fyra byar har skriftliga belägg som går ner i 1100-och 1200-talen. En av dessa är Stoby (urspr. Stockby 1123–70) som också är socknens kyrkliga centrum. Trots att Stoby kyrka renoverades kraftigt i början av 1900-talet, finns fortfarande spår efter den ursprungliga konstruktionen. Byggnaden utgörs av en romansk absidkyrka med brett västtorn, som i likhet med de flesta övriga Göingekyrkor uppförts i gråsten. I samband med kyrkans renovering 1954 påträffades kalkmålningar från cirka 1225. Intressant är också fynden av flera runrader med bildmotiv i norra korväggen och absiden som ristats in i den våta putsen och därför troligen härrör från 1100-talet då kyrkan byggdes (NE 1995:265). Runraderna som skiftar mellan gammeldanska och latin innehåller olika antydningar till den katolska tidens gudstjänst. Ordet mässa förekommer t. ex. i två av raderna; den ena raden med uppmaningen ”Lär mässan”, medan den andra raden ställer frågan ”Vem motstår mässan”. Mansnamnet Topi finns också nämnt på två ställen, medan en runrad preliminärt har tolkats som ”Böner bad Judas”. Dessa sistnämnda runor finns invid bilden av en hund, som det föreslagits anspelar på en arabisk legend, enligt vilken djävulen i samband med flykt antog gestalten av en hund (Norra Skåne 21 oktober 1954).

Bland övriga byar med ett tidigt skriftligt omnämnande märks Ballingslöv (1145), Attarp (Attathorp 1145) och Ignaberga (Eknabiergi 1222). Av dessa är Ignaberga sockencentrum med en ålderdomlig stenkyrka från 1100-talet. Intressant bland kyrkans inventarier är flera helgonfigurer av trä, av vilka de äldsta dateras till 1200-talet (Bjerking 1962:1ff). I Ignaberga ska också ha funnits en medeltida borg som ägdes av herremannen Ulf Wildtand. Traditionen berättar att godsherrens dotter – jungfru Gertrud i Eknabiergi – lät bygga en kapell åt jungfru Maria, som invigdes år 1452 av ärkebiskopen Tuve i Lund (ur FMR, Ignaberga

RAÄ 93). Läget för detta kapell har utifrån äldre kartor spårats till en plats strax norr om Brödåkra by.

Även flera av de övriga ortnamnen inom området signalerar bebyggelse med ålderdomligt ursprung. Exempel på orter med slutled av förvikingatida ursprung är förutom Ballingslöv, Rättelöv, Grantinge och Röinge. Namn med slutledet -åkra, som Brödåkra och Kärråkra, kan vara äldre än vikingatid. Då namntypen även producerats in i medeltid och senare är det dock osäkert om dessa har ett förhistoriskt ursprung. Bland övriga typer anses framför allt namn med slutledet -by och -torp tillhöra vikingatiden, även om de sistnämnda också varit produktiva under medeltiden och senare (Pamp 1988). Som exempel på dessa kan förutom Stoby nämnas Algustorp (1454), Gulastorp (1413), Gäddastorp (1530), Troedstorp (1550) och Tykarp (1582). Även Hässleholmsgården, som långt senare givit namn åt stationssamhället och staden Hässleholm, har anor som kan följas ner i senmedeltid. I ett donationsbrev från 1382, hänvisas således till en viss Torbern Lavridssøn tillhörande Hässleholmssläkten, vars sociala status dock är oklar (Linneroth 1954:20).

Studier av äldre kartmaterial visar att bebyggelsen i området vanligtvis ligger organiserade i byar, som dock sällan omfattar fler än 10 gårdar utan ofta färre. Karakteristiskt för gårdarna är att dessa ligger ”lösligt” grupperade och ofta saknar reglerande drag i ägostrukturen (Connelid 1996). Arvid Bjerking menar utifrån studier av 1700-talets lantmäterikartor att Ignaberga, Tykarp, Attarp och Vedhygge bildat den ursprungliga kärnan i Ignaberga socken, eftersom dessa byar har gemensam utmark fastlagd med gränser gentemot övriga byar i socknen. Gulastorp och Troedstorp har istället gemensam utmark med Röinge, medan frälsehemmanen Brödåkra och Skogsbro har gemensam utmark med Grantinge, vilket kan betyda att dessa är utflyttade gårdar från Grantinge i Stoby socken (Bjerking 1962:20).

By- och gårdstomternas geografiska spridning sammanfaller i grova drag med de förhistoriska lämningarnas rumsliga fördelning i landskapet. De historiskt kända bebyggelselägena återfinns således till stor del i övergångszonen mellan slättmark och mer höglänt terräng. En viktig skillnad jämfört med föregående perioder är att det fornlämningstomma sand- och moränområdet mellan Stoby och Nävlingeåsen nu uppvisar en etablerad bebyggelsestruktur. En viktig fråga i detta sammanhang är om avsaknaden av förhistoriska gravar och andra fornlämningstyper betyder att området var mer extensivt utnyttjat i äldre tider eller om avsaknaden är sekundär beroende på t.ex. bortodling?

För att få en uppfattning om bebyggelsens relation till det äldre vägnätet, har de viktigare huvudvägarna inom referensområdet markerats på kartan över järnåldersgravfält, by- och gårdstomter (se föregående uppslag). Underlaget har hämtats från Gerhard Buhrmanns karta över Skåne från 1684, som trots sin schematiska karaktär, ger en relativt god bild av den tidens viktigare kommunikationsleder. Två större huvudvägar kan således följas genom området. Den ena av dessa är den s.k. Helsingborgsvägen (jfr nuvarande riksväg 24 och 21), som löper i nordväst-sydostlig riktning genom referensområdet mot Kristianstad. Vägen löper från väster först längs Hörlingeån norr om Finjasjön. Efter att ha passerat Almaån fortsätter denna förbi Gäddastorps by. Vid Röinge som under historisk tid (1637–1866) var tingsplats för Röinge härad, svänger vägen söderut mot Gulastorp för att därefter vika av mot sydost längs med Nävlingeåsens norra kant, där den bl.a. passerar Ignaberga by på vägen till Kristianstad. Den andra huvudvägen, som löper i närmast nord–sydlig riktning, följer i stora drag väg 23:s tidigare sträckning. Inom referensområdet går vägen från söder räknat först via den smala dalgången över Nävlingeåsen. Söder om Gulastorp sammanfaller de båda vägarna under några kilometer fram till Röinge, varefter huvudvägen fortsätter till Stoby, passerar byarna Arkelstorp och Näs där denna liksom idag korsar Almaån. Många av de större byarna ligger således utmed eller i anslutning till de större kommunikationslederna. Denna bild är kanske inte helt oväntad. Vad som däremot är intressant är att också en stor del av gravfälten med resta stenar och domarringar ligger utmed de äldre huvudvägarna i närheten av den historiskt kända bebyggelsen. Ett av de gravfält (RAÄ 2) som särskilt utmärker sig i detta avseende är fältet med resta stenar inom nuvarande Hässleholms tätort, som dock saknar anknytning till ett äldre bebyggelseläge (jfr ovan).

Arkeologi längs väg 23 – en presentation av undersökta områden

Efter denna inledande översikt av fornlämningar och äldre bebyggelse i Hässleholmstrakten ska resten av artikeln ägnas åt undersökningarna utmed väg 23. Projektets arkeologiska del berörde ursprungligen tio områden, vilka i takt med att den antikvariska och arkeologiska processen fortskred kom att delas upp i ytterligare delområden till totalt fjorton stycken. Av dessa berördes åtta områden av särskilda arkeologiska undersökningar under sommaren och hösten 1998 (område 1, 2b, 3a, 3b, 4, 5a, 5b och 6).

Eftersom projektets resultat tidigare endast redovisats i översiktlig form, ges i detta sammanhang en mer uttömmande karakteristik av materialen inom varje enskilt undersökningsområde. Av denna anledning redogörs även för analysresultaten, främst ^{14}C-dateringar[1)] och vedartsbestämningar (jfr Lagerås i denna volym). Presentationen har strukturerats på så sätt att denna i stora drag följer områdenas numrering, med stigande nummerföljd från norr mot söder. Endast område 4 kommer på grund av det ringa arkeologiska utfallet inte att beröras närmare här nedan (jfr kartan på s. 284).

En yngre järnåldersgård vid Näs

Denna boplats (jfr område 1) belägen knappt en halv kilometer söder om Almaån, på utmarken till Näs by, uppmärksammades redan 1995 i samband med de inventeringar som utfördes inom ramen för den arkeologiska utredningen i projektet (Wallin 1996). Vid förundersökningen, som genomfördes under hösten året därpå, påträffades ett knappt 40-tal anläggningar i form av stolphål, gropar och härdar. Boplatsens totala storlek uppskattades i detta skede, utifrån anläggningsspår och topografiska förutsättningar, till omkring 1600 m^2 (Andersson 1998:15f). Denna bild förändrades i samband med den arkeologiska undersökningen 1998, då koncentrationer av stolphål och andra anläggningar visade sig ha en betydligt mindre utsträckning än väntat. Den slutliga

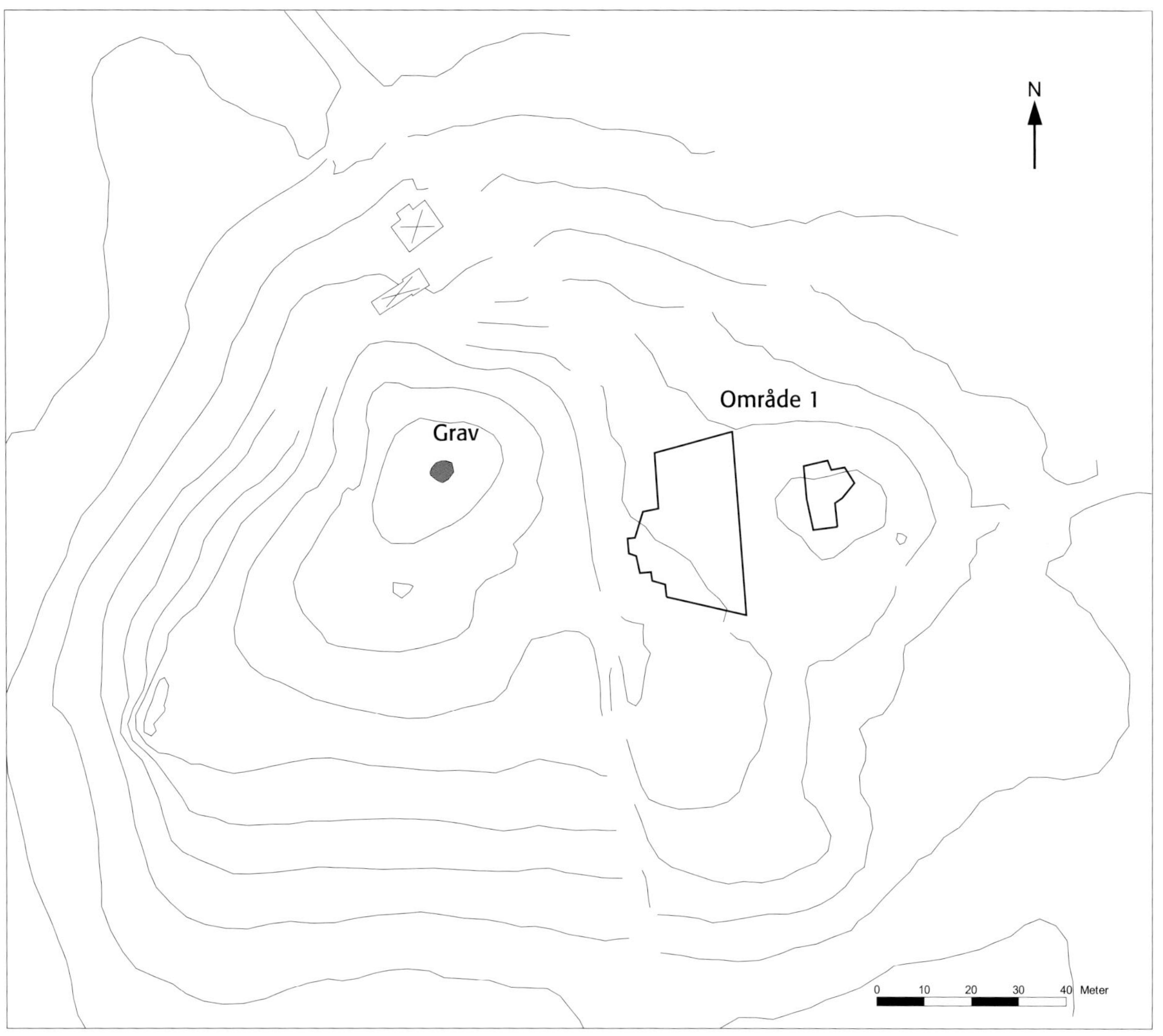

Översiktsplan över undersökta ytor vid Näs (område 1) med omgivande topografi.

Survey plan showing the excavation areas at Näs (site no. 1) and the surrounding topography.

undersökningen begränsades därför till ett cirka 800 m^2 område, fördelade på en större yta i väster och en mindre i öster (Andersson 2000b) (se föregående sida).

Boplatsen låg vid undersökningen i odlad mark i ett neddraget höjdläge och svag nordsluttning ner mot Almaåns dalgång. Denna placering i terrängen har ur bosättningssynpunkt haft flera fördelar, då bebyggelsen legat i ett skyddat läge på moränmark med närhet till såväl sandiga jordar som till rinnande färskvatten och fuktängar. Avståndet till Almaån och dess angränsande våtmarker är således knappt en halv kilometer. Förutom ådalen finns några hundra meter söder om boplatsen en större våtmark med namnet Näsmossen. Närheten till fuktrika miljöer har sannolikt inneburit god tillgång till ängsslåtter, och goda betesmarker för kreaturen. Några tidigare kända fornlämningar fanns inte i boplatsens närmiljö. Däremot uppmärksammade projektets arkeologer en grav av stensättningstyp (RAÄ nr saknas) cirka 50 meter väster om boplatsen. Stensättningen som är omkring fem meter i diameter ligger i ett karakteristiskt krönläge på en liten och i övrigt stenfri höjd. Gravens topografiska placering tyder på att denna är något äldre än bosättningen.

Vid undersökningen av platsen dokumenterades 27 anläggningar, samtliga belägna inom en cirka 18x20 meter stor yta i det västra av de två schakt som öppnades på platsen. De flesta anläggningar utgjordes av färgningar efter stolphål (21 st.). Merparten av dessa kunde knytas till två huslämningar, varav ett mindre s.k. fyrstolpshus (hus 1) och ett långhus (hus 2). Bland övriga anläggningar märks enstaka härdar (2 st.) samt en grop och en otolkad mörkfärgning. Fyndmaterialet från platsen är sparsmakat, och består endast av enstaka flintavslag, träkol samt ett mindre arkeobotaniskt material.

Den minsta utav de två huslämningarna utgjordes av resterna efter ett fyrstolpshus, som i marken avtecknade sig i form av öst–västligt orienterade och parvis placerade stolpfärgningar. Proportionerna hos den takbärande konstruktionen visar att huset haft en rektangulär grundplan, med ett avstånd om cirka 3,7–3,8 meter mellan stolpparen och en bockbredd på 1,5–1,55 meter. Några spår efter husets vägglinjer fanns inte bevarade. Undersökningar av liknande hustyper på platser som t.ex. Saxtorp SU 8 (Artursson 1999) och Böljenamosse punkt 9 söder om Lackalänga (Olson m.fl.1996; se även Carlie i denna volym) visar att storleken på huset kan ha varit uppemot åtta meter, med stolpbyggda väggar och en eller två ingångar. Hus av fyrstolpstyp förekommer på boplatser från bronsålder och fram i yngre järnålder. Konstruktionen genomgår dock små förändringar över tiden, samtidigt som det verkar ha existerat flera varianter av hustypen parallellt. Utformningen hos den takbärande konstruktionen kan därför inte användas mer specifikt som dateringsunderlag. För att få en uppfattning om dateringen av hus 1, får vi istället ta hjälp av resultaten från de två kolprover av obestämt lövträd som analyserats från två av stolphålen. ^{14}C-värdena faller inom samma tidsintervall, och visar med en kombinerad kalibrering och 2 sigmas intervall på en datering till yngre romersk järnålder och folkvandringstid (1737+/-48 BP).

Hus av fyrstolpstyp verkar i de flesta fall ha använts som uthus, antingen till förvaring eller som skydd för de mindre husdjuren på gården. På boplatsen Skrea 195 i mellersta Halland hittades t.ex. för några år sedan rester efter spillning från get och nötboskap tillsammans med fröer av ängsväxter och sädeskorn i två separata fyrstolpshus tillhörande en gårdsanläggning från yngre romersk järnålder och folkvandringstid (Wranning

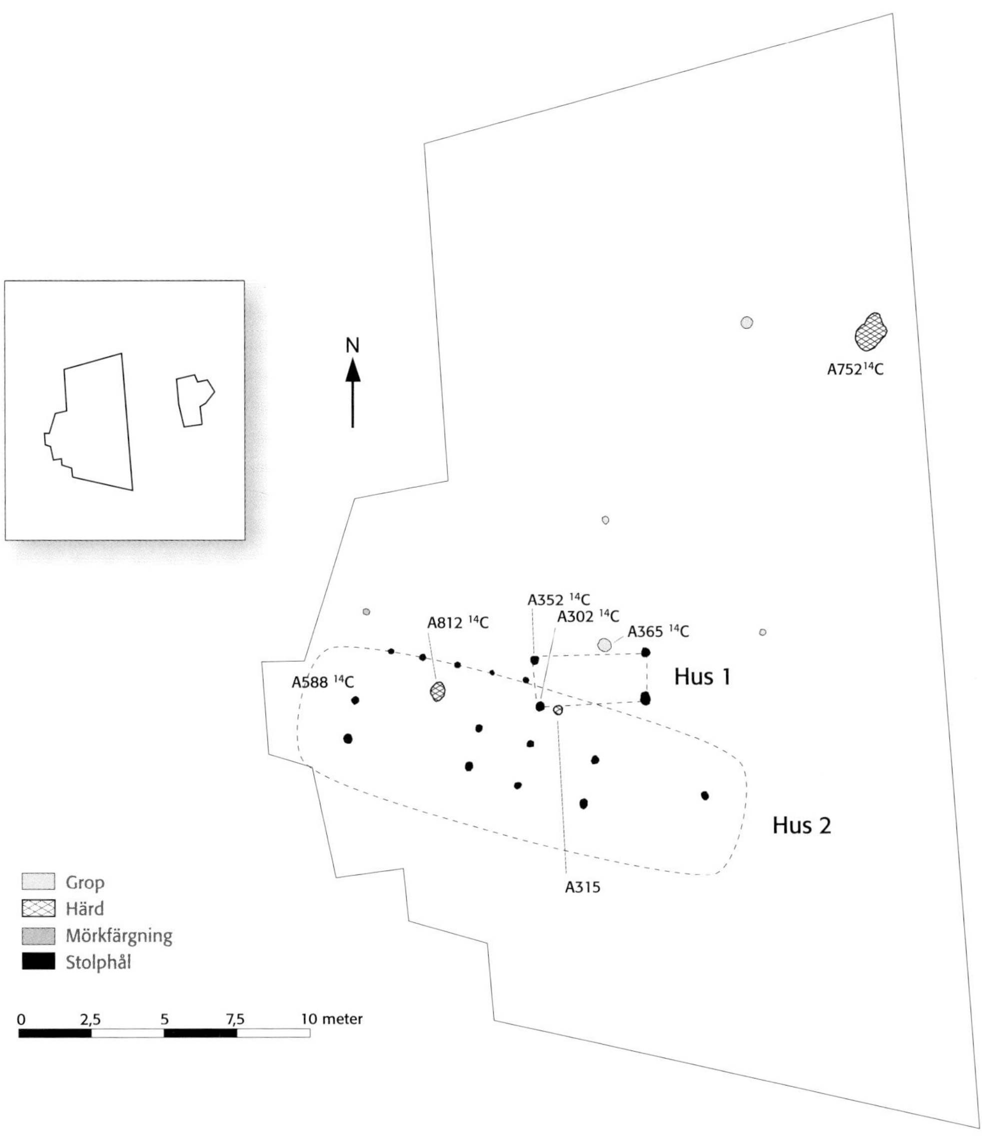

Hus 1 och 2 vid Näs med härdar och andra intilliggande anläggningar.

Houses 1 and 2 at Näs with hearths and other structures next to the buildings.

2001:64ff). I andra sammanhang har rester efter större mängder sädeskorn påträffats (t.ex. Hodde, hus LI), vilket tyder på att byggnaden använts som sädesmagasin (Hvass 1985:38). Det paleobotaniska materialet från hus 1 består tyvärr av så små mängder att det inte går att utläsa något om själva funktionen. Förutom enstaka sädeskorn fanns i materialet inslag av fröer från olika kulturväxter, t.ex. fårsvingel, pilört och gräs[2)].

Omedelbart söder om uthuset hittades vid undersökningen rester efter en större huslämning (hus 2). Spåren efter byggnadens inre konstruktion var närmast intakta. Dessa visar att det rör sig om ett treskeppigt långhus, 12,6 meter stort (VNV–OSO), med fem takbärande bockar, varav den södra stolpen i det östligaste paret saknades. Husets ursprungliga storlek bör ha varit omkring 16–17x5 meter. Bockarnas bredd varierar mellan 1,3 och 1,5 meter, vilket innebär att huset haft en underbalanserad konstruktion, där väggarna måste ha burit en del av tyngden från taket. Av husets vägglinjer fanns dock endast fyra stolpfärgningar bevarade i norra långväggen. Dessa visar att husets väggar varit närmast raka med gles stolpsättning. En intressant detalj hos konstruktionen är de takbärande bockarnas asymmetriska placering, med ett relativt sett större avstånd i ändarna och tätare ställda stolppar i mittsektionen. Sett från väster är avståndet mellan bockparen 4,3, 1,9, 2,3 samt 4,0 meter. Variationen i stolpsättningen har troligen samband med husets inre disposition, vilket jag återkommer till längre fram.

Ett daterat kolprov från långhuset, taget på obestämt lövträd från en takbärare, pekar på en något senare datering jämfört med fyrstolpshuset, troligen till folkvandringstid – vendeltid (Ua-25 265, se tabell nästa sida). Denna datering får delvis stöd av husets typologiska särdrag, där den inre konstruktionen tydligt ansluter till en sydskandinavisk byggnadstradition med kända paralleller från både Skåne och Halland. Ett närmast identiskt långhus (hus IX) har undersökts på boplats 14 i L:a Köpinge, Stora Köpinge socken. Detta hus har samma rytm i den inre stolpsättningen, samma smala bock-bredd, men har varit obetydligt längre cirka 18 meter (Tesch 1993:185f). En bevarad härd mellan första och andra bocken från väster talar för att husets västra del använts som bostadsutrymme. Ett ^{14}C-prov taget på träkol från härden har daterats till yngre romersk järnålder och folkvandringstid. En annan parallell till hus 2 har undersökts i mellersta Halland, på boplatsen Skrea 2:10, Skrea socken (Artelius 1993). Även detta hus har samma ojämna rytm i den inre konstruktionen, medan avståndet mellan stolparna i de enskilda bockparen däremot är något bredare (2,2–2,4 meter). En annan intressant detalj är att stolphålen efter två motställda ingångar fanns bevarade mitt på husets långsidor mellan andra och tredje bockparet från väster. Huset från Skrea dateras utifrån ett kolprov från takbärare till samma period som huset i L. Köpinge, d.v.s. yngre romersk järnålder och folkvandringstid (Artelius 1993).

Inom boplatsen påträffades förutom husen endast ett fåtal anläggningsspår, bestående av en grop, tre härdar samt en mörkfärgning. Trots att tre av dessa återfanns inuti husen, är det ytterst tveksamt om de är samtida med bebyggelsen. I långhusets västra del påträffades mellan första och andra bocken en 0,5 meter stor härd (A812). Avståndet mellan härden och långhusets norra vägglinje uppgår dock endast till cirka en meter, varför denna troligen inte hör till huset. Ett ^{14}C-prov taget på träkol av björk daterades till yngre romersk järnålder och folkvandringstid, vilket tyder på att gropen istället är samtida med fyrstolpshuset (Ua-25 265).

Väg 23 område 1

Lab.nr	Anl.nr	^{14}C år BP	Anl.typ	Vedart	Kalenderår 2 sigma	Arkeologisk period
Ua-25263	A588	1545±55	stolphål; hus 2	ej möjligt	AD 410 - 640	folkvandringstid/ vendeltid
Ua-25265	A812	1640±65	grop	björk	AD 240 - 570	y romersk järnålder/ folkvandringstid
Ua-25264	A752	1670±65	härd	björk	AD 230 - 550	y romersk järnålder/ folkvandringstid
Ua-25266	A352	1705±70	stolphål; hus 1*	lövträd	AD 130 - 540	romersk järnålder/ folkvandringstid
Ua-25267	A302	1765±65	stolphål; hus 1*	lövträd	AD 120 - 420	romersk järnålder/ folkvandringstid
		**1737±48*	*hus 1*		*AD 210 - 410*	*y romersk järnålder/folkvandringstid*

Sammanställning över ^{14}C-dateringar från Näs (område 1). | Compilation of ^{14}C-datings from Näs (site no. 1).

Utmed långhusets norra vägglinje samt omedelbart öster om uthusets sydvästra hörnstolpe, hittades bottendelen av en härd (A315). Härdens läge nära eldkänsliga partier i de båda husen, visar att denna under inga omständigheter kan vara samtida. Möjligen antyder dess ringa djup (0,06m) snarare en senare datering. Den tredje anläggningen (A365) bestod av en 0,5 meter stor grop med träkolsrester. Gropen återfanns inuti uthuset, och bör om denna är samtida med byggnaden, ha legat mycket nära husets norra vägglinje. Om så varit fallet kan det t.ex. handla om en förvaringsgrop. Tyvärr föreligger ingen datering från gropen.

Endast ett fåtal anläggningar hittades i området kring husen. Cirka 10–12 meter åt nordost påträffades botten av en ensamliggande härd. Ett kolprov från björk daterar denna till yngre romersk järnålder – folkvandringstid, d.v.s. samtidigt med uthuset (Ua-25 264).

I samband med undersökningen samlades prover in för makrofossilanalys från takbärarna i båda husen. Det arkeobotaniska materialet från boplatsen är sparsamt (30 fröer)[2)]. Cirka en tredjedel av materialet består av sädeskorn, främst från korn, men även med enstaka inslag av emmer och råg. Det övriga materialet karakteriseras av fröer av gräs samt andra kulturpåverkade växter däribland fårsvingel, pilört, åkermynta och ängssyra. Fröerna speglar troligen den lokala växtligheten på platsen, där inslaget av fårsvingel visar på de relativt magrare markerna jämfört med södra Skåne. Noterbart är också att det i materialet saknas speciella indikatorer på systematisk gödsling (pers. kom. Mats Regnell, se även Regnell i denna volym).

Summering. Undersökningarna vid Näs visar sammantaget på en flerfasig bebyggelse på platsen från övergången mellan äldre och yngre järnålder. Fem ^{14}C-prover från både hus och anläggningar visar med kalibrerade värden och två sigmas intervall på en tidsmässig spännvidd från yngre romersk järnålder och fram i vendeltid. Tyngdpunkten i boplatsens användningstid ligger dock snarast i yngre romartid och folkvandringstid. Bebyggelsen, som representeras av ett långhus och ett hus av fyrstolpstyp, kan knytas till två faser. Avsaknaden av reparationer eller ombyggnader i husen tyder på att varje bebyggelse haft en kort användningstid. I samma riktning pekar även andra förhållanden på boplatsen, däribland frånvaron av hushållsrelaterade fynd liksom anläggningar efter gårdsnära aktiviteter. Även de små mängderna av arkeobotaniskt material från platsen, stöder antagandet om en kortvarig bebyggelse. Dessutom saknas i frömaterialet indikationer på systematisk gödsling.

Den äldsta bebyggelsen representeras av fyrstolpshuset (hus 1), som troligen anläggs under yngre romersk järnålder. Boplatsens välavgränsade och ringa storlek talar emot att bebyggelsen under detta skede representerar en regelrätt gård. Huset bör istället tolkas som en ekonomibyggnad med tillhörande aktivitetsytor, som av någon anledning placerats på ett visst avstånd från gårdens huvudbyggnad.

Någon gång under folkvandringstid/vendeltid, efter det att uthuset raserats eller rivits, anläggs en gård på samma plats, bestående av ett ensamliggande långhus (hus 2). Frånvaron av utbytta stolpar i konstruktionen tyder på huset existerat under en relativt kort tid, troligen en eller två generationer. De varierande avstånden mellan bockarna talar för att huset varit indelat i tre storleksmässigt likvärdiga rum, varav två med större spann i ändarna och ett rum med kortare avstånd mellan bockarna i mittsektionen. Tyvärr finns inga spår bevarade efter husets ingångar. I analogi med de undersökta långhusen från Skrea och L. Köpinge, skulle den tätare stolpsättningen i mittpartiet kunna ha ett samband med ingångsrummets placering. I huset från L. Köpinge, visar resterna av en bevarad härd att bostads- eller köksdelen legat i husets västra del, medan östra delen troligen haft någon form av ekonomifunktion (Tesch 1993: 185f). Långhuset från Näs har sannolikt varit organiserat på ett liknande sätt, även om frånvaron av funktionsindikerande fynd och konstruktioner gör det omöjligt att bestämma vilken del av huset som använts till de olika funktionerna.

Ett röseområde med bebyggelse och gravar nordost om Arkelstorp

Denna miljö med röjningsrösen och gravar (område 2b) ligger cirka 1,2 kilometer sydsydväst om den undersökta järnåldersgården vid Näs (se ovan), på utmarken tillhörande Arkelstorps by. Själva rösemiljön ligger på sydsidan av en större höjdsträckning med nordöst–sydvästlig orientering, på gränsen mellan moränmark och mark med isälvsavsatta material. Området som är beläget i ljus öppen och betad lövskog registrerades redan i samband med projektets inledande arbeten 1995 (Wallin 1996). Vid förundersökningen året därpå karterades tolv rösen inom vägarbetsområdet (Andersson 1998).

Röjningsrösen och bosättningsspår. Den undersökta ytan ligger i södra delen av ett större röjningsröseområde. Vid den kartering som utfördes i samband med slutundersökningen registrerades cirka 150 rösen inom en 290x70–180 meter stor areal (ca 27 000 m^2). Röseområdets storlek och utsträckning verkar ha anpassats efter de lokala markförhållandena på platsen. Medan utbredningen åt norr sammanfaller med en markerad sluttning i terrängen, karakteriseras avgränsningarna åt söder, öster och väster av naturliga fuktsvackor i marken. Röseområdet har en homogen sammansättning, utan synliga inslag av andra former.

De flesta rösen inom området var rundade till formen, med flack profil och 2–5 meter i diameter. Endast enstaka rösen var större eller mindre än fem meter. Ett av rösena i områdets norra del utmärkte sig genom sin större storlek (ca 9m) och topografiska placering på krönet av en mindre höjd. Röset har utifrån dessa förhållanden tolkats som en möjlig grav av stensättningstyp.

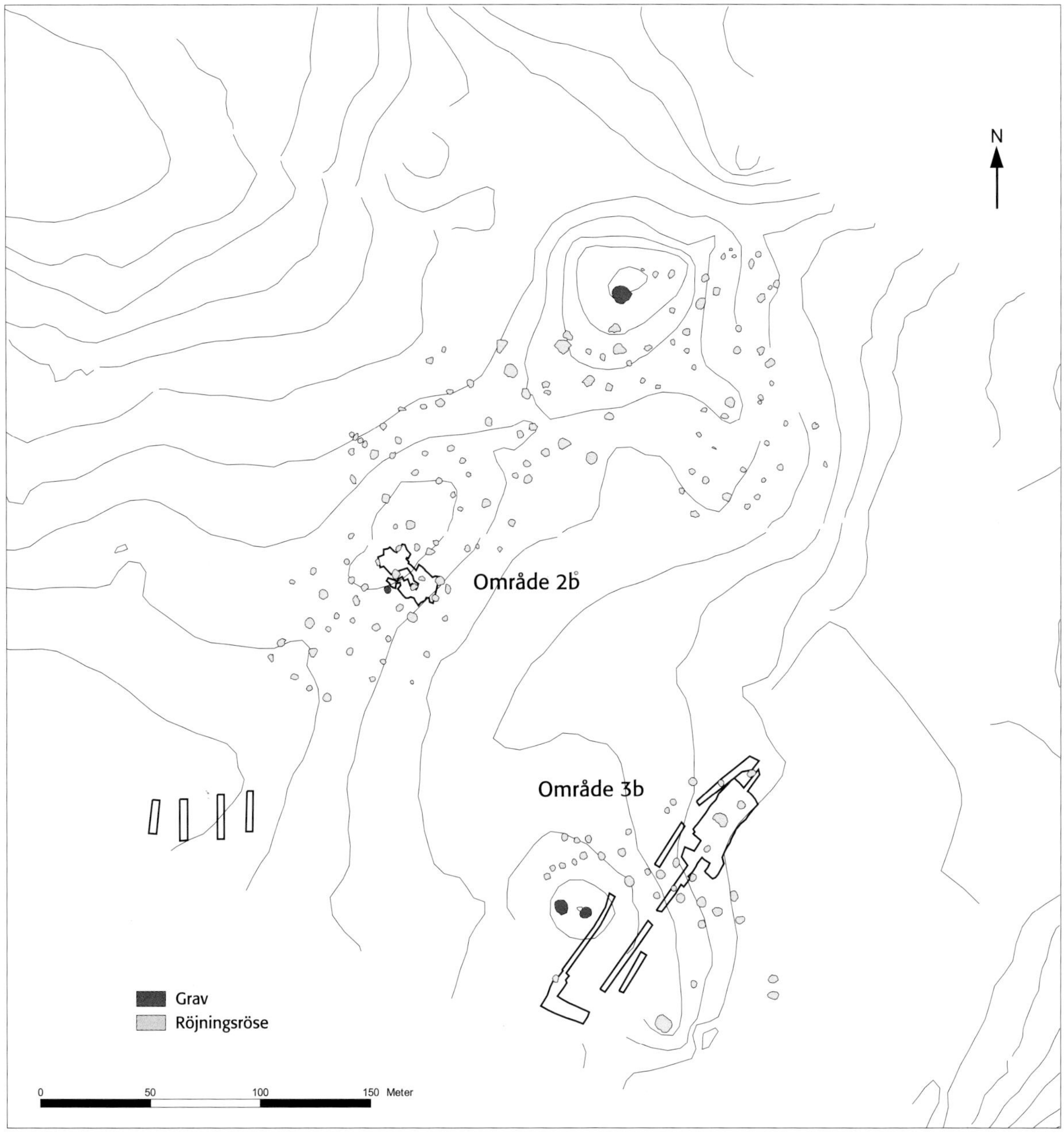

Översiktsplan över undersökta ytor inom område 2b och 3b med anslutande röjningsrösen och nivåförhållanden.

Survey showing the excavated areas at Arkelstorp, site no. 2b and 3b with surrounding clearance cairns and topography.

Totalt undersöktes 18 rösen inom ett cirka 65x45 meter stort område (ca 2900 m^2), vilket motsvarar cirka 11% av den totala ytan med rösen. Samtliga rösen snittades med maskin, varefter profilerna handrensades och prover för ^{14}C och makrofossil samlades in från profilväggen. De flesta rösen var rundade till formen och 2–4 meter i diameter och 0,5–0,8 meter höga. Rösena var i allmänhet uppbyggda av två till tre lager med jordblandad sten. Flera rösen innehöll markfasta block i botten, vilket visar att man i många fall valt att lägga den röjda stenen på eller i anslutning till större stenar.

Avstånden mellan röjningsrösena varierade inom området, från ett par meter och upp till 20–40 meter, vilket naturligtvis har påverkat storleken på mellanliggande stenröjda ytor.

För att fånga upp spår efter odlingsytor, bebyggelselämningar eller andra aktiviteter inom röseområdet, avlägsnades den täckande förnan inom en mindre sammanhängande yta mellan rösena. Det frilagda området var cirka 30x13–15 meter stort (NV–SO) och oregelbundet till formen. På grund av de praktiska problemen med att schakta i stående skog var det svårt att urskilja karaktären på de stenröjda ytorna. Däremot lyckades det att identifiera ett tiotal anläggningar, bestående av åtta stolphål, två gropar och en härd. Nästan samtliga anläggningar återfanns i schaktets nordvästra del, där dessa låg samlade inom en mindre yta mellan tre röjningsrösen (A200, A283 och A3696). Fyra av stolphålen kunde knytas till ett litet fyrstolpshus (hus 3) med närmast kvadratisk grundplan. Av byggnaden återstod endast stolpfärgningarna efter den takbärande konstruktionen. Denna har bestått av två stolppar, placerade med 1,7–2,2 meters avstånd (NV–SO) och med en bockbredd på 1,5–1,75 meter. Huset ursprungliga längd har inklusive vägglinjerna sannolikt varit omkring 4–5 meter. Inom området fanns ytterligare ett fåtal spår efter stolphål, som dock inte kunde kopplas till någon typ av konstruktion.

Det föreligger varken arkeologiska fynd eller koldateringar från hus 3. Däremot har kol av al från en intilliggande härd (A946) daterats till förromersk järnålder (Ua-25 279, se tabell 2). Även fyndmaterialet i övrigt är sparsamt från röseområdet. Förutom enstaka kvartsbitar hittades en mindre antal keramikskärvor (13 st.). Flera av dessa hittades under röjningsrösen, varför de troligen kommer från en äldre uppodlad boplatsyta. Skärvorna består genomgående av starkt fragmenterade bukskärvor utan spår av ornering eller andra kärldetaljer. I materialet finns en mynningsbit med rak till svagt inåtböjd profil och jämntjock något avplanad kant (F7). Denna skärva hör, liksom en bukbit med bikoniskt tvärsnitt (F11), sannolikt hemma i yngre bronsålder – äldre järnålder.

Ett röjningsröse med begravning eller gravröse med röjningssten? Att gravar i form av rösen och stensättningar ofta anlagts inom röseområdena har man länge känt till inom arkeologin. Det är främst genom Riksantikvarieämbetets årliga inventeringar av fornminnen, som man byggt upp en kunskaps- och erfarenhetsbank om vilka karakteristika som utmärker gravar från andra typer av konstruktioner främst röjningsrösen. Några av de egenskaper som ofta framhålls som typiska för gravmonumenten är deras större storlek, den regelbundna formen och det vällagda stenmaterialet samt förekomsten av konstruktionsdetaljer som t.ex. kantkedja, kantvall, mittblock m.m. Erfarenheter visar dessutom att gravar under bronsålder och äldre järnålder ofta uppfördes i höjdlägen, med mer eller mindre tydlig exponering åt ett visst väderstreck (Carlie 1994a:58, 70f). I takt med att allt fler arkeologiska undersökningar utförts av

Plan över den avschaktade ytan vid område 2b nordöst om Arkelstorp med undersökta anläggningar och röjningsrösen.

Plan showing the excavated area at site no. 2b to the north-east of Arkelstorp with investigated structures and clearance cairns.

anläggningar, som på visuella grunder bedömts vara rösen eller stensättningar, har den empiriska bilden emellertid blivit alltmer differentierad, samtidigt som den "tydliga" gränsen mellan gravar och röjningsrösen suddats ut (Lagerås m.fl. 2000:175f, 180). Anläggningar som utifrån form, konstruktionsdetaljer och läge i terrängen funktionsbestämts som gravar, har således visat sig vara fyndtomma och utan spår av begravningar (Björkhager 1992; Ericsson & Runcis 1995:31ff; Svanberg 2000:123ff). Samtidigt förekommer även exempel på det motsatta förhållandet, d.v.s. att rösen utan "gravlika" karakteristika och i "atypiska" lägen visat sig innehålla begravningar. Ett röse tillhörande den senare kategorin påträffades helt oväntat i samband med undersökningarna inom område 2b.

Graven låg i ett låglänt markparti i röseområdets södra del och uppmärksammades först i samband med att ett överlagrande röjningsröse snittades med maskin. Då rösets tvärsnitt senare rensades fram för hand noterades ett flertal brända ben i profilväggen. Det ovanliga fyndet medförde att undersökningsstrategin omedelbart lades om. Efter att stenpackningen i den kvarvarande halvan rensats fram och dokumenterats i plan, undersöktes rösets jordblandade stenfyllning skiktvis ner till orörd jord. Redan efter det att det översta lagret med sten tagits bort påträffades rikligt med brända ben. Benen som huvudsakligen återfanns i rösets centrala del, låg spridda på och mellan stenarna i packningen. Bland benen fanns obetydliga spår av träkol och sot. Dessutom visade enstaka stenar i fyllningen tecken på att ha utsatts för eld. I fältsituationen noterades att stenarna i rösets mittparti var något mindre i storleken och mer vällagda jämfört med materialet på kanterna. Det blandade stenmaterialet på rösets kanter bedömdes av utgrävarna därför som sekundärt påfört, medan småstenspackningen i rösets mitt uppfattades som tillhörande den ursprungliga graven. Om denna tolkning stämmer skulle det innebära att graven varit omkring tre meter i diameter, och med en svagt välvd profil som gör att denna närmast bör karakteriseras som en stensättning (se nästa sida).

De brända benen från graven uppgår sammantaget till cirka 500 gram, av vilka ungefär 143 gram (ca 28 %) har identifierats med hänsyn till benslag (Arcini 2001). Den osteologiska bestämningen visar att den gravlagde varit en vuxen man. Tyvärr tillåter benmaterialets starkt fragmenterade karaktär inte en närmare bestämning av mannens ålder. Ser man till de identifierade benens sammansättning härrör nästan samtliga fragment från den dödes övre kroppshalva, främst från huvud och hals (199 av 201 fragment). En sådan sammansättning är dock inte ovanlig för brandgravar som saknar benbehållare, eftersom frånvaron av ett skyddande hölje kring benen, gjort dessa mer utsatta för nedbrytning t.ex. genom tryck från täckande stenar och jord. Att på dessa grunder dra några slutsatser om en eventuell selektering av bestämda benslag i samband med att dessa samlats ihop från likbålet, låter sig inte göras (pers. kom. Caroline Arcini). Däremot visar det ringa inslaget av sot och träkol bland de brända benen är att man vid insamlingen av dessa försökt undvika att få med rester av sot och bålmörja från likbränningsplatsen. En intressant paleobotanisk detalj i detta sammanhang är fyndet av ett intakt förkolnat lingonfrö som hittades i ett jordprov från gravfyllningen i samma nivå som de brända benen. Förekomsten av lingonfrö skulle eventuellt kunna tyda på att någon form av dryck satts ner i graven. Det faktum att det endast rör sig om ett enstaka frö gör dock att en sådan tolkning bygger på ett mycket klent underlag (pers. kom. Mats Regnell)[2)].

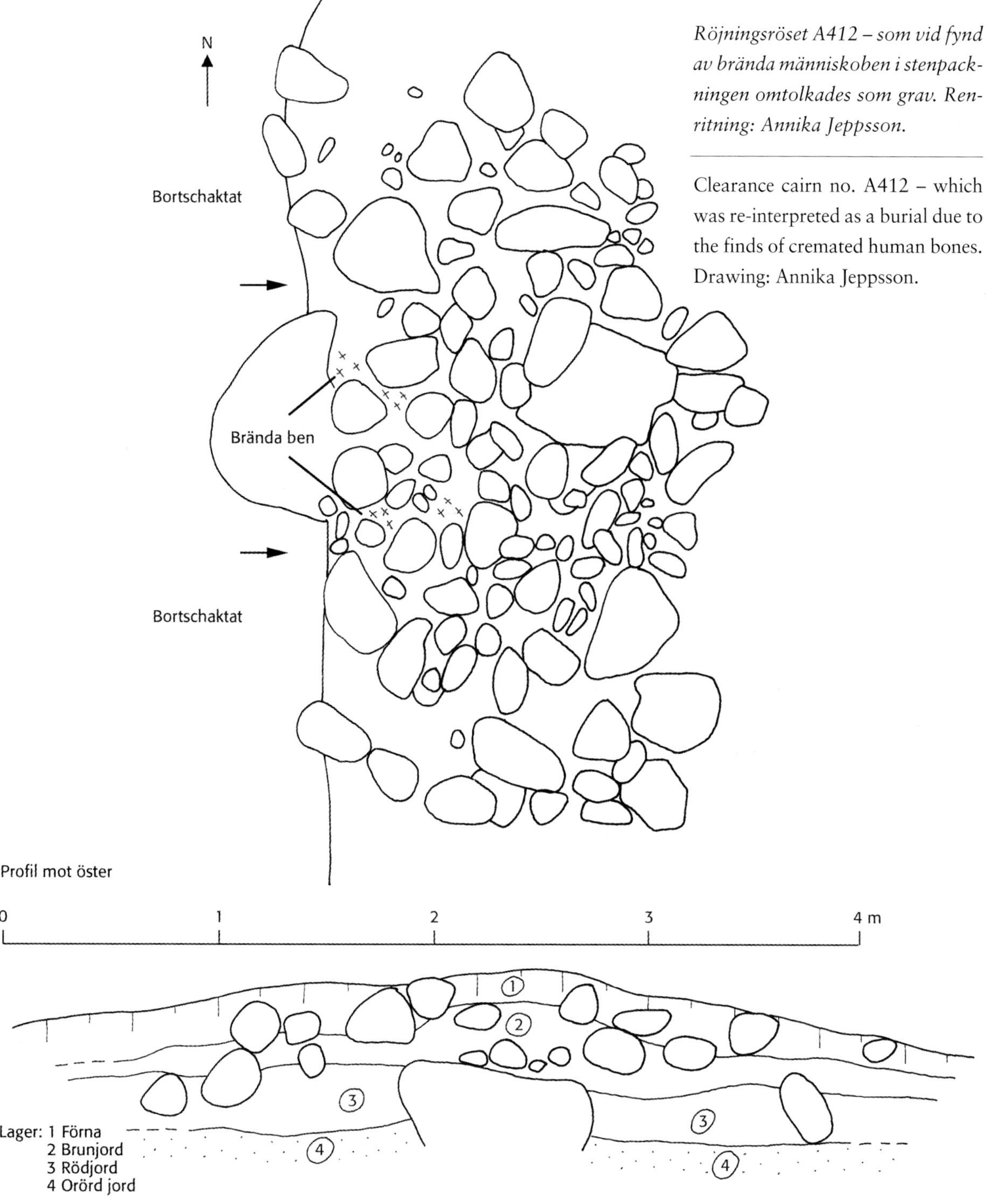

Röjningsröset A412 – som vid fynd av brända människoben i stenpackningen omtolkades som grav. Renritning: Annika Jeppsson.

Clearance cairn no. A412 – which was re-interpreted as a burial due to the finds of cremated human bones. Drawing: Annika Jeppsson.

Av stor betydelse för tolkningen av graven är att åldern på denna kan fastställas närmare i förhållande till stenröjningen. Eftersom daterande föremål helt saknas från graven, måste tidsbestämningen istället baseras på andra förhållanden. Vad gäller själva gravskicket bidrar detta endast i en mycket vid bemärkelse till ett klargörande av gravens ålder. Likbränning eller eldbegängelse har i södra Skandinavien praktiserats mer eller mindre kontinuerligt från äldre bronsålder och fram till kristendomens införande i mitten av tusentalet. Undersökningar visar att det under denna närmare 2500 år långa period förekommit olika traditioner att deponera benen; traditioner som inte bara varierat över tiden utan också mellan olika områden. Gravskicket i den nu undersökta stensättningen utgjordes av spridda brända ben utan inblandning av sot och träkolsrester från likbålet. Benen påträffades centralt i gravens stenpackning, som även innehöll enstaka stenar med spår av eldpåverkan. Några spår av själva likbålet fanns däremot inte, vilket visar att kremeringen skett på annan plats.

Till diskussionen om stensättningens ålder bidrar även några av de ^{14}C-prover som daterats från graven. Från A412 föreligger fem daterade kolprover. Tre av dessa dateringar utförda på kol från tall tillhör mesolitisk tid och har därmed inget kulturhistoriskt samband med begravningen. En fjärde prov taget på kol av björk från gravens bottenlager, dateras till övergången äldre/yngre bronsålder (Ua-25 270, se tabell nästa sida). Mycket tyder emellertid på att även detta kol är äldre än graven, och utgörs av röjningskol som legat på marken när graven byggdes. Ett ^{14}C-prov taget på de brända benen från gravgömman, talar istället för att graven anlagts under senare delen av yngre bronsålder (GrA-17 802). Dateringar utförda på ”structural carbonate” från kremerade ben har under senare år visat sig ha samma tillförlitlighet som traditionella koldateringar, under förutsättning att det daterade materialet har en låg egenålder. Dateringar utförda på människoben anses i allmänhet ge goda resultat, med en förhållandevis låg egenålder på mellan 10 och 20 år (Lanting & Brindley 1998:1ff).

Summering. Undersökningar på andra platser har visat att röjningsröseområden ofta tillkommit och använts under mycket lång tid. För att fånga upp perioder av expansion i stenröjningen liksom variationer i områdenas brukning över tiden, har ett stort antal ^{14}C-analyser visat sig vara en bra grund för kronologiska överväganden (Mascher 1993; Lagerås 2000; jfr även Lagerås i denna volym). Från område 2b finns sammantaget 17 daterade kolprover. Av dessa härrör 15 stycken från röjningsrösen, ett prov från en långprofil mellan rösen samt ett prov från en härd (ang. insamling av kolprover från röjningsrösen och vedartsbestämning se Lagerås i denna volym). I de flesta fall analyserades ett prov per röse. Endast i enstaka fall daterades mer än en kolbit från samma röse (A412 och A910). Från A412 analyserades t.ex. inte mindre än fyra olika kolprover, då detta röse visade sig överlagra en brandgrav (se ovan).

Av proverna från röseområdet visar tre stycken på mesolitiska inslag i materialet (5040–3950 f. Kr.), medan ytterligare tre prover ligger i den äldsta delen av tidigneolitikum (4050–3600 f. Kr.). Vedartsbestämningen visar att fyra av kolbitarna härrör från tall, medan två kommer av björk. En fråga av stor vikt för förståelsen av den äldsta stenröjningen i området, är om dessa kolbitar har ett samband med avsiktliga röjningsbränder eller ej. Per Lagerås argumenterar på annan plats i denna bok för att tidiga förekomster av tallkol kan härröra från naturliga skogbränder, p.g.a. de

Väg 23 Område 2b

Lab.nr	Anl.nr	^{14}C år BP	Anl.typ	Material	Kalenderår 2 sigma	Arkeologisk period
Ua-25280	A200	1725±70	röjnröse	lövträd	AD 120 - 440 (94,4%)	ä/y romersk järnålder - folkvandringstid
Ua-25268	A283	1940±65	röjnröse	björk	60 BC - AD 240 (94,0%)	sen förromersk - ä/y romersk järnålder
Ua-25279	A946	2185±70	härd	al	400 BC - 50 BC (95,4%)	förromersk järnålder
Ua-25326	A2041	2290±80	härd	björk	550 BC - 100 BC (90,5%)	förromersk järnålder
Ua-25269	A362	2330±65	röjnröse	hassel	800 BC - 200 BC (95,4%)	yngre bronsålder - förromersk järnålder
Ua-25325	A1418	2350±80	röjnröse	björk	800 BC - 200 BC (95,4%)	yngre bronsålder - förromersk järnålder
Ua-25274	A472	2405±65	röjnröse	hassel	770 BC - 380 BC (95,4%)	yngre bronsålder - tidig förromersk järnålder
GrA-17802	A412	2500±50	grav	brända ben	800 BC - 480 BC (87,7%)	yngre bronsålder - tidig förromersk järnålder
Ua-25276	A448	2535±65	röjnröse	björk	810 BC - 480 BC (88,6%)	yngre bronsålder - tidig förromersk järnålder
Ua-25282	Långschakt	2550±70	långschakt	ek-alm-ask	830 BC - 480 BC (89,5%)	yngre bronsålder - tidig förromersk järnålder
Ua-25270	A412	2800±65	grav a	björk	1130 BC - 810 BC (95,4%)	övergången äldre/yngre bronsålder
Ua-25278	A910	3305±70	röjnröse b	björk	1740 BC - 1430 BC (95,4%)	äldre bronsålder
Ua-25324	A1401	3545±85	röjnröse	björk	2140 BC - 1680 BC (95,4%)	senneolitikum - äldre bronsålder
Ua-25275	A887	4990±70	röjnröse	ek-alm-ask	3950 BC - 3650 BC (95,4%)	tidigneolitikum
Ua-24272	A412	5065±110	grav c	tall	4050 BC - 3600 BC (93,3%)	tidigneolitikum
Ua-25273	A412	5165±55	grav d	tall	4050 BC - 3790 BC (90,0%)	tidigneolitikum
Ua-25271	A412	5315±100	grav b	tall	4350 BC - 3950 BC (95,4%)	senmesolitikum - tidigneolitikum
Ua-25281	A855	5315±100	röjnröse	tall	4350 BC - 3950 BC (95,4%)	senmesolitikum - tidigneolitikum
Ua-25277	A910	5960±70	röjnröse a	björk	5040 BC - 4680 BC (95,4%)	mesolitikum

Sammanställning över ^{14}C-dateringar från område 2b vid Arkelstorp.

Compilation of ^{14}C-datings from Arkelstorp (site no. 2b).

naturliga barrskogarnas större brandbenägenhet (se Lagerås i denna volym). Det finns inga fynd i det arkeologiska materialet från område 2b som indikerar spår av mänsklig verksamhet under mesolitisk eller tidigneolitisk tid. Det förefaller därför rimligt att kolet, som Lagerås föreslår, kan ha hamnat där som en följd av naturliga processer.

Övriga tolv koldateringar från området uppvisar en kronologisk spridning från senneolitikum och fram i folkvandringstid (2100 f. Kr. – 440 e. Kr.). Dateringarna fördelar sig dock inte jämnt under denna 2500 år långa period. Mer än hälften av kolbitarna kan knytas till en betydligt snävare sekvens om 800 år, som faller inom perioden sen yngre bronsålder och tidig förromersk järnålder (800 – 50 f. Kr.). Det förefaller rimligt anta att dessa kolbitar i huvudsak är ett resultat av upprepade röjningsbränningar som har samband med stenröjningen i området (se Lagerås i denna volym). Det större antalet dateringar från sen bronsålder och äldsta järnålder ska troligen ses som ett tecken på att röjningarna intensifierades under denna tid. Det är intressant att brandgraven som hittades under ett av röjningsrösena (A412) är samtida med denna odlingsexpansion. Detta skulle kunna ses som ett uttryck för att människorna önskade markera eller förstärka sin "nyvunna" rätt att bruka marken. Å andra sidan kan man fundera över varför graven så småningom täcktes över med röjningssten och på så sätt "försvann" in i en anonymitet, som troligen gjorde det svårt även för samtidens människor att skilja denna från andra röjningsrösen. Tyder detta på en diskontinuitet i brukningsrätten, eller glömdes graven helt enkelt bort efter att området legat i träda under en längre tid? Erfarenheter från undersökningar av andra röjningsrösemiljöer visar på en mobilitet i såväl markanvändningen som i bebyggelsens lokalisering under bronsålder och äldre järnålder. Från flera platser, t.ex. Röstorp (Mascher 1993:37ff), RAÄ 66 i Hamneda (Cronberg m.fl. 2000:149ff) och område 3 på etappen Mölletofta – Rya inom E:4 projektet (Olsson manus) har spår av bosättningar från äldre järnålder påträffats inom samtida röseområden. Det finns flera indikationer i det arkeologiska materialet som tyder på att marken inom rösemiljön i område 2b tidvis också använts för bebyggelse och bosättning. Både fyrstolpshuset, de olika anläggningsspåren samt fynden av spridda keramikskärvor representerar således med stor sannolikhet ett enskilt gårdsläge, där en tillhörande huvudbyggnad kan förväntas ligga utanför den avschaktade ytan. Det arkeologiska materialets ringa omfattning medger tyvärr inte ett närmare resonemang kring bosättningens ålder och storlek. Allmänt sett tyder den sparsamma förekomsten av fynd och anläggningar dock på en mobilitet, med en eller möjligen flera kortare bosättningar på platsen. Vad som talar för att platsen kan ha använts för bebyggelse vid mer än ett tillfälle, är att flera av keramikfynden hittades under eller i botten av rösena, samtidigt som härden (A946) strax norr om uthuset med stöd i en ^{14}C-datering kan placeras i förromersk järnålder.

Ett röseområde med odlingsytor och gravar öster om Arkelstorp

Söder om röseområde 2b följer vägområdet genom ett flera kilometer brett stråk av kuperad moränmark. Nästa undersökta rösemiljö (område 3a-b) ligger på östra sluttningen av en större höjdsträckning i nordost–sydvästlig riktning, som i öster gränsar till ett mindre bäckflöde med anslutande våtmark. Röseområdets södra del (område 3a) uppmärksammades redan i samband med den arkeologiska utredningen 1995 (Wallin 1996). Den befintliga vegetationen med tät barrskog försvårade dock förberedande rekognoscerings- och karteringsarbeten. Först 1998, då skogen avverkades i samband med förundersökningen, var det möjligt att få en närmare uppfattning om områdets sammansättning och karaktär. Resultaten från förundersökningen visade på en rik förekomst av röjningsrösen i provschakten, men också på ytor med enstaka boplatslämningar i form av härdar och stolphål. I samband med förundersökningen uppmärksammades även en mindre samling av rösen och troliga gravar i områdets norra del (område 3b). Efter samråd med länsstyrelsen integrerades detta område i projektet. Förutom kartering av rösen schaktades här en mindre yta för att undersöka förekomsten av boplatsspår, varvid två härdar påträffades (Andersson 2000a). Redan samma höst inleddes slutundersökningar inom område 3a och 3b, som på grund av det förestående vägbygget kom att genomföras under stor tidspress.

Röjningsrösen, odlings- och aktivitetsytor. Som framgår ovan berörde undersökningarna inom område 3a och 3b i första hand fossil odlingsmark i form av områden med talrika röjningsrösen. En okulär besiktning av den omgivande terrängen utförd inom projektet, visar att de undersökta rösemiljöerna ingår i ett betydligt större komplex med uppskattningsvis omkring 1000 rösen, i området mellan väg 23:s gamla och nya sträckning öster om Arkelstorp. Rösena är inte jämnt spridda inom området, utan förekommer i både större och mindre anhopningar, beroende på lokala jordartsförhållanden och naturliga fuktsvackor i terrängen. Rösemiljön inom område 3a kunde tyvärr inte avgränsas mer i detalj, p.g.a. den mycket täta barrskogsvegetationen på platsen. Det faktum att rösena inom vägområdet, trots omfattande skador efter tidigare markberedning, kunde följas inom en närmare 280 meter lång sträcka, bekräftar dock inventeringens resultat, nämligen att det rör sig om delar av ett större röseområde (se s. 314). En kartläggning av jordarternas sammansättning inom vägområdet, visar dessutom på en mycket god överensstämmelse mellan förekomsten av rösen sett i förhållande till blockrik mark. Detta samband var särskilt tydligt inom det lilla och väl avgränsade röseområdet längst mot norr (område 3b), som tack vare en öppen lövskogsvegetation kunde karteras i sin helhet (se s. 315; jfr även s. 305). Området som var cirka 100x122 meter stort och låg på en mindre höjd bestod av 37 stycken relativt väl samlade röjningsrösen med en liten gravgrupp i sydvästra kanten. De flesta rösen återfanns på höjdens nordöstra och nordvästra slänter, som utgjordes av sandigt och grusigt material med ett rikt inslag av större svallade stenar och block. Nedanför slänten upphörde rösena i och med att terrängen blev mer låglänt och fuktig till sin karaktär. Även områdets södra begränsning hänger samman med naturliga förhållanden, då marken söder därom saknar inblandning av block. Variationer i jordarternas sammansättning är därmed en trolig förklaring till att det lilla röseområdet framstår som separerat från det större området inom 3a, medan båda områden i själva verket utgör delar av ett betydligt större komplex.

Inom område 3 dokumenterades 72 röjningsrösen, av vilka 37 stycken kunde knytas den lilla rösegruppen längst i norr, medan övriga 35 rösen låg spridda inom områdets mellersta och södra delar. Sammanlagt undersöktes här 28 rösen, varav nio stycken inom område 3b och 19 inom område 3a. Samtliga röjningsrösen snittades med maskin, varefter profilen handrensades och prover för ^{14}C och makrofossil samlades in. De flesta rösen var närmast runda till formen, 2–4 meter stora och 0,4–1,1 meter höga. I något tillfälle var det tydligt att stenen lagts mot ett eller flera naturligt markfasta block (A680). I andra fall konstaterades färgskillnader i jorden mellan de olika stenskikten, förmodligen som en följd av naturliga jordmånsprocesser (A680, A802, A991, A1108 och A1027). Skillnaden i färg kan dock även vara ett tecken på att rösena byggts på vid mer än ett tillfälle.

För att fånga upp röjda ytor mellan rösena, samt eventuella spår efter bebyggelselämningar och andra aktiviteter inom den fossila odlingsmarken, frilades två större ytor från täckande förna och matjord. I bägge fallen öppnades schakten i anslutning till de områden, där man vid förundersökningen konstaterat anläggningsspår. Efter att förnan schaktats bort med maskin, finrensandes anläggningar och stensamlingar för hand. För att

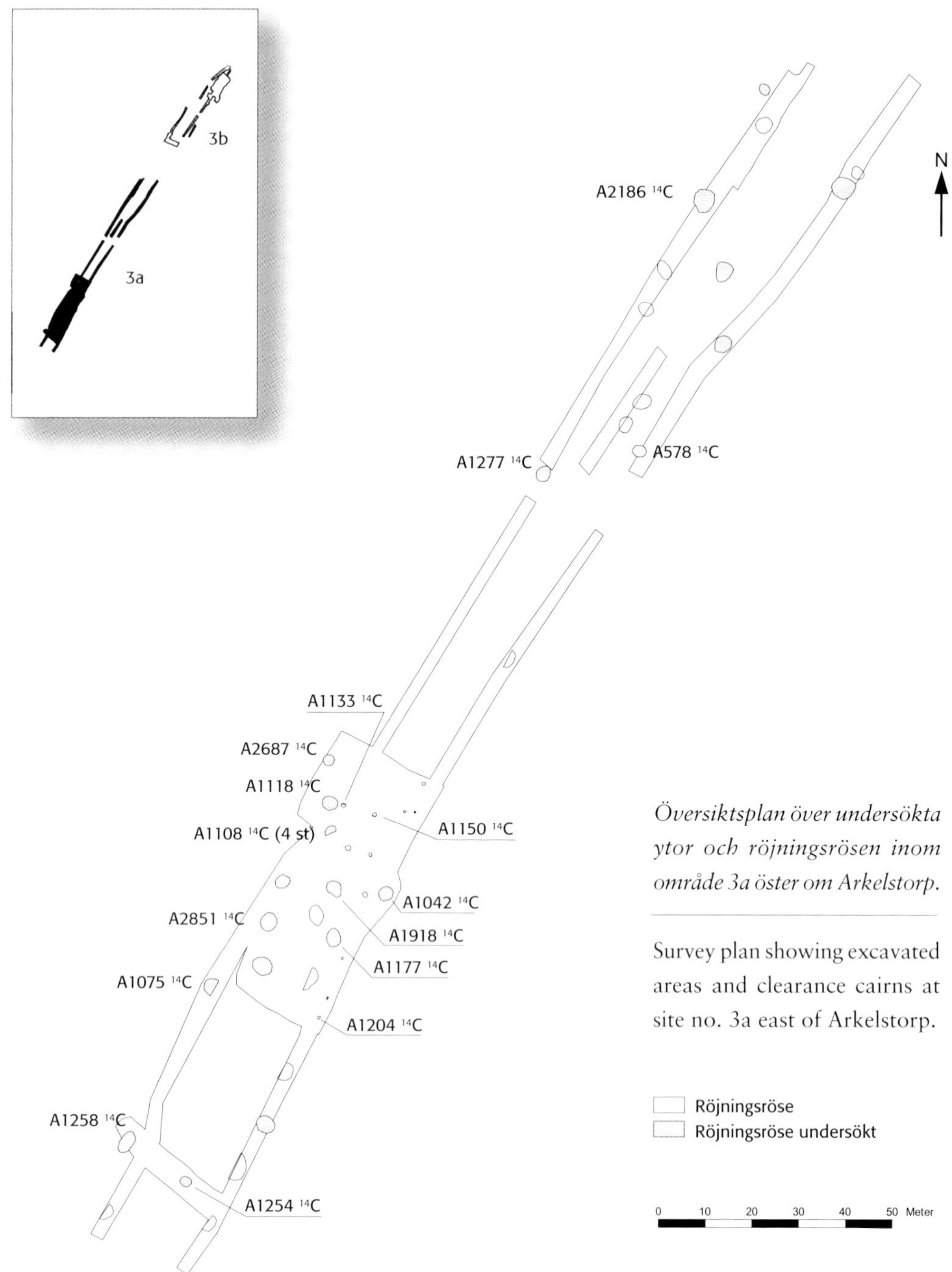

Översiktsplan över undersökta ytor och röjningsrösen inom område 3a öster om Arkelstorp.

Survey plan showing excavated areas and clearance cairns at site no. 3a east of Arkelstorp.

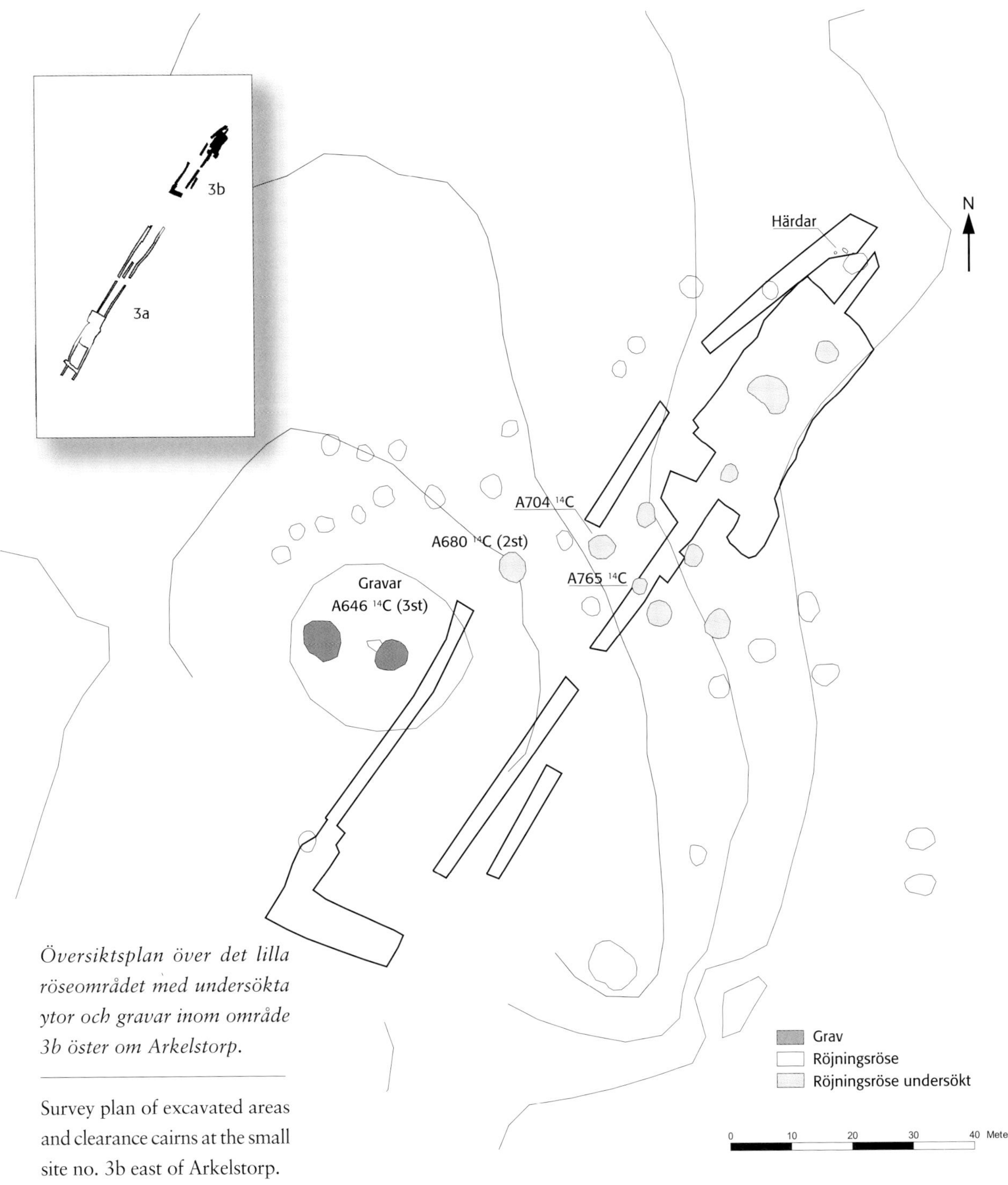

Översiktsplan över det lilla röseområdet med undersökta ytor och gravar inom område 3b öster om Arkelstorp.

Survey plan of excavated areas and clearance cairns at the small site no. 3b east of Arkelstorp.

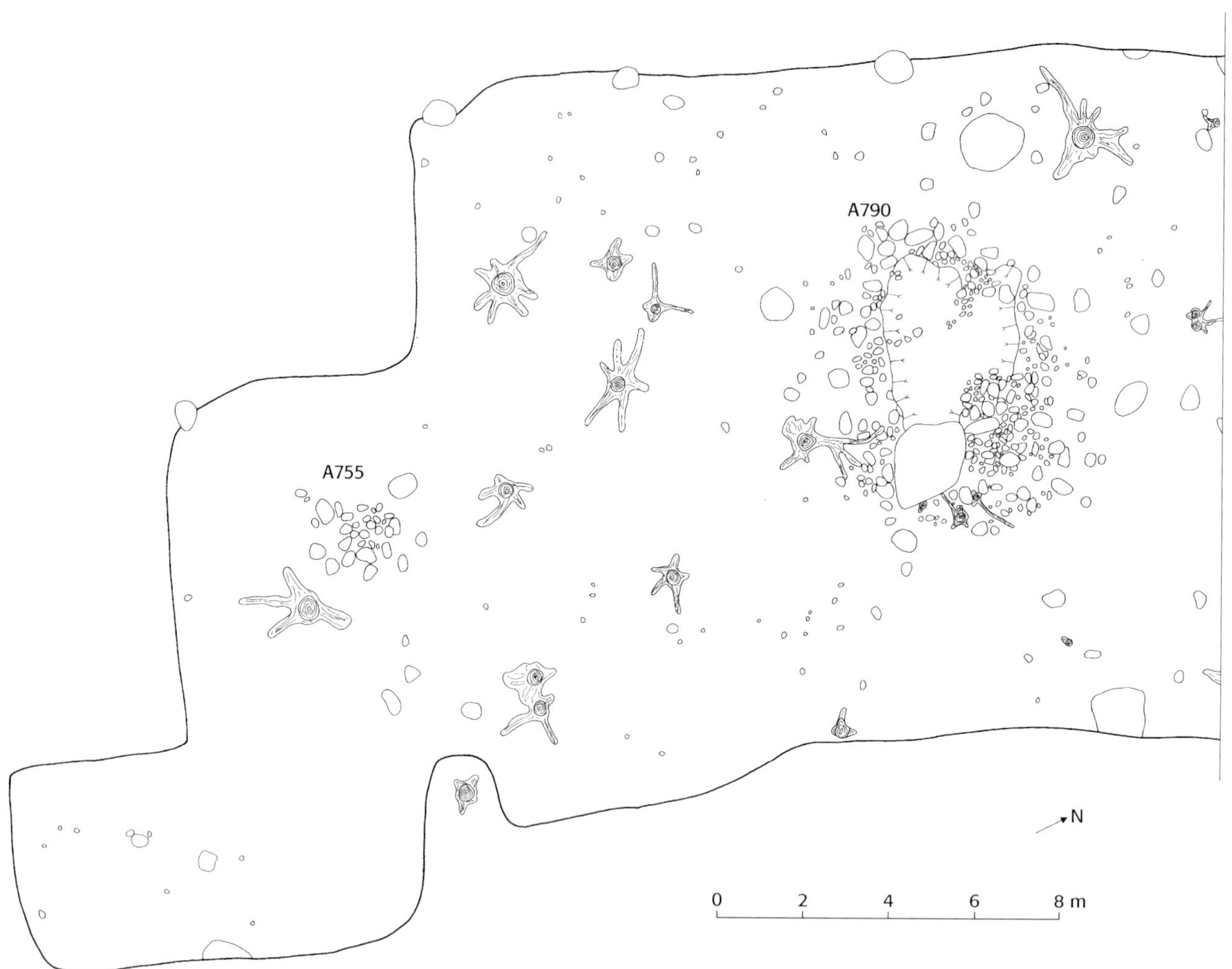

Plan över den för hand framrensade undersökningsytan inom område 3b med spår av stenröjning. Notera det stora markfasta blocket med uppkastad sten. Ritning: Annika Jeppsson.

Excavation plan of parts of site no. 3b with traces of stone clearance, which was investigated by hand. Notice the large boulder with thrown-up stones. Drawing: Annika Jeppsson.

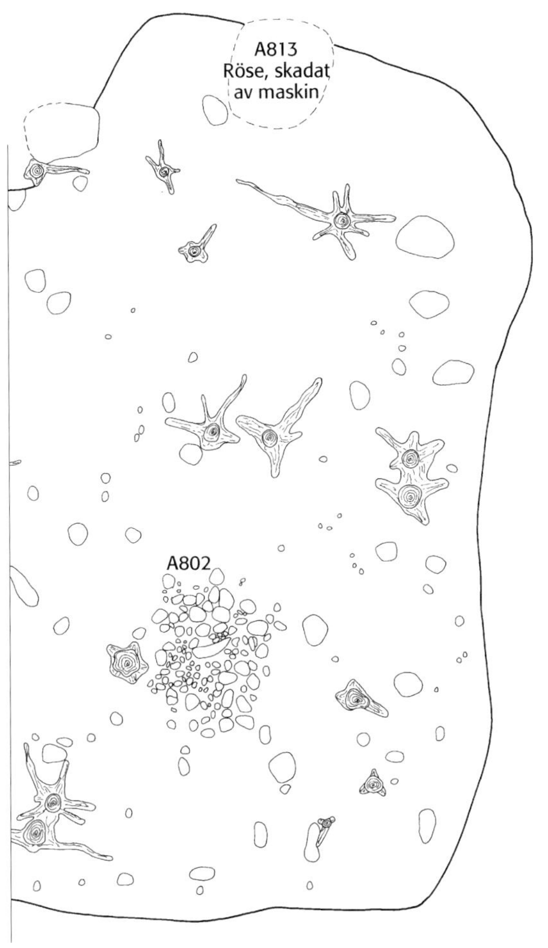

få en uppfattning om odlingsmarkens karaktär, samt relationen mellan röjningsrösen och stenröjda ytor, kompletterades den digitala inmätningen av området med en handritad plan i skala 1:50. På denna plan dokumenterades inte bara stenmaterialet i rösena och övriga anläggningar, utan över huvudtaget samtliga stenar i marken.

Den ena av de två ytorna undersöktes i röseområdets norra del (område 3b). Här frilades ett 30–35 meter långt och 15 meter brett område (450–525 m²) i den nordöstra slänten. Inom området fanns fyra röjningsrösen. Ett av dessa skiljde sig från övriga rösen genom att röjningsstenen kastats upp emot ett 4x3 meter stort jordfast block (A790). Området var förutom rösena helt tomt på anläggningsspår; detta trots att två härdrester hittats vid förundersökningen. Även inslaget av stenmaterial på ytorna mellan rösena var mycket begränsat. Detta kan bero på effekterna av stenröjningen, men har förmodligen även ett samband med den relativa stenfattigheten i marken.

Betydligt mer intressanta strukturer hittades i södra delen av område 3a, där en cirka 39x15 meter stor yta (585 m²) banades av (se nästa sida). De strukturer som påträffades inom området präglas starkt av lokala skillnader i markens geologiska beskaffenhet. Tvärs genom området löper således i nord–sydlig riktning, en naturlig jordartsgräns som delar upp den undersökta ytan i en västlig del med blockrik sandig morän och en östlig del med grusig sand utan inslag av sten och block. Den blockrika moränen uppvisar tydliga spår efter röjning, där den handplockade stenen lagts i små flacka och ytterst vällagda rundade rösen. Stenen har emellertid inte bara lagts i rösen på den röjda marken, utan har även flyttats ut på den stenfria ytan strax intill. Det är här intressant att flera av de rösen som undersöktes inom ytan placerats på rad. Detta mönster var särskilt iögonfallande på den stenfria marken, där fem rösen kunde följas i en närmast rak linje parallellt med den nord–sydliga jordartsgränsen. Avstånden mellan dessa rösen var från söder räknat: 8, 7, 3,5 respektive 6 meter. Frånvaron av markfasta stenar under rösena stöder hypotesen att materialet samlats ihop från den sten- och blockhaltiga marken i väster. Även inom den blockrika delen av området fanns emellertid en antydan till att rösen lagts på rad. Strukturen var dock inte

Plan över den handrensade undersökningsytan inom område 3a med spår av stenröjning. Lägg märke till röjningsrösena som ligger på rad. Ritning: Annika Jeppsson.

Excavation plan of parts of site no. 3a with traces of stone clearance, which was investigated by hand. Observe that several clearance cairns were placed in a row. Drawing: Annika Jeppsson.

A2687
A1118
A1108
A1133
Härd
A1854
Härd
A1150
Härd
A1889
Härd
A2010
Grop
A1166
Härd
A2719
Grop
A1191
Stolphål
A1042
N
0
2
4
6
8 m

lika distinkt här, eftersom ytan delvis hamnade utanför arbetsområdets gränser. Man kan i detta sammanhang fundera över orsaken till att rösena med röjningssten placerats i linjeformation. Att denna primärt skulle ha sin grund i praktiska och till odlingen relaterade funktioner är inte särskilt troligt. Placeringen i rader kombinerat med rösenas synnerligen vällagda karaktär, ger snarare associationer till samtida gravplatser, där det inte alls är ovanligt att hitta gravar av olika slag placerade i linjära formationer. Någon antydan till inre gravgömmor hittades dock inte i något av de undersökta rösena öster om Arkelstorp, utan likheten med gravar begränsas helt och hållet till rösenas fysiska utformning och placering i rummet. Vi vet inte vilka ideologiska motiv som låg till grund för denna till synes avsiktliga imitation av gravars formspråk, där den runda formen ofta ansetts markera fruktsamhet och pånyttfödelse. Kanske ville man med en rituell överföring av gravsymboliken på röjningsrösen försäkra sig om den ideologiska reproduktionen av odlingsmarken (jfr Varenius 1994). Men det kan också tänkas att associationen till gravar istället var avsedd att knyta an till gravmonumentens territoriella funktioner, genom att markera rätten till den av anfäderna röjda och brukade marken (Carlsson 1983:25).

Oavsett vilket av dessa tolkningsalternativ som är det rätta, är det intressant notera att det på samma yta som rösena på rad, även hittades lämningar av boplatskaraktär. Det rör sig endast om ett tiotal anläggningar, varav sex härdar, två gropar samt tre stolphål – de sistnämnda utan något inbördes samband. Samtliga anläggningar låg på den stenfria marken i områdets östra del. Medan gropar och stolphål var spridda inom ytan, återfanns de fyra härdarna samlade inom ett begränsat område strax invid och öster om raden med rösen. Det är för närvarande inte möjligt att bedöma vilken typ av verksamheter som bedrivits på platsen. Att anläggningarna lagts på den sandiga och mindre bördiga marken kan signalera att de hör till en intilliggande bosättning. Då varken huskonstruktioner eller föremålsfynd påträffats inom ytan, kan det å andra sidan också tänkas att anläggningarna representerar aktiviteter som hör samman med stenröjning och odlingsverksamhet. Vad gäller den kronologiska relationen mellan dessa aktiviteter återkommer jag till denna fråga längre fram.

En stensättning med skålgropssten. I samband med undersökningen inom område 3b uppmärksammades en liten gravgrupp i röseområdets sydvästra kant med två små stensättningar. Gravarna låg med bara fem till sex meters mellanrum på krönet av en mindre höjd som var naturligt fri från sten. Endast den östra graven (A646), som hamnade inom vägarbetsområdet, undersöktes. Denna framträdde efter avtorvningen som närmast rund till formen med en diameter om cirka fem meter. Efter att ytskiktet frilagts från täckande förna lades en nord–sydlig profil tvärs genom graven. Den inre packningen var genomgående vällagd med ett till två lager sten av varierande storlek. Gravens kanter var något otydliga i ytplanet och först sedan det översta stenskiktet avlägsnats framträdde en krets av något större

Den undersökta stensättningen (A646) i övre plan och profil. Renritning: Annika Jeppsson.

Upper layer and section of the excavated stone-setting (A646). Drawing: Annika Jeppsson.

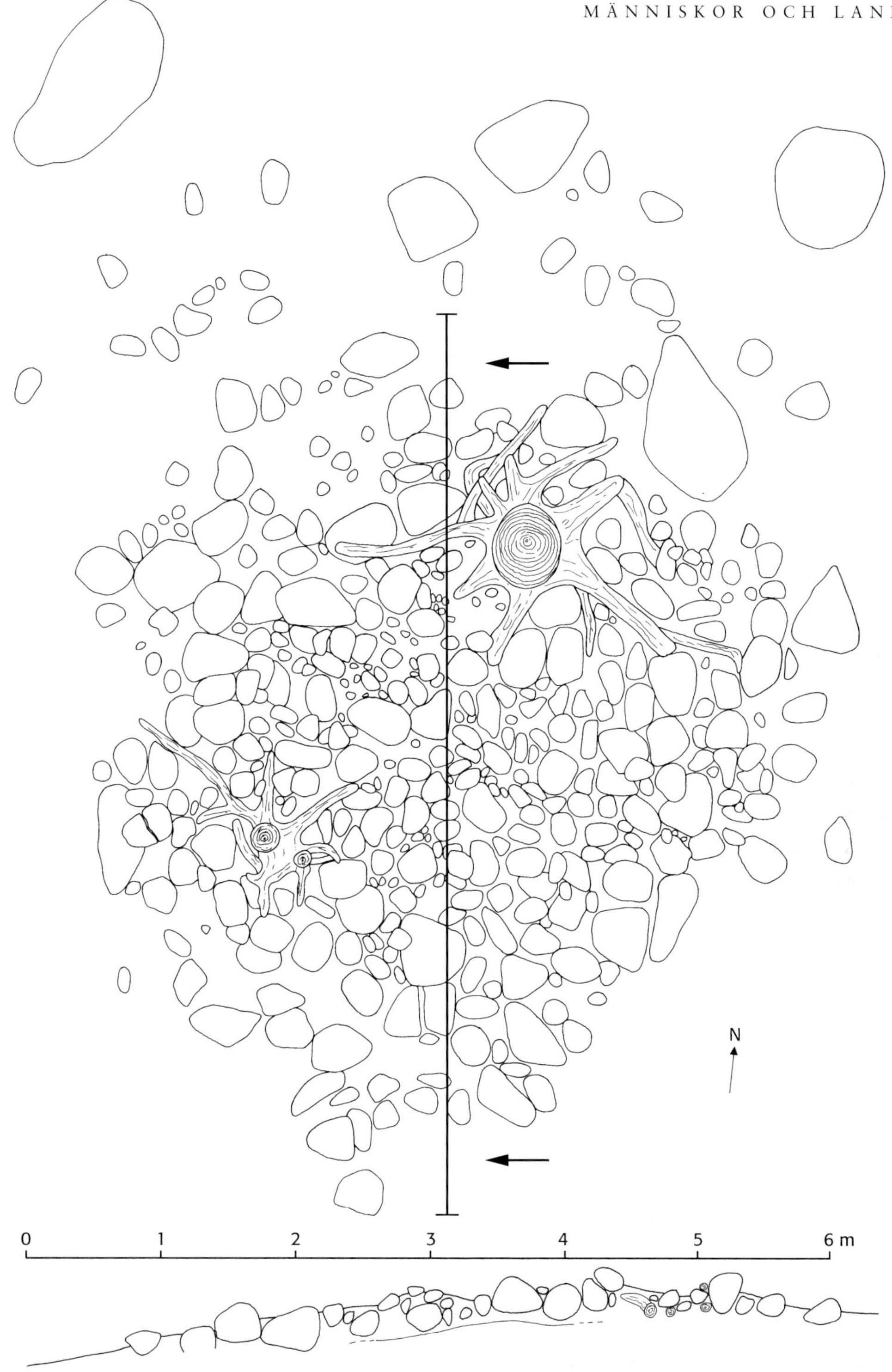
N
0
1
2
3
4
5
6 m

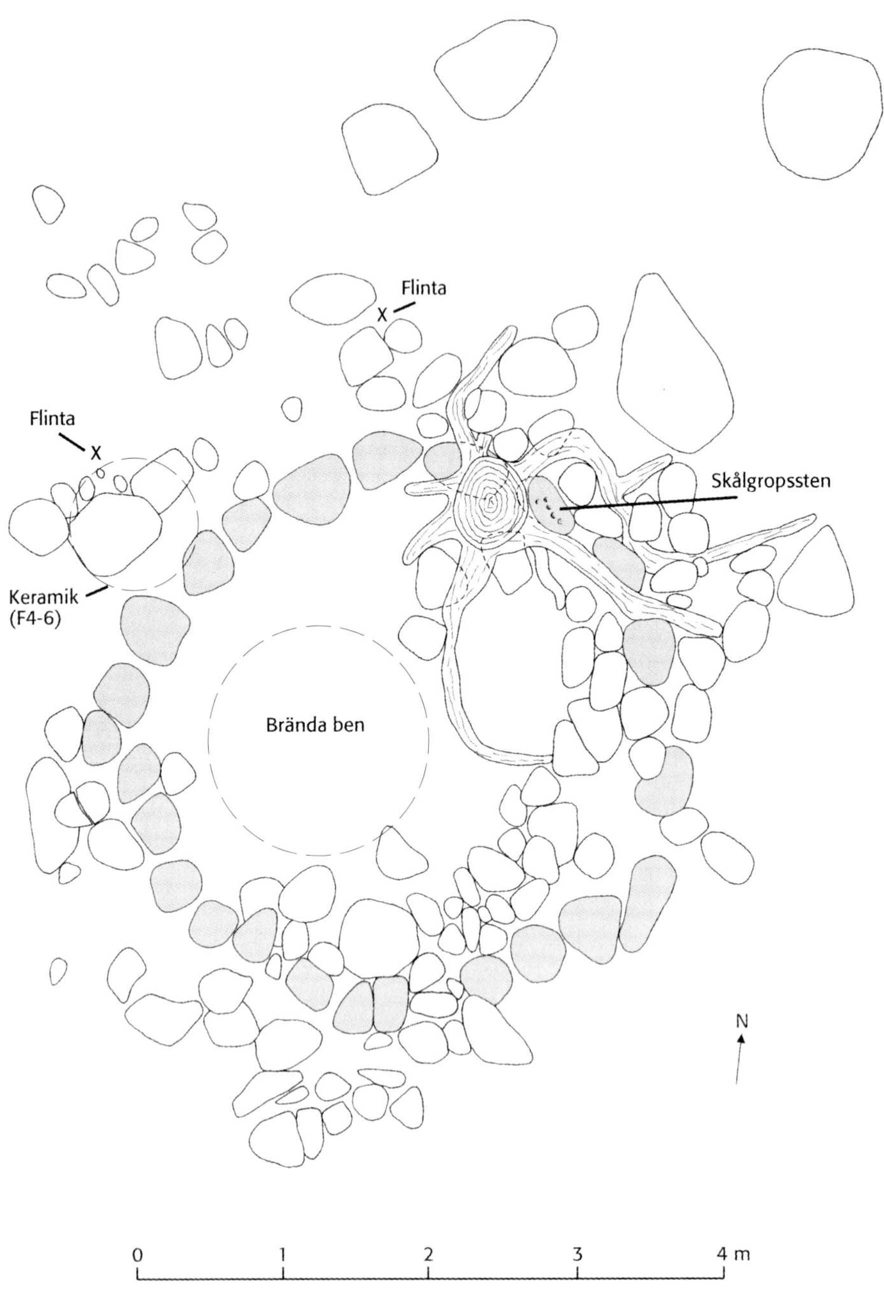
Flinta
X
Flinta
X
Skålgropssten
Keramik
(F4-6)
Brända ben
N
0
1
2
3
4 m

jämnstora stenar (se s. 321 och 322). Trots att stenmaterial även fanns utanför stenringen, bör denna tveklöst uppfattas som en yttre begränsning eller kantkedja. Något oväntat visade sig en av stenarna vara försedd med flera skålgropar. Stenen, som är cirka en halv meter stor (v. 54,8 kg), låg i kantkedjans nordöstra del med skålgropsytan placerad rakt uppåt. Kompositionen omfattar fem skålgropar, 40–56 mm i diameter och 4-11 mm djupa. Groparna har arrangerats så att fyra av dessa ligger på linje, medan den femte gropen ligger något förskjuten mot nordväst (se nästa sida). Stenmaterialet utgörs av svartgrå amfibolit, en vanligt förekommande bergart i denna del av Skåne. Amfibolit är vanligtvis lättare att bearbeta än gnejs och granit, som i övrigt utgjorde det dominerande materialet i gravens stenpackning.

Själva gravgömman påträffades centralt i stensättningen under stenpackningen. Gravgömman bestod av spridda brända ben utan inblandning av sot och träkol från likbränningsbålet. Kremeringen måste därför ha skett på annan plats. Benens spridning talar för att dessa inte legat i någon behållare utan har spridits direkt på marken innan gravens överbyggnad uppfördes. Den sammanlagda benmängden uppgår till omkring 426 gram. Den osteologiska bestämningen visar att den gravlagde utgjorts av en vuxen individ. Benmaterialets starkt fragmentariska karaktär samt avsaknaden av könsindikerade fragment gör det tyvärr omöjligt att säga något mer om den dödes ålder och kön. Endast 71 gram (16,8 %) av den sammanlagda benmängden har således kunnat bestämmas med avseende på benslag. De identifierade fragmenten domineras, på samma sätt som benen från den undersökta graven inom område 2b (A412), av ben från den dödes övre kroppshalva. Av 68 identifierade benfragment härrör 67 st. från huvudet (Arcini 2001). Eftersom benen inte låg samlade i en tillsluten behållare, går det inte heller i detta fall att dra några slutsatser beträffande en eventuell selektering av de kremerade benen då dessa samlades in från likbålet.

Stensättningens (A646) bottenplan. Skålgropsstenen och övriga stenar som ingår i kantkedjan har skrafferats. På planen har även markerats det ungefärliga läget för de brända benen samt de övriga fynd i form av keramik och flinta som påträffades. Renritning: Annika Jeppsson.

Bottom layer of the stone-setting (A646). The stone with cup-marks and other stones in the border chain are marked. The preliminary location of the cremated bones is marked along with other finds of ceramics and flint. Drawing: Annika Jeppsson.

Några övriga fynd påträffades inte i anslutning till de brända benen. Däremot hittades närmare ett hundra keramikskärvor från ett begränsat område strax utanför kantkedjans nordvästra del F4–6). Skärvorna, som låg relativt ytligt under markytan, tillhör två olika kärl. Cirka ett tjugotal skärvor härrör från ett mellanstort kärl med två hankar (se nästa uppslag). De representerade skärvorna som är av mörkbrunt gods (godstj. 7 mm), tillhör främst kärlets mynning och hals, medan fragment från kärlets sida och botten saknas. Skärvorna visar att kärlets mynning varit omkring 15–17 centimeter i diameter. Själva mynningskanten är avplanad och något förtjockad, men uppvisar i övrigt inga spår efter fasettering. Delar av en bevarad bandformig hank med rektangulärt tvärsnitt visar tillsammans med märken efter två fästen, att kärlet varit försett med två troligen motställda hankar som suttit endast en

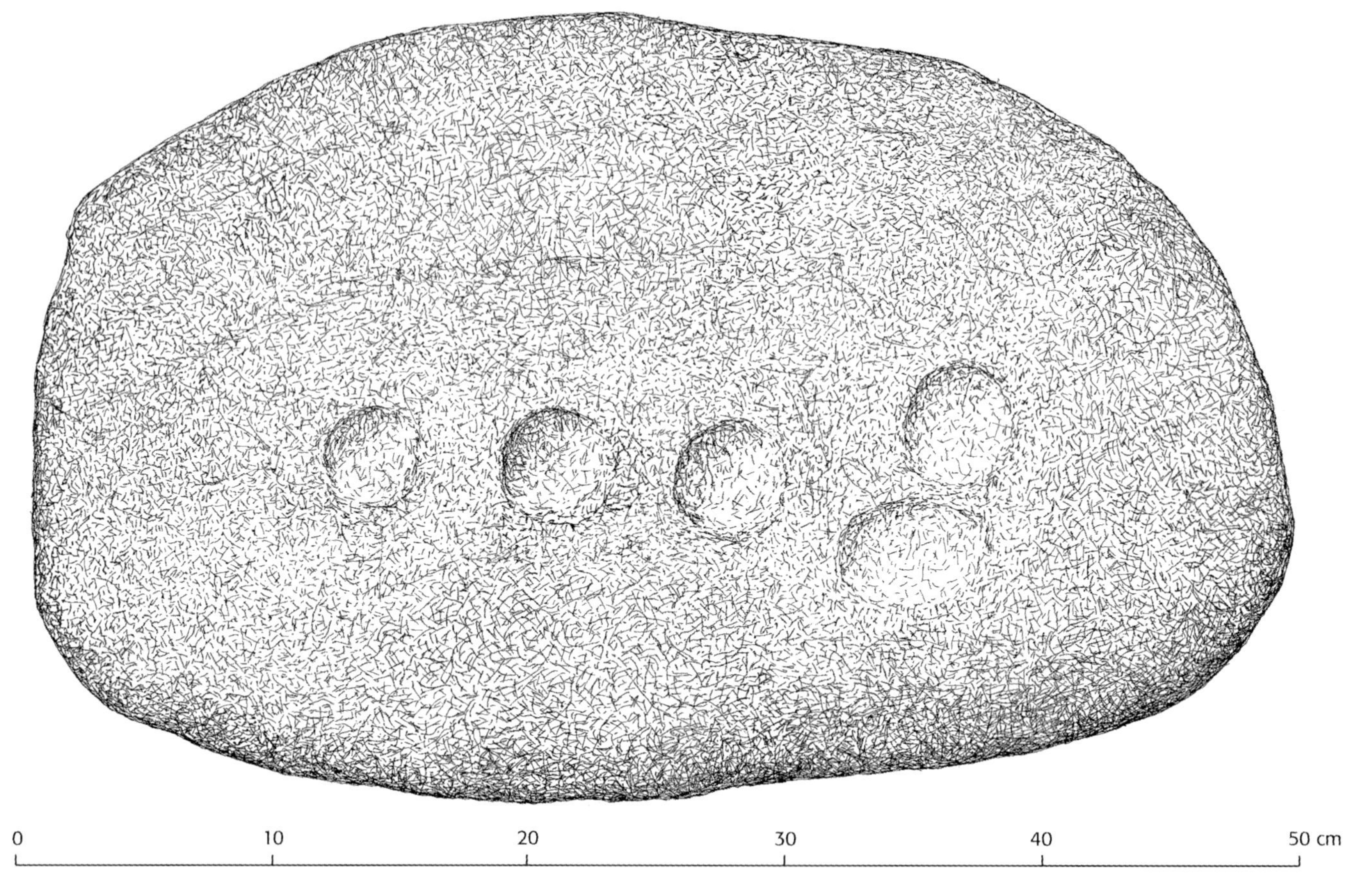

Den svartgråa amfibolitstenen med skålgropar som hittades i stensättningens nordöstra del och kantkedja. Teckning: Annika Jeppsson.

Stone with cup-marks found in the north-eastern part of the border chain surrounding the grave. Drawing: Annika Jeppsson.

centimeter under mynningskanten. Eftersom endast de övre delarna av kärlet fanns bevarade är det svårt att bedöma kärltypen närmare. De två hankarna i kombination med det relativt enkla godset signalerar dock att det troligtvis rör sig om ett mindre förrådskärl. Olika typer av förvaringskärl med dubbla hankar placerade nära mynningen förekommer framför allt under hela förromersk järnålder (Becker 1961:213, 227, 243). Typen finns dock även under äldre romersk järnålder, men hankarna har

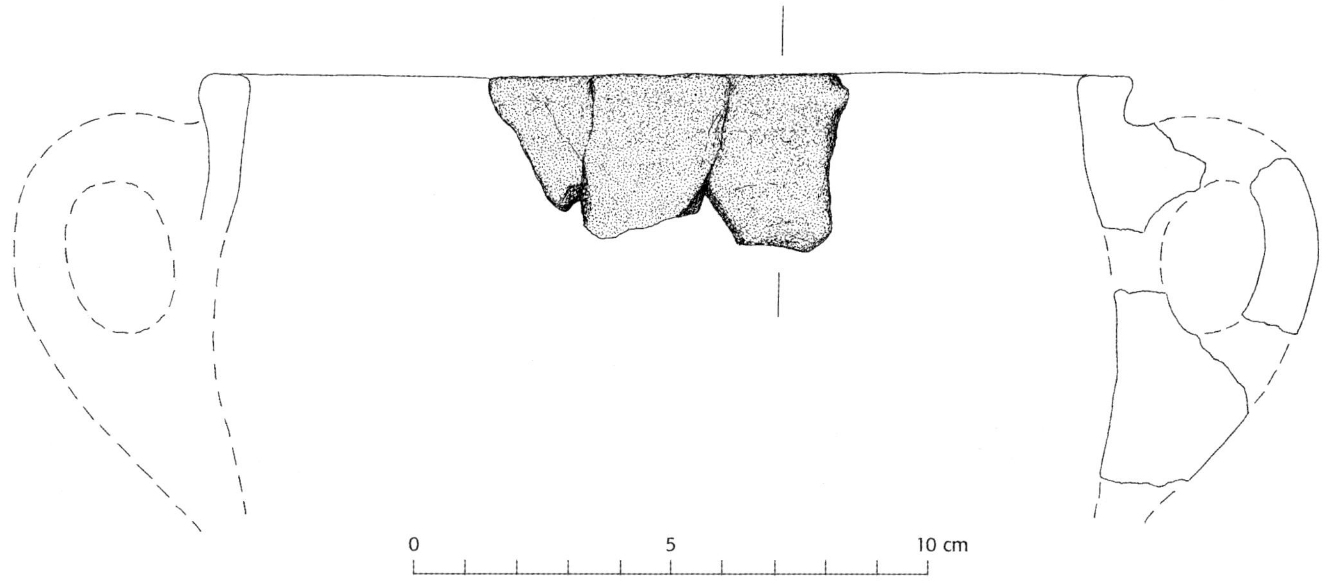

Rekonstruktion av det hankförsedda kärlet som hittades strax invid grav A646. Teckning: Annika Jeppsson.

Reconstruction of the ceramic vessel with handles found next to the grave A646. Drawing: Annika Jeppsson.

då en tendens att vara placerade något längre ner på kärlets sida (Liversage 1980:170f, pl.27-28).

Resterande omkring 80-talet skärvor tillhör ett större kärl av relativt grovt gods (godstj. 111–112 mm) med oxiderad utsida och reducerad insida. Skärvorna, vilka samtliga härrör från kärlets sida och nedre del, har tyvärr ingen passform. Bukskärvornas förhållandevis svaga välvning talar dock för att det rör sig om ett större förmodligen tunnformigt kärl. Fyra skärvor tillhör övergången ner mot kärlets botten som varit flat. De bevarade skärvorna visar att kärlets utsida varit slät. Några spår av rabbning, vulster, knoppar eller dylikt finns inte representerade i materialet. Kärlets vardagliga karaktär ger därmed inget underlag för en mer preciserad datering, utan detta hör troligen hemma i äldre järnålder. Det faktum att kärlen hittades intill varandra tyder på att dessa ställts invid graven ungefär samtidigt.

I stensättningens packning hittades även enstaka flintavfall. Ett av fragmenten är eldskadat samt uppvisar spår av slipyta, vilket visar att detta härrör från ett slipat neolitiskt föremål, troligen en yxa.

Som tidigare nämndes hittades ytterst få kolbitar i graven. Av de två prover som daterats (båda tagna på träkol från obestämt lövträd), gav det ena en mesolitisk datering (Ua-25 329, se nästa sida), medan det andra provet (Ua-25 328) visar på en datering till romersk järnålder (20–390 e. Kr.). Från stensättningen föreligger även en tredje datering, utförd på s.k. "structural carbonate" från de brända benen i själva gravgömman. Denna datering hamnar med 2 sigmas intervall mellan 800–480 f. Kr., vilket motsvarar den yngre bronsålderns period V-VI samt in i tidig förromersk järnålder. Intressant nog är denna datering, som bör svara mot gravens anläggningstid, närmast identisk med de dateringsresultat som erhölls från stensättningen A412 i område 2b (jfr ovan).

Summering. Innan jag går närmare in på en mer samlad tolkningsdiskussion måste övriga dateringar från område 3 kort kommenteras. Från området föreligger totalt 33 ^{14}C-dateringar (se nästa sida) (jfr även Lagerås denna volym). Det rör sig i de flesta fall om dateringar av röjningskol som samlats in från röjningsrösenas bottenskikt. I två rösen (A1108 och A1264) togs flera kolprover på olika nivåer i profilväggen, medan tre prover samlades in från en långprofil inom område 3a. Åtta prover har daterats från andra anläggningar inom området. Av dessa härrör fem stycken från härdar, ett prov från en grop samt två prover från stensättningen A646 (se ovan). Flest kolprover (23 st.) har daterats från den södra delen av område 3a, bl.a. i förhoppningen om att ^{14}C-resultaten skulle bringa ökad klarhet i den kronologiska relationen mellan stenröjningen och intilliggande boplatsspår. Från område 3b längst mot norr finns däremot bara sju dateringar, varav tre från graven (A646) och fyra från olika röjningsrösen.

Dateringarna av kolprover från röjningsrösen och långprofiler tyder på att röjningsbränningen i området inleds vid övergången mellan senneolitikum och äldre bronsålder. Flera äldre koldateringar – främst mesolitiska sådana – förekommer visserligen från området, och kan då flera av dessa är från lövträd representera avsiktliga utglesningar i skogen. Att kolet skulle ha något att göra med det tidiga jordbruket är dock knappast troligt. Under senare delen av yngre bronsålder (per. V-VI) och tidig förromersk järnålder inleds en mer expansiv odlingsverksamhet med stenröjning i området, som av dateringarnas antal att döma fortsätter under romersk järnålder. Det är intressant att expansionen under sen bronsålder tidsmässigt sammanfaller med gravbyggnationen i område 3b, d.v.s. ett likartat kronologiskt förhållande som konstaterades inom område 2b mellan stenröjningen och graven A412. Först i slutet av folkvandringstid minskar antalet koldateringar radikalt. Detta behöver dock inte betyda att röseområdet övergivits, utan bara att den till stenröjningen kopplade agrara verksamheten minskat och möjligen ersatts med ett extensivt betesbruk.

Vad gäller frågan om samtida boplatsytor inom röseområdet visar de sex dateringar av främst härdar som föreligger från område 3a, på en närmast identisk tidsmässig spännvidd som rösedateringarna; det vill säga med en kronologisk tyngdpunkt i sen yngre bronsålder och tidig förromersk järnålder, men med kontinuitet fram i yngre romersk järnålder och folkvandringstid (ca 800 f. Kr. – 540 e. Kr.). Detta förhållande, sett i kombination med den totala frånvaron av keramik och andra boplatsindikerande fynd, reser vissa tvivel huruvida anläggningsspåren i form av härdar och gropar representerar en intilliggande bosättning. Arkeologiska erfarenheter från liknande miljöer i t.ex. södra Småland (Cronberg m.fl. 2000) visar dock att det bör finnas spår efter samtida bebyggelser inom röseområdet. Lämningar efter samtida gårdar kan därför förväntas finnas någonstans i det omgivande landskapet. Ett antagande som också har stöd i den mer eller mindre kontinuerliga hävden av jordbruksmark i

Väg 23 Område 3a och 3b

Lab.nr	Anl.nr	^{14}C år BP	Anl.typ	Material	Kalenderår 2 sigma	Arkeologisk period
Ua-25392	A1264	115±75	röjnröse a	ej möjligt	AD 1660 - 1960 (95,4%)	historisk tid
Ua-25367	A1108	165±75	röjnröse b	ljung	AD 1630 - 1960 (95,4%)	historisk tid
Ua-25475	A2186	1375±65	röjnröse	björk	AD 530 - 780 (95,4%)	sen folkvandringstid - vendeltid
Ua-25390	A1204	1705±70	grop	björk	AD 130 - 540 (95,4%)	ä/y romersk järnålder - folkvandringstid
Ua-25388	A1177	1760±65	härd	al	AD 120 - 420 (95,4%)	ä/y romersk järnålder - tidig folkvandringstid
Ua-25328	A646	1825±75	grav a	lövträd	AD 20 - 390 (95,4%)	ä/y romersk järnålder
Ua-25473	Långschakt	1835±80	långschakt a	björk	AD 20 - 390 (95,4%)	ä/y romersk järnålder
Ua-25333	A765	1930±70	röjnröse	björk	100 BC - AD 250 (95,4%)	sen förromersk järnålder - ä/y romersk järnålder
Ua-25476	Långschakt	1975±60	långschakt c	ej möjligt	120 BC - AD 140 (93,2%)	sen förromersk järnålder - ä romersk järnålder
Ua-25370	A1108	1985±75	röjnröse d	lövträd	180 BC - AD 220 (95,4%)	sen förromersk järnålder - ä/y romersk järnålder
Ua-25477	A2851	2060±60	röjnröse	ej möjligt	210 BC - AD 80 (93,5%)	sen förromersk järnålder - ä romersk järnålder
Ua-25396	A1889	2125±60	härd	björk	360 BC - AD 10 (95,4%)	förromersk järnålder - tidig ä romersk järnålder
Ua-25391	A1854	2335±70	härd	al	800 BC - 200 BC (95,4%)	yngre bronsålder - förromersk järnålder
Ua-25389	A1918	2370±60	röjnröse	björk-al-hassel	800 BC - 350 BC (93,3%)	yngre bronsålder - tidig förromersk järnålder
Ua-25372	A1133	2425±65	härd	al	770 BC - 390 BC (95,4%)	yngre bronsålder - tidig förromersk järnålder
Ua-25395	A1277	2440±60	röjnröse	björk-al-hassel	770 BC - 400 BC (95,4%)	yngre bronsålder - tidig förromersk järnålder
Ua-25373	A1150	2455±70	härd	al	780 BC - 400 BC (95,4%)	yngre bronsålder - tidig förromersk järnålder
GrA-17803	A646	2510±50	grav	brända ben	800 BC - 480 BC (89,2%)	yngre bronsålder
Ua-25369	A1118	2515±70	röjnröse	ek	800 BC - 410 BC (94,4%)	yngre bronsålder - tidig förromersk järnålder
Ua-25365	A1075	2575±75	röjnröse	björk-al-hassel	840 BC - 410 BC (94,4%)	yngre bronsålder - tidig förromersk järnålder
Ua-25368	A1108	2740±75	röjnröse c	björk-al-hassel	1130 BC - 790 BC (95,4%)	överg ä/y bronsålder
Ua-25478	A2687	2755±65	röjnröse	ek-alm-ask	1050 BC - 790 BC (95,4%)	yngre bronsålder
Ua-25366	A1108	2980±75	röjnröse a	ek-alm-ask	1410 BC - 1000 BC (95,4%)	ä/y bronsålder
Ua-25332	A704	3320±80	röjnröse	ej möjligt	1780 Bc - 1420 BC (94,2%)	äldre bronsålder
Ua-25394	A1259	3375±70	röjnröse	björk	1880 BC - 1510 BC (95,4%)	äldre bronsålder
Ua-25371	A1254	4805±70	röjnröse	ej möjligt	3710 BC - 3490 BC (80,0%)	tidigneolitikum
Ua-25393	A1264	5815±75	röjnröse b	ej möjligt	4810 BC - 4490 BC (93,5%)	mesolitikum
Ua-25330	A680	5855±80	röjnröse a	tall	4860 BC - 4500 BC (91,9%)	mesolitikum
Ua-25331	A680	6170±75	röjnröse b	tall	5310 BC - 4910 BC (93,9%)	mesolitikum
Ua-25364	A1042	6660±85	röjnröse	björk-al-hassel	5730 BC - 5470 BC (95,4%)	mesolitikum
Ua-25329	A646	7095±80	grav b	lövträd	6090 BC - 5770 BC (93,2%)	mesolitikum
Ua-25327	A578	7940±85	röjnröse	björk	7080 BC - 6590 BC (95,4%)	tidig mesolitikum
Ua-25474	Långschakt	8945±95	långschakt b	ej möjligt	8140 BC - 7960 BC (56,8%)	tidigmesolitikum

Sammanställning över ^{14}C-dateringar från område 3a och 3b vid Arkelstorp.

Compilation of ^{14}C-datings from Arkelstorp (site no. 3a and 3b).

området, med återkommande röjningar som – i samband med odling och betesbruk – upprätthållits under närmare 1500 år.

Röseområde med neolitiska inslag norr om Skea

Denna miljö fördelad på två undersökningsytor (område 5a-b) ligger omkring 600 meter söder om område 3a, i moränområdets södra del, strax innan topografin sjunker och övergår i ett flackare landskapsavsnitt med sandiga jordar – den s.k. sandslätten öster om Stoby samhälle. Den nordliga och lite större ytan (5a) sammanfaller med ett svagt krönläge i terrängen på den sydvästra slänten av en höjdrygg i nordost–sydvästlig riktning. Område 5b, strax söder om 5a, begränsas till en liten flack förhöjning i det närmaste helt omgiven av blockrika våtmarker. Bägge områdena, som ingår i en större miljö med talrika röjningsrösen, uppmärksammades redan i samband med projektets inledande arbeten 1995 (Wallin 1996). Vid den förundersökning som utfördes året därpå konstaterades inom område 5a, förutom röjningsrösen och röjda ytor, spår av boplatslämningar i form av stolphål, härdar och gropar. Provgrävningarna försvårades dock av den befintliga vegetationen, bestående av dels högstammig ekskog dels tät granplantering. Insatserna inom område 5b kom vid detta tillfälle därför att begränsas till en kartering av omkring tjugo synliga rösen (Andersson 1998).

Röjningsrösen och gravar. De två undersökta ytorna inom område 5 ingår som antyddes ovan i ett större öst–västligt orienterat fornlämningskomplex, som förutom en miljö med talrika röjningsrösen (RAÄ 80) även omfattar tre lokaler med troliga gravar samt en skålgropsförekomst. Två av dessa fornlämningar ligger inom den del av röseområdet som kan knytas till område 5. Det rör sig dels om ett knappt två meter stort markfast block med en skålgrop belägen i områdets norra kant (RAÄ 190), dels om en möjlig gravgrupp i södra kanten (RAÄ 82), bestående av ett 14x7 meter stort och 1,0 meter högt långröse samt tre mindre runda stensättningar mellan 3,5 och 7 meter stora. Även den del av röseområdet (RAÄ 80) som ligger väster om område 5 innehåller ett par kända gravlokaler. Den ena av dessa platser är registrerad som en gravgrupp, bestående av ett 17 meter stort röse och en cirka 6 meter stor stensättning (RAÄ 9), medan den andra lokalen är dokumenterad som ett gravfält med 12 relativt små runda stensättningar 4–7 meter stora (RAÄ 79).

I samband med slutundersökningen sommaren 1998, genomfördes en kartering och digital inmätning av hela den samlade miljön. Ett nord–sydligt stråk på mellan 45 och 70 meter i röseområdets centrala delar fick dock undantas från kartering p.g.a. en tät och svårforcerad granskogplantering. Antalet karterade rösen inklusive gravar uppgår till 284 stycken. De flesta röjningsrösen hade en lätt rundad form och svagt välvd profil med en storlek på 2–5 meter i diameter, i enstaka fall något större. Rösenas spridning som de återges på s. 329 speglar troligen ganska väl röseområdets reella utbredning, som kan uppskattas till omkring 315x190–225 meter (NV-SO) eller cirka 60 000 m^2. Rösenas upphörande mot norr, öster och sydöst sammanfaller således med att terrängen blir fuktigare och mer blockrik, medan områdets utsträckning fortsätter längre mot väster och sydväst (pers. kom. Thomas Andersson).

Utöver själva karteringen grävdes vid undersökningen ett tjugotal röjningsrösen, av vilka femton låg inom område 5a, och fyra stycken inom

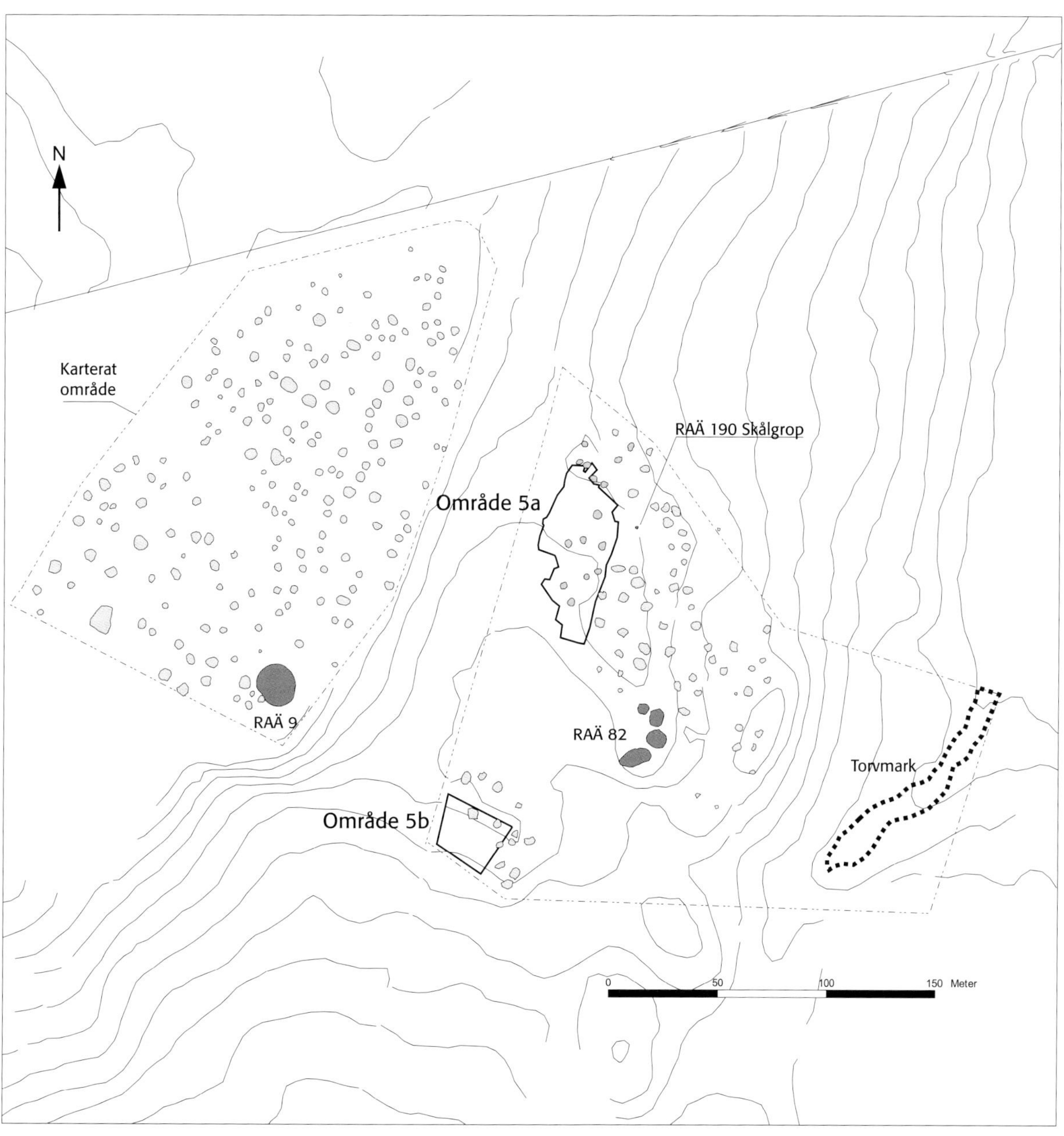

Översiktsplan över det karterade röseområdet och undersökta ytor inom område 5a och 5b norr om Skea.

Survey of the mapped area with clearance cairns and excavated areas at site no. 5a and 5b to the north of Skea.

område 5b. Rösena undersöktes på samma sätt som inom område 2b och 3a-b, vilket innebär att dessa snittades med maskin. Samtliga profiler rensades sedan för hand samtidigt som prover för makrofossil och ^{14}C samlades in. De undersökta röjningsrösena varierade i höjd mellan 0,5 och 1,1 meter samt var i regel uppbyggda av två till tre lager sten. I tre fall konstaterades att rösen anlagts på naturligt markfasta block (A219, A236 och A1443). De mellanliggande jordskikten i packningen uppvisade i dessa tre rösen en mer komplex sammansättning, med upp till fem horisonter utöver själva förnan. De olika lagren bestod från markytan räknat av blekjord, matjord (horisont Ap), brungul jord och gulröd rostjord (B) samt grå gulröd jord med järnutfällning (C), vilket ska jämföras med övriga rösen som i regel endast omfattade tre jordskikt.

För att bl.a. få en uppfattning om hur de mellanliggande odlingsytorna röjts och odlats frilades två sammanhängande ytor från täckande förna mellan röjningsrösena. Den större av dessa ytor, cirka 78x26–34 meter stor, banades av inom område 5a, medan en något mindre yta, cirka 50x48 meter stor, frilades på det flacka krönläget inom område 5b (se nästa uppslag). Schaktningen utfördes försiktigt en bit ner i matjorden (tolkad som den förhistoriska odlingsnivån), på så sätt att samtliga stenar i marken sparades in situ. De mest intressanta iakttagelserna gjordes inom område 5b. Här kunde man konstatera att samtliga stenar i marken – från en ”mansbörda” och något mindre i storlek – hade plockats bort och lagts antingen i intilliggande rösen eller i den markerade terrasskant som avgränsade området mot söder. Av det ursprungliga stenmaterialet fanns således endast de större och markfasta blocken kvar inom den stenröjda odlingsytan (se s. 334) (Andersson 2000b).

Bebyggelse och aktivitetsytor. Inom område 5a påträffades som ovan nämnts redan vid förundersökningen spridda boplatsspår i form av härdar, gropar och stolphål mellan röjningsrösena. En viktig målsättning vid slutundersökningen var naturligtvis att närmare utreda lämningarnas karaktär och omfattning samt huruvida dessa hade några kronologiska samband med stenröjningen i området. Förekomsten av en eventuell samtida bosättning med bebyggelselämningar och tillhörande aktivitetsytor var en av de förhoppningar som ställdes till materialet. När undersökningsytan väl schaktades av visade sig boplatslämningarna ha en mycket begränsad omfattning. Av de sammanlagt 43 anläggningar som dokumenterades, utgjordes de allra flesta av stolphål (32 st.). Endast sex av dessa kunde knytas till en och samma kontext (hus 4) i södra delen av det avschaktade området. Bland övriga lämningar fanns 6 härdar, 4 gropar samt ett grävt vattenhål. Medan groparna var spridda inom hela den undersökta ytan, låg de flesta av härdarna liksom vattenhålet (A989) samlade i ett mindre stråk cirka femton meter norr om huset.

Huslämningen identifierades redan i fält utifrån ett gytter av stolphålsfärgningar, av vilka sex utav de största stolphålen (0,35–0,5m i diameter) visade sig kunna knytas till en liten treskeppig byggnad (se s. 335). Av stolphålens placering framgår att husets inre konstruktion varit närmast rak och cirka 4,75–5,0 meter lång (NNO–SSV), med tre regelmässigt placerade stolppar och en bockbredd på 2,5 meter. En intressant detalj är att husets gavlar uppenbarligen varit placerade mellan två jordfasta block. Byggnadens ursprungliga längd kan därför inte ha överstigit 6–7 meter. Några spår efter vägglinjer och ingångar fanns inte bevarade, vilket skapar stor osäkerhet kring husets bredd och övriga konstruktion. En viktig

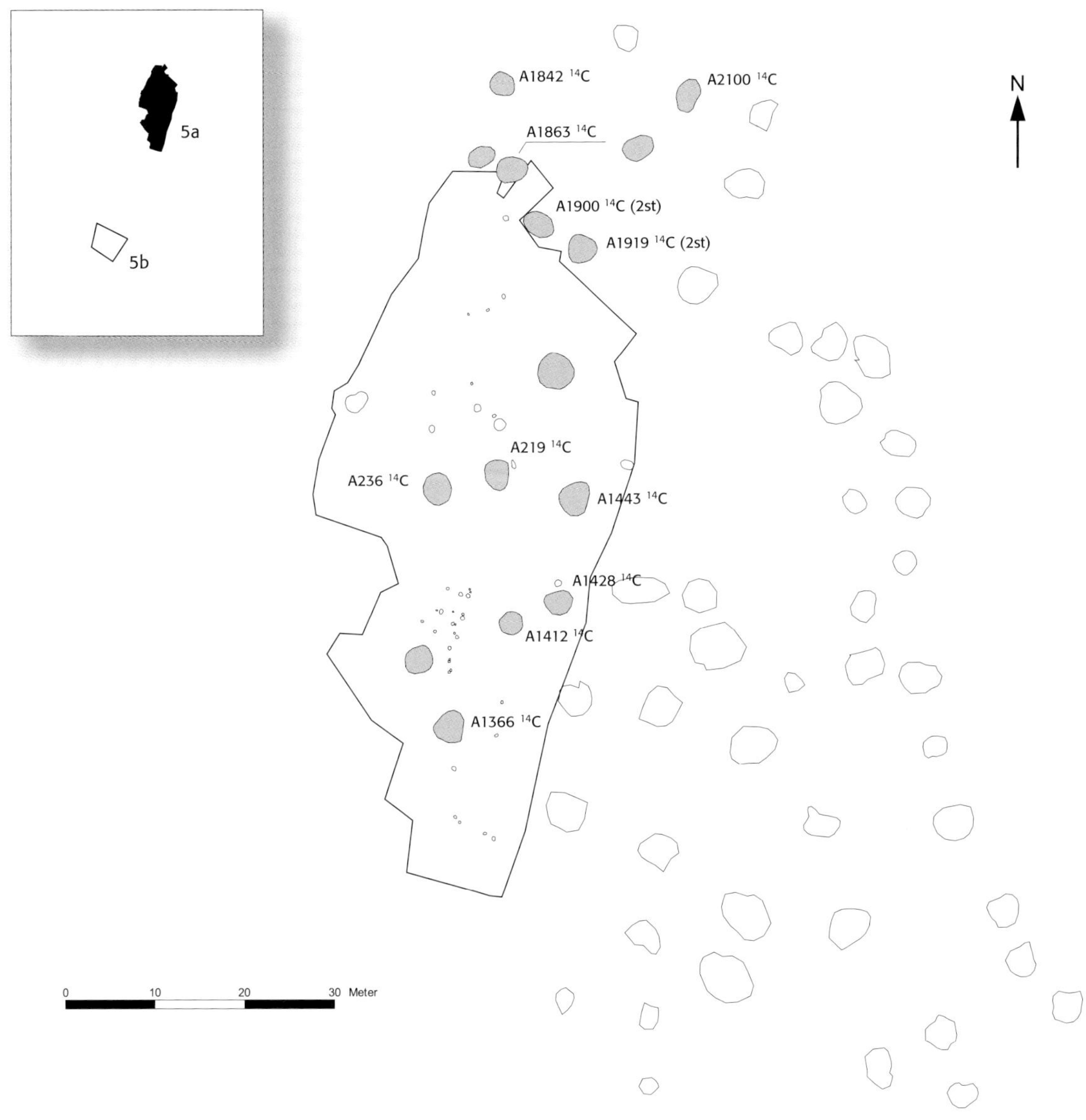

Översikt över undersökta ytor och röjningsrösen inom område 5a.

Survey of excavated areas and clearance cairns at site no. 5a.

fråga i detta sammanhang är om huslämningens oansenliga framtoning har samband med byggnadens karaktär och funktion eller om denna är sekundär beroende på dåliga bevaringsförhållanden? Ser vi till de fysiska förutsättningarna på platsen, finns det två faktorer som indirekt ger stöd åt det första alternativet. Att husets "klena" konstruktion skulle vara sekundär orsakad av bevaringsmässiga förhållanden förefaller inte särskilt troligt, dels därför att området ligger i skogsterräng och inte utsatts för markberedning under modern tid, dels därför att djupet i de stolphål som kan knytas till husets takbärande konstruktion (0,16–0,24 m) uppvisar samma djup som övriga anläggningstyper inom området – d.v.s. gropar och härdar. Om de bevarade spåren efter huset speglar ett faktiskt förhållande, betyder detta bl. a. att byggnadens väggar bör ha haft en annan utformning jämfört med den vi finner i långhus med stolpbyggda väggar. En vägglinje bestående av enkel risflätning kombinerad med skyddande grästorvor framstår som en möjlig teknisk lösning. Ett annat alternativ är att huset haft någon form av trävägg som legat mer eller mindre direkt på markytan, antingen i form av plankor eller varför inte någon slags knuttimrad konstruktion? Den senare hypotesen förutsätter dock att tillgången till byggnadsvirke varit god, vilket vi egentligen inte vet så mycket om. Faktum är dock att vi fortfarande vet oerhört lite om betydelsen av regionala skillnader i vegetationen och hur tillgången till olika byggnadsmaterial påverkat utvecklingen av lokala byggnadstraditioner.

Små stolpbyggda hus med tre takbärande stolppar förekommer allmänt under hela järnåldern (Björhem & Säfvestad 1993:313). Vad gäller tidsbestämningen av huset vid Skea tyder den raka konstruktionen och relativt stora bredden inom stolpparen på en datering till äldre järnålder. Några föremålsfynd eller koldateringar som bekräftar en sådan datering finns inte från huset. Istället föreligger två neolitiska inslag från en av husets takbärare (A944). En liten väl genombränd och oornerad bukskärva (F19) är således med stor sannolikhet samtida med den koldatering från stolphålet som med två sigmas intervall faller inom senare delen av tidigneolitisk tid eller början av mellanneolitikum (Ua-25 482, se tabell s. 338). Dessa företeelser har dock knappast något med huset att göra, utan bör betraktas som en inblandning från äldre aktiviteter på platsen. Mer troligt är istället att byggnaden är samtida med de härdar som påträffades strax norr därom, av vilka tre stycken givit dateringar som faller inom ramen för förromersk järnålder (jfr dateringsdiskussionen nedan).

Från område 5a föreligger även ett tjugotal starkt fragmenterade keramikskärvor – nästan samtliga lösfynd. Endast ett mindre antal av dessa skärvor tillhör troligen den äldre järnåldersbebyggelsen på platsen. Det handlar om ett par bukskärvor av ordinär hushållstyp med svart kärna samt en skärva från ett mindre flatbottnat kärl (F37). Övriga keramikskärvor karakteriserade av ett grovmagrat och väl genombränt gods har förmodligen ett neolitiskt ursprung. Det är dock främst ett litet antal ornerade skärvor som med större säkerhet kan hänföras till tidig- eller mellanneolitisk trattbägarkultur. En liten mynningsskärva med små runda intryck (F18) hittades under ett röjningsröse (A200). Bland övriga lösfunna neolitiska skärvor märks en liten tunn mynningsskärva med tvärsnoddsornering i två rader (F50), en något grövre mynningskärva med sneda pinnintryck (F39) samt en bukskärva med troligen yttäckande intryck av kamstämpel (F63) (se s. 336).

Förutom keramiken hittades även enstaka bearbetade bitar av flinta och kvarts huvudsakligen i form av lösfynd. Bland kvartsfynden märks en

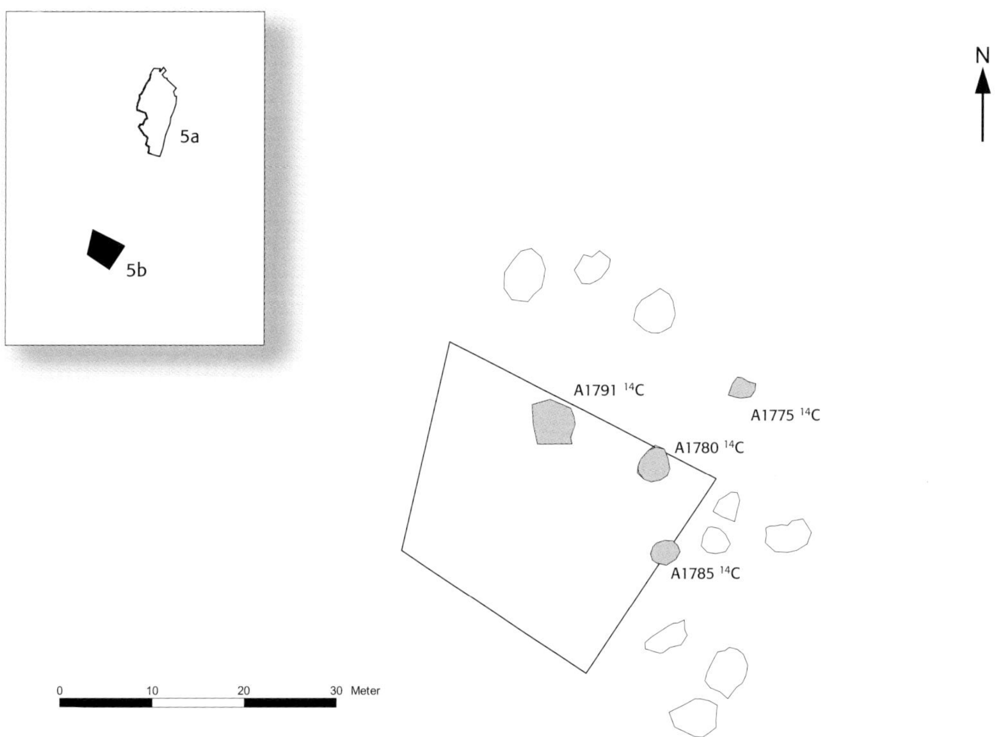

Översikt över undersökta ytor och röjningsrösen inom område 5b.

Survey of excavated areas and clearance cairns at site no. 5b.

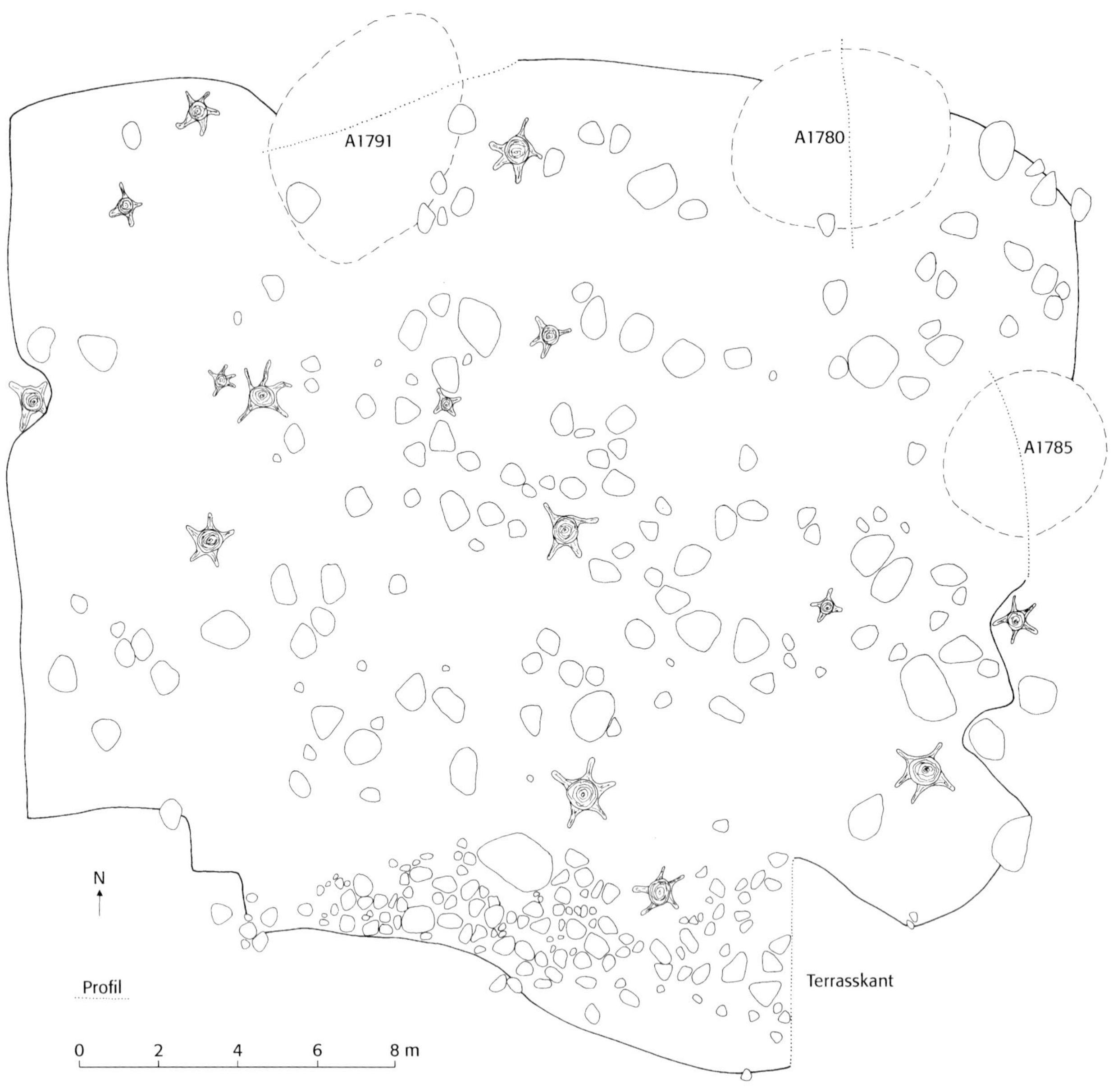

Detaljplan över den handrensade ytan inom område 5b. Planen visar karaktären på den stenröjda odlingsytan. I söder ses delar av den bevarade terrasskanten. Ritning: Annika Jeppsson.

Plan showing the area excavated by hand at site no. 5b. From the plan one can see the character of the stone-free field. In the southern part a stone terrace was preserved. Drawing: Annika Jeppsson.

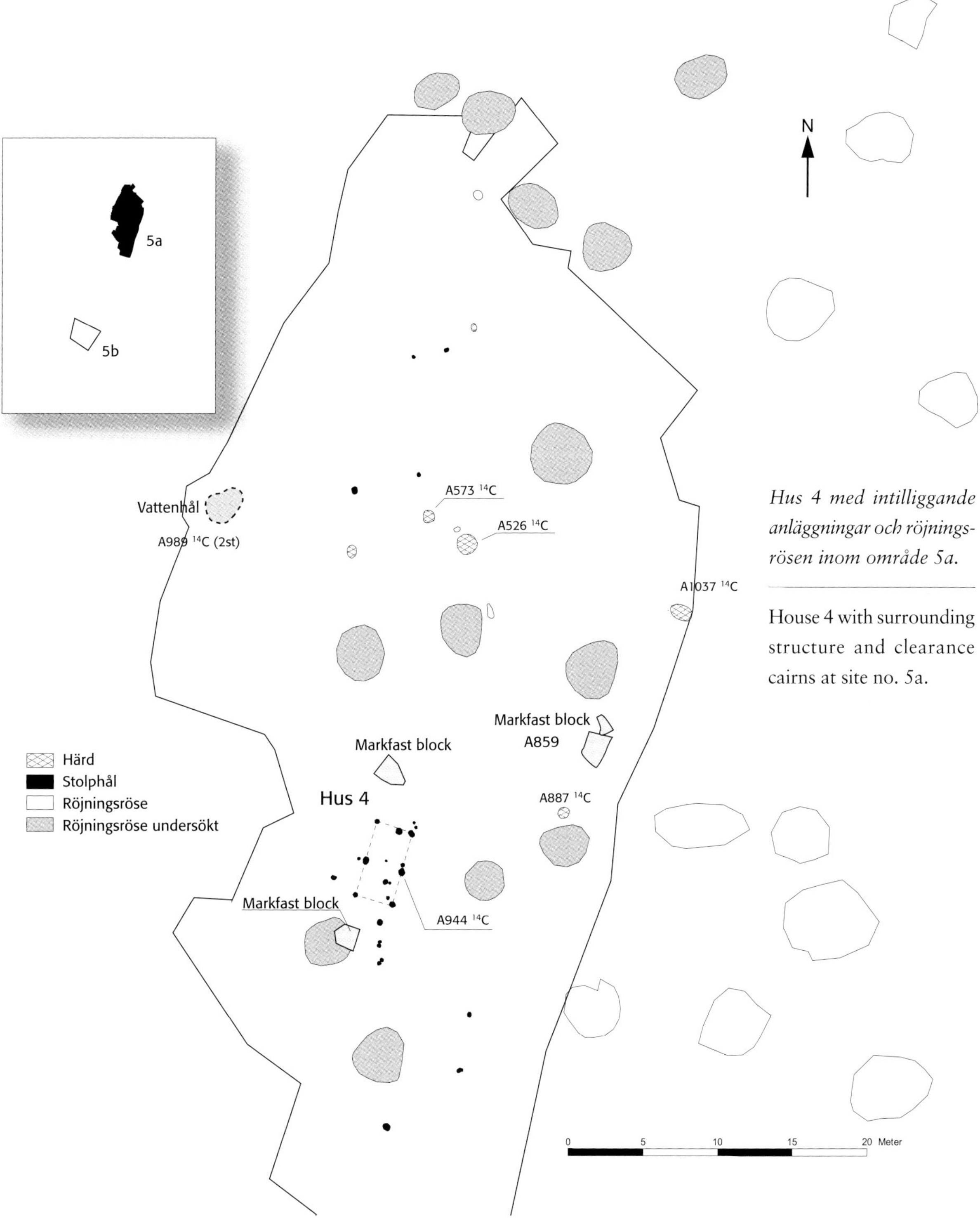

Hus 4 med intilliggande anläggningar och röjningsrösen inom område 5a.

House 4 with surrounding structure and clearance cairns at site no. 5a.

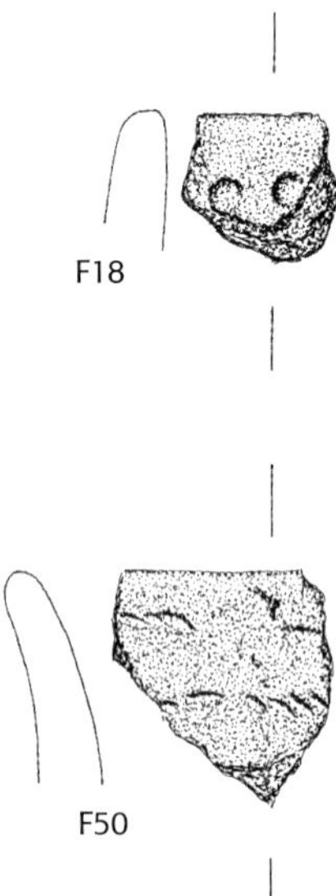

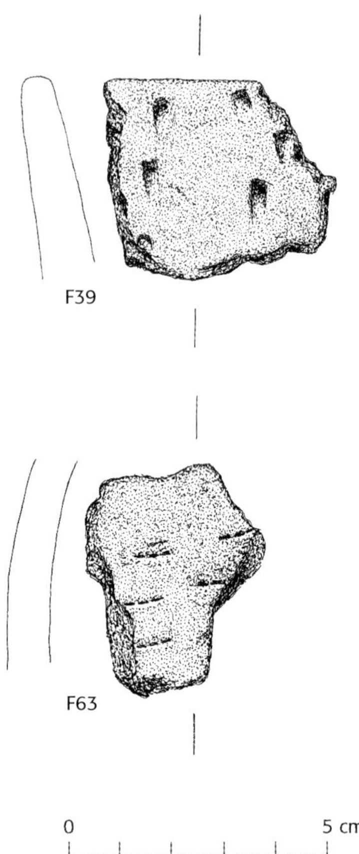

Ett urval av de små ornerade keramikskärvor (F18, F39, F50 och 63) från tidig- och mellanneolitikum som hittades inom område 5a. Teckningar: Annika Jeppsson.

A sample of small decorated pottery sherds (F18, F39, F50 and 63) from the Early and Middle Neolithic period found at site no. 5a. Drawings: Annika Jeppsson.

trolig kärna och två avslag. Även flintmaterialet från platsen är mycket sparsamt och uppgår endast till 16 fragment. Det handlar i nästan samtliga fall om importerad flinta av senontyp, medan inslaget av lokal moränflinta och Kristianstadflinta endast representeras med enstaka fragment. Några av de tillvaratagna fragmenten uppvisar tydliga neolitiska drag, som t.ex. en intakt spånskrapa (F56) och fyra yxfragment varav två med slipyta (F31 och F57). I materialet finns även ett fragment av knacksten (F61) samt enstaka bipolära kärnor. Övriga bitar kan närmast karakteriseras som avslag och splitter.

Inga av de neolitiska fynd som tillvaratagits från område 5a kan tyvärr knytas till någon säker kontext, utan påträffades som lösfynd över större delarna av det schaktade området. Flera skärvor hittades i anslutning till naturliga och markfasta block, vilket troligen beror på en bättre bevarandemiljö. Enstaka skärvor liksom en intakt spånskrapa hittades i anslutning till ett större markfast block med flera omgivande och mindre block i områdets östra del (A859). Det spekulerades i fält om fynden kunde ha något samband med rituella handlingar i anslutning till blocket. Hypotesen avskrevs dock efter att de mörkfärgningar som påträffats invid blocket visat sig ha bildats på naturlig väg och genom stenlyft (pers. kom. Thomas Andersson). Den mest rimliga tolkningen av de neolitiska flint- och keramikfynden från område 5 är istället att dessa härrör från en kortare bosättning på platsen. En sådan tolkning får även stöd i den serie av tidig- och mellanneolitiska koldateringar som föreligger från området (se nedan).

Summering. Den sammanfattande diskussionen och tolkningen av resultaten från område 5a-b måste i brist på andra daterande underlag till en väsentlig del grundas på ^{14}C-dateringar (se nästa sida). Av de totalt 25 koldateringar som föreligger från området härrör de allra flesta från bottenlager under röjningsrösen (17 st.), medan resterande dateringar (8 st.) kan knytas till olika typer av boplatslämningar – företrädesvis härdar. Dateringarna uppvisar en mycket stor tidsmässig spridning, som med kalibrerade värden och 2 sigmas intervall spänner från tidig mesolitisk tid (ca 7000 f. Kr.) och fram in i senmedeltid (1300–1400 e. Kr.). Antalet dateringar är dock inte jämnt fördelade över detta tidsspann, utan klumpar samman i tre större grupperingar. Den äldsta gruppen med sex dateringar, kan knytas till mesolitisk tid, med en spridning mellan 7100 och 5660 f. Kr. Fyra av proverna har tagits under röjningsrösen, medan två prover härrör från ett grävt vattenhål inom område 5a. Det är mycket osäkert huruvida de mesolitiska dateringarna ska knytas till mänskliga aktiviteter på platsen. De två dateringarna från vattenhålet skulle möjligen kunna tyda på att detta grävts under denna tid. Å andra sidan saknas karakteristiska mesolitiska inslag i fyndmaterialet, vilket borde ha funnits om dateringarna skulle knytas till en samtida bosättning. Mot bakgrund av att fyra utav de sex prover som givit mesolitiska dateringar tagits på kol från tall, framstår en förklaring med grund i naturliga processer som den mest sannolika (jfr Lagerås i denna volym).

Nästa grupp av dateringar omfattar sju värden, vilka samtliga faller inom det kalibrerade intervallet 3970–3000 f. Kr., d.v.s. tidigneolitikum och äldsta delen av mellanneolitisk tid. Sex av dessa prover har tagits under röjningsrösen, medan det sjunde provet härrör från det ovan nämnda stolphålet (A944) i långhuset. Det är svårt att med säkerhet säga vilken typ av verksamheter dessa koldateringar speglar. Ser man till vedarten visar fyra utav fem bestämda prover på en dominans av obestämt lövträd. Då flera av de neolitiska dateringarna kan knytas till marklager under röjningsrösena, innebär detta att träkolet skulle kunna representera en tidig röjningsbränning i området. Ett sådant tolkningsscenario får även stöd i de neolitiska fynden av flinta och keramik från området, som troligen härrör från en kortvarig bosättning på platsen.

Den tredje gruppen av dateringar, representerade av inte mindre än nio värden, faller inom senare delen av yngre bronsålder och förromersk järnålder (810 f. Kr. till 20 e. Kr.). Endast två av proverna går emellertid tydligt ner i yngre bronsålder, vilket förstärker tyngdpunkten i förromersk järnålder. De nio dateringarna fördelas tämligen jämt mellan röjningsrösen (5 st.) och boplatslämningar (4 st.). Det är mycket troligt att flera av dessa koldateringar, på samma sätt som inom område 2b och område 3a-b, speglar systematiska och återkommande röjningsbränningar kopplade till stenröjningen i området. Dateringen av härdar och stolphål vittnar tillsammans med det lilla stolpbyggda huset om att det funnits en bosättning på

Väg 23 Område 5a och 5b

Lab.nr	Anl.nr	^{14}C år BP	Anl.typ	Material	Kalenderår 2 sigma	Arkeologisk period
Ua-25517	A1900	520±60	röjnröse a	al	AD 1300 - 1480 (95,4%)	sen medeltid
Ua-25523	A2100	1125±65	röjnröse	björk	AD 770 - 1030 (94,0%)	sen vendeltid - vikingatid
Ua-25509	A1428	1710±65	röjnröse	lövträd	AD 130 - 440 (92,9%)	ä/y romersk järnålder - folkvandringstid
Ua-25510	A1443	2120±65	röjnröse	ek-alm-ask	360 BC - AD 20 (95,4%)	förromersk järnålder - ä romersk järnålder
Ua-25504	A887	2175±70	härd	al	390 BC - 50 BC (95,4%)	förromersk järnålder
Ua-25507	A1037	2215±85	härd	al	410 BC - 40 BC (95,4%)	förromersk järnålder
Ua-25512	A1780	2245±65	röjnröse	lövträd	410 BC - 150 BC (94,2%)	förromersk järnålder
Ua-25503	A573	2250±70	härd	lövträd	410 BC - 90 BC (95,4%)	förromersk järnålder
Ua-25519	A1919	2295±70	röjnröse a	ek	550 BC - 150 BC (95,4%)	förromersk järnålder
Ua-25511	A1775	2315±65	röjnröse	lövträd	550 BC - 150 BC (89,7%)	förromersk järnålder
Ua-25481	A526	2470±60	stolphål	hassel	780 BC - 400 BC (95,4%)	yngre bronsålder - tidig förromersk järnålder
Ua-25516	A1791	2525±70	röjnröse	al	810 BC - 480 BC (96,7%)	yngre bronsålder - tidig förromersk järnålder
Ua-25518	A1900	4475±65	röjnröse b	lövträd	3360 BC - 3000 BC (87,9%)	tidig mellanneolitikum
Ua-25521	A1412	4595±70	röjnröse	tall	3650 BC - 3000 BC (95,4%)	sen tidigneolitikum - tidig mellanneolitikum
Ua-25514	A1842	4595±70	röjnröse	ej möjligt	3650 BC - 3000 BC (95,4%)	sen tidigneolitikum - tidig mellanneolitikum
Ua-25482	A944	4650±65	stolphål	björk-al-hassel	3650 BC - 3000 BC (89,5%)	sen tidigneolitikum - tidig mellanneolitikum
Ua-25522	A236	4765±70	röjnröse	ej möjligt	3660 BC - 3360 BC (95,4%)	sen tidigneolitikum - tidig mellanneolitikum
Ua-25508	A1366	4845±100	röjnröse	lövträd	3950 BC - 3350 BC (95,4%)	tidigneolitikum
Ua-25520	A1919	5035±70	röjnröse b	lövträd	3970 BC - 3690 BC (93,1%)	tidigneolitikum
Ua-25506	A989	6940±90	brunn b	ej möjligt	5930 BC - 5660 BC (84,8%)	mesolitikum
Ua-25480	A356	7020±75	stolphål	tall	6020 BC - 5730 BC (95,4%)	tidig mesolitikum
Ua-25505	A989	7440±80	brunn a	tall	6440 BC - 6160 BC (89,0%)	tidig mesolitikum
Ua-25515	A1863	7700±70	röjnröse	lövträd	6660 BC - 6420 BC (95,4%)	tidig mesolitikum
Ua-25479	A219	7880±85	röjnröse	tall	7100 BC - 6500 BC (95,4%)	tidig mesolitikum
Ua-25513	A1785	7910±80	röjnröse	tall	7060 BC - 6590 BC (95,4%)	tidig mesolitikum

Sammanställning över ^{14}C-dateringar från område 5a och 5b vid Skea.

Compilation of ^{14}C-datings from Skea (site no. 5a and 5b).

platsen, som åtminstone i mycket vid bemärkelse använts samtidigt med stenröjningen. Den glesa och spridda förekomsten av anläggningsspår tyder dock på att boplatsen knappast kan ha varit i bruk någon längre tid. En möjlig tolkning är att denna använts under en kortare period, kanske i bästa fall någon generation. Undersökningarna inom område 5 stöder således även i detta avseende resultaten från andra rösemiljöer, om en viss rörlighet i såväl markanvändningen som i bebyggelsens lokalisering under bronsålder och äldre järnålder.

Ett gårdsläge från sen medeltid/tidig historisk tid vid Skea

Detta område (nr 6) med lämningar efter ett gårdsläge från senmedeltid eller tidig historisk tid ligger cirka en halv kilometer söder om område 5, i övergångszonen mellan den skogsklädda moränmarken och sandområdet. Topografiskt och miljömässigt sammanfaller undersökningsområdet med en liten välavgränsad höjd i öppen terräng, omgiven av ängs- och odlingsmarker. I öster gränsar området till ett litet, numera utdikat bäckflöde, medan marken väster därom utgörs av äldre våtmarker och bäckfåror. Bland mer sentida inslag kan nämnas att väg 119 skär genom området i rak öst–västlig riktning.

Platsen uppmärksammades tidigt i den antikvariska processen som ett potentiellt boplatsläge (Wallin 1996). Detta föranledde flera steg av provundersökningar inom området. 1996 grävdes inom ramen för en steg 2-utredning flera provschakt söder om väg 119, varvid ett mindre antal fyndtomma stolphål, gropar och enstaka härdar konstaterades (Andersson 1998). Två år senare genomfördes kompletterande grävningar i form av en förundersökning. Syftet var dels att närmare utreda lämningarnas omfattning, karaktär och datering inom det södra området, dels att klargöra om boplatsen även sträckte sig norr om väg 119. Resultaten från förundersökningen tycktes bekräfta antagandena om en förhistorisk boplatslämning, med bl.a. spår efter en liten stolpbyggnad och fynd av förhistorisk keramik. Samtidigt påträffades även en relativt stor mängd järnslagg (ca 4 kilo) vid ytinventering inom det södra området, vilket tolkades som en indikation på att det förekommit metallhantering på platsen (Andersson 2000a).

Slutundersökningen av området genomfördes hösten 1998, varvid matjorden inom ett cirka 2300 m² stort område banades av (se s. 340 och 342). Den bild som tonat fram i samband med provgrävningarna på platsen, förändrades nu på ett tämligen genomgripande sätt. Från att ha uppfattats som delar av en boplats från äldre järnålder med en intilliggande plats för järnframställning, framträdde istället delarna av ett gårdsläge från sen medeltid/ tidig efterreformatorisk tid, beläget på inägomarken till Stoby by. Förutom lämningar efter två små kvadratiska stolpbyggnader, hittades omfattande system av gropar innehållande bl.a. fynd av yngre rödgods. Några spår av anläggningar som kan knytas till metallhantverk framkom däremot inte på platsen. Fynden av slagg antas därför ha samband med äldre aktiviteter på platsen, som troligen förstörts av den yngre bebyggelsen. Inslaget av förhistoriska lämningar kom därmed att begränsas till några enstaka stolphål och en kokgrop i undersökningsområdets södra del, samt enstaka lösfynd av keramik och flinta (Andersson 2000b). Sammantaget dokumenterades 88 anläggningar, varav ett dike, 45 gropar, 27 stolphål, 3 härdar samt spår efter lagerrester, rännor och en stensträng.

Tolkningen av de arkeologiska spåren inom område 6 som resterna efter ett gårdsläge bygger på en sammanvägning av flera olika iakttagelser och material från platsen. Förutom ett stort antal gropar och gropsystem innehållande bl.a. skärvor av yngre rödgods och delar av trefotsgrytor tillsammans med annat hushållsavfall, påträffades även två små förrådshus (hus 5 och 6). De båda husen har haft en stort sett identisk konstruktion, karakteriserad av en kvadratisk grundplan med tre parallella och stenskodda stolprader som grundstomme. Endast mindre detaljer i planlösningen skiljde sig åt mellan de bägge husen. Grundplanen i hus 5 som mätte cirka 4,9x4,7 meter, var således något större än i hus 6, vars

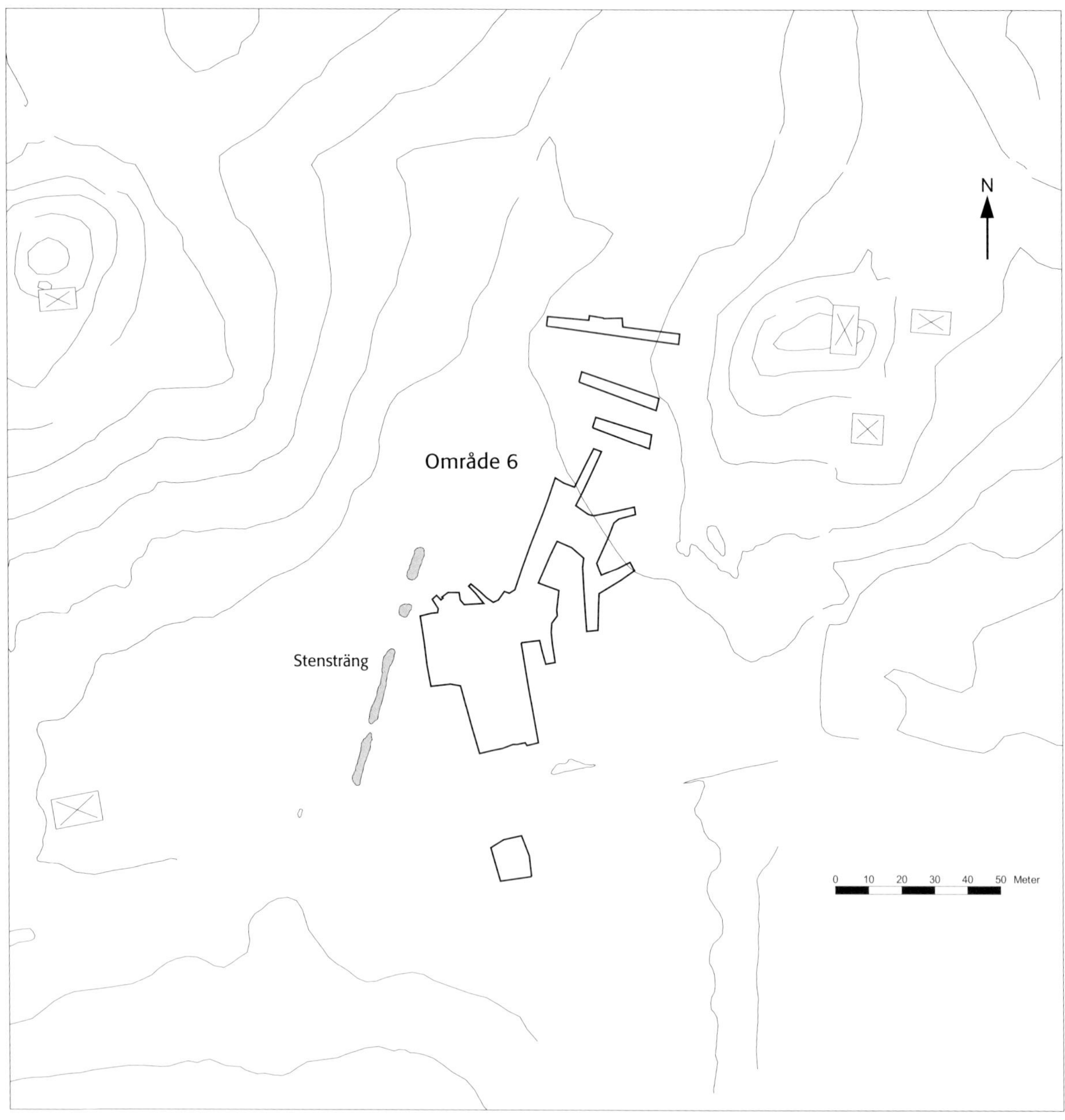

Översiktsplan över undersökta ytor inom område 6 med kringliggande topografi vid Skea.

Survey of excavated areas at site no. 6 with the surrounding topography at Skea.

Väg 23 Område 6

Lab.nr	Anl.nr	^{14}C år BP	Anl.typ	Material	Kalenderår 2 sigma	Arkeologisk period
Ua-25524	A3272	355±60	grop	lövträd	AD 1440 - 1650 (95,4%)	historisk tid
Ua-25529	A1002	435±70	stolphål	björk	AD 1390 - 1640 (95,4%)	sen medeltid - historisk tid
Ua-25528	A975	460±70	stolphål	lövträd	AD 1380 - 1640 (89,7%)	sen medeltid - historisk tid
Ua-25530	A1650	1025±70	stolphål	ek-alm-ask	AD 880 - 1210 (95,4%)	vikingatid - tidig medeltid
Ua-25525	A690	3870±65	grop	hassel	2500 BC - 2140 BC (95,4%)	sen mellanneolitikum

Sammanställning över ^{14}C-dateringar från område 6 vid Skea.

Compilation of ^{14}C-datings from Skea (site no. 6).

golvyta endast uppgick till 3,4x3,3 meter. Vidare saknades en stolpe i norra gaveln till hus 6. Husen som låg alldeles intill varandra med endast någon meters avstånd, var båda orienterade i nordväst–sydostlig riktning. Förrådshusen kan således inte ha stått samtidigt på platsen, utan representerar två på varandra följande byggnadsfaser. Vad gäller husens ålder ger tre koldateringar från stolphålsfyllningen i hus 5 en viss vägledning (se tabell ovan). Träkolet som härrör från olika lövträd (björk, ek/alm/ask) har tyvärr inte bestämts med hänsyn till materialens egenålder. De tre proverna uppvisar med kalibrerade värden och två sigmas intervall en kronologisk spännvidd från tidig vikingatid och fram in i historisk tid (880–1640 e. Kr.). Kolprovet som givit det äldsta värdet (Ua-25530) representerar dock troligen en äldre inblandning, medan de två yngre ^{14}C-värdena – vilka sammanfaller i tid – bör tillmätas större trovärdighet. Resultaten från dessa prover faller således båda inom intervallet 1390–1640 e. Kr. (Ua-25528 och Ua-25529), vilket svarar väl överens med keramiken och fyndmaterialet i intilliggande gropar (se nedan). Vilket av de två husen som är äldst respektive yngst är svårt att säga. Det förhållandet att hus 5 delvis sammanfaller i plan med en härd och en grop skulle kunna tyda på att denna byggnad är äldst, medan hus 6 ligger på en anläggningsfri yta.

Husen i Skea kan inordnas i en betydligt vidare grupp av små stolpbyggnader som från åtminstone äldre järnålder och framöver utgjort ett karakteristiskt inslag i gårdens byggnadsbestånd. Småhusens utseende och konstruktion varierar både över tid och rum. Den vanligaste typen inte minst i förhistoriska sammanhang är det s.k. fyrstolpshuset, som använts till olika typer av förvaring. Förrådsbyggnader av den typ som nu undersökts vid Skea har däremot ännu så länge få kända motsvarigheter i södra Sverige. Vid undersökningar i samband med Västkustbanans utbyggnad påträffades på sydsidan av Glumslövs backar ett vendeltida gårdskomplex med två mindre huslämningar av liknande typ som de i Skea. Husens datering är dock något omtvistad, eftersom flera ^{14}C-prover tagna på sädeskorn daterades till äldre och yngre bronsålder (Strömberg & Thörn Pihl 2000:64ff). Även vid Ramlösagården

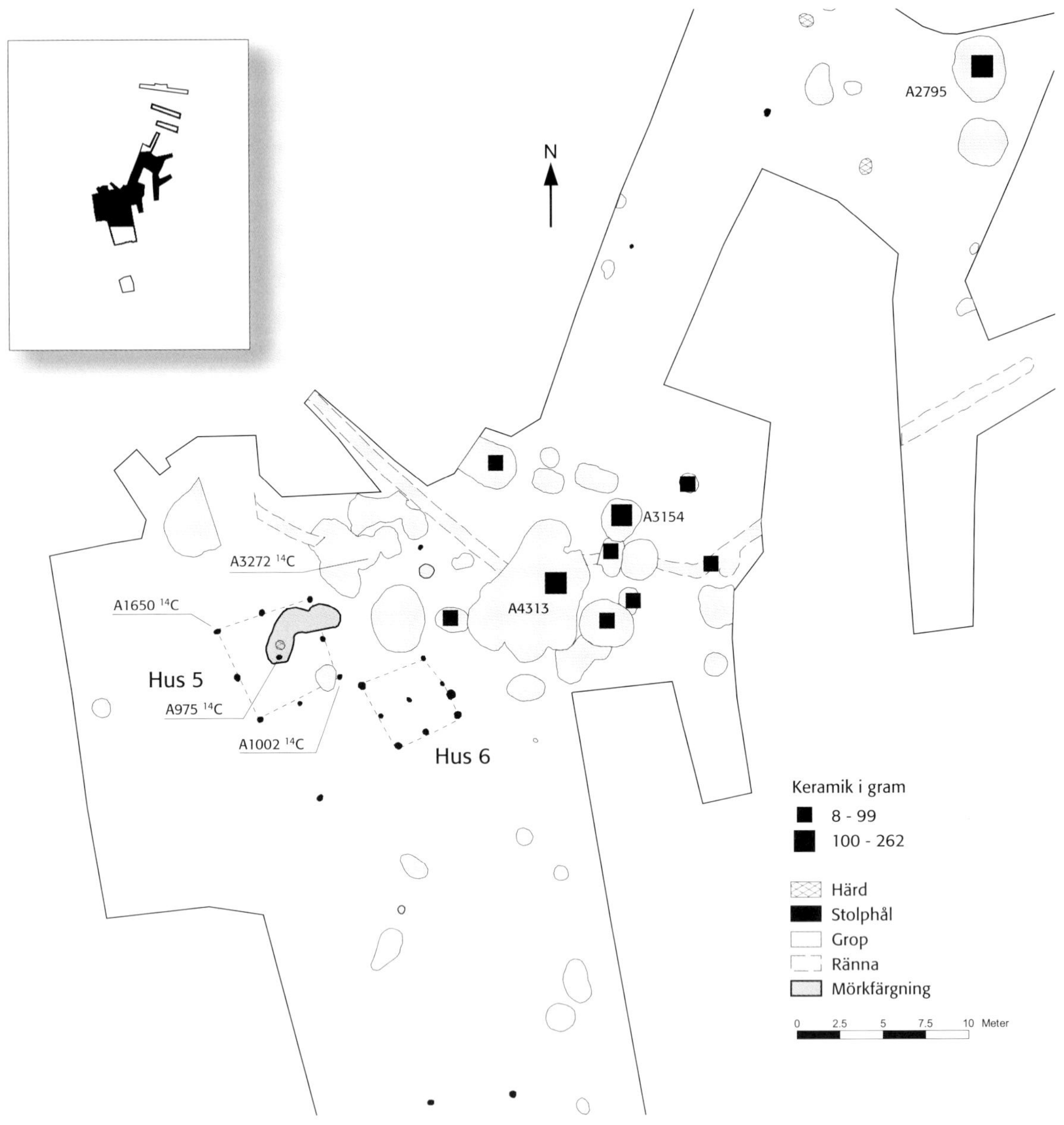

Detaljplan över den mest anläggningsintensiva delen av undersökningsområdet, med gropsystem och huslämningar.

Part of the excavation area with the highest concentration of structures, represented by pit-systems and house structures.

utanför Helsingborg dokumenterades på en boplats från äldre järnålder flera mindre stolpbyggnader varav en med sex stolpar (Aspeborg 2001; Aspeborg i denna volym). Olika varianter av små förrådsbyggnader med flera parallella stolprader är också kända på kontinenten, främst från brons- och järnålder (Audouze & Büchsenschütz 1992: 62ff). I Niedersachsen har bodar med nio stolpar undersökts på kända järnåldersplatser som Feddersen Wierde (Haarnagel 1979), Wijster (van Es 1967) och Flögeln-Eekhöltjen (Zimmermann 1992:243ff). Typen är emellertid också känd från senare perioder, t.ex. på boplatsen Dalem med bebyggelse från 7/800-talet till 1400-talet, även denna belägen i Niedersachsen (a.a. 1992:244).

Summering. Sammanfattningsvis bör de två stolpbyggnaderna i Skea uppfattas som två olika faser av en mindre förrådsbyggnad tillhörande ett större gårdsanläggning. Var gårdens huvudbyggnad har legat är inte känt; åtminstone har några spår av denna inte påträffats vid vägprojektets undersökningar. Bostadshuset bör dock ha legat någonstans i det omedelbara närområdet, eventuellt strax nordost om den undersökta ytan på en mindre förhöjning. Den största mängden fynd från platsen utgjordes av keramik (724g), huvudsakligen bestående av yngre rödgods och delar av trefotsgrytor (typ BII:3 och BII:4). I materialet finns även en skärva av C-typ troligen tillhörande ett dryckekärl (pers. kom. Katalin Schmidt Sabo). Det keramiska materialet fördelas på åtta gropar, varav tre stycken direkt öster om förrådshusen innehöll mer än 100g (A2795, A3154 och A4313). I groparna hittades även enstaka järnföremål bl.a. spik (ca 70g) liksom mindre mängder järnslagg (312g), bränd lera (19g), glas (6g) samt bränt och obränt djurben (5 fragment). Även merparten av dessa fynd hittades företrädesvis i det samlade gropområdet. Fyndens sammansättning ger en alldagligt intryck och speglar väl ett ordinärt gårdshushåll vid tiden kring medeltidens slut.

Människor och landskap i en nordskånsk inlandsbygd – försök till en syntes

Vi ska i detta avsnitt återknyta till några av de övergripande problemområden och frågor kring områdets bebyggelseutveckling och landskapsutnyttjande som ställdes inledningsvis och försöka sätta in vägprojektets undersökningar i ett större tidsmässigt och rumsligt sammanhang. Utgångspunkten för diskussionen tas inledningsvis i de undersökningar som nu genomförts i samband med vägprojektet, varefter jämförande utblickar görs mot andra områden med liknande material och landskap.

Ett av de övergripande problem som formulerades i början av projektet handlade om i vilka avseenden de skiftande naturgeografiska förutsättningarna i Stobyområdet påverkat bebyggelselokalisering, markanvändning och resursutnyttjande över tiden? En nyckelfråga i sammanhanget gällde hur variationer i jordarter och markförhållanden påverkat introduktionen och kontinuiteten i ett lågtekniskt jordbruk, samt vilken av de två marktyperna – d.v.s. moränmarken eller sandområdena – som först togs i anspråk för bosättning och agrar verksamhet? Inleddes röjning och uppodling först inom de lättbearbetade sandjordarna för att senare, i perioder av ekonomisk och befolkningsmässig tillväxt, expandera in i moränområdena? Eller utnyttjades de båda landskapstyperna i lika stor utsträckning för agrara aktiviteter redan från neolitisk tid och framåt? Stobytrakten framstod här med sin naturgeografiskt sammansatta karaktär som ett utmärkt landskapsutsnitt för att få en inblick i hur en nordskånsk inlandsbygd koloniserats, bebyggts och utvecklats socialt och ekonomiskt i ett långtidsperspektiv – från neolitikum och fram i historisk tid.

Ett annat men anknytande problemkomplex rörde de omfattande områden med röjningsrösen som i stort antal finns bevarade företrädesvis på moränmarkerna och som berördes av vägprojektets undersökningar. En huvudfråga för projektet var naturligtvis när stenröjningen i denna del av det skånska landskapet introducerades samt om stenröjningen sammanfaller med den äldsta uppodlingen av moränmarkerna? Andra frågor av betydelse berörde kontinuitet och förändring i landskapsutnyttjandet liksom det rumsliga förhållandet mellan den stenröjda marken, monumentbyggande och samtida bosättningar. Vilka var de processer i samhället som ledde fram till introduktionen av stenröjning och varför minskade dessa områden så småningom i betydelse som odlings- och betesmarker? Vad berättar de arkeologiska källorna om förändringar i bosättningsmönster och bebyggelseorganisation? Hur såg bebyggelsen ut i området? Låg gårdarna spridda i landskapet eller i agglomerationer och hur påverkades bebyggelsestrukturen av den gradvis ökande ekonomiska och sociala differentiering som från åtminstone äldre bronsålder och framåt torde ha inverkat på de nordskånska samhällena? Vägprojektets undersökningar öster om Stoby berörde sammantaget fem större arkeologiska miljöer. Tre av dessa dominerades av röjningsröseområden, som förutom lämningar efter stenröjning och odlingsytor även innefattade gravar och boplatsspår. Övriga platser hade en mer renodlad boplatskaraktär, med å ena sidan lämningar efter ett gårdsläge från yngre järnålder och å andra sidan delar av en gårdstomt från sen medeltid/ historisk tid. De tre rösemiljöerna låg samtliga inom områden med moränmark, som under historisk tid användes som utmark till de historiska byarna Stoby och Arkelstorp. Även den undersökta yngre järnåldersgården vid Näs låg på moränmark och byns utmark, medan läget för den betydligt yngre gårdstomten sammanföll med de östra delarna av inägomarken till Stoby by inom sandjordsområdet. De undersökta platsernas ojämna fördelning mellan olika marktyper gör det svårt att mer framgångsrikt diskutera frågan om kontinuitet/diskontinuitet i markutnyttjandet inom morän- kontra sandområdena. Mot denna bakgrund kommer även andra material från området att dras in i diskussionen.

Den neolitiska kolonisationen

I arbeten rörande neolitiseringen framhålls ofta att jordbrukets introduktion i södra Sverige inleddes i Skånes sydvästra delar för att under loppet av tidigneolitikum relativt snabbt spridas norrut över landet (Welinder 1998:61ff). Tolkningarna av hur den nya ekonomin och olika sociala grupper spreds bygger dock i flera avseenden på ett översiktligt och tidvis mycket ojämnt empiriskt material. Denna bristfälliga källsituation gäller även för det skånska landskapet, således att vi för att nå en helhetssyn på utvecklingen ofta varit hänvisade till enstaka undersökningar och spridningskartor över viktigare ledartefakter (se t.ex.

Oldeberg 1952:abb. 314; Jennbert 1984:108ff; Malmer 1975:178ff). Tvärvetenskapliga fördjupningar rörande de neolitiska samhällenas etablering och utveckling inom större landskapsrum har för Skånes vidkommande främst genomförts i regionens sydöstra och sydvästra delar, inom ramen för Ystadprojektet (Larsson m.fl. 1992) samt pågående arbeten inom Västkustbaneprojektet (Publiceringsplan för VKB-projektet 1999). De arkeologiska och paleoekologiska underlagen från andra delar av regionen har däremot länge varit synnerligen sparsamma och vi vet därför egentligen oerhört lite om hur det tidiga jordbruket spreds samt hur den agrara produktionen och bebyggelsemönstren anpassades i förhållande till de lokala naturgeografiska förutsättningar landskapet och vegetationen erbjöd.

Vägprojektets undersökningar i Stobytrakten framstod i detta perspektiv som en intressant möjlighet till fördjupade studier av hur ett naturgeografiskt sammansatt lokalområde i inlandsmiljö utvecklats under neolitisk tid. Trots att den planerade vägen löpte genom flera topografiskt spännande miljöer, infriades projektets förväntningar på ett mer omfattande neolitiskt material inte vid slutundersökningarna. Förutom pollendiagrammet från Stobydeltat som även täcker neolitisk tid, var det endast en av sex slutundersökta platser som bidrog med neolitiskt material. Fynden gjordes i den sydligaste av de tre rösemiljöer som undersöktes inom moränområdet (område 5a). Här påträffades rester av en mindre boplats från tidigneolitisk och början av mellanneolitisk tid. Några säkra anläggningsspår eller rester efter byggnader hittades inte. Däremot påträffades ett litet men distinkt material av flinta och ornerad keramik. Från området föreligger även flera daterade kolbitar som är samtida med keramikfynden (omkring 4000 – 3000 f. Kr). Kolet kommer huvudsakligen från olika lövträd, och härrör troligen från olika aktiviteter på boplatsen som också kan ha omfattat tidiga röjningsbränningar i omgivningen (jfr Lagerås i denna volym).

Det neolitiska materialets ringa omfattning från moränområdet liksom avsaknaden av samtida pollendata, gör det för närvarande svårt att värdera vilken betydelse landskapet haft ur såväl bosättningssynpunkt som för den agrara verksamheten. Vad gäller sandområdenas utnyttjande bidrar de paleoekologiska resultaten till en viss tolkningsgrund. I pollendiagrammet från Stobydeltat dateras de äldsta spåren efter agrara aktiviteter till början av tidigneolitisk tid (ca 3 800 f. Kr). Spåren tecknar sig främst i form av en regelbunden förekomst av svartkämpar som är betesindikerande, liksom ett ökat inslag av örtpollen i förhållande till träd- och buskpollen. Några säkra tecken på odling i form av sädespollen finns däremot inte i diagrammet, utan den floristiska sammansättningen tyder istället enligt Lagerås på att marken använts för ett extensivt betesbruk (se Lagerås i denna volym).

På grund av det ringa neolitiska material som framkommit i samband med projektets undersökningar är vi stället hänvisade till andra källor för att få en inblick i hur området utnyttjades vid denna tid. Ett sätt att fånga eventuella lokala variationer i landskapsutnyttjandet är att studera den korologiska spridningen av ledartefakter från olika tidsperioder för att se om dessa uppvisar kvantitativa skillnader i rummet över tid. En sådan analys ställer stora krav på underlagsmaterialets representativitet. Jag har mot denna bakgrund valt att se närmare på ett begränsat lösfyndsmaterial från Stoby och N. Sandby socknar, som representerar två intill varandra liggande mikroområden på ömse sidor om Almaåns dalgång. Materialen härrör i huvudsak från två större privatsamlingar med fynd från sandområdena kring Stoby (främst RAÄ 77) och N. Sandby byar. Vi har tyvärr inga närmare upplysningar om i vilka sammanhang fynden påträffats. Det faktum att de flesta föremålen är mer eller mindre hela tyder dock på att dessa inte primärt härrör från boplatser, utan snarare från gravar och rituella nedläggelser i våtmarker (jfr Larsson 1992:145). Fyndsamlingarna är inte bara storlekmässigt ungefär likvärdiga (Stoby:108 st.; N. Sandby: 77 st.), utan uppvisar även en mycket likartad sammansättning vad gäller representerade föremålstyper. I materialen finns således en kraftig dominans av olika neolitiska yxtyper och flathuggna redskap, medan ledartefakter från mesolitikum, yngre bronsålder och järnålder är sämre representerade (se nästa sida). Från ett källkritiskt perspektiv är det därför i första hand de neolitiska lösfynden som kan användas för att belysa kulturella förhållanden och rumsliga tyngdpunkter i landskapet. I den jämförande analysen har sex ledtyper med kronologisk signifikans valts ut ur materialet, nämligen spetsnackiga yxor (TNI-II), tunnackiga yxor (TNII-MNA I-II), tjocknackiga yxor och mejslar utan hålegg (MNA III-V)[3)], tjocknackiga yxor och mejslar med hålegg (MNB) samt enkla skafthålsyxor och flintdolkar (SN-ä BRÅ). Det rör sig sammanlagt om 105 föremål, varav 55 från Stoby och 50 från N. Sandby. Trots att materialet storleksmässigt saknar statistisk relevans, föreligger ändå några intressanta kvantitativa skillnader vad gäller typsammansättningen i de bägge socknarna; skillnader som möjligen kan spegla rumsliga förändringar i landskapets utnyttjande över tid. Mest iögonfallande är den rika förekomsten av spetsnackiga yxor i Stoby, som inte har någon motsvarighet i den öster därom liggande grannsocknen, där denna yxtyp endast föreligger i två exemplar. Först under senare delen av tidigneolitisk och början av mellanneolitisk tid sker en utjämning mellan de båda områdena, vilket antyds av en förhållandevis hög frekvens av tunnackiga yxor. Den stora andelen tjocknackiga yxor och mejslar med respektive utan hålegg i N. Sandby pekar på ett fortsatt intensivt utnyttjande av detta område under mellanneolitisk tid, som av antalet fynd att döma först verkar gå tillbaka under senneolitikum och äldre bronsålder. Det är intressant att fyndmaterialet inom det västra området – d.v.s. Stoby – uppvisar en diametralt motsatt utveckling under dessa perioder. Här pekar en kraftigt sjunkande fyndfrekvens istället på en nedgång i bebyggelsen under loppet av mellanneolitikum; en utveckling som först bryts under senneolitikum och början av bronsålder, då fynden åter ökar och antyder en ny expansion i området.

Det rika inslaget av tidigneolitiska fynd i Stobyområdet har indirekt även stöd i pollendiagrammet från Stobydeltat, där de första tecknen på agrar verksamhet daterats till början av tidigneolitikum. Däremot finns ingenting i pollendiagrammet som tyder på en nedgång i bebyggelsen under senare delen av mellanneolitisk tid. De förändringar över tid och rum i landskapsutnyttjandet som det lösfunna materialet indikerar, får därför tills vidare betraktas som en arbetshypotes inför framtida arbeten i området. Vad vi kan konstatera så här långt är att även det skogsklädda inlandet i norra Skåne tidigt befolkades av olika sociala grupper med en neolitisk livsföring. Avsaknaden av traditionella neolitiska gravmonument i form av dösar och gånggrifter, stöder hypotesen om att det förmodligen rörde sig om mindre enheter, karakteriserade av små bosättningar med en hög grad av rörlighet. Även om sädesodling kan ha förekommit i mindre skala, talar pollendiagrammet från Stobydeltat i första hand för en ekonomisk bas baserad på djurhushållning med

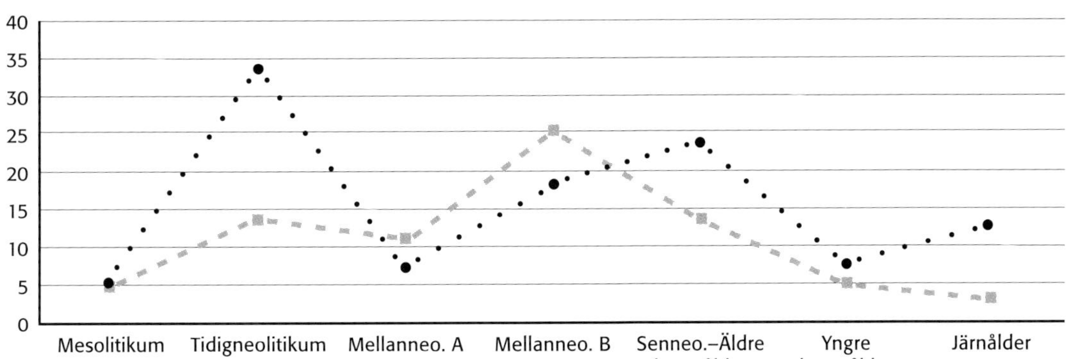

Fördelningen av förhistoriska lösfynd från Stoby (108 st.) och N. Sandby (77 st.) socknar.

The distribution of prehistoric stray finds from the parishes of Stoby and N. Sandby.

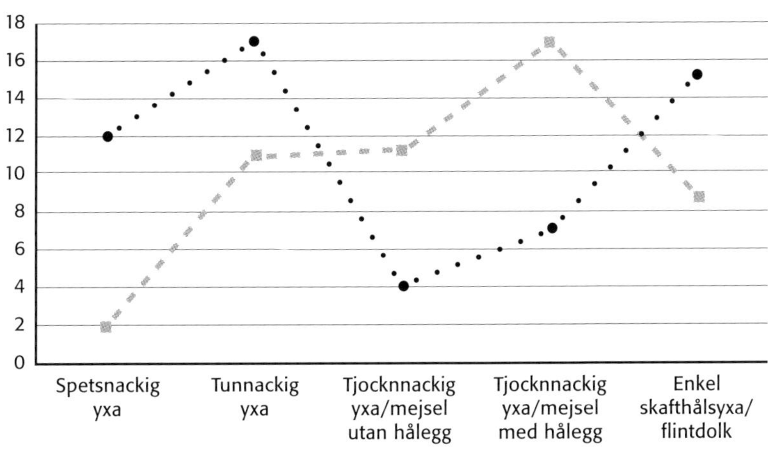

Variationer i frekvensen av olika neolitiska ledartefakter från Stoby (55 st.)och N. Sandby (50 st.) socknar.

Variations in the frequencies of neolithic key artefacts from the parishes of Stoby and N. Sandby.

extensiva betesmarker troligen kompletterad med jakt och fiske. För att hitta mer centrala bebyggelseområden under tidig- och mellanneolitisk tid, får vi istället söka oss drygt en mil längre åt sydost till området kring Vinslöv och de inre delarna av Kristianstadsslätten. En neolitisk centralbygd indikeras här å ena sidan av en rik förekomst av tunnackiga yxor med något större genomsnittslängd och å andra sidan av två långdösar av äldre typ med rektangulär kammare vid Åraslöv (Larsson 1984:242f; Carlie & Götz 1981:27).

Trots mindre fluktuationer i befolkningsmängd och markutnyttjande har Stobyområdet troligen även fortsättningsvis under återstoden av neolitikum intagit en perifer position i förhållande till de sociala grupper som var bosatta på Kristianstadslätten. Några megalitiska hällkistor har således inte påträffats i nordöstra Skånes inland. För att hitta sådana måste vi istället rikta blicken cirka 1,5 mil österut till Helgeåns dalgång och områdena kring Gryt, Knislinge och Hjärås byar där det finns en mindre förtätning av tidiga hällkistor. Neolitiska gravar från slätt- och moränområdena kring Stoby och Almaåns vattensystem känner vi däremot bara till i form av enstaka flatmarksgravar. Vid UV Syds undersökningar norr om Hässleholm inför utbyggnaden av väg 21, hittades t.ex. två senneolitiska flatmarksgravar. Gravarna som bägge saknade bevarade skelettrester, har daterats på grundval av två ^{14}C-dateringar och en lösfunnen lancettformad pilspets (Olsson m.fl. 2001:23).

Den bild som tonar fram i norra Skåne ansluter i mångt och mycket till de resultat som tidigare framkommit inom Ystadsprojektet, d.v.s. med en förhållandevis jämn spridning av tidig- och mellanneolitiska föremål både vid kusten och i inlandet. Frågan om eventuella skillnader i bosättningsmönster, ekonomi och resursutnyttjande mellan kusten och inlandet kunde inte belysas i projektet, p.g.a. avsaknaden av undersökta boplatser i det senare området. Liksom i norra Skåne finns inga kända megalitgravar i inlandet, utan dessa återfinns istället i mer kustnära områden. Förekomsten av megalitgravar tolkas här inte i första hand som ett uttryck för mer permanenta bosättningar, utan snarare som ett ideologiskt behov i samhället av att uttrycka en territoriell identitet (Larsson 1992:141ff).

Bygden etableras

En svår men intressant fråga är vad frånvaron av monumentbyggande i inlandet under neolitikum betyder för förståelsen av de samhällen och människor som befolkade landskapet under denna tid? Ska frånvaron av monument – som det föreslås ovan – ses som ett uttryck för en låg befolkningstäthet, karakteriserad av en gles bebyggelsestruktur med små bosättningar, ett differentierat resursutnyttjande och avsaknaden av sociala hierarkier? Eller ska förklaringarna sökas i helt andra orsakssammanhang med grund i människors kulturella och sociala identitet?

I litteraturen framhålls byggandet av monument ofta som intimt sammanlänkat med en hierarkisk samhällsstruktur, och enskilda individers eller gruppers behov av att manifestera sin sociala position och makt i landskapet på ett mer varaktigt sätt. Typiskt för dessa samhällen är i allmänhet en jordbrukande ekonomi, där ekonomiskt välstånd och maktrelationer bygger på såväl territoriella anspråk som på kontroll över människor, råvarutillgångar och kommunikationer. Enligt Richard Bradley bidrar monumenten genom sin fysiska beständighet till att forma människors medvetande och mentala förhållningssätt till landskapet på olika sätt. Monument bidrar således inte bara till att skapa platser i naturlandskapet, utan främjar också traderingen av minnen och traditioner som har en sammanhållande och identitetsskapande funktion inom den egna gruppen. Monument kan dessutom, genom ritualer och ceremonier inlemmas i nya sociala och ideologiska sammanhang och på så sätt tillskrivas nya betydelser och funktioner (Bradley 1993:5).

Om vi väljer att se monument som ett uttryck för olika samhälleliga behov – med grund i sociala, territoriella och/ eller ideologiska funktioner – blir det i förlängningen också intressant att titta närmare på under vilka perioder och i vilka sociala sammanhang monumentbyggandet introduceras. Ett problem när vi studerar norra Skånes inland är att ytterst få gravar är sakkunnigt undersökta. Detta bidrar till en stor osäkerhet vad gäller den kronologiska bestämningen av olika gravtyper, vilket i sin tur gör det svårt att mer i detalj bestämma tidspunkten för när man börjar bygga monument i området. Monumentala gravhögar och gravrösen med exponerade höjdlägen anses i Skåne vanligen tillhöra bronsåldern, med betoning på periodens äldre del. Undersökningar i olika delar av landskapet samt i södra Halland visar dock på kronologiska skillnader i gravbyggandet mellan olika delområden. Medan majoriteten av undersökta gravhögar i Skånes slättområden verkar anläggas under bronsålderns period II och III, för att därefter byggas på i samband med sekundärbegravningar under framför allt yngre bronsålder, tycks traditionen att uppföra högar ha fortsatt även under yngre bronsålder i nordvästra Skåne och södra Halland (Lundborg 1972:120f; jfr Andersson 1999). De få undersökningar av högar och rösen som trots allt utförts i nordöstra Skånes inland, pekar närmast på en likartad utveckling som i Nordvästskåne och södra Halland. Detta betyder att vi förmodligen ska se traditionen med hög- och rösebyggande som ett mer utdraget förlopp, med kontinuitet in i yngre bronsålder och efterbegravningar under äldre järnålder (se Carlie 1994a:49ff och 55ff). Detta innebär i sin tur att det troligen även föreligger en viss kronologisk överlappning mellan högar och rösen å ena sidan och stensättningar å andra sidan. Jag återkommer emellertid till denna fråga längre fram.

Resultaten från Stobyområdet visar att regelbundna röjningsbränningar som också omfattar stenröjning på allvar satte igång i slutet av yngre bronsålder – omkring 700 f. Kr. Detta betyder att stenröjningen i området till stora delar sammanfaller i tid med ett intensivt monumentbyggande, främst representerat av enstaka gravar och små gravgrupper med rösen och stensättningar. Dateringarna av de undersökta stensättningarna A412 och A646 i område 2b och 3b, vilka båda anlagts under sen yngre bronsålder, stämmer väl in i denna bild. Detta väcker i sin tur funderingar kring den ofta stora fysiska likheten mellan gravar och röjningsrösen vad gäller form och uppbyggnad, och vad denna kan betyda i fråga om inneboende symbolik. Om byggandet av synliga gravmonument ska ses som ett uttryck för de ideologiska behoven i samhället av att manifestera sin fysiska närvaro i landskapet, ligger det nära till hands att även se röjningsrösena som företeelse utifrån ett liknande perspektiv. Anläggandet av röjningsrösen behöver således inte bara ges en praktisk eller funktionell förklaring, d.v.s. som en bieffekt av agrar verksamhet med röjningar i stenrik terräng, utan kan också ha tillskrivits olika ideologiska funktioner. Förutom att visa på en faktisk arbetsinvestering i marken, kan rösenas formmässiga likheter med samtida gravar således betraktas som ett resultat av avsiktliga handlingar, avsedda att ge associationer till gravsymboliken och de meningsbärande betydelser kring reproduktion och territorialitet som förmodligen var förknippade med dessa. Ett av de mer tydliga exemplen på tillämpning av gravsymbolik på röjningsrösen dokumenterades inom område 3a, där ett flertal ytterst vällagda och mycket gravlika rösen visade sig vara placerade på rad.

Boplatser på moränmarken och inom röseområden. Analyser av pollenprover från röjningsrösen visar att marken i röseområdena användes både till sädesodling och betesbruk (jfr Lagerås i denna volym). Efter den agrara expansionen omkring 700 f.Kr. tyder frekvensen i koldateringarna på ett systematiskt och återkommande bruk av marken som varade i nästan ett tusen år. Undersökningar i andra sydsvenska regioner, t.ex. vid Hamneda i södra Småland, har visat att röjningsröseområdena är resultatet av ett mobilt odlingssystem. Olika förklaringsmodeller har föreslagits vad gäller odlingssystemets organisation. Medan Leif Gren (1989) och andra författare har velat se röseområdena som en följd av ett extensivt rotationsjordbruk med långa trädesperioder på upp till tjugo eller femtio år då marken troligen utnyttjats för bete och lövfodertäkt, menar Per Lagerås att en sådan förklaringsmodell motsägs av ^{14}C-dateringarnas stora spridning över tiden, som visar på en regelbunden och kontinuerlig tillkomst av nya rösen. Detta tyder enligt Lagerås på en mindre grad av mobilitet, där odlingsytorna utnyttjats mer intensivt och under längre tid, följt av perioder med korttidsträda då marken kan ha utnyttjats för betesbruk och lövtäkt (Lagerås 2000:213ff).

En av de frågor som särskilt intresserat forskningen och som även aktualiserats inom detta projekt gäller den rumsliga relationen mellan röseområdena och samtida bosättningar. Medan man i forskningsprojekten kring Järparyd (Jönsson m.fl. 1991) och Röstorp (Connelid m.fl. 1993) främst arbetat med olika prospekteringsmetoder, som t.ex. fosfatkartering för att lokalisera boplatserna, har de senare årens exploateringsundersökningar i röseområden gång på gång bekräftat förekomsten av boplatslämningar inom den stenröjda och odlade marken. Till denna bild ansluter även undersökningarna vid Stoby. Inom Hamnedaprojektet dokumenterades spår av boplatskaraktär – i flera fall med bevarade huslämningar – inom samtliga sju undersökta röseområden. Det rörde sig dock i de flesta fall om tämligen diffusa spår, och endast i ett fall kunde lämningarna med större säkerhet knytas till en gårdsanläggning (RAÄ 66). Gården som daterats till romersk järnålder – folkvandringstid omfattade två bebyggelsefaser, vardera bestående av ett mindre långhus (9–10 meter) med tre till fyra par av takbärande stolpar samt intilliggande härdar och gropar (Cronberg m.fl. 2000:148ff). Även inom E4 projektet, på sträckan Mölletofta – Rya vid Örkelljunga i nordvästra Skåne har flera huslämningar tillsammans med andra boplatsspår påträffats inom ett av röjningsröseområdena (område 3). Ett av två identifierade gårdslägen med aktiviteter från yngre romersk järnålder visade på en komplex sammansättning, som förutom ett treskeppigt långhus på omkring 16 meter, även omfattade spår efter hägnader och gropar samt rester efter en järnframställningsugn samt kolningsgrop (Olsson & Olsson manus).

Även i samband med vägprojektets undersökningar vid Stoby hittades boplatslämningar av varierande omfattning och karaktär inom samtliga tre röseområden. Liksom i Hamneda rör det sig dels om spridda härdar, gropar och stolphål dels om enstaka bebyggelselämningar, bestående av ett litet långhus och ett uthus av fyrstolpstyp. Sett mot bakgrund av erfarenheterna från Hamneda och Mölletofta – Rya är det mycket troligt att dessa lämningar utgör delar av små bebyggelseenheter eller gårdsanläggningar. Till denna bild av mindre gårdar kan även föras den yngre järnåldersgården vid Näs, även om denna idag p.g.a.

modern uppodling inte ligger inom ett röseområde. De enstaka aktivitetsspåren, liksom avsaknaden av ombyggnationer i husen, antyder vidare att det rör sig om bosättningar med en viss grad av mobilitet inom odlingssystemet. Denna bild av bebyggelse och bosättningsmönster väcker tillsammans med närvaron av gravmonument och skålgropsförekomster funderingar kring vilka sociala grupper i samhället som framlevde sina liv i dessa miljöer. Gårdarnas ringa storlek och sparsamma fyndmaterial tyder på att det knappast kan röra sig om människor i samhällets övre skikt, utan snarare tvärtom. Att det skulle handla om bosättningar med ofri arbetskraft är dock inte särskilt troligt. Istället tyder närvaron av två stora gravrösen tillsammans med många platser med små gravmonument på att det rör sig om fria eller självständiga bönder, som hade rätten att enligt gammal tradition gravläggas i hög eller röse. Detta hindrar naturligtvis varken att det kunde finnas inslag av ofri arbetskraft på gårdarna, eller att bonden och hans hushåll stod i någon form av beroendeställning till en lokal storman i trakten, t.ex. för att erhålla skydd och värn i orostider. Med tanke på att röseområdena var i bruk under en tidsperiod om cirka ett tusen år, är det snarare mycket troligt att det under loppet av denna tidsrymd även skedde vissa förändringar i den sociala organisationen.

För att få en bättre inblick i några av de samhälleliga processer som utgjorde grunden för röjningsröseområdenas användning och organisation, ska vi i all korthet se närmare på relationen till gravar och boplatser. Min utgångspunkt för resonemanget bygger på antagandet att de flesta gårdar i röseområdena tillhörde socialt självständiga bönder, vilket innebar att man mer eller mindre fritt kunde flytta runt inom sitt resursområde beroende på förändringar i odlings- och betesmarkens brukande. Om vi räknar med att varje gård omlokaliserades ungefär var annan generation (d.v.s. vart femtionde år), skulle detta för de cirka 1000 år som röjningsröseområdena var i bruk betyda att en och samma gård flyttade minst tjugo gånger. Detta räkneexempel är naturligtvis bara en estimering av antalet övergivna boplatslägen som genererades av en gård, eftersom vi faktiskt inte vet hur ofta bebyggelsen omlokaliserades. Om tidsintervallet mellan flyttningarna kortades ner eller förlängdes, ökar respektive minskar antalet boplatslägen självfallet också på motsvarande sätt. Eftersom bebyggelsen i de flesta områden troligen omfattades av flera samtida gårdar, måste dessa siffror i sin tur sannolikt mångfaldigas flera gånger om. Denna insikt om att även en förhållandevis gles bebyggelsestruktur kan resultera i ett stort antal boplatslägen manar till viss eftertanke inför framtida arkeologiska projekt.

I motsatts till boplatserna uppträder gravmonumenten inom röseområdena i regel endast som enstaka eller i grupp liggande rösen och stensättningar. Gravarnas antal i kombination med att dessa, åtminstone i en viss omfattning, visat sig vara samtida med stenröjningens introduktion (jfr område 2b och 3b), kan tyda på att många av gravmonumenten i första hand byggdes för att markera släktens eller gårdens rätt att bruka ett bestämt markområde. I ett samhälle karakteriserat av en betydande rörlighet, inte bara i bebyggelsemönstret utan också i odlingssystemets organisation, har behovet av synliga och beständiga minnesmärken i landskapet troligen spelat en viktig kommunikativ roll i förhållande till andra grupper. Detta kan sannolikt också till en viss del förklara varför många röjningsrösen givits ett formspråk som starkt associerar till gravar, d.v.s. som symboler för ättens eller gårdens hävdvunna rätt att bruka marken.

Boplatser på sandmarken. Vad gäller den bebyggelse- och odlingsmässiga utvecklingen under bronsålder och äldre järnålder inom sandområdet är denna betydligt mer svårtolkad, p.g.a. det fragmentariska källmaterialet från området. Stora delar av sandslätten består idag av uppodlad mark, vilket haft en negativ inverkan på bevarandet av det fasta fornlämningsbeståndet såsom gravar och fossila odlingsspår. Även kunskapen om de samtida boplatserna i landskapet är mycket dålig.

Det är mot denna bakgrund intressant att de första spåren efter sädesodling i pollendiagrammet från Stobydeltat uppträder ungefär samtidigt eller strax efter stenröjningens introduktion i moränområdet – omkring 400 e. Kr. (se Lagerås i denna volym).

Som tidigare nämnts resulterade vägprojektets undersökningar tyvärr inte i något konkret underlagsmaterial för att diskutera bronsålderns och järnålderns bebyggelsestruktur i sandområdet. För att få en uppfattning om hustyper och bebyggelseformer måste vi därför vända oss till de få andra undersökningar som under senare år genomförts i grannskapet. Inför utbyggnaden av väg 21 strax norr om Hässleholm, undersökte UV Syd delar av ett boplatsområde (område 4, RAÄ 84, 85, Vankiva sn) med rester efter två fragmentariska långhus samt härdar och gropar (Olsson m.fl. 2001:24ff). Husen som låg relativt nära varandra utgjordes båda av mindre treskeppiga långhus med tre respektive fyra par takbärande stolpar och ett förhållandevis smalt mittskepp med en bredd på 1,7–1,9 meter. Avsaknaden av bevarade vägglinjer försvårar en tolkning av husens konstruktion. Det större av dessa bör dock ha varit minst 13–14 meter långt, medan storleken på det mindre huset troligen inte överstigit 10 meter. Fyra ^{14}C-dateringar föreligger från det större huset, samtliga tagna på obestämt träkolsmaterial från takbärare. Två av dessa tillhör tidigmesolitisk tid och saknar således relevans för husets datering. De två övriga dateringarna faller med ett sigmas intervall inom perioden yngre bronsålder och förromersk järnålder (A49: 2540 +/-100 BP; A 43: 2380+/-100 BP). Några andra dateringar föreligger inte från platsen.

Boplatsen tolkas i rapporten som en ensamliggande gård från yngre bronsålder och förromersk järnålder, bestående av ett långhus med tillhörande ekonomibyggnad (a.a. 2001:28). Det finns dock anledning att till delar revidera denna tolkning. Inledningsvis tyder husens takbärande konstruktion – som är tydligt underbalanserad – på en betydligt senare datering, som utifrån det rådande kunskapsläget kring den skånska husbyggnadstraditionen bör placeras i yngre romersk järnålder/ folkvandringstid (Artursson i manus). De till yngre bronsålder/ äldsta järnålder daterade träkolsbitarna bör därför – liksom de mesolitiska – betraktas som sekundärt nedblandat material från äldre aktiviteter på platsen. Detta innebär i sin tur att spår efter äldre bebyggelse bör finnas i nära anslutning till den undersökta ytan, troligen norr eller söder om denna.

Vidare talar det korta avståndet mellan husens takbärare (knappt 4 meter) i kombination med byggnadernas olika orientering, emot att det skulle röra sig om en samlad gårdsenhet. Liksom på Näsboplatsen ska husen förmodligen knytas till två olika, men på varandra följande bebyggelseskeden. Det klena dateringsunderlaget från platsen möjliggör inte en närmare datering av övriga anläggningsspår på boplatsen, men troligen tillhör dessa både äldre och yngre bebyggelseskeden. Vidare saknas t.ex. arkeobotaniskt material som skulle kunna upplysa om byggnadernas funktion. Sammanfattningsvis representerar husen troligen två olika faser av en ensamliggande gård från sen romersk järnålder och folkvandringstid med tillhörande aktivitetsytor. Långhusens ringa storlek i kombination med deras enkla sammansättning samt den totala frånvaron av fynd tyder på en mindre välbeställd gårdsbebyggelse, troligen i de lägre samhällsskikten.

Summering. Trots källmaterialens bristfälliga karaktär finns det likväl flera tecken i såväl de arkeologiska som paleoekologiska resultaten, som tyder på en likartad utveckling av bebyggelse och markanvändning inom morän- och sandområdena. Vad gäller de boplatsundersökningar som hittills utförts i norra Skånes inland, så ger dessa en förhållandevis samstämmig bild av järnålderns bebyggelsestruktur, medan motsvarande undersökningar av bronsålderns boplatser fortfarande saknas från området. Mycket tyder på att bosättningarna dominerats av ett system med många smärre gårdar, vanligen bestående av ett mindre treskeppigt långhus, ca 10–16 meter stort samt ett eventuellt uthus. Avsaknaden av tydliga ombyggnader i husen, i kombination med en sparsam förekomst av andra anläggningsspår som t.ex. gropar och härdar, tyder på ett rörligt bebyggelsemönster med återkommande förflyttningar av enskilda gårdslägen. Få av de undersökta boplatserna uppvisar således spår efter bosättningar från såväl äldre som yngre perioder, vilket talar för att gårdarna legat på ett visst avstånd från varandra med gott om utrymme för en omlokalisering till nya bebyggelselägen i landskapet. Enstaka stora gravrösen tillsammans med en rik förekomst av små gravmonument, ofta belägna inom eller i anslutning till röjningsröseområden, tyder på att gårdarna till stor del har tillhört självständiga bönder. Detta hindrar naturligtvis inte att det i gårdarnas hushåll kan ha funnits ett visst inslag av ofri arbetskraft, likaväl som att vissa gårdar kan ha stått i någon form av beroendeställning till en lokal storbonde eller storman. Det finns i dagsläget visserligen få tecken i det arkeologiska materialet som tyder på en social differentiering i bebyggelsen; en bild som dock snabbt kan komma att förändras i takt med nya undersökningar i området.

Utvecklingen under yngre järnålder och historisk tid

Med övergången till den yngre järnåldern sker flera intressanta förändringar i det arkeologiska och paleoekologiska materialet från Stobyområdet. Som Per Lagerås visar på annan plats i denna volym, minskar antalet träkolsdateringar betydligt från röjningsröseområdena efter omkring 400 e. Kr., samtidigt som det saknas tydliga spår efter bosättningar i dessa miljöer. Även artsammansättningen i pollendiagrammet från Skeakärret tyder på en omstrukturering i markanvändningen, med övergången från kombinerade odlings- och betesmarker till ett mer renodlat beteslandskap. Detta beteslandskap kan följas genom hela den yngre järnåldern och en bit in i medeltid till omkring 1200 e.Kr., varefter de tidigare friska och örtrika betesmarkerna försämras genom ett ökat inslag av ljung (jfr Lagerås i denna volym). Trots avsaknaden av bevarade odlingsspår i sandområdet, tyder pollendiagrammet från Stobydeltat på en motsvarande utveckling inom detta område. Lagerås diskuterar i sin artikel olika tänkbara scenarier som förklaringsgrund till förändringarna i markanvändningen. Den från historisk tid kända indelningen i inmark och utmark med ensädesbruk ställs här mot en alternativ organisationsform av odlingsmarken i bandparceller med trädesbruk. Som Pär Connelid visar på annan plats i denna bok kan rester efter äldre markplaneringssysten i form av bandparcellerad åker- och slåttermark urskiljas i det sena 1600-talets och tidiga 1700-talets kartmaterial från

Stoby socken. Trots att fornminnesinventeringen inte explicit innehåller några upplysningar om bandparcellerad mark, har uppföljande besiktningar i fält utifrån bandparcellmönster i äldre kartmaterial, bekräftat att sådana fossila system finns bevarade i området (jfr Connelid i denna volym).

I detta sammanhang ska vi istället se närmare på det arkeologiska materialet från samma period, för att se hur detta passar in i bilden av förändringar. Vägprojektets undersökningar har tyvärr endast i liten grad bidragit med material som kan belysa bebyggelsestrukturen i området under den aktuella perioden. Medan den undersökta gården vid Näs tidsmässigt kan placeras i periodens början, tillhör gårdstomten vid Skea istället dess slutskede. Var för sig bidrar platserna till bilden av en relativ småskalig och till synes ordinär agrarbebyggelse. Det äldre kartmaterialet bidrar här till att fördjupa bilden av områdets byggelse och markanvändning under historisk tid. Den bild som tonar fram utifrån kartmaterialet visar att bebyggelsen vid tiden omkring 1700 dominerades av klungbyar utan tydlig reglering. De största byarna – representerade av Ballingslöv, Grantinge och Röinge – bestod av upp emot tiotalet gårdar, medan övriga byar i regel omfattade färre enheter. Ett intressant resultat av Connelids retrogressiva analys av det äldre kartmaterialet från Stoby socken är att både bebyggelsen och hägnadssystemen tycks ha genomgått betydande omstruktureringar i äldre tid. Dessa rumsliga förändringar kan dels spåras genom förekomsten av tofter – d.v.s. äldre övergivna bebyggelselägen – i vångarna, dels genom omläggningar av byarnas gärdessystem. Vilka ekonomiska och sociala processer som ligger bakom dessa strukturella förändringar är långt ifrån klarlagt. Mycket tyder dock på att dessa ska ses som en följd av omstruktureringar i den agrara ekonomin, med en ökad betoning på animalieproduktion och tvåvångssystemets införande (jfr Connelid i denna volym).

Trots förekomsten av äldre strukturella drag i odlingsmarkens planering, av vilka bandparcellsystemen antas ha sin grund i sen vikingatid/tidig medeltid, är det tveksamt i vilken utsträckning dessa kan användas för att diskutera den yngre järnålderns bebyggelsestruktur. Ett material som mer indirekt bidrar till att belysa situationen under yngre järnålder är istället gravfälten. Som tidigare anförts har flera av gravfälten i referensområdet troligen använts under mycket lång tid, i vissa fall med kontinuitet ner i bronsålder. De lokaler som med större sannolikhet anlagts under yngre järnålder utgörs i första hand av gravfält med domarringar och resta stenar, medan de för norra Skåne klassiska yngre järnåldersgravfälten med skeppssättningar inte med säkerhet kan beläggas i Stobytrakten (Carlie 1994a). Trots de uppenbara svårigheterna med att värdera gravfältens datering, uppvisar fälten med resta stenar och domarringar intressant nog en spridningsbild som skiljer sig från den baserad på enstaka och gruppvis liggande gravar av röse-/hög- och stensättningstyp. Dessa gravfält återfinns således inte bara i andra topografiska lägen, utan uppvisar också en annan lokalisering i landskapet. Generellt saknar fälten således en fysisk koppling till röjningsröseområdena, medan närheten till de historiskt kända bylägena liksom större kommunikationsleder är desto mer framträdande (jfr s. 295). Övergången till en tradition att anlägga gravar i samlade fält med resta stenar och andra synliga monument är på intet sätt unik för norra Skåne, utan passar väl in i den allmänna utvecklingen under järnåldern i södra Skandinavien. Inte heller gravfältens annorlunda läge i landskapet är specifikt för området, utan motsvarande omstruktureringar har länge varit kända från andra delar av landet, inte minst i Mälardalen, där gravfälten av tradition använts som en grund för bebyggelsearkeologiska resonemang (t.ex. Ambrosiani 1964; Petré 1981). Sett ur ett lokalt nordskånskt perspektiv är gravfältens avvikande utformning och placering i landskapet däremot intressant, eftersom de markerar ett tydligt kontinuitetsbrott mot den gamla traditionen. Med stengravfältens anläggande skapades nya typer av monument på nya platser i landskapet; platser som var avsiktigt valda för att synas av de människor som färdades genom bygden. Manifestationen av dessa nya platser för begravning och kultutövning måste av samtidens människor ha framstått som ett radikalt brott eller avståndstagande gentemot den gamla sociala och religiösa ordningen. Desto mer intressant är det att vi parallellt med stengravfältens etablering kan skönja ett fortsatt bruk av äldre gravplatser i området. Jag tänker här närmast på de varierade gravfälten samt gravfält av stensättningstyp, där moderna undersökningar visat på en mycket lång användningstid från bronsålder och in i yngre järnålder (jfr t.ex. Carlie 1994a:88ff; Hellerström 2001). Vi vet idag fortfarande alldeles för lite om vilka grupper i samhället som låg bakom den nya traditionens införande. En hypotes är att sedvänjan i ett första skede anammades av personer i samhällets övre skikt – d.v.s. av lokala storbönder och eventuella herremän – kanske som ett sätt att manifestera sin sociala position och grupptillhörighet. Huruvida stengravfältens annorlunda placering i landskapet även sammanfaller med en rumslig omstrukturering av bebyggelse och odlingsmark är långt mer osäkert. De tecken på omläggning av den agrara verksamheten som konstaterats dels i det paleoekologiska materialet, dels genom identifieringen av äldre markplaneringssystem med bandparceller, framstår i detta perspektiv dock som synnerligen intressanta.

Frågetecknen kring den bebyggelsemässiga, ekonomiska, sociala och politiska utvecklingen i norra Skånes inland under äldre och yngre järnålder är således fortfarande många. Trots de indikationer på en social bebyggelsehierarki som gravfältens närvaro antyder, har några s.k. rikedoms- eller centralplatser ännu inte påträffats eller undersökts i området. Sett ur ett vidare socialt och politiskt perspektiv har Stobyområdet – från åtminstone romersk järnålder/folkvandringstid och framöver – i rumsligt hänseende utgjort en periferi eller gränsbygd i förhållanden till den centrala järnåldersbygden i nordöstra Skåne med tyngdpunkt på Kristianstadsslätten och med Vä som förmodad centralort (jfr Callmer 1991:266ff; Fabech 1993; Carlie 1994a:200ff). Först med övergången till medeltid börjar vi så smått, utifrån de historiska källorna, ana konturerna av en lokal bebyggelsehierarki i området. Förekomsten av ett brett västtorn i Stoby kyrka i kombination med den tidigare diskuterade runristningen från 1100-talet talar för ett aristokratiskt inflytande i Stoby vid denna tid. Även i Ignaberga by, knappt sju kilometer söderut invid Nävlingeåsens nordsluttning, har vid medeltidens början troligen funnit en huvudgård, vilket bl.a. den ålderdomliga romanska stenkyrkan med helgonfigurer tyder på, medan åldern på den troliga huvudgård, som fr. o. m. 1300-talets slut finns skriftligen belagd vid Hässleholm, är betydligt mer osäker. Den fortsatta utvecklingen av områdets sociala och politiska organisation under medeltid och senare historisk tid tillhör dock en delvis annan historia som ligger utanför ramarna i denna uppsats.

Slutord och framåtblickar

Syftet med denna artikel har varit att med utgångspunkt från de undersökningar som i slutet av 1990-talet utfördes inför omläggningen av väg 23 förbi Stoby, belysa förändringar i bebyggelseutveckling och markanvändning i en nordskånsk inlandsmiljö i ett långtidsperspektiv – från tidigneolitikum och fram till medeltidens början. Genom anläggandet av ett långstidsperspektiv på den lokala samhällsutvecklingen i området, har inte bara perioder av kontinuitet och förändring uppmärksammats utan också luckor i den rådande kunskapsbilden, vilket på sikt torde ge en bättre beredskap inför framtida arkeologiska projekt.

Ett av de problemområden som vi fortfarande har en mycket diffus bild av i inlandet, rör övergången från den senmesolitiska erteböllekulturen till en neolitisk ekonomi baserad på odling och djurhushållning. Trots att vi idag genom riktade inventeringar känner till ett tämligen stort antal mesolitiska boplatser i norra Skåne – t.ex. vid Finjasjön, Almaån och dess biflöden (A. Carlie & L. Carlie 1986; L. Carlie 1993), men även vid Västersjön, Rössjön samt sjö- och vattensystemen i landskapets inre och nordvästra del – är inslaget av mellan- och senmesolitiska fynd synnerligen begränsade (Knarrström & Karsten 1996; Knarrström 2000). Varför antalet boplatser i inlandet och dess norra delar minskar under sen ertebölletid till förmån för mer kustnära områden är inte utrett. En teori är att den täta atlantiska ekblandskogen missgynnade livsbetingelserna för större köttdjur, vilket i sin tur kan antas ha påverkat de senmesolitiska gruppernas möjligheter till jakt i större skala. Trots att sjöar och åar tillsammans med de gläntor i skogstäcket som bildats i anslutning till sådana miljöer, erbjudit komplementära näringar i form av fiske och insamling, har inlandet med sin mer ensartade sammansättning i flora och fauna i förhållande till kusten, knappast kunnat hysa någon större fast befolkning (jfr Liljegren & Lagerås 1993:32ff). Detta hindrar dock inte att det parallellt med de stora kustbosättningarna, vars befolkning säkerligen på olika sätt utnyttjat inlandets resurser, även funnits smärre grupper av jägare och samlare i inlandet som av olika skäl valde att stanna kvar här året om (Karsten 2001). Eftersom vi idag faktiskt inte vet hur befolkningsstrukturen såg ut i inlandet vid tiden strax före det äldsta jordbrukets introduktion i Sydskandinavien, vet vi inte heller på vilket sätt den nya ekonomin spreds eller togs upp i samhället. Var norra Skånes inland fullständigt avfolkat under senmesolitisk tid, för att omkring 4000 f. Kr. på nytt koloniseras av grupper med en neolitisk livsföring? Eller ska vi istället tänka oss att små lokala grupper av jägare/samlare, som ett resultat av yttre kontakter anammade den nya livsföringen?

Oavsett vilken av dessa hypoteser som kommer närmast sanningen, är det intressant att vägprojektets undersökningar i Stobyområdet i flera avseenden bidragit med material som belyser det äldsta jordbrukets etablering i inlandet. Flera av varandra oberoende källor visar således på ett inslag av agrara aktiviteter i området redan fr.o.m. början av tidigneolitisk tid (ca 3900 –3800 f. Kr.). Spår efter tidiga röjningsbränningar i moränområdet (jfr område 5), i kombination med samtida pollendata från Stobydeltat efter ett extensivt betesbruk, visar att jordbruket introducerades ungefär samtidigt både i sand- och moränområdena. Några boplatser från tidigneolitisk tid har visserligen ännu inte undersökts i trakten. Däremot styrks bilden av en tidig agrar etablering av ett ovanligt stort antal spetsnackiga yxor från området. Sammanfattningsvis ansluter resultaten från Stobytrakten således till den allmänna bilden av det tidiga jordbrukets spridning i Sydskandinavien, som karakteriseras av ett förhållandevis snabbt innovationsförlopp över större geografiska områden (se t.ex. Welinder 1998:61ff).

Få moderna och mer storskaliga utgrävningar har tidigare berört den östra delen av det nordskånska inlandet. Genom vägprojektets undersökningar har den arkeologiska forskningspositionen i regionen därför tagit ett rejält kliv framåt. Mer specifikt har projektets fältarbeten bidragit till att fördjupa kunskapsläget kring miljöer med röjningsrösen och gravar som här finns bevarade i stort antal. Dateringar av röjningskol från fyra röseområden (inkl. resultaten från väg 21) visar entydligt att stenröjningen inleddes i slutet av yngre bronsålder. Ungefär samtidigt anläggs förmodligen även flera av de gravmonument, som i form av små rösen och stensättningar ligger insprängda i den fossila odlingsmarken. Åtminstone tyder vägprojektets gravundersökningar på en samtidighet med stenröjningens äldsta fas.

Undersökningarna vid Stoby har även avslöjat spår efter bosättningar inom röjningsröseområdena. Det rör sig i samtliga fall troligen om perifera delar av mindre gårdslägen, med lämningar efter smärre stolpbyggnader, härdar och gropar. Med undantag för järnåldersgården vid Näs, har projektets arbeten inte berört några mer sammanhållna och välbevarade gårdsanläggningar, utan fortfarande saknas basala kunskaper om såväl bronsålderns som järnålderns bebyggelseformer och gårdsorganisation i området. Vi vet mot denna bakgrund ingenting om förekomsten av eventuella lokala särdrag i husbyggnadstraditionen eller i vilken utsträckning det funnits olika hierarkiska nivåer i bebyggelsen med gårdar av varierande storlek och ekonomiskt välstånd.

De stora bristerna i de arkeologiska källmaterialet gör det också svårt att mer framgångsrikt diskutera projektets övergripande målsättning, nämligen att belysa förhållandet mellan sand- och moränområdenas utnyttjande. Denna fråga bör därför även framöver ägnas betydande uppmärksammas i kommande projekt.

Studier av gravar utgör i detta avseende ett viktigt komplement till boplatserna för att spåra variationer i rikedom och social status. På grund av få moderna undersökningar lider emellertid även gravmaterialet från området av stora kunskapsluckor, som rör alltifrån grundläggande frågor kring olika gravtypers datering till förekomsten av lokala eller regionala särdrag i begravningsskicket som uttryck för en eventuell kulturell identitet eller tillhörighet. Vi vet således inte i vilken utsträckning monumentala gravar av hög- och rösetyp anlades redan under äldre bronsålder, eller om dessa gravtyper uppfördes senare, eventuellt parallellt med t.ex. den yngre bronsålderns stora runda stensättningar. Ett klargörande av monumentalgravarnas kronologiska tillhörighet är nödvändig om dessa ska kunna användas som grund för att diskutera introduktionen av sociala och politiska hierarkier i regionen. Även kunskapsläget kring dateringen av olika gravfältstyper, d.v.s. med hänsyn till anläggnings- och användningstiden, präglas av betydande brister, vilket gör det svårt att integrera dessa i diskussionen rörande områdets sociala och politiska utveckling. Dateringsproblemen gäller framför allt för gravfält av stensättningstyp samt gravfält med resta stenar. Trots att flera gravfält av den senare typen till delar undersökts i norra Skåne under 1900-talet, föreligger t.ex. fortfarande inte en enda ^{14}C-daterad brandgrav. Vad gäller de stora gravfälten av skeppssättningstyp är kunskapsläget däremot betydligt bättre, främst tack vare Märta Strömbergs undersökningar vid Vätteryd (Strömberg 1961b:73ff).

En annan forskningslucka som indirekt tydliggjorts genom projektets undersökningar är omfattningen av utmarksnäringar under förhistorisk tid. Vi vet utifrån olika skriftliga källor att gårdar belägna i den s.k. skogs- och risbygden under medeltid och senare historisk tid, ofta kompletterade sin avkastning från jordbruket med olika binäringar, t.ex. järnframställning och tjärbränning. Den medeltida järnhanteringens omfattning, inriktning och organisation i norra Skåne har under senare år varit föremål för särskilda forskningsinsatser genom Anders Ödmans projekt

Norra Skånes Medeltid (Ödman 1993; 2001 o. d. anf. littr.). Redan i sin avhandling kring den yngre järnåldern i Skåne, föreslog Märta Strömberg att produktionen av järn kunde ha utnyttjats och kontrollerats av lokala ledare för att öka sitt välstånd (1961a:179; jfr Fabech 1993:233f). Det arkeologiska underlaget för att diskutera järnhanteringens organisation och ekonomiska betydelse under järnåldern är emellertid fortfarande mycket svagt. Medan det i nordvästra Skåne under senare år utförts flera undersökningar av produktionsplatser från både äldre och yngre järnålder (se Isendahl 1997; Ericson i denna volym), saknas motsvarande undersökningar av förhistorisk järnframställning nästan helt från landskapets nordöstra del. Av de omkring 70 stycken ^{14}C-dateringar som analyserats inom ramen för Ödmans forskningsprojekt från olika produktionsplatser i norra Skåne, har således endast tre värden kunnat knytas till förhistorisk tid (Ödman 2001: 131ff)[4)]. Sett mot bakgrund av den ökade regionala specialisering i näringarna som växer fram under loppet av yngre järnålder, framstår järnhanteringens och andra binäringars betydelse för den regionala samhällsutvecklingen, som ett av de viktigare forskningsfälten vid framtida arkeologiska projekt i norra Skåne.

Tack till Per Lagerås och Pär Connelid för värdefulla synpunkter och kommentarer på texten.

Noter

1) Samtliga ^{14}C-värden har kalibrerats med programmet Stuiver et al OxCal version 3.3 1999.
2) Bestämningen av arkeobotaniskt material har utförts av Mats Regnell, UV Syd. Se tabell på bifogad cd-rom.
3) Det har inom detta arbete inte funnits möjligheter till en ombesiktning av de tjocknackiga yxorna från Stoby och N. Sandby. Diskussionen kring yxornas indelning i A- och B-typ samt deras kronologiska tillhörighet har därför inte kunnat beaktas i analysen. Denna felkälla måste därför beaktas vid tolkningen av resultaten (jfr Madsen 1995: 184).
4) Följande ^{14}C-dateringar framtagna inom projektet *Norra Skånes Medeltid* har givit förhistoriska värden: Degeberga: Slaggrop. St. 13356:2050+/-60 BP; Graneholm, Vankiva: Slaggvarp. LuA-4150:1650+/- 100 BP och Hemmet, Ö. Tommarp: Smedja. LuA-4092: 1110+/-70 BP).

Förkortningar

JLHF – Jönköpings Läns Hembygdsförbund
SJLM – Stiftelsen Jönköpings Läns Museum

Referenser

Muntliga källor

Thomas Andersson, Riksantikvarieämbetet, UV Syd
Katalin Schmidt Sabo, Riksantikvarieämbetet, UV Syd
Caroline Arcini, Riksantikvarieämbetet, UV Syd
Mats Regnell, Arkeologisk Naturvetenskapligt Laboratorium, Göteborgs Universitet

Skriftliga källor

Arcini. C. 2001. Osteologisk rapport över gravarna från väg 23. Opublicerad rapport.

Ambrosiani, B. 1964. *Fornlämningar och bebyggelse. Studier i Attundalands och Södertörns förhistoria.* Uppsala.

Andersson, M. 1997. Högens betydelse som socialt och religiöst monument. En studie över gravhögar från yngre bronsålder i nordvästra Skåne och södra Halland. I Olausson, M. (red.). *Spiralens öga. Tjugo artiklar kring aktuell bronsåldersforskning.* Riksantikvarieämbetet Avdelningen för arkeologiska undersökningar Skrifter nr 25. Stockholm, s. 9-25.

Andersson, T. 1998. Arkeologisk utredning steg 2 och förundersökningar utmed väg 23, delen förbi Hässleholm, Skåne, Stoby socken, Hässleholms kommun 1996. *Riksantikvarieämbetet UV Syd Rapport* 1998:24.

Anderson, T. 2000a. Väg 23 delen förbi Hässleholm. Arkeologiska förundersökningar och kompletterande förundersökningar. Skåne, Stoby socken, Hässleholms kommun. *Riksantikvarieämbetet UV Syd Rapport* 2000:28.

Andersson, T. 2000b. Boplatslämningar och odlingsspår i Stobytrakten. Skåne, Stoby socken, väg 23, delen förbi Hässleholm. Arkeologisk slutundersökning 1998. *Riksantikvarieämbetet UV Syd Rapport* 2000:86.

Andersson, T. & Olsson, M. 1998. Undersökningsplan inför arkeologiska förundersökningar och slutundersökningar utmed väg 23, delen förbi Hässleholm. Stoby socken, Hässleholms kommun. Riksantikvarieämbetet UV Syd. Opublicerad handling.

Artelius, T. 1993. Ett järnåldershus vid Skrea backe. Fornlämning 64:2, Skrea socken, Falkenbergs kommun, Halland. *Riksantikvarieämbetet. Byrån för arkeologiska undersökningar. UV Väst Internrapport* 1993:24.

Artursson, M. (red). 1999. Saxtorp. Boplatslämningar från tidigneolitikum–mellanneolitikum och romersk järnålder–folkvandringstid. Västkustbanan SU8. Skåne, Saxtorp sn, RAÄ 26. Tågerup 1:1 och 1:3. *Riksantikvarieämbetet, UV syd Rapport* 1999:79.

Aspeborg, H. 2001. Ramlösagården. Järnhantering och järnåldersboplats. Skåne, Helsingborg, Gustafslund 1296, RAÄ 183. Arkeologisk undersökning. *Riksantikvarieämbetet UV Syd. Dokumentation av fältarbetsfasen* 2001:4.

Aspeborg, H. 2002. Exemplet Ramlösagården. Aspekter på bosättning och social struktur under äldre järnålder i Helsingborgsområdet. I Carlie, A. (red.). *Skånska regioner.*

Audouze, F. & Büchsenschütz, O. 1992. *Towns, villages and countryside of celtic Europe. From the beginning of the second millennium to the end of the first century BC.* Indiana University Press. Bloomington and Indianapolis.

Becker, C.J. 1961. *Førromersk jernalder i Syd- og Midjylland.* Nationalmuseets skrifter. Større beretninger, VI. København.

Bjerking, A. 1962. Ignaberga gamla kyrka. Ett märkligt tempel från ärkebiskop Absalons tid. *Västra Göinge Hembygdsförenings Skriftserie X.* Hässleholm, s. 7-48.

Björkhager, V. 1992. Kenotafer – finns de? En undersökning av gravmaterial från Uppland och Södermanland. Seminarieuppsats. Institutionen för arkeologi. Uppsala universitet.

Burström, M. 1991. *Arkeologisk samhällsavgränsning. En studie i Smålands inland.* Stockholm Studies in Archaeology 9. Stockholm.

Callmer, J. 1991. Territory and dominion in the Late Iron Age in Southern Scandinavia. I Jennbert, K., Larsson, L., Petré, R. & Wyszomirska-Werbart, B. (red.). *Regions and reflections.* In honour of Märta Strömberg. Acta Archaeologica Lundensia. Serie in 8°. No 20. Almqvist & Wiksell International. Stockholm, s. 257-273.

Carlie, A. 1994a. *På arkeologins bakgård. En bebyggelsearkeologisk undersökning i norra Skånes inland baserad på synliga gravar.* Acta Archaeologica Lundensia series in 8°. No 22. Stockholm.

Carlie, A. 1994b. *Bland stensättningar och domarringar. Om arkeologiska undersökningar i Sösdalatrakten 1990-1993.* Utgiven av "Arkeologigruppen" i Sösdala.

Carlie, A. & Carlie, L. 1986. Nyupptäckta stenåldersboplatser kring Finjasjön. I *Västra Göinge hembygdförenings Skriftserie* XXXIV 1986, s. 5-26.

Carlie, L. 1993. Stenåldersboplatser utmed ett nordskånskt åsystem. *Västra Göinge hembygdförenings Skriftserie* XL 1992, s. 7-18.

Carlie, L. & Götz, A. 1981. En studie över stenålderns utbredning i Hässleholms kommun, Skåne. C-uppsats i arkeologi. Lunds Universitet. Stencil.

Carlsson, D. 1983. Bronsåldern – tiden för kulturlandskapets territoriella framväxt och etablering på Gotland. Ett försök till förklaringsmodell med utgångspunkt från gotländska förhållanden. I Stjernquist, B. (red.). *Struktur och förändring i bronsålderns samhälle.* Report series no 17. Lund, s. 23-36.

Connelid. P. 1996. Rapport över landskapshistorisk utredning och upprättande av historiska kartöverlägg längs planerad ny sträckning av riksväg 23, i höjd med Hässleholm – hösten 1995. *Riksantikvarieämbetet UV Syd rapport* 1996:56.

Connelid, P. 2002. Åker, toft och vång. Landskapsförändringar i skånsk skogsbygd från vikingatid till cirka 1800. I Carlie, A. (red.). *Skånska regioner.*

Connelid, P., Mascher, C. & Weiler, E. 1993. Röstorp – ett västsvenskt röjningsröseområde i skogsmark. *Arkeologi i Sverige. Ny följd 2.* Riksantikvarieämbetet. Stockholm, s. 15-38.

Connelid, P., Mascher, C. & Regnéll, J. (manus). Röstorp – kolonisation, landskapsutnyttjande och sociala processer i västra Sveriges skogsbygder.

Cronberg, C., Skoglund, P. & Torstensdotter Åhlin, I. 2000. Järnåldersgården och åkern. Röseområdenas boplatser och rumsliga organisation. I Lagerås, P. (Red.). *Arkeologi och paleoekologi i sydvästra Småland. Tio artiklar från Hamnedaprojektet.* Stockholm, s. 145-165.

Van Es, W.A. 1967. Wijster, a native village beyond the imperial frontier 150-425 AD. *Paleohistoria 11. Bd 2.* Groningen.

Ericson, T. 2002. Kvidingefältet. Landskap, fornlämningar och järnhantering. I Carlie, A. (red.). *Skånska regioner.*

Ericsson, I. 1975. Domarringar i Arkelstorp. C-uppsats i arkeologi. Stencil. Lund.

Ericsson, A. & Runcis. J. 1995. Gravar utan begravningar. Teoretisk diskussion påkallad av en arkeologisk undersökning inom RAÄ 40 vid Skalunda i Sköldinge socken, Södermanland. I *Teoretiska perspektiv på gravundersökningar i Södermanland*. Riksantikvarieämbetet. Arkeologiska undersökningar. Skrifter nr 8. Stockholm, s. 31-40.

Fabech, C. 1993. Skåne – et kulturelt og geografiskt grænseland i yngre jernalder og i nutiden. *TOR vol 25*, s. 201-245.

Gren, L. 1989. Det småländska höglandets röjningsröseområden. *Arkeologi i Sverige 1986*. Riksantikvarieämbetet. Stockholm, s. 15-38.

Gren, L. 1997. (2:a uppl.). *Fossil åkermark. Äldre tiders jordbruk – spåren i landskapet och de historiska sammanhangen*. Fornlämningar i Sverige 1. Riksantikvarieämbetet. Stockholm.

Hellerström, S. 1996. Skåne, Ignaberga och Vinslövs socknar. Ignaberga 64:2 och Lommarp 7:2. Arkeologisk slutundersökning 1994. *Riksantikvarieämbetet UV Syd Rapport* 1996:39.

Hellerström, S. 2001. En grav från förromersk järnålder. Skåne, Ignaberga socken, Ignaberga 64:2, Hässleholms kommun. Arkeologisk slutundersökning. *Riksantikvarieämbetet UV Syd Rapport* 2001:25.

Hellerström, S., Olsson, M. & Wallin, L. 1997. Fyndsamlingen på Skea gård, Stoby socken, Skåne. Riksantikvarieämbetet UV Syd. Lund. Stencil.

Haarnagel, W. 1979. *Die Grabung Feddersen Wierde*. Feddersen Wierde 2. Text- undTafelband. Wiesbaden.

Hvass, S. 1985. *Hodde. Et vestjysk landsbysamfund fra ældre jernalder*. Arkæologiske studier volume VII. Akademisk forlag. København.

Isendahl, C. 1997. Förhistorisk järnhantering i nordvästra Skåne. En studie med utgångspunkt från den vendeltida boplatsen i Haglekulla. I Karsten, P. (red.). *Carpe Scaniam. Axplock ur Skånes förflutna*. Riksantikvarieämbetet Arkeologiska studier nr 22. Stockholm, s. 113-147.

Jennbert, K. 1984. *Den produktiva gåvan. Tradition och innovation i Sydskandinavien för omkring 5 300 år sedan*. Acta Archaeologica Lundensia series in 4° No 16. Malmö.

Jönsson, B., Pedersen, E.A., Tollin, C. & Varenius, L. 1991. Hackerören i Järparyd – undersökningar i ett småländskt röjningsröseområde. *Arkeologi i Sverige. Ny följd 1*. Riksantikvarieämbetet. Stockholm, s. 17-36.

Karsten, P. 2001. *Dansarna från Bökeberg. Om jakt, ritualer och inlandsbosättning vid jägarstenålderns slut*. Riksantikvarieämbetet Arkeologiska undersökningar Skrifter 37. Stockholm.

Karsten, P. & Knarrström, B. 1996. Norra Skåne – ett tidigmesolitiskt centrum? *Ale. Historisk tidskrift för Skåne, Halland och Blekinge* nr 4 1996, s. 1-10.

Knarrström, B. 2000. Materialstudier av Skånes äldsta stenålder – om tiden efter Bromme och tidigmesolitisk expansion i norra Skåne. I Ersgård, L. (red.). *Människors platser – tretton arkeologiska studier från UV*. Riksantikvarieämbetet Arkeologiska undersökningar Skrifter no 31. Stockholm, s. 149-166.

Lagerås, P. 2000. Järnålderns odlingssystem och landskapets långsiktiga förändring. Hamnedas röjningsröseområden i ett paleoekologiskt perspektiv. I Lagerås, P. (Red.). *Arkeologi och paleoekologi i sydvästra Småland. Tio artiklar från Hamnedaprojektet*. Riksantikvarieämbetet. Arkeologiska undersökningar Skrifter no 34. Stockholm, s. 167-229.

Lagerås, P. (Red.). 2000. *Arkeologi och paleoekologi i sydvästra Småland. Tio artiklar från Hamnedaprojektet*. Riksantikvarieämbetet. Arkeologiska undersökningar Skrifter no 34. Stockholm.

Lagerås, P., Olsson, M. & Wallin, L. 2000. Röjningsrösens utseende och ålder – resultat från E4-projektet i norra Skåne. I Ersgård, L. (red.) *Människors platser – tretton arkeologiska studier från UV*. Riksantikvarieämbetet Arkeologiska undersökningar Skrifter no 31, s. 167-184.

Lagerås, P. 2002. Skog, slåtter och stenröjning. Paleoekologiska undersökningar i trakten av Stoby i norra Skåne. I Carlie, A. (red.). *Skånska regioner*.

Lanting, J.N. & Brindley. A.L. 1998. Dating cremated bone: the dawn of a new era. *The Journal of Irish Archaeology*. Volume IX 1998, s. 1-8.

Larsson, L. 1992. Settlement and environment during the Middle Neolithic and Late Neolithic. I Larsson, L., Callmer, J. & Stjernquist, B. (red.). 1992. *The Archaeology of the cultural landscape. Field work and research in a south swedish rural region*. Acta Archaeologica Lundensia Series in 4° No 19. Stockholm, s. 91-159).

Larsson, L., Callmer, J. & Stjernquist, B. (red.). 1992. *The Archaeology of the cultural landscape. Field work and research in a south swedish rural region*. Acta Archaeologica Lundensia Series in 4° No 19. Stockholm.

Larsson, M. 1984. *Tidigneolitikum i Sydvästskåne. Kronologi och bosättningsmönster*. Acta Archaeologica Lundensia Series in 4° No 17. Malmö.

Liljegren, R. & Lagerås, P. 1993. *Från mammutstäpp till kohage. Djurens historia i Sverige*. Lund.

Linné, C. 1977 (nytryck). *Carl Linnæus Skånska resa på höga överhetens befallning förrättad år 1749 med rön och anmärkningar uti ekonomien, naturalier, antikviteter, seder, levnadssätt*. Redigerad av Carl-Otto von Sydow. Wahlström & Widstrand. Stockholm.

Linneroth, J. 1954. Hässleholm i gången tid. *Västra Göinge Hembygdsförenings Skriftserie* II, s. 20-42.

Liversage, D. 1980. *Material and Interpretation. The Archaeology of Sjælland in the Early Roman Iron Age*. Publications of the National museum. Archaeological-Historical Series 1 Vol. XX. Copenhagen.

Lundborg, L. 1972. *Undersökningar av bronsåldershögar och bronsåldersgravar i södra Halland. Höks, Tönnersjö och Halmstads härader under åren 1854–1970*. Hallands museum 2. Halmstad.

Löthman, L. & Varenius, B. 1987. Jönköpings läns historia. Förhistorien. *Småländska kulturbilder 1986-87. Meddelanden från JLHF och SJLM*. Värnamo.

Madsen, T. 1995. Recension av Per Karstens avhandling. Att kasta yxan i sjön. En studie över rituell tradition och förändring utifrån de skånska neolitiska offerfynden. *Fornvännen. Tidskrift för svensk antikvarisk forskning*. 1995 nr 3, s. 179-185.

Malmer, M. 1975. *Stridsyxekulturen i Sverige och Norge*. Liber Läromedel. Lund.

Mascher, C. 1993. Förhistoriska markindelningar och röjningsröseområden i Västsveriges skogsbygder. *Kulturhistoriskt seminarium* 2/93. Stockholm.

NE. Nationalencyklopedin. 1995. Stoby. Band 17. Bokförlaget Bra Böcker, s. 265.

Nilsson, M. 1998. Stensättningar i södra Halland. En studie av konstruktioner och gravskick. D-uppsats i arkeologi Vt 1998. Stockholms universitet. Stencil.

Norra Skåne. 1954. Runrader i Stoby berättar om musik, munk och mässa. Tidningsartikel torsdagen den 21 oktober.

Norman, P. 1989. Röjningsrösen och förhistoriska gravar. *Arkeologi i Sverige 1986*. Riksantikvarieämbetet. Stockholm, s. 97-109.

Oldeberg, A. 1952. *Studien über die schwedische Bootaxtkultur*. Stockholm.

Olsson, M. (Manus). Kvarteret Blandaren. Metodutveckling i gammal odlingsbygd. Rapport under arbete.

Olsson, M. & Olsson, M. Rapportmanus för undersökningar längs E:4an i norra Skåne, delen Mölletofta – Rya.

Olson, T., Regnell, M., Nilsson, L., Erikson, M och Brorsson, T. 1996. Boplatslämningar från neolitikum, bronsålder och äldre järnålder. Skåne, Väg 108, N. Nöbbelövs, Stångby, Vallkärra och Lackalänga socknar, Lunds och Kävlinge kommuner. 1996. Arkeologisk slutundersökning. *Riksantikvarieämbetet UV Syd rapport* 1996:60.

Olsson, M., Knarrström, B. & Mattisson, A. 2001. Från Finja till Ignaberga. Arkeologi utmed väg 21. Arkeologiska utredningar och slutundersökningar. *Riksantikvarieämbetet UV Syd rapport* 2001:19.

Pamp, B. 1988. *Skånska orter och ord*. Corona. Malmö.

Petré. B. 1981. Relationen mellan grav och omland – exponering och kommunikation som funktion i förhistoriska gravar med exempel från Lovö. *Bebyggelsehistorisk tidsskrift nr 2*. Stockholm, s. 11-16.

Publiceringsplan för projektet Västkustbanan (VKB), Helsingborg – Kävlinge. *Riksantikvarieämbetet UV Syd Rapport* 1999:60.

Regnell, M. 2002. Skånska järnåldersskördar. Växtmakrofossilanalyser och odlingshistoriska iakttagelser från tolv boplatser. I Carlie, A. (red.). *Skånska regioner*.

Serlander, D. 2001. Ignaberga kalkbrott. Gravar och odlingslämningar från äldre järnålder, Skåne, Ignaberga socken, Ignaberga 64:2, RAÄ 42 m.fl. Särskild arkeologisk undersökning. *Riksantikvarieämbetet UV Syd Rapport* 2001:3.

Stjernquist, B. 1952a. Grantinge 3:4, Stoby socken. Lunds Universitets Historiska Museum. Arkivrapport daterad 29:e maj 1952.

Stjernquist, B. 1952b. Skåne, Hässleholms stad, Röingevägen, Bautastensgravfält. 1952. Lunds Universitets Historiska Museum. Arkivrapport daterad 7:e februari 1952.

Stjernquist, B. 1958. Nyordning av den förhistoriska samlingen i Västra Göinge härads hembygdsmuseum. *Västra Göinge Hembygdsförenings Skriftserie VI*, s. 27-37.

Strömberg, B. & Thörn Pihl, A. 1999. Järnåldersbosättningar i ett bronsålderslandskap. Skåne, Härslövs socken, Hilleshög 6:5 och 16:7, Västkustbanan 3:6 och 3:7. Arkeologisk undersökning. *Riksantikvarieämbetet UV Syd Rapport* 2000:53.

Strömberg, M. 1961a-b. *Untersuchungen zur jüngeren Eisenzeit in Schonen*. Bd. I-II. Acta Archaeologica Lundensia Series in 4° No 4. Lund.

Svanberg, F. 2000. Gravar i röjningsröseområden. De förmodade gravarna inom Hamneda RAÄ 77 och problematiken kring röjningsröseområden och gravar i södra Sverige. I Lagerås, P. (Red.). *Arkeologi och paleoekologi i sydvästra Småland. Tio artiklar från Hamnedaprojektet*. Stockholm, s. 113-133.

Tesch, S. 1985. Hässleholm, fornlämning 2. *Arkeologi i Sverige 1982-83*. Riksantikvarieämbetet och Statens historiska museum. Rapport 1985:5, s. 463.

Tesch, S. 1993. *Houses, Farmsteads, and Long-term Change. A Regional Study of Prehistoric Settlement in the Köpinge Area, in Scania, Southern Sweden*. Uppsala.

Tollin, C. 1989. Röjningsrösen i södra Sverige. *Arkeologi i Sverige 1986*. Riksantikvarieämbetet. Stockholm, s. 53-71.

Zimmermann, W.H. 1992. Die Siedlungen des 1. Bis 6 Jahrhunderts nach Christus von Flögeln-Eekhöljten, Niedersachsen. Die Bauformen och ihre Funktionen. *Probleme der Küstenforschung im südlichen Nordseegebiet*. Bd 19. Verlag August Lax.

Wallin, L. 1996. Arkeologisk utredning steg 1. Skåne, Brönnestads, Ignaberga och Stoby socknar, Hässleholms kommun, väg 23, delen förbi Hässleholm. *Riksantikvarieämbetet UV Syd Rapport* 1996:56.

Varenius, B. 1994. Monument och samhällelig reproduktion. Äldre järnålder i norra Småland. *Kulturmiljövård* 1994 nr 5, s. 56-63.

Welinder, S. 1998. Del I. Neoliticum – bronsålder 3900-500 f.Kr. I *Det svenska jordbrukets historia. Jordbrukets första femtusen år*. Natur och Kultur/Lts förlag, s. 11-236.

Wranning, P. 2001. RAÄ 195. Undersökning 1996. I *Landskap i förändring. Vol. 2*. Teknisk rapport från de arkeologiska undersökningar av RAÄ 106, 162, 193 och 195, Skrea socken, Halland. Hallands länsmuseer och Riksantikvarieämbetet 2001, s. 37-73.

Ödman, A. 1993. Järnskatt och borglän, II. Presentation av ett påbörjat projekt rörande Nordskånes medeltid. *Ale. Historisk tidskrift för Skåneland* nr 1/1993, s. 20-31.

Ödman, A. 2001. *Vittsjö – en socken i dansk järnbruksbygd*. University of Lund. Institute of Archaeology. Report series nr 76.

Skog, slåtter och stenröjning

Paleoekologiska undersökningar i trakten av Stoby i norra Skåne

PER LAGERÅS

Abstract: Woodlands, hay mowing and stone clearance. Palaeoecological investigations at Stoby, Scania, southern Sweden.

Palaeoecological investigations were carried out as part of a commissioned archaeology project at Stoby, in the province of Scania, southern Sweden. Pollen analyses of peat sequences and soil profiles were combined with macrofossil and charcoal analyses of samples from archaeological contexts in order to shed light on the vegetation and land-use history of the area. A well-dated standard pollen diagram covering the entire Holocene was established, which provides proxy data on the long-term vegetation development in a sandy area from the early Mesolithic until modern time. Forest fires, wood pasturage, and the Elm Decline are discussed. From the late Bronze Age onwards, data is more rich and complex, a originating from both sand and till areas. Here the discussion focuses on areas with ancient clearance cairns, mainly from the early Iron Age, the practice and chronology of fire clearances, and the land-use and settlement reorganisations of the late Iron Age and the Middle Ages.

Inledning

I brytningen mellan skånsk slättbygd och skogsklätt högland ligger Stobytraktens vackra kulturlandskap. Utifrån nyligen slutförda paleoekologiska analyser är det nu möjligt att teckna detta landskaps intressanta historia. Resultaten speglar långsamma och genomgripande förändringar som löper över tusentals år, som exempelvis övergången från den senglaciala tidens öppna tundra till värmetidens rika lövskog. Men de speglar också kortvariga episoder och händelser, vilka i de flesta fall kan tolkas i termer av markutnyttjande och människans formande av landskapet. Det kan röra sig om odlingsexpansioner, tillfälliga röjningsbränningar och sentida trädplantering.

Undersökningarna ingick i ett arkeologiskt projekt som föranleddes av att väg 23 gavs ny sträckning öster om Stoby (Andersson 2000). De arkeologiska lämningar som berördes av den nya vägen dominerades av odlingslämningar med anslutande bebyggelsespår och gravar. Projektet fick därför en landskaps- och agrarhistorisk inriktning, där såväl traditionellt arkeologiska som paleoekologiska och kulturgeografiska metoder kom att spela en viktig roll. I denna artikel ligger tyngdpunkten på de paleoekologiska undersökningarna, medan tolkningen av det arkeologiska och kulturgeografiska källmaterialet diskuteras mer ingående i Anne Carlies respektive Pär Connelids artiklar i denna volym. Tillsammans belyser de tre artiklarna människor och landskap i Stobytrakten under förhistorisk och historisk tid.

Detta är första gången som en mer omfattande paleoekologisk undersökning genomförs i denna del av Skåne. För att finna ett väldaterat pollendiagram har man tidigare fått söka sig fyra mil mot sydväst, till Ageröds mosse vid Ringsjön (Nilsson 1964), eller tre mil österut till Immeln (Digerfeldt 1974), och därmed till delvis annorlunda landskapstyper. För väldaterade pollendiagram med fokus på markanvändningens historia har man fått söka sig ända till Ystadsprojektets lokaler på Skånes sydkust (Berglund 1991), till Ire i västra Blekinge (Berglund & Björkman 1999), eller till Råshult en bra bit upp i Småland (Lindbladh 1998). Inte heller röjningsrösena som är så talrika i området har tidigare varit föremål för några närmare undersökningar. I Skåne är det endast i röseområden söder om Örkelljunga, drygt fyra mil västerut, som mer omfattande utgrävningar och landskapshistoriska analyser genomförts (Olsson & Wallin 1999; Lagerås m.fl. 2000).

Kunskapsläget inför undersökningarna var med andra ord magert, såväl vad det gäller rösemiljöerna som områdets landskapsutveckling i stort. Målsättningen med de paleoekologiska undersökningarna har därför varit, att dels teckna vegetationens och markanvändningens historia i ett långt tidsperspektiv, dels på ett mer detaljerat plan belysa markanvändningen under stenröjningens epok. Som framgår av nästa avsnitt styrs dagens landskapsbild till stor del av jordarterna, och en målsättning har därför varit att lyfta fram lokala skillnader i markanvändningens historia och se om dessa kan förklaras utifrån jordarternas fördelning. Därmed knyter undersökningen samman landskapsutvecklingen i moränmarkens rösemiljöer med den i sandig, stenfri mark. Också på ett geografiskt mer övergripande plan kan Stobytrakten ses som en brytpunkt, där Sydsvenska höglandet möter de nordligaste flikarna av skånsk slättbygd. En förhoppning är att Stobyundersökningarna ska kunna fungera som en länk mellan olika landskapstyper, olika fornlämningsbilder och olika forskningstraditioner.

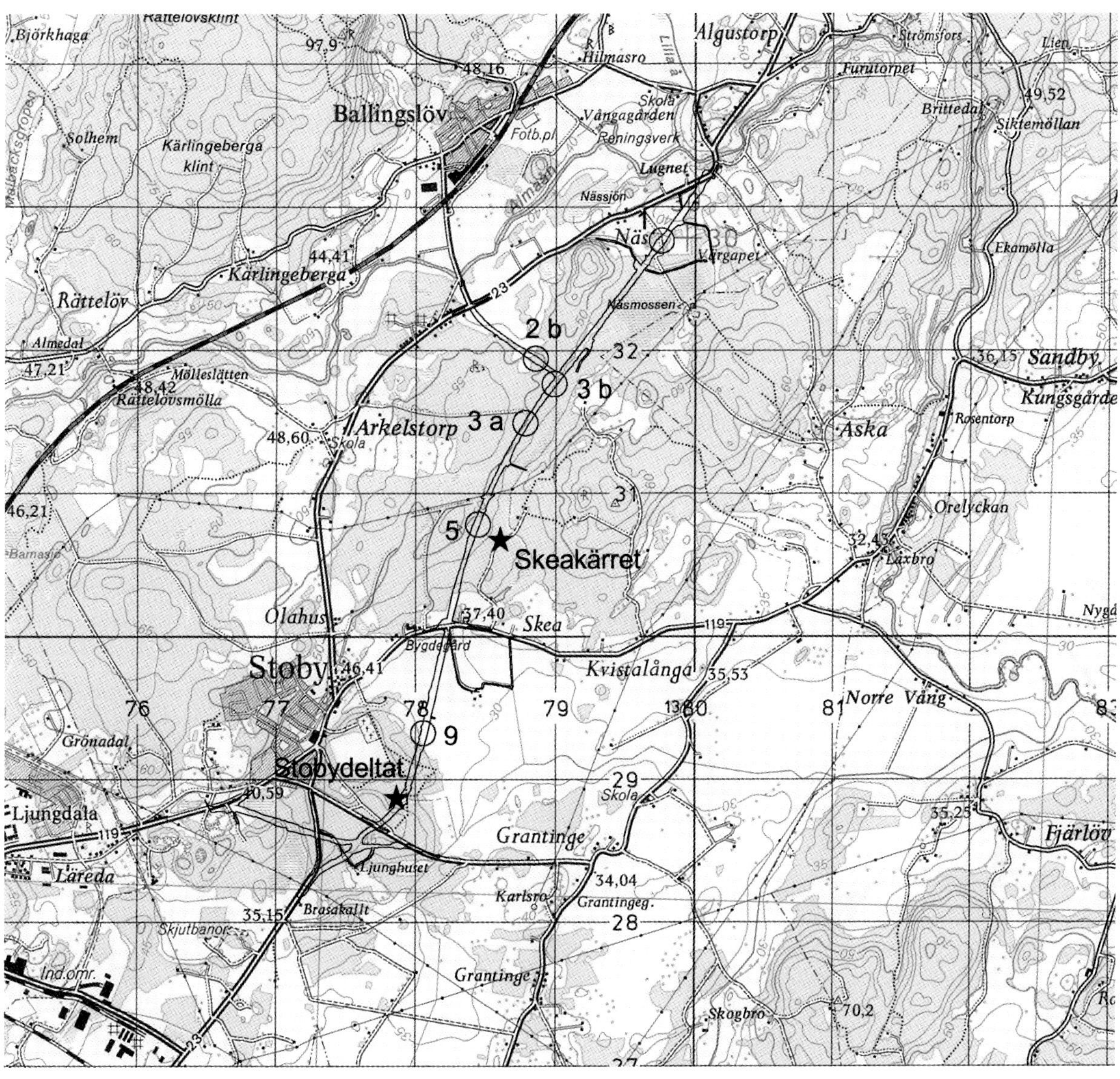

Översikt över undersökningsområdet med den nya sträckningen av väg 23, de arkeologiska undersökningsområden som nämns i texten (1-9), samt de två pollenanalyserade torvmarkerna (markerade med stjärnor). De sistnämnda benämns Stobydeltat respektive Skeakärret. Skala 1:50 000.

Map showing the study area. Indicated are the new road, the excavation sites (1–9), and the two peatlands that have been subject to pollen analysis (indicated by stars). The two pollen sites are called Stobydeltat and Skeakärret.

Landskapet idag

Landskapsbilden inom undersökningsområdet karakteriseras av öppen jordbruksmark omväxlande med skogspartier. De senare domineras av tall- och granplanteringar, men på flera håll finns också en ålderdomlig och mer artrik ekblandskog bevarad. Med undantag för enstaka naturbetesmarker är den öppna marken till stor del uppodlad.

I en vid båge kring området rinner Almaån, som förbinder Finjasjön i sydväst med Helge å i öster. Via Helge å rinner den så småningom ut i Hanöbukten på Skånes ostkust. Den lokala topografin styrs i huvudsak av berggrunden, så att Almaån och de flacka dalgångarna följer det underliggande urbergets sprickzoner. Mestadels utgörs berggrunden av gnejs och annat kristallint urberg, men söderut finns inslag av yngre kalksten (Wikman & Bergström 1987).

Jordarterna i området karakteriseras av breda stråk av morän som löper i sydväst-nordostlig riktning, åtskilda av ungefär lika breda stråk av andra jordarter. Dessa utgörs av grova, sandiga isälvsavlagringar som bildats i strömmande smältvatten från inlandsisen, samt mer finkorniga, sandiga eller siltiga svallsediment som avsatts i Baltiska issjön. Som högst nådde vattenytan hos denna senglaciala sjö nivåer som idag ligger omkring 50–55 meter över havet (Ringberg 1991, 1992). Utöver morän, isälvsavlagringar och svallsediment finns det även en del stråk med svämsand, i huvudsak längs Almaån, samt några områden med torv.

Moränen är övervägande sandig och normalblockig, det vill säga liknande den typ som är så vanlig över hela Sydsvenska höglandet. Vad som särskiljer den är ett visst inslag av kalk (Eriksson1998), vilket hänger samman med närheten till den kalksten som börjar strax söder om Stoby och som fortsätter mot sydost och underlagrar hela Kristianstadslätten. Vidare är moränen inom delar av området svallad, vilket innebär att silt och annat finmaterial sköljts bort och deponerats som svallsediment i lägre partier. Svallad morän påträffas under Baltiska issjöns högsta nivå, det vill säga på nivåer lägre än 50–55 meter över havet. Trots ett visst kalkinslag är bördigheten i området generellt sett låg, framför allt beroende på den låga halten lättvittrade lermineral. Av jordarterna inom området uppvisar den osvallade moränen högst bördighet (Eriksson 1998).

Jämför man jordartskartan med dagens fördelning av skog och öppen mark finner man en tydlig överensstämmelse. Så gott som all moränmark är skogsklädd, vilket också gäller merparten av isälvsavlagringarna, medan svallsedimenten utgörs av öppen, brukad mark. Uppenbarligen utgör moränens stenar och block, och isälvsavlagringarnas brist på näringsämnen och känslighet för torka, hinder för ett lönsamt jordbruk med dagens teknik. Svallsedimenten är stenfria och med områdets mått mätt relativt finkorniga. De ligger generellt sett lågt i terrängen och är därför inte så benägna till uttorkning. Tvärtom hade de på flera håll inte varit möjliga att bruka utan dräneringar.

Vid karakteriseringen av området bör man, slutligen, se även på de klimatiska förhållandena. Sammanställningar visar att årsmedeltemperaturen i Stobytrakten är på knappt 7°C, vilket kan jämföras med 8°C i Malmö och cirka 5°C på Sydsvenska höglandets hjässa i trakten av Nässjö i Småland (Vedin 1995; Blennow m.fl. 1999). Årsnederbörden ligger i genomsnitt på 750 mm, det

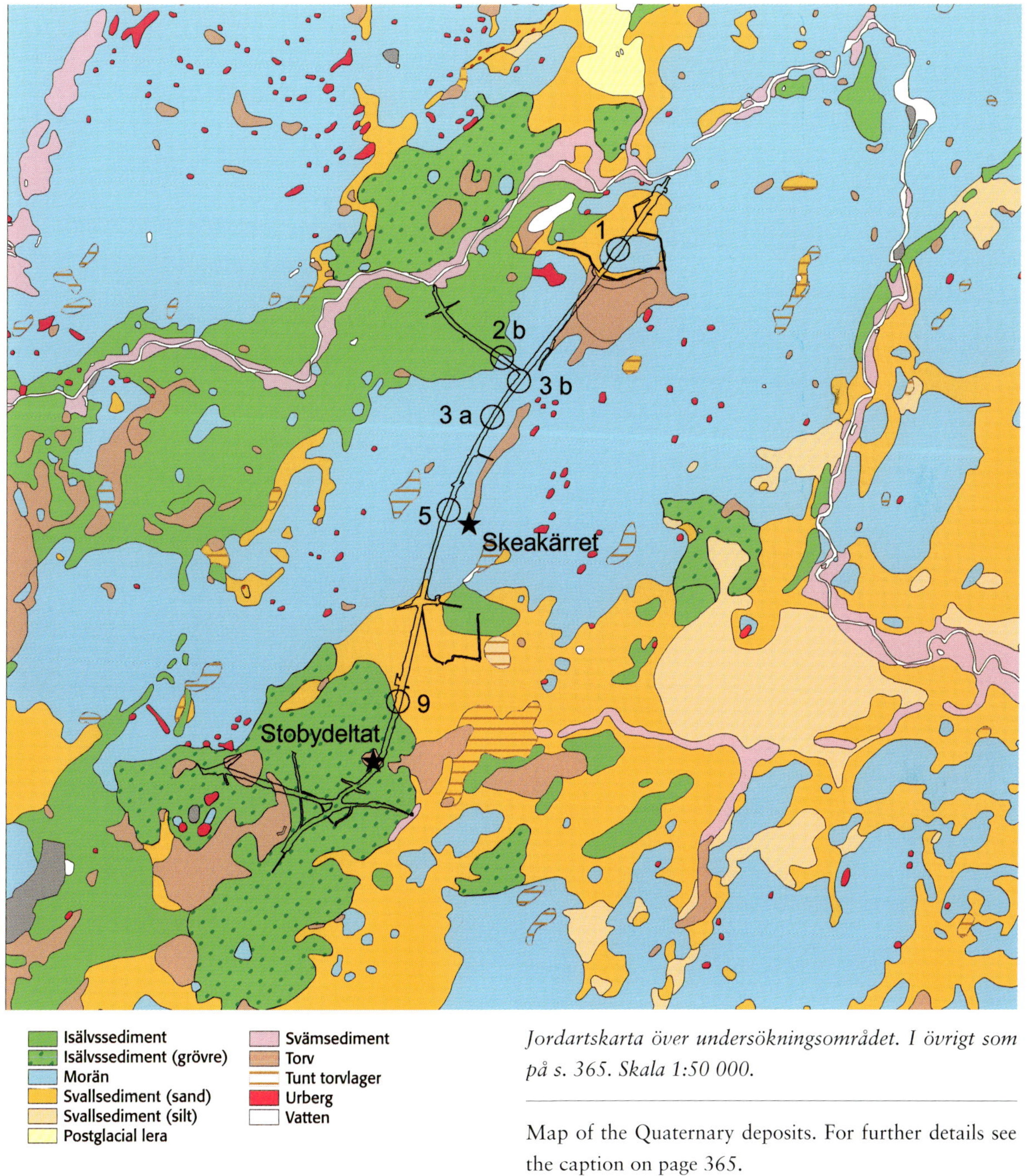

Isälvssediment
Isälvssediment (grövre)
Morän
Svallsediment (sand)
Svallsediment (silt)
Postglacial lera
Svämsediment
Torv
Tunt torvlager
Urberg
Vatten

Jordartskarta över undersökningsområdet. I övrigt som på s. 365. Skala 1:50 000.

Map of the Quaternary deposits. For further details see the caption on page 365.

Landskapet i Stobytrakten präglas till stor del av jordarternas fördelning. Skogskanten på bilden följer gränsen mellan de grova isälvsavlagringarna och de mer finkorniga svallsedimenten. Precis hitom skogsbrynet i bildens mitt pågår utredningsschaktning i område 9. Foto: Per Lagerås.

The border between planted coniferous forest and open land follows the border between glaciofluvial deposits and the more fine-grained littoral sediments. Photo by Per Lagerås.

Stobydeltats överyta är mycket flack och planterad med tall i raka led. I högra delen av bilden syns den skarpa kanten till en dödishåla med mer vildvuxen vegetation. I botten av denna dödishåla ligger den torvmark som pollenanalyserats. Foto: Per Lagerås.

The "Stoby delta" was formed in the Baltic Ice lake during the deglaciation. The ancient delta surface is flat and planted with pine (*Pinus sylvestris*). To the right is a kettle hole with a more natural vegetation. One of the peatlands that were sampled for pollen analysis is situated in the bottom of this kettle hole. Photo by Per Lagerås.

vill säga något högre än medelvärdet för Skåne som är 660 mm. Högst nederbörd är det i Skånes nordvästra hörn (900 mm/år på Hallandsås) och lägst i landskapets östra delar (500 mm/år i trakten av Åhus) (Blennow m.fl. 1999). Dessa klimatiska förhållanden har naturligtvis varierat genom historien. Ändå bör den regionala variationen ha varit likartad eftersom den i hög grad bestäms av topografin.

Sammanfattningsvis kan undersökningsområdet beskrivas som en övergångszon mellan slättbygd och skogsbygd, där sandiga, siltiga och till större delen uppodlade slätter alternerar med partier av skogsklädd, högländ moränmark. Klimatet är milt och tämligen nederbördsrikt, och jordarna har låg bördighet. För en beskrivning och analys av fornlämningsbilden hänvisas till Carlie (denna volym).

Källmaterial, provtagningslokaler och metodik

Pollenanalys och mineralmagnetisk analys av torvlagerföljd från Stobydeltat

Öster om Stoby finns ett vidsträckt sandområde, som idag till större delen är klätt med planterad tallskog. Sandområdet byggdes upp som ett delta i Baltiska issjön vid inlandsisens rand för cirka 14 500 år sedan (Pettersson 1999; Ising 2001). I en dödisgrop i det i övrigt flacka sandområdet ligger en skogbevuxen torvmark, vars östligaste del skärs av den nya vägen. Torvmarken är påverkad av torvtäkt men det finns intakta partier kvar vid sidan om torvgravarna.

I torvmarkens centrala del togs en borrkärna som sedan blev föremål för detaljerad pollenanalys. Lagerföljden på provpunkten bestod av ett cirka 20 cm tjockt gyttjelager överlagrat av drygt sex meter torv. Gyttjan har avsatts i en liten sjö som växte igen redan cirka 8 000 f.Kr.

Tio nivåer har ^{14}C-daterats med AMS-teknik (se s. 372), vilket ger en bra och detaljerad absolut kronologi för pollendiagrammet. Det material som användes för ^{14}C-analysen var i det understa provet grovdetritusgyttja med starr och i de övriga nio proverna vitmosstorv. Före analysen har synliga rötter och ved avlägsnats och humusämnen lösts ut genom upphettning i en-procentig natriumhydroxid. Med undantag för den nedersta dateringen bedöms reservoareffekten som försumbar liksom övriga systematiska felkällor (jfr Olsson & Florin 1980).

Resultatet av dateringarna visar att torvtillväxten varit jämn, och att hela perioden från tidigmesolitikum till modern tid finns representerad (se s. 373). Dock är den översta delen av lagerföljden komprimerad, så att de senaste 1500 åren representeras av endast cirka 20 cm. Denna sekundära kompaktering beror på den dränering som åtföljt torvtäkten, vilken fått även icke täktade delar av torvmarken att sjunka samman. Även den allra understa delen är kompakterad, troligen beroende på uttorkning av den dåtida sjön (se diskussion längre fram).

Från borrkärnan valdes 84 nivåer ut för pollenanalys. I de översta 15 cm togs proverna mycket tätt (varje cm) för att kompensera för torvens kompaktion. Prepareringen av proverna följde standardmetoder, och innefattade silning genom 250 µm-nät och kemisk behandling med bland annat saltsyra, natriumhydroxid, fluorvätesyra och acetolys (Moore m.fl. 1991). Analysen gjordes vid 400–1000× förstoring, med tillgång till referenssamling och gängse bestämningslitteratur.

Samma födishåla som i figuren på s. 369. Trädvegetationen i slänterna ned mot torvmarken utgörs av ek, björk och gran samt en del en, asp och rönn. I dessa branta partier har de tidigare betesmarkerna växt igen på naturlig väg utan plantering. Foto: Per Lagerås.

Slope of the same kettle hole as on page 369. Here the tree vegetation is dominated by oak (*Quercus robur*), silver birch (*Betula pendula*), and Norway spruce (*Picea abies*), with some juniper (*Juniperus communis*), aspen (*Populus tremula*), and rowan (*Sorbus aucuparia*). Photo by Per Lagerås.

Stobydeltats torvmark har ett bottenskikt av vitmossa och ett fältskikt dominerat av tuvull. I fältskiktet finns även en del ljung, blåbär, lingon, tranbär, kråkris och rosling. Trädskiktet utgörs av tall och en del björk. Bilden visar den plats som provtogs för pollenanalys. Foto: Per Lagerås.

The peatland in the kettle hole at Stobydeltat has a bottom layer of bog moss (*Sphagnum* sp.) and a field layer characterised by hare's-tail cottongrass (*Eriophorum vaginatum*). Other species present in the field layer are heather (*Calluna vulgaris*), bilberry (*Vaccinium myrtillus*), cowberry (*V. vitis-idaea*), cranberry (*V. oxycoccos*), crowberry (*Empetrum nigrum*), and bog-rosemary (*Andromeda polifolia*). The tree layer consists of pine (*Pinus sylvestris*) and some downy birch (*Betula pubescens*). The picture shows the sampling point for pollen analysis. Photo by Per Lagerås.

Djup (cm)	Beskrivning
0–67	Vitmosstorv, medelhumifierad, mörkbrun, med *E. vaginatum*
67–150	Vitmosstorv, låghumifierad, brun, med *E. vaginatum*
150–248	Vitmosstorv, medelhumifierad, mörkbrun, med *E. vaginatum*
248–315	Vitmosstorv, låghumifierad, gulbrun, med *E. vaginatum*
315–410	Vitmosstorv, låghumifierad, brun, med *E. vaginatum*
410–508	Vitmosstorv, medelhumifierad, brun, med *E. vaginatum* och *Carex* i nedre delen
508–540	Vitmosstorv, medelhumifierad, mörkbrun, med *E. vaginatum*
540–551	Vitmosstorv, medelhumifierad, brun, trådig, med *Carex*
551–567	Vitmosstorv, medelhumifierad, brun, kompakt och trådig, med *E. vaginatum*
567–609	Vitmosstorv, medelhumifierad, brun, med mycket *Carex*
609–618	Grovdetritusgyttja, svartbrun, med *Carex* (diffus övre gräns)
618–629	Grovdetritusgyttja, siltig, brun
629–631/	Sand, siltig, gyttjig, ljust gråbrun

Stratigrafisk beskrivning av den pollenanalyserade sekvensen från torvmarken på Stobydeltat.

Lithological description of the pollen-analysed sequence from the peatland at Stobydeltat.

Lab.nr	Djup (cm)	^{14}C-år BP	Kal. ålder, 2s
Ua-25439	10–15	1 385 ± 75	450–800 e.Kr.
Ua-25440	25–30	1 895 ± 80	100 f.Kr.–330 e.Kr.
Ua-25007	50–55	2 195 ± 55	390–70 f.Kr.
Ua-25008	90–95	2 740 ± 60	1 000–800 f.Kr.
Ua-25009	140–145	2 950 ± 55	1 380–990 f.Kr.
Ua-25010	240–245	4 525 ± 60	3 500–2 900 f.Kr.
Ua-25011	340–345	5 665 ± 65	4 690–4 350 f.Kr.
Ua-25012	440–445	6 675 ± 65	5 660–5 440 f.Kr.
Ua-25013	540–545	8 400 ± 70	7 550–7 260 f.Kr.
Ua-25014	610–615	9 015 ± 70	8 330–7 920 f.Kr.

^{14}C-dateringar från den pollenanalyserade sekvensen från Stobydeltat. Det daterade materialet var i samtliga prover vitmossa utom i det understa där materialet var grovdetritusgyttja. De kalibrerade åldrarna är angivna som max–min-intervall vid två sigmas standardavvikelse.

Radiocarbon dates from the pollen-analysed sequence from the peatland at Stobydeltat. The material used for dating was peat in all samples, except for in the lowermost one where gyttja was used. The calibrated ages in the right column show max–min intervals at two sigma.

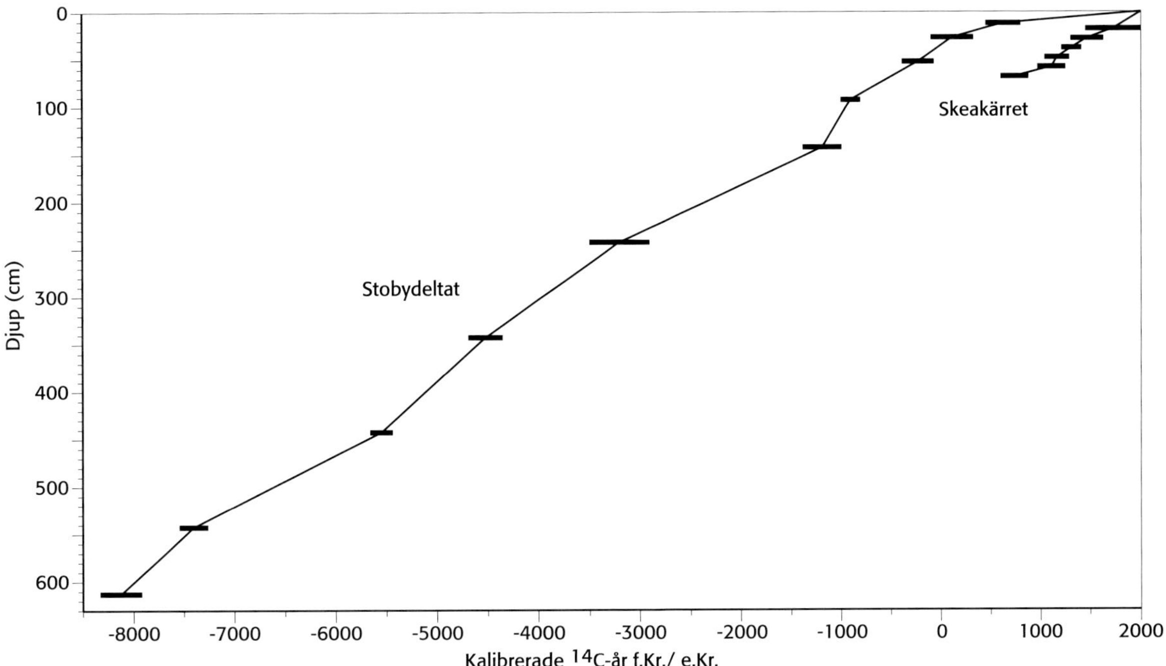

Tid/djup-diagram över de pollenanalyserade torvlagerföljderna från Stobydeltat och Skeakärret. [14]*C-dateringarna är angivna i kalibrerade min–max-intervall med två sigmas standardavvikelse.*

Time/depth graph of the two pollen-analysed peat sequences Stobydeltat and Skeakärret. The radiocarbon dates are presented with calibrated min–max intervals, 2 sigma.

Bestämningen av sädespollen, och då framför allt separeringen mellan korn (*Hordeum*) och vete (*Triticum*), följer Beug (1961) och Andersen (1979). Enligt rekommendationer i Fægri & Iversen (1989) har Andersens måttangivelser multiplicerats med 1,2 för att passa glycerinpreparat. Pollentaxonomin i övrigt följer Moore m.fl. (1991). Cirka tusen pollen räknades på var nivå och resultatet redovisas i ett procentdiagram. Även identifierbara sporer och mikroskopiska träkolspartiklar (>25 µm) räknades och presenteras i diagrammet som procent av pollensumman.

Medan dateringarna visar att pollendiagrammet tidsmässigt täcker vegetationsutvecklingen under de senaste tio tusen åren, så är diagrammets geografiska täckning svårare att avgränsa. Torvbassängens ringa storlek, den omgivande branta topografin och jämförelser med studier i pollenspridning (t.ex. Sugita 1994), talar dock för att diagrammet huvudsakligen speglar vegetationsutvecklingen i den nära omgivningen (den så kallat extra-lokala komponenten av pollenregnet, enligt Jacobson & Bradshaw 1981). Pollenupptagningsområdets storlek styrs av bland annat vegetationen, så att diagrammet under perioder av öppen vegetation representerar ett större område än under perioder då skogen varit sluten. Men även under öppna perioder ger pollendiagrammet en relativt lokal bild, och domineras av vegetationsutvecklingen inom ett par hundra meter från provpunkten. Eftersom torvmarken ligger centralt i ett vidsträckt sandområde, speglar diagrammet vegetationsutvecklingen (och därmed markvändningen) i sandmark. Diagrammets vetenskapliga värde ligger bland annat i att det på detta vis belyser landskapshistorien i en naturgeografiskt specifik och ensartad miljö.

Den pollenanalyserade lagerföljden har även analyserats med avseende på den mineralmagnetiska parametern SIRM (Saturation Isothermal Remanent Magnetisation). Denna parameter står i proportion till halten mineralkorn i torven, vilken i sin tur speglar i första hand markerosionens omfattning i den nära omgivningen. Metoden beskrivs bland annat av Thompson & Oldfield (1986), och dess användbarhet i agrarhistoriska sammanhang har visats av bland andra Lagerås & Sandgren (1994, 1996).

Pollenanalys och mineralmagnetisk analys av torvlagerföljd från Skeakärret

I moränmarkerna norr om Stobydeltat ligger en långsträckt, skogbevuxen torvmark, som vi benämner Skeakärret efter en närbelägen gård. Torvmarken ligger i direkt anslutning till ett av de röjningsröseområden som undersökts inom projektet.

I torvmarken togs en borrkärna för pollenanalys. Lagerföljden på provpunkten bestod av kärrtorv och vitmosstorv med en sammanlagd mäktighet av 70 cm. Torven vilar direkt på morän, vilket visar att torvmarken inte bildats genom igenväxning, utan genom en grundvattenhöjning med åtföljande försumpning. Anledningen till att denna torvmark provtogs för pollenanalys, trots den ringa torvmäktigheten, är platsens nära rumsliga koppling till ett undersökt röjningsröseområde.

Sex nivåer har ^{14}C-daterats med AMS-teknik (se s. 376), vilket ger en detaljerad absolut kronologi för pollendiagrammet. Det material som användes för ^{14}C-analys var kärrtorv och vitmosstorv, med samma preparering som av proverna från Stobydeltat (se ovan). Resultatet av dateringarna visar att lagerföljden täcker de senaste cirka 1300 åren, och att torvtillväxten varit jämn (se s. 373).

Från borrkärnan valdes 20 nivåer ut för pollenanalys. Preparering och analys följde den metodik som angivits ovan, och cirka sju hundra pollen räknades på var nivå. Också denna lagerföljd analyserades med avseende på SIRM (se ovan).

Liksom diagrammet från Stobydeltat speglar diagrammet från Skeakärret den lokala vegetationen och markanvändningen i den provtagna torvmarkens omedelbara närhet. Markanvändning inom det undersökta området med röjningsrösen bör fångas upp väl av diagrammet, förutsatt att det finns en kronologisk överensstämmelse (detta diskuteras längre fram i texten).

Diagrammet från Skeakärret belyser landskapsutvecklingen i ett moränområde. Genom att jämföra detta diagram med diagrammet från Stobydeltats sandområde är det möjligt att studera markanvändningens eventuella anpassning till skiftande naturgeografiska förutsättningar.

Pollenanalys av prover från röjningsrösen och odlingsytor

I samband med utgrävningarna togs pollenprover i den fossila åkermarken. Från område 3 analyserades 16 prover fördelade på två röjningsrösen

och en odlingsyta, och från område 5 analyserades 17 prover fördelade på ett röjningsröse, en odlingsyta och en odlingsterrass. Målet med analyserna var att undersöka den lokala markanvändningen, och att möjliggöra en pollenanalytisk koppling mellan den fossila åkermarken och de analyserade torvlagerföljderna.

Proverna preparerades enligt den metodik som angivits ovan, men med det tillägget att grovt minerogent material avlägsnades genom dekantering. Det material som analyserades från

Skeakärrets vegetation har ett bottenskikt av vitmossa, ett glest fältskikt av tuvtåtel samt ett träd- och buskskikt av björk, vide och en del små granar. Bilden visar borrpunkten för pollenanalysen. Foto: Per Lagerås.

The fen Skeakärret has a bottom layer of bog moss (*Sphagnum* sp.), a sparse field layer of tufted hair-grass (*Deschampsia cespitosa*), and a tree and shrub layer with downy birch (*Betula pubescens*), willow (*Salix* sp.) and Norway spruce (*Picea abies*). The picture shows the sampling point for pollen analysis. Photo by Per Lagerås.

Lab.nr	Djup (cm)	^{14}C-år BP	Kal. ålder, 2s
Ua-25000	7–9	–	–
Ua-25001	17–19	275 ± 65	1 450 e.Kr.–rec.
Ua-25002	27–29	500 ± 65	1 300–1 630 e.Kr.
Ua-25003	37–39	705 ± 70	1 210–1 410 e.Kr.
Ua-25004	47–49	835 ± 70	970–1 250 e.Kr.
Ua-25005	57–59	960 ± 70	1 040–1 290 e.Kr.
Ua-25006	67–69	1 340 ± 70	600–880 e.Kr.

^{14}C-dateringar från den pollenanalyserade sekvensen från Skeakärret. Det daterade materialet var vitmossa i de två översta proverna och kärrtorv i resten. De kalibrerade åldrarna är angivna som max–min-intervall vid två sigmas standardavvikelse.

Radiocarbon dates from the pollen-analysed sequence from the fen Skeakärret. The material used for dating was *Sphagnum* peat in the uppermost two samples, and fen peat in the others. The calibrated ages in the right column show max–min intervals at two sigma.

Djup (cm)	Beskrivning
0–5	Recent rotfilt, vitmossa och björnmossa
5–30	Vitmosstorv, höghumifierad, svagt sandig, brun, med ved
30–70/	Kärrtorv, sandig, mörkbrun, med ved

Stratigrafisk beskrivning av den pollenanalyserade sekvensen från Skeakärret.

Lithological description of the pollen-analysed sequence from the fen Skeakärret.

markprofilerna var sand eller sandig morän, med varierande grad av humös inblandning. Med avseende på jordmånen representerar proverna i de flesta profilerna både A-, B- och C-horisonten.

Med undantag för enstaka prover från A-horisonten (det vill säga från den översta delen av jordmånsprofilen), var pollenbevaringen i de flesta proverna relativt dålig. Ändå har det varit möjligt att identifiera ett relativt stort antal taxa, däribland sädespollen och flera andra kulturindikatorer. Speciellt i de understa proverna i ett par profiler är pollensammansättningen i hög grad ett resultat av selektiv bevaring, så att i första hand beständiga pollentyper finns representerade. Denna felkälla måste beaktas vid tolkningen.

En annan felkälla vid pollenanalys av markprofiler är bioturbationen, det vill säga den omrörning som daggmaskar och andra organismer orsakar (Walch m.fl. 1970). Den jämnar ut den ursprungliga skillnaden mellan närliggande prover och omöjliggör upprättandet av en detaljerad pollenstratigrafi. På ett mer översiktligt plan är det dock möjligt att urskilja en pollenstratigrafi som speglar huvuddragen i den lokala vegetationsutvecklingen, och som därmed också ger information om markanvändningen. Det finns flera exempel från senare år på hur pollenanalys av markprofiler på detta sätt bidragit till tolkningen av fossil åkermark i södra Sverige (t.ex. Lagerås m.fl. 1995; Lagerås 2000a, b; Björkman & Regnéll 2001).

Pollendiagrammen från markprofilerna kan ges en grov absolut kronologi genom korrelation med diagram från torvlagerföljder. I något fall ger också ^{14}C-dateringar av träkol från markprofilerna viss vägledning, men det tidsmässiga sambandet mellan pollenprover och intilliggande makroskopiskt träkol är ofta bara ungefärligt (se utvärdering i Lagerås 2000a:192).

Växtmakrofossil från boplatslämningar

Under utgrävningarnas gång togs prover för makrofossilanalys i boplatslämningar av olika slag. Sammanlagt 74 av dessa prover preparerades och analyserades. Prepareringen följde standardmetoder för förkolnat material och innefattade lösning i fem-procentig natriumhydroxid, flottering, siktning (maskvidd: 0,25 mm) och torkning. Analysen gjordes vid 7–80× förstoring, med tillgång till referenssamling och gängse bestämningslitteratur. Målet med analyserna var i första hand att belysa olika aspekter på markanvändningen, som vilka grödor som odlats, ogräsmängden, etc., men om möjligt också att belysa processer som tröskning och lagring (jfr t.ex. Viklund 1998).

Identifierbara växtrester utöver träkol påträffades i 23 av proverna och då ofta i små mängder. Analyserna och resultaten presenteras i en separat artikel av Regnell (denna volym), men relevanta resultat inkluderas också i diskussionerna nedan.

Vedartsanalys och ^{14}C-datering av träkol från boplatslämningar och fossil åkermark

Röjningsröseområden är kronologiskt svårgreppade, och erfarenheter från tidigare undersökningar visar att en datering av stenröjningen bör grundas på ett stort antal ^{14}C-analyser (Lagerås 2000a). I det aktuella projektet lades därför relativt stora resurser på ^{14}C-analys av träkol från röjningsrösen. Sammanlagt daterades 47 kolbitar från mittsektioner genom röjningsrösen (dessutom daterades sex kolbitar från sektioner genom själva odlingsytorna). I fyra fall daterades två kolbitar per röse, och i ett fall fyra kolbitar. I samtliga de övriga fallen daterades endast en kolbit per röse, och då oftast en från precis under de understa ditlagda stenarna. Dateringen av stenröjningen bygger på en sammanställning av dessa dateringar, jämte en analys av sambandet mellan kolbitarnas ålder och stratigrafiska placering i eller under rösena.

Samtliga träkolsbitar som ^{14}C-analyserades blev först föremål för vedartsanalys. Av de 53 analyserade kolbitarna från röjningsrösen och odlingsytor gick 25 att bestämma till släkte, 10 till grupp av släkten (som t.ex. björk/al/hassel) och 9 till obestämt lövträd. Resterande kolbitar gick ej att bestämma. Resultaten kan i kombination med övriga analysresultat belysa vegetation och röjningsbränningar i röseområdena. Trots den stora paleoekologiska potentialen i vedartsbestämt och ^{14}C-daterat träkol från markprofiler, har endast några få försök i den vägen publicerats tidigare (Bartholin & Berglund 1992; Regnell m.fl. 1995; Lagerås 2000a).

Utöver kolbitar från röjningsrösen och odlingsytor ^{14}C-daterades och vedartsbestämdes även ett stort antal kolbitar från andra kontexter, framför allt från boplatslämningar och gravar. För en presentation av dessa hänvisas till Carlie (denna volym).

Resultat och diskussion

Nedan presenteras och diskuteras de paleoekologiska resultaten från undersökningarna vid Stoby. Resultaten sätts i ett vetenskapligt sammanhang med referenser till tidigare undersökningar i Skåne, södra Småland och västra Blekinge, och kopplingar görs även till Carlies och Connelids artiklar i denna volym. Framställningen är i grova drag kronologiskt uppställd.

Trädinvandring, torrperiod och mesolitiskt skogslandskap

Trädens invandring finns belyst i flera pollendiagram från södra Sverige, och redan av äldre undersökningar framgick det att ordningsföljden är i stort sett densamma från lokal till lokal (Nilsson 1935). När ^{14}C-metoden introducerades kunde denna invandringsföljd sedan knytas till en absolut kronologi (Nilsson 1964). Kronologin har sedan reviderats i samband med nya undersökningar (Gaillard m.fl. 1996), framför allt beroende på att det finns ett systematiskt fel i äldre ^{14}C-dateringar av gyttja (jfr Olsson & Florin 1980). Pollendiagrammet från Stobydeltat har inte någon detaljerad ^{14}C-kronologi för de allra äldsta delarna, men belyser ändå på ett illustrativt sätt hur de olika trädslagen etablerade sig i området, och hur miljön gradvis övergick från öppen tundra till skog (se plansch 1).

På den understa nivån i diagrammet finns en del björkpollen (*Betula*) och enstaka tallpollen (*Pinus*), men inga övriga trädtaxa. Istället karakteriseras nivån av örtpollen. Exempel är pollen från gräs (Poaceae ospec.), syror (*Rumex*), nejlikväxter (Caryophyllaceae), smörblommor (*Ranunculus*-typ) och malört (*Artemisia*). Där finns också en del pollen från busk- och risväxter, som vide (*Salix*), en (*Juniperus*) och kråkris (*Empetrum nigrum*). På nivån ovanför når en och kråkris maxvärden, vilket är karakteristiskt för gränsen mellan yngre dryas och preboreal, det vill säga övergången från senglacial till postglacial tid (t.ex. Berglund 1966; Ising 2001). Tidigare under yngre dryas hade enen hämmats av kylan, och senare blev den utskuggad av en allt tätare trädvegetation. Däremellan hade den en kort period av optimala förhållanden (Iversen 1954).

En intressant detalj i diagrammet är att den kortvariga en- och kråkristoppen direkt följs av en markant ökning av hassel (gränsen mellan pollenzonerna 1 och 2 i diagrammet). Det tyder på att sediment motsvarande den så kallade preboreala pollenzonen saknas på provpunkten (jfr Nilsson 1964). Paleohydrologiska undersökningar har visat att vattennivåerna i insjöar i södra Sverige var som lägst strax efter preboreal pollenzon (Digerfeldt 1988), och det är troligt att sedimentluckan i lagerföljden från Stobydeltat är en följd av denna torrperiod. Sannolikt ledde en tillfällig uttorkning av den grunda sjön till att bottensedimenten eroderades eller förmultnade. Nivån precis över lagerluckan har ^{14}C-daterats till 9 015 ± 70 BP, vilket ger stöd åt Digerfeldts datering av den lägsta vattennivån till cirka 9 300 BP.

Efter torrperioden kom sedimentationen igång, men sjön blev snart igenväxt och övergick i kärrmark med torvbildning. Torvtillväxten var jämn och kontinuerlig och i diagrammet kan man se hur den öppna vegetationen etappvis ersattes av skog. De viktigare trädslag som invandrade efter hasselns etablering var i tur och ordning alm (*Ulmus*), al (*Alnus*), ek (*Quercus*) och lind (*Tilia*).

Den understa borrkärnan från provpunkten på Stobydeltat (530–630 cm). De understa cirka 20 cm utgörs av gyttja, medan resten av lagerföljden utgörs av torv (jfr tabell s. 372). Troligen har den mörka övre delen av gyttjan kompakterats och delvis förmultnat i samband med en tillfällig torrperiod. Foto: Per Lagerås.

The bottommost core from the sampling point in Stobydeltat (530–630 cm). Note the 20 cm of gyttja in the bottom. Photo by Per Lagerås.

Gränsen mellan pollenzonerna 2 och 3 i diagrammet har dragits på nivån för lindens första markanta ökning (dess så kallade rationella gräns). Enligt den traditionella zoneringen av pollendiagram från södra Sverige definierar denna gräns övergången mellan boreal och atlantisk pollenzon (Nilsson 1935). Nivån har i diagrammet från Stobydeltat daterats till cirka 6 700 f.Kr. (kal.). Eftersom linden huvudsakligen är ett insektspollinerat träd är den underrepresenterad i pollenspektra (Andersen 1970), och det är sannolikt att linden från 6 700 f.Kr. och framåt var ett vanligt skogsträd på Stobydeltat, trots de relativt låga procentvärdena.

Lindens bladverk släpper igenom mycket lite ljus, och det var först i och med lindens invandring och etablering som den atlantiska lövskogen slöt sig. Exakt hur tät och sluten skogen blev är dock oklart. På senare tid har detta debatterats och en del författare har till och med föreslagit att betestrycket från vilda herbivorer (växtätare) kunde resultera i ett halvöppet, parkliknande landskap (Vera 2000). Ett så öppet naturlandskap har inte stöd i paleoekologiska data, men troligen kunde betestrycket från kronhjort, rådjur och älg lokalt hålla skogen öppen och buskartad, åtminstone inom områden med lättare jordar.

Efter lindens etablering följer i pollendiagrammet en stabil sekvens med få förändringar. En svag ökning av ljung (*Calluna vulgaris*) kan dock skönjas cirka 5 200 f.Kr. (kal.). Men denna ökning sammanfaller med en övergång från medel- till låghumifierad torv, och speglar därför sannolikt en lokal och hydrologiskt orsakad förändring av vegetationen på själva torvmarken. I övrigt förekommer en del örtpollen som kan härröra från öppnare partier i skogslandskapet, men graden av öppenhet är svårbedömd.

Intressant i sammanhanget är det mesolitiska träkol som påträffats i markprofiler. Vid undersökningen av fossil åkermark inom projektet insamlades träkolsfragment från sektioner genom röjningsrösen och odlingsytor. Av de ^{14}C-daterade kolbitarna visade sig elva vara från mesolitikum (se s. 386). En av dessa låg bland bottenstenarna i ett röse, sju stycken låg under rösen och resterande tre kommer från odlingsytor, men helt säkert har de inget funktionellt samband med de agrara spåren. Förutom i den fossila åkermarken påträffades kolbitar från mesolitikum även i gravar och boplatslämningar, som på annan grund kan dateras till yngre bronsålder och äldre järnålder (se Carlie denna volym). Uppenbarligen finns det tämligen rikligt med mesolitiskt kol i marken, som sekundärt kan hamna i olika, mer sentida sammanhang. Fenomenet är känt från tidigare undersökningar i liknande miljöer (t.ex. Lagerås 2000a; Lagerås m.fl. 2000).

Förekomsten av medvetna röjningsbränningar under mesolitikum, med syfte att öka och möjligen styra viltpopulationerna, har diskuterats under lång tid (t.ex. Welinder 1985; Göransson 1989; Bennett m.fl. 1990; Simmons & Innes 1996). Diskussionen har baserats på förekomsten av mikroskopiska kolpartiklar i pollenprover från torv- och gyttjelagerföljder. Sådant kol är lämpligt för många typer av studier (Patterson m.fl. 1987), men det har också klara begränsningar. En är att de mikroskopiska kolpartiklarna ej går att artbestämma. En annan är att de ofta härrör från bränder på den provtagna våtmarken eller i dess nära anslutning. Det makroskopiska kolet från markprofiler speglar däremot bränder på torr och mer eller mindre höglänt mark, och det går dessutom i många fall att artbestämma.

Inom projektet lämnades allt träkol som skulle ^{14}C-analyseras först till vedartsanalys. Av de 14 bestämbara mesolitiska kolbitarna var nio från tall, två från björk, en från björk, al eller hassel och två från obestämt lövträd (se s. 381). Vad som är intressant är i första hand dominansen av tallkol. Materialet är naturligtvis litet men dominansen av tall är ändå signifikant, och även i en liknande undersökning i Hamneda i Småland

Plansch 1. Pollendiagram från Stobydeltat (N13°84' O56°17'). Diagrammet visar samtliga identifierade pollen- och sportaxa presenterade som procent (fyllda kurvor) och promille (ofyllda kurvor) av pollensumman i respektive prov. Längst till vänster i figuren redovisas ^{14}C-dateringarna, och därjämte en kalibrerad tidsskala och en djupskala (notera att diagrammet är ritat mot en linjär djupskala). Bredvid djupskalan följer en stratigrafisk beskrivning, och sedan ett summadiagram som visar den procentuella fördelningen mellan träd-, busk-, ris- och örtpollen. I diagrammets högra del, efter kurvorna för enskilda pollentaxa, finns en kurva över antalet örtpollentaxa. Till höger om pollensumman redovisas frekvensen mikroskopiskt träkol (antal kolpartiklar som procent av pollensumman) och de spor- och pollentaxa som inte inkluderats i pollensumman. Pollendiagrammet har delats in i åtta pollenzoner vilka refereras till i texten. Analys: Per Lagerås och Leif Björkman, 1999-2001.

Plate 1. Pollen diagram from Stobydeltat, N13°84′ E56°17′. The diagram presents all identified pollen and spore taxa as a percentage of pollen sum. The open curves show exaggeration by ten. The diagram is plotted on a linear depth scale.

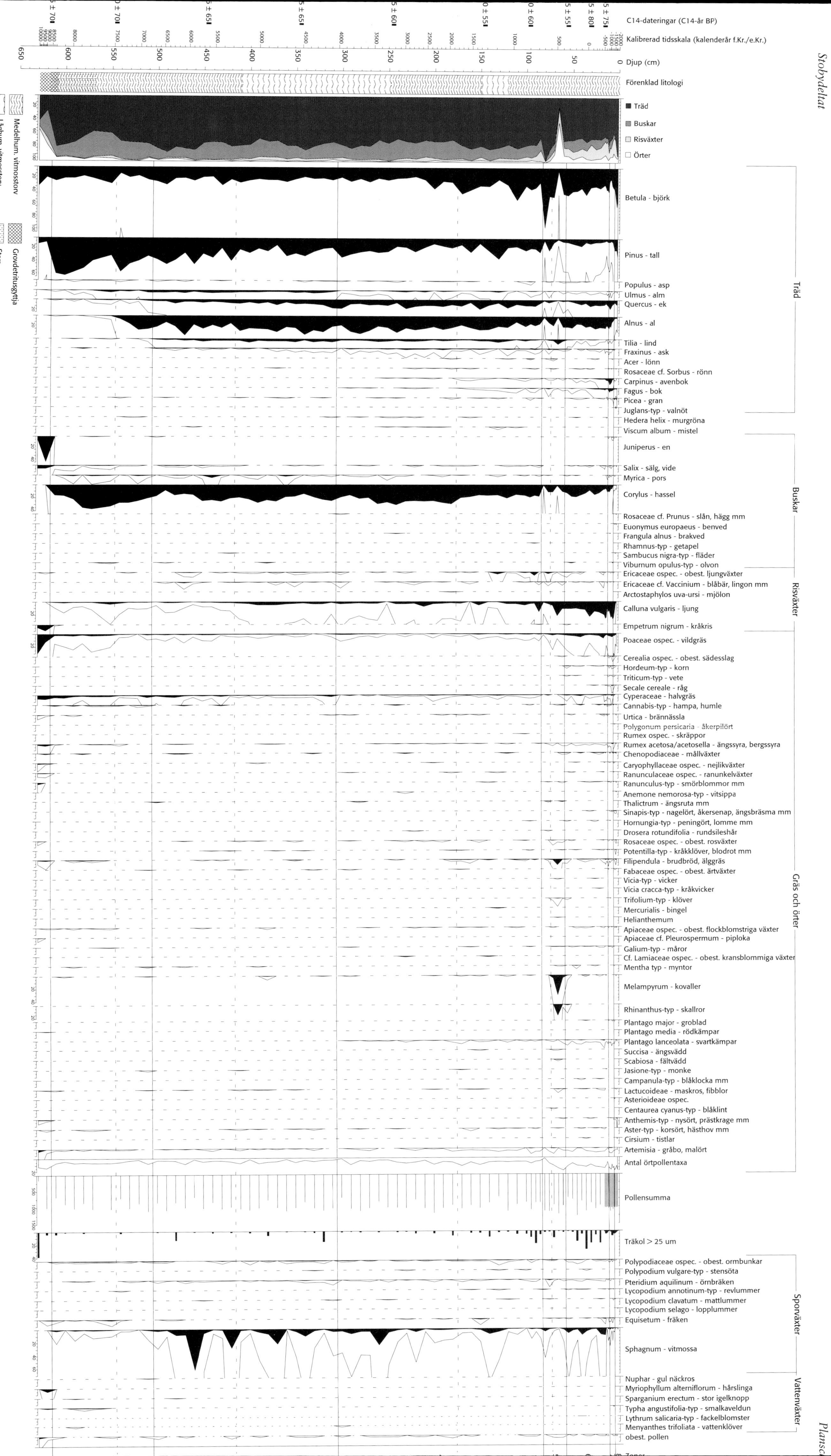

Stobydeltat

Plansch

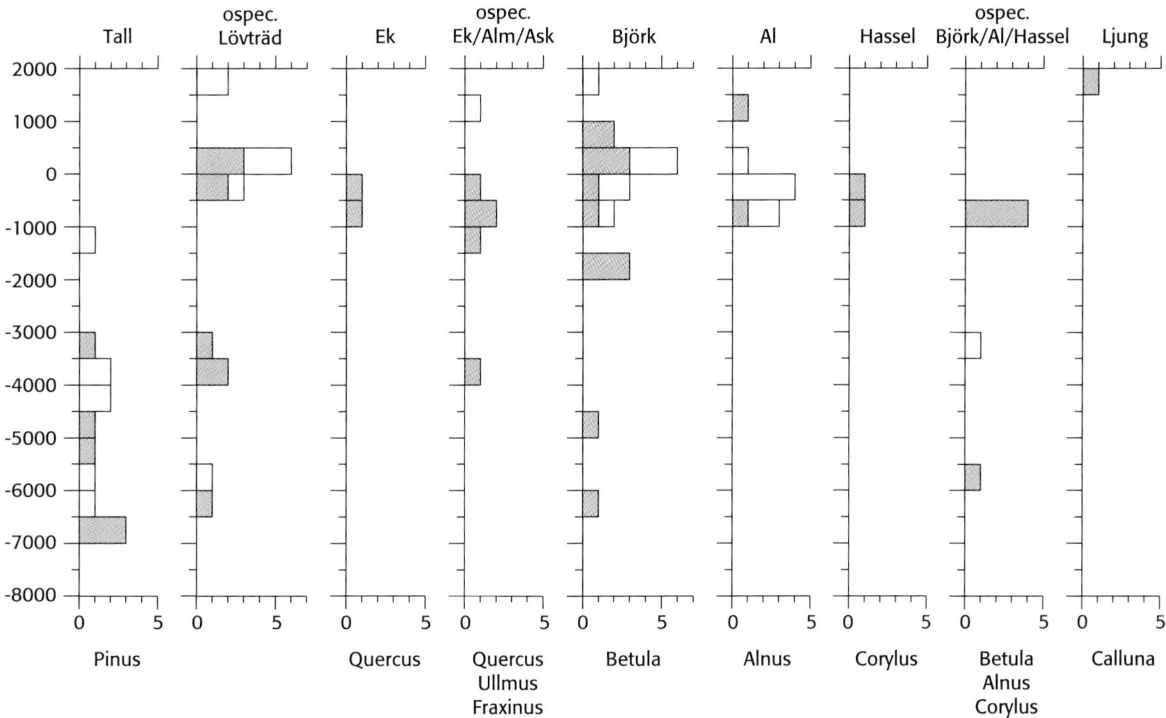

visade sig det mesolitiska kolet domineras av tall (Lagerås 2000a).

Enligt pollenanalyserna var tallen ett vanligt träd på Stobydeltats sandjordar under mesolitisk tid, men inte det dominerande. På moränmarken bör tallen ha varit mer fåtalig. Det makroskopiska träkolsmaterialet kommer från moränområden och dominansen av tallkol är därför överraskande. Möjligen kan en förklaring ligga i skillnader i de olika trädslagens brandbenägenhet. På våra breddgrader förekommer idag naturliga skogsbränder endast i barrskog, och många forskare har betonat att tempererade lövskogar inte brinner (t.ex. Rackham 1980). Dominansen av tall i träkolsmaterialet kan tolkas som att detta förhållande gällde även under mesolitikum.

Diagram över samtliga kolbitar från Stobyprojektet som både ^{14}C-daterats och vedartsbestämts. Tidsskalan till vänster visar kalibrerade år före och efter Kristus. Staplarnas längd visar hur många kolbitar av olika taxa som daterats till respektive 500-årsintervall (mittpunkterna på 2-sigma-intervallen har använts). Träkol från sektioner genom röjningsrösen har markerats med grå fyllning i staplarna, medan övriga kontext (boplatser etc.) ryms i de vita staplarna. Diagrammet bygger på 74 ^{14}C-dateringar. Vedartsbestämningen har utförts av Olafur Eggertsson.

Bar chart of all wood-analysed and radiocarbon-dated charcoal from the project. Grey bars show dates from sections through clearance cairns, while white bars reflect other contexts.

Troligen har blixtnedslag, eller möjligen antropogena eldar, resulterat i småskaliga bränder som varit begränsade till områden med ett större inslag av tall. Dessa tallbestånd har legat som öar i en i övrigt lövdominerad skog. Det är tyvärr inte möjligt att bevisa eller motbevisa att bränderna medvetet anlagts av mesolitiska jägare. Dock förefaller det kanske mer motiverat med röjningsbränningar i täta, linddominerade skogspartier, än i de ofta ljusa och glesa tallbestånden.

Almfallet

Många pollendiagram från Nordvästeuropa uppvisar en tydlig nedgång i almkurvan (*Ulmus*) vid ca 4 000 f.Kr. (kal.). Detta så kallade almfall har diskuterats flitigt under mer än ett halvt sekel både i Sverige och utomlands, och olika tänkbara orsaker har förts fram. De viktigaste av de bakomliggande faktorer som föreslagits är människan, klimatet och almsjukan, vilka kan ha fungerat separat eller i samverkan.

I Sydskandinavien sammanfaller almfallet tidsmässigt i grova drag med jordbrukets införande, och det har därför varit naturligt att tänka sig ett orsakssamband. En tolkning är att avverkningar och röjningar för bete och odling decimerade bestånden av alm och en del andra lövträd (Iversen 1941). En annan tolkning, som också är kopplad till människans agrara aktiviteter, är att almfallet speglar en omfattande insamling av lövfoder (Troels-Smith 1953). Klimatiska förklaringsmodeller bygger i huvudsak på att almar är känsliga för torka (t.ex. Digerfeldt 1997), medan kopplingar till almsjukan får stöd bland annat i almfallets i vissa områden mycket snabba förlopp (t.ex. Peglar 1993). För en lättillgänglig sammanfattning av några teorier om almfallet hänvisas till Göransson (1989), och för mer omfattande litteraturreferenser hänvisas till Digerfeldt (1997).

Idag är de flesta forskare överens om att almfallet åtminstone delvis kan förklaras med almsjukan eller en liknande epidemisk sjukdom. Dock verkar det som att effekterna på almbeståndet, och i förlängningen på hela det ekologiska systemet, berodde även på andra faktorer. Dessa är troligen inte generella för hela Nordvästeuropa utan snarare regionala. I vissa områden har man tolkat det så att almsjukan fick ett epidemiskt förlopp på grund av den samtida agrara aktiviteten. (Så har det till exempel föreslagits att hamling av träd gynnar spridningen av almsjukan; Moe & Rackham 1992). Andra har menat att almfallet orsakades av naturliga faktorer som en klimatförändring eller almsjuka, och att dessa ledde till en ljusare skog vilket i sin tur underlättade en agrar expansion (Berglund m.fl. 1991b). Klimatets betydelse i sammanhanget har betonats av bland andra Digerfeldt (1997). Hans undersökningar av lagerföljder från Vombslätten i Skåne visar att almfallet i det området faller inom en längre period av lågt vattenstånd, vilket i sin tur gjorde almarna extra mottagliga för almsjukan.

Ser vi till diagrammet från Stobydeltat så uppvisar det ett tydligt almfall på nivån 305 cm under markytan (se plansch 1). Nivån är inte ^{14}C-daterad men genom linjär interpolering får den en ungefärlig datering till 4 000 f.Kr. (kal.), vilket är något äldre än den datering till 3 765 f.Kr. som precisionsdateringar i Ageröds mosse givit (Skog & Regnéll 1995). Avvikelsen är liten och kan bero på interpoleringen eller på en viss reservoareffekt.

I samband med almfallet går inte bara almen ned, utan även frekvenserna för al, hassel, björk och lind. På samma nivå ökar frekvenserna av tall och ek.

Under senare delen av 1900-talet spred sig almsjukan genom norra Europa och ledde till en decimering av almbestånden i Sverige och i många andra länder. Kanske låg en liknande epidemi bakom det så kallade almfallet 4 000 f.Kr. Bilden visar döda almar vid Gyllebosjön i sydöstra Skåne. Foto: Per Lagerås.

Elm trees killed by Dutch elm disease. The picture is from south-eastern Scania. Photo by Per Lagerås.

Strax ovan almfallet syns de första tecknen på agrar markanvändning. De första pollenkornen från svartkämpar (*Plantago lanceolata*) dyker upp och förekommer sedan så gott som kontinuerligt genom resten av lagerföljden. På samma nivå som de första svartkämparna uppvisar kurvan över antalet örtpollentaxa en liten topp. Nivån är daterad till 3 800 f.Kr. (kal.), det vill säga två hundra år efter almfallet.

Liksom Digerfeldts undersökningar från Vombslätten visar diagrammet från Stobydeltat almfallets förlopp i ett utpräglat sandområde. I Digerfeldts diagram var inslaget av kulturindikatorer svagt, och han såg orsaken till almfallet i en kombination av ett torrt klimat och almsjukan (Digerfeldt 1997). Även det sandiga Stobydeltat bör ha varit mycket känsligt för torka, och nedgången av alm och flera andra trädslag, liksom den samtida ökningen av tall och ek, kan mycket väl spegla ett tillfälligt torrare klimat. Almfallets snabba förlopp tyder dock på att det i första hand orsakats av almsjuka. Men som framgått ovan finns det undersökningar som antyder att såväl klimatiska som antropogena störningar kan ha bidragit till att almsjukan fick så genomgripande ekologiska konsekvenser. De nya resultaten från Stobydeltat ger stöd för uppfattningen att en torrperiod snarare än mänskliga aktiviteter beredde vägen för almsjukan, men att den öppnare och ljusare skogsstruktur som följde skapade förutsättningar för extensiv betesdrift.

Odling och extensivt bete under neolitikum och äldre bronsålder

Som nämndes i föregående avsnitt är de första tecknen på agrar aktivitet i pollendiagrammet från Stobydeltat daterade till 3 800 f.Kr. (kal.), det vill säga till början av tidigneolitikum (plansch 1). Från den nivån och upp genom resten av diagrammet finns en så gott som sammanhängande kurva för svartkämpar (*Plantago lanceolata*). Man kan också ana en mer regelbunden förekomst av bland annat syror (*Rumex acetosa/acetosella*), men indikationerna är mycket svaga. Vidare uppvisar kurvan över antalet örtpollentaxa i genomsnitt högre värden efter almfallet (pollenzon 4) än före (pollenzon 3). Frekvensen örtpollen, det vill säga mängden örtpollen i förhållande till pollen från träd, buskar och ris, fortsätter dock att vara mycket låg. Det visar att röjningar och bete påverkade skogens struktur och ökade den floristiska diversiteten, men att landskapet fortfarande till stora delar var skogsklätt. Sannolikt nyttjades sandområdet i huvudsak för extensivt skogsbete.

Liksom för mesolitisk tid är det svårt att säga något närmare om skogens struktur och öppenhet under neolitikum. Det pågår grundforskning inom detta område, och resultat från studier av nutida pollenspridning kombinerat med datasimulering visar att örtpollen relativt sett blir underrepresenterade i skogsdominerade landskap (t.ex. Broström m.fl. 1998; Sugita m.fl. 1999). En orsak till detta är att ett stort inslag av långtransporterade trädpollen procentuellt skuggar ut lokala örtpollen. En annan orsak är att röjningar i ett skogsdominerat landskap inte bara ökar produktionen av örtpollen, utan även produktionen av trädpollen ökar då skogen blir öppnare och ljusare (Aaby 1994). Småskaliga röjningar och gläntor avslöjar sig därför genom en ökning av antalet örtpollentaxa samt förekomsten av vissa indikatorarter, snarare än i en ökning av örtpollenfrekvensen.

Utöver örtpollen säger även ek- och hasselfrekvenserna något om skogens struktur. I diagrammet uppvisar både ek och hassel högre frekvenser under skogsbetesperioden än under den föregående urskogsperioden (pollenzon 4 respektive 3). Eftersom dessa arter är beroende av gläntor för att gro, har deras föryngring gynnats av att skogen genom betet blev öppnare och ljusare.

Efter betesintroduktionen under tidigneolitikum följde enligt pollendiagrammet en stabil period som varade ända fram till yngre bronsålder. Under dessa nära tre tusen år användes området i huvudsak för extensivt skogsbete, utan några märkbara förändringar i vegetation eller markanvändning. Den betespräglade skogen dominerades av ek, hassel, tall och björk med inslag av lind och ask. På själva torvmarken växte björk och al. I gläntor växte buskar och örter, som till exempel vide (*Salix*), svartkämpar, malört (*Artemisia*), nejlikväxter

(Caryophyllaceae), ranunkelväxter (Ranunculaceae) och brudbröd/älggräs (*Filipendula*).

Från perioden saknas sädespollen och andra säkra odlingsindikatorer. Även om man inte helt kan utesluta att småskalig eller tillfällig odling ändå förekommit, så är det mer sannolikt att sandområdet endast nyttjats för betesdrift under denna period.

Från moränmarken finns inga samtida pollendata, men en del makroskopiskt träkol från markprofiler har daterats till perioden. De kolbitar som bestämts närmare är från björk, hassel, al, tall och ek. Materialet domineras av lövträd, vilket står i kontrast till det mesolitiska träkolets dominans av tall. Med undantag för en kolbit från yngre bronsålder upphör förekomsten av tallkol strax innan 3 000 f.Kr. (kal.), det vill säga vid slutet av tidigneolitikum (se s. 381). Det är ungefär samtidigt med introduktionen av agrar markanvändning (skogsbete) enligt pollendiagrammet från Stobydeltat.

Avsaknaden av tallkol ska i första hand inte tolkas som att tallen blev fåtalig i den dåtida skogen. Tvärtom bör den i förhållande till de flesta lövträd ha gynnats av det extensiva betet (Nilsson 1992; Lagerås 1997). Troligen ligger förklaringen snarare i en förändring av brändernas karaktär. Ser man närmare på de daterade kolbitarnas rumsliga och kronologiska fördelning (se s. 386), så framträder en tydlig koncentration av dateringar till område 5 och intervallet 4 000–3 000 f.Kr. (kal.), det vill säga tidigneolitikum och början av mellanneolitikum. I samma område påträffades boplatskeramik som genom typologiska jämförelser kan dateras till samma tid (Carlie, denna volym). Även om de flesta av kolbitarna inte kan knytas till anläggningsspår så är det troligt att de på något sätt har med boplatsaktiviteten att göra. De kan härröra från härdar eller från röjningsbränningar i direkt anslutning till boplatsen. Notera att dessa boplatsspår är samtida med de första tecknen på bete i pollendiagrammet från Stobydeltat, och att vi därmed har spår av tidigneolitisk aktivitet i såväl morän- som sandmark. Tidigneolitikum är även starkt representerat i det arkeologiska lösfyndsmaterialet från Stoby socken (Carlie, denna volym).

Utöver kolbitarna från område 5, som har en tydlig boplatskoppling, så har endast två kolbitar daterats till neolitikum och då till tidigneolitikum. Materialet ger alltså inget stöd för åsikten att brandröjningar använts systematiskt för att öppna upp skogen och förbättra betet under denna period (jfr t.ex. Göransson 1995). Snarare verkar brandfrekvensen i skogen ha minskat i samband med betesdriftens introduktion. En förklaring till det kan vara att en betespräglad, ljus skog hade mindre ris och död ved på marken, och att det därmed fanns mindre förutsättningar för okontrollerade, naturliga bränder. Möjligen kan också hamling för lövfoder och insamling av pinnar till bränsle ha bidragit till att minska mängden död ved på marken och därmed brandrisken.

Slutsatsen är att det i undersökningsområdet inte finns något empiriskt stöd för förekomsten av röjningsbränningar i jakt- eller betesfrämjande syfte, varken under mesolitisk tid eller under större delen av neolitikum. De troligen naturliga bränder som drabbade i första hand tallbestånd under mesolitisk tid, upphörde i samband med det begynnande skogsbetet. Under tidig- och mellanneolitikum härrör det terrestra markkolet i huvudsak från boplatsaktiviteter.

Agrar expansion under yngre bronsålder

Den tidsmässiga fördelningen av daterade kolbitar från markprofiler visar att röjningsbrännandet tog

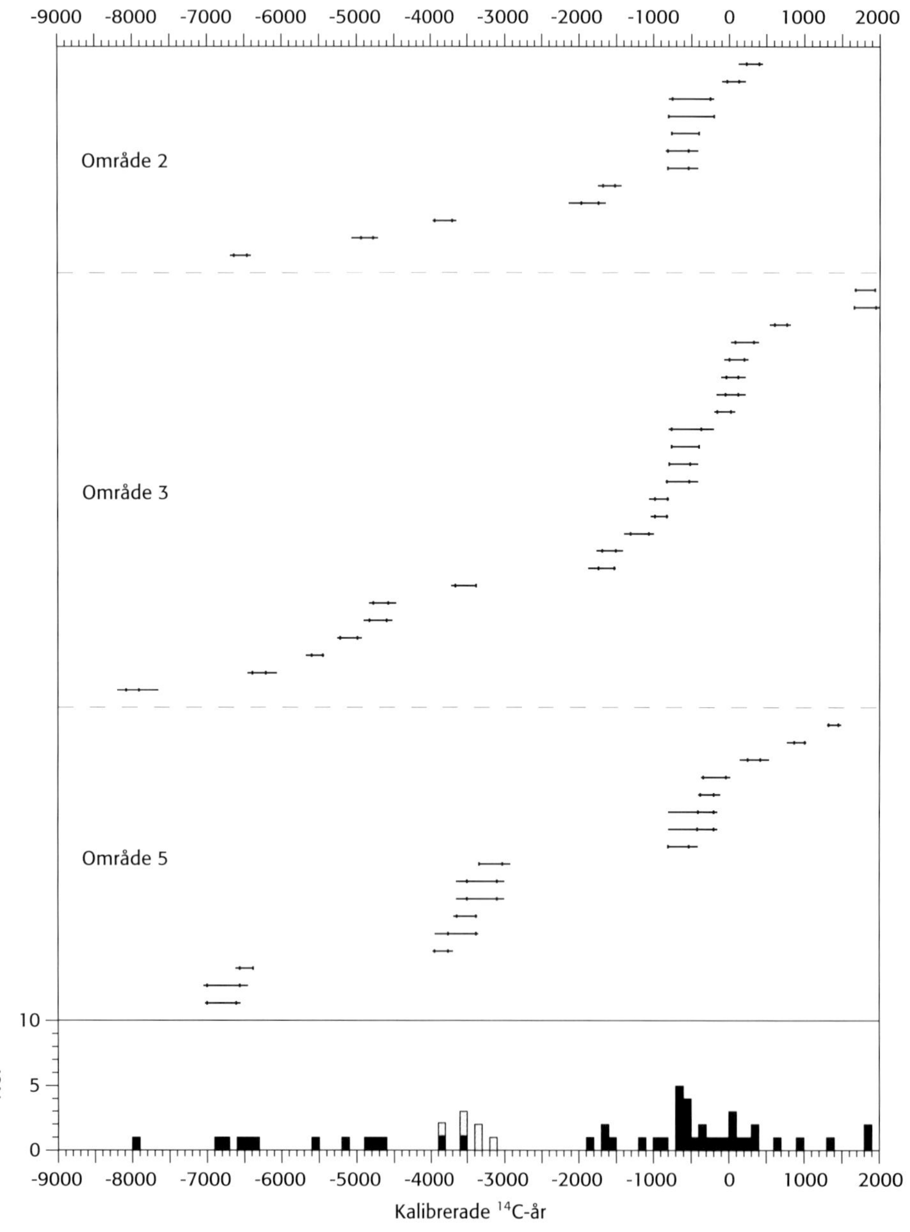

Samtliga ¹⁴C-dateringar av träkol från sektioner genom röjningsrösen och odlingsytor inom Stobyprojektet. Dateringarna redovisas separat för respektive utgrävningsområde, presenterade som kalibrerade min–max-intervall för två sigma (hela strecket) och ett sigma (inom klamrarna). Nederst i figuren är dateringarna sammanställda i ett stapeldiagram, där staplarnas höjd visar hur många dateringar som faller inom respektive hundraårsintervall (mittpunkterna på respektive två-sigmaintervall har använts). Gruppen av neolitiska dateringar från område 5 kan på goda grunder kopplas till en boplats och har därför gråtonats i stapeldiagrammet. Samtliga dateringar i figuren presenteras också i Appendix 1 s.411.

All radiocarbon dates of charcoal from sections through clearance cairns and from arable plots. The dates are presented individually for each excavation site (cal. min–max intervals, 1 and 2 sigma), and also summarised in a bar chart. The Neolithic dates from site 5 (grey in the bar chart) probably originate from settlement activity.

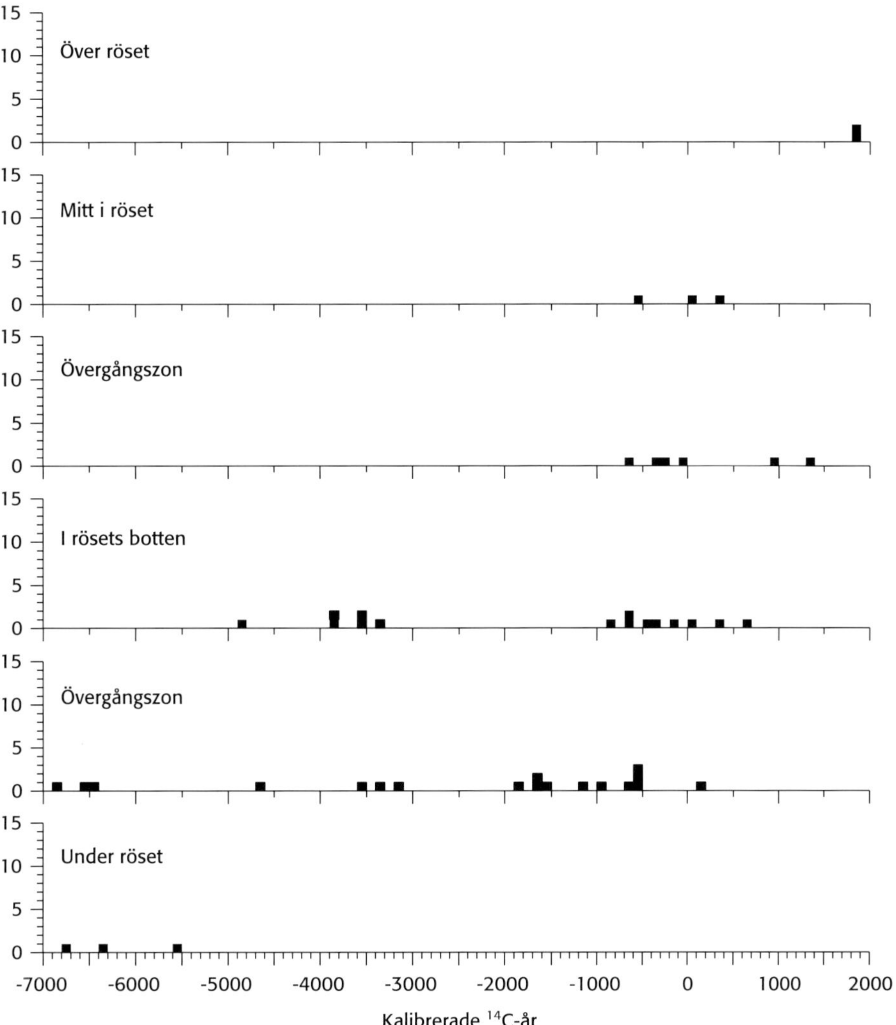

¹⁴C-dateringar av träkol från sektioner genom röjningsrösen. Diagrammet visar åldersfördelningen hos de daterade kolbitarna inom respektive stratigrafisk position.

Radiocarbon dates from sections through clearance cairns. The diagram shows the relationship between age of the dated charcoal pieces and their stratigraphical positions. These positions are (from top to bottom): above the stones in the cairn, among the stones, transition zone, immediately under the bottommost stones, transition zone, and at some depth under the cairn.

fart omkring 700 f.Kr. (kal.), det vill säga mot slutet av bronsåldern (se s. 386). Det var början på en period med regelbundna röjningsbränningar som varade fram till ca 400 e.Kr.

Men redan från före 700 f.Kr. finns det en svag men troligen signifikant förekomst av träkol som går tillbaka till senneolitikum eller bronsålderns början. Denna är särskilt tydlig i dateringarna från område 3, men kan också anas i dateringarna från område 2. Även om materialet är litet tyder det på att sporadiska röjningar med eld förekom redan från och med övergången senneolitikum/bronsålder, men att mer omfattande röjningsbränningar inleddes först vid bronsålderns slut.

Redan utifrån den tidsmässiga fördelningen av träkolet kan man anta att stenröjningen huvudsakligen skedde under perioden yngre bronsålder–äldre järnålder. Men för att mer säkert kunna datera stenröjningen krävs en stratigrafisk analys av kolbitarnas lägen. I figuren på föregående sida görs en jämförelse mellan ålder och stratigrafiskt läge för samtliga daterade kolbitar som kommer från sektioner genom röjningsrösen. Om man bortser från de neolitiska dateringarna från område 5, som sannolikt kan knytas till boplatsaktiviteter, så är det tydligt att träkolet i rösenas bottenskikt tidsmässigt är koncentrerat till perioden yngre bronsålder–äldre järnålder. Det träkol som daterats till bronsålderns äldre del kommer från några centimeter under röjningsrösena, och det är inte representerat vare sig i rösenas bottenskikt eller högre upp i fyllningen. Därför är det sannolikt att intensifieringen av röjningsbrännandet ca 700 f.Kr. direkt eller indirekt hänger samman med påbörjad stenröjning. (Denna metod för att datera stenröjningens början följer Lagerås 2000a.)

Inom projektet gjordes pollenanalys på prover från röjningsrösen, och resultaten av dessa analyser diskuteras mer ingående i nästa avsnitt. Vad som är värt att lyfta fram i detta sammanhang är att pollenprover från den gamla jordmånen under rösena i några fall innehåller pollen från såväl betesindikatorer som sädesslag (se s. 392). Det ger visst stöd åt tolkningen att såväl bete som odling förekom i moränområdena före stenröjningens början. Troligen speglar dessa pollen odling under äldre delar av bronsåldern, även om viss nedrörning av yngre pollen inte kan uteslutas.

Pollendiagram och träkol från röjningsrösen, liksom förstås rösena själva, speglar agrar aktivitet på moränmark. Men också på det sandiga Stobydeltat skedde agrara förändringar. Kurvorna i pollendiagrammet från Stobydeltat uppvisar markanta svängningar i det intervall som definierats som pollenzon 5 (plansch 1). Dessa svängningar speglar en röjning av vegetationen på och kring själva torvmarken, troligen för slåtter (se särskilt avsnitt nedan), och strax ovanför dyker diagrammets första sädespollen upp. De kraftiga men lokala vegetationsröjningarna inleddes enligt diagrammets ^{14}C-kronologi ca 700 f.Kr. (kal.). Den agrara expansionen 700 f.Kr. har alltså stöd i oberoende data, dels dateringar av terrestriskt träkol och dels pollendata. Uppenbarligen berördes både sandområden, våtmarker och moränmark av den agrara expansionen i Stobytrakten under slutet av yngre bronsålder.

Stenröjning, odling och bete under yngre bronsålder och äldre järnålder

Den agrara expansionen ca 700 f.Kr. var inledningen på en markanvändningsperiod som varade i mer än tusen år och som täcker hela äldre järnålder. Som redan diskuterats i föregående avsnitt kan både stenröjning och ett troligen systematiskt röjningsbrännande knytas till denna period. Från samma tid härstammar de flesta av de dokumenterade boplatslämningarna samt de undersökta gravarna (Carlie, denna volym).

De röjningsrösen som undersöktes inom projektet var fördelade på olika men närliggande grävytor (områdena 2b, 3a, b och 5), vilka endast utgör små utsnitt ur vidsträckta och svåravgränsade områden med röjningsrösen (Carlie, denna volym). De flesta rösena var mellan två och fem meter i diameter, hade en flack till välvd profil och bestod av handplockad sten med en varierande grad av jordfyllning. Rösena var med andra ord av den vanliga så kallade hackerörstypen (Gren 1989).

Den pollenanalys som utförts på prover från röjningsrösen och odlingsytor ger en glimt av rösemiljön i samband med brukandet. Framför allt de prover som tagits i rösenas bottenskikt speglar förhållanden vid tiden för stenröjningen. Från den nivån finns enstaka sädespollen (Cerealia ospec.), men den dåliga bevaringen har inte möjliggjort någon närmare bestämning. Ett viktigt komplement till pollenanalysen är därför de enstaka förkolnade makrorester av sädeskorn som påträffats i boplatslämningar (se Regnell i denna volym och tabell för väg 23 på bifogad cd-rom). Merparten av dessa sädeskorn hittades i stolphålen till ett långhus och ett fyrstolpshus inom område 1 (se s. 394). Husen har daterats till romersk järnålder–folkvandringstid och de identifierade sädesslagen är korn (*Hordeum vulgare* coll.), emmer- eller speltvete (*Triticum dicoccum/spelta*), råg (*Secale cereale*) och ospec. sädesslag (Cerealia indet.). Utöver dessa påträffades ett sädeskorn av korn (*Hordeum vulgare* coll.) i en härd daterad till förromersk järnålder inom område 3a. Utifrån det begränsade materialet är det inte möjligt att dra några slutsatser om vilka grödor som varit vanligast eller till exempel graden av gödsling. I bottennivån i rösena finns utöver enstaka sädespollen framför allt rikligt med betesindikatorer. Exempel är gräs (Poaceae ospec.), ljung (*Calluna vulgaris*), svartkämpar (*Plantago lanceolata*), ranunkelväxter (Ranunculaceae), nejlikväxter (Caryophyllaceae), fibblor (Lactucoideae), med flera. Analysresultaten visar att röseområdena till stora delar nyttjades för bete, även om det bara är odlingen som genom rösena lämnat arkeologiska spår. Samma bild har framkommit vid analyser av andra röseområden (t.ex. Lagerås 2000a; Björkman & Regnéll 2001; Svensson 2001). Betesmarksväxter är också vanliga i det förkolnade makrofossilmaterialet från boplatslämningarna (se Regnell i denna volym och tabell för väg 23 på bifogad cd-rom).

Pollenanalyserna visar inte bara att det bedrivits odling och betesdrift, utan säger också något om framför allt betesmarkernas karaktär. Pollen från gräs och en del örter förekommer som mest frekvent i eller kring rösenas bottenskikt. Ljungpollen förekommer också på dessa nivåer men uppvisar högre värden längre upp i profilerna. Det tyder på att bete och troligen röjningsbränning lett till en utveckling från friska betesmarker till mer magra betesmarker med ljung. Det är svårt att utifrån pollendiagrammen datera detta förlopp, men sannolikt har ljungen börjat öka redan under röseområdenas brukningstid, medan den huvudsakliga utvecklingen till ljunghedar skedde senare. En likartad utveckling är känd från Sydsvenska höglandets västra delar (Lagerås 2001a), men i dess östra delar nådde ljungen aldrig någon större utbredning. Denna regionala variation hänger med största sannolikhet ihop med klimatiska skillnader. Ljunghedarna nådde stor utbredning i områden där en kombination av hög nederbördsmängd, mer eller mindre sandiga jordar, kontinuerlig betesdrift och regelbundna röjningsbränningar resulterade i näringsurlakning (jfr Malmer 1968).

Torvmarkskant
Karterat område
Borrpunkt
Röjningsrösen och gravar

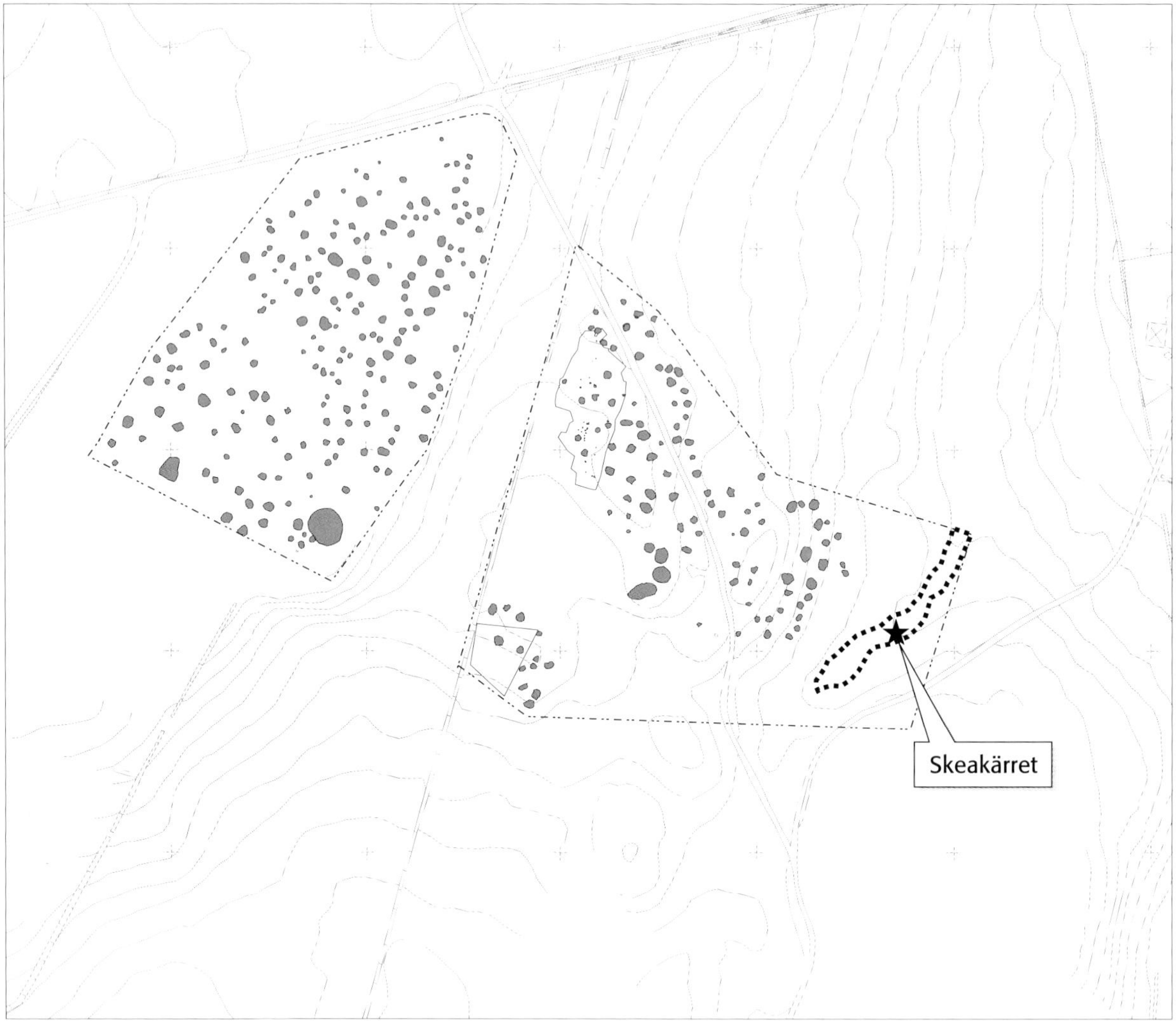

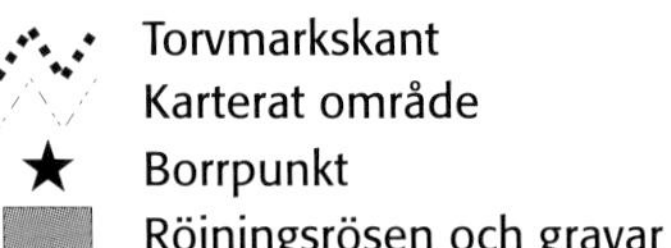

Karterade röjningsrösen med mera inom område 5. I högra delen av det karterade området ligger Skeakärret med provtagningspunkten för pollenanalysen. Skala 1:2 500.

Clearance cairns and other features on investigation site 5, as well as the pollen-analysed sampling point in the fen Skeakärret.

Pollendiagrammen från röseprofilerna karakteriseras vidare av höga frekvenser av björkpollen, som troligen speglar dungar av björk eller björksly i betesmarkerna. Samma bild framskymtar i träkolsmaterialet från samma period, där de träkolsbitar från röjningsrösen som kunnat bestämmas närmare domineras av björk, följt av hassel och ek (se s. 381). Framför allt björkkolet kan med stor sannolikhet kopplas till röjningsbränningar knutna till stenröjningen, så att kvistar, sly och annan vegetation brändes i samband med att nya odlingsytor bröts i betesmarken.

Det identifierade träkolsmaterialet (det vill säga det som bestämts till art eller släkte) är litet, men av diagrammet på s. 381 kan man ändå ana ett intressant förhållande. Träkol som bestämts till ek eller ek/alm/ask har sin tyngdpunkt under bronsålder och förromersk järnålder, medan björkkolet har sin tyngdpunkt i årtusendet efter Kristi födelse. En liknande bild framträdde i träkolsmaterialet från undersökningarna i Hamneda i sydvästra Småland (Lagerås 2000a). Uppenbarligen har trädvegetationen och förutsättningarna för röjningar gradvis förändrats under loppet av äldre järnålder som en följd av markanvändningen. Björken har liksom ljungen kunnat hävda sig i ett allt öppnare och delvis utarmat beteslandskap. Möjligen har också en gradvis klimatförsämring verkat åt samma håll.

I detta avsnitt har diskussionen hittills rört markanvändningen och vegetationen i moränmark, men även sandområdet nyttjades under samma period. De första pollenkornen från sädesslag är i pollendiagrammet från Stobydeltat daterade till ungefär 400 f.Kr. (plansch 1). Från den nivån och upp genom diagrammet finns en svag men nästan kontinuerlig förekomst av sädespollen. Framför allt korn (*Hordeum*-typ) har odlats men även vete (*Triticum*-typ). Råg (*Secale cereale*) verkar enligt pollenanalysen däremot inte ha odlats förrän under historisk tid.

Diagrammet från Stobydeltat har lokal karaktär (se avsnittet om källmaterial och metodik), och den provtagna torvmarken ligger mitt i ett vidsträckt sandområde (se jordartskartan på s. 367). Det kortaste avståndet från provpunkten till sandområdets begränsning mot moränmark är nästan en kilometer. Med tanke på att korn och vete dessutom är dåliga pollenspridare (t.ex. Vuorela 1973), tyder den svaga men kontinuerliga förekomsten av dessa pollen på att odling förekommit inom sandområdet. Den svaga mineralmagnetiska signalen visar dock att erosionen på sluttningen ned mot torvmarken varit obefintlig (se s. 395), så odlingsytorna bör ha legat någonstans uppe på det gamla deltaplanet.

Stobydeltat hade utnyttjats för extensivt bete ända sedan tidigneolitikum, men det var först under yngre bronsålder och äldre järnålder som ett mer öppet och betespräglat landskap växte fram. Perioden karakteriseras av relativt höga pollenfrekvenser av ljung (*Calluna vulgaris*) och gräs (Poaceae ospec.), och ett stort antal örtpollentaxa, bland annat syra (*Rumex acetosa/acetosella*), mållor (Chenopodiaceae), måror (*Galium*-typ) och svartkämpar (*Plantago lanceolata*). De relativt höga halterna av mikroskopiskt träkol som visas i pollendiagrammets högra del tyder också på att röjningsbränningar förekom. Den trädvegetation som fanns dominerades av ek och björk, medan bland annat tallen blev sällsyntare än tidigare. Även hassel blev mer fåtalig men förekom ändå ganska allmänt i betesmarkerna.

I själva torvmarken växte al och möjligen björk, med undantag för under en kort röjningsperiod kring övergången mellan yngre bronsålder och äldre järnålder. Denna våtmarksröjning diskuteras i följande avsnitt.

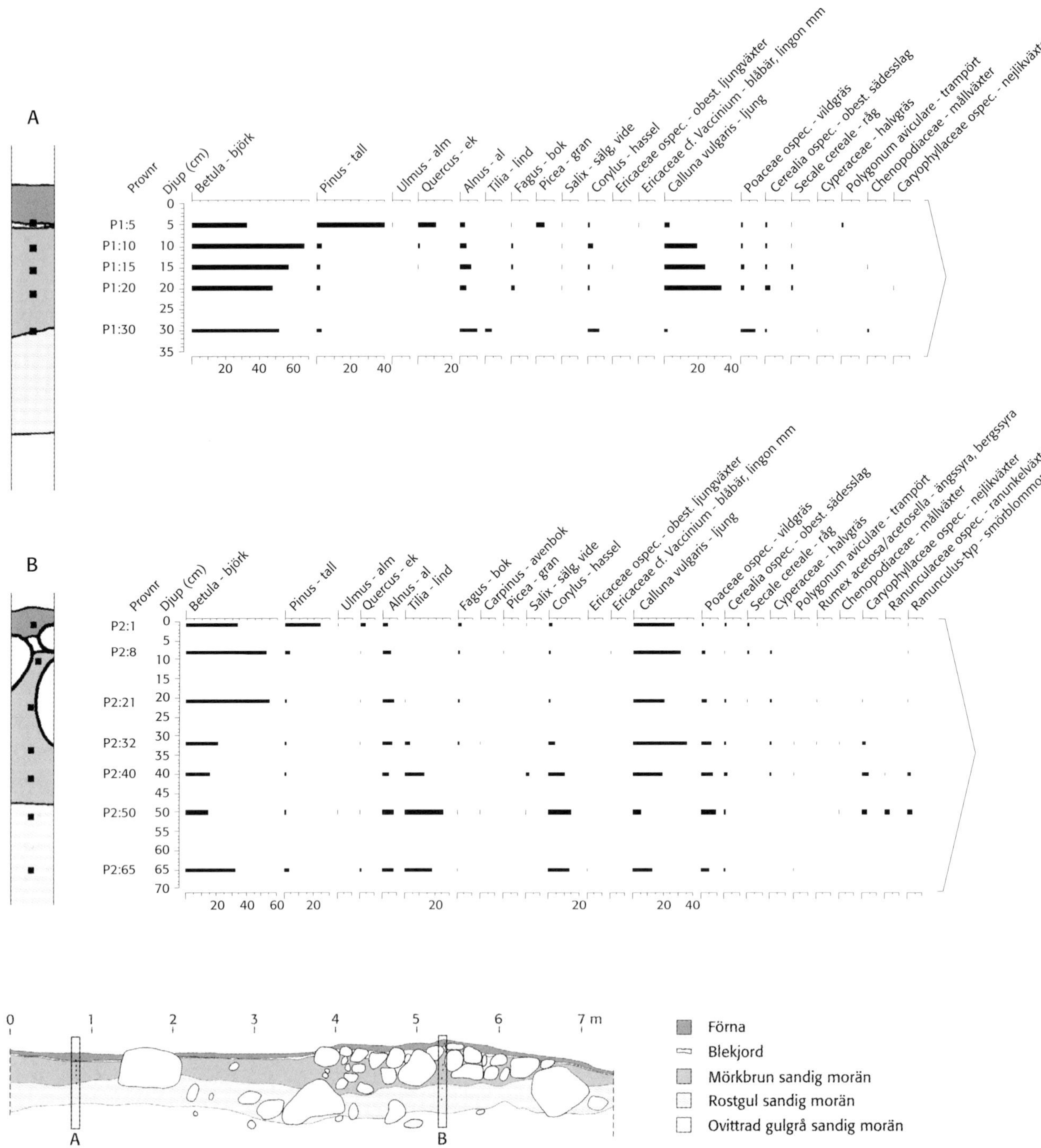
A
Provnr
Djup (cm)
Betula - björk
Pinus - tall
Ulmus - alm
Quercus - ek
Alnus - al
Tilia - lind
Fagus - bok
Picea - gran
Salix - sälg, vide
Corylus - hassel
Ericaceae ospec. - obest. ljungväxter
Ericaceae cf. Vaccinium - blåbär, lingon mm
Calluna vulgaris - ljung
Poaceae ospec. - vildgräs
Cerealia ospec. - obest. sädesslag
Secale cereale - råg
Cyperaceae - halvgräs
Polygonum aviculare - trampört
Chenopodiaceae - mållväxter
Caryophyllaceae ospec. - nejlikväxter
P1:5
P1:10
P1:15
P1:20
P1:30
B
Carpinus - avenbok
Rumex acetosa/acetosella - ängssyra, bergssyra
Ranunculaceae ospec. - ranunkelväxter
Ranunculus-typ - smörblommor mm
P2:1
P2:8
P2:21
P2:32
P2:40
P2:50
P2:65
Förna
Blekjord
Mörkbrun sandig morän
Rostgul sandig morän
Ovittrad gulgrå sandig morän

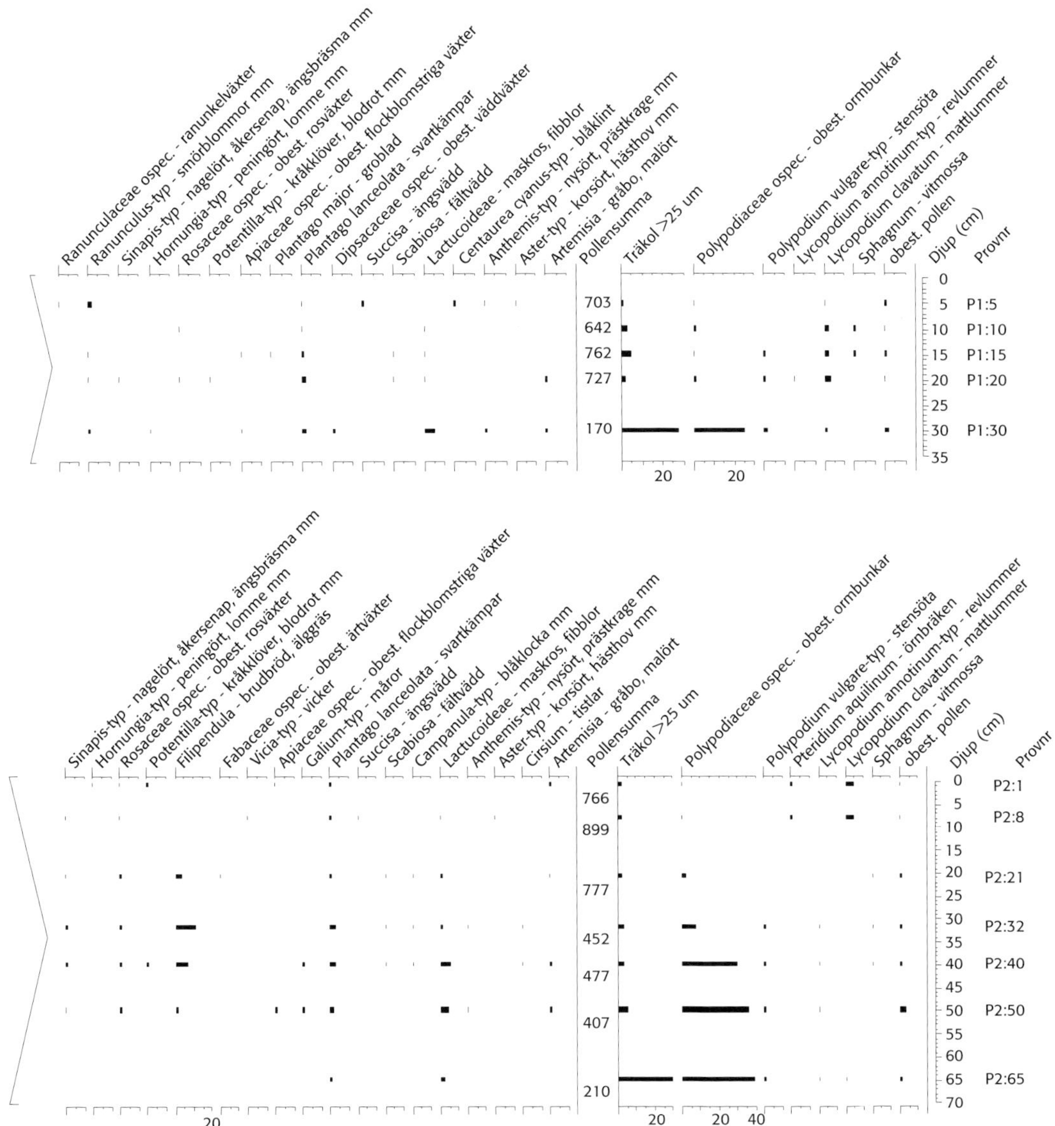

Pollendiagram från odlingsytan mellan röjningsrösena A219 och A236 och från röjningsröse A236 inom område 5. Diagrammen visar samtliga identifierade pollen- och sportaxa presenterade som procent av pollensumman i respektive prov. Diagrammen är ritade mot en linjär djupskala. Till höger om pollensumman redovisas frekvensen mikroskopiskt träkol (antal kolpartiklar som procent av pollensumman) och de spor- och pollentaxa som inte inkluderats i pollensumman. Analys: Jonas Ekström, 1999.

Pollen diagram (%) from an arable plot between clearance cairns A219 and A236, and from clearance cairn A236, on excavation site 5.

Område 1 under utgrävning. I förgrunden syns stolphål och andra anläggningar som är spår efter en bosättning under romersk järnålder–folkvandringstid. Prover från stolphålen innehöll en del förkolnade sädeskorn. I bakgrunden i bildens mitt skymtar väg 23 där den korsar Almaån. Foto: Per Lagerås.

Excavation site 1 with post-holes and other remains of a settlement dated to the Roman Iron Age–Migration Period. Samples from the post-holes contained charred caryopses of barley (*Hordeum vulgare* coll.), emmer or spelt (*Triticum dicoccum/spelta*), rye (*Secale cereale*), and undiff. Cerealia. Photo by Per Lagerås.

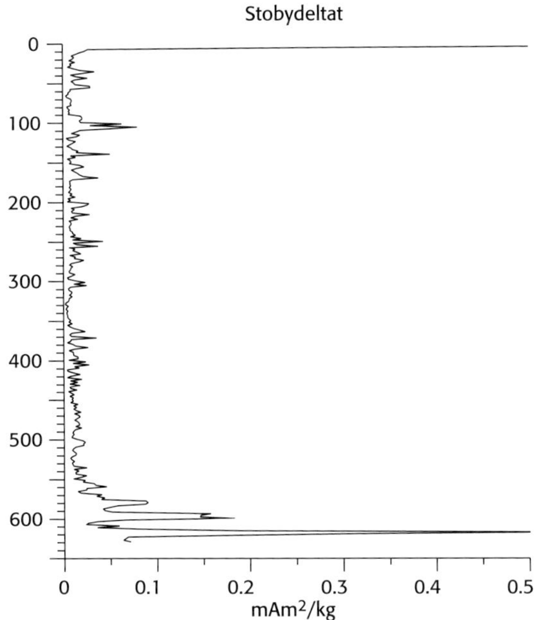

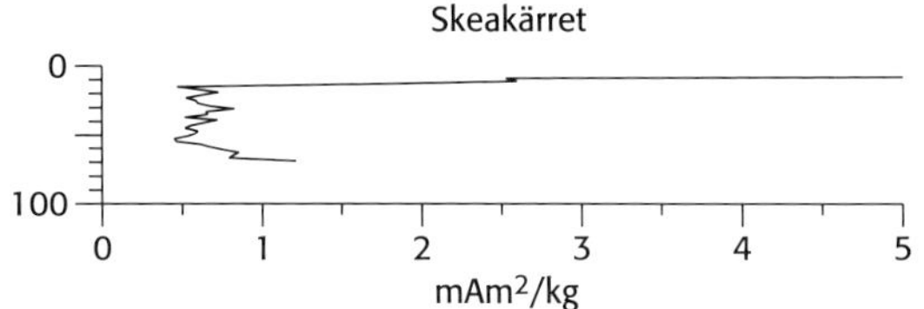

SIRM-resultat från de två pollenanalyserade torvlagerföljderna. Den magnetiska remanensen hos torvproverna efter uppladdning i ett starkt magnetfält kan avläsas på x-axeln. Remanensen står i proportion till halten mineralkorn i torven, vilken i sin tur speglar i första hand markerosionens omfattning i den nära omgivningen. I lagerföljden från Stobydeltat är halterna mycket låga, med undantag för i den understa delen som speglar sjö- och kärrmiljön i ett halvöppet tidigmesolitiskt landskap. I lagerföljden från Skeakärret är värdena högre (notera annan skala på x-axeln), vilket nog beror på att det är en liten torvmark med bara ett par meter till närmsta mineraljord. Resultaten tyder på att odling inte bedrivits i torvmarkernas omedelbara närhet.

The results of SIRM (Saturation Isothermal Remanence Magnetisation) measurements on the two pollen-analysed peat sequences from Stobydeltat and Skeakärret.

En indikation på tidig våtmarksslåtter

I pollendiagrammet från Stobydeltat fluktuerar kurvorna kraftigt i det intervall som betecknats som pollenzon 5 (plansch 1). Förändringarnas amplitud och karaktär visar att de speglar en störning av den lokala vegetationen på själva torvmarken.

Förloppet inleds redan i den övre delen av zon 4 med relativt höga frekvenser mikroskopiskt träkol på en nivå daterad till cirka 800 f.Kr. Denna koltopp följs av en nivå med höga frekvenser av ljungpollen (*Calluna vulgaris*), och därefter en nivå helt dominerad av björkpollen (*Betula*) (c. 90% av pollensumman). Detta markanta maxvärde på björkkurvan är daterat till cirka 700 f.Kr. Därefter sjunker *Betula*-frekvensen igen och når mycket låga värden (c. 5%), samtidigt som mängden örtpollen ökar markant. De örtpollentaxa som når anmärkningsvärt höga värden är i första hand *Melampyrum*, *Rhinanthus*-typ, *Filipendula* och *Trifolium*-typ. Även ljung *(Calluna vulgaris)* uppvisar höga värden på denna nivå som är daterad till cirka 500 f.Kr. Slutligen, i övre delen av pollenzon 5, sjunker örtpollenvärdena och pollensammansättningen återgår till mer normala förhållanden. Man kan också notera att antalet örtpollentaxa ökar kontinuerligt genom zon 5.

En rimlig tolkning är följande: Omkring 800–700 f.Kr. röjdes vegetationen på kärret, möjligen med hjälp av eld. Den omedelbara effekten blev en öppnare vegetation med ökad blomning av ljung, men strax därpå växte tät björksly upp, troligen som en följd av att marken inte hölls i hävd. Därefter följde en ny och mer omfattande röjning som utraderade björkvegetationen. Denna gång följdes röjningen av kontinuerlig hävd som höll vegetationen öppen, och flera ljus- och hävdberoende örter koloniserade kärret. Någon gång kring 400 f.Kr. upphörde hävden och kärret växte igen. Så långt är tolkningen relativt oproblematisk. Det svåra är att avgöra för vilket syfte som kärret röjdes – om det var för lövtäkt, bränsleinsamling, bete eller våtmarksslåtter.

I pollendiagrammen från Ystadsprojektet i södra Skåne kan man se tecken på att vegetationen i våtmarkerna öppnades upp genom röjningar redan under yngre bronsålder. Till skillnad från i diagrammet från Stobydeltat kan man där inte se någon markant förändring av våtmarkernas örtflora, utan röjningarna avslöjar sig endast genom att pollenfrekvenserna av halvgräs (Cyperaceae) och *Filipendula* ökar i förhållande till al (*Alnus*). Förändringen tolkas försiktigtvis som att våtmarkerna från och med yngre bronsålder nyttjades ”probably for hay-cutting and grazing as well as for fuel” (Berglund m.fl. 1991a: 430).

En liknande nedgång i alkurvan har noterats i danska pollendiagram och ungefärligen daterats till förromersk järnålder. Iversen menade att marken i sådana röjda alkärr var för lös för att tillåta betesdrift, och att de därför måste ha nyttjats som slätterängar (Iversen 1973:110). Motsvarande fenomen har observerats också i pollendiagram från Östergötland, men har där tolkats som röjningar för bete (Göransson 1977).

Det unika med diagrammet från Stobydeltat är de tydliga beläggen för att örtfloran på själva torvmarken förändrades, och att ett hävdberoende växtsamhälle etablerades. De örtpollentaxa som tillsammans med ljung (*Calluna vulgaris*) uppvisar höga värden är som nämnts ovan framför allt *Melampyrum*, *Rhinanthus*-typ, *Filipendula* och *Trifolium*-typ. *Melampyrum* innefattar kovaller av olika slag, av vilka i första hand ängskovall (*Melampyrum pratense*) kan växa på torvmark (Krok & Almquist 1985). *Rhinanthus*-typ inkluderar släktena skallror (*Rhinanthus*) och ögontröst (*Euphrasia*), samt enstaka arter av veronika och en del fjällväxter (Moore m.fl. 1991). De arter som kan ha växt på den undersökta torvmarken är i första hand höskallra (*Rhinanthus serotinus* ssp. *serotinus*), ängsskallra (*R. minor*), grå ögontröst (*Euphrasia nemorosa*) och de olika varieteterna av ögontröstarten *Euphrasia stricta*. I släktet *Filipendula* finns två arter, en som växer på torr mark och en på fuktig. De relativt höga pollenfrekvenserna visar att det här måste röra sig om den fuktigt växande arten älggräs (*Filipendula ulmaria*). *Trifolium*-typ, slutligen, inkluderar klöverarter inom släktena *Trifolium* och *Medicago*. De är ljuskrävande och därmed hävdberoende, och en del av dem kan växa på fuktig eller åtminstone frisk mark.

Om kärret endast nyttjats för insamling av lövfoder och bränsle skulle i och för sig produktionen av ljung- och örtpollen öka, men extremt ljuskrävande och hävdberoende örter skulle saknas. I synnerhet det stora inslaget av *Rhinanthus*-typ (skallror och ögontröst) visar att örtvegetationen hölls lågvuxen genom bete eller slåtter. Såväl skallror som ögontröst är ljuskrävande ett-åriga örter utan vegetativ förökning, vilket gör att de försvinner snabbt om hävden upphör (Ekstam & Forshed 1996: 236). De är särskilt gynnade av slåtter, åtminstone så länge höskörden sker efter frösättningen.

En intressant detalj i pollendiagrammet är att gräs (Poaceae ospec.) och halvgräs (Cyperaceae) uppvisar låga värden på den nivå där det är höga frekvenser av *Melampyrum*, *Rhinanthus*-typ, med flera. Ändå kan de ha ingått i den hävdade våtmarksvegetationen. Det gräs som företrädesvis växer på torvmark är blåtåtel (*Molinia caerulea*), vilken blommar först i juli och augusti (Mossberg m.fl. 1992). En hypotetisk förklaring kan vara att ängen skördades efter det att blommande ögontröst, skallror och kovaller hunnit gå i frö, och att den senare blommande blåtåteln och möjligen halvgräsen huvudsakligen förökade sig vegetativt.

Pollendiagrammet visar alltså att torvmarken nyttjats som slåtter- eller betesmark, och möjligen talar artsammansättningen snarare för slåtter än för bete. Ett argument mot bete är för övrigt att markytan på torvmarken då liksom idag utgjordes av mjuk, vattenmättad torv, som knappast kan ha tålt trampet från betande djur. Som nämndes ovan använde Iversen samma argument för de danska lokalerna.

Är det då möjligt med våtmarksslåtter redan 500 f.Kr.? Utifrån olika källmaterial har det föreslagits olika tidpunkter för ängsbrukets införande. Multivariata jämförelser mellan förhistoriska och nutida pollenprover har till exempel visat, att de vidsträckta gräsmarker som fanns i Ystadsområdet under förromersk järnålder floristiskt hade stora likheter med de traditionellt hävdade slåttermarker som finns bevarade idag (Gaillard m.fl. 1994; Lagerås 1996). I samma område finns det tecken på röjningar av våtmarker redan under mitten av bronsåldern, något som kan tyda på våtmarksslåtter (se ovan).

Ett annat källmaterial är de bevarade hägnadssystem som undersökts i Östergötland och Uppland samt på Öland och Gotland. De tyder på att det fanns inhägnade slätterängar både på våtmark och fastmark från och med romersk järnålder (Pedersen & Widgren 1998). Romersk järnålder framstår som en brytningstid även när man tittar på jordbruksredskapens utveckling. Från den tiden kommer de äldsta räfsorna och liarna, liksom den vidvinklade skäran som även den kan ha använts för höskörd (Myrdal 1982). Mycket talar alltså för att ett effektivt och mer omfattande ängsbruk knappast kan ha förekommit före Kristi födelse (jfr diskussion i Lagerås 2000a:218–221). Dock kan de skäror och kanske till och med lövknivar som fanns under bronsålder och förromersk järnålder ha dugt till höskörd i mer begränsad skala, något som betonats av Gaillard m. fl. (1994).

Diskussionen om våtmarksslåtterns och ängsbrukets introduktion i allmänhet är komplicerad, och bör även innefatta andra företeelser som kan ha varit funktionellt knutna till behovet av hö, som vinterstallning och gödslade permanenta åkrar (se t.ex. Engelmark 1992; Pedersen och Widgren 1998; Viklund m.fl. 1998; Lagerås & Regnell 1999). En fördjupad diskussion om våtmarksslåtter och resultaten från Stobydeltat planeras att publiceras i ett annat sammanhang, där också de pollenanalytiska resultaten kompletteras med resultat från makrofossilanalys av samma sekvens.

Men redan denna korta genomgång av kunskapsläget i kombination med de pollenanalytiska resultaten från Stobydeltat leder till följande slutsats: Våtmarksslåtter i begränsad skala förekom troligen redan under bronsålder och förromersk järnålder, medan slåtter på torr mark och i större omfattning kom igång först under romersk järnålder.

Markanvändningen under yngre järnålder och historisk tid

Som nämndes i ett tidigare avsnitt tyder träkolsdateringar från röjningsrösen inom området på att dessa rösen huvudsakligen anlades under perioden 700 f.Kr.–400 e.Kr., det vill säga mot slutet av bronsåldern och under äldre järnålder. Men enstaka dateringar har även fallit inom yngre järnålder och historisk tid, och frågan är vad dessa enstaka yngre dateringar representerar. Odlingen i röseområdena kan i princip ha fortsatt under yngre järnålder och senare, inte minst med tanke på att återkommande stenröjningsfaser blir underrepresenterade då träkol för datering huvudsakligen plockas ur rösenas bottenskikt (jfr Lagerås m.fl. 2000:177–178). Men vad som talar emot en sådan tolkning är de härdar, stolphål och andra boplatslämningar som påträffats i röseområdena. Flera av dem har ^{14}C-daterats och samtliga faller inom äldre järnålder eller tidigare perioder, och det finns inga tecken på bosättning i röseområdena under yngre järnålder eller historisk tid (Carlie, denna volym). De enstaka träkolsbitar från röjningsrösen som daterats till dessa senare perioder bör därför spegla begränsad utmarksodling eller möjligen röjningsbränningar för bete.

Äldre kartor från undersökningsområdet visar också att röseområdena, åtminstone de som bevarats till våra dagar, ligger inom 1700-talets

Plansch 2. Pollendiagram från Skeakärret (N13°85' O56°19'). Diagrammet visar samtliga identifierade pollen- och sportaxa presenterade som procent (fyllda kurvor) och promille (ofyllda kurvor) av pollensumman i respektive prov. Längst till vänster finns en djupskala och en kalibrerad tidsskala. Till skillnad från diagrammet på plansch 1 är detta ritat mot en linjär tidsskala. Bredvid tidsskalan följer ett summadiagram som visar den procentuella fördelningen mellan träd-, busk-, ris- och örtpollen. I diagrammets högra del, efter kurvorna för enskilda pollentaxa, finns en kurva över antalet örtpollentaxa. Till höger om pollensumman redovisas frekvensen mikroskopiskt träkol (antal kolpartiklar som procent av pollensumman) och de spor- och pollentaxa som inte inkluderats i pollensumman. Pollendiagrammet har delats in i tre pollenzoner vilka refereras till i texten. Analys: Per lagerås, 1999.

Pollen diagram from Skeakärret, N13°85´ E56°19´. The diagram presents all identified pollen and spore taxa as percentages of pollen sum. The open curves show exaggeration by ten. The diagram is plotted on a linear time scale.

Pollendiagram från Stobydeltat (N13°84' O56°17'). Diagrammet är samma som den översta delen av diagrammet på plansch 1, men här är det plottat mot en linjär tidsskala istället för en linjär djupskala. Avsikten är att öka läsbarheten i den starkt kompakterade övre delen av lagerföljden, och därigenom möjliggöra en jämförelse med diagrammet från Skeakärret. Diagrammet rymmer pollenzonerna 8 och 7 och övre delen av zon 6 (jfr plansch 1). Analys: Per Lagerås och Leif Björkman, 1999-2001.

Pollen diagram from Stobydeltat, N13°84´ E56°17´. This diagram covers the same sequence as the uppermost part of the diagram on plate 1, but here it is plotted on a linear time scale to facilitate comparison with the diagram from Skeakärret above.

Skeakärret

Träd | Buskar | Risväxter | Gräs och örter | Sporväxter

Djup (cm)
Kalibrerad tidsskala (kalenderår e.Kr.)
Träd
Buskar
Risväxter
Örter
Betula - björk
Pinus - tall
Populus - asp
Rosaceae cf. Sorbus - rönn
Ulmus - alm
Quercus - ek
Alnus - al
Tilia - lind
Fraxinus - ask
Acer - lönn
Fagus - bok
Carpinus - avenbok
Picea - gran
Juniperus - en
Salix - sälg, vide
Myrica - pors
Corylus - hassel
Rhamnus catharticus - getapel
Frangula alnus - brakved
Viburnum opulus-typ - olvon
Ericaceae ospec. - obest. ljungväxter
Ericaceae cf. Vaccinium - blåbär, lingon mm
Calluna vulgaris - ljung
Empetrum nigrum - kråkris
Poaceae ospec. - vildgräs
Cerealia ospec. - obest. sädesslag
Hordeum-typ - korn
Triticum-typ - vete
Secale cereale - råg
Cyperaceae - halvgräs
Cannabis-typ - hampa, humle
Urtica - brännässla
Polygonum persicaria - åkerpilört
Rumex ospec. - skräppor
Rumex acetosa/acetosella - ängssyra, bergssyra
Chenopodiaceae - mållväxter
Caryophyllaceae ospec. - nejlikväxter
Ranunculaceae ospec. - ranunkelväxter
Ranunculus-typ - smörblommor mm
Anemone nemorosa-typ - vitsippa
Thalictrum - ängsruta mm
Sinapis-typ - nagelört, åkersenap, ängsbräsma mm
Rosaceae ospec. - obest. rosväxter
Potentilla-typ - kråkklöver, blodrot mm
Rubus chamaemorus - hjortron
Filipendula - brudbröd, älggräs
Fabaceae ospec. - obest. ärtväxter
Vicia-typ - vicker
Vicia cracca-typ - kråkvicker
Trifolium-typ - klöver
Apiaceae ospec. - obest. flockblomstriga växter
Galium-typ - måror
Mentha typ - myntor
Prunella-typ - brunört
Stachys sylvatica-typ - stinksyska
Melampyrum - kovaller
Rhinanthus-typ - skallror
Plantago major - groblad
Plantago lanceolata - svartkämpar
Dipsacaceae ospec. - obest. väddväxter
Succisa - ängsvädd
Campanula-typ - blåklocka mm
Lactucoideae - maskros, fibblor
Anthemis-typ - nysört, prästkrage mm
Aster-typ - korsört, hästhov mm
Cirsium - tistlar
Artemisia - gråbo, malört
Antal örtpollentaxa
Pollensumma
Träkol > 25 um
Polypodiaceae ospec. - obest. ormbunkar
Polypodium vulgare-typ - stensöta
Pteridium aquilinum - örnbräken
Lycopodium annotinum-typ - revlummer
Lycopodium clavatum - mattlummer
Equisetum - fräken
Sphagnum - vitmossa
Obest. trilete spor
Lythrum salicaria-typ - fackelblomster
obest. pollen
Zoner

-2000 -1900 -1800 -1700 -1600 -1500 -1400 -1300 -1200 -1100 -1000 -900 -800 -700

3 2 1

Stobydeltat (övre delen)

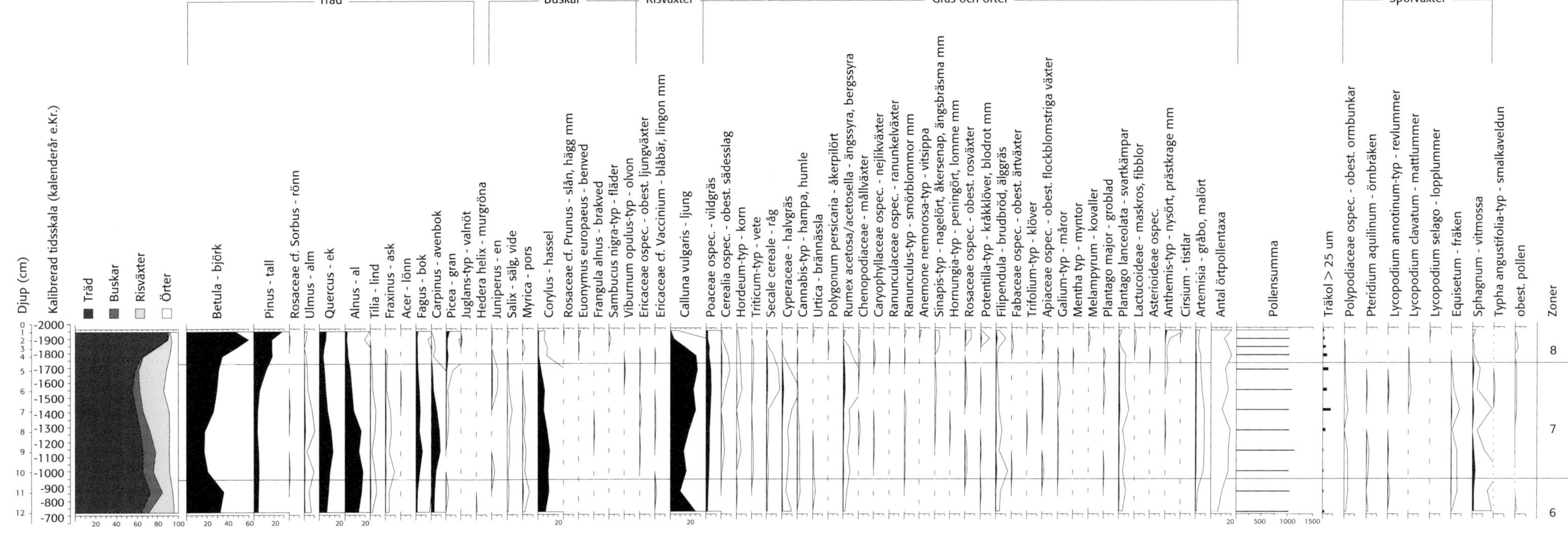

och 1800-talets utmarksområden (se Connelid, denna volym och Carlie, denna volym). Enligt beskrivningarna till kartbladen karakteriserades utmarken av ljunghedar, oftast öppna men på sina håll med en del enbuskar. Utmarksodlingar nämns inte i beskrivningarna men kan ändå ha förekommit i begränsad skala.

Vegetationsutvecklingen och markanvändningen i utmarken belyses också av de pollenanalyser som utförts. Pollendiagrammet från Skeakärret (plansch 2) illustrerar förhållanden i den norra delen av Stobys utmark och angränsande delar av Kvistalångas utmark (se nästa sida). Borrpunkten ligger i direkt anslutning till ett undersökt område med röjningsrösen och boplatslämningar (område 5, se s. 390), men pollendiagrammet når inte tillbaka till röseområdets huvudsakliga användningsperiod under äldre järnålder. I stället ger det oss en inblick i hur området nyttjades under yngre järnålder och historisk tid.

Pollendiagrammet har delats in i tre zoner. Den översta (pollenzon 3) återspeglar en sentida igenväxning av björk (*Betula*) och tall (*Pinus*) och så småningom gran (*Picea*), medan de två äldre zonerna speglar ett öppet betespräglat landskap. Pollenzon 1 motsvarar tidsperioden ca 700–1200 e.Kr. och kännetecknas av friska örtrika betesmarker med endast ett måttligt inslag av ljung (*Calluna vulgaris*). Zon 2 däremot präglas av relativt höga halter ljungpollen kombinerat med höga halter enpollen (*Juniperus*). Ökningen av ljung skulle kunna ha orsakats av ett påbörjat eller intensifierat röjningsbrännande, men de måttliga halterna mikroskopiskt träkol talar emot en sådan förklaring. Också de höga halterna enpollen talar emot ljungbränning eftersom enen företrädesvis växte i betesmarker som inte brändes (Selander 1987:380). Förändringen speglar nog snarare ett rejält ökat betestryck, vilket ledde till en mager hedartad vegetation.

Den äldsta bevarade kartan över Stobys utmark, där Skeakärret ligger, beskriver förhållanden vid 1830-talets laga skifte (Connelid 1996). Utmarken omnämns då kortfattat som ljungbackar eller ljunglott. En mer fyllig beskrivning finns från den anslutande delen av Kvistalångas utmark: *Uthmarcken...består dels af skarpa magra liungrÿd, dels sÿdlänt måssachtig, tufwig och liungig marck, dels steenige liungbackar som een dehle med smått Eenebuskasie bewäxt är, som är all den skog de på sine egne ägor hawa både till sine Giärdzlegårdars hägnande som och till wedebrand...*

Beskrivningen, som medföljer en geometrisk avmätning daterad 1712, levandegör det som i pollendiagrammet från Skeakärret definierats som pollenzon 2. Den ger en bild av kala ljunghedar med enbuskar och försumbar trädvegetation. Den trädvegetation som omnämns växte i första hand på inmarkens hårdvallsängar, vilka enligt beskrivningen var *...dels med eeke dels med smått Biörckebuskasie bewäxt...* (genomgången av akterna för Kvistalånga har gjorts av Pär Connelid).

Den övre begränsningen för pollenzon 2 markerar slutet på den öppna ljungheden och har i diagrammet daterats till 1700-talets mitt. Men kronologin i denna del av diagrammet är något osäker och bygger på interpolering mellan den översta ^{14}C-dateringen och överytan. Enligt det äldre kartmaterialet fanns ljunghedarna kvar åtminstone en bit in på 1800-talet i Stobytrakten, och den generella bilden för södra Sverige är också att ljunghedarna bröts upp för odling eller trädplanterades först i och med 1800-talets skiftesreformer. Dateringen av ljunghedens upphörande i pollendiagrammet från Skeakärret till 1700-talets mitt är därför troligen något för gammal, och det är mer sannolikt att denna vegetationsförändring hänger samman med verkställandet av laga skiftet i Stoby på 1830-talet.

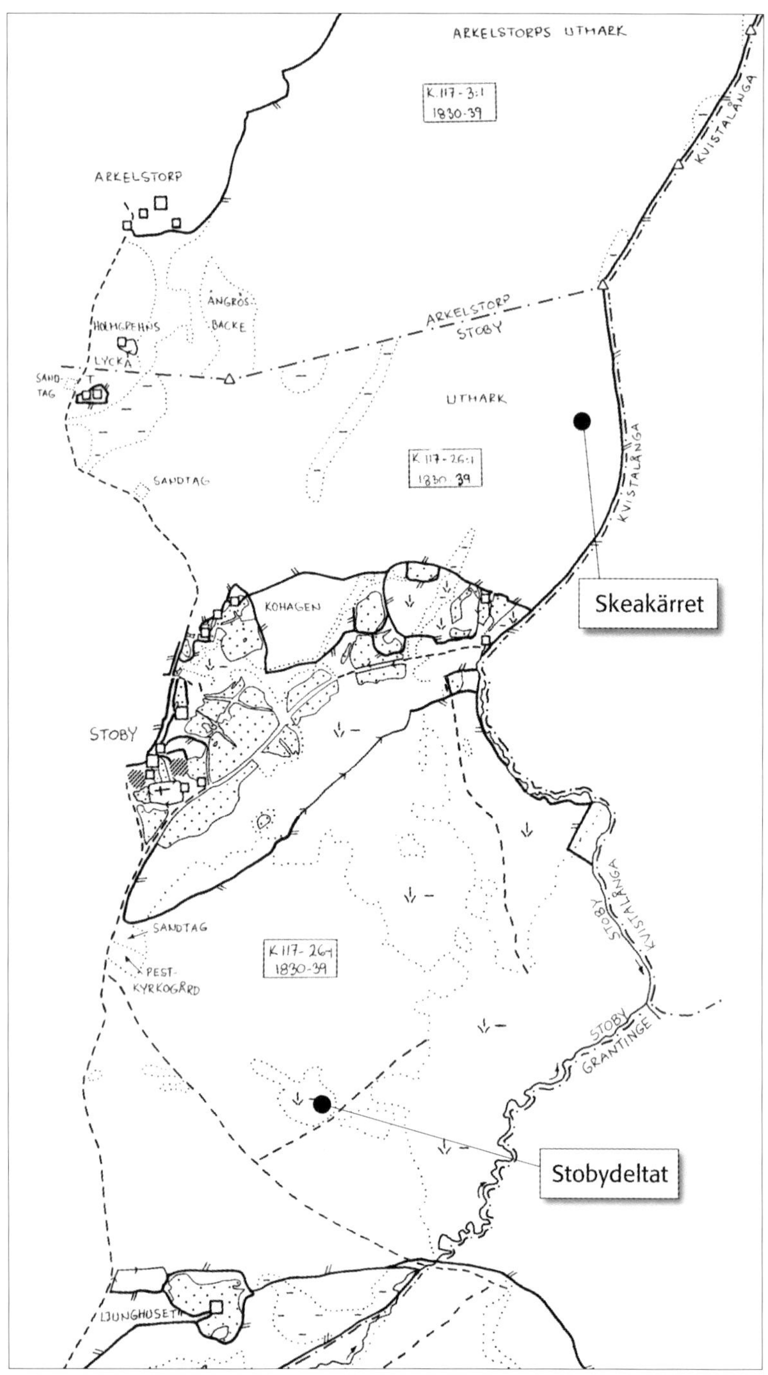

Äldre kartor över området med de två pollenanalyserade borrpunkterna i Skeakärret och Stobydeltat markerade. Båda borrpunkterna ligger i utmarkerna till Stoby. Underlaget är en geometrisk avmätning för Kvistalånga från år 1712, en karta över laga skiftet i Stoby från år 1830–40, samt en karta över laga skiftet i Arkelstorp från år 1830–39. Kartorna har excerperats av Pär Connelid (1996). Skala 1:20 000.

Compilation of old maps from the investigation area. The coring points for pollen analysis are indicated. The maps are dated to the period 1712–1840 (Connelid 1996).

Den undre gränsen för pollenzon 2 är bättre underbyggd i ^{14}C-dateringarna och har daterats till cirka 1200 e.Kr. Man kan dra slutsatsen att de hedartade, ljungbevuxna utmarker som beskrivs på 1700-talets och 1800-talets kartor från Stobys norra utmark och Kvistalångas utmark, funnits från början av 1200-talet eller åtminstone från tiden däromkring.

Som nämndes tidigare beror dessa ljunghedars uppkomst på att betestrycket ökat, något som i sin tur hypotetiskt kan bero på en strukturell förändring av markanvändningen. Går vi tillbaka i tiden och ser på områdena med röjningsrösen, så är det ingen tvekan om att de speglar ett helt annat agrarlandskap än det som framträder på de äldsta kartorna. Röseområdenas landskap bryter av mot den sentida indelningen i inmark och utmark, och förekomsten av boplatslämningar i röseområdena visar att inte bara markanvändningen var annorlunda arronderad utan även bebyggelsen. Röjningsrösena speglar ett markanvändningssystem som i Stobytrakten varade fram till ungefär 400 e.Kr., det vill säga den äldre järnålderns slut, medan det landskap vi känner från de äldsta kartorna med hjälp av pollenanalysen kan härledas tillbaka till omkring 1200 e.Kr. Åtminstone kan den hårt betade utmarken spåras tillbaka till den tiden.

Den mest svårfångade perioden, såväl vad det gäller markanvändning som bebyggelsemönster, är den mellan röjningsrösenas och de historiska kartornas landskap, det vill säga perioden från 400 till 1200 e.Kr. Pollendiagrammet från Skeakärret visar att det förekom öppna betesmarker med gräs och örtvegetation, samt att det förekom odling av i första hand korn (*Hordeum*-typ). Också diagrammet från Stobydeltat ger en bild av bete med visst inslag av odling. I pollendiagrammen finns det alltså inga tecken på igenväxning, och över huvud taget inga tecken på att den agrara aktiviteten sjönk då röseområdenas odlingssystem övergavs vid slutet av äldre järnålder. Ändå saknas fossil åkermark från perioden. En förklaring kan vara att den historiska bygdens bebyggelsemönster och indelningen i inmark och utmark etablerades redan vid denna tid. (I sådana fall speglar ökningen av ljung och en omkring 1200 e.Kr. i diagrammet från Skeakärret bara en lokal förändring utan strukturell betydelse.)

En annan förklaring kan vara att det under denna period förekom en tredje typ av agrart system, som skilde sig från både röjningsrösenas odlingssystem och den historiska indelningen i inmark och utmark. Kartstudier i området har visat att odlingsmarken på flera håll tidigare varit inordnad i bandparceller, vilka delvis sammanfallit med den historiska bygdens inmark (Connelid, denna volym). Liknande agrara former har identifierats på flera håll i södra Sverige, både i det äldre kartmaterialet och i fält. Deras användningstid har getts en ungefärlig datering till yngre järnålder–tidig medeltid, med en tyngdpunkt i vikingatid, men deras introduktion är svårdaterad (jfr Connelid & Mascher 1996, 1999; Connelid 1999).

I diskussioner om den bandparcellerade åkermarken i södra Sverige har det föreslagits att den anlades för att tydliggöra ägo- och dispositionsrätter till marken, och att denna markindelning kan ha haft till syfte att underlätta skattläggning (Connelid & Mascher 1999). Vad det gäller det dåtida odlingssystemet talar områdenas storlek för att det inom bandparcellerna bedrevs någon form av trädesbruk, och jämförelser har gjorts med bland annat sentida gräsmarksbruk i Danmark. Ett sådant system innebar att bandparcellområdena utöver åkermark även rymde betesmarker och äng (Connelid & Mascher 1999). Övergången från

Årderspår under den moderna ploggången inom område 9. Jordarten utgörs här av sandiga och siltiga svallsediment. Enligt laga skiftes-kartan från 1830-talet låg denna plats långt från den uppodlade inmarken, och det är därför möjligt att årderspåren härrör från ett äldre odlings- och bebyggelsemönster än det historiska inmark/utmark-landskapet. Alternativt kan årderspåren vara från tiden efter 1800-talets skiften, då delar av utmarkerna odlades upp och dagens odlingslandskap skapades. Foto: Per Lagerås.

Ancient ard marks preserved beneath the modern topsoil on excavation site 9. Their age is unknown.

bandparceller med trädesbruk till ett ensädessystem med uppdelning i inmark och utmark, kan då ha inneburit lokala förändringar i betestrycket eftersom allt bete då försköts till utmarken. Hypotetiskt kan man tänka sig att den ökning i betestrycket som kan spåras i pollendiagrammet från Skeakärret, och som daterats till omkring 1200 e.Kr., hänger samman med inmark/utmarkssystemets införande (jfr Connelid, denna volym).

Resonemanget ovan bygger till stor del på pollendiagrammet från Skeakärret. Diagrammet från Stobydeltat har betydligt sämre upplösning för den aktuella tidsperioden, vilket beror på att torven i den övre delen kompakterats i samband med torvtäkt. Hela perioden från yngre järnålder till nutid ryms inom de övre femton centimetrarna av lagerföljden. För att ändå kunna skönja vegetationsutvecklingen på Stobydeltat under denna tidsperiod har analysnivåerna lagts mycket tätt, och ett specialdiagram har konstruerats för att möjliggöra en jämförelse med diagrammet från Skeakärret.

De båda diagrammen uppvisar stora likheter, bland annat i den sentida igenväxningen med björk, tall och gran som troligen skedde i samband med 1800-talets skiften (pollenzon 8). En annan likhet är att denna igenväxning, eller snarare igenplantering, på båda lokalerna föregicks av ett öppet och betespräglat landskap med visst inslag av odling (zon 6 och 7). Vad som skiljer dem åt är först och främst att ljungvärdena (*Calluna vulgaris*) är högre i diagrammet från Stobydeltat och att de går längre tillbaka i tiden. Man kan i och för sig ana en tillfällig ökning omkring 1200 e.Kr., men redan från och med den agrara expansionen under äldre järnålder blir inslaget av ljung betydande på Stobydeltat. En del av dessa ljungpollen kommer med säkerhet från vegetationen på själva torvmarken (som är betydligt större och har mer mossekaraktär än Skeakärret). Men en hel del kommer troligen även från den omkringliggande fastmarken. Sannolikt har den sandiga marken varit känslig för näringsurlakning och redan ett måttligt betestryck kan där ha lett till mager, ljungdominerad vegetation.

Sammantaget kan resultaten från Stobytrakten tolkas så att de första ljungmarkerna bildades redan under äldre järnålder, men att de då var begränsade till sandig mark, i huvudsak grövre isälvsavlagringar. Under medeltiden spred de sig även till annan mark, möjligen som ett resultat av mer genomgripande förändringar i markanvändningen och införandet av ett inmark/utmark-system.

Träkol och landskapshistoriska regioner

Inom projektet har ett stort antal ^{14}C-analyser utförts på träkolsfragment från röjningsrösen och odlingsytor. Många av dessa kolbitar har inget samband med stenröjningen, och en del av dem har kanske inte ens med odling att göra, men genom att kombinera dateringsresultaten med en analys av de daterade kolbitarnas stratigrafiska lägen har det varit möjligt att ringa in den period under vilken röjningsrösena anlagts. Metoden kräver ett stort antal ^{14}C-dateringar (samma slutsats har dragits i andra liknande projekt; se t.ex. Torstensdotter Åhlin m.fl. 2000).

Oavsett röjningsrösenas datering så ger den stora mängden ^{14}C-daterat träkol en bra överblick över områdets brandhistoria. Som diskuterats tidigare speglar troligen en del av de äldsta kolbitarna naturliga skogsbränder, men det stora flertalet kan säkert sättas i samband med agrara röjningsbränningar. Sådana kan ha haft olika syfte, allt ifrån att röja vegetationen då en ny odlingsyta bröts, till att hålla betesmarkerna öppna och fria från sly (jfr t.ex. Granström 1995). Samma dateringsstrategi har använts vid undersökningen av olika röjningsröseområden i södra Sverige, och det är därför möjligt att göra jämförelser områdena emellan. I figuren på nästa sida jämförs de nya resultaten från Stobytrakten med dateringsresultat från arkeologiska undersökningar längs E4:an i Småland och i norra Skåne (Lagerås 2000a; Lagerås m.fl. 2000). Båda dessa projekt har genererat omfattande ^{14}C-resultat. I figuren har också medtagits några dateringar från röjningsrösen längs väg 21, strax sydväst om Stoby (Olsson m.fl. 2001). I alla de fyra projekten

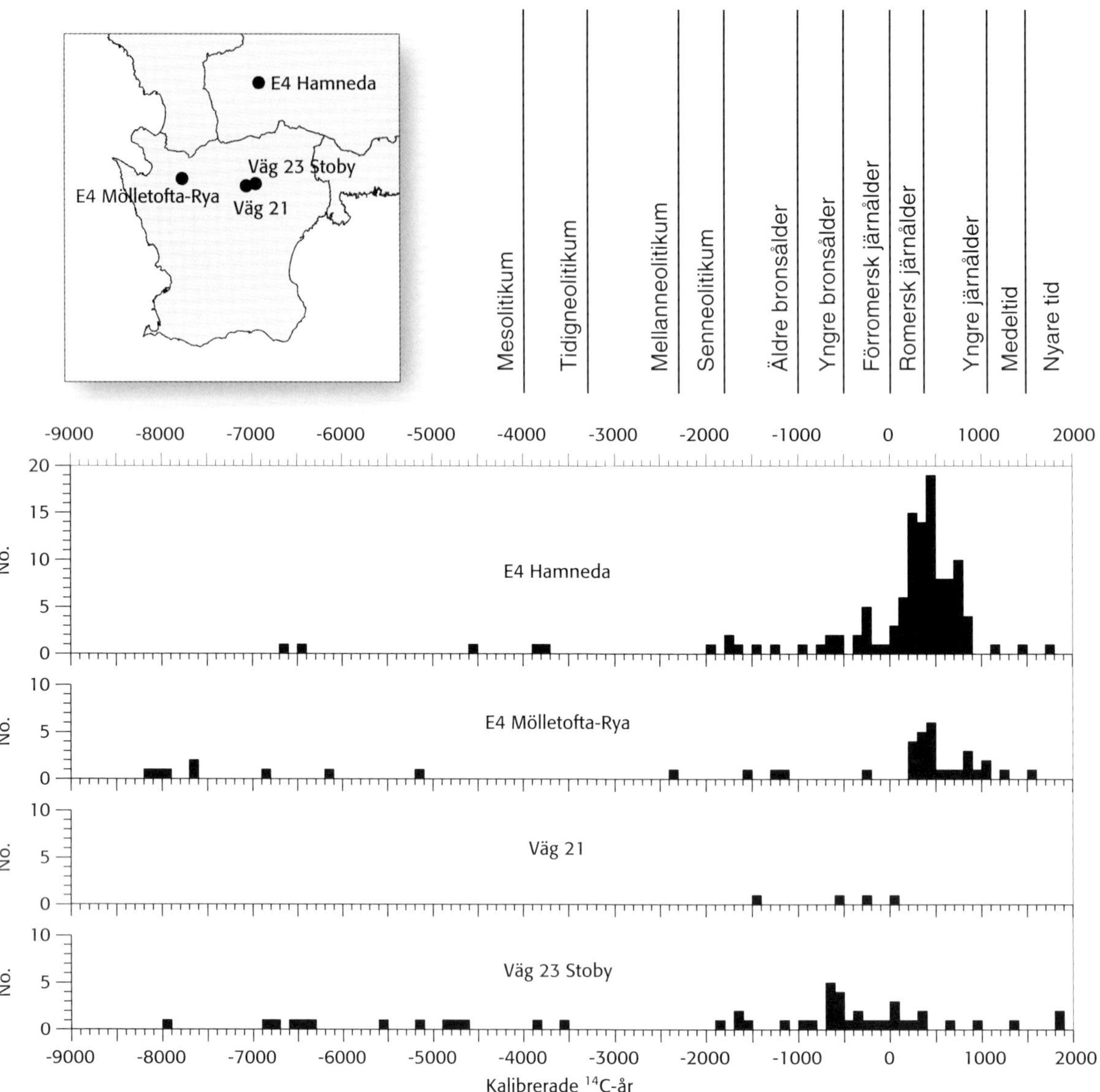
E4 Hamneda
Väg 23 Stoby
E4 Mölletofta-Rya
Väg 21
Mesolitikum
Tidigneolitikum
Mellanneolitikum
Senneolitikum
Äldre bronsålder
Yngre bronsålder
Förromersk järnålder
Romersk järnålder
Yngre järnålder
Medeltid
Nyare tid
-9000 -8000 -7000 -6000 -5000 -4000 -3000 -2000 -1000 0 1000 2000
No.
E4 Hamneda
E4 Mölletofta-Rya
Väg 21
Väg 23 Stoby
Kalibrerade ^{14}C-år

Sammanställning över ^{14}C-dateringar av träkol från röjningsrösen och odlingsytor i fyra olika projekt i södra Sverige. Utöver dateringarna från Stobyprojektet redovisas dateringar från Hamneda söder om Ljungby i sydvästra Småland (Lagerås 2000a), Mölletofta–Rya söder om Örkelljunga i norra Skåne (Lagerås m.fl. 2000), samt väg 21 mellan Hässleholm och Stoby i norra Skåne (Olsson m.fl. 2001). Dateringarna från Hamneda grundar sig på nio olika undersökningsområden, och de från Mölletofta–Rya grundar sig på fyra olika områden.

Compilation of radiocarbon dates from clearance cairns and arable plots in four different archaeological projects in southern Sweden. Apart from the Stoby Project, presented in this volume, the other projects are the Hamneda Project south of Ljungby in south-western Småland (Lagerås 2000b), the Mölletofta–Rya Project south of Örkelljunga in northern Scania (Lagerås et al. 2000), and the Väg 21 Project between Hässleholm and Stoby in northern Scania (Olsson et al. 2001).

kommer den klara majoriteten av de daterade kolbitarna från röjningsrösen, och då företrädesvis från rösenas bottenskikt eller från nivån därunder.

Som framgår av figuren uppvisar dateringsresultaten från Hamneda och Mölletofta–Rya stora likheter sinsemellan. Mest slående är att båda områdena uppvisar en tydlig intensifiering av röjningsbrännandet under äldre romersk järnålder. Denna intensifiering speglar en agrar expansion och det är i samband med den som åtminstone den mer omfattande stenröjningen påbörjades. Resultaten från både Hamneda och Mölletofta–Rya bygger på ett flertal separata undersökningsplatser, som alla visar samma trend. Man kan därför dra slutsatsen att den agrara expansionen under äldre romersk järnålder berörde stora delar av Sydsvenska höglandets sydvästra delar.

De två projekten har också det gemensamt att de allra flesta av de undersökta röseområdena övergavs mot slutet av järnåldern. I Hamneda skedde denna omstrukturering av bebyggelse och markanvändning kring övergången vendeltid/vikingatid medan den i Mölletofta–Rya skedde något senare.

Resultaten från Stobytrakten skiljer sig från de från Hamneda och Mölletofta–Rya, först och främst genom att romersk järnålder inte framstår som någon period av nyröjning eller agrar expansion. Här var istället bronsålderns sista århundraden den tid då stora områden röjningsbrändes och stenröjning påbörjades. Områdena med röjningsrösen brukades sedan genom hela äldre järnålder men övergavs redan omkring slutet av romersk järnålder. De få dateringarna från Väg 21 har i sig ingen statistisk signifikans men verkar stämma in i den generella bilden från väg 23 vid Stoby. Det verkar alltså som att röseområdena etablerades betydligt tidigare i Stobytrakten än på Sydsvenska höglandets sydvästra delar, samt att de övergavs tidigare. Endast under en kortare period – närmare bestämt under större delen av romersk järnålder – verkar röseområdena såväl i Stobytrakten som i Hamneda och Mölletofta–Rya ha brukats samtidigt.

Ser man till perioden före stenröjningens introduktion så uppvisar resultaten från Stobytrakten och Hamneda vissa likheter. I båda områdena kan man skönja ett extensivt men regelbundet röjningsbrännande från senneolitikum och framåt. I resultaten från Mölletofta–Rya är denna tidiga brandröjning inte lika framträdande – en bild som kanske skulle förändras efter fler dateringar.

Den jämförelse som presenterats här visar hur ^{14}C-analyser av träkol från markprofiler kan användas för att lyfta fram likheter och olikheter mellan olika regioner. ^{14}C-dateringarna speglar brandhistorien och lämpar sig för kvantitativa sammanställningar och i vissa fall för periodindelning. Utöver de projekt som diskuterats här, har ^{14}C-analyser utnyttjats inom många olika undersökningar av röjningsrösen och andra agrara lämningar i södra Sverige (t.ex. Skoglund 1997; Vestbö-Franzén 1997; Ericsson m.fl. 1999; Ring m.fl. 2001). Det bör vara möjligt att göra en mer omfattande studie av regionalitet utifrån detta material.

Sammanfattning

Denna artikel har belyst landskapsutvecklingen och markanvändningen i Stobytrakten i ett långt tidsperspektiv. Resultaten speglar både långsiktiga trender och mer kortvariga episoder och händelser. För de äldre perioderna har tolkningarna byggt i huvudsak på det detaljerade och väldaterade pollendiagrammet från Stobydeltat. Från slutet av bronsåldern och framåt har källmaterialet varit mer varierat, och diskussionen har kunnat utgå från en kombination av pollendiagram från torvlagerföljder och markprofiler, träkol från odlingslämningar, boplatslämningar samt enstaka förkolnade sädeskorn etc. För historsk tid har det också varit möjligt att länka resultaten till det landskap som framträder i de äldsta kartorna.

Diskussionen har berört många olika frågeställningar och vitt skilda perioder, och är därför svår att sammanfatta. Här följer ändå några av de viktigare slutsatserna:

- I lagerföljden från torvmarken på Stobydeltat finns indikationer på en torrperiod omkring 8 500 f.Kr.

- Det mesolitiska träkolet från markprofiler i området utgörs huvudsakligen av tall och speglar begränsade bränder på torr mark. Dessa bränder upphörde troligen i samband med introduktionen av betesdrift under tidigneolitikum. Från området finns inga säkra tecken på röjningsbränningar i jakt- eller betesbefrämjande syfte under mesolitikum eller neolitikum.

- Sporadiska röjningar med eld förekom från senneolitikum eller bronsålderns början, men mer omfattande röjningsbränningar inleddes först vid bronsålderns slut.

- Mot slutet av bronsåldern påbörjades också stenröjningen i området. Den agrara expansionen med intensifierat röjningsbrännande och påbörjad stenröjning har daterats till cirka 700 f.Kr. Röseområdena brukades sedan genom hela äldre järnålder, för att överges omkring 400 e.Kr. Under brukningstiden karakteriserades de av betesmarker med björk och en del hassel och ek, stenröjda ytor för odling av korn och vete, samt boplatser.

- Torvmarken på Stobydeltat röjdes och användes troligen som fuktäng för vinterfoderproduktion under perioden 700–400 f.Kr. Detta är en av de äldsta indikationerna på ängsbruk i Sverige. En jämförelse med andra pollenanalytiska undersökningar, samt skörderedskap och andra källmaterial, leder till slutsatsen att småskaligt ängsbruk med skära förekom från och med yngre bronsålder, medan ängsbruk på torr mark och i större omfattning kom igång först under romersk järnålder, i takt med liens utveckling.

- De första ljungmarkerna i Stobytrakten bildades redan under äldre järnålder, men de var då begränsade till Stobydeltat och annan sandig mark, i huvudsak grövre isälvsavlagringar. Under medeltiden spred de sig även till annan mark, möjligen som ett resultat av mer genomgripande förändringar i markanvändningen och införandet av ett inmark/utmark-system.
- En jämförelse av träkolsdateringarna visar att den agrara utvecklingen i Stobytrakten skiljer sig från den i de undersökta röseområdena i Hamneda och Mölletofta–Rya på Sydsvenska höglandets sydvästra delar. I Stobytrakten var det under bronsålderns sista århundraden som stora områden röjningsbrändes och stenröjning påbörjades, medan motsvarande agrara expansion daterats till romersk järnålder i de två referensområdena. Också övergivandet av röseområdena har daterats olika. I Stobytrakten övergavs röseområdena mot slutet av romersk järnålder, men i Hamneda och Mölletofta–Rya först längre fram i yngre järnålder. Serier av ^{14}C-daterat träkolsmaterial kan på detta vis användas för att belysa lokal och regional variation.

Referenser

Aaby, B. 1994. NAP percentages as an expression of cleared areas. I Frenzel, B. (red.) Evaluation of land surfaces cleared from forest in the Roman Iron Age and the time of migrating Germanic tribes based on regional pollen diagrams. *Paläoklimaforschung* 12, s. 13–27.

Andersen, S. T. 1970. The relative pollen productivity and pollen representation of North European trees, and correction factors for tree pollen spectra. *Danmarks Geologiske Undersøgelse, II Række* 96, s. 1–99.

Andersen, S. T. 1979. Identification of wild grass and cereal pollen. *Danmarks Geologiske Undersøgelse Årbog* 1978, s. 68–92.

Andersson, T. 2000. Boplatslämningar och odlingsspår i Stobytrakten. Arkeologisk slutundersökning. Skåne, Stoby socken, Väg 23, delen förbi Hässleholm. *Riksantikvarieämbetet, Avdelningen för arkeologiska undersökningar, UV Syd Rapport* 2000:86.

Bartholin, T. S. Berglund, B. E. 1992. The prehistoric landscape in the Köpinge area – a reconstruction based on charcoal analysis. I Larsson, L., Callmer, J., Stjernquist, B. (red.) The archaeology of the cultural landscape – field work and research in a south Swedish rural region. *Acta Archaeologica Lundensia, Series in 4°* 19, s. 345–358.

Bennett, K. D., Simonson, W. D. Peglar, S. M. 1990. Fire and man in Post-Glacial woodlands of eastern England. *Journal of Archaeological Science* 17, s. 635–642.

Berglund, B. E. 1966. Late-Quaternary vegetation in eastern Blekinge, south-eastern Sweden. A pollen-analytical study. 1. Late-glacial time. *Opera Botanica* 12:1, s. 1–180.

Berglund, B. E. (red.) 1991. The cultural landscape during 6000 years in southern Sweden – the Ystad Project. *Ecological Bulletins* 41.

Berglund, B. E., Björkman, L. 1999. Utmarksskogens historia i nordvästra Blekinge. Exempel från Ire och Siggaboda. *Blekinges Natur* 1999, s. 13–29.

Berglund, B. E., Larsson, L., Lewan, N., Olsson, E. G. A. Skansjö, S. 1991a. Ecological and social factors behind the landscape changes. I Berglund, B. E. (red.) The cultural landscape during 6000 years in southern Sweden – the Ystad Project. *Ecological Bulletins* 41, s. 425–445.

Berglund, B. E., Malmer, N. Persson, N. 1991b. Landscape-ecological aspects of long-term changes in the Ystad area. I Berglund, B. E. (red.) The cultural landscape during 6000 years in southern Sweden – the Ystad Project. *Ecological Bulletins* 41, s. 405–424.

Beug, H.-J. 1961. *Leitfaden der Pollenbestimmung für Mitteleuropa und angrenzende Gebiete*. Gustav Fischer, Stuttgart.

Björkman, L. & Regnéll, J. 2001. Paleoekologiska undersökningar av jordprover från röjningsrösen och gravar inom fastigheten Värmunderyd 1:1, Vetlanda socken, Vetlanda kommun. *Lundqua Uppdrag* 32, s. 1–22.

Blennow, K., Bärring, L., Jönsson, P., Linderson, M.-L., Mattsson, J. O. & Schlyter, P. 1999. Klimat, sjöar och vattendrag. I Germundsson, T. & Schlyter, P. (red.) *Atlas över Skåne – Sveriges Nationalatlas*, s. 30–37. Sveriges Nationalatlas Förlag, Stockholm.

Broström, A., Gaillard, M.-J., Ihse, M. & Odgaard, B. 1998. Pollen–landscape relationships in modern analogues of ancient cultural landscapes in southern Sweden – a first step towards quantification of vegetation openness in the past. *Vegetation History and Archaeobotany* 7, s. 189–201.

Carlie, A. 2002. Människor och landskap. Om förhistoriska samhällen i en nordskånsk inlandsbygd. I Carlie, A. (red.). *Skånska regioner.*

Connelid, P. 1996. Rapport över landskapshistorisk utredning och upprättandet av historiska kartöverlägg längs planerad ny sträckning av riksväg 23, i höjd med Hässleholm – hösten 1995. I Wallin, L. Arkeologisk utredning steg 1, Skåne, Brönnestads, Ignaberga och Stoby socknar, Hässleholms kommun, väg 23, delen förbi Hässleholm, 1995. *Riksantikvarieämbetet, Arkeologiska undersökningar, UV Syd Rapport* 1996:56.

Connelid, P. 1999. Halländskt odlingslandskap under tusen år i historisk-geografisk belysning. I Olsson, S.-O. (red.) *Från Absalon till Järnmölle och Galtabäck – länkar i halländsk medeltid.* Forskning i Halmstad 2. Högskolan i Halmstad, s. 68–93.

Connelid, P. 2002. Åker, toft och vång. Landskapsförändringar i skånsk skogsbygd från vikingatid till cirka 1800. I Carlie, A. (red.). *Skånska regioner.*

Connelid, P. & Mascher, C. 1996. Kulturgeografisk undersökning av fossila bandparceller vid Sperlingsholm i Övraby socken. I Jerkermark, M. (red.) Djupt under sanden. Arkeologi längs väg E6/E20 i södra Halland. Del 1. 1991–1993. Sträckan Södra Mellby–Kvibille. *Riksantikvarieämbetet, Arkeologiska resultat, UV Väst Rapport* 1996:1.

Connelid, P. & Mascher, C. 1999. Markanvändning och bebyggelse i en halländsk by under tusen år – exemplet Stenstorp i Slöinge socken. I Artelius, T., Englund, E. & Ersgård, L. (red.) *Kring västsvenska hus – boendets organisation och symbolik i förhistorisk och historisk tid.* Gotarc Serie C, Arkeologiska skrifter 22. Göteborgs universitet.

Digerfeldt, G. 1974. The post-glacial development of the Ranviken bay in Lake Immeln. *Geologiska Föreningens i Stockholm Förhandlingar* 96, s. 3–32.

Digerfeldt, G. 1988. Reconstruction and regional correlation of Holocene lake-level fluctuations in Lake Bysjön, South Sweden. *Boreas* 17, s. 165–182.

Digerfeldt, G. 1997. Reconstruction of Holocene lake-level changes in Lake Kalvsjön, southern Sweden, with a contribution to the local palaeohydrology at the Elm Decline. *Vegetation History and Archaeobotany* 6, s. 9–14.

Ekstam, U. & Forshed, N. 1996. *Äldre fodermarker. Betydelsen av hävdregimen i det förgångna – målstyrning – mätning och uppföljning.* Naturvårdsverket, Stockholm.

Engelmark, R. 1992. A review of the farming economy in South Scania based on botanical evidence. I Larsson, L., Callmer, J., Stjernquist, B. (red.) *The archaeology of the cultural landscape. Field work and research in a south Swedish rural region.* Acta Archaeologica Lundensia Series in 4° 19, s. 369–375.

Ericsson, A., Petersson, M. & Ranheden, H. 1999. Stensträngssystem söder om Väderstad samhälle. E4, delsträckan Väderstad–Stora Åby, Väderstads och Rinna Socknar, Mjölby och Boxholms kommuner, Östergötland. Arkeologisk förundersökning, del 2. *Riksantikvarieämbetet, Avdelningen för arkeologiska undersökningar, Rapport UV Öst* 1999:45.

Eriksson, H. 1998. Geologisk undersökning utmed ny väg 23, delen förbi Hässleholm. Stoby socken, Hässleholms kommun, Skåne. Opublicerad rapport.

Fægri, K. & Iversen, J. 1989. *Textbook of pollen analysis* (4:e reviderade upplagan av Fægri, K., Kaland, P. E., Krzywinski, K.). Wiley, New York.

Gaillard, M.-J., Birks, H. J. B., Emanuelsson, U., Karlsson, S., Lagerås, P. & Olausson, D. 1994. Application of modern pollen/land-use relationships to the interpretation of pollen diagrams - reconstruction of land-use history in south Sweden, 3000-0 BP. *Review of Palaeobotany and Palynology* 82, s. 47–73.

Gaillard, M.-J., Hannon, G. E., Håkansson, H., Olsson, S., Possnert, G. & Sandgren, P. 1996. New data on the Holocene forest and land-use history of Skåne based on AMS ^{14}C dates of terrestrial plant macroremains, and biostratigraphical, chemical, and mineral magnetic analyses of lake sediments. *GFF* 118, s. A65–66.

Granström, A. 1995. Om skogseldens natur och eldkulturen i Sveriges skogar. I Larsson, B. (red.) *Svedjebruk och röjningsbränning i Norden – terminologi, datering, metoder,* s. 14–27. Skrifter om skogs- och lantbrukshistoria 7. Nordiska museet, Stockholm.

Gren, L. 1989. Det småländska höglandets röjningsröseområden. *Arkeologi i Sverige* 1986, s. 73–95.

Göransson, H. 1977. *The Flandrian vegetational history of southern Östergötland.* University of Lund, Department of Quaternary Geology, Thesis 3.

Göransson, H. 1989. Dags mosse – Östergötlands förhistoriska kalender. *Svensk Botanisk Tidskrift* 83, s. 371–407.

Göransson, H. 1995. *Alvastra Pile Dwelling – Palaeoethnobotanical studies.* Theses and papers in archaeology, N.S., A6. Lund.

Ising, J. 2001. *Pollen analysis, chronology and palaeomagnetism of three Late Weichselian sites in southern Sweden.* Lundqua Thesis 44, s. 1–26.

Iversen, J. 1941. *Landnam i Danmarks stenalder.* Danmarks Geologiske Undersøgelse, II Række 66, s. 7–19.

Iversen, J. 1954. *The late-glacial flora of Denmark and its relation to climate and soil.* Danmarks Geologiske Undersøgelse, II Række 80, s. 87–119.

Iversen, J. 1973. *The development of Denmark's nature since the Last Glacial.* Danmarks Geologiske Undersøgelse, V Række 7c, s. 1–126.

Jacobson, Jr, G. L. & Bradshaw, R. H. W. 1981. The selection of sites for paleovegetational studies. *Quaternary Research* 16, s. 80–96.

Krok, T. O. B. N. & Almquist, S. 1985. *Svensk flora. Fanerogamer och ormbunksväxter.* Esselte Studium, Uppsala.

Lagerås, P. 1996. *Vegetation and land-use in the Småland Uplands, southern Sweden, during the last 6000 years.* Lundqua Thesis 36, s. 1–39.

Lagerås, P. 1997. Den sydsvenska skogens historia och hur den formats av människan och hennes husdjur. I: Östlund, L. (red.) *Människan och skogen*, s. 116–134. Nordiska museet, Stockholm.

Lagerås, P. 2000a. Järnålderns odlingssystem och landskapets långsiktiga förändring. Hamnedas röjningsröseområden i ett paleoekologiskt perspektiv. I Lagerås, P. (red.) *Arkeologi och paleoekologi i sydvästra Småland. Tio artiklar från Hamnedaprojektet.* Riksantikvarieämbetet, Arkeologiska undersökningar, Skrifter 34, s. 167–229.

Lagerås, P. 2000b. Pollenanalys av gravar och röjningsrösen nordost om Växjö. Del av arkeologisk undersökning inför ombyggnad av väg 897, delen Sandsbro–Stockekvarn, Gårdsby socken, Växjö kommun, Småland. *Riksantikvarieämbetet, UV Syd Rapport* 2000:83.

Lagerås, P. & Regnell, M. 1999. Agrar förändring under sydsvensk bronsålder. En diskussion om skenbara samband och olösta gåtor. I Olausson, M. (red.) *Spiralens öga. Tjugo artiklar kring aktuell bronsåldersforskning.* Riksantikvarieämbetet, Arkeologiska undersökningar, Skrifter 25, s. 263–276.

Lagerås, P., Sandgren, P. 1994. The use of mineral magnetic analyses in identifying middle and late Holocene agriculture – a study of peat profiles in Småland, southern Sweden. *Journal of Archaeological Science* 21, s. 687–697.

Lagerås, P. & Sandgren, P. 1996. Human-induced soil erosion as reflected by mineral magnetic parameters – examples from gyttja and peat. Proceedings from the 6th Nordic Conference on the Application of Scientific Methods in Archaeology. *Arkæologiske Rapporter fra Esbjerg Museum* 1996:1, s. 337–345.

Lagerås, P., Jansson, K. & Vestbö, A. 1995. Land-use history of the Axlarp area in the Småland uplands, southern Sweden: palaeoecological and archaeological investigations. *Vegetation History and Archaeobotany* 4, s. 223–234.

Lagerås, P., Olsson, M. & Wallin, L. 2000. Röjningsrösens utseende och ålder – resultat från E4-projektet i norra Skåne. I: Ersgård, L. (red.) *Människors platser – tretton arkeologiska studier från UV.* Riksantikvarieämbetet, Arkeologiska undersökningar, Skrifter 31, s. 167–184.

Lindbladh, M. 1998. Long term dynamics and human influence in the forest landscape of southern Sweden. *Silvestria* 78, s. 1–32.

Malmer, N. 1968. Om ljunghedar och andra rishedar i sydvästra Sverige. *Sveriges Natur Årsbok* 1968, s. 177–187.

Moe, D. & Rackham, O. 1992. Pollarding and a possible explanation of the neolithic elmfall. *Vegetation History and Archaeobotany* 1, s. 63–68.

Moore, P. D., Webb, J. A. & Collinson, M. E. 1991. *Pollen analysis* (2:a reviderade upplagan). Blackwell, Oxford.

Mossberg, B., Stenberg, L. & Ericsson, S. 1992. *Den nordiska floran.* Wahlström & Widstrand, Stockholm.

Myrdal, J. 1982. Jordbruksredskap av järn före år 1000. *Fornvännen* 77, s. 81–104.

Nilsson, S. G. 1992. Forests in the temperate–boreal transition – Natural and Man-made features. I: Hansson, L. (red.) *Ecological principles of nature conservation*, s. 373–393. Elsevier, London.

Nilsson, T. 1935. Die pollenanalytische Zonengliederung der Spät- und Postglazialen Bildungen Schonens. *Geologiska Föreningens i Stockholm Förhandlingar* 57(3), s. 385–562.

Nilsson, T. 1964. Standardpollendiagramme und C14-datierungen aus dem Ageröds Mosse im mittleren Schonen. *Kungliga Fysiografiska Sällskapets i Lund Handlingar N.F. BD* 74(7), s. 1–52.

Olsson, I. U. & Florin, M.-B. 1980. Radiocarbon dating of dy and peat in the Getsjö area, Kolmården, Sweden, to determine the rational limit of Picea. *Boreas* 9, s. 289–305.

Olsson, M. & Wallin, L. 1999. Röjningsröseområden utmed E4-an i Skåne. Idéer och metoder. I: Riddersporre, M. (red.) Att gräva agrarhistoriska lämningar. Rapport från ett seminarium i Lund 27–28 januari 1998. *University of Lund, Institute of Archaeology, Report Series* 64, s. 21–22.

Olsson, M., Knarrström, B. & Mattisson, A. 2001. Från Finja till Ignaberga. Arkeologi utmed väg 21. Arkeologiska utredningar och slutundersökningar. *Riksantikvarieämbetet, Avdelningen för arkeologiska undersökningar, UV Syd Rapport* 2001:9.

Patterson III, W. A., Edwards, K. J. & Maguire, D. J. 1987. Microscopic charcoal as a fossil indicator of fire. *Quaternary Science Reviews* 6, s. 3–23.

Pedersen, E. A. & Widgren, M. 1998. Järnålder. 500 f.Kr.–1000 e.Kr. I Welinder, S., Pedersen, E. A. & Widgren, M., *Jordbrukets första femtusen år. 4000 f.Kr.–1000 e.Kr.*, s. 237–459. Natur och Kultur/LTs förlag, Stockholm.

Peglar S. M. 1993. The mid-Holocene Ulmus decline at Diss Mere, Norfolk, UK: a year-by-year pollen stratigraphy from annual laminations. *The Holocene* 3, s. 1–13.

Pettersson, G. 1999. Geologisk dokumentation av frilagda jordlagersekvenser i samband med byggandet av ny väg 23 öster om Stoby, Hässleholms kommun. *Lundqua Uppdrag* 25, s. 1–15.

Rackham, O. 1980. *Ancient woodland.* Arnold, London.

Regnell, M. 2002. Skånska järnåldersskördar. Växtmakrofossilanalyser och odlingshistoriska iakttagelser från tolv boplatser. I Carlie, A. (red.). *Skånska regioner.*

Regnell, M., Gaillard, M.-J., Bartholin, T. S. & Karsten, P. 1995. Reconstruction of environment and history of plant use during the late Mesolithic (Ertebølle culture) at the inland settlement of Bökeberg III, southern Sweden. *Vegetation History and Archaeobotany* 4, s. 67–91.

Ring, C., Pedersen, E. A., Gurstad-Nilsson, H., Lindblad, J., Nilsson, M.-J., Persson, M. & Svensson, I. 2001. Kölbygärde. Bronsåldersboplatser i ett fossilt odlingslandskap. Ljungby socken, Småland. *E22-projektet, Rapport* 2001:10.

Ringberg, B. 1991. Beskrivning till jordartskartan Kristianstad SO. *Sveriges Geologiska Undersökning, Serie Ae* 88.

Ringberg, B. 1992. Beskrivning till jordartskartan Kristianstad NV. *Sveriges Geologiska Undersökning, Serie Ae* 111.

Selander, S. 1987. *Det levande landskapet i Sverige.* Tredje upplagan. Bokskogen, Göteborg.

Simmons, I. G. & Innes, J. B. 1996. Prehistoric charcoal in peat profiles at North Gill, North Yorkshire Moors, England. *Journal of Archaeological Science* 23, s. 193–197.

Skog, G. & Regnéll, J. 1995. Precision calendar-year dating of the elm decline in a Sphagnum-peat bog in southern Sweden. *Radiocarbon* 37(2), s. 197–202.

Skoglund, P. 1997. Röjningsröseområden i Kronobergs län. I Hansson, M., Högrell, L., Skoglund, P. *Gårdar, åkrar och biskopens stad. 3000 år i Kronobergs län*, s. 35–64. Kulturspridaren, Växjö.

Sugita, S. 1994. Pollen representation of vegetation in Quaternary sediments: theory and method in patchy vegetation. *Journal of Ecology* 82, s. 881–897.

Sugita, S., Gaillard, M.-J. & Broström, A. 1999. Landscape openness and pollen records: a simulation approach. *The Holocene* 9, s. 409–421.

Svensson, N.-O. 2001. Pollenanalys. I Ring, C., Pedersen, E. A., Gurstad-Nilsson, H., Lindblad, J., Nilsson, M.-J., Persson, M. & Svensson, I. 2001. Kölbygärde. Bronsåldersboplatser i ett fossilt odlingslandskap. Ljungby socken, Småland. *E22-projektet, Rapport* 2001:10.

Thompson, R. & Oldfield, F. 1986. *Environmental magnetism.* Allen & Unwin, London.

Torstensdotter Åhlin, I., Skoglund, P., Lagerås, P. 2000. Utvärdering av metoderna inom Hamnedaprojektet. I Lagerås, P. (red.) *Arkeologi och paleoekologi i sydvästra Småland. Tio artiklar från Hamnedaprojektet.* Riksantikvarieämbetet, Arkeologiska undersökningar, Skrifter 34, s. 231–239.

Troels-Smith, J. 1953. Ertebøllekultur–Bondekultur. Resultater af de sidste 10 aars undersøgelser i Aamosen, Vestsjælland. *Aarbøger for nordisk Oldkyndighed og Historie* 1953, s. 5–62.

Vedin, H. 1995. Lufttemperatur. I Raab, B & Vedin, H. (red.) *Klimat, sjöar och vattendrag – Sveriges Nationalatlas*, s. 44–57. Sveriges Nationalatlas Förlag, Stockholm.

Vera, F. W. M. 2000. *Grazing ecology and forest history.* CAB International, Wallingford.

Vestbö-Franzén, A. 1997. Aspekter på odling – jordbruk och oldingslandskap i Jönköpings län under förhistorisk tid och medeltid. I: Nordström, M. & Varenius, L. (red.) *Det nära förflutna – om arkeologi i Jönköpings län*, s. 194–211. Jönköpings läns museum, Jönköping.

Viklund, K. 1998. Cereals, weed and crop processing in Iron Age Sweden. Methodological and interpretative aspects of archaeological evidence. *Archaeology and Environment* 14, s. 1–192.

Viklund, K., Engelmark, R. & Linderholm, J. 1998. *Fähus från bronsålder till idag. Stallning och utegångsdrift i långtidsperspektiv.* Skrifter om skogs- och lantbrukshistoria 12. Nordiska museet, Stockholm.

Vuorela, I. 1973. Relative pollen rain around cultivated fields. *Acta Botanica Fennica* 102, s. 1–27.

Walch, K. M., Rowley, J. R. & Norton, N. J. 1970. Displacement of pollen grains by earthworms. *Pollen et Spores* 7:1, s. 39–44.

Welinder, S. 1985. Mesolithic Forest Clearance in Scandinavia. I Bonsall, C. (red.) *The Mesolithic of Europe*, 362-367. John Donald Publishers, Edinburgh.

Wikman, H. & Bergström, J. 1987. Beskrivning till provisoriska översiktliga berggrundskartan Malmö. *Sveriges Geologiska Undersökning, Serie Ba* 40.

Appendix 1: ¹⁴C-dateringar

Område 2

Anl.nr	Anl.typ	Vedart	Lab.nr	^{14}C-år BP	Kal. ålder, 2s
200	r	lövträd	Ua-25280	1725 ± 70	120–450 e.Kr.
283	r	björk	Ua-25268	1940 ± 65	100 f.Kr.–220 e.Kr.
362	r	hassel	Ua-25269	2330 ± 65	800–200 f.Kr.
448	r	björk	Ua-25276	2535 ± 65	820–410 f.Kr.
472	r	hassel	Ua-25274	2405 ± 65	770–390 f.Kr.
855	r	tall	Ua-25281	7705 ± 80	6690–6400 f.Kr.
887	r	ek-alm-ask	Ua-25275	4990 ± 70	3970–3640 f.Kr.
910a	r	björk	Ua-25277	5960 ± 70	5070–4710 f.Kr.
910b	r	björk	Ua-25278	3305 ± 70	1750–1430 f.Kr.
1401	r	björk	Ua-25324	3545 ± 85	2140–1640 f.Kr.
1418	r	björk	Ua-25325	2350 ± 80	800–200 f.Kr.
	o	ek-alm-ask	Ua-25282	2550 ± 70	840–410 f.Kr.

Område 5

Anl.nr	Anl.typ	Vedart	Lab.nr	^{14}C-år BP	Kal. ålder, 2s
219	r	tall	Ua-25479	7880 ± 85	7050–6450 f.Kr.
236	r	obest.	Ua-25522	4765 ± 70	3690–3360 f.Kr.
1366	r	lövträd	Ua-25508	4845 ± 100	3950–3350 f.Kr.
1412	r	tall	Ua-25521	4595 ± 70	3650–3000 f.Kr.
1428	r	lövträd	Ua-25509	1710 ± 65	140–540 e.Kr.
1443	r	ek-alm-ask	Ua-25510	2120 ± 65	370 f.Kr.–20 e.Kr.
1775	r	lövträd	Ua-25511	2315 ± 65	800–150 f.Kr.
1780	r	lövträd	Ua-25512	2245 ± 65	410–110 f.Kr.
1785	r	tall	Ua-25513	7910 ± 80	7030–6550 f.Kr.
1791	r	al	Ua-25516	2525 ± 70	810–410 f.Kr.
1842	r	obest.	Ua-25514	4595 ± 70	3650–3000 f.Kr.
1863	r	lövträd	Ua-25515	7700 ± 70	6620–6380 f.Kr.
1900a	r	al	Ua-25517	520 ± 60	1300–1490 e.Kr.
1900b	r	lövträd	Ua-25518	4475 ± 65	3350–2920 f.Kr.
1919a	r	ek	Ua-25519	2295 ± 70	800–150 f.Kr.
1919b	r	lövträd	Ua-25520	5030 ± 70	3980–3690 f.Kr.
2100	r	björk	Ua-25523	1125 ± 65	770–1030 e.Kr.

Område 3

Anl.nr	Anl.typ	Vedart	Lab.nr	^{14}C-år BP	Kal. ålder, 2s
578	r	björk	Ua-25327	7940 ± 70	6460–6060 f.Kr.
680a	r	tall	Ua-25330	5855 ± 80	4910–4520 f.Kr.
680b	r	tall	Ua-25331	6170 ± 75	5260–4930 f.Kr.
704	r	obest.	Ua-25332	3320 ± 80	1770–1410 f.Kr.
765	r	björk	Ua-25333	1930 ± 70	70 f.Kr.–260 e.Kr.
1042	r	björk-al-hassel	Ua-25364	6660 ± 85	5680–5430 f.Kr.
1075	r	björk-al-hassel	Ua-25365	2575 ± 75	840–410 f.Kr.
1108a	r	ek-alm-ask	Ua-25366	2980 ± 75	1400–990 f.Kr.
1108b	r	ljung	Ua-25367	165 ± 75	1650–2000 e.Kr.
1108c	r	björk-al-hassel	Ua-25368	2740 ± 75	1060–790 f.Kr.
1108d	r	lövträd	Ua-25370	1985 ± 75	170 f.Kr.–220 e.Kr.
1118	r	ek	Ua-25369	2515 ± 70	800–410 f.Kr.
1254	r	obest.	Ua-25371	4805 ± 70	3720–3370 f.Kr.
1259	r	björk	Ua-25394	3375 ± 70	1880–1510 f.Kr.
1264a	r	obest.	Ua-25392	115 ± 75	1660–1950 e.Kr.
1264b	r	obest.	Ua-25393	5815 ± 75	4840–4470 f.Kr.
1277	r	björk-al-hassel	Ua-25395	2440 ± 60	770–400 f.Kr.
1918	r	björk-al-hassel	Ua-25389	2370 ± 60	800–200 f.Kr.
2186	r	björk	Ua-25475	1375 ± 65	540–820 e.Kr.
2687	r	ek-alm-ask	Ua-25478	2755 ± 65	1040–800 f.Kr.
2851	r	obest.	Ua-25477	2060 ± 60	200 f.Kr.–80 e.Kr.
a	o	björk	Ua-25473	1835 ± 80	20–400 e.Kr.
b	o	obest.	Ua-25474	8945 ± 95	8200–7650 f.Kr.
c	o	obest.	Ua-25476	1975 ± 60	110 f.Kr.–220 e.Kr.

Samtliga ^{14}C-dateringar av träkol från röjningsrösen och odlingsytor inom Stobyprojektet. De kalibrerade åldrarna är angivna som max–min-intervall vid två sigmas standardavvikelse. r = röse och o = odlingsyta.

All radiocarbon dates from clearance cairns and arable plots within the project. The calibrated ages in the right column show max–min intervals at two sigma.

Åker, toft och vång

Landskapsförändringar i skånsk skogsbygd från vikingatid till cirka 1800

PÄR CONNELID

Abstract: Field, toft and enclosure: Landscape change in a woodland area of Scania c. 1000 – 1800.

This article deals with long-term changes of the agrarian landscape in a woodland area in northern Scania during the late Viking Age to c. 1800. The main investigation area is Stoby parish, situated just outside the municipal centre of Hässleholm. With the old land survey documents from the late 17th to the mid 19th century as the primary source, a number of hamlets are studied in order to discern important spatial changes. The analysis strongly indicates that the agrarian landscape of the area has gone through several extensive alterations during the last thousand years, affecting settlement, land use and farming systems.

In the period c. 900 – 1200 a large-scale parcelling into strip fields was carried out, which seems to have affected all the hamlets. The strip fields are seen as both a practical/judicial and an ideological phenomena. The farming system during this period is characterized as ley grass fallow. Around 1200 the strip field systems were restructured and partly replaced with a small-scale, more "individualistic" landscape organisation. In some places separate infield and settlement domains occurred. Units larger than the "average farm", such as magnate farms, may have worked as motive forces in this process. From the late medieval period onwards, substantial spatial changes took place, basically because the agrarian economy was oriented towards animal production. A radical reorganisation of the enclosure systems into larger fields containing both arable and hay meadows, led, among other things, to the moving of settlements towards the infield/outland borders. These movements affected both the nucleated settlements and the more dispersed farms in other parts of the infields.

Inledning

De senaste årens infrastrukturella satsningar i Skåne har i hög grad berört landskapets norra del. I samband med utbyggnaden av framför allt E4:an i trakterna kring Örkelljunga, E22:an vid Bromölla och riksväg 23 förbi Hässleholm genomfördes ett stort antal arkeologiska undersökningar, av vilka flertalet omfattade fossila åkerlämningar, främst röjningsröseområden. Undersökningarna kom här att få ett landskapshistoriskt fokus, där paleoekologi och analyser av äldre lantmäterimaterial var självklara ingredienser.

I den här artikeln ska en del av resultaten från de historisk-geografiska arbetena längs ovannämnda vägar presenteras och underkastas en fördjupad analys. Formellt utgör studien en del av slutpubliceringen av undersökningarna längs riksväg 23. Som analysområde har i detta sammanhang därför valts Stoby socken i nuvarande Hässleholms kommun, vilken i hög grad kom att beröras av denna vägs nya sträckning. Inledningsvis kommer emellertid nedan några resultat från E4-undersökningarna att beröras. Resultaten från de arkeologiska och paleoekologiska analyserna inom Rv 23-projektet redovisas för övrigt av Anne Carlie och Per Lagerås på annan plats i denna bok.

Artikelns syfte

Framställningen syftar till att, med de äldre lantmäterikartorna som primär källa, översiktligt analysera kulturlandskapets utveckling i en nordskånsk socken från vikingatid och fram till tiden strax före den agrara revolutionen. Avsikten är i första hand att, med hjälp av retrogressiv metod, så långt möjligt, försöka identifiera avgörande *rumsliga* förändringar, vilka bidragit till att forma det Stobylandskap som möter i lantmäterikartorna från tiden omkring år 1700. Det är dock inte den *lokala* bebyggelse- och odlingsutvecklingen inom Stoby i sig som står i fokus. Området får snarast tjäna som illustrationsbakgrund i ett försök att mera allmänt resonera kring kulturlandskapsdynamiken i den här delen av Skåne.

Resultaten från Stobyområdet kommer att jämföras med den bild vi i nuläget har av odlingslandskapets framväxt i angränsande sydskandinaviska regioner, främst Halland och södra Skåne. Kunskapsläget kring den agrara utvecklingen är ju på många sätt betydligt bättre i dessa områden. Särskilt intressant blir det att studera i vilka avseenden landskapsutvecklingen i norra Skåne knyter an till den ena eller andra grannregionen. Redan en hastig blick på det äldsta kartmaterialet från Stoby socken avslöjar tydligt både likheter och skillnader. Exempelvis ger de koncentrerade byformationerna med intilliggande toftåkrar i flera av Stobybyarna vid en första anblick ett ”typiskt skånskt” (=sydskånskt) intryck, medan markanvändningen och odlingssystemet uppvisar större likheter med Halland. Med avseende på bebyggelsen och gärdessystemen kanske man kan spetsa till det och säga, att Halland sedan åtminstone senmedeltid kännetecknas av en hög förändringstakt som kontrasterar mot en mer ”trögrörlig” struktur i södra Skånes tresädesbygder. När det gäller den sydskånska bebyggelsen har man framför allt inom arkeologin betonat en hög grad av kontinuitet i landskapet alltsedan ”bybildningsskedet” under senare delen av vikingatid och tidig medeltid.

Analysen baseras alltså till största delen på de äldre lantmäterikartorna, vilka studerats och

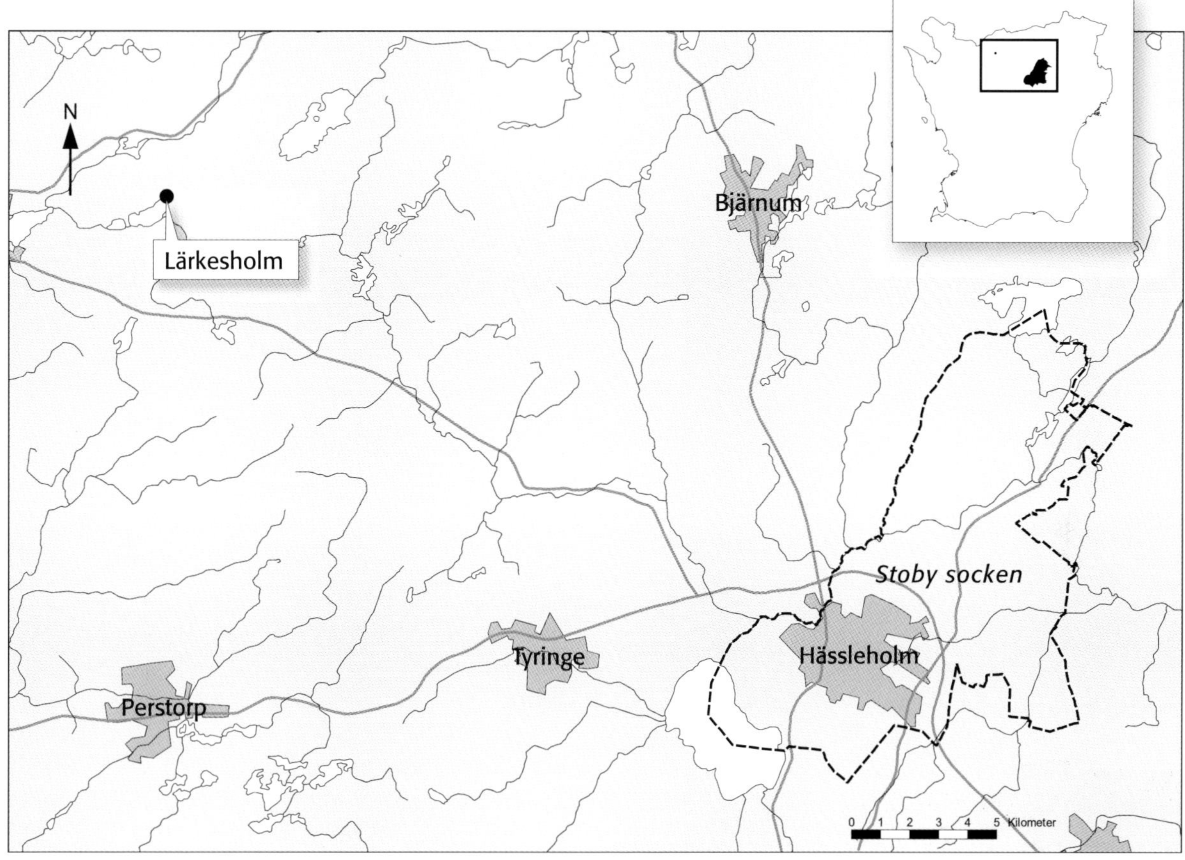

Stoby sockens belägenhet i norra delen av Skåne. Kartan visar också läget för den i artikeln beskrivna lokalen med fossila bandparceller vid Lärkesholm utanför Örkelljunga.

Map showing the main investigation area in the article, the parish of Stoby in northern Scania. Also indicated is the locality with strip fields at Lärkesholm further west.

excerperats på Forskningsarkivet vid Lantmäteriverket i Gävle. Kamerala källor, t.ex. äldre jordeböcker, har inte undersökts, inte heller det medeltida diplommaterialet. Huvudintresset ägnas den bandparcellerade åkermarken, bebyggelsen samt gärdessystemen. Ett tiotal byar från Stoby socken studeras med avseende på dessa variabler. Den bandparcellerade åkermarkens karaktär och ursprung behandlas särskilt utförligt. Kunskapsläget kring denna för skånsk odlings- och bebyggelsehistoria viktiga företeelse är ännu relativt dåligt.

Den tid som stått till förfogande har inte medgivit några djupanalyser, ett förhållande som dock inte haft någon avgörande betydelse då syftet, som

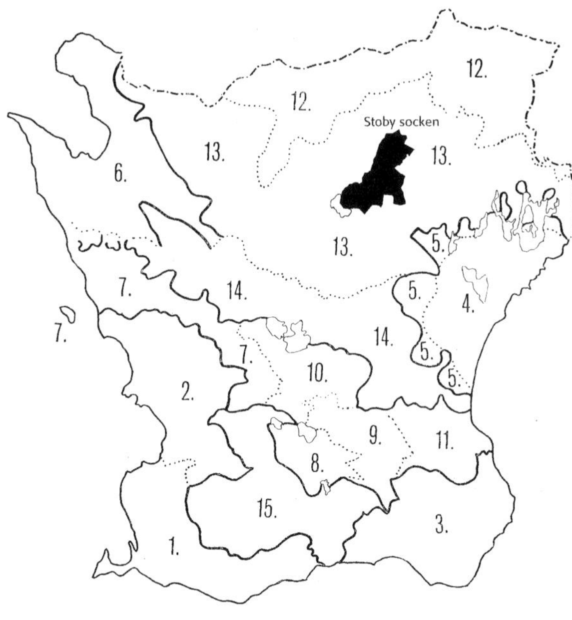

Stoby socken i förhållande till Åke Campbells regionindelning av 1700-talets skånska agrarlandskap. Siffrorna 1-3 avser slättbygder, 4-11 risbygder och 12-15 skogsbygder. Karta ur Campbell 1928.

Stoby parish in relation to different agricultural regions in the 18th century Scanian landscape. Figures: 1–3 plain areas, 4–11 *risbygder* (landscape dominated by large, treeless pastures, woods only on the infields), 12–15 woodland areas.

redan nämnts, varit att fånga upp de *generella* dragen i områdets kulturlandskapsutveckling och att problematisera dessa. Avsikten är att resultaten ska kunna ligga till grund för vidare problemformuleringar, kanske inom ramen för tvärvetenskapligt inriktade studier av landskap och bebyggelse i denna delen av Skåne.

Norra Skånes skogsbygder

Skogsbygderna i norra Skåne kan ur agrar synvinkel knappast sägas utgöra en alltigenom homogen region. Med utgångspunkt i de äldsta kartbilderna från sent 1600-tal och tidigt 1700-tal råder emellertid inget tvivel om det finns mycket som förenar inom detta stora område. Förekomsten av träd både på inägor och utmark, övervägande små bebyggelseenheter samt ensädet och dess rumsliga uttryck torde här vara de viktigaste sammanhållande karaktärerna (jfr Campbell 1928).

Stoby socken hänförs i Campbells regionindelning till ”den övre skogsbygden”. Emellertid uppvisar socknen, i likhet med flera andra områden i både den ”övre” och ”nedre skogsbygden”, många gemensamma drag med intilliggande risbygder (jfr Campbell 1928:183). I Stoby finns bl.a. flera ganska stora byar och skogen är vid tiden för de äldsta karteringarna en bristvara i många områden. Ett intensivt bete har lett till att utmarkerna bitvis fått samma karaktär som de klassiska risbygdernas stora, trädlösa fäladsmarker. Uppodlingen i samband med den agrara revolutionen under 1800-talets andra hälft fick här dessutom större omfattning än i den övriga skogsbygden. Redan en hastig blick på den moderna kartan ger vid handen att utvecklingen i Stoby under ganska lång tid måste ha liknat den i områdena närmare Kristianstadsslätten i sydost.

Analyser av äldre kartmaterial och fossilt odlingslandskap som hittills genomförts i norra Skåne antyder dock att den agrara utvecklingen sedan yngre bronsålder/äldre järnålder varit tämligen likartad inom stora delar av skogsbygden, i varje fall med avseende på den grundläggande rumsliga organisationen (jfr Carlie i denna volym). Här finns både beröringspunkter och skillnader gentemot omkringliggande agrara regioner. Den stora mängden röjningsröseområden från järnålder visar exempelvis på stora likheter med den äldre landskapsutvecklingen i Småland och Halland. Förekomsten av tegskiftad åkermark med lång historia är ett gemensamt drag med flera av de angränsande regionerna. När det gäller odlingssystemet ansluter norra Skåne klart till landskapen i norr; några regelbundna trädessystem med anpassad gärdesorganisation liknande de i Sydskåne kom av allt att döma aldrig att genomföras här. Trots avsaknaden av två- och tresäde uppträder emellertid många av den skånska skogsbygdens byar under 1600- och 1700-talen i sammanhållna formationer som starkt påminner om deras motsvarigheter längre söderut.

Just de sistnämnda förhållandena, avsaknaden av odlingssystem med regelbunden träda och koncentrerad bebyggelse, är en viktig utgångspunkt i analysen av landskapsutvecklingen i Stoby socken. Intresset knyter sig här i hög grad till frågor som rör bebyggelseutvecklingen. Ansluter byarna i Stoby till ett "sydskånskt mönster", där bebyggelsen blivit kvar på de redan under sen vikingatid och tidig medeltid ianspråktagna tomterna eller kan vi spåra grundläggande organisatoriska förändringar i landskapet av samma slag som i Halland, vilka även påverkat bebyggelsen?

Den bandparcellerade markens ursprung

Innan vi ger oss i kast med odlingslandskapet i Stoby socken ska den bandparcellerade markens ursprung i norra Skåne kommenteras närmare. Som påpekats ovan, har parcelleringen stor betydelse för förståelsen av det skånska kulturlandskapets utveckling under de senaste tusen åren. Redogörelsen tar avstamp i det allmänna kunskapsläget kring bandparcelleringen samt i undersökningarna längs den planerade nysträckningen för E4 förbi Örkelljunga. I sistnämnda området gavs för några år sedan tillfälle att studera utbredningen av bandparcellsystem, dels genom partiell kartering av ett mycket stort område med fossila bandparceller strax utanför Örkelljunga, dels i form av specialinventeringar inom ramen för en omlandsstudie inom E4-projektet.

Kunskapsläget

De senaste årens agrarhistoriska arbeten i framför allt Västsverige har visat att de bandparcellerade ytorna i äldre kartmaterial vanligtvis helt eller delvis går tillbaka på en tidigt, sannolikt redan under förhistorisk tid, genomförd markplanering. På många platser finns omfattande lämningar av fossila åkrar, vilka både strukturellt och innehållsligt uppvisar stora likheter med parcellmönstren som framträder i kartmaterialet. Inte sällan kan den sista användningen av åkermarken föras tillbaka till senare delen av medeltid eller 1500-tal. De hittills äldsta dateringarna av fossila former av den här typen härrör från Kinds härad i södra Västergötland, där en storskalig markplanering av allt att döma skett redan i mellersta järnålder (Mascher 1993).

En något senare genomförd parcellering, som delvis bör ha haft andra utgångspunkter än den västgötska, sker i Halland under loppet av vikingatid och tidig medeltid. Perioden 900–1200 har här föreslagits som bandparcellernas huvudsakliga tillkomsttid. Den bakre tidsgränsen stöds av ^{14}C-dateringar från flera lokaler i mellersta och södra Halland medan den främre bygger på slutsatser utgående från horisontalstratigrafiska och formmässiga analyser av fossila lämningar samt allmänna arkeologiska data. De fossila formerna visar ofta att parcellsystemen ursprungligen omfattat större ytor än den i samma områden i ensäde brukade marken under 1600- och 1700-talen. Detta förhållande tyder på att parcellsystemen från början odlats inom ramen för någon typ av trädessystem.

Bandparcellsystemens etablering i Halland antas i första hand ha haft kamerala utgångspunkter men kan också ha hängt samman med ett internt behov av att tydliggöra markrättigheter. Deras troligen successiva upplösning under högmedeltid sammanfaller med en period av stora samhälleliga förändringar, bl.a. en kraftig befolkningsökning och övergången till ett nytt skattesystem. I Halland kan också en tydlig förändring i bebyggelsestrukturen vid denna tidpunkt iakttagas. För en översikt kring de halländska parcellsystemen, vilka torde vara mest relevanta för jämförelser med skånskt material, hänvisas till Connelid & Rosén 1997, Connelid 1999 samt Connelid, Håkansson & Mascher 2000. Bandparcelleringens orsaker kommer att beröras vidare i diskussionskapitlet nedan.

Bandparceller i Danmark och Skåne

Långsmala odlingsytor finns bevarade på flera ställen i Danmark. Former med en någorlunda säkerställd datering till perioden vikingatid/tidigmedeltid är dock påfallande få (Grøngaard Jeppesen 1983; Hoff 1997:171f). De största och mest kända lokalerna finns vid Borups Ris vid Tystrup Sø på Själland (Steensberg 1983; se även Porsmose 1988:277ff) och Lindholm Høje på Jylland (aa:1988:280-81). Borup-åkrarna är egentligen de enda hittills kända som, p.g.a. att de *inte* är ryggade, utgör direkta paralleller till halländska och nordskånska bandparceller. Porsmose (1988:282) antar visserligen ”at langagrene – med eller uden rygge – er opstået som type i aeldre middelalder” men det tycks som om man inom dansk forskning *främst* sätter bandparcelleringen i samband introduktionen av plog och plöjning i ryggar. Många lokaler med ryggade åkrar, t.ex. de i Kungsmarken utanför Lund (Nordholm 1937), kan i grunden lika gärna gå tillbaka på en äldre markplanering. Ryggplöjningen skulle således i många fall kunna vara sekundär i förhållande till den långsmala tegformen som sådan.

Förhållandet mellan tegskiftad mark i kartmaterialet och fossila bandparceller har hittills inte varit föremål för något större intresse i Skåne (jfr dock Riddersporre 1995:66). Det måttliga intresset beror naturligtvis dels på att den här typen av lämningar de facto inte verkar ha bevarats i samma omfattning som i exempelvis Halland och f.d. Älvsborgs län, dels på att den arkeologiska grävverksamheten sedan många år varit starkt fokuserad på södra Skåne, där ju bevarandeförhållandena för fossilt odlingslandskap i många områden är dåliga.

Mycket talar för att den bandparcellerade åkermarken i skånskt kart- och fältmaterial har samma ursprung som i Halland. I synnerhet torde detta gälla för norra Skåne, där bl.a. naturgeografin och den senare historiska utvecklingen uppvisar stora likheter med halländska förhållanden. När det gäller Sydskåne ska man naturligtvis vara försiktigare att sätta likhetstecken mellan tegskiftad åkermark i lantmäterikartorna och vikingatida/tidigmedeltida markindelningar, inte minst därför att åkermarken där bevisligen genomgått flera stora omstruktureringar som saknas i Halland och norra Skåne, såsom övergången till odlingssystem med regelbunden träda och en tidigt belagd nyodlingsverksamhet. Icke desto mindre är det rimligt att tänka sig att åtminstone en större eller mindre kärna av den tegskiftade åkermarken i flera av de sydskånska byarna strukturellt går tillbaka på en tidigt genomförd markplanering (a.a. 1995:176).

De kanske hittills mest övertygande beläggen för att den tidiga bandparcelleringen verkligen berört norra Skåne härrör från Örkelljungatrakten i nordvästra delen av landskapet.

Lärkesholm

I ett välhävdat beteslandskap vid godset Lärkesholm strax utanför Örkelljunga ligger en av Skånes största lokaler med fossila bandparceller (RAÄ 136 i Örkelljunga sn). Delar av det nästan 30 hektar stora området, vilket upptäcktes i samband med utredningsarbetena för ny E4 för några år sedan, detaljkarterades av författaren 1997 (kartan tidigare publicerad i Connelid & Mascher 1999). Arbetet, finansierat av dåvarande länsstyrelsen i Kristianstads län, resulterade i en innehållsrik karta, här redovisad på nästa sida.

Av fältkartan framgår att området domineras av ett system bestående av 15–30 meter breda, parallellt liggande parceller. I den karterade ytans ytterkanter finns mer oregelbundna former, i väster bl.a. ett under tidigt 1900-tal övergivet gårdsläge. Övergivandet av merparten av den bandparcellerade åkermarken har sannolikt skett under medeltid eller tidig efterreformatorisk tid, möjligen i samband med huvudgårdens etablering. En geometrisk avmätning från 1662, för övrigt en av Skånes äldsta storskaliga kartor, visar att endast ett fåtal ytor då var i bruk. Det är på och i nära anslutning till dessa tegar som all sekundär odling inom området sedan förefaller ha bedrivits. Ingenstans har emellertid det senare utnyttjandet resulterat i att det ursprungliga parcellmönstret försvunnit.

Som synes är bandparcellstrukturen synnerligen konsekvent genomförd. Ett påfallande drag är att praktiskt taget samtliga parceller inom den karterade delen av området givits en *svängd* form. Mönstret påminner starkt om den ”omvända S-formen” som brukar prägla ryggade åkrar. Några sådana former är det dock inte alls fråga om här. Ryggade åkrar har i de flesta fallen uppkommit i samband med plogbruk och i den här delen av Skåne var ett enkelt årder det dominerande redskapet långt in på 1800-talet. De svängda tegarna vid Lärkesholm präglar nästan all bandparcellerad åkermark i området. De kan i dagsläget inte ges någon rationell, jordbruksmässig förklaring. Liknande former är för närvarande endast kända på ett par ställen i norra Skåne (jfr nedan). De förekommer också i äldre kartmaterial över några byar på Linderödsåsen (Connelid 2000).

Tack vare att den sekundära odlingsverksamheten upphört vid skilda tidpunkter inom olika delar av området kan det fossila odlingslandskapet vid Lärkesholm sägas utgöra en veritabel provkarta på olikåldriga former och strukturer. Mot bakgrund av lokalens storlek och de stora pedagogiska kvaliteterna utgör den utan tvivel en av länets mest värdefulla kulturmiljöer.

Inventering av fossila bandparceller i Örkelljungatrakten

Upptäckten av Lärkesholmslokalen kom att stärka misstanken om att den bandparcellerade åkermarken i lantmäterikartorna från den här delen av Skåne verkligen har ett ursprung i gamla markindelningar. För att studera eventuell förekomst

N
Husgrund
Stensträng
Terrasskant
Jordvall
Åkerhak
Röjningsröse
Gropavall
Hålväg
Stenmur
Dike
Stentipp
Täkt
Sentida odling
Körväg
Brukningsväg
Block
Strandkant
0
100 m
T
ST

av fossila former i anslutning till den på flera ställen ännu vid tiden för laga skiftet bandparcellerade åkermarken i Örkelljunga, Fagerhult och Röke socknar, genomfördes ett par dagars inventering inom ramen för en omlandsstudie. Inventeringarna genomfördes stickprovsmässigt i nyssnämnda socknar och helt och hållet med det äldre kartmaterialet som utgångspunkt (Connelid i tryck).

Trots en många gånger långt driven uppodling under 1800-talets senare del, påträffades fossila bandparceller på flera platser. De flesta områdena var tidigare inte kända. Samtliga ytor återfanns i avsnitt som inte odlats under åtminstone de senaste 150 åren. I flera fall avslöjade såväl horisontalstratigrafi som formspråk att det rör sig om mycket gamla lämningar. Särskilt intressant är att fossila markindelningar påträffades även vid enstaka hemman, där totalarealen åker enligt det äldre kartmaterialet varit ganska liten. De fossila formerna var här inte heller särskilt omfattande och det mesta tyder på att en ursprunglig parcellering har omfattat en relativt liten yta. De blygsamma arealerna kontrasterar här både mot Lärkesholmslokalen och situationen i omkringliggande län, där ju de bandparcellerade områdena ofta är ganska stora.

Vid inventeringarna påträffades i ett par områden svängda parceller av till synes samma slag som de vid Lärkesholm. De tydligaste lämningarna av denna typ framkom vid Hulshult i Röke socken, beläget cirka åtta kilometer sydost om Lärkesholm.

Resultaten från inventeringarna i Örkelljungaområdet visar entydigt att bandparcellmönstren i lantmäterikartorna i flera fall kan vara mycket gamla. Strukturellt och innehållsligt har de påträffade lämningarna sina direkta motsvarigheter i det närbelägna Halland. I analogi härmed får vi räkna med att flera av gårdarna i den utpräglade skogsbygden i Örkelljunga och Fagerhults socknar har etablerats redan under perioden vikingatid–tidig medeltid. En sådan hypotes kan dock utifrån ett traditionellt bebyggelsehistoriskt betraktelsesätt synas svårsmält, bl.a. mot bakgrund av att en stor del av den aktuella bebyggelsen under senare perioder utgörs av (kamerala) enstaka hemman. Som särskilt spännande i Örkelljungakontexten framstår de övervägande små bandparcell-lokalernas relation till storområdet vid Lärkesholm. Hypotetiskt får vi tänka oss att Lärkesholmslokalen representerar en centralenhet av något slag, från vilken kolonisationen av omgivande bygder kan ha initierats och styrts. Intressant i detta sammanhang är den stora dominansen för kronogårdar i Örkelljungaområdet, liksom förekomsten av en högmedeltida borganläggning (jfr Skansjö 1997:76ff).

Fossilt odlingslandskap vid Lärkesholm, strax öster om Örkelljunga. Den fossila åkermarken domineras av ett mycket regelbundet planerat system med (svängda) bandparceller. Parcellerna avgränsas av stensträngar, terrasskanter och röjningsrösen på rad. Den karterade ytan utgör ungefär en tredjedel av totalarealen fossil åkermark. Lokalen är en av Skånes största innehållande fossilt odlingslandskap av den här typen. Inmätning och karta: Pär Connelid.

Fossil fields at Lärkesholm, situated about 6 km east of Örkelljunga municipal centre. The map is dominated by a regularly planned strip field system, probably originating from the late Viking Age or the early Middle Ages. The individual field boundaries, demarcated by stone walls, lynchets or rows of clearance cairns, curve in a rather spectacular fashion. The surveyed area constitutes about one third of the whole locality with fossil fields.

Odlingslandskapet i Stoby socken strax före den agrara revolutionen

Som framgått av Anne Carlies och Per Lagerås artiklar tidigare i denna volym har Stoby socken varit ianspråktaget för odling och bebyggelse långt före perioden som står i fokus för denna studie. Inte minst den stora mängden röjningsröseområden, av vilka flera undersöktes i samband med omdragningen av riksväg 23, visar att det här redan under yngre bronsålder och äldre järnålder fanns en agrar ekonomi med stor påverkan på det omgivande landskapet. Socknen är för övrigt ur ett nordskånskt perspektiv ovanligt rik på traditionella fornlämningar som gravar, stenåldersboplatser och skålgropsförekomster (jfr Carlie i denna volym).

Över hälften av byarna i Stoby karterades under 1690-talets sista år och början av 1700-talet. Dessutom genomförde den omsorgsfulle lantmätaren Gabriel Norström ett par tidiga utmarksskiften omkring 1750. Tyvärr renritades aldrig huvuddelen av Stoby socken i samband med produktionen av den Skånska rekognosceringskartan under åren 1812–20. Detta innebär att de möjligheter till översiktsbilder av landskapet strax före den agrara revolutionen som föreligger över nästan hela Skåne i övrigt saknas här.

Landskapets organisation och innehåll kring sekelskiftet 1600/1700 uppvisar flera för skånsk skogsbygd typiska karaktärsdrag. Som tidigare nämnts utgör dock Stoby socken en övergångsbygd i flera bemärkelser. Kulturlandskapsmässigt ligger den mellan ren skogsbygd och risbygd i sydost. Den landskapliga variationen förklaras i hög grad av att området ligger i en geologisk gränszon, där morän uppträder omväxlande med sand, grus och isälvsavlagringar (jfr Lagerås i denna volym). Den mest intensivutnyttjade marken under historisk tid har legat i sand/grusområdena, exempelvis i Almaåns dalgång, medan utmarkerna i stor utsträckning varit knutna till moränen. Jordartsmässigt rör det sig nästan överallt om mark som varit lämplig för odling långt tillbaka i tiden. Så återfinns exempelvis de flesta av socknens bevarade röjningsröseområden på moränmarkerna (jfr Carlie i denna volym).

Bebyggelsen

Enligt Gillberg (1767) består Stoby socken under 1700-talet av cirka 15 jordregisterenheter (se nästa sida). Till skillnad mot stora delar av den övriga skogsbygden ligger nästan all bebyggelse i byar. Det rör sig dock inte om några stora enheter. Störst är byarna Grantinge och Röinge i sydost, vilka vid lantmäteriförrättningarna omkring år 1700 hyste ett tiotal gårdar vardera, och Ballingslöv längre norrut. Den geografiskt sett centralt belägna kyrkbyn är däremot betydligt mindre. De enstaka hemmanen är alla lokaliserade till socknens ytterkanter, t.ex. Pinkatorpet längst i norr och Skogbro i sydost.

Under nyare tid har endast en huvudgård funnits i socknen, Hässleholm, belägen nära Finjasjön i sydväst, i utkanten av dagens stadsbebyggelse. Gårdens äldsta historia är okänd men den var sätesgård senast under 1600-talets första hälft; som huvudgård kan den dock ha ett äldre ursprung, eventuellt i medeltid (Linneroth 1954). Enligt Gillbergs uppgifter hörde vid 1700-talets

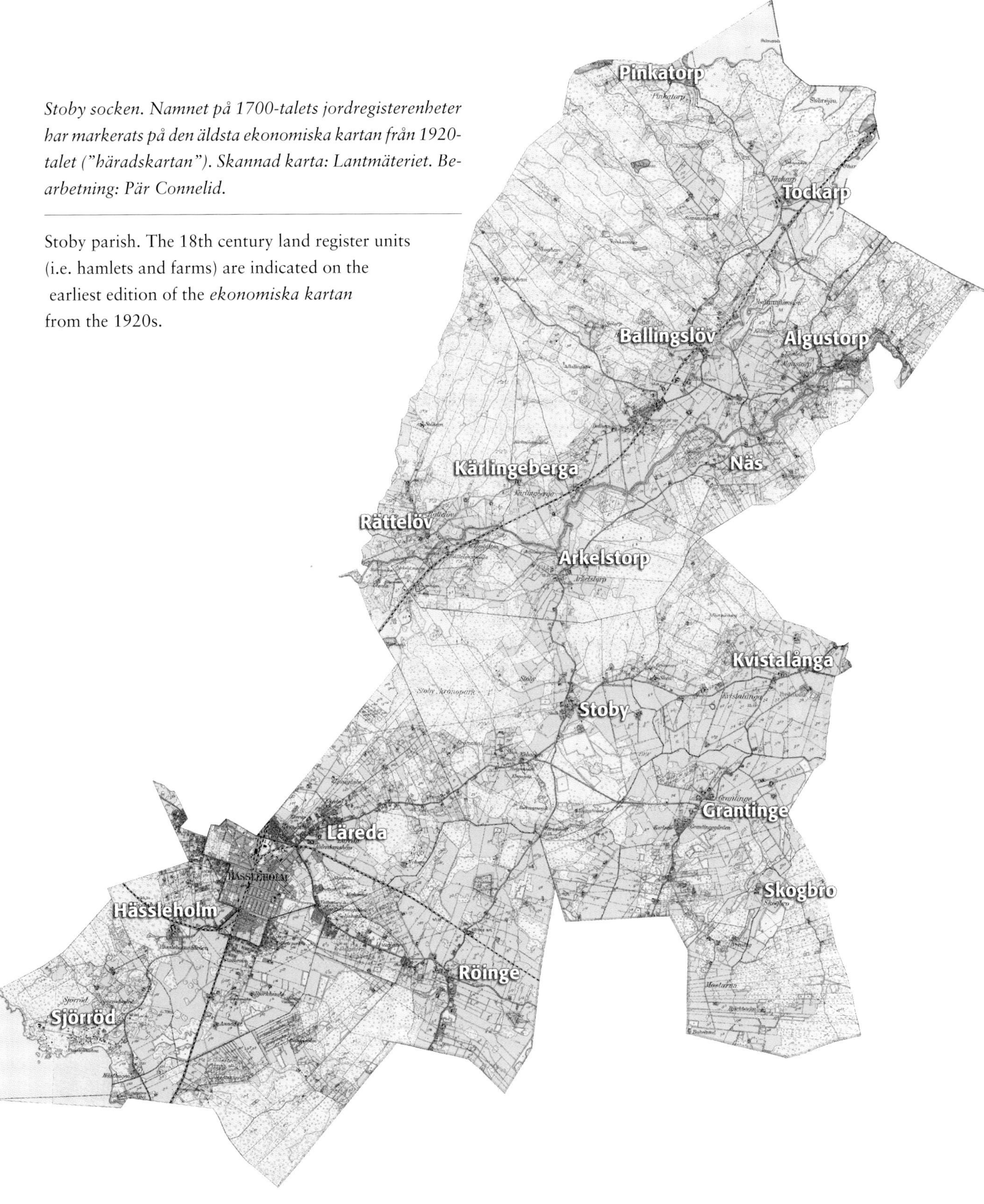

Stoby socken. Namnet på 1700-talets jordregisterenheter har markerats på den äldsta ekonomiska kartan från 1920-talet ("häradskartan"). Skannad karta: Lantmäteriet. Bearbetning: Pär Connelid.

Stoby parish. The 18th century land register units (i.e. hamlets and farms) are indicated on the earliest edition of the *ekonomiska kartan* from the 1920s.

mitt 6 insockne- och utsockne frälsehemman samt 14 insockne "torp eller hus" till Hässleholmsgården.

Odlingssystemet och åkermarken

Odlingssystemet, eller fredningssystemet med Dahls terminologi (1989:74ff), i Stoby socken är liksom i praktiskt taget hela den övriga nordskånska skogsbygden *ensäde*. Som man kan förvänta sig finns därför på flera ställen endast en vång, där även större delen av slåttermarken är belägen.

I en stor del av socknen bedrivs emellertid ensädet inom ramen för ett system med två vångar. Den här typen av fredningssystem benämner Dahl *samsäde* (1989:117). Termen samsäde syftar på att de båda vångarna varje år bytte plats i växtföljden korn – råg. För två av byarna i Stoby socken som tillämpade detta fredningssystem vid tiden för de äldsta kartornas upprättande, Grantinge och Rättelöv, uppges att kornet såddes tillsammans med havre. I likhet med Dahl får vi anta att det är organiserandet av betet som ligger bakom uppdelningen på två vångar. Eftersom rågvången stängdes tidigt på våren kunde kornvången utnyttjas för bete ytterligare några veckor och omvänt kunde rågvången öppnas tidigare för betesdjuren efter skörden. Möjligheten att utnyttja sädesvångarna för bete har under ganska lång tid varit ett viktigt komplement till magra utmarker.

I Arkelstorp finns en hägnad kvar i inägomarkens mellersta del ännu vid laga skiftet 1839, vilket tyder på att ensädet även här bedrivits inom två vångar. Antagandet stöds av formuleringar i en byordning från 1776, där det bl.a. talas om oskicket att över ängar och vägar köra *"med harf av ena wången i den andra* " (Erixon & Ljung 1955:222). Även kyrkbyn i Stoby verkar ha haft två vångar; uppgifterna i Lunds stifts landebok från omkring 1570 talar om östra respektive västra vången på prästgårdens mark. I texten till 1698 års karta över Algustorp sägs inägomarken vara uppdelad i två vångar: *"...men dock inom een hägnadt, allenast een wäg som giör skillnat emellan wångarna...".* Trots att man även här alternerade mellan korn- och rågsådd kunde betet givetvis inte styras på samma sätt som i övriga tvåvångsbyar; det fanns ju ingen särskiljande hägnad mellan "vångarna".

I en strävan att minimera hägnadsarbetet ligger flera byar i vångalag med varandra, d.v.s. det saknas gärdesgårdar mellan vångar som gränsar intill varandra. En sådan hägnadssamverkan föreligger redan i slutet av 1600-talet mellan exempelvis Röinge och deras närmaste grannar Troedstorp och Gulastorp i Ignaberga socken. Med hänvisning till en byordning från år 1705 beskriver Dahl (1989:116) ett stort vångalag mellan Ballingslöv och omkringliggande hemman norr om Almaån. Hägnader saknas visserligen på flera ställen men kartmaterialet tyder inte på att den varit så långt driven som Dahl beskriver det. De olika vångarna avgränsas här i flera fall av vattendrag och på 1787 års karta över Kärlingeberga framgår klart att gården har sina ägor helt separerade från grannbyarna.

I de studerade byarna är det endast i Kvistalånga som en del av åkermarken trädas regelbundet; *"twå åhr säde emot fyra träde"* tillämpas här på en del ytor som enligt beskrivningen sägs vara nyligen upptagna i ängsmarken.

När det gäller avkastningen på åkermarken uppger lantmätarna mycket låga korntal. Från 1698 års karta över Algustorp kan följande belysande citat hämtas: *"...widh medellmåtigh åhrs wäxt berättas åboerne sigh ej kuna få mer än 2:a kornet effter kornet, när Torck åhr är mycket ringa och iblandt knapt uthsädet...".* Genomsnittsskörden,

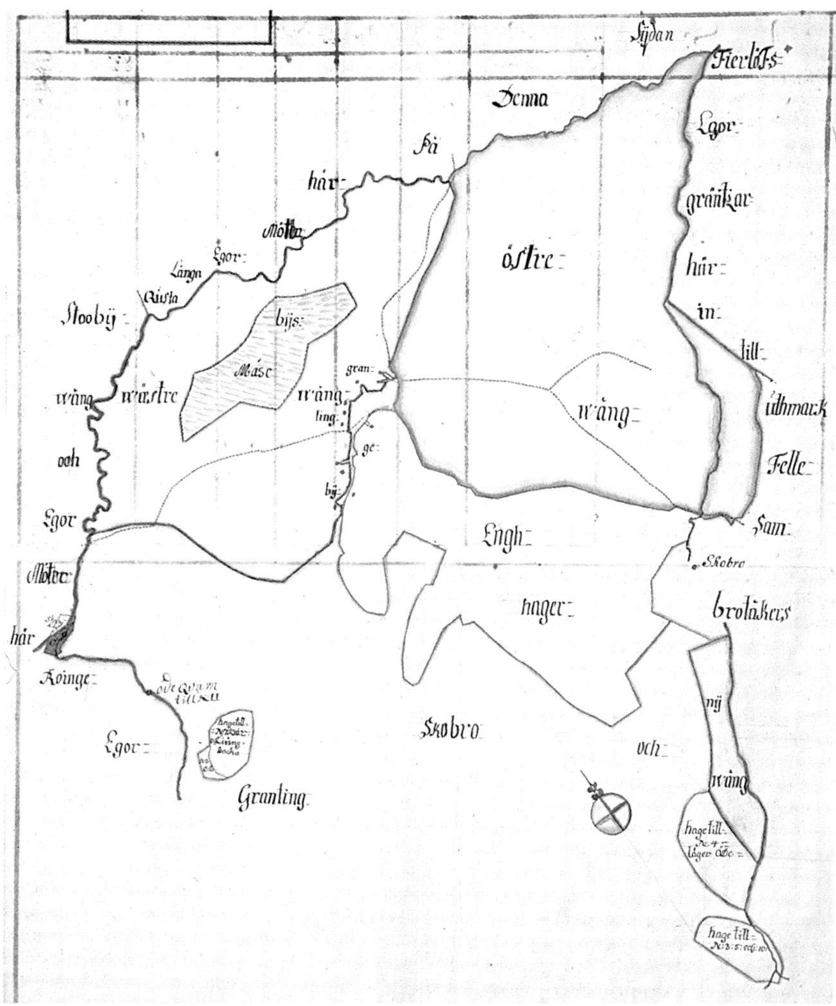

Systemet med två vångar i ensäde var mycket vanligt i Stoby socken och andra liknande områden i norra Skåne under 1600- och 1700-talen. Kartan utgör en översiktsbild som upprättades av lantmätaren Anton Ciöpinger i samband med den första karteringen i Grantinge by 1698, LMV akt nr K.117-7:1. I norr syns Wästre resp. Östre Wång, med bebyggelsen mitt emellan, i söder en änghage. Foto: Pär Connelid.

The two-field system with annual cropping was very common in Stoby parish and similar areas in northern Scania during the 17th and 18th centuries. The picture shows a key map from the survey of the Grantinge hamlet in 1698. The two fields, alternatively sown with rye and barley each year, are called Wästre and Östre Wång and are situated in the north. The village core is located between them. In the south is an enclosed wood pasture.

efter det att nästföljande års utsäde frånräknats, skulle här alltså enligt bönderna själva inte ge tillbaka mer än två tunnor på varje utsådd! I likhet med vad Lennart Palm (1997) hävdat för Halland bör man nog betrakta dessa uppgifter för vad de är, nämligen böndernas egna. Siffrorna torde vara undervärderade och det är rimligare att nivån på medelavkastningen legat någonstans mellan 3:e och 4:e kornet, såsom exempelvis uppges för Grantinge 1698.

Flera av de äldsta kartorna redovisar ödeåkrar (jfr citatet under ängsmarken nedan). I några av byarna har gårdarna över ett tunnland av sin åkermark liggande öde. Fenomenet är vanligt i många delar av landet under den här perioden. Sannolikt avspeglas den generella försämring av åkermarken som kunnat konstateras i andra skogs- och mellanbygder i södra Sverige under denna perioden (jfr Palm 1999). Ett intensivt odlingssystem på genomsläppliga jordar i kombination med hemmansklyvningar under 1500- och 1600-talen ledde inte sällan till ett överutnyttjande av marken. Under perioden skedde av allt att döma en allmän tyngdpunktsförskjutning i ekonomin inom många regioner med liknande förutsättningar som de i Stoby socken – med en ökande betoning på animalieproduktionen (jfr nedan).

Ängsmarken

Slåttermarkerna ligger vid tiden för de äldsta kartornas upprättande vanligen i samma vång som åkermarken. Grovt sett kan den delas in i två kategorier: större eller mindre arealer hårdvallsäng i anslutning till åkermarken i vångarnas centrala delar samt stora sammanhängande ytor på fuktigare mark i ytterområdena.

Torrängen är enligt kartornas beskrivningar överlag i mycket dåligt skick, mossblandad och ljunggången. Exempelvis anger 1712 års karta över Kvistalånga *”största dehlen som bara liung”*. En del av ängsmarken utgörs vid karteringstillfällena av ödeåkrar. I texten till 1698 års karta över Algustorp sägs att dessa *”äro mycket Ringa, och sombl: odugelige till ängh”*. På sidvallsängarna skördas mest starr. Dessa ytor består i flera byar delvis av kärr och andra extremt fuktiga ytor som är mycket svåra att hösta.

Ängsmarken innehåller en hel del träd, i vissa områden uppenbarligen i sådan omfattning att lantmätarna benämner det skog, troligen dock inte över större ytor. I hårdvallsängen dominerar ek och björk, i viss utsträckning även hassel. På fuktig mark växer mest björk och al. I beskrivningen till ovannämnda karta över Kvistalånga omnämns *”Biörkebuskasie”* (björkbuskage), vilket med största sannolikhet avser stubbskottshamlade träd. Stubbskottsbruket var den gängse metoden att beskära träd i stora delar av de lövskogsdominerade mellersta delarna av Skåne under 1600-talet och 1700-talen, liksom troligen även långt tidigare (jfr Emanuelsson m.fl. 1985:58ff).

Utmarkerna

Utmarkernas status under 1700-talet illustrerar Stobys karaktär av blandbygd. De mest skogrika trakterna återfinns i norra delen av socknen. Boken är vanligast bland träden på utmarkerna men också en del björk och al förekommer. På en karta över Hässleholms m.fl. gårdars utmark från 1745 omnämns ”toppfornad” bok, vilket väl närmast skall förstås som träd där överdelen är död eller skadad. Eken växte i första hand på inägorna och förekom ytterst sporadiskt på utmark. Vid Ballingslöv framträder på en karta från åren 1771–1780 en tydlig skoglig zonering, med den bästa bokskogen längst ut på utmarken och något sämre strax innanför. Närmast vången och bebyggelsen finns en större, praktiskt taget helt trädlös yta som helt domineras av ljung – *”Hela Ljung Ryet, med alla sina steniga backar”*.

Längre söderut finns också en del skog på utmarken men här är inslaget av ljunghed mycket stort i vissa avsnitt. I textdelen till 1698 års karta över Röinge by ges bl.a. följande karakteristik av utmarken:

> *”Uthmarken Består een deel af sandh och moojord öfwerlupin medh liung, een deel af gräsmarck, hwillken tragdt är bewuxin medh Bookeskoug...”.*

Trycket på Kvistalångas utmark har uppenbarligen varit högt under lång tid. Beskrivningen till 1712 års karta (även återgiven i Per Lagerås bidrag) skulle kunna vara hämtad från vilken skånsk risbygd som helst:

> *”...består delss af skarpa magra liungryd, delss sijdlänt måssachtig, tufwig och liungig marck, delss stenige liung backar som een dehlss med smått eenebuskasie bewäxt är, som är all den skog de på sine egne ägor hafwa både till sine giärdzlegårdars hägnande som och till wedebrand...”*

I Grantinge finns 1698 *”en lijten bokeskog hwarpå kan, när ollonwäxt ähr, till ett heelt hemman giödas 8 Swijn”*.

Utmarkerna var fram till de första delningarna omkring 1750 i allmänhet samfällda mellan flera enheter. Ett under lång tid hårt utnyttjande av utmarkerna ledde dock fram till otaliga tvister. Flera sådana tvisteområden framträder i kartmaterialet från norra Skåne. 1749–1751 utreds bl.a. ett sådant område mellan Röinge och Grantinge.

Hägnaderna

Hägnadstyperna varierar av allt att döma ganska mycket i Stoby socken. I kartbeskrivningarna specifiseras de endast undantagsvis men för de två största byarna lämnas i alla fall upplysningar härom. I Röinge fördelar sig hägnadsmaterialen enligt 1698 års karta på följande sätt: risgärden (70%), stenmurar (27%) och ”skeegiärden”, d.v.s. trägärdesgårdar (3%).

I Grantinge finns i slutet av 1600-talet endast trähägnader, vilket sannolikt betyder både risgärden och ordinära trägärdesgårdar. I likhet med förhållandena i Röinge torde även här risgärdena ha dominerat starkt.

Byordningarna från Stoby socken omnämner tre typer av hägnader, ”Flättegärden”, ”Brötagärden” och ”Läggegärden”. Den förstnämnda typen konstruerades med flätat ris och skulle enligt byordningarnas bestämmelser vara 2 alnar (1,20 m) höga. Ett brötegärde, eller bråtegärde som det också kallades, var en enklare typ av hägnad och kunde bestå av ris, kvistar och grenar från en mängd olika trädslag. Ett grundläggande drag för bråtegärdena var att det lättare materialet fixerades med genomträdda störar (vanligen av en) eller tyngre träd ovanpå. Byordningarna föreskriver här en höjd på 2,5 alnar (1,50 m) samt att de skulle vara *”så faste at de eij lätteligen rifwas”*. Termen läggegärde avser troligen ris som *lagts* på stenbotten (Dahl 1989: 71), d.v.s. en slags halvgärdesgård som skulle vara 2,5 alnar hög.

Dominansen för trähägnaderna, i första hand sådana som konstruerades med ris, är således mycket stor. Valet av trä som primärt byggnadsmaterial avspeglar delvis områdets karaktär av skogsbygd. Den stora användningen av ris visar dock att *högvuxen* skog, från vilken material till solida hägnader av typen hankgärdesgårdar kunde tas, i hög grad saknades under 1700-talet. Riset till hägnaderna, sannolikt mest enebuskar, hämtades till stor del på utmarkerna men även bland träden i slåttermarkerna.

Hägnadsunderhållet var noga reglerat gårdarna emellan. Det rörde sig här om plikter som var förknippade med ansenliga arbetsinsatser, vilket lätt förstås om man betänker att den sammanlagda längden på hägnaderna i exempelvis Röinge 1698 översteg 13 kilometer. Arbetet bestod ju inte enbart i den nästan dagliga tillsynen av hägnaderna under växtsäsongen, då djuren under inga omständigheter fick komma in i vången, utan även av ett kontinuerligt reparerande av trasigt och uttjänt material. Ibland uppfördes naturligtvis också helt nya gärdesgårdar. Hägnadernas oerhörda betydelse framträder tydligt i byordningarna. Bestämmelserna i dessa handlar ofta, i upp till hälften av fallen, om förseelser som på ett eller annat sätt är relaterade till hägnaderna.

Utgångspunkter för retrogressiv analys – en närmare titt på några byar

I det följande ska vi försöka närma oss processerna som format det sena 1600- och tidiga 1700-talets landskap i Stoby. Analysen kommer, som nämndes inledningsvis, att fokusera på några för landskapets historiska och rumsliga dimensioner viktiga företeelser, nämligen:

- den bandparcellerade marken
- bebyggelsen
- gärdessystemen

Intresset riktas i första hand mot de byar som har geometriska avmätningar från tiden omkring 1700, i ett par fall även på enheter där den äldsta kartan utgörs av laga skifteskartor. Sammanlagt ett tiotal byar har studerats. Som nämndes inledningsvis har undersökningarna av respektive karta inte gått på djupet; arbetet har istället koncentrerats till en rumslig analys av själva kartbilden samt en excerpering av de bebyggelserelaterade marknamnen i beskrivningarna.

Den bandparcellerade marken

Åkermarken i kartmaterialet från Stoby socken domineras av långsmala tegformer. Bilden varierar dock och det förekommer alltifrån byar med nästan fullständigt bandparcellerad åker till sådana med endast en mindre del. Även slåttermarken är i varierande utsträckning tegskiftade, delvis i mönster som visar att parcelleringen skett samtidigt med åkermarken.

Till byarna med nästan fullständigt tegskiftad åkermark hör Grantinge och Kvistalånga. I Rättelövs två vångar framträder ett intressant mönster på den äldsta kartan från 1698 (se s. 448). I den östra vången finns både långsmala ytor och flera tydliga indikationer på att dessa i ett tidigare skede kan ha varit ännu vanligare. I den västra vången finns endast några få bandformiga tegar; istället dominerar här de oregelbundna och terränganpassade ytorna starkt. Den by vars åkermark uppvisar störst variation i tegmönstret är Röinge. Bandparcellstrukturen framträder där mycket tydligt i vissa avsnitt, medan andra präglas av större sammanhängande ytor, ibland med oregelbunden form. Bland de enstaka hemmanen har endast Kärlingeberga studerats och där dominerar de oregelbundna tegformerna.

Ägomönstren i de analyserade byarna uppvisar ingen högre grad av systematik, i varje fall inte någon som kan sättas i samband med en regelbunden fördelning enligt bol- eller solskiftesprinciperna. I detta avseende liknar Stoby-bebyggelsen den i Halland, där den många gånger strikta tegindelningen inte heller uppvisar någon regularitet i ägandet. I tvåvångsbyarna verkar ägofördelningen överlag vara någorlunda jämn, d.v.s. de flesta gårdarna äger del i båda vångarna.

I kartan på nästa sida redovisas en datorbearbetad version av den äldsta kartan över Kvistalånga, upprättad 1712 av lantmätaren Zacharias Almgrehn. I kartbilden, som endast återger ägofördelningen i åkermarken till gårdarna nr 1 och 2, framträder uppsplittringen på ett mycket stort antal långsmala tegar tydligt. Ägomönstret ger vid en första anblick nästan intrycket av slumpmässighet över hela ytan.

En närmare granskning av tegfördelningen i Kvistalånga 1712 ger dock vid handen att några av gårdarna följs åt, vilket sannolikt avspeglar någon form av genetisk samhörighet. Ett ganska tydligt sådant samband finns mellan gårdarna nr 1 (byns största) och 2. Det torde här knappast råda något tvivel om att den senare avsöndrats ur den förra. Kopplingen mellan de båda gårdarna framgår också av att de i början av 1700-talet ligger intill varandra, något separerade från den övriga bebyggelsen. Gårdstomterna ligger alldeles intill en stor toftåker som för övrigt i sin helhet ägs av gård nr 1; gård nr 2 saknar egen toft. Ett liknande samband verkar föreligga mellan gårdarna nr 4, 6 och 7, där de två sistnämnda troligen avsöndrats ur nr 4. Sistnämnda gården har i likhet med nr 1 en stor toftåker alldeles intill (söder om) gårdstomten, där endast nr 6 äger en liten del. Som en konsekvens av denna översiktliga analys, skulle man alltså kunna föra tillbaka 1712 års ägoförhållanden på en situation med *två* huvudsakliga ägodomäner i byn.

Som framgår av kartan på nästa sida rör det sig i Kvistalånga inte om något *helt* igenom konsekvent geometriskt mönster av likstora tegar; bland de övervägande långsmala åkrarna förekommer t.ex. ett flertal betydligt bredare ytor. Deras utseende på den drygt 100 år yngre laga skifteskartan (1826–1834) avslöjar dock att de tidigare varit uppdelade på smalare ytor. I ett par fall visar laga skiftesakten att större ytor sannolikt *är* uppdelade i början av 1700-talet, men eftersom båda teghalvorna har samma ägare har lantmätaren valt att inte rita ut teggränsen 1712. De formmässiga skillnaderna i 1712 års karta förklaras således dels av ägoförhållandena vid tidpunkten i fråga, dels av att ett ursprungligt indelningsmönster förändrats vid olika tillfällen fram till den äldsta karteringen. Byten, köp, hemmansklyvningar (jfr ovan) och mer generella omfördelningar av marken har lett till att det ursprungliga tegmönstret kommit att omformas.

Exakt hur de enskilda tegarna varit avgränsade i 1700-talets Stoby-landskap är svårt att avgöra. Mot bakgrund av att Stoby socken i allt väsentligt präglas av ganska stenfattiga jordarter och att bevarade fossila bandparceller i området utgörs av terrasskanter (jfr nedan), är det troligt att sådana former varit mycket vanliga långt fram i tiden. En intressant uppgift kan i detta sammanhang hämtas från byordningarna. En byordning från just Kvistalånga från år 1772 talar i 7:e paragrafen om *"fårorne mellan märckesstenarne"* och att man ej ska *"lägga nye gångestigare öfwer*

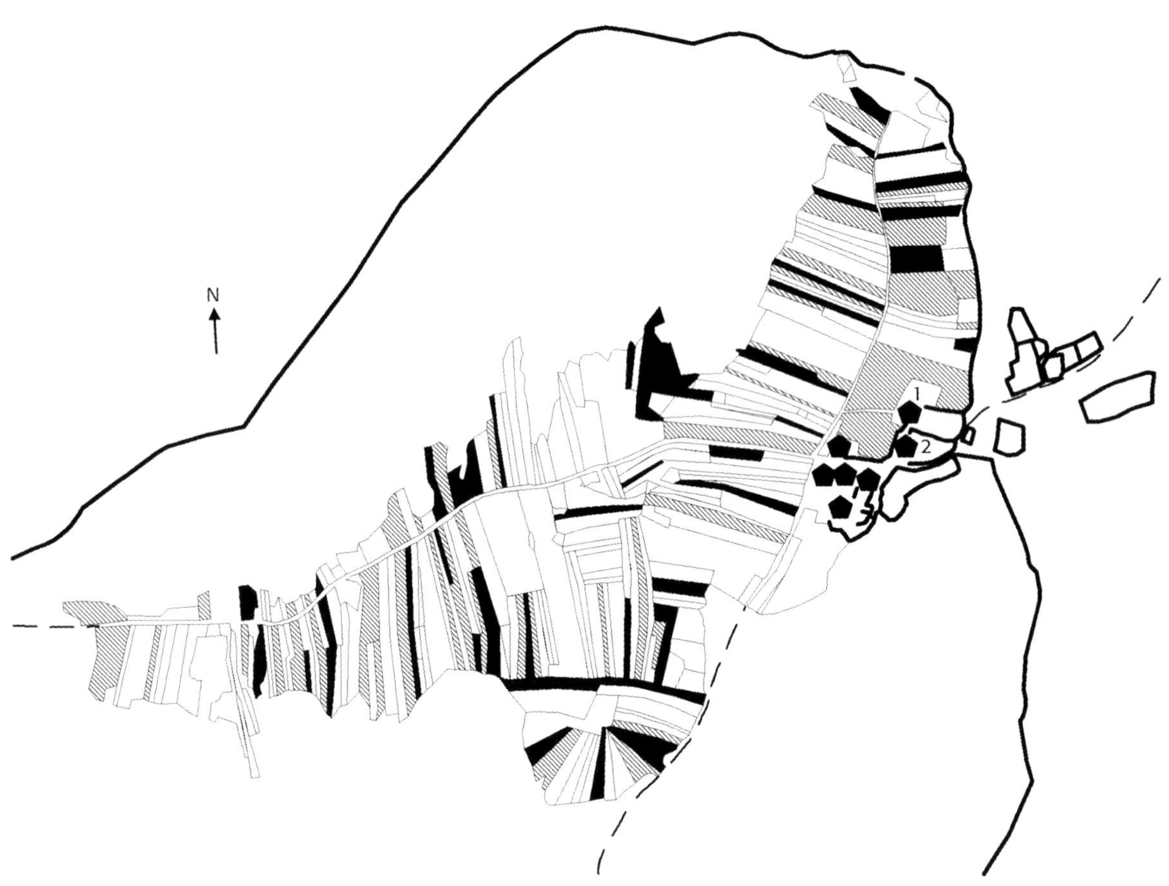

Datorbearbetad detalj från 1712 års karta över Kvistalånga by, LMV akt nr K.117-11:1. Endast åkertegarna till gård nr 1 och 2 redovisas. Bandparcellmönstret i åkermarken framträder tydligt. Karta: Pär Connelid.

Digitally processed detail from the 1712 cadastral map of Kvistalånga. The allotments in the arable belonging to farm nos. 1 and 2 are marked. Notice the evident strip field pattern in nearly all the arable.

åckrarna utan följa fårorne". Formuleringarna tyder på att tegarna varit separerade av fåror, vilka i ytterändarna varit permanent markerade med stenar. Dessa uppgifter är intressanta mot bakgrund av att det under senare år på några platser i Halland framkommit grunda rännor/fåror i lägen som motsvarar kartmaterialets teggränser. De stratigrafiska omständigheterna tyder på att dessa i flera fall kan vara mycket gamla och eventuellt utgöra ett av parcelleringens ursprungliga drag, åtminstone i områden med stenfattiga jordar (Connelid 2001). En intressant parallell i detta sammanhang är också den fossila åkermarken vid Borups Ris, som nämndes tidigare. De enskilda parcellerna är där avgränsade av (stenfyllda) rännor (Steensberg 1983).

Fossila bandparceller i Stoby socken

Den bandparcellerade marken i kartmaterialet från Stoby uppvisar alltså stora likheter med halländska förhållanden. Att bandparcellerna har hög ålder visas bl.a. av att de ibland endast svagt "lyser igenom" kartbilderna; fragmenteringsgraden visar här således ett mönster vars ursprungliga syfte gått förlorat långt före karteringstillfällena. De långsmala tegformerna ger sig i dessa sammanhang vanligen till känna i form av taggiga ytterkonturer i åkermarken, långsmala impediment och röjningsrösen på rad.

Även delar av slåttermarken är, som redan nämnts, bandparcellerad i samma mönster som åkrarna. Dessa slåtterytor uppträder antingen som en direkt fortsättning på åkertegarna eller i separata avsnitt. Kartbeskrivningarna upplyser i flera fall om att det här rör sig om tidigare åkermark. Nedanstående karta visar ett utsnitt ur Grantinges östra vång, där detta mönster framträder mycket tydligt.

För att försöka bekräfta att den bandparcellerade marken i de äldsta kartorna från Stoby har ett ursprung i ett äldre skikt av markindelningar, liknande de som tidigare diskuterats, genomfördes en stickprovsmässig inventering i några byar. Några mer eller mindre slumpmässigt utvalda områden besiktigades under knappt en arbetsdag i oktober 2001. Mot bakgrund av den korta tid som ägnades inventeringen kunde givetvis inga stora ytor genomsökas. Arbetet koncentrerades till Arkelstorp och Stoby samt några mindre områden i Kvistalånga och Grantinge byar.

Stoby socken hyser enligt fornminnesregistret flera lokaler med fossilt odlingslandskap, dock ingen där det explicit anges att det är fråga om

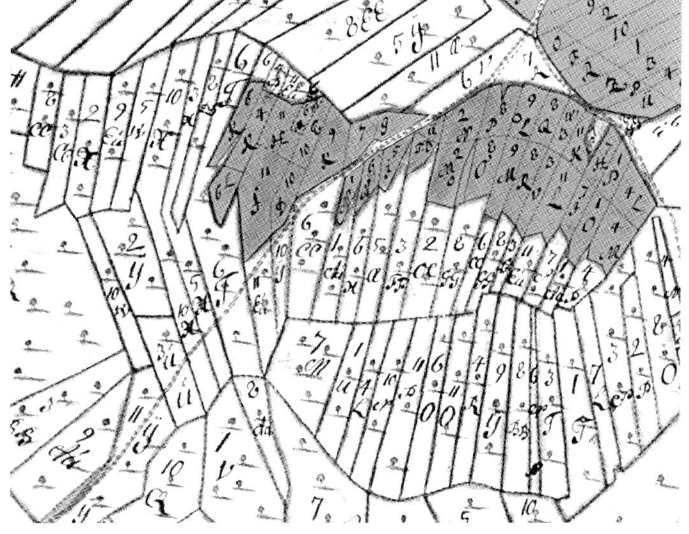

Utsnitt från 1698 års karta över Grantinge by, LMV akt nr K.117-7:1: delvis uppodlat parti av slåttermarken i den östra vången. Det småskaliga tegmönstret i ängen är detsamma som i den centrala delen av åkermarken (jfr avsnittet i bildens övre högra hörn), vilket tyder på samtidig markplanering. Åkerytorna markerade med mörkare nyans. Foto och bearbetning: Pär Connelid.

Detail from the earliest cadastral map of Grantinge (1698): partly cultivated area of the meadow. The small-scale field pattern is very similar to that of the main arable (seen in the upper right-hand corner of the picture), which indicates that the two areas were planned at the same time. Shaded area = arable.

bandparceller (åtminstone inte i texttabellen till den nuvarande digitala versionen av registret). Med erfarenheten från inventeringarna i Örkelljunga och Fagerhults socknar, som relaterades ovan, skulle antalet lokaler med fossila bandparceller dels kunna tänkas vara större än vad som idag är känt, dels kan det bland redan registrerad fossil åkermark finnas rester av äldre parcellsystem som inte uppmärksammats vid den ordinarie inventeringen (Connelid i tryck).

I Arkelstorp framträder bitvis ett ganska tydligt bandparcellmönster i både åker och äng på laga skifteskartan från 1839 (jfr kartbild på nästa sida). Här kontrollerades i första hand avsnitt strax utanför den moderna åkermarkens ytterkanter samt några större impediment. Förutom enstaka linjära former (främst låga terrasskanter eller jordblandade stensträngar) som inte kunde knytas till några vidare rumsliga sammanhang påträffades regelbundet utlagda parcellbegränsningar på tre ställen (se karta s. 434). På ett mindre impediment strax söder om åkröken i mellersta delen av byn finns minst tre parallella terrasskanter, vilka i stort sett överensstämmer med tegindelningen i slåttermarken på 1839 års karta. Terrasskanterna, vilka utgör en direkt fortsättning på laga skifteskartans åkertegar, visar att marken odlats i något skede före 1800-talets första hälft.

I nordöstra delen av inägorna på 1839 års karta, alldeles i övergången mellan dagens öppna jordbruksbygd och skog, påträffades ett drygt tre hektar stort område med mycket välbevarade bandparceller. Med tanke på det relativt centrala läget i byn, i en välbetad naturbetesmark alldeles intill gamla riksväg 23, är det förvånande att området inte uppmärksammats vid den reguljära fornminnesinventeringen. Utöver den fossila åkermarken påträffades i nordvästra delen ett gravröse (15 meter i diameter och ca en meter högt), beläget på krönet av ett mindre höjdparti. Strax intill röset finns ytterligare en gravliknande anläggning (stensättning).

De nyupptäckta fossila formerna ligger i nordostligaste delen av 1830-talets åkermark, på mark som då fungerade som äng. De är belägna på ett par mindre höjdryggar mellan modern åkermark i väster och två mindre, sent odlade ytor inne i dagens betesmark. Parcellbegränsningarna, som i de flesta fallen utgörs av 0,20–0,50 meter höga terrasskanter, sammanfaller helt med teggränserna i slåttermarken på 1839 års karta. Parcellbredderna varierar mellan 25 och 40 meter utom längst i norr, där det är drygt 50 meter mellan de två sista formerna. Terrasskanterna visar även här att det rör sig om fossila åkerytor och att den mark som under 1800-talet fungerade som äng i ett tidigare skede varit odlad.

I ett mindre skogsparti strax sydväst om ovannämnda område påträffades också långsmala former som delvis torde gå tillbaka på äldre markindelningar. Bland de övervägande sentida brukningsformerna (ytan har plöjts i smala tegar, sannolikt ända in på 1900-talet) finns ett par bredare jordvallar med samma orientering som parcellindelningen på 1839 års karta.

I socknens största fossila åkerområde (RAÄ 119), beläget en knapp kilometer västnordväst om Stoby kyrka, har också tydliga rester av en äldre parcellstruktur bevarats i några avsnitt. Den fossila åkermarken, som till största delen ligger i en vacker och mycket välbetad hagmark, omfattar hela 55 hektar och uppvisar en stor variationsrikedom. Formerna domineras av röjningsrösen av olika storlek och karaktär. I östra delen, strax norr om körvägen genom området, finns en illustrativ sekvens som avslöjar området strukturella och kronologiska utveckling. Närmast vägen ligger stora sammanhängande åkerytor som brukades vid tiden för laga skiftesförrättningen i Stoby kyrkby 1830–39. De kännetecknas av en mycket hög, dock ej fullständig, röjningsgrad. Röjningsrösena är stora och innehåller en hel del sekundärt deponerad sten (och block). Öster därom finns ytor som inte är i bruk på 1830-talet och där den senaste brukningsfasen kan ha infallit långt tidigare. Här är röjningsgraden lägre, med flera block kvarlämnade i marken, och röjningsrösena något mindre. Brukningsytorna avgränsas i flera fall av markerade terrasskanter orienterade i nordväst–sydost. Längst ut dominerar de ålderdomliga formerna helt; röjningsrösena är endast 3–5 meter i diameter och saknar helt sekundärt stenmaterial. I detta avsnitt finns också minst fyra parallella parcellbegränsningar bevarade, i form av meterbreda jordvallar/stensträngar. De är orienterade vinkelrätt mot de nyssnämnda yngre terrasskanterna längre västerut. Det råder här inget tvivel om att bandparcellerna representerar det äldsta iakttagbara skiktet i området. Detta utesluter naturligtvis inte att en ännu äldre fas dominerad av enbart röjningsrösen finns i området.

Enstaka stensträngar och terrasskanter, några relativt långa, i andra delar av det stora fornåkerområdet Stoby RAÄ 119 utgör troligtvis också rester efter äldre bandparceller. De påträffade långsträckta formerna, liksom utseendet på intilliggande åkermark i laga skifteskartan, antyder således att bandparcellstrukturen tidigare kan ha präglat stora delar av området. Som framgick av beskrivningen ovan finns åtminstone två iakttagbara yngre skikt i den fossila åkermarken som förklarar varför det äldre parcellmönstret nästan helt försvunnit.

De ytor som var i bruk vid 1800-talets mitt utgör emellertid endast en mindre del av områdets totalareal, varför huvuddelen av den fossila åkermarken torde ha övergivits dessförinnan. Av formspråket att döma kan detta mycket väl ha skett under medeltid. Utvecklingen i området liknar härvidlag situationen på många platser i Halland, där övergivandet av den fossila åkermarken som helhet verkar ha ägt rum i ett skede *efter* det att bandparcellerna förlorat sin betydelse.

Exakt vad som ligger bakom övergivandet av en så pass stor yta som det här är fråga om kan vi bara spekulera i. Möjligen kan en parallell till den ovannämnda Lärkesholmslokalen göras i detta sammanhang. Även i Stoby skulle övergivandet av det stora fornåkerområdet RAÄ 119 kunna sättas i samband med (avvecklandet av?) en eventuell storgård av något slag. Som framgår av Anne Carlies redovisning på annan plats i denna volym finns genom kyrkans breda västtorn indikationer på ett stormannainflytande i kyrkbyn. En huvudgård här skulle möjligen också kunna förklara varför kyrkan inte uppförts i någon av de större omkringliggande byarna.

Inventeringarna i Kvistalånga resulterade inte i några nyfynd av fossil åkermark, men här kontrollerades endast en mindre sträcka mellan dagens åker och skog norr om vägen genom byn. Uppodlingen under 1800-talet verkar dock här ha resulterat i att all odlingsbar mark tagits i anspråk, varför möjligheterna att hitta fossila former sannolikt är mycket små. I västra delen av Grantinge påträffades några parallella terrasskanter i en beteshage, vilka inte ser ut att ha brukats under de senaste 150 åren. Orienteringen på ytorna stämmer dock inte med den på 1698 års karta.

Den begränsade inventeringsinsatsen får trots allt sägas bekräfta antagandet om att kartmaterialets bandparcellmönster i de flesta fallen ytterst går tillbaka på markindelningar av hög ålder. I likhet med vad som kunnat visas i framför allt Halland kan vi hypotetiskt räkna med att dessa etablerats redan under vikingatid eller tidig medeltid. Rent

Utsnitt från 1839 års laga skifteskarta över Arkelstorp, LMV akt nr K.117-3:1. Huvuddelen av åkermarken (mörkare nyans) är indelad i långsmala tegar. Foto och bearbetning: Pär Connelid.

Detail from the 1839 *laga skifte* (enclosure) map of Arkelstorp. Nearly the whole arable (shaded areas) is subdivided into strip fields.

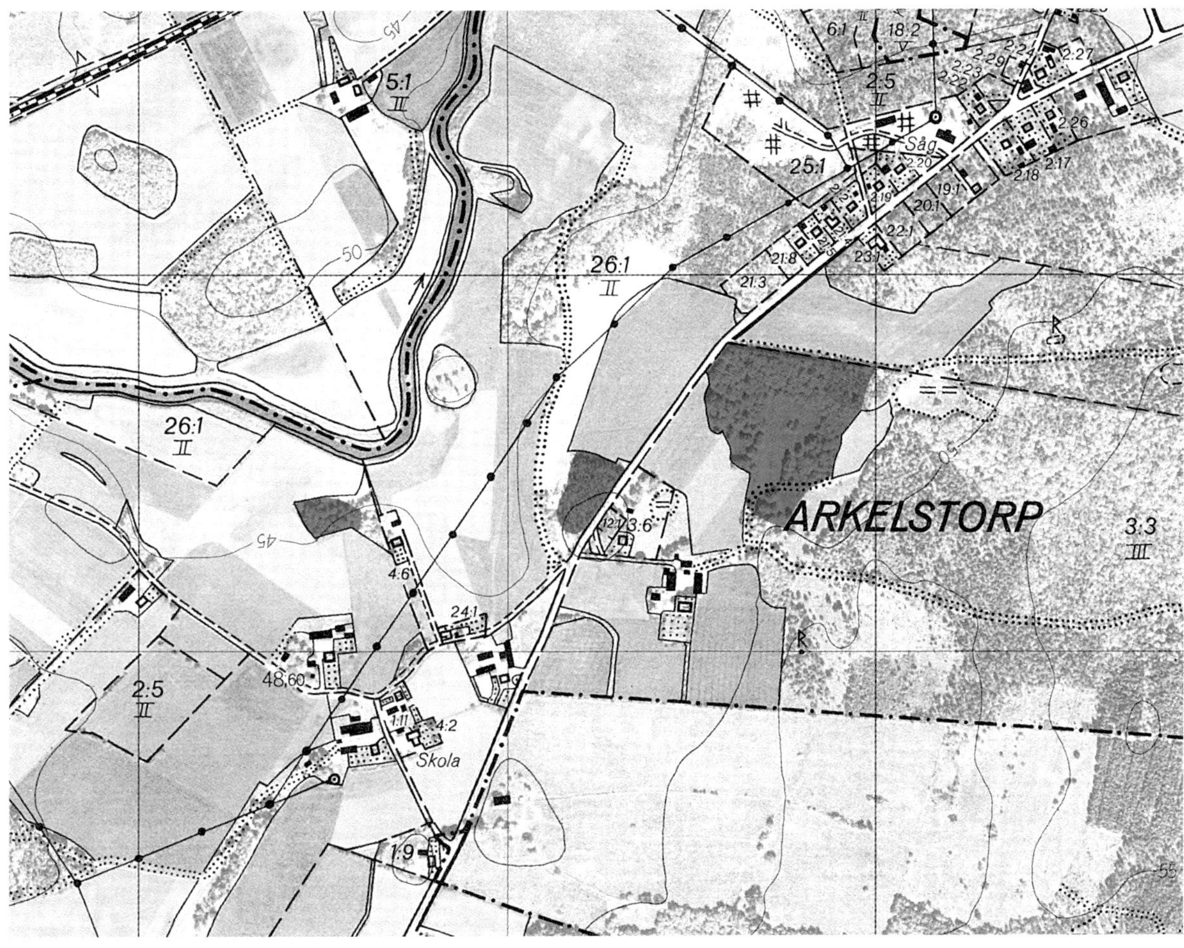

Utsnitt från 1970-talets edition av ekonomiska kartan över Arkelstorp (bladet 3D6f). De mörka partierna visar ytor med bandparcellerad fossil åkermark som påträffades under inventeringsarbeten i oktober 2001. Åkröken kan användas för en jämförelse med laga skiftekartan (föregående sida).

Detail from the 1970s edition of the *ekonomiska kartan* of Arkelstorp (sheet 3D6f). The shaded areas show where fossil strip fields were found during a day-long inventory in october 2001. The ox-bow can be used for comparison with the *laga skifte* map (previous page).

fysiskt har de sedan under mycket lång tid varit en central del av landskapsinnehållet i Stobybyarna, i många fall ända fram till 1800-talets laga skiften.

Bebyggelsen

Som vi tidigare konstaterat ligger de flesta gårdarna i Stoby socken under 1600- och 1700-talen i byar. Flertalet kan i bebyggelsegeografiskt hänseende karaktäriseras som "klungbyar", d.v.s. mer eller mindre lösligt grupperade enheter som i fysiskt avseende inte uppvisar några reglerade drag (se karta nästa sida). Några av byarna återfinns i vägkorsningar, där de enskilda gårdarna antingen ligger i korsningarnas mitt eller på ömse sidor om något av vägstråken. I kyrkbyn Stoby och socknens största by Grantinge är gårdarna något mer utspridda, men det rör sig likväl om en ganska samlad bild.

De äldsta kartorna redovisar inte bebyggelsen i detalj utan endast i form av hussymboler, varför det inte går att avgöra hur många byggnader som finns på respektive tomt. Däremot varierar storlekarna på tomterna, liksom även på hussymbolerna, vilket innebär att storleksrelationerna mellan gårdarna i grova drag framträder. Flera av kartorna redovisar en ganska långt gången hemmansklyvning redan i slutet av 1600-talet; exempelvis hyser ett av hemmanen i Grantinge hela tre brukare 1698 och på många av de andra finns två åbor.

I likhet med stora delar av landet i övrigt uppträder Stoby-bebyggelsen före den agrara revolutionen ofta i mycket nära anknytning till utmarkerna. Detta gäller nästan undantagslöst för både byarna och de enstaka hemmanen. Bebyggelsen ligger omedelbart intill utmarken eller endast ett kort stycke in på inägomarken. I tvåvångsbyarna återfinns bebyggelsen mitt emellan vångarna och gärdesgränserna bildar här långa fägator mot utmarken. För tvåvångsbyarna inställer sig spontant frågan under vilka omständigheter som koncentrationen av bebyggelsen uppkommit, d.v.s. huruvida den är äldre än gärdesindelningen eller om den funktionellt sammanhänger med denna. Vi återkommer dock till den problematiken i diskussionskapitlet nedan.

Anknytningen till utmarkerna är således mycket tydlig. På 1698 års karta över Algustorp ligger t.o.m. en av gårdarna (dock öde vid karteringstillfället) ute på själva utmarken, ett stycke ifrån den övriga bebyggelsen. Det torde inte vara alltför djärvt att påstå, att en flyttning av bebyggelsen ägt rum här. Omlokaliseringen bör ha skett relativt nära inpå karteringstillfället 1698, eftersom åkermark då nästan helt saknas intill den aktuella gården.

Även stora delar av bebyggelsen i Röinge kan i praktiken sägas ligga på utmarken. På den äldsta kartan från 1698 återfinns gårdarna mellan en stor vång i söder och en mindre vång samt flera mindre lyckor i väster respektive norr (jämför kartorna på detta och nästa uppslag). Här går det också att argumentera för att omflyttningar i bebyggelsen har skett. Exempelvis återfinns de fem nordligaste gårdarna (nr 7–11) utanför den stora vången och för ett par av gårdarna saknas intilliggande åkermark helt. Om vi antar att myllret av små lyckodlingar omedelbart norr om gårdarna tillkommit ganska sent framstår gårdarnas placering som än mer sekundär. Tolkningen blir att bebyggelsen antingen flyttat från någon annan del av byområdet på 1698 års karta eller från platser i andra delar av inägorna. Det sistnämnda alternativet är fullt tänkbart för gård nr 10. Den har nämligen större delen av sitt åkerinnehav samlat i ett mer eller mindre sammanhängande sjok cirka en halv kilometer österut i vången, i gränsområdet

Utsnitt från 1698 års karta över Röinge, LMV akt nr K.117-22:1. Byn är ett bra exempel på de lösligt formerade "klungbyar" som förekom i norra Skåne (och andra delar av landskapet) vid tiden för de äldsta kartornas upprättande. Numreringen hänför sig till respektive hemman. Jämför kartan på nästa sida. Foto och bearbetning: Pär Connelid.

Detail from the earliest cadastral map of Röinge (1698). The 12 farms of Röinge are a typical example of the loosely agglomerated hamlets of northern Scania in the 17th and 18th centuries. The figures correspond to the numbering of the farms on the map.

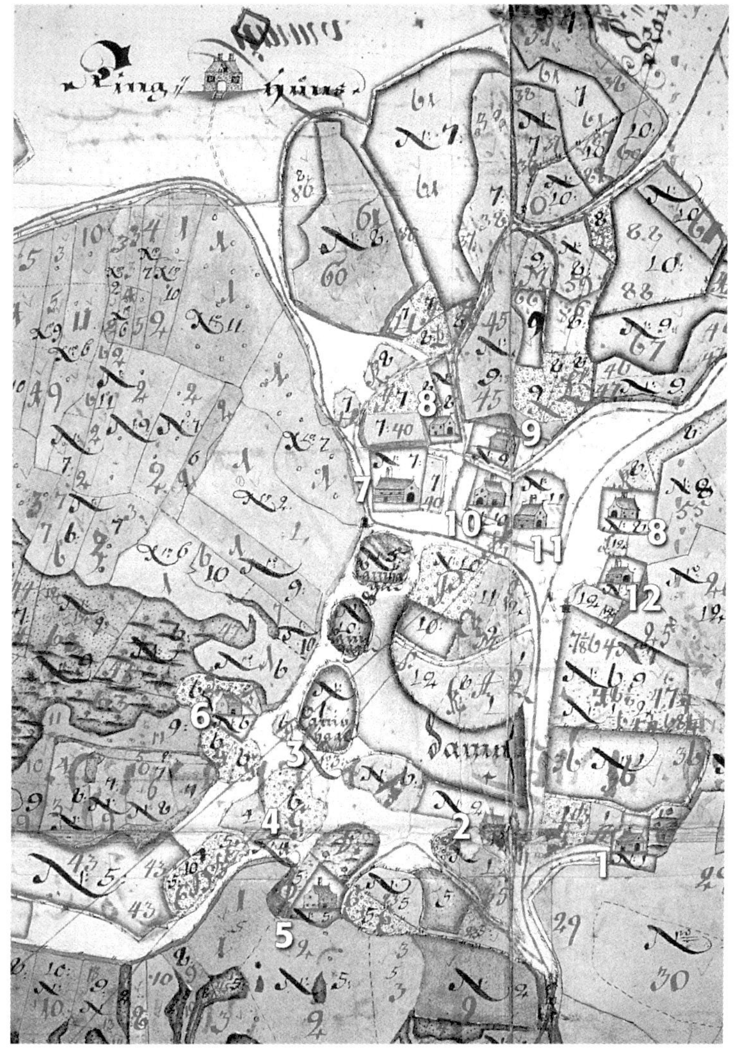

mellan åker och det stora slåtterområdet i norra delen av vången. Flera andra faktorer talar också för att bebyggelse kan ha funnits i detta område tidigare. Vi återkommer emellertid till detta i avsnittet om gärdessystemens utveckling nedan.

Sammantaget ger alltså redan bebyggelsens *rumsliga* formationer vid tiden för de äldsta karteringarna upphov till misstanken om att omlokaliseringar har ägt rum. Situationen i de exemplifierade byarna ovan tyder på att åtminstone några

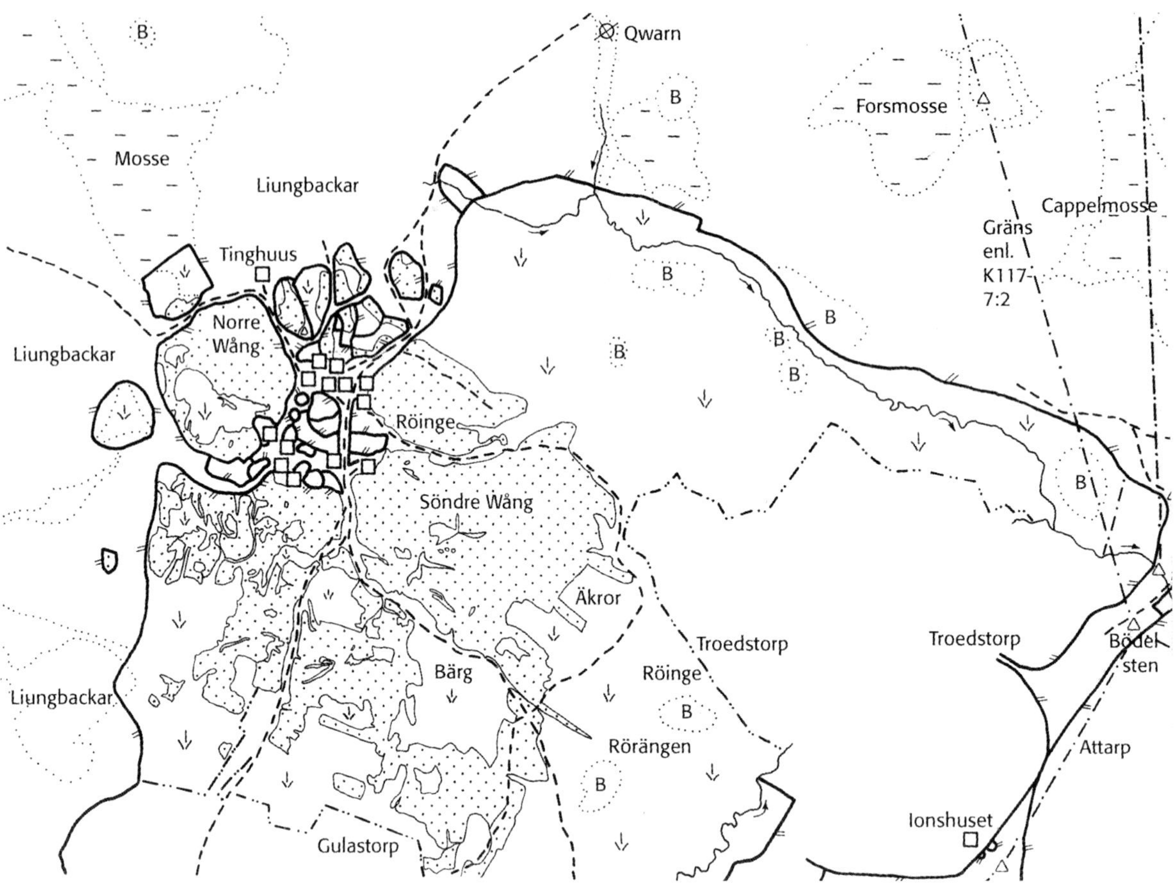

Historiskt kartöverlägg över Röinge by, baserat på den äldsta kartan från 1698. Prickade ytor = åkermark, grästuvor = äng, tjocka linjer med tvärstreck = hägnader, ofyllda fyrkanter = bebyggelse. Norr och väster om inägomarken vidtar utmark. Notera att hägnader saknas mot grannarna Gulastorp och Troedstorp. Kartöverlägg: Pär Connelid.

Historical mapoverlay of Röinge, based on the 1698 map. Dotted area = arable, tufts = meadow, thick lines = fences, open squares = farmsteads. To the north and west of the infield is the outland (common pasture). Notice that there are no fences towards the neighbouring farms in Gulastorp and Troedstorp.

av gårdarna på det sena 1600-talets bytomter flyttat dit relativt nära inpå lantmäteriförrättningarna. Exemplen företer en del gemensamma drag med den halländska utvecklingen, där en omfattande flyttning av bebyggelse från inägornas mer centrala delar mot utmarksgränserna kunnat konstateras. Bebyggelseförflyttningarna i Halland har varit en central beståndsdel i en allmän omstrukturering av odlingslandskapet från senmedeltid och framåt; en process som i allt väsentligt innebar en anpassning till animalieproduktionens ökande betydelse sedan senmedeltid (jfr Connelid 1999 samt Connelid & Rosén 1997).

Med dessa inledande tankegångar i bakhuvudet ska vi nu kontrollera om det med hjälp av marknamnen i det äldre kartmaterialet finns ytterligare indikationer på övergivna bebyggelselägen i åker- och ängsvångarna. Intresset kommer här i första hand att kretsa kring namn innehållande ordet *toft*. Vi inleder med en kort diskussion kring detta för dansk-skånsk bebyggelsehistoria så centrala begrepp.

Tofter och andra bebyggelseindikationer

Toftytor uppträder som bekant i närheten av 1600- och 1700-talsbebyggelsen i stora delar av Skåne. Marknamn innehållande ordet toft förekommer visserligen i varierande utsträckning även på andra ställen i vångarna, men tyngdpunkten ligger, åtminstone i de bäst kända södra delarna av Skåne, otvivelaktigt i nära anknytning till kartmaterialets bebyggelseområden. Dessa markytor har i samband med de senaste årens arkeologiska undersökningar i framför allt Sydskåne kopplats samman med inflyttningen till de historiskt kända bylägena under perioden vikingatid–tidigmedeltid (Carelli 2001:40ff o.d. anf. litt.). Tofterna, vars storlek kan variera avsevärt, antas ursprungligen vara resultatet av en geometrisk planering och har åtminstone vid tidpunkten för de äldsta medeltidslagarnas tillkomst utgjort beräkningsgrund för de olika avgifterna till kungen (Riddersporre 1995, Hoff 1997). Samvariationen mellan tofter och de historiskt kända bylägena tolkas som ett uttryck för lång platskontinuitet, ett antagande som också kunnat bekräftas i samband med arkeologiska undersökningar i flera sydskånska byar.

Toften har av allt att döma varit en central företeelse redan i övergången mellan förhistorisk och historisk tid. Dess betydelse har både varit fysisk, i egenskap av bebyggelseplats, men även institutionell, där kameral status och eventuellt även andelsrelationer kommit till uttryck. Den sistnämnda egenskapen har sannolikt också inneburit att toften fått en viktig ideologisk funktion, eftersom sociala relationer varit möjliga att avläsa. Exempelvis har *stora* tofter på flera platser kunnat knytas till större agrara bebyggelseenheter, t.ex. huvudgårdar av skilda slag (Riddersporre 1989, 1995 och i tryck). Tofternas *exakta* innebörd och ursprungliga utformning är emellertid svår att komma åt och forskningen kan inte sägas inta någon enhetlig ståndpunkt (jfr vidare nedan).

Toftproblematiken, eller överhuvudtaget frågor som sammanhänger med "bybildningen", har i mycket liten utsträckning varit föremål för analyser i norra Skåne. En starkt bidragande förklaring till detta är givetvis att större arkeologiska byundersökningar hittills inte genomförts. En bebyggelsegeografisk överblick saknas i praktiken helt för närvarande.

Stoby socken är, som redan påtalats, intressant från bebyggelsesynpunkt, dels därför att det rör sig om skogsbygd, dels för att här finns ett inte ringa antal ganska stora byar som uppvisar flera av de sydskånska dragen. Vi ska nedan först titta närmare på förekomsten av tofter i anslutning till

1600- och 1700-talets bebyggelse och i nästa steg även kontrollera hur pass vanligt förekommande tofter eller andra bebyggelseindikationer är i andra delar av vångarna.

Tofter i anslutning till 1600- och 1700-talets bebyggelse

Inte oväntat finns även i Stoby toftåkrar intill de äldre lantmäterikartornas bebyggelse. Vid samtliga det tiotal enheter som studerats här finns tofter i omedelbar anknytning till åtminstone delar av bebyggelsen. Särklassigt vanligast är ytorna som kallas *Toften*. Att det just är denna språkliga form – ordet toft i bestämd form singular – som dominerar, kan tolkas som att det verkligen är fråga om ytor med ett specifikt ursprung, inte enbart åkrar "som ligger intill" toften/tomten i dess mer inskränkta betydelse som bebyggelseplats. Toft-namn i slåttermarken är betydligt ovanligare; de verkar sekundärt ha namngivits efter intillliggande åkertofter. Exempelvis kallas "Skräppetoftängen" i Grantinges östra vång så därför att den gränsar till ett större sammanhängande åkerområde med namnet Skräppetoften.

All bebyggelse ligger dock inte intill toftytor. Flera gårdar återfinns ett bra stycke ifrån närmaste toftåker och vid några saknas de helt. Till gårdarna med toftåkrar på längre avstånd hör exempelvis de ovannämnda gårdarna i Algustorp och Röinge. Tofter belägna ett stycke ifrån bebyggelsen behöver givetvis inte alltid innebära att gårdarna flyttat utan kan lika gärna bero på att bebyggelsen tillkommit i ett skede när toftsystemet spelat ut sin roll.

Storleken på tofterna varierar en hel del men överlag rör det sig om relativt små ytor (se karta på nästa sida). I Grantinge förfogar emellertid ett par av gårdarna i byns västra vång över jämförelsevis stora tofter. Tofterna till gårdarna nr 3 (krono) och 11 (skatte) är omkring ett hektar stora men kan i ett tidigare skede ha varit ännu större. Situationen 1698 kan nämligen tolkas som att andra gårdar fått del i dessa tofter sekundärt. Båda hemmanen är med avseende på åkerinnehavet var för sig nästan dubbelt så stora som någon av de andra enheterna; dessutom brukar de varsin ödegård – nr 5 respektive nr 10. Mycket tyder på att gårdarna nr 3 och 11 dominerat utvecklingen i byn under en kortare eller längre period. De kan tidigare mycket väl ha haft karaktären av storgårdar. Som framgår av kartan på nästa sida intar gård nr 11 ett något avvikande, men i relation till utmarken mycket fördelaktigt, läge i förhållande till de övriga.

Även gård nr 1 i Röinge (byns största) ligger 1698 intill en toft av samma storlek som de ovannämnda Grantingegårdarnas.

I Kvistalånga finns 1712 ett par toftytor i direkt anslutning till ett par av gårdarna. I enlighet med resonemanget kring denna karta ovan skulle dessa hypotetiskt kunna avspegla två ungefär likstora "ursprungsenheter".

Förhållandena i Läreda ger upphov till flera frågor. I kartan på nästa uppslag visas ett datorbearbetat utsnitt från 1712 års karta. Byns fem gårdar ligger här i sydöstra delen av åker- och ängsvången, nära utmarken men innanför ett par halvstora ängslyckor. Strax innanför bebyggelsen grupperar sig ett flertal toftytor, där namnformerna "Toften" eller "Stora Toften" nästan undantagslöst är förbehållna de som ligger söder om vägen. Tofterna norr om vägen har istället sammansatta namn av typen "Kiörnestoften" och "Krooktoft". Det är oklart vad uppdelningen på två toftområden med olika namnformer står för, men en tänkbar förklaring är att det avspeglar en kronologisk skillnad. De enkla namnen söder om

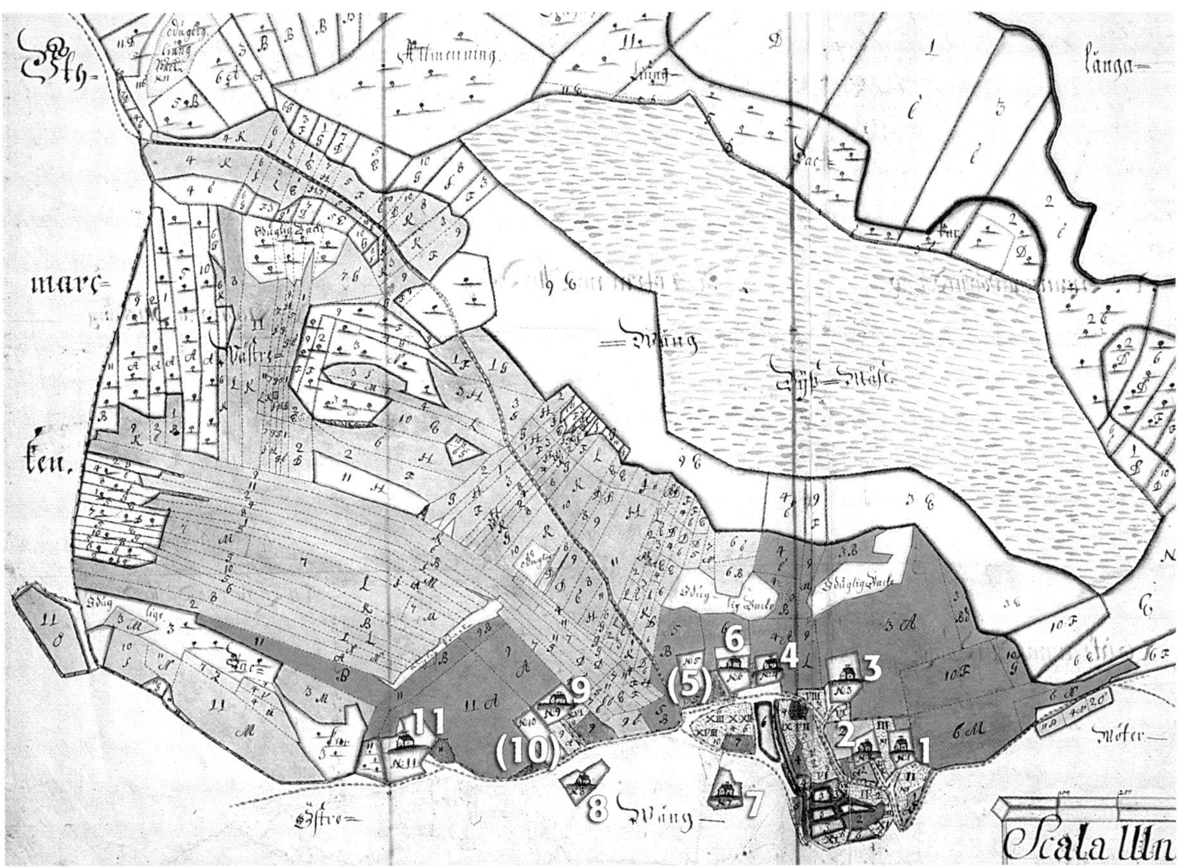

Utsnitt från 1698 års karta över Grantinge by LMV akt nr K.117-7:1: bebyggelsen och huvuddelen av åkermarken i den västra vången. Numreringen hänför sig till respektive hemman. Mörka ytor avser tofter. Notera de relativt stora tofterna i anslutning till gårdarna nr 3 och 11. Foto och bearbetning: Pär Connelid.

Detail from the 1698 map of Grantinge, showing the farmsteads and most of the arable in the western field. The figures correspond to the numbering of the farms on the map. Dark shaded areas = *tofter* (tofts). Notice the relatively large tofts close to farm nos. 3 and 11.

Datorbearbetad detalj från 1712 års karta över Läreda by, LMV akt nr K.117-15:1: inägovången med bebyggelse, åkermark och tofter (mörka ytor). Numreringen hänför sig till respektive hemman. Karta: Pär Connelid.

Digitally processed detail from the earliest cadastral map (1712) of Läreda, showing the whole infield with farms, arable and tofts (shaded areas). The figures correspond to the numbering of the farms on the map.

vägen skulle kunna representera tofter som senast haft aktualitet i någon mening, medan de sammansatta toft-namnen i norr utgör "övergivna" tofter hörande till ett äldre organisatoriskt skede (jfr Riddersporre 1995:92, 115 m.fl.).

Under alla omständigheter föreligger här ett flertal tofter ett stycke in i vången medan huvuddelen av bebyggelsen 1712 saknar direkt anknytning till sådana, eller större åkerytor överhuvudtaget. En rimlig förklaring till denna bild är att

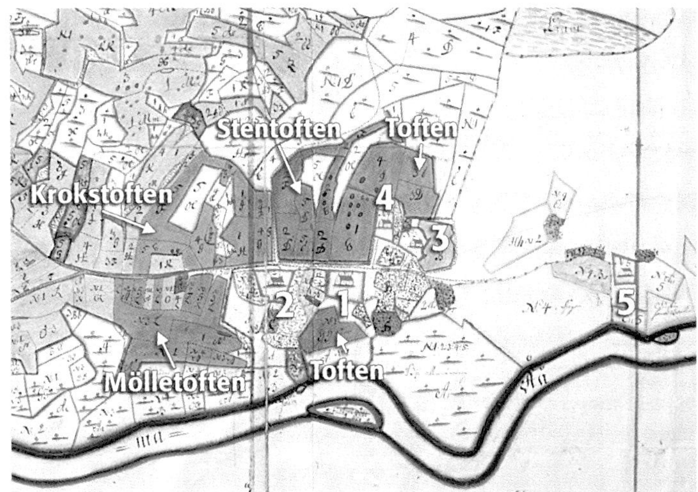

Utsnitt ur 1698 års karta över Algustorp, LMV akt nr K.117-2:1. Namnen på de flesta tofterna, liksom hemmansnumreringen har markerats i bilden. Notera gården nr 5 som ligger ett stycke ut på utmarken. Foto och bearbetning: Pär Connelid.

Detail from the earliest cadastral map of Algustorp (1712). Most of the toft-names and the numbering of the farms are shown in the picture. Notice the location of farm no. 5 – located a fair distance out in the outland.

kartans gårdslägen intagits relativt sent, som ett resultat av flyttningar. Exempelvis ligger gård nr 2 längst österut men är ägare till den västligaste av tofterna en bra bit in i vången. Förhållandena kan dock kompliceras av att en omfördelning av marken ägt rum i ett sent skede. En sådan skulle bl.a. förklara varför gård nr 3, med byns största markinnehav, endast har en liten toftyta på 1712 års karta. Denna är för övrigt den enda av toftytorna på norrsidan av vägen som har enkel namnform *Toften*; kanske rör det sig om själva den tidigare bebyggelseytan till gården i fråga. Gård nr 3 är ju 1712 lokaliserad långt i öster och saknar intilliggande åkermark.

En hypotetisk äldre struktur i Läreda skulle kunna bestå i att två ungefär likstora bebyggelser, motsvarande gårdarna nr 1, 2 och 5 respektive 3 och 4 existerade i området, belägna på var sin sida av den norra vägen. Vägen kan möjligen återspegla en äldre hägnadsdragning (jfr diskussionen kring förändringarna i gärdesstrukturen). Analysen av utvecklingen i Läreda ska inte föras längre i detta sammanhang. En fördjupad analys av 1712 års karta kombinerad med uppgifter från annat skriftligt källmaterial skulle sannolikt resultera i både fler och mer preciserade hypoteser kring de processer som lett fram till det tidiga 1700-talets bebyggelsesituation. Sammantaget är det emellertid mycket som talar för att bebyggelseutvecklingen i byn varit dynamisk. Hårddrar man analysen ovan är det kanske bara bebyggelseläget för gård nr 5 på 1712 års karta som har någon längre kontinuitet bakåt i tiden. De andra har antingen tillkommit som sekundära avsöndringar eller genom omflyttningar.

Situationen i Algustorp liknar den i Läreda. Här finns också två typer av toftnamn i det sena 1600-talets bebyggelseområde, dels ytor med namnet *Toften*, dels sammansatta namn av typen ”Krokztoften” (se ovan). De sistnämnda ligger alla ett stycke in i vången och saknar intilliggande gårdsbebyggelse 1698. Både Krokstoften och

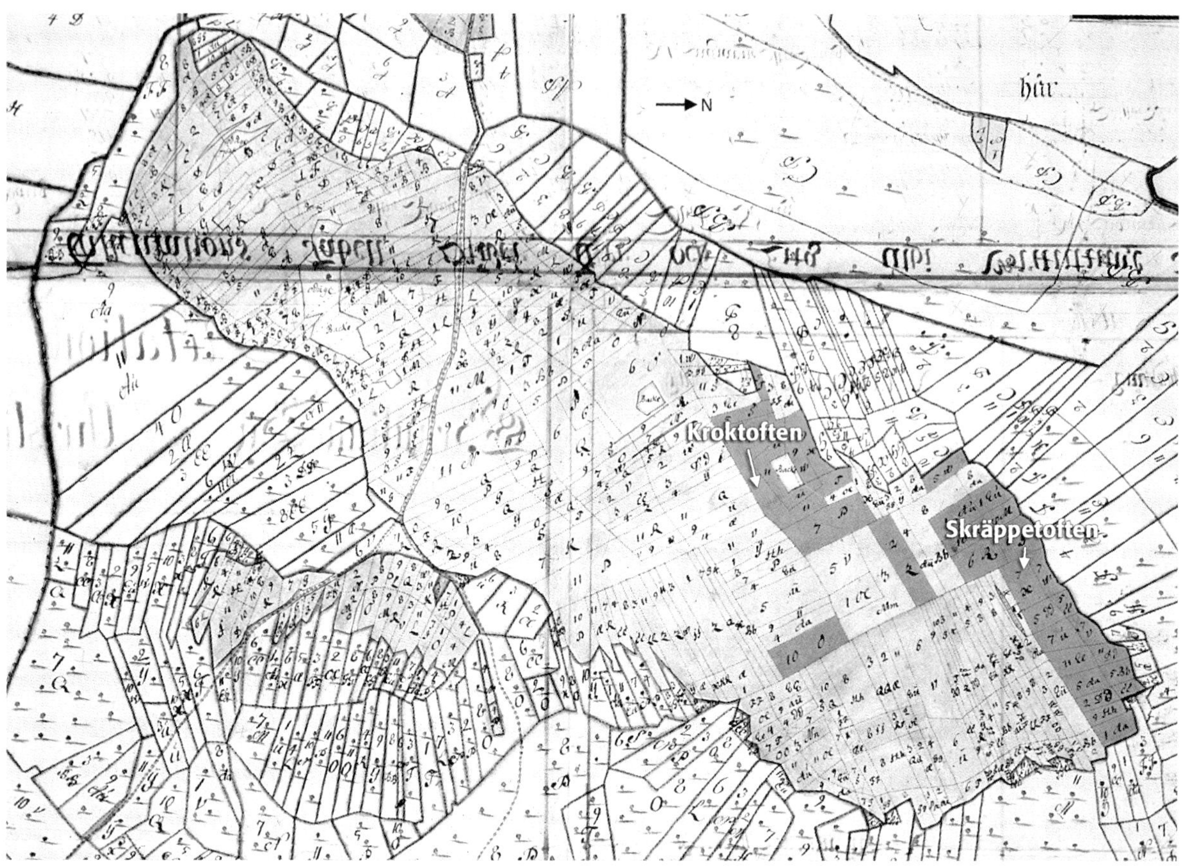

Utsnitt från 1698 års karta över Grantinge by LMV akt nr K.117-7:1: åkermarken i den östra vången. Mörka ytor markerar tofter. Den stora ansamlingen toftåkrar avspeglar troligen övergiven bebyggelse i detta avsnitt. Foto och bearbetning: Pär Connelid.

Detail from the 1698 map of Grantinge, showing the arable in the east field. In the northern part of the arable are quite a number of tofts, probably indicating former settlements.

Stentoften hör för övrigt till den ovan berörda gården nr 5 som är belägen ett stycke ut på utmarken. Gård nr 3, som 1698 ligger i östligaste delen av vången, alldeles intill utmarken, äger en stor bit i den s.k. "Mölletoften". En rimlig tolkning är här att gård nr 3 och 5 (eventuellt även nr 4) flyttat från sina ursprungstofter ett stycke in i vången, till mer utmarksnära lägen. Intressant i detta sammanhang är att den del av Mölletoften som ligger närmast vägen är uppdelad på närmare ett tiotal småbitar, där de flesta av gårdarna har del. Hypotetiskt skulle det här kunna röra sig om ett eller flera av de övergivna bebyggelselägena som uppodlats och skiftats.

Tofter och andra bebyggelseindikationer ute i vångarna

Tydliga indikationer på övergivna bebyggelselägen ute i vångarna finns framför allt i Grantinge och Arkelstorp. Förstnämnda byn har, som vi redan sett, två vångar i slutet av 1600-talet, med bebyggelsen ganska väl samlad mellan dessa. I nordligaste delen av den östra vångens åkermark finns en stor, nära nog sammanhängande yta med toftnamn (se kartan på föregående sida). Den norra hälften av dessa kallas "Skräppetoften" medan resten mestadels kallas "Krokstoften". Utanför liggande slätterytor är alla sekundärt namngivna efter toftåkrarna. Detta stora toftområde bör rimligen avspegla flera äldre bebyggelselägen, vilka vid någon tidpunkt övergivits. Sannolikt har detta skett i samband med en flyttning in till bebyggelseområdet på 1698 års karta. Flyttningen av bebyggelsen avspeglar förmodligen samma process som lett till att gårdar i andra byar flyttat närmare utmarkerna. I ett läge när tyngdpunkten i ekonomin alltmer försköts mot animalieproduktionen och trädbristen medför de att hägnadsmaterial blev en bristvara, är det inte särskilt svårt att inse att bebyggelselägen som de i Grantinges östra vång blivit olämpliga. Avståndet till närmaste del av utmarken har här blivit för långt och en flyttning den mest rationella lösningen.

Ägofördelningen i åkermarken på Grantingekartan verkar vara relativt jämn över båda vångarna, vilket troligen förklaras av att flyttningen av bebyggelsen drivit fram en omfördelning av marken. Intressant är att några av de gårdar som 1698 endast har mindre toftytor närmast bebyggelsen eller helt saknar sådana, har störst andel i Skräppeeller Krokstofterna i östra vången. Det verkar alltså som om man vid en eventuell omfördelning av marken valt att hålla kvar vid de gamla tofterna.

Även i Arkelstorp finns indikationer på övergivna bebyggelseområden ett stycke ut i den ena av de tidigare två vångarna. Som framgår av laga skifteskartan från 1839 (se nästa uppslag) är huvuddelen av bebyggelsen vid denna tidpunkt belägen i den östra vången, dock alldeles intill gränsen mot den västra vången. All vid mitten av 1800-talet brukad åker i den västra vången är lokaliserad till ett sammanhängande sjok i mellersta delen. En mycket stor del av detta område kallas enligt kartans beskrivning för "Husåker". Hade det varit fråga om ett mindre avsnitt med detta namn skulle man kunna misstänka att namnet hade något med ett tidigare gatehus eller liknande att göra. Den stora arealen husåkrar leder dock tanken i andra riktningar. "Hus" kan i detta sammanhang istället tänkas syfta på en bebyggelse som haft större omfattning eller dignitet än en vanlig gård, d.v.s. en storgård av något slag. Antagandet att platsen tidigare hyst en storgårdsbebyggelse stöds av topografin; mellersta delen av husåker-området ligger nämligen på ett tydligt markerat höjdparti.

Vid inventeringstillfället i Arkelstorp i oktober 2001 påträffades en mindre yta med fossil åkermark av ålderdomlig typ omedelbart söder om den gamla inägogränsen vid husåkrarna. Dessa antyder alltså att åkermarken i ett tidigare skede sträckt sig ett stycke ut på senare tiders utmark. I läget för laga skifteskartans inägogräns finns för övrigt en välbevarad gropavall.

Strax väster om husåker-området finns på 1839 års karta flera tegar i slåttermarken med namnet ”Läjetofter”. De intilliggande åkerytorna norr om kallas enbart ”Läjor”. Begreppet ”lejejord” och liknande uttryck förekommer på flera ställen i Skåne och anses syfta på långvarigt trädad mark (jfr Dahl 1989:50–51). Toftnamnet skulle i detta sammanhang mycket väl kunna avspegla ett äldre bebyggelseläge; läget närmast intill utmarken talar för det.

Förekomsten av två vångar i Arkelstorp skulle således, i enlighet med resonemanget ovan, kunna betingas av att den västra vången har ett ursprung i en odlingsdomän tillhörig en storgård. Åkermarken i östra vången kan under den period som storgården existerat ha hört till en mindre bybebyggelse.

I Rättelöv finns vid den äldsta lantmäterikartans tillkomst 1698 fyra hemman (se nästa uppslag), vilka numreras 2–5. Enligt beskrivningen utgörs hemman nr 1 av den s.k. Skattemöllan, vilken då liksom i senare tid ligger på södra sidan av Almaån. Som framgått tidigare har byn två vångar. Endast gård nr 2 är lokaliserad till den östra vången. Gården äger där huvuddelen av en intilliggande, ganska stor toftåker. Norr om denna finns flera slåtterytor som namngivits efter toften samt en höjd kallad ”Toftekullsberget”. Gård nr 2 äger också den s.k. ”Brotoften” något längre österut.

De tre gårdarna i Rättelövs västra vång ligger alla utan *omedelbar* kontakt med toftytor. Söder om dessa finns emellertid ett flertal ganska stora toftåkrar med oregelbunden form, där alla gårdarna äger del. Om vi förutsätter ett ursprungligt nära rumsligt samband mellan tofter och bebyggelse ligger det alltså nära till hands att se de sena 1600-talslägena för gårdarna 3–5 som ett resultat av flyttningar. Ett alternativ är naturligtvis att en eller ett par av gårdarna tillkommit förhållandevis sent. Ett äldre bebyggelseläge kan finnas i anslutning till den västligaste av toftåkrarna i västra vången; en slåtteryta där kallas ”Gårdzängen”.

Förekomsten av ett stort toftområde i vardera vången i Rättelöv kan tolkas som att det i ett tidigare skede funnits två odlingsdomäner med varsin bebyggelse. Gårdarnas lägen och numrering samt storleksrelationerna i slutet av 1600-talet implicerar att nr 2 och 3 varit ”primärenheter”, medan de två andra tillkommit senare. Intressant är här att den sammanlagda åkerarealen för gårdarna nr 2 och 4 är nästan lika stor som den för nr 3 och 5 (endast ett tunnland skiljer). I ett relativt sent skede kan sedan, som redan nämnts, en flyttning av bebyggelsen från det västra toftområdet ha ägt rum. Denna bör då ha haft samma utgångspunkter som i andra tvåvångsbyar – en strävan att komma närmare de gemensamma hägnadsarrangemangen mellan vångarna.

Om man slutligen ska tillåta sig att ytterligare något spekulera kring utvecklingen i Rättelöv, så infinner sig frågan varför endast gård nr 2 återfinns i den östra vången på 1698 års karta. Denna vången är ju med avseende på åkermarken den mest välarronderade och har, som redan påtalats, sannolikt en äldre historia genom att tegmönstret antyder en tidigare bandparcellering. Belägenheten i östra vången i kombination med att gården 1698 är den enda som ligger omedelbart intill en större toftyta, ger upphov till misstanken att vi här har resterna efter en gård som under en period kunnat agera mer självständigt än de övriga.

Utsnitt från 1839 års laga skifteskarta över Arkelstorp, LMV akt nr K.117-3:1 (samma som på s. 434). Den mörkaste nyansen avser tofter och andra bebyggelseindikerande namn. Notera det stora området som kallas Husåker. Foto och bearbetning: Pär Connelid.

Detail from the 1839 laga skifte map of Arkelstorp (the same as page 434). Tofts and other areas with settlement-indicating names are shaded dark. Notice the large area called Husåker ("Housefield").

Utsnitt från 1698 års karta över Rättelöv, LMV akt nr K.117-20:1. Tofter har markerats med mörk nyans. Numreringen hänför sig till respektive hemman. Hemman nr 1 utgörs av kvarnen på södra sidan av ån. Foto och bearbetning: Pär Connelid.

Detail from the earliest cadastral map of Rättelöv (1698). Tofts are shaded. The figures correspond to the numbering of the farms on the map. Farm no. 1 is the watermill, situated on the southern side of the stream.

Här antyds m.a.o. existensen av en storgård av något slag. Precis som i Arkelstorp skulle alltså uppdelningen på två vångar i slutet av 1600-talet även här ytterst kunna betingas av att en storgård förfogat över en egen odlingsdomän. ”Toftekullsberget” och marken runtomkring detta erbjuder flera lämpliga platser för en bebyggelse som strävat efter ett markerat läge i landskapet.

Sammantaget är det således mycket som talar för att bebyggelsen i Stoby socken genomgått ganska stora rumsliga förändringar. Mönstren av toftytor och bebyggelse som möter i lantmäterimaterialet är komplicerade och svårtolkade. Exemplen ovan visar att flyttningar av bebyggelse från lägen ett stycke in på inägorna och ut mot utmarksgränserna ofta kan förklara denna komplexitet. På några ställen verkar nästan hela byområdena ha flyttat närmare utmarken. Det rör sig här förvisso inte om några längre flyttsträckor; det väsentliga består i att ”bytomten” som helhet verkar ha ändrat läge. Kartanalyserna har också givit flera indikationer på att bebyggelse tidigare har funnits en bra bit ut i vångarna.

Sannolikt skulle en fördjupad analys av kartmaterialet påvisa ännu fler övergivna bebyggelselägen ute i vångarna, sådana som inte ger sig till känna genom toft-namn. I Röinge berördes ett par sådana hypotetiska lägen. Inom ramen för de arkeologiska undersökningarna längs riksväg 23 grävdes delar av en sådan gårdsbebyggelse – vid Skea strax öster om Stoby (jfr Carlie i denna volym). Lämningarna vid Skea, som daterades till senmedeltid och tidig efterreformatorisk tid har legat precis på gränsen mellan inägor och utmark. De visar på existensen av bebyggelse i vångarnas ytterområden.

I flera fall finns det klara indikationer på att utvecklingen i byarna under kortare eller längre perioder dominerats av storgårdar. I de två största byarna Röinge och Grantinge finns ovanligt stora tofter som kan avspegla äldre storgårdsstrukturer. I Arkelstorp och Rättelöv kan uppdelningen på två vångar i kartorna misstänkas ha ett ursprung i storgårdsdomäner.

Gärdessystemen

Som redan nämnts var ensädet det helt dominerande fredningssystemet i Stoby socken före den agrara revolutionen. I några byar praktiserades dock, som redan påtalats, ett system med två vångar, där korn och råg alternerade år från år. Detta *samsäde* kan utifrån det sena 1600-talet och 1700-talets situation betraktas som en rationell anpassning till problemen som det successivt försämrade utmarksbetet innebar. När har då tvåvångssystemet uppkommit och kan det finnas alternativa orsaker vid sidan av ett försämrat utmarksbete? I likhet med situationen i Halland torde det ju ha varit först under 1600-talet som avskogningen och ljungbildningen på utmarkerna fick en sådan omfattning att läget på betesmarken blivit akut i vissa områden.

Ett par högst sannolika förklaringar till förekomsten av två vångar berördes i samband med genomgången av de bebyggelseindikerande marknamnen i föregående avsnitt. I Rättelöv finns 1698 två ungefär lika stora toftområden, ett i varje vång, och det mesta tyder på att en koncentration av bebyggelsen ägt rum i ett relativt sent skede. Här skulle således uppdelningen på två vångar ytterst kunna gå tillbaka på denna geografiska tudelning av bebyggelsen.

Även i Arkelstorp kan förekomsten av en stor sammanhängande yta med namnet ”Husåker” tolkas som en indikation på en försvunnen storgård. De två vångarna kan hypotetiskt tänkas ha ett ursprung i två äldre separata ägoområden, ett

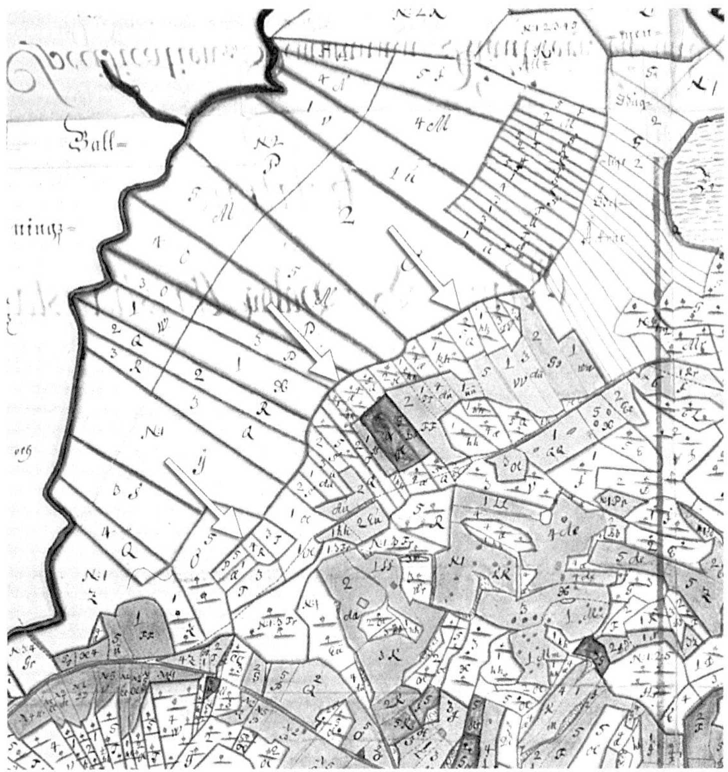

Utsnitt ur 1698 års karta över Algustorp, LMV akt nr K.117-2:1. Pilarna i bildens mitt markerar läget för en förmodad äldre hägnad i anslutning till flera ödeåkrar med namnet Skälgärdesåker. *Foto och bearbetning: Pär Connelid.*

Detail from the 1698 map of Algustorp. The arrows in the middle indicate the supposed location of a former fence, in close connection to a number of arable fields called *Skälgärdesåker* ("the field close to the separating fence").

som hört till storgården och ett till övrig bebyggelse. Två åtskilda bebyggelseområden har uppenbarligen vid någon tidpunkt också funnits i Grantinge och även där kan de två vångarna föras tillbaka på en mer uppsplittrad bebyggelsebild.

Flyttningen av bebyggelsen från Grantinges östra vång kan kopplas samman med en större och mer genomgripande förändring av hela gärdesstrukturen. Det verkar som om de integrerade åker- och ängsvångar som möter i de äldsta kartorna har tillkommit under en period som ligger relativt nära inpå karteringarna. De ersätter en struktur där åkermarken i vångarnas mer centrala delar varit frånhägnade de intilliggande större, sammanhängande partierna med slåttermark. Under någon period har hägnaderna s.a.s. flyttats utåt och inkorporerat de ofta lägre liggande gräsmarkerna. Tydliga indikationer på en sådan utveckling kan ses i exempelvis Algustorp och Röinge.

På 1698 års karta över Algustorp kallas flera av de långsmala ängstegarna i gränsområdet mot de betydligt bredare skiftena i slåttermarken norr därom för *"Skiähllgierdes ödes åcker"* eller liknande. Namnen visar för det första att marken förut brukats som åker. För det andra, och i detta sammanhanget mest väsentliga, tyder namnet *skälgärde* (jfr svenskans *skiljogärde*, se Dahl 1989: 69–71) på att en hägnad tidigare funnits i området. Betydelsen av tegnamnet ovan blir alltså "ödeåkrarna intill skiljogärdet". Den tidigare hägnadens sträckning i det aktuella avsnittet ger sig tydligt till känna på 1600-talskartan.

Tegar innehållande termen skälgärde förekommer i flera byar. Det jämte Algustorp tydligaste mönstret framträder i 1698 års karta över Röinge. Här finns i östra delen av åkermarken, bl.a. i övergången mellan bandparcellerad mark (ödeåkrar) och större slåtterytor på lägre liggande mark, ett flertal skälgärdes-namn. Precis som i Algustorp framträder den äldre hägnadens dragning tydligt i lantmäterikartan. Den har sannolikt fortsatt vidare mot norr och söder även där skilt åker från stora intilliggande arealer med gräsmark som vid karteringstillfället användes till slåtter.

Som synes fortsätter skälgärdesåkrarna längs vägen en bra bit in i vången. Strax innanför den sista skälgärdesåkern finns flera tegar innehållande ordet *led*, i betydelsen grind ("Ledzåker, Leesåker" etc.). Vi får här således en närmast entydig bild av att det sena 1600-talets storskaliga hägnadsarrangemang föregåtts av en småskaligare struktur. Ledsåkrar finns för övrigt i flera av de andra byarna.

Ett annat intressant fenomen i Röinge, och som anknyter till diskussionen kring övergivna bebyggelselägen ovan, utgörs av två områden där slåttermarken nästan kilformigt letar sig in längs den antagna hägnaden (det södra markerat med stor pil på kartan på nästa sida). "Kilarna" har, åtminstone det i söder, en trekantig form som starkt påminner om den trattformade mynningen på en fägata. I båda områdena finns vägar, i söder t.o.m. en vägkorsning, vilka ytterligare stärker misstanken om att bebyggelse tidigare kan ha legat här. Som nämndes ovan, har gård nr 10 i Röinge merparten av sin åkermark belägen i det norra området. Några marknamn som tyder på äldre bebyggelse i dessa avsnitt finns emellertid inte. Frånvaron av toft-namn kan dock förklaras med att bebyggelsen tillkommit relativt sent, under en period då tofterna spelat ut sin roll.

Situationen i Röinge illustrerar också en annan effekt av förändringarna i gärdessystemen: uppkomsten av större *hägnadslag*. 1698 saknas nämligen hägnader mellan Röinge och de båda grannarna Gulastorp i söder och Troedstorp i öster, belägna i Ignaberga socken (jfr karta på s. 438). Bortrationaliserandet av hägnaderna *mellan* dessa enheter har förmodligen skett parallellt med förändringarna *inom* byarna. Även om skapandet av en gemensam vång här främst haft organisatoriska utgångspunkter, så verkar det rimligt med någon form av vidare genetisk samhörighet mellan just dessa bebyggelseenheter. Av både ortnamnen och geografin i området att döma bör de båda torpenheterna således betraktas som avsöndringar ur en större och äldre Röinge-enhet.

Sammantaget är det mycket som talar för att gärdessystemen på flera håll i Stoby socken har genomgått avsevärda strukturella förändringar under århundradena närmast före lantmäteriförrättningarnas tidevarv. Analysen av kartmaterialet tyder på att kartornas stora inägovångar, där både åker och inte sällan avsevärda arealer äng ingår, föregås av en organisation med mindre, mera renodlade åkervångar. Som visats ovan skulle systemet med två vångar kunna härledas bakåt till en situation med flera bebyggelseområden i byarna.

Diskussion

I detta avsnitt ska vi dels försöka sammanfatta resultaten av analyserna ovan, dels fördjupa diskussionen något kring de företeelser som så här långt framstår som väsentliga för förståelsen av landskapsförändringarna under den studerade perioden. Viktigt blir att försöka återkoppla till den inledande frågan om landskapshistorien i Stoby anknyter till den av stor rörlighet präglade halländska utvecklingen eller till det sydskånska mönstret med en högre grad av stabilitet i bebyggelse- och gärdessystem.

Landskapsförändringar i Stoby socken under de senaste tusen åren – en snabbskiss

Det äldsta iakttagbara skiktet i lantmäterikartorna utgörs av den bandparcellerade marken. En hög fragmenteringsgrad i vissa byar redan omkring år 1700 och förekomsten av välbevarade fossila former (t.ex. i Arkelstorp och Stoby) visar entydigt att denna struktur har hög ålder. Horisontalstratigrafin i det stora fornåkerområdet Stoby RAÄ 119 visar att parcellsystemen reorganiserats i ett relativt tidigt skede. Beroende på varierande lokala utvecklingsförlopp, jordarter etc. kom parcellmönstren sedan att leva kvar fysiskt i landskapet under olika lång tid.

Uppkomsten av tvåvångssystemet, som präglar flera av byarna i området under 1700-talet, är sekundär i förhållande till bandparcelleringen. Indelningen i två vångar fyller under senare delen av 1600-talet och under 1700-talet en viktig uppgift i betesorganisationen men har primärt sannolikt haft andra utgångspunkter. Situationen i det äldre kartmaterialet kan ses som den slutliga konsolideringen av olika äldre system med flera vångar. De har antingen utgjort separata odlingsdomäner i uppsplittrade äldre parcellområden, eventuellt med inslag av storgårdar som förfogat över egna vångar, eller från början självständiga parcellsystem, vilka slagits samman.

Under en period relativt nära inpå de äldsta lantmäteriförrättningarna sker omfattande förändringar av hägnadsstrukturen. Ett äldre mönster med en snävare stängsling kring åkermarkerna ersätts nu successivt av stora vångar, innehållande stora slåtterarealer. Det är detta mönster som framträder i kartorna. Processen leder på några ställen till att större eller mindre hägnadslag (vångalag) uppkommer mellan flera byar och gårdar.

Den agrara revolutionen under 1800-talets senare del resulterar i att stora arealer odlas upp i Stoby socken. Nyodlingen sker i vissa områden, exempelvis mellan Röinge och Grantinge, i stor utsträckning på tidigare utmark. Styrkan i den

Utsnitt från 1698 års karta över Röinge LMV akt nr K.117-22:1. De mindre pilarna markerar läget för en förmodad äldre hägnad intill åkerytor kallade Skälgärdesåker *(mörk nyans). Den stora pilen visar en fägatsliknande "öppning" i den försvunna hägnaden. Foto och bearbetning: Pär Connelid.*

Detail from the 1698 map of Röinge. The small arrows indicate the supposed location of a former fence, close to arable fields called *Skälgärdesåker* (shaded areas). The big arrow shows a cattle-path-like aperture opening in the vanished fence.

agrara revolutionen avspeglas i att delar av landskapet kring Grantinge får fullåkerskaraktär.

Samtliga ovannämnda processer har i större eller mindre utsträckning påverkat bebyggelsen. Kartanalyserna antyder att denna både kortsiktigt och i ett längre tidsperspektiv kan ha genomgått ganska stora förändringar. Om vi bortser från de väl dokumenterade effekterna av 1800-talets skiftesverksamhet, är det framför allt i samband med omstruktureringarna av gärdessystemen några århundraden tidigare som vi anar en tydlig rörlighet i bebyggelsen.

De mest radikala förändringarna i bebyggelsemönstret har av allt att döma skett i Grantinge, där en stor toftyta i yttre delen av ena vången representerar ett läge som förmodligen blivit ocentralt i samband med hägnadssystemets omläggning. Radikal är också flyttandet av en av gårdarna i Algustorp, till ett läge en bra bit ut på utmarken. Den vanligaste typen av omgrupperingar verkar dock ha skett inom eller i nära anslutning till kartmaterialets bebyggelseområden. I praktiskt taget alla de studerade byarna kan tecken på omflyttningar ses. I de flesta fallen har rörelseriktningen varit från lägen en bit in i vångarna och ut mot utmarksgränsen. Förändringarna torde i de flesta fallen avspegla en övergripande strävan att minimera hägnadsarbetena och komma närmare utmarkerna.

Till eventuella förändringar i bebyggelsen längre tillbaka i tiden återkommer vi i samband med diskussionen kring förklaringsfaktorerna nedan. I detta avsnitt kommer också förändringar i markanvändning och vegetation att kommenteras närmare.

Hög förändringstakt

Analysen av den agrara utvecklingen i Stoby socken visar på en betydande rörlighet i såväl bebyggelse som övriga landskapliga arrangemang. Härvidlag påminner området starkt om utvecklingen i Halland. Illustrationen på nästa sida åskådliggör i en enkel modell det *halländska* kulturlandskapets utveckling från vikingatid och framåt. Denna ska här helt kort sammanfattas, för att sedan få fungera som diskussionsbakgrund i ett försök att närmare karaktärisera de viktigaste skeendena – och kronologin – i Stobykontexten.

Den första fasen beskriver bandparcelleringen. Denna genomförs, som tidigare nämnts, i huvudsak under perioden 900–1200 och får stor genomslagskraft; praktiskt taget hela Halland inklusive delar av skogsbygden verkar ha berörts. Bebyggelsestrukturen under perioden är ännu till största delen okänd men koncentrerade formationer av sydskånskt/danskt snitt är tänkbara.

Omkring 1200 (fas två i modellen) omstruktureras parcellsystemen och ett mer småskaligt landskap med flera, mindre inägoområden tar form. Ett flertal faktorer har sannolikt varit drivande i denna process, såsom övergången från ett trädesbaserat odlingssystem till ensäde. När det gäller bebyggelsen är någon form av omstrukturering arkeologiskt säkerställd. Sannolikt sker här en uppsplittring av tidigare mer sammanhållna strukturer, i vilka inslaget av självständigt agerande storgårdar kan ha varit stort.

Med början under senmedeltid, eventuellt tidigare, får animalieproduktionen ett avgörande inflytande på landskapets utformning. De tidigare uppkomna, mindre inägoområdena formeras nu åter i större sammanhängande strukturer (fas tre i modellen). Ett viktigt inslag är här transformeringen av tidigare betesmarker, främst de i dalgångarnas lägre delar, till slåttermark. I samband med att stora gemensamma inägomarker skapas tvingas bebyggelsen att flytta ut mot utmarkerna. Omflyttningarna leder på många ställen till synnerligen

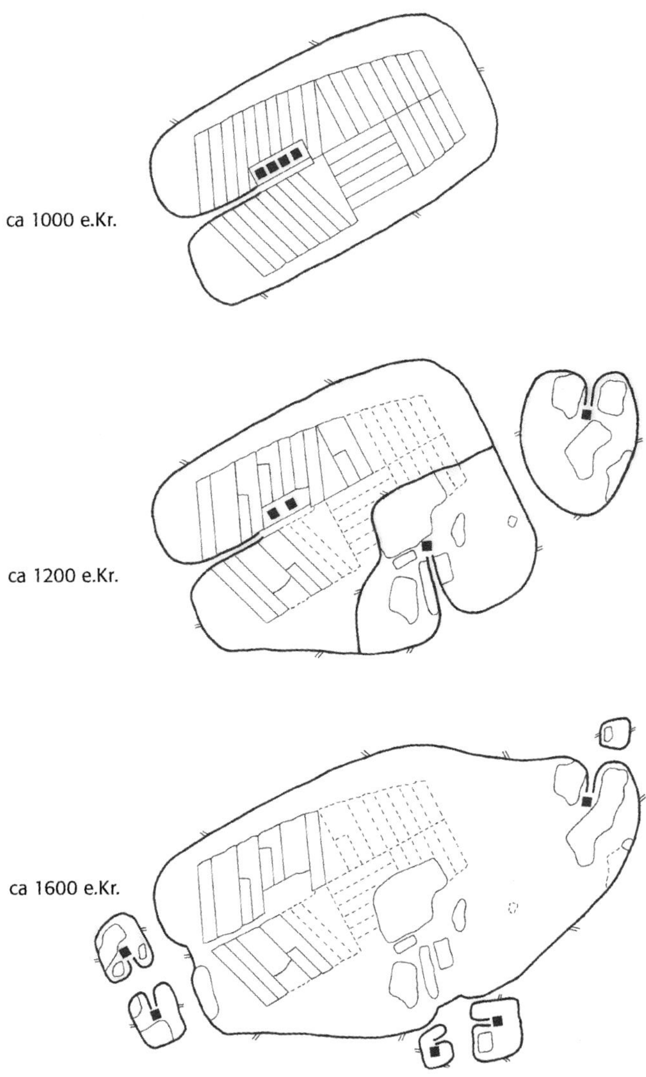

Modell som översiktligt beskriver kulturlandskapets utveckling i mellersta och västra delen av Halland från vikingatid och fram till cirka 1800. För en närmare beskrivning se texten. Ritning: Pär Connelid.

General model describing the development of the agrarian landscape in central and western Halland, from the Viking Age to 1800.

uppsplittrade mönster, där gårdarna i de enskilda byarna kan ligga utspridda längs inägogränserna på en sträcka av uppemot ett par kilometer!

Bandparcelleringen – bakomliggande orsaker

Att närmare reda ut de samhälleliga omständigheter under vilka bandparcellerna tillkommit, ryms självfallet inte inom ramen för denna artikel. Perioden ifråga är dynamisk och en mängd strukturer som på ett eller annat sätt kan kopplas ihop med parcelleringen tarvar en ordentlig genomlysning. Ett problem i sammanhanget är att kunskapen kring sådana centrala fenomen som odlingssystemens utformning, bebyggelsestrukturen och skattesystemens äldsta utveckling ännu är ganska bristfällig samt att de närmare *relationerna* mellan dessa företeelser är svåranalyserade. Källmaterialet är i flera avseenden sprött och kronologin oklar. Särskilt den sistnämnda aspekten är problematisk, eftersom det skriftliga källmaterialet (t.ex. lagtexterna), vilket till största delen måste utnyttjas retrospektivt, måste synkroniseras med arkeologiska data med relativt vida dateringsramar.

Mot bakgrund av bl.a. ovannämnda problem ska här nedan istället några generella egenskaper hos bandparcellerna diskuteras, vilka enligt min mening är viktiga att beakta i fortsatta analyser av bybildningsskedet under vikingatid och tidig medeltid. Ett grundantagande är här att parcelleringen haft stor betydelse såväl samhälleligt som landskapsmässigt och att den i åtminstone någon form berört merparten av de bebyggda delarna av Danmark under perioden ca 900–1200.

Parcellmönstren som framträder både i kartmaterial och i fält uppvisar alltså stor regelbundenhet och konsekvens i utförandet. Dessa egenskaper, i kombination med den stora geografiska spridningen, talar för att det rör sig om en planeringsåtgärd som initierats uppifrån. I enlighet med vad som tidigare föreslagits för bl.a. Halland är det troligt att parcellsystemen *ytterst* avspeglar centralistiska strävanden från den tidiga danska kungamaktens sida (Connelid 1999).

De åtgärder som det ligger närmast till hands att koppla samman parcelleringen med är den redan under senare delen av 1000-talet kända, men sannolikt äldre (jfr Hoff 1997:86), indelningen av bebyggelsen i *bol* (KLNM 1980:55ff) samt de därmed sammanhängande regleringarna av bebyggelseområdena, tofterna. Båda dessa företeelser är realiteter under den period då bandparcelleringen genomförs men det är, som redan påpekats, svårt att närmare definiera deras inbördes relationer. Både Annette Hoff (1997:121) och Mats Riddersporre (1995) menar dock, att tofterna under vikingatid och tidig medeltid i någon mening återspeglat bolindelningen. Bolets roll som byamål (jfr KLNM 1980:55ff) skulle därmed också ha kunnat komma till uttryck i tofternas fysiska utformning. Däremot anses inte toft*bredden* ha fungerat som kontrollinstitut för gårdarnas andelar i byn under denna period (se Carelli 2001:42 o. d. anf. litt.).

Bolindelningen, som bl.a. nyttjades för beräkning av de olika uttagsposterna inom ledungsorganisationen (Christensen 1983), har rimligtvis föregåtts av en seriös jordvärdering. En sådan har möjliggjorts genom geometrisk planering och uppmätning av den mest intensivutnyttjade marken. Själva planeringen, d.v.s. indelningen av marken i långsmala, sannolikt modulmåttsbaserade ytor, har förmodligen även inbegripit någon form av ”ramplanering” av sådana avsnitt som för tillfället inte varit uppodlade. Härigenom har man således från början kunnat förbereda systemet på en viss tillväxt, i form av ökad produktionsareal och/eller antal brukningsenheter.

Att kompetensen på jordrevningens och jordvärderingens område verkligen fanns i det senvikingatida Danmark behöver vi inte tvivla på; nivån på den tidens mättekniska kunnande kommer bl.a. tydligt till uttryck i utformandet av de berömda Trelleborg-anläggningarna (Randsborg 1980). Reglerande drag har uppenbarligen under lång tid präglat bebyggelsen i Danmark. I det arkeologiskt välundersökta Vorbasse på Jylland har de enskilda gårdarna redan under 500-talet varit grupperade på ett sätt som förutsätter en övergripande planering (Hoff 1987:86). De nyssnämnda Trelleborgarna, liksom flera andra storskaliga byggprojekt i Danmark under slutet av 900-talet, är tydliga exempel på den initiativkraft och de resurser som kännetecknade kungamakten under denna period (a.a. 1987:104 o.d. anf. litt.). *Hypotetiskt skulle man kunna tänka sig att det är under detta expansiva skede av centralmaktens utveckling som bandparcelleringen initieras och får en stor geografisk spridning.*

Det är emellertid tveksamt om den danske kungen redan omkring år 1000 *enbart* i kraft av sitt ämbete varit i stånd att genomdriva en så pass långtgående åtgärd som det här är fråga om. Parcelleringen har naturligtvis pågått under en längre tid, allteftersom nytillkommen bebyggelse integrerats. Systemets räckvidd ut i perifera områden, som t.ex. den halländska skogsbygden och de ovannämnda trakterna kring nuvarande Örkelljunga, har dock troligen ytterst säkerställts genom andra krafter än renodlat centralistiska, kamerala strävanden.

Implementerandet av bandparcellerna i den utsträckning som fossila lämningar och lantmäterikartor avspeglar har sannolikt möjliggjorts genom att parcelleringen också haft en *ideologisk* dimension. Vi kan, som redan berörts, förutsätta att de geometriskt planerade ytorna implicerar förekomsten av ganska avancerade färdigheter i mätteknik och jordvärdering. Dessa kunskaper har med all säkerhet, i likhet med situationen under det svenska lantmäteriets första tid under 1600-talet, varit knutna till ett fåtal personer. Genom att skaffa sig kontrollen över denna kompetens och sannolikt även skapa en exklusiv förfoganderätt till den, har kungamakten haft tillgång till ett sofistikerat verktyg. Parcelleringen och tekniken som är förknippad med den blir i ett sådant perspektiv ett maktmedel.

Det som i slutändan garanterade att markindelningarna fick en sådan genomslagskraft var naturligtvis att det ideologiska koncept som bandparcellerna i sin ursprungliga tappning representerade var förankrat i folkmedvetandet. Det nätverk av stormän och andra större jordägare som funnits kring kungen har säkerligen spelat en avgörande roll i sammanhanget. Dessa personer har på ett mer eller mindre personligt plan haft ett lokal förankring ute i bygderna och sannolikt varit den yttersta garanten för att ett storskaligt system av det här slaget kunnat genomdrivas. De har naturligtvis också kunnat dra praktisk nytta av markindelningarna i administrerandet av de egna jordinnehaven. Mycket talar alltså för att det förelegat ett ömsesidigt intresseförhållande, såväl på det politiskt/ideologiska som på det praktiska, ekonomiska planet, mellan kungamakten och övriga storjordägare.

Den symboliska slagkraften i parcelleringen var förmodligen betydande, bl.a. för att den på många ställen redan tidigt tog sig så tydliga landskapliga uttryck. Markindelandet hade i sig drag av underkastelse, samtidigt som själva parcell*mönstren* återspeglade både avancerad teknik och den bakomliggande idé av storskaligt tänkande varur de framsprungit. Dessa egenskaper kunde utnyttjats i en process där det både har varit fråga om att sprida centralmaktens jurisdiktion över större ytor och att inrangera jord och människor i en övergripande kameral struktur. Det är dock viktigt att komma ihåg, att parcelleringen många gånger kan ha tillkommit i situationer där de interna dispositionsrättigheterna till marken varit oklara och i behov av åtgärder. Bandparcelleringen sammanföll här således med ett internt behov av att reda ut och tydliggöra markrättigheter, vilket underlättat genomförandet.

Tanken att parcelleringen kunnat utnyttjas för andra ändamål än att enbart fungera som kameral eller dispositionsrättslig indelningsprincip, blir aktuell när man försöker förstå vad som ligger bakom utformningen av det stora parcellsystemet vid Lärkesholm utanför Örkelljunga. Som beskrivits tidigare (se karta på s. 420) har teggränserna där givits en svängd form som varken kan förklaras brukningsmässigt eller utifrån topografin i området. Regelbundenheten i Lärkesholmsmönstret verkar ursprungligen ha drivits mot fullständighet. Då det inte föreligger några för oss förståeliga praktiska skäl till att utforma parcellerna på detta viset, får vi förmoda att det är *mönstret i sig* man avsett att framhäva. Den svängda formen har sannolikt valts för att accentuera dragen av planering och regelbundenhet. Detta utesluter naturligtvis inte att området också kan ha varit föremål för en mer reguljär indelning, där motivet varit taxering och uppdelning av marken mellan olika brukare.

Mot bakgrund av att Lärkesholmslokalen är den i särklass största bandparcellenheten inom ett större område är det mycket som talar för att den hyst en bebyggelse av speciell karaktär. Förekomsten av utpräglat små bandparcellområden runt omkring ger upphov till misstanken om att

Lärkesholm kan ha varit kärnan i ett lokalt/regionalt administrativt system, varifrån kolonisationen (kanske med järnutvinning som en av drivkrafterna) ut i de omgivande skogsmarkerna i Örkelljunga och Fagerhults socknar ytterst kontrollerats (jfr Connelid i tryck). Det säregna markindelningsmönstret vid Lärkesholm kan alltså betingas av att man vid dess etablering *visuellt*, i själva landskapet, velat understryka centralmakten närvaro i en perifer del av det danska riket. Detta inflytande har antingen utövats via en huvudgård som varit direkt underställd kungen eller genom en lokal storman med kungligt mandat. Oavsett vilket, har ”*den rådande ordningen*” manifesterats i landskapet i och med att både centralenheten och omkringliggande gårdar bandparcellerats.

Det torde alltså föreligga ett starkt samband mellan de tre komponenterna bandparcellering, boltaxering och toftreglering. Parcelleringen kan rent av sägas vara en förutsättning för att de två sistnämnda har kunnat genomföras på ett adekvat sätt. Utformandet av tofterna är kanske den mest svårgripbara företeelsen. Diskussionen försvåras här delvis av att toft-begreppet ges lite olika innebörd i olika sammanhang. Inom skånsk bebyggelsearkeologi definieras toften i allmänhet som själva bebyggelseytan och dess omedelbara omgivning; ett område som väl närmast motsvarar det uppsvenska ”tunet”. I historisk-geografiska analyser av de sydskånska byarna har intresset varit mer fokuserat på en större yta omkring bebyggelsen, vilken direkt avspeglas i eller kan analyseras fram via toftåkrar och liknande företeelser i det äldre kartmaterialet (jfr Riddersporre 1995).

Även om de vikingatida och tidigmedeltida tofterna i Skåne regelmässigt inte ser ut att ha varit av den storlek – åtskilliga hektar – som Hoff beskriver för övriga Danmark (1997:104ff) verkar det otvivelaktigt vara så, att toftregleringen under denna period berört en betydligt större yta än själva bebyggelseområdet. Bland de studerade byarna i Stoby socken synes tofterna ursprungligen inte i något fall ha varit större än cirka ett hektar (Grantinge).

Tofternas viktigaste funktion, vid sidan av att hysa bebyggelsen och att i någon form även återspegla storleksrelationerna mellan gårdarna, har kanske varit deras karaktär av *privat* sfär. Behovet av att markera de enskilda gårdarnas integritet och individuella status har säkerligen varit stor när bandparcelleringen genomfördes. Tofterna kan ses som en motvikt till de drag av kollektivism som präglat parcellsystemen.

Bandparcellerna som jordbrukssystem

Avslutningsvis ska vi beröra frågan om vilken typ av jordbrukssystem som bandparcellsystemen representerar. En närmare förståelse av hur odlingssystemet i vid mening fungerat inom parcellområdena är central från agrarhistorisk synpunkt, men är även viktig för att rätt kunna tolka samhälleliga förhållanden i övrigt. Här kommer dock enbart några jordbruksmässiga aspekter att beröras.

Som en viktig faktor bakom inflyttningen till de historiskt kända bylägena i stora delar av södra Skandinavien under perioden sen vikingatid/tidig medeltid har man betraktat uppkomsten av det som på engelska brukar benämnas *open field*, på danska kallat *vangebruget*, d.v.s. bruket av gemensamma, ofta ägoblandade gärden utan interna hägnader (se t.ex. Porsmose 1988:356ff; Hoff 1997:181ff). Bebyggelsekoncentrationen är enligt detta synsätt en praktisk lösning på de problem som är förknippade med stängslingen och brukandet av en eller flera ägosplittrade vångar. Tolkningen implicerar att den tegskiftade åkermarken brukats intensivt i antingen en-, två- eller tresäde och att den övergripande markanvändningen varit organiserad i ett inägo/utmarksystem.

På senare år har det faktum att hägnadsliknande lämningar påträffats i samband med undersökningar av fossila bandparceller uppmärksammats. Det rör sig här i första hand om områden där jordarterna innehåller sten. Tydliga hägnadsliknande konstruktioner, både i form av skalmurar och enkelrader, har konstaterats på flera platser i Halland, men även i det intilliggande Västergötland (Mascher 1993; Connelid, Håkansson & Mascher 2000). Förekomsten av hägnader är svårförenlig med en tolkning där parcellsystemen fungerat som *open field*. Hägnaderna tyder på att betet kan ha varit en viktig komponent i användningen av den tegindelade marken. Fas ett i den ovan redovisade Hallands-modellen har således knappast varit utformad såsom figuren visar! Bland annat är det osäkert huruvida en omgivande, yttre hägnad verkligen existerat kring den parcellerade marken.

Kombinationen av hägnade ytor och genomsläppliga jordar, på vilka bandparcellerna ofta uppträder (särskilt i norra Skåne), gör det troligt att odlingssystemet i de flesta fall baserats på någon form av trädesbruk. En viktig utgångspunkt i detta resonemang är att de lättare jordarterna i sig inte lämpar sig för ett intensivt brukande eftersom växtligheten endast kan tillgodogöra sig en mindre del av det näringskapital som tillförs i form av gödsel (Olsson 1988). Med hänsyn till de ekologiska förutsättningarna samt den tidsåtgång och arbetsinsats som är förknippad med gödselhanteringen, är alltså ett trädesbruk det mest rationella odlingssättet på dessa jordar.

I analogi med situationen i många områden på Jylland och delar av Skåne under 1600- och 1700-talen, har det för Hallands del föreslagits att bandparcellsystemen i sitt ursprungliga skick avspeglar ett *gräsmarksbruk* (Olsson 1988, Connelid, Håkansson & Mascher 2000). Ett sådant odlingssystem innebar att åker, äng och bete växlade på samma yta. Trädesperiodernas längd varierade men finessen bestod i att åkrarna lades igen under en så pass lång tid att grästillväxten kunde utnyttjas för slåtter och/eller bete. ”Normalfallet” på Jylland var en fyraårig succession, d.v.s. fyra års odling följdes av fyra års gräsproduktion (Frandsen 1983). Jämfört med ensädet tarvade gräsmarksbruket mindre gödselgivor för att hålla ekologin i balans. Det ska här poängteras att jämförelsen med exempelvis de jylländska gräsmarksområdena i första hand gäller själva *brukandet* av marken, inte den övergripande rumsliga organisationen (hägnaderna etc).

Hägnaderna, som åtminstone i vissa områden bevisligen existerat i parcellsystemen, har möjliggjort bete och därmed en dynamisk markanvändning av det slag som skisserats ovan. Det kan mycket väl vara detta system som Annette Hoff identifierar som ett relikt inslag i de danska medeltidslagarna. Uppgifter i *Skånske* och *Jyske Lov* kan nämligen tolkas som att det fullt ut genomförda vangebruget föregåtts av ett system med individuellt hägnade åkrar, av Hoff m.fl. kallat ”lökkebrug”. Hägnadsansvaret baseras här på boltaxeringen, till skillnad från plikterna inom vangebruget som räknades fram efter den senare införda s.k. guldvärderingen (Hoff 1997:174ff). Hoff sätter dock det individuella brukandet och hägnadsarbetet i samband med en alltigenom ”enklare” gärdesstruktur, bestående av mindre och oregelbundet utformade ytor. I själva verket kan det individuella brukandet ha försiggått inom ramen för en storskalig markplanering, där den geometriska utformningen av landskapet primärt haft andra utgångspunkter är rent brukningsmässiga.

Parcellsystemens upplösning – utvecklingen under högmedeltid

Enligt ”Hallands-modellen” ovan omstrukturerades parcellsystemen omkring år 1200. Kronologin är här visserligen inte lika säker som kunskapen kring deras etablering, vilken delvis baseras på ^{14}C-analyser av undersökta fossila former, men en rad omständigheter pekar mot att det ursprungliga motivet bakom bandparcellernas tillkomst förlorat i betydelse ungefär vid denna tidpunkt. Mycket talar för att utvecklingen i Stobyområdet varit likartad.

Ett viktigt incitament till förändring kan, som redan nämnts, ha uppkommit inom det odlingssystem som bandparcellerna på många platser antas representera – gräsmarksbruket. Mot bakgrund av befolkningsökningen under perioden och, inte minst, en successiv upplösning av systemet med ofri arbetskraft och övergången från storgårdar till landbodrift (jfr Carelli 2001:66f), uppkom sannolikt redan under andra hälften av 1100-talet ett behov av att reformera jordbrukssystemet, bl.a. genom en *intensifiering* av åkerbruket och en mer allmän *omarrondering*. Även om en viss flexibilitet kan ha funnits inbyggd i parcellsystemen från början (jfr ovan), vilken underlättat både intensifieringen och inpassningen av nya brukningsenheter, medförde utvecklingen slutligen att hela den övergripande markanvändningens organisation måste ändras. Det var troligen först i detta skede som det från lantmäterimaterialet kända inägo/utmarksystemet, inkluderande *open field*-åkrar – d.v.s. vangebruget – genomfördes på bred front (jfr Lagerås i denna volym).

Parallellt med ovannämnda faktorer har utvecklingen under ”parcelltid” i hög grad påverkats av förändringar i jordägandet. De ursprungliga ägande- och dispositionsrättsliga mönstren kom genom arv, byten och försäljning av jord att omformas, varvid ett behov av omdisponeringar uppstod. Därmed påverkades naturligtvis de ursprungliga kamerala utgångspunkterna, ett förhållande som avspeglas i införandet av ett nytt jordvärderingssystem – guldvärderingen på Jylland och mark-/skyldvärderingen på Själland. Det nya systemet, som till skillnad från bolvärderingen baserades på utsädets storlek, har av allt att döma fungerat i vissa områden redan under 1100-talets andra hälft (Hoff 1997:102f, 158 o.d. anf. litt.).

Uppsplittringen av parcellsystemen medförde på många ställen sannolikt en övergång till ett mer fastlåst markanvändningsmönster. Istället för gräsmarksbrukets flexibla markutnyttjande genomfördes en uppdelning på mer permanenta markslag – åker, äng och betesmark. Intensifieringen av åkerbruket resulterade i att delar av de bandparcellerade ytorna lades igen till slåttermark. Analyserna av kartmaterialet indikerar att de nya inägomarkerna varit ganska snävt hägnade och att gärdesgårdar, som i t.ex. Röinge och Algustorp, löpt omedelbart intill de ytterst liggande odlingsytorna. På det hela taget ser det ut som om parcellsystemen ersattes av ett mer småskaligt mönster med flera separerade inägoområden, även *inom* byarna. Man kanske här kan tala om ett mer ”individualiserat landskap”. Vi har tidigare antagit att den senare uppdelningen på två vångar i många byar ytterst kan gå tillbaka på denna organisation.

Merparten av de närmast liggande ytorna utanför inägomarkerna kom precis som tidigare att fungera som betesmarker. I takt med att stallningsperiodernas längd ökade och behovet av gödsel till den intensivodlade åkermarken blev större, började emellertid lägre liggande, fuktiga områden (de som i det äldsta kartmaterialet användes för slåtter) att läggas om till äng. Bortfallet av betesmarker i de lägre, ofta högavkastande avsnitten medförde att trycket på senare tiders utmarker ökades. Troligen är det denna utveckling som kan avläsas i pollendiagrammet från Skeakärret på Stoby utmark, där en kraftig ljungbildning ger sig till känna omkring år 1200 (jfr Lageräs i denna volym).

Även bebyggelsen kan antas ha påverkats i samband med parcellsystemens omstrukturering. I Halland verkar tiden omkring 1200, som redan nämnts, vara något av en vattendelare i bebyggelsens rumsliga utveckling. Kartmaterialet från Stoby socken indikerar att 1600- och 1700-talens relativt koncentrerade byformationer kan ha föregåtts av ett mer varierat mönster. Exakt hur långt uppsplittringen på flera bebyggelsegrupper inom de tidigare parcellområdena drivits är f.n. svårt att uttala sig om. Analyserna av kartmaterialet ovan bygger enbart på översiktliga studier av marknamn och rumsliga förhållanden, men likväl framkom här flera tydliga indikationer. Bebyggelsen kan under högmedeltid ha varit uppdelad på flera områden i Arkelstorp, Grantinge, Rättelöv och Röinge byar.

Att bebyggelse utanför de äldsta toftområdena var en realitet under senare delen av 1100-talet och 1200-talet, upplyser de medeltida lagtexterna om. Terminologin när det gäller tofterna är visserligen både omfattande och svårgenomskådad, men begrepp som *Svorne toft* och *Horae toft* tolkas av Hoff som tofter belägna utanför de "ordinarie" bebyggelseområdena (1997:87ff). Dessa begrepp skulle bl.a. kunna syfta på "utflyttad" bebyggelse i samband med parcellsystemens uppsplittring i områden som Stoby socken.

I samband med arkeologiska undersökningar på flera sydskånska och danska bytomter har en förändring i sättet att avgränsa de enskilda gårdstomterna kunnat påvisas under just högmedeltid. Med början under 1100-talet får gårdstofterna, d.v.s. själva bebyggelseområdena i snävare mening, en tydligare avgränsning jämfört med tidigare. Tofterna börjar under denna period avgränsas med 1–2 meter breda, grävda rännor. Tidigare har de troligen varit av mindre permanent karaktär och endast markerade genom fåror eller enkla hägnader (Carelli 2001:43ff). Förändringarna i toftstrukturen kan bl.a. ses som en logisk följd av de omvälvningar på det socioekonomiska planet som berördes ovan. Införandet av *open field*-systemet och de förnyade regleringarna i samband med två- och tresädet innebar samtidigt att toften som "det privata rummet" blev viktigare än tidigare.

Hur de enskilda tofterna utvecklats i norra Skåne är svårt att uttala sig om; några bytomtsundersökningar har ju inte ägt rum i denna delen av landskapet. En högre grad av rörlighet i både bebyggelsen och det övriga landskapet vid parcellsystemens omstrukturering kan ha inneburit att behovet av tydligare markeringar på tofterna varit mindre. "Individualiseringen" av bebyggelsen kan istället ha tagit sig samma uttryck som i södra Skåne, Halland och övriga Danmark, där det just under 1100- och 1200-talen sker en utveckling mot mer sluten ("kringbyggd") gårdsbebyggelse (Carelli 2001:52ff).

Den sannolikt viktigaste orsaken till att de rumsliga arrangemangen i norra Skåne (och Halland) kom att präglas av en "friare" utveckling är att någon generell gärdesläggning inom ramen för tvåeller tresäde aldrig genomfördes här. Sannolikt har de större jordägarna varit styrande i utvecklingen mot en mer småskalig landskapsstruktur; en allmän strävan mot bättre arrondering och möjligheter till en mer specialiserad produktion (bl.a. för avsalu) har säkerligen varit pådrivande faktorer (jfr Connelid 1999:89).

Den senmedeltida och efterföljande utvecklingen

Som visats ovan genomgick odlingslandskapet i Stobyområdet avsevärda förändringar under århundradena närmast före de första storskaliga karteringarna i slutet av 1600-talet. Utvecklingen, som starkt påminner om den i Hallands risbygdsbetonade delar under motsvarande period, innebar en långtgående anpassning av landskapet till de krav som *en allt viktigare animalieproduktion* förde med sig. Landskapsdynamiken i Stoby socken är på flera sätt typisk för den mellanbygd som det här är fråga om; området präglades av begränsad produktionspotential i framför allt åkermarken och en relativt hög befolkningstäthet – en kombination som relativt tidigt medförde att nästan samtliga markslag sattes under press.

Norra Skåne utgjorde generellt sett, liksom Halland och stora delar av övriga Västsverige, ett underskottsområde när det gällde spannmålsproduktionen, troligen ända tillbaka till medeltid. Långsiktigt stigande relativpriser på animalieprodukter alltsedan 1200-talet, innebar närmast med nödvändighet att ekonomin i dessa områden kom att inriktas på boskapsskötseln (Palm 1998:64ff och 1999:62ff). Animalieprodukter har av allt att döma allmänt sett ökat i betydelse i Danmark under senmedeltiden, bl.a. genom en omfattande handel med oxar där norra Skåne säkerligen spelat en roll (Porsmose 1988:373ff, se även Myrdal 1991:436ff).

De rumsliga förändringarna under perioden berörde både markanvändningen, hägnadsorganisationen och bebyggelsen. Foderproduktionen spelade här en nyckelroll och var s.a.s. en gemensam nämnare för många av de åtgärder som genomfördes. Om utvecklingen under föregående period i flera avseenden kännetecknades av individualitet och småskalighet präglades landskapet under denna fas alltmer av kollektiva beslut och storskaliga lösningar. Tydligast kommer detta till uttryck i organiserandet av hägnaderna.

Som vi sett ovan transformerades de stora, sammanhängande ytorna med slåttermark i ytterkanterna av 1600- och 1700-talens inägomarker successivt från betesmark till äng, en process som möjligen startade redan under högmedeltid. Omläggningen påskyndades, möjligen även slutfördes, under senmedeltid, då bl.a. den fortgående klimatförsämringen drev fram längre stallningsperioder. Efterhand ökade också kravet på gödselhanteringen eftersom befolkningsökningen, som kom igång under återhämtningsskedet efter den senmedeltida agrarkrisen, ledde till att åkermarken utnyttjades till bristningsgränsen. Den stora agrartekniska nyheten utgjordes av långbladiga och rätvinkliga liar, vilka började användas under 1400-talet (Myrdal 1999; Poulsen 1997:138f). Dessa innebar att slåtterarealerna kunde utökas betydligt (jfr Connelid, Larsson & Simonsson 2002).

Slutligen formerades de stora inägovångarna som framträder i de äldsta kartorna, vilka inkluderade både åkermarken och de nytillkomna slåtterytorna. I flera fall skedde en uppdelning på två ensädesvångar, vilka besåddes med olika grödor så att marken kunde utnyttjas för bete. På flera ställen skapades samtidigt stora, gemensamma inägomarker mellan flera intilliggande enheter – ”det årliga brukets vångalag”.

De radikala förändringarna i hägnadssystemen fick också följder för bebyggelsen. I Grantinge har uppenbarligen ett större bebyggelseområde i östra vången blivit omöjligt att bo kvar på, när en tidigare mindre åkervång och utanförliggande slåttermarker slogs ihop till en och samma vång. Bebyggelsen hade här tidigare ett perfekt läge mellan åkermark och avsnitt som under lång tid använts för bete. Ett kvarboende skulle ha medfört ett avsevärt arbete med att underhålla hägnader, så att djuren kunde transporteras den långa sträckan till utmarken i söder, till vilken allt bete under växtsäsongen nu flyttades.

Liknande situationer som den i Grantinge har med all sannolikhet uppstått på flera andra platser. Sent tillkommen bebyggelse har säkert i många fall lokaliserats till de äldre åkervångarnas ytterkanter och sedan fått flytta när lägena blivit ocentrala i den nya betesorganisationen. Ett par sådana, hypotetiska, övergivna bebyggelselägen diskuterades för Röinges del ovan.

Analyserna ovan visade att omflyttningar av bebyggelse även ägt rum inom de äldsta kartornas bebyggelseområden. Även här kan en strävan att komma närmare utmarkerna avläsas. I flera av byarna är det troligt att äldre bebyggelselägen varit belägna strax innanför kartmaterialets gårdslägen. I Algustorp har en av gårdarna t.o.m. flyttat ut ett stycke på utmarken.

Förändringar i hägnadsstrukturen, flyttningar av bebyggelse och konsoliderandet av tvåvångssystemet har säkerligen inneburit att behov uppstått av att omfördela produktionsmarken inom byarna vid olika tillfällen. När det gäller de stora, sammanhängande slåttermarkerna kan en ägouppdelning ha skett redan under högmedeltid, när omläggningen mot äng inleddes. Den kan dock lika gärna ha skett i samband med den slutliga transformeringen under senmedeltid eller strax därefter.

Avslutning

Den ovan genomförda analysen av odlingslandskapets utveckling i Stoby socken under de senaste cirka tusen åren visade på en hög förändringstakt. Både bebyggelsen, markanvändningen och odlingssystemen har omstrukturerats vid olika tidpunkter, troligen så pass sent som ett eller ett par århundraden före lantmäterikartornas tillkomst. Ett viktigt syfte med den här artikeln har varit att försöka identifiera viktiga brytpunkter i dessa processer. *En viktig erfarenhet av analyserna är att den rumsliga organisationen i det äldsta kartmaterialet inte enkelt kan projiceras bakåt i tiden.*

Bandparcelleringen har varit ett viktigt tema i framställningen. Markplaneringen ses som en viktig, men hittills av forskningen föga beaktad, ingrediens i den komplexa process som leder fram till formerandet av de medeltida landsbyarna. Fältinventeringarna i Stoby socken bekräftar så här långt den bild vi har av bandparcellernas utbredning och karaktär i norra Skåne och det intilliggande Halland. Parcelleringens stora genomslagskraft, inte minst i ytterkanterna av det medeltida Danmark, kan inte enbart tillskrivas en effektiv centralmakt; en fullt utbildad sådan existerade sannolikt inte i övergången vikingatid/tidig medeltid. Spridningen underlättades av den intressegemenskap, både på det praktiska och ideologiska planet, som bör ha förelegat mellan kungamakten och andra storjordägare, i kombination med ett behov att reglera markrättigheter mellan ”vanliga” bönder *inom* de enskilda byarna.

Bevarade fossila parcellsystem av de slag som påträffats i t.ex. Stoby socken har en mycket viktig uppgift att fylla i kommande forskning kring det danska medeltida landskapet. Man ska här beakta att frekvensen bevarad fossil åkermark med en datering till perioden sen vikingatid/tidig medeltid i *hela* det nuvarande Danmark är *försvinnande liten* jämfört med situationen i Halland och norra Skåne!

I bebyggelsegeografiskt hänseende anknyter byarna i Stoby socken vid tiden för de äldsta kartornas tillkomst klart till allmänskånska förhållanden. Till skillnad mot Halland ligger bebyggelsen här nästan undantagslöst samlad i relativt täta klungor. Analyserna visar dock att flyttningar av gårdar ägt rum i stor omfattning både på och i nära anknytning till kartmaterialets bebyggelseområden. Omflyttning av gårdar på de sydskånska bytomterna är visserligen väl dokumenterade och närmast att betrakta som regel (jfr Riddersporre 1995), men medan dessa i första hand har skett *inom* bytomterna (ofta på/inom respektive gårds toftyta), framträder i Stoby ett annat mönster – en strävan att komma närmare utmarkerna. I flera av Stobybyarna förefaller denna drift ha resulterat i att bebyggelsen nästan i sin helhet övergivit sina äldre lägen och flyttat ut mot inägogränserna.

Även om delar av kartmaterialets bebyggelse uppträder koncentrerat, på eller nära ytor som kan misstänkas ha tagits i anspråk redan i övergången vikingatid/medeltid, är det mycket som tyder på att bebyggelsen som helhet varit mer uppsplittrad i ett tidigare skede. I flera byar (t.ex. Grantinge) har bebyggelse av allt att döma funnits ett bra stycke ut på inägomarken, eventuellt med egna ägodomäner. Den arkeologiskt undersökta gårdsbebyggelsen vid Skea visar att sådana bosättningar i periferin av 1600- och 1700-talens vångar kan ha varit vanliga. Sent tillkomna och kanske även kortvariga, ger de sig inte till känna i kartmaterialet i form av toftnamn eller andra tydliga signaler.

Förändringarna i hägnadsorganisationen från senmedeltid och framåt leder emellertid till att bebyggelsen koncentreras. Man kan fråga sig varför utvecklingen i Stoby inte leder till samma spridning av gårdarna längs utmarksgränserna som i Halland. En starkt bidragande orsak är här sannolikt tvåvångssystemet. Uppdelningen på två vångar bör, precis som i två- och tresädesbyarna i andra delar av Skåne, ha haft en koncentrerande inverkan på bebyggelsen.

Dynamiken i bebyggelsen innebär att föreställningen om ”den stationära medeltidsbyn” knappast är tillämplig på många av Stobybyarna. Sett i det längre tidsperspektivet från vikingatid och fram till den agrara revolutionen, kan man nästan tala om (fortsatt?) flyttande landsbyar även under historisk tid (jfr Connelid & Mascher i tryck).

Förändringarna i markanvändningen och hägnadsorganisationen från senmedeltid (eventuellt redan tidigare), har klara paralleller i Halland. Medan utvecklingen i södra Skånes tresädesområden under motsvarande period innebär att åkermarken expanderar på bekostnad av bl.a. utmarkerna, inriktas ekonomin och landskapets organisation i Stobyområdet alltmer på animalieproduktionen. Tidigare betesmarker läggs om till äng och inkorporeras i storskaliga hägnadsstrukturer. Flyttningarna av bebyggelse mot utmarksgränserna och uppdelningen på två vångar visar på betets och hägnadernas *mycket* stora betydelse.

Ett påtagligt inslag i nästan samtliga studerade byar, således både bland de större och mindre, är indikationerna på försvunna storgårdar, vilka kan ha påverkat utvecklingen under kortare eller längre perioder. Det går givetvis inte på basis av de analyser som genomförts här att uttala sig om vilken dignitet dessa enheter haft; om det rört sig om ”ordinära” gårdar som enbart genom sin storlek kunnat agera mer självständigt eller om adliga huvudgårdar. En systematisk genomgång av diplommaterialet från Stoby socken skulle sannolikt vara belysande i detta sammanhang. Vi får för närvarande nöja oss med att konstatera att lantmäterikartorna entydigt pekar mot att storgårdar av olika slag varit ett vanligt inslag i Stobybebyggelsen under lång tid (jfr Riddersporre i tryck).

Trots att slutsatserna kring bebyggelse- och odlingsutvecklingen i Stoby så här långt måste betraktas som hypotetiska, är det otvivelaktigt mycket i materialet som anknyter till halländska mönster. Det gäller framför allt rörligheten i bebyggelsen men även förändringarna i gärdessystemen och markanvändningen. Kombinationen av dessa fenomen, bebyggelsens sydskånska drag (med bl.a. tydlig toftstruktur) och det säregna systemet med två vångar i ensäde, gör det emellertid motiverat att betrakta detta och liknande områden i den skånska skogsbygden som i hög grad *självständiga kulturgeografiska regioner*.

Något försök att grafiskt återge de viktigaste rumsliga processerna i Stobylandskapet ska inte göras i detta sammanhang. Det får anstå till en tidpunkt när flera undersökningar i liknande områden genomförts. Framför allt behöver flera byar av Röinges och Grantinges typ underkastas djupanalyser, där de olika brytpunkterna i den ovan skisserade utvecklingen kan kontrolleras. Studierna av lantmäterikartor och fältspår måste givetvis också kompletteras med andra typer av källmaterial.

Förhoppningsvis ska den ovan skisserade bilden av landskapsutvecklingen i Stoby kunna inspirera till fortsatta analyser av den skånska skogsbygdens kulturlandskap. Såväl förändringarna i bebyggelsen som övrig markanvändning får arkeologiska konsekvenser. Det största arkeologiska intresset knyter sig naturligt till det sannolikt ganska stora antalet övergivna bebyggelseområden. Förändringarna i markvändning och hägnadssystem skapar emellertid goda förutsättningar för agrarhistoriskt inriktade fältstudier. Förutsättningarna att lokalisera och undersöka äldre hägnader torde exempelvis vara mycket goda i vissa områden, liksom möjligheten till markhistoriska undersökningar.

Områden av Stobys karaktär är utan tvivel mycket lämpliga för bredare odlings- och bebyggelsehistoriska analyser än den som genomförts här. Den stora landskapsdynamiken i kombination med goda bevarandeförhållanden för t.ex. fossilt odlingslandskap torde innebära osedvanligt goda förutsättningar för tvärvetenskapligt inriktade studier. Områdets karaktär av mellanbygd innebär att analyserna kan fokusera mot frågeställningar som är centrala även i ett större sydskandinaviskt landskapshistoriskt sammanhang.

Tack till Anne Carlie, Mats Riddersporre och Per Lagerås för värdefulla synpunkter på texten.

Referenser

Campbell, Å. 1928. *Skånska bygder under förra hälften av 1700-talet. Etnografisk studie över den skånska allmogens äldre odlingar, hägnader och byggnader.* Uppsala/Halmstad.

Carelli, P. 2001. *En kapitalistisk anda. Kulturella förändringar i 1100-talets Danmark.* Lund Studies in Medieval Archaeology 26. Almqvist & Wiksell International. Stockholm.

Carlie, A. Människor och landskap. Om förhistoriska samhällen i en nordskånsk inlandsbygd. 2002. I Carlie, A. (red.). *Skånska regioner.*

Christensen, C. A. 1983. Begrebet bol: et vidnesbyrd om vikingetidens storbondesamfund. *Historisk Tidskrift 83*, s. 1-33.

Connelid, P. 1999. Halländskt odlingslandskap under tusen år i historisk-geografisk belysning. I Olsson, S-O. (red.). *Från Absalon till Järnmölle och Galtabäck – länkar i halländsk medeltid.* Rapport från konferensen "Tvååker för 800 år sedan: jordbruk och järn, handel och sjöfart", den 17–19 oktober 1997. CSK, Högskolan i Halmstad, s. 68-93.

Connelid, P. 2000. *Landskapshistoriskt underlag för MKB längs ny E22, sträckorna Linderöd–Sätaröd och Sätaröd–Vä.* Kula HB, rapport 2000-03-01. Bilaga i Vägverkets MKB.

Connelid, P. 2001. Historisk-geografiska undersökningar vid RAÄ 116 och 120. *Landskap i förändring. Volym 3. Teknisk rapport från de arkeologiska undersökningarna av RAÄ 116, 118, 120 och 122 i Stafsinge socken, Halland.* Riksantikvarieämbetet och Hallands Länsmuseer. Kungsbacka och Halmstad, s. 13-20.

Connelid, P. Manus. Fossila bandparceller i nordvästra Skåne. Artikel i utredningsrapport från Raä UV-syd (E4-projektet). Under utgivning.

Connelid, P. & Rosén, C. 1997. Agrarian Settlement and Landscape Change in Medieval Halland, South-west Sweden. I Andersson, H., Carelli, P. & Ersgård, L. (eds). *Visions of the Past. Trends and Traditions in Swedish Medieval Archaeology.* Riksantikvarieämbetet Arkeologiska undersökningar Skrifter nr 24. Stockholm, s. 23-42.

Connelid, P. & Mascher, C. 1999. Vikten av ett landskapshistoriskt synsätt inom kulturmiljövården. Två kortfattade exempel från aktuella vägprojekt. I Ridderspore, M. (red.). *Att gräva agrarhistoriska lämningar.* Rapport från ett seminarium i Lund 27-28 januari 1998. University of Lund Institutet of Archaeology. Report Series 64. Lund, s. 59-63.

Connelid, P. & Mascher, C. Manus. Hallands "vandrande landsbyar" – vägar till den dolda medeltida och tidigmoderna agrarbebyggelsen. Under tryckning i *Utskrift* nr 7. Landsantikvarien, Halmstad.

Connelid, P., Larsson, K. & Simonsson, G. 2002. Halländskt trädbruk, boskapsskötsel och åkerbruk i ett tusenårsperspektiv. I Lindmark, M., Olsson, S.-O. & Pettersson, R. (red.). *Miljö – ekonomi – historia. MESK. Miljöperspektiv i ekonomisk-historisk forskning.* Halmstad.

Connelid, P., Håkansson, T. & Mascher, C. 2000. Landskapsutveckling och markhistoria vid Stenstorp. I Strömberg, B. (red.). Boplatser och fossilt odlingslandskap. Arkeologi längs väg E6/E20 i södra Halland. Del III. *Riksantikvarieämbetet Arkeologiska resultat UV Väst Rapport 1998:21. Kungsbacka, s. 157-196.*

Dahl, S. 1989. *Studier i äldre skånska odlingssystem.* Stockholm.

Emanuelsson, U., Bergendorff, C., Carlsson, B., Lewan, N. & Nordell, O. 1985. *Det skånska kulturlandskapet.* Lund.

Erixon, S. & Ljung, S. 1955. *Sveriges byordningar. Vol. II:1 Byordningarna från Skåne: V. Göinge härad.* Stockholm.

Frandsen, K-E. 1983. *Vang og taegt.* København.

Gillberg, J. L. 1767. *Historisk, Oeconomisk och Geographisk Beskrifning öfver Christianstads län uti Hertigdömet Skåne.* Faksimilupplaga utgiven 1980 på Walter Ekstrand bokförlag. Lund.

Grøngaard Jeppesen, T. 1983. Landsby og agersystem i vikingetid og middelalder. *Kulturgeografiskt seminarium 1/83.* Stockholm.

Hoff, A. 1997. *Lov og landskab. Landskabslovenes bidrag til forståelsen af landsbrugs- og landskabsutviklingen i Danmark ca 900 – 1250.* Århus.

KLNM. *Kulturhistoriskt lexikon för nordisk medeltid.* Band II. 1980. Malmö.

Lagerås, P. 2002. Skog, slåtter och stenröjning. Paleoekologiska undersökningar i trakten av Stoby i norra Skåne. I Carlie, A. (red.). *Skånska regioner.*

Linneroth. J. 1954. Hässleholm i gången tid. *Västra Göinge Hembygdsförenings Skrifterserie II*, s. 20-42.

Ljunggren, K.-G. & Ejder, B. (utg.). 1952. *Lunds stifts landebok. Andra delen: Nuvarande Kristianstads län.* Skånsk senmedeltid och renässans 5. Skriftserie utgiven av Vetenskaps-societeten i Lund. C W K Gleerup. Lund.

Mascher, C. 1993. Förhistoriska markindelningar och röjningsröseområden i Västsveriges skogsbygder. *Kulturhistoriskt seminarium 2/93.* Stockholm.

Myrdal, J. & Söderberg, J. 1991. *Kontinuitetens dynamik. Agrar ekonomi i 1500-talets Sverige*. Stockholm.

Myrdal, J. 1999. *Jordbruket under feodalismen, 1000–1700. Det svenska jordbrukets historia, band II*. Stockholm.

Nordholm, G. 1937. Forntida och medeltida åkrar i Kungsmarken. *Skånes Natur XXIV*, s. 84-103.

Olsson, G. 1988. Nutrient use and productivity for different cropping systems in south Sweden during the 18th century. I Birks, H. H. et al. (eds). *The cultural landscape. Past, present and future*. Cambridge, s. 123-137.

Palm, L. 1997. *Gud bevare utsädet*. Stockholm.

Palm, L. A. 1998. Efterblivenhet eller rationell tidsanvändning – frågor kring det västsvenska ensädet. *Ett föränderligt agrarsamhälle. Västsverige i jämförande belysning*. Västsvensk kultur och samhällsutveckling. Rapport nr 8. Göteborgs universitet, s. 13-81.

Palm, L. A. 1999. Befolkning och försörjning i Halland före 1800-talet. I Olsson, S.-O. (red.). *Från Absalon till Järnmölle och Galtabäck – länkar i halländsk medeltid*. Rapport från konferensen "Tvååker för 800 år sedan: jordbruk och järn, handel och sjöfart", den 17–19 oktober 1997. CSK, Högskolan i Halmstad, s. 49-67.

Porsmose, E. 1988. Middelalder o. 1000–1536. I Björn, C. (red.). *Det danske landbrugs historie I. Oldtid og middelalder, 4000 f.Kr. – 1536*. Odense, s. 205-416.

Poulsen, B. 1997. Agricultural technology in medieval Denmark. I Astill, G. & Langdon, J. (eds). *Medieval Farming and Technology. The Impact of Agricultural Change in Northwest Europe*. Leiden/New York/Köln, s. 115-145.

Randsborg, K. 1980. *The Viking Age in Denmark. The Formation of a State*. London.

Riddersporre, M. 1989. Lantmäterihandlingar, runstenar och huvudgårdar. I Andersson, H. & Anglert, M. (red.). *By, huvudgård och kyrka. Studier i Ystadsområdets medeltid* Lund Studies in Medieval Archaeology 5. Stockholm, s. 135-144.

Riddersporre, M. 1995. *Bymarker i backspegel. Odlingslandskapet före kartornas tid*. Meddelanden från Lunds universitets geografiska institutioner, avhandlingar 124. Lund.

Riddersporre, M. Manus. Large farm and ordinary villages. Kommande publikation inom Uppåkra-projektet. Lund.

Skansjö, S. 1997. Örkelljunga-Fagerhult under medeltid och 1600-tal. I Wallin, L., Olsson, M. m.fl., Arkeologisk utredning från Örkelljunga till länsgränsen. Särskild arkeologisk utredning steg 1, väg E4, förbi Örkelljunga (Eket–Värsjö) och förbi Fagerhult (Värsjö–Köphult) samt väg 24, delen Bälinge–Västra Spång, Skåne. *Riksantikvarieämbetet UV Syd Rapport* 1997:58.

Steensberg, A. 1983. *Borup AD 700-1400. A Deserted Settlement and it's fields in South Zealand, Denmark. I–II*. The Royal Danish Academy of Sciences and Letters´ Commission for Research on the History of Argricultural Implements and Field structures. Publication No. 3. The National Museum. Copenhagen.

En utmarks förhistoria

Den historiska utmarken öster om Bromölla i ett långtidsperspektiv

SVEN HELLERSTRÖM

Abstract: The prehistory of an outland in northeast Scania.

Faint prehistorical remains found at the place of a historical outland are compared with the more complex habitation- and burial-places in the area which became the historical infield. The archaeological data shows that the outland have been more or less permanently exploited by man since the late Neolithic until modern times. The land use differs, however, in that no large settlements were found. Nor was there any evidence of intensive tilage. Instead it is argued that the outland were used mostly for grazing in the late Neolithic, Bronze Age and early Iron Age and that other outland activities dominated in the late Iron Age. The investigation also shows that vague archaeological remains that are difficult to interpret can be explained as the remains of outland activities.

Inledning

Trakten kring dagens Bromölla har allt sedan jordbrukets införande lockat människor att slå ner sina bopålar här. I nära anslutning till havet, Skräbeån samt Ivö- och Levrasjön ligger grav- och boplatserna tätt. Nästan hundra års arkeologisk forskning visar på ett i stort sett permanent och intensivt utnyttjande av vad som kan karaktäriseras som en rik bygd. Ett stycke inåt land från vattensystemen var tills nyligen kunskaperna om förhistoriska lämningar emellertid ytterst begränsade. Först i samband med undersökningarna 1998 inför omläggningen av väg 116, och delar av väg 2083, gavs det möjlighet att utforska delar av detta område som ligger i brytpunkten mellan Kristianstadsslätten och skogsbygden (Hellerström & Serlander 1999; Gustafsson & Hellerström i manus; Lord & Söderberg i manus). Undersökningsområdet kan sägas ligga i en bygd som avgränsas av havet i söder, Skräbeån och Ivösjön i väster och norr samt Ryssberget i nordost. Idag är landskapet här präglat av stengärdsgårdar som bildar ett intrikat mönster (se s. 472). Dessa härrör från 1800-talets laga skifte då de fungerade som avgränsningar för beteshagar och odlingsytor; en funktion de till stor del har haft en lång bit in i 1900-talet. Den blockrika kalkmoränsmark det är frågan om har under äldre historisk tid varit utmark till Ivetofta, Grödby och Åby byar, men har åtminstone sedan 1600-talet använts för extensiv odling. Själva odlingen bedrevs i form av ett så kallat *infield/outfield*-system som bestod i att även utmarken tidvis odlades (Connelid, manus). Möjligen har denna brukningsform anor ner i medeltiden, men kunskaperna om och i så fall hur området utnyttjades i förhistorisk tid var före undersökningarna bristfälliga. I det äldre lantmäterimaterialet framgår det att området varit mer eller mindre täckt med röjningsrösen.

Till bilden av utmarken hör också den speciella miljö som utgörs av bergsformationen Brantahallar ett stycke öster om den undersökta vägsträckan. Det är inte svårt att föreställa sig att denna suggestiva naturbildning varit en viktig del i människors mentala föreställningsvärld. Detta understryks av de stensättningar som finns på platsen samt av ett stort gravröse, benämnt Tykerör, alldeles söder härom.

I det följande används de historiska begreppen inägor och utmark även för att beteckna de olika områdenas särarter i förhistorisk tid. Med detta menas inte att det i förhistorien rått sådana betingelser att vi kan se uppkomsten av ett inägo-/utmarkssystem, sådant det var känt vid tiden före skiftena, det vill säga med en väl avgränsad och hägnad inäga bestående av bebyggelse, åker och äng. Däremot är det artikelns syfte att visa att ett liknande landskapsutnyttjande i området kan skönjas redan långt tillbaka i förhistorien. Begreppet utmark bör därför i vid mening tolkas som den del av landskapet som ett samhälle varit beroende av ur ekonomiskt hänseende, t.ex. bete och virke, utöver odling och slåtter som bedrevs inom inägan i anslutning till gården/byn.

Utsnitt ur Skånska Rekognosceringskartan. Utmarken med omkringliggande byar samt i texten nämnda fornlämningar och landskapselement. Skala 1:50 000.

The survey area with sites, monuments and components of the landscape mentioned in the text. Scale 1:50 000.

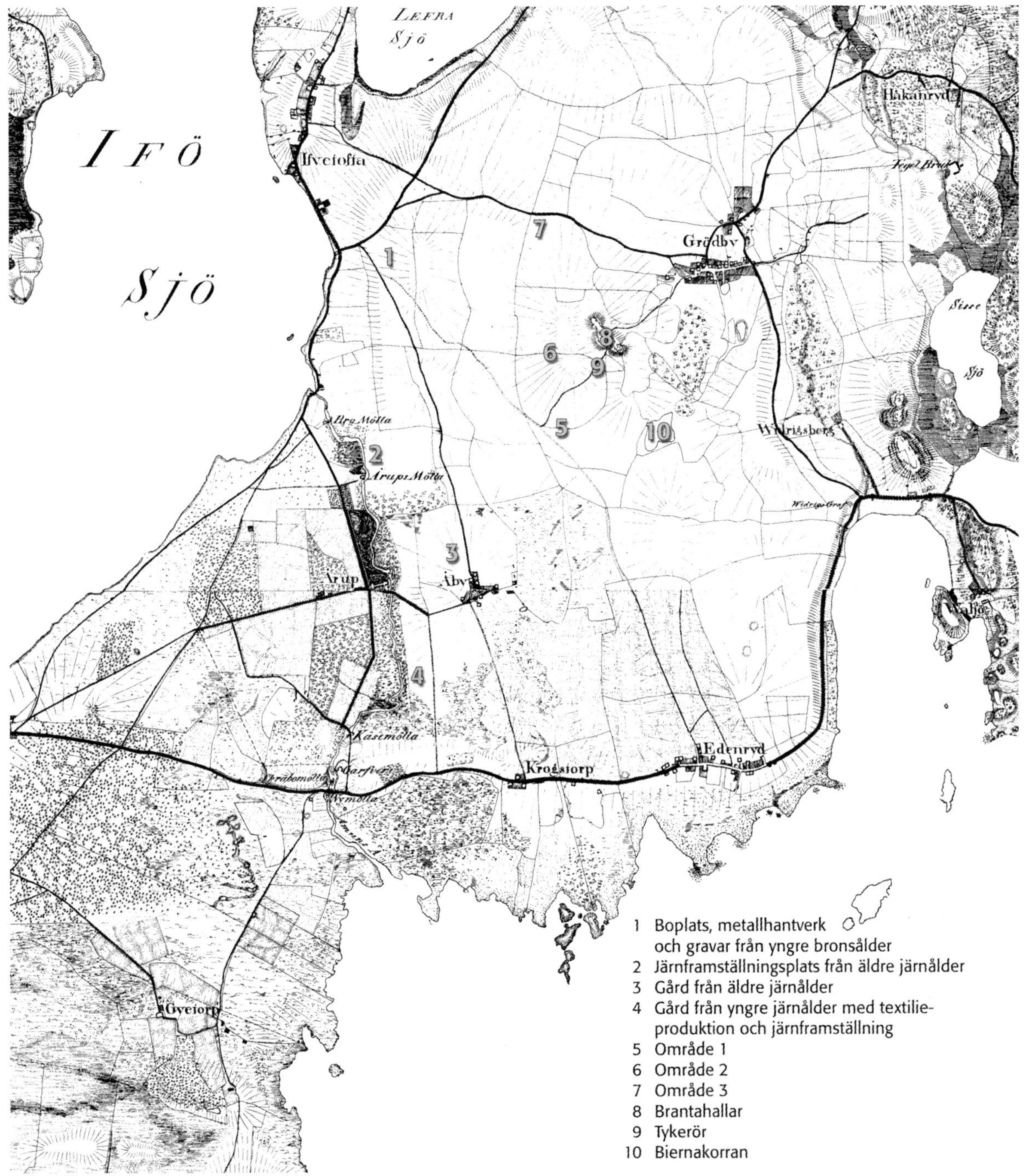
IFÖ
Sjö
LEFRA
Sjö
Ifvetoffa
Grödby
Håkanryd
Arup
Åby
Kastmölla
Krogstorp
Edenryd
Gyetorp
1 Boplats, metallhantverk och gravar från yngre bronsålder
2 Järnframställningsplats från äldre järnålder
3 Gård från äldre järnålder
4 Gård från yngre järnålder med textilieproduktion och järnframställning
5 Område 1
6 Område 2
7 Område 3
8 Brantahallar
9 Tykerör
10 Biernakorran

Utmarken med väg 116 inlagd. Område 1 ligger strax utanför till vänster i bilden. I bakgrunden syns Bromölla. Foto: Kjell Edvinger. (Godkänd för spridning av försvarsmakten)

The outland with the road and excavated areas inserted. Photo: Kjell Edvinger.

Vetenskaplig bakgrund

Utgångspunkten för det arkeologiska arbetet var att undersöka hur området vid Bromölla utnyttjats före det historiskt belagda *infield/outfield*-systemet. Eftersom det var känt att det hade funnits en stor mängd röjningsrösen i området, kom en stor del av de vetenskapliga problemen att inriktas på agrarhistoria. En av målsättningarna var därför att försöka följa odlingen bakåt i tiden. Som en följd av att boplatslämningar konstaterades vid utredningsgrävningen, blev också frågan om boplatsernas och odlingens eventuella samtidighet viktig. Här bör det påpekas att det arkeologiska projektet utmed vägsträckan forcerades på grund av den snäva tidplanen för vägens färdigställande.

Detta innebar att det inte fanns tid för att invänta förundersökningens analysresultat innan slutundersökningen påbörjades.

Som komplement till arkeologin kom kulturgeografi och paleoekologi att spela en stor roll. Kulturgeografiska analyser gjordes av Pär Connelid, både i form av retrogressiv kartanalys och fältstudier. För den paleoekologiska sidan stod Per Lagerås och Mats Regnell som ansvarade för pollen- och makroprovtagning. Till detta kommer också Thomas Bartholin som bestämt träkol med avseende på vedart och egenålder. Resultaten från dessa analyser är inte publicerade tidigare, utan redovisas i och med denna artikel.

Forskningen inom agrarhistoria med inriktning på röjningsröseproblematiken är relativt ung. Från att ha uppfattats som sentida odlingsspår i samband med torpbebyggelse, kom undersökningar under 1980-talet att visa på ett bruk som kan följas bakåt till åtminstone yngre bronsålder (t.ex. Gren 1989, 1996). Förhoppningen var att det skulle vara möjligt att bestämma åldern på ett röse utifrån morfologiska grunder. Det har dock visat sig att det inte är möjligt att på en mer generell basis datera Sydsveriges röjningsröseområden (Lagerås 2000:170). De senaste årens undersökningar längs E4:an i norra Skåne och södra Småland, har även visat att odling kan ha bedrivits länge i ett område utan att marken därför har röjts på sten (a.a.; Olsson & Wallin 1999).

Det skulle emellertid visa sig att resultaten av framför allt ^{14}C-dateringarna, gjorde att röjningsrösena inte gick att koppla till förhistorisk odling i området. Till en början uppfattades detta som ett negativt resultat, men ^{14}C-dateringarna av träkol från anläggningarna visade istället att området utnyttjats under lång tid. En oväntat komplex bild av en tillsynes perifer del av landskapet växte härmed fram när de olika resultaten vägdes samman. Från att ha varit inriktat på agrarhistoria, kom analysen av undersökningsresultaten alltmer att handla om landskapsutnyttjande i ett långtidsperspektiv. Frågeställningen som ska försöka besvaras här rör således vad de arkeologiska lämningarna i utmarken representerar och hur de förhåller sig till övriga kända fornlämningar i trakten. Artikeln syftar härigenom till att dels lyfta fram områdets regionala särart, dels att visa på ett alternativt tolkningssätt för arkeologiska lämningar som annars hade tolkats schablonartat eller förblivit otolkade.

Arkeologi i utmarken

De arkeologiska fältundersökningarna inleddes med sökschaktsgrävning och kartering av den cirka 3,6 km långa vägsträckan. Resultatet blev att fyra områden med boplatslämningar samt spridda fossila odlingslämningar konstaterades (Hellerström & Selander 1999). De fossila odlingslämningarna bestod främst av röjningsrösen av varierande storlek och utseende beroende på var i området utmed vägsträckan de var belägna. En av boplatserna, belägen invid Levrasjön, var neolitisk och kommer inte att behandlas här. Övriga boplatser, benämnda område 1–3, gick tillsammans med ett urval av de fossila odlingslämningarna vidare till förundersökning (Gustafsson & Hellerström i manus). Boplatserna lokaliserades vid utredningen främst tack vare förekomsten av härdar på respektive platser. Den steniga terrängen försvårade annars möjligheterna till att upptäcka andra anläggningstyper såsom stolphål och gropar, varför det vid för- och slutundersökningen lades ner mycket tid på handrensning av de avbanade ytorna.

Förundersökningen visade att lämningarna inom områdena 1 och 3 föreföll vara antingen delar av boplatsernas utkantsområde eller rester av sönderodlade boplatser. Vid område 2 gavs däremot intrycket av att vägsträckan berörde de mer centrala delarna av en plats som var bättre bevarad och kanske också hade utnyttjats under längre tid. Därför gjordes bedömningen att område 2, där det också fanns en hel del röjningsrösen, skulle slutundersökas, medan områdena 1 och 3 prioriterades bort då de inte bedömdes kunna ge någon ytterligare information.

Vid slutundersökningen av område 2 konstaterades det emellertid att det inte heller här förelåg någon tydlig boplatsstruktur (Gustafsson & Hellerström i manus). Endast en huslämning kunde registreras inom de dryga 2000 m^2 som avbanades. Huslämningen avtecknade sig i form av stolphålen efter tre bockpar som ingått i den takbärande konstruktionen samt ytterligare några stolphål som kan vara rester av vägg- eller takstolpar. Stolpsättningen var något asymmetrisk, vilket kan ha berott på en anpassning till den steniga terrängen. Avståndet mellan bockparen var drygt tre meter, vilket antyder en datering till tidig järnålder. Det fanns dock ingenting i övrigt som styrker en sådan datering, varför husets periodtillhörighet är ytterst osäker.

Gemensamt för de tre fornlämningsområdena var förekomsten av härdar och spridda stolphål. Även gropar fanns, men dessa var oftast grunda och diffusa. Ännu mer slående var fyndfattigdomen inom respektive område. Bearbetade flintor och enstaka keramikskärvor fanns på alla platserna. Från område 2 bör fynden av en ugnsdel och järnslagg betonas. Slaggen är sannolikt folkvandringstida/vendeltida, och tillhör en äldre järnframställningstradition som upphör omkring 700 e. Kr. i Sydskandinavien. Förmodligen ska slaggen sättas i samband med en hemsmedjeverksamhet och inte järnproduktion i större skala, avsedd att omsättas (Englund & Larsson 1999). Från område 2 bör också fragmentet från en senneolitisk dolk nämnas.

För att komplettera och nyansera den arkeologiska bilden, utfördes ^{14}C-, pollen- och vedartsanalyser. Kärret "Biernakorran" sydost om Bromölla provborrades i samband med förundersökningen för att ta reda på om det fanns bevarade pollensekvenser som kunde belysa områdets växt- och odlingshistoria (Gustafsson & Hellerström i manus). Därtill togs pollenprover i och under två av röjningsrösena inom område 2. Förhoppningen att kunna ^{14}C-analysera träkol från röjningsrösen kom till stor del på skam, då det visade sig att endast fyra av de 20 rösen som undersöktes innehöll träkol. Istället analyserades en mängd träkol från härdar och stolphål som påträffats inom områdena 1–3. Tillsammans med träkol från ett par härdar som framkom vid utredningen söder om område 1 och träkol som insamlades vid undersökningarna i samband med väg 2083 i utmarkens sydligaste del (Lord & Söderberg i manus), ^{14}C-analyserades sammanlagt 31 träkolsprover från utmarken. Merparten av dessa prover vedartsbestämdes också för att ytterligare belysa områdets växthistoria och resursutnyttjande.

I endast fyra röjningsrösen, samtliga inom område 2, fanns träkol som kunde dateras genom ^{14}C-analyser. Sammanlagt insamlades åtta prover, vilka samtliga utom ett prov, hänfördes till medeltid och nyare tid. Det avvikande värdet, som spände över yngre romersk järnålder och tidig folkvandringstid, daterar med största sannolikhet inte själva röset, utan har förmodligen hamnat där sekundärt. De flesta rösen inom område 2 föreföll vara anlagda vid två olika röjningsfaser, eftersom det gick att urskilja en undre övertorvad äldre del och en övre del med blottade stenar. Samtliga fem medeltida dateringar, liksom en av de historiska, gjordes på träkol från äldre rösen, medan en historisk datering kunde knytas till en yngre rösedel. Rösena på område 1 samt övriga ensamliggande rösen utmed vägsträckan, var till största delen små och övertorvade och skulle hypotetiskt kunna vara samtida med de äldre rösena från område 2. Inte något av dessa innehöll träkol, varför denna hypotes inte kunde fastslås.

De pollenanalyser som utfördes gav tyvärr inte det resultat som förväntats. Framför allt pollendiagrammet från "Biernakorran" saknade till stora delar information om landskapets utveckling från neolitikum till historisk tid. En sekvens förmodas dock representera bronsålder och pekar i riktning mot att det under perioden blev ett öppnare landskap här, vilket i sin tur tyder på att det hållits i hävd. En av pollenstegarna under ett röjningsröse, som i sin äldsta fas förmodas vara medeltida, indikerar dessutom förhistorisk odling. Det är dock svårt att närmare tidsfästa denna odling, även om det är troligt att den härrör från järnålder. Utifrån pollenanalyserna är det således möjligt att det odlades på den historiska utmarken under förhistorisk tid, men om stenröjning föregått en eventuell odling vet vi inte (pers. kom. Lagerås). I de analyserade makroproverna fanns det överhuvudtaget inga rester av förkolnade växtdelar (pers. kom. Mats Regnell). Detta styrker bilden av att odling inte förekommit i någon större skala i förhistorisk tid i utmarken.

Eftersom undersökningarna i utmarken resulterade i ett mycket litet fyndmaterial, spelade ^{14}C-analyser av träkol en betydligt större roll än vad som är vanligt. Analysresultaten från dessa fyller i stor utsträckning det tomrum som bristen på daterbara fynd utgör (se tabell nästa sida). En bild av mycket lång mänsklig närvaro framträder. De tidigaste ^{14}C-dateringarna från området kan knytas till tidigneolitikum (TN I). Det rör sig om fyra prover som är tagna i utmarkens södra del inom vägområdet för väg 2083. Dateringarna kan sättas i samband med röjningar som gjordes av de första bönderna i området. Detta tidiga belägg på mänsklig närvaro är intressant då ytterst få lämningar från denna tid är kända i nordöstra Skåne.

Det är sedan ett stort tidsgap mellan de allra tidigaste dateringarna och nästa ^{14}C-sekvens som börjar i äldre bronsålder, vilket gör det möjligt att försiktigtvis skissera etablerings- och utnyttjandefaser. Från och med äldre bronsålder kan inga tydliga brott i ^{14}C-sekvensen utläsas förrän möjligen i övergången mellan äldre och yngre romersk järnålder. Den långa och obrutna sekvens som då avbryts kan beskrivas som härdarnas tid, eftersom det till allra största delen är härdar som daterats. Tyngdpunkten förefaller ligga i yngre bronsålder och förromersk järnålder. Dateringar till bronsålder och förromersk järnålder föreligger från samtliga platser, med reservation för den enda dateringen från område 1 som ligger kring Kristi födelse. Det är emellertid svårt att förklara härdarnas funktion. Leif Gren har framfört tanken att härdar som påträffas utan tillhörande kontext i röjningsröseområden skulle kunna vara spår efter röjningsbränning (Gren 1995:94). Gren gör en analogi till det sentida tyska skottskogsbruket, där överblivet ris brändes i små högar. I det här fallet går det dock att invända mot tankegången då de flesta härdarna i området innehöll skörbränd

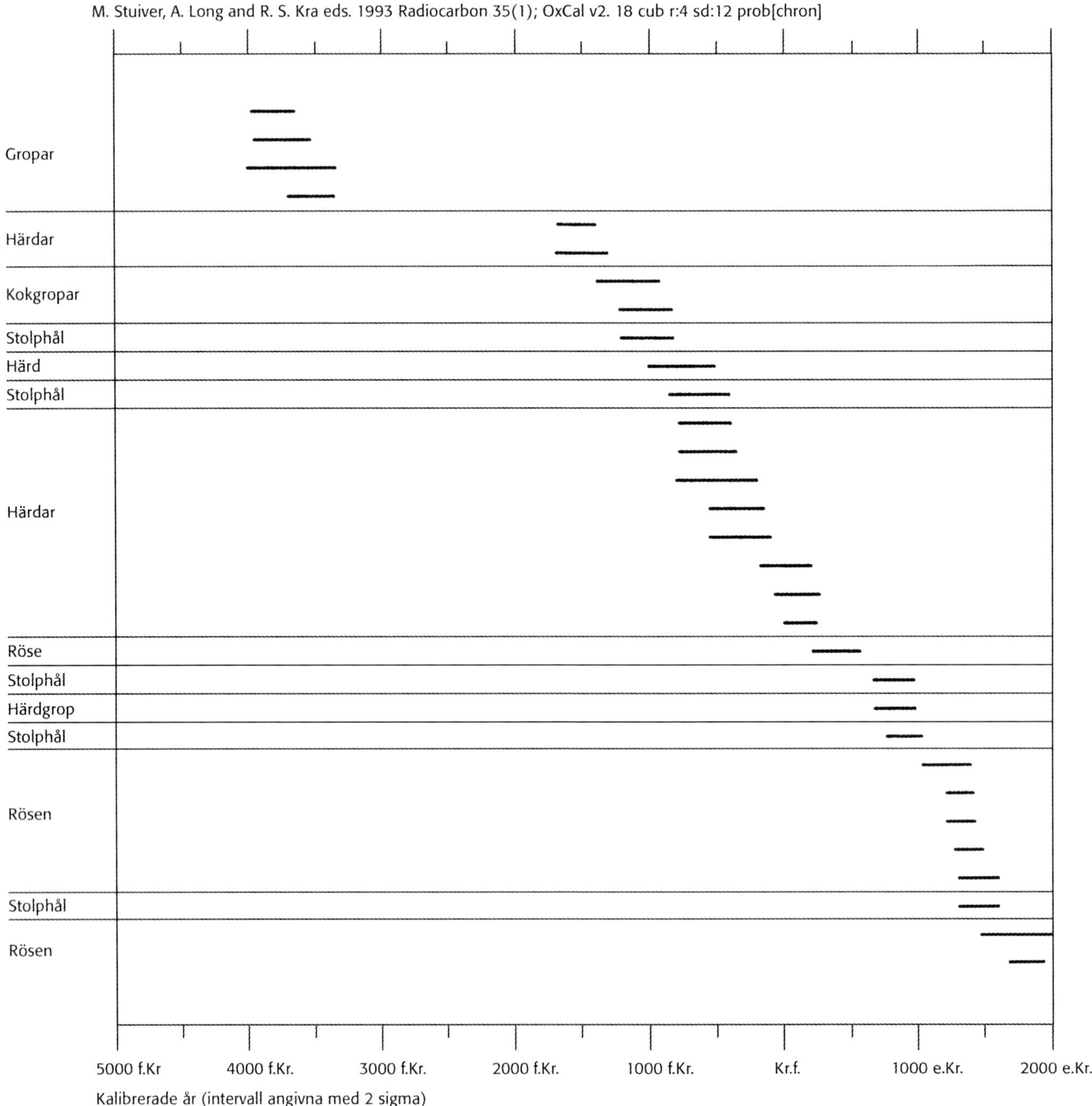
M. Stuiver, A. Long and R. S. Kra eds. 1993 Radiocarbon 35(1); OxCal v2. 18 cub r:4 sd:12 prob[chron]
Gropar
Härdar
Kokgropar
Stolphål
Härd
Stolphål
Härdar
Röse
Stolphål
Härdgrop
Stolphål
Rösen
Stolphål
Rösen
5000 f.Kr
4000 f.Kr.
3000 f.Kr.
2000 f.Kr.
1000 f.Kr.
Kr.f.
1000 e.Kr.
2000 e.Kr.
Kalibrerade år (intervall angivna med 2 sigma)

sten och att många av dem var relativt djupa. Det är tveksamt om en sådan härdkonstruktion skulle krävas för att bränna överblivet ris. Troligare är att härdarna istället visar på mindre och enklare uppehållsplatser. Exempel på sådana kan de tre härdar vara som låg i mycket blockig terräng i vägområdets södra del. Träkol från härdarna daterades i ena fallet till äldre bronsålder och i de båda andra fallen till yngre bronsålder. Kanske härrör härdarna från boskapsvaktares nattläger.

Från romersk järnålder finns fyra dateringar, varav tre är från område 2 och en från område 1. Endast en ^{14}C-datering representerar sekvensen sen romersk järnålder/folkvandringstid. Till intervallet vendel-/vikingatid finns vardera en datering från område 2 respektive område 3. Från område 2 finns dessutom en datering som placerar sig i vikingatid. Nämnda dateringar från romersk järnålder – vikingatid är gjorda på träkol från härdar, stolphål och ett röse. Slående är att endast en härd har daterats till yngre järnålder. Efterföljande period, medeltid, är representerad i form av sex stycken ^{14}C-dateringar på träkol från röjningsrösen – samtliga med anknytning till område 2. Intressant är att tidig medeltid endast ryms inom en ^{14}C-datering med en relativt stor avvikelse i kalibreringen. Till sist föreligger två eftermedeltida dateringar från ett röjningsröse, även detta från område 2.

Samtliga ^{14}C-dateringar från utmarken (kalibrerade värden med två sigmas standardavvikelse).

All ^{14}C-dates from the outland (cal. min–max intervals, 2 sigma).

Så långt om ^{14}C-dateringarna. Går det då att dra några slutsatser kring markutnyttjandet utifrån de vedartsbestämda träkolsproverna? Sammanlagt 19 av de ^{14}C-analyserade träkolsproven vedartsbestämdes. Till detta kan ytterligare två prover läggas som kommer från ^{14}C-daterade härdar. De senare proverna är således endast indirekt daterade, men tas ändå med då sannolikheten är stor att träkol från en härd är lika gammalt. Dessutom har träkolsbitarnas egenålder uppskattats till att vara under 40 respektive 25 år. Eftersom materialet inte är speciellt omfattande går det inte att dra några långtgående slutsatser, men några tendenser kan ändå skönjas (se tabell nästa sida). Från yngre bronsålder och äldre järnålder dominerar ljusälskande arter som hassel, getapel och hagtorn m.fl., vilket tyder på ett relativt öppet beteslandskap. Efter romersk järnålder finns dessa arter inte belagda. I deras ställe kommer eken, vilken är det enda trädslaget som finns representerat i yngre järnålder. Detta kan tyda på ett annorlunda markutnyttjande under loppet av romersk järnålder/folkvandringstid, då området tillåtits växa igen. Efter det knappt märkbara avbrottet i ^{14}C-sekvensen i tidig medeltid ersätts eken av boken. Tolkningen av detta är att en igenväxning har skett i början av medeltiden, varefter området ånyo har röjts.

Sammantaget går det nu att försiktigtvis och i stora drag visa på hur utmarken har använts. Redan de första jordbrukarna vistades i utmarken, åtminstone i dess södra del, för cirka 6000 år sedan. Det skulle annars dröja till neolitikums slutskede och början av bronsåldern innan spåren av människor börjar bli tydliga. Från och med senneolitikum har utmarken således utnyttjats mer eller mindre kontinuerligt. Förmodligen är det vid denna tid som betesdriften etableras i området. Frånvaron av mer tydliga hus eller gårdsenheter,

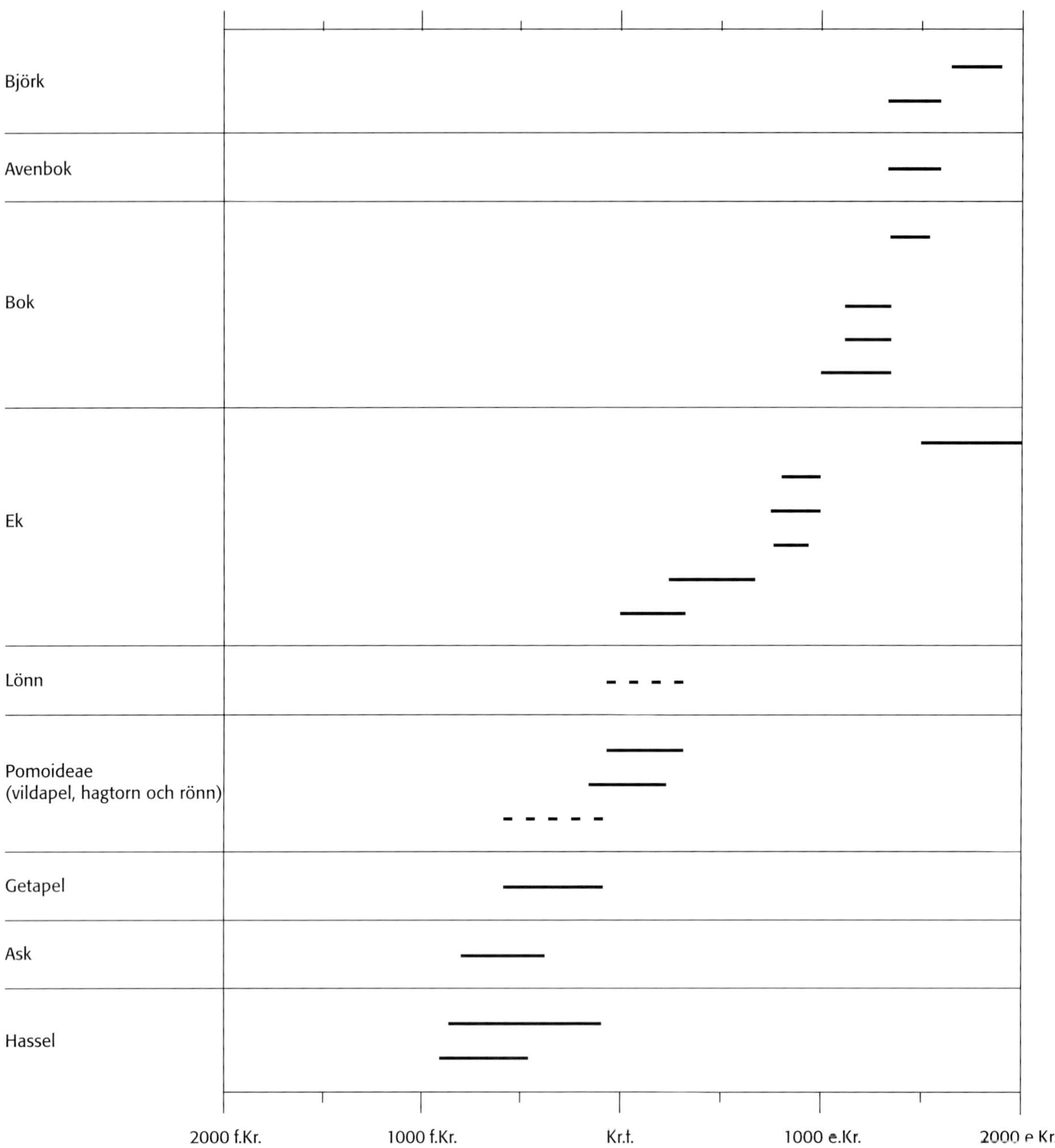

Kalibrerade år (intervall angivna med 2 sigma)

Samtliga vedartsbestämda träkolsprover från utmarken. Streckad linje anger indirekt daterat träkol utifrån ^{14}C-daterat prov i samma anläggning.

All wood-analysed charcoal from the outland.

gör att det troligtvis inte funnits någon bebyggelse med permanenta långhus och tillhörande anläggningar som t.ex. fyndförande gropar och brunnar. De bebyggelsespår som fanns i utmarken från dessa perioder, får snarare betraktas som sekundära eller kompletterande lämningar i förhållande till de som konstaterats utmed vattensystemen. Betesdriften tycks finnas kvar fram till folkvandringstid då bilden av utmarkens utnyttjande blir mer oklar. Sannolikt har betet spelat en mindre roll och kanske har viss odling skett. Däremot finns det ingenting som tyder på att det utförts röjningsbränder, då inget förhistoriskt träkol påträffats under röjningsrösena. Några förhistoriska röjningsrösen har inte heller kunnat konstateras. Om odling har bedrivits före medeltid, har den i så fall varit mycket extensiv. Även i yngre järnålder skiljer sig lämningarna från bebyggelsen närmare Ivösjön och Skräbeån som där karaktäriseras av grop- och långhus. Efter en period i början av medeltiden med ett icke märkbart utnyttjande, blir sedan utmarken uppodlad under sen medeltid. Denna odling kan mycket väl vara uppkomsten, eller en föregångare, till det från historisk tid kända *infield-/outfield*-systemet.

Utmark och inägor

Undersökningarna av utmarken är de första i sitt slag i området. På grund av den rika förekomsten av röjningsrösen var det initialt dessa och den odling de påvisar, som undersökningarna inriktade sig på. Senare tids agrarhistoriska forskning i andra områden har betonat regionala skillnader och även påvisat det svåra i att göra analogier utifrån morfologiska utgångspunkter. Med detta i åtanke, och det faktum att inga dateringar hänförde rösena till förhistorisk tid, är det befogat att ifrågasätta om förhistorisk stenröjning överhuvudtaget förekommit inom undersökningsområdet. Vårt vetande i frågan kan inte bli absolut, eftersom materialet inte medger något absolut ställningstagande. Däremot förtjänar utmarksundersökningen att möjligheterna till annan markanvändning än odling diskuteras. Detta kräver att även den historiska inägomarken diskuteras, för att ljus ska falla på den historiska utmarken. Vi måste så att säga närma oss en förståelse av utmarken genom att ömsom befinna oss inom den och ömsom utanför den.

I Bromölla undersöktes 1958 en boplats och fem urnegravar (Petré 1959). På lokalen, som låg ett par hundra meter från Ivösjöns dåvarande strandlinje, påträffades ett stort antal stolphål, ett tjugotal keramikugnar samt degel- och bronsfynd. Sammantaget är det en indikation på att det handlar om en boplats av viss betydelse. Föremål från gravarna och boplatsen tyder på att de varit samtida – de härrör från yngre bronsålder, närmare bestämt 700–500 f.Kr. (a.a.:48f, 54). Vi har kunnat konstatera samtida aktivitet på den historiska utmarken, men inga bosättningar av denna dignitet.

På den historiska inägomarken öster om Skräbeån har ett gårdsläge med lång kontinuitet undersökts (Stark 2000). Den enda gården har varit lokaliserad på ungefär samma ställe från och med cirka 200 f.Kr. till 300 e.Kr. Flyttningen tycks ha skett inom ett mycket begränsat område. Det tyder på att en, i vid bemärkelse, fastare organisation av bebyggelsen vuxit fram redan under förromersk tid i området. Ungefär fyrahundra meter söder om boplatsen, påträffades i samband med undersökningen av Åby medeltida bytomt, en kvinnograv som innehöll rika gravgåvor, bland annat en guldberlock. Fibulor hänför graven till cirka 200 e.Kr. eller något tidigare (Lord & Söderberg i manus). Det för trakten ovanliga gravfyndet är en stark indikator på att samhället var socialt skiktat under äldre järnålder. Troligen ska också den järnframställning som konstaterats i undersökningar i Bromölla kommun sättas i samband med ett övre socialt skikt. Ungefär 750 meter nordväst om ovan nämnda järnåldersgård undersöktes en järnframställningsplats av UV Syd 1996, som kunde dateras till tidsspannet 200 f.Kr. – 200 e.Kr. (Bergenstråhle 2000). Det rör sig alltså om en järnproduktion som är samtida med den rika graven och järnåldersgården.

Lite längre söderut har flera grophus och ett större hus från folkvandrings-/vendeltid undersökts (Lord & Söderberg i manus). Här kunde både textilproduktion och järnframställning beläggas. I området kring Ivetofta kyrka har Länsmuseet i Kristianstad undersökt omfattande bebyggelselämningar från yngre järnålder och medeltid (t.ex. Andersson & Carlsson 1994).

Förutom produktions- och boplatser, stärks bilden av att bygdens centrala funktioner legat utmed vattensystemen av den mängd gravar som finns i samma område. Här finns allt från hällkistor, högar och flatmarksgravar till domarringar och resta stenar, det vill säga gravar från senneolitikum till yngre järnålder. Undantaget utgörs av Grödby by som ligger inne i landet utan nära kontakt med något vatten. Från byn och dess närhet finns en rad fynd som talar för att platsen haft en, i förhållande till utmarken centralare funktion från bronsåldern och framåt. Kanske har läget här varit av strategisk betydelse som knutpunkt för landvägarna mellan vattensystemen.

En blick på Bromöllaområdet ger följaktligen en bild som, om än svag och oskarp i konturerna, visar ett bosättningsmönster där de större och rikare boplatserna framför allt är knutna till vattensystemen. Detta till skillnad från utmarkens mer oansenliga lämningar. Skillnaden vad gäller bebyggelse och aktiviteter bör ses som faktisk. Den typ av långhus och gårdskomplex som påträffats på den historiska inägomarken saknas i undersökningsresultatet från utmarken. Undersökningarna utmed den cirka 3,6 kilometer långa vägsträckningen för nya väg 116, resulterade inte i någon plats som i komplexitet är jämförbar med de mer vattennära lokaliteter som beskrivits ovan. Med tanke på undersökningarnas omfattning inom vägprojektet borde denna typ av bebyggelse ha framkommit om den en gång funnits inom området. Som jämförelse kan nämnas senare tiders undersökningar närmare vattensystemen, där det i stort sett alltid framkommit mer komplex bebyggelse och/eller gravar. Även om regelrätta boplatser skulle finnas utanför det undersökta området, är dessa i så fall ytterst fåtaliga i jämförelse med de på den historiska inägomarken. Det är inte heller så att eventuella boplatser i utmarken skulle bevarats sämre. Tvärtom borde dessa vara mindre skadade, eftersom de undersökta delarna aldrig plöjts med plog. Tilläggas bör också att det inte rör sig om några större skillnader i förutsättningarna för t.ex. odling, då det till stora delar är samma jordartsförhållanden i de olika områdena. Slutsatsen blir den att det främst är andra sorters aktiviteter och markanvändning än odling som förekommit i utmarken under förhistorisk tid.

I så fall återstår att förklara vad aktiviteterna representerar och hur de korrelerar till bebyggelsen på inägomarken. Är dessa ett resultat av en social skiktning i området? Handlar det om någon form av underbruk till större gårdar på den historiska inägomarken, eller rör det sig om någon annan form av utnyttjande?

Om vi försöker närma oss det förhistoriska landskapet från ett medeltida perspektiv, vet vi att det i området fanns ett antal byar som uppstått ur en tidigare mera spridd och rörlig bebyggelse. Utifrån ovanstående resonemang är utgångspunkten den att någon sådan bebyggelse inte fanns i den undersökta utmarken. Med stor sannolikhet har däremot utmarken odlats under medeltid, men frånvaron av bandparceller och andra odlingsspår, förutom röjningsrösen, talar för ett extensivt jordbruk. Ifall en mer permanent odling förekommit under yngre järnålder, borde denna också ha avspeglats i ett mer reglerat mönster i form av bandparceller. Dessutom pekar ^{14}C-dateringarna på ett avbrott i utnyttjandet av området i tidig medeltid. Därför bör slutsatsen bli den att det knappast har förekommit odling under yngre järnålder och tidig medeltid. Faktum kvarstår dock att flertalet röjningsrösen är odaterade och att förhistorisk odling indikeras i ett av pollendiagrammen.

Utifrån fakta och en del hypotetiska resonemang är det möjligt att skissera på samspelet mellan utmarken och inägorna i ett långtidsperspektiv. Från och med slutet av neolitikum och början av bronsåldern kan ett mönster skönjas. Vid denna tid var människan sedan länge väl etablerad utmed kust-, å- och sjöområdena. Hällkistor och gravhögar visar att dessa områden blivit flitigt utnyttjade. Mycket talar för att utmarken då, som tidigare nämnts, främst utnyttjas för betesbruk. En intressant iakttagelse som rör äldre bronsålder är gravröset Tykerör som även om det inte är undersökt förmodligen kan dateras till äldre bronsålder (Widholm 1998:94). Det speciella med röset är att det ligger solitärt i förhållande till andra gravhögar och kanske även i förhållande till samtida boplatser. Detta kan tolkas som att rösets funktion har varit att befästa områdets hävd som en del i ett större territorium (jfr Säfvestad 1993: 167). Röset är dessutom stort, upptill 25 meter i diameter. Alla andra kända bronsåldersmonument i området är mindre högar. Närmaste hög ligger drygt två kilometer från röset. Skillnaden i materialanvändningen mellan Tykerör och gravhögarna kan också vara av betydelse för förståelsen av landskapsutnyttjandet. Användandet av sten eller grästorvor beror inte på att det var brist på sten utmed vattensystemen eller brist på grästorvor i utmarken. Istället var det behovet av odlingsbar mark som styrde. För att lättare kunna odla marken var det en fördel om grässvålen togs bort (Rasmussen 1993:83). Att det anlades ett röse och inte en hög i utmarken skulle i så fall vara följden av att man här inte hade behov av att bryta upp den betade grässvålen, vilket är en indikation på att marken inte odlades.

Härmed växer bilden fram av ett bronsålderssamhälle och dess landskapsutnyttjande. Utmed vattensystemen ligger gårdar och odlad mark, som allt eftersom byter plats inom området. I nära anslutning finns också gravar och produktionsplatser. Hur gårdarna har varit organiserade inbördes, ska inte närmare gås in på i detta sammanhang, men hypotesen är att de tillsammans bildat en gemenskap. Ett stycke inåt land kommer denna gemenskap till uttryck genom ett samfällt utnyttjande.

Framför allt har det då rört sig om betesdrift. I detta genom betning relativt öppna landskap har det sedan även funnits vad som skulle kunna kallas för specialboplatser. Dessa boplatser har hyst människor som vistats i utmarken i samband med kreatursskötsel och annat brukande av marken, t.ex. lövtäkt samt ved- och virkesuttag och jakt. Gravröset visar att också andra dimensioner av mänskligt beteende än strikt ekonomiska, varit närvarande även i utmarken. Meningen med den utmålade bilden, är att visa att det var människor tillhörande samma samhälle som brukade olika delar av landskapet under samma tid.

Samhället har naturligtvis förändrats med tiden, men bosättningsmönstret och landskapsutnyttjandet tycks i stora drag ha varit mer eller mindre det samma fram till skiftet mellan äldre och yngre järnålder. Att en omläggning av bebyggelsen sker vid denna tid finns belagt i stora delar av Sydskandinavien och Bromöllaområdet är inget undantag. Det verkar dock inte som att omställningen påverkat landskapsutnyttjandet inom Bromöllaområdet, då omflyttningarna av grav- och boplatser till största delen sker inom området utmed vattensystemen. Däremot har utnyttjandet av utmarken ändrat karaktär. Vedartsanalyserna indikerar att en viss igenväxning har ägt rum, vilket i sin tur skulle tyda på att betets betydelse minskat. En successivt ökad odling nära boplatserna har inneburit att mindre mark funnits tillgänglig för uttag av ved och virke. Förutom för hushållsbehovet har ved behövts till järnframställningen. Spåren av järnframställning i utmarken kan tolkas som att i varje fall en del av järnproduktionen var förlagd hit. Kanske var det därför närheten till ved som styrde produktionen hit.

Avsaknaden av åtminstone mer omfattande förhistorisk bosättning och odling i utmarken är också intressant om den jämförs med senare års undersökningar i röjningsröseområden. De arkeologiska undersökningarna utmed väg E4 i norra Skåne och södra Småland, har visat på en expansion i romersk järnålder/folkvandringstid. Expansionen har resulterat i stora röjningsröseområden som tagits ur bruk under vikingatid (Lagerås 2000; Olsson och Wallin 1999). Belägg för tidigare expansioner finns från Stoby och Ignaberga, där områden röjts på sten under yngre bronsålder (Lagerås i denna volym; Hellerström 2001). Exemplena visar hur tidigare tillsynes extensivt utnyttjade områden blivit odlade och bebyggda. En förklaring till att utmarken öster om Bromölla inte blivit föremål för några odlings- eller bebyggelseexpansioner i förhistorisk tid, skulle kunna vara att denna redan var hävdvunnen. Någon ny mark har således inte kunnat tas i anspråk i utmarken i samband med förhistoriska expansioner. I detta sammanhang kan nämnas att det finns röjningsröseområden lite längre mot nordost, på Ryssberget. Ifall detta område varit föremål för expansioner får framtida forskning visa.

Om utmarken var hävdvunnen, infinner sig frågan om vem som höll denna i hävd. Generellt kan förklaringen ges att det var befolkningen i de omkringliggande samhällena. Detta säger dock ingenting om på vilket sätt utmarken var knuten till bebyggelsen. För att besvara denna fråga måste en analys av de förhistoriska samhällenas sociala organisation göras. En del av den senare forskningen vill se en social stratifiering redan under bronsålder, där trälar utgjorde grunden för ett genererat överskott (Widgren 1998 o. d. anf. litt.). Widgren för fram hypotesen att järnålderssamhällets lägsta skikt skulle ha utgjorts av små ofria hushåll (a.a.:290). Denna ofria arbetskraft ”…kan ha haft ansvar för underbruk, herdeboställen och andra utmarksbosättningar. Det ligger i sakens natur att sådana bosättningar inte avtecknar sig skarpt i det arkeologiska materialet" (Pedersen & Widgren 1998:448). Detta skulle generellt kunna vara en möjlig och tilltalande förklaringsmodell för en djupare förståelse av den aktuella utmarken. Exakt när och till vad utmarken har utnyttjats, går däremot inte att klargöra i nuläget. Det viktiga är emellertid att det går att belägga att utmarken, från bronsåldern och fram till idag, har utgjort ett resursområde till de samhällen som bebyggelsemässigt främst var lokaliserade till områdena utmed vattensystemen.

Undersökningarna i utmarken har visat hur i vanliga fall svårtolkade lämningar kan tolkas och sättas in i ett helhetsperspektiv. Detta har åstadkommits genom att ett relativt stort område har studerats. Det beskrivna Bromöllaområdet omfattar totalt uppemot 20 kvadratkilometer. Som jämförelse kan nämnas bronsåldersprojektet i Thy, på nordvästra Jylland, där man har definierat en gårdsenhets resursområde till en kvadratkilometer (Bech & Mikkelsen 1999:69). Fördelen med att betrakta ett större område, är att delar av landskapet som p.g.a. sin fyndfattigdom annars brukar behandlas som en perifer del, kan knytas till grav- och boplatsområden. Den arkeologiska bebyggelseforskningen har traditionellt sett mest kretsat kring dessa mer konkreta fornlämningstyper, medan mellanliggande mindre fornlämningstäta områden inte har beaktats. Det väl undersökta Stora Köpingeområdet öster om Ystad kan tjäna som exempel på hur välbekanta fornlämningstyper analyserats och diskuterats. Här menar Sten Tesch att en fastläggning av bebyggelse och åkrar i början av romersk järnålder är att jämföra med någon form av inägo-/utmarkssystem (Tesch 1991:334). Någon diskussion om hur utmarken sett ut och utnyttjats förs däremot inte. Tanken är emellertid att ingen del av landskapet någonsin har varit utan betydelse för människan. Med det synsättet kan också arkeologiska lämningar, som annars skulle avfärdas som perifera eller omöjliga att tolka, bättre förstås.

Referenser

Muntliga källor

Per Lagerås, Riksantikvarieämbetet UV Syd, Lund.
Mats Regnell, Riksantikvarieämbetet UV Syd, Lund.

Skriftliga källor

Andersson, S. & Carlsson, P. 1994. Rapport. Skåne, Kristianstad län, Bromölla kommun, Ivetofta socken, del av stg 358 m.fl. *Länsmuseet i Kristianstad* 1994:8.

Bech, J.H. & Mikkelsen, M. 1999. Landscapes, settlement an subsistence in Bronze Age Thy, NW Denmark. I Fabech, C. & Ringtved, J. (red.) *Settlement and Landscape*. Proceedings of a conference in Århus, Denmark, May 4-7 1998. Aarhus University press, s. 69–77.

Bergenstråhle, I. 2000. Skärvsten och järnugnar i Bromölla. Skåne, Ivetofta socken, Tians Väg. *Riksantikvarieämbetet UV Syd Rapport* 2000:56.

Connelid, P. 1998. Iakttagelser i samband med besiktning av fossilt odlingslandskap längs ny sträckning för riksväg 116 öster om Bromölla samhälle. Opublicerat arbetsmaterial från Kula HB.

Connelid, P. Manus. Steg 1 rapport över utförda historisk-geografiska arbeten i samband med arkeologiska undersökningar längs ny E22 och Rv 116 i Bromölla kommun, Skåne län.

Englund, L.-E. & Larsson, L. 1999. Järnframställning och smide i Ivetofta sn – en arkeometallurgisk analys. Analysrapport nummer 7-1999. *UV GAL*.

Gren, L. 1989. Det småländska höglandets röjningsröseområden. *Arkeologi i Sverige* 1986. Riksantikvarieämbetet. Stockholm, s. 73-95.

Gren, L. 1995. Bronsålderns hackerörsområden och användningen av eld. I Larsson, B. (red.). *Svedjebruk och röjningsbränning i Norden – terminologi, datering, metoder*. Skrifter om skogs- och lantbrukshistoria 7. Nordiska museet, Stockholm, s. 90–94.

Gren, L. 1996. Hackerörens landskap och extensivt jordbruk under bronsålder – äldre järnålder. I Slotte, H. & Göransson, H. (red.). *Lövtäkt och stubbskottsbruk. Människans förändring av landskapet – boskapsskötsel och åkerbruk med hjälp av skog*. Kungliga Skogs- och Lantbruksakademien, Stockholm, s. 371–408.

Gustafsson, P. & Hellerström, S. Rapportmanus. Arkeologiska för- och slutundersökningar, väg 116. Riksantikvarieämbetet UV Syd.

Hellerström, S. & Serlander, D. 1999. Arkeologisk utredning steg 2. Skåne, Väg 116, Ivetofta socken, Bromölla kommun. *Riksantikvarieämbetet UV Syd Rapport* 1999:10.

Hellerström, S. 2001. En grav från förromersk järnålder. *Riksantikvarieämbetet UV Syd Rapport* 2001:25.

Lagerås, P. 2000. Järnålderns odlingssystem och landskapets långsiktiga förändring. Hamnedas röjningsröseområden i ett paleoekologiskt perspektiv. I Lagerås, P. (red.) *Arkeologi och paleoekologi i sydvästra Småland – Tio artiklar från Hamnedaprojektet*. Riksantikvarieämbetet, Arkeologiska undersökningar Skrifter nr 34. Stockholm, s. 167–229.

Lagerås, P. 2002. Skog, slåtter och stenröjning. Paleoekologiska undersökningar i trakten av Stoby i norra Skåne. I Carlie, A. (red.). *Skånska regioner.*

Lagerås, P. & Regnell, M. 1999. Agrar förändring under sydsvensk bronsålder. En diskussion om skenbara samband och olösta gåtor. I Olausson, M. (red.). *Spiralens öga – 20 artiklar kring aktuell bronsåldersforskning*. Avdelningen för arkeologiska undersökningar, Skrifter nr 25. Stockholm, s.321–335.

Olsson, M. & Wallin, L. 1999. Odlingslandskap i Nordskåne. Erfarenheter från E4-projektet. I Ericsson, A. (red.). *Odlingslandskap och uppdragsarkeologi. Artiklar från nätverket för arkeologisk agrarhistoria.* Riksantikvarieämbetet, Arkeologiska undersökningar, Skrifter nr 29. Stockholm, s. 51–60.

Pedersen, E. A. &Widgren, M. 1998. Järnålder, 500 f.Kr. – 1000 e.Kr. I Welinder, S., Pedersen, E. A. & Widgren, M. (red.). *Det svenska jordbrukets historia. Jordbrukets första femtusen år*. Natur och Kultur/Lts förlag, s. 237–453.

Petré, R. 1959. En bronsåldersby i Bromölla. *Skånes hembygdsförbunds årsbok 1959*, s. 47–55.

Rasmussen, M. 1993. Gravhøje og bopladser. En foreløbig undersøgelse af lokalisering og sammenhænge. I Larsson, L. (red.). *Bronsålderns gravhögar*. Rapport från ett symposium i Lund 15.XI – 16.XI 1991. University of Lund Institute of Archaeology, Report Series 48, s. 171–185.

Stark, K. 2000. E22 Bromölla. Gårdslämningar från äldre järnålder. Riksantikvarieämbetet *Riksantikvarieämbetet UV Syd Rapport* 2000:4.

Säfvestad, U. 1993. Högen och bygden – territoriell organisation i skånsk bronsålder. I Larsson, L. (red.). *Bronsålderns gravhögar*. Rapport från ett symposium i Lund 15.XI – 16.XI 1991. University of Lund Institute of Archaeology Report Series 48, s. 161–169.

Lord, P. & Söderberg, B. Rapportmanus. Arkeologiska för- och slutundersökningar väg 2083 och Långmossavägen. Riksantikvarieämbetet UV Syd.

Tesch, S. 1991. Tradition and change during the Bronze Age and Iron Age. Houses as archaeological sources for the study of changes in the cultural landscape. I Berglund, B.E., (red.) *The cultural landscape during 6000 years in southern Sweden – the Ystad Project. Ecological Bulletins 41*, s. 326-336.

Widgren, M. 1998. Kulturgeografernas bönder och arkeologernas guld – finns det någon väg till en syntes? I Larsson, L. & Hårdh, B. (red.). *Centrala platser – Centrala frågor. Samhällsstrukturen under järnåldern.* Uppåkrastudier 1. Acta Archaeologica Lundensia. Series altera in 8° No 28. Stockholm, s. 281–296.

Widholm, D. 1998. *Rösen, ristningar och riter*. Acta Archaeologica Lundensia. Series prima in 4° nr 23. Almqvist & Wiksell International, Stockholm.

SYDVÄSTRA SKÅNE

"...och satte runt tunet ett hägn"

Om långhus, odlingsskydd och metodutveckling på en gård från romersk järnålder vid Västra Karaby

CLAES B PETTERSSON

Abstract: "... and raised a fence around his courtyard". Concerning long-houses, cultivation protection and system development on a Roman Iron Age farm at Västra Karaby.

The beginning of the Roman Iron Age was a time of many changes, political as well as economic, in south Scandinavian society. The agrarian settlements were affected by new methods of cultivation, new crops and new tools. On some sites we can see the beginnings of agglomerated habitations with houses arranged in dense, hamlet-like patterns. On other localities solitary farms seemed to have grown considerably in size, compared to what the settlements had looked like in the previous period. Traces of extensive systems of fences have been found on a few of these sites, and this might be regarded as an indication of more permanent fields in use. The keeping of cattle in stables during the lean months meant an increased need for leaf-fodder and hay. It has even been suggested that as much as 50% of the arable land was used for the production of fodder.

At Dösjebro, Västra Karaby parish, an Early Roman Iron Age farm of this kind was excavated in 1990. Here a long-house of 32 metres, complete with seven trestles, six entrances and traces of partitions for seven different rooms was found. To the north of the building a large, carefully fenced area might have been a garden, while a small cattle compound was located to the south-west. Other fences found at the site probably protected small "Celtic" fields from stray cattle.

En ådal med lång historia

Saxådalens välbevarade fornlämningslandskap har under slutet av 1990-talet kommit i centrum för det arkeologiska intresset genom utbyggnaden av Västkustbanan. Aldrig förr har ett och samma projekt givits möjligheter att så i detalj kunna följa bosättningen i en hel bygd och skapa en helhetsbild av dess utveckling (Publiceringsplan för projektet Västkustbanan (VKB) 1999). Området utgjorde dock inte heller förut någon vit fläck på den arkeologiska kartan. Sten- och bronsålderns väl synliga gravmonument uppmärksammades tidigt och kom därmed att utsättas för mer eller mindre sakkunnigt utförda undersökningar. Imponerande gårdssamlingar, sammansatta av föremål framkomna vid jordbruksarbete, förvaras dessutom på många av traktens gårdar. Merparten av dessa kollektioner utgörs av neolitiska föremålstyper.

Idag karaktäriseras trakten söder om Dösjebro av ett öppet odlingslandskap, avbrutet av ett fåtal sentida tallplanteringar. Området domineras av höjdstråket Karaby backar med sina monumentalt placerade gravhögar. I norr rinner Saxån i sin flacka dalgång med dess bitvis välutvecklade meanderslingor. Där finns också sammanflödet med den idag till största delen uträtade Välabäcken.

Generellt sett hittar man grannskapets förhistoriska boplatser, i vart fall de som härrör från en fastboende jordbrukande befolkning, längs med vattendragen eller ute på de flacka, väldränerade sandjordsområdena. De mellanliggande stråken med låglänta, fuktiga områden bör snarast ha fungerat som naturliga avgränsningar mellan olika bebyggelseterritorier. Det odlingslandskap som möter oss i skifteskartor och tidiga resenärers berättelser är öppet, avskogat och plågat av överbetning och erosion. Man kan dock förmoda att ursprunget till dessa förhållanden står att söka långt tillbaka i tiden.

1990 utfördes en större arkeologisk utgrävning med oväntat rikhaltiga resultat vid Vashögsvägen i den södra utkanten av den sandplatå där Dösjebro samhälle idag är beläget. Vid detta tillfälle var hela 29.000 m^2 aktuella för en bostadsutbyggnad som sedan p.g.a. lågkonjunktur inte kom att realiseras.

Genom denna undersökning har det varit möjligt att följa bebyggelsens utveckling och förändring på samma plats under en tidperiod på över 2000 år, från senneolitikum in i folkvandringstid (Pettersson 2000). Trots att de undersökta bosättningarna uppvisar ett stort mått av komplexitet och i vissa fall sannolikt även en lång varaktighet, får resultaten inte ses som belägg för en platskontinuitet. Fem åtskilda bebyggelsefaser med ett dussin olika huskonstruktioner utgör bara korta nedslag, sett mot de 22 sekler som utgör den tidsmässiga ramen för de dokumenterade aktiviteterna. Snarast bör de förhistoriska gårdarna under hela den tid då sandplatån utnyttjades ha flyttat kring i sitt resursterritorium med längre eller kortare intervaller. Bosättningar med platskontinuitet under ett par generationer förefaller ha varit det normala. Därefter behövde hela byggnadsbeståndet förnyas, samtidigt som all odlingsmark på bekvämt avstånd från gårdstunet hunnit utnyttjas intensivt och därför också minskat i bördighet.

I föreliggande artikel kommer intresset att fokuseras på en av dessa relativt kortvariga etableringar, en välbevarad större gårdsanläggning som kan dateras till tiden kring vår tideräknings början. Centrum i detta gårdstun bestod av en stor

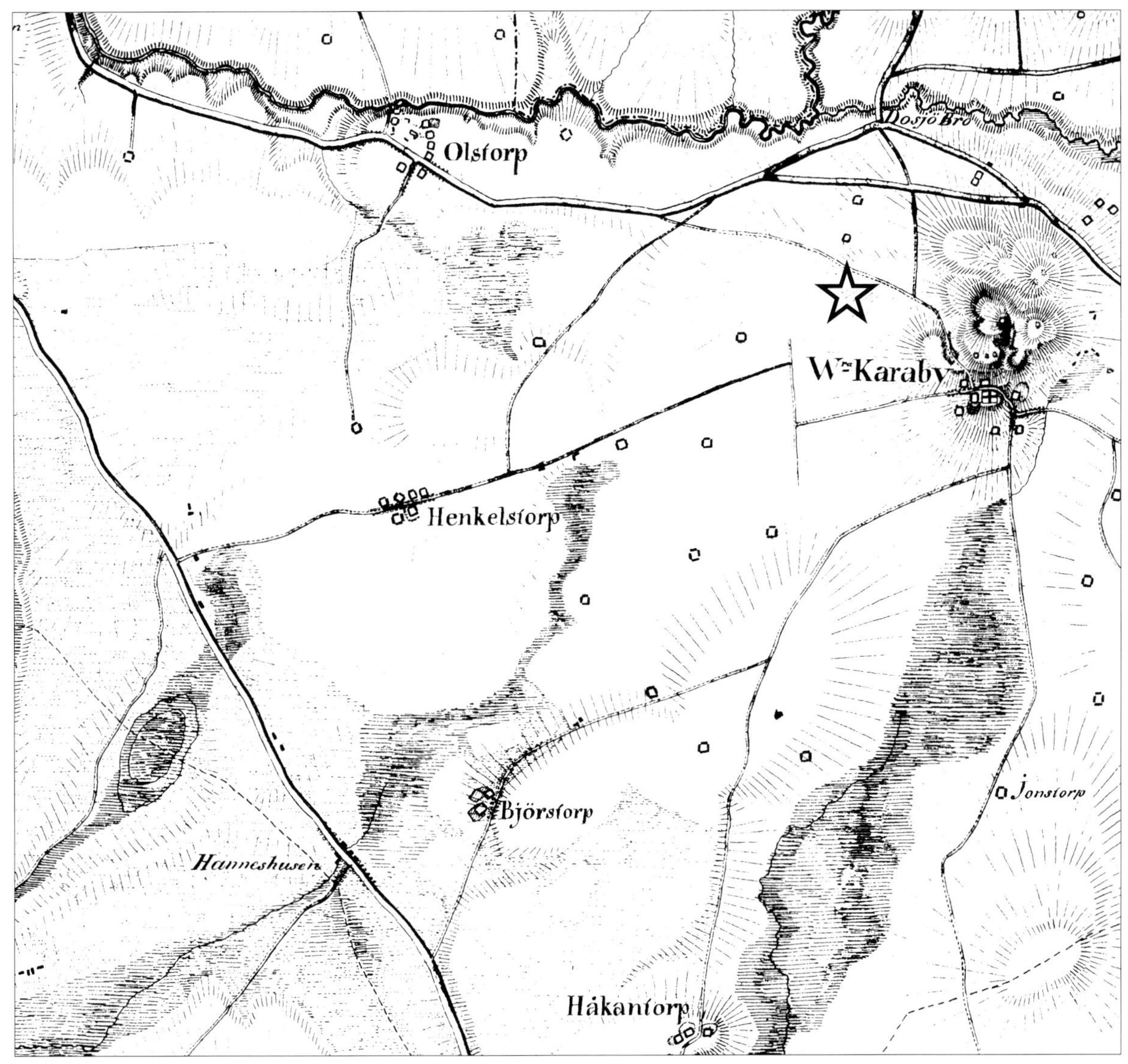

Karaby och Saxådalen vid början av 1800-talet. Läget för gårdsplatsen från äldre romersk järnålder markerat med en stjärna. Utsnitt ur den Skånska Rekognosceringskartan, upprättad 1812-20, blad IW 204.

The region of Karaby and the Saxå valley at the beginning of the 19th century. The site of the early Roman Iron Age farm is shown by a star.

treskeppig byggnad, där för ovanlighetens skull olika rumsenheter kunnat urskiljas. Det som i ännu högre grad tilldrog sig uppmärksamheten var dock förekomsten av omfattande hägnadssystem som helt klart hörde samman med denna byggnad. Att den hävdade inmarken på detta vis kunnat urskiljas är en närmast unik företeelse på skånska förhistoriska boplatser!

Tvåtusen år av korta omflyttningar

När de arkeologiska undersökningarna inom fornlämning 35 i Västra Karaby socken påbörjades 1990 var platsen registrerad som en stenåldersboplats. Den ansågs ha en ungefärlig utsträckning på 700 meter i västsydvästlig – ostnordostlig riktning längs en naturlig terrasskant och en sluttning ned mot en numera dikad och torrlagd våtmark i söder. Att den angivna dateringen för boplatsområdet stämde dåligt överens med verkligheten hade redan tidigare antytts av en mindre undersökning i fornlämningens västra del (Torstensdotter Åhlin 1991). Fynden från dessa 515 m^2 satte istället en dateringsram från senneolitikum in i äldre järnålder, resultat som gav en god vägledning inför de 13.000 m^2 som nu skulle komma att undersökas. Fältet delades upp i två delar, området längs Vashögsvägen och en mindre delyta belägen ungefär 100 meter längre österut.

Det äldsta fyndmaterialet från boplatsområdet härrör från mellanneolitikum och utgörs av mindre mängder karaktäristisk keramik och flintföremål. Det är dock först under senneolitikums slutskede som man kan tala om en stadigvarande bosättning på platsen. Den var å andra sidan desto mera påtaglig och utgjordes av ett cirka 27 meter långt tvåskeppigt hus försett med källare i sin västra hälft (hus 12). I anslutning till denna

Undersökningsfältet 1990 med de huslämningar som påträffades markerade. Det mindre fältet låg cirka 100 meter NO om den centrala undersökningsytan.
Hus 11 och 12 = senneolitiska byggnader
Hus 10 = byggnad från äldre bronsålder
Hus 1, 6 och 8 = byggnader från förromersk järnålder
Hus 2 = det inhägnade gårdsläget från äldre romersk järnålder
Hus 3, 4, 5, A1066 och A1500 = långhus och grophus från yngre romersk järnålder
Hus 7 = byggnad från folkvandringstid

The excavation of 1990 with all identified prehistoric houses. The smaller field was situated about 100 metres NE of the main site.
House 11 and 12 = late Neolithic houses
House 10 = house from the Early Bronze Age
House 1, 6 and 8 = houses from the Pre-Roman Iron Age
House 2 = the farm from the Early Roman Iron Age
House 3, 4, 5, A1066 and A1500 = long-houses and pit-houses from the late Roman Iron Age
House 7 = house from the early Germanic Iron Age

Kulturlager
Hus 5
N
A1500
A1066
Hus 4
Hus 3
Hus 10
Hus 6
Kulturlager
Hus 7
Hus 1
Torvlager
Hus 11
Hus 12
Hus 9
Hus 2
Torvlager
Torvlager
Hus 8
N
0
30 m
0
30 m

byggnad fanns minst en mindre, grophusliknande konstruktion med försänkt golvnivå. Denna form av komplexa gårdsbildningar från senneolitikum har inte tidigare uppmärksammats inom skånskt område, men sannolikt finns en god parallell från Norrvidinge cirka 5,5 kilometer öster om Dösjebro (se Callmer 1972).

Genombrottet för en ny byggnadstradition illustrerades genom uppförandet av boplatsens första treskeppiga hus, en förhållandevis kort och bred byggnad av s.k. Trappendalstyp som kunde dateras till äldre bronsålder (hus 10). Huset hade ödelagts genom en häftig eldsvåda, vars förlopp delvis kunde rekonstrueras (se Pettersson 1999).

Efter en längre period, då den undersökta ytan till synes legat obebyggd, uppfördes på nytt långhus längs sandplatåns kant under förromersk järnålder. Tre gårdslägen med var sitt långhus (hus 1, 6 och 8) kunde urskiljas, belägna på ett avstånd av cirka 150 meter från varann. I anslutning till det västligaste gårdstunet undersöktes även en större ugn, möjligen en torkugn för säd eller en bakugn. Vid undersökningen av det närbelägna långhuset (hus 1) noterades att den södra långväggens stolpar bilats fyrsidiga, en oväntat omsorgsfull materialbehandling vid förhistoriska husbyggen!

Det skede av bosättningen på sandplatån som skall behandlas mer i detalj i denna artikel, utgjorde också de lämningar som framträdde tydligast redan i samband med den matjordsavbaning som inledde grävningen. Ett välbevarat långhus (hus 2), 32 m långt och 5,5 m brett, låg i den södra delen av området som här var förhållandevis fritt från inblandning av anläggningar från andra perioder. Detaljer som väggar, ingångar och en ugnskonstruktion kunde snabbt identifieras, liksom en större hägnad som föreföll att utgå från byggnadens nordvästra hörn. Genom sin utformning och sina proportioner anslöt huset väl till en byggnadstradition med påfallande långa huskroppar som utvecklats under senare delen av förromersk järnålder och levt vidare in i äldre delen av romersk järnålder (Göthberg, Kyhlberg & Vinberg 1995). Denna preliminära datering kom sedermera att styrkas genom de ^{14}C-analyser som utförts på material från byggnaden.

Frånsett husets goda bevaringstillstånd – ett resultat av medvetet försiktig brukning av dessa lätteroderade sandjordar – var det framförallt de till gårdsplatsen hörande hägnadssystemen som väckte vårt intresse. Vid denna tidpunkt hade något tillnärmelsevis likartat bara påträffats på en enda lokal i Skåne, Toftanäs utanför Malmö (Persson 1998). Förekomsten av tydliga ytor, omslutna av gärdsgårdar, väckte frågeställningar om odling och markutnyttjande under den aktuella perioden. Dessutom kunde man fråga sig huruvida denna stora, till synes ensamliggande gårdsenhet skilt ut sig från genomsnittet i området och tillhört en annan social gruppering än de omgivande, förmodat mer ordinära agrara bosättningarna.

Den stora gården med sina hägnadssystem ersattes under den senare delen av romersk järnålder av två gårdslägen i fältets östra del. I detta skede blev långhusen återigen mindre i storlek. Med en längd på omkring 22 meter motsvarade de väl sina föregångare från den förromerska perioden, men kunde skiljas från dessa genom sina avsevärt smalare mittskepp. Vad som särskilt utmärkte denna sista bebyggelsefas var att så gott som alla spår av väggkonstruktioner saknades. Tidsmässigt kan detta förhållande kopplas till en genomgripande teknisk förändring av byggnadsskicket, en övergång från en balanserad till en underbalanserad takkonstruktion. Detta borde dock ha medfört att en allt större del av takets vikt burits upp av långväggarna, samtidigt som de invändigt placerade bockarnas bärande funktion reducerats i motsvarande grad. När det verkliga förhållandet istället verkar vara det motsatta, med lättare väggkonstruktioner och grundare väggstolphål, kan man anta att bockkonstruktionen givits en annan utformning än tidigare, t.ex. med bindbjälkar mellan sidsula och vägg (se Tesch 1993:152).

I detta sista skede av bosättningens användningstid introducerades också en enkel hustyp som i mångt och mycket kommit att betraktas som synonym med den yngre järnålderns boplatser – grophuset. Två stycken påträffades i nära anslutning till ett av långhusen, hus 3, och då ^{14}C-dateringar från just dessa anläggningar uppvisar en påfallande samstämmighet, förefaller det rimligt att tolka dessa byggnader som samtidigt fungerande delar av en separat gårdsenhet. Spår av hägnadssystem, liknande dem från närmast föregående skede, saknades helt.

I fältets västra del undersöktes ytterligare en byggnad, hus 7, som utifrån sina proportioner typologiskt kunde dateras till folkvandringstid. Med detta långhus avslutades den serie av återkommande bosättningar längs den södra kanten av sandplatån som hade påbörjats drygt 2200 år tidigare. Möjligen kan denna avflyttning från den gamla boplatsytan ses i samband med framväxten av nya, tätare samlade bebyggelsegrupperingar i området under just denna period. Tre yngre, arkeologiskt undersökta lokaler i grannskapet kan faktiskt sägas passa in i denna modell, nämligen en bosättning vid Välabäcken söder om Dagstorps by (Becker 1999), en folkvandringstida boplats öster om Dösjebro samhälle (Andersson m.fl. 2000) samt den välkända Västra Karabyboplatsen (RAÄ 21 och 39), belägen alldeles invid foten av Karaby backar. På den sistnämnda platsen kunde flera gårdsenheter med en tydlig toftindelning redan under vendeltid urskiljas (Ohlsson 1971; Jeppson 1996). Dagstorpslokalen var belägen cirka 2,5 kilometer öster om boplatsen vid Vashögsvägen, medan de båda övriga låg på drygt en kilometers avstånd. Västra Karabyboplatsen låg visserligen tämligen nära fågelvägen räknat, men de mellanliggande våtmarkerna har sannolikt utgjort en bebyggelsegeografisk gräns. Dessa lokaler bör inte främst betraktas som direkta efterföljare till vår bosättning, utan snarare som indikationer på att en omreglering och sammanflyttning av bebyggelsen i området verkligen skett vid denna tidpunkt.

Att de tidigare gårdstunen invid sandplatåns sydsluttning övergivits i detta skede är således oomtvistligt, men vart bosättningen omlokaliserats kan vi med dagens kunskapsläge inte uttala oss om. En förflyttning in mot platåns centrala delar är ingen omöjlighet, men skulle ha inneburit att man brutit med hela den tradition som tycks ha föreskrivit en lokalisering av gårdsplatserna till skärningszonen mellan odlingsbar jord och låglänt betes- och slåttermark.

Under den långa tidsperioden från mitten av första årtusendet efter Kristus fram till enskiftets genomförande i början av 1800-talet, saknades alla spår av varaktig bosättning inom den undersökta ytan. På skifteskartorna framträder området som åker och ängsmark i Västra Karabys Norre Vång, genomkorsad av en nord-sydlig och en öst-västlig vägsträckning (Erikson 1996, fig.6).

Gårdar på rad eller i ensamt majestät?

När man betraktar de planer som upprättats över boplatsen vid Vashögsvägen och dess olika bebyggelseskeden, är det påfallande i hur hög grad den stora gårdsanläggningen från tiden kring Kristi födelse skiljer ut sig. I det förromerska skedet verkar bosättningen ha varit uppdelad på mindre gårdsenheter, vars gårdstun legat förhållandevis jämnt spridda längs kanten av sandplatån (se s. 491). Bebyggelsen har medvetet lokaliserats till gränszonen mellan odlingsmark på platåns sandjordar och betesängar nere på de mer låglänta och fuktiga områdena söder om boplatsen. Antagligen har detta varit arbetsmässigt fördelaktigt, samtidigt som husen kunnat placeras i maximalt solexponerat läge. En annan bidragande orsak har säkerligen varit tillgången på vatten. Om gården lagts nära en våtmark har inte brunnar och vattenförsörjning inneburit några större problem, ens under torra somrar.

Med ett avstånd på omkring 150 meter mellan långhusen kan maximalt fem separata gårdsenheter ha rymts inom den yta som definierats av gränserna för fornlämning 35. Att iaktta en sådan avgränsning förefaller rimligt utifrån topografiska förutsättningar, eftersom den sammanfaller med sträckningen för sandplatåns tydligaste, terrassartade begränsning mot söder. En brist i resonemanget är emellertid att vi inte kan avgöra om de tre undersökta huslämningarna från förromersk tid verkligen är samtida. Dessutom kan man inte helt utesluta att ytterligare bebyggelse kan ha funnits längre norrut, in på sandplatån. Eftersom merparten av det aktuella området sedan länge upptas av villabebyggelse är det dock osannolikt att klarhet kan nås på denna punkt i framtiden.

Den ensamliggande romartida gården med sina omfattande hägnadssystem framstår i ett längre perspektiv som lite av en parentes. Under loppet av ett par generationer ligger denna imposanta gårdsanläggning väl synlig längst ut på terrasskanten, med vid utsikt över våtmarker, ner mot den angränsande boplatsen vid Västra Karaby och gravhögarna uppe på Karaby backar. Därefter verkar man återgå till ett system med mindre gårdsenheter, eftersom de långhus som daterats till yngre romersk järnålder och folkvandringstid storleksmässigt skiljer sig föga från sina förromerska föregångare.

Så vad representerar egentligen denna stora, välbyggda och till synes solitära gårdsanläggning? Ser vi lämningarna efter en tidsmässigt begränsad bosättning som haft en något högre status än genomsnittet i bygden under perioden runt vår tideräknings början? Om så varit fallet, varför tycks den då inte ha fått någon efterföljare i nästa skede? Den ökning av den tillgängliga golvytan i långhusen med 25% som konstaterades mellan bebyggelsens tredje och fjärde fas bör kunna tolkas som ett kraftigt ökat utrymmesbehov. Detta kan t.ex. ha förorsakats av en utökad stallhållning av boskapen, eller av att större djurbesättningar krävt mer lagringsplats för vinterfoder. Av detta märks inget under den följande perioden. Kan det vara så att gårdsplatsen i sin utformning under äldre romersk järnålder jämfört med sina grannar verkligen utgjort en betydande enhet, men att själva gårdsläget i likhet med dessa flyttats kring inom ett större resursterritorium? I så fall skulle en efterföljare – likaväl som en föregångare – till denna enhet ha kunnat ligga utanför den undersökta ytan.

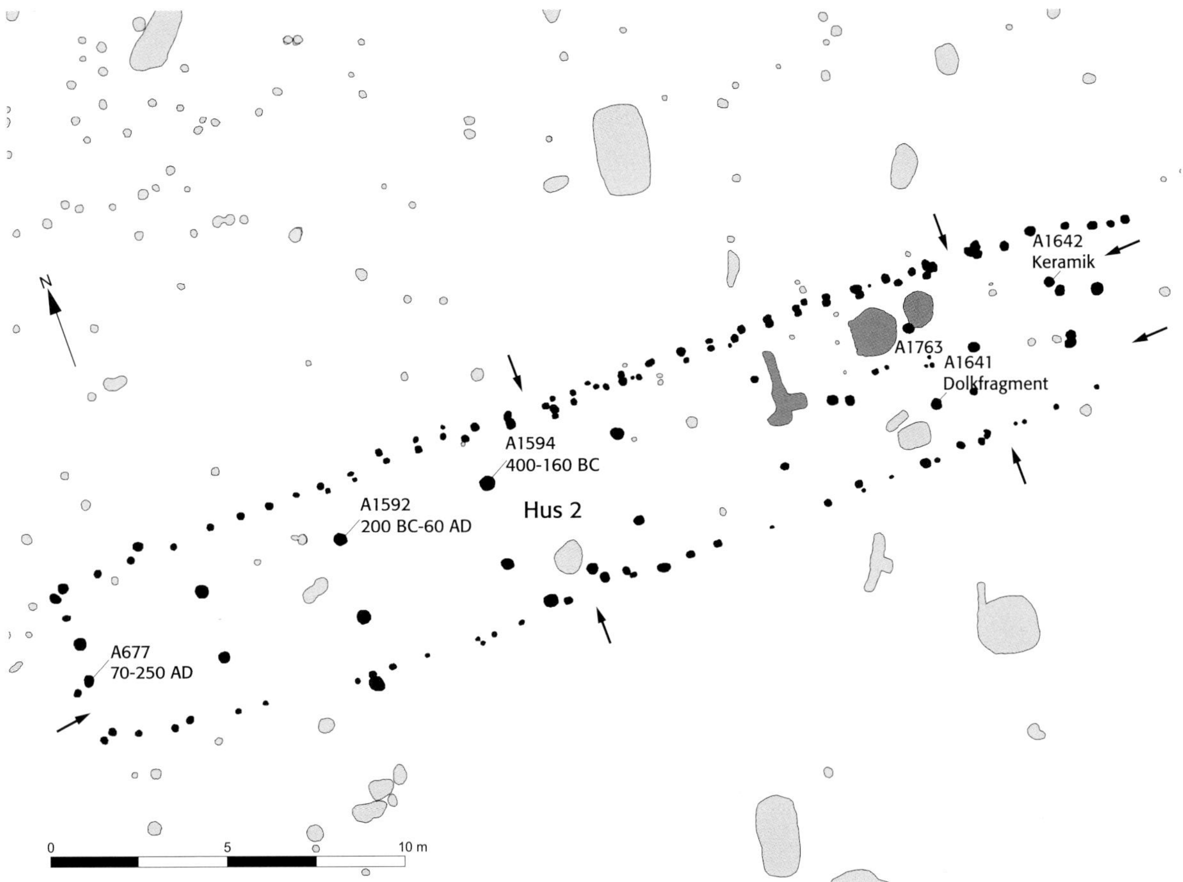

Hus 2. Långhus från tiden kring vår tideräknings början. | House 2. A long-house from the Early Roman Iron Age.

Själva byggnaden, hus 2, kan på dateringsmässiga och typologiska grunder ordnas in i en sydskandinavisk byggnadstradition, där stora långhus med sex till sju bockpar och raka långväggar, gärna med dubblerat antal väggstolpar, förekommer från senare delen av förromersk järnålder. Goda paralleller finns t.ex. från Fosie, där hus 56 med sina sju bockpar daterats till AD 90 – 245 (Björhem & Säfvestad 1993:226), i Kvärlöv där det längre, men annars snarlika hus 4 placeras i slutet av förromersk/ början av romersk järnålder (Thörn Pihl 1999:17) och från Lackalänga socken, där flera långhus av denna typ undersöktes vid Böljenamosse i samband med utbyggnaden av väg 108 (Olson 1996; Carlie i denna volym). Ytterligare en intressant parallell till hus 2 undersöktes 1990 vid Höllviken. Här påträffades lämningarna efter en byggnad av närmast identiska proportioner i en helt annorlunda miljö. I jämförelse med det öppna odlingslandskap som karaktäriserade trakten runt Karaby, var denna boplats istället präglad av sitt läge vid kusten och av en ekonomi där boskapsskötsel, jakt och fiske sannolikt haft avsevärt större betydelse än jordbruket (Pettersson & Torstensdotter Åhlin 1999; Pettersson i denna volym). Ser man till periodens byggnadsskick i sin helhet, så utmärktes detta av vissa återkommande konstruktionsdrag, men också av en påfallande variation i huskropparnas längd. Till exempel framstår inte hus 2 från boplatsen invid Vashögsvägen i Dösjebro som särdeles imponerande vid en jämförelse med den 49 meter långa treskeppiga byggnad som undersökts vid Önsvala utanför Staffanstorp (Wallin 1990).

Om man väljer att betrakta gårdskomplexet vid Dösjebro i detalj och då jämföra det med dess föregångare och efterföljare, är det påfallande hur mycket bättre bevarad bebyggelsen från denna fas var. Att själva långhuset förblivit så pass komplett sammanhänger givetvis med dess konstruktion och de byggnadstekniska trender som rådde vid denna tid. Att även spår av hägnadssystemen till stora delar överlevt är dock mer anmärkningsvärt. Uppenbarligen var det inte tal om några lätta gärdsgårdar, utan om välbyggda hägn med djupt nedgrävda stolpar. Fanns ursprunget till dessa hägn i behovet att avgränsa sin odlingsmark i syfte att markera sin äganderätt, eller i nödtvånget att stänga ute kringströvande kreatur?

Mer komplicerad blir frågan om gårdens hägnadssystem och dess möjliga samtida paralleller. Från skånskt område föreligger mycket få exempel på äldre järnåldersbosättningar där bevarade hägnadslinjer kunnat dokumenteras. I slutet av 1980-talet undersöktes emellertid det ovan omtalade Toftanäs öster om Malmö. I det vidsträckta området påträffades flera ensamliggande hussamlingar, därav en som omgavs av stolpbyggda hägnader och en fägata (se s. 506). Hela komplexet har givits en datering från förromersk järnålder in i äldre romersk järnålder (Persson 1998:70). I samband med undersökningar inför byggandet av Yttre Ringleden i Malmö vid slutet av 1990-talet framkom ett omfattande system av bosättningar vid Lockarp (se s. 507) där minst ett skede utmärktes av hägnadssystem som påminner om lokalerna vid Toftanäs och Dösjebro (se Björhem 2000:140, 152).

Väster om Öresund finns ett intressant själländskt exempel på en inhägnad gård från en undersökning i Torstorp Vesterby invid Høje-Taastrup väster om Köpenhamn. Här påträffades ett långhus försett med sex bockpar och raka långväggar med dubblerade väggstolpar, omgivet av en rundad stolphägnad. Denna inneslöt också en stolplada och en mindre byggnad försedd med ett separat hägn (Fonnesbech-Sandberg 1992:30). I detta sammanhang bör det dock noteras att Torstorp Vesterby-lokalen i likhet med flera andra liknade danska bosättningar ges en avsevärt yngre datering än sina skånska motsvarigheter. I detta fall placerar Fonnesbech-Sandberg gårdskomplexet i germansk järnålder, AD 530±150. Om man betraktar långhusens konstruktion och allmänna utformning, samt till detta lägger förekomsten av inhägnade gårdsplatser, är det svårt att inse varför denna tidsmässiga förskjutning mellan skånskt och själländskt material förekommer. Likheterna mellan dessa boplatser är så pass uppenbara att även ett nära tidsmässigt samband borde föreligga.

Långhuset – en närgången beskrivning

Den placering som gavs åt den romartida gårdens långhus (hus 2) hade valts med omsorg. Från sitt läge parallellt med terrasskanten längs våtmarkerna söder om bosättningen dominerade byggnaden sitt närmaste grannskap. Läget nära sluttningen medförde dock vissa problem för oss i utgrävningsskedet, eftersom husets södra långvägg utsatts för erosion och därmed var sämre bevarad än den norra.

Denna treskeppiga byggnad från äldre romersk järnålder har varit 32 meter lång och 5,5 meter bred, något som kan jämföras med långhusen från närmast föregående och efterföljande faser vilka var mellan 18 och 21 meter långa. Ser man till husens effektiva golvyta så uppgick denna till cirka 170 m^2 för hus 2, medan ytan för såväl de förromerska som yngre romerska husen uppskattades till mellan 90 och 120 m^2.

Genom att studera placeringen av ingångar, skillnader i väggkonstruktion och förekomsten av eldstäder har det varit möjligt att genomföra en rekonstruktion av rumsindelningen i detta välbevarade hus (se s. 495). Byggnaden hade varit försedd med sex olika ingångar. Fyra var efter välkänt mönster placerade som motstående 0,9 meter breda öppningar i norra respektive södra långväggen. Sannolikt har de lett in i mindre, genomgående ingångsrum. Även gavlarna var försedda med ingångar, den östra i form av en större port som upptagit hela byggnadens bredd. I västgaveln fanns en 1,3 m bred dörröppning nära husets sydvästra hörn. Speciellt denna sistnämnda ingång, som förefaller att ha skyddats av en utkragad farstuliknande konstruktion, har få motsvarigheter i det sydskandinaviska materialet.

Ett av byggnadens särdrag var de tydliga skillnader i väggkonstruktionen som kunde iakttas i husets olika delar. Långväggarna bestod av stolpar utsatta på ett relativt jämnt avstånd på 0,7 – 0,8 meter. Husets mittparti har haft en vägglinje med dubbel stolpsättning, medan gavelrummen haft en enkel stolpvägg. De dubbelsatta stolparna behöver inte i första hand betraktas som en reparation, utan skall snarare ses som tecken på att olika tekniska lösningar för väggkonstruktionen tillämpats i skilda delar av byggnaden. I husets centrala delar hade ytterväggarna försetts med en tätare stolpsättning, medan gavelrummens väggar givits en glesare och lättare utformning. Dessa skillnader bör kunna förklaras med att olika behov av isolering och värme förelegat i husets skilda delar. Därigenom bör de också kunna ge goda indikationer på en genomförd rumsuppdelning inom hus 2.

En jämförelse med det 37 meter långa huset från Kvärlöv ger vid handen att denna byggnad visserligen haft dubblerad stolpsättning i långväggarna, men i hela byggnadens längd. Enbart gavlarna var utförda som en enkel stolprad (Thörn Pihl 1999: 21). De hus som undersöktes nära Lackalänga i samband med byggandet av väg 108 utgör dock en bättre parallell. Speciellt det välbevarade hus I från punkt 9-boplatsen uppvisade samma tudelning mellan enkel och dubblerad stolpvägg. Uppdelningen var emellertid annorlunda här, eftersom byggnadens västra del försetts med dubbel vägglinje medan den östra hälften haft den glesare varianten med enkla stolpar (Olson 1996:54). I ett långt senare skede, äldre vikingatid, uppvisade välbevarade långhus från en boplats i Bjärred liknade drag. Här hade man valt att förse byggnadernas mittparti med kraftiga, djupt nedgrävda väggstolpar i en enkel rad. Gavelrummens väggar hade

Hus 2. Rekonstruerad husplan med sex, senare sju separata rum.

House 2 with its entrances and six (later seven) different rooms reconstructed.

utformats av virke med klenare dimensioner som satts ned i grundare grävda stolphål (Kriig & Pettersson 1996:7). Troligtvis ser vi här spåren efter enskilda konstruktionsdrag i den rådande byggnadstraditionen. Dessa tekniska lösningar speglar snarast skillnader i rummens utnyttjande, anpassade till ett behov av både kalla oisolerade och varma isolerade utrymmen inom samma byggnadskropp.

Om man sammanställer spåren efter byggnadens ingångar med påvisade skillnader i långväggarnas konstruktion, blir resultatet att hus 2 kan indelas i sex, senare sju, olika rumsenheter inklusive de två genomgående ingångsrummen. Under byggnadens funktionsperiod tillkom nämligen ett mindre avbalkat utrymme i den östra delen. Mellanväggen var här dels försedd med en väggränna, dels stolpbyggd. Rummet upptog enbart utrymmet mellan husets mittaxel och den norra långväggen, en yta på omkring 10 m^2. Eftersom detta sekundära rum utrustats med en mindre kupolugn, sannolikt en tork- eller bakugn, kan det tolkas som en bakstuga eller ett grovkök.

Det förefaller alltså sannolikt att huset ursprungligen bestått av sex rumsenheter. Längst i väster fanns ett 8 meter långt utrymme försett med en lätt vägg och tillgängligt genom en port i västgaveln. Därefter följde ett 4 meter långt rum med dubblerad yttervägg, ett ingångsrum och det 11 meter långa utrymme som bör ha utgjort byggnadens egentliga bostadsrum. Dess nordöstra fjärdedel kom sedermera att rymma det ovan omtalade ugnsrummet. Ytterligare längre österut följde så ännu ett ingångsrum samt gavelrummet med sin enkla stolpvägg och den till synes öppna östgaveln. Allt sammantaget kan man betrakta det västra gavelrummet som ett förråd eller möjligen stall, eftersom det kommunicerar med det fägatslika hägnadssystemet väster om hus 2. I byggnadens mittparti har sannolikt bostadsdelen kombinerats med en avbalkad ugn för matlagning eller bakning. Det östra gavelrummet kan tolkas som ett kallförråd, möjligen ett vagnslider eller en loge.

Sammanfattningsvis uppvisar hus 2 få likheter med den traditionella – och alltför förenklade – tolkningen av funktionsuppdelningen inom den äldre järnålderns långhus. Bostadsutrymmenas placering i byggnadskroppens mittparti, en eventuell loge eller en stallfunktion i det västra gavelrummet, ett lider innanför östgaveln samt en senare inpassad bakugn; allt talar för en behovsanpassad och dynamisk byggnadshistoria.

Genom en enkel tillgänglighetsanalys kan man också se hur portar i byggnadens olika delar medgivit tillgång till olika funktioner i långhusets närhet (se s. 502). Man bör dessutom förutsätta att inre dörröppningar funnits i mellanväggarna, även om dessa efterlämnat få spår. Båda ingångsrummen har förmedlat kontakten mellan den slutna inhägnaden norr om hus 2 och den förmodade betesmarken söder om gårdstunet. Porten i västgaveln har givit tillträde till öppna ytor och betesmark i väster, medan den breda gavelporten i öster medgett manöverutrymme vid en eventuell inlastning. Man bör i detta sammanhang lägga märke till att hägnaden i norr inte direkt anslutit till byggnadens nordöstra hörn, kanske för att ge tillträde till den skyddade ytan från detta håll.

Från det stora paleobotaniska material som insamlades ur långhusets stolphål utvaldes förkolnade sädeskorn ur tre anläggningar till ^{14}C-analys. Resultaten kom dock att ge en dateringsram som innefattar såväl merparten av förromersk järnålder som hela den äldre romerska järnåldern. Eftersom inte ens en välbyggd större byggnad som hus 2 har kunnat stå under den period på 650 år som analysen avgränsat, är det rimligt att istället lägga större tonvikt på typologiska jämförelser med bättre daterade huskonstruktioner i regionen. Möjligen kan man se ett av proven (Ua-5661: 1875±75 BP, se Pettersson 2000:64, tabell 1) och dess kalibrerade datering till romersk järnålder, AD 70 – 250, som en antydan om byggnadens reella ålder utifrån principen att yngst datering innebär minst kontamineringsrisk.

Det fyndmaterial som kan knytas till bosättningens äldre järnåldersfas ger ett tämligen alldagligt intryck. Främst består det av keramik funnen i den brunn (A877) som var belägen precis utanför hägnet norr om hus 2. Ett fåtal välbrända, ytterst tunnväggiga skärvor med svart polerad yta skiljer ut sig från fragment av mer vardagliga förvaringskärl. Tre av dessa skärvor var också försedda med en sparsam geometrisk dekor av tunna ristade linjer. Kärl med denna typ av dekor dateras till tiden kring Kristi födelse (se Martens 1997).

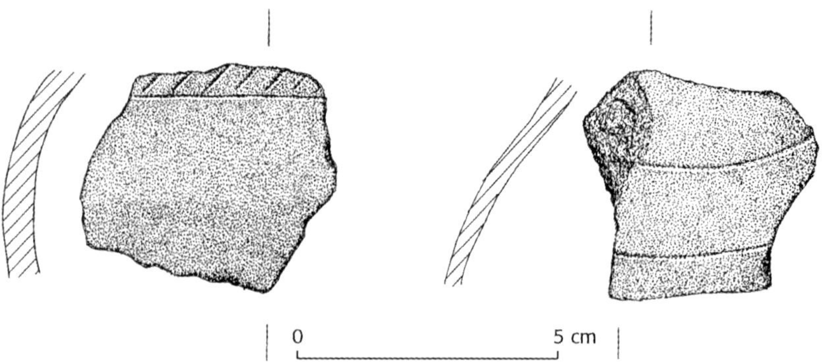

Keramik med geometrisk dekor och polerad yta, funnen i brunnsnedgrävningen A877.

Pottery with a black, polished surface and a geometrical decoration, found in the well (A877).

Två likartade fragment, ett med linjedekor och ett med polerad yta, påträffades i en takbärare (A1642) i östra delen av hus 2. Ytterligare ett föremål funnet i denna byggnad förtjänar att omnämnas, ett flathugget fragment av ett dolkblad eller möjligen en skära, som påträffades i en takbärare (A1641) belägen omedelbart innanför en av ingångarna på husets södra långsida. Möjligen kan det sistnämnda fyndet betraktas ur ett rituellt perspektiv och ses som ett husoffer (se Karsten 1994; Pettersson i denna volym). Det begränsade fyndmaterial som härstammar från hus 2 och andra anläggningar från det här aktuella tidsavsnittet, kan emellertid inte utnyttjas till någon närmare bedömning av bebyggelsens status.

Att fyndmaterialet från äldre romersk järnålder var av så pass liten omfattning får inte betraktas som speciellt utmärkande för just detta skede av bosättningen. Liknande förhållanden kan sägas ha gällt under boplatsens hela varaktighetstid, frånsett det inledande senneolitiska skedet då närvaron av en igenfylld källare och försänkta golvnivåer gav stora fyndmängder. I senare skeden saknades större gropsystem, rännor och liknande anläggningstyper. Inte heller förekom bevarade kulturlager i direkt anslutning till huslämningar inom den undersökta ytan. Visserligen var det sammanlagda antalet anläggningar stort, drygt 2000 st., men eftersom 1666 av dessa utgjordes av stolphål blir den genomsökta volymen fyllningsmassor tämligen begränsad.

Hägnaderna

Det välbevarade treskeppiga långhuset med dess talrika spår av olika konstruktionsdetaljer utgör i sig ett intressant studieobjekt. För våra tolkningar av mänskligt liv och verksamhet för två årtusenden sedan framstår dock lämningarna efter gårdens hägnadssystem som minst lika betydelsefullt. Att motsvarande gränsmarkeringar ej har kunnat identifierats från något annat skede av bosättningens existens gör inte denna romartida gårdsenhet mindre intressant.

Redan i ett tidigt skede av undersökningen stod det klart att ett område på 45x15 meter omedelbart norr om hus 2 blivit noga stängslat (se s. 502). De mörka fyllningarna, spår efter stängselstolpar regelbundet utsatta i raka linjer, framträdde tydligt mot den omgivande ljusa sanden. De jämna avstånden mellan stolparna och inhägnadens rätvinkliga plan visade på ett omsorgsfullt utfört arbete, vars syfte sannolikt varit betydelsefullt för gården och dess invånare. Eftersom denna inhägnad integrerats med själva huskroppen, såväl som med andra tillslutande stängselrader, kan man förmoda att systemet avsetts för en viss varaktighet. Därför var avsaknaden av reparationer och spår efter omsatta stolpar en aning överraskande. I och för sig behöver detta förhållande inte ha någon större betydelse, eftersom man med lätthet kan dra upp en murken stängselstör och ersätta den med en ny i samma stolphål, utan att detta ger några märkbara spår i marken.

Genom att uppföra denna hägnad har man erhållit en avstängd yta på 675 m^2 som slöt an till långhusets norra långvägg. Ungefär mitt på hägnadens nordsida fanns en grind mot norr, strax intill den tidigare nämnda brunnen (A877) som dock låg utanför själva hägnaden. Detta arrangemang har sannolikt rent praktiska förklaringar, som t. ex. att medge en bättre åtkomlighet för brunnens vatten. Samtidigt som vatten fanns att tillgå nära den inhägnade ytan behövde man inte riskera att djur som skulle dricka av misstag kom in på den stängslade arealen. Men skälet kan också ha varit att en värdefull resurs som vatten inte fick placeras på någons slutna gårdsplan, utan skulle finnas tillgängligt för kollektivt utnyttjande.

I väster slöt hägnaden an mot långhusets nordvästra hörn, medan ytterligare en hägnadslinje utgick från byggnadens sydvästra hörn. Denna sammanlänkade hus 2 med en rektangulär stolpkonstruktion på 6 x 4 meter, belägen cirka 10 meter sydväst om huset. Denna struktur har inte utgjort något hus och tolkades som en mindre boskapsfålla. Kombinerat med övriga urskiljbara stängsellinjer i detta parti av gården bildades en närmast trattformig passage mot väster som utgått från den ovanligt utformade porten i långhusets gavel. Denna dörröppning utmärktes av sin förhållandevis stora bredd, 1,3 meter, och sitt vindskydd. Har detta varit en accentuerad huvudingång till bostadsutrymmen eller rent av en fähusdörr som öppnats ut mot en fägata?

Den östra gaveln saknade spår efter någon mer påtaglig väggkonstruktion. Den kan ha varit helt öppen, slutits av en lättare syllvägg eller haft en port. Hägnadens östra sida låg här knappt 10 m bortom gaveln, men det är möjligt att en sekundär gärdsgård slutit till öppningen mellan hägnet och husets nordöstra hörn. Att man i ett inledande skede – eller kanske vid återkommande tillfällen – velat uppnå en ökad tillgänglighet till den stora hägnaden norr om långhuset förefaller troligt. Samtidigt har man fått ett ökat manöverutrymme framför den öppna östgaveln, något som kan ha varit fördelaktigt vid inlastning i ett förrådsutrymme eller inkörning i ett vagnslider.

Sammanfattningsvis har vi här en gårdsenhet där delar av den hävdade inmarken kunnat urskiljas eftersom flera hägnadslinjer utgått från själva huskroppen, inklusive en stor hägnad yta norr om långhuset. I sydväst fanns ett kraftigare kvadratiskt hägn, tolkat som en kreatursfålla. På längre avstånd från gårdstunet förekom mer fragmentariska lämningar efter tillnärmat rätvinkliga inhägnade ytor som förefaller att ha bildat ett sammanhängande system av odlad och skyddad inmark.

Spridda över hela den undersökta ytan förekom dessutom ett stort antal stolphål som varken kunnat tolkas in i någon större konstruktion som t.ex. ett hus, eller dateras. Trots att fem åtskilda bebyggelsefaser kunnat urskiljas förefaller det som om samtliga undersökta hägnadslinjer skall knytas till ett och samma skede av bosättningen – äldre

Långhuset omgivet av samtidiga hägnadssystem. Avgränsade odlingsytor markerade.

The farm with its long-house and all the surrounding fences. Identified fields shown.

romersk järnålder, d.v.s. gårdsläget med det treskeppiga hus 2. Bortsett från hus 10, som dateras till äldre bronsålder, är detta också det bebyggelseavsnitt där huslämningarna blivit bäst bevarade. Vad har orsakat detta förhållande?

Att fornlämningen som helhet påverkats av det moderna jordbruk som bedrivits på platsen är självklart. I området närmast sluttningen ner mot våtmarken i söder hade bland annat delar av sydväggen i hus 2 eroderats bort, medan talrika sentida nedgrävningar stört husområdet i fältets östligaste del. De lager som representerade gamla markhorisonter fanns bara bevarade på två mindre områden nära Vashögsvägen i norr. Av de kulturlager som bör ha bildats i anslutning till de förhistoriska gårdslägena fanns inga spår, förutom vad som bevarats nedsjunket i större anläggningar, vars fyllning satt sig.

Trots ovanstående får emellertid fornlämning 35 i Västra Karaby socken anses ha varit osedvanligt väl bevarad för att ligga i ett fullåkersområde. På dessa lätta sandjordar har man medvetet strävat efter att undvika erosion och jordflykt. Djupplöjning som kunnat medföra att odlingsjorden blivit ännu mer sandblandad undveks i möjligaste mån. Dessutom var de maskiner som utnyttjats på den gård som ägt och brukat det aktuella markstycket sedan skiftet, av mindre storlek och har därför inte pressat samman matjorden i någon större grad.

Modern påverkan på boplatsen får därför antas vara tämligen jämnt fördelad över hela ytan, om än något mer accentuerad mot sluttningen. Att ett omfattande hägnadssystem som det ovan omtalade överhuvudtaget kunnat urskiljas bland koncentrationerna av mindre anläggningar kan dels skyllas på att det varit väl utfört med tämligen djupt nedgrävda stolpar, dels på att de raka linjerna av likartade stolphål framträdde klart mot den omgivande ljusa sanden. Med tanke på den långa tid som boplatsytan varit i bruk hade man kunnat förvänta sig ett virrvarr av korsande och tangerande hägnadsspår, förutsatt att man markerat inmarkens gränser på samma sätt under en längre tid. När nu så inte var fallet måste man ställa sig frågan om innevånarna kanhända inte alltid haft samma behov av gärdsgårdar som under det tidsmässigt begränsade skedet omkring Kristi födelse. En annan möjlighet är att man utnyttjat andra material för sina stängsel.

I ett långt senare skede, det skoglösa 1700-talet, beskriver Abraham Abrahamsson Hülpers gärdesbegränsningarna i Karaby by: *Gärdesgårdar av torv voro hoplagda såsom murar. Dessa gärdesgårdar måste årligen förbättras och efter högst 3-4 års förlopp göras nya* (Hansson 1988:21). I en närmast samtidig beskrivning av traktens hägnadssystem, upprättad 1736, heter det dock att jorden är så lös och sandig att *den ej fäster i mulldike*. Dessutom beskrivs traktens torvjord som *så förskuren, att ingen tillgång vidare finnes på grästorv.* För Västra Karabys vidkommande beskrivs att man måste *uppsätta alla täppen med ris och staver*, som med stort besvär införts från skogsbygden.

Här måste man givetvis ta hänsyn till att Hülpers beskriver odlingslandskapets tillstånd i runt tal 1600 år efter det att såväl gårdsplatsen med sitt långhus som dess hägnade inmark övergivits. Att liknande situationer har kunnat uppstå även under tidigare skeden karaktäriserade av tät bosättning, högt betestryck och intensiv odling förefaller dock rimligt. Sannolikt var stora delar av Skånes sandjordsområden redan tidigt fattiga på skogar vilket medfört att virke, lämpat till hus och hägn, varit en bristvara (se Emanuelsson 1985). Torvvallar och enkla risgärden har därför sannolikt haft en lång tradition i dessa bygder.

Gården, kålgården och hägnet – ett förslag till tolkning

Vi står således här inför de välbevarade spåren efter en större förhistorisk gårdsanläggning vars hägnadssystem framträder ovanligt intakt. Med en mer ingående analys borde det inte vara omöjligt att följa dessa hägnadslinjer över ännu längre sträckor. Framförallt i de täta koncentrationerna av anläggningar norr och nordväst om hus 2 bör fler delar av detta system stå att finna för den som är villig att studera profilritningar och anläggningsbeskrivningar i detalj. Eftersom detta material samlats in före den revolution i datahantering som den digitala mättekniken inneburit, har en sådan genomgång inte rymts inom ramarna för denna studie.

Ett försök att rekonstruera gården och dess närmiljö ger ett system av mindre odlingsytor, omgärdade av stolphägn uppe på en sandplatå norr om boplatsen. Sluttningen intill gårdstunet utgjordes av betesmark, liksom de låglänta våtmarkspräglade områdena längre mot söder. Dessa våtmarker bör även ha tjänat som slåtteräng, men eftersom starr och liknande insamlade våtmarksväxter har ett lågt näringsvärde, bör den väsentligaste delen av kreaturens vinterfoder likväl ha kommit från en omfattande lövtäkt och skörd av ängshö. Bilden av odlingslandskapet bör alltså kompletteras med dungar av hamlade lövträd eller skottskog. En lång rad trädslag har utnyttjats för lövtäkt i historisk tid (se Slotte 1997). Från boplatslämningar i Skåne har träkolsfynd av främst ask, ek och hassel tolkats som en indikation på insamling av lövfoder (Regnell, i manus). Den rikproducerande ängen å sin sida har i en boskapsdominerad ekonomi varit av ytterst stort värde. Man kan därför förmoda att de ytor som avsatts för att producera det livsviktiga vinterfodret ägnats väl så stor omsorg som de egentliga åkerytorna. Även ängen måste därför ha inhägnats till skydd mot kringströvande kreatur.

Den stora inhägnaden norr om hus 2 med sina 675 m^2 påminner mycket om senare tiders s.k. kålgårdar, dvs. en yta med trädgårdsliknande odling. En sådan brukningsform var mycket arbetsintensiv och har krävt ständig tillsyn, speciellt jämfört med egentliga åkerytor där grödan under långa perioder inte fodrat några större arbetsinsatser. Därför bör det ha varit lämpligt att förlägga en dylik odlingsyta så nära bostaden som möjligt, på en plats med garanterat god tillgång till vatten. Av de växter som kan ha kommit ifråga för denna typ av odling finns för närvarande skånska belägg från äldre järnålder för kål, lin och oljedådra (Regnell 2001).

De spår av hägnadslinjer som dokumenterats på lite längre avstånd från själva gårdsplatsen bör alltså ha tillkommit för att skydda mindre odlingsytor mot kringströvande kreatur. Det bäst bevarade hägnet av denna typ fanns nordväst om långhuset (se s. 502). De urskiljbara stolpraderna avgränsade ett område på uppskattningsvis minst 25x25 meter, dvs. motsvarande en odlingsbar yta på cirka 625 m^2. Ytterligare en lika stor yta förefaller att ha stängslats in en bit norr om gården. Till sin storlek motsvarar dessa odlingsytor väl s.k. blockparceller, d.v.s. kvadratiska eller rektangulära odlingsytor avsedda att korsärjas (Pedersen & Widgren 1998:301).

Problemet ligger i att avgöra vad dessa odlingsytor utnyttjats till – var det frågan om produktion av spannmål eller ser vi spåren efter väl omskötta små ängen vars syfte varit att trygga boskapens överlevnad under vinter och tidig vår? Nyare forskning visar på ängsodlingens stora betydelse och antyder att en uppdelning på lika delar åker och inmarksäng kan ha varit det normala (pers. kom. Mats Regnell, UV Syd).

Trots att osteologiskt material från Vashögsvägen helt saknas på grund av ofördelaktiga bevaringsförhållanden, är det likväl mycket som antyder boskapsskötselns centrala roll för denna bosättning. I det här studerade skedet – äldre romersk järnålder – utgör dock stallningsmöjligheterna i långhuset ett problem. Traditionellt har man gärna valt att tolka långhusen som uppdelade i bostadsdel i byggnadens västra hälft och stall i den östra delen. I hus 2 har disponeringen av tillgängliga utrymmen helt tydligt varit en annan. Inga otvetydiga indikationer på stallningsfunktioner framträder vid analysen av denna byggnad. Möjligen kan man välja att se porten i västgaveln och dess anslutning till en "fägata" som en indikation på att denna del av huset utgjort stalldel. I detta sammanhang bör man beakta de skillnader i väggkonstruktion som påvisats. Täta stolpväggar borde främst passa i en välisolerad bostadsdel, medan svalare gavelrum kan ha erbjudit goda lagringsmöjligheter. Så var har man vinterstallat den boskapsbesättning som hört till gården?

Att hägna eller inte hägna, det är frågan.

I slutänden på denna granskning av en romartida gårdsanläggning kvarstår så frågan varför man överhuvudtaget valt att hägna in delar av sin mark. Den primära orsaken har självfallet varit att skydda den växande grödan – vilken den nu än varit – mot okontrollerat bete och kreaturstramp, men kan det även ha funnits andra motiv bakom uppförandet av dessa regelbundna hägnader?

Ett skäl till att tydliggöra sina gränser genom stängsling är att markera besittningsrätt till omtvistade markstycken. I ett kulturlandskap som utvecklats utifrån ett system med kringflyttande gårdar ökar behovet att manifestera avgränsningar allteftersom mer mark tas i anspråk. När de buffertzoner som ursprungligen funnits mellan olika bebyggelseenheter inlemmats i det hävdade området blev gränsmarkeringar av olika slag oundvikliga. De hägnader som undersökts på Dösjebrofältet gav dock i första hand intryck av att ha utformats utifrån praktiska överväganden, kopplade till brukningen av odlingslotterna. Dessutom utgör gårdstunet ett exempel på en friliggande enhet som knappast kan ha haft samma behov att sätta ut ägogränser kring toften som en gård belägen inne i en förtätad, byliknande bebyggelse (jfr t.ex. Hvass 1988).

Hur har då närvaron av hägnadssystem tolkats på de andra skånska lokaler där sådana påträffats? Från vare sig Lockarp eller Toftanäs föreligger det för närvarande någon färdigställd grävningsrapport. I de kortfattade artiklar där delar av dessa material hittills presenterats föreligger inga närmare tolkningar av hägnadssystemen. Jan Persson antyder dock att vissa delar av systemet kring gård 1 på Toftanäs utgjort en fägata (Persson 1998:67). Ytterligare en skånsk undersökning under de senaste åren har emellertid resulterat i fynd av omfattande hägnadssystem. Vid Saxtorp, beläget några kilometer väster om Dösjebro, undersöktes i samband med VKB-projektet ett system av

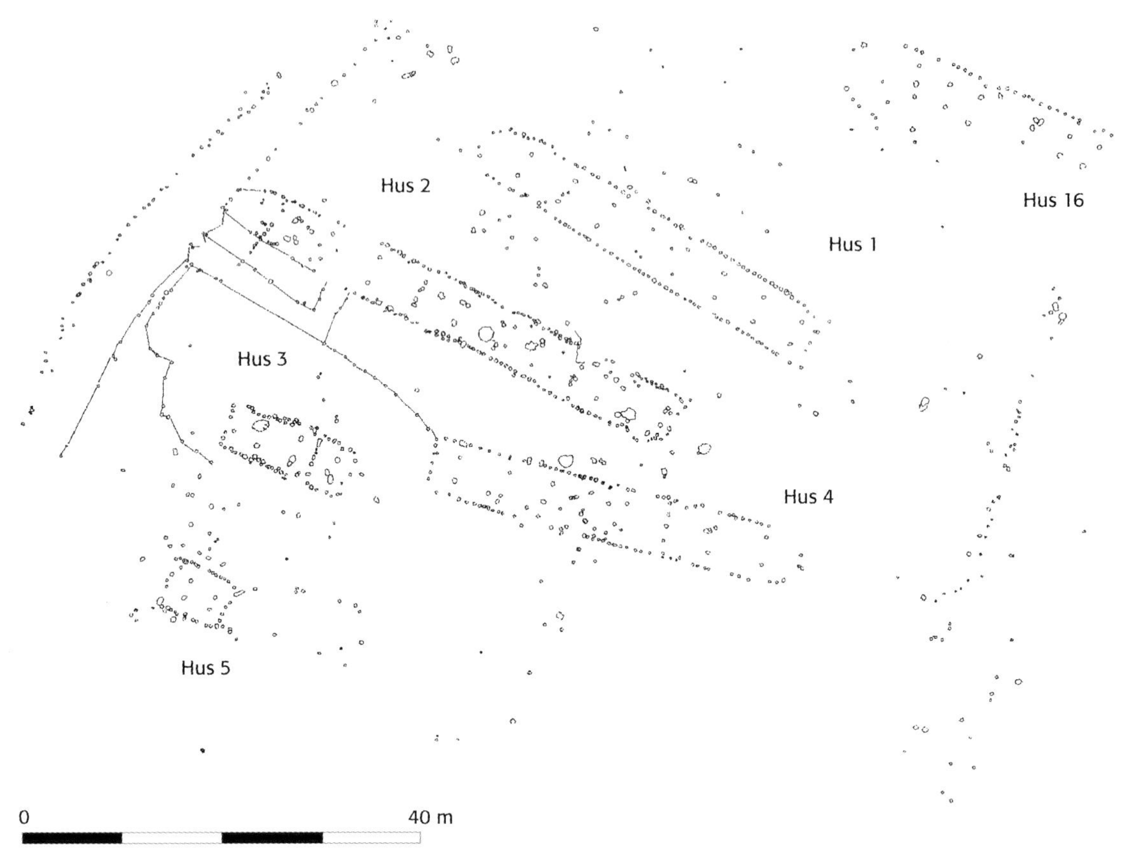

Inhägnad gårdsanläggning från sen förromersk järnålder vid Toftanäs (efter Persson 1998).

A Late Pre-Roman Iron Age farm from Toftanäs, south of Malmö.

rännor i anslutning till en äldre vägsträckning och ett stensatt vadställe. Vissa av rännorna bör ha stått som öppna diken, kanske i anslutning till en jordvall, men det är också fullt möjligt att delar av systemet utgjort fundamentering för ett palissadhägn. Hägnadssystemet daterades till perioden romersk järnålder till folkvandringstid (Artursson 1999: 12ff) och var alltså i sitt äldsta skede närmast samtidigt med hus 2 vid Dösjebro. Komplexet bedömdes vara kopplat till ett vägsystem och avgränsa större, möjligen allmänt utnyttjade områden. De

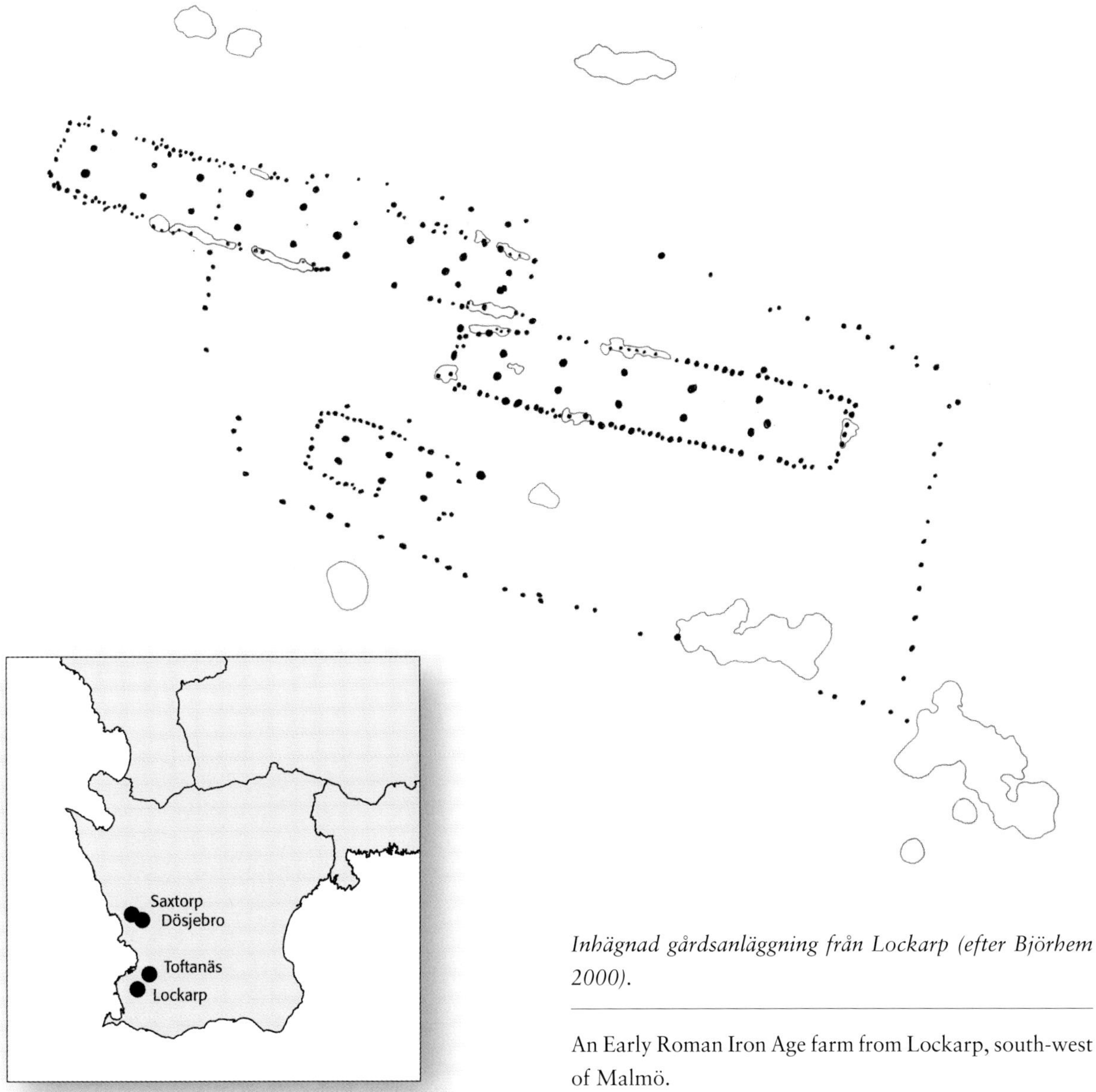

Inhägnad gårdsanläggning från Lockarp (efter Björhem 2000).

An Early Roman Iron Age farm from Lockarp, south-west of Malmö.

Sydvästskånska lokaler med hägnadssystem.

Sites with identified fences from the Late Pre-Roman/Early Roman Iron Age, recently excavated in south-west Scania.

gårdslägen som förmodades ha legat i nära anslutning till vägarna och vadstället omfattades dock inte av utgrävningen.

Återgår man så till att betrakta gårdsenheten vid Dösjebro och dess stängslade ytor ur ett brukningsperspektiv blir en väsentlig frågeställning var gårdens boskap befunnit sig. Om kreatur under längre perioder vistats nära själva gårdstunet var det högst väsentligt att noga skydda inmarken och dess hävdade ytor. Att så varit fallet antyds av gårdens disposition med den fägatsliknande hägnadskonstruktionen i väster, den förmodade boskapsfållan och inte minst av gårdens placering i ett läge mitt emellan odlingsjord och de våtängar som högst sannolikt utnyttjats för såväl bete som slåtter. Om boskapsflockarna däremot har vallats på längre avstånd från bosättningen, d.v.s. på utmarken, merparten av den årstid då det varit aktuellt att skydda odlade ytor, borde stängslingsbehovet ha minskat i motsvarande grad.

Kanske kan man se ett brukningssystem där det varit fördelaktigt att placera själva gårdstunet med dess byggnader i skärningszonen mellan inmarken och mer utpräglade betesmarker. För bebyggelsen har man vunnit ett solexponerat läge, samtidigt som närhet till lättåtkomligt vatten prioriterats. I det här analyserade skedet låg den odlade marken i omedelbar närhet till gårdstunet, men i andra perioder kan odlingarna ha legat något längre från bebyggelsen varvid spåren efter eventuella hägnadssystem helt enkelt råkat hamnat utanför den undersökta ytan. Om avståndet till en åkeryta eller inmarksäng i bruk var 50 eller 150 meter torde ha spelat mindre roll, jämfört med gårdstunets avstånd till en säker vattenkälla.

En isolerad företeelse – eller ett led i en lång tradition?

När man först betraktar denna tidiga romartida gårdsplats med sin stora treskeppiga byggnad (hus 2) ger den intryck av att vara ett isolat i traktens bebyggelsehistoria. Till synes plötsligt uppträder vad som förefaller vara en ny bosättningsstruktur, centrerad kring ett ensamliggande långhus som varit ca 30% större än både sina föregångare och efterföljare. Byggnaden saknar förvisso motstycke på just denna lokal, precis på samma sätt som de omfattande hägnadssystem som omgett den. Betraktar man istället långhuset i ett något vidare perspektiv, finner man att hus 2 väl låter sig inordnas i en sydskandinavisk byggnadstradition där stora långhus uppträder på ett flertal lokaler under sen förromersk och äldre romersk järnålder.

Finns det då skäl att kalla denna stora enhet för en storgård? Det är och förblir ett svårdefinierat begrepp, eftersom det är påfallande lätt att förväxla den enskilda byggnadens måttuppgifter med den betydelse dess invånare haft för den tidens lokalsamhälle. Inte heller framgår vilken andel en sådan gård haft i traktens odlingsjord, eller storleken på dess kreatursbesättning. Lika lite kan man sluta sig till i vad mån omkringliggande samtida gårdsenheter stått i någon form av beroendeställning till en sådan "storgård", frågeställningar som är omöjliga att bortse ifrån i en dylik diskussion.

Det som golvarealen i sig utvisar är snarast vilka behov av volym for olika ändamål, t.ex. boende, lagring, stallning osv., som förelegat i ett bestämt socialt och tidsmässigt sammanhang (se

Carlie 1999:119ff). Enskilda byggnaders relativa betydelse manifesterades snarare genom den omsorg man var villig att lägga ner vid uppförandet. Genom val av grundplan, material, bearbetning, utsmyckning och färgsättning, snarare än genom antal ingående kvadratmeter, visar man tydligast husets symboliska värde (se t.ex. Carsten & Hugh-Jones 1995). Jämför man med moderna jordbruksfastigheter är det ju vanligtvis ekonomibyggnaderna, och inte boningshuset, som utmärks av stor volym och imponerande mått.

Vad som dock kan förfalla intressant under detta bosättningens fjärde skede är att nya verksamheter verkar tillkomma på gårdsplatsen. Vi har redan nämnt den kupolugn som placerats inne i långhuset, ett inte alltför vanligt drag vid denna tidpunkt. Även den arbetsintensiva trädgårdsodling som antyds av den stora hägnade ytan norr om huset innebär i sig en teknisk nyorientering. Dessutom bryter husets rumsindelning och utnyttjande, sådant det gått att rekonstruera, mot den traditionella bilden av hur en gård från denna tid bör vara organiserad.

Därför är det intressant att det förefaller finnas närmast en tradition av gårdar med vissa avvikande drag på just denna lokalitet. I detta avseende var det senneolitiska källarhuset det första exemplet med sina stora förrådsutrymmen, sina bibyggnader och det avancerade flinthantverk som under kortare perioder utförts på platsen. Även det efterföljande s.k. Trappendalshuset från äldre bronsålder tillhörde en hustyp som inte är alltför vanlig på den skånska sidan av Öresund. På samma sätt utmärktes hus 1 i den förromerska fasen av att ha haft fyrsidigt tillhuggna stolpar och en större torkugn nära invid (för ovanstående – se Pettersson 2000:16ff). Möjligheten finns alltså att även vissa av de tidigare gårdsanläggningar som erhållit denna framträdande placering intill Karaby backar haft någon form av lokal särställning.

I vilket förhållande har då gårdsplatsen stått till sitt närmaste omgivande landskap? Karaby backar, det imponerande höjdstråk på vars krön tätt liggande gravhögar ännu utvisar platsen för områdets kanske viktigaste förhistoriska gravterritorium, ligger knappt 1 kilometer sydöst om boplatsen. Att denna betydelsefulla lokal under långa tider fungerat som något av ett nav i tidens mentala landskap förefaller rimligt att anta. Om en bosättning innehaft ett så pass framträdande läge intill ett av bygdens rituella centra kan detta möjligen också ha återspeglats i vilka sociala grupper som valt att bosätta sig här.

En blick på det äldre vägnätet tillfogar ytterligare en aspekt på bosättningens läge (se s. 489). Den grusväg som idag bär namnet Vashögsvägen har en lång historia. På den Skånska Rekognosceringskartan från början av 1800-talet framstår den som en mindre markväg som sammanlänkat den östvästliga landsvägen längs Saxån med Västra Karaby kyrkby. Utifrån sin sträckning som en rak förlängning av denna landsväg fram mot Karaby backar ger den dock ett mycket ålderdomligt intryck. Vid foten av höjdsträckningen korsar vägen dessutom den nordsydliga vägsträckning som från byn för vidare upp mot vadstället, senare platsen för den bro som givit Dösjebro dess namn. Trots att det begynnande skiftet uppenbart förändrat kartans bild av det sistnämnda vägsystemet bör även detta ha en hög ålder. Båda vägsträckningarna följer traktens karaktäristiska sandplatåer och böjer av för att undvika mellanliggande våtområden. Med denna utgångspunkt framstår boplatsen intill Vashögsvägen som ytterst välbelägen, även utifrån ett perspektiv inriktat på kommunikation och tillgänglighet. Placerad alldeles intill skärningspunkten mellan två av traktens viktigaste vägsträckningar har bosättningen alltid legat centralt i sin bygd.

Hur skall man då avslutningsvis välja att betrakta denna i bygden centralt placerade gårdsanläggning från äldre romersk järnålder och de likartade hägnförsedda gårdar med denna datering som under de senaste åren framkommit i sydvästra Skåne? Under århundradena närmast före och efter Kristi födelse skedde många viktiga förändringar, såväl inom jordbruket som i samhället i stort (se Pedersen & Widgren 1998). Den ökade tillgången på smidbart järn innebar en avsevärd effektivisering av den agrara teknologin där redskapen försågs längre blad och större skaft, en anpassning till nya skördemetoder. Fähusdrift med vinterstallning medförde ett ökat behov av lagringsbart foder, möjliggjort genom lövtäkt och intensifierat ängsbruk. Slåttermarken med sitt inslag av hamlade träd blev ett viktigt element i landskapet under denna tid, medan alltfler fuktiga områden omvandlades från alkärr till öppna gräsmarker. Stallhållning av boskapen under delar av året har inneburit att mjölkprodukter ingått i hushållningen på ett annat sätt än förr och att gödsel lättare kunnat samlas in. Stallgödslingen har således kommit att spela en allt viktigare roll, samtidigt som ett äldre mer extensivt markutnyttjande förändrats mot ett alltmer permanent brukande av åkersystemen.

I detta skede, då också samlade gårdsbebyggelser börjar uppträda i det skånska materialet, existerade alltså ett antal större ensamliggande enheter som karaktäriserats av stora långhus och omfattande system av hägnader. Under denna tid av omställningar riktades kontakterna utåt, mot det närliggande Själland och vidare mot ett kontinentalt Europa som både politiskt och kulturellt dominerades av det romerska riket. Ur det flöde av nya impulser som nådde Sydvästskåne framstod säkerligen viss information som värd att omsätta i praktiken och pröva i full skala. Kanske är det i ett sådant sammanhang som vi kan betrakta gårdarna vid Dösjebro, Toftanäs och Lockarp? Försöksgårdar som MacLeans Svaneholm och Stjernsvärds Engeltofta är inte enbart sentida fenomen. Redan långt tidigare fungerade rationellt skötta storjordbruk som innovationscentra där nya metoder utprovats mot områdets förutsättningar. Medeltida klostergods som cisterciensernas utgårdar, grangierna (Aston 2000:155), eller ännu tidigare de romerska villorna (Johnston 1979), gav impulser till förnyelse långt bortom sina egna gränser. Vad som krävdes för att nya idéer skulle omsättas i praktiska försök var att intresse för metodutveckling och ökning av utbytet fanns hos lokalsamhällets ledande grupper.

Det förefaller som området invid Karaby backar erbjudit just de förutsättningar som krävts för att en innovationsmedveten miljö skulle kunna uppstå. Under den senare delen av förromersk järnålder förekom på denna plats gårdsanläggningar där såväl byggnader som verksamheter i vissa avseenden avvek från vad vi idag uppfattar som normen för en genomsnittlig agrart baserad äldre järnåldersbebyggelse. Närvaron av torkugnar, tätt placerade gårdar och väl tilltagna lagringsmöjligheter antyder att ett produktionsöverskott kunnat genereras i detta skede. Dessutom har boplatsens läge i nära anslutning till två viktiga kommunikationsleder och en av traktens rituella knutpunkter sannolikt varit gynnsamt med avseende på kontakter utåt och idéspridning. Trots avsaknaden av fyndmaterial som kunnat ange bosättningens relativa status, kan man anta att platsen bebotts av medlemmar ur ett välmående skikt av befolkningen. Sannolikt har man inte tillhört samhällets allra högsta maktgrupperingar, men likväl haft inflytande och resurser nog för att kunna påverka utvecklingen lokalt.

Avsaknaden av reparationer och förbättringar på gården vid Dösjebro, såväl i långhuset som i dess hägnadssystem, bör tyda på att komplexet inte haft någon längre varaktighet. Kanhända slog vissa av metoderna mindre väl ut, eftersom gården med sitt specialiserade brukningssystem inte verkar ha fått någon klar efterföljare i nästa skede av bosättningen.

Referenser

Andersson m.fl. 2000. Mellanneolitisk palissadinhägnad och folkvandringstida boplats. VKB SU19. *Riksantikvarieämbetet UV Syd Rapport* 1999:101.

Artursson, M. 1999. Arkeologisk undersökning. Saxtorp. Boplatslämningar från tidigneolitikum - mellanneolitikum och romersk järnålder - folkvandringstid. VKB SU8, RAÄ 26. *Riksantikvarieämbetet UV Syd rapport* 1999:79.

Aston, M. 2000. *Monasteries in the Landscape.* Stroud.

Becker, N. 1999. De vendeltida gårdslämningarna i Dagstorp. VKB SU 21. *Riksantikvarieämbetet UV Syd Rapport* 1999:62.

Björhem, N. (red.) 2000. *Föresundsförbindelsen.* Malmö.

Björhem, N. & Säfvestad, U. 1993. *Fosie IV. Bebyggelsen under brons- och järnålder.* Malmöfynd 6. Malmö.

Callmer, J. 1972. Preliminary report on a complex of buildings from the late Neolitihic – Early Bronze Age at Norrvidinge, Scania. *Meddelanden från Lunds Universitets Historiska Museum 1971-72.* s. 120-143.

Carlie, A. 2002. Hus och gårdar. Tre platser med bebyggelse från äldre järnålder i slättlandet mellan Löddeköpinge och Uppåkra. I Carlie, A. (red.). *Skånska regioner.*

Carlie, L. 1999. *Bebyggelsens mångfald. En studie av södra Hallands järnåldersgårdar baserad på arkeologiska och historiska källor.* Acta Archaeologica Lundensia. Series in 8⁰. No 29. Lund.

Carsten, J. & Hugh-Jones, S. 1995. Introduction: About the House – Levi Strauss and beyond. In Carsten, J. & Hugh-Jones, S. (eds). *About the House – Levi Strauss and beyond.* Cambridge UP. s. 1-46.

Emanuelsson, U. m.fl. 1985. *Det skånska kulturlandskapet.* Lund.

Erikson, M. 1996. Kulturgeografisk undersökning inför arkeologisk utredning. Skåne, Malmöhus län, järnvägen Västkustbanan, delen Helsingborg – Kävlinge. *Riksantikvarieämbetet UV Syd Rapport* 1996:36.

Fonnesbech-Sandberg, E. 1992. Problemer i Østsjællandsk Bopladsarkæologi. I Hansen, U. Lund, & Nielsen, S. (red.) 1992 *Sjællands Jernalder*. Arkeologiska Skrifter 6. Institute of Archaeology and Ethnology, University of Copenhagen. København, s. 21-35.

Göthberg, H, Kyhlberg, O & Vinberg, A. 1995. *Hus och gård i det förurbana samhället.* Band 1& 2. Riksantikvarieämbetet. Arkeologiska undersökningar. Skrifter nr.14. Stockholm.

Hansson, S. m.fl. 1988. *Västra Karaby genom tiderna.* Perstorp.

Hvass, S. 1988. Jernalderens bebyggelse. I Mortensen, P. & Rasmussen, B.M. (red.) *Fra Stamme til Stat i Danmark 1. Jernalderens stammesamfund.* Jysk Arkæologisk Selskabs Skrifter XXII. Aarhus, s. 53-92.

Jeppsson, A. 1996. Boplats och grav. Sydgasprojektet stamledning P33, genledning Eslöv P1. I Räf, E. (red.) Skåne på längden. Sydgasundersökningarna 1983-85. *Riksantikvarieämbetet UV Syd Rapport* 1996:58.

Johnston, D.E. 1979. *Roman Villas.* Princes Risborough.

Karsten, P. 1994. *Att kasta yxan i sjön. En studie över rituell tradition och förändring utifrån skånska neolitiska offerfynd.* Acta Archaeologica Lundensia Series in 8⁰. No 23. Lund.

Kriig, S. & Pettersson, C. B. 1996. En vendel-/vikingatida boplats i Bjärred. Skåne, Flädie sn,Bjärred 9:5. *Riksantikvarieämbetet UV Syd Rapport 1996:61.*

Martens, J. (red.) 1997. *Chronological Problems of The Pre-Roman Iron Age in Northern Europe.* Arkæologiske Skrifter 7. Institute of Archaeology and Ethnology, University of Copenhagen. København.

Ohlsson, T. 1971. Rapport från Västra Karaby. *Ale 2:71,* s.29-34.

Olson, T. m.fl. 1996. Boplatslämningar från neolitikum, bronsålder och äldre järnålder. Väg 108. *Riksantikvarieämbetet UV Syd Rapport* 1996:60.

Pedersen, E.A. & Widgren, M. 1998 Järnålder 500 f.Kr. – 1000 e.Kr. I Myrdal, J. *Det svenska jordbrukets historia. Bd 1 Jordbrukets första femtusen år.* Natur och kultur/ LTs förlag.

Persson, J. 1998. Toftanäs – järnåldersbygd från tiden kring Kristi födelse. I Larsson, L. & Hårdh, B. (red.) *Centrala platser. Centrala Frågor*. Acta Archaeologica Lundensia, series in 8⁰, No. 28. Lund, s. 63-72.

Pettersson, C.B. 1999. Brandkåren på plats – efter 3500 år! I *Populär Arkeologi 4/99*, s. 9-11.

Pettersson, C.B. 2000. I skuggan av Karaby backar. Boplatslämningar från senneolitikum till folkvandringstid. *Riksantikvarieämbetet UV Syd Rapport* 2000:103.

Pettersson, C.B. & Torstensdotter Åhlin, I. 1999. Invid sagans Halör? *UV Syd Rapport* 1999:24.

Publiceringsplan för projektet Västkustbanan (VKB) Helsingborg – Kävlinge. *Riksantikvarieämbetet UV Syd Rapport* 1999:60.

Regnell, M. 2001. Gård, åker och äng, den centrala platsens triviala bas. I Larsson, L. (red.) *Uppåkra. Centrum i analys och rapport.* Uppåkrastudier 4. Acta Archaeologica Lundensis, Series in 8°, No. 36.

Regnell M. (i manus) Charcoal as indicators of leaf-foddering. Kommer i *Uppåkrastudier 6.* Acta Archaeologica Lundensia.

Slotte, H. 1997. Hamling – historisk tillbakablick och råd för naturvårdare. *Svensk Botanisk Tidskrift 91,* s. 1-12.

Tesch, S. 1993. *Houses, Farmsteads and Longterm Change.* Uppsala.

Thörn Pihl, A. 1999 En välbebodd kulle i Kvärlöv. VKB SU12. *UV Syd rapport* 1999:105.

Torstensdotter Åhlin, I. 1991 Arkeologisk slutundersökning. Karlslund 1:13, Dösjebro, Västra Karaby sn, Skåne 1988. *Riksantikvarieämbetet UV Syd Internrapport.*

Wallin, L. 1990. Det långa huset i Önsvala, Skåne. VA Källby-Önsvala och väg 12. *Riksantikvarieämbetet UV Syd Rapport* 1996:83.

Hus och gårdar

Tre platser med bebyggelse från äldre järnålder i slättlandet mellan Löddeköpinge och Uppåkra

ANNE CARLIE

Abstract: Houses and farmsteads. Three settlements from the Early Iron Age on the plain between Löddeköpinge and Uppåkra.

In 1994 due to modern road construction, UV Syd carried out excavations on three sites from the Early Iron Age with numerous houses and farm structures lying next to the small bog Böljenamosse in south-west Scania. Altogether, remains of some twenty buildings were excavated, along with several pits and other structures. In this article the organisation of the rural sites is discussed from a spatial, temporal and social point of view. From the analysis six farmsteads could be identified, some of considerable age with place continuity for several generations, others of a much shorter duration. The two earliest farms, which were also some of the biggest, were established in the first century BC. In the Roman period the number of farms reached their peak, with four or perhaps up to six contemporary farms within the excavated area. However, at the transition to the Migration Period the settlements already seem to have been abandoned and moved to other areas. What processes in society – social, economic or political – lead to this development? Could any traces of social stratification be identified from the archaeological finds? Finally, how should we understand the social and economic development of the area in relation to the central settlements at Uppåkra and Löddeköpinge?

Inledning

Trakten nordväst om Lund tillhör arkeologiskt sett ett av de mer välundersökta områdena i Skåne. Arkeologin har särskilt berört den yngre järnålderns lämningar, där miljön kring Löddeköpinge och Borgeby utmärker sig genom ett rikhaltigt och varierat material. Bland de företeelser som undersökts kan nämnas specialiserade boplatser med grophusbebyggelse, en vikingatida ringborg, hamnanläggningen Lödde kar samt en tidigkristen storkyrkogård. Bengt Söderberg och Fredrik Svanberg har nyligen, med utgångspunkt från moderna boplatsundersökningar diskuterat den bebyggelsemässiga, sociala, ekonomiska och politiska utvecklingen i Löddeköpingeområdet under sen järnålder och tidig medeltid (Svanberg & Söderberg 2000). De anser att expansionen påbörjas under 700-talet, vilket markeras bl.a. av att flera platser med omfattande grophusbebyggelse anläggs i området. Talrika fynd av sländtrissor, vävtyngder och andra föremål med koppling till textilhantverk, vittnar här om en omfattande tillverkning av textila material. Detta i kombination med samtida fynd av brittiska och karolingiska statusföremål, gör att miljön kring Löddeköpinge tolkas som en möjlig samlingsplats för den sociala eliten i västra Skåne inför förberedelserna av de tidiga vikingatågen till Brittiska öarna och Västeuropa. Omkring 950 efter Kristus inträder en förändringsfas i områdets historia, då Löddeköpinge troligen utvecklas från en port i kommunikationen mellan västra Skåne och omvärlden till en handels- och omlastningsplats av överordnad betydelse. Vid denna tid ökar inslaget av mer rikedomsbetonade fynd inom byområdet i Löddeköpinge, samtidigt som ringborgen vid Borgeby med spår av myntning liksom hamnanläggningen vid Lödde ås mynning anläggs. Samtliga dessa spår anses peka på en kunglig närvaro och kontroll av området. I början av 1000-talet byggs så en av de äldsta träkyrkorna i området med en tidig kristen begravningsplats som av storleken att döma troligen haft ett betydande upptagningsområde. Fyndet av ett exklusivt processionskors från tidigt 1000-tal stöder antagandet att området fungerat som en viktig stödjepunkt för den kristna missionen.

Det finns för närvarande inga tecken i de arkeologiska lämningarna som tyder på att Löddeköpingeområdets specialiserade funktioner från 700-talet och framöver, har grund i äldre organisatoriska förhållanden. Å andra sidan har kunskapen om den äldre järnålderns bebyggelsestruktur och markutnyttjande i området länge präglats av stora luckor, beroende på avsaknaden av moderna och mer storskaliga boplatsundersökningar. Först under 1990-talets mitt och senare del har antalet undersökta boplatser från äldre järnålder med välbevarade och tolkningsbara hus- och gårdsstrukturer ökat så pass i området norr om Lund, att vi börjar kunna skönja mönster i den agrara bebyggelsens lokalisering och sammansättning, som även ger möjligheter att diskutera frågor kring variationer i ekonomiskt/socialt välstånd.

Syfte

I denna artikel ska uppmärksamheten riktas mot tre boplatser vid Böljenamosse söder om Lackalänga, som undersöktes 1994 under ledning av Sven Hellerström inför ombyggnaden av väg 108 mellan Lund och Kävlinge. En inledande bearbetning, tolkning och datering av materialen har tidigare presenterats i rapporten *Boplatslämningar från neolitikum, bronsålder och äldre järnålder* (Olson m.fl. 1996). Boplatserna utmärker sig främst genom sina välbevarade huslämningar, av vilka flera stycken har närmast intakta vägglinjer. Detta förhållande i kombination med platsernas kronologiskt sett homogena sammansättning, gör dessa väl lämpade för att diskutera förändringar i bebyggelseorganisation och bosättningsmönster. I detta sammanhang ska analysen av platserna därför fördjupas för att nå större klarhet i bebyggelsens struktur med avseende på tidsmässiga, rumsliga, sociala och ekonomiska förhållanden. Vilka byggnader, gårdsstrukturer och bebyggelsefaser kan urskiljas på de tre platserna? Hur ser de enskilda gårdarnas funktionella sammansättning ut, d.v.s. vilka byggnader har dessa bestått av och hur har gårdstomterna varit organiserade? Vad berättar de arkeologiska fynden om gårdarnas ekonomiska inriktning, samt om eventuella skillnader i de boendes sociala välstånd?

Längre fram i artikeln vidgas det geografiska perspektivet kring Böljenamosse för att undersöka hur boplatserna förhåller sig rumsligt och kronologiskt till andra kända bosättningar och fornlämningar i området. Studien tar sin fysiska utgångspunkt i det flacka landskapsrum som bildas mellan Kävlingeåns dalgång i norr och Höje å i söder. De delar av området som idag representeras av tätorten Lund utelämnas dock ur studien. Det övergripande syftet är att sätta in boplatserna vid Böljenamosse i ett bebyggelsemässigt, socialt och organisatoriskt sammanhang. Vad berättar de undersökta platserna om kontinuitet och förändring i järnålderns bebyggelsestruktur, organisation och markutnyttjande? Kan vi se några speciella preferenser med avseende på boplatsernas placering i landskapet? Hur ligger dessa topografiskt i förhållande till jordarter, våtmarker och vattendrag? Hur tätt har gårdarna legat och vilka förändringar sker över tiden med avseende på enheternas lokalisering och rörlighet? Hur ligger den äldre järnålderns boplatser i förhållande till bronsålderns kulturlandskap, som manifesteras av talrika gravhögar? Och vad händer med bebyggelsestrukturen i området under yngre järnålder? Återfinns den yngre järnålderns bebyggelser på samma platser i landskapet som under äldre järnålder? Eller sker det, såsom tidigare forskning i södra Skåne tycks visa, en omlokalisering av bebyggelsen till nya lägen i anslutning till historiskt kända bebyggelser representerade av de medeltida bytomterna? Slutligen, sett i skuggan av den stora centralplatsen vid Uppåkra samt expansionen kring Löddeköpinge, vad berättar det arkeologiska materialet om förändringar i ekonomiskt/socialt välstånd inom området? I vilka avseenden kan utvecklingen under sen yngre järnålder möjligen ha sin grund i äldre organisatoriska förhållanden?

Landskapsbilden

De undersökta boplatserna vid Böljenamosse ligger cirka sju kilometer innanför Öresundskusten och knappt två kilometer söder om Lackalänga by, på den under historisk tid gemensamma fäladsmarken för ett flertal närliggande byar (Erikson 1996). Det omgivande landskapet karakteriseras av en svagt kuperad topografi med nivåer omkring 25–30 meter över havet. Den dominerande jordarten utgörs av lerig morän ingående i den s.k. sydvästmoränen, som kännetecknas av hög kalkhalt och god bonitet. Tre kilometer längre åt norr bryts den flacka landskapsbilden av Kävlingeåns dalgång som ut mot kusten byter namn till Lödde å. Jordarterna utmed ådalen präglas av isälvsavlagringar med sandiga områden, som ger landskapet en mer varierad topografi med omväxlande höjdryggar och mellanliggande sänkor. Kävlingeåns omfattande vattensystem påverkar emellertid även det omgivande landskapet. Den flacka slättmarken med bördig lermorän genomkorsas således av flera mindre åar och bäckflöden med angränsande våtmarker, som på detta sätt bryter upp miljön i mindre landskapsrum. Fuktmarkerna med sina goda växtbetingelser och förutsättningar för bete och insamling av djurfoder, har sannolikt varit av stor betydelse för bebyggelsens lokalisering i äldre tider. De undersökta bosättningarna har i detta perspektiv haft en strategisk placering invid ett litet mossområde som idag bär namnet Böljenamosse. Våtmarken är bara en av flera små torvområden, som ligger liksom på ett pärlband, utmed ett mindre bäckflöde till Kävlingeån. Två av boplatserna (punkt 8 och 9) ligger omedelbart öster om Böljenamosse, med ett inbördes avstånd om cirka 185 meter. Det mellanliggande området sammanfaller med en svag sänka i terrängen som under vissa tider på året möjligen varit vattensjukt. Här har boplatserna legat i svagt sluttande mark på den södra respektive norra sidan om fuktsvackan. Den tredje boplatsen (punkt 10), ligger på en svag höjdplatå ungefär 280 meter norr om punkt 9, och har därmed ett mer uppdraget läge i terrängen. Knappt en halv kilometer väster om den norra boplatsen ligger ett öst-västligt stråk med bronsåldershögar av vilka flera bär sentida namn som Klyfthög, Kalkhög och Ormhög. Det finns anledning att längre fram i artikeln återkomma till några av dessa högar.

Tre undersökta boplatser längs en nutida väg

Av stor betydelse för tolkningen av bosättningarnas rumsliga utbredning, datering och organisation är att storleken på de undersökta områdena styrts av vägområdets sträckning och bredd. Väg 108 löper i det aktuella området i narmast nordsydlig riktning. Efter utredningsgrävningarna valdes anläggningstäta områden ut för arkeologisk slutundersökning (Hellerström 1995). Detta innebär att avgränsningen mellan de tre bebyggelseytorna mot norr respektive söder med stor sannolikhet återspeglar verkliga förhållanden. Vad gäller platsernas utsträckning i öst-västlig riktning är osäkerheten däremot större. Vägarbetsområdet största bredd var omkring 60 meter, vilket innebär att bosättningarna troligtvis fortsätter även utanför de slutundersökta områdena.

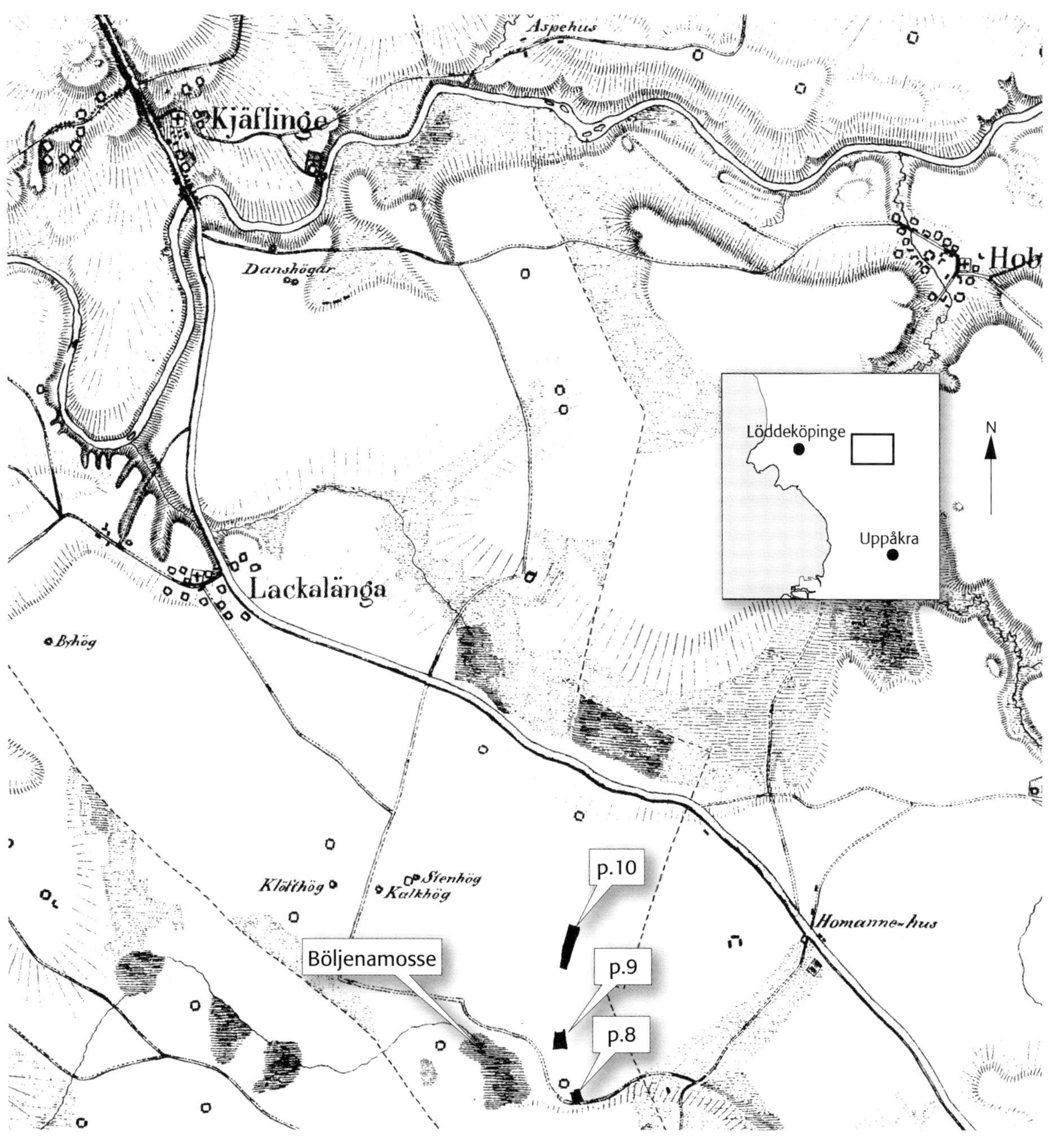

Karta över landskapet mellan Löddeköpinge och Uppåkra med de tre undersökta boplatserna vid Böljenamosse markerade. Utsnitt ur Skånska Rekognosceringskartan 1812-20. Skala: 1:30 000.

Map showing the country between Löddeköpinge and Uppåkra with the location of the three excavated sites at Böljenamosse.

Storleken på de enskilda platserna varierar. Minsta ytan finner man på punkt 8 längst i söder, som omfattar ett 45x45–55 meter stort område, motsvarande cirka 2100 m^2. På punkt 9 undersöktes en 62x70 meter stor yta eller 4000 m^2, medan undersökningarna på punkt 10 berörde ett 30–50 brett och 190 meter långt område, vilket motsvarar cirka 8000 kvadratmeter. Det arkeologiska materialet domineras av ett stort antal stolphål som i varierade grad kunnat knytas till olika strukturer, främst bestående av huslämningar. Sammanlagt har rester efter tjugo huskonstruktioner identifierats, varav två hus på punkt 8, åtta stycken på punkt 9 samt tio hus på punkt 10 längst i norr. Förmodligen döljer sig ytterligare hus men även andra konstruktioner bland stolphålen, främst på punkt 9 och 10, där flera av huslämningarna var starkt skadade av sentida odling. Bland övriga anläggningar märks främst gropar och enstaka härdar. Endast få av dessa strukturer kan med större säkerhet knytas kronologiskt till järnåldern[1)].

Den fördjupade analysen inleds med en beskrivning och förslag till datering av de hus, konstruktioner och andra anläggningar som dokumenterats på respektive boplats. Därefter följer ett förslag till tolkning av bebyggelsens organisation och tidsmässiga indelning, som mynnar ut i en identifiering av sex olika gårdslägen (nr 1–6). Materialanalysen avslutas med en diskussion kring skillnader i gårdarnas storlek och vad detta kan betyda med avseende på variationer i socialt och ekonomiskt välstånd.

Dateringsunderlag

Dateringen av enskilda hus och andra bosättningsspår bygger på olika underlag, av vilka hustypologiska särdrag, ^{14}C-dateringar, arkeologiska fynd och stratigrafiska iakttagelser utgör de viktigaste. Fyndmaterialet från Böljenamosse är liksom från många andra äldre järnåldersboplatser sparsamt och representeras främst av keramik, flinta och bränd lera. Av dessa kategorier är det endast keramiken som har viss kronologisk relevans. En första typbestämning av keramiken företogs redan i samband med rapportarbetet (Olson m.fl. 1996). Några av de bestämningar som redovisas i rapporten har senare reviderats av Jes Martens, som gått igenom de dateringsmässigt signifikanta elementen i kärlmaterialet (Martens 1999). Keramiken som är mest rikhaltig från den norra (punkt 10) respektive södra boplatsen (punkt 8), härrör huvudsakligen från olika gropar. Endast i enstaka fall har dateringsspecifika kärldelar påträffats i kontexter som kan knytas till enskilda hus. Överlagring av olika huskroppar förekommer på samtliga tre platser. Utöver det faktum att två hus som överlagrar varandra av praktiska skäl inte kan vara samtida, finns inga direkta stratigrafiska iakttagelser som kan användas för att skilja mellan en äldre och yngre husfas. Tidsbestämningen av de enskilda husen bygger istället till övervägande del på en sammanvägning av ^{14}C-dateringar och typologiska särdrag i husens konstruktion. Totalt föreligger 22 dateringar, varav sex från den södra ytan (punkt 8) samt åtta stycken vardera från övriga två platser. Nästan samtliga dateringar är tagna på träkol från stolphål tillhörande olika huslämningar. Några vedartsbestämningar har inte utförts. Som regel finns en eller två dateringar från varje hus. I enstaka fall föreligger dock upp till fyra eller fem dateringar från ett och samma hus, vilket i gynnsamma fall har bidragit till en snävare spännvidd i de kalibrerade dateringsintervallen (jfr tabeller s. 521, 526 och 532)[2)].

Det södra gården

Bebyggelsen längst mot söder (punkt 8) ligger på en svag förhöjning och nordvästsluttning ned mot Böljenamosse. Vid slutundersökningen berördes ett cirka 45x45–55 meter stort område (ca 2100 m^2) med 260 anläggningar, främst bestående av stolphål men även ett tjugotal gropar samt enstaka härdar (se s. 520). De flesta stolphålen tillhör två treskeppiga långhus belägna i områdets norra del. Det största och bäst bevarade av långhusen (hus I) är 30x6 meter stort (Ö–V). Det andra långhuset (hus II) är skadat, men bör ha varit minst 17 meter långt (ÖNÖ–VSV). Bland övriga strukturer märks en trolig hägnadsrest (struktur IV) strax norr om och närmast parallellt med långhusen, samt en liten cirkulär konstruktion sydöst om husen. Den senare, som består av sju glest satta stolpar med en härdgrop i sydöstra hörnet (struktur III), representerar troligen någon form av vindskydd till de aktiviteter som utfördes vid härdgropen. De flesta groparna återfinns i området söder om långhusen. En större och två mindre gropar har troligen grävts i samband med lertäkt (A657, A593 och A2013), medan två andra gropar innehöll bränd lera och sot troligen efter någon form av lågtemperaturugnar (A776 och A644). Ytterligare en grop nordväst om hus I har tolkats som en trolig vattentäkt (A3256).

Vad gäller datering och försök till fasindelning av bebyggelse och aktivitetsspår på punkt 8 baseras denna på en sammanvägning av keramikfynd, ^{14}C-dateringar och hustypologiska särdrag. Nästan all daterande keramik härrör från de centralt placerade groparna söder om hus I och II. Keramiken från groparna visar enligt Martens på en entydlig datering till yngre bronsålder. De flesta kärlfragmenten uppvisar drag som är typiska för Björhems B-grupp (per. V-VI), t.ex. fin rabbning som avslutas med en horisontell knopp en bra bit under mynningskanten. Å andra sidan förekommer i materialet även kärlfragment med grov rabbning och fingerfåror, vilket anses vara ett av ledelementen för den äldre A-gruppen (per. IV-V) (Björhem & Säfvestad 1993:48f). En obetydlig mängd keramik av äldre järnålderstyp har också identifierats i materialet, främst på grundval av godstypen. Skärvorna som är starkt fragmenterade framkom i två gropar (A757 och A1683) i anslutning till de två långhusen. Från punkt 8 föreligger sex ^{14}C-dateringar, varav fem från hus I och ett från hus II (se s. 521). Dateringarna är i samtliga fall utförda på träkol från stolphål. Då långhusen i fråga överlappar varandra, föreligger viss risk för kontaminering, Dateringarna spänner i tid med kalibrerade värden och 2 sigma mellan 260 BC–AD 350, dock med tyngdpunkt i intervallet 180 BC–AD 260, d.v.s. sen förromersk och fram i tidig yngre romersk järnålder.

Den äldsta bebyggelsefasen på platsen representeras av yngre bronsålderskeramik som deponerats i flera intill varandra liggande gropar (se s. 520). Flera av dessa gropar har förmodligen grävts i samband med lertäkt (A217, A593, A625, A657 och A2013), där leran använts som byggmaterial till en eller flera lågtemperaturugnar (A644 och A776). Keramiken som härrör från flera olika kärl signalerar att det i närheten av aktivitetsområdet bör finnas en samtida bebyggelse. Inga av de byggnader som påträffades inom undersökningsområdet kan dock knytas till yngre bronsålder. Eventuellt tillhör härden med det cirkulära vindskyddet denna fas, vilket i brist på daterande underlag dock förblir hypotetiskt.

Bebyggelsefaser på den södra boplatsen (punkt 8). Fas 1 – yngre bronsålder: gropar och ugnar. Fas 2 – sen förromersk och äldre romersk järnålder: hus I. Fas 3 – äldre och yngre romersk järnålder: hus II. Skala: 1:800.

Settlement phases on the southern site (no 8). Phase 1 – Late Bronze Age: pits and ovens. Phase 2. – Late Pre-Roman and Early Roman Iron Age: house I. Phase 3 – Early and Late Roman Iron Age: house II. Scale: 1:800.

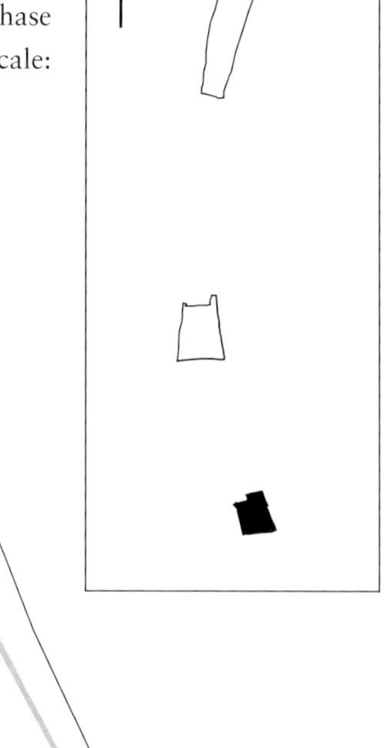

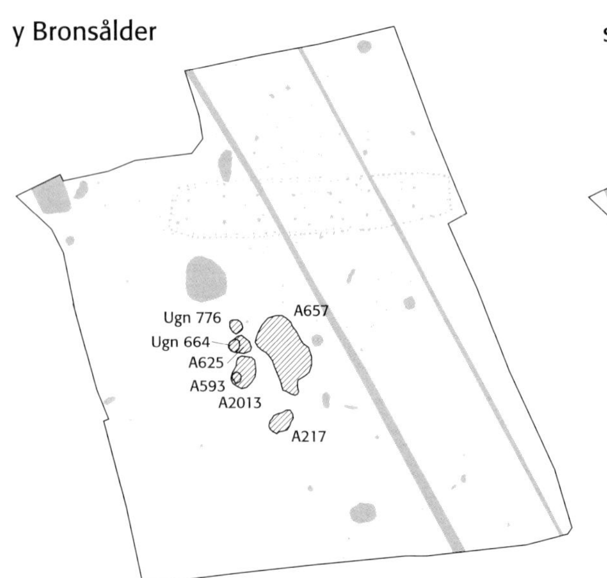

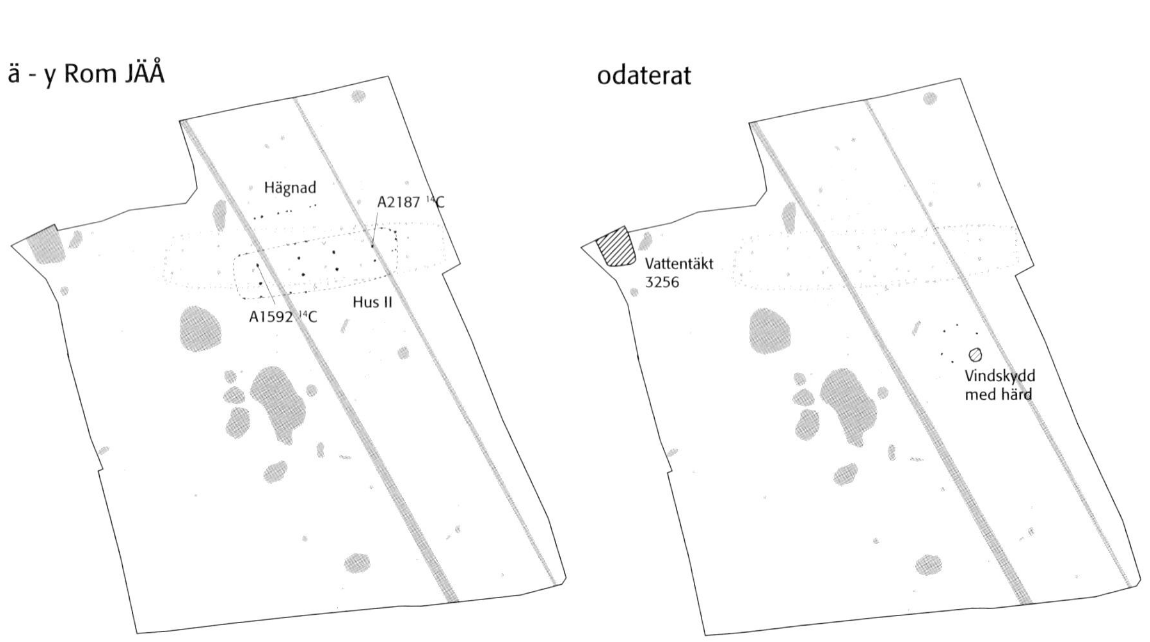

Punkt 8

Anl.nr	¹⁴C år BP	Anl.typ	Material	Kalenderår 2 sigma	Kalenderår 1 sigma	Arkeologisk period (jfr 2 sigma)
A2501	1835±60	stolphål; hus I	träkol	AD 50 - 350 (95.4%)	AD 120 - 250 (60.7%)	ä/y romersk järnålder
A2187	1890±60	stolphål; hus I*	träkol	AD - 260 (94.2%)	AD 50 - 220 (68.2%)	ä/y romersk järnålder
A1592	1985±75	stolphål; hus II	träkol	180 BC - AD 220 (95.4%)	60 BC - AD 90 (59.1%)	sen förromersk-ä/ti y romersk järnålder
A935	1975±80	stolphål; hus I*	träkol	180 BC - AD 230 (95.4%)	60 BC - AD 130 (66.3%)	sen förromersk-ä/ti y romersk järnålder
A447	2090±75	stolphål; hus I*	träkol	260 BC - AD 70 (84.1%)	210 BC - AD 10 (68.2%)	förromersk- ti ä romersk järnålder
A369	2090±75	stolphål; hus I*	träkol	260 BC - AD 70 (84.1%)	210 BC - AD 10 (68.2%)	förromersk- ti ä romersk järnålder
	**1998±36*	*hus I*	*träkol*	*60 BC - AD 90 (92.5%)*	*45 BC - AD 30 (57.8%)*	*sen förromersk- ä romersk järnålder*

Sammanställning av ¹⁴C-dateringar från den södra boplatsen (punkt 8) vid Böljenamosse.

Compilation of ¹⁴C-datings from the southern settlement (no. 8) at Böljenamosse.

Platsen förefaller inte ha utnyttjats under den äldre delen av förromersk järnålder. Först under sen förromersk järnålder med fortsättning in i äldre romersk tid etableras en mer varaktig bebyggelse på platsen. Gården, som i fortsättningen kallas gård 1, har i det äldsta skedet bestått av ett 30x6 meter stort treskeppigt långhus (hus I) orienterat i närmast öst-västlig riktning (s.520; jfr s. 543). Byggnaden har sju regelbundet placerade bockpar samt välbevarade långväggar och gavlar som i västra delen har dubbla väggstolpar. Spår av mindre byggnader saknas i anslutning till långhuset. Då huslämningen ligger i kanten av undersökningsområdet, kan ytterligare byggnader dock finnas utanför området. Hus I kan på typologiska grunder samt med stöd av koldateringar placeras i det första århundradet före respektive efter Kristi födelse. Betraktas varje prov solitärt varierar husets datering med två sigmas intervall mellan 260 BC och AD 350. Med en kombinerad kalibrering av fyra utav de fem värdena reduceras emellertid den kronologiska spännvidden med 2 sigma till intervallet 60 BC–AD 90 (se tabell ovan). Hus I är synnerligen välbevarat med en närmast intakt stolpsättning i såväl den inre som yttre konstruktionen, som är svagt konvex. Frånvaron av reparationer, t.ex. i form av utbytta takstolpar, antyder att huset haft en förhållandevis kort "levnadstid". En intressant byggnadsdetalj utgörs av den dubbla stolpsättningen i långväggar och gavel i husets mitt och västra del.

Gårdens stora långhus från fas 2 ersätts, troligen under senare delen av äldre romersk tid, av en mindre treskeppig byggnad (Hus II), som uppförs på samma plats dock med en svagt avvikande orientering åt ÖNÖ–VSV. Huset är skadat av sentida markberedning. Av konstruktionen återstår fyra takbärande stolp-par samt enstaka väggstolpar, vilka kan följas till en längd av cirka 17 meter. Även om huset ursprungligen varit något längre, har det varit betydligt kortare än hus I. Dateringen av hus II bygger på en sammanvägning av olika faktorer. För en yngre datering av hus II talar i första hand den något smalare bockbredden (1,5–2,0 meter) i kombination med husets sämre bevarandegrad. Den enda ¹⁴C-dateringen från huset bidrar däremot inte till den kronologiska diskussionen, eftersom denna i tid sammanfaller med dateringarna från hus I (kal 2 sigma 180 BC–AD 220) (jfr s. 521). Det är möjligt att den stolpbyggda hägnadsresten (struktur IV) norr om hus I tillhör denna gårdsfas. Åtminstone talar hägnadens likartade orientering med hus II för en sådan tolkning. Några andra byggnader kan däremot inte knytas till långhuset inom undersökningsytan.

Till den äldre järnåldersgården under fas 2 eller 3 hör sannolikt även enstaka gropar (A757 och A1683), vilket antyds av obetydliga mängder keramik som utifrån godstypen kan föras till äldre järnålder. Området kring gården präglas i övrigt av en frånvaro av anläggningar som visar på hushållsaktiviteter i form av matlagning, avfallsdeponering m.m.

Den mellersta gården

Cirka 180 meter norr om den södra gården ligger, med ett mindre fuktområde emellan, nästa gårdsläge (punkt 9) i en svag sydsluttning öster om Böljenamosse. Vid slutundersökningen påträffades 710 anläggningar inom ett cirka 60x70 meter stort område. Anläggningarna består huvudsakligen av stolphål (690 st.), av vilka en stor del kan knytas till någon av de åtta huslämningar som identifierats på platsen. Bebyggelsen omfattar sex treskeppiga långhus (hus I, II, V, VI, VII och VIII) och två mindre stolpbyggda hus (hus III och IV) (s. 523 och 524). Husen, varav flera är synnerligen välbevarade med närmast intakta vägglinjer, ligger vanligen orienterade i öst-västlig riktning med en svag dragning åt ÖNÖ–VSV. Bland övriga anläggningar märks 18 gropar samt en härdgrop. Både hus och gropar återfanns främst inom undersökningsområdets södra och mellersta del, d.v.s. ner mot den angränsande fuktmarken.

Liksom på punkt 8 baseras bosättningens kronologiska skiktning på en sammanvägning av koldateringar, fynddatering och hustypologiska särdrag. Från boplatsen föreligger åtta ^{14}C-dateringar, samtliga utförda på träkol från stolphål i olika hus. Dateringarna, som härrör från hus I-V, omfattar intervallet 200 BC–AD 390, dock med tyngdpunkt i tiden 50 BC–AD 240/260, d.v.s. slutet av sen förromersk järnålder och fram i tidig yngre romersk järnålder (se. s. 526). Det relativt sparsamma keramikmaterialet från platsen stöder denna datering, men bidrar i övrigt inte till någon finare kronologisk indelning (Martens 1999).

Den äldsta bebyggelsen på platsen representeras av hus VI i undersökningsområdets norra del. Huslämningen är skadad med i stort sett endast avtrycken efter de takbärande stolparna bevarade. Dessa visar att vi har att göra med ett treskeppigt långhus som varit minst 16 meter långt och sex meter brett. Det är i första hand det relativt breda avståndet i bock-paren på mellan 3 och 4 meter, som talar för att huset har en äldre datering ner i yngre bronsålder. Perioden representeras även av enstaka keramikskärvor av bronsålderskaraktär från gropen A1692 i områdets sydvästra del. Avsaknaden av andra samtida anläggningsspår talar dock för att det rör sig om relativt kortvarig bebyggelse.

Platsen förefaller inte ha utnyttjats för bosättning under tidig förromersk järnålder. Först under sen förromersk järnålder (per III) och in i äldre romersk järnålder inleds en mer varaktig bebyggelse

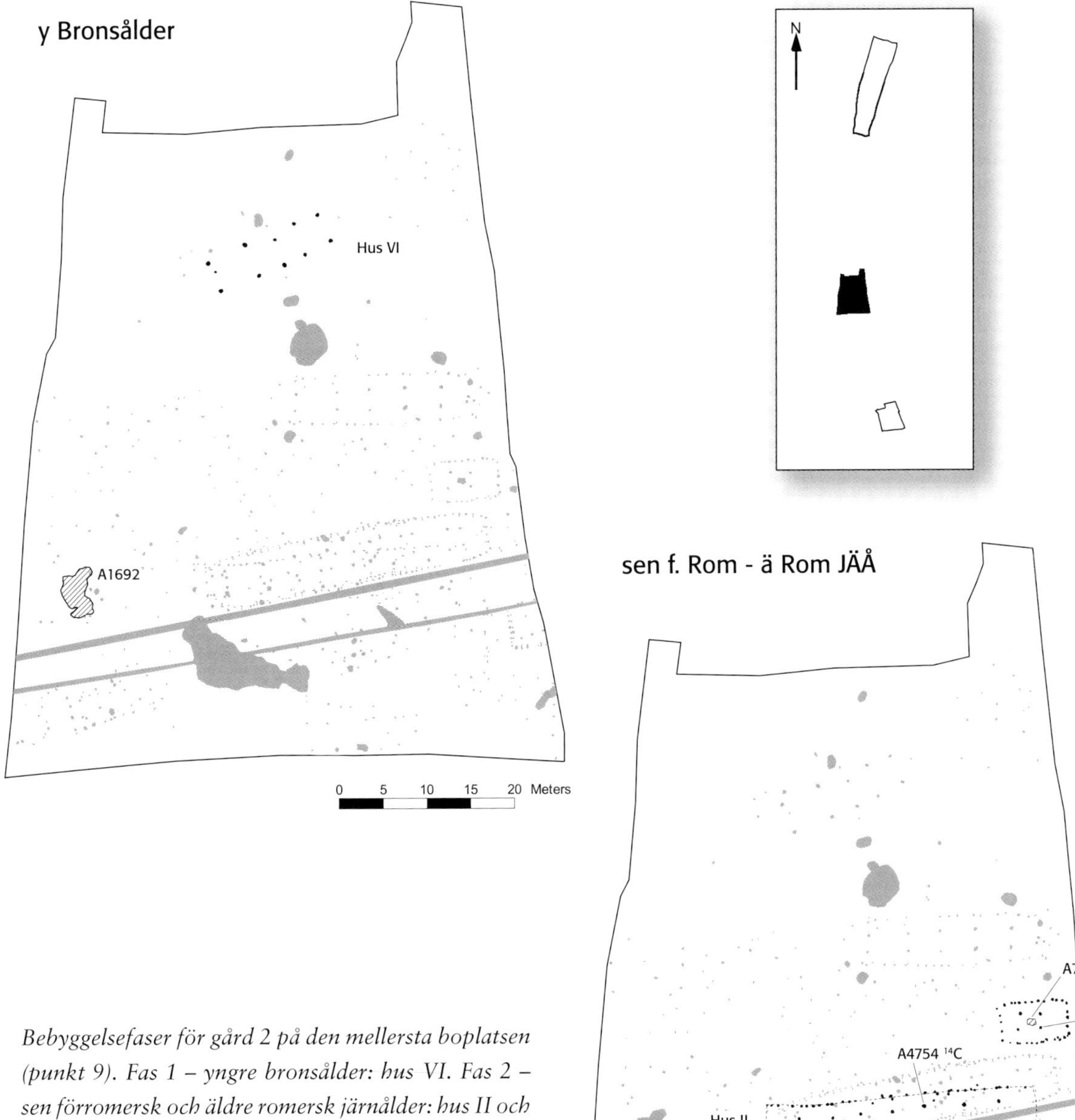

Bebyggelsefaser för gård 2 på den mellersta boplatsen (punkt 9). Fas 1 – yngre bronsålder: hus VI. Fas 2 – sen förromersk och äldre romersk järnålder: hus II och IV. Skala: 1:800.

Settlement phases for farm no. 2 on the middle site (no. 9). Phase 1 – Late Bronze Age: house VI. Phase 2 – Late Pre-Roman and Early Roman Iron Age: house II and IV. Scale: 1:800.

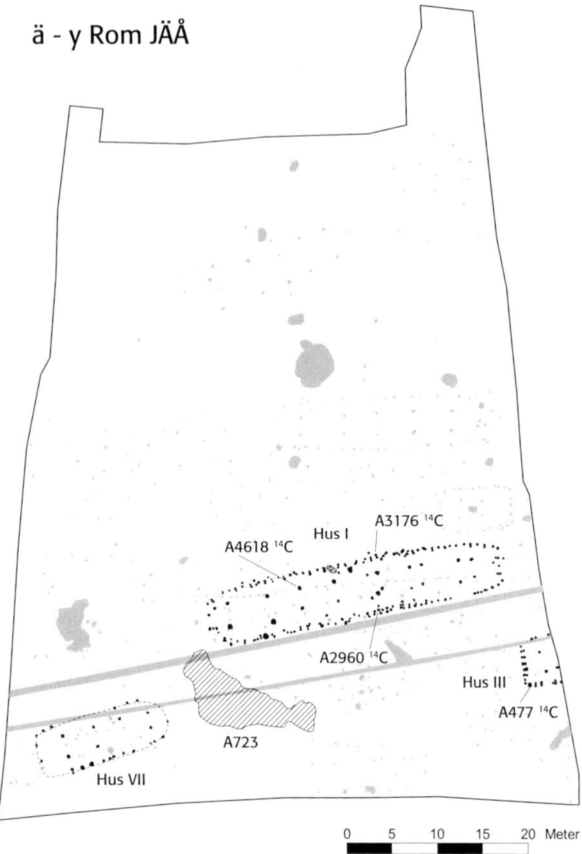

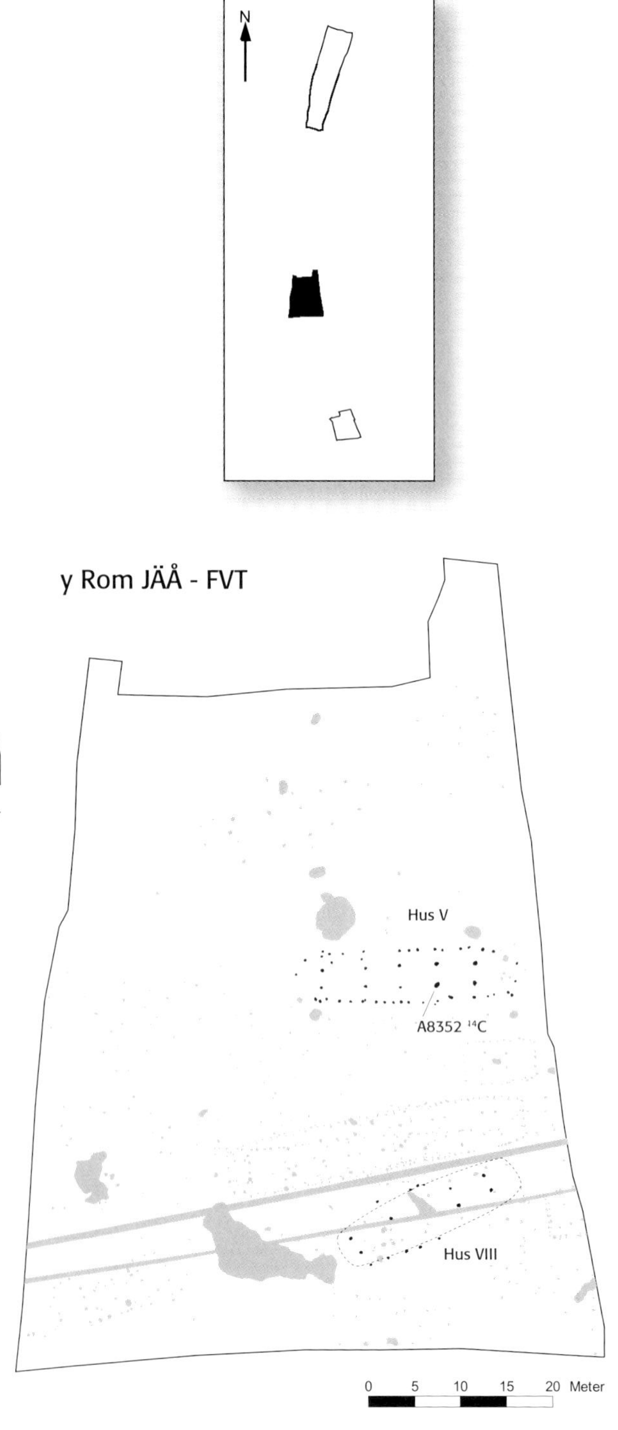

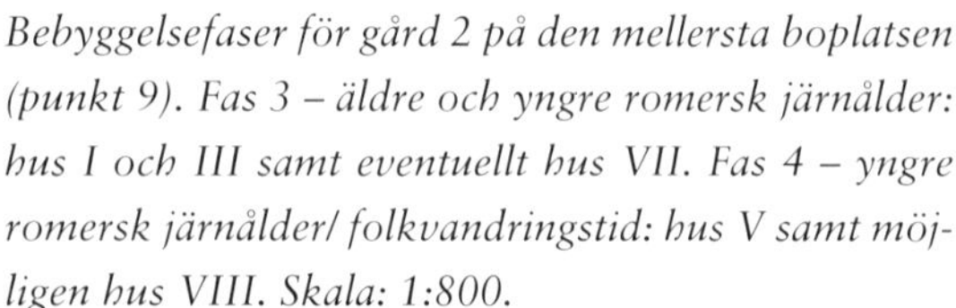

Bebyggelsefaser för gård 2 på den mellersta boplatsen (punkt 9). Fas 3 – äldre och yngre romersk järnålder: hus I och III samt eventuellt hus VII. Fas 4 – yngre romersk järnålder/ folkvandringstid: hus V samt möjligen hus VIII. Skala: 1:800.

Settlement phases for farm no. 2 on the middle site (no. 9). Phase 3 – Early and Late Roman Iron Age: house I and III and possibly house VII. Phase 4 – Late Roman Iron Age/Migration Period: house V and possibly house VIII. Scale: 1:800.

på platsen. Bebyggelsen, som omfattar tre stora långhus (hus I, II och V) samt två mindre byggnader (hus III och IV), representerar troligen olika faser av en och samma gårdsenhet (jfr gård 2). De enskilda husens datering är dock inte helt entydiga, utan lämnar istället ett visst utrymme för tolkning av gårdens sammansättning under olika faser.

Gårdens huvudbyggnad representeras av hus I och II, båda bestående av stora treskeppiga långhus. Husens utsträckning sammanfaller till stora delar i plan, dock med skillnaden att hus II ligger i närmast rak öst-västlig riktning, medan hus I har en svag dragning åt ÖNÖ–VSV. Hus I, som var bäst bevarat, är cirka 30x6 meter stort, med nio stolp-par i den takbärande konstruktionen. Huset har svagt konvexa långväggar, en närmast rak östgavel samt en svagt rundad gavel i väster. Vägglinjerna är försedda med dubbla, ibland trippelplacerade stolpar. Även om vissa väggstolpar kan ha tillkommit i samband med reparation, bör den dubbla stolpsättningen i vägglinjen huvudsakligen uppfattas som en speciell byggnadsteknisk lösning. Trots husets välbevarade vägglinjer har endast en ingång identifierats utmed den sydöstra långväggen.

Hus II är tämligen skadat, bl.a. av ett sentida dike som förstört hela den södra långväggen. Även husets gavlar saknas. Att döma av de bevarade takbärarna har huset varit 30 meter långt och 5 meter brett, med minst sju stolp-par. Av den bevarade norra långväggen framgår att huset har haft närmast raka väggar med enkel stolpsättning. I husets östra del och norra långvägg finns en bevarad ingång med indragna stolpar.

Som nämnts i det föregående sammanfaller hus I och II till stora delar i plan. Någon tydlig stratigrafisk överlagring av de bägge huskropparna iakttogs inte i fält. Vilket av de båda långhusen som är äldst respektive yngst är därför inte helt oproblematiskt. Hus II är visserligen sämre bevarat, vilket skulle kunna tala för en yngre datering. Detta beror dock på att husets södra vägglinje är nästan fullständigt bortgrävd av ett sentida dike. Ser man istället till djupet på de takbärande stolparna, föreligger inga större skillnader mellan de båda husen. Vad gäller ^{14}C föreligger fyra dateringar från de båda husen. Det äldsta värdet från ett väggstolphål i hus I, faller med kalibrerade värden och 2 sigma inom intervallet 180 BC till AD 90. Två värden, tagna på material från takbärare i respektive hus, ligger mellan 50 BC och AD260 , medan det yngsta värdet härrör från en takbärare i hus I (AD 120–390) (se s. 526). Resultaten stöder den arkeologiska iakttagelsen med två på varandra följande byggnadsfaser, bestående av en äldre fas med tyngdpunkt i sen förromersk/tidig äldre romersk järnålder och en yngre fas under äldre romersk/tidig yngre romersk tid. Med utgångspunkt från resonemanget att äldre träkolsmaterial löper större risk för sekundär deponering jämfört med yngre material, skulle dateringarna kunna tolkas så att hus I är den yngsta av de två byggnaderna. Också flera av de typologiska särdragen hos husen talar för att hus II är något äldre. Det är framför allt det mer regelmässiga avståndet mellan bockparen samt den raka stolpbyggda norra långväggen som pekar bakåt i tiden. Samma typologiska drag återfinns t.ex. i hus 1 och 4 vid Toftanäs, liksom i hus I, kv. Bronsdolken och hus I vid Önsvala. Samtliga av dessa långhus är ^{14}C-daterade till århundradet strax före och/ eller efter Kristi födelse (Persson 1998:63ff; Larsson 1995:51f; Wallin 1996).

Även hus I innehåller äldre typologiska drag. T.ex. är bock-bredden något större, 2–3 meter i hus I jämfört med 1,5–2,2 meter i hus II. Vad som dock talar för att hus I faktiskt utgör den yngsta

Punkt 9

Anl.nr	^{14}C år BP	Anl.typ	Material	Kalenderår 2 sigma	Kalenderår 1 sigma	Arkeologisk period (jfr 2 sigma)
A4618	1795±55	stolphål; hus I	träkol	AD 120 - 390 (92.8%)	AD 130 - 260 (54.8%)	sen ä/y romersk järnålder
A479	1815±60	stolphål; hus III	träkol	AD 70 - 390 (95.4%)	AD 120 - 260 (61.2%)	ä/y romersk järnålder
A3176	1865±55	stolphål; hus I	träkol	AD 20 - 260 (92.5%)	AD 80 - 230 (68.2%)	ä/y romersk järnålder
A7233	1910±60	härd; hus IV*	träkol	50 BC - AD 250 (95.4%)	AD 20 - 140 (54.5%)	sen förromersk- ä/y romersk järnålder
A4754	1930±60	stolphål; hus II	träkol	50 BC - AD 240 (95.4%)	AD - 140 (66.7%)	sen förromersk- ä/y romersk järnålder
A8352	2005±55	stolphål; hus V	träkol	170 BC - AD 90 (91.9%)	60 BC - AD 70 (66.5%)	sen förromersk-ä romersk järnålder
A2960	2030±55	stolphål; hus I	träkol	180 BC - AD 90 (95.4%)	110 BC - AD 30 (63.8%)	sen förromersk- ti ä romersk järnålder
A7220	2035±60	stolphål; hus IV*	träkol	200 BC - AD 90 (95.4%)	120 BC - AD 30 (63.0%)	sen förromersk- ti ä romersk järnålder
	**1973±42*	*hus IV*	*träkol*	*60 BC - AD 130 (95.4%)*	*AD - 80 (58.8%)*	*sen förromersk- ä romersk järnålder*

Samtliga ^{14}C-dateringar från den mellersta boplatsen (punkt 9) vid Böljenamosse.

Compilation of ^{14}C-datings from the central settlement (no. 9) at Böljenamosse.

byggnaden är husets svagt konvexa konstruktion i kombination med en oregelbunden placering av de takbärande stolp-paren i östra delen. En speciell byggnadsdetalj hos hus I är den dubbla stolpsättningen i vägglinjen. En liknande väggkonstruktion möter man hos andra långhus i sydvästra Skåne. Det stora långhuset på punkt 8 vid Böljenamosse är således påfallande likt hus I. Även hus 4 vid Kvärlöv SU 12, undersökt i samband med Västkustbane-projektet, uppvisar en snarlik väggkonstruktion (Thörn Pihl 2000:16f). Hus I på punkt 8 kan på grundval av koldateringar, med stor sannolikhet placeras i första århundradet strax före och efter Kristi födelse, medan Kvärlövshuset p.g.a. en alltför stor spridning i ^{14}C-värderna, inte kan dateras närmare än inom sen förromersk – äldre romersk järnålder. Ytterligare en omständighet som stöder hypotesen att hus I utgör den yngsta av byggnaderna är fyndet av ett fragmentariskt hankkärl från övergången äldre och yngre romersk järnålder. Kärlet, som med stor sannolikhet utgör en medveten deposition, hittades i ett stolphål (A4868) strax intill och nordost om en av takbärarna mitt i huset (se s. 544). En skärva som troligen hör till samma kärl hittades även i stolphålet till den takbärande stolpen (A4855).

För att sammanfatta diskussionen innebär detta att hus II bör ses som huvudbyggnaden i den äldsta gårdsfasen som anläggs någon gång under första århundradet före Kristi födelse (se s. 523). Till denna gård hör troligen även det lilla rektangulära stolpbyggda huset (hus IV) norr om långhuset. Byggnaden är 8x4,5 meter stor med närmast raka långväggar och gavlar med enkel stolpsättning. Huset har två inre stolp-par som är placerade på ömse sidor om en centralt placerad härd, samt två motställda ingångar nära den östra gaveln. Husets storlek i kombination med härden talar för någon form av ekonomifunktion, kanske som smedja. Några rester av slagg har dock inte påträffats i anslutning till byggnaden. För en samtidighet med hus II talar husens likartade orientering i öst-väst.

Dateringen får även stöd i två koldateringar (varav en från härden) som med en kombinerad kalibrering placerar huset mellan 60 BC och AD 130 (se föregående sida). En mycket snarlik byggnad, dock utan härd, undersöktes vid Saxtorp SU 8 i samband med utbyggnaden av Västkustbanan. Detta hus är inte daterat, men ligger tillsammans med långhusbebyggelse från romersk järnålder/folkvandringstid (Artursson 1999b:29).

Någon gång under äldre romersk järnålder, förmodligen senare delen av första århundradet efter Kristi födelse, rivs gårdens huvudbyggnad (hus II) och ersätts med en nytt långhus av samma storlek (hus I) (se s. 523; jfr s. 544). Det är osäkert hur länge den lilla eldstadsförsedda ekonomibyggnaden stått kvar på platsen. Eventuellt ersätts huset med en ny ekonomibyggnad representerad av hus III, som ligger omedelbart sydväst om hus I. För en samtidighet mellan dessa byggnader talar främst den speciella väggkonstruktionen med dubbla väggstolpar. En trolig samtidighet får även stöd av ett ^{14}C-prov från hus III som ligger i intervallet 70–AD 390 (se föregående sida). Det bör dock noteras att tolkningen av husets funktion är osäker, eftersom endast den sydvästra delen av huset undersöktes. Det kan således röra sig om ett mindre uthus som ersätter hus IV från föregående fas, eller om ett större byggnad.

Till gården hör möjligen även det mindre långhuset i undersökningsområdets sydvästra hörn. Hus VII är cirka 16x5 meter stort, med fem regelmässigt placerade stolp-par, glest stolpbyggda långväggar samt en ingång i södra långsidan. Husets konstruktion talar för en allmän datering till romersk järnålder. Dess orientering sammanfaller närmast med hus I och kan därför ha utgjort en ekonomibyggnad i gården under dess andra fas. Till fas 3 hör troligen även det stora gropsystemet (A723) sydväst om hus I och II, innehållande bland annat en mynningsskärva från övergången äldre/yngre romersk järnålder.

Det är något oklart hur det fortsatta händelseförloppet på platsen ska tolkas. Förutom de huslämningar som redan har diskuterats, finns rester efter ytterligare två treskeppiga långhus (hus V och VIII). Hus V, som är det bäst bevarade, ligger nordväst om hus IV. Huset är svagt konvext, omkring 24x5,5 meter stort (Ö–V), och bestående av fem relativt jämnt placerade stolp-par med en bredd av 1,9–2,2 meter. Husets långväggar och gavlar är ofullständigt bevarade, men har troligen bestått av glest satta stolpar med flätverk. Ingångarnas antal och placering har inte kunnat identifieras. Från hus V föreligger en koldatering från ett takbärande stolphål mitt i huset. Denna visar på ett dateringsintervall mellan 170 BC och AD 90 (se föregående sida). Dateringen förefaller dock något tidig, sett i förhållande till husets typologiska drag, varför den sannolikt härrör från äldre inblandat kol. Ser man istället till husets konstruktion, uppvisar denna stora likheter med hus 2 och 6 på Stångbyboplatsen, samt hus 4 vid Rya, vilka samtliga har ^{14}C-daterats till yngre romersk järnålder/folkvandringstid (Artursson 1998:26f; Artursson 2000:60f och 67f). Om hus V tillhör yngre romersk järnålder, skulle detta hus hypotetiskt sett kunna utgöra huvudbyggnaden i en tredje gårdsfas på platsen.

Till sen romersk järnålder hör förmodligen även det ofullständiga långhuset i områdets södra del. Hus VIII är kraftigt skadat varför tolkningen av husets konstruktion är osäker. Mycket talar dock för att det treskeppiga långhuset varit omkring 18–19x5,5 meter stort (NÖ–SV), med minst fem bockar i den takbärande konstruktionen. Avståndet inom bockarna varierar mellan 1,8 och 2,0 meter, vilket antyder en datering till senare delen av äldre järnålder. En sen datering får indirekt även stöd av husets dåliga bevarandesituation och avvikande orientering i förhållande till övriga huslämningar. Vidare ligger hus VIII så pass nära de två stora långhusen I och II, att byggnaden omöjligen kan vara samtida med något av dessa hus. Hus VIII skulle därför kunna representera den sista bebyggelsen på platsen, som förmodligen överges i början av folkvandringstid.

Flera gårdar på rad

Den nordligaste av de undersökta platserna (punkt 10) ligger på en svag höjdplatå och sydsluttning, cirka 280 meter norr om punkt 9 och 400 meter nordnordost om Böljenamosse. Det grävda området är 30–50 meter brett och 190 meter långt, vilket svarar mot en yta av 8000 m^2. Totalt påträffades 582 anläggningar, varav 496 stolphål, 38 gropar, 8 härdar, 14 härdgropar samt 26 kulturlagerrester. Bebyggelsen på platsen omfattar nio eller tio huslämningar, varav åtta långhus (Hus I-VIII), ett fyrstolpshus (hus IX) samt ett möjligt cirkulärt hus med anslutande hägnad (struktur 10). De flesta hus och övriga anläggningar ligger i områdets mellersta och norra del, däribland ett större gropsystem (A4992) och möjlig brunn/vattenhål (A6556) (se nästa sida).

Bosättningens datering grundas, liksom de föregående, huvudsakligen på en sammanvägning av ^{14}C-värden och hustypologiska särdrag och keramikdatering. Husen är dock betydligt mer skadade än på punkt 8 och 9, troligen som en följd av boplatsens högre läge i terrängen. Detta förhållande minskar förutsättningarna för hustypologiska jämförelser. Totalt föreligger åtta koldateringar från boplatsen. Proverna, som i samtliga fall är tagna på material från takbärare, spänner mellan 200 BC och AD 420, d.v.s. sen förromersk järnålder och fram i tidig folkvandringstid (se s. 532). Koldateringar föreligger dock endast från fyra hus (hus I, II och VI/VII), varför övriga byggnader måste dateras enbart utifrån typologiska drag. Till den kronologiska diskussionen bidrar även keramiken från platsen. Materialet härrör både från gropar (t.ex. A383, A1615, A4992, A5691 och A6556) och från stolphål i något fall även från takbärare i hus (A 3814, A6475 (hus III) och A7288). Martens genomgång visar att keramiken till sin kronologiska sammansättning är homogen, med en entydig datering till slutet av äldre och början av yngre romersk järnålder (B2b-C1). Detta visar, enligt Martens, att bosättningen sannolikt varit relativt kortlivad samt inte äldre än 100 e. Kr. (a.a. 1999). Keramikdateringen stämmer bra med de radiometriska värdena, som dock pekar på en något vidare datering av bebyggelsen, från århundradena kring Kristi födelse till övergången yngre romersk järnålder/folkvandringstid.

Det finns ingenting i det arkeologiska materialet från punkt 10 som tyder på att platsen utnyttjats för bosättningar under bronsålder och tidig förromersk järnålder. Först vid tiden omkring Kristi födelse tas denna något högre del av åsen i bruk för en bebyggelse av mer samlad karaktär. Brister i dateringsunderlagen från de enskilda husen bidrar tyvärr till en viss osäkerhet vad gäller tolkningen av gårdarnas antal och ålder. Mycket talar dock för att det under loppet av äldre romersk järnålder anlagts tre relativt jämnstora gårdar inom det undersökta området (jfr gårdarna 3, 4

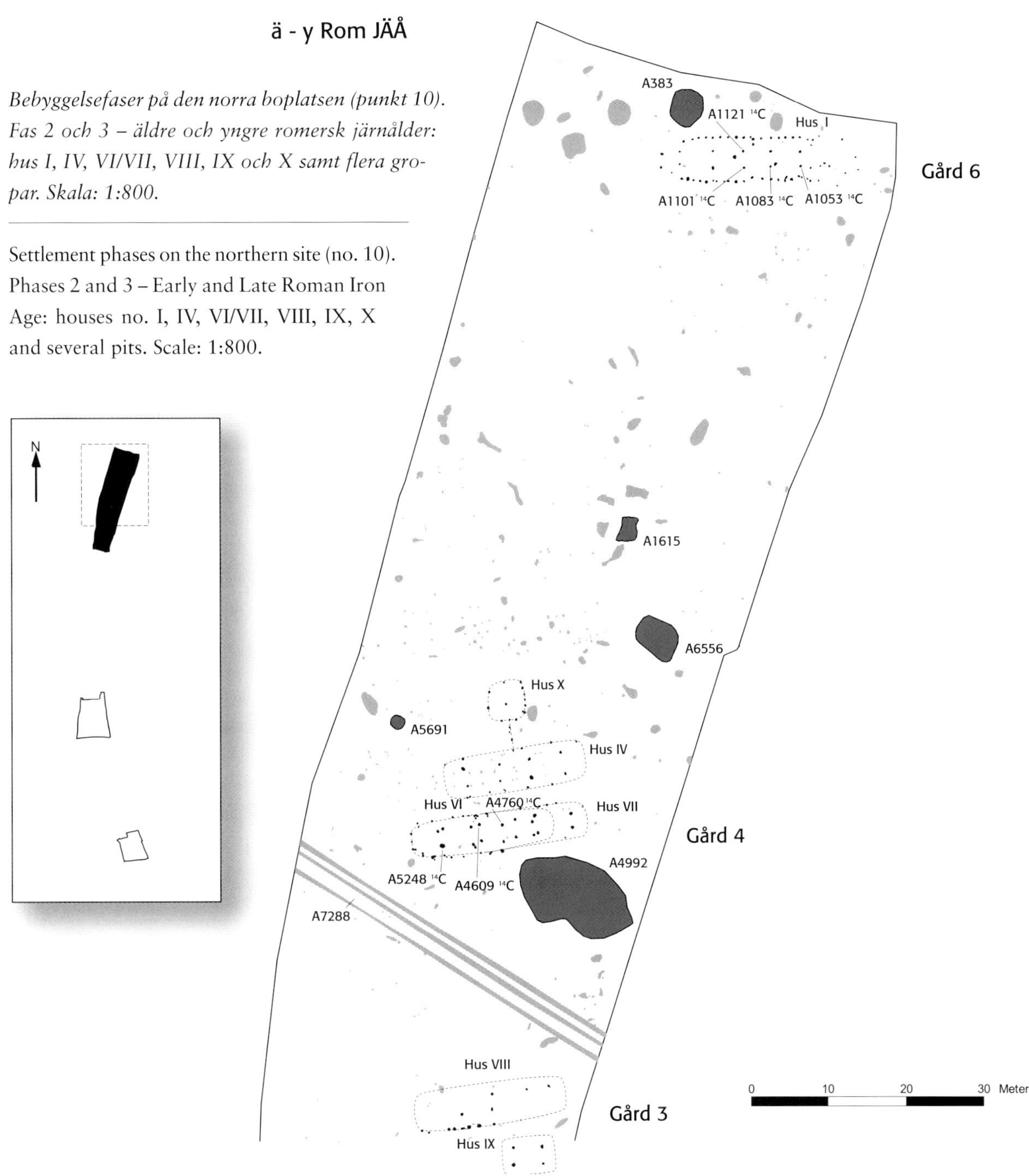

Bebyggelsefaser på den norra boplatsen (punkt 10). Fas 2 och 3 – äldre och yngre romersk järnålder: hus I, IV, VI/VII, VIII, IX och X samt flera gropar. Skala: 1:800.

Settlement phases on the northern site (no. 10). Phases 2 and 3 – Early and Late Roman Iron Age: houses no. I, IV, VI/VII, VIII, IX, X and several pits. Scale: 1:800.

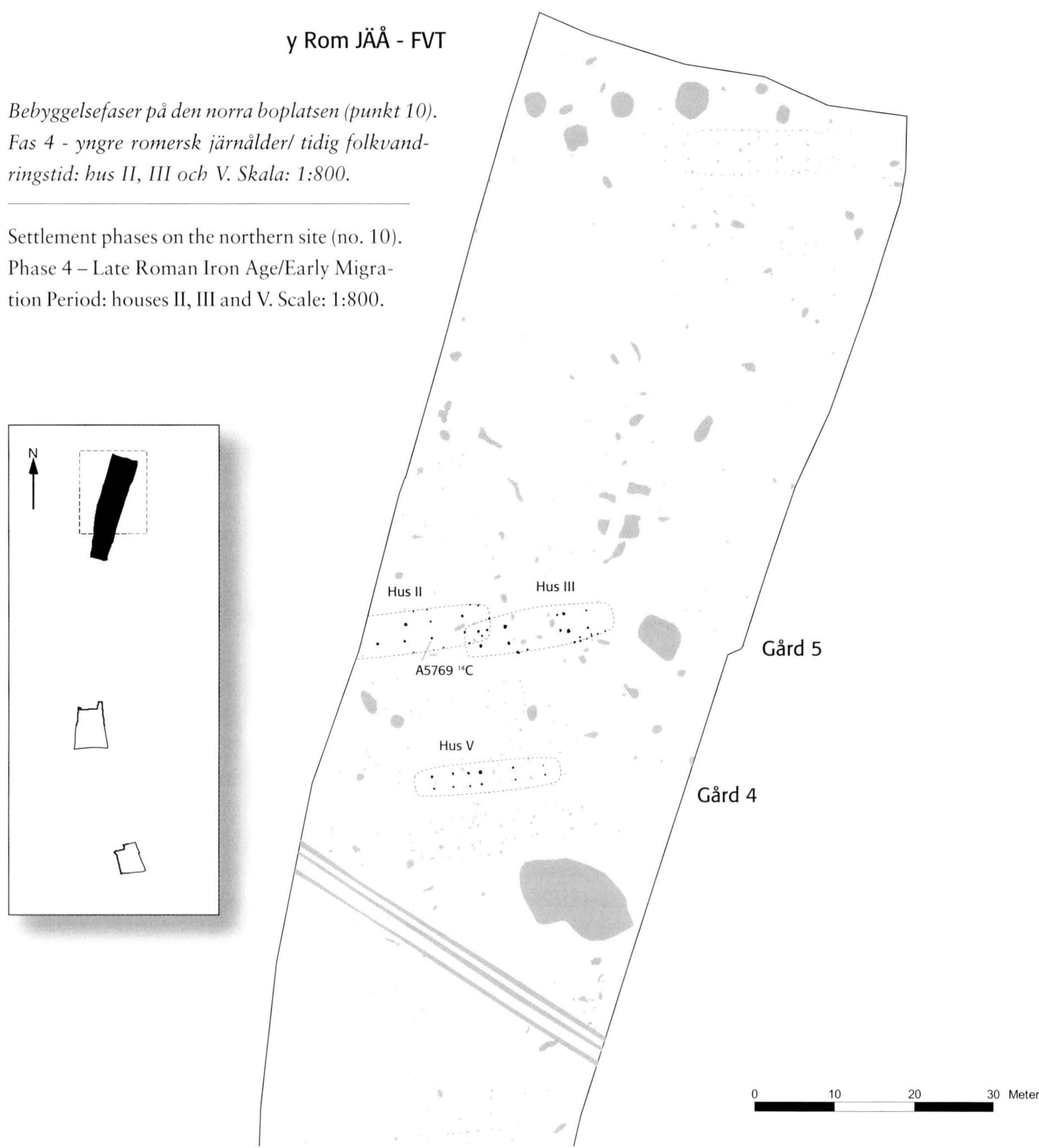

Bebyggelsefaser på den norra boplatsen (punkt 10). Fas 4 - yngre romersk järnålder/ tidig folkvandringstid: hus II, III och V. Skala: 1:800.

Settlement phases on the northern site (no. 10). Phase 4 – Late Roman Iron Age/Early Migration Period: houses II, III and V. Scale: 1:800.

och 6). Det äldsta gårdsläget (jfr gård 4) hittar vi i områdets mitt. Gården representeras av hus VI/VII, ett mellanstort långhus, cirka 20–22 meter långt och fem meter brett. Spåren efter den takbärande konstruktionen visar att långhuset någon gång under sin livstid genomgått en omfattande ombyggnad. Antalet bockar har därvid ändrats från fyra till fem stycken eller möjligen tvärtom. Av långhusets vägglinjer återstår endast den västra gaveln tillsammans med delar av långväggarna i västra änden. Färgningar efter stolparna visar att huset haft närmast raka väggar och rundad västgavel med en antydan till dubbel stolpsättning, d.v.s. samma typ av väggkonstruktion som konstaterats hos hus I på punkt 8 respektive 9. Ombyggnaden av huset kan inte följas i själva vägglinjen. Det går därför inte att säga till vilken byggnadsfas denna hör. Vad gäller husets ålder faller tre daterade kolprover från takbärare tillhörande husets båda byggnadsfaser inom intervallet AD 20–250 (kal. 2 sigma). En sådan datering passar väl med husets konstruktion.

Till gård 4 har möjligen även hört ett mindre långhus (hus IV) samt en närmast rund stolpkonstruktion (struktur X) strax norr därom. Denna tolkning är dock mycket osäker eftersom dateringsunderlaget brister från båda byggnaderna. De bägge husen kan därför också tillhöra en senare fas av gården. Långhuset i fråga var tämligen skadat, men har troligen varit minst 16x5 meter stort med fyra jämnt placerade stolp-par och en bock-bredd på mellan 2,2 och 2,7 meter. Stolpspåren efter den runda konstruktionen var bättre bevarade. Dessa visar att vi har att göra med en närmast cirkelformad konstruktion, cirka 5 meter i diameter och med öppna sidor åt norr och väster. Några paralleller till strukturen, som är odaterad, har inte hittats i litteraturen. Troligen rör det sig dock om någon form av enklare uthus eller skjul. En kort hägnad sammanbinder det runda huset med hus IV eller möjligen med hus V – ett yngre långhus som delvis överlappar hus IV (jfr nedan). Den runda byggnaden är därför rimligen samtida med något av dessa hus.

Under äldre romersk och tidig yngre romersk järnålder har det sannolikt funnits minst ytterligare två gårdar inom det undersökta området. Den ena gården (nr 6), representerad av hus I, påträffades cirka 80 meter norr om hus VI/VII strax invid den norra schaktkanten. Spåren efter långhuset i fråga var synnerligen välbevarade med i stort sett intakta vägglinjer. Hus I har varit omkring 24x5,5 meter stort och med en takbärande konstruktion bestående av fem regelmässigt placerade bockar. Långväggarna som varit svagt konvexa avtecknade sig i form av glest ställda stolpar med två motställda ingångar något öster om mittpartiet. Inga arkeologiska fynd har kunnat knytas till byggnaden. Däremot föreligger fyra kolprover – samtliga från takbärare – som 2 sigma placerar huset mellan AD 20–230 (se s. 532). En sådan datering stämmer väl med husets typologiska drag, som uppvisar stora likheter med hus II på punkt 8, samt med hus 26 på boplats II och hus 67 på boplats V i Fosie IV (Björhem och Säfvestad 1993:199f, 239f). Avsaknaden av spår efter utbytta stolpar tyder dock på att huset endast existerat en kortare tid – troligen någon generation. Det är främst det något större avståndet till övriga hus inom område 10 som talar för att hus I bör uppfattas som en självständig gårdsenhet. Några spår av tillhörande ekonomibyggnader dokumenterades inte vid undersökningen. Huset ligger dock mycket nära den norra schaktkanten, som i sin tur gränsar till ett intilliggande järnvägsspår, varför ytterligare huslämningar kan ha funnits utanför den grävda ytan.

Den tredje gården inom område 10 som troligen tillhör fas 2/3 återfinns i områdets södra del

Punkt 10

Anl.nr	^{14}C år BP	Anl.typ	Material	Kalenderår 2 sigma	Kalenderår 1 sigma	Arkeologisk period (jfr 2 sigma)
A5769	1770±70	stolphål; hus II	träkol	AD 120 - 420 (93.2%)	AD 210 - 350 (52.2%)	ä/y romersk järnålder-ti folkvandringstid
A4609	1835±80	stolphål; hus VI	träkol	AD 20 - 390 (95.4%)	AD 80 - 260 (63.6%)	ä/y romersk järnålder
A1121	1840±85	stolphål; hus I*	träkol	AD - 390 (95.4%)	AD 70 - 260 (63.6%)	ä/y romersk järnålder
A1101	1850±70	stolphål; hus I*	träkol	AD - 350 (95.4%)	AD 80 - 250 (68.2%)	ä/y romersk järnålder
A1053	1910±65	stolphål; hus I*	träkol	50 BC - AD 250 (95.4%)	AD 20 - 140 (53.4%)	sen förromersk-ä/y romersk järnålder
A4760	1910±85	stolphål; hus VII	träkol	110 BC - AD 340 (95.4%)	AD - 220 (68.2%)	sen förromersk-ä/y romersk järnålder
A5268	1930±85	stolphål; hus VI	träkol	120 BC - AD 260 (92.4%)	40 BC - AD 140 (57.3%)	sen förromersk-ä/y romersk järnålder
A1083	1995±70	stolphål; hus I*	träkol	200 BC - AD 140 (95.4%)	60 BC - AD 90 (61.4%)	förromersk-ä romersk järnålder
	**1905±36*	*hus I*	*träkol*	*AD 20 - 230 (95.4%)*	*AD 55 - 135 (65.5%)*	*ä/y romersk järnålder*

Samtliga ^{14}C-dateringar från den norra boplatsen (punkt 10) vid Böljenamosse.

Compilation of ^{14}C-datings from the northern settlement (no. 10) at Böljenamosse.

cirka 25 meter söder om hus VI/VII. Gård 3 har bestått av två byggnader, dels ett kraftigt skadat långhus (Hus VIII) som utifrån den takbärande konstruktionen bör ha varit omkring 18 meter stort, och dels ett fyrstolpshus (Hus IX) med rektangulär grundplan. De båda husen saknar – liksom långhuset i gård 6 – spår av ombyggnader, varför även denna gård troligen har funnits under en kort period.

Det är svårt att bedöma hur länge de enskilda gårdarna funnits kvar på platsen. Förekomsten eller avsaknaden av reparationer eller ombyggnader tyder dock på att gård 3 och 6 endast stått en kortare tid, medan gård 4 verkar ha byggts om flera gånger. Det yngsta skedet hos denna gård representeras troligen av hus V, beläget strax norr om hus VI/VII. Hus V är kraftigt skadat med i stort sett endast färgningarna efter de takbärande stolparna bevarade. Av de sex bockar som kan urskiljas, bör huset ha varit minst 20 meter långt. Det är främst den smala bock-bredden på 1,1–1,6 meter liksom bockarnas asymmetriska placering, som talar för en yngre datering. På boplats VI i Fosie har ett cirka 25 meter stort långhus (hus 89) med sju bockar och liknande bock-bredd ^{14}C-daterats till AD 120–330 (Björhem och Säfvestad 1993: 255f). Även det femtio meter stora långhuset (I) på boplatsen vid Hjärup har en smal bock-bredd, varierande mellan 1,8 och 2,0 meter. Detta hus är radiometriskt daterat till sen folkvandringstid och vendeltid (1465+/-28 BP; AD 540–650) (Runcis 1998:17ff; jfr Carlie denna volym).

Det är osäkert om ytterligare byggnader tillhört gård 4 i dess yngsta fas. Möjligen skulle något av de två långhus (Hus II och III) som legat mellan 12 och 15 meter norr om hus V ha tillhört denna gård. En annan och mer trolig tolkning är dock att dessa långhus representerar två olika faser av ytterligare en gård (nr 5) på platsen. Spåren efter hus II och III är mycket fragmentariska, med i stort sett endast färgningarna efter den takbärande konstruktionen bevarade. Med reservation för att den västra gaveln av hus II fortsätter utanför undersökningsområdet, så har bägge husen varit omkring 16–18 meter långa och cirka 5 meter breda med en inre konstruktion bestående av fyra takbärande bockar. Bockarnas bredd har i hus II varit cirka 2 meter och i hus III mellan 1,8 och 2,2 meter. En intressant detalj hos hus III är stolpparens asymmetriska placering, med två par i vardera ändan och ett betydligt längre – omkring 7 meter långt – spann i mitten. Husets konstruktion passar i detta avseende väl in i den experimentanda vad gäller tekniska lösningar i den takbärande konstruktionen som kännetecknar perioden yngre romersk järnålder och folkvandringstid (Artursson manus). Även fyndet av en keramikskärva tillhörande en romartida hankförsedd bägare med skuldra och markerad hals från en av husets takbärare passar väl in detta tidssammanhang (Martens 1999). Den takbärande konstruktionen i hus II har haft en mer regelbunden placering. Även här talar husets relativt smala bock-bredd för en tidsbestämning till yngre romersk järnålder. En sådan datering har för övrigt också stöd i en koldatering från en av takbärarna, som faller inom perioden AD 120–420 (se tabell föregående sida).

Sammanfattningsvis representeras den yngsta bebyggelsen inom området av de tre långhusen II, III och V. Som framgått av diskussionen ovan är det osäkert huruvida byggnaderna tillhört en större eller två mindre gårdar. I brist på bättre daterande underlag är båda scenarierna fullt möjliga. Oavsett vilken tolkning som är den rätta, kan vi slå fast att två eller tre av dessa långhus utgjorde den sista bebyggelsen på platsen, innan denna övergavs i början av folkvandringstid.

Bebyggelseutveckling och organisation – ett tolkningsförslag

Resultaten från Böljenamosse ansluter i flera avseenden till den rådande bilden av den äldre järnålderns bebyggelse i Sydsverige och östra Danmark, som bl.a. karakteriseras av stora välbyggda långhus och en bebyggelsestruktur i form av glest liggande gårdar som ibland även bildar agglomerationer (jfr Björhem och Säfvestad 1993; Tesch 1993; Fonnesbech-Sandberg 1992; Stummann Hansen 1992; Tornbjerg 1992; Carlie 1999). En av de främsta kvaliteterna hos materialet är de oerhört välbevarade huskonstruktionerna, som bidrar till att nyansera bilden av den äldre järnålderns byggnadstraditioner både lokalt och regionalt. En annan kvalitet består i de relativt goda dateringsunderlagen, som gjort det möjligt att mer i detalj diskutera förändringar i gårdsstrukturer och bebyggelsemönster på de undersökta platserna. En svaghet i detta sammanhang är att undersökningarna endast berör ett smalt landskapsutsnitt, vilket gör att vi inte kan uttala oss om bebyggelsens totala omfattning. Då samtliga tre platser ligger på ett större höjdstråk med öst-västlig orientering, är det mycket troligt att vi bara fångat en mindre del av ett större bebyggelsekomplex. Åtminstone visar erfarenheter från andra liknande miljöer att en sådan bebyggelsebild kan förväntas (jfr t.ex. Fosie och Bellingegård) (Björhem & Säfvestad 1993:357; Tornbjerg 1989: 22ff).

Den omgivande topografin vid Böljenamosse har för de två södra platserna (punkt 8 och 9) sannolikt inneburit vissa begränsningar i rummet, således att ytterligare bebyggelse på dessa platser endast kan ha funnits längre åt öster. På den norra platsen (punkt 10) finns däremot inga naturliga hinder i terrängen. I den mån det existerat fler gårdar kan spår efter dessa således finnas såväl öster som väster om den undersökta ytan. Med förbehåll för dessa källkritiska aspekter på bebyggelsens rumsliga utbredning, utgör materialen från Böljenamosse likväl ett viktigt bidrag till diskussionen kring lokala och regionala särdrag i den äldre järnålderns bebyggelseformer och bebyggelseorganisation i det sydvästskånska slättlandet.

Som framgått av den inledande boplatsanalysen är bronsålderns och den äldsta järnålderns bebyggelse sparsamt företrädd i materialet (jfr fas 1). Medan lämningar från äldre bronsålder och tidig förromersk järnålder helt saknas, är den yngre bronsåldern representerad med ett långhus på punkt 9 samt flera gropar med lågtemperaturugnar på punkt 8. Ser man till det omgivande landskapet mellan Kävlingeån och Böljenamosse är detta mycket rikt på gravhögar, varav flertalet troligen tillhör bronsåldern. Ett av de större högstråken i området ligger på en flack men markerad höjdrygg väster om punkt 10. Ytterligare spår efter bronsåldersbosättningar av varierande storlek och karaktär bör därför finnas i närområdet (se s. 535).

Av materialens sammansättning att döma inleds en mer varaktig bebyggelse vid Böljenamosse först under sen förromersk järnålder och äldre romersk järnålder (fas 2). De två äldsta gårdslägena (gård 1 och 2) återfinns längst i söder strax öster om mossen. Under äldre romersk järnålder intensifieras bebyggelsen i området, då ytterligare två eller eventuellt tre gårdar (gård 3?, 4 och 6) etableras tre- respektive fyrahundra meter längre norrut. Samtliga gårdar har troligen existerat under större delen av äldre romersk järnålder samt en bit in i yngre romersk tid (fas 3). Byggnaderna på gård 1, 2 och 4 byts under denna tid ut med nya långhus och uthus. I början av yngre romersk järnålder (fas 4) överges eller flyttar den norra respektive södra gården från platsen (gård 1 och 6).

Förslag till tolkning av bebyggelseutvecklingen på de tre undersökta platserna vid Böljenamosse. Trots den rika förekomsten av bronsåldershögar i närområdet är spåren efter bebyggelse från bronsålder och tidig förromersk järnålder (fas 1) mycket sporadiska på de tre platserna. Först under sen förromersk och äldre romersk järnålder (fas 2) intensifieras bosättningarna i området, då flera stora gårdar anläggs. Bebyggelsen förefaller att nå sin kulmen redan under äldre och tidig yngre romersk järnålder (fas 3), varefter antalet gårdar åter minskar för att helt försvinna i början av folkvandringstid (fas 4).

Interpretation of the settlement development on the three sites excavated at Böljenamosse. In spite of the rich occurrences of Bronze Age barrows in the neighbouring area, traces of settlements from the Bronze Age and Early Pre-Roman Period (phase 1) are very few. Not until the Late Pre-Roman and Early Roman Period (phase 2) were settlements intensified in the local district, as several big farmsteads were built. The settlements seem to reach their peak already in the Early Roman Period (phase 3), whereas the number of farms gradually decreases to disappear completely at the beginning of the Migration Period (phase 4).

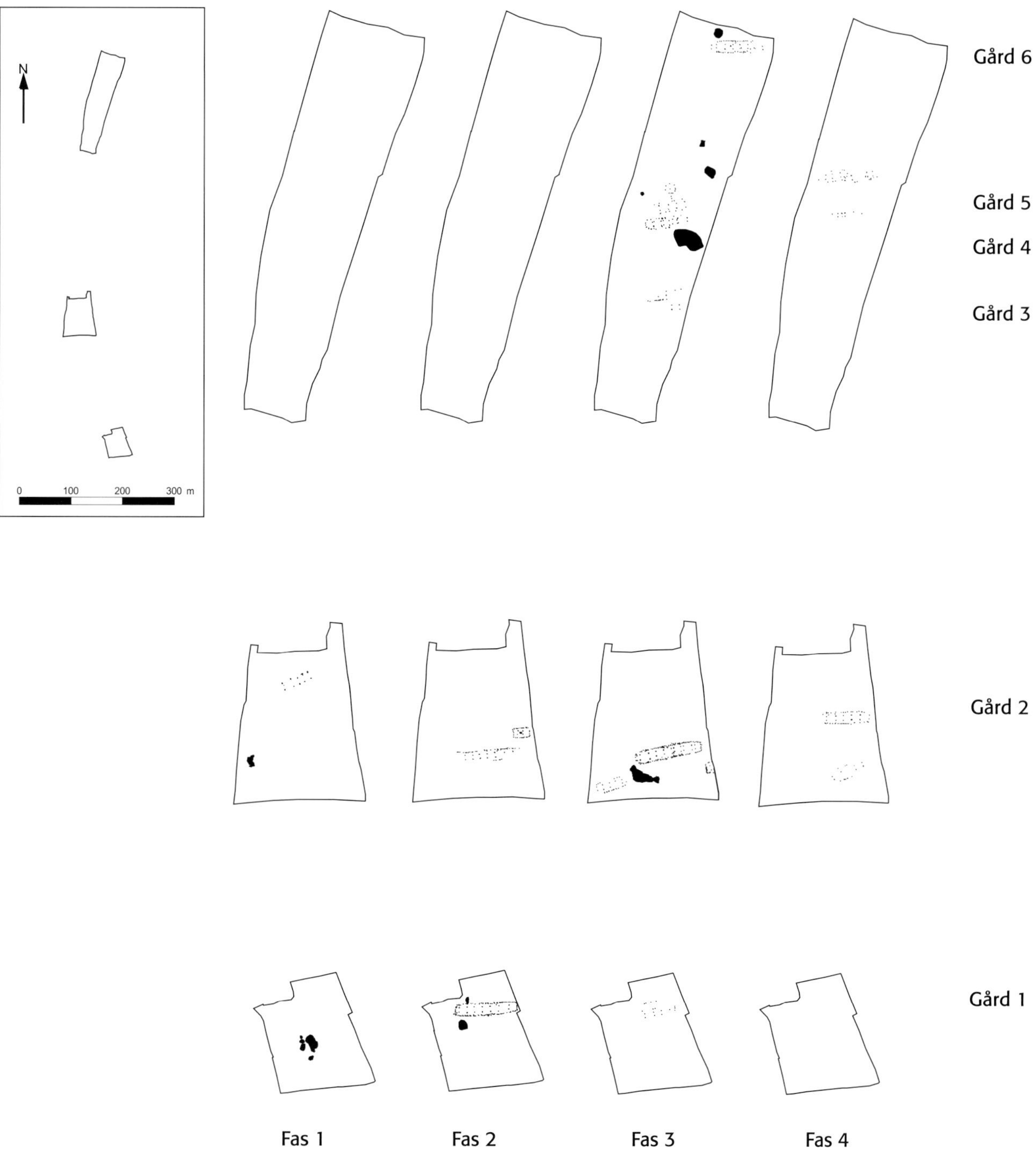
N
0
100
200
300 m
Gård 6
Gård 5
Gård 4
Gård 3
Gård 2
Gård 1
Fas 1
Fas 2
Fas 3
Fas 4

Bebyggelsen på gård 2 och 4 fortsätter däremot ännu en tid, varvid ytterligare ombyggnader och nybyggnationer genomförs, samtidigt som ännu ett gårdsläge möjligen etableras (gård 5). Först någon gång under folkvandringstid flyttar även dessa två eller tre gårdar från platsen.

Från yngre järnålder och tidig medeltid finns inga spår av bebyggelse på någon av de fem eller sex gårdslägena. De historiskt kända byarna i området, representerade av Lackalänga, Hoby, Stångby, Vallkärra, Norra Nöbbelöv, Fjelie, Flädie och Stävie, hittar vi istället i en närmast cirkelformad krets, mellan två och fem kilometer därifrån. Av dessa bebyggelser ligger Lackalänga bytomt närmast – knappt två kilometer norr om Böljenamosse. Äldre kartmaterial över området visar att den äldre järnålderns bebyggelselägen ligger dels i utkanten av de södra vångarna till Lackalänga by, dels på den samfällda fäladsmarken – d.v.s. gemensamma betesmarken – mellan byarna Fjelie, Lackalänga, Laxmans Åkarp, Stångby, Stävie och Vallkärra (Erikson 1996:108f). I kontrast till den historiska bebyggelsen, som före jordbruksskiftena låg samlade i oregelbundna klungbyar, framträder den äldre järnålderns bebyggelse vid Böljenamosse, med en organisation bestående av glest liggande gårdar. Flera av de undersökta gårdslägena uppvisar en betydande platskontinuitet, med upp till två, tre eller rent av fyra bebyggelseskeden på samma plats, under loppet av tre eventuellt fyrahundra år. Detta vittnar om en betydande stabilitet inte bara i gårdarnas ekonomiska bas, utan troligen också i den sociala interaktionen och samverkan gårdarna emellan.

Centralt eller perifert – lokala aspekter på järnålderns bebyggelsemönster

Vad berättar då de undersökta gårdarna vid Böljenamosse om den tidens samhällen och människor? Vilka var de sociala grupper som byggde, levde och arbetade på dessa gårdar? Handlar det om socialt och ekonomiskt likställda eller jämbördiga familjer eller finns det tecken i de arkeologiska materialen som tyder på någon form av ekonomisk och social differentiering mellan de enskilda gårdarna? Innan jag går närmare in på dessa frågor måste emellertid bosättningarnas tidsmässiga avgränsning först kommenteras. Som nämnts i det föregående härrör nästan samtliga bebyggelsespår från perioden sen förromersk järnålder till början av folkvandringstid. En central fråga i detta sammanhang är varför det saknas spår efter såväl äldre som yngre bebyggelse på samtliga tre platser? Ska vi uppfatta den sena äldre järnålderns bebyggelse i området som ett uttryck för en agrar expansion eller nyodling i förhållande till äldre och mer centrala bebyggelselägen? Eller rör det sig endast om fortsättningen på en äldre bosättningstradition karakteriserad av mobilitet med omlokalisering av gårdslägen? För att få lite perspektiv på dessa frågor ska vi se närmare på ett urval av fornlämningar samt några av de samtida boplatser som under senare år undersökts i området.

Vad gäller frågan om kontinuiteten bakåt i tiden kan spridningen av gravhögar ge en viss uppfattning om bronsålderns centralområden i bygden. En sammanställning över högbeståndet mellan

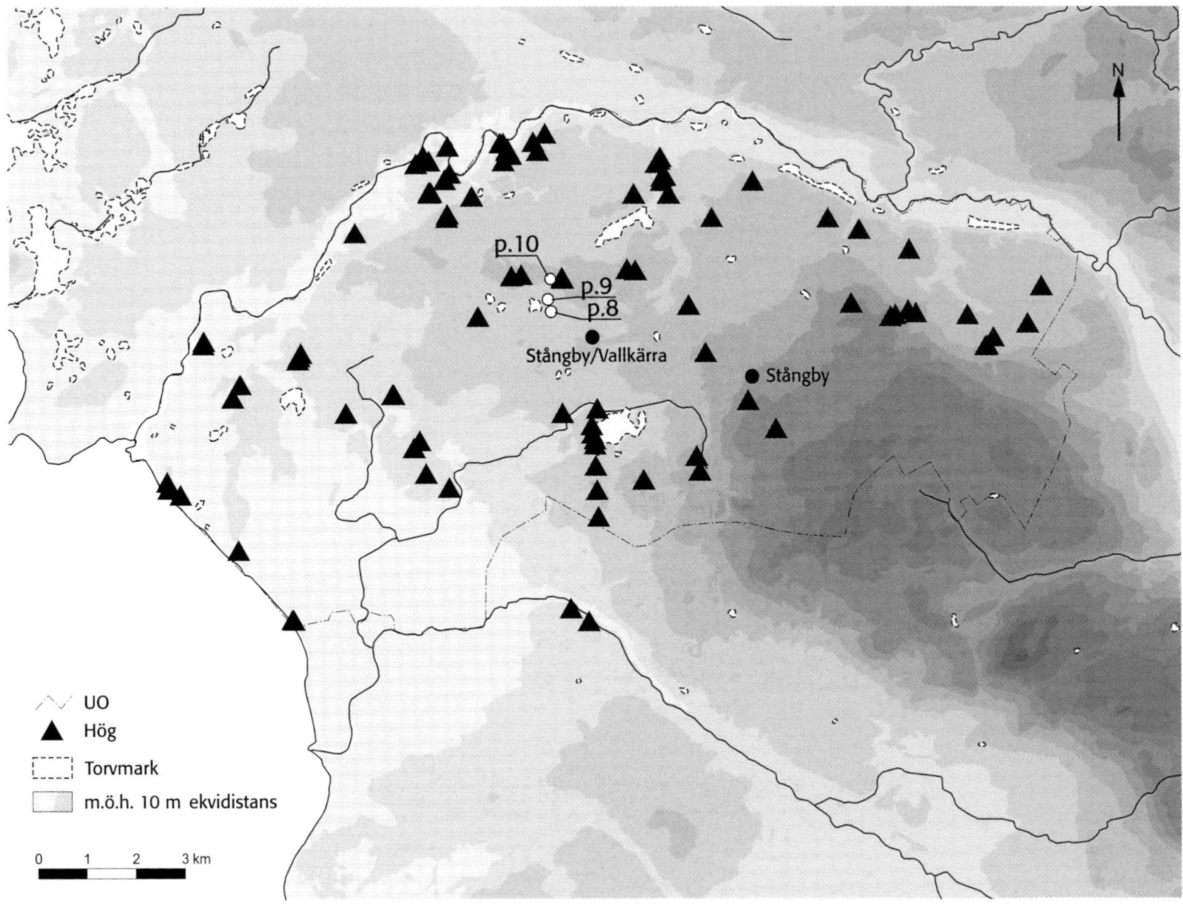

Slättlandet mellan Kävlingeån och Höje å med läget för de järnåldersboplatser som diskuteras i texten markerade. Kartan visar även den rumsliga spridningen av bronsåldershögar i området.

The plain between the Kävlinge and Höje rivers with the locations of Iron Age settlements discussed in the text. The distribution of Bronze Age mounds in the area is also seen on the map.

Kävlingeån och Höje å, svarande mot ett cirka 20x7 kilometer stort område, visar att de flesta gravhögar har ett något neddraget läge i terrängen med exponering antingen ner mot Kävlingeåns dalgång eller ut mot kusten. Ett mindre högstråk beläget på en flack åsrygg med öst-västlig orientering avviker här genom sin centrala placering mitt emellan Kävlingån och Höje å. Det är i anslutning till denna grupp av högar vi finner de tre boplatserna vid Böljenamosse. Även om undersökningarna på punkt 8, 9 och 10 genererat ytterst få bronsålderslämningar, signalerar förekomsten av gravhögar någon form av samtida bebyggelse inom en radie av åtminstone 1 till 1,5 kilometer (jfr Säfvestad 1994:165). Det bör i detta sammanhang nämnas att spår efter tre huslämningar från senneolitikum och äldre bronsålder påträffades på två utav de sammanlagt 11 platser (punkt 4 och 5) som undersöktes inom vägprojektet (Olson m.fl. 1996:14ff och 27ff).

Det finns egentligen inga fasta fornlämningar i området som speglar den äldre järnålderns bebyggelsebild. Vi ska därför istället se närmare på ett urval av samtida boplatser som undersökts i grannskapet. Den närmaste boplatsen ligger cirka en kilometer sydost om Böljenamosse, på gränsen mellan Stångby och Vallkärra socknar. Här undersöktes 1994, i samband med utbyggnaden av Västkustbanan till dubbelspår mellan Lund och Kävlinge, delar av ett större boplatsområde från järnåldern (den s.k. punkt 11) (Ericson manus). Inom en cirka 3000 kvadratmeter stor yta dokumenterades lämningar efter 12 hus. Flera av husen fortsätter utanför det undersökta området vilket försvårar tolkningen av deras storlek och typ. Nästan samtliga lämningar härrör troligen från treskeppiga långhus. En preliminär analys visar på minst fyra olika gårdar med tillhörande ekonomibyggnader inom undersökningsområdet. Vilka av dessa gårdar som existerat parallellt går tyvärr inte att uttala sig om, eftersom daterande underlag i form av fynd och ^{14}C-analyser saknas från platsen. Den takbärande konstruktionen är i samtliga hus underbalanserad med en bock-bredd, som varierar mellan 1,0 och 2,2 meter. Detta förhållande sett i kombination med bockarnas oregelbundna placering, talar dock preliminärt för en kronologisk tyngdpunkt i yngre romersk järnålder och folkvandringstid. Liksom vid Böljenamosse finns på boplatsen vid Stångby/Vallkärra även sporadiska nedslag från yngre bronsålder och förromersk järnålder i form av keramik i gropar. Dessa fynd kan ses som en indikation på att det funnits någon form av samtida bebyggelse i närområdet. Fynd och bebyggelselämningar från yngre järnålder och medeltid saknas däremot helt på platsen (Ericson manus).

Den andra större boplatsen i området ligger strax söder om Stångby stationssamhälle ett par kilometer åt öster. Här undersöktes 1996 inför utbyggnaden av väg 930 ett cirka 10 000 m^2 stort område som berörde de centrala delarna av ett större boplatskomplex med bebyggelselämningar från senneolitikum samt från yngre bronsålder och fram in i vikingatid (ca 2300 f.Kr. – 1000 e.Kr.). Boplatsen låg på en höjd och nordsluttning ner mot ett mindre bäckflöde. Den mest omfattande bebyggelsen dokumenterades från senneolitikum och äldre järnålder, medan övriga perioder var svagare representerade i materialet. Den äldre järnåldersbebyggelsen kan följas inom området från förromersk tid och framåt i form av tre eller fyra gårdslägen. Åtminstone två av dessa uppvisar en längre platskontinuitet; den ena från sen förromersk järnålder till folkvandringstid, medan den andra kan följas från yngre romersk järnålder till vendeltid. Från romersk järnålder och folkvandringstid uppvisar gårdarna en mer varierad sammansättning,

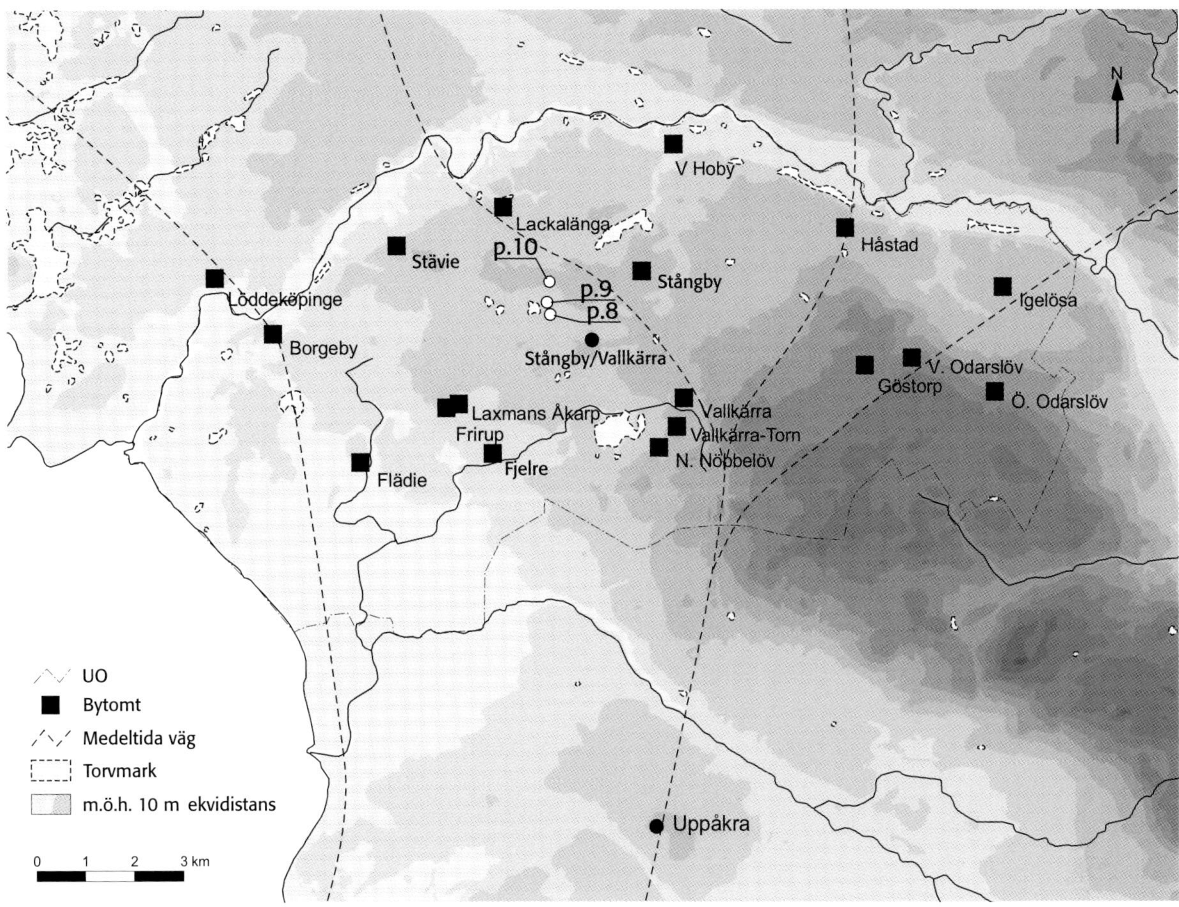

Slättlandet mellan Kävlinge ån och Höje å med läge för de järnåldersboplatser som diskuteras i texten markerade i förhållande till medeltida bytomter i området.

The plain between the Kävlinge and Höje rivers with the locations of Iron Age settlements discussed in the text in relation to medieval villages in the region.

som förutom huvudbyggnaden även omfattat en tillhörande ekonomibyggnad (Artursson 2000).

Stångbyboplatsen skiljer sig från Böljenamosse-platserna och Stångby/Vallkärra främst genom att bosättningar förekommit här mer eller mindre kontinuerligt från senneolitisk tid och fram i vikingatid. En annan intressant skillnad mellan platserna framträder vid granskning av det historiska kartmaterialet för området. Medan boplatserna vid Böljenamosse ligger på de historiska byarnas gemensamma fäladsmark, d.v.s. utmarken (se s. 539), har Stångby-boplatsen en betydligt mer central placering på inägomarken till den historiska byn Vallkärratorn. Även andra järnåldersbosättningar med lång kontinuitet, uppvisar en liknande placering på inägomarken nära den historiska bytomten. Som exempel kan nämnas de mer eller mindre kontinuerliga bosättningsspår från yngre bronsålder och fram i tidig medeltid som dokumenterats i samband med undersökningar på fastigheterna Löddeköpinge 90:1 och 12:28 inom Löddeköpinge bytomt (Svanberg och Söderberg 2000:38ff). Liksom i Stångby karakteriseras både den äldre och yngre järnålderns bebyggelse av en betydande kontinuitet och stabilitet, med flera samtida bebyggelseenheter över tiden. Även den agrara bebyggelsen i Stångby och Löddeköpinge har emellertid varit föremål för mindre förflyttningar eller rörelsemönster, som med Johan Callmers terminologi kan beskrivits som semistatiskt (Callmer 1986:73f). Skillnaden i förhållande till Böljenamosse och Stångby/Vallkärra består istället av att de senare miljöerna representerar en nyetablering av agrara bebyggelseenheter på platser i landskapet som tidigare inte alls eller bara sporadiskt utnyttjats för bosättning. Ytterligare två boplatser från romersk järnålder och folkvandringstid som ansluter till detta mönster undersöktes 1998 vid Saxtorp (SU 8) (Artursson 1999b) och Dösjöbro (SU 19) (Grønnegård 1999) i samband med Västkustbanans utbyggnad mellan Helsingborg och Kävlinge. Boplatserna, vilka båda ligger i anslutning till Saxåns och Välabäckens vattensystem, representerar större bebyggelsekomplex bestående av flera samtida gårdar med kontinuitet genom minst två eller tre olika bebyggelseskeden. Även dessa boplatser saknar i likhet med platserna vid Böljenamosse och Stångby/Vallkärra äldre inslag från bronsålder och förromersk järnålder. Boplatserna utgör istället av allt att döma nyetableringar i landskapet under romersk järnålder, som därefter successivt överges redan under sen folkvandringstid eller tidig vendeltid.

Det är ännu för tidigt att dra några mer vittgående slutsatser kring vad dessa nyetablerade bebyggelser representerar sett utifrån ett agrarhistoriskt, socialt och samhällsorganisatoriskt perspektiv. Förflyttning eller omdisponering av bebyggelse och annan markanvändning i samhällen med en agrar inriktning är som bekant inget nytt fenomen, utan finns rikhaltigt dokumenterat i de arkeologiska källorna från neolitisk tid och framöver. Vad som möjligen skulle kunna tala för att boplatserna vid Böljenamosse, Stångby/Vallkärra, Saxtorp och Dösjöbro faktiskt etablerats till följd av en agrar expansion, är att dessa anlagts på platser i landskapet som endast i liten grad utnyttjats för bosättningar under bronsålder och förromersk järnålder. Platserna skiljer sig därmed markant från bosättningar dokumenterade på inägomarken till historiskt kända bebyggelser, vilka ofta har utnyttjats mer eller mindre kontinuerligt under flera på varandra följande perioder. De historiska byarnas inägomark skulle i detta perspektiv möjligen kunna representera centrala bosättningsområden, med lång kontinuitet i hävden av den bebyggda och odlade marken. På motsvarande sätt kan de områden, vilka så småningom kom att bilda stommen i den bysamfällda utmarken, ha fungerat som en form av buffertzon, som tagits mer intensivt i bruk under perioder med ekonomiskt och befolkningsmässigt uppsving. En liknande modell har diskuterats av Magnus Artursson för området norr om Glumslöv, där arkeologiska undersökningar på den s.k. allmänningen visat på ytmässigt små och kortvariga bebyggelsespår från tidigneolitisk tid och fram i vendeltid, en bild som står i skarp kontrast till fornlämningsbilden i de mer centrala delarna av Glumslövsbygden (Artursson 1999a:68f).

Större gårdar – ökat välstånd?

Resonemanget om vilka organisatoriska processer i samhället som ligger bakom den äldre järnålderns bebyggelsemönster leder i sin tur tillbaka till boplatserna vid Böljenamosse och frågan om vilka grupper i samhället som valde att bygga sina gårdar på marker ett stycke ifrån den centrala bygden. Var det söner och döttrar till fria bönder som p.g.a. stora syskonskaror inte kunde stanna kvar "hemmavid"? Eller ska nyetableringarna förstås utifrån ett betydligt mer subtilt politiskt spel, där fria och välbeställda bönder kanske utnyttjade ofri arbetskraft för att röja mark och etablera nya gårdar som ett sätt att öka sitt välstånd? En intressant omständighet i detta sammanhang är att långhuset ökar betydligt i storlek vid tiden omkring Kristi födelse. Från att tidigare ha haft en normallängd på cirka 20 meter, sker plötsligt en kraftig förlängning av långhusen på vissa gårdar, varav de största och mest manifika uppgått till mellan 40 och 50 meter (Pedersen & Widgren 1998:420f; Artursson manus). Till denna bild ansluter även flera av långhusen vid Böljenamosse, även om storleken här är något mer modest – omkring 30 meter. Vi vet idag inte vilka orsaker som ligger bakom att långhusen på några gårdar plötsligt byggs betydligt mycket större. Förmodligen finns ett samband mellan långhusens större storlek och en koncentration av ekonomiskt och socialt välstånd. Förklaringarna varierar dock till varför behovet av större inomhusutrymmen växlat mellan olika gårdar. Medan vissa forskare betonar ett funktionellt samband mellan ökat välstånd och kravet på större ekonomiutrymmen t.ex. för stallning av djur (se t.ex. Hvass 1988; Pedersen & Widgren 1998:426f; Olausson 1999:45; Göthberg 2000:129ff), menar andra att den ökade storleken även kan spegla behovet av flera rum till följd av att gårdens hushåll blivit större. I det senare fallet har bl.a. introduktionen av trälar – d.v.s. ofri arbetskraft, framhållits som en möjlig bidragande faktor (Iversen 1994:198ff, 213ff). Att trälar existerat i Norden redan vid tiden för Kristi födelse är mycket troligt, vilket bland annat diskuterats av Tore Iversen (1994:221) och Dagfinn Skre (1998:45ff). Av de betydligt senare tillkomna medeltida landskapslagarna framgår att trälar kunde ha olika arbetsuppgifter. Bruket av trälar inom jordbruket verkar i första hand ha varit förknippat med hårt fysiskt och smutsigt arbete, varför man gärna sett en koppling mellan detta arbete och expansion eller röjningar av ny odlingsmark (Iversen 1994:240ff).

Det finns emellertid också andra tecken i boplatsmaterialen på en ökad hierarkisering i samhällsorganisation under äldre järnålder. Förutom att långhusen ökar i storlek, ses från sen förromersk och äldre romersk järnålder en större komplexitet i de enskilda gårdarnas sammansättning. Även de skånska materialen verkar att ansluta till denna bild, som dock för närvarande är bäst dokumenterad i västra Danmark (Hvass 1988) och östra Mellansverige (Olausson 1998; Göthberg 2000). Den ökade komplexiteten hos gårdarna ger sig främst till känna genom att långhuset kompletterats med en eller flera ekonomibyggnader. Även andra konstruktioner som t.ex. hägnader, skärvstensvallar och brunnar förstärker en mer sammansatt bild av gårdstomtens utformning och rumsliga organisation.

Gårdarna vid Böljenamosse uppvisar endast små skillnader med avseende på storlek och sammansättning (se nedan). Av de fem eller sex olika gårdslägen som undersökts har endast två eller eventuellt tre stycken bestått av mer än en byggnad (gård 2, 3 och 4?). Den totala golvarealen för var och en av dessa gårdar varierar. Minsta arealen på omkring 140 kvadratmeter finner man hos gård 3 under fas 2–3, som förutom ett mindre långhus även omfattat ett fyrstolpshus. Storleken hos denna gård är dock fullt jämförbar med den golvareal man finner hos flera av de gårdar som bara bestått av ett enstaka flerfunktionellt långhus (jfr gård 1, gård 2 (fas 4) och gård 6).

De två största långhusen på vardera cirka 150 kvadratmeter återfinns inte helt oväntat på de två gårdslägen som etablerades först i området under sen förromersk/ och äldre romersk järnålder – d.v.s. gård 1 och 2. De välbevarade lämningarna efter det äldsta långhuset på gård 1 visar att byggnaden med stor sannolikhet varit femdelad, med två centralt placerade ingångsrum och motställda ingångar mellan tredje och fjärde respektive femte och sjätte bocken (se s. 543). Den förstärkta stolpsättningen i väggkonstruktionen i husets västra del tyder på att bostads- eller köksdelen varit lokaliserad i denna ända. På motsvarande sätt tyder de enkelt satta väggstolparna i östra ändan på att denna del av huset haft någon form av ekonomifunktion.

Största arealen hittar man hos gård 2 samt möjligen även gård 4, vars golvarealer uppgått till omkring 180–190 kvadratmeter. Det är intressant att det också är dessa två gårdar som uppvisar flest bebyggelsefaser, d.v.s. gårdslägen med en större grad av platskontinuitet i förhållande till övriga enheter. Detta skulle kunna tyda på någon form av lokal särställning för dessa gårdar i ekonomiskt och/ eller socialt hänseende.

Gård 2, som är den kanske bäst bevarade av samtliga undersökta enheter vid Böljenamosse, utmärker sig under fas 2 och 3 genom sin större storlek och mer varierade sammansättning (se s.

Gård nr	Fas	Antal hus	Långhusets inre yta	Total yta
Punkt 8: Gård 1	2	1	150	150
Punkt 8: Gård 1	3	1	90	90
Punkt 9: Gård 2	2	2	150	186
Punkt 9: Gård 2	3	2	150	Ca 180-190
Punkt 9: Gård 2	4	1	132	132
Punkt 10: Gård 3	2-3	2	Ca 100	140
Punkt 10: Gård 4	2-3	2?	Ca 110	190?
Punkt 10: Gård 4	4	2?	Ca 90-100	Ca 170-190?
Punkt 10: Gård 5	4	1	Ca 80-90	Ca 80-90
Punkt 10: Gård 6	2-3	1	Ca 105	Ca 105

Variationer i hus och gårdars storlek vid Böljenamosse under äldre järnålder.

Differences in size of houses and farmsteads at Böljenamosse during the Early Iron Age.

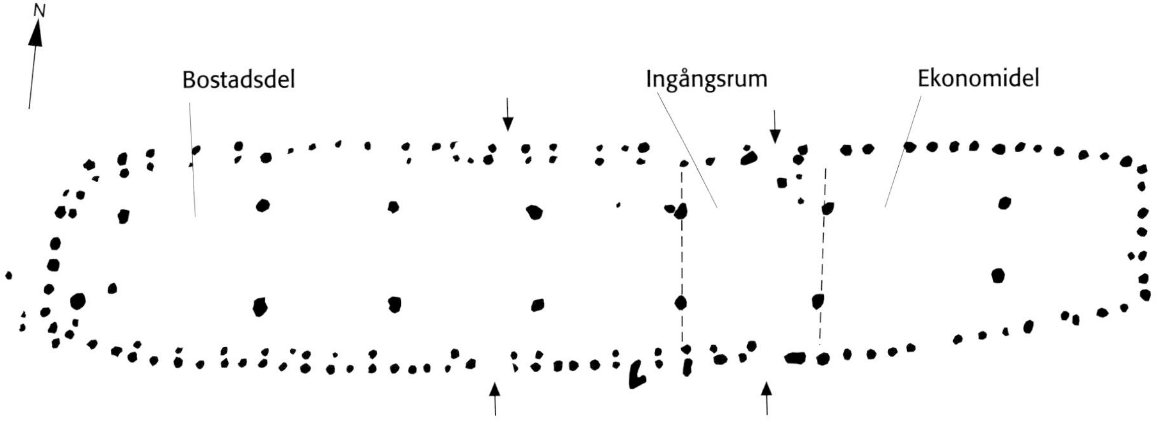

Förslag till rumsindelning i det stora och välbevarade långhuset (hus I) på gård 1 från sen förromersk och äldre romersk järnålder.

Tentative room division in the big and well preserved longhouse (house I) at farm 1 dated to the Late Pre-Roman and Early Roman period.

544). Gården har i bägge faser dominerats av ett 30 meter långt och 5 meter brett flerfunktionellt långhus (hus I och II), vilket svarar mot en golvyta om cirka 150 kvadratmeter. Detaljer i såväl den inre som yttre konstruktionen i det bäst bevarade långhuset (hus I) tyder på att byggnaden haft en likartad rumslig indelning som hus I på punkt 8. De parvis satta bockarna liksom väggkonstruktionens enkla stolpsättning i östra änden talar för att denna del av huset använts som fähus eller någon annan ekonomifunktion. På motsvarande sätt tyder den förstärkta väggstolpsättningen i husets mitt och västra del på en bostads- och köksfunktion. Någon mer detaljerad rumindelning av huset låter sig dock inte göras, p.g.a. avsaknaden av tydliga eller tolkningsbara ingångar, inre skiljeväggar och liknande. Till gård 2 har även hört en mindre stolpbyggnad om cirka 35 kvadratmeter (jfr fas 1: 8x4,5m). Uthuset har i gårdens äldsta fas haft en centralt placerad härd, vilket skulle kunna tyda på någon form av verkstadsfunktion.

Det är emellertid inte bara utifrån sin större storlek och mer komplexa sammansättning som gård 2 utmärker sig i förhållande till övriga enheter, utan denna är också den enda undersökta gården där rituella nedläggelser dokumenterats. Av de totalt tjugotalet järnåldershus som undersöktes inom vägprojektet, var det endast hus I – d.v.s. huvudbyggnaden i den andra byggnadsfasen på gård 2 – som innehöll depositioner med en rituell prägel. Det handlar om två olika nedläggelser i samma hus. Det ena fyndet, bestående av ett femtiotal skärvor från ett och samma lerkärl, framkom i ett stolphål eller liten grop (A4868) strax invid den södra stolpen i den sjätte bocken, d.v.s. precis i skiljelinjen mellan husets ekonomi- och bostadsdel. De tillvaratagna skärvorna visar att det rör sig om ett mellanstort kärl av mörkt till gråbrunt finmagrat gods med glättad utsida. De flesta skärvor som kunnat sammanfogas tillhör kärlets nedre sida och botten. Även mynningskanten finns dock representerad i materialet med

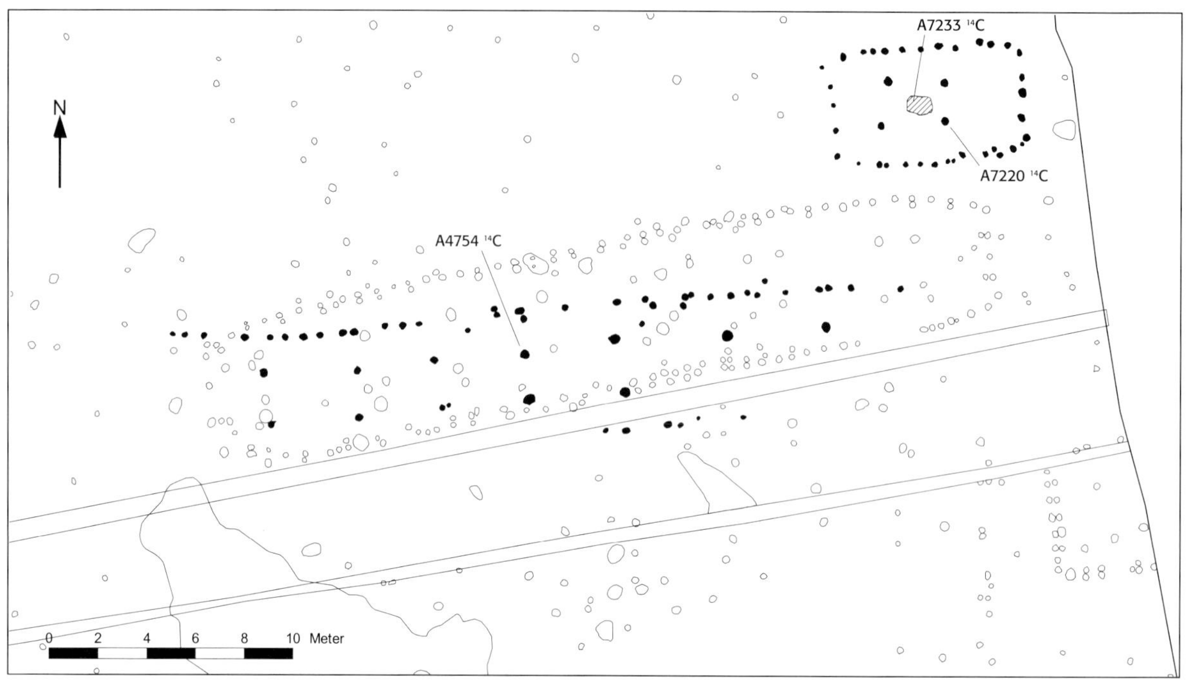
A7233 14C
N
A7220 14C
A4754 14C
0 2 4 6 8 10 Meter

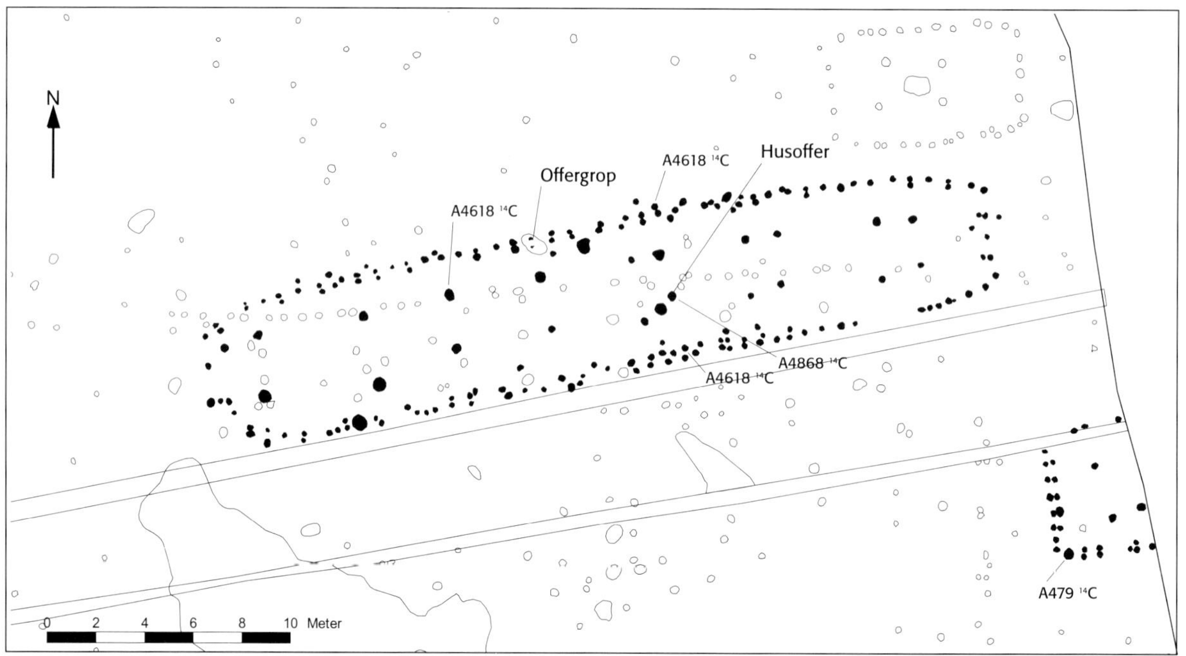
N
Offergrop
A4618 14C
Husoffer
A4618 14C
A4868 14C
A4618 14C
A479 14C
0 2 4 6 8 10 Meter

enstaka skärvor, liksom delar av skuldran som varit försedd med en ornamentfris i form av horisontella och diagonala linjer. Den sammantagna bilden utifrån skärvmaterialet visar att det rör sig om en bägare eller eventuellt ett hankkärl, med lätt förtjockad och utåtböjd mynningskant, möjligen avsatt hals, ett skarpt vinklat bukknäck samt konvex buk som övergår i en lätt rundad botten. Denna typ av kärl förekommer vanligen vid övergången mellan äldre och yngre romersk järnålder (d.v.s. samtida med huset), en datering som även har stöd i ornamentiken på skuldran. Som jämförelser kan man t.ex. hänvisa till Jens-Henrik Bechs indelning av keramiken från Slusegårdsgravfältet på Bornholm, där tänkbara paralleller till kärlet från hus I antingen bör sökas i bägare av typ 11-14 eller möjligen i gruppen hankkärl typ 21-27 (Bech 1996:13f; jfr Martens 1999).

Gård 2 bestod under fas 2 och 3 av ett cirka 30 meter stort långhus med ett tillhörande uthus. Liksom det stora långhuset på gård 1 har den yngre gårdens byggnader haft dubbla stolpar i väggkonstruktionen. I huvudbyggnadens mittsektion hittades rester efter två rituella nedläggelser, bestående av dels ett nedsatt kärl inuti huset och dels en grop med talrika hästben i den norra vägglinjen.

The buildings on farm 2 consisted in the second and third phase of one 30-metre-long-house with a small outhouse. Like the long-house on farm 1, the younger buildings had double posts in the wall construction. In the mid-section of the main building two building sacrifices were found; one consisting of a ceramic pot that had been deposited in a small pit or posthole inside the house and a pit with numerous horse bones in the northern wall.

Tolkningen av kärlet som en avsiktlig nedläggelse baseras främst på fyndets placering i långhuset, samt det faktum att keramikfynd var mycket ovanliga i husen från Böljenamosse. De flesta skärvor och större kärldelar framkom istället nästan uteslutande i större gropar i närheten av husen. Eftersom bägaren hittades i en anläggning som inte tydligt kan knytas till husets takbärande konstruktion, är det egentligen inte möjligt att dra några mer vittgående slutsatser kring tidpunkten för depositionen, utan denna kan i praktiken ha ägt rum antingen samtidigt eller långt efter det att huset uppfördes.

Det är i detta sammanhang intressant att det från samma långhus föreligger ytterligare ett offerfynd. Det handlar om ett stort antal obrända ben av en fullvuxen häst från en knappt meterstor grop funnen i husets norra vägglinje ungefär mitt i byggnaden. Den osteologiska bestämningen visar på ett relativt välbevarat benmaterial med flera stora fragment. Av de 110 fragment (1310g) som påträffades i gropen har 25 stycken (1200g) kunnat bestämmas med hänsyn till benslag (Nilsson 1996:101). De identifierade benen kommer uteslutande från djurets köttrika delar, representerade av främre och bakre extremiteter, inklusive skulderblad och bäcken (se s. 546). Trots att några skärmärken inte iakttagits på benen, tyder sammansättningen, enligt Lena Nilsson, på att det rör sig om slaktavfall, där avsaknaden av gnagmärken visar att dessa deponerats tämligen omgående.

Vad som talar för att benen nedlagts i ett rituellt sammanhang är i första hand deras mycket speciella sammansättning med framför allt de köttrika delarna av djuret representerade (jfr Carlie i denna volym). Man kan här även peka på frånvaron av hundgnag, som tyder på att dessa deponerats mycket snart efter att djuret slaktats. Ytterligare argument som talar för en rituell tolkning av bengropen

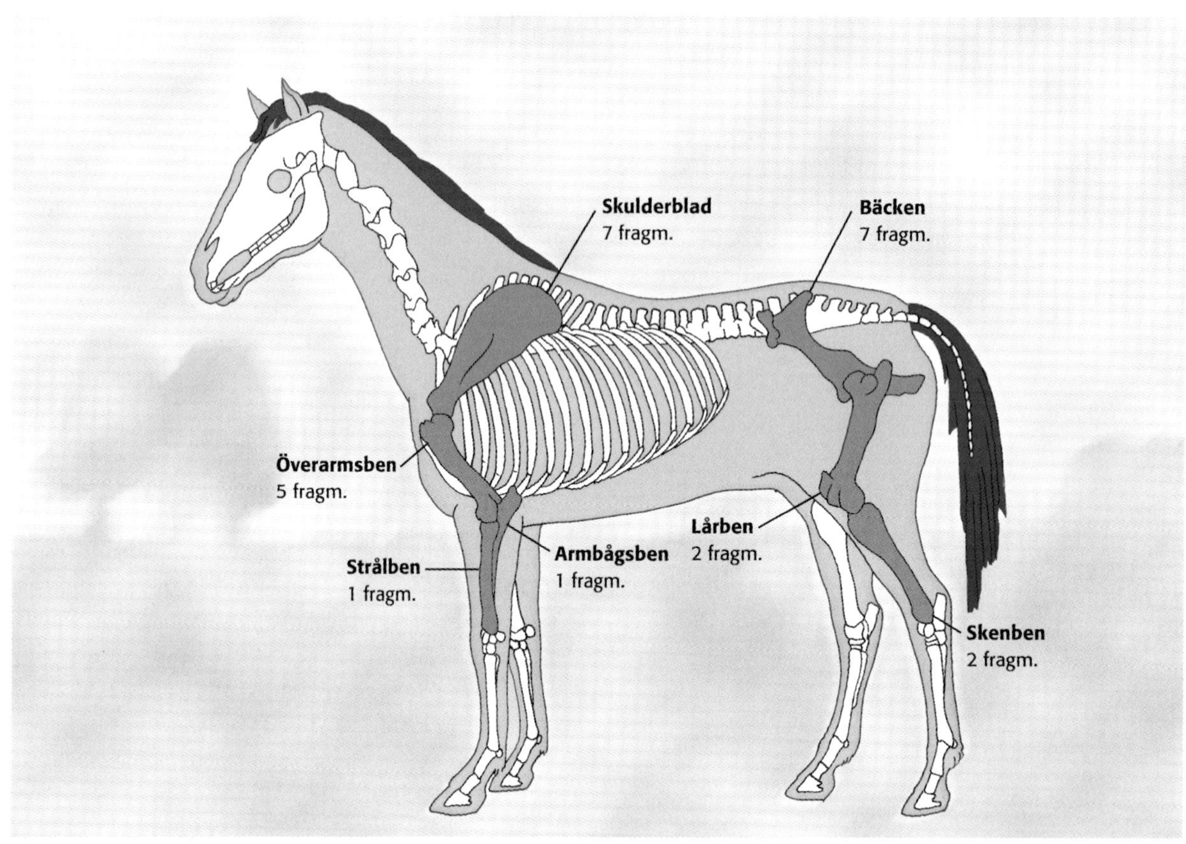

Sammansättningen av hästben från offergropen A4031 på gård 2. Benen hade deponerats i en grop i den norra långväggen tillhörande gårdens huvudbyggnad under äldre och yngre romersk järnålder. Antalet ben från gropen uppgick till 110 fragment (1310g), av vilka 25 stycken (1200g) har kunnat bestämmas med hänsyn till benslag.

The composition of horse bones from the ritual pit A4031 on farm 2. The bones were deposited in a pit in the northern wall of the main building during the Early and Late Roman period. The bones numbered about 110 fragments (1310 g), of which 25 pieces (1200 g) could be identified in regard to bone types.

är dess unika karaktär. Några motsvarande bendepositioner har således inte påträffats, varken på punkt 9 eller på någon av de andra platser som undersöktes i vägprojektet. Gropens placering mitt i husets vägglinje kan i detta perspektiv knappast vara slumpmässig, utan är sannolikt resultatet av en medveten handling, där den fysiska relationen till huset av någon anledning varit betydelsefull och därför viktig att manifestera.

Gropen med hästben har tidigare inte tolkats som en avsiktlig nedläggelse. Anledningen till detta är förmodligen tveksamheter i fråga om gropens datering och eventuella samtidighet med huset. Av fältdokumentationen framgår således att gropen överlagrar två av husets väggstolpar, av vilka endast botten fanns bevarad. Om tolkningen av den stratigrafiska relationen mellan huset och gropen är riktig skulle detta i så fall betyda att gropen tillkommit i samband med eller strax efter att huset har rivits, något som naturligtvis får konsekvenser för den arkeologiska tolkningen.

I tidigare arbeten kring s.k. byggnadsoffer har man ofta betonat sambandet mellan offernedläggelser och husbyggande, där invigningen av en nytt hus markerades med olika offergåvor till de högre makterna för att säkra husets framtida lycka och välgång (se t.ex. Paulsson 1993; 1997; Carlie manus). I analogi med föreställningen om att huset, liksom dess invånare, först föddes och därefter framlevde sitt liv för att så småningom dö, måste vi förmodligen också inta en mer öppen hållning till hur vi tolkar rituella depositioner i förhistoriska hus. Det bör således ha funnits en mängd olika händelser i invånarnas och husets liv som föranledde ett arrangerande av olika fester och ceremonier och där ett rituellt intagande av mat och dryck spelade en viktig roll (Carsten & Hugh Jones 1995). Vi kan med denna utgångspunkt teckna en alternativ tolkning av offerfynden från hus I, som tar sin utgångspunkt i idéer om att hästbenen och den lilla bägaren använts som rekvisita i någon form av måltids- och dryckesceremoni som ägt rum i samband med att huset rivits och övergivits. Det kan naturligtvis finnas många olika förklaringar till att en sådan ceremoni utspelats. Det ligger dock nära till hands att uppfatta denna som en slags begravning, där det av olika skäl funnits behov av att manifestera övergivandet av en större gård med betydelse för den omgivande bygden.

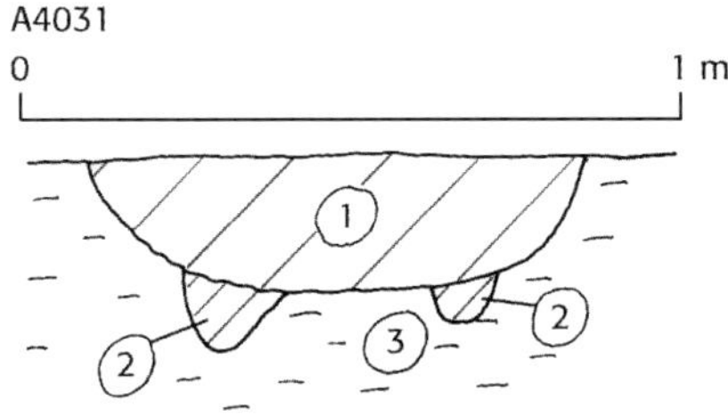

Profil av offergropen A4013 med underliggande stolphål som kunde knytas till den norra långväggen i hus I. Lagerbeskrivning: 1. Humös sandig lera. 2. Humös sandig grågul lera. 3. Gul steril lera. Skala 1:20. Renritning: Annika Jeppsson.

Profile from the sacrificial pit A4013 with underlying postholes, which belong to the northern wall of house I. Description: 1. Sandy clay rich in humus. 2. Grey-yellow sandy clay rich in humus. 3. Yellow sterile clay. Scale: 1:20. Drawing: Annika Jeppsson.

Rituella nedläggelser av hästben i hus har vid några tidigare tillfällen uppmärksammats i litteraturen. Det är dock framför allt två danska fyndplatser som ska nämnas i detta sammanhang, p.g.a. likheterna med offergropen i hus I. Det ena fyndet härrör från ett långhus på den romartida boplatsen Vestervig i norra Jylland, som kunde följas genom ett stort antal byggnadsskeden. I ett av husets äldsta faser daterad till tidig äldre romersk järnålder (fas 7) hittades under golvet i stalldelen en grop med ett kranium och fyra avhuggna extremiteter av häst. Den benförande gropen tolkas p.g.a. sin ovanliga sammansättning som en sakral nedläggelse. Något mer ingående tolkningsresonemang kring fyndet har dock inte presenterats (Vebæk 1988:34). Det andra fyndet som är daterat till folkvandringstid påträffades framför ingången till ett långhus på rikedomsplatsen Sorte Muld på östra Bornholm (Klindt-Jensen 1957:83f). Denna offergrop innehöll ett betydligt större spektrum av ben från olika husdjur. Liksom i Vestervig dominerar dock hästbenen. Överst i gropen låg således ett kranium tillsammans med nedre extremiteter och bäckenben av häst. Under hästen hittades extremitetsben av en oxe och två små kalvar samt under dessa enstaka ben av får, galt och hund. Gropen innehöll dessutom lerskärvor från flera kärl. I Ole Klindt-Jensens presentation av fyndet framhålls det anmärkningsvärda i att samtliga ben saknade spår av märgspaltning, vilket borde ha funnits om det rört sig om ordinära måltidsrester. Det är dock främst utifrån hästbenens ovanliga sammansättning, en komposition som även dokumenterats på flera offerplatser i våtmarksmiljö, t.ex. Rislev på södra Sjælland och Skedemosse på Öland, som Klindt-Jensen baserar sin tolkning av benen som en rituell nedläggelse. Han hänvisar här till såväl arkeologiskt som historiskt dokumenterade exempel på hästoffer bland olika folkgrupper i Sibirien och östra Europa, där de kvarvarande resterna av offerdjuren, d.v.s. huden med vidhängande huvud och ben träddes upp på pålar (a.a. 1957:85f).

Som framgår av redogörelsen ovan finns såväl likheter som skillnader mellan bengropen i hus I och fynden från Sorte Muld och Vestervig. Förutom vissa övergripande likheter vad gäller dateringen, är det främst själva kontexten som förenar de tre fynden. Det rör sig således i samtliga fall om boplatser där en grop med slaktrester av häst grävts ner i anslutning till ett långhus med bostadsfunktion. Bendepositionernas sakrala karaktär manifesteras dessutom i samtliga fynd av ett medvetet urval av bestämda benslag och avsaknaden av märgspaltning. Skillnaden mellan fynden blir först tydlig när man mer i detalj granskar benens sammansättning. Medan hästbenen från de två danska fyndplatserna består av djurens köttfattiga delar i form av kranium och nedre extremiteter, kommer benen från hus I istället uteslutande från djurets köttrika delar, representerade av övre extremiteter inklusive skulderblad och bäckenfragment. Det har i andra sammanhang framhållits att ben från rituella offermåltider karakteriseras av ett stort inslag av köttfattiga delar, eftersom det ofta var dessa delar som offrades till gudarna, medan det bästa köttet åts av människorna (se t.ex. Stjernquist 1997:78f med referenser). Trots att depositionen med hästben från hus I i detta avseende skiljer sig markant från den traditionella bilden, bör fyndet p.g.a. sin ovanliga sammansättning liksom frånvaron av märgspaltning betraktas som en sakral nedläggelse. Att man i detta fall valt att nedlägga de allra bästa och mest köttrika delarna av djuret, kan snarare ses som en slags värdemätare på offergåvans storlek.

... i slättlandet mellan Löddeköpinge och Uppåkra

Den äldre järnålderns bebyggelse i slättlandet norr om Uppåkra och Lund, kan med utgångspunkt från undersökningarna vid Böljenamosse karakteriseras som ett system av glest liggande gårdar, vilka uppenbarligen varit socialt och ekonomisk relativt jämnbördiga. Endast små skillnader vad gäller storlek och sammansättning har således kunnat iakttagas mellan de olika gårdarna, samtidigt som indikationer på social stratifiering saknas i fyndmaterialen. Bara en av de undersökta gårdarna (nr 2) utmärker sig i vissa avseenden i förhållande till övriga enheter. Gård 2 har inte bara haft något fler byggnader med en sammanlagd större golvareal, utan är också en utav de två enheter som troligen stått längst tid på en och samma tomt. Bilden av gårdens lokala särställning förstärks även av att denna enhet är den enda av sex undersökta i området där rituella nedläggelser dokumenterats.

Samtliga gårdar vid Böljenamosse har i ekonomiskt hänseende varit baserade på en agrar produktion med odling och djurhushållning. Det finns således inga fynd eller lämningar som tyder på att det bedrivits andra typer av verksamheter, som t.ex. textilhantverk eller metallhantering. Den bild som tonar fram speglar istället en samling förhållandevis välmående bondgårdar med omgivande åkrar och betesmarker ett stycke från "landsvägen". Den lokala samhörigheten gårdarna emellan uttryckte man bland annat i en gemensam byggnadstradition, där väggarna i de stora och välbyggda långhusen försågs med dubbla väggstolpar. Människorna vid den lilla mossen kände säkerligen – om inte annat så enligt hörsägen – till den stora boplatsen vid Uppåkra. Några föremål som vittnar om mer direkta eller indirekta kontakter med den blivande centralplatsen finns dock inte i fyndmaterialet. En sammanställning över kända gravar och rikedomsindikerande fynd från äldre järnålder och folkvandringstid i det kringliggande området visar istället på en slående fyndtomhet. Med undantag för enstaka skelettgravar på gravfältet vid Stävie och fyndet av en C-brakteat från Hermanstorp i St. Harrie socken, finns inga arkeologiska fynd som tyder på en socialt stratifierad bebyggelse. Avsaknaden av kända gravar och ädelmetallfynd i slättlandet söder om Kävlingeån bidrar snarare till att förstärka bilden av ett område som låg i skuggan av Uppåkra och den rika bebyggelse som senare kom att växa fram vid Löddeköpinge.

Etableringen av flera större och till synes välmående gårdskomplex i områden som tidigare endast utnyttjats perifert för bebyggelse, väcker samtidigt en rad funderingar kring vilka processer i samhället som ledde fram till denna agrara expansion. Utvecklingen i området vid Böljenamosse framstår i detta avseende inte som en isolerad företeelse, utan passar väl in i den bild av en förtätad bebyggelsestruktur under äldre järnålder som framkommit vid de senare årens undersökningar i sydvästra Skåne, östra Själland och södra Halland. Bebyggelseexpansionen som på allvar tycks ha kommit igång under sen förromersk järnålder, avspeglas emellertid inte bara i en förtätning av bebyggelsebilden, utan också i en större variation i långhusens storlek liksom i antalet byggnader på gården. Det är mycket troligt att denna ökade komplexitet i de enskilda gårdarnas storlek och sammansättning även speglar en större differentiering i det ekonomiska och sociala välståndet. Bilden av fria och självägande bönder som innovatörer ger här en alldeles för enkel

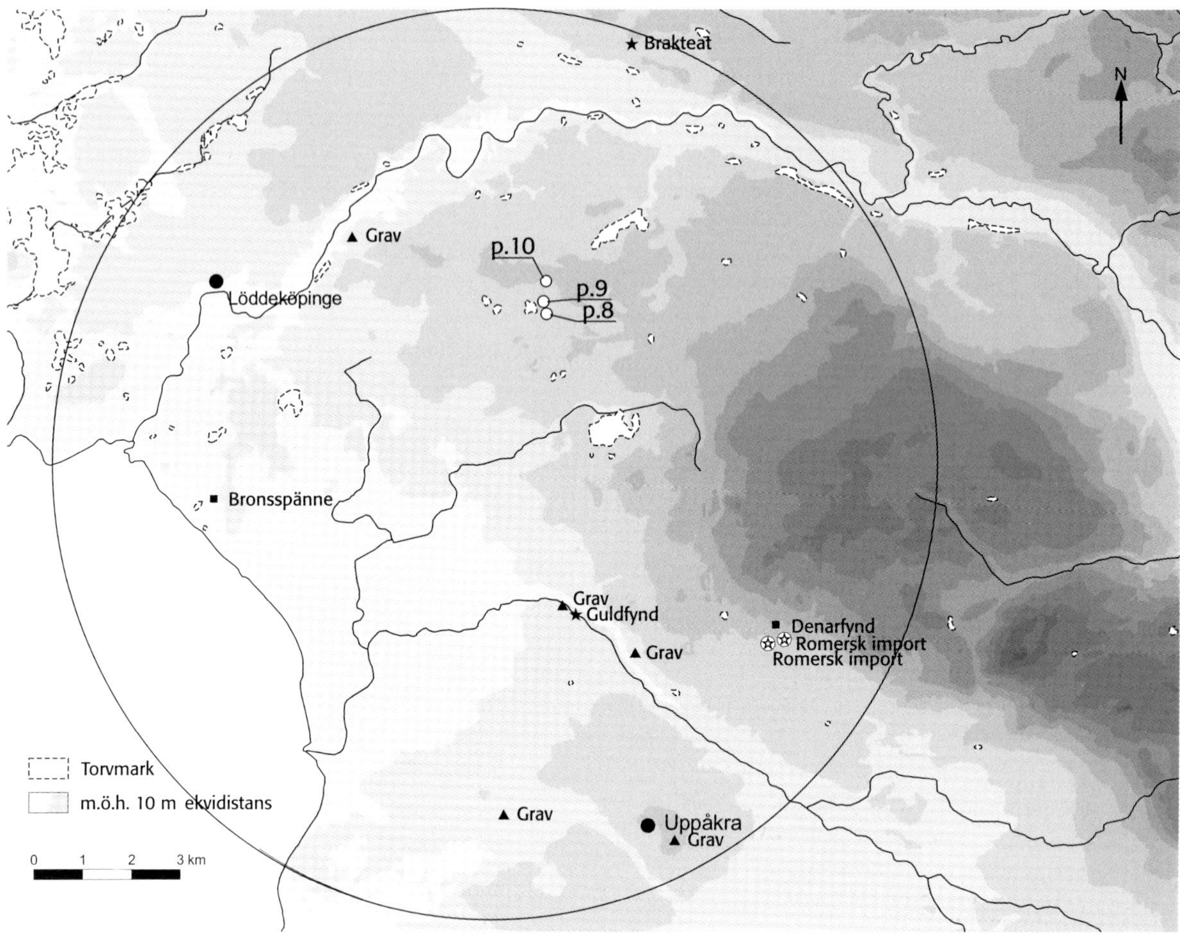

Förekomst av gravar och statusindikerande fynd under äldre järnålder och folkvandringstid i området mellan Löddeköpinge och Uppåkra,

The distribution of graves and status-related objects during the Early Iron Age and Migration Period in the region between Löddeköpinge and Uppåkra.

förklaringsgrund. För att förstå orsakerna bakom den äldre järnålderns bebyggelsemässiga och agrara expansion i landskapet måste vi istället se denna i förhållande till den alltmer hierarkiska samhällstruktur som etablerades vid denna tid, och där olika grupper av ofria personer kunde användas som arbetskraft vid t.ex. röjning av nya markområden. En vidgad analys av järnålderns olika hus- och bebyggelseformer med syfte att fördjupa våra kunskaper om olika sociala gruppers boende i samhället, framstår i detta perspektiv som en av arkeologins mer angelägna uppgifter.

Noter

1) Det grundläggande arbetet med bearbetning och tolkning av de enskilda husen och deras grundplaner har utförts av Tina Omfors. Jag har i arbetet med denna artikel endast gjort smärre justeringar i dessa tolkningar, då jag ansett detta motiverat.

2) Vid kalibrering av ^{14}C-värden har använts Stuiver et al. Radiocarbon 40 (1998) i programmet Oxcal version 3.3 Bronk Ramsey (1999) (se tabeller på s. 521, 526 och 532).

Referenser

Artursson, M. (red.) 1998. Rya – en medeltida bytomt och en förhistorisk boplats. Skåne, Kvistofta sn. RAÄ 92. Arkeologisk slutundersökning. *Riksantikvarieämbetet UV Syd Rapport* 1998:21.

Artursson, M. 1999a. Glumslöv. Boplats- och bebyggelselämningar från tidig neolitikum till yngre järnålder. Skåne, Glumslöv och Kvistofta sn, Västkustbanan. Arkeologisk undersökning. *Riksantikvarieämbetet, UV Syd Rapport* 1999:40.

Artursson, M. (red.) 1999b. Saxtorp. Boplatslämningar från tidigneolitikum-mellanneolitikum och romersk järnålder-folkvandringstid. Västkustbanan SU8. Skåne, Saxtorp sn, RAÄ 26. Tågerup 1:1 och 1:3. *Riksantikvarieämbetet UV Syd Rapport* 1999:79.

Artursson, M. (red.) 2000. Stångby stationssamhälle. Boplats- och bebyggelselämningar från senneolitikum till yngre järnålder, Skåne, Vallkära sn, väg 930. Arkeologisk förundersökning och undersökning. *Riksantikvarieämbetet UV Syd Rapport* 2000:39.

Artursson, M. (Manus). Järnålderns byggnadstradition i Skåne och östra Danmark. I Västkustbane-projektets publikation för delprojektet Järnåldersbönder vid Öresund.

Bech, J.-H. 1996. Keramikken på Slusegårdgravpladsen. I Andersen, S. (Red.). *Slusegårdsgravpladsen IV. Keramikken. Tekstilerne, Skeletterne. De brændte knogler. Tænderne.* Jysk Arkæologisk Selskabs Skrifter XIV,4. 1996. Århus Universitetsforlag, s. 13-121.

Björhem, N. och Säfvestad, U. 1993. *Fosie IV. Bebyggelsen under brons- och järnålder.* Malmöfynd 6.

Callmer, J. 1986. To stay or to move. Some aspects of the Settlement Dynamics in Southern Scandinavia in the Seventh to Twelfth Centuries A.D. with special Reference to the province of Scania, Southern Sweden. *MLUHM 1985-1986*, s. 167-208.

Carlie, A. 2002. Gård och kultplats. Om bruket av offerhandlingar på en yngre järnåldersgård i Hjärup, sydvästra Skåne. I Carlie, A. (Red.). *Skånska regioner.*

Carlie A. (Manus). Kultbruk och offertraditioner i vardagliga miljöer – om bruket av rituella nedläggelser i förhistoriska hus i Sydskandinavien.

Carlie, L. 1999. *Bebyggelsens mångfald. En studie av södra Hallands järnåldersgårdar baserad på arkeologiska och historiska källor.* Acta Archaeologica Lundensia series in 8° No 29. Lund.

Carsten, J. and Hugh-Jones, S. 1995. Introduction: About the house – Levi-Strauss and beyond. I Carsten, J. & Hugh-Jones, S. (Eds). *About the House. Levi-Strauss and beyond.* Cambridge University Press, s. 1-46.

Erikson, M. 1996. Landskapshistorisk studie. I Olson, T., Regnell, M., Nilsson, L., Erikson, M. och Brorsson, T. 1996. Boplatslämningar från neolitikum, bronsålder och äldre järnålder. Skåne, Väg 108, N. Nöbbelövs, Stångby, Vallkärra och Lackalänga socknar, Lunds och Kävlinge kommuner. 1996. Arkeologisk slutundersökning. *Riksantikvarieämbetet UV Syd Rapport* 1996:60.

Ericson, T. Manus. 1995. Rapportmanus för punkt 11, Banverket, dubbelspåret Lund – Kävlinge 1994.

Fenger, O. 1971. *Fejde og mandebod. Studier over slægtsansvaret i germansk og gammeldansk ret.* Juristforbundet. København.

Fonnesbech-Sandberg, E. 1992. Problemer i østsjællandsk bopladsarkæologi. I Lund Hansen, U. & Nielsen, S. (Red.) *Sjællands jernalder. Beretning fra et symposium 24. IV. 1990 i København.* Arkæologisk institut, Københavns universitet, s. 21-33.

Grønnegård, T. 1999. Landsby i folkevandringstid. I Anderssson, M., T.J. Grønnegård & Svensson, M. Mellanneolitisk palissadinhägnad och folkvandringstida boplats. Skåne, Västra Karaby sn, Västra Karaby 28:5, Dagstorp 17:12, VKB SU 19. *Riksantikvarieämbetet UV Syd Rapport* 1999:101.

Göthberg, H. 2000. *Bebyggelse i förändring. Uppland från slutet av yngre bronsålder till tidig medeltid.* OPIA 25. Uppsala.

Hellerström, S. 1995. Skåne, Väg 108, N. Nöbbelövs, Stångby, Vallkärra och Lackalänga socknar. Arkeologisk utredning. 1994. *Riksantikvarieämbetet. UV Syd Rapport* 1995:54.

Klindt-Jensen, O. 1957. *Bornholm i folkevandringstiden og forudsættningerne i tidlig jernalder.* Nationalmuseets skrifter. Større beretninger II. København.

Stummann Hansen, S. 1992. Ældre jernalders bebyggelser i Frederiksborg amt. I Lund Hansen, U. & Nielsen, S. (Red.). *Sjællands jernalder. Beretning fra et symposium 24. IV. 1990 i København.* Arkæologisk institut, Københavns universitet, s. 13-19.

Hvass, S. 1988. Jernalderens bebyggelse. I Mortensen, P. & Rasmussen, B.M. (red.). *Fra Stamme til Stat i Danmark. 1. Jernalderens stammesamfund.* Jysk Arkæologisk Selskabs Skrifter XXII. 1988. Aarhus Universitetsforlag, s. 53-92.

Martens, J. 1999. Keramik fra hustomt og bopladsområde på E108 – punkt 8-10 – et forsøg på at inkredse en datering. Opubl. Rapport.

Olson, T., Regnell, M., Nilsson, L., Erikson, M och Brorsson, T. 1996. Boplatslämningar från neolitikum, bronsålder och äldre järnålder. Skåne, Väg 108, N. Nöbbelövs, Stångby, Vallkärra och Lackalänga socknar, Lunds och Kävlinge kommuner. 1996. Arkeologisk slutundersökning. *Riksantikvarieämbetet UV Syd Rapport* 1996:60.

Olausson, M. 1998. Hus och tomt i Uppland och Södermanland under yngre bronsålder och äldre järnålder. I Kyhlberg, O. (red.). *Bebyggelsehistorisk tidskrift. Hus och tomt i Norden under förhistorisk tid.* Nr 33. 1997, s. 95-116.

Olausson, M. 1999. "Säg mig hur många djur du har...". Om arkeologi och stallning. I Viklund, K., Engelmark, R. & Linderholm, J. (Red.). *Fähus. Från bronsålder till idag.* Skrifter om skogs- och lantbrukshistoria 12. Nordiska museet. Stockholm, s. 28-56.

Paulsson, T. 1993. Huset och lyckan. En studie i byggnadsoffer från nordisk järnålder och medeltid. C-uppsats. Arkeologiska Institutionen. Lunds Universitet.

Paulsson-Holmberg, T. 1997. Iron Age building offerings. A contribution to the analysis of a die-hard phenomenon in Swedish pre-industrial agrarian society. *Fornvännen* 92, s. 163-175.

Pedersen, E.A. & Widgren, M. 1998. Del 2. Järnålder 500 f.Kr. – 1000 e.Kr. I *Det svenska jordbrukets historia. Jordbrukets första femtusen år.* Natur och Kultur/Lts förlag, s. 237-459.

Persson, J. 1998. Toftanäs – järnåldersbygd från tiden för Kristi födelse. I Larsson, L. och Hårdh, B. (red.). *Centrala platser. Centrala frågor. Samhällsstrukturen under järnålderns. En vänbok till Berta Stjernquist.* Uppåkrastudier 1. Acta Archaeologica Lundensia series in 8°, No 28. Stockholm, s. 63-72.

Runcis. J. 1998. Gravar och boplats i Hjärup – från äldre och yngre järnålder. Skåne. Uppåkra socken, Hjärup 21:36. RAÄ 29. *Riksantikvarieämbetet UV Syd rapport* 1998:1.

Skre, D. 1998. *Herredømmet. Bosetning og besittelse på Romerike 200-1350 e. Kr.* Acta Humaniora 32. Universitetsforlaget. Oslo.

Stjernquist, B. U.å. *Lundabygden före Lund. Ekonomisk utveckling från tundramiljö till stadssamhälle.* Berlings. Lund.

Stjernquist, B. 1997. *The Röekillorna Spring. Spring-cults in Scandinavian Prehistory.* Skrifter utgivna av Kungl. Humanistiska Vetenskapssamfundet i Lund. LXXXII. Stockholm.

Säfvestad, U. 1993. Högen och bygden – territoriell organisation i skånsk bronsålder. I Larsson, L. (red.) *Bronsålderns gravhögar.* Report series no 48. Lund, s.161-169.

Svanberg, F. och Söderberg, B. 2000. *Porten till Skåne. Löddeköpinge under järnålder och medeltid.* Arkeologiska studier kring Borgeby och Löddeköpinge 2. Riksantikvarieämbetet. Arkeologiska undersökningar Skrifter no 32. Stockholm.

Thörn Pihl, A. 1999. En välbebodd kulle i Kvärlöv. Skåne, Annelöv sn, Kvärlöv 17:1, 18:2. VKB SU 12. *Riksantikvarieämbetet UV Syd rapport* 1999:105.

Tornbjerg, S-Å. 1990. Jernalderbebyggelser ved Køge. *Køge museum 1989. Årbog for Køge museum 1983-89*, s. 17-36.

Tornbjerg, S-Å. 1992. I Lund Hansen, U. & Nielsen, S. (Red.). *Sjællands jernalder. Beretning fra et symposium 24. IV. 1990 i København.* Arkæologisk institut, Københavns universitet, s. 51-80.

Vebæk, C.L. 1988. En byhøj i Thy. Jernalderbebyggelsen ved Vestervig kirke. *Nationalmuseets Arbejdsmark 1988.* København, s. 24-28.

Wallin, L. 1996. Det långs huset i Önsvala, Skåne, VA- Källby – Önsvala och väg 12. Arkeologiska utredningar, förundersökning och undersökning. *Riksantikvarieämbetet UV Syd Rapport* 1996:83.

Klörup

Romartida bägare och bostäder

INGRID BERGENSTRÅHLE
& OLE STILBORG

Abstract: Klörup. Roman period beakers and buildings.

The internal structure and function of the Early Iron Age settlement on the hills at Klörup is the main topic of the present article. The finds of houses, pottery, iron objects and a small amount of gold are presented. The rich find material, above all the ceramics including both pottery and technical ceramics such as oven walls, crucibles and bellow protections, is subsequently used to analyse and discuss the organisation of the farms at Klörup. Three phases of occupation may be discerned. The possibility of an export of pottery from Klörup is discussed on the basis of a ceramological analysis of the pottery craft tradition. The setting of Klörup in a wider regional perspective is briefly discussed in relation to the external contacts revealed in the house construction, traditions of building sacrifices and the spread of a special vessel type.

När man under det andra århundradet efter Kristus nalkas boplatsen så syns den ringlande vita röken från husen på höjden mot den blå himlen. Vägen från söder som vindlar fram mellan åkrar och betesmarker är nog lätt att finna med hjälp av röken. Efter det att besökaren kämpat sig uppför den sista backen, brer boplatsen ut sig på en vidsträckt platå. De stora husen avtecknar sig skarpt mot skyn och mellan dem ligger mindre grophus. När man träder in i byn från söder, har man först ett par stora gårdar till vänster; en av dem har ersatt en äldre gård på samma plats, och ett grophus som användes som smedja till höger. Sannolikt sjuder det av arbete i smedjan för järnet och glöden behöver tillsyn. Ugnarna där järnet framställs för att senare smidas till redskap i smedjan ligger förmodligen lite utanför byn – kanske har besökarna redan passerat dem på sin väg upp mot boplatsen. Stora gropar som håller på att fyllas igen med det dagliga avfallet kan man se strax norr om gårdshusen. De som bor i byn kommer säkert ihåg att groparna, varifrån leran till husväggarna har kommit, ursprungligen var väldigt djupa, mer än en manslängd. Leran har även kunnat användas till lerkärl till hushållet. Till höger om och norr om groparna stiger röken sakta upp från ytterligare ett par gårdar. Folket på Nordgården sysslar också med smide, men även med gjutning i ett av grophusen.

Byn är fylld av aktivitet; barnen tumlar runt; de gamla gör vad de nu förmår medan de vuxna arbetar med djur, gröda, matlagning eller hantverk. Sannolikt spinns garn och tillverkas textil, lerkärl formas, grödor bereds till säd och utsäde, djur slaktas till mat och redskap, vilket innebär att ben, horn, hudar och senor tas tillvara och ved samlas in. De besökare som nu och då kommer till platsen förmedlar säkert både varor och nyheter. I utbyte kan de få grödor, skinn, textil, lerkärl eller järnkram. Det är mycket som ska hinnas med medan ljuset är bra på sommarhalvåret. När mörkret faller behövs värme och mat för att hålla undan den kalla vinden som far mellan husen på Klörups backar i höststormarna. När elden speglas i glittrande ögon och smycken är det gott att veta att man har nog i förråden för att klara vintern. På det hela taget är det nog ganska gott att leva på Klörups backar, och folket klarar sig inte illa, eftersom de har råd med lite lyx som smycken av järn, glas och guld.

Introduktion

Våren 1995 grävdes delar av en nära två tusen år gammal boplats ut inom de södra delarna av Klörups backar i sydvästra Skåne (se nästa sida). Den nya sträckningen av Väg 108 kom att beröra en mycket spännande plats som är ovanlig på så vis att enbart ett tidsavsnitt finns representerat inom undersökningsområdet. Här hade vi arkeologer förmånen att få gräva ut välbevarade lämningar av stolpbyggda hus från sen förromersk och romersk järnålder samt även ett stort antal gropar som innehöll ett rikt och bra bevarat fyndmaterial från samma tidsavsnitt. Delar av undersökningsresultaten har tidigare presenterats i annat sammanhang. Således har huskonstruktionerna och deras datering diskuterats i samband med den tekniska rapporteringen av platsen (Bergenstråhle 2000:74). Även ett ovanligt stort fynd av sädeskorn från ett stolphål (A54) i hus I har tidigare

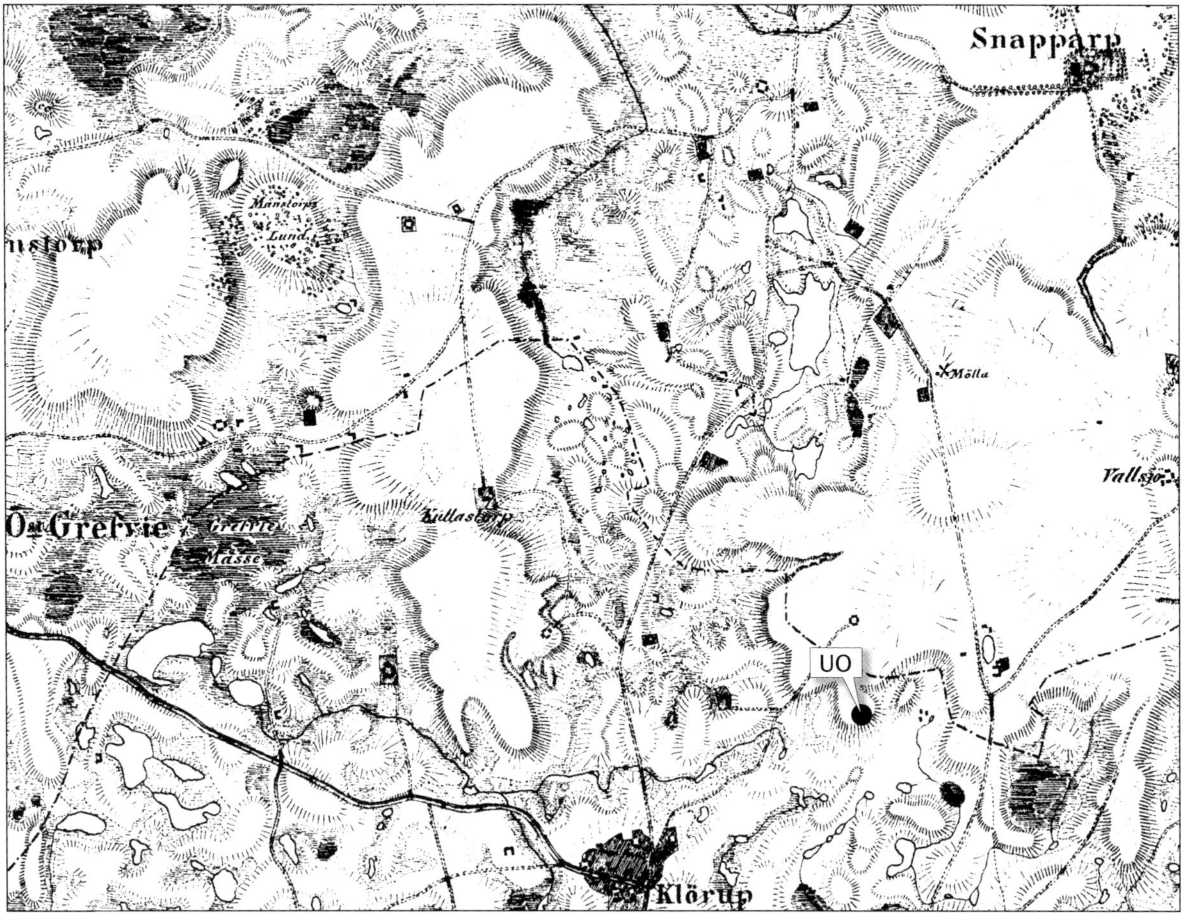

Placeringen av boplatsen på Klörups backar i landskapet. Utsnitt ur Skånska Rekognosceringskartan 1812-20. Skala 1:30 000.

The landscape setting of the settlement on the hills of Klörup. Scale 1:30 000.

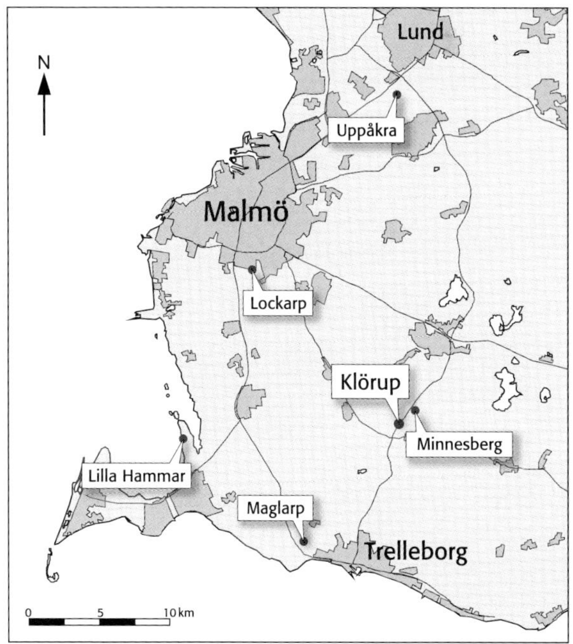

presenterats av Mats Regnell, som tolkat fyndet som en offernedläggelse (Regnell 1997:103 ff). Klörupboplatsen har dessutom en vidare forskningspotential i de välavgränsade gårdsstrukturer, som tillsammans med det rika fyndmaterialet, erbjuder goda möjligheter att studera småskaliga funktionsskillnader och förändringar i gårdsmiljön. Bearbetningen av keramikmaterialet och dess dateringar har således vid en jämförelse med långhusens utbredning och ^{14}C-resultat gjort det möjligt att urskilja tre faser i bebyggelsen. I föreliggande artikel presenteras ett urval av anläggningar och fynd. Fokus läggs främst på keramiken. Utöver keramikens betydelse som indikator för olika funktioner på platsen bidrar materialet även till kronologiska studier, som i första hand baseras på boplatskeramik från Skåne istället för på danska gravfynd.

Fynd av ädelmetall känns trots allt som något speciellt och därför tas dessa upp även här. Några få guldföremål hittades, en bit bitguld och en guldfolierad glaspärla. Det är viktigt att understryka att långtgående slutsatser knappast kan dras utifrån så begränsade fynd. Fynden från Klörups backar kan dock ses som ett komplement till det sedan tidigare kända praktfyndet från Västra Alstad. Gravfyndet som är ett av Skånes rikaste med fynd av glasbägare, guldfingerring samt bronsbeslagen till en träspann, har daterats till period C1-2 (Lund Hansen 1987:79). Detta innebär tiden runt och efter skiftet mellan äldre och yngre romersk järnålder ca 150–320 AD.

Utblicken – boplatsens relation med omvärlden – blev således en annan huvudfråga. Vilka förutsättningar skapade ett välstånd som kunde resultera i att ädelmetall kom till platsen? Igen tar vi avstamp i den stora fyndmängden av främst keramik för att se om en lokal keramisk hushållningsindustri (Peacock 1982:17), baserad på tillgången på god lera skulle kunna ligga till grund. Industrins ”export” av keramik till kringliggande samhällen eller längre bort skulle kunna vara åtminstone en del av förklaringen till byns relativa välstånd. Även förhållandet till en närliggande centralplats under framväxt som Uppåkra, är självklart av stort intresse för studiet av de överordnade strukturerna i de skånska järnålderssamhällena.

Platsen

Boplatsen återfanns inom den sydligaste delen av det inre backlandskapet på en platå, cirka en mil norr om Trelleborg vid kusten. Platån som benämns *Klörups backar* kan idag karakteriseras som fullåkersbygd. Det är oklart om landskapet har varit lika öppet under romersk järnålder. Det är inte osannolikt att det har funnits både mindre träddungar och större sammanhängande skogspartier än vad som idag är vanligt i södra Skåne. Höjdplatån utgörs till stor del av mycket fin moränlera med inslag av sandiga partier. Moränlera har täktats för kommersiellt bruk inom backlandskapet och ett större tegelbruk, Minnesbergs tegelbruk, återfinns bara ett hundratal meter från undersökningsområdet. En del av de gropar som grävdes ut var tydligt recenta, eftersom de var grävda med en större maskinskopa. De är med stor sannolikhet grävda då lera eftersökts inom ytan. Moränlera har även täktats på Klörups backar under historisk tid, t.ex. på platån väster om utgrävningsområdet (muntlig uppgift av markägaren).

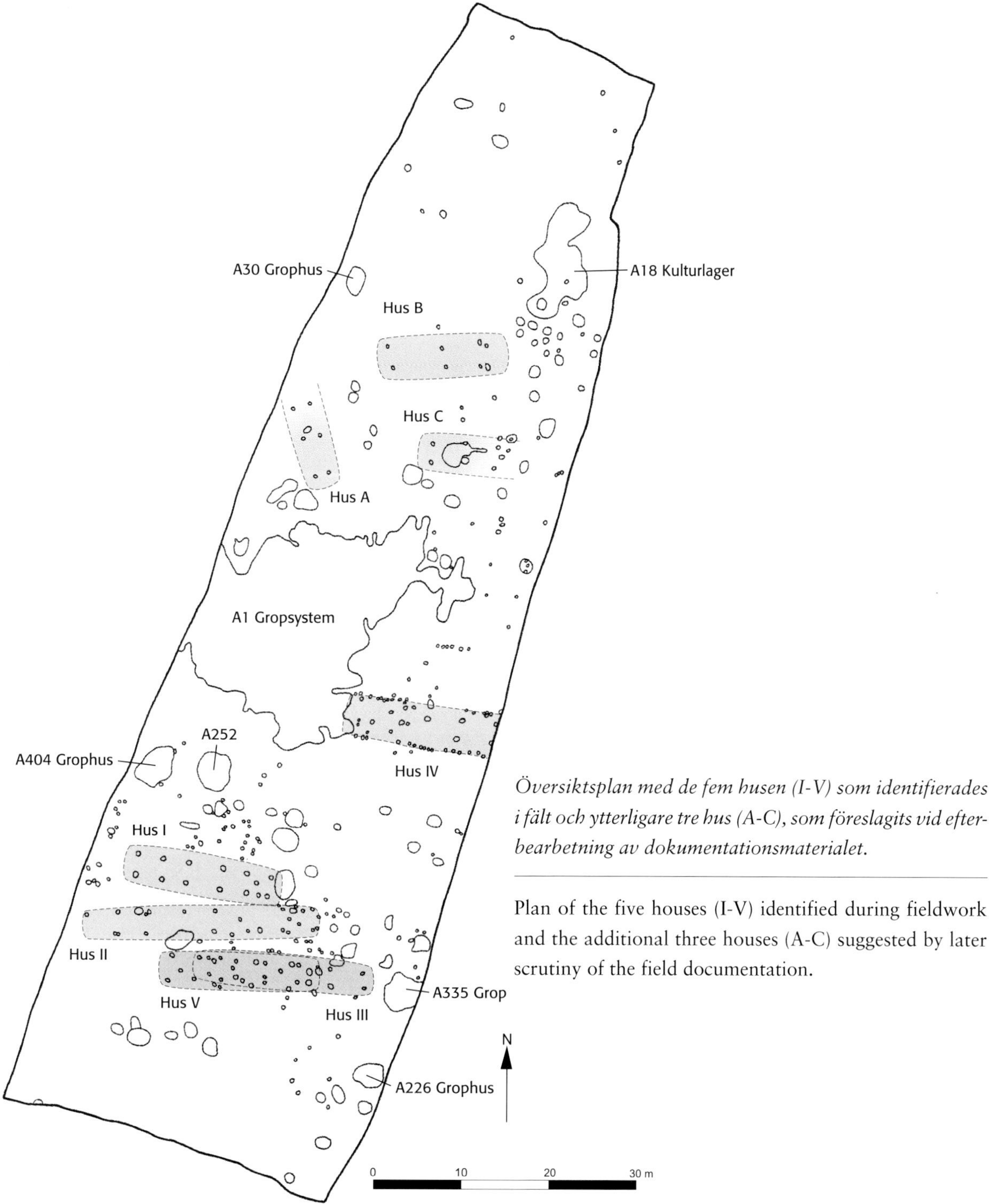

Översiktsplan med de fem husen (I-V) som identifierades i fält och ytterligare tre hus (A-C), som föreslagits vid efterbearbetning av dokumentationsmaterialet.

Plan of the five houses (I-V) identified during fieldwork and the additional three houses (A-C) suggested by later scrutiny of the field documentation.

Inom den yta som blev föremål för arkeologisk utgrävning varierade undergrunden mellan moränlera och sand. Det fanns ett klart samband mellan vissa typer av anläggningar och undergrundens beskaffenhet. Stolphål vilka bedömdes som del av huskonstruktioner återfanns i de sandiga partierna – medan två större gropsystem var belägna inom det område som utgjordes av moränlera. Gropar av varierande storlek, från mindre till relativt stora täktgropar (se föregående sida), samt även grophus, förekom däremot spritt över området. Groparna tycks, i kontrast till gropsystem och huskonstruktioner, inte följa något mönster i relation till de lokala markförhållandena. En möjlig förklaring till detta är att man generellt inom en boplats har behov av både sand och lera som råmaterial. Även om flertalet av groparna innehöll ett fyndmaterial som kan tolkas som avfallsdeponering (jfr diskussionen längre fram), så koncentrerades avfallet och därmed fynden till det stora gropsystemet A1 (inklusive A300 serien; se s. 575) samt gropen/grophuset A30 och grophuset A226.

Vi har tyvärr inte haft möjlighet att avgränsa boplatsens utsträckning på Klörups backar, och vet därför inte heller om den utgrävda boplatsytan är representativ för den ursprungliga bebyggelsen på platsen (Bergenstråhle 2000:74). Den del som undersökts, dateras som tidigare nämnts, enbart till sen förromersk och romersk järnålder, men det är inte omöjligt att närområdet varit bebott både före och efter denna tidsram. Boplatsytan avgränsades vid utgrävningen åt söder och norr, i och med vägens sträckning i denna riktning, samt åt öster av topografin. Inga försök att avgränsa boplatsen gjordes västerut (där täktverksamhet tidigare ska förekommit), eftersom det ansågs viktigare att gräva ut en så stor del av de befintliga anläggningarna inom utgrävningsområdet som möjligt (a.a. 2000:74).

Från Klörup till kusten

Ytterst få fynd och boplatser i Trelleborgs kommun kan dateras till samma period som boplatsen på Klörups backar. En sammanställning över arkeologiska undersökningar utförda av Riksantikvarieämbetet i Lund mellan 1970 och 1996 (Jacobsson 2000), visar att relativt många lämningar från romersk järnålder har framkommit i Skåne. Under de 26 år som studien omfattar har drygt 70 boplatser och 19 gravar från denna period undersökts av personal från RAÄ.

Två fyndlokaler i Trelleborgs kommun utöver Klörup kan enbart dateras till romersk järnålder, av vilka graven i Västra Alstad nämnts inledningsvis. Graven hittades vid grävningsarbete år 1876 av gårdens arbetare, men den exakta lokaliseringen av graven från Västra Alstads prästgårds ägor är tyvärr inte bekant. Det är ett sorgligt faktum att Skånes kanske rikaste grav med romersk import har en okänd fyndort och platsen därmed inte kan efterundersökas. Avståndet från Klörups backar till prästgården är cirka en kilometer. Den andra lokalen, som dateras till romersk järnålder, är gravfältet Albäcksbacken (Hansen 1945; Stjernquist 1955, 1995). Detta gravfält är beläget vid den skånska sydkusten (vid Albäcksåns utlopp i Trelleborgs västra utkant), ungefär en mil söder om Klörups backar. Vid en genomgång av sydvästskånska gravfynd har den i Västra Alstad karakteriserats som

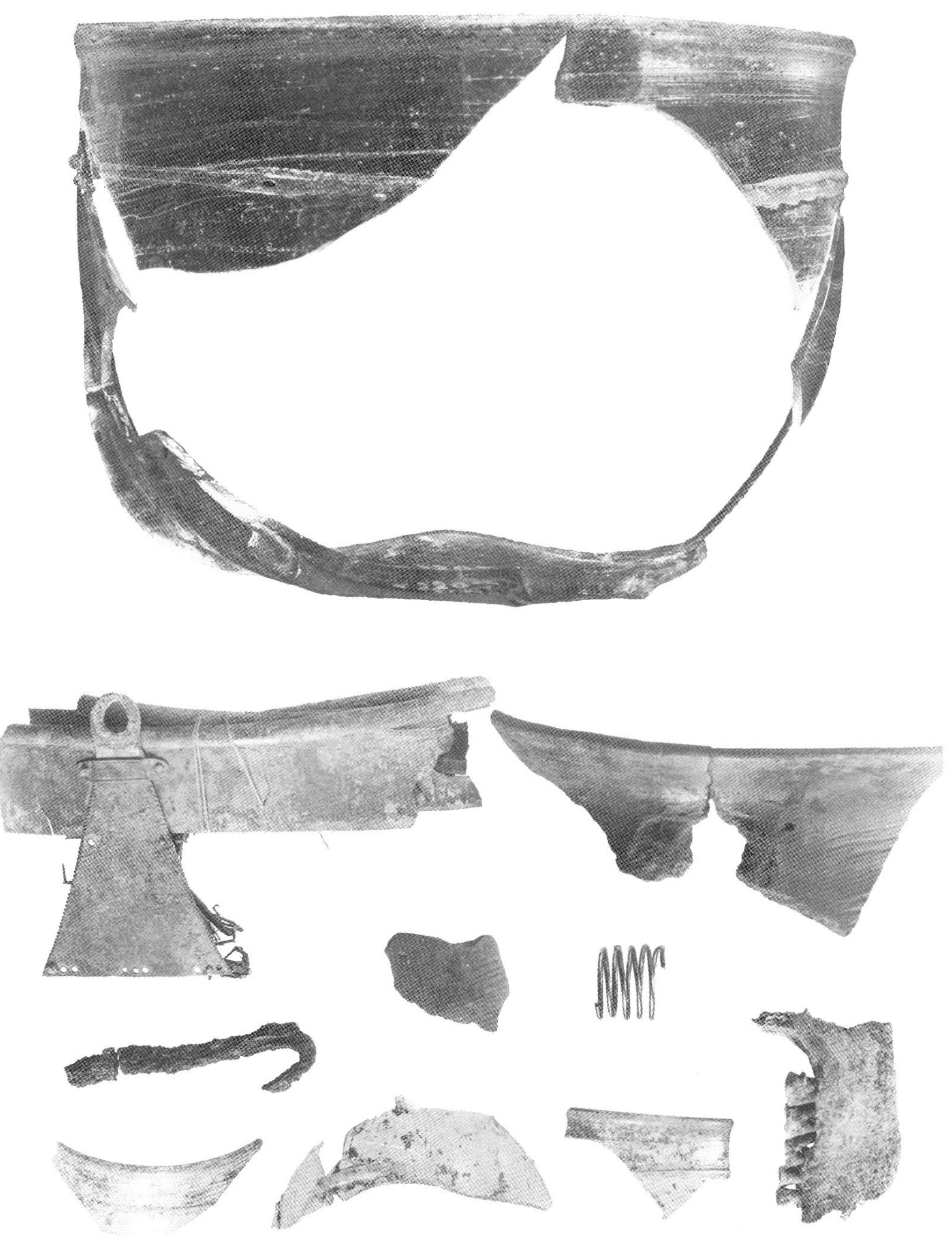

Fynden från den rika graven som framkom på Västra Alstads prästgårds ägor 1876. Foto: LUHM:s fotoarkiv.

The finds from the rich grave unearthed in 1876 on the estate of the vicarage of Västra Alstad. Photo: LUHM's photo archive.

en högstatusgrav, medan de på Albäcksbacken har ansetts utgöra en blandning av högstatus och medel/lågstatusgravar (Branca 2001:48). Graven med romersk import i Västra Alstad tolkas av Branca som tillhörig ett elitärt skikt, vilket representerar en civil politisk makt på region eller bynivå, medan vapengravar anses representera en militär makt (a.a 2001:54). Gravarna på Albäcksbacken innehöll skiftande gravgåvor; både vapen i form av spjutspetsar och smycken som pärlor och fibulor, men även mindre föremål såsom kammar, knivar och brynen. Även keramikkärl förekom som gravgåva i både Västra Alstad och på Albäcksbacken.

Fynden

Fynden på Klörups backar framkom dels i anslutning till husen och dels i gropar. Fynd från stolphål och lager i området var dock relativt fåtaliga i förhållande till det stora fyndmaterial som påträffades i gropar. Den största andelen fynd totalt sett gjordes i det stora och centralt belägna gropsystemet (A1) väster om hus IV (se s. 559). Den största koncentrationen av fynd gjordes dock i en mindre grop/grophus (A30), som var belägen norr om det stora gropsystemet. Denna anläggning är speciell på flera vis; dels gjordes guldfynden i gropen och dels har det vid keramikbearbetningen varit möjligt att rekonstruera flera fint dekorerade bägare härifrån. Guldfynden utgörs, som tidigare nämnts, av en guldfolierad glaspärla (se nästa sida) och ett fragment av bitguld. Någon exakt parallell till denna typ av pärla har hittills inte hittats i Skåne. Bitguld å sin sida kan tolkas på flera vis, men kanske mest sannolikt som en indikation på metallhantverk eller som betalningsmedel.

Det är ovanligt att hitta guld överhuvudtaget, men framförallt är det ovanligt på boplatser. I princip är det endast på stora boplatser eller offerplatser som guld har påträffats förutom i gravar. En sådan plats i Skåne är Uppåkra – några mil nordväst om Klörup – samt Sorte Muld på Bornholm. Eftersom vi idag inte känner till att guld har utvunnits ur malm eller vattendrag under förhistorisk tid i Sverige, så karakteriseras guldfynd från romersk järnålder som import. Importen av ädelmetall diskuteras inte vidare här. Den viktigaste slutsatsen är att guldet visar att boplatsen på Klörups backar var del i ett större kontaktområde.

Fyndmaterialet från Klörup består till största delen i övrigt av keramik, men även järnföremål, slagg, ben och flinta fanns på platsen. Det första järnföremålet på platsen – en järnkniv – påträffades vid den inledande undersökningen av det stora gropsystemet A1. Järnkniven var ett av de första fynd som gjordes i det mörka lagret överst i A1. För att försöka finna så många metallföremål som möjligt omprioriterades resurser så att en metalldetektoravsökning av området kom till stånd. Förhoppningen var givetvis att finna metallföremål som kunde bidra till en datering av anläggningar och platsen som sådan. Tyvärr kom dessa förhoppningar på skam. För trots att undersökningen av anläggningar och dumphögar resulterade i fynd av enstaka nitar/spikar, tre knivar, en dräktnål/hårnål, en sländtrissa, samt 14 fragment av obestämbara järnföremål (se s. 564), så bidrar dessa inte nämnvärt till platsens datering. Samtliga föremålskategorier förekommer nämligen under hela järnåldern. Å andra sidan

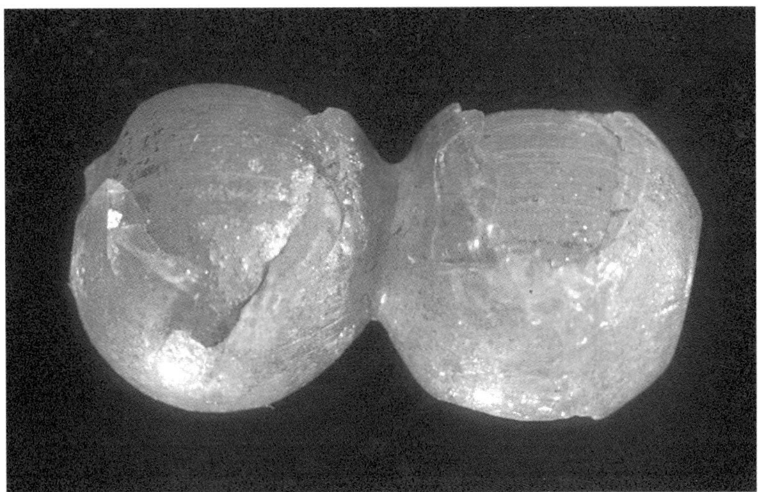

Den guldfolierade glaspärlan (15×8 mm) och bitguldet (6×3mm) från gropen/grophuset A30. Foto: Bengt Almgren.

The gold-foiled glas-bead (15×8 mm) and the gold fragment (6×3mm) found in the pit/pithouse A30. Photo: Bengt Almgren.

finns ingenting som tyder på avvikande dateringar från det övriga fyndmaterialet. En intressant detalj är att sländtrissan väger hela 43 g och därför har använts för att spinna en grov tråd (pers. kom. Eva Andersson 1999:20f). Dräkt/hårnålar förekommer också under en längre tidsrymd. Trots det profilerade ändstycket har någon närmre datering inte varit möjlig att uppnå.

Det mest säregna med platsen är den goda tillgången på bra lera, vilken vid provbränning visade sig lämplig för tillverkning av kärl. Keramikfynden uppvisar en stor och rik variation av kärltyper (olika typer av bägare och förvaringskärl), dekor och tillverkningsteknik. Många kärlprofiler har kunnat rekonstrueras. Både fina bägare liksom ren brukskeramik kunde rekonstrueras till kärlform. Totalt framkom cirka 35 kilo keramik, varav en mindre mängd omkring 600 gram (22 skärvor) påträffades i stolphål. Den resterande mängden keramik framkom i gropsystemen och groparna.

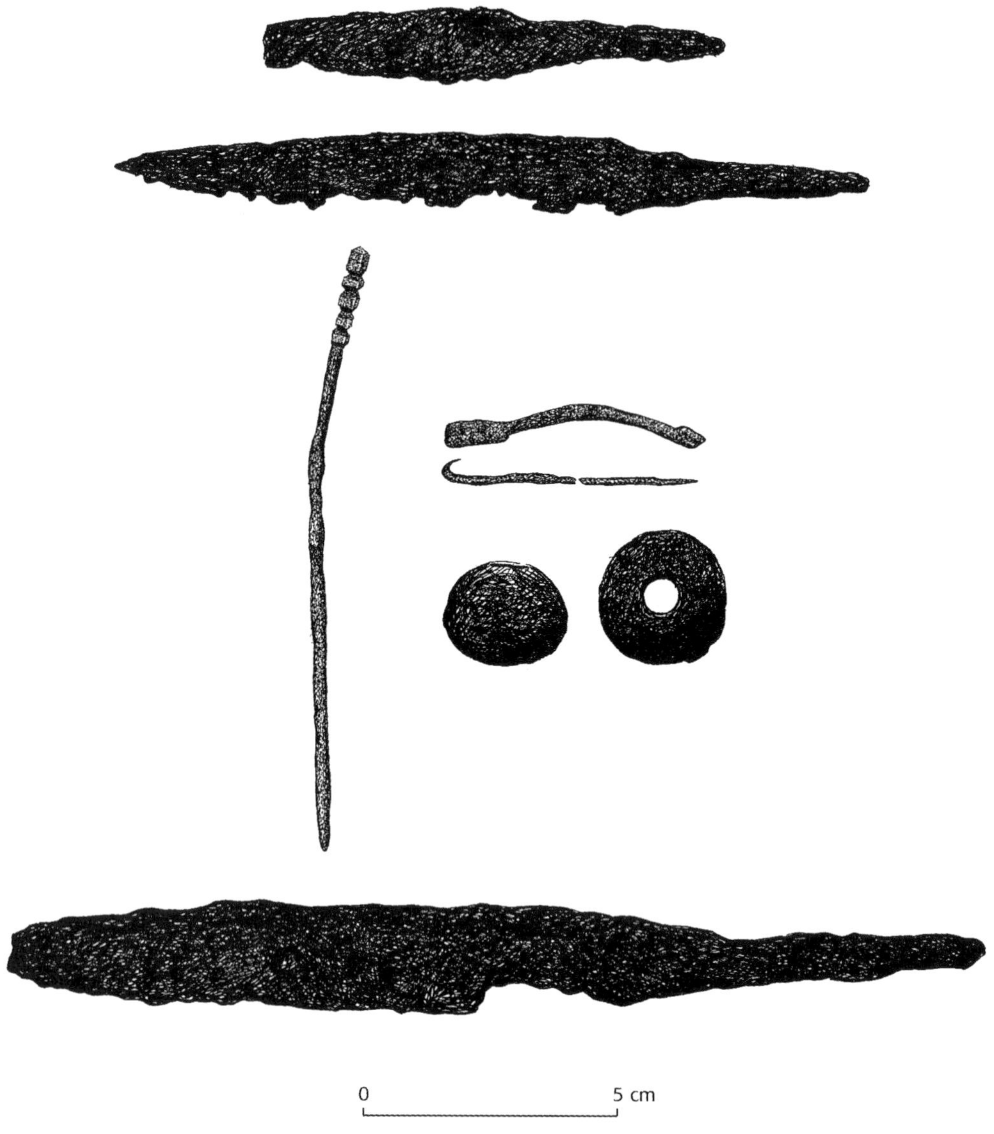

Knivar, dräkt/hårnål och sländtrissa av järn. Teckning: Annika Jeppsson.

Knives, pin/hairpin and spindle whorl of iron. Drawing: Annika Jeppsson.

Mat och offer

De som levde på Klörups backar hade tillgång till en rad olika naturmiljöer vilka lämpade sig väl till både betes- och odlingsmark. Organiskt material som brända sädeskorn och djurben fanns bevarade i en del av anläggningarna på platsen[1]. Brända sädeskorn påträffas oftast först vid provtagning för makrofossilanalys, men ett av stolphålen (A54) i långhus I innehöll en sådan koncentration av sädeskorn att de var urskiljbara direkt vid undersökningen. Analysen av dessa frön visar att skilda växter kan beläggas på platsen. Fyndet utgjordes i huvudsak av korn och vete. Kornet bestod av skalkorn och naket korn, medan vetet kunde delas in i kategorierna brödvete och kubbvete. En mindre andel frön från växter som råglosta, molla, hassel, bergsyra, trampört och gräs framkom också. Fyndet har tolkats som en medveten deposition av utsäde (Regnell 1997 och bilden nedan). De arter som är representerade visar på att de för perioden vanliga sädesslagen vete och korn brukades på platsen samt att ogräs, gräs och buskage av hassel bör ha vuxit i närområdet. Ett helt kärl (F662), som hittades vid schaktning i grop A301 (se nästa sida), tolkades även det som en medveten deposition. Skopan strök av undergrunden jämte med mynningen så kärlet avtecknades som en rund ring mot den kringliggande leran. Kärlet, som sedan grävdes fram för hand och togs in som preparat, innehöll dock inga fynd. Gropen var så stor att den precis rymde detta enda lilla hela kärl som ställts på gropens botten. Några andra fynd hittades inte i denna.

En genomgång och studie av djurbensmaterialet (Nilsson 2000) visar att de vanligaste förekommande arterna var nötboskap, häst och svin. Enstaka fragment av får, hund och fiskben (troligen torsk) samt ett fragment av kungsörn fanns också representerade i materialet. Förutom fyndet av kungsörn, som knappt kan räknas som ett husdjur, visar studien att de för tidsperioden vanliga arterna som nötboskap, svin och får bidrog med kött och mejeriprodukter förutom ull och

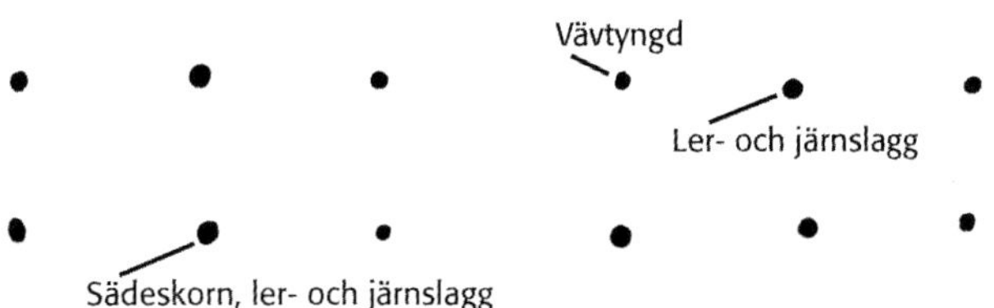

Planritning av Hus 1 med angivning av påträffade sädeskorn samt fynd av vävtyngd, lerslagg och järnslagg i stolphål till takbärare.

Plan of House I with indications of the finds of grain, loom weight, sintered clay and iron slag in roof-bearing postholes.

hudar. Hästen har sannolikt haft betydelse för transporter och därmed underlättat kommunikationen med andra inlandsområden. Egentligen är det mest intressanta att torsk förekommer på platsen. Detta fynd visar att man har haft ett varuutbyte med kustområdet, som inte bara avsett statusföremål utan även inkluderat födoämnen.

Bägare (F662) påträffad i gropen A301 i västra kanten av det centrala gropsystemet (A1). Foto: Bengt Almgren.

Beaker unearthed in pit A301 situated on the western fringe of the central pit system (A1). Photo: Bengt Almgren.

Hus och verkstäder

Totalt identifierades lämningar efter fem långhus och två grophus vid fältarbetet (s. 570). Samtliga har daterats till förromersk och romersk järnålder utifrån jämförande studier av de konstruktionsdetaljer som presenterats i samband med Fosie- och Köpingeundersökningarna (Bergenstråhle 2000:74; Björhem & Säfvestad 1986; Tesch 1993). Makrofossil från stolphål har använts till ^{14}C-datering. Tabellen på nästa sida visar de dateringar som erhållits från sex stolphål fördelade på tre hus. De två översta dateringarna är utförda på material från stolphål i långhus I (A54 och A56); de två följande tillhör långhus III (A200 och A201), medan de två sista dateringarna härrör från långhus V (A220 och A221).

De ^{14}C-resultat som erhållits från husen anger en datering till sen förromersk och fram i yngre romersk järnålder, och den stöder därmed den datering som kan göras på basis av husens typologiska särdrag. Resultaten stämmer även väl överens med den typologiska dateringen av keramiken. Allt dateringsunderlag pekar på en samstämmig datering till sen förromersk respektive romersk järnålder.

En mindre koncentration av stolphål i den sydvästra delen av undersökningsområdet kan eventuellt utgöra delar av hus som är belägna utanför områdets begränsning. Dessa anläggningar som i fältdokumentationen omnämns som hus VI och VII har i så fall endast enstaka stolphål efter sidoväggar och eventuellt ett takbärande stolppar från

Anl. nr.	Anl. typ	Material	Fraktion	Lab. nr.	^{14}C ålder BP	Kalibrerat BC/AD 1 sigma	Kalibrerat BC/AD 2 sigma
Hus I; A54	Stolphål	Makrofossil	INS	Ua-7275	2 070±65	BC 170 - AD 9	BC 339 - AD 76
Hus I; A56	Stolphål	Makrofossil	INS	Ua-7276	2 125±75	BC 338 - 40	BC 375 - AD 57
Hus III; A200	Stolphål	Makrofossil	INS	Ua-7277	1 840±85	AD 81 - 322	AD 5 - 407
Hus III; A201	Stolphål	Makrofossil	INS	Ua-7278	1 825±65	AD 124 - 320	AD 68 - 387
Hus V; A220	Stolphål	Makrofossil	INS	Ua-7279	1 855±70	AD 81 - 247	AD 15 - 371
Hus V; A221	Stolphål	Makrofossil	INS	Ua-7280	1 790±70	AD 140 - 341	AD 79 - 417

Tabellen visar kalibrerade ^{14}C-dateringar enligt Stuiver et al Calibration – 1993. Analys utförd av Tandemlaboratoriet, Uppsala Universitet. Kalibreringsfilen Intcal 93, ^{14}C har använts.

Table of the ^{14}C-datings calibrated according to Stuiver et al. Calibration – 1993. Analysis by Tandemlaboratoriet, Uppsala Universitet. Intcal 93, ^{14}C was used.

respektive hus bevarade inom schaktet. Dessa anläggningar var belägna sydväst om det stora gropsystemet inom det sandiga moränpartiet.

Lämningarna efter Hus I, II, III och V var belägna på en svag förhöjning söder om det stora gropsystemet (se s. 559). Ett antal stolphål som inte har varit möjliga att tolka som del av konstruktioner omger hus II, III och V.

Vid en jämförelse av husens inbördes placering visade det sig att två av de fem långhusen delvis sammanfaller i plan, vilket innebär att de inte kan ha existerat samtidigt. Långhus III och V överlagrar varandra och det är oklart vilket av långhusen stolphålen i vägglinjen norr om husen tillhör. Den troligaste tolkningen, efter en komparativ datering av hustyperna, är att hus III anlades på platsen strax efter Kristi födelse. Denna byggnad kom så småningom att ersättas av hus V på samma plats, kanske redan efter ett par generationer. Hus I har dessutom, som det enda, genom ^{14}C-dateringar tydligt daterats till förromersk järnålder (se ovan). Detta innebär att åtminstone tre bebyggelsefaser är representerade på platsen.

Vid efterbearbetningen av plandokumentation och profilritningar har vi avgränsat ytterligare koncentrationer av stolphål, som kan ha ingått i huskonstruktioner. Framförallt bör två koncentrationer av stolphål norr om det stora gropsystemet nämnas. Emellertid hade dessa stolphål inte samma klara och enhetliga fyllning och form som de övriga söder om det stora gropsystemet A1. Därför tolkades dessa inte som ingående i huskonstruktioner vid fältarbetet men som vi återkommer till längre fram är det möjligt att de utgjort en gårdsenhet på platsen.

Även två grophus, A404 och A226, som var belägna norr respektive sydöst om långhus I identifierades under fältarbetet (se s. 568–569). De två grophusen uppvisar sinsemellan stora skillnader i form, storlek och innehåll. Det minsta grophuset, A404, som tydligt avtecknades i ytan med en rundad form, var 2,10x1,70 meter stort och 0,20 meter djupt. Fyllningen bestod av ett mycket kompakt, grått lerlager med inslag av bränd lera och kol. Inga fynd påträffades i själva grophuset. Vid tidigare undersökningar av grophus i inlandsmiljö (Olsson 1975; Söderberg 1995) har det ofta varit

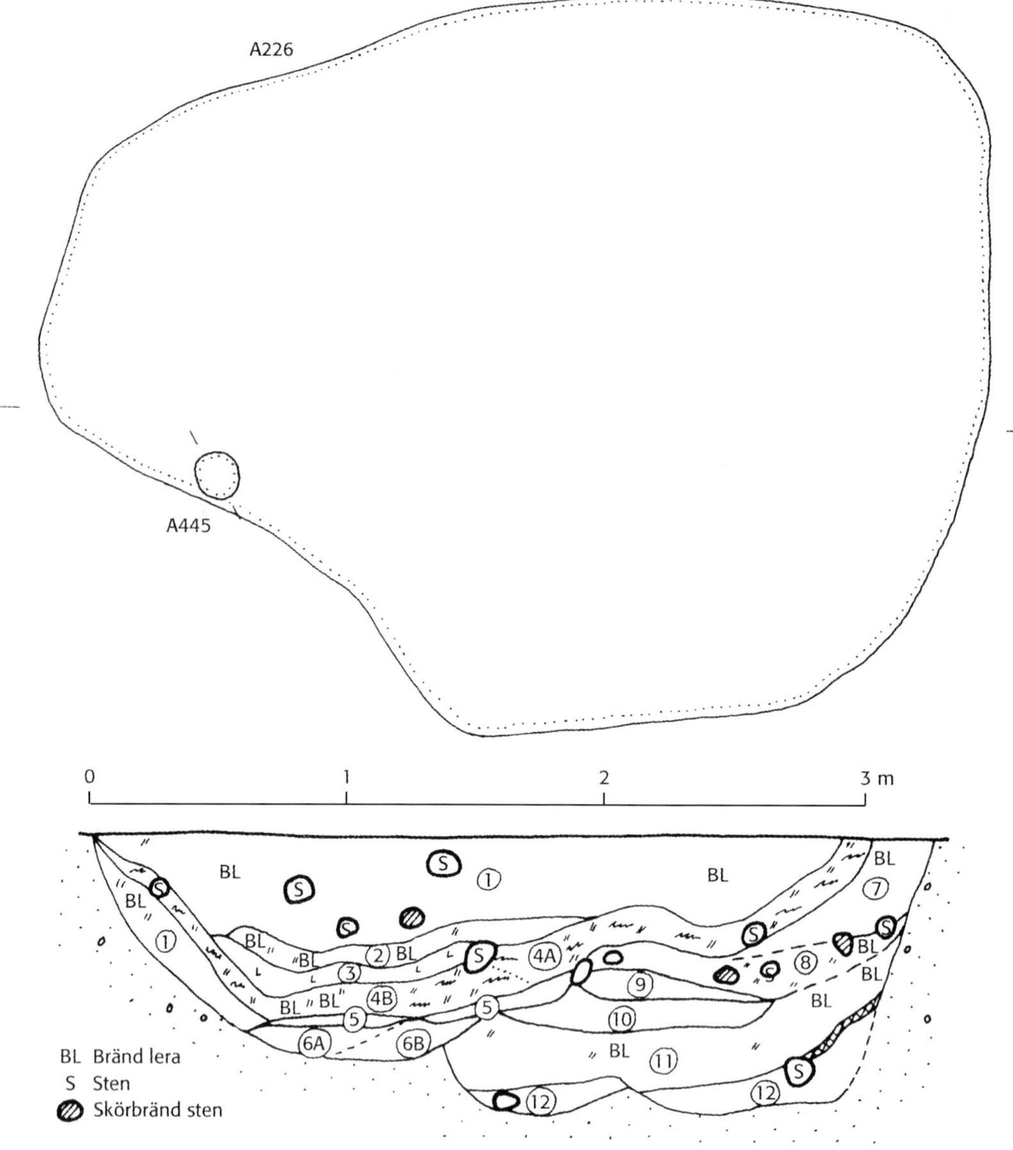

1. Gråbrun homogen humös sandig, moig morän med enstaka mindre stenar och inslag av bränd lera.
2. Svagt sotig humös sandig, moig morän med rikligt med bränd lera och inslag av träkol.
3. Brungrå homogen humös sandig, moig morän med fläckar av lera.
4A. Mörk gråbrun homogen humös, svagt sotig, sandig moig morän.
4B. Mörk gråbrun homogen humös, svagt sotig, sandig moig morän med lera, bränd lera och stenar.
5. Brungrå homogen humös sandig, moig morän med lera och enstaka träkol.
6A. Brungrå homogen svagt humös sandig, moig morän.
6B. Brungrå och melerad grågul svagt humös sandig, moig morän.
7. Ljust gulgrå homogen svagt humös sandig, moig morän med måttligt med bränd lera.
8. Ljust gulgrå homogen svagt humös sandig, moig morän med något bränd lera.
9. Ljust brungrå homogen svagt humös sandig, moig morän.
10. Brungrå homogen svagt humös sandig, moig norän.
11. Brungrå homogen humös sandig, moig morän med lera, bränd lera och måttligt med träkol.
12. Brungrå melerad humös sandig, moig morän med lera, bränd lera och måttligt med träkol.

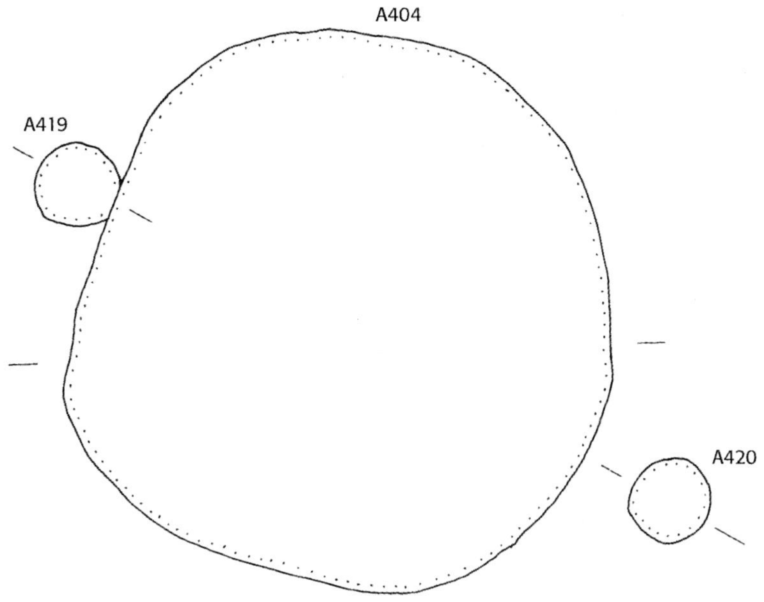

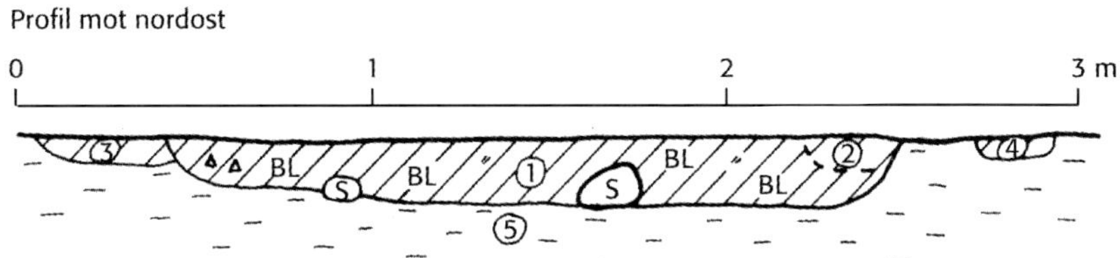

1. Mycket kompakt grå lera med bränd lera, lite träkol och kalk.
2. Brun svagt humös lera med något träkol.
3. Brun sandig lera.
4. Brungrå lera med något träkol.

BL Bränd lera
S Sten

Plan och profiler på grophusen A226 och A404.

Plans and sections of the pit-houses A226 and A404.

möjligt att avgränsa ett flertal lager stratigrafiskt utöver en homogen golvnivå. Eftersom endast ett kompakt grått lager var bevarat i grophuset tolkas detta som golvlager. Två stolphål som tillhört konstruktionen var belägna strax utanför grophusets östra och västra ytterkant. De var lätt förskjutna i nordvästlig – sydostlig riktning. Ett fåtal keramikfragment påträffades i stolphålet väster om grophuset. Det större grophuset (A226) hade en storlek, men också form – rundoval – som överensstämde med mindre täktgropar inom undersökningsområdet. Det upp till en meter djupa fyllnadslagret innehöll ett rikligt fyndmaterial som bestod av keramik, bränd lera och järnslagg.

Ytterligare några stora gropar framkom, som med större tveksamhet skulle kunna tolkas som grophus. Detta gäller bl.a. den stora gropen A30 (ca 3x2m stor och 0,7m djup), som utgrävdes på den norra delen av området. Förekomsten av det lerlager som kan tolkas som golv halvvägs upp i gropens fyllning, innebär att även denna anläggning skulle kunna tolkas som ett grophus; detta trots den ovanliga, rektangulära formen och avsaknaden av yttre stolphål.

Merparten av de stolphål som påträffades vid undersökningen har kunnat knytas till någon form av konstruktion, främst långhus och grophus. Medan tydliga lämningar av långhus bara har hittats söder om det stora gropsystemet i undersökningsområdets centrala del, finns såväl grophus, som spår efter liknande aktiviteter även i den nordliga delen. Att det kan röra sig om två självständiga gårdar stöds av en cirka fyra meter lång rad av tätt grävda stolphål strax öster om gropsystemet. Raden av stolphål, som preliminärt tolkats som en hägnad, låg i öst–västlig riktning och begränsades i öster av ett dike. Norr och söder om hägnaden påträffades inga andra anläggningar i anslutning till stolphålen.

Keramik – en källa till kunskap om boplatsens organisation

Klörup-boplatsens forskningspotential har blivit tydligare och de relevanta frågorna till fyndmaterial och strukturer har vuxit fram under utgrävningens gång (Bergenstråhle 2000:20). Det blev klart att platsens stora potential låg i välavgränsade gårdsstrukturer och aktivitetsområden, som har varit i användning under flera faser. Detta tillsammans med ett rikt fyndmaterial främst av keramik, har givit en unik möjlighet att studera småskaliga funktionsförändringar i gårdsmiljön. Frågan var därför om olika funktionsområden kan urskiljas och hur dessa förändras/ flyttas över tiden i det begränsade rum, som utgörs av ett par gårdar i en järnåldersby.

Relationen till omvärlden, som gjorde sig påmind genom fynden av bitguld och en guldfolierad glaspärla, är en annan fråga som även kan riktas till keramiken. Den stora mängden av keramikskärvor i groparna och förekomsten av god lera i området antydde existensen av en lokal keramisk hushållningsindustri (Peacock 1982:17) med "export" av keramik till kringliggande samhällen eller längre bort. Detta skulle kunna vara åtminstone en del av förklaringen till byns relativa välstånd.

Förhållandet till en närliggande centralplats under framväxt som Uppåkra, är självklart av intresse för studiet av de överordnade strukturerna i de skånska järnålderssamhällena.

Fyndmaterialet av keramik – d.v.s. såväl skärvor som bitar av bränd/sintrad klinelera, ugnsväggar och andra föremål – visade sig vara en intressant utgångspunkt för en analys av gårdarnas struktur i tid och rum (Stilborg 2000; Stilborg i manus). Mängden, arten och kvaliteten av det keramiska avfallet på platsen belyser aktiviteter som oftast har ägt rum i nära anknytning till det ställe där det har hittats. Andra fyndkategorier har i flera fall kunnat styrka denna tolkning. För att lättare kunna urskilja koncentrationer av skärvor respektive bränd lera valdes olika gränsvärden för mängden av keramisk material. På Klörup med sin stora fyndmängd är en nedre gräns på 100 gram skärvor respektive bränd lera rimlig. Mindre mängder keramik räknas som bakgrundsbrus, medan mer än 400 gram däremot räknas som en stor mängd i denna analys, även om den i förhållande till ett enstaka kärls vikt fortfarande är liten.

Den äldsta fasen – sen förromersk järnålder

I fyra av stolphålen till takbärare i långhus I fanns keramik i form av skärvor eller bränd lera. I det sydliga stolphålet i andra bockparet från väst (A54) fanns således enstaka skärvor från flera kärl och en stor mängd bränd lera. En av skärvorna var sekundärt bränd till hög temperatur och enstaka bitar av bränd lera var sintrade eller förglasade, vilket antyder temperaturer över 1000°C. I det fjärde bockparet fanns ett fragment av en kägelformad vävtyngd i det nordliga stolphålet (A57) och en mindre mängd bränd lera (ingen sintrad) i hålet till den sydliga parstolpen (A58). Slutligen innehöll det nordliga stolphålet i det femte bockparet (A59) en del bränd lera, varav en bit delvis förglasad och flera mindre bitar till synes växtmagrade (se s. 565).

De keramiska fynden ska antagligen förstås i samband med fynden av sädeskorn (Regnell 1997) bränd lera och järnslagg i hålet till takbäraren A54. Bedömt utifrån Tove Paulsson-Holmgrens diskussion av husoffer (1997:167f) uppfyller fynden i långhus I det första kriteriet för husoffer – att de är direkt knutna till huset. När det gäller kriteriet att vara tydligt förseglade av konstruktionen påpekar Regnell den ordnade nedläggningen med bränt lera överst och koncentrationen av sädeskorn längre ner, vilket tyder på en nedläggning innan stolpen restes (Regnell 1997: 108). Om sädeskornen skulle vara avfall från funktioner i huset borde flera stolphål innehållit spannmål. Koncentrationen av fynd till detta hus från den äldsta fasen kan inte heller förklaras som avfall från omgivningen som av en slump hamnat i stolphålet. Detta skulle i så fall i lika hög grad ha gällt husen i de senare faserna, som bara undantagsvis innehåller keramiska eller andra fynd. Ännu ett starkt argument för en tolkning som husoffer är de likartade fynd, som har gjorts bl.a. på den förromerska boplatsen Lilla Hammar på Hammarsnäs (Pettersson & Torstensdotter Åhlin 1999:12f). Här förekommer en större mängd sintrad lera förutom delar av ett lerblock i flera stolphål till takbärare i hus C. Ett lerblock och en svinbete hade yttermera grävts ner intill två motställda takbärare i hus A på samma plats (Pettersson i denna volym).

Husofferteorien medför att fynden representerar aktiviteter som har ägt rum före eller under husets konstruktion. De relativt få bukskärvorna i A54 uppvisar inga karakteristika, som kan placera keramiken kronologiskt. De sintrade och

Översiktsplan över aktivitetsområden i äldre fasen.

Plan of the activity areas during the earlier phase.

Aktivitets-områden	Anläggning	Mängd sk. i g	Grov/ Fingods	Förtj. profil. myn.	Mängd br. lera i gram	Sintrad lera	Bläster-skydd	Degel	Övriga fynd
NÖ-området	Gropar	635	F/G	X	520	X			Järnslagg
	Kulturlager	1150	G Benmagr.		335	X	X		Järnfragment
Lågtemp. ugn	Grop	1515	G/F ¾ av 1 kärl		230				
Grophus i NV-hörnan	A30 Nedre 65-30 cm	2445	G/F	X	200			X	Kniv, nit, >100 g ben, malsten, bryne, vävtyngd
	A30 Övre 30-0 cm	3808	G/F		240			X	Bitguld, pärla, sprut-slagg, slagg, malsten, nitar, >100 g ben, bryne
Nordsmedjan	Grop o härd	240	F/G		395	X	X		
Gropsystemet i mitten	Gropar	13304	G/F	X	679	X A308			Järnfragment, >100 g ben
	Kulturlager	1950	G/F	X	185				Kniv, slipsten, nålar, dräktnål
Sydsmedjan	Nedre 60-40 cm	40	F	X	15				
	Övre 40-0 cm	450	F/G Smideskärl	X	90	X			Bryne
SÖ-området	Grophus 100-30 cm	435	G/F Benmagr.	X	1770	X			Lerplatta, >100 g ben, sprutslagg
	Grophus 30-0 cm gropar och härdar	1305	G/F		4230 växt-magr.	X Sek. br. skärva			Nål, järnslagg, sprutslagg, lerblock, mal-sten samt löpare, >100 g ben

= den äldre fasen.

Förkortningar:
sk = skärvor
Förtj. profil. myn. = förtjockad profilerad mynning
br. = bränd
F och G = fin- och grovgods
-magr. = magrad
Sek.br. = sekundärt bränd

Fördelningen av en rad olika keramikparametrer på den utgrävda delen av Klörup.

The distribution of different pottery parameters across the excavated part of Klörup.

delvis förglasade lerbitarna och de sekundärt brända krukskärvorna visar tillsammans med järnslaggen på smidesaktivitet innan eller i samband med husets funktion. Strax öster om huset ligger gropen A405, som utifrån läget skulle kunna vara samtida med hus I. Keramiken i gropen domineras av fingods, men innehåller inga kronologiska karakteristika utom en facetterad mynning, som skulle kunna vara av förromersk datering. I övrigt fanns i gropen en mindre mängd bränd lera, som kan härröra från en närliggande ugn eller en lertäckt härd.

Den mellersta fasen – äldre romersk järnålder

I boplatsens nordöstra del låg en serie gropar (A19, 38-40, 41, 42) innehållande cirka ett halvt kilo keramikskärvor samt en motsvarande mängd bränd lera, varav flera bitar var sintrade (se föregående uppslag). Järnslagg, flinta, en sjöborre samt träkol och brända ben utgjorde de övriga fynden i groparna. I anknytning till groparna fanns även två härdar (A21, 22). I och med att anläggningarna senare täcktes av ett kulturlager (A18) och att en av groparna innehöll en förtjockad, facetterad mynning har aktiviteterna på denna nivå sannolikt ägt rum i den äldre fasen. De sintrade lerbitarnas indikation av järnhantering i området stöds av fynd av järnslagg i en grop och möjligen även av härdarna som låg söder om (bl.a. A35, 45, 46).

Söder om detta område fanns en grop (A47), som utifrån sin runda form och innehåll av brända lerbitar av samma gods med pinnavtryck, skulle kunna vara rester av en lågtemperaturugn. I förhållande till tidigare identifierade lågtemperaturugnar (Fendin 1999:8) verkar den dock väl djup med sina 1,4 meter. Herrestad-ugnen hade ett största djup av ca 0,8 meter. Alternativt kan en sådan ugn ha stått intill och delar av den sammanfallna kupolen ha hamnat tillsammans med keramikskärvor i gropen. Bland keramiken fanns en liten skärva med en speciell ornamentik som typologiskt knyter den till ett kärl i de nedre lagren av A30 daterade till äldre romersk järnålder.

I det nordvästra hörnet av utgrävningsområdet hittades gropen/grophuset A30. Det djupaste lagret (30–65 cm) av brunsvart, sandig silt med inslag av kol innehöll ett ganska normalt sammansatt keramiskt hushållsavfall med såväl grov- som finkeramik om än mängden var något större än vanligt – ca 3 kilo. Det stratigrafiska läget motsvaras av fyndet av förtjockade, profilerade mynningar från äldre romersk järnålder (ÄRJÅ). Mängden av bränd lera ligger lite över bakgrundsvärdet (gräns satt till 100 gram). Inga av de brända lerklumparna är sintrade. De är relativt slitna och representerar flera olika godstyper. Ett fragment av en degel antyder gjutningsaktivitet här eller i närheten. De övriga fynden bekräftar såväl att innehållet huvudsakligen är ett hushållsinventarium (>100 gram ben, kvarnsten), som att hushållet kan ha befattat sig med metallhantverk (sprutslagg, nit, bryne).

I mitten av det utgrävda boplatsområdet, under ett kulturlager, låg ett stort sammanhängande gropsystem (A1; ca 30x25m stort), som undersöktes genom en serie en meter breda schakt (Bergenstråhle 2000:31f). Groparna – totalt 82 – tolkas som lertäktsgropar, varierade mellan cirka en och tre meter i diameter och i djup mellan en halv och nära två meter. Tydliga nedgrävningskanter kunde urskiljas i groparnas nedre lager, i profilväggarna, medan avgränsningarna mellan skärningskanterna av de olika groparna var svåra att göra i de övre lagren. Groparna var nedgrävda i en fin, lerig morän. Leran i den omgivande sterilen

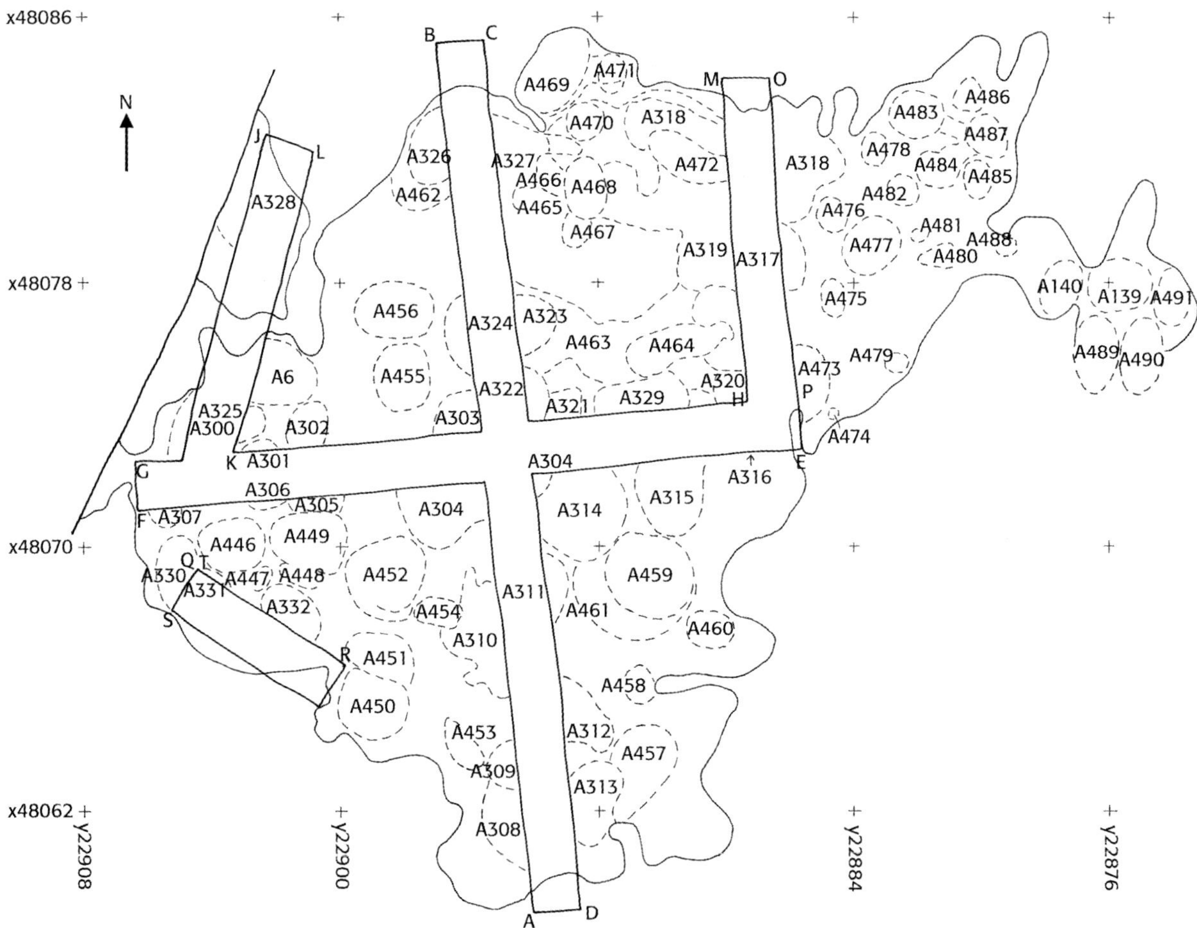

Planritning över gropsystemet A1 och de gropar som kunde avgränsas.

Plan of the pit aggregation A1 indicating discernible pits.

provtogs och har analyserats av Keramiska Forskningslaboratoriet. Den bedömdes på bas av bl.a. provbränning som lämplig såväl för lerklining som för keramiktillverkning. Fyllningen i groparna utgjordes av olika grå, gråbruna och bruna lager av sandig lerig morän med inslag av kol och sot och små fragment av bränd lera. Vanligen bestod groparna av flera komplicerade skikt, ömsom ljusare, ömsom mörkare och graden av sandinslag i den leriga moränen varierade.

Fynden i groparna bestod huvudsakligen av keramik och ben med koncentrationer i den nordliga, centrala och västliga delen av gropkomplexet. Flera av groparna innehöll förtjockade, profilerade mynningar från ÄRJÅ-kärl. Keramiken domineras i övrigt av grovt gods med en begränsad mängd fingods. Fragmenteringen är ojämn från fragment till hela kärl, men karakteriseras först och främst av stora skärvor, större kärldelar och enstaka hela eller nästan hela kärl. En mindre grop i ytterkanten av gropsystemets västra del innehöll ett helt, litet kärl från romersk järnålder (se s. 566, F662). Kärlet kan vara en medveten deposition, men det är inte möjligt att entydigt belägga någon formell offerhandling.

Skärvorna av grovt gods bär ofta bruksspår i form av sotning och/eller organiska lager. Mängden bränd lera är begränsad och bitarna är genomgående slitna och av olika gods. Enbart i A308, i den södra delen av komplexet, fanns enstaka sintrade stycken bland de brända lerbitarna. Detta fynd knyter antagligen an till smidesrelaterade fynd i grop A252 söder om gropkomplexet. Tolkningen av materialet i sin helhet som huvudsakligen hushållsavfall, med undantag för det ena hela kärlet, stöds av de övriga fynden, som bl.a. omfattar koncentrationer av ben och en vävtyngd.

På den södra delen av boplatsen, där de flesta spåren av huskonstruktioner har kunnat påvisas (Bergenstråhle 2000: 23ff), framstår den nordligaste, större gropen/grophuset A252 som ett speciellt aktivitetsområde. Både i övre och nedre delen av fyllningen förekom rester av kärl med förtjockade, profilerade mynningar och hela anläggningen kan tillhöra den äldre fasen. De facetterade mynningarna skulle även kunna härröra från den äldsta fasen, men ornamentik och kärl-profiler pekar på en senare datering.

Det keramiska fyndmaterialet i A252 är karakteriserat av en del bränd lera, varav flera bitar är sintrade samt en del skärvor av såväl grovgods- som fingodskärl. Anmärkningsvärt bland skärvorna är flera – till en stor del fragmenterade och spjälkade – skärvor av ett stort kärl med väggtjocklek mellan 12 och >18 mm. Trots tjockleken var det granitmagrade godset genomoxiderat. Vanligtvis har kärlväggen i förhistoriska kärl en mörk kärna, som inte har hunnit oxideras i den kortvariga bränningen. Tillsammans pekar dessa avvikelser från det övriga keramikmaterialet på att kärlet kan ha framställts och använts som smideskärl. Smideskärl har hittats på flera järnåldersplatser i Skandinavien, bl.a. Tibble i Uppland och Lundeborg på Fyn (Lindahl 1993:119f; Stilborg 1997:147), där de sannolikt har använts dels för smedens kylvatten, dels för att skydda glöden i härden över natten. I det senare fallet kan man tänka sig att kärlet ställdes uppochned över härden. Detta skulle kunna förklara kärlets grova dimensioner, genomoxidering och eventuellt också spjälkningen. En tolkning som smedja/smidesplats, baserad på smideskärlet och de sintrade lerbitarna, stöds av ett fynd av ett bryne från samma grop.

I det sydöstra hörnet av boplatsen var det stora rundovala grophuset A226 i funktion under denna fas. De två nedersta avfallslagren på 100–65 cm och 65–30 centimeters djup avsattes. I dessa fanns en viss mängd skärvor av såväl grov- som fingodskärl,

Översiktsplan över aktivitetsområden i yngre fasen.

Plan of the activity areas during the later phase.

däribland ett med lätt förtjockad, profilerad mynning, en liten benmagrad skärva (!) samt nära 2 kilo bränd lera. Bland de brända lerbitarna finns åtskilliga med stolp- och pinnavtryck, som kan ha härrört från en ugnskonstruktion. Flera bitar är sintrade och enstaka är helt smälta. Dessutom hittades hörnet av en ca 1,5 cm tjock keramikplatta med okänd funktion. De keramiska fynden ger intrycket av en blandning av hushållsavfall och avfall från metallhantering. Sistnämnda aktivitet tolkas som knutet till grophusets funktion. Blandningen av hushålls- och specialavfall framgår även av de övriga fynden, som omfattar en hel del ben samt sprutslagg från bearbetning av luppen (pers. kom. M. Regnell).

Även det lilla grophuset A404 kan ha anlagts under den äldre fasen. Eftersom grophuset ifråga inte innehöll några fynd är även en senare datering möjlig.

Den yngre fasen – sen äldre och tidig yngre romersk järnålder

Denna fas identifieras keramiskt utifrån streckornamentiken på kärlfragment i de övre delarna av A30; i kulturlagret A1, som överlagrar det centrala gropkomplexet, samt i kulturlagret A18 i nordöstra hörnet. Vidare saknas förtjockade profilerade mynningar i samma anläggningar. Utifrån detta kan fasen antagligen placeras i övergången äldre/yngre romersk järnålder (omkring 180 e. Kr.) samt i den första delen av YRJÅ. Väldaterade keramikfynd från denna period i Skåne visar att det tycks ha funnits en likartad utveckling i kärlformar och ornamentik över hela östra Sydskandinavien (Stjernquist 1955; Stilborg i manus).

Även en liten kopp, hittad öster om det centrala gropkomplexet (F732, se s. 585 fig. B) tyder på aktivitet under just denna övergångsfas. Jämförbara kärl har hittats t.ex. på Brudagerboplatsen, Fyn och på Hötoftaboplatsen (Stjernquist 1969:172; Ramstedt 1999:20; Dahlström & Ramstedt 1999).

Aktivitetsområdet i den nordöstra delen av boplatsen var fortfarande i funktion. Kulturlagret A18 avsattes över de äldre groparna. Detta innehöll mera än 1 kilo keramik, dominerad av grovgodskärl. Ett mellanstort kärl hade magrats med mycket och grovt krossad granit (med magringskorn upp till 5 mm) och verkar dessutom ha bränts till en hög temperatur (dock inte sintrad). Anmärkningsvärda är också en liten ornamenterad skärva av benmagrat gods (!) samt en del hankar varav minst två ornamenterade (F134,168). Mängden bränd lera är inte stor, men omfattar en hel del sintrade bitar, bitar med en förglasad sida samt delar av ett blästerskydd (F146). Metallhantverk finns således fortsatt representerat bland områdets aktiviteter.

Samtidigt återupptas aktiviteterna omkring och i gropen/grophuset A30. Ett lerlager (golv eller härdbotten) av mycket varierande tjocklek lades ner i den numera ca 30 cm djupa gropen och brändes sedan i anknytning till aktiviteter i grophuset. Lagret som därefter bildades i anläggningen bestod av svartbrun, sandig, humös silt med inslag av kol och bränd lera. De nästan fyra kilona keramikskärvor är resterna efter en samling kärl, som är mindre homogena än i de underliggande lagren. En rad kärlprofiler har kunnat sammanfogas eller rekonstrueras. Såväl mindre, tunnväggiga som flera större, tjockväggiga kärl är representerade och fragmenteringen varierar mera än i det äldre materialet. En mer detaljerad teknologisk registrering och tunnslipsanalyser på detta material har dessutom visat att även variationen i magringsteknologi och ytbehandling är anmärkningsvärt stor. Flera små fragment av deglar hittades här tillsammans med en guldfolierad glaspärla,

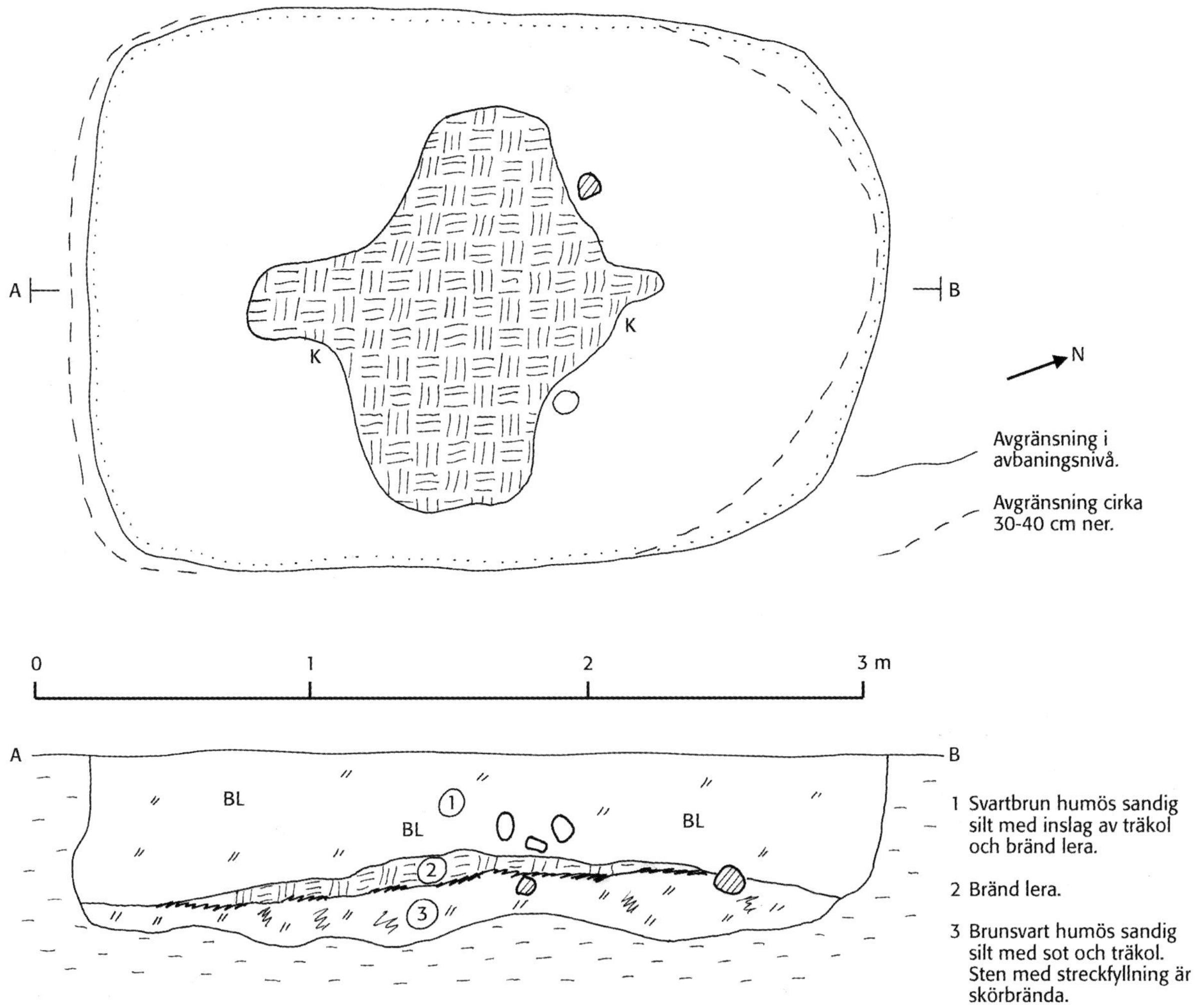

Gropen/grophuset A30 plan och profil. | The pit/pithouse A30 plan and profile.

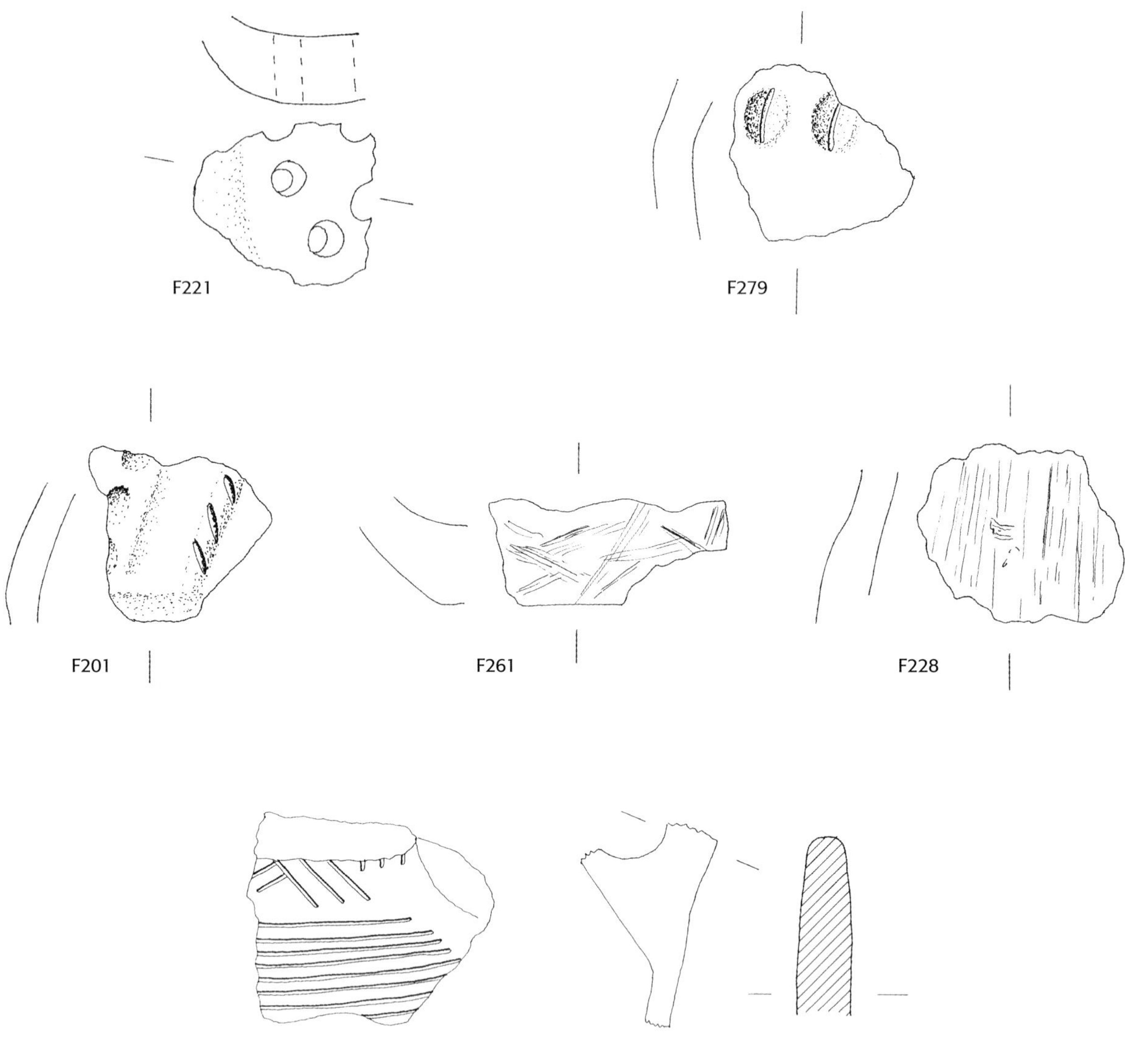

Ett urval av olika utsmyckningar, ytbehandlingar och profiler på kärlen på Klörups backar.

A selection of different types of ornamentation surface treatment and profiles on the vessels at Klörup.

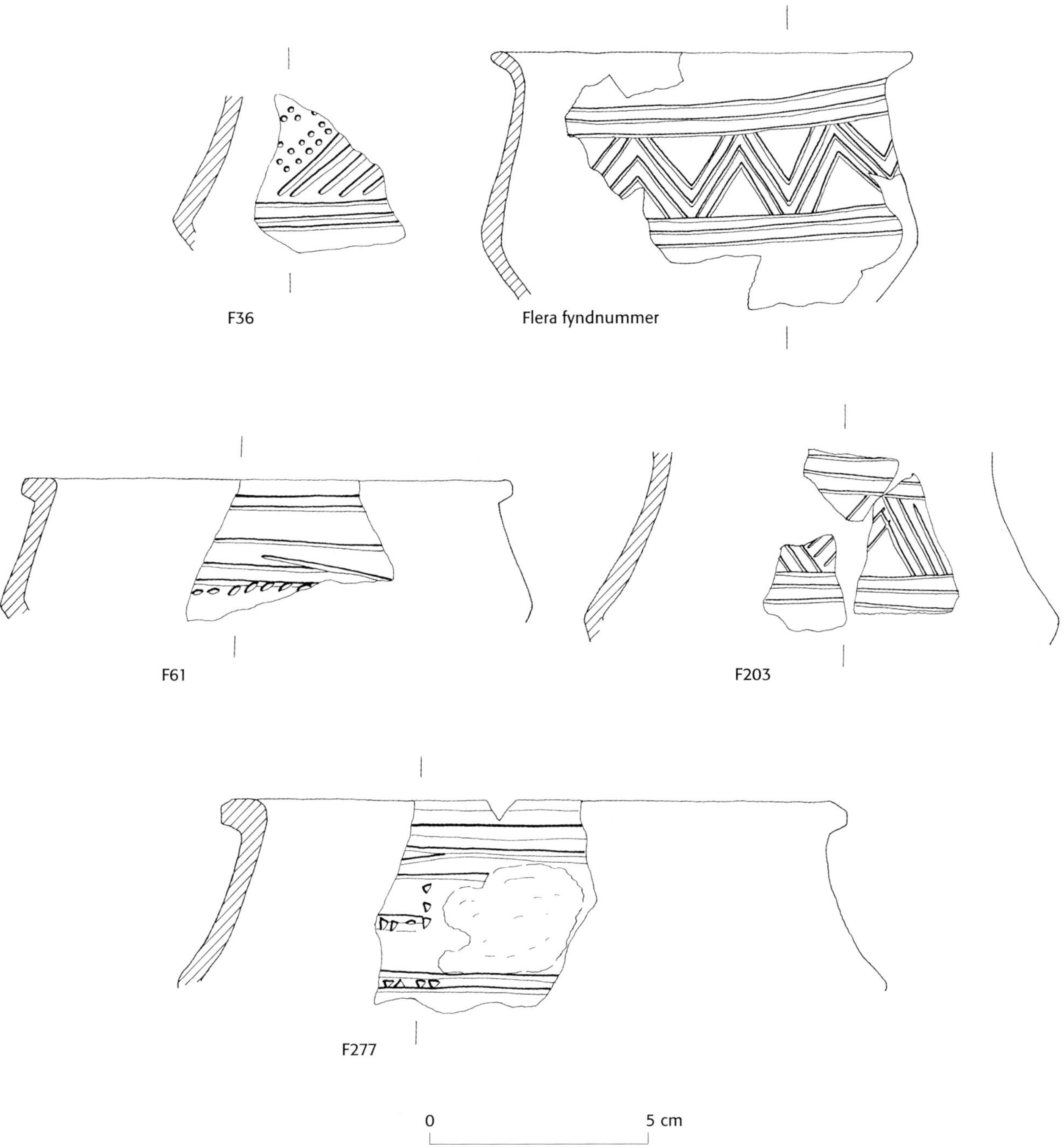
F36
Flera fyndnummer
F61
F203
F277
0
5 cm

bitguld, järnnitar, järnfragment, järnslagg, sprutslagg, ett bryne, löpare till kvarnsten, samt brända djurben. De senare kunde på grund av fragmenteringen inte artbestämmas, men har tolkats som måltidsrester (pers. kom. Caroline Arcini). Också dessa fynd vittnar om en rad olika aktiviteter innefattande såväl vanlig hushållning som gjutning och järnhantering. De brända bitarna av lera i gropen är av olika godstyper och inga är sintrade eller förglasade, vilket tyder på att gjutning och järnhantering antagligen inte har ägt rum i själva anläggningen. Den ojämna fragmenteringen av keramiken kan på motsvarande sätt bäst förklaras med att skärvorna är avfall från olika ställen med olika aktivitetsnivå.

Bland de ornamenterade skärvorna dominerar horisontella linjer samt vinkelband av snedställda grupper av linjer (se s. 580-581). Samtidigt finns inga tydligt förtjockade profilerade mynningar. Båda delarna är i överensstämmelse med keramikdesign på Fyn, Själland och i Skåne (bl.a. Uppåkra) daterad till övergången äldre/yngre romersk järnålder och YRJÅ period I (ca 180–260 e.Kr.) (Stilborg i manus). En skulderskärva ornamenterad med lister med runda intryck och snedställda tvärstreck kan vara senare – tidigast övergången period I/II av YRJÅ (F201). Pärlan dateras till romersk järnålder.

Rakt söder om A30 och mellan A30 och A18 kan ha legat två hus (A–B) samtida med denna fas. Parallellt med det sistnämnda av dessa hus kan en mindre huskonstruktion eller åtminstone ett tak ha skyddat smedjan (C), som har lämnat spår efter sig i gropen A93 inne i, och härden A92 strax utanför, ett eventuellt hus. I härden fanns ingen keramik, men 130 gram bränd lera däribland rester av ett förglasat blästerskydd. Däremot innehöll grop A93, utöver en del finkeramik också 265 gram hårt bränd lera, varav några stycken var nära sintring. Fragmentet av en kägelformad vävtyngd i ett stolphål till en takbärare i hus B mellan A30 och A18 samt en hank och enstaka andra skärvor från ett stolphål i hus A strax söder om A30 kan vara husoffer i linje med fynden i långhus I från äldsta fasen. Argumentationen för en offertolkning är den samma som för fynden i detta hus, men tolkningen inte lika säker.

I A30 hittades två skärvor av ett kärl med en ovanlig, avstruken utsida (F228). En motsvarande skärva – dock antagligen från ett annat kärl – hittades i A1-kulturlagret som täckte det stora gropkomplexet (F261). Därutöver är det främst stratigrafin som knyter A1-materialet till den yngre fasen. Några skärvor med linjeornamentik och bristen på – med ett enda undantag – tydligt förtjockade, profilerade mynningar pekar på en datering till den yngre fasen, medan åtminstone ett annat kärl har sin närmaste parallell i godskvalitet och form i fynd från det nedre lagret i A30, vilket avsatts under den äldre fasen. A1 innehöll en del keramikskärvor av både grovt och fint gods, samt 185 gram bränd lera av olika godstyper, men inga fragment som bar spår av att ha varit utsatta för högre temperaturer.

Vid den sydliga gården tycks metallhanteringen i och runt A226 ha fortsatt i den yngre fasen. I de övre lagren av A226 hittades förutom en del keramikskärvor – främst av grovt gods – också en stor mängd (nära tre kilo) bränd lera av olika godskvaliteter, varav en del sintrade. Spåren efter metallhantering i keramiken stöds av fyndet av järnslagg i samma lager. Den brända leran härrör antagligen från flera olika anläggningar. I ett fall har leran tydligen blivit magrad med spannmål eller snarare tröskavfall. Liknande växtmagrade bitar hittades i stolphålet A59 (hus I, äldsta fasen), gropen A287 och i härden A122 på norra delen av platsen. På flera skånska järnåldersplatser verkar det finnas ett funktionellt samband mellan denna typen av organiskt magrad lera och metallhantverk. I övrigt innehöll fyllningslagren i A226 flinta, löpare, malsten, glättsten, harts, obrända och brända ben samt träkol. I dumphögen invid A226 hittades en sländtrissa av järn med hjälp av metalldetektor.

I övrigt vittnar den huvudsakligen grovmagrade och i stort sett odekorerade keramiken – liksom fynd av en kvarnsten och en del brända ben – om näraliggande hushållsaktiviteter. Den stora gropen A335 norr om A226 samt tre mindre anläggningar söder om A226 kan representera en utvidgning av hantverksaktiviteterna i denna fas. A335 innehöll utöver grovgodskeramik en del bränd lera, varav flera bitar var sintrade. Dessutom var tre av skärvorna kraftigt sintrade på ena sidan, vilket antagligen beror på att de sekundärt har varit använda som beklädnad av en härdgrop eller liknande anläggning som har använts till metallhantverk. I gropen fanns också delar av ett lerblock och ett järnfragment. Härden A284 och gropen A285 i samma område innehöll båda en viss mängd keramikskärvor och en del bränd lera. Gropen A287 innehöll utöver nästan ett kilo bränd lera (inget sintrat) – varav flera bitar var växtmagrade – lite keramik, en järnnål och sprutslagg från järnframställning (pers. komm M. Regnell). Den brända leran härrörde, bedömt utifrån avtrycken, såväl från flätverks- som stenkonstruktioner.

Det keramiska hantverket

Den ovanligt stora mängden av keramik på Klörup, i kombination med den goda tillgången på bra lera förde tidigt till tanken att keramikproduktionen i samhället på lerplatån kunde ha haft en mera professionell inriktning med salu- eller bytestransaktioner för ögat. Samtida fynd i Norge har tidigare tolkats som industriella anläggningar för keramikproduktion med en stor spridning av produkterna längs den norska kusten; också här i samband med förekomsten av en lättillgänglig lera av utomordentlig kvalitet (Hulthén 1986). Professionell produktion kan emellertid vara svår att påvisa. Standardisering i råmaterialval och –bearbetning, hög kvalitet i formgivning och ytbehandling samt standardisering i kärlformer och -storlekar kan vara kännetecken, som dock enbart framstår klart i ett historiskt perspektiv på bakgrund av ett föregående, mindre professionellt hantverk. Specialiseringen kan emellertid också ta sig uttryck i en ökad variation främst i kärlformer och -storlekar, men även i experimentlusta när det gäller blandningen av olika råmaterial. För att få ett överblick över först form- och ornamentikvariationen och sedan några av de använda godstyperna ska keramiken i de tre fyndrikaste anläggningarna A1, A318 och A30 presenteras närmare.

Keramiken i A1 domineras av små till mellanstora kärl med utåtböjd mynning, konkav hals och konvex buk. Mynningarna är simpla i profil, lätt förtjockade eller med en enkel facett. Dessutom finns det mynningar efter enstaka kärl med rak hals; kärl med utåtböjd mynning, samt ett dubbelkoniskt, skarpprofilerat kärl med förtjockad profilerad mynning (F61, s. 581). Den mycket begränsade ornamentiken (på 5 sk.) omfattar dragna linjer och små runda instick, som har använts till

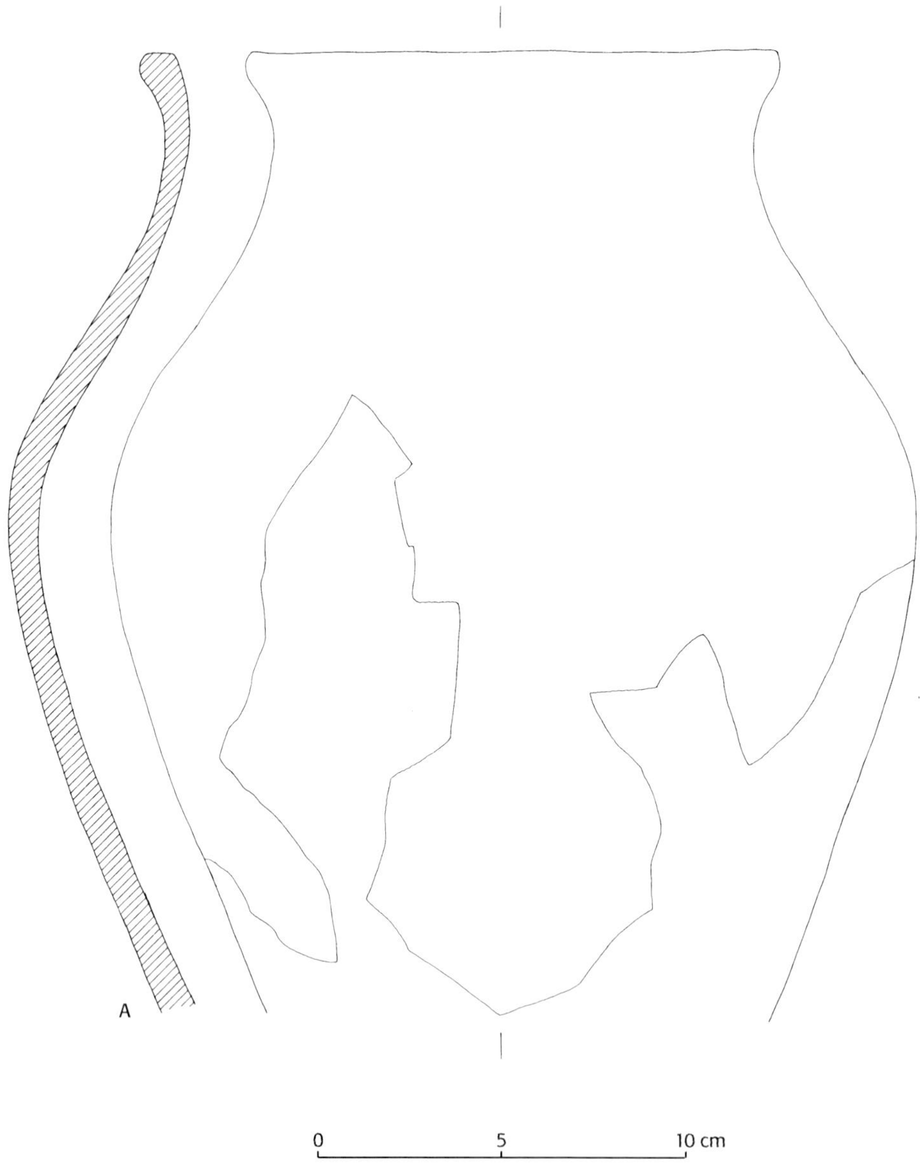

Ett urval av kärlformar (s. 584-588).

A selection of vessel shapes (page 584-588).

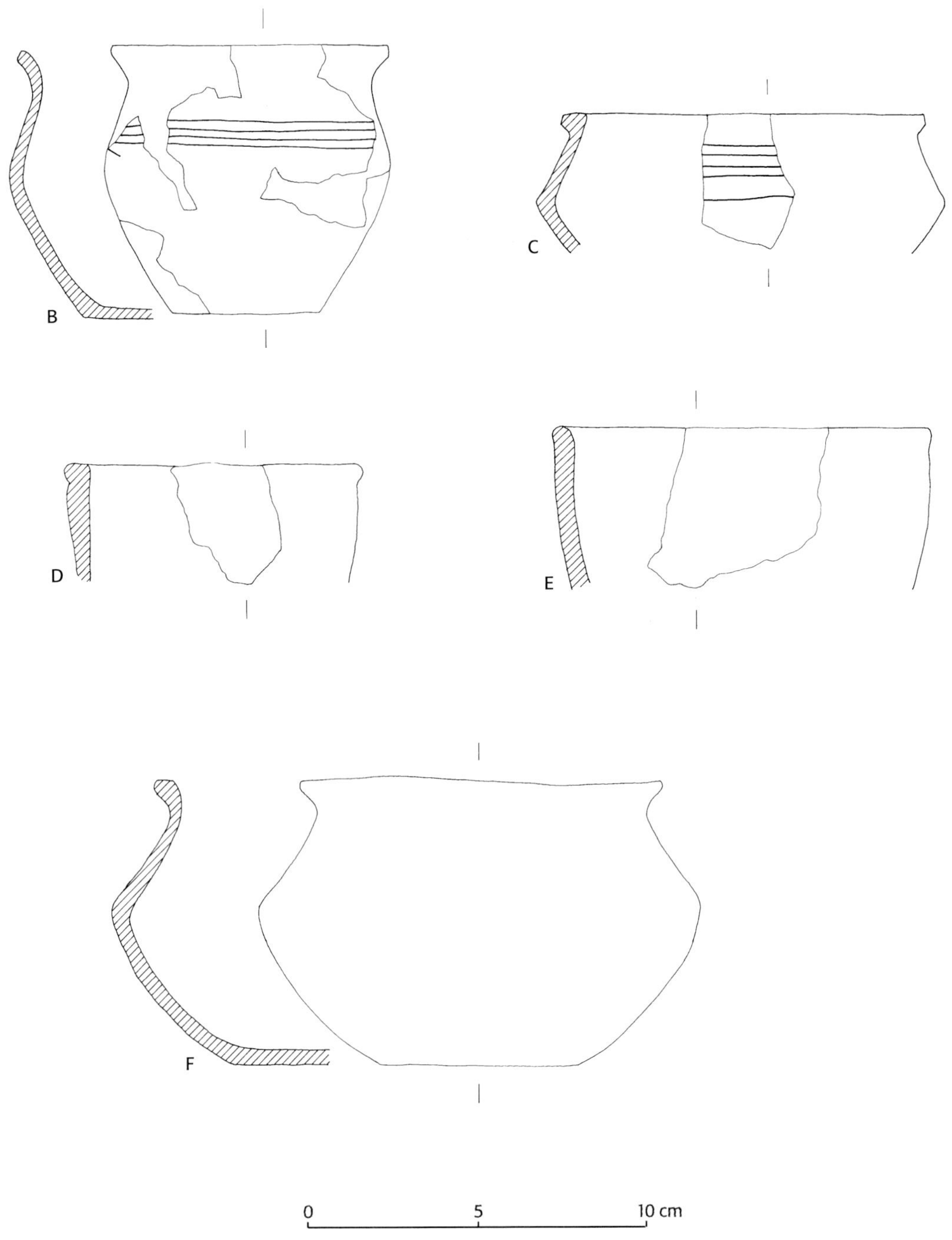
B
C
D
E
F
0
5
10 cm

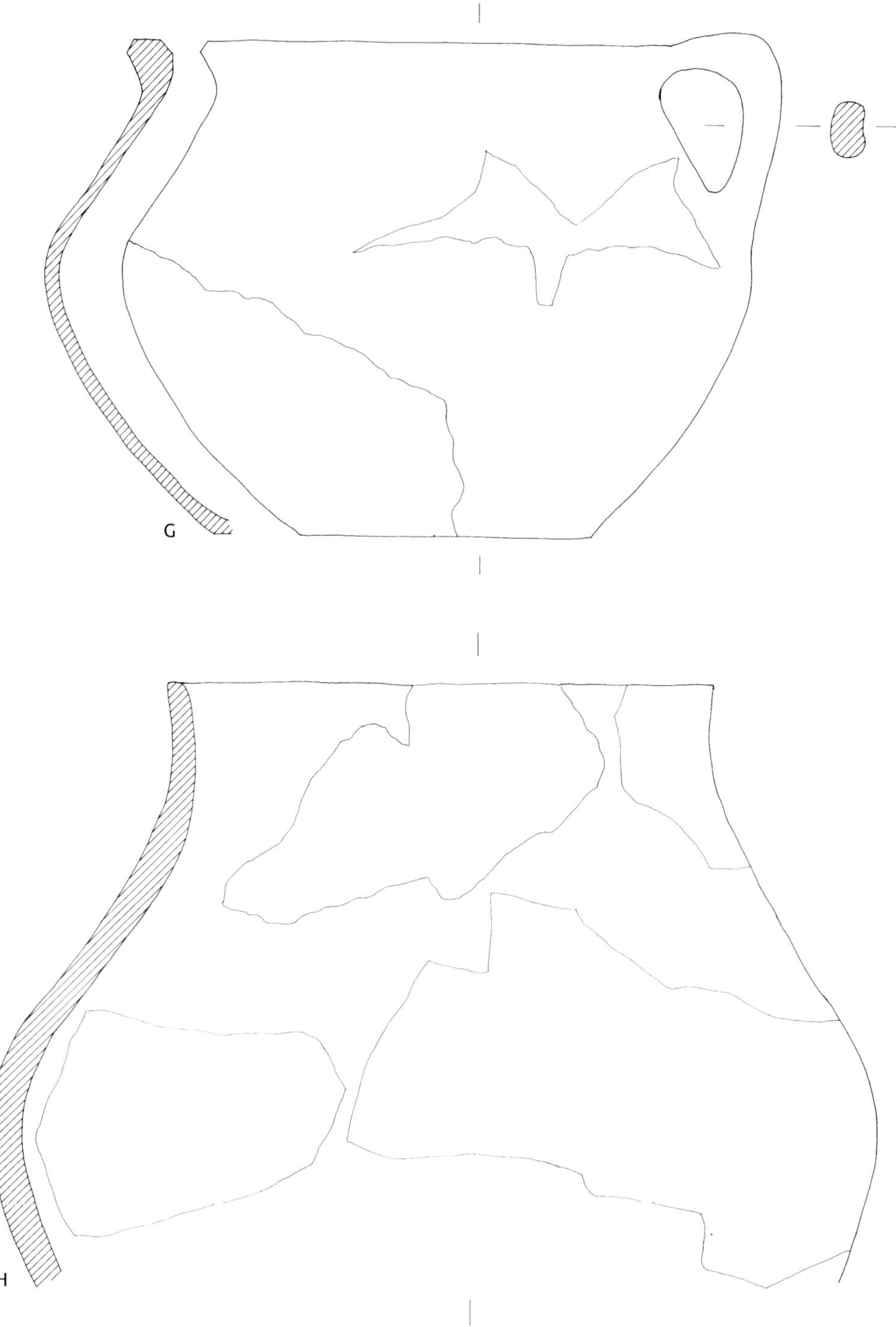
G
H

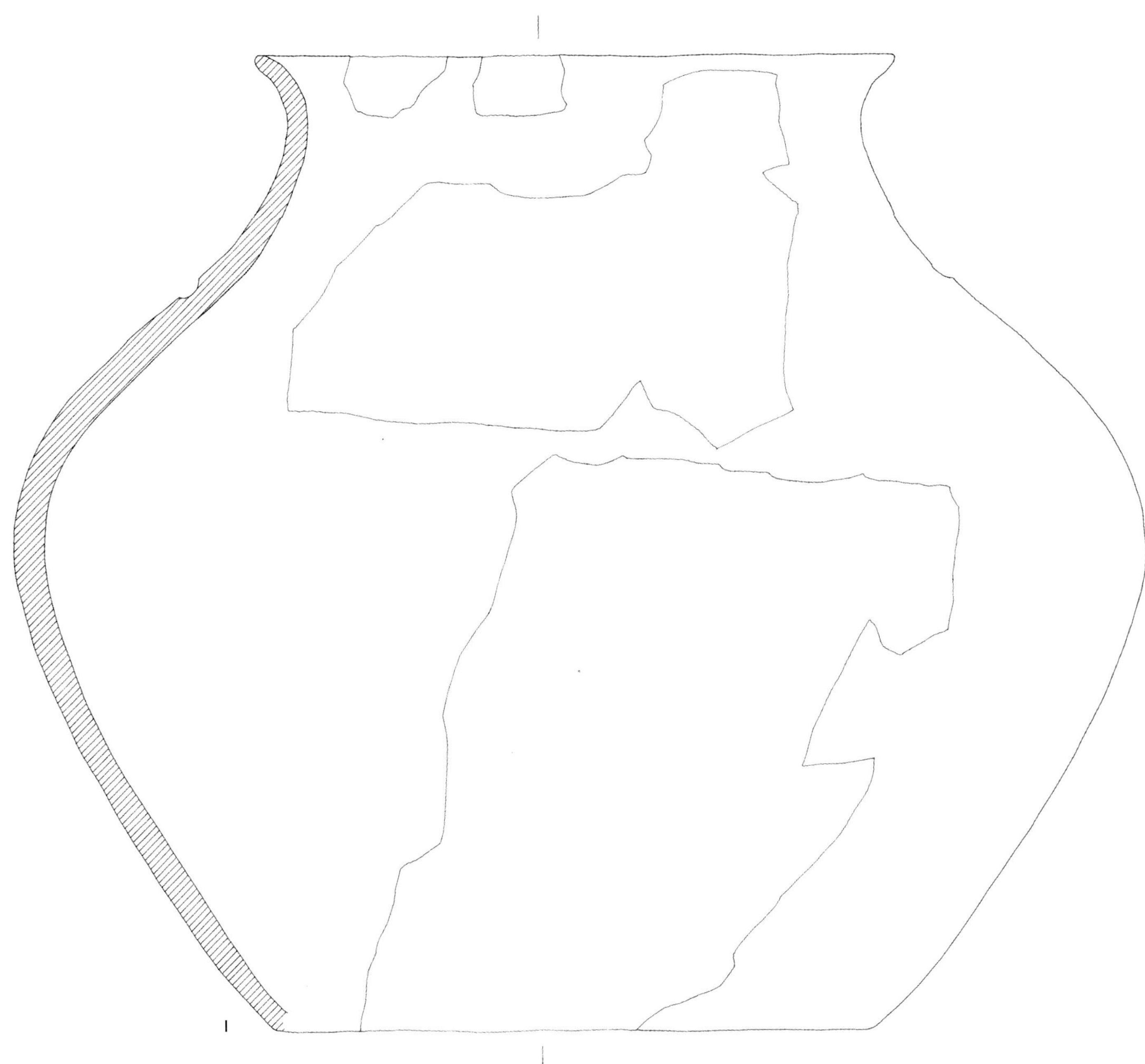
1

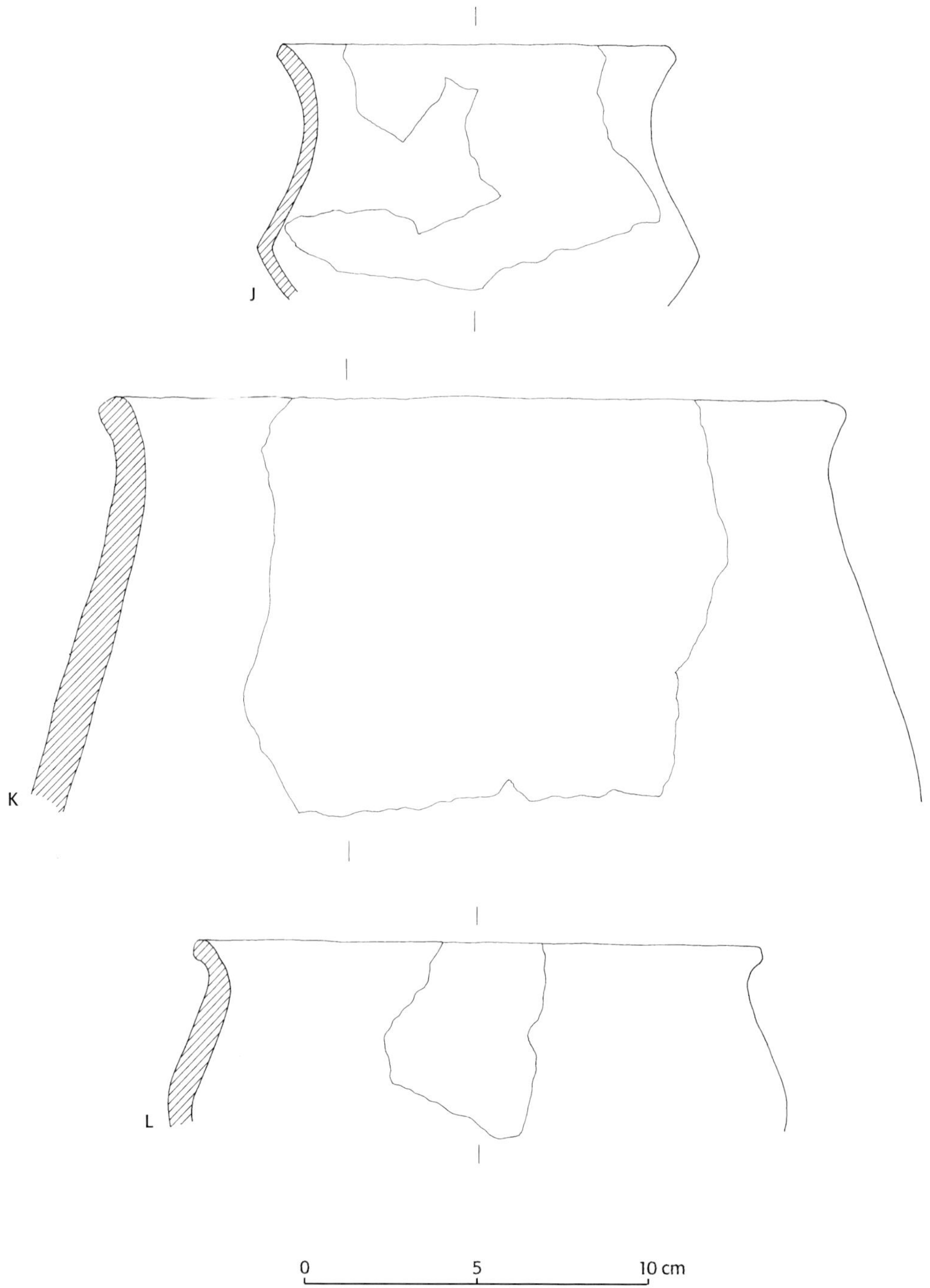
J
K
L
0
5
10 cm

chevronmönster (F36) respektive parallella linjer och vinkelband (F36, F203) (s. 583). Med undantag för vinkelbandet av små runda instick (F36) är det element som förekommer allmänt i Sydskandinavien under denna period (Stjernquist 1955:102f; Stilborg i manus).

Keramiken i A318 är på grund av sin till delar mindre fragmentering, rikare på forminformation (se s. 587-588). Detta material domineras av mellanstora till stora krukor med utåtböjd mynning, konkav hals och konvex buk. Mynningarna är simpla i profil, lätt förtjockade eller tydligt förtjockade och profilerade. Här finns också mynningar av kärl med rak hals och mindre, skarpt profilerade skålar och bägare. Ornamentiken begränsar sig till en simpel, horisontell fåra på ett större kärl (se s. 587).

Keramiken i de nedre nivåerna i A30 omfattar små, mellanstora och stora kärl företrädesvis med utåtböjd mynning, konkav hals och konvex buk. Mynningarna är simpla i profil, lätt förtjockade eller tydligt förtjockade och profilerade. Det finns dessutom ett stort kärl med inåtböjd mynning samt ett skarpt profilerat, dubbelkoniskt kärl (F277, se s. 581). Ornamentiken är också här sparsam, men dock mera varierad med horisontell list (F291), horisontella fåror (F279), rader av fingerintryck[2)] (F279), smala dragna parallella linjer samt små, trekantiga till droppformade stämpelintryck (F277). De sistnämnda är mycket grunda och bara synliga i snedljus, där de ligger mellan och ovanpå parallella inristade linjer (se s. 583).

Två mindre kärl (bägare?) med konisk hals och utåtböjd mynning – varav större delar har hittats utspridda på flera nivåer i A30 (omf. flera F-nr.) – är ornamenterade på snarlikt sätt med snedställda linjebuntar avgränsade upp- och nedtill av tre horisontella linjer (se s. 583).

Keramiken i de övre lagren av A30 omfattar små, mellanstora och stora kärl företrädesvis med utåtböjd mynning, konkav hals och konvex buk. Mynningarna är simpla i profil eller lätt förtjockade ev. med en enkelt facett. Dessutom finns ett kärl med konisk hals, en kruka med rak hals och mynning samt ett kärl med perforerad botten (F221, se s. 580). Ornamentiken är såväl oftare förekommande som rikare i sin variation än i de nedre nivåerna i A30. Smala, dragna horisontella linjer på överdelen av kärlet är det mest vanliga. Ett kärl är ornamenterat med snedställda linjebuntar på samma sätt som de ovan nämnda två mindre kärlen (F203, se s. 581). Dessutom förekommer fingerintryck (F201) och plastiska lister med sneda tvärstreck och runda intryck (F201, se s. 580). Det sistnämnda är ett drag som oftast förekommer i mitten av YRJÅ.

Skärvor efter minst sex kärl påträffade i A1, A30, A47, A252, A304 och A452, har förts till en typ av kärl preliminärt betecknad som Klörupkärl. De utmärker sig primärt vid en mycket finkornig magring; en kompakt, hård konsistens och reducerad bränning. De bevarade mynningarna (A30, A1) är förtjockade och skarpt facetterade, och övergången hals–buk är skarpt profilerad (A1, A30, A304). De av skärvorna, som är dekorerade bär ornamentik i form av horisontella, smala, grunda dragna linjer och små trekantiga till droppformade stämpelintryck. Samtida form- och ornamentik-paralleller finns på gravfältet Albäcksbacken vid Trelleborg (Jacobsson 1984) och på boplatsen Lockarp 7 H vid Malmö (pers. kom. E. Grönberg).

Vad uppbyggnadsteknik och ytbehandling angår finns såväl rullbyggning som modellering, glättning som polering, samt avstrykning och obehandlad utsida representerade. Resultaten av mikroskoperingen av tunnslip av 14 skärvor från A30 visade, att det i första hand rör sig om en homogen, lokal hantverkstradition. Det är inte möjligt att på basis av lerans grovlek, mineralogi eller övriga innehåll uppdela materialet i grupper med meningsfulla skillnader. Lerorna som har använts är fina, sorterade, silthaltiga eller grövre, sorterade, siltrika och finsandhaltiga utan några specifika mineralogiska karaktäristika. Vittrade graniter har använts som magring. Om vi sedan vänder oss till magringskvaliteterna – d.v.s. hur mycket och hur finkornig magring som har tillsatts – försvinner emellertid intrycket av homogenitet. Spridningen i materialet är stor, men blir dock först riktigt uppenbar när den jämförs med samtidiga material från Hötofta och Uppåkra. Hälften av de 14 analyserade skärvorna ligger utanför dessa två keramikmaterials spridning i magringskvalitet beräknad på medel-max. kornstorlek och mängd. Fördelningen av de analyserade skärvorna på de övre och nedre lagren i A30 visar att orsaken till variationen inte ligger i kronologiska skillnader. ”Klörup-kärlet” (sl. 7, F277 s. 581) var ett av de prov som avvek från det övriga materialet med sin extremt fin-krossade granitmagring (max. korn 0,5mm) och låga magringsprocent (11% vol.). De övriga Klörup-kärlen på boplatsen har dock inte samma fina magring. Keramiken på Klörups backar är resultatet av ett mycket kompetent hantverk, som också har omfattat en del avvikelser/experiment speciellt när det gällde magringen. Såväl produktionens storlek som experimentlusta kan ha sin förklaring i den rikliga och goda lokala leran. En motsvarande innovativ kraft, som dock tog sig lite andra uttryck, utmärkte den delvist samtida Brudager boplatsen på Fyn (Stilborg 1997:173ff; 269ff). Därmed finns en av förutsättningarna för ett professionellt hantverk. Den grupp av keramikkärl, som tydligast framstår som en möjlig professionell produkt – ”Klörup-kärlen” – har visserligen en rad markanta form- och ornamentikdrag gemensamt, men godsvariationen är samtidigt för stor för att en samlad, professionell produktion kan postuleras. På Lockarp 7H har ett kärl med mycket snarlik form och ornamentik påträffats. Godset tycks dock stämma bäst överens med andra, sannolikt lokalt framställda kärl. Olika metallhantverk har bedrivits på Klörups backar och detta kan mycket väl också ha påverkat krukmakeriet i positiv riktning. Användningen av brända ben som magring kan vara en avledning av samma materials användning inom järnframställningen (Becker i manus; Stilborg 2001).

Regionala perspektiv på Klörups backar

Målet med den fördjupade bearbetningen av fynd och strukturer på Klörups backar har varit att klarlägga boplatsens inre struktur och funktion. Perspektivet har främst varit inåtskådande. Självklart finns det dock även regionala dimensioner i materialet. Platsens lokalisering i det inre backlandskapet ger denna en randposition i förhållande till ett framväxande Uppåkra på slätten mot nord. Boplatsen har legat klart utanför den godsbildning, som Johan Callmer pekar på kan ha etablerats runt Uppåkra (Callmer 2001:113ff), men har för övrigt knappast varit av perifer betydelse. Kontakterna, i den mån de avspeglas i den materiella kulturen, går emellertid åt andra håll. Huskonstruktionerna tycks ha mest gemensamt med byggnadstraditionen i St. Köpinge-området (se ovan) mot sydöst. Med referens till L. Carlies påpekande av tydliga lokala skillnader i järnålderns byggnadstraditioner (Carlie 1999:12) tyder detta sannolikt likaväl som förekomsten av ”importfynd” på sociala kontakter dessa två områden emellan. När det gäller den förromerska fasens långhus och spåren efter vad som tycks ha varit en komplex husoffertradition, finner vi ett motsvarande materiellt mönster i hus vid L:a Ham-mar invid Höllviken mot väst. Det är inte orimligt anta att de samma sedvänjorna har legat bakom dessa likartade fenomen.

Även om analyserna av keramiken från Klörups backar inte har kunnat bekräfta någon spridning av keramik från boplatsen till omlandet, har det ändå varit möjligt att peka på några designdrag som sannolikt avspeglar kontakter. ”Klörupkärlens” dubbelkoniska form och linje-stämpel ornamentik, som också uppträder på gravfältet på Albäcksbacken och på boplatsen Lockarp 7H vid Malmö visar en samstämmighet i formspråk som också måste ha sin utgångspunkt i någon form av sociala kontakter. Ingifta krukmakare från Klörup är en möjlighet.

Hus, husoffer och keramik tycks således avteckna en region i sydvästligaste Skåne; en region som vad det dagliga livets materiella kultur angick närmast verkar ha vänt ryggen mot Uppåkra. Klörup-boplatsens fynd av bitguld och en guldfolierad glaspärla ger egentligen inga bidrag alls till denna diskussion. Det ena fyndets anonymitet och det andras exklusivitet utesluter var på sitt sätt sökningar efter härkomst och därmed kontaktnät. Det finns inga indikationer på hur guldet har kommit till Klörups backar; det kan lika väl ha varit som handelsvara eller som stöldgods.

Slutet på bebyggelsen inom det utgrävda området kanske i mitten av yngre romersk järnålder kan ha sin simpla förklaring i en flyttning av byn. Det ska dock inte heller avvisas att centralplatsen vid Uppåkra kan ha röjt undan en konkurrent till makten i sydvästra Skåne.

Sammanfattning och diskussion

En begränsad del – minst två gårdar – av en sannolikt relativt omfattande boplats från äldre järnålder har undersökts på Klörups backar i sydvästra Skånes inre backlandskap. Sammanlagt framkom lämningar efter minst sju hus inom exploateringsområdet, varav tre stycken fortsatte utanför området. Husens belägenhet liksom resultaten från kolprovsanalyserna samt en typologisk analys av det rikhaltiga keramikmaterialet visar att minst tre bebyggelsefaser har förekommit på platsen, från sen förromersk tid och fram i yngre romersk järnålder. Valet av boplatsläge har sannolikt styrts av den väldränerade topografin samt den lera som har täktats på platsen. Eftersom endast begränsade delar av boplatsen undersökts, så är det inte möjligt att med säkerhet uttala sig om dess rumsliga utsträckning. Den omfattande avfallsdeponeringen i det stora gropkomplexet tyder på att en relativt stor bebyggelse kan ha varit belägen på platsen.

Det bevarade benmaterialet visar att de vanligaste husdjuren, representerade av nöt, häst, får, svin och hund har funnits på platsen. Sädeskorn från anläggningar visar på odling av vete. Fynd av slagg och järnföremål tyder på att såväl järnframställning som smide bör ha skett i eller intill byn. Eventuellt kan ugnskonstruktionen i grophuset A226, där även slagg påträffades, ha ingått i järnframställningsprocessen. Fynd av degelfragment i A30 belägger vidare en gjutningsaktivitet av begränsad omfattning, men sannolikt med en viss kontinuitet i tid.

Inom det undersökta området anas strukturen efter minst 2 gårdar, varav den södra är den bäst bevarade. Gårdarna skiljs av det stora gropkomplexet, som först har levererat lera främst till klining av husväggarna och sedan fungerat som avfallsdepå för bägge gårdar. Placeringen på gränsen mellan gårdarna är samtidigt så perifer som möjligt i förhållande till gårdsplanen. Båda gårdarna har befattat sig med metallhantverk, vilket har varit lokaliserat till bestämda områden och bland hus/grophus med kontinuitet genom två av platsens kronologiska faser. Bara den nordliga gården har även varit involverad i gjutning eller härbärgerat en kringvandrande hantverkare.

Kontakter – direkta eller indirekta – kan ha funnits med kontinenten. Två importfynd påträffades på boplatsen, bestående av en guldfolierad glaspärla och ett fragment av bitguld. Hur dessa har kommit till Klörups backar vet vi ingenting om. Några tydliga kontakter med den framväxande centralplatsen i Uppåkra kan inte urskiljas. Däremot finns det tecken på kulturella kontakter mot både öst och väst synliggjorda i såväl byggnadsteknologi, som i husoffer och speciell keramiktradition.

De senaste årtiondenas forskning kring denna period har visat på en strukturomvandling i samhället, som hänger samman med en kontroll av resurser och kanske även handeln med föremål. Det är möjligt att det etableras ett samhälle på Klörups backar, som förutom jordbruk och boskapsskötsel har baserat sin ekonomi på tillgången till lera av god kvalitet. Hypotetiskt kan lera för en överskottsproduktion antas ha täktats på och kring boplatsen, och den keramik som producerats kan via handel eller utbyten ha skapat välstånd för de personer som kontrollerade produktionen. Denna hypotes skulle också kunna förklara varför boplatsen tycks upphöra efter romersk järnålder. Det är möjligt att leran som bäst lämpat sig för keramikproduktion efter en tid tagit slut i den omedelbara omnejden och därmed kan bebyggelsen ha flyttats närmare ett annat område med lämplig lera. Idag finns det emellertid inga kända boplatser som kan dateras till yngre järnålder i närheten.

Keramikhantverket på Klörups backar är främst präglat av ett hantverk av hög kvalitet, sannolikt till en stor del beroende på den goda tillgången på relativt stora, homogena lertäkter (bl.a. issjölerorna) i området. Det näraliggande Minnesbergs tegelbruk utnyttjar än idag dessa tillgångar. Utöver det goda hantverket, som inte är oförenligt med en hushållsproduktion, förekommer t.o.m. inom samma grop en anmärkningsvärd variation i uppbyggnads- och ytbehandlingsteknik samt ett brett formförråd. En professionell produktion kan dock inte tydligt påvisas. Bland annat verkar formparallellerna till Klörupkärlen, som framkommit på andra platser i Sydvästskåne, att vara lokalt framställda där.

En nyligen utkommen etnoarkeologisk avhandling (LaViolette 2000) har inspirerat oss till en annan förklaringsmodell till variationen i Klörups keramikfynd. I Mali förekommer det att halvprofessionella krukmakare från staden Jenné reser runt till en eller flera byar i omnejden och där framställer keramik till försäljning på platsen (a.a: 67f). Den betydande variationen i bl.a. magringsteknologi, men genomgående homogenitet i lerans sammansättning i Klörups keramik, skulle kunna förklaras vid tillskott av produkter från främmande krukmakare som kom till Klörup och gjorde keramik där. De tillresande krukmakarna framställde keramiken av lokal lera men i övrigt utifrån sina olika lokala traditioner. Incitamentet bör i så fall ha varit dels den goda lokala leran, men främst avsättningsmöjligheter i form av en återkommande marknad för områdets befolkning. Detta skulle kunna förklara den stora mängden keramik på Klörup och passa ganska bra ihop med övriga hantverksspår på platsen. Hur stor spridning denna keramik sedan fick, går på grund av materialets heterogenitet i hantverkstraditionerna inte att spåra.

Man kan emellertid inte heller avvisa att keramikhantverket på Klörup kan ha varit organiserat som en hushållningsindustri, där ett överskott av den vanliga brukskeramiken har producerats med främst byteshandel för ögat. Någon stor ekonomisk betydelse eller avgörande inflytande på boplatsens eventuella förflyttning eller hela existens har keramikproduktionen i sig knappast haft. Den marknad, som den eventuellt avspeglar, kan däremot ha varit av avgörande betydelse för välståndet bland Klörups invånare. Den framväxande centralplatsen vid Uppåkra och periodens samhälleliga strukturomvandlingar i övrigt har sannolikt varit den viktigaste faktorn när Klörupsboplatsens öde avgjordes.

Till sist vill jag, Ingrid, tacka alla som arbetat med Klörup men speciellt de som grävde den vindpinade platsen.

Noter

1) Fynd av växtrester och djurben från Klörup har analyserats av arkeobotanikern Mats Regnell och osteologen Lena Nilsson vid Riksantikvarieämbetet UV Syd.
2) Fingerspetsintryck förekommer också som ornamentik på en hank från A18 (F168), och är kanske ett egenartat drag för Klörup.

Referenser

Muntliga källor

Eva Andersson, Lunds Universitet, Arkeologiska institutionen.
Caroline Arcini, Riksantikvarieämbetet, UV-Syd
Emma Grönberg, Lunds Universitet, Keramiska forskningslaboratoriet
Anders Lindahl, Lunds Universitet, Keramiska forskningslaboratoriet
Mats Regnell, Riksantikvarieämbetet, UV-Syd

Skriftliga källor

Andersson, E. 1999. *The common thread. Textile production during the late Iron Age – Viking Age.* University of Lund Institute of Archaeology Report Series No. 67.

Becker, N. Manus. Metallhantverk och specialisering. Ingår i Västkustbaneprojektets Järnålderspublikation.

Bergenstråhle, I. 2000. Äldre järnålder på Klörups backar. *Riksantikvarieämbetet UV Syd Rapport* 2000:74.

Björhem, N. & Säfvestad, U. 1993. *Fosie IV. Bebyggelsen under brons- och järnålder.* Malmöfynd 6. Malmö Museer. Malmö.

Branca, K. 2001. Människor och samhälle under romersk järnålder belysta av sydvästskånska gravfynd. I Hårdh B. (red.). *Uppåkra. Centrum och Sammanhang.* Acta Archaeologica Lundensia Series in 8° no. 34. Uppåkrastudier 3. Stockholm, s. 43-56.

Callmer, J. 2001. Extinguished solar systems and black holes: traces of estates in the Scandinavian Late Iron Age. I Hårdh B. (red.). *Uppåkra. Centrum och Sammanhang.* Acta Archaeologica Lundensia Series in 8° no. 34. Uppåkrastudier 3. Stockholm, s. 109-138.

Carlie, L. 1999. *Bebyggelsens mångfald. En studie av södra Hallands järnåldersgårdar baserad på arkeologiska och historiska källor.* Acta Archaeologica Lundensia Series in 8° no 29. Hallands Länsmuseers Skriftserie No 10. Stockholm.

Dahlström, H. & Ramstedt, E. 1999. Uppåkras och Hötoftas keramik. En jämförelse av två keramikmaterial. I Hårdh, B. (red.). *Fynden i centrum. Keramik, glas och metall från Uppåkra.* Uppåkrastudier 2. Acta Archaeologica Lundensia Series in 8° no. 30. Stockholm, s. 27-30.

Fendin, T. 1999. Ugn, A1750. I Andersson, T. m.fl. Boplatslämningar från Stenålder- Äldre järnålder. Skåne, St. Herrestads socken, Herrestad 68:88 m. fl. RAÄ 60. *Riksantikvarieämbetet UV Syd Rapport* 1999:8.

LaViolette, A. 2000. *Ethno-Archaeology in Jenné, Mali. Craft and status among smiths, potters and masons.* Cambridge Monographs in African Archaeology 49. BAR International Series 838.

Lund Hansen, U. 1987. *Römischer Import im Norden. Warenaustausch zwischen dem Römischen Reich und dem freien Germanien.* Nordiske Fortidsminder. Ser. B. no. 10. København.

Hansen, F. 1945. Järnåldersgravar vid Albäcksåns utlopp nära Trelleborg. *Kungl. Humanistiska Vetenskapssamfundet i Lund* 1944-45, s 306-329.

Hulthén, B. 1986. En keramisk "industrianläggning" från romersk järnålder på Augland. *Universitetets Oldsakssamling Årbok* 1984/85, s. 59-86.

Jacobsson, B. 1984. Albäcksbacken i Maglarp. Gravar från Stenålder, Bronsålder och Järnålder. *Riksantikvarieämbetet UV Syd Rapport* 1984:32.

Jacobsson, B. 2000. *Järnåldersundersökningar i Sydsverige.* Katalog för Skåne, Halland, Blekinge och Småland. Riksantikvarieämbetet.

Lindahl, A. 1993. Keramiska material. I Hjärthner-Holdar, E. *Järnets och järnmetallurgiens introduktion i Sverige.* Aun 16. Uppsala, s. 114-120.

Nilsson, L. 2000. Osteologisk rapport. I Bergenstråhle, I. Äldre järnålder på Klörups backar. *Riksantikvarieämbetet UV Syd Rapport* 2000:74.

Olsson, T. 1975. The Löddeköpinge Investigation I. The settlement at Vikshögsvägen. *Meddelanden från Lunds Universitets Historiska Museum* 1975-1976, s. 59-161.

Paulsson-Holmgren, T. 1997. Iron Age building offerings. A contribution to the analysis of a die-hard phenomenon in Swedish preindustrial agrarian society. *Fornvännen* 92, s. 163-174.

Peacock, D.P.S. 1982. *Pottery in the Roman World, an ethnoarchaeological approach.* London.

Pettersson, C.B. & Torstensdotter Åhlin, I. 1999. Invid sagans Halör. Arkeologisk utredning och slutundersökninng 1990 av boplatslämningar från förromersk-romersk järnålder. Skåne, Stora Hammars socken, Lilla Hammar 15:1. *Riksantikvarieämbetet UV Syd Rapport* 1999:24.

Ramstedt, E. 1999. Keramikmaterialet från Hötofta 18:3 – spåren efter en "vanlig" boplats från romersk järnålder. I Hårdh, B. (red). *Fynden i centrum. Keramik, glas och metall från Uppåkra.* Acta Archaeologica Lundensia Series in 8° no. 30. Stockholm, s. 15-26.

Regnell, M. 1997. Växtoffer. En förbisedd fyndkategori i huslämningar. I Karsten, P. (red) *Carpe Scaniam. Axplock ur Skånes förflutna.* Riksantikvarieämbetet. Arkeologiska undersökningar. Skrifter nr 22. Stockholm, s. 103-110.

Stilborg, O.1997. *Shards of Iron Age Communications.* Monographs on Ceramics. Lund

Stilborg, O. 2000. Keramiken på Klörup-Aggarp – Hantverk och boplatsstruktur. *KFLrapport 00/09/14.* Keramiska Forskningslaboratoriet Lund.

Stilborg, O. 2001. Temper for the sake of coherence: analyses of bone- and chafftempered ceramics from Iron Age Scandinavia. European Journal of Archaeology vol 4, ISSUE 3, s. 398-402.

Stilborg, O. Manus. Pottery as a source of structural information – Internal structure and external contacts of Uppåkra 0-400 AD. I B. Hårdh (red). *Uppåkrastudier 6.* Acta Archaeologica Lundensia. Series in 8° no ?. Stockholm.

Stjernquist, B. 1955. *Simris: On Cultural Connections of Scania in the Roman Iron Age.* Acta Archeologica Lundensia. Series in 4° no. 2. Stockholm.

Stjernquist, B. 1969. En boplats från äldre järnålder i Hötofta, sydvästra Skåne. *Fornvännen häfte 3* 1969, s. 161-179.

Stjernquist, B. 1995. Om järnåldersgravfältet vid Albäcksån i Maglarp. *Ale* 3/1995, s. 17-21.

Söderberg, B. 1995. Gårdsstånga. Boplats och bebyggelselämningar från stenålder till nyare tid. *Riksantikvarieämbetet UV Syd Rapport* 1995:7.

Tesch, S.1993. *Houses, Farmsteads, and Long-term Change. A Regional Study of Prehistoric Settlements in the Köpinge Area in Scania, Southern Sweden.* Lund.

Kustens mångsysslare

Hammarsnäsområdets bosättningar och gravar i äldre järnålder

CLAES B PETTERSSON

Abstract: Jacks of all trades on the coast. Settlements and burials in the Hammarsnäs area during the Early Iron Age.

The settlements along the coastline of Scania in the early Iron Age have been a somewhat neglected field of research. While a good deal is known today about the agrarian communities further inland, the coastal area is still something of an archaeological enigma. The aim of this study is to combine the results of two latterday rescue excavations in the Höllvikenregion south of Malmö with the somewhat updated results from the vast Roman Iron Age cemetery at Hammarsnäs.

The habitations studied seem to have been established as solitary farmsteads in the later Pre-Roman Iron Age and existed in the same place for about 200 years. One of the settlements developed into a small hamlet of two, perhaps three farms. The buildings excavated were definitely no poor fishermen's shacks, instead they are almost identical to houses known from the inland settlements of this period. Various finds, connected with metalworking, also indicate that these coastal farms were quite prosperous. Their economy rested firmly on the careful exploitation of the wide range of resources available. The vast coastal meadows suited cattle- and sheep-breeding, while the sea offered good opportunities for fishing and sealing. The occurrence of large numbers of migrating birds over the Falsterbopeninsula probably resulted in fowling twice a year.

The Hammarsnäs cemetery, established in the first century A.D., should be seen in connection with these slightly older settlements and the thriving economic development in this coastal region. Local leaders seem to have established control of the important natural harbour at Foteviken, and used graves situated on the headland close by the main sailing channel as a manifestation of their presence and their claims.

I det skånska marsklandet

Mellan Klagshamnsudden i norr och Höllviken i söder karaktäriseras Öresundskusten i stor utsträckning fortfarande av flacka betesängar. I skärningen mellan den extremt långgrunda kustlinjen och fast mark har en strandzon med mycket särpräglad vegetation utvecklats. Denna naturtyp, som påminner om det marskland man återfinner längs Nordsjöns tidvattenskuster, är i sig en naturlig bildning, men har genom mänskliga ingrepp som betesdrift och brytning av strandtorv delvis omformats och utvidgats under tidens lopp (se Emanuelsson m.fl.1985:218 ff).

Växtligheten på dessa låglänta strandängar är tydligt zonerad och påverkas i mycket hög grad av närheten till havet genom vattenståndsvariationer och de inflöden av brackvatten som då och då sker. Florans salttålighet är således helt avgörande och framförallt vattenstranden, dvs. området mellan låg- och medelvattenstånd, utmärks vid hårt betestryck av en gles och artfattig vegetation. Här brukar även stora, närmast obevuxna ytor kunna uppstå genom kreaturstramp.

Längre upp vidtar landstranden, den yta som begränsas av medel- och högvattenlinjerna. Här är saltpåverkan mindre, eftersom arealerna mer sällan blir överflutna av havet. Kraftiga högvatten och de fåtaliga stormfloder som årligen drabbar den skånska kusten leder till översvämningar några gånger per år. Vegetationen blir följaktligen artrikare och mer heltäckande. Här påträffas också s.k. skonor, grunda försänkningar i strandängens annars jämna yta som uppkommit då man i äldre tider skurit grästorv. Bete och kreaturstramp förhindrar effektivt skonornas igenväxning och i samband med högt vattenstånd uppstår vattensamlingar med brackvatten. Då vattnet efterhand avdunstar kan mycket höga saltkoncentrationer uppstå, något som kraftigt påverkar växtligheten lokalt.

Från att tidigare ha varit en tämligen allmän företeelse längs de mer flacka delarna av Skånes kuster har denna naturtyp alltmer trängts undan. Idag återstår betydande rester vid Saxåns mynning söder om Landskrona, kring Löddeås mynning och i Arlöv, norr om Spillepengens soptipp. Det område där störst sammanhängande arealer med denna naturtyp bevarats påträffar man dock längs Skånes sydvästra kust, från Malmö söderut till Falsterbohalvön. Speciellt väl bibehållet är det betespräglade marsklandet vid Eskiltorps ängar väster om Vellinge och ute på Hammarsnäs. Äldre kartmaterial visar dessutom att strandängarna i historisk tid haft en avsevärt större utbredning, men att kustlinjen sannolikt har utsatts för en kraftig erodering. Marsken har här istället omvandlats till de grunda havsbottnar som idag blottläggs vid lågvatten.

Det är om detta gränsområde mellan land och hav, dess tillblivelse och utveckling och om de människor som förstod att utnyttja dess resurser som denna artikel skall handla. Att beteslandskapet längs kusten haft en mycket lång hävd har accepterats som ett faktum, men arkeologin har hittills inte förmått att befolka detta särpräglade område i någon större utsträckning. En orsak är att man sannolikt styrts i sina tolkningsmodeller av de brukningsformer som är kända från historisk tid. I byalandskapet var strandängen en i och för sig ytterst betydelsefull resurs som utnyttjades samfällt till kreatursbete. Naturreservatet Eskilstorps ängar brukas t.ex. fortfarande enligt detta mönster. Själva bybebyggelsen låg dock indragen, på ett

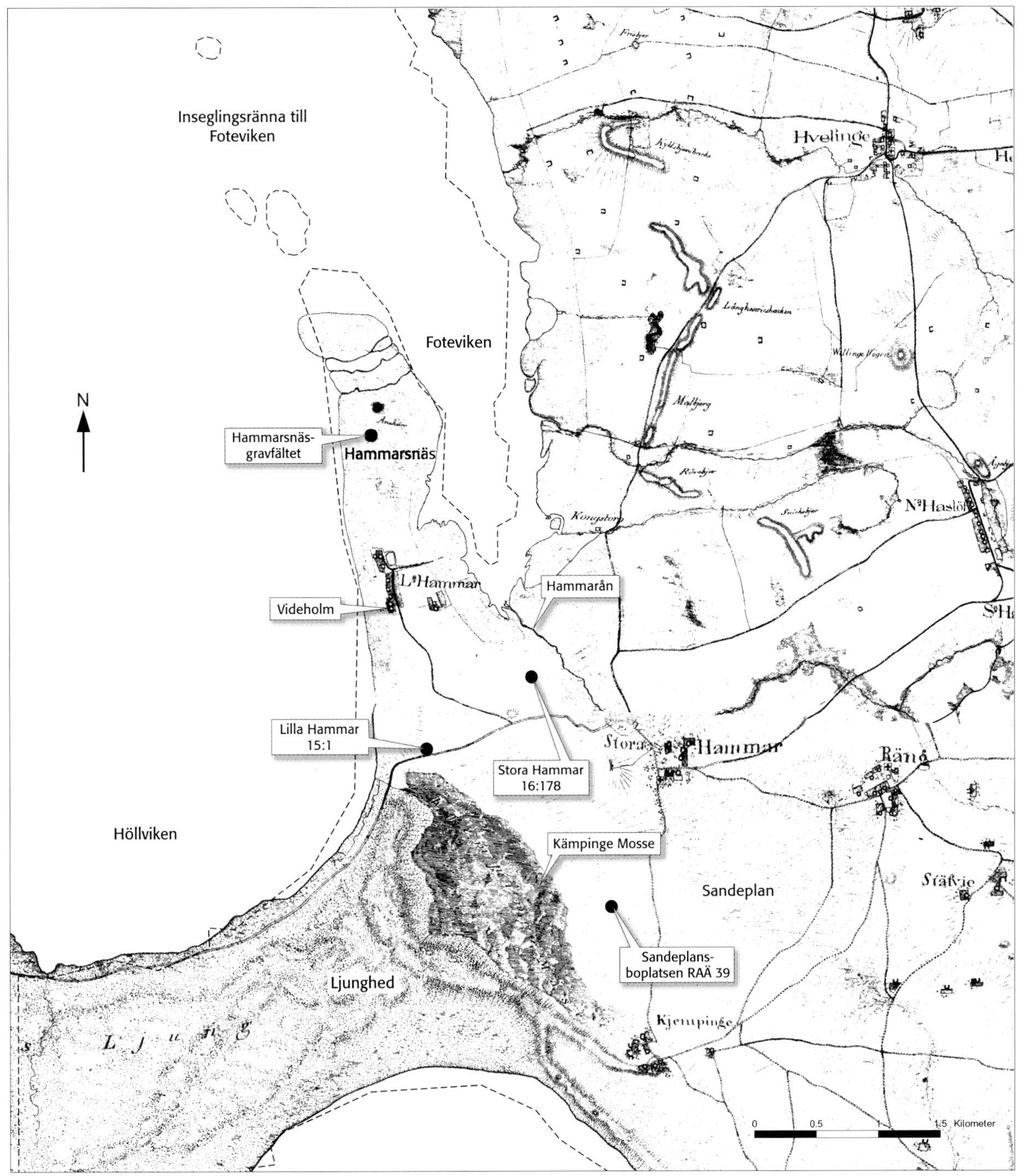

Hammarsnäsområdet och Foteviken, enligt den Skånska Rekognosceringskartan, blad IW 208/209, upprättad 1812-20. Boplatserna vid Lilla Hammar 15:1, Stora Hammar 16:178 och Sandeplan markerade, liksom Hammarsnäsgravfältet. Dagens kustlinje återges med streckad linje.

The Foteviken–Hammarsnäs area at the beginning of the 19th century. The sites of the excavated Pre-Roman/Early Roman Iron Age farms at Lilla Hammar 15:1 and Stora Hammar 16:178 are shown, together with the Roman Iron Age site at Sandeplan and the cemetery at Hammarsnäs.

avstånd av 3-4 km från kusten. Inom samma område, där medeltidens byar var belägna, har också ett antal järnåldersbosättningar påträffats.

Kunskapen om den kustnära järnåldersbebyggelsen i området har däremot av hävd varit mycket begränsad. Sålunda omnämner Birgitta Hårdh bara en känd boplats från äldre järnålder som motsvarar denna benämning, Skyttsie Hage belägen väster om Ljunghusen, i sin inventering av järnåldersmaterialet från Skytts och Oxie härader (Hårdh 1984:86). Detta bildar en anmärkningsvärd kontrast till den spridningsbild som områdets gravar visar. Medan Bodarpsgravfältet med ett femtontal undersökta skelettgravar från äldre järnålder närmast framstår som en anomali i inlandet, där enstaka gravar eller grupper om 2 till 5 gravar dominerar, ligger två av Skånes största järnåldersgravfält helt ute vid kusten. Väster om Trelleborg har ett omfattande gravfält undersökts vid Albäck. I materialet ingår såväl brandgravar som skelettgravar och omarkerade flatmarksgravar såväl som högar. Platsen har utnyttjats som gravterritorium under mycket lång tid, alltifrån förromersk järnålder fram till vikingatid (Hansen 1945; Jacobsson 1978; 1984; Stjernquist 1995). Det största kända gravfältet från romersk järnålder i Skåne ligger dock i hjärtat av marsklandet, ute på spetsen av Hammarsnäs. Här undersöktes sammanlagt 140 skelettgravar och en brandgrav under åren 1931–1936 (Hansen 1936). Uppgifter tyder dock på att gravfältet tidigare haft en avsevärt större omfattning än så.

Förekomsten av ett stort antal gravar mitt ute i ett område som till synes saknat en ordinär agrar bebyggelse har lett fram till ett antal olika förklaringsmodeller. Hansen valde i sin bok *Hammarsnäs Halör* från 1936 att föra fram platsen som en föregångare till medeltidens Skanör, en marknadsplats vars existensgrundlag utgjorts av silltillgången (Hansen 1936:91). I ett senare skede lanserade Hårdh en hypotes där gravfältets läge kan förklaras i samband med Fotevikens betydelse som skyddad hamn för överfarten till Själland (Hårdh 1984:86).

Varför har då denna situation uppkommit? Varför har bebyggelsearkeologin till synes blivit eftersatt i ett område som utifrån sina gravläggningar framträder som så betydelsefullt i äldre järnålder? En viktig förklaring är givetvis att exploateringstrycket i det här aktuella området alltid varit – och fortfarande är – mycket lågt. Till skillnad från sandstränderna ute på Falsterbohalvön, har marsklandets långgrunda och slammiga stränder inte utövat någon lockelse på badturister. Den hastiga utbyggnad som förändrat näraliggande platser som t.ex. Höllviken och Ljunghusen har helt uteblivit. Istället har strandängarna fortsatt brukas som betesmark, en tradition med åtminstone ett par tusen års kontinuitet.

På senare år har dock kunskapsläget förändrats genom ett flertal mindre och större arkeologiska undersökningar i området mellan Vellinge och Höllviken. Två av dessa, en utgrävning inför byggandet av en livsmedelshall 1990 (Pettersson & Torstensdotter Åhlin 1999a) och en ledningsdragning fyra år senare (Pettersson & Torstensdotter Åhlin 1999b), bildar i denna artikel underlag för en omvärdering av en annan exploateringsgrävning, utförd vid mitten av 1930-talet, nämligen Folke Hansens ovan omtalade undersökning av Hammarsnäsgravfältet.

Huset och gården

Två undersökningar med stora likheter

När grävmaskinen började schakta fram de första lämningarna efter de 2000 år gamla gårdsplatserna nordöst om Höllvikens samhälle på senhösten 1990, var det inte utan att man sände en tanke till Folke Hansen och det arbete han utfört i trakten nästan sextio år tidigare. Nu skulle det kanske bli möjligt att börja se det sammanhang i vilket det stora Hammarsnäsgravfältet hörde hemma. Förutsättningarna föreföll goda, utredningen föregående år hade givit ett bra daterande fyndmaterial som antydde en relativt kort brukningsperiod kring vår tideräknings början. Dessutom hade kraftiga, noga stensatta stolphål påträffats inom en begränsad yta, ca 4000 m^2, av det ursprungliga utredningsområdet. En järnåldersbosättning helt ute vid kusten – och dessutom med flera urskiljbara permanenta huskonstruktioner!

Förhoppningarna infriades också, sammanlagt åtta olika huskonstruktioner kunde undersökas vid detta tillfälle. Byggnaderna grupperade sig i tre gårdsplatser som sannolikt representerade en bosättning uppdelad i minst tre skeden. Det varierade fyndmaterialet visade tydligt hur väl innevånarna förmått att utnyttja de olika resurser som stått till buds på en kustboplats. Beklagligtvis kom denna intressanta boplats inte att bearbetas och publiceras förrän efter att materialet vilat i ytterligare nio år (Pettersson & Torstensdotter Åhlin 1999a). Under mellantiden genomfördes dels ett bebyggelsehistoriskt inventeringsprojekt i Foteviksområdet (se Nilsson 1995), dels ytterligare en arkeologisk undersökning mindre än 1 km nordost om det tidigare fältet. Även vid detta tillfälle påträffades bebyggelselämningar som kunde dateras till en kortare varaktighetsperiod i tiden kring Kristi födelse (Pettersson & Torstensdotter Åhlin 1999b).

Långhus och verkstadsbodar

De åtta olika huskonstruktioner som undersöktes på den västra boplatsen, benämnd Lilla Hammar 15:1, kan indelas i tre kategorier utifrån sin storlek och stolpsättning – långhus, hus med tre bockpar och fyrstolpshus. Störst var de egentliga långhusen, hus A till C, som mätte från 21 till 28 meter i längd. Deras bredd kunde uppskattas till att ha varit cirka 5,5 till 5,7 meter. Byggnadernas bärande stomme hade utgjorts av sex till sju bockpar utsatta på tämligen jämnt avstånd från varann. Ett längre spann mellan andra och tredje bocken skall dock möjligen tas som indikation på var en öppen eldstad kan ha placerats. Ett genomgående drag i långhusen var att stommens stolphål försetts med kraftiga stenpackningar som ett försök att bringa ytterligare stadga åt byggnader i detta vindpinade område. I östra delen av hus C hade stenmaterialet i tre av dessa stolpskoningar helt ersatts med kraftigt förslaggad lera (A12, A18 & A25).

Bäst bevarat av långhusen var hus A, en 21 meter lång treskeppig byggnad, vars svagt konvexa långväggar delvis kunde urskiljas som regelbundet placerade stolphål. Motstående, lätt indragna ingångsöppningar framträdde i båda långväggarna. Utifrån bevarade färgningar i de undersökta stolphål där husets bärande stomme varit placerad, framgick att det virke som utnyttjats här hade haft en diameter från 35 till närmare 50 cm. I två mindre, stolphålslika gropar invid det västligaste bockparet hade ett lerblock (A176) och en stor svinbete (A170) deponerats, sannolikt ett exempel på ett husoffer (se Karsten 1994; Paulsson 1993). Dessutom påträffades ett gjutformsfragment nedlagt i det fjärde bockparets norra stolphål (A165). Som en mycket god parallell till denna byggnad framstår hus 6 på Västra Karabyboplatsen, daterat till förromersk järnålder (Pettersson 2000:31 samt i denna volym).

Till boplatsens yngre skede kan de båda snarlika långhusen B och C föras. Typologiskt sett var överensstämmelserna så pass stora att dessa båda byggnader kan förmodas ha näraliggande eller rent av samtidiga dateringar. I båda huskropparna förmärktes en tendens mot uppdelning av bockparen i grupper om två till tre med mellanliggande större spann. Sannolikt återspeglar denna uppställning också i någon mån byggnadernas rumsindelning. De ingångsöppningar som funnits gick på grund av huslämningarnas tillstånd inte att spåra, frånsett indirekt i ett fall. Den nedslitna, kulturlagerfyllda svacka som var belägen såväl inne i som utanför mittpartiet på hus B, bör ha uppkommit i anslutning till en livligt frekventerad portöppning. Som en intressant parallell till hus B kan ytterligare ett välbevarat långhus från den ovan omtalade boplatsen vid Karaby backar nämnas, nämligen det till äldre romersk järnålder daterade hus 2, en 32 meter lång byggnad med sju bockpar disponerade i exakt samma slags gruppering som kunnat påvisas för hus B vid Lilla Hammar 15:1. Denna byggnad, som sannolikt varit indelad i sju olika rumsenheter, hade sitt västra portrum placerat motsvarande den nedslitna ”ingångssvackan” i hus B (se Pettersson 2000:33ff samt i denna volym).

Även i hus C påträffades ett lerblocksfragment, kuriöst nog placerat i ett läge som nästan i detalj överensstämmer med var lerblocket deponerats i det äldre hus A. Enda skillnaden ligger i att föremålet nu lagts ner i själva stolphålet (A64), inte i en mindre grop invid stolpen.

I ett tolkningsförslag av boplatsens struktur placeras dessa båda långhus som huvudbyggnader i var sin gårdsenhet, med ett gemensamt utnyttjat stensatt vattenhål mellan huskropparna. Hus B, som varit den större byggnaden, mätte uppskattningsvis 28 meter i längd medan hus C varit cirka 22 meter långt. Båda husen beräknades ha varit omkring 5,5 meter breda. Alla spår av väggkonstruktioner saknades vid undersökningen av dessa huslämningar, vare sig nu detta förhållande skall ses som ett resultat av bortodling eller som att väggar och takbärande system givits en ny utformning. Detta förhållande har uppmärksammats av bl.a. Sten Tesch, som för husmaterial från Ystadsområdet ser en övergång till en bockkonstruktion med bindbjälkar mellan sidsula och vägg som i viss mån avlastat takets tyngd från långväggarna (Tesch 1993:152). En alternativ förklaring kan vara att man valt ett annat byggnadsmaterial, t.ex. väggar uppförda av torv och jord, som en anpassning till kustens klimatförhållanden och en förmodad brist på lämpligt byggnadsmaterial.

I tillägg till de större långhusen påträffades fem mindre treskeppiga byggnader, en i nära anslutning till hus A och övriga koncentrerade till en begränsad yta väster om hus C. Husens stomme bestod av antingen två bockpar (hus D), tre bockpar (hus E, F & H) eller fyra par (hus G). Antagligen tillhör fyrstolpshuset boplatsens näst äldsta skede och är med sina 5x4,5 meter också dess minsta byggnad. Övriga hus inom denna grupp varierade i längd mellan 7,5 och 11 meter, medan bredden uppskattades till omkring 5 meter. Dessa mindre byggnaders anknytning till långhusen föreföll mycket tydlig, speciellt var detta fallet för hus A och D samt för hus C och G. Att fyra av husen låg tätt samlade och delvis skar över varann bör innebära att dessa hus haft en kortare funktionstid än långhusen och att de ersatts vid minst ett tillfälle under gårdsplatsens funktionstid (se s. 604). För snarlika byggnader från Ystadsområdet anger Tesch en datering till äldre romersk järnålder. Han beskriver deras funktion som

> *...it appears reasonable to interpret the three-trestle houses as subsidary buildings, outhouses of some kind, belonging to the longhouse on each farm* (Tesch 1993:186).

Boplatsen vid Lilla Hammar 15:1 beräknas utifrån hustypologin att ha utnyttjats under en tid av kanske tvåhundra år, från senare delen av förromersk järnålder in i äldre romersk järnålder. En mer preciserad datering kan erhållas utifrån det tämligen rikhaltiga keramikmaterialet. Merparten av kärlen kan placeras i motsvarande Martens period IIB av förromersk järnålder fram till Eggers och Lund Hansens period B1 av romersk järnålder, dvs. i kalenderår från ca 125 f.Kr. till 75 e.Kr (se Martens 1997:131). Under denna tidsrymd genomgick bosättningen förändringar av olika slag.

Till boplatsens äldsta skede har enbart ett förmodat grophus, A10, kunnat föras. Anläggningen, som överlagrades av östgaveln till hus A, tillhör således ett äldre verksamhetsskede som i övrigt inte kunnat identifieras inom den undersökta delen av boplatsen. Att det metallhantverk som vid detta tillfälle tycks ha utövats på platsen fått en fortsättning efter att hus A uppförts (se s. 606) tyder dock på en kontinuitet inom gårdsläget. Lämningarna efter eventuella större byggnader som tillhört detta första skede av bosättningen kan ha legat närmare havet, nordväst om den undersökta ytan.

S.604. Boplatsen vid Lilla Hammar 15:1 i sina äldsta, förromerska faser. Grophuset A10 tillhörde det äldsta belagda förromerska skedet, medan långhuset A tillsammans med den mindre byggnaden D utgjort en gård från sen förromersk järnålder. Skala 1:400.

Page 604. The site at Lilla Hammar 15:1 during the Pre-Roman Iron Age. The pit-house A10 represents the oldest part of the settlement, while the long-house A together with the four-post building D constitutes a late Pre-Roman Iron Age farm.

S.605. Boplatsen vid Lilla Hammar 15:1 kring vår tideräknings början. Två gårdsenheter, den södra bestod av långhuset C och den mindre byggnaden G (alt. H), medan den norra gården utgjordes av långhuset B. Mellan gårdarna vattenhålet A205. Skala 1:400.

Page 605. The site at Lilla Hammar 15:1 at the time of the Birth of Christ. Two farms are discernible within the excavated area – a southern unit composed of the long-house C and the smaller building G (later on replaced by house H) and a northern farm, represented by the large long-house B. Between these two farms a well or a water-hole (A205) with paved sides was situated.

Fas II

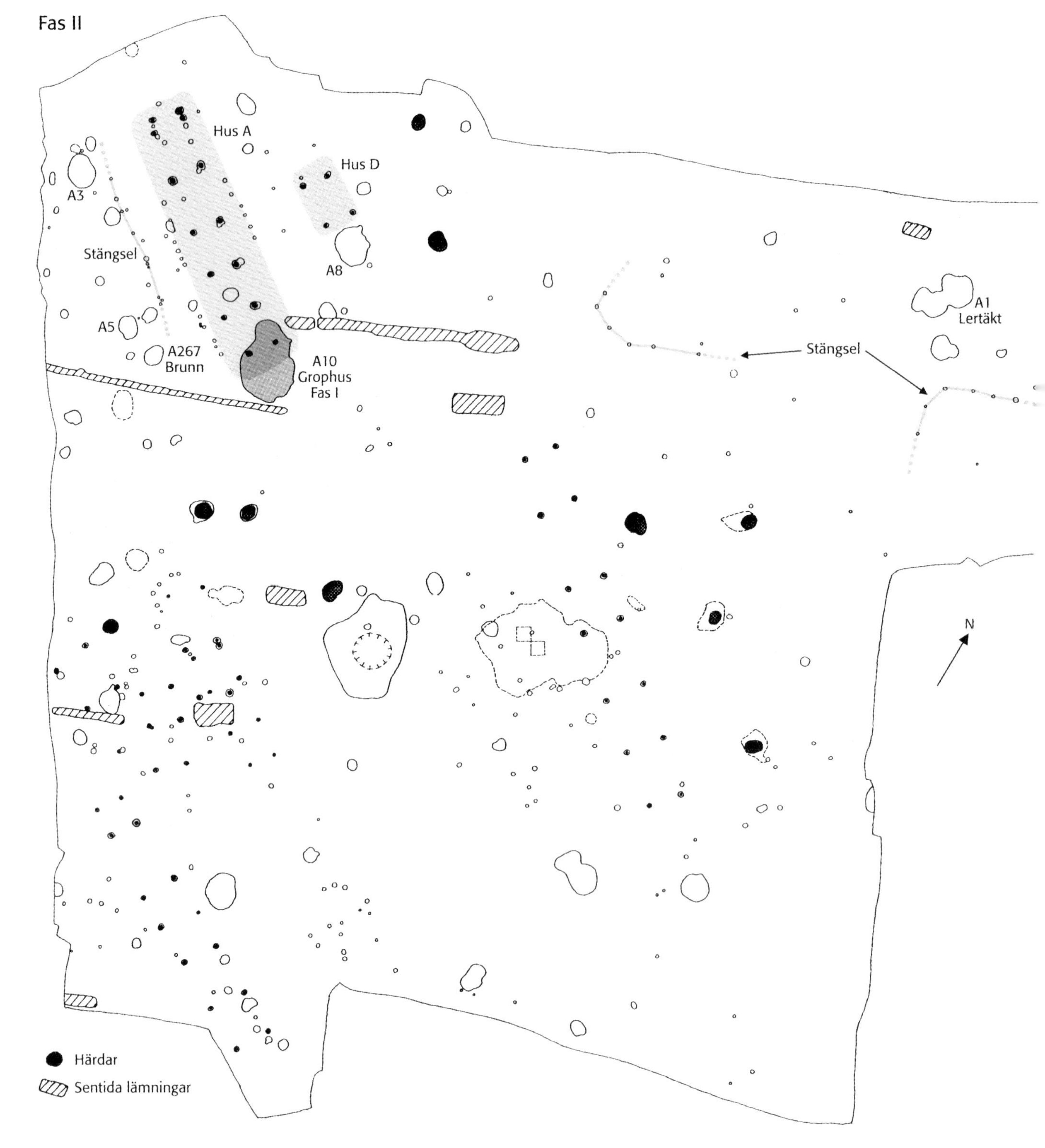
Hus A
Hus D
A3
Stängsel
A8
A5
A267
Brunn
A10
Grophus
Fas I
A1
Lertäkt
Stängsel
N
Härdar
Sentida lämningar

Fas III
A1
Lertäkt
Stängsel
Flinta i härd
Nedslitet
ingångsparti
Hus H
Flinta i härd
Hus F
A205
Stensatt
vattenhål
Hus B
Hus G
Hus E
Hus C
Härdar
Sentida lämningar

I följande fas, som representerades av långhus A och fyrstolpsbyggnaden D, kan bosättningen ha bestått av en solitärt liggande gårdsenhet. Under tiden närmast Kristi födelse förefaller den dock att ha utökats. Två samtidiga gårdar kring ett gemensamt, stensatt vattenhål låg nu förskjutna något längre mot sydost i förhållande till den föregående fasen. Mot norr fanns det ensamliggande stora långhuset B, medan den södra gårdsplatsen utgjordes av långhus C samt en mindre bibyggnad, hus G. Denna huskropp på omkring 10 meters längd ersattes troligen av en liknande byggnad, hus H. Närvaron av ytterligare två korta, treskeppiga hus av denna kategori, hus E och F, kan tolkas som att detta gårdsläge flyttats något längre söderut. Resterna efter denna hypotetiska gårds huvudbyggnad skulle i så fall hamna utanför schaktgränsen. Som en alternativ tolkningsmodell till ovanstående bild av boplatsens utveckling kan man tänka sig att husen i stället representerar en och samma gårds0enhet som flyttats i tre eller fyra omgångar längs det lilla bäcklöpet sydväst om boplatsen.

En intressant detalj i sammanhanget är att de indikationer på metallhantverk som tidigt förekom inom boplatsytan överfördes från den gård som bestått av hus A och D till den yngre gårdsplatsen med långhuset C och dess bibyggnader. Förflyttningen av boplatsens metallbearbetning kan också utgöra en förklaring till behovet av flera oansenliga hus på detta gårdsläge. De fyra mindre byggnaderna, hus E till H, skulle då ha kunnat fylla samma funktion som den förmodade smedjan, hus D (se s. 604), gjort i föregående skede. Att varje bibyggnad tycks ha fått en så pass kort brukningstid beror sannolikt på de brandfarliga aktiviteter som utövats inom husens väggar. Som en antydan om de verksamheter som förekommit på platsen hittades sintrad lera, liknande det material som tillvaratogs i hus C, i ett väggstolphål till hus H (A265). Även kraftigt sekundärbränd keramik påträffades i ett stolphål avsett för den takbärande stommen i hus E (A288). Dessutom förefaller denna yngre aktivitetsyta att ha utnyttjats under boplatsens hela kvarvarande funktionstid, oberoende av att hus C knappast kan ha existerat när trebockshusen E och F varit i bruk. Den yta som avsatts för hantverk har således ägt bestånd, trots en mindre omorganisering av boplatsen i övrigt.

Fynd som kunde kopplas till metallhantverk saknades helt inom det norra gårdsläget, representerat av långhuset B. Till detta förhållande kan två möjliga förklaringar ställas upp. Antingen är vår hypotes om två åtskilda gårdsenheter felaktig, varvid samtliga tre byggnader haft olika funktioner inom samma gårdsenhet. Med boende och kanske hantverk förlagt till hus C och smedjan placerad i det mindre trebockshuset, kan det stora långhuset B ha fungerat som stall, lada och förråd. Om vi däremot står inför lämningarna av två separata gårdar är det tydligt att invånarnas verksamhetsfält i någon mån skilt sig åt. Eftersom metallhantverk förekommit i anslutning till såväl hus A i det äldre bebyggelseskedet som till hus C, förefaller det rimligt att betrakta dessa båda gårdslägen som nära relaterade till varann. De skulle i så fall enbart utgöra en mindre förflyttning av samma gårdsenhet. Ett ytterligare belägg för släktskapen mellan hus A och C återfinns i den ovan omtalade offertradition där lerblock deponerats i långhusens västligaste del.

På den östra boplatsytan, Stora Hammar 16:178, delundersöktes lämningarna efter tre långhus. Enbart stolphål från den takbärande stommen återstod och dessutom sträckte sig alla byggnaderna utanför fältgränserna. Vid en närmare analys av dessa fragmentariska spår gick det trots allt att se uppenbara likheter med de långhus som fyra år tidigare undersökts på Lilla Hammar

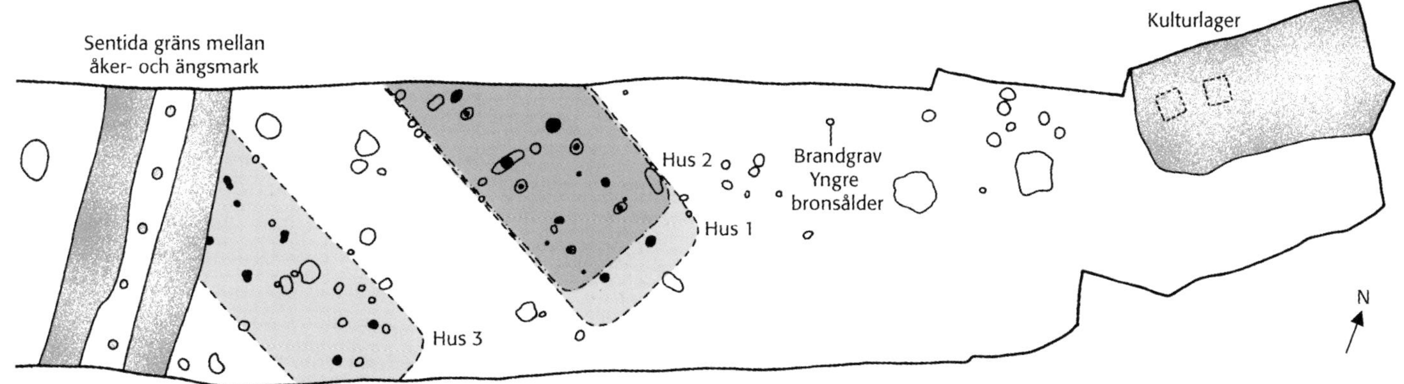

Boplatsen vid Stora Hammar 16:178. Hus 1 – 3, tre långhus från sen förromersk järnålder som sannolikt utgjort en kronologisk serie av byggnader, belägna inom samma gårdsenhet. Skala 1:600.

The site at Stora Hammar 16:178. The three different longhouses (1–3) probably constitute a chronological series of buildings within the same farm, dated to the later part of the Pre-Roman Iron Age.

15:1-boplatsen. Allt talade för att även dessa byggnader representerade en kronologisk serie av hus, i detta fall sannolikt lokaliserade till ett och samma gårdstun. Den äldsta byggnaden, hus 1, ersattes av sin snarlika efterföljare som utifrån sitt ringa stolphålsdjup bör ha uppförts på raseringsmassor och kulturlager från det äldre huset. I det tredje och sista skedet placerades ytterligare en byggnad något längre västerut. I övrigt fanns få identifierbara strukturer på denna boplats, t.ex. föreföll de mindre bibyggnader som utgjorde ett så karaktäristiskt inslag på grannboplatsen att helt saknas på denna lokal. Detta förhållande kan dock vara ett resultat av schaktets begränsade bredd.

Ett annat problem vid denna undersökning var de begränsade resurser som stod till buds. Tidsbrist medförde att bara en av boplatsens större gropar och två härdar grävdes ut. Ännu mer beklagligt är att så lite resurser kunde ägnas åt det kulturlager som täckte 40–50 m^2 i schaktets östligaste del. Från de två provrutor som grävdes i detta område härstammar ett rikt fyndmaterial, där inte minst djur- och fiskben framstår som anmärkningsvärt väl bibehållna. Lagret tolkades som ett utkastlager med samma datering som den högre upp belägna boplatsen. Det hade uppstått vid avfallsdeponering i ett fuktigt och låglänt område som senare överlagrats av flygsand.

Vad kännetecknar kustlandets gårdar?

Skall man sammanfatta resultaten så bestod en genomsnittlig gårdsenhet i kustområdet närmast Hammarsnäs under sen förromersk/äldre romersk järnålder gärna av två huskroppar, dels av en treskeppig byggnad med en längd varierande mellan 21 och 28 meter, dels av ett mindre hus om 7,5 till 11 meters längd. Det sistnämnda hade placerats längs med den större huskroppens nordvästra del. De båda hustypernas bredd förefaller att ha varit i det närmaste jämförbar, med variationer från 5 till 5,5 meter. Den bärande stommen i långhusen bestod av sex till sju bockpar, medan två till fyra bockpar räckt för de mindre byggnaderna. Hustyperna som sådana ingår utan avvikelser i en sydskandinavisk byggnadstradition och har goda paralleller på flera håll i Skåne.

Vid en jämförelse av den tillgängliga golvytan inom dessa gårdsenheter, förefaller det som om det skett en viss utökning mellan det äldre och det yngre skedet. Lägger man samman arean för långhus A och dess bibyggnad, fyrstolpshuset D, blir resultatet en golvyta på cirka 140 m^2. I nästa bebyggelsefas har uppskattningsvis mellan 160 och 170 m^2 funnits att tillgå i de nya gårdsbyggnaderna. Man bör också notera att den tillgängliga golvytan varit närmast identisk i det norra gårdsläget med sitt ensamliggande långhus (hus B) och i det södra som rymt två separata huskonstruktioner (hus C och hus G, alt. H). I detta avseende var det alltså helt egalt om gården bestod av en eller två huskroppar. Kanhända berodde uppdelningen snarare på att man velat skilja ut en verksamhet som inte rymts, eller inte varit önskvärd att ha inne i den ursprungliga huvudbyggnaden? Att bibyggnaderna så fort skiftats ut tyder på detta.

Centralt inom boplatsytan låg en anläggning som tolkats som en brunn, eller snarare ett noga stensatt vattenhål som kunnat utnyttjas gemensamt av flera gårdsenheter (A205). Man kan notera hur den nedslitna dörröppning som kunnat identifieras i hus B vette ut mot detta vattenhål och den yta som tolkats som en öppen plats belägen mellan två gårdar. Att inte de övriga ingångspartier som bör ha funnits i byggnaden – man kan jämföra med de sex dörrar och portar som identifierades i Karabyhuset (Pettersson 2000:36) – lämnat likartade spår tyder på att slitaget varit större här. Kanske är det kreaturens återkommande tramp på väg ut ur eller in i en fähusdel som lett till detta förhållande? För den äldre bebyggelsefasen fanns en mindre brunn (A267) strax söder om hus A.

För byggnadernas fortlöpande underhåll hade ett antal mindre lertäktsgropar tagits upp i direkt anslutning till långhusen, medan en större täkt påträffades i boplatsens periferi. Detta förhållande stämmer väl med den placering materialgroparna konstaterats ha i Malmöområdet (Björhem & Säfvestad 1993:131, 323). En annan anläggningstyp som förekom inom vad som bedömts utgöra själva gårdstunen i bosättningens andra skede var en särpräglad typ av mindre härdar, försedda med en bädd av bränd flinta under själva träkolslagret. Härdarna föreföll att ha anlagts direkt på dåtidens markyta (se Pettersson & Torstensdotter Åhlin 1999a, fig. 24).

Sparsamma spår av hägnader dokumenterades både i direkt anslutning till själva byggnaderna och i fältets nordöstliga del, på längre avstånd från gårdstunen. Det är troligt att de förstnämnda utgjort spår efter avgränsningar inom själva gårdsplatsen, medan de senare representerar stängslad inmark eller delar av fägatssystem. Hur obetydliga dessa rester efter staket och gärdsgårdar än var, så visade de ändå att behov funnits av att skydda och avgränsa delar av själva toften och de ytor som låg närmast denna.

Den mest påtagliga skillnaden mellan de två undersökta ytornas bebyggelsestruktur var avsaknaden av mindre byggnader på det östra området. Här föreföll istället gårdsplatsen att ha dominerats av en enda stor huskropp. Möjligen bör detta förhållande främst skyllas på den annorlunda utformningen av undersökningsytan inom boplatsen Stora Hammar 16:178. Ett ledningsschakt med maximalt 12 meters bredd skar genom gårdstunet, varför inget av de tre påträffade långhusen kunde undersökas i sin helhet. Dessutom utgjordes den del som trots allt fanns tillgänglig av byggnadernas östra hälft. Jämför man med den västra boplatsytan var bibyggnaderna placerade något så när parallellt med de större långhusen, men i anslutning till dessas västra hälft. Det är således fullt möjligt att även den östra bosättningens gårdsplats bestått av två eller flera samtidiga huskroppar.

Avgörande för placeringen av boplatserna var deras lokalisering mitt emellan torrare odlingsmark och våtmarker som kunnat utnyttjas såväl till slåtter som bete. I båda fallen verkar man ha strävat efter att placera huskropparna så skyddat som möjligt i detta flacka och vindexponerade landskap. Bosättningarna har lagts inom intervallet 2 till 3 m.ö.h., vilket kan tyckas obehagligt lågt, men man har helt uppenbart föredragit en viss risk för översvämningar framför att i onödan utsätta sig för västanvindens fulla kraft. Likaså har man i båda fallen valt att orientera sina byggnader längs med svaga terrängkurvor, parallellt med närbelägna vattendrag framför att välja den traditionella östvästliga placeringen.

Ugnsväggar, bränd flinta och keramikskrapor

Förutom de rent agrara näringarna samt fisket och jakten, så fanns även spår av andra verksamheter på den västra boplatsytan. Att kraftigt förslaggade fragment från ugnsväggar förekom som stolpskoning i ett av långhusen, hus C, har redan påpekats. Materialet har bedömts bestå av lera som förslaggats vid mycket hög värme. Det är möjligt att leran härrör från en ugnskappa som utsatts för temperaturer på upp emot 1200–1300°, vilket skulle tala för att någon form av metallsmältning förekommit (pers. kom., Anders Lindahl). Dessutom påträffades vid en förnyad genomgång av fyndmaterialet ett gjutformsfragment, sannolikt avsett för en fibula, i ett stolphål tillhörande hus A (pers. kom., Ole Stilborg)

Tyvärr låg själva ugnsplatsen antagligen utanför den undersökta ytan. Det får väl snarast anses som rimligt att man lagt sig vinn om att förlägga dylika brandfarliga aktiviteter på säkert avstånd från bosättningen med dess lättantändliga huskonstruktioner. Eftersom västvindar förhärskar längs kusten borde eventuella ugnar ha placerats öster om boplatsen, upp i sluttningen mot Kungshögen. Trots detta påträffades inga ytterligare spår, vare sig under för- eller slutundersökningen. Det är dock fullt möjligt att senare tids jordbruksmetoder avlägsnat alla kvarvarande rester efter ugnskonstruktioner och spritt ut det förslaggade materialet över stora ytor.

Slagg och förslaggad lera förekom också i gropen A8, belägen alldeles intill gaveln på fyrstolpshuset D i det andra bebyggelseskedet. Det är möjligt att denna mindre byggnad har utgjort gårdens smedja och att avfall från arbetsprocessen deponerats i den närbelägna gropen. Om så varit fallet finns det dessutom en verksamhetskontinuitet inom gårdsplatsen, eftersom även den närbelägna gropen A10 innehöll smidesrelaterade fynd. Denna grop, över vilken den östra gaveln av hus A uppförts, representerar ett tidigare förromerskt skede som i övrigt inte kunnat urskiljas bland boplatsens anläggningar. I fyndmaterialet ingick fragment av ett smideskärl, samt en skärva med fingerintryck längs mynningsranden (jfr Sjödin 1999:35). Den sistnämnda kärltypen har tolkats som influerad av samtida jylländsk keramik (pers. kom., Ole Stilborg). Vid en jämförelse med de verksamhetsytor som undersöktes på Klörupsboplatsen 1995 och hur dessa varit organiserade (Bergenstråhle 2000:29, 38f samt artikel i denna volym) förefaller det som om A10 skulle kunna tolkas som en form av grophus, en smedja med försänkt golvnivå.

Att skinnberedning förekommit inom boplatsen Lilla Hammar 15:1 kan synas föga förvånande med tanke på den tydliga prägel som boskapsskötsel i olika former givit platsen. Likväl är beläggen fåtaliga och enbart knutna till bebyggelsens andra fas, då minst två skinnskrapor tillverkade av återanvända keramikskärvor hamnat i avfallsgropen A3 omedelbart väster om hus A. Dessa skrapor torde ha varit mindre lämpade för arbete med sälskinn, utan snarare avsetts för hudar från boplatsens tamdjur (pers. kom., Ole Stilborg. Se även Räf 1999:25).

Fyra av de härdar som undersöktes inom det västra boplatsläget utmärktes av en ovanlig konstruktionsdetalj. Under själva brandlagrets sot och träkolsanhopning låg nämligen ett tunt, men tydligt lager av bränd flinta. Det förefaller som om man utnyttjat små moränflintor eller möjligen samlat in strandfunnen flinta till detta ändamål. Vilken avsikt man haft med de flintförsedda härdarna är svårt att avgöra. Det faktum att flintan splittrats vid kraftig upphettning har t.ex. omöjliggjort all form av matlagning över dessa öppna härdar.

Möjligen kan man välja att betrakta härdarna utifrån ett rituellt perspektiv (se s. 614), men med en alternativ tolkning skulle de trots allt kunna ges en praktisk förklaring. Avsikten skulle då vara att framställa en bränd flinta som i krossad form kunde utnyttjas till temperaturförhöjande tillsats i en smideshärd. Företeelsen är känd från den senvikingatida jylländska handelsplatsen Sebbersund där metoden även testats av utgrävarna (Birkedahl Christensen & Johansen, 1992:206). Praktiska försök har på senare tid också utförts i Lejre (pers. kom. Kjartan Langsted). Denna typ av härdar med ett oväntat stort inslag av bränd flinta, har påträffats i järnålderskontexter i samband med undersökningar inför byggandet av Västkustbanan (pers. kom., Mac Svensson). I fyndmaterialet från boplatsen Lilla Hammar 15:1 förekommer flera fragment av bränd lerklining som just innehåller bitar av bränd flinta. Dessutom visar de insamlade fragmenten av förslaggad lera som sannolikt härstammar från ugnsväggar, att någon form av metallsmältning utförts i nära anslutning till gårdstunet.

Att närma sig en annorlunda föreställningsvärld

Normalt handlar undersökningar av förhistoriska boplatser om att söka och om möjligt rekonstruera de yttre, materiella ramarna för mänsklig tillvaro. Vi dokumenterar huslämningar, avfallsgropar, brunnar och hägnadssystem samt analyserar de bruksföremål som av en eller annan anledning råkat bevaras åt eftervärlden. Mera sällan stöter man på fyndkombinationer som ger annat än en vag antydan om den föreställningsvärld som utgjort den mentala ramen kring de människor som en gång befolkade långhusen. Av ålder har istället diskussionen om tro och föreställningar i förhistorien koncentrerats till undersökningar av gravar från olika epoker. Här har också det symboliska språket till synes framträtt klarare än bland mångskiktade och stundom fragmentariska boplatslämningar.

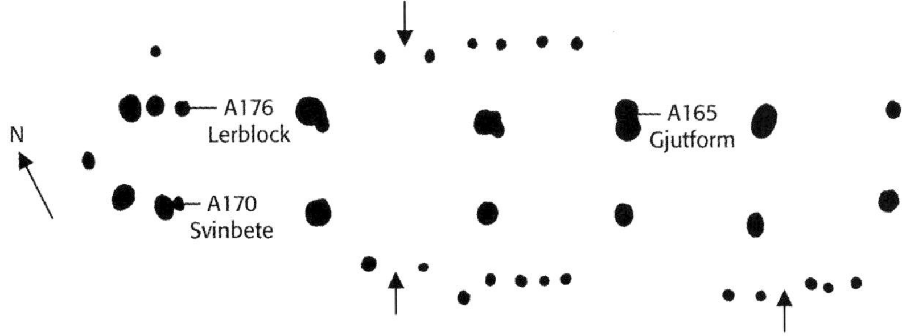

Långhus A på boplatsen Lilla Hammar 15:1, daterat till sen förromersk järnålder. Husoffer markerade – A165 gjutform, A170 svinbete, A176 karvsnittsornerat lerblock. Skala 1:200.

House A at the Lilla Hammar 15:1- site, a long-house from the late Pre-Roman Iron Age. Ritual finds within the building are shown – A165 a mould of burnt clay, A170 a tusk from a boar, A176 a richly decorated clay block.

Inom arkeologiskt undersökta boplatsytor har man kunnat uppmärksamma seden att placera keramik, antingen i form av hela kärl eller större fragment, i stolphål. Dessa kärl har då vanligen tolkats som utnyttjade i en invigningsritual vid uppförandet av byggnader, motsvarande senare tiders taklagsfester. Frågan blir givetvis om det varit kärlet i sig eller dess eventuella innehåll som utgjort offret och huruvida påträffade ofullständiga kärlfragment i så fall skall betraktas som en symbolisk nedläggelse i linje med denna offertradition. Det kan förefalla som nedläggelserna följt ett visst mönster, där deponeringar i anslutning till bärande stolpar i husets stomme favoriserats. Husoffer verkar också ha kunnat placeras invid byggnadens gavel, gärna i ett hörnstolphål. Dessutom förekom nedläggelser i stolphål avsedda för dörrposter vid husens ingångar (se Carlie i manus).

Under senare år har man dessutom kunnat vidga spektrumet åtskilligt genom att spåra andra former av offernedläggelser i forntida hus. Nu finns exempel på att utsäde i rensad och sorterad form nedlagts i stolphål (Regnell 1997), att knivar utnyttjats i detta syfte (Kriig & Pettersson 1996:22) samt att neolitiska flintyxor deponerats under huskonstruktioner från yngre järnålder och medeltid (Carelli 1996).

Det är dock ovanligt att en och samma boplatsundersökning lämnar så många och framför allt så varierade belägg för ett byggnadsanknutet offerskick som gårdsplatserna vid Lilla Hammar 15:1. I långhus A som tillhörde det andra bebyggelseskedet, dvs. århundradet närmast före Kristi födelse, påträffades ett lerblock med karvsnittsinspirerad dekor och en stor svinbete deponerade i var sin mindre grop (A176 respektive A170) i omedelbar anslutning till takkonstruktionens stolphål i husets västligaste del. I det norra stolphålet till husets fjärde bockpar (A165) påträffades ett fragment till en gjutform, sannolikt avsedd för en fibula. I det yngre långhuset C förekom dels en

Långhus C på boplatsen Lilla Hammar 15:1, daterat till sen förromersk järnålder / övergången till äldre romersk järnålder. Husoffer markerade – A20 kärl, A12 / A18 / A25 förslaggad ugnsvägg, A64 odekorerat lerblock.Skala 1:200.

House C at the Lilla Hammar 15:1- site, a long-house from the late Pre-Roman Iron Age/Early Roman Iron Age. Ritual finds within the building are shown – A20 a pot, A12/A18/ A25 vitrified clay, probably pieces from the wall of a small furnace, A64 a fragment of an undecorated clay block.

packning bestående av förslaggad lera från ugnsväggar kring flera stolpar tillhörande den bärande stommen, dels större fragment av ett kärl i ett möjligt väggstolphål till byggnadens östgavel. Dessutom påträffades ett odekorerat lerblocksfragment i det norra stolphålet till husets västligaste bärande bockpar (A64). Således har lerblock, eller fragment av lerblock, deponerats på exakt samma ställe i dessa två byggnader! Det är högst sannolikt att dessa fynd var för sig representerar offertraditioner som bör kopplas till byggnadens uppförande eller dess avsedda funktion.

Det rikt dekorerade lerblocket tillhör en materialkategori som vanligen kan knytas till härdar och matlagning i långhusens bostadsdel (se t.ex. Becker 1970), medan svinbeten kan karaktäriseras som ett manligt attribut, i vissa kulturer utnyttjat som smycke och som statussymbol (se t.ex. Burenhult 1986:210ff). Intressant i detta sammanhang är att man valt att offra ett föremål som härstammar från en djurart som var svagt representerad i boplatsens osteologiska material. Svinets symboliska värde kan således ha överstigit dess reella, ekonomiska betydelse.

De förslaggade ugnsresterna från hus C kan givetvis ha utnyttjats enbart i sin roll av lämpligt råmaterial för en packning kring en stolpe, men det är frestande att se det konsekventa urvalet som medvetet och betydelseladdat. Rimligtvis är sten ett bättre val om man vill stabilisera en stolpe – och att lämplig sten fanns att tillgå visas av att regelrätta stenpackningar förekom i fem av sex stolphål i byggnadens västra del. Att slaggpackningarna koncentrerades till husets östra del kan då möjligtvis antyda att någon form av metallbearbetning har förekommit där, även om smältning vid de temperaturer som representeras av de förslaggade ugnsfragmenten knappast förekommit i närheten av långhusen p.g.a. brandfaran. En möjlig förklaring till att material som förknippats med eld och höga temperaturer samlats in och deponerats inne i ett långhus kan vara att ugnsresterna tillmätts ett symboliskt värde som skydd mot vådeld. I linje med den tradition där flintyxor tolkats som förstenade blixtar, s.k. åskviggar, och genom sin närvaro förmått skydda hus mot eld och åska (se Carelli 1996) kan också ugnsfragment ha betraktats som kraftfulla talismaner. I ugnen har eld och värmeutveckling fått råvaror att bli formbara och nya värdefulla metallföremål har skapats.

Speciellt intressant blir en jämförelse av Lilla Hammarlokalens offerskick med det närmast samtidiga hus 1 från Klörupsboplatsen (^{14}C-daterat till 2070±65 BP; Bergenstråhle 2000, tabell 6). Inom denna byggnad förekom sannolika deponeringar i tre av de tolv stolphål som en gång innehållit husets bärande stomme. I A54, det södra stolphålet i det andra bockparet från väster räknat, påträffades förutom det av Mats Regnell behandlade utsädesoffret även järnslagg och lera som förslaggats vid mycket hög temperatur. I det fjärde bockparets norra stolpe, A57, fanns ytterligare ett växtoffer samt en vävtyngd. Slutligen förekom också kraftigt bränd och förslaggad lera i A59, det femte bockparets norra stolphål (pers. kom., Ole Stilborg). Nedläggelserna inom detta långhus förefaller således att uppvisa ett mönster som påminner om det vi sett i hus A och C från Lilla Hammar 15:1. Medan födoämnen och bostadsdelens härd

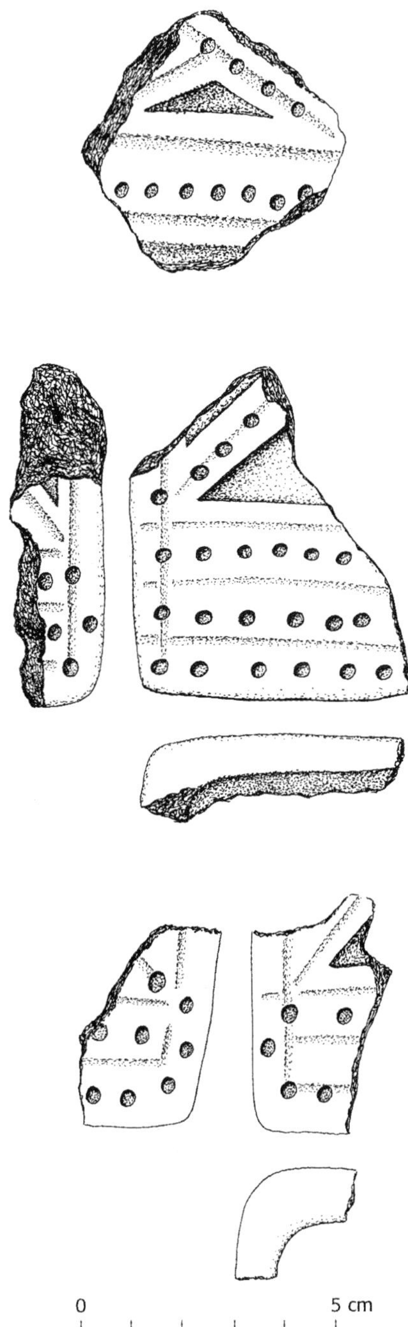

Lerblock med karvsnittsinspirerad dekor. Sannolikt husoffer i hus A på boplatsen Lilla Hammar 15:1. Daterat till sen förromersk järnålder. Illustration: Annika Jeppsson.

Clay block with decoration inspired by woodcarving techniques. Such clay block were warmed up and used to preserve heat. Late Pre–Roman Iron Age.

i husens västligaste del representerats av deponerade sädeskorn och lerblock var det främst hantverket, smältning och gjutning av metallföremål, som symboliserades genom nedläggningarna i husens östra hälft.

I detta sammanhang kan det vara på sin plats att göra en distinktion mellan de föremål som deponerats i stolphål och de som i likhet med lerblocket och svinbeten i hus A lagts ner intill en stolpe. I det förstnämnda fallet är kopplingen till uppförandet, eller reparationen, av en byggnad närmast självklar. Föremålet har då placerats i en nedgrävning som också avsetts för en viktig stolpe i husets bärande stomme. Offerhandlingen bör här ses som ett försök att knyta an till högre makts välvilja, en symbolisk försäkring av det nyuppförda hus man lagt tid och resurser på. I det andra fallet förblir omständigheterna kring själva offret, liksom avsikten med detta mer oklara. Givetvis kan det även vid dessa tillfällen ha handlat om nedläggningar i avsikt att skydda själva huset, men andra sammanhang kan inte uteslutas.

Vi vet idag mycket lite om hur kulten organiserats i det förhistoriska samhället och speciellt gäller detta de ritualer som utförts inom hemmets hank och stör, i kretsen av släkt eller familj. En bärande stolpe med framträdande placering i byggnadens bostadsdel kan mycket väl ha haft en dubbel funktion som takbärare och plats för ett "husaltare". Peder Vagn Pedersen beskriver t.ex. ett fynd från lokalen Gudme 5, Stenhøj gaard, där 325 gram guld och silver i form av plattor med nithål och spikar påträffats i nära anslutning till platsen för en bärande stolpe i ett långhus (Vagn Pedersen 1994:36). I en tidigare artikel beskrevs dessutom skattfyndet som delvis smält material som, ursprungligen fastsatt vid stolpen, hamnat på denna plats i samband med husets brand (Vagn Pedersen 1990:56). Kanhända är det möjligt att betrakta det deponerade lerblocket och svinbeten från hus A på Lilla Hammar 15:1-boplatsen i en likartad rituell kontext, om än utfört med ett enklare hushålls mer begränsade resurser?

Avslutningsvis är det möjligt att även de ovan omtalade härdarna med en bädd av bränd flinta kan betraktas från en symbolisk utgångspunkt. Själva elden med de färg- och formförändringar den förorsakat i flintan kan ha utgjort avsikten med denna ovanliga anläggningstyp. Möjligen har också den ljudeffekt eftersträvats som uppstått då flintan splittrats vid kraftig upphettning (Larsson 1999:6). Eventuellt bör dessa härdar på flintbädd betraktas som en lokal variant på den rituella kontext där härdområden ingår.

Tvåhundra år och sju generationer?

De dateringsramar som anges av keramiken från Höllvikenboplatserna visar att båda boplatserna haft en varaktighet om cirka 200 år, från 100 f.Kr till 100 e.Kr. Inom den östra bosättningen (Stora Hammar 16:178) var det tydligt att den undersökta delen av bebyggelsen rymde tre faser där hus 1, 2 och 3 avlöst varann som gårdens huvudbyggnad. Ett likartat förhållande kan anas på grannboplatsen, där gropen A10 utgör det äldsta skedet, hus A och D den andra fasen medan långhusen B och C tillhör det yngsta skedet. Här kompliceras dock bilden av den klunga mindre byggnader i sydväst som delvis överlagrade varann. Två av dessa hus (G och H) har sannolikt bildat en gårdsenhet tillsammans med långhus C, men de resterande två kan inte ha stått på platsen samtidigt som långhuset existerade. Möjligen skall de ses som ingående i en likartad yngre gård, vars huvudbyggnad bör ha legat precis väster om undersökningsfältet.

Keramik från boplatsen Lilla Hammar 15:1. Mynningsfragment och dekorerade skärvor daterade till sen förromersk / tidig romersk järnålder (ill. Monica Centervall).

Pottery from the Lilla Hammar 15:1 site. Rim sherds and decorated fragments from the late Pre-Roman/Early Roman Iron Age.

Tvåhundra års bosättning innebär att sju till åtta generationer av gårdarnas befolkning levt på samma plats. Utifrån undersökningarnas resultat medför detta att i alla fall långhusen skulle ha existerat under en tidsrymd på avsevärt mer än ett halvt sekel vardera. Även med ett rimligt underhåll förefaller det vara en lång tid för stolpbyggda hus. Byggnadernas bevarade delar uppvisade inte heller några tydliga tecken på utskiftningar och andra reparationer, frånsett hus A där dylika åtgärder observerades. Man måste dock ha i åtanke att det i båda fallen handlar om boplatser som delundersökts, varför fler huskonstruktioner kan ha legat utanför grävningsfältet.

Efter dessa två sekel av fastboende blev det dags att flytta ett stycke inom gårdens – eller gårdsgruppens resursområde. Det får ses som ett utslag av ren slump att våra två undersökningar kommit att träffa rätt på bosättningar från exakt samma tidsperiod i detta dåligt utforskade område. I grannskapet bör boplatser från såväl äldre som efterföljande epoker stå att finna. Kanhända att exploateringsområdena 1990 och 1994 kommit att beröra terränglägen som favoriserats just under tiden kring Kristi födelse, men som varit mindre intressanta därefter?

Ytterligare en boplats med närmast identisk terrängplacering, fast belägen intill sydöstra delen av våtmarkskomplexet Kämpinge mosse, har blivit föremål för en utredning i början av 1990-talet. I Sandeplansområdet nordväst om Kämpinge medeltida bytomt påträffades lämningar som kunnat dateras till romersk järnålder inom den yta som utgjorde den registrerade fornlämningen RAÄ 39, Rängs sn (Torstensdotter Åhlin 1994). Denna hade tidigare beskrivits som en förmodad stenåldersboplats. Även här var boplatsen något indragen från den egentliga kustlinjen och var belägen precis i skärningszonen mellan odlingsjord och våtmarker, i nära anslutning till mosskomplexet. Tillgången på odlingsjord, slåttermarker och framförallt vidsträckta kustbeten bör ha varit lika god här som på de undersökta boplatserna i norra delen av halvön. Likaså bör jakt ha kunnat bedrivas med gott resultat i detta område. Däremot saknades marsklandets grundbottnar och en naturhamn av Fotevikens dignitet.

Att inte heller sandområdena ute på den egentliga Falsterbohalvön saknat bebyggelse i äldre tider visas bl.a. av undersökningar gjorda 1979 i Skyttsie hage, väster om Ljunghusens villaområde. Vid en utgrävning fokuserad på en medeltida gårdsbebyggelse framkom som en bieffekt klara indikationer på en omfattande bebyggelse från romersk järnålder. I flera av de då upptagna schakten noterades förekomsten av ett kulturlager som innehöll karaktäristisk keramik med polerad yta och kraftigt profilerade mynningskanter (Ersgård 1980). Utifrån denna begränsade undersökning kan man givetvis inte uttala sig om bosättningens karaktär, utan bara konstatera att en bebyggelse av viss varaktighet existerat på platsen under den aktuella perioden. Man noterar dock att den medeltida gård, vars åkersystem delvis kunde lokaliseras 1979, haft samma placering. Således bör tillgången på odlingsbar jord inte heller tidigare ha erbjudit något problem vid Skyttsie hage. Beträffande avståndet till stranden och boplatsens relation till havet är det svårare att skapa sig någon bra bild, då stränderna här sannolikt alltid påverkats av erosion och sandomflyttning. Eftersom även frågan om tillgång på lämpliga våtmarker för slåtter och bete i denna bosättnings närhet är svår att besvara, bör man kanske tills vidare betrakta Skyttsie hage-lokalen som avvikande från det mönster vi tyckt oss urskilja för boplatserna längre in på halvön.

Utifrån våra tre likartade exempel på boplatslokalisering i sydvästra Skånes kustbygder, kan vi således peka ut ett antal faktorer som avgörande för valet av bosättningsterritorium. Ett bra bebyggelseläge borde innebära att så många som möjligt av traktens varierade resurser fanns tillgängliga i de nära omgivningarna. Boskapsskötseln med dess beten och fodertäkt, odlingen i anslutning till gården, jakten och fisket – allt utgjorde väsentliga delar i ett dynamiskt och diversifierat brukningssystem!

Kustens kor... Boskapsskötsel och jordbruk i en kustmiljö

Odling och kreaturshållning utgjorde den ena delen av kustböndernas näringsgrundlag. Båda de undersökta gårdsplatserna var, i likhet med andra kända bosättningar från äldre järnålder i trakten (se t.ex. Hårdh 1984:89), belägna i direkt anslutning till lämplig odlingsmark. Själva bebyggelsen låg här på morängrovlera, men i närheten förekommer områden med lättare sandig, moig morän med inslag av lera. Dessa jordarter kombinerar bördighet med att vara relativt lättbrukade, även med de metoder som stod den äldre järnålderns bönder till buds.

Från medeltid och framåt tillämpades helårsbete i de kustområden som gränsade mot Nordsjön och delar av södra Östersjön. Vinterstallning av boskapen behövdes vanligtvis inte p.g.a. det milda kustklimatet. Odlingsmarken försågs då med gödning på tre sätt. Dels samlades nattgödsel in från de fållor på utmarken där betesdjuren inhystes nattetid, dels insamlades tång från strandvallarna och slutligen skars grästorv på utmarken (Emanuelsson m.fl. 1985:44). Det är dock högst sannolikt att dessa metoder har en avsevärt längre hävd i regionens härtill lämpade kustområden.

Gemensamt för de båda boplatserna invid Hammarsnäs var att bebyggelsen medvetet placerats precis i skiljet mellan lämplig odlingsjord och mer låglänt, fuktig terräng. På den västra lokalen (Lilla Hammar 15:1) låg själva gårdstoften lågt, nära den bäck som avvattnade Kämpinge Mosse ut i Höllviken. Öster om boplatsläget stiger landet upp mot det höjdstråk där Kungshögen (RAÄ 1) ännu är belägen. I sluttningen nedanför denna dominerande bronsålderslämning fanns de väldränerade, relativt lätta jordar som innevånarna kunnat odla. Spår av hägnadslinjer omedelbart öster om gårdstofterna kan tolkas som rester av gränsmarkeringar och skydd för inmarken. I avsaknad av ett paleobotaniskt material från båda dessa lokaler är det svårt att diskutera vilka grödor som odlats, men med tanke på bosättningens tydliga inriktning på animalieproduktion är det rimligt att en stor del av den brukade jorden utnyttjats som höproducerande inmarksäng.

Till bilden av kustens kulturlandskap måste också fogas dungar av hamlade träd och möjligen skottskog, eftersom omfattande lövtäkt utgjort ett väsentligt medel för att säkra boskapsstammens överlevnad under svåra vintrar. De trädslag som favoriserats i detta avseende var framför allt ask, ek och lind. Dessutom har i hög grad alkärr och andra våtmarker under denna tid berövats sin högre vegetation och omvandlats till öppen gräsmark, lämplig för både slåtter och bete (Pedersen & Widgren 1998:258ff).

Den östra boplatsen (Stora Hammar 16:178) befann sig på vad som närmast kan karaktäriseras som ett terrassläge, intill en flack sluttning ned mot Hammaråns lopp och dess översilade ängar. Lämplig odlingsmark stod att finna omedelbart väster om gårdsläget. Att skiljet mellan åker och äng legat fast under lång tid framstod som mycket tydligt vid undersökningstillfället, eftersom nyare tids hägnadslinjer och gränsdiken skar tvärs igenom boplatsen (Pettersson & Torstensdotter Åhlin 1999b:16, fig. 4).

Boplatsernas ben

Från de båda järnåldersboplatserna Lilla Hammar 15:1 och Stora Hammar 16:178 tillvaratogs ett osteologiskt material på sammantaget cirka 11 kilo, varav merparten – drygt 8 kilo djurben eller totalt 430 olika bestämningsbara fragment – härstammade från den större undersökningen 1990. Analysen kom här huvudsakligen att inriktas på det förhållandevis väl bibehållna benmaterial som insamlats från ett antal väldaterade gropar i anslutning till husområdet (Johansson 1999a:1). Av dessa tillhörde det förmodade grophuset A10 boplatsens äldsta förromerska bosättningsfas, medan avfallsgroparna A3, A5, A8 och A74 liksom brunnen A267, sannolikt tillhörde det andra skedet. Boplatsens slutfas kom enbart att representeras av material från det stora vattenhålet A205, beläget mellan hus B och C. Tidsskillnaden till trots kan man säga att benmaterialen från de olika anläggningarna uppvisade en god överensstämmelse i sin artsammansättning. Skillnaderna dem emellan förefaller snarare att bero på hur årstidsbundna aktiviteter återspeglats i avfallsdeponeringen.

Mängden osteologiskt material från 1994 års undersökning av boplatsen vid Stora Hammar 16:178 var som redan nämnts av betydligt mindre omfattning – sammanlagt drygt 2,5 kilo djurben, eller totalt 74 bestämningsbara fragment – men såväl fördelning som artsammansättning påminde mycket om grannboplatsen i väster (Johansson 1999b; Cardell 1999).

Kustens betesdjur

I det analyserade benmaterialet från de båda järnåldersboplatserna invid Hammarsnäs framträder nötboskapens dominans mycket klart (54,3 % på Lilla Hammar 15:1). En analys av kreaturens slaktålder visar dessutom på deras varierande uppgifter i gårdens produktion. Medan vuxna individer gav dragkraft och mjölk, skedde en omfattande årlig utslaktning av ungdjur i åldern 2–3 år för att tillfredställa behovet av kött och hudar.

Den närmast obegränsade tillgången på betesmark i form av strandängar och marsk har utan tvivel gynnat nötboskapen. Man kan tänka sig ett system med stora obrutna strandfälader som allmänningar där boskapshjordar fritt kunnat ströva runt under stora delar av året (jfr Pedersen & Widgren 1998:256). Det är dessutom fullt möjligt att man under milda vintrar tillämpat utegångsdrift, kompletterad med stödutfodring. Möjligen har man strävat efter att nattetid samla ihop boskapen i fållor, dels för att ha dem under uppsikt, dels för att kunna tillvarata värdefull gödsel. Denna har senare forslats tillbaka till odlingslotterna i bebyggelsens närhet.

Ett dylikt system för extensivt bete blir, frånsett några intensiva perioder i samband med kalvning och slakt, inte särdeles arbetskrävande. Däremot kräver bruket av gemensamma allmänningsbeten en viss grad av samverkan mellan de bosättningar som utnyttjar denna resurs. Boskapens skydd och tillsyn vinner på att samordnas. Likaså behöver stängsel och hägnadssystem upprättas och vidmakthållas.

I likhet med nötboskapen gynnades fåren av den rikliga tillgången på öppna betesmarker längs kustens strandängsområden. Deras stora andel av det totala benmaterialet från dessa båda boplatser (30,7 % på Lilla Hammar 15:1) understryker artens betydelse som framför allt kött- och ullproducent. Intressant är också de tecken på en medvetet genomförd årlig utgallring av fårhjorden som framträdde vid den osteologiska analysen. Johansson tolkar detta som en strategi genomförd i samband med stallning för vintern i syfte att motverka uppkomsten av foderbrist under senvinter och vår (Johansson, F. 1999a:2). Under normala, snöfattiga vintrar bör dock får ha kunnat vistas ute på betesmarkerna året om, förutsatt att enklare vindskydd fanns uppförda på lämpliga ställen.

Hästflockar på bete utgör idag ett viktigt inslag i landskapsbilden kring Foteviken. Att hästar inte varit någon ovanlig syn ute i marsklandet redan under romersk järnålder visas av de hästben som påträffades på de båda undersökta boplatserna. Visserligen var bara ett fåtal individer representerade, men deras ålder varierade allt ifrån föl till utslitna, ålderstigna kampar. Hästen hade givetvis sin främsta betydelse för dåtidens människor i sin roll som lastdragare och riddjur, men man bör inte heller bortse från dess roll som köttproducent. Det gällde dock inte för den gamla häst, vars kadaver tydligtvis lämnats liggande intill själva gårdstoften på den östra boplatsen. Kraftiga bitspår från hund på hästens hälben visar att kroppen legat tillgänglig för rovdjur och asätare innan den välts ner i en avfallsgrop.

Djur invid gården

Till skillnad från nötkreatur och får, så var ben härstammande från tamsvin direkt sparsamt förekommande på de båda undersökta boplatserna och utgjorde t.ex. bara 7,2 % av totala antalet fragment på Lilla Hammar 15:1. Grisens roll som köttproducent visas inte minst av den låga slaktålder som karaktäriserar flertalet av de individer som ingår i det analyserade materialet. Vid en ålder av 2–3 år hade ungdjuren ökat så mycket i vikt att utbytet av slakt blev optimalt. Att grisen är så pass svagt representerad i materialet hänger samman med att den missgynnats i det skogfattiga landskapet med dess hedar och strandängar. Istället levde djuren sannolikt i anslutning till gårdsplatsen, födosökte på avfallshögar och matades med hushållsavfall.

Som ett sent inslag i lantbrukets djurhållning kan tamhöns betraktas. Arten introducerades troligen i Norden under loppet av järnåldern. Det äldsta kända fyndet i Skåne härstammar från Malmötrakten och dateras till cirka 100 f. Kr. (Steen & Vretemark 2001:26). Visserligen finns bara en enda individ representerad i det osteologiska materialet från de obetydligt yngre Hammarsnäsboplatserna, men närvaron av hönsfågel inne på tunet fyller likväl ut bilden av järnålderns gårdsplatser med nya färgklickar och läten.

Kon och kornet – en sammanfattning

Allt sammantaget bör kreatursskötsel i dess olika former ha varit av mycket stor betydelse för de människor som levt och verkat intill Hammarsnäs kring begynnelsen av vår tideräkning. Med åkermarken lokaliserad till lättare lerjordar i bebyggelsens omedelbara närhet, har traktens magra sandhedar och vidsträckta strandängar kunnat utnyttjas som beten.

I materialet märks en kraftig dominans för nötboskap och får, helt tydligt en anpassning till de förhållanden som rått i kustzonen. Med en omfattande utslaktning av ungdjur i 2–3 årsåldern har tillgången på kött och hudar varit god, samtidigt som tydliga belägg finns för att de utsparade djuren använts både som mjölkproducenter och dragare.

Boskapen har med all sannolikhet kunnat vistas ute under merparten av året, men för att säkra vinteröverlevnaden har troligen en betydande del av inmarken utnyttjats för produktion av högvärdigt ängshö. Dessutom upptogs slåtterängar invid vattendrag som Hammarån och våtmarker som Kämpinge mosse. Höskörden härifrån bidrog tillsammans med en omfattande insamling av lövfoder och en medveten, selektiv utslaktning bland ungdjuren till att utvalda delar av gårdens kreatursbesättning kunde överleva även stränga vintrar om de stallades (se Emanuelsson m.fl. 1985:42ff).

I det osteologiska materialet förekommer ben från medelstora, kraftigt byggda hundar. Frånsett vid jakt (se nedan) har hunden i en ekonomi centrerad kring boskapsskötsel kunnat fylla en viktig funktion vid vallning och hopsamling av boskapshjorden. Inte minst i ett vidsträckt beteslandskap som Hammarsnäsområdet har säkerligen en vältränad vallhund varit en närmast ovärderlig tillgång.

Den intensifiering och effektivisering av jordbruket som är märkbar under denna period hänger delvis samman med en ökad tillgång på smidbart järn till redskap. Skörd, slåtter och lövtäkt underlättades väsentligt genom nya långbladiga redskap med bättre utformade skaft (Pedersen och Widgren 1998:261ff).

…och sandrevelns sälar. Jakt och fiske i marsklandet

Om åkerbruk och boskapsskötsel var den ena sidan av kustbondens vardag, så utgjordes den andra hörnstenen av jakt och fiske. Under alla tider har människan erfarit det fördelaktiga i att utnyttja ekologiska skärningszoner som t.ex. kustområden och flodmynningar. Den biologiska diversiteten i dylika områden gör att en mängd olika resurser finns tillgängliga, speciellt i jämförelse med mer ensartade inlandsmiljöer. Om en näringskälla tillfälligt skulle råka falera, finns det andra där uttaget temporärt kan ökas.

Ett problem ligger i att vissa resurser uppträtt säsongsbundet, vilket innebär att arbetsbelastningen periodvis kunnat bli mycket hög. Under våren måste t.ex. odlingens behov stämmas av mot kreatursskötselns. Åkrar skulle ärjas och besås, medan boskapen hjälptes genom den hårda tiden innan nytt bete åter fanns i tillräcklig mängd. Dessutom inträffade kalvningstiden precis då jaktbara flyttfåglar anlände i stor mängd till Falsterbohalvön. På lämpliga ställen skulle också fiskets fasta redskap sättas ut på nytt, medan annan utrustning behövde ses över och förnyas efter vintersäsongens påfrestningar.

Från de båda boplatser vid Hammarsnäs som behandlas i denna artikel finns ett osteologiskt material som med all tydlighet visar hur traktens befolkning under äldre järnålder väl förstått att utnyttja naturens givmildhet. Kustfiskets betydelse framträder kanske bäst indirekt, genom att en omfattande skyddsjakt på skarv kan beläggas. Därtill kommer all annan fågeljakt, där kött och dun utgjort det eftertraktade utbytet. Dessutom kan med all säkerhet insamling av vildfågelägg antas ha skett under försommaren, trots att konkreta belägg saknas i fyndmaterialet.

Om flyttfåglar utgjort en viktig resurs som främst kunnat tappas av under vår och höst, så har säljakten antingen bedrivits sommartid ute vid revlarna eller som vinterjakt på havsisen.

Fiske och skyddsjakt

De enda fiskarter som kunnat urskiljas i materialet från boplatserna Lilla Hammar 15:1 och Stora Hammar 16:178 utgörs av stör (*Acipenser sturio*) och spättor (fam. *Pleuronectidae*). De sistnämndas arttillhörighet har dock inte kunnat avgöras. Trots att fiskben således utgör ett ytterst blygsamt inslag i det osteologiska materialet från dessa båda boplatser kan man anta att fiske varit en viktig sysselsättning för järnålderns kustbönder och att fisk utgjort ett viktigt inslag i kosten. Trots acceptabla bevaringsförhållanden för fiskben motverkade den grova undersökningsmetoden med spade och hackbord istället för vattensåll identifieringen av fiskben i de uppgrävda fyllningsmassorna. När mindre mängder fiskben likväl förekommer i det osteologiska materialet, både från boplatsgropar (Lilla Hammar 15:1, se Johansson 1999a) och kulturlager (Stora Hammar 16:178, se Cardell 1999), bör detta tolkas som att merparten av de småben som verkligen förekommit i de leriga fyllningsmassorna förbisetts.

Att sill, den fiskart som utgjorde själva grundlaget för Falsterbohalvöns rikedom under medeltiden, fångats även tidigare är mer än sannolikt. Problemet är att sillben, dels genom sin ringa storlek, dels p.g.a. benens höga fettinnehåll bryts ner tämligen raskt. Istället är det plattfisk som förekommer i fiskbensmaterialet från boplatserna vid Hammarsnäs. Detta förhållande kan dock eventuellt ses som en indikation på att också sill fångats, eftersom just mindre plattfisk och småtorsk upp till 25–30 cm längd normalt ingår som bifångst vid sillfiske (pers. kom., Annica Cardell). Sill kan dessutom fångas snart sagt vilken tid som helst på året.

Som en indirekt antydan om fiskets betydelse kan man istället betrakta den rikliga förekomsten av ben från storskarv på båda boplatserna. Som exempel kan nämnas gropen A8, undersökt 1990 på Lilla Hammar 15:1. Här påträffades totalt 40 benfragment från minst 5 vuxna skarvar, vars hela kroppar slängts ner bland avskrädet i gropen (Se Johansson 1999a, tabell 1). Att detta bör ha skett någon gång under våren styrks av fyndsammansättningen i anläggningen, då både ben från nyfödda lamm och från flyttfågel som gäss och simänder ingår i benmaterialet.

Det förefaller svårt att tro att skarven kan ha utgjort ett eftertraktat jaktbyte i sig själv, eftersom dess kött utmärks av en mycket kraftig transmak och då dess fjädrar knappast är av sådan kvalitet att de tillvaratagits. Likväl förekommer ben från denna art talrikt på båda boplatserna, men eftersom större delen av skelettet finns representerat verkar inte fågelkropparna ha parterats i någon nämnvärd utsträckning. Snarast förefaller kadavren ha slängts hela på avskrädeshögarna. Ett märkligt drag i detta förfarande är dock att man överhuvudtaget ansett det mödan värt att bära hem de fångade skarvarna till boplatsen. Enklast hade ju varit att lämna ett skadedjur på den plats där det avlivats. Har man trots allt kunnat använda någon del av fågelkropparna?

Dessutom har benmaterialet bestämts till nominatrasen storskarv, *Phalacrocorax carbo carbo*, inte mellanskarv, *Phalacrocorax carbo sinensis*, som idag är den ras som uppträder året om längs den sydsvenska kusten och som häckfågel i ett antal insjöar. Storskarven däremot är en vintergäst i våra trakter, en flyttfågel som tillbringar häckningssäsongen längs den norska Atlantkusten (Ekberg & Nilsson 1994). I och för sig kan fågelarters utbredning förändras, speciellt över en så pass lång tidsrymd som 2000 år. Klimatförändringar kan leda till ändringar i artens livsvillkor, liksom mänsklig påverkan genom varierande jakttryck – det finns många möjliga variabler! Dessutom torde en osteologisk detaljbestämning som innefattar utskiljande av raser vara behäftad med ett visst mått av osäkerhet, speciellt då de rasspecifika skillnaderna som i detta fall främst utgörs av biotopval och vissa dräktkaraktäristika (se Svensson m.fl. 1999:28). Med detta sagt är det dock rimligt att betrakta förekomsten av storskarv, oavsett vilken ras, i det osteologiska materialet som ett resultat av en omfattande årstidsbunden skyddsjakt. Avsikten bör då ha varit att söka minimera skarvens uttag av fångstvärda fiskarter, möjligen i anslutning till utsatta fasta redskap. Idag är det inte ovanligt att se skarvar sitta just på störarna till fasta nätfisken med utbredda vingar och torka fjäderdräkten. Även artens äldre folkliga namn, ålakråka (fsv. *ala kraku*), speglar kustbefolkningens syn på arten som en fisktjuv.

I slutet av 1800-talet ledde konflikten mellan kustfisket och skarv till att arten helt utrotades som häckfågel i Sverige. Kolonierna förstördes, varefter det dröjde närmare 50 år innan mellanskarven på nytt kunde etablera sig med en fast förekomst i den svenska faunan. En snabb populationsökning under de senaste 15 åren har lett till att konflikten förnyats, detta trots att nyare forskning kunnat visa att skarven inte utgör något hot mot kommersiellt värdefulla fiskbestånd (se t.ex. Engström 2001). Istället har arten fått klä skott för faunistiska förändringar, vars orsaker kanske snarast borde sökas i ökad eutrofiering, växthuseffektens långsiktiga påverkan och andra mer svårgripbara orsakssamband. Idag gör sig talrika förespråkare för utökad skyddsjakt, återinförd allmän jakt och äggprickning i skarvkolonier åter hörda i den offentliga debatten (se Carlsson & Hansson 1997/98; Länsstyrelsen i Västra Götaland 1999).

Således förefaller det som rimligt att betrakta den rikliga förekomsten av storskarv i benmaterialet som en klar indikation på en omfattande skyddsjakt, förmodligen knuten till fasta fiskeredskap. Vilken metod man nyttjat sig av för att fånga in fåglarna är däremot mycket svårare att bedöma. Pilbåge förefaller t.ex. mindre lämpad i detta öppna landskap, såvida man inte lyckats närma sig fåglarna då de suttit med utbredda vingar för att torka. Medeltida nätfångst av skarv finns omtalad som metod hos Olaus Magnus (19:e boken, sid. 46), men det rör sig sannolikt om en missuppfattning, möjligen en förväxling med alfågel (KHL band 15:405 – *skarvar*). Kan man ha nyttjat agnade krokar eller satt limbestrukna störar där skarvarna brukat vila? Denna form av fågeljakt är ett spännande forskningsfält, där omfattande jämförelser med etnologiska material sannolikt kan göras!

Sälarnas sandrevlar

Södra Östersjöns sälbestånd har fortfarande en viktig yngelplats på den sedan några år landfasta sandreveln Måkläppen utanför Falsterbo. Idag utnyttjas den dels av knubbsäl (*Phoca vitulina*), vars ungar föds i juni, men även gråsäl (*Haliocoerus grypus*) fortplantar sig regelbundet i området. Dessa båda arter har dock olika levnadssätt, den förstnämnda är en mer utpräglat kustlevande art, medan gråsälen föredrar öppet hav. Den har inte heller några fasta yngelplatser, utan väljer ut ett område med lämplig havsis då dess enda unge skall födas under vårvintern. Populationer som lever i en havsmiljö som mer sällan är isbelagd har dock en något annorlunda årscykel. Så sker t.ex. såväl parning som ungarnas födelse på land under hösten för västkustens gråsälsstammar.

I det osteologiska materialet från de båda järnåldersboplatserna vid Hammarsnäs förekommer bara gråsälen, som är den större av arterna. De påträffade benen (totalt 16 olika benfragment, representerande hela sälkroppen. Se Johansson 1999a, tabell 1 & Johansson 1999b, tabell 1) härhör dessutom enbart från fullvuxna djur, vilket innebär individer med en längd på upp till 3,5 meter för hannar respektive 2,5 meter för honor. Vikten kan uppgå till drygt 300 kilo för en stor gråsälshanne, medan en fullvuxen hona väger ungefär hundra kilo mindre. Som en jämförelse väger en knubbsälshanne sällan mer än 150 kilo (Bjärvall & Ullström 1985). Även om djuren varit svårjagade med den teknik som stod dåtidens jägare till buds så har utbytet av en lyckad jakt mer än väl uppvägt svårigheterna. Säljakten har bedrivits för att få tillgång till såväl kött som högklassiga skinn, men säkert har även späcket tillvaratagits för att kokas till tran. I en ekonomi baserad på självhushållning har säljakt kunnat erbjuda ett viktigt bidrag till försörjningen. Om den bedrivits vintertid har färskt sälkött varit ett välkommet tillskott till kosten. Speciellt levern har i senare tider betraktats som en stor delikatess, men i stort sett allt på sälkroppen kunde användas.

Säljaktens betydelse för befolkningen i det undersökta området återspeglas av att vissa gårdar i Lilla Hammars by haft noggrant formulerade säljaktsrättigheter knutna till sig in i 1900-talet (pers. kom., Marcus Nilsson). Framförallt ansågs yngelplatser ute bland revlar och grundområden som lämpliga jaktlokaler.

Jakt i ett flyttfågelstråk

En annan årstidsbetingad resurs som sannolikt utnyttjats av befolkningen vid Falsterbonäset genom alla tider utgörs av fågeljakt. Idag är Falsterbo berömt som en av norra Europas bästa fågellokaler, beroende på de flyttfågelrutter som sammanstrålar här. Tidvis kan enorma flockar av främst olika arter gäss, änder och vadare samlas på traktens åkrar och strandängar, eller på sandbankar och grundbottnar ute i de långrunda vattenområdena. Särskilt Skanörs revlar, Foteviken och kusten norrut vid Eskilstorp utgör betydelsefulla rastplatser.

Av de arter som förekommer i det omfattande osteologiska materialet från boplatsen vid Lilla Hammar 15:1 bör grågås (*Anser anser*) och sädgås (*Anser fabalis*) med framgång ha kunnat jagas under höst och vinter. Vinterhalvåret har sannolikt också utgjort jakttid för dykänder som vigg (*Anthya fuligula*), medan simänder som gräsand (*Anas platyrhynchos*) och sumphöns som sothöna (*Fulica atra*) kunnat jagas året om under år med milda vintrar. Under ruggningsperioden på sensommaren kan man med fördel ha jagat bland de flockar av tillfälligt flygoförmögna simänder som då samlas i grunda vattenområden som Foteviken.

Under häckningssäsongen bör även vildfågelägg och dun från de arter som häckar lokalt ha utgjort en viktig resurs som traktens befolkning kunnat ta del av. Kolonihäckande arter som t.ex. vissa måsfåglar, tärnor och vadare har, tillsammans med gäss och änder, kunnat ge värdefulla tillskott till hushållningen under vår och försommar.

Kanske skall man också se förekomsten av medelstora, kraftigt byggda hundar på boplatsen som ett tecken på den betydelse fågeljakten bör ha haft för traktens innevånare. Speciellt vid jakt över vassar och sankmarker kan en väl intränad fågelhund vara till stor hjälp vid bytets återfinnande.

Gravfältet och kustbygden

En grusgrävning med förhinder

Längst ut på nordspetsen av den flacka höjdrygg som utgör Hammarsnäs påträffades skelettgravar vid en grusgrävning i början av trettiotalet. Detta ledde till att en exploateringsundersökning, ledd av Folke Hansen genomfördes under loppet av fem säsonger, 1931 till 1936. Resultaten presenterades redan samma år som fältarbetet avslutades i Hansens egenfinansierade skrift *Hammarsnäs Halör* (Hansen 1936).

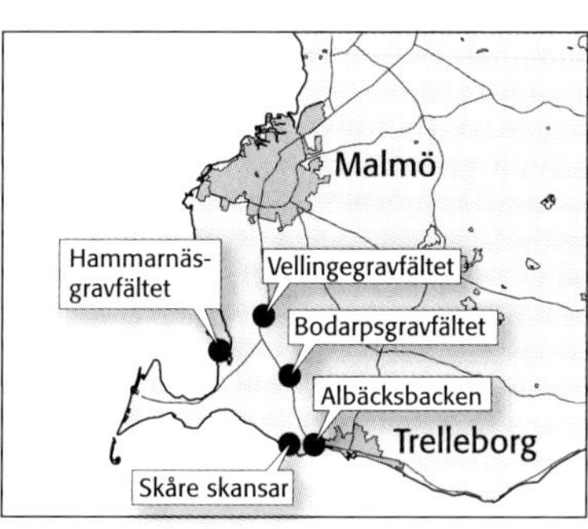

Järnåldersgravfält som omtalas i texten.

Iron Age cemeteries, mentioned in the text.

Egentligen kan det verka förvånade att man valt just denna plats för en grustäkt, eftersom gruset förekommer som ett knappt metertjockt lager över den fasta moränleran. För närmast husbehovsartad täktverksamhet som bedrivits med handkraft har det dock varit fullt tillräckligt. Före anmälan till antikvariska myndigheter grävdes ett schakt genom hela det tänkta grustaget till dess att "Man påträffade... så mycket ben att arbetarna vägrade lasta mera grus" (Hansen 1936:70).

Det område som Folke Hansen kom att undersöka utgjordes av ett smalt fält, cirka 70x25 meter på näsets västsida. Norr om ytan fanns sedan tidigare en mindre grusgrav, medan ett parti i fältets södra del blivit utsatt för den i trakten förekommande metoden "att vända jorden". Med det sistnämnda förfaringssättet, som fått en förödande inverkan på traktens fornlämningar där det tillämpats, avsåg man att gräva ned flygsand och annat lättare material för att stoppa jordflykten. Istället vändes morängrovleran upp och blandades in i åkerjorden (se Torstensdotter Åhlin 1994). För Hammarsnäs vidkommande skriver t.ex. Hansen "Inom områden med vänd jord har jag på ett flertal platser konstaterat bitar av människoben, vilket otvetydigt visar, att gravar funnits men förstörts" (Hansen 1936:16).

Gravfältet var påfallande lågt beläget, bara 1 till 1,5 meter över havsnivån, vilket innebar att översvämningar under stormflod nästan kunnat nå fram till denna plats. Gravarna bestod av grunda nedgrävningar som förts genom gruslagret, men bara i två fall av 140 hade man grävt ner i den underliggande styva moränleran. Gravarnas djup varierade, från dryga halvmetern till de gravläggningar som påträffades helt upp under grästorven.

Äldre uppgifter tyder på att gravfältet haft en avsevärt större utbredning än den yta som Hansen kom att undersöka. På 1870-talet uppges enligt uppgifter i fornlämningsregistret t.ex. skelett ha påträffats söder om den gård som ligger närmast gravfältet. Fler begravningar skall dessutom ha berörts av senare utförda ledningsgrävningar i närheten. Hansen uppskattade själv gravfältets ursprungliga yta till ca fem tunnland (Hansen 1936:14) men påpekade också att en stor mängd gravar sannolikt ödelagts redan i äldre tid. Om detta antagande vore korrekt skulle Hammarsnäsgravfältet således ha täckt en yta på omkring

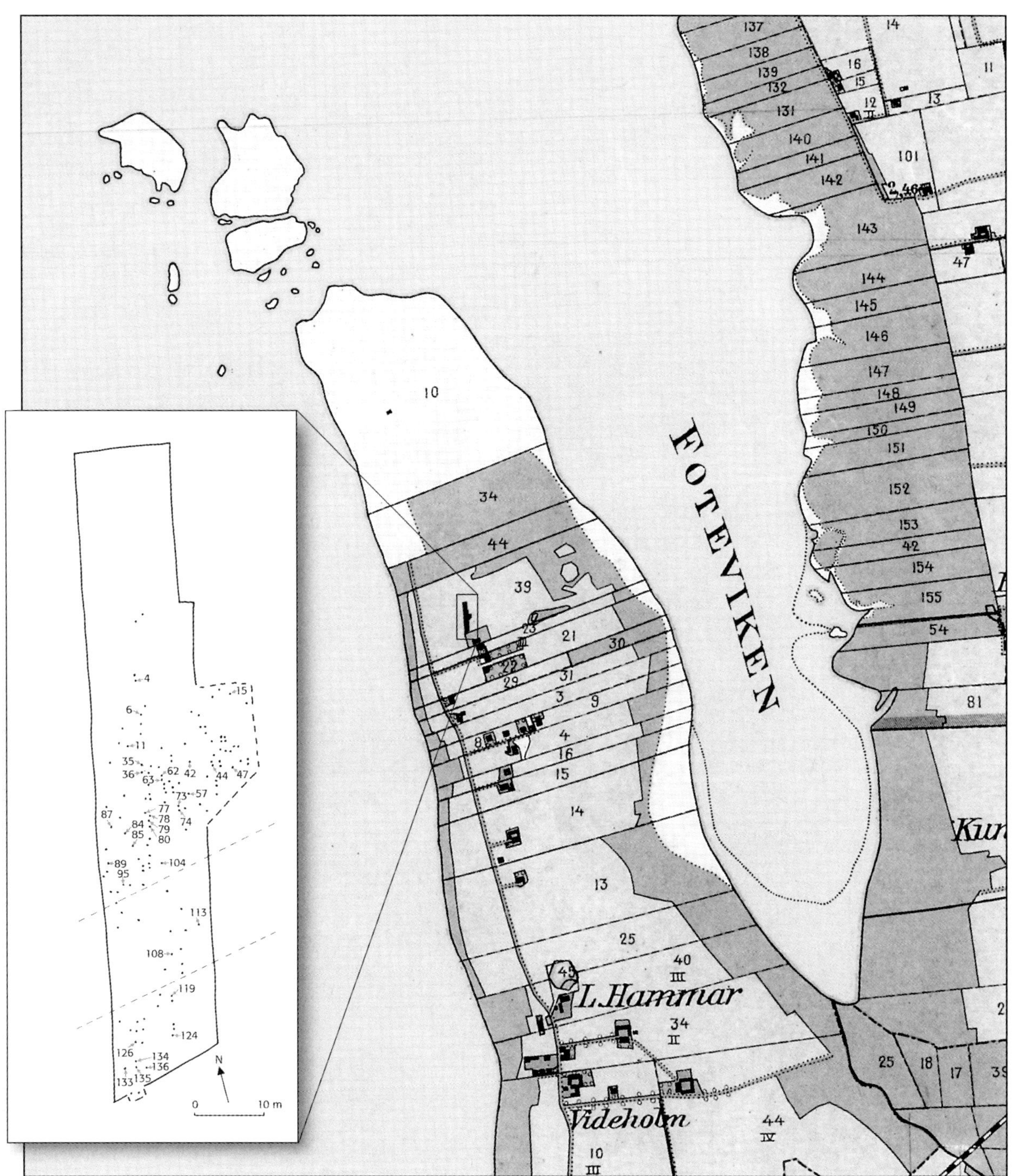

Det romartida skelettgravfältet längst ut på Hammarsnäs (efter Hansen 1936). Ur Ekonomiska kartan, edition 1914, blad Hvällinge, Malmöhus län.

The Roman Iron Age cemetery at Hammarsnäs (see Hansen 1936).

25.000 m^2, varav ca 1800 m^2 undersöktes 1931–1936. Utifrån det begränsade fyndmaterialet, främst då de sammanlagt nio fibulor som påträffades i fyra av gravfältets kvinnogravar, angav Hansen dess användningstid till omkring 400 år, från ca 100 till 500 e.Kr (Hansen 1936:77). Sannolikt valde han en ganska vid tidsram för att medge föremålen en viss brukningstid, men en något snävare avgränsning, från 100-talet e.Kr. fram i tidigt 400-tal, har ett bättre stöd i ädelmetallfynden (Johansson, K. 1999:144). Ser man däremot till fyndmaterialet i sin helhet och då inkluderar keramiken som hittills inte närmare studerats, är det däremot inte osannolikt att Hansens ursprungliga dateringar faktiskt ligger sanningen närmast.

Oavsett om gravfältet under sin brukningstid varit större än den yta som undersökts eller inte, så utgör Hammarsnäsgravfältet fortfarande det största skelettgravfält från äldre järnålder som är känt från skånskt område. Följaktligen har materialet också uppmärksammats vid ett antal tillfällen och utnyttjats som ett värdefullt referensmaterial i olika sammanhang (se t.ex. Stjernquist 1955; Hårdh 1984; Johansson, K. 1999). Någon fördjupad analys av materialet i sig har dock inte kommit till stånd, utan man har tvingats förlita sig på de uppgifter som Hansen presenterat i *Hammarsnäs Halör* 1936. Trots sina uppenbara förtjänster bär denna kortfattade rapport dock i många avseenden drag av sin hastiga tillkomst och den ekonomiskt pressande situation som omgav dess utgivning. Det ofullständiga kartmaterialet utgör härvid en särskilt beklaglig brist, liksom avsaknaden av tabeller där delar av materialet kunnat presenteras på ett överskådligt sätt.

Att återbesöka en grusgrav – några källkritiska aspekter

Ett stort problem i samband med arbetet inför föreliggande artikel är att fynden från gravfältet på Hammarsnäs inte funnits tillgängliga. Skelettmaterialet togs sannolikt inte tillvara vid utgrävningstillfället, utan förefaller att ha kasserats efter fotografering och planritning, eftersom Hansen ett flertal gånger framhåller skelettmaterialets dåliga status. Någon vidare osteologisk bearbetning har således inte skett. Det övriga fyndmaterialet från gravfältet befann sig i SHM's magasin redan då *Hammarsnäs Halör* publicerades 1936 (Hansen 1936:16) och har sedan dess förblivit i Stockholm (fyndmaterialet från Hammarsnäs förvaras under SHM nr 19 750, 20 058, 20 433, 20 816 och 21 706). Det hade varit önskvärt att kunna genomföra en noggrann keramikanalys på delar av materialet från Hammarsnäsgravfältet och att de resultaten därefter jämförts med boplatskeramiken från Lilla Hammar 15:1 och Stora Hammar 16:178. Beklagligtvis har en sådan analys på ort och ställe inte rymts inom ramen för denna artikel, men det är vår förhoppning att en ingående keramikstudie skall kunna bli verklighet inom en inte alltför avlägsen framtid.

Med dessa inledande reservationer i minnet förefaller det trots allt finnas påfallande likheter mellan kärlformer och dekorelement på de tre olika lokalerna. Såväl tydligt profilerade mynningskanter som kärl med glättad yta och ristad geometrisk dekor förekommer (jfr bildmaterial hos Hansen 1936 med s. 615). Därför är det rimligt att, i likhet med Hansen själv (se Hansen 1936:81), anta att gravfältet verkligen utnyttjats under en något längre tidsperiod än vad de fåtaliga föremålsdateringarna på sin tid medgav. En viss överlappning mellan den tidpunkt då gravplatsen ute på Hammarsnäs togs i anspråk, och den senare delen av boplatsernas brukningsperiod är därmed inte utesluten. Således borde tidpunkten för gravfältets etablering eventuellt kunna förläggas till första århundradet efter Kristi födelse. Vad beträffar den hitre avgränsningen verkar gravläggningarna upphöra under 400-talet. Givetvis gäller även här att antalet daterande föremål, inberäknat keramiken, är väldigt begränsat samtidigt som antalet odaterade gravar är desto större. Dessutom måste man bära i minnet att Hansens undersökning sannolikt bara berört en mindre del av ett vidsträckt gravfält, om än kanske den del som betraktats som den viktigaste av dåtidens människor.

Köns- och åldersbestämningar i fält

Alla köns- och åldersbestämningar i samband med undersökningen av Hammarsnäsgravfältet utfördes av Folke Hansen själv i fält. Han understryker noga i sin grävningspublikation hur dåliga bevaringsförhållanden påverkat lämningarna efter de individer som gravlagts på denna plats och anger själv konsekvenserna av detta faktum:

> ”*Såsom ett allmänt omdöme kan man säga att skeletten varit mycket illa bevarade. Det har varit med största möda de kunnat framprepareras, så att det blivit möjligt att rita och fotografera desamma*”(Hansen 1936:19).

> ”*Då skeletten i de flesta gravarna med fullvuxna individer voro ytterst illa bevarade, torde man icke enbart ur skelettmaterialet våga draga alltför vittgående slutsatser angående antalet mans- och kvinnogravar. Skelettens storlek, grovlek och allmänna habitus torde dock i många tillfällen få anses utslagsgivande i berörda avseende. Gravinventariet kan därjämte lämna kompletterande upplysningar*” (Hansen 1936:74).

Trots ovanstående nog så tydliga brasklappar känns likafullt vissa av Hansens fältbestämningar idag tämligen subjektiva. Uttryck som ”spensligt”, ”klent” eller ”ganska klent byggd” i motsättning till ”fullvuxen, kraftigt byggd individ” förekommer ofta tillsammans med ”möjligen kvinna” och ”sannolikt man”. Frågan blir i hur pass hög grad man kan sätta tillit till Hansens fältbestämningar, speciellt i de fall då gravgods saknas eller är genderneutralt. Mycket talar dock för att han i stort träffat rätt i sina bedömningar. Caroline Arcini har vid en större genomgång av gravmaterial från det romartida skelettgravfältet vid Albäcksbacken väster om Trelleborg, kunnat konstatera att skeletten från Folke Hansens undersökning där genomgående varit korrekt bestämda (pers. kom., Caroline Arcini 2001.06.08, se även Arcini 1996). Här kan emellertid framhållas att bevaringsförhållandena för benmaterialet på denna lokal var avsevärt bättre än vad som var fallet ute vid Hammarsnäs. Att Hammarsnäsgravfältet utmärks av så dåliga bevaringsförhållanden trots grusets höga kalkhalt, beror på att gravarnas ringa djup lett till kraftig påverkan från tjäle, rötter och senare tiders markarbeten. Dessutom, och minst lika viktigt, har det tunna gruslagret fungerat som dränering för allt regn- och smältvatten som inte förmått tränga ner i den underliggande styva

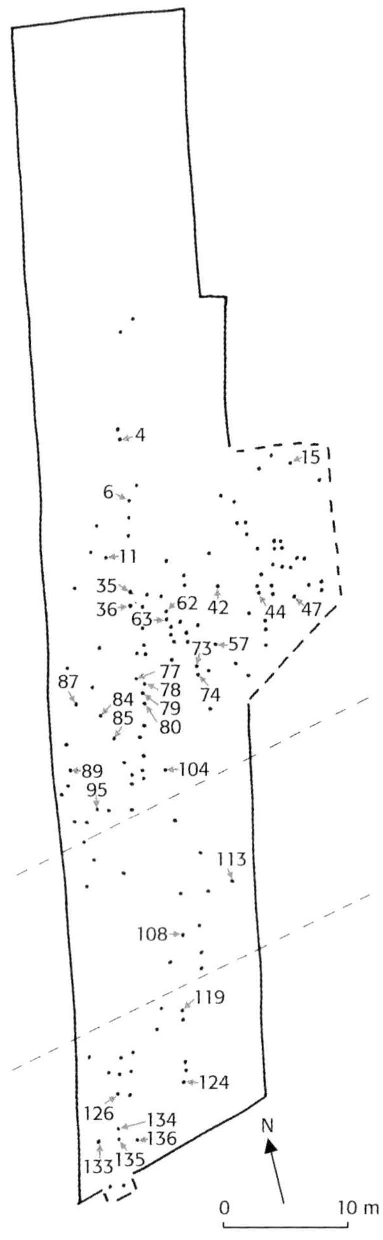

moränleran. Således har också benen utsatts för en omfattande urlakning.

Egentligen utgör frågan om huruvida man skall godta Hansens osteologiska bestämningar i själva verket ett ifrågasättande av många äldre materials trovärdighet och användbarhet. Om man väljer att utesluta köns- och åldersbestämningarna återstår ett mycket begränsat fyndmaterial för bearbetning från detta Skånes största gravfält från äldre järnålder. Väljer man å andra sidan att okritiskt godta Hansens uppgifter tar man till sig ett material vars basdata insamlats på ett metodiskt högst diskutabelt sätt och vars resultat inte längre kan kontrolleras. Även om man godtar Folke Hansens slutsatser angående skelettmaterialet, bör man betänka att 98 åldersbestämda individer, samt enbart 58 könsbestämda, utgör ett tämligen litet underlag för statistiska beräkningar. Dessutom förekommer av förståeliga skäl bara ett fåtal preciserade åldersbestämningar, förutom de som gäller spädbarn. Kvinnan i grav 104 ansågs t.ex. ha uppnått en hög ålder, eftersom ”alla spår av tänder saknades” (Hansen 1936:60) vilket skulle kunna motsvara gruppen senilis, d.v.s. äldre än sextio år. Ytterligare en kvinna beskrevs som ”medelålders” utifrån sina slitna tänder (grav 133), medan två gravar innehöll lämningar efter unga, kvinnliga individer (grav 15 och 47). För mansbegravningarna saknas till och med dessa knapphändiga och tämligen tendensiösa uppgifter. Inför

Gravnumrering på anläggningar, omtalade i texten (efter Hansen 1936). Grav 1–138 är markerade.

Roman Iron Age graves mentioned in the text (see Hansen 1936). Grave 1–138 are shown.

en demografisk analys återstår således bara möjligheten att dela upp den gravlagda populationen i spädbarn, större barn och vuxna individer utan några närmare finjusteringar.

Det är med alla dessa reservationer i åtanke som jag trots allt valt att försöka utnyttja Folke Hansens osteologiska bedömningar i föreliggande artikel. Analysen har haft som mål att försöka skapa en bebyggelsearkeologisk bild av Hammarsnästrakten under romersk järnålder, där både gravfältet och de boplatser som undersöktes på nittiotalet ingår. Förutom det rena markutnyttjandet och det speciella ekonomiska mönster som gällt i kustzonen, avsågs även frågor kring de sociala hierarkier som existerat i området och det kontaktmönster som upprättats mot omvärlden att behandlas. Av denna anledning kunde knappast ett material som i sig självt inneslöt lämningarna efter de fysiska personer som en gång verkat i trakten lämnas därhän.

De gravlagda

Könsfördelning och gravgåvor

Under de säsonger som Folke Hansens fältarbeten pågick undersöktes sammanlagt 141 gravar, varav en brandgrav, medan övriga 140 utgjordes av skelettbegravningar. Tretton av de undersökta gravarna var belägna inom ett mindre område med s.k. vändjord och följaktligen svårt störda. Ytterligare tre depåliknande ansamlingar av ben bedömdes av Hansen som skadade gravar, vars ben möjligen redeponerats i sen tid. Totalt 88 gravanläggningar, d.v.s. 62% av totalantalet beskrevs som helt fyndtomma. Av dessa tillhörde dock nio kategorin skelett som helt rubbats ur läge, medan ytterligare ett antal gravar var ofullständiga som ett resultat av senare gravläggningar. Det kan därför inte uteslutas att antalet begravningar som försetts med gravgåvor ursprungligen varit något högre. Nu blev istället antalet gravar som försetts med gravgåvor i någon form 45, vilket motsvarar 32% av det totala gravantalet. I kategorin gravgåvor inräknas ytterligare några föremål ur de gravar som råkade bli förstörda vid förnyad grustäkt 1934. Hansen anger å sin sida antalet gravar med gravgåvor till 49, vilket dock inte stämmer överens med de uppgifter som lämnas i hans gravkatalog.

Utifrån de fältbestämningar som Folke Hansen utförde på skelettmaterialet från Hammarsnäs kan man se att hela 40 gravar innehöll barn, varav hälften dessutom var under ett år gamla. I sexton av dessa barngravar (d.v.s. 40%) förekom gravgåvor, oftast i form av ett kärl eller enstaka pärlor. Sammanlagt 36 gravar bedömdes vara kvinnobegravningar, medan 22 individer bestämdes till manligt kön. Tretton kvinnogravar (36%), men bara sex mansgravar (27%) hade utrustats med gravgåvor. Till dessa kategorier kommer de gravar, där skelettet var så pass dåligt bevarat att ingen könsbestämning kunnat företas. Totalt 42 individer ingick i denna grupp, varav tio (23%) försetts med föremål vid gravläggningen. I tre fall, grav 35, 36 och 126, var sammansättningen av gravgåvorna sådan att man på goda grunder kan förmoda att kvinnor gravlagts i dessa gravar.

Spridningen av de gravar som Hansen kunnat könsbestämma tycks utvisa en jämn fördelning av mans- och kvinnogravar över nästan hela fältet. Undantaget utgörs av ett område i gravfältets

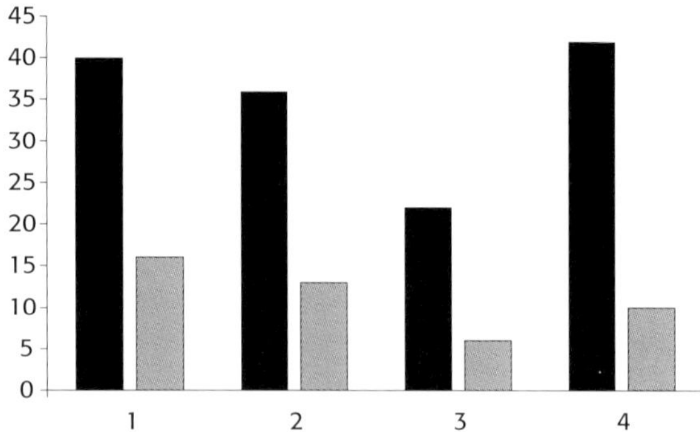

Köns- och åldersfördelning på Hammarsnäsgravfältet. Den högra stapeln motsvarar förekomsten av gravgåvor inom varje kategori.

1. *Barn*
2. *Kvinnor*
3. *Män*
4. *Vuxna individer som ej kunnat könsbestämmas*

Distribution according to sex and age of the individuals buried at the Hammarsnäs cemetery. The right column indicates the amount of grave goods in each category.

1. Children
2. Females
3. Men
4. Adults (sex not possible to determine)

Fördelning av mans- och kvinnogravar på Hammarsnäs-gravfältet.Grav 1–138 är markerade.

Distribution of male and female burials at the Hammarsnäs cemetery. Grave 1–138 are shown.

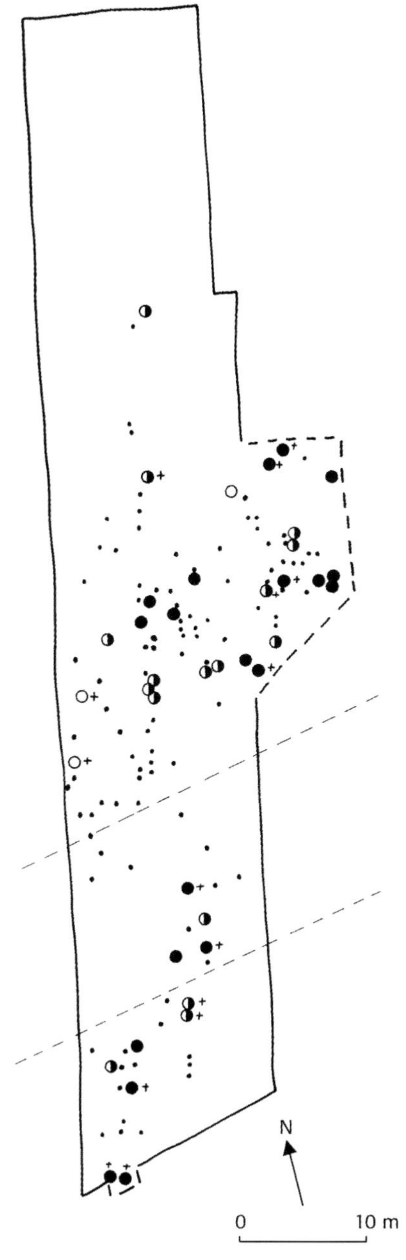

mittparti, där nio kvinnogravar låg tätt samlade. Denna bild är självfallet behäftad med ett stort mått av osäkerhet, då så pass många gravar innehöll skelett som ej kunnat könsbestämmas. Dock stöder den likaledes jämna fördelningen av barngravar en rekonstruktion av gravskicket, där de avlidnas placering inom gravfältet förefaller att ha bestämts utifrån släkt- eller familjetillhörighet snarare än efter kön eller åldersgrupp.

Generellt sett får gravarna sägas ha varit enkelt utrustade. I sexton anläggningar, varav hälften spädbarnsgravar, bestod gravgodset enbart av ett kärl, medan sju gravar försetts med pärlor. Av redskap förekom knivar hos fem individer, både män och kvinnor, medan de två skäror som påträffades båda framkom i mansgravar. En symmetrisk krumkniv hittades i anslutning till en grav, där individen bara kunde beskrivas som "fullvuxen" (grav 44). Detta fynd är intressant, inte minst med tanke på den betydelse boskapsuppfödning och därmed följande läderberedning, kan antas ha haft i området (jfr förekomsten av skinnskrapor på boplatsen Lilla Hammar 15:1, s. 610). Just krumknivar från romersk järnålder behandlas i en nyutkommen studie där knivar av den symetriska typen övertygande förklaras som berednings- och tillskärningsverktyg (Räf 2001: 25ff) Att minst en vapengrav funnits på gravfältet

Fördelning av barngravar på Hammarsnäsgravfältet. Grav 1–138 är markerade.

Distribution of children's graves at the Hammarsnäs cemetery. Grave 1–138 are shown.

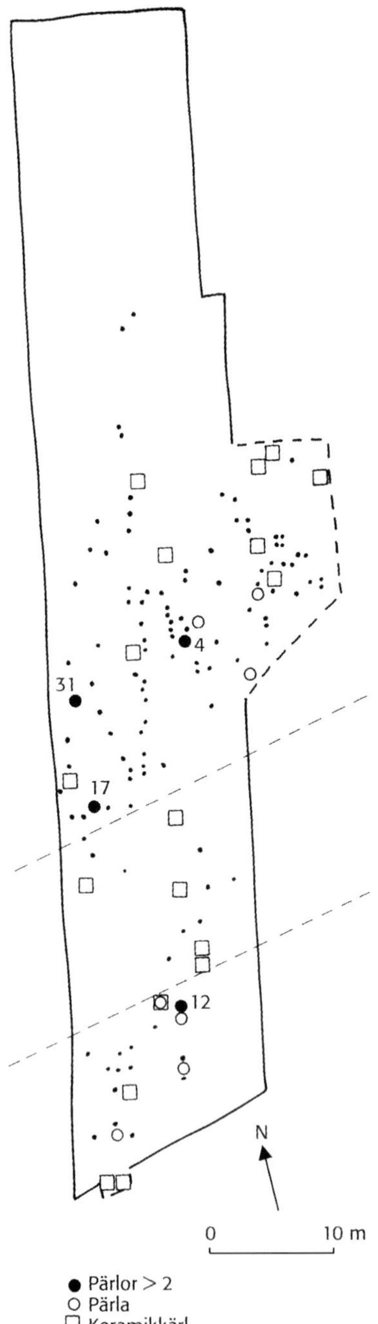

visas genom den spjutspets som framkom i samband med efterundersökningen av de gravläggningar som förstördes 1934. Att inte denna grav fick en sakkunnig dokumentation är speciellt beklagligt, eftersom senare forskning framhållit även enstaka vapengravars värde som statusmarkörer inne på gravfält från denna period (Nicklasson 1997).

Ett fåtal kvinnogravar utmärktes av ett rikhaltigare fyndmaterial. Främst är det smyckeuppsättningar i form av pärlor och fibulor som påträffats men även ett hängsmycke av guld, kammar, nålar, söljor, metallbeslag, sländtrissor och knivar förekom i denna kategori gravläggningar. Tydligast utmärkte sig grav 95, belägen i ett strandvänt läge i mitten av fältet. Den kvinna som lagts till vila här hade försetts med tre fibulor, två av brons och en av silver, samt ett halsband med 17 pärlor (2 st. bärnsten, övriga av glasfluss varav sex guldfolierade) och ett ögleförsett kapselformigt hänge med filigrandekor. Det sistnämnda smycket tillhör en föremålstyp som benämns "bulla", vars utbredning anges till "så gott som hela det fria Germanien" (Andersson 1995:35). På skandinaviskt område är bullor tämligen ovanliga, med sammanlagt 9 fynd. Andersson daterar Hammarsnäsbullan till yngre romersk järnålder, Lund Hansens period C1b, d.v.s. efter 210/220 e. Kr. Fibulorna från samma grav placeras i tiden strax före 200 e.Kr.

Gravar med enstaka kategorier av gravgåvor på Hammarsnäsgravfältet. Grav 1–138 är markerade.

Graves furnished with one type of objects. Grave 1–138 are shown.

Från de skadade gravarna 35 och 36, sannolikt kvinnogravar, tillvaratogs ett material bl.a. bestående av en korsformig fibula, en bronsnål och en kam som daterar dessa begravningar till tiden strax efter 400 e.Kr. De likaledes fyndrika kvinnogravarna 84 och 85 daterades utifrån kamfynd till tidig folkvandringstid respektive yngre romersk järnålder. Ytterligare uppsättningar av bronsfibulor påträffades i grav 136 (3 st.), daterade till 200-tal och i grav 126 (möjligen 2 st.) daterade till tiden före år 400 e.Kr. I detta sammanhang förtjänar också den skadade barngraven 89 ett omnämnande. I denna plogskadade anläggning, där bara mindre rester av skelettet återstod, hittades ett silvermynt i gravfyllningen. Myntet var en romersk denar, slagen för kejsar Antonius Pius under dennes regeringstid 138 till 161 e.Kr. Hansen argumenterar för dessa mynts långa cirkulationstid i Norden och väljer därför att placera denna grav i yngre romersk järnålder (Hansen 1936:79). Nyare forskning beträffande de spridningsvägar på vilka de romerska silvermynten nått Norden, visar dock att enbart denarer med god silverhalt accepterades av folken norr om Limes efter den myntförsämring som genomfördes i det romerska riket åren 194–195 e.Kr. Detta förhållande hade till följd att äldre lödiga mynt som egentligen insamlats för omsmältning fick sändas norrut då fredsköp ingick som en del av strategin för att trygga rikets gräns i samband

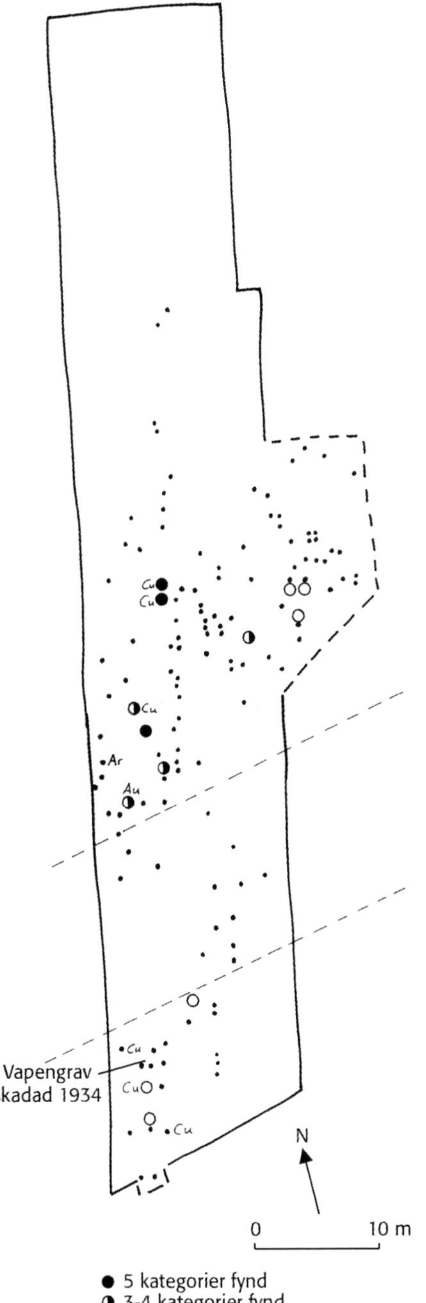

Gravar försedda med 2 till 5 föremålskategorier, samt gravar innehållande föremål av ädelmetall. Grav 1–138 är markerade.

Graves furnished with 2 to 5 categories of grave goods and graves equipped with objects of precious metals. Grave 1–138 are shown.

med goterkrigen under mitten av 200-talet. Silvegren visar i sin studie av myntfynden från Uppåkra hur de där påträffade denarerna har ett tydligt samband med denna myntströms nordligaste förgreningar (Silvegren 1999:97ff). På dessa grunder förefaller det rimligt att även denaren från grav 89 på Hammarsnäsgravfält hamnat i skånsk jord tidigast under 200-talets senare del.

Hur framträder då de gravar som försetts med ett jämförelsevis rikare inventarium av gravgods? Om man utnyttjar den metod som Lotte Hedeager använt på danska material och grupperar gravarna efter det antal föremålstyper som nedlagts, den så kallade AOT-metoden (Antal Oldsaks Typer – se Hedeager 1992:101ff) får man enbart tre gravar försedda med fem kategorier fynd, samt fyra begravningar där tre till fyra föremålskategorier deponerats. Sju statusmarkerande gravläggningar utav 140 undersökta skelettgravar är inget resultat som antyder någon större rikedom i Hammarsnästrakten under romersk järnålder. I och för sig utgör de romerska importföremålen i detta avseende ett fåtaligt, men intressant inslag bland gravgåvorna. De antyder, liksom övriga gravar med ädelmetallfynd och den tyvärr osäkert placerade spjutspetsen, närvaron av ett lokalt ledarskikt med ett begränsat, men utåtriktat kontaktnät och förmågan att tillägna sig vissa statusmarkerande ting.

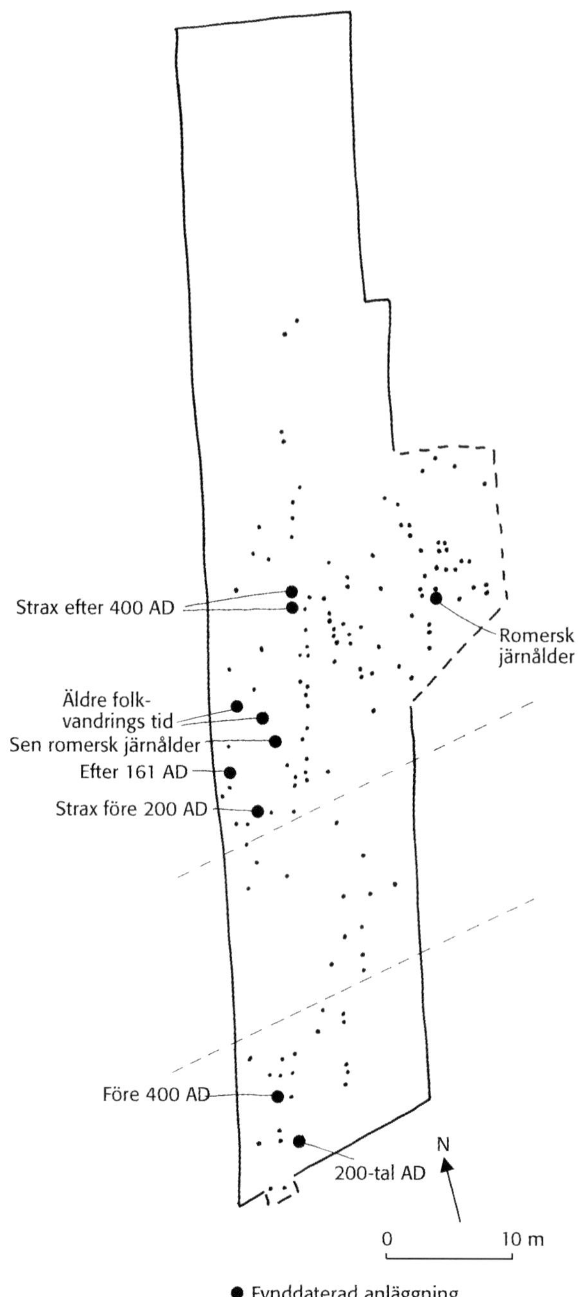

Fynddaterade anläggningar på Hammarsnäsgravfältet (efter Hansen 1936). Grav 1–138 är markerade.

Dated graves in the Hammarsnäs cemetery. Grave 1–138 are shown.

Ännu intressantare är att betrakta hur de gravar som försetts med flera föremålskategorier fördelats över den utgrävda delen av gravfältet. Inkluderas dessutom alla gravläggningar där ting av ädelmetall deponerats, framträder en bild där dessa gravar tydligt koncentrerats till fältets västra del, d.v.s. den sida som ligger närmast Öresund. Fyndfattiga eller helt fyndtomma gravar grupperas däremot längre upp i sluttningen. Det förefaller alltså som om det mest eftersträvansvärda begravningsläget varit en placering så nära strandlinjen som möjligt. Detta förhållande kan jämföras med det samtida gravfältet vid Albäcksbacken, där istället en viss tendens till att gravar försedda med gravgods lagts i krönläge konstaterades (se Jacobsson 1984).

Sammanfattningsvis utvisar gravmaterialet en klar tendens till att kvinnor försetts med gravgåvor oftare än män. De fåtaliga fyndrika gravar som trots allt förekommer inom gravfältet tillhörde av föremålens sammansättning att döma antingen vuxna kvinnor eller barn, sannolikt då unga flickor. Till en viss del kan man dock fråga sig om gravgåvorna verkligen återspeglar en reell bild av förhållandet mellan könen. De föremål som följt dessa kvinnor i graven var till största delen smycken och olika dräktdetaljer såsom fibulor, nålar, söljor och remändebeslag samt mindre bruksting som kammar, knivar och sländtrissor. Till detta kommer de pärlor som påträffades; vanligtvis enstaka men i ett fåtal fall bildande regelrätta uppsättningar. I grav 119, innehållande ett barn "ej över 10 år" fanns t.ex. 12 pärlor, i den rika kvinnograven 95 en varierad uppsättning om 17 pärlor varav sex guldfolierade och i barngraven 87 hela 31 pärlor av både bärnsten och glas.

De sex mansgravar som försetts med gravgåvor ger omedelbart ett påvrare intryck. Vanligast var järnföremål som knivar, skäror och söljor samt ting som korroderat bortom all igenkännlighet. Frågan är dock om inte skillnaden i fyndförekomst främst återspeglar dräktskicket, där kvinnodräkten med sina olika spännen lämnat fler påtagliga spår i gravmaterialet än vad mansdräkterna gjort. I vissa gravar har en del småting nedlagts, redskap som knivar och personliga föremål som kammar, men även dessa kan ha betraktats som delar av en normal dräktutrustning. Johansson framför i sin uppsats den intressanta hypotesen att gravgåvorna skulle kunna återspegla ett arvsskick där män främst ärvt jordegendom medan kvinnor i högre grad ärvt lösöre. Kvinnans smyckeuppsättningar skulle i denna modell representera värde knutet till en specifik person i en form av hemgift eller brudpris, vilket har exponerats som en del av dräkten (Johansson 1999:146). Mot detta resonemang kan emellertid anföras att såväl äldre lagtexter som andra skriftliga källor tydligt visar att kvinnor i vart fall under senare delen av yngre järnålder kunnat ärva mark, speciellt då manliga släktingar inte funnits att tillgå. Att smyckeuppsättningarna verkligen utgjort hemgift, eller snarare en del av denna, är fullt möjligt. Exponeringen av dessa värdeföremål har dock sannolikt främst tjänat som en statusmarkering, såväl i det verkliga livet som i tillvaron efter detta.

Kroppsställningar, familjegrupper och gengångare?

Redan en snabb blick på illustrationerna i Hansens bok visar tydligt den stora variation som fanns på Hammarsnäsgravfältet beträffande gravarnas orientering och kroppsställningar (Hansen 1936:22, bild 5) En sammanställning av informationen i hans gravkatalog antyder emellertid en

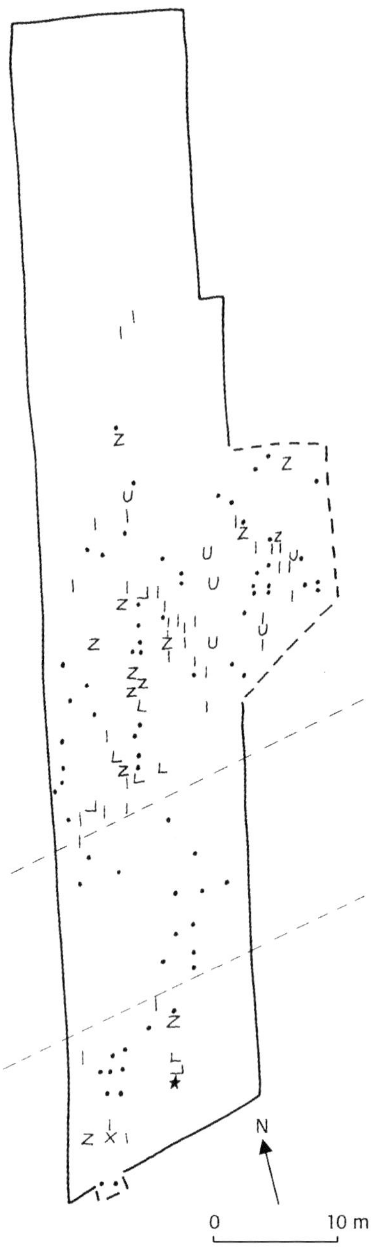

viss dominans för gravläggningar i nordsydlig riktning. Sammanlagt 33 gravar anges ha varit placerade med strikt tillämpning av denna orientering. Den stora variationsbredden skulle dock kunna tolkas som att kroppens orientering vid nedläggningen varit av underordnad betydelse i begravningsritualen.

Beträffande i Skåne undersökta skelettgravar från romersk järnålder har Berta Stjernquist i samband med sin studie av Simrisgravfältet kunnat påvisa att en orientering av kroppen i nordsydlig riktning med huvudet placerat i norr varit klart dominerande under denna period. När hon i detta sammanhang också tar upp Hammarsnäsgravfältet sker det dock med två tydliga reservationer:

> *The value of the evidence of the Hammarsnäs grave-field is diminished by the fact that a large number of graves contained no finds and therefore could not be dated. The number of deviations from the main orientation north–south noted in the Hammarsnäs grave-field is greater than in any other Roman Iron Age cemetery in Scania* (Stjernquist 1955:46).

På samma grunder är det givetvis svårt att orda om huruvida någon kronologisk skillnad finns mellan begravningar med olika orientering på detta gravfält, något som Stjernquist antyder som en möjlighet för andra skånska lokaler.

Registrerade kroppsställningar i gravar på Hammarsnäsgravfältet. Grav 1–138 är markerade.

Documented positions of bodies interred at the Hammarsnäs cemetery. Grave 1–138 are shown.

En närmare studie av de kroppsställningar som favoriserats vid gravläggningarna visar sig däremot givande. Vissa mönster verkar framträda, men även här man måste erinra sig att bara cirka 70 av de 140 undersökta skelettgravarna var i ett sådant tillstånd att kroppens ställning kunde avgöras. I resterande fall innehåller Hansens gravkatalog bara den lakoniska kommentaren *rubbad*. Speciellt gäller detta för området med s.k. vändjord i södra delen av fältet, men yngre begravningar och diverse markarbeten har också förorsakat avsevärda störningar.

Av de bestämbara gravläggningarna var 42 individer (d.v.s. 30% av totalantalet) placerade i utsträckt ryggläge. Därnäst var hockerställning den vanligast förekommande med 13 individer (9%). Det är möjligt att även några av de begravningar där den döde beskrivs som lagd på höger sida (3 st.) respektive lagd på sin vänstra sida (5 st.) skall räknas in i denna grupp. Såväl gravar med hockerställning som med sidolägen förekom vanligtvis ensamliggande, men tämligen jämnt fördelade över hela gravfältets yta. Det är dock värt att se närmare på de små koncentrationer som trots allt förekom. Grav 77 innehöll en ”fullvuxen klent byggd individ, troligen kvinna” (Hansen 1936:51) som placerats i hockerställning, vilande på sin vänstra sida. Samma gällde för de närbelägna gravarna 78 och 79, där två barn på omkring 6 respektive cirka 2 år lagts till vila. Antagligen hade den skadade grav 80 med ytterligare ett barn, beskrivet som ”ej över 6 år”, också hört till gruppen. Det är utan tvekan lockande att i denna gruppering av gravlagda individer se en nära relation, ett släktskap som manifesterats i en likartad gravritual.

En annan kategori gravar som framstår som klart avvikande från normen utgörs av de sex gravar där individerna placerats liggande på mage. I fem av fallen har det varit vuxna män som gravlagts, i ett fall en vuxen kvinna. Mannen i grav 57 har fått gravgåvor i form av en kniv, en skära samt ytterligare ett oidentifierbart järnföremål med i graven. Hans korslagda fötter kan tyda på att de varit hopsurrade. Det sistnämnda gällde också för mannen i grav 42, som dessutom fått en stenpackning på 2x1 m placerad över sig. Ställd inför dessa sex gravar med annorlunda utformning valde Hansen att tolka dem som gravlagda brottslingar, där placeringen på mage skulle motverka att individen gick igen (Hansen 1936:82). Att förbrytare skulle ha jordats inne på traktens gravfält och dessutom i framträdande läge (som t.ex. grav 6) förefaller dock svårt att tro. Däremot stämmer förfaringssättet med avlidna som man på olika vis söker binda i graven väl överens med de metoder som i senare tid använts för att hindra gengångare (KHL band V:254 – *gengångare*). Trots att gravar där individen placerats på mage är ovanliga, finns en parallell från det samtida gravfältet vid Albäcksbacken, där den döde i grav 18 vilade på mage med ansiktet mot marken (Jacobsson 1984:13).

Ytterligare en gravlagd individ från Hammarsnäsgravfältet hade givits en placering som avviker från vad som kan betraktas som normalt gravskick under denna period. Hansen tolkar gravarna 134 och 135 som en dubbelgrav, med dels en på rygg utsträckt man, dels en kvinna i ”sittande ställning med uppdragna knän och händerna till stöd för hakan” (Hansen 1936:68). Kvinnan har enligt Hansens tolkning satts ned intill mannens utsträckta ben. Betraktar man den bild av den förmodade dubbelgraven som finns publicerad i *Hammarsnäs Halör* (Hansen 1936:67, bild 49) får man snarast intryck av att kvinnan ifråga begravts surrad eller hårt svept i denna ställning. Detta förhållande skulle kunna tyda på att hon avlidit en tid innan mannen i graven och förvarats svept i väntan på begravning. Kanhända har marken varit tjälad då hon avled så att kroppen fått förvaras till dess att en regelrätt begravning blivit genomförbar. Denna grav kan jämföras med gravfältets övriga dubbelgravar (se nedan), där barn förefaller att ha sambegravts med vuxna.

Sammanfattningsvis kan man se en stor variation tillämpad i begravningsritualerna vad beträffar gravarnas orientering och kropparnas placering. I det första fallet kan detta sammanhänga med en kronologisk skillnad, speglad i avvikelser från den nord-sydliga placering som sannolikt varit förhärskande under romersk järnålder. I det andra avseendet är det emellertid oomtvistligt att kroppens ställning ägnats stor omsorg. Att sedvänjor och ritualer kan ha förändrats under den långa tid som gravfältet varit i bruk förefaller rimligt, men man bör notera att hockerställning och sidlägen förekommer väl spridda över hela fältet. De individer som placerats liggande på mage återfanns däremot företrädesvis i norra delen av ytan. Om man antar att kroppsställningarna i någon mån speglar rituella ställningstaganden, antingen under den dödes livstid eller hos de efterlevande, kan en förklaring till spridningsbilden vara att gravfältet tidigt indelats i delområden för olika släkt- eller familjegrupper. De avvikande kroppsställningarna skulle då kunna representera ett gravskick som tillämpats enbart för vissa kategorier i gruppen eller använts under ett kortare tidsavsnitt.

Barnen synliggörs!

Av 141 undersökta gravar utgjordes 40 st. (28%) av barngravar. Hälften av begravningarna i denna grupp beskrivs av Hansen som ”spädbarn” eller ”barn under 1 år” (20 st, dvs. 50% av barngravarna), medan merparten av övriga barngravar åldersbestäms till mellan 5 och 10 år. Två individer bedömdes att ha varit omkring 15 år gamla vid dödstillfället. Sett i ett större perspektiv innebär detta att gravfältet vid Hammarsnäs utmärks av en ovanligt hög andel barngravar i jämförelse med andra samtida lokaler (jfr t.ex. Jacobsson 1978 & 1984 om Albäcksbacken).

Gravgåvor förekom i 16 av de 40 barngravarna (40%). Andelen gravgåvor blir ännu högre om man ser till gruppen ”barn under 1 år”, som uppgick till 20 individer, varav exakt hälften försetts med gravgåvor. I åtta fall bestod gåvan enbart av ett kärl, i ett fall av ett kärl och en mosaikpärla, samt i ett fall av en dubbelkonisk mosaikpärla. Av de äldre barnen (5 till 10 år) har förhållandevis få försetts med gravgåvor överhuvudtaget, sammanlagt fyra av femton gravlagda, varav en grav försetts med kärl medan övriga barn fått pärlor med till livet efter detta. En ensam pärla förekom i två gravar av denna kategori, medan hela 12 pärlor deponerats i grav 119 där ett barn ”ej över 10 år” begravts.

Traditionen att ge de allra minsta barnen kärl med i graven förefaller nog så klart belagd på Hammarsnäsgravfältet. Dessutom finns en tendens till att barn under 10 års ålder kunde få antingen ett kärl, eller ännu vanligare en pärla/pärlor med i graven. De fåtaliga gravlagda individerna i åldern 10 – 15 år förefaller inte att ha försetts med gravgåvor. Det sistnämnda skall nog ses i ljuset av hur de vuxna individerna erhållit sina gravgåvor där bara 36% bland kvinnogravarna och 27% av mansgravarna försetts med gravgåvor. Det är möjligt att barnen redan från denna ålder har likställts med vuxna i detta avseende.

Vid två tillfällen verkar det som om barn har gravlagts tillsammans med en vuxen individ. Tydligast var gravarna 62/63, där ett spädbarn (grav 63) förefaller att ha placerats på bröstet av vuxen kvinna (grav 62). Sammanhanget mellan grav 73 och 74 är inte lika klart, men även där förekom ett barn, åldersbestämt till ”under 5 år” i mycket nära anslutning till en vuxen man. Mansgraven var i detta fall försedd med klumpstenar intill kraniet.

Den spridningsbild som barngravarna uppvisade är en påfallande jämn fördelning över hela fältet. Det förekom smärre koncentrationer i vissa partier av den undersökta ytan, men ingenstans av sådan omfattning att man kan misstänka att barnen särbegravts. Snarare kan spridningsbilden ses som ett stöd för hypotesen om att gravplatsen varit uppdelat efter familj eller släkt (se spridningsbilden över barngravarna s. 631). Man kan emellertid notera att få av de gravar som innehållit individer som ej uppnått vuxen ålder placerats i vad som bedömts som statusmarkerande läge, dvs. närmast strandlinjen i väster. Undantaget utgörs av gravarna 87, försedd med 31 pärlor och grav 89, där en romersk silverdenar (slagen för Antonius Pius, regeringstid 138–161 e.Kr.) påträffades.

Sammanfattningsvis hade barnen, och då speciellt spädbarnen, på Hammarsnäsgravfältet försetts med gravgåvor i långt högre utsträckning än vad som var fallet med de vuxna individerna. En klar parallell till detta förhållande utgör Fjälkingegravfältet i nordöstra Skåne. Här undersöktes sammanlagt 128 gravläggningar, varav 80 (dvs. 62%) utgjordes av barn i åldern nyfödda till 3 år. Förutom andra gravgåvor, påträffades 30 hela kärl, en föremålskategori som enbart förekom i barngravar. Man kan också notera att barn i åldern 4 till 11 år helt saknades inom den undersökta delen av gravfältet (Helgesson & Arcini 1996). Problemet är dock att de beskrivna gravarna i Fjälkinge härstammar från vikingatidens senare del och således är minst 500 år yngre än Hammarsnäsgravfältets barngravar.

Tydligt är i varje fall att man på båda lokalerna, trots avståndet i tid, betraktat barnen med respekt. De har gravlagts lika omsorgsfullt som platsens vuxna och till och med oftare utrustats med gravgåvor inför den sista resan. De kärl som placerats intill spädbarnen kan ha fungerat som matbehållare, något som antyds av att gravkärlen inte direkt utmärktes av någon påfallande enhetlighet. Likaså utvisar kärlformerna att seden med gravkärl i barngravar ägt bestånd lika länge som den undersökta delen av gravfältet varit i bruk.

Eftersom seden att placera kärl i graven tillämpats mest konsekvent för gruppen spädbarn, kan man tänka sig att innehållet har utgjorts av mjölk eller något liknande näringsrikt flytande födoämne. Enstaka pärlor förekom som gravgåvor hos flera barn, men påträffades även bland vuxna individer. Närvaron av gravfältets enda mynt just i en barngrav gör dock att man kan fundera över om dessa pärlor också har fungerat som Charonsmynt. Med en sådan gåva försäkrade man sig om att det lilla barnet verkligen nådde sin destination på andra sidan utan problem.

Markerade gravar eller platsens betydelse?

I totalt 10 gravar noterades förekomsten av sten som möjligen kan beskrivas som medvetet utplacerade och därmed en del av själva anläggningen. Rösen eller stenpackningar påträffades i fem fall (grav 11, 42, 108, 113 och 119). Av dessa motsvarade egentligen bara grav 42 dagens definition på en stensättning. Anläggningen hade en oval form med måtten 2x1 m, men Hansen använde likafullt beteckningen ”röse” i sin katalog. Just denna grav har omtalats tidigare, eftersom den gravlagde mannen placerats på mage och möjligen haft sina fötter sammanbundna. Stenpackningen skulle i detta fall kunna vara ett försök att binda en fruktad individ i graven. Två andra av de stenförsedda gravarna låg inom vändjordsområdet, varför alla försök till bedömning av deras konstruktionsdrag måste bli ytterst osäkra. Beträffande grav 4 finns i Hansens text den intressanta detaljen ”Invid platsen för kraniet lågo två kullerstenar” (Hansen 1936:20). Även i den möjliga dubbelgraven 73/74, innehållande en vuxen man samt ett barn under 5 år, förekom ”klumpstenar” invid kraniet.

Utifrån Hansens sparsamma dokumentation av stenförekomst i samband med gravläggningar på Hammarsnäsgravfältet är det svårt, för att inte säga omöjligt, att avgöra om fler gravar än de ovannämnda innehållit sten som medvetet placerats i anläggningarna. Detta förhållande är beklagligt, eftersom just förekomsten av stenar i gravar från denna period ansetts kunna utgöra en form av statusmarkering (se Johansson 1999:147). Ett annat tecken på mer påkostade gravritualer utgörs av kistbegravningar, men beträffande Hammarsnäsgravfältet förekommer inga uppgifter hos Hansen som skulle kunna tolkas som att kistfärgningar observerats i fält eller att kistspikar påträffats. Sett mot gravarnas allmänna tillstånd och den i detta avseende sparsamma dokumentationen är förhållandet dock föga förvånande.

Ett viktigt argument mot att gravarna på Hammarsnäs varit täckta av högar utgörs av gravarnas spridningsbild. I fältets centrala delar och inte minst längs dess västra begränsning där flertalet av de fyndrika gravarna var belägna, låg gravarna tätt. Den anläggningsfria yta som man kan förvänta sig kring en gravläggning som täckts av en överbyggnad, kan överhuvudtaget inte urskiljas någonstans i fältets centrala delar.

Hansen valde själv att betrakta Hammarsnäsgravfältet som ett rent flatmarksgravfält, utan varje form av synliga markeringar för de individuella gravarna. Denna hypotes kan i viss mån styrkas av de överskärningar av äldre gravar som inträffat vid ett flertal yngre gravläggningar. Samtidigt visar de återbegravningar som utförts för ben som blottlagts på detta vis, att man likväl strävat efter att behandla påträffade kvarlevor respektfullt (se t.ex. grav 11). I detta avseende påminner Hammarsnäsgravfältet en aning om medeltida kristen gravsed, där återbegravningar och bengömmor ofta påträffas vid utgrävningar, något som Hansen också själv påpekar (Hansen 1936:82).

Trots ovanstående talar gravfältets medvetna lokalisering till Hammarsnäs västsida, i ett exponerat läge ut mot havet, för att någon form av markeringar verkligen har existerat. Likaså kan den konsekvent utförda placeringen av fältets fåtaliga högstatusgravar i framträdande lägen ut mot vattnet tas som ett argument för detta. Det förefaller att ha varit väsentligt för den grupp som utnyttjat gravfältet att framhäva sin närvaro i området och peka på den långa tradition man i detta avseende har kunnat falla tillbaka på. Skall man välja ut ett framträdande läge för ett gravfält i detta flacka landskap så utgör spetsen på Hammarsnäs, intill inseglingsrännan mot Foteviken, det självklara valet.

En annan vinkling på detta problem blir att istället fråga sig vad som varit väsentligt – att se eller synas? Lika väl som att gravfältet skall kunna observeras utifrån havet och således fungera som markering på den omkringboende gruppens hävdvunna rättigheter till området, så kan man vända på resonemanget. Var det centrala kanhända istället att kunna se ut från gravfältet, att efter döden kunna skåda ut över det territorium där man en gång fått sin bärgning och där släkten förhoppningsvis fortlevde – i detta fall havet och strandängarna? Om så varit fallet skulle inte det föreligga något mer påkallat behov av monumentala gravmarkeringar.

Gravarna längs stranden – om avgränsning och datering

Med alla uppgifter samlade står det klart att Hansen endast undersökt delar av ett avsevärt större gravfält, vilket han själv var den förste att påpeka (Hansen 1936:14). Frågan är dock om vi i dag kan tillfoga något mer i detta avseende? Är det överhuvudtaget möjligt att bedöma vilken omfattning Hammarsnäsgravfältet ursprungligen kan ha haft? Kunskap om gravplatsens utsträckning och form skulle t.ex. möjliggöra en uppskattning av antalet gravlagda individer vilket har en stor betydelse för alla fortsatta resonemang om Hammarsnäslokalens upptagningsområde och vilka de grupper varit som en gång gravlagt sina döda på denna plats. Bedömningarna varierar från Hansens 5 tunnland stora yta, avsedd för en icke agrar befolkning, till Hårdhs mer moderata beräkningar där en genomsnittlig befolkning på cirka 45 till 70 personer anses ha utnyttjat gravfältet (Hårdh 1984:88).

En annan viktig fråga rör förekomsten av äldre gravar i området, i tillägg till den enda brandgrav (grav 124) som påträffades inom själva Hammarsnäsgravfältet. Eftersom vi idag känner till en tämligen omfattande agrar bebyggelse som i huvudsak är äldre än gravläggningarna ute på näset måste också äldre begravningar förekomma någonstans i grannskapet. Som en näraliggande jämförelse kan man se hur Jacobsson beskriver den äldsta fasen av Albäcksgravfältet som ett förromerskt brandgravfält, beläget ute på Järavallen. Dessa gravläggningar förefaller dock att i hög grad ha spolierats redan vid anläggandet av det i dag synliga höggravfältet från vendel-/vikingatid (Jacobsson 1978:27). Även vid Simrisgravfältet förekom förromerska begravningar enbart i form av brandgravar (se Stjernquist 1955).

För att få en helhetsbild av bebyggelsen i Foteviksområdet och dess gravplatser framstår det också som högst betydelsefullt att utreda huruvida det kan ha funnits fler skelettgravfält med samma datering som Hammarsnäslokalen i grannskapet. Om så varit fallet, hur har de varit placerade i landskapet och vilken omfattning har de haft? Om vår hypotes om Hammarsnäsgravfältet som ett bygdegravfält stämmer borde inte alltför många andra gravplatser ha varit i bruk vid denna tidspunkt. Möjligtvis kan enstaka mindre gårdsgravfält ha utnyttjats av grupper som av en eller annan anledning valt att distansera sig från majoriteten av befolkningen, eller som utestängts från dess samlade gravplats.

Förekomsten av brandgravar i området

Inom den av Hansen undersökta ytan påträffades en brandgrav, grav 124. Den beskrivs i hans katalog som :

> *124. Brandgrav. I en grop, c:a 40 cm i diam. Och 5-10 cm djup, fylld med svart jord, tillvaratogs ett fåtal brända benbitar. Inga täckande stenar.*

Utifrån denna summariska presentation är det kanhända rimligt att fråga sig varför Hansen bestämde sig för att anläggning 124 verkligen utgjort en grav. Uppgifter om gravgods saknas helt och de fåtaliga påträffade brända benen behöver i sig inte ha varit helt lätta att säkert bestämma till människa. Det är därför fullt möjligt att det i själva verket var kontexten, dvs. anläggningens läge inne på ett gravfält, som lett till denna tolkning. Att flera härdar påträffades längs gravfältets östra gränszon motsäger inte denna möjlighet.

Således påträffades under Hansens samtliga undersökningssäsonger ute på Hammarsnäs endast en brandgrav inom ett i övrigt enhetligt skelettgravfält. Utifrån hans beskrivning av fyndet bör det dessutom bedömas som något osäkert till sin karaktär. Att det verkligen förekommer solitära brandgravar i området visas inte minst genom A342 som undersöktes på Stora Hammar 16:178 (Pettersson & Torstensdotter Åhlin 1999b). Här påträffades en ensamliggande grop, innehållande ett rabbat kärl från bronsålderns senare del på en plats belägen nära RAÄ 16, i Fornminnesregistret beskriven som ”fyndplats för en lerurna med ben”.

Man kan dock inte bortse från att ett område med äldre gravar, rimligtvis då förromerska brandgravar, kan ha funnits i anslutning till de undersökta delarna av Hammarsnäsgravfältet. Att grav 124 låg perifert i utgrävningsfältet, längst ner i dess sydöstra hörn, kan möjligen antyda ett sådant förhållande. Dessutom påträffades några av gravfältets äldsta daterade fibulor (200-tal e.Kr.) i den närbelägna skelettgraven 136. Tyvärr måste man dock notera att eftersom det aktuella området fortsatt att odlas även efter 1936, är det högst sannolikt att eventuella kvarliggande brandgravar skadats eller förstörts t.o.m. i ännu högre utsträckning än fältets skelettgravar.

Förekomst av ytterligare skelettgravar i området

Omedelbart söder om 1990 års undersökning påträffades flera ”skelettgravläggningar” i samband med en omläggning av landsvägen sextio år tidigare (Hansen 1929). Gravarna fortsatte tydligt in under den befintliga vägbanan som vid detta tillfälle skulle breddas och asfalteras. En undersökning av de gravar som låg under vägen planerades, men utfördes aldrig. Vid en efterundersökning 1944, utförd av Otto Rydbeck påträffades inga gravar.

I sin bok *Hammarsnäs Halör* beskriver Hansen de 1929 påträffade gravarna som en ”massgrav” som han väljer att betrakta i samband med Foteviksslaget 1134 (Hansen 1936:92). Den tolkningen förtjänar dock att ges en kritisk granskning. Förvisso var Folke Hansen en mycket driven fältarkeolog som besatt goda osteologiska kunskaper, men i dåtidens nationellt historiecentrerade forskningsklimat var stupade krigare från Kung Niels och Erik Emunes kraftmätning något man verkligen önskade att träffa på. Det förefaller dock svårt att tro att Hansen skulle ha missat några klara indikationer på att dessa gravar i själva verket varit i runt tal tusen år äldre än vad som antogs i hans bok. I detta sammanhang bör man dock erinra sig att merparten av de 141 undersökta gravläggningarna på Hammarsnäsgravfältet var fullständigt fyndtomma.

Så hur skall man egentligen tolka detta gravfynd från år 1929? Var det frågan om ett förhistoriskt skelettgravfält med ringa utsträckning? Rydbeck påträffade ju inga fler gravläggningar 1944 och så skedde inte heller 1989–1990, trots att såväl förundersökningsschakt som den slutgiltiga undersökningsytan låg mycket nära Hansens ursprungliga grävningsplats. Bör man därför välja att betrakta Hansens hypotes om en massgrav från Foteviksslaget 1134 som lika god som någon annan? Möjligen kan en närmare analys av det primära dokumentationsmaterialet skänka någon ytterligare klarhet i frågan.

Väljer man att hypotetiskt koppla dessa skelettbegravningar till den närliggande boplatsen Lilla Hammar 15:1 bör man notera att gravarna i så fall hamnar mellan bebyggelsen och Kämpinge mosse, det stora våtmarksområde som utgör gräns mellan moränmarkerna österut och sandområdena på Falsterbohalvön. Om man strävat efter att placera sina gravterritorier i övergångszoner är detta ett mycket lämpligt läge. Likaså kan man förmoda att landsvägen ut mot Falsterbonäset haft föregångare långt tillbaka i tiden. Gravarna kan således medvetet ha placerats i nära anslutning till denna vägsträckning.

Ytterligare ett område där odaterade skelettgravar påträffats ligger omedelbart väster om gården Videholm (RAÄ 4, Stora Hammars sn.) Här undersöktes två skelettgravar i samband med en grustäkt 1935 (Vifot 1935). I en tidningsnotis, införd i Trelleborgstidningen 21/7 1905 omtalas att ”ett tiotal förmultnade människoskelett” påträffats vid en tidigare grusgrävning i detta område. Möjligen kan det vara frågan om samma lokal. Gravgåvor omtalas inte i någondera fallet. Eftersom avståndet mellan skelettgravarna intill Videholm och den undersökta delen av Hammarsnäsgravfältet uppgår till omkring 1,5 km är det knappast sannolikt att de skulle utgöra delar av samma gravfält. Däremot kan förekomsten av fler koncentrationer med likartade skelettgravar längs Hammarsnäs indikera strandzonens betydelse som potentiellt gravterritorium under det aktuella tidsrummet.

Handelsplats eller bondbygd – om bakgrunden till Hammarsnäsgravfältet

> *Det mäktiga gravfältet visar tydligt att det funnits en rik bebyggelse på Hammarsnäs under järnåldern. Det får nämligen anses som uteslutet, att man där gravlagt personer som bott utanför näset, då man här skulle ha kunnat finna mycket lämpligare platser för gravläggning.* (Hansen 1936:16).

Med dessa ord förklarade Folke Hansen förekomsten av ett vidsträckt gravfält från romersk järnålder ute på den vindpinade nordspetsen av Hammarsnäs. Eftersom odlingsmarken kring Lilla Hammars by var av mindre god kvalitet och dessutom till stora delar utsatt för återkommande översvämningar, valde han att betrakta den bosättning han förutsatte ha funnits här ute som baserad på handel. Med en djärv jämförelse framåt i tiden, mot medeltidens blomstrande marknader ute vid Skanör och Falsterbo, såg Hansen sillfisket som den ekonomiska basen för en välmående bosättning. Han antog dessutom att gravfältet fått sin placering tätt inpå strandzonen därför att man ”...nämligen icke haft annat område att tillgå, då bebyggelsen upptagit de centrala delarna av näset” (Hansen 1936:18).

Under de år som förflutit sedan Hansen avslutade sina undersökningar 1936 har dock inga spår efter detta förmodade handelscentrum från århundradena strax efter Kristi födelse framkommit på Hammarsnäs. Visserligen har exploateringstrycket milt sagt varit lågt i området, men två inventeringar har på senare år genomförts. Under början av åttiotalet bedrevs det s.k. Foteviksprojektet som en omlandsstudie initierad genom fyndet av en tidigmedeltida farledsspärr vid Fotevikens inlopp (se Crumlin-Pedersen 1984). Knappt tio år senare fick det en efterföljare i de markkarteringar och detektoravsökningar som bedrevs i regi av FMC, Fotevikens Maritima Center (Nilsson 1995). Trots ett omfattande medialt intresse och högt ställda förväntningar, framför allt på ett vikingatida material, kan dessa undersökningar med ett undantag inte sägas ha givit några entydiga resultat. Undantaget var att daterbart material från romersk järnålder som skulle ha kunnat bekräfta Hansens hypoteser helt saknades ute på Hammarsnäs. Eftersom ett flertal danska och svenska undersökningar på senare år visat att just markinventering och metalldetektoravsökning lämpar sig ytterst väl för att lokalisera rikedomscentra och handelsplatser från järnåldern, vore det anmärkningsvärt om en sådan lokal helt förbisetts vid inventeringarna ute på Hammarsnäs.

Kustens gårdar – en alternativ tolkningsmodell

Om man studerar Arrhenius karta över fosfathalten i de skånska jordbruksområdena, upprättad 1934, kan man notera att de kraftiga förhöjningar som iakttas ute på näset väl sammanfaller med läget för Lilla Hammars medeltida bytomt. Inte heller detta källmaterial styrker således Hansens hypoteser. Gravfältet ytterst på spetsen av halvön har alltså grundlagts och vuxit i omfattning utan att någon mer sammanhängande bebyggelse verkar ha existerat i dess absoluta närhet.

Jämför man med den bild av bebyggelsestrukturen i området som istället framträder utifrån de boplatsundersökningar som utförts i området under nittiotalet blir förhållandet ett annat. Vid såväl Lilla Hammar 15:1 på näsets västsida, som vid Stora Hammar 16:178 på dess östra sida har en bebyggelse baserad på ensamliggande eller parvis placerade gårdar existerat kring vår tideräknings början. Gårdsenheterna verkar ha legat ganska tätt, eftersom avståndet mellan dessa båda boplatser inte ens uppgår till en kilometer. Dessutom talar allt för att en likartad bebyggelse lokaliserats på Sandeplansområdet invid Kämpinge något längre söderut.

De undersökta byggnaderna inordnas väl i en sydvästskånsk byggnadstradition, sådan som den framträder i det arkeologiska materialet för den romerska järnålderns äldre del. För ett av dessa hus, benämnt B på Lilla Hammar 15:1-boplatsen gäller dessutom att det utgör en mycket god parallell till ett samtida långhus undersökt vid Västra Karaby. Den gårdsanläggningen har tolkats som en plats där nya jordbruksmetoder utprovats på initiativ av tämligen resursstarka medlemmar av lokalsamhället (se Pettersson 2000 samt i denna volym). Att dylika byggnader också har kunnat uppföras på boplatser längst ute vid kusten indikerar att även denna till synes utsatta region besuttit ett visst välstånd.

Förekomsten av metallhantverk i samtliga faser av den nu undersökta boplatsen vid Lilla Hammar 15:1 kan också sägas peka i denna riktning, men i detta sammanhang bör man även diskutera hur hantverksproduktionen varit organiserad vid denna tid. Från den samtida Klörupsboplatsen finns t.ex. klara indikationer på metallbearbetning från båda de undersökta samtidiga gårdsenheterna (Bergenstråhle 2000 samt Bergenstråhle & Stilborg i denna volym). Det kan förefalla som om framställning av järnföremål på husbehovsbasis förekommit inom åtskilliga större bebyggelseenheter och att mindre inslag av ädelmetallhantering kan förväntas i detta sammanhang.

En ännu obesvarad fråga är var järnråvaran härstammade från. Kan den ha utvunnits lokalt som sjömalm i vissa av regionens mossar och sjöar, eller var den införd utifrån och i så fall på vems initiativ?

Det är detta som förefaller vara ramen kring Hammarsnäsgravfältets tillkomst – ett system av relativt välmående gårdar, där ekonomin baserats på ett varierat resursutnyttjande, snarare än en renodlad boskaps- eller spannmålsproduktion. Även om ekonomins bas utgjordes av den extensiva kreatursskötsel som möjliggjorts av omfattande strandbeten, var även jakt och fiske viktiga byggstenar i hushållningen. Det överskott som bör ha genererats i dessa maritimt präglade bosättningar kan ha omsatts via sjötransporter, vars naturliga utgångspunkt rimligtvis varit Foteviken.

Att denna skyddade hamnplats tidigt haft stor betydelse både lokalt och regionalt, är inte minst själva gravfältet ett tecken på. I motsats till Hansens teori, där gravplatsens läge bestämts utifrån ett Hammarsnäs fyllt av bebyggelse, är det med dagens kunskapsläge inte troligt att några större bosättningar funnits här ute. Snarare har placeringen av gravfältet bestämts utifrån närheten till havet – och viktigast – i relation till inseglingsrännan mot Foteviken. Själva stranden och kontakten ut mot havet var det betydelsefulla, såväl i livet som i döden. Vare sig gravarna varit försedda med synliga markeringar eller ej, har de dödas närvaro ute på spetsen av Hammarsnäs inneburit en bekräftelse på innevånarnas besittningsrätt till området och dess tillgångar.

Det är påfallande att gravfältet verkar anläggas just i denna period då Skånes kontakter utåt förefaller uppdelade i en sydvästlig sfär, inriktad på Själland, och en nordvästlig med mer påtagliga influenser från jylländskt område. Inte minst märks detta i keramikmaterialet (pers. kom., Ole Stilborg). Att kunna kontrollera kuststräckans enda skyddade hamnplats har säkerligen framstått som mycket önskvärt för samhällets ledande skikt, speciellt om detta också innebar en möjlighet att omsätta ett uppkommet överskott på traktens produkter. Kanske är det framväxten av en sådan lokalt baserad maktgruppering i Foteviksregionen som vi ser manifesterad i de fåtaliga rikare gravar som placerats nära stranden, längst ut på Hammarsnäs. Möjligen kan också större gårdsanläggningar som t.ex. hus B i tredje bebyggelsefasen av Lilla Hammar 15:1-boplatsen ha fungerat i ett sådant sammanhang. Inte minst förekomsten av metallhantverk under hela denna boplats funktionstid antyder att den lokalt kan ha haft något av en särställning.

Kustens bönder och den sista vilan

Vilka var då de som lades till vila ute på Hammarsnäsgravfältet? Var gravfältet avsedd för hela bygdens befolkning eller reserverat för vissa kategorier? Några mer detaljerade och närgångna studier tillåts inte av materialet, därtill är det alltför bristfälligt. Vad som går att avgöra är att en tydlig zonering verkar ha funnits redan från första början, där lägen närmast strandlinjen var förnämligast. Hansen vill tolka gravfältet som utökat norrut från en kärna av äldre begravningar (Hansen 1936:81), men ser man till spridningen av det daterbara gravgodset verkar detta tämligen jämnt fördelat över hela den undersökta ytan. Dessutom måste det stora antalet fyndlösa och därmed odaterade gravar vägas in i ett sådant resonemang. Man kan nämligen inte utesluta att just det faktum att en individ verkligen gravlagts inne på gravfältet har varit ett sätt att markera status visavi de grupper som förnekats denna möjlighet.

Det mönster som kan anas inom gravfältet inleds med att initialt något åtskilda gravgrupper etableras, där ett fåtal statusmarkerande anläggningar ingått i varje ansamling (se spridningsbilder över gravgods s. 633). Såväl män som kvinnor har begravts över hela fältet, undantaget ett mindre område i norra delen där nio kvinnogravar låg tätt samlade. Även barngravar förekom jämnt spridda över ytan, dock sällan placerade i strandnära lägen. Efterhand som tiden gick och gravläggningarna blev fler, suddades gränserna mellan olika gruppers gravområde mer eller mindre ut, samtidigt som en inre förtätning medförde att äldre begravningar riskerade att bli störda av nyanlagda gravar.

Huruvida de som gravlagts verkligen representerade hela den befolkning som funnits i området är givetvis svårt att säga. Den stora andelen barn kan tyda på att så varit fallet, men i avsaknad av detaljerade åldersbestämningar är det idag omöjligt att bedöma om någon åldersgrupp varit underrepresenterad eller rent av saknats helt. Samma problem gäller frågan om gravplatsens storlek. Den uppgift på fem tunnland med mer eller mindre skadade gravlämningar som Hansen framför verkar orimlig med tanke på det antal gravläggningar som skulle rymmas inom en sådan yta. Om man istället väljer att se anknytningen till havet och det strandnära läget som det avgörande skälet till Hammarsnäsgravfältets utformning blir bilden en annan. Istället för en stor sammanhängande yta med gravar längst ut på näsets spets kan stora delar av Hammarsnäs västra strand ha betraktats som ett område lämpat för begravningar. I denna modell passar t.ex. gravarna från Videholm väl in. Det område där begravningar skett behöver inte ha haft någon större bredd, eftersom det var det strandnära läget som eftertraktades.

Om man avslutningsvis jämför kustens gravplatser, sådana vi ser dem ute på Hammarsnäs och vid Järavallen/Albäcksbacken, med de gravfält som utnyttjats av befolkningen längre in från kusten är det främst skillnaden i antal gravlagda som är påfallande. Medan såväl Bodarpsgravfältet (15 skelettgravar) och Vellingegravfältet (22 gravläggningar, varav 3-4 brandgravar) betraktas som stora, eftersom de flesta gravplatser i inlandet med dateringen romersk järnålder omfattar 2 till 5 gravläggningar, stöter vi alltså på gravfält med fler än hundra gravar ute vid kusten. Dessutom finns uppgifter om ytterligare ett, idag helt bortodlat järnåldersgravfält vid Skåre skansar, beläget mellan Hammarsnäs och Albäck (se Hårdh 1984:88). Medan gravplatserna i inlandet förefaller att ha tjänat mindre bebyggelseenheter i form av ensamliggande gårdar eller mindre gårdssamlingar, ger kustgravfälten ett helt annat intryck. Här har ett stort antal individer gravlagts i de mest framträdande terränglägen man kunnat välja i detta flacka landskap, intill övergången mellan land och hav.

Där Hansen valde att förklara Hammarsnäsgravfältets existens med närvaron av en handelsplats med okänd lokalisering, en föregångare till medeltidens Skanör / Falsterbo, ser vi nu istället ett antal kustbosättningar som storleksmässigt inte skiljer ut sig från samtida boplatser längre inåt land. Även på de lokaler som låg inom stenkasts avstånd från havet utgjordes bebyggelsen av ensamgårdar eller högst två till tre sammanflyttade enheter. Rimligtvis hade man även här kunnat förvänta sig att begravningarna skulle ha skett i anslutning till själva boplatsen. Precis som i inlandet borde då små gårdsgravfält ha förekommit ute i kustzonen. Helt uppenbart måste vi därför söka en annan förklaring till de stora, strandnära begravningsplatserna.

Om man betraktar de undersökta boplatserna vid Lilla Hammar 15:1, Stora Hammar 16:178, Sandeplan och Skyttsie Hage är själva kustens och havets stora betydelse det särdrag som främst utmärker tillvaron. På ett helt annat sätt än i inlandet var man fri att utnyttja en givmild, om än krävande, naturs varierade tillgångar. Här fanns grunden till en ekonomisk säkerhet, baserad på ett diversifierat resursutnyttjande, och till ett begynnande välstånd. Den dag man inledde ett utbyte med omvärlden, grundat på traktens överskott, blev havet och kustens fåtaliga hamnlägen av ytterligare betydelse för områdets innevånare. Att man valt att låta kustbygdens avlidna vila mitt i den miljö som i så hög grad präglat deras liv, var förmodligen ett lika välgrundat beslut som att låta en spannmålsodlare vila nära sin gård och dess åkrar.

Miljörekonstruktion av boplatsen Lilla Hammar 15:1 vid tiden kring vår tideräknings början (ill. Annika Jeppsson).

Reconstruction of the Lilla Hammar 15:1- site and its surroundings in the Late Pre-Roman/Early Roman Iron Age.

Att leva och dö i marsklandet – ett försök till syntes

Den bild man erhåller av bebyggelsen på Hammarsnäs och närmast Foteviken vid övergången från förromersk till äldre romersk järnålder visar ett öppet, betespräglat kustlandskap. Bosättningarna framträder som ensamliggande gårdar, eller möjligen mindre gårdsgrupperingar om två till tre enheter. Man verkar ha prioriterat boplatser med mesta möjliga vindlä framför väldränerade höjdlägen. Ett genomgående drag är dessutom att gården medvetet lagts i gränszonen mellan moränbaserade odlingsjordar och våtmarkssystem. Detta förhållande bör återspegla en värdering av den översilade betes- och slåttermarken som väl så betydelsefull som odlingsjorden. Tegarna förefaller att ha varit inhägnade och legat i nära anslutning till gårdsplatsen. Man kan förutsätta att en betydande del av denna intensivt utnyttjade odlingsmark avsatts till produktion av det ängshö, som tillsammans med lövtäkt och våtmarksslåtter utgjort förutsättningen för boskapshjordens överlevnad under senvinterns svåra månader.

Varje gårdstun förefaller att ha rymt åtminstone två byggnader samtidigt. Det fanns ett större treskeppigt långhus med en längd varierande mellan 20 och 28 meter, försett med sex till sju bockpar. I nära anslutning till denna huskropp uppfördes vanligtvis även en mindre byggnad om 7 till 10 meters längd, vars takkonstruktion bars av tre bockpar. I det äldsta skedet kan dock denna bibyggnad ha varit utformad som ett fyrstolpshus. De byggnader som undersökts på boplatserna invid Hammarsnäs uppvisar samtliga drag som placerar in dem i en tämligen enhetlig sydskandinavisk byggnadskultur. Goda paralleller till husen står att finna på många håll i Sydvästskåne. Centralt på tunet fanns en brunn eller ett större vattenhål, medan lertäkter primärt avsedda för klineväggarnas underhåll låg mer perifert. Spår av stängsel visar att även gårdstunen varit inhägnade.

Vad som i någon mån skiljer ut dessa bosättningar är den terränganpassning som nödvändiggjorts av ett utsatt läge vid kusten. På de två lokaler som behandlas i denna artikel, Lilla Hammar 15:1 och Stora Hammar 16:178, har det gått att urskilja tre till fyra bebyggelseskeden. Med en etablering som en ensamliggande gård i första århundradet f. Kr. förefaller det som om den västra boplatsen kan ha bestått av två separata enheter under senare delen av sin existens. Utifrån dess byggnadsbestånd kan man klart konstatera att gårdarna vid Hammarsnäs väl kunnat mäta sig med inlandets gårdsenheter.

Om åkermarkens betydelse speglas dels av boplatsernas läge, dels genom förekomsten av hägnader, så framträder kreatursskötsel och betesdrift i det osteologiska materialet. Den tydliga dominansen för nötboskap och får passar väl med hypotesen om att tillgången på vidsträckta strandbeten utgör dessa bosättningars kanske mest väsentliga resurs. Lika klart är att svinet, med sin förkärlek för skogiga miljöer, missgynnats i detta sammanhang. Både nötboskap och får verkar ha varit föremål för en omfattande årlig utslaktning av ungdjur. Detta kan ha inneburit att man i området förmått producera ett överskott på kött och framförallt hudar som kunnat avsättas i ett vidare omland.

Då benmaterialet även rymmer olika arter av vildfåglar, gråsäl och fisk pekar detta på hur väl man förstått att utnyttja de varierade resurser som marsklandet innanför Falsterbonäset erbjöd. Idag, när området är känt som en av Nordeuropas förnämsta flyttfågellokaler, är det inte svårt att föreställa sig vilken betydelse dessa årligen återkommande massförekomster av jaktbara fågelarter en gång haft. Likaså framträder jakten på gråsäl som en specialiserad verksamhet, vare sig den bedrivits som vinterjakt på havsisen eller som smygjakt invid de sandrevlar som ligger här och var längs den långgrunda kusten. Från Lilla Hammars by finns dessutom sentida belägg på lokal säljakt genom rättigheter knutna till olika gårdar. Lite annorlunda förhåller det sig med fisket. Här finns visserligen belägg för ett kustnära fiske, bl.a. genom fynd av plattfisk, men den bästa indikationen är indirekt. I anläggningar på båda de undersökta boplatserna påträffades ben från storskarv, en fågelart som av tradition varit utsatt för svår förföljelse i sin roll som påstådd fisktjuv. Så förefaller att ha varit fallet även här, eftersom fågelkropparna slängts hela ner i avfallsgropar, vilket borde tyda på skyddsjakt snarare än jakt i syfte att använda de fällda fåglarna.

Till de aktiviteter som kunnat beläggas på båda Hammarsnäsboplatserna hör också troligen någon form av metallhantverk, eftersom förslaggade delar från en ugnskappa, en gjutform (Lilla Hammar 15:1) och slagg (St. Hammar 16:178) påträffades. Samma material kan möjligen även spegla innevånarnas föreställningsvärld, eftersom ugnsfragmenten noga placerats i de stolphål som en gång rymt den bärande stommen i ett av långhusen. På samma boplats konstaterades dessutom sex andra sannolika fall av husoffer. I den andra fasens långhus påträffades ett lerblock med karvsnittsinspirerad dekor och en svinbete placerade i små nedgrävningar intill bärande stolpar, medan en gjutform placerats i ett stolphål i husets östra del. I följande bebyggelseskede hade ett kärl satts ner i vägglinjen till samma byggnad där ugnskappan deponerats. I detta långhus påträffades även ett fragment av ett odekorerat lerblock. Det får anses som ovanligt att så pass många indikationer på tro och föreställningsvärld framkommer inom samma begränsade boplatsområde.

Utifrån fyndmaterialet, och främst då den karaktäristiska keramik som insamlades, kan en trovärdig dateringsram för båda de undersökta boplatserna sättas från cirka 100 f.Kr. till 100 e.Kr. Detta skulle motsvara en brukningstid om ungefär sju till åtta generationer, innan bosättningarna åter förflyttats inom sitt resursterritorium. Närvaron av en något äldre, bristfälligt känd förromersk fas på den västra boplatsen (enbart representerad av ett möjligt grophus) och förekomsten av ett omfattande keramikmaterial från yngre bronsålder inom den undersökta ytan, antyder dock att en längre kontinuitet av bosättningar kan rymmas inom närbelägna delar av området.

Om man väljer att godta både denna datering för gårdstunen och den som uppställdes av Folke Hansen utifrån föremålsfynd för det närbelägna Hammarsnäsgravfältet följer att båda bosättningarna försvinner vid ungefär samma tid som gravläggningarna ute på näset påbörjas. Vid en granskning av gravkeramiken uppvisar denna dock klara likheter med de skärvor som härrör från de båda undersökta boplatserna. Det kan alltså föreligga en viss tidsöverlappning. Detta får till följd att de undersökta gårdarna ingått i det bebyggelsemönster som bildat bakgrund för etableringen av ett större gravfält ute på Hammarsnäs.

Det kan med fog antas att de 141 gravar som Folke Hansen undersökte 1931–1936 bara utgjort en mindre del av vad som ursprungligen funnits. Dessutom förefaller gravfältet ha haft en annan utsträckning än vad som ursprungligen antogs. Den avgörande faktorn, både vid gravfältets etablering och under dess brukningstid, var dess koppling till stranden och havet, som en återspegling av den marina miljö där bygdens befolkning fick sin utkomst. Dessutom valde lokalsamhällets ledande grupper att med rika gravläggningar intill spetsen av Hammarsnäs manifestera sin närvaro nära inseglingsrännan till Foteviken, en hamnplats av stor betydelse för hela denna region.

Man kan observera de tecken på kontakter västerut, mot Själland, som förekommer i materialet. Platser som Himlingeøje har sannolikt utövat ett inflytande även på den östra sidan om Öresund, men huruvida detta inkluderat en politisk dominans är svårt att avgöra. Att såväl vapengravar som romerska importföremål är relativt sällsynta på skånsk mark skulle kunna tyda på att så varit fallet, men detta förhållande kan lika väl tas till intäkt på stabila förhållanden där en lokalt baserad maktelit inte upplevt något behov av större manifesteringar utåt. Klart är i varje fall att Foteviksregionen spelat en viktig roll i framväxten av ett kontaktnät utåt med början kring Kristi födelse.

Upphovet kan vara att en lokalt baserad maktgruppering insett Fotevikens värde som hamn och knutpunkt för utbyte; detta i en tid då överskottet ökat som en följd av nya metoder för jordbruk och boskapsskötsel. Denna grupp har haft bosättningar ute vid kusten som sin bas, ett fördelaktigt läge som medgett att mer varierade resurser än vad som stått till buds för samtida inlandsbosättningar kunnat utnyttjas. Dessutom har man kunnat göra anspråk på nyttjanderätten till det bästa av de fåtaliga skyddade hamnlägen som denna exponerade kuststräcka erbjuder. Att ett gravfält med tydlig social skiktning anlagts ute på Hammarsnäs, nära inseglingsrännan till Foteviken, och att dess statusbetonade gravanläggningar placerats i ett strandnära läge skall ses som en manifestation i linje med dessa strävanden. Det är möjligt att även andra tydligt strandanknutna skånska gravfält från denna tid, som t.ex. Albäcksgravfältet, skall ses som etableringar utifrån likartade omständigheter.

I ett senare skede, då framväxten av ett mer centraliserat samhälle lett till att dessa ursprungliga entrepenörer förlorat sin kontroll över den maritima sfärens nodpunkter, kan centralplatser som Uppåkra ha övertagit styrningen av det utbyte som kanaliserats över Öresund. När detta skeende fullbordats har också behovet av att manifestera den lokala befolkningens närvaro ute på Hammarsnäs upphört, vilket lett till att man slutat utnyttja detta gravfält.

Referenser

Muntliga källor

Caroline Arcini, Riksantikvarieämbetet, UV Syd.
Annica Cardell, Riksantikvarieämbetet, UV Syd.
Kjartan Langsted, Københavns Universitet.
Anders Lindahl, Keramiska forskningslaboratoriet, Lunds Universitet.
Marcus Nilsson, tidigare verksam vid Fotevikens Maritima Center (FMC).
Ole Stilborg, Keramiska forskningslaboratoriet, Lunds Universitet.
Mac Svensson, Riksantikvarieämbetet, UV Syd.

Skriftliga källor

Andersson, K. 1995. *Romartida guldsmide i Norden III. Övriga smycken, teknisk analys och verkstadsgrupper*. AUN 21. Uppsala.

Arcini, C. 1997. Ståtliga var järnåldersmännen från Albäcksbacken. I Karsten P. (red.) *Carpe Scaniam. Axplock ur Skånes förflutna*. Riksantikvarieämbetet. Arkeologiska undersökningar. Skrifter nr. 22. Stockholm, s. 91 – 100.

Becker, C.J. 1970. De gådefulde lerblokke fra ældre jernalder. *KUML 1970*. København, s. 145 – 156.

Bergenstråhle, I. 2000. Äldre järnålder på Klörups backar. *Riksantikvarieämbetet UV Syd Rapport* 2000:74.

Bergenstråhle, I. & Stilborg, O. 2002 Klörup. Romartida bägare och bostäder. I Carlie, A. (red.). *Skånska regioner.*

Birkedahl Christensen P. & Johansen E. 1992. En handelsplats fra yngre jernalder og vikingetid fra Sebbersund. *Aarbøger for Nordisk Oldkyndighed og Historie 1991*. København, s. 199 – 229.

Bjärvall, A. & Ullström, S. 1985. *Däggdjur. Alla Europas arter.* Stockholm.

Burenhult, G. 1986. *Speglingar av det förflutna*. Höganäs.

Carlsson, S. & Hansson, A. 1997. Allmän jakt på mellanskarv. Motion till riksdagen 1997/98:JO906.

Cardell, A. 1999. Analys av fiskbensmaterialet från Stora Hammar 16:178. I Pettersson & Torstensdotter Åhlin 1999b. Bilaga 2.

Carelli, P. 1996. Blixtar och dunder, magiska under. Om åskstenstraditionen och förekomsten av stenåldersfynd i medeltida kulturlager. *Fornvännen 3/1996*, s. 153 – 170.

Carlie, A. (manus) Kultbruk och offertraditioner i vardagliga miljöer. Om bruket av rituella nedläggelser i förhistoriska hus i Sydskandinavien.

Crumlin-Pedersen, O., Ersgård, L., Hårdh, B., Rasch, M. & Rosborn, S. 1984. *Pugna Forensis? Arkeologiska undersökningar kring Foteviken 1981-83*. Malmö.

Ekberg, B. & Nilsson, L. 1994–1996. *Skånes fåglar idag och i gången tid*. Lund.

Emanuelsson, U., Bergendorff, C., Carlsson, B., Lewan, N. & Nordell, O. 1985. *Det skånska kulturlandskapet*. Lund.

Engström, H. 2001. Kunskapssammanfattning om Mellanskarven i Sverige. Avdelningen för populationsbiologi. Uppsala Universitet. Hemsida: www.ebc.uu.se/popbio

Ersgård, L. 1980. Falsterbohalvön – en undersökning av medeltida agrar bebyggelse i Sydvästskåne. *Ale* 3/1980, s. 14 – 31.

Hansen, F. 1929. Rapport från undersökning av RAÄ 5, St. Hammars socken, Skåne, Utgrävningsrapport. ATA Dnr 2129/1929.

Hansen, F. 1936. *Hammarsnäs Halör*. Lund.

Hansen, F. 1945. Järnåldersgravar vid Albäcksåns utlopp nära Trelleborg. *Meddelanden från Lunds Universitets Historiska Museum* 1945, s. 306 – 329.

Hedeager, L. 1992. *Danmarks jernalder. Mellem stamme og stat*. Aarhus.

Helgesson, B. & Arcini, C. 1996. Rapport. Arkeologisk undersökning 1990. Fjälkinge 35:60 m.fl, Fjälkinge socken, Fornlämning 18 & 19, Skåne. *Kristianstads Läns Museum Rapport* 1996:5.

Hårdh, B. 1984. Inventering av järnåldersmaterial i Skytts och Oxie härader. I Crumlin-Pedersen, O., Ersgård, L., Hårdh, B., Rasch, M. & Rosborn, S. *Pugna Forensis?*

Arkeologiska undersökningar kring Foteviken 1981-83. Malmö, s. 86 – 112.

Jacobsson, B. 1978. Det forntida gravfältet vid Albäck. *Det Gamla Trelleborg Årsskrift 1978*, s. 7 – 28.

Jacobsson, B. 1984. Albäcksbacken; Maglarp. Gravar från stenålder, bronsålder och järnålder. *Riksantikvarieämbetet UV Syd Rapport 1984:32.*

Johansson, F. 1999a. Osteologisk analys av djurben från Lilla Hammar 15:1, Stora Hammars sn, Skåne. I Pettersson & Torstensdotter Åhlin 1999a. Bilaga 1.

Johansson, F. 1999b. Analys av djurbenen från Stora Hammar 16:178, Skåne. I Pettersson &Torstensdotter Åhlin 1999b. Bilaga 1.

Johansson, K. 1999. "...gravarnas slumrare väckas..." Människor och samhälle under romersk järnålder belysta av sydvästskånska gravfynd. C-D uppsats, Arkeologiska Institutionen, Lunds Universitet.

Karsten, P. 1994. *Att kasta yxan i sjön. En studie över rituell tradition och förändring utifrån skånska neolitiska offer fynd.* Acta Archaeologica Lundensis Series in 8⁰. Nr 23. Lund.

Kulturhistoriskt lexikon för nordisk medeltid (KHL), utg. 1956–78. 2:a upplagan 1980. Viborg. Band 5:254 – *Gengångare,* Band 15:405 – *Skarvar*

Kriig, S. & Pettersson, C.B. 1996. En vendel-/vikingatida boplats i Bjärred. *Riksantikvarieämbetet UV Syd Rapport* 1996:61.

Larsson, L. 1999. Fyrverkeri i eld och flinta. Ett massbrännoffer från stridsyxetid. *Populär Arkeologi 1/1999,* s. 3 – 7.

Länsstyrelsen i Västra Götalands län 1999. Tillstånd till skyddsjakt efter skarv i Vänern. Hemsida : www.s.lst.se/aktuellt/press/press_99/skarvjakt.htm

Martens, J. (red.) 1997. The Pre-Roman Iron Age in North Jutland. I Martens, J. (red.). *Chronological Problems of The Pre-Roman Iron Age in Northern Europe.* Arkæologiske Skrifter 7. Institute of Archaeology and Ethnology, University of Copenhagen. Danmarks Universitetsforlag. København, s. 107-136.

Nicklasson, P. 1997. *Svärdet ljuger inte. Vapenfynd från äldre järnålder på Sveriges fastland.* Acta Archaeologica Lundensia. Series in 4⁰ nr 22. Stockholm.

Nilsson, M. 1995. Foteviksprojektet. Fas II : Fosfatkartering och metalldetektoravsökning. *FMC Rapport 1995:1.* Höllviken.

Olaus Magnus : *Historia om de Nordiska Folken.* Utg. 1909–1951. 2:a upplagan 1976.

Paulsson, T. 1993. Huset och lyckan. En studie i byggnadsoffer från nordisk järnålder och medeltid. C-uppsats i osteologi vt. 1993, Arkeologiska Institutionen, Lunds Universitet.

Pedersen, E.A. & Widgren, M. 1998. Järnålder 500 f.Kr. – 1000 e.Kr. I Myrdal, J. (red.) *Det svenska jordbrukets historia. Bd 1 Jordbrukets första femtusen år.*

Pettersson, C.B. & Torstensdotter Åhlin, I. 1999a. Invid sagans Halör? *Riksantikvarieämbetet UV Syd Rapport* 1999:24.

Pettersson, C.B. & Torstensdotter Åhlin, I. 1999b. Ett schakt över Näset. *Riksantikvarieämbetet UV Syd Rapport 1999:42.*

Pettersson, C.B. 2000. I skuggan av Karaby backar. Boplatslämningar från senneolitikum till folkvandringstid. *Riksantikvarieämbetet UV Syd Rapport* 2000:103.

Pettersson, C.B. 2002. "...och satte runt tunet ett hägn. Om långhus, odlingsskydd och metodutveckling på en gård från romersk järnålder vid Västra Karaby. I Carlie A. (red.). *Skånska regioner.*

Regnell, M. 1997. Växtoffer. En förbisedd kategori i huslämningar. I Karsten, P. (red.) *Carpe Scaniam. Axplock ur Skånes förflutna.* Riksantikvarieämbetet. Arkeologiska undersökningar. Skrifter nr. 22. Stockholm, s. 103 – 110.

Räf, E. 1999. Vad en skärva från Uppåkra kan berätta. I *Populär Arkeologi 4/1999*, s. 25 – 27.

Räf, E. 2001. *Krumknivar, kvinnor och kreatur.* University of Lund, Institute of Archaeology. Report Series No. 80. Lund.

Silvegren, U. 1999. Mynten från Uppåkra. I Hårdh, B. (red.) *Fynden i centrum. Keramik, glas och metall från Uppåkra.* Uppåkrastudier 2. Acta Archaeologica Lundensia series in 8°, No 30. Stockholm, s. 95 – 112.

Sjödin, S. 1999. Förhistoriska kärl och skålar från Övre Glumslöv. I Schmidt Sabo, K. Gårdar i Övre Glumslöv. *Riksantikvarieämbetet UV Syd Rapport 1999:102.* s. 29 – 41.

Sten, S. & Vretemark, M. 2001. Den historiska hönan. *Populär Arkeologi* 2/2001, s. 26 – 27.

Stjernquist, B. 1955. Simris. *On cultural connections of Scania in the Roman Iron Age.* Acta Archaeologica Lundensia. Series in 4⁰ No 2.

Stjernquist, B. 1995. Om järnåldersgravfältet vid Albäcksån i Maglarp. I *Ale* 3/1995, s. 17 – 21.

Svensson, L., Grant P.J., Mullarney, K. & Zetterström, D. 1999. *Fågelguiden. Europas och Medelhavsområdets fåglar i fält.* Stockholm.

Tesch, S. 1993. *Houses, Farmsteads and Longterm Change.* Uppsala.

Torstensdotter Åhlin, I. 1994. Arkeologisk utredning 1992-1993. Skåne, Rängs sn, Höllviken 23:7, RAÄ 4, 34 och 39. *Riksantikvarieämbetet UV Syd Rapport* 1994:13.

Pedersen, P. V. 1990. Baggrunden før skattefundene. Udgravningene på Gudme II, Egsmose gård og Stenhøj gård. I Thrane, H. (red.) *Gudme-rapport : Beretning fra det 3. Gudme-symposium.* Hollufgård den 2 juni 1989. Skrifter fra Historisk Institut, Odense Universitet, 38. Odense. s. 47-59.

Pedersen, P. V. 1994. Excavations at sites of treasure trove finds at Gudme. I Nielsen, P.O. (red.) *The Archaeology of Gudme and Lundeborg.* Arkæologiske Studier X. København, s. 30-40.

Vifot, B.M. 1935. Rapport från RAÄ 4, Stora Hammars socken, Skåne. Utgrävningsrapport. ATA Dnr 1156/35.

Gård och kultplats

Om bruket av offerhandlingar på en yngre järnåldersgård i Hjärup, sydvästra Skåne

ANNE CARLIE

Abstract: Farmstead and cult site. On the usage of sacrificial practices on a Late Iron Age farm at Hjärup, south-western Scania.

During the Late Iron Age the official cult practices were moved from the communal wetlands to the chieftain´s farm, where the hall was used as the main building for sacrificial ceremonies. This paper deals with the question whether the ordinary but well-to-do farmers stuck to the old traditions or adapted the new practices of the upper class to arrange collective cult feasts on their own farmsteads. During the excavation of a large farm dating from the Late Iron Age at Hjärup in south-western Scania, several interesting finds were made indicating cultic activities. The most distinctive finds were found in a big well situated on the courtyard. The well contained rich amounts of animal bones, primarily from cattle, horse and dog. It is above all the occurrence of bones poor in meat, such as parts of craniums, mandibles, teeth and lower extremities, along with marks from cutting, that speak in favour of the bones being deposited in connection with sacrificial meals. Also, the find of a turning millstone along with pieces of a pointed wooden pole of oak found in the bottom sediments of the well, could be related by a symbolic interpretation to pagan cult.

Inledning

> *For archaeologists to understand something of the ritual practices they study they must therefore move beyond the material residue of the code (a pattern of artefacts) to consider the cultural conditions which that code once addressed.* (Barrett 1991:1).

I ett försök att problematisera ritualens samhälleliga betydelse jämför John C. Barrett i sin artikel *Towards an Archaeology of Ritual* (1991) den materiella kulturen med de koder vi människor använder oss av för att kommunicera med varandra och förhålla oss till omvärlden. Genom att studera fysiska lämningar från äldre tiders samhällen i sina specifika rumsliga, tidsmässiga och sociala sammanhang, kan vi som arkeologer få en inblick i de kulturella koder utifrån vilka förhistoriens människor ordnade och uppfattade världen.

Arkeologiska material har trots detta länge spelat en underordnad roll i förhållande till skriftliga källor vid studier av hednisk religion och kultpraxis. Detta hänger förmodligen delvis samman med en tidigare rädsla eller försiktighet bland arkeologer att tolka in mer svårgripbara mentala innebörder i den materiella kulturen. Med den postprocessuella arkeologins genomslag har denna försiktighet emellertid ersatts med en mer öppen attityd till arkeologins möjligheter att närma sig den forntida människans föreställningsvärld. Som en följd av denna nyvunna öppenhet har vi under senare år sett flera exempel i litteraturen på tolkningar av fynd och anläggningar som spår efter hednisk kultutövning.

Det är intressant att identifikationen av kultens byggnader och offerhandlingar framför allt gjorts i anslutning till bebyggelser och miljöer av centralplatskaraktär. Det rör sig om spåren efter den offentliga kultens utövning, som under loppet av yngre järnålder i allt större grad knöts till hövdingarnas och stormännens gårdar, som ett led i den lokala och regionala maktutövningen (jfr Fabech 1991:291ff och 1998:151ff). Hallens betydelse och funktioner, både som bostad åt stormannen och dennes hushåll, och som plats för såväl profana festligheter som för rituella måltider och ceremonier, är väl kända (jfr t. ex. Olsen 1966:66; Herschend 1993). De senare årens undersökningar har emellertid visat att kulten inte bara var knuten till själva hallbyggnaden, utan att det också funnits andra speciella kultplatser med tillhörande byggnader och konstruktioner. Utgrävningar av platser som Borg i Östergötland (Nielsen 1996), Slöinge i Halland (Lundqvist 1996), Sanda i Uppland (Åqvist 1996) och Tissø på Själland (Jørgensen 1998), har här på olika sätt bidragit till att nyansera bilden av den offentliga offerkultens utövning.

Det är uppenbart att de senare årens intensifierade forskning kring utvecklingen av järnålderns sociala och politiska maktstrukturer och centra spelat en avgörande roll för identifikationen av den offentliga kultens offerplatser. Fokuseringen på s.k. rikedomsplatser har emellertid inneburit att spår efter kultutövning i mer ordinära gårdsmiljöer inte ägnats samma uppmärksamhet. Trots att vi utifrån de skriftliga källorna vet att offerkulten skedde på olika nivåer i samhället, är våra kunskaper om kultens utövning bland de breda befolkningslagren mycket begränsad. Skedde kulten bara i den privata sfären, d.v.s.

för familjen eller hushållet på den egna gården? Eller ska vi föreställa oss att det även funnits samlingsplatser för kollektiva ceremonier och festligheter på lokal och möjligen regional nivå? Hur var i så fall dessa platser beskaffade och hur skiljde de sig från stormännens och hövdingarnas hallar och gästabud, som vi känner dem utifrån den norröna sagalitteraturen och skaldediktningen? Höll man kvar vid den gamla sedvänjan med offernedläggelser i sjöar, våtmarker och andra heliga platser? Eller tog man istället efter överklassens nya kultideal, där blotsfester och andra ceremonier knöts till stormannens/hövdingens gård och hall? Mot bakgrund av att vi i de arkeologiska materialen kan se en generell nedgång av offernedläggelser på traditionella kultplatser vid övergången till yngre järnålder, framstår den senare hypotesen som mycket trolig. Om vi ska söka spår av bondebefolkningens kultutövning på eller invid själva gården blir följdfrågan: Hur identifierar vi kulten utifrån de materiella lämningarna? Har det även på dessa gårdar funnits särskilda kultbyggnader? Eller handlar det om konstruktioner och anordningar av mer diskret karaktär?

Syfte, material och metod

I ett försök att belysa kultens utövning i andra samhällsskikt än s.k. rikedomsmiljöer ska uppmärksamheten i denna uppsats riktas mot ett välbevarat gårdskomplex från yngre järnålder vid Hjärup i sydvästra Skåne. Gårdsanläggningen undersöktes av Riksantikvarieämbetet UV Syd i mitten av 1990-talet, och har tidigare presenterats av Janis Runcis i rapporten *Gravar och boplats i Hjärup – från äldre och yngre järnålder* (1998).

Boplatsen utmärker sig i flera avseenden från andra kända och samtida järnåldersbebyggelser i Sydsverige. Förutom att platsen hyst ett ovanligt stort långhus på uppemot 50–55 meters längd, har gården anlagts direkt ovanpå en äldre gravplats – dock utan att skada någon av gravarna. Vidare har ett flertal ovanliga fynddepositioner påträffats, vilka utifrån sin karaktär och sammansättning bör uppfattas som spår efter rituella handlingar. Slutligen har gården använts under en begränsad tidsperiod, vilket möjliggör anläggandet av ett synkront perspektiv på platsen. Sammantaget bjuder platsens speciella kvaliteter på flera intressanta infallsvinklar att belysa och söka förstå de olika sammanhang – sociala, funktionella, religiösa m.m. – i vilken gården ingått.

Syftet med artikeln är i första hand att diskutera de olika fysiska spår efter rituella aktiviteter som framkommit på boplatsen, eftersom dessa inte uppmärksammats i den inledande analysen av platsen (jfr Runcis 1998). Efter en kort presentation av boplatsen och utgrävningsresultaten diskuteras därför de anläggningar och fynd, som enligt min uppfattning vittnar om hednisk kultutövning på gården. Den norröna mytologin och sagalitteraturen används här som teoretiska och metodiska analysredskap, för att förstå offerritualernas religiösa och/eller magiska innebörder; d.v.s. vilka trosföreställningar, bruk av symbolspråk dessa handlingar återspeglar.

Boplatsens belägenhet och omland

Hjärupsboplatsen ligger cirka fem kilometer innanför den sydvästskånska kusten, med en central placering på den bördiga Lundaslätten. Avståndet till närmaste större vattendrag – Höje å och Sege å – är fågelvägen mellan 3,5 respektive 5 kilometer. Gården har legat på närmast plan mark med endast små nivåskillnader. Strax söder om boplatsen sluttar marken svagt ner mot ett litet idag reglerat vattendrag med namnet Hjärupsbäcken. Som framgår av kartan ansluter bäcken längre västerut till ett omfattande våtmarksområde söder om Alnarps by. De fuktmarksängar, som till följd av årliga översvämningar, kan förväntas ha funnits utmed bäckens lopp har säkerligen haft viss betydelse för valet av gårdens placering (jfr Runcis 1998:8).

På grund av Lundaslättens höga uppodlingsgrad finns idag inga synliga fornlämningar bevarade efter järnålderns boplatser, gravar eller andra verksamheter. Denna bild är dock skenbar och de senare årens arkeologiska undersökningar antyder en intensiv bebyggelse i området. De flesta gravplatser och boplatser som undersökts tillhör dock antingen förromersk och romersk järnålder eller vikingatid och senare tid. Den enda idag kända boplatsen i närområdet, som existerat samtidigt med gården i Hjärup, finner man således vid Stora Uppåkra belägen cirka 2,5 kilometer åt öster. Uppåkraboplatsen, som ligger på en markerad höjdsträckning, upptäcktes i mitten av 1930–talet i samband med en gårdsbyggnation strax söder om kyrkan. Vid de arkeologiska undersökningar som då genomfördes på platsen, påträffades omfattande boplatslämningar avsatta i form av metertjocka och fyndrika kulturlager. Boplatsens användningstid tolkades då, på grundval av fyndmaterialens sammansättning, ha en kronologisk spännvidd från förromersk järnålder och in i tidig folkvandringstid (Vifot 1936; Stjernquist 1996).

Uppåkra har i den arkeologiska litteraturen vanligen uppfattats som ett regionalt centrum för politisk, ekonomisk och religiös maktutövning i sydvästra Skåne (jfr Larsson 1998:98 och där anförd litteratur). För att fördjupa kunskaperna om platsen och dess betydelse, inte minst i förhållande till de processer som gradvis ledde fram till den tidiga danska riksbildningen, inleddes i mitten av 1990–talet ett stort tvärvetenskapligt forskningsprojekt med arkeologiska institutionen i Lund som huvudman. Utifrån de prospekteringar som projektet hittills utfört, främst i form av metalldetektoravsökningar, har Uppåkra visat sig ha betydligt mer omfattande bosättningsspår från yngre järnålder, än vad man tidigare antagit. Bland de mycket varierande metallfynden märks i synnerhet ett mycket rikhaltigt fibulamaterial från vendel– och vikingatid. Det stora antalet spännen (särskilt näbbfibulor) i kombination med rester av sönderslagna gjutformar visar bland annat på en omfattande lokal hantverksproduktion (Hårdh 1998:113ff; Hårdh 1999: 145ff). I Uppåkra har även flera ovanliga föremål framkommit som kan kopplas till den hedniska religionen. Bland dessa märks en Odinfigur, några plastiskt utformade drakar, ett galthuvud i silver med granatöga, en torshammare samt två guldgubbar och två patriser till guldgubbar, d.v.s. små miniatyrguldbleck med präglade människofigurer (Bergqvist 1999:113ff; Watt 1999:177ff). Från Uppåkra föreligger även ett tiotal fynd av lans– och spjutspetsar funna inom en mycket begränsad del av boplatsområdet, något som associerats till motsvarande offernedläggelser i våtmarker (Hårdh 1999:127ff).

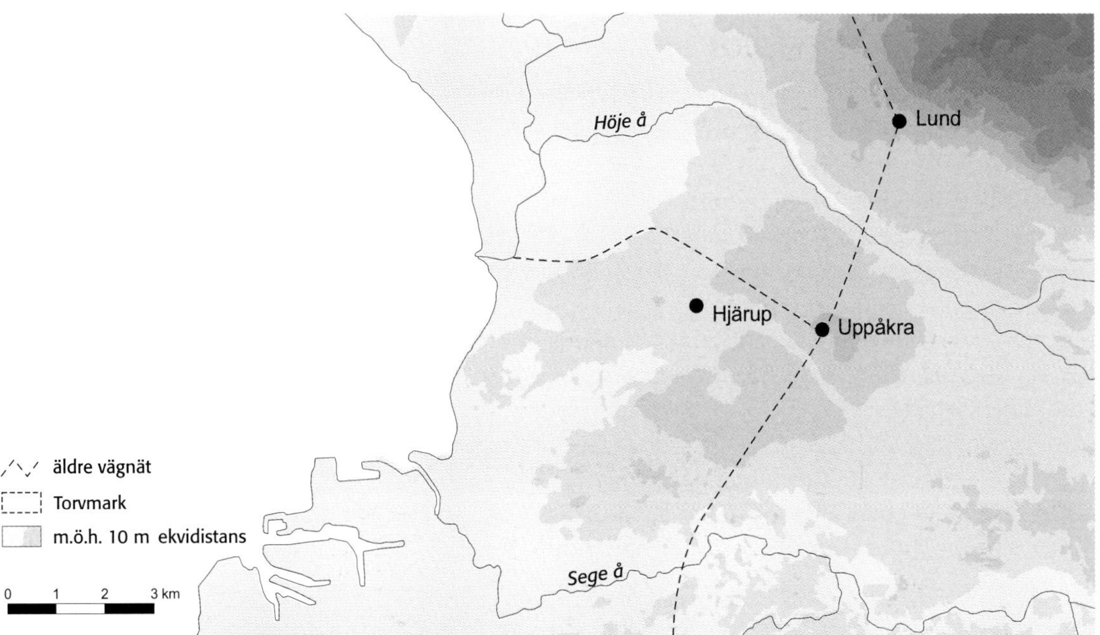

Boplatsen vid Hjärup ligger centralt på Lundaslätten bara ett par kilometer från den stora centralplatsen i Uppåkra.

The site at Hjärup has a central position on the Lund plain, only a few kilometres from the big central place at Uppåkra.

Den arkeologiska kontexten

Vid undersökningen i Hjärup frilades ett cirka 80x100 meter stort område (8000 kvadratmeter) från överliggande matjord. Inom denna areal lyckades man fånga upp de centrala delarna av en till synes ensamliggande gård daterad till folkvandringstid och vendeltid. Inom området påträffades resterna av tre hus, samtliga orienterade i öst–västlig riktning, men för övrigt av mycket skiftande karaktär. Bebyggelsen har dominerats av ett mycket stort treskeppigt långhus med en längd av 50–55 meter (Hus I). Husets väggstolpar var endast sporadiskt bevarade, men antyder en bredd på mellan 5 och 6 meter. Takkonstruktionen har burits upp av minst tolv par stolpar, med ett inbördes avstånd om mellan två och sex meter. Enligt Runcis bör variationen i bockparens placering sättas i samband med planeringen av husets inre disposition (1998:17f). Bevarade ingångsstolpar visar att långhuset haft fem ingångar, varav tre utmed södra och två utmed norra långsidan (se s. 661). Av dessa har ingångarna i husets mittparti respektive västra del varit placerade mittemot varandra. Det är för övrigt svårt att uttala sig om vilka funktioner husets olika delar haft. Det mer än sex meter långa spannet omedelbart öster om husets mittparti skulle, utifrån den stora golvarealen (cirka 30–35 m^2), kunna svara mot husets bonings- eller köksdel.

I husets östligaste del hittades i tre takbärande stolphål flera bitar av kalottslagg med en sammanlagd vikt av omkring ett halvt kilo, samt i ett stolphål även inslag av nitar och brickor av järn. Kalottslagg kallas den restprodukt som i samband med primärsmide bildas i botten av smideshärden, då järnluppen genom upphettning och hammarslag renas från slagg. Enligt V.F. Buchwald visar praktiska försök med primärsmide att man av 2 kg bläster– eller fälljärn får ut ungefär 1,5 kilo smidbart järn samt mellan 400 och 600 gram kalottslagg (Buchwald 1994:17) Detta skulle för tolkningen av slaggen från Hjärup innebära att den förmodligen härrör från ett enstaka smidestillfälle. Det bör här noteras att några andra spår av järnframställning inte påträffats inom den undersökta ytan, varför slaggen måste ha förts avsiktligt till platsen. Man kan vidare konstatera att då slaggen framkom i fyllningen till de takbärande stolparna bör denna ha deponerats i samband med själva husbyggandet. Att slaggen i första hand haft en praktisk funktion som skoningsmaterial förefaller mot bakgrund av den ringa mängden, samt avsaknaden av annan skoningssten, inte särskilt övertygande. Slaggen kan naturligtvis ha hamnat i stolpfyllningen av en slump. En annan möjlighet är att slaggen nedlagts i ett rituellt eller skyddsmagiskt syfte. Detta skulle i så fall kunna tyda på att husets östligaste del haft någon form av verkstadsfunktion. Man kan i detta sammanhang peka på de snarlika depositioner av slaggmaterial troligen från järnframställning som hittats i två av långhusen på den romartida bosättningen på L:a Hammar 15:1 vid Hammarsnäs. Även här föreslås mot bakgrund av fyndens distinkta placering i stolphålen till husens takbärande konstruktion möjligheten av rituella nedläggelser (Pettersson denna volym).

Vad gäller tolkningen av långhusets västra del är underlagsmaterialet om möjligt ännu mer bristfälligt. Några indikationer på förekomst av fähus i form av båsindelning eller tätare ställda bockpar, har således inte dokumenterats. En annan möjlighet är att husets västra del använts som

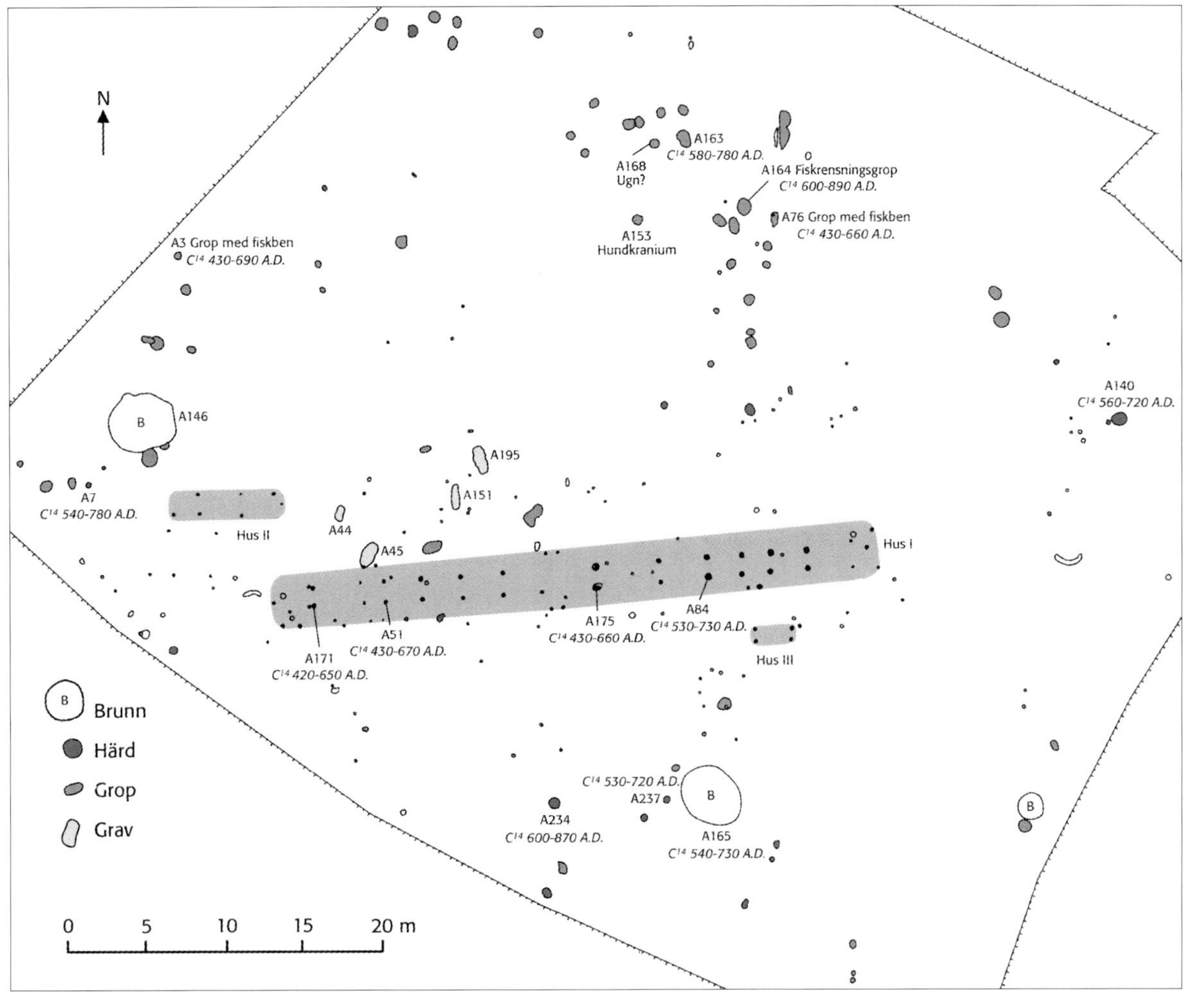

Plan över Hjärupsboplatsen med undersökta huslämningar och övriga anläggningstyper markerade. Anläggningar som diskuteras i texten är försedda med anl. nummer. [14]C– dateringar anges med kalibrerade värden och 2 sigmas intervall.

The site at Hjärup with the excavated remains of houses and other structures marked. The structures discussed in the article are numbered. ^{14}C-datings are shown with calibrated dates and 2 sigma intervals.

tröskloge och/eller till förvaring av säd. Enligt Mats Regnell visar analysen av arkeobotaniskt material från stolphålen till de takbärande stolparna i husets västligaste del på en viss förhöjning av antalet sädeskorn. Detta skulle kunna tyda på någon form av förvaringsutrymme för säd. Den totala avsaknaden av agnrester visar däremot att huset under inga omständigheter använts för efterbearbetning av spannmålsskörd i form av tröskning och siktning (Regnell 1998:35ff, jfr Regnell i denna volym samt tabell på cd-rom). Tyvärr finns för närvarande inga ytterligare ledtrådar i det arkeologiska materialet, som kan ge upplysningar om vilka funktioner eller aktiviteter som inhysts i den mer än 20 meter långa delen av huskroppen. Frågan får därför tills vidare lämnas obesvarad.

Utöver långhuset påträffades inom gårdsområdet även spåren efter två mindre byggnader. Den större av dessa återfanns strax nordväst om långhuset (hus II). Huset har av de takbärande stolphålens placering att döma utgjorts av en minst tio meter lång treskeppig byggnad. Några fynd påträffades inte, men den enkla konstruktionen tyder på att huset fungerat som någon form av ekonomibyggnad. Det finns inget som talar emot att denna byggnad varit i bruk samtidigt som långhuset. Endast ett fåtal meter söder om långhusets södra långsida återfanns lämningarna efter en tredje byggnad (hus III). Huset, som är av så kallad fyrstolpstyp, har haft en rektangulär grundplan med en storlek av 3,6x1,2 meter. Även detta hus bör utifrån sin ringa storlek och klena konstruktion tolkas som uthus. På grund av husets placering rakt framför en av långhusets ingångar, ställer sig Runcis dock tveksam till om denna byggnad existerat samtidigt som långhuset (1998: 19 och 24f).

Förutom byggnaderna påträffades inom undersökningsområdet spridda stolphål utan inbördes sammanhang, ett åttiotal gropar, cirka tjugo härdar, tre brunnar samt fyra gravar. Gravarna, vilka samtliga utgjordes av skelettbegravningar, låg väl samlade omedelbart norr om långhusets norra långsida. Enligt Runcis, visar gravskicket tillsammans med de bilagda föremålen, att gravarna anlagts under yngre romersk järnålder – tidig folkvandringstid, d.v.s. innan platsen tas i anspråk för gårdsbebyggelse (1998:53ff). Denna datering stämmer relativt väl med åtminstone fem av de sex ^{14}C–dateringar som föreligger från gravarna och som tagits på tandmaterial från de gravlagda. Medan samtliga sex dateringar med två sigmas intervall spänner mellan 250 BC och 350 AD, visar en kombinerad kalibrering av fem prover på ett betydligt snävare intervall mellan 120 och 250 AD. Den förhållandevis korta tidsrymden mellan gravarna och gårdens uppförande, talar för att människorna som valde platsen, i hög grad varit medvetna om gravarnas existens. Det faktum att man inte heller skadat någon av gravarna, varken i samband med husbyggnationer eller andra aktiviteter, stöder antagandet att platsen valts med avsikt. Kanske ville man med gårdens placering bekräfta eller förstärka samhörigheten med förfäderna, så att dessa kunde vaka över och skydda boplatsen mot ont och olycka.

Vad gäller övriga anläggningar kan många av dessa förmodligen knytas till de vardagliga aktiviteter och verksamheter som utövats på gården. Trots att boplatsytan sannolikt sträcker sig ytterligare något åt söder och väster, uppvisar anläggningsspåren i flera avseenden en distinkt spridningsbild som knappast kan tillskrivas slumpvisa förhållanden. Således ligger groparna huvudsakligen samlade i ett stråk norr om långhuset, medan härdarna återfinns i anslutning till de bägge större vattentäkterna i söder respektive väster (jfr s. 659). Som nämndes inledningsvis har boplatsen använts

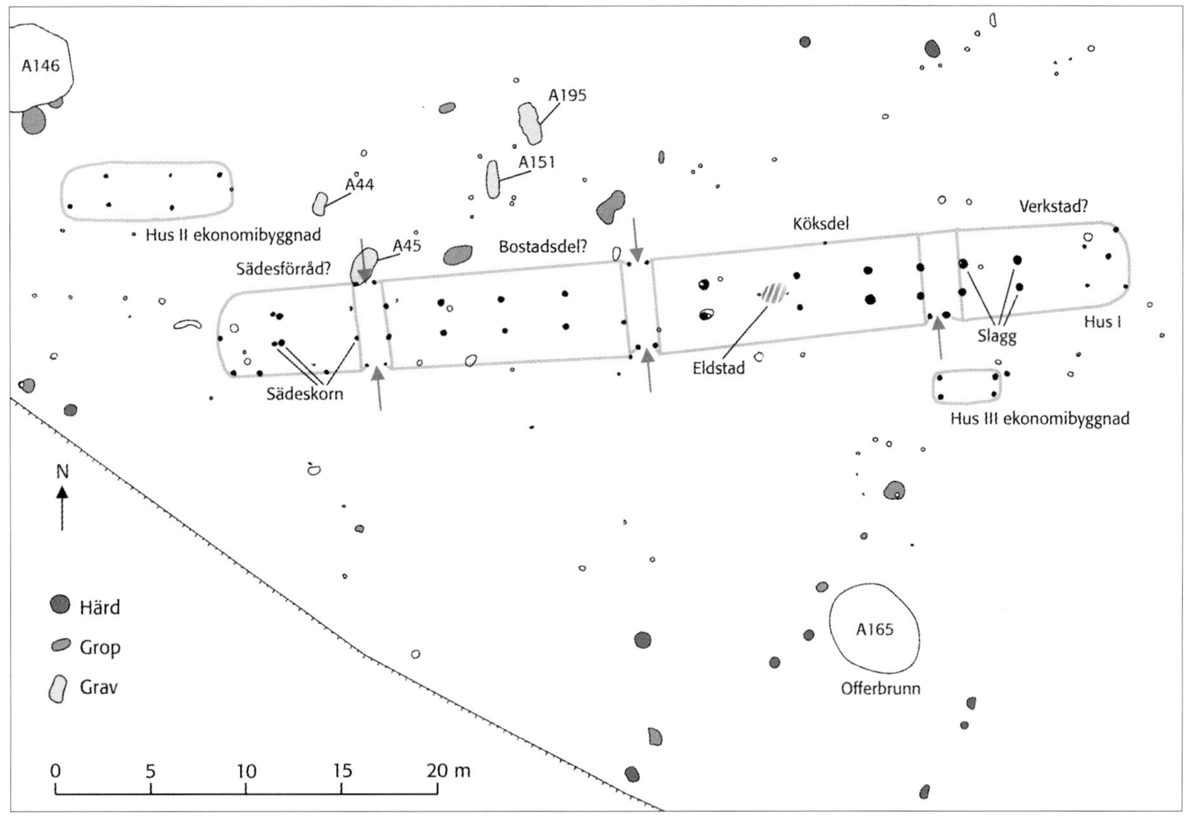

Detaljplan över gårdens byggnader med intilliggande gravar, gropar och härdar. Det stora långhuset har sannolikt haft minst fyra rum, varav två mindre i respektive gavelända samt två större rum mitt i huset. Funktionen hos de enskilda rummen är något osäker. Fynd av sädeskorn och järnslagg i vardera av gavelrummen antyder dock en funktion som sädesmagasin och verkstad, medan husets centrala delar sannolikt använts som köks- och bostadsutrymme. Längst i söder ses den stora brunnen A165 omgiven av härdar.

Plan showing the farm buildings and nearby burials, pits and hearths. The huge long-house probably had at least four separate rooms, of which the two at each gab were smaller, with two big rooms in the cent of the house. The functions of each room are somewhat uncertain. However, finds of cereals and iron slag in each of the two gab rooms could indicate a function as cereal storage and workshop, while the central parts of the house were probably used as kitchen or living quarters.

Hjärup 21:36, Uppåkra socken

Lab.nr	Anl.nr	^{14}C år BP	Anl.typ	Material	Kalenderår 2 sigma	Kalenderår 1 sigma	Arkeologisk period
Ua–25458	A164	1315±70	grop	fiskben	620 AD – 890 AD (95,4%)	650 AD – 790 AD (68,2%)	vendeltid – äldre vikingatid
Beta–96454	A234	1330±60	härd	träkol	600 AD – 870 AD (95,4%)	650 AD – 730 AD (49,2%)	vendeltid – äldre vikingatid
Beta–93484	A7	1360±60	härd	träkol	540 AD – 780 AD (95,4%)	620 AD 720 AD (68,2%)	vendeltid
Beta–96449	A163	1370±50	grop	träkol	580 AD – 780 AD (95,4%)	610 AD – 720 AD (64,9%)	vendeltid
Beta–93485	A140	1390±40	härd	träkol	560 AD – 720 AD (94,2%)	615 AD – 680 AD (68,2%)	vendeltid
Beta–96447	A165	1390±60	brunn	ekträ	540 AD – 730 AD (88,3%)	590 AD – 690 AD (68,2%)	sen folkvandringstid – vendeltid
Beta–96447	A84	1400±60	stphl hus I	träkol	530 AD – 730 AD (90,3%)	580 AD – 690 AD (68,2%)	sen folkvandringstid – vendeltid
Beta–96455	A237	1420±60	härd	träkol	530 AD – 770 AD (92,5%)	560 AD – 670 AD (68,2%)	sen folkvandringstid – vendeltid
Beta–96442	A3	1450±60	grop	träkol	430 AD – 690 AD (95,4%)	560 AD – 660 AD (66,5%)	folkvandringstid – vendeltid
Beta–96445	A51	1460±50	stphl hus I	träkol	430 AD – 670 AD (95,4%)	560 AD – 645 AD (68,2%)	folkvandringstid – vendeltid
Beta–96446	A76	1480±50	grop	träkol	430 AD – 660 AD (95,4%)	540 AD – 640 AD (68,2%)	folkvandringstid – vendeltid
Beta–96452	A175	1480±60	stphl hus I	träkol	430 AD – 660 AD (95,4%)	530 AD – 650 AD (68,2%)	folkvandringstid – vendeltid
Beta–96451	A171	1520±60	stphl hus I	träkol	420 AD – 650 AD (95,4%)	430 AD – 610 AD (68,2%)	folkvandringstid – vendeltid
Beta–96453	A195	1760±60	grav	tand	130 AD – 420 AD (95,4%)	210 AD – 390 AD (66,8%)	äldre/ yngre romersk jää
LuA–4338	A195	1790±100	grav	tand	AD – 550 AD (95,4%)	120 AD – 350 AD (65,4%)	äldre/ yngre romersk jää
Beta–96443	A44	1850±50	grav	tand	50 AD – 260 AD (91,6%)	120 AD – 240 AD (63,1%)	äldre/ yngre romersk jää
Beta–96448	A151	1880±60	grav	tand	AD – 260 AD (93,3%)	70 AD – 220 AD (68,2%)	äldre/ yngre romersk jää
LuA–4337	A45	1960±100	grav	tand	250 BC – 350 AD (95,4%)	100 BC – 140 AD (62,1%)	sen förromersk – äldre romersk jää
Beta–96444	A45	2000±50	grav	tand	120 BC – 90 AD (89,4%)	50 BC – 70 AD (68,2%)	sen förromersk – ti äldre romersk jää

Tabell över samtliga ^{14}C-dateringar från Hjärup. | Table showing all ^{14}C-datings from Hjärup.

Hjärup 21:36, Uppåkra socken – kombinerade dateringar

Kategori	Antal	^{14}C år BP	Kalenderår 2 sigma	Kalenderår 1 sigma	Arkeologisk period
Hus I	4	1465±28	540 AD – 650 AD (95,4%)	595 AD – 645 AD (68,2)	vendeltid
Boplatslämn	8	1400±19	605 AD – 665 AD (95,4%)	640 AD – 661 AD (68,2)	vendeltid
Gravar	5	1841±29	120 AD – 250 AD (89,6%)	130 AD – 220 AD (68,2%)	äldre/yngre romersk järnålder

Tabell över kombinerade kalibreringar av ^{14}C-värden. | Table showing combined calibrated ^{14}C-values.

under en förhållandevis begränsad period. Sammanlagt föreligger tretton ^{14}C–prover från platsen. Proverna som tagits på träkol, samt i ett enstaka fall på ekträ och på fiskben, härrör från olika typer av anläggningar. Förutom fyra prover från olika stolphål till takbärare i hus I, föreligger fyra prover från gropar, fyra från härdar, samt ett prov från brunnen A165. Elva av tretton värden faller med två sigmas intervall inom perioden 420/30–780 AD, medan två värden ligger mellan 600 och 890 AD. Tre av de fyra värdena från det stora långhuset placerar sig i den första delen av denna sekvens (420/30–670 AD), medan det fjärde värdet ligger något senare (530–730 AD). En sammanvägning av samtliga fyra dateringar visar emellertid med en s.k. kombinerad kalibrering, på ett betydligt snävare intervall, som med två sigma faller mellan 540 och 650 AD (1465±28 BP). En motsvarande kombinerad kalibrering av värden från övriga anläggningar, d.v.s. gropar, härdar samt brunnen A165 ger också ett betydligt kortare intervall, motsvarande 605–665 AD (1400±19 BP). Spännvidden i dateringarna talar således för en förhållandevis kortvarig och intensiv bosättning på platsen, som förmodligen etableras i början av 500-talet e. Kr., för att överges omkring 150–200 år senare. Gården har med andra ord haft en livslängd som troligen motsvarande mellan sex till tolv generationer om 25 år. Tyvärr tillåter materialet inte någon finare fasindelning av olika aktivitetsytor inom boplatsen (jfr dock ovan angående fyrstolpshusets placering).

Anläggningar med spår efter hednisk kult?

Boplatsen vid Hjärup kan sammanfattningsvis karakteriseras som en ordinär men välbeställd gårdsbebyggelse. Välståndet manifesteras i första hand av gårdens ovanligt stora långhus, men även bebyggelsens platskontinuitet vittnar om ekonomisk stabilitet. Vad gäller fyndmaterialet från gården saknas däremot helt inslag av rikedom eller exklusivitet. Förutom några enstaka pärlor av glasfluss har t.ex. inga smycken eller andra statusrelaterade föremål påträffats; detta trots närheten till Uppåkra och den omfattande hantverksproduktion som bevisligen utövats där.

Just på grund av gårdens till synes ”ordinära” karaktär är det desto mer intressant, att man på själva gårdstomten och i anslutning till dess byggnader funnit flera distinkta spår efter hednisk kultutövning. Kulten förefaller i första hand ha varit kopplad till den stora brunnen söder om långhuset (A165), som bl. a. innehöll ett rikhaltigt djurbensmaterial. Brunnen avtecknade sig i markytan som en närmast rund fem meter stor mörkfärgning. Längre ned övergick denna i en trattformig grop grävd till ett djup av 2,3 meter, i vars botten man fann resterna av en flätad och delvis förstärkt brunnskorg (se s. 665). Själva fyllningen bestod av tolv olika lager av sandig och siltig lera. Av dessa var de två översta skikten relativt tjocka, medan därunder följande lager var betydligt tunnare. Förekomsten av ett stort antal tunna lager vittnar om att marken kring brunnen varit upptrampad, varvid erosionsmaterial glidit ner och lagt sig i brunnsbotten. Vad som är intressant för diskussionen kring kultutövning är att man i brunnen fann rikliga mängder med obrända djurben. Benen påträffades huvudsakligen i de tre översta skikten, även om ben också

Den fragmentariska överliggaren till drejkvarn från brunnen A165. Foto: Janis Runcis.

The fragmentary upper half of the turning millstone found in the well A 165. Photo: Janis Runcis.

förekom i djupare liggande lager (Runcis 1998: 20f). Detta tyder på att benen deponerats i ett skede, då brunnen upphört att fungera som färskvattenkälla. I brunnen hittades även en omkring halv meter lång tillspetsad ekpåle samt halva delen av en överliggare till drejkvarn (se ovan). Kvarnstenen påträffades på cirka 1,5 meters djup, medan ekpålen återfanns till hälften stående med spetsen riktad ner i brunnens bottensediment.

Den osteologiska materialet från boplatsen består av cirka 8,5 kilo obrända ben, fördelade på 1246 fragment. Av dessa härrör inte mindre än 5,4 kilo eller 123 fragment från A165 (se s. 666). Analysen, som utförts av Lena Nilsson, visar att benen nästan uteslutande härrör från olika tamdjur, bland vilka nötboskap, häst, svin, får/get och hund finns representerade. Inslaget av vilda djur begränsas däremot till ett kluvet mellanfotsben av kronhjort (Nilsson 1998:3ff samt tabell sid 15ff).

I benmaterialet dominerar nötboskap med 69 fragment (3058 g) fördelade på 17 benslag (se s. 667). Benen härrör från minst tre individer, däribland ett foster eller spädkalv samt ett ungdjur. Ser man till materialets sammansättning dominerar benslag från djurens köttfattiga delar. Det rör sig framför allt om fragment från käkdelar, tänder, mellanfotsben och tåben m.m. (45 fragment/60 %). Bland djurens mer köttrika delar är fragment av

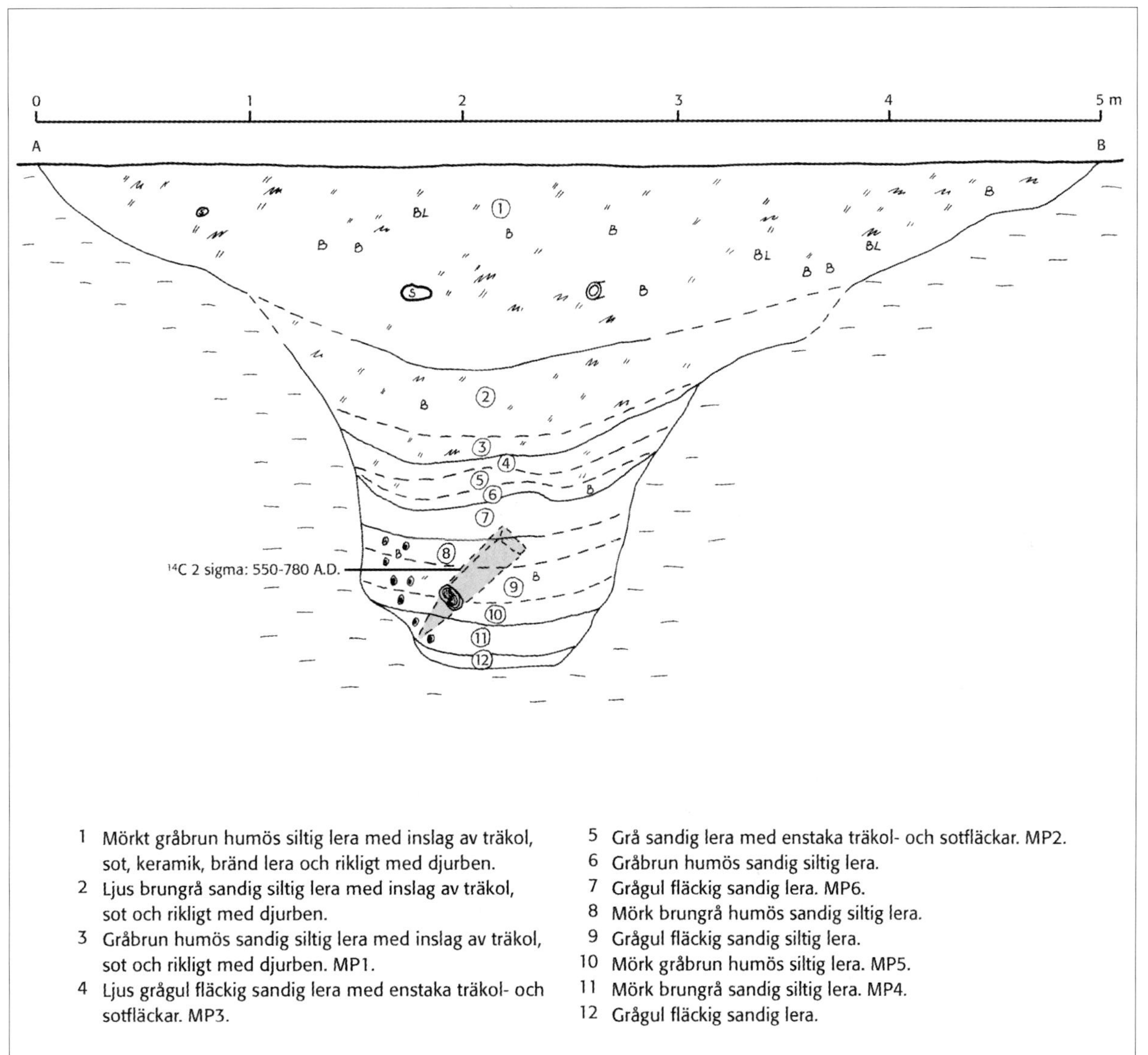

Profil av brunnen A165. Renritning: Annika Jeppsson.

Section of the well A165. Drawing by Annika Jeppsson.

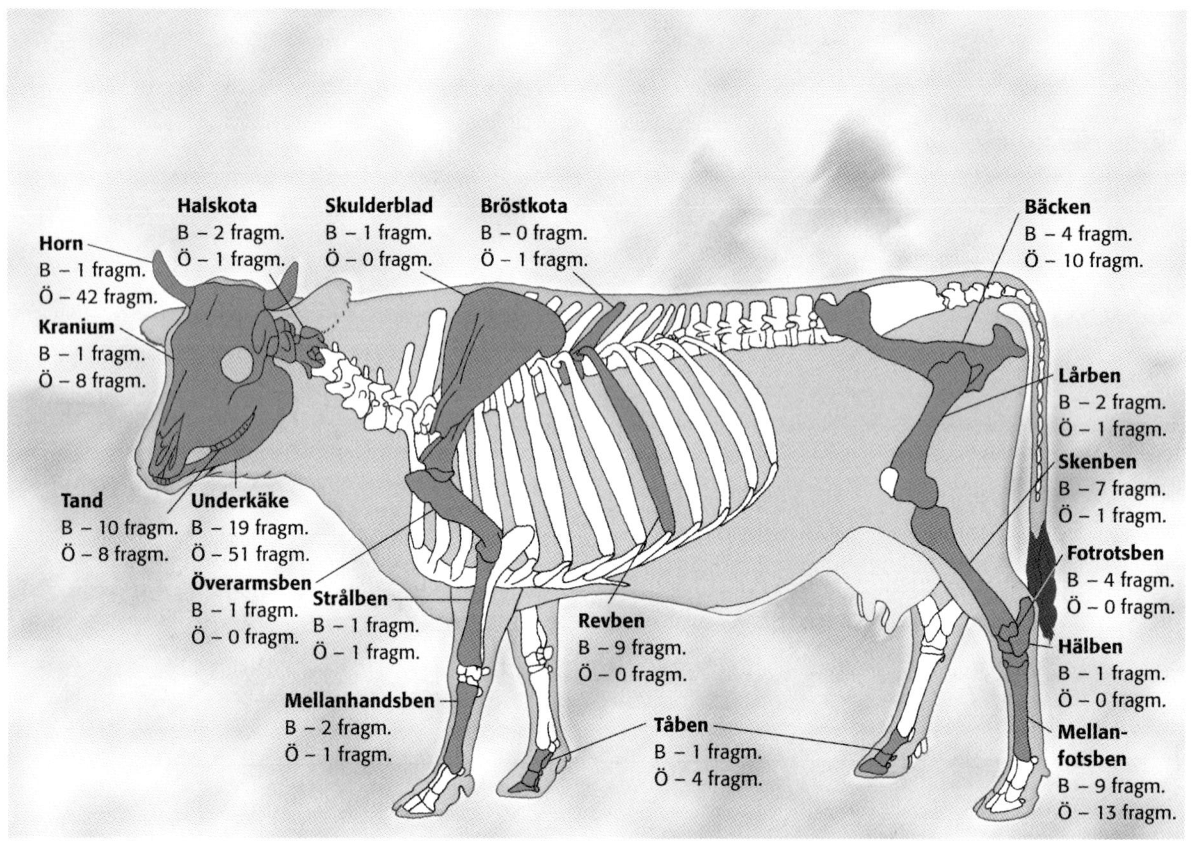

Representerade benslag av nötboskap från brunnen A165 i förhållande till ben från övriga anläggningar på boplatsen i Hjärup.

Represented bone types from cattle found in the well A165 in relation to bones from other structures in the settlement at Hjärup.

bäcken och skenben representerade i materialet. Den kan vidare nämnas att ett överarmsben och ett skenben har skärmärken efter grovstyckning, medan ett revben uppvisar spår av finstyckning. Cirka tiotalet fragment har gnagmärken av hund.

Efter nötboskap är ben av häst mest frekventa från brunnen. Det rör sig om 29 fragment (1977 g) fördelade på 10 benslag (jfr s. 668). Benen härrör från minst två individer, varav ett ungdjur samt ett djur i åldern 4–5 år, samt kommer både från köttrika och köttfattiga delar. Viktmässigt är det i första hand ben från djurens köttrika delar som dominerar, med 12 fragment fördelade på bäcken,

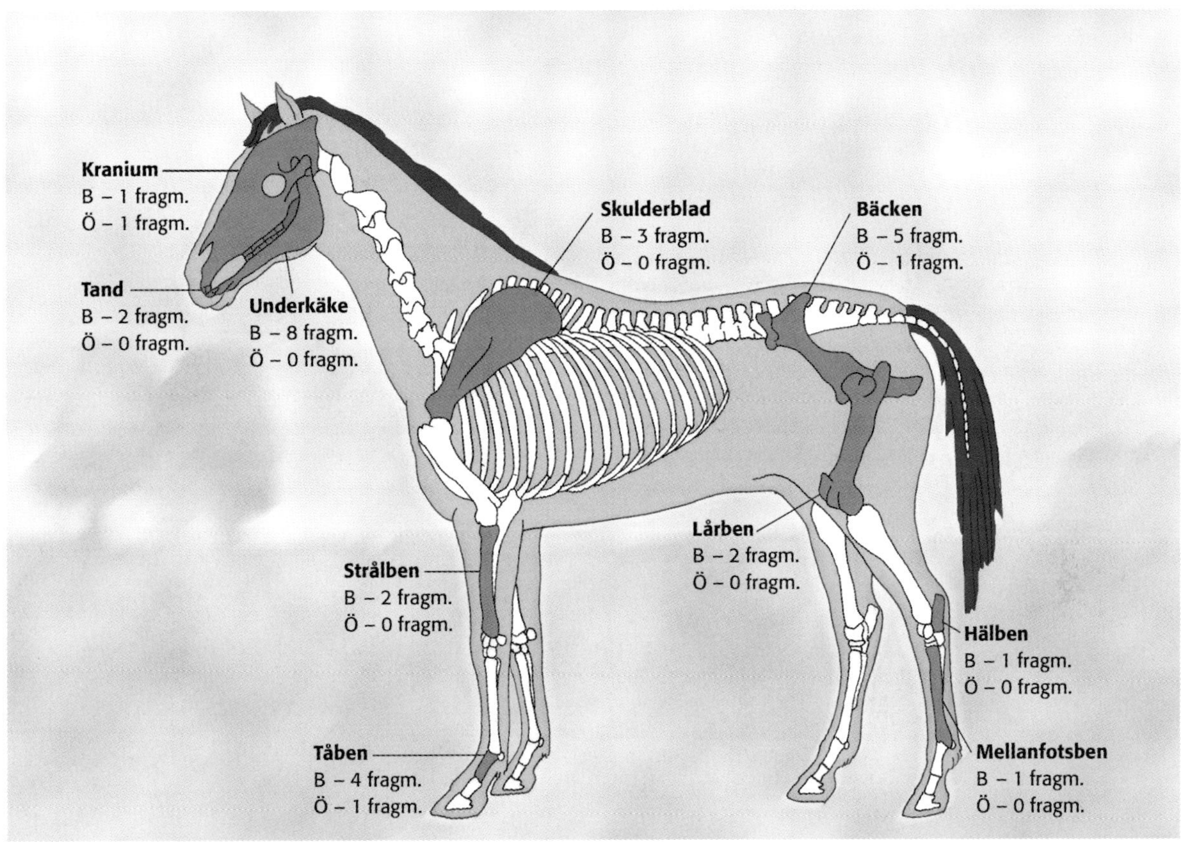

Representerade benslag av häst från brunnen A165 i förhållande till ben från övriga anläggningar på boplatsen i Hjärup.

Represented bone types from horse found in the well A165 in relation to bones from other structures in the settlement at Hjärup.

lårben, skulderblad och strålben. Övriga 17 fragment kommer från köttfattiga delar, bland vilka fragment av kranium, käkdelar och tåben dominerar. Det kan noteras att två fragment, ett lårben och ett hälben, har tydliga skärmärken efter grovstyckning, samt att inte mindre än 11 fragment har gnagmärken av hund.

I brunnen påträffades även 15 fragment av svin (145 g) fördelade på fem benslag (jfr s. 666). Det rör sig huvudsakligen om fragment från köttfattiga delar, såsom underkäke och tänder. Benen härrör från minst två individer, varav en unggris (under ett år) och ett djur kring 1,5–2 år. Förutom ben

Diagrammet visar mängden djurben från A165 i förhållande till benmaterialet från övriga anläggningar på boplatsen. Det tillvaratagna materialet består sammantaget av cirka 8,5 kilo obrända djurben, varav 5,4 kilo kommer från brunnen.

Diagram showing the amount of animal bones from A165 in telation to bones from other structures on the site. The collected material consists of aproximately 8.5 kilos of un0burnt animal bones, of which 5.4 kilos were found in the well.

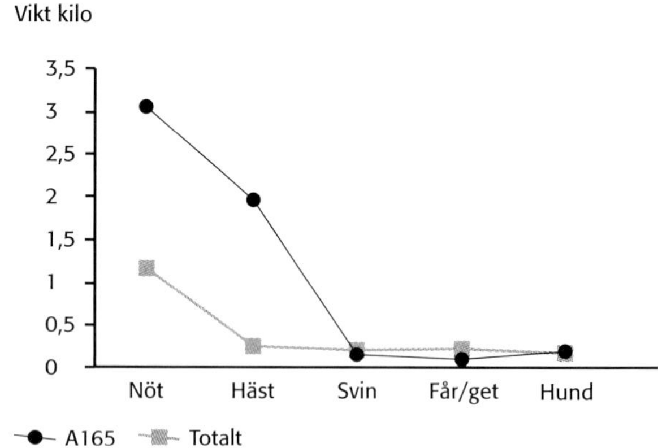

från svin fanns i brunnen även en liten andel fårben, troligtvis från en och samma individ (8 fragment/34,7 g). Dessutom påträffades ett intakt kranium tillhörande en vuxen mellanstor hund (201 g). Inga av dessa fragment uppvisade några skärmärken efter styckning.

Det är framför allt förekomsten av ben från häst och hund, i kombination med ett relativt rikhaltigt inslag av djurens köttfattiga delar, såsom kraniedelar, underkäkar, tänder och nedre extremiteter, samt förekomsten av skärmärken efter styckning, som talar för att benen deponerats i samband med rituella offermåltider. Även fyndet av kvarnstenen och den tillspetsade ekpålen, kan emellertid utifrån en symboltolkning kopplas till hednisk kultutövning, en diskussion som jag återkommer till längre fram.

Intressanta fynd gjordes emellertid även inom andra delar av boplatsen, t.ex. i den stora brunnen längst i väster (A146). Tolkningen försvåras här dock av att brunnen, av tidsmässiga och praktiska orsaker, inte kunde undersökas med samma detaljeringsgrad som A165. Brunnen har haft ungefär samma storlek och djup som A165, dock med en mer uttalad trappstegsform på den södra sidan. På denna sida påträffades vid mynningen flera större stenar, vilka kan ha utgjort delar av en stenläggning (Runcis 1998:20). Dokumentationen av fynden från denna brunn är tyvärr bristfällig. Enligt Runcis fann man i fyllningen talrika djurben samt i de djupare liggande lagren ett synnerligen välbevarat hästkranium. Det senare ska enligt uppgift ha varit så intakt att man uppfattade detta som recent (pers. kom., Janis Runcis, UV Syd). Av prioriteringsskäl togs benmaterialet inte till vara. Det är därför omöjligt att på dessa grunder dra några slutsatser om huruvida brunnen använts i rituella sammanhang. Fyndet av ett helt intakt hästkranium är dock synnerligen intressant och skulle kunna tyda på att det också i denna brunn skett depositioner i samband med kultutövning.

Djurbensdepositioner med rituell prägel har emellertid inte bara påträffats i gårdens våta miljöer utan även på fast mark. Ett trettiotal meter norr om det stora långhuset hittades i en cirka en meter stor och tre till fyra decimeter djup grop

(A153), fyndet av ett intakt kranium från en vuxen medelstor hund. Kraniet var placerat på gropens botten med skalltaket uppåt. I den överlagrande fyllningen från samma grop hittades även delar av en överkäke av svin, ett tåben av häst samt en kindtand av nötboskap. Vad som talar för att det inte rör sig om en traditionell djurbegravning är framför allt kraniets placering samt frånvaron av ben från hundens övriga kroppsdelar. Likheterna med hundkraniet från den stora brunnen längst i söder (A165), pekar snarare på någon form av rituell deponering.

Förutom nämnda fynd har även andra relativt ovanliga fynd påträffats på boplatsen. Det rör sig om tre gropar innehållande mycket välbevarade fiskben (A3, A76 och A164) samt delar av en möjlig ugnsanläggning (se s. 659). Mängden fiskben från groparna uppgår sammantaget till cirka sex kilo, men varierar betydligt mellan de enskilda groparna (Cardell 1998:23ff). Största mängden ben hittades i den större av groparna (A164), från vilken man tillvaratagit 1,2 kilo ben. I de två övriga groparna dokumenterades 0,3 respektive 0,7 kilo fiskben. Andelen ben har dock varit betydligt större. Inom ett särskilt forskningsprojekt har fiskbenslagret från gropens andra halva vattensållats inomhus, varvid nästan 4 kilo fiskben tillvaratogs (Cardell, manus). Enligt Cardells bestämning av benen domineras dessa av sill och torsk, med identifiering av inte mindre än 117 sillar och 132 torskar. Ett mindre inslag av kolja och gädda förekommer också i materialet. Det faktum att benen återfanns i ett par centimeter tjockt lager i gropens botten, med överliggande fyllning, talar enligt Cardell, för att åtminstone A164 ska tolkas som en rensningsplats och avfallsgrop för fiskrens (a.a. manus). Vad gäller fiskbenens datering visar tre ^{14}C–prover från var och en av de tre groparna (A3, 76 och 164) att dessa kan knytas till gårdsbebyggelsens senare skede (jfr s. 662).

Hundkraniet in situ i grop A153 norr om gården. Foto: Janis Runcis.

The dog cranium in situ in the pit A153 lying north of the farm. Photo: Janis Runcis.

Inslaget av fiskben i Hjärup är egentligen inte särskilt förvånande sett mot bakgrund av boplatsens närhet till Öresund. Vad som däremot väcker viss undran är varför fiskbenen endast återfanns i tre av de närmare åttiotalet gropar som undersökts på platsen. Om fisk ingått som ett naturligt inslag i den vardagliga kosten, borde fiskben ha påträffats i fler anläggningar på boplatsen. Även den distinkta lagerföljden i A164 stärker antagandet om att vi här står inför en enskild händelse, där stora mängder färsk fisk av någon anledning transporterats till gården för rensning. Att fiskarna förts till platsen i färskt tillstånd bekräftas av att ben från samtliga kroppsregioner finns representerade i materialet. Enligt Cardell är det ovanligt med såhär rika förekomster av fiskben i enstaka kontexter på undersökta järnåldersboplatser, och några direkt jämförbara paralleller till Hjärup är för närvarande inte kända (pers. kommentar Annica Cardell, UV Syd).

Slutligen kan nämnas att man i samma område som fiskgropen A164, och ungefär fem meter nordväst om denna, fann resterna av en trolig ugnskonstruktion. Anläggningen i fråga innehöll endast cirka 0,6 kilo bränd lera, varför ugnen i fråga inte kan rekonstrueras. Enligt Runcis rör det sig dock förmodligen om en lågtemperaturugn, t.ex. för matberedning. Ugnens placering i anslutning till fiskrensningsgropen är intressant, då denna skulle kunna ha använts i samband med rökning eller annan tillagning av fisken.

Den hedniska kultens utövning – om vad de skriftliga källorna berättar…

Den sena järnålderns religion i Norden, med dess gudar och mytologi, offerplatser och kultpraxis har länge återskapats främst utifrån äldre skriftliga källors vittnesbörd. Bland viktiga källor märks olika poetiska diktverk, sagalitteratur, äldre landskapslagar samt historiska berättelser. Många av dessa skrifter har tillkommit i en tidig kristen miljö och har därför en varierande grad av autenticitet. Enligt religionshistorikern Anders Hultgård, som nyligen diskuterat frågan om de skriftliga materialens källvärde, intar eddadikter och landskapslagar en särställning i fråga om autenticitet. Framförallt de senare anses ha ett högt äkthetsvärde, då lagarna genom sin polemiska karaktär återger begrepp och sedvänjor kopplade till den hedniska kulten (Hultgård 1996:25ff).

Utifrån de skriftliga källorna vet vi att den förkristna religionen till stor del hade sin grund i trosföreställningar kring naturens och livets kretslopp. Det var genom kulten – med dess olika riter och ceremonier – man försökte vidmakthålla den goda relationen mellan människorna och de livsfrämjande makterna. Det handlade om att säkra framgång och lycka i samband med livscykelns olika skeden; vid födelse, giftermål och död, inför byggandet av nya hus, vid sådd och skörd, djuravel och slakt m.m. Om offerkultens utövning berättar Snorre Sturlusson följande i Ynglingasagan, en av flera norska kungasagor i samlingsverket Heimskringla: *"Man skulle blota framemot vintertiden för årsväxten, mitt i vintern för skörden och tredje gången framemot sommaren. Det var segerblot."* (Kap. 8; se Johansson 1991:30f).

En av de mer uttömmande skildringarna av hur en offentlig offerfest kunde gå till finner man i en annan av Snorres norska kungasagor, berättelsen om Hakon den Godes saga. I fjortonde kapitlet berättar Snorre om hur Sigurd Hladejarl, som var en rik man och vän till kung Hakon, skötte alla blotgästningar för kungen i Tröndelag.

> *"Det var en gammal sed när man skulle blota att alla bönder skulle komma dit där hovet var och föra dit de förråd de skulle behöva medan gästningen pågick. På de gästningarna skulle alla vara med på ölgille. Där dödades alla slags husdjur och även hästar och allt det blod som kom av detta kallades offerblod och de skålar det förvarades i kallades offerblodsskålar. Och med*

offerblodskvastar som var gjorda som vigvattenskvastar skulle man stryka alla altarna och hovets väggar både på utsidan och insidan och sedan stänka på människorna. Och slaktköttet skulle man koka till människornas glädje. Det skulle vara eldar mitt på golvet i hovet och över dem grytor.

En skål skulle bäras runt elden och den som ordnade gästningen skulle välsigna den och all blotmaten. Först skulle man dricka Odens skål, för seger och för kungens makt, och sedan Njords skål och Freys skål, för goda skördar och fred. Därefter hade många män för vana att dricka den förnämsta skålen. Man drack även en skål för de släktingar som hade blivit höglagda och den kallades minnesskål." (Ur Hakon den Godes saga, kap. 14; se Johansson 1991:141f).

Angående blotet och valet av offerdjur

Man ska naturligtvis var försiktig med att uppfatta Snorres beskrivning som en autentisk skildring av en hednisk offerfest (jfr diskussion hos Hultgård 1996:36ff och Andersson 1998:240ff). Berättelsen innehåller dock flera intressanta upplysningar kring den offentliga offerkulten, som kan tjäna som bakgrundsbild för tolkningen av kultutövningen i Hjärup. Av Hakon den Godes saga, men också från andra källor, framgår tydligt att den hedniska offerfestens centrala moment utgjordes av sakrala måltider med rituellt ätande och drickande. En intressant detalj i detta sammanhang är uppgiften om att den rituella slakten omfattade olika offerdjur, från kor och hästar till olika småfä. Denna bild stämmer väl in på djurbensmaterialet från brunnen A165 som just karakteriseras av en varierad sammansättning med ben från flera olika husdjur. Bland de sammanlagt åtta individer som identifierats i materialet finns tre nötboskap, två hästar, två svin, ett får samt en hund. Variationen förstärks ytterligare av att både vuxna individer och ungdjur finns representerade i materialet.

Av ovan nämnda djurarter vittnar flera oberoende skriftliga källor om hästens särställning som offerdjur. I ett senare kapitel i Hakon den Godes saga (kap. 17; se Johansson 1991:144ff) berättar Snorre således om hur den kristne kung Hakon i samband med blotsgästning hos samma Sigurd Jarl i Tröndelag vägrade att inför bönderna äta av hästköttet i offerkitteln. Även i den äldre Gulatingslagen (kap. 20; efter Hultgård 1996:42), som anses spegla förhållanden i Norge under 1000–talet, finns i anslutning till ett förbud mot att äta häst på fredagar och under fastetider, ett särskilt tillägg om hästkött. Det sägs här att *"Om en man äter hästkött, då skall han böta för detta tre marker till biskopen"*. Upplysningar om hästkött hittar man även i Ares isländingabok från cirka 1130, som anses ha ett högt källvärde. Här nämns i avsnittet om Islands kristnande, ätande av hästkött som en del av den gamla religionen och sedvänjan (efter Hultgård 1996:42). Andra källor vittnar emellertid om att hästen haft en vidare betydelse i kulten. Man kan i detta sammanhang påminna om skildringen i Völsetåten, i Flateyjaboken från 1300–talet, om hur man på en gård i Nordnorge, som en del av Frey–kulten, utförde fruktbarhetsriter med en balsamerad hästpenis som kultföremål (jfr Hultgård 1996:36 och Andersson 1998:243f). I samma bok berättas i Hrafnkels saga om hur man vid tidpunkten för Olav Tryggvasons kristna mission höll sig med heliga hästar till Freys ära invid det hedniska templet i Trondheim. Frey var enligt sagorna den modigaste av ryttare, och hans följeslagare till häst hette Blódughófi – d.v.s. *”den med blodig hov”*. Enligt uppgifter i Snorres Edda var Frey den av asarna som man åkallade för en god årsväxt och för fred; detta eftersom han hade makt över sol, regn och växtlighet. Frey var dessutom den gud som framför andra främjade boskapens fruktsamhet. I Frey-kulten offrades de bästa och mest alstringskraftiga djuren: galtar, hingstar och tjurar. Förutom hästen var även galten Slidrugtanne eller Gullenborste Freys mytiske följeslagare (Ström 1985:176f). Om djur av hankön offrades till Frey, förknippades offerdjur av honkön istället till Freys syster och kvinnliga motsvarighet – Freyja. Som fruktbarhetsgudinna hade Freyja säkerligen ett brett verksamhetsfält med makt över liv, kärlek och död. I den animala offerkulten var suggan hennes främsta offerdjur. Freyjas betydelse i offerkulten av grisar, får bland annat stöd av att hon även kallas Sýr eller So (Turville-Petre 1964:255).

En annan intressant detalj i Hakon den Godes saga, av betydelse för tolkningen av Hjärupsplatsen, är uppgiften om hur offerköttet kokades i kittlar över öppen eld. Enligt sagan tillagades maten över en eldstad inne i hovet. Det finns dock anledning förmoda att man i samband med större gemensamma kultfester behövde fler eldstäder för tillagningen. Jag vill i detta sammanhang peka på att nästan samtliga härdar i Hjärup återfanns kring den stora brunnen A165. Denna placering kan knappast bero på slumpmässiga förhållanden, utan skulle istället kunna vara en följd av att härdarna använts i samband med kollektiv matberedning.

Intagande av fisk som offermat, finns mig veterligen inte nämnt i sagalitteraturen. Trots detta kan det inte uteslutas att den stora mängden fisk som förts till platsen, samt beredningen av denna, har skett i samband med en större kollektiv begivenhet.

Förutom de olika djurslagen och offermåltiden nämns i Hakon den Godes saga även det rituella (öl) drickandet som en viktig del av kulten. Trots att Snorres bild av det hedniska offerdrickandet förmodligen till stor del ska ses som en litterär rekonstruktion med kristna förebilder, förekommer upplysningar om rituellt drickande även i flera andra källor. I Gutalagen t.ex. straffas all *”slags kult med mat och dryck som ej följer kristen sed, med tre marker till kyrkans män”* (efter Hultgård 1996:33f och 43f). Sett ur detta perspektiv är fyndet av en fragmentarisk drejkvarn i brunnen A165 mycket intressant. Kanske har kvarnstenen ursprungligen använts i samband med rituellt ölbryggande på gården, för att i ett senare skede förstöras och offras till gudarnas ära.

Kultplatsen och dess anordningar

I Hakon den Godes saga berättas att kulten utövades inne i hövdingens hov. Några egentliga fasta kultanordningar nämns inte i texten, utöver de offeraltare som ska ha funnits inne i hovbyggnaden och som tillsammans med väggarna beströks med blodet från offerdjuren. För att få ytterligare upplysningar om konstruktioner på kultplatsen får vi istället vända oss till de äldre landskapslagarna,

Tolkningsrekonstruktion av gården och brunnen med offerpålen. Illustration: Staffan Hyll.

A suggested reconstruction of the farm and well with the offering pole. Drawing by Staffan Hyll.

som i flera fall innehåller förbud mot innehav av heliga föremål i samband med utövande av gårdskult. I den äldre Gulatingslagen får vi i avsnittet om hednisk kult t.ex. veta att *”om man gör ett hus och kallar det för en harg eller reser en stång och kallar den nidstång ... då skall han för detta böta tre mark till biskopen”* (efter Hultgård 1996:33). Även den norska Eidsivatinglagen innehåller intressanta upplysningar om förbud mot kultföremål. I den inledande texten om gårdskult får vi veta att det var straffbart att inneha staf och stalla. Enligt Anders Hultgård avser begreppet stafr sannolikt en stolpe eller gudabild, medan stallr snarare betecknar något slags ställning eller podium, kanske en sorts ”husaltare”. I samma lagtext sägs dessutom att man i sina hus och bodar inte får förvara ”offermat” (matblót), ej heller människoliknande figurer av lera eller deg som är avsedda för ”hednisk” kult (efter Hultgård 1996:34f). En mer levande illustration kring bruket av nidstång hittar vi i den arabiske köpmannen al-Tartuschi´s beskrivning av ett kultdrama som han bevittnade i samband med sin vistelse i Hedeby omkring år 950. Han berättar följande: *”De firar en fest, då de alla samlas för att ära guden och för att äta och dricka. Den som slaktar ett offerdjur – vare sig det är en oxe eller en bagge, en bock eller ett svin – reser vid sin gårdsport pålar och fäster offerdjuret därpå för att folk skall veta, att han offrar det till ära för sin gud”* (efter Ström 1985:86f).

Inför tolkningen av Hjärupsgårdens funktion som kultplats utgör, såväl lagtexternas förbud mot innehav av stafr och nidstång, liksom beskrivningen från Hedeby, en intressant tolkningsgrund för fyndet av den tillspetsade ekpålen i brunnen A165. Pålen som vid fyndtillfället var avbruten med en bevarad längd av cirka en halv meter, hittades som tidigare nämnts, stående med spetsen riktad mot brunnens botten. Man kan naturligtvis inte utesluta att stolpen, som utgrävaren föreslår, haft en praktisk funktion avsedd att stödja den flätade brunnskorgen. Å andra sidan inbjuder den övriga fyndkontexten i brunnen till en rituell tolkning av pålen, där denna skulle kunna utgöra resterna av en nidstång eller gudabild som markerat själva offerplatsen (se s. 673).

Vad gäller frågan om fasta kultanordningar är naturligtvis även brunnen (eller brunnarna) i Hjärup av stort intresse. Nedläggelser av offer i vatten anknyter till en äldre tradition med fruktbarhetskult som kan följas tillbaka till mesolitisk tid. I den norröna mytologin spelade vattnet, och i synnerhet brunnen, en central roll som helig plats. I Snorres Edda berättas att det vid foten av asken Yggdrasils rötter fanns flera brunnar, varav tre är namngivna – Hvergelmer, Mimes och Urdarbrunn. Av dessa betraktades framför allt Urds brunn som mycket helig. Den var ödets brunn och det var här Odin offrade sitt öga för att få kunskap om framtiden (Turville-Petre 1968: 246). Man kan i detta sammanhang även påminna om den heliga offerbrunnen i Gamla Uppsala, där man ska ha offrat människor genom dränkning (jfr Ström 1985:79). Förhistoriska brunnar/vattenhål med offerstatus i boplatsmiljöer har under senare år fått ökad uppmärksamhet i den arkeologiska litteraturen. Bland kända fyndplatser som diskuterats kan nämnas Eketorps borg på Öland (Backe m.fl. 1994) samt Apalle och Tibble i Uppland (Ullén 1995; Andersson 1998). Inga av dessa offernedläggelser har dock med säkerhet kunnat knytas till den yngre järnåldern, utan tillhör äldre tidsskeden – företrädesvis yngre bronsålder och äldre järnålder.

Gård och kultplats – ett tolkningsförslag

I diskussionen kring den hedniska religionens utveckling och kultpraxis har Charlotte Fabech i olika sammanhang riktat uppmärksamheten mot de förändringar med avseende på offerplatsernas lokalisering i landskapet, som att döma av de arkeologiska källorna, äger rum under folkvandringstid. Offerritualernas förflyttning, från de traditionella heliga platserna i sjöar och våtmarker till stormannens eller hövdingens gård och egendom, sätts här i samband med kultens institutionalisering och härskarens kontroll av dess utövning (Fabech 1998:151ff; jfr även Fabech 1991).

Fynden från Hjärup representerar i detta sammanhang en intressant kombination av gammalt och nytt. Å ena sidan ansluter fynden, genom sin sammansättning och koppling till vatten, till en äldre kulttradition med fruktbarhetsoffer i vattenrika miljöer, som vi bland annat känner från platser som Röekillorna i sydöstra Skåne (Stjernquist 1997), Skedemosse (Hagberg 1967) på Öland och Käringsjön i södra Halland (Arbman 1945; Carlie 1998). Å den andra sidan representerar fynden från Hjärup även den ”nya” sedvänjan eller traditionen, där offret och kulthandlingarna flyttats in på själva gårdstomten.

Som tidigare nämnts vet vi utifrån de skriftliga källorna att den hedniska kulten utövades på olika nivåer i samhället, från kungens och hövdingens hov med särskilda Godar som kultförrättare, ner till den enskilda gården. De litterära källorna speglar emellertid i första hand kulten och offerceremonierna som de utspelades bland aristokratin och de ledande släkterna i samhället, medan kulten på gårdar med mer ordinärt välstånd, är betydligt mindre känd. Frågan är här hur vi ska tolka offerfynden i Hjärup. Rör det sig om spåren efter en privat gårdskult för det egna hushållet? Eller ska vi istället uppfatta de arkeologiska lämningarna som spår efter kollektiva blotgillen för en större grupp av människor, troligen främst representerade av släkt och vänner från det lokala närområdet?

I Gutalagen t.ex. får vi veta att den lokala kulten var uppbyggd kring gemensamma offermåltider – *”de smärre tingen hade mindre kultsammankomster med djuroffer, mat och öl, i vilka deltagarna kallas offerbröder eftersom de kokar (offerköttet) tillsammans”*. (efter Hultgård 1996:34). Som Folke Ström påpekar kan det vara svårt att sätta någon skarp gräns mellan offentlig och privat kult. Han pekar här på uppgifter i kungasagorna som visar att blotet på de lokala ”hövdingarnas” gårdar kunde samla en ansenlig krets av människor, inte bara från den egna gården utan även mer eller mindre långväga resande släkt och vänner (Ström 1985:86f). I Olav den heliges saga (kap. 109; se Johansson 1992:147ff) får vi t.ex. veta om folket i Eynafylke, Sparbyggjafylke, Verdal och Skynir (d.v.s. i området kring Trondheim), att *”Det är deras sed att hålla ett blot under hösten helgat till vintern, ett annat vid midvinter och ett tredje på sommaren som är helgat till sommaren. De är tolv män som sköter blotgillena och i vår är det Ölve som ska hålla gillet. Han arbetar här i Mären nu och dit förs alla förråd de behöver till gillet”*. Om Ölve får vi veta att han hade sitt namn efter den gård där han bodde, samt att han var en mäktig man av god släkt och att han ledde böndernas färd till kungen. Ölve kan med andra ord uppfattas som en lokal hövding.

Sett i detta perspektiv tror jag i första hand att vi ska se offerfynden från Hjärup som exempel på en kollektivt utövad offerkult på lokal nivå. Som stöd för denna tolkning vill jag främst framhålla härdarnas distinkta placering kring den stora brunnen söder om långhuset, som jag menar bör uppfattas som spåren efter en kollektiv beredning av offermåltiden (jfr ovan). Om offermaten hade tillagats för en mindre krets av människor – t.ex. personerna i gårdens eget hushåll – hade denna lika väl kunnat kokas över eldstaden inne i boningshuset. Det finns emellertid även andra fyndomständigheter som tyder på att kulthandlingarna i Hjärup haft en mer offentlig karaktär. Förutom resterna av den bevarade nidpålen i offerbrunnen, som förmodligen rests för att visa förbifarande att man höll blotgille på gården, vill jag även peka på den stora andelen fisk, huvudsakligen i form av torsk och sill, som beretts på platsen. Möjligen har fisken förts till gården för att serveras gästerna i samband med festligheterna.

Om tolkningen av Hjärupsgården som en plats för kollektiv kultutövning på lokal nivå är riktig, kan denna ses som en intressant parallell till stormannens och hövdingens officiella offerfester. Vad vi förmodligen ser är hur en välbeställd bonde med lokalt inflytande, tagit upp den ”nya” traditionen, genom att på stormannens manér inbjuda släkt och vänner till gemensamma blotgillen på den egna gården. Det förefaller troligt att närheten till Uppåkra och det offentliga kultcentrum som förmodligen funnits där, haft viss betydelse för den ”nya” traditionens anammande.

Perspektiv på kultplatsen i Hjärup

Det är i skrivande stund svårt att bedöma huruvida de spår efter kultutövning som påträffats i Hjärup ska uppfattas som unika eller ej. Anledningen till detta är, som nämndes inledningsvis, att man inte aktivt sökt efter sådana spår på boplatser av mer traditionell karaktär. En kvalificerad gissning från min sida är att anläggningar och fynd med rituell prägel är betydligt vanligare förekommande i järnålderns gårdsmiljöer än vad vi tidigare kanske trott. Vad det handlar om är att vi som arkeologer behöver teoretiska och metodiska arbetsredskap för att lära oss identifiera dessa lämningar. Jag är således övertygad om att det bland de arkeologiska och osteologiska material som framtagits i samband med boplatsundersökningar under de senaste tjugofem åren, döljer sig många intressanta strukturer att återupptäcka. Variationer i kvalitén på den arkeologiska dokumentationen i kombination med avsaknaden av osteologiska bestämningar, är några faktorer som kan försvåra en revidering av äldre grävda material. Det är därför desto viktigare att vi redan i fältsituationen har en öppen attityd och ett reflexivt förhållningssätt till de arkeologiska lämningarnas mångtydighet. Med dagens moderna fältmetodik är det således möjligt att redan i fält utföra preliminära utvärderingar av frågeställningsrelaterade fyndkonstellationer och spridningsmönster. På detta sätt kan "osynliga" strukturer synliggöras tidigt i processen och integreras i ett medvetet kunskapssökande.

För att återgå till frågan om kultplatsen i Hjärup ska betraktas som unik eller en i mängden, kan nämnas att jag i annat sammanhang gjort en genomgång av rapporter och dokumentationsmaterial från omkring ett trettiotal järnåldersboplatser i främst sydvästra Skåne (Carlie manus). Med utgångspunkt i en teoretisk förförståelse kring hästens centrala roll som officiellt kultdjur under järnåldern, har jag kunnat visa att förekomster av hästben i boplatssammanhang kan användas som en första överordnad indikator på rituella miljöer. Jag har på detta sätt lyckats identifiera spår av hednisk kultutövning på en handfull platser; där inte bara förekomsten av hästben, utan även andra detaljer i det arkeologiska och osteologiska materialet, pekar i denna riktning. En av de mer intressanta platserna har återfunnits i anslutning till en omfattande yngre järnåldersbosättning vid Dagstorp (SU 21), undersökt 1998 i samband med Västkustbanans utbyggnad till dubbelspår (Becker 1999). Liksom i Hjärup rör det sig här om en fuktig eller vattenrelaterad miljö, representerad av ett litet kärr med ett grävt vattenhål. I lagret och vattenhålet påträffades främst stora mängder osteologiskt material, som visar på ett ovanligt rikt inslag av hästben, som för övrigt förekommer mycket sparsamt inom den 21 000 kvadratmeter stora yta som undersöktes av boplatsen (Cardell 1999). I det forna kärret fanns även ett rikhaltigt benmaterial av nötboskap, ett mindre inslag av hundben samt en intakt underkäke av människa; d.v.s. en fyndkonstellation som sammantaget stärker antagandet om att platsen använts i samband med kultutövning och offermåltider (Carlie manus). En mer ingående diskussion av analysresultaten från Dagstorpskärret presenteras i publikationen för delprojektet Järnåldersbönder vid Öresund inom Västkustbanan. I detta sammanhang kommer även andra platser med spår av hednisk kultutövning att tas upp till en jämförande diskussion (Carlie manus).

Trots att religionens organisation och kultpraxis spelar en central roll i förståelsen av förändringar i järnålderns samhällsorganisation och politiska utveckling, har få ansatser hittills gjorts att använda boplatsmaterialen som en källa för att studera förhistorisk religion och kultutövning. Föreliggande artikel ska ses som ett exempel på hur "dolda" strukturer av rituell karaktär på boplatsen kan synliggöras om vi aktivt eller medvetet söker efter dem i de arkeologiska materialet.

Tack

Jag vill rikta ett stort tack till Janis Runcis för att ha ställt materialet från Hjärupsboplatsen till mitt förfogande, samt för att han tålmodigt svarat på mina möjliga och omöjliga frågor om grävningen. Jag vill även tacka Annica Cardell, för att hon delgivit mig sina forskningsresultat kring fiskbenen från Hjärup.

Referenser

Muntliga källor

Annica Cardell, Riksantikvarieämbetet UV Syd.
Janis Runcis, Riksantikvarieämbetet UV Syd.

Skriftliga källor

Andersson, K. 1998. Sakralt eller profant – ett tolkningsförslag till det osteologiska materialet från Tibble, Litslena sn. I: Andersson, K. (Red.). *Suionum Hinc civitates. Nya undersökningar kring norra Mälardalens äldre järnålder.* Opia 19. Uppsala, s. 239–262.

Arbman, H. 1945. *Käringsjön. Studier i halländsk järnålder.* KVHAA:s handlingar. Del 59:1. Stockholm.

Backe, M., Edgren, B. & Herschend, F. 1994. Bones thrown into a water-hole. I: Arwidsson, G. m. fl. *Sources and resources. Studies in honour of Birgit Arrhenius.* Pact 38. 1993. Rixensart, s. 327–342.

Barrett, J. C. 1991. Towards a Archaeology of Cult. I: Garwood, P., Jennings, D., Skeates, R. and Toms, J. (Eds). *Sacred and profane. Preceedings of a Conference on Archaeology, Ritual and Religion. Oxford.* 1989. Oxford University Committee for Archaeology Monograph No 32. Oxford, s.1–9.

Becker, N. 1999. De vendeltida gårdslämningarna i Dagstorp. Skåne. Dagstorps sn, Dagstorp 1:2–3, 5:31. Västkustbanan SU 21. *Riksantikvarieämbetet. Avdelningen för arkeologiska undersökningar. UV Syd rapport* 1999:62.

Bergqvist, J. 1999. Spår av religion i Uppåkra under 1000 år. I: Hårdh, B. (Red.). *Fynden i centrum. Keramik, glas och metall från Uppåkra.* Uppåkra studier 2. Acta Archaeologica Lundensia series in 8º, No 30. Lund, s. 113–125.

Buchwald, V.F. 1994. *Smedjern, Essevejsning og Slaggekarakterisering.* Særtryk fra DMS vintermøde. Instituttet for metallære. Danmarks Tekniske Højskole. Lyngby.

Cardell, A. 1998. Osteologisk analys av fiskbensmaterialet. I: Naturvetenskapliga analysresultat från en yngre järnåldersboplats i Hjärup. *Riksantikvarieämbetet. Rapport UV Syd,* 1998:1, s. 23–33.

Cardell, A. Manus. Lost & Found – a Methodical Study of Fish bone Retrieval.

Cardell, A. 1999. Osteologiska analys av djurbensmaterialet. I Becker, N. De vendeltida gårdslämningarna i Dagstorp. Skåne. Dagstorps sn, Dagstorp 1:2–3, 5:31. Västkustbanan SU 21. *Riksantikvarieämbetet. Avdelningen för arkeologiska undersökningar. UV Syd rapport* 1999:62, s. 52–55.

Carlie, A. 1998. Käringsjön. A Fertility Sacrificial Site from the Late Roman Iron Age in South–west Sweden. *Current Swedish Archaeology.* Vol 6. s. 17–37.

Carlie, A. Manus. Settlement material as sources for studing pagan cult – a question of reading ”hidden” structures? I kommande publikation från Nordic Tags VI konferens i Oslo 2001.

Carlie, A. Manus. Händelser kring ett vattenhål – en studie av rituella spår på boplatser utifrån förekomsten av hästben. I Västkustbanans slutpublikation för järnåldersprojektet.

Fabech, C. 1991. Samfundsorganisation, religiöse ceremonier og regional variation. I Fabech, C. og Ringtved, J. (Red.). *Samfundsorganisation og Regional variation. Norden i romersk jernalder og folkevandringstid.* Aarhus, s. 283–303.

Fabech, C. 1998. Kult og Samfund i yngre jernalder – Ravlunda som eksempel. I Larsson, L. och Hårdh, B. (Red.). *Centrala platser – centrala frågor. Samhällsstrukturen under järnåldern.* En vänbok till Berta Stjernquist. Uppåkrastudier 1. Acta Archaeologica Lundensia Series in 8°, No 28. Lund, s. 147–163.

Hagberg, U.-E. 1967. The Votive Deposits in Skedemosse Fen and their Relation to The Iron–Age settlement on Öland, Sweden. *The archaeology of Skedemosse. Bd II.* Uppsala.

Herschend, F. 1993. The Origin of the Hall in Southern Scandinavia. *TOR 25*, s. 175–199.

Hultgård, A. 1996. Fornskandinavisk kult – finns det skriftliga källor? I Engdahl, K. och Kaliff, A. (Red.). *Religion. Från stenålder till medeltid.* Riksantikvarieämbetet. Arkeologiska undersökningar Skrifter nr 19. Stockholm, s. 25–57.

Hårdh, B. 1998. Preliminära notiser kring detektorfynden från Uppåkra. I Larsson, L. och Hårdh, B. (Red.). *Centrala platser – centrala frågor. Samhällsstrukturen under järnåldern.* En vänbok till Berta Stjernquist. Uppåkrastudier 1. Acta Archaeologica Lundensia Series in 8º, No 28. Stockholm, s. 113–127.

Hårdh, B. 1999. Offerfynden på Uppåkraboplatsen? I: Hårdh, B. (Red.). *Fynden i centrum. Keramik, glas och metall från Uppåkra.* Uppåkra studier 2. Acta Archaeologica Lundensia series in 8º, No 30. Stockholm, s. 127–143.

Hårdh, B. 1999. Näbbfibulan – ett vendeltida vardagsspänne. I Hårdh, B. (Red.). *Fynden i centrum. Keramik, glas och metall från Uppåkra.* Uppåkra studier 2. Acta Archaeologica Lundensia series in 8°, No 30. Stockholm, s. 145–162.

Jørgensen, L. 1998. En storgård fra vikingetid ved Tissø, Sjælland – en foreløbig præsentation. I Larsson, L. och Hårdh, B. (Red.). *Centrala platser – centrala frågor. Samhällsstrukturen under järnåldern.* En vänbok till Berta Stjernquist. Uppåkrastudier 1. Acta Archaeologica Lundensia Series in 8°, No 28. Stockholm, s. 233–248.

Larsson, L. 1998. Gjort och ogjort i Uppåkra. I Larsson, L. och Hårdh, B. (Red.). *Centrala platser – centrala frågor. Samhällsstrukturen under järnåldern.* En vänbok till Berta Stjernquist. Uppåkrastudier 1. Acta Archaeologica Lundensia Series in 8°, No 28. Stockholm, s. 95–112.

Nielsen, A.-L. 1996. Hedniska kult– och offerhandlingar i Borg. Ett uttryck för gårdens centrala betydelse under yngre järnålder. I Enddahl, K. och Kaliff, A. (Red.). *Religion. Från stenålder till medeltid.* Riksantikvarieämbetet. Arkeologiska undersökningar Skrifter nr 19. Stockholm, s. 89–104.

Nilsson, L. 1998. Osteologisk analys av djurbensmaterialet. I: Naturvetenskapliga analysresultat från en yngre järnåldersboplats i Hjärup. *Riksantikvarieämbetet. Rapport UV Syd.* 1998:1, s. 3–21.

Olsen, O. 1966. Hørg, hov og kirke. *Aarbøger 1965.*

Pettersson, C.B. 2002. Kustens mångsysslare. Hammarsnäsområdets bosättningar och gravar i äldre järnålder. I Carlie, A. (red.). *Skånska regioner.*

Regnell, M. 1998. Arkeobotanisk analys. I: Naturvetenskapliga analysresultat från en yngre järnåldersboplats i Hjärup. *Riksantikvarieämbetet. Rapport UV Syd.* 1998:1, s. 35–44.

Runcis, J. 1998. Gravar och boplats i Hjärup – från äldre och yngre järnålder. *Riksantikvarieämbetet. Rapport UV Syd.* 1998:1.

Stjernquist, B. 1996. Uppåkra, a Central Place in Skåne during the Iron Age. *Lund Archaeological Review 1995,* s. 89–120.

Stjernquist, B. 1997. *The Röekillorna Spring. Spring-cults in Scandinavian Prehistory.* Skrifter utgivna av Kungl. Humanistiska Vetenskapssamfundet i Lund. LXXXII. Stockholm.

Ström, F. 1985. (3:e uppl.). *Nordisk hedendom. Tro och sed i förkristen tid.* Arlöv.

Sturluson, S. (nytryck 1991). *Snorre Sturluson. Nordiska kungasagor. I. Från Ynglingasagan till Olav Tryggvasons saga.* Översättning från isländskan av Karl, G. Johansson. Fabel Bokförlag. Stockholm.

Sturluson, S. (nytryck 1992). *Snorre Sturluson. Nordiska kungasagor. II. Olav den heliges saga.* Översättning från isländskan av Karl, G. Johansson. Fabel Bokförlag. Stockholm.

Turville-Petre, E.O.G. 1964. *Myth and Religion of the North. The Religion of Ancient Scandinavia.* Worchester and London.

Ullén, I. 1995. Bronsåldersbrunnen i Apalle – en arkeologisk diskussion. I Ullén, I., Ranheden, H., Eriksson, T. och Engelmark R. (Red.). *Om brunnar.* Riksantikvarieämbetet. Arkeologiskal undersökningar Skrifter no 12. Stockholm.

Vifot, B.-M. 1936. Järnåldersboplatsen vid Uppåkra. *Meddelanden från Lunds universitets historiska museum. 1936.* Lund, s. 97–341.

Watt, M. 1999. Guldgubber og patricer til guldgubber fra Uppåkra. I: Hårdh, B. (Red.). *Fynden i centrum. Keramik, glas och metall från Uppåkra.* Uppåkra studier 2. Acta Archaeologica Lundensia series in 8°, No 30. Lund, s. 177–190.

Åqvist, C. 1996. Hall och harg – det rituella rummet. I: Engdahl, K. och Kaliff, A. (Red.). *Religion. Från stenålder till medeltid.* Riksantikvarieämbetet. Arkeologiska undersökningar Skrifter nr 19. Stockholm, s. 105–120.

EPILOG

Arbetet med denna bok kan i flera avseenden liknas vid en resa – inte i praktisk bemärkelse förstås – utan en resa i tid och tankerum. På samma sätt som alla resor, måste också arbetet med en bok ha en start- och en slutpunkt. När man inleder en längre resa ut i världen är det inte i första hand den snabbaste vägen hem man har för ögat. Målet ligger snarare i de upplevelser och erfarenheter man gör under resans gång; i mötet med människor och olika händelser. Att resa ensam kan på många sätt vara en nyttig erfarenhet. Men att resa i sällskap med vänner är klart att föredra, inte bara därför att det är så mycket roligare utan för att det ger möjligheter till utbyten av erfarenheter, tankar och funderingar. När dessa rader skrivs har vi som deltagit i den snart ett år långa resan med *Skånska regioner* nästan nått vår slutdestination – den färdiga boken. En liten del av färden återstår dock – nämligen att knyta samman de olika medarbetarnas erfarenheter – så att en bra grund läggs inför nästa resa. Bokens övergripande tema kring regional variation i Skånes järnålder ska i detta perspektiv inte ses som ett mål i sig, utan som ett första steg i ett mer långsiktigt arbete kring äldre tiders kulturella och territoriella indelningar i landskapet. De olika artiklarna bidrar här var och en på sitt sätt till att illustrera den regionala mångfalden.

Eftersom de lämningar som diskuteras i boken främst är relaterade till boplatser och deras närmiljö, är det av naturliga skäl också i första hand företeelser och traditioner i dessa vardagsnära miljöer som står i fokus. Det handlar om de sätt på vilka människor valde att bygga sina hus och organisera sina gårdar; om hur variationer i naturmiljöns resurser utnyttjades. Men det handlar också om hur landskapets växlande naturgeografi – med kust och slättområden, höjdsträckningar och dalgångar – skapade möjligheter för kommunikationer och kulturella kontaktytor mellan människor i olika bygder. Bo Strömbergs och Titti Fendins artiklar kring ett härdanläggnings- och gravkomplex från äldre järnålder vid *Hemmeslöv* är ett utmärkt exempel på hur en naturlig gränszon i landskapet kunde uppfattas som både förenande och särskiljande. Området ligger i den naturliga brytningszon som uppstår där Hallandsås böljande nordsluttning möter den flacka och sandiga Laholmsslätten. Ingenting i det arkeologiska materialet från området tyder på att människorna som levde här under bronsålder och järnålder upplevde mötet mellan de båda naturlandskapen som särskiljande. Likheter i t.ex. gravskick och hustyper visar istället på stora överensstämmelser i de kulturella uttryckssätten, vilket tyder på nära kontakter mellan befolkningen i de bägge områdena. Samtidigt finns det mycket som talar för att den naturliga gränszon som övergången mellan slätt och åssluttning innebar, uppfattades som speciell av samtidens människor. Härom vittnar de komplexa system med härdanläggningar, spridda brandgravar, naturlig rödjord, stenpackningar med löparstenar och askblandade kulturlager som påträffats i området. Men även platsens speciella placering utmed en äldre färdled förstärker bilden av en miljö med rituella förtecken – en plats för kollektiva ceremonier i samband med övergångshandlingar.

Den övervägande delen av bokens artiklar behandlar som sagt järnålderns boplatser och gårdsanläggningar, med särskild tonvikt på perioden sen förromersk/romersk järnålder och in i folkvandringstid. De flesta av platserna ligger i Skånes sydvästra del, och speglar därvid i större grad tyngdpunkten i den moderna samhällsutbyggnaden än förhistoriska förhållanden. Att en så stor andel av UV Syds undersökningar kommit att beröra boplatser från de aktuella tidsavsnitten är dock sannolikt ingen slump, utan samma bild möter oss i såväl Västkustbaneprojektets undersökningar mellan Helsingborg och Kävlinge, som i tidigare arkeologiskt välundersökta landskapsutsnitt vid Malmö och i St. Köpingeområdet. Förekomsten av stora enheter ofta med platskontinuitet genom flera bebyggelsefaser, ger bilden av ekonomiskt stabila och välmående gårdar. Flera av de gårdskomplex som diskuteras i boken har anlagts i områden som antingen helt saknar eller uppvisar spridda spår efter äldre bebyggelse. De undersökta gårdarna vid *Böljenamosse* i slättlandet mellan Uppåkra och Löddeköpinge är kanske det bästa exemplet i boken på hur tidigare extensivt utnyttjade marker tagits i anspråk för nyetableringar under sen förromersk och äldre romersk järnålder. Men även andra bebyggelsekomplex som t.ex. gårdarna vid *Lilla Hammar* och *Klörups backar* samt *Ramlösagården* vid Helsingborg, ansluter till bilden av en agrar bebyggelseexpansion under denna tid. Hur situationen sett ut i andra delar av Skåne är mer osäkert. Undersökningarna vid *Bårslöv* och i *Stobytrakten* ger visserligen intryck av något mindre gårdar med en större rörlighet i bebyggelsemönstret. Som Sven Hellerström illustrerar i artikeln *En utmarks förhistoria* kan bilden av ett områdes bebyggelse och markanvändning emellertid ta sig helt olika uttryck inom två närliggande naturgeografiska zoner. Man måste därför vara försiktig med att dra mer vittgående slutsatser om eventuella regionala skillnader i bebyggelsestrukturen.

Ett annat problem är att det empiriska underlaget vad gäller undersökta boplatser fortfarande är mycket bristfälligt från andra landskapstyper än de skånska kust- och slättområdena. Särskilt dåliga är kunskapsunderlagen vad gäller landskapets inre och norra delar, där det i det närmaste helt saknas välundersökta järnåldersboplatser. Resultaten från de få undersökningar som hittills utförts i inlandet, tyder visserligen på att vi här kan förvänta oss att finna liknande byggnadstraditioner som i slättområdena. Långhusen i *Kvidinge* och *Näs* är utmärkta exempel på detta; det senare huset med närmast identiska paralleller kända från St. Köpinge och Järrestad i sydöstra Skåne samt Skrea i mellersta Halland. I takt med att allt fler undersökningar genomförs i de områden som är arkeologiskt eftersatta, kan den nuvarande bilden dock snabbt komma att förändras.

Vänder vi åter blicken mot Sydvästskåne kan vi konstatera att bilden av järnålderns bebyggelse vidgats betydligt under de senaste tio åren. Vi anar således idag en betydligt större mångfald och komplexitet i bebyggelsens organisation, både vad gäller den enskilda gården och de sociala och ekonomiska sammanhang denna ingått i. Artiklarna i boken bidrar framför allt till att nyansera bilden av järnåldersgårdens byggnader och rumsliga organisation. Det faktum att vi nu börjar kunna jämföra olika gårdsanläggningar från samma del av regionen, har inneburit ökade möjligheter att urskilja såväl återkommande mönster som anomalier i bebyggelsestrukturen. De stora gårdsanläggningarna från tiden omkring Kristi födelse med välbyggda långhus på upp till trettio meter, är ett exempel på en gårdstyp som under senare år undersökts på allt fler platser i Sydvästskåne. Flera av långhusen vid *Böljenamosse* tillhör denna typ, liksom även den romartida gården vid *V. Karaby*. Den senare gården särskiljer sig dock genom ett system av anslutande hägnader. Hägnförsedda gårdsanläggningar är idag endast kända från ett fåtal platser i sydvästra Skåne. Frågan är därför om vi som Claes Pettersson föreslår ska uppfatta dessa gårdar som speciella i något avseende eller om frånvaron av hägnader på andra samtida gårdar är sekundär beroende på sämre bevaringsförhållanden? Oavsett vilket av dessa antaganden som kommer sanningen närmast, visar de senaste tio årens boplatsundersökningar på en allt större mångfald i järnålderns gårdsstruktur. Mångfalden ger sig främst till känna i form av variationer i storlek och byggnadsskick, vilket talar för att olikheterna till en viss del återspeglar skillnader i ekonomiskt välstånd och social status. Håkan Aspeborgs artikel om bosättning och social struktur i Helsingborgsområdet, är här ett intressant försök att anlägga ett bebyggelsehierarkiskt perspektiv på den äldre järnålderns gårdar i området. Det är fortfarande endast en relativt liten grupp av arkeologiskt undersökta gårdar i Skåne, som på grundval av sin större storlek eller speciella fyndmaterial, kan antas ha tillhört personer i samhällets övre skikt. Den vendeltida gården i *Hjärup* som diskuteras i min artikel *Gård och kultplats*, ska dock med stor sannolikt föras till denna grupp. Åtminstone tyder det mycket stora långhuset liksom spåren efter kollektiv kultövning med rituella offermåltider på att gården haft ett visst ekonomiskt välstånd.

Den primära grunden i järnålderssamhällenas ekonomi var jordbruket, med dess inriktning på sädesodling och djurhushållning. Vilken av dessa båda näringar som dominerade torde dock, liksom grödornas sammansättning, ha varierat inom olika delar av Skåne, beroende på skillnader i naturgeografi och jordartsmässiga förutsättningar. Att på basis av framgrävt material belysa hur regionala variationer i de agrara näringarna tog sig uttryck är emellertid ingen lätt uppgift, eftersom det jämförande perspektivet ställer höga krav på källmaterialets sammansättning och representativitet. Dessa svårigheter illustreras tydligt i Mats Regnells artikel kring *Skånska växtfynd*. Den övergripande fråga som ställdes här avsåg huruvida det var möjligt att utifrån analyser av växtmaterial från en rad olika skånska järnåldersboplatser dra slutsatser kring skillnader i den agrara ekonomin mellan olika delar av regionen. Trots att flera intressanta tendenser kunde skönjas i materialen, tvingas Regnell konstatera att det p.g.a. brister i materialens representativitet, inte går att urskilja några tydliga skillnader mellan sydvästra Skånes näringsrika kalkmoränområden och norra Skånes urbergspräglade och mer näringsfattiga marker. För att i framtiden skapa bättre förutsättningar för denna typ av analyser behövs enligt Regnell större fyndrika underlag från betydligt fler platser i regionen.

Forskningens möjligheter att belysa variationer i lokalsamhällenas ekonomi är med det ojämna källäget för ögat istället tillsvidare hänvisad till analyser av material från enskilda platser. I artikeln *Kustens mångsysslare* visar Claes Pettersson, hur befolkningen vid den sydvästskånska kusten utnyttjade landskapets olika resurser. Inom jordbruket gav marsklandets rika strandängar möjligheter till goda betesmarker för kringströvande boskapshjordar; en bild som får stöd av det omfattande osteologiska materialet från boplatsen vid *Lilla Hammar* med dominans av nötboskap och får. Benmaterialets sammansättning visar emellertid även tydligt hur gårdarnas befolkning förstod att utnyttja kustens resurser, med inriktning på fiske, sälfångst samt skyddsjakt på skarv.

Till frågan om regionala skillnader i den agrara ekonomin bidrar även de senare årens undersökningar av fossila odlingslämningar. UV Syds grävningar har framför allt berört områden med röjningsrösen, som i stort antal finns bevarade i norra och mellersta Skånes sten- och blockrika moränmarker. Viktiga resultat beträffande stenröjningens ålder och relationen till samtida boplatser har här uppnåtts t.ex. genom de arkeologiska och paleoekologiska undersökningarna i *Stobytrakten*, som presenteras närmare i Per Lagerås artikel *Skog, slåtter och stenröjning* samt i mitt eget bidrag *Människor och landskap*. Eftersom den moderna odlingen i Skånes slätt- och mellanbygder i det närmaste helt raderat ut spår efter äldre markanvändning i landskapet, är det emellertid oerhört svårt att bedöma den tidigare utbredningen för olika typer av fossila odlingslämningar och markindelningssystem. Som Pär Connelid visar i sin studie *Åker, toft och vång*, om bebyggelse- och odlingsutvecklingen i *Stoby socken* från vikingatiden och framöver, kan den rådande spridningsbilden över äldre tiders fossila odlingsspår snabbt förändras genom riktade undersökningar.

En annan ekonomisk nisch som behandlas i boken är järnhanteringen. Även i detta sammanhang finns emellertid betydande brister i källmaterialets representativitet inom olika delar av Skåne, vilket gör det svårt att bedöma om det funnits regionala skillnader i produktionen. På flera av de järnåldersboplatser i landskapets sydvästra och nordvästra delar som presenteras i boken finns inslag av järnslagg i fyndmaterialet. Det rör sig dock i de flesta fall om restprodukter efter smidesverksamhet (se *Lilla Hammar*, *Klörups backar* och *Hjärup*). Endast några platser uppvisar spår efter regelrätt produktion, t.ex. i form av lämningar efter schaktugnar. Detta är fallet både vid *Ramlösagården* och på flera platser i *Kvidingetrakten*.

Enligt Ericson tyder undersökningarna i det senare området på att järnhanteringen under åtminstone förromersk och romersk järnålder i första hand varit avsedd att tillgodose de lokala behoven i bygden. Hon utesluter dock inte möjligheten att avsättning på sikt även kan ha förekommit utanför bygden och på så sätt bidragit till ökat ekonomiskt välstånd med framväxten av en lokal överklass i området. Som illustreras av både Ericsons, Carlies och Knarrströms artiklar är det anmärkningsvärt att så få lämningar efter förhistorisk järnproduktion undersökts utanför det nordvästskånska inlandet. Bilden av nordvästra Skåne som ett tidigt innovationsområde för järnproduktion är en hypotes som inte känns alltför djärv mot bakgrund av dels de relativt få utgrävningar som utförts i området, dels den dokumenterade betydelse området kom att få långt senare under medeltiden som den danske kungens järnbod.

Det finns idag flera tecken som tyder på att ekonomin på vissa gårdar från och med sen förromersk järnålder och framåt successivt kom att präglas av en ökad specialisering. Detta förhållande diskuteras bland annat i artikeln om boplatsen på *Klörups backar*, där ekonomin utöver jordbruk och boskapsskötsel omfattat hantverksaktiviteter av olika slag. Förutom spår efter metallhantering visar fyndmaterialet från platsen på en omfattande keramisk verksamhet, med inslag av kärl som uppvisar hög hantverksmässig kvalitet. Författarna pekar i detta sammanhang på betydelsen av boplatsens lokalisering i anslutning till de rika förekomsterna av issjöleror, som även under senare tider täktats för lerrelaterad produktion. Enligt Bergenstråhle och Stilborg är det goda hantverket på boplatsen inte oförenligt med en lokal hushållningsproduktion. Flera förhållanden bl.a. i kärlens teknologiska sammansättning, tyder dock på möjligheten av en mer professionell framställning, med eventuella kringresande krukmakare som ett tänkbart scenario.

Ett intressant problemområde som endast i mindre grad berörs i bokens artiklar är frågan om Skånes politiska indelning under järnåldern, med framväxten av olika stamterritorier sett i förhållande till mer överordnade maktpolitiska strukturer i samhället. I sin artikel om Helsingborgsområdets järnålderssamhällen vidgar Håkan Aspeborg dock det rumsliga perspektivet till Luggude härad, i ett försök att utifrån spridningen av ädelmetallfynd och andra rikedomsindikatorer, spåra området för Liothidernas stamcentra. Sammanställningen visar bl.a. på en ökning av antalet guldfynd under folkvandringstid, vilket enligt Aspeborg kan tyda på en koncentration av makt och välstånd i området. Även andra delar av Skåne uppvisar vid denna tid en större andel guldfynd jämfört med föregående perioder, varför resultaten är svårtolkade. Sammantaget inspirerar dock flera av bokens artiklar, genom att visa på mångfalden i järnålderns bebyggelse, till nya infallsvinklar i studiet av järnålderssamhällenas sociala och politiska organisation. Diskussionen kring stamrelaterade och andra typer av territoriella indelningar i Skåne ska därför inte föras vidare i detta sammanhang, utan vi ber istället att få återkomma till dessa och närliggande frågor i kommande böcker från UV Syd. Ett flertal nya resor med inriktning på detta ämnesområde har redan påbörjats……

Lund i april 2002
ANNE CARLIE
Redaktör

Riksantikvarieämbetet
Arkeologiska undersökningar
Skrifter

1. Forntida svedjebruk. Om möjligheterna att spåra forntidens svedjebruk. G. Lindman. 1991.
2. Rescue and Research. Reflections of Society in Sweden 700-1700 A.D. Eds. L. Ersgård, M. Holmström och K. Lamm. 1992.
3. Svedjebruket i Munkeröd. Ett exempel på periodiskt svedjebruk från yngre stenålder till medeltid i södra Bohuslän. G. Lindman. 1993.
4. Arkeologi i Attundaland. G. Andersson, A. Broberg, A. Ericsson, J. Hedlund & Ö. Hermodsson. 1994.
5. Stenskepp och Storhög. Rituell tradition och social organisation speglad i skeppssättningar från bronsålder och storhögar från järnålder. T. Artelius, R. Hernek & G. Ängeby. 1994.
6. Landscape of the monuments. A study of the passage tombs in the Cúil Irra region. S. Bergh. 1995.
7. Kring Stång. En kulturgeografisk utvärdering byggd på äldre lantmäteriakter och historiska kartöverlägg. H. Borna Ahlqvist & C. Tollin. 1994.
8. Teoretiska perspektiv på gravundersökningar i Södermanland. A. Eriksson och J. Runcis. 1994.
9. Det inneslutna rummet – om kultiska hägnader, fornborgar och befästa gårdar i Uppland från 1300 f Kr till Kristi födelse. M. Olausson. 1995.
10. Bålverket. Om samhällsförändring och motstånd med utgångspunkt från det tidigmedeltida Bulverket i Tingstäde träsk på Gotland. J. Rönnby. 1995.
11. Samhällsstruktur och förändring under bronsåldern. Rapport från ett seminarium 29-30 september 1994 på Norrköpings Stadsmuseum i samarbete med Riksantikvarieämbetet, UV Linköping. Red. M. Larsson och A. Toll. 1995.
12. Om brunnar. Arkeologiska och botaniska studier på Håbolandet. I. Ullén, H. Ranheden, T. Eriksson & R. Engelmark. 1995.
13. Hus & Gård i det förurbana samhället – rapport från ett sektorsforskningsprojekt vid Riksantikvarieämbetet. Katalog. Red. O. Kyhlberg & A. Vinberg. 1996.
14. Hus & Gård. Boplatser från mesolitikum till medeltid. Artikeldel. Hus och gård i det förurbana samhället. Red. O. Kyhlberg & A.Vinberg. 1996.
15. Medeltida landsbygd. En arkeologisk utvärdering – Forskningsöversikt, problemområden, katalog. L. Ersgård & A-M. Hållans. 1996.
16. Living by the sea. Human responses to Shore Displacement in Eastern Middle Sweden during the Stone Age. A. Åkerlund. 1996.
17. Långfärd och återkomst – skeppet i bronsålderns gravar. T. Artelius. 1996.
18. Slöinge och Borg. Stormansgårdar i öst och väst. K. Lindeblad, L. Lundqvist, A-L. Nielsen. & L. Ersgård. 1996.
19. Religion från stenålder till medeltid. Artiklar baserade på Religionsarkeologiska nätverksgruppens konferens på Lövstadbruk den 1-3 december 1995. Red. K. Engdahl & A. Kaliff. 1996.
20. Metodstudier & tolkningsmöjligheter. E. Hyenstrand, M. Jakobsson, A. Nilsson, H. Ranheden & J. Rönnby. 1997.
21. Det starka landskapet. En arkeologisk studie av Leksandsbygden i Dalarna från yngre järnålder till nyare tid. L. Ersgård. 1997.
22. Carpe Scaniam. Axplock ur Skånes förflutna. Red. P. Karsten. 1997.

23. Regionalt och interregionalt. Stenåldersundersökningar i Syd-och Mellansverige. Red. M. Larsson & E. Olsson. 1997.
24. Visions of the Past. Trends and Traditions in Swedish Medieval Archaeology. Eds. H. Andersson, P. Carelli & L. Ersgård. 1997.
25. Spiralens öga. Tjugo artiklar kring aktuell bronsåldersforskning. Red. M. Olausson. 1999.
26. Senpaleolitikum i Skåne. M. Andersson & B. Knarrström. 1999.
27. Forskaren i fält. En vänbok till Kristina Lamm. Red. K. Andersson, A. Lagerlöf & A. Åkerlund. 1999.
28. Olika perspektiv på en arkeologisk undersökning i västra Östergötland. Red. A. Kaliff. 1999.
29. Odlingslandskap och uppdragsarkeologi. Artiklar från Nätverket för arkeologisk agrarhistoria. Red. A. Ericsson. 1999.
30. Fragment av samtal. Tvärvetenskap med arkeologi och ortnamnsforskning i bohuslänska exempel. M. Lönn. 1999.
31. Människors platser. 13 arkeologiska studier från UV. Red. FoU-gruppen vid UV. 2000.
32. Porten till Skåne. Löddeköpinge under järnålder och medeltid. Red. F. Svanberg & B. Söderberg. 2000.
33. En bok om Husbyar. Red. M. Olausson. 2000.
34. Arkeologi och paleoekologi i sydvästra Småland. Tio artiklar från Hamnedaprojektet. Red. Per Lagerås. 2000.
35. På gården. J. Streiffert. 2001.
36. Bortglömda föreställningar. T. Artelius. 2000.
37. Dansarna från Bökeberg. Om jakt, ritualer och inlandsbosättning vid jägarstenålderns slut. P. Karsten. 2001.
38. Vem behöver en by? Kyrkheddinge, struktur och strategi under tusen år. Red. K. Schmidt Sabo. 2001.
39. Stenåldersforskning i fokus. Inblickar och utblickar i sydskandinavisk stenåldersarkeologi. Red. I. Bergenstråhle & S. Hellerström. 2001.
40. Skånska regioner. Red. A. Carlie. 2002.